31522

MANUEL THÉORIQUE ET PRATIQUE

ET

FORMULAIRE GÉNÉRAL ET COMPLET

DU NOTARIAT,

SUIVI

DU CODE DES NOTAIRES EXPLIQUÉ.

II

INDICATION DES ABRÉVIATIONS PRINCIPALES CONTENUES DANS CET OUVRAGE.

Champ. et Rjg.	Championnière et Rigaud, auteurs des Droits de l'enregistrement.
D.A.	Dalloz, Répertoire par ordre alphabétique.
D.G.	Dictionnaire général.
D.P.	Dalloz, Recueil périodique.
Delv.	Delvincourt, Cours de droit civil.
Dur.	Duranton, Cours de droit civil.
J. E.	Journal de l'enregistrement.
Jur. not.	Jurisprudence du notariat, par M. Rolland de Villargues.
Mém.	Mémoire de M. Gagnereaux.
Merl. Rép.	Merlin, Répertoire de jurisprudence et Questions.
Req.	Arrêt de la chambre des requêtes de la Cour de cassation.
Roll.	Rolland de Villargues, auteur du Répertoire du notariat.
S.	Recueil de M. Sirey.
Toul.	Toullier, Cours de droit civil.

IMPRIMERIE DE HAUQUELIN ET BAUTRUCHE, RUE DE LA HARPE, 90.

MANUEL THÉORIQUE ET PRATIQUE

ET

FORMULAIRE GÉNÉRAL ET COMPLET

DU NOTARIAT

CONTENANT

1° Des explications développées de droit et de pratique sur chacun des actes qui peuvent être passés devant notaires; 2° Les Formules variées de ces actes. 3° Un résumé des règles et de la jurisprudence en matière d'enregistrement placé à la suite de chaque espèce d'acte;

Par EDOUARD CLERC,

Notaire à Besançon, ancien premier clerc de notaire à Paris.

SUIVI :

DU CODE DES NOTAIRES EXPLIQUÉ,

Contenant : 1° Le commentaire de la loi du 25 ventôse an XI sur le notariat et des lois relatives aux droits d'enregistrement, de timbre, d'hypothèque, de transcription et de greffe; — 2° Un traité abrégé de la discipline et des chambres de notaires; — 3° Une collection des lois et règlements usuels du notariat ;

Par ARMAND DALLOZ,

Avocat, auteur du Dictionnaire général et raisonné de législation, de doctrine et de jurisprudence,

ET D'UN TRAITÉ ABRÉGÉ

DE LA RESPONSABILITÉ DES NOTAIRES,

Par M. VERGÉ,

Docteur en droit, avocat à la Cour royale de Paris.

2e Édition,

TOTALEMENT REFAITE ET CONSIDÉRABLEMENT AUGMENTÉE.

II

PARIS.

IMPRIMERIE ET LIBRAIRIE GÉNÉRALE DE JURISPRUDENCE

DE COSSE ET N. DELAMOTTE,

Libraires de l'ordre des Avocats aux Conseils du Roi et à la Cour de cassation,
Directeurs de la Jurisprudence criminelle du royaume et des Journaux des Avoués, des Huissiers,
Éditeurs des œuvres de Troplong, de Carré, Pothier-Bugnet, etc.

PLACE DAUPHINE, 26-27.

1845

CODE DES NOTAIRES EXPLIQUÉ

ou

COMMENTAIRES ET TRAITÉS ABRÉGÉS

DU NOTARIAT

ET DE L'ENREGISTREMENT.

IMPRIMERIE DE HAUQUELIN ET BAUTRUCHE, RUE DE LA HARPE, 90.

CODE DES NOTAIRES EXPLIQUÉ

ou

COMMENTAIRES ET TRAITÉS ABRÉGÉS

SUR LE NOTARIAT,

LES DROITS D'ENREGISTREMENT, DE TIMBRE, D'HYPOTHÈQUE ET DE GREFFE,

Contenant, dans l'ordre chronologique, les lois sur ces matières.

PAR M. ARMAND DALLOZ,

Avocat, auteur du Dictionnaire général raisonné de législation, doctrine et jurisprudence,

SUIVI D'UN

TRAITÉ ABRÉGÉ DE LA RESPONSABILITÉ DES NOTAIRES

PAR CH. VERGE,

Docteur en droit, avocat à la Cour royale de Paris.

———

DEUXIÈME PARTIE.

———

PARIS,

A LA LIBRAIRIE GÉNÉRALE DE JURISPRUDENCE DE COSSE ET N. DELAMOTTE,
PLACE DAUPHINE, 26-27.

AVIS

Sur l'exécution de la deuxième partie de cet ouvrage.

La première partie de cet ouvrage contient, comme on l'a vu, un exposé des diverses branches du droit civil, en tant qu'il peut exercer quelque influence sur la rédaction des formules notariales. Chacun de ces exposés est suivi des formules ou modèles de tous les actes que les notaires peuvent être appelés à rédiger : on y trouve aussi sur l'enregistrement, sur le système des monnaies, des poids et mesures, etc., etc., des notices et des documents étendus qui sont d'une utilité continuelle pour eux. Cette première partie est due à M. Edouard Clerc, dont le style facile, et la longue expérience comme principal clerc dans les études de Paris, et en qualité de notaire dans une ville considérable, étaient éminemment propres à un semblable travail.

Dans la deuxième partie qu'on va lire, il est traité de l'*organisation* et de la *discipline du notariat ;* c'est l'objet, soit d'un commentaire abrégé de la loi du 25 ventose an II, soit d'un traité abrégé de la discipline et des chambres des notaires.

Ce n'est pas tout : le notariat est soumis à plusieurs autres lois et réglements spéciaux ; il a paru utile de les réunir dans un tableau chronologique, et de former ainsi pour les notaires une collection dans laquelle ils pourront trouver presque sans perte de temps tous les textes officiels qu'ils ont à consulter journellement. Les codes se trouvent dans les mains de tous les hommes voués à la pratique du notariat ; il a paru superflu de les faire figurer dans cette collection : à cet égard, on s'est borné à donner, sous la date où les codes ont été promulgués, l'indication des divers articles qui concernent plus particulièrement les notaires.

Les lois relatives aux droits d'*enregistrement* donnent lieu chaque jour aux controverses les plus fréquentes et les plus vives : pour leur interprétation, le droit commun est sans cesse aux prises avec le droit spécial. Dans ce conflit, il est naturel de penser que le silence de la loi laisse au droit commun tout son empire, et c'est aussi la règle que la plupart des auteurs s'efforcent de faire prévaloir ; mais la fiscalité a ses exigences et ses nécessités, et l'expérience nous apprend que cette règle est constamment déclinée par les interprètes les plus sérieux des lois fiscales. De là, et de l'absence de textes précis, de limites clairement posées, résultent les contestations les plus subtiles et les plus ardues. Par là aussi, la tâche des notaires se trouve accrue d'une manière considérable, car c'est à eux qu'on s'adresse principalement pour avoir des renseignements précis sur les perceptions dont la régie frappe les divers actes qu'ils peuvent être appelés à rédiger. Le droit fiscal, quelque longue et difficile qu'en soit l'étude, doit donc être connu, compris des notaires à l'égal des lois qui ont déterminé leurs devoirs et leurs attributions. Aussi, l'ouvrage qu'on publie ici fournit-il des documents étendus sur tout ce qui touche à l'enregistrement et au timbre. On a vu, en effet, dans la première partie, que M. E. Clerc avait fait suivre chaque formule d'un résumé des décisions auxquelles les stipulations diverses des actes avaient donné naissance, et que, sous le titre 15, il avait consigné des indications très-précises sur les droits à payer en cas de mutation par décès, indications à la suite desquelles se trouve un tableau des droits d'enregistrements et des amendes.

On ne s'en est point encore tenu là. M. Armand Dalloz présente dans la deuxième partie : 1° le commentaire abrégé et dans leur ordre chronologique, des lois relatives aux droits d'enregistrement, travail dans lequel il s'est attaché particulièrement à faire ressortir l'esprit de ces lois, les modifications que les premières recevaient des dernières, dans lequel, en un mot, il a cherché à mettre le lecteur en état de résoudre lui-même les difficultés que la pratique viendrait lui révéler ; — 2° des tableaux chronologiques contenant les lois sur les droits de timbre, de transcription d'hypothèque et de greffe, accompagnés d'explications sur les principales de ces lois. — M. A. Dalloz a été beaucoup aidé dans ce travail soit par le traité approfondi de MM. Championnière et Rigaud, qu'il a cité souvent, soit par celui, plus étendu encore, que M. Dalloz aîné doit imprimer dans la deuxième édition de sa Jurisprudence générale, et dont le manuscrit a été communiqué à M. A. Dalloz.

Depuis quelques années, une certaine rigueur a été déployée contre les notaires, notamment dans les cas où l'on a cru devoir faire remonter jusqu'à eux la responsabilité des actes déclarés nuls pour des vices extrinsèques et même intrinsèques. L'histoire de ces controverses est longue et hérissée de difficultés minutieuses. Pour faciliter l'intelligence des principes à cet égard, on a terminé la deuxième partie par un traité abrégé de la *Responsabilité des notaires*, traité dans lequel M. Ch. Vergé, qui en est l'auteur, a tâché de faire comprendre les limites de cette responsabilité, et d'apprécier, à la lueur des règles qu'il a posées, les nombreuses décisions qui ont été rendues sur cette partie du droit.

Enfin, une table alphabétique des matières contenues dans la première et dans la deuxième parties, relie succinctement les éléments de celle-là à ceux que celle-ci renferme, et permet ainsi de saisir tous les documents qui se trouvent répandus dans l'ouvrage.

TABLE

DE LA DIVISION DES MATIÈRES

CONTENUES DANS LE CODE DES NOTAIRES EXPLIQUÉ
OU COMMENTAIRE ET TRAITÉ ABRÉGÉ
SUR LE NOTARIAT, L'ENREGISTREMENT, LES DROITS DE TIMBRE, D'HYPOTHÈQUE
ET DE GREFFE.

Champ. et Rig.	Championnière et Rigaud, auteurs des Droits de l'enregistrement.
D.A.	Dalloz, Répertoire par ordre alphabétique.
D.G.	Dictionnaire général.
D.P.	Dalloz, Recueil périodique.
Delv.	Delvincourt, Cours de droit civil.
Dur.	Duranton, Cours de droit civil.
J. E.	Journal de l'enregistrement.
Jur. not.	Jurisprudence du notariat, par M. Rolland de Villargues.
Mém.	Mémoire de M. Gagnereaux.
Merl. Rép.	Merlin, Répertoire de jurisprudence et Questions.
Req.	Arrêt de la chambre des requêtes de la Cour de cassation.
Roll.	Rolland de Villargues, auteur du Répertoire du notariat.
S.	Recueil de M. Sirey.
Toul.	Toullier, Cours de droit civil.

COMMENTAIRE ABRÉGÉ

DE LA LOI CONTENANT

ORGANISATION DU NOTARIAT

Des 25 vent.-5 germ. an xi (16-26 mars 1803).

1.—Avant de présenter le commentaire des dispositions de la loi du 25 ventose an 11, il nous a paru utile de jeter un coup-d'œil rapide sur l'origine de l'institution du notariat en France.

2. — Il paraît que déjà chez les Egyptiens, les Juifs et les Grecs, il existait des scribes qui recevaient les conventions des particuliers; mais leurs actes ne devenaient authentiques que lorsque les parties contractantes les avaient présentés devant témoins au magistrat chargé de les revêtir du sceau public.

Les Romains eurent d'abord des *tabulaires, tabularii*, véritables scribes, sans caractère public (Cujas, sur la loi *universos*, 15, C. *de decur.*). Plus tard, des *tabellions* furent créés, et leurs fonctions érigées en office public. Eux seuls eurent le pouvoir de rédiger et de rendre obligatoires les conventions des parties. Les scribes ou tabulaires, auxquels on donnait aussi le nom de *cursores* ou *logographi* (qui écrivaient aussi vite que la parole), de *notarii* (qui écrivaient par abréviation ou par note), devinrent les clercs des *tabellions*. Le notaire ou clerc du tabellion prenait note de l'acte qu'on voulait passer. Cette note s'appelait *scheda* et servait à la rédaction définitive, *complexio contractûs*, qui formait seul le lien de droit. Il fallait aussi que deux témoins certifiassent la vérité de l'acte du tabellion, en le revêtant de leurs cachets (Nov. 44, 71 et 73). — On fera remarquer que, chez les Romains, les actes des tabellions n'acquéraient l'authenticité que par l'enregistrement *apud acta*, c'est-à-dire par la transcription, à l'instar des jugements, sur le registre d'audience (L. 1re C. *de magn.* [*municip.*]. 18, C. *de testam.*, l. 6. C. *de re judicatâ*). — Cette insinuation en justice passa en usage; d'où les actes, qu'on nommait auparavant *scripturæ forenses*, furent appelés *scripturæ publicæ* (Nov. 49 et 73).

3. — En France, le droit de passer les actes fut longtemps confondu avec celui de rendre la justice. — Des seigneurs, ce droit passa aux juges. — Leurs secrétaires ou greffiers s'accoutumèrent à expédier et publier les contrats hors leur présence; mais on y parlait toujours en leur nom. — De là vient qu'en France, dit Loyseau (*Off.*, liv. 2, ch. 5, n. 48 et 49), les contrats ont exécution parée, ainsi que les sentences, ce qu'ils n'avaient pas dans le droit romain.

4. — En 1270, Louis IX créa soixante notaires pour la prévôté de Paris. — Il leur fut enjoint *d'intituler* leurs actes au nom du prévôt, de les passer uniquement dans le *Châtelet*, d'être toujours *deux* pour les recevoir, et de les porter *ensemble* à l'officier chargé d'y apposer le sceau du Châtelet.—Ici les fonctions des notaires se séparent, comme on voit, de celles des juges; mais on rattache encore, par des liens de forme, le notariat à l'autorité judiciaire. — En 1302, Philippe-le-Bel établit dans tous ses domaines, des notaires à l'instar de ceux de Paris; cet exemple fut peu à peu suivi par les barons. — Il ne fut, d'ailleurs, porté aucune atteinte à l'institution des notaires, par la création, en 1542 et 1575, d'offices de *tabellions, gardes-notes et gardes-scels*.—Par un édit de 1597, Henri IV réunit bientôt les offices de *tabellions* et de *gardes-notes* à ceux des *notaires*, qu'il rendit héréditaires. En 1706, Louis XIV supprima les offices de *gardes-scels*, et enjoignit aux notaires d'avoir chacun un sceau, aux armes du roi, et de l'apposer eux-mêmes sur leurs actes.—Remarquons seulement que les soixante notaires créés par Louis IX pour Paris, cumulèrent toujours les fonctions de notaires et de tabellions, fonctions distinctes et incompatibles dans les autres parties de la France, où les seconds avaient, comme à Rome, le droit exclusif de délivrer les grosses des actes qui étaient reçus par les premiers.

5. — Les notaires étaient divisés en trois classes : *notaires royaux*, qui exerçaient en vertu de provisions délivrées par le roi et dans le ressort des bailliages et sénéchaussées auxquels ils étaient attachés, excepté ceux de Paris, de Montpellier et d'Orléans qui avaient le privilége de pouvoir instrumenter dans toute la France; *notaires seigneuriaux*, nommés par les seigneurs justiciers, dont la juridiction était bornée au ressort de la justice qui les avait établis, et qui ne pouvaient recevoir d'actes que pour les habitants du lieu ressortissant à cette justice; enfin *notaires apostoliques*, créés principalement pour les prises de possession de bénéfices et pour les autres actes ecclésiastiques (Ord. de Philippe-le-Bel de 1402).

— Loyseau, *des Seigneuries*, ch. 8 ; édits de sept. 1547 et déc. 1691.—Voy. MM. Dalloz aîné. Jurispr. gén., v° Notaire, n. 1 et suiv. ; Rolland de Villargues, Répert. du not., 2ᵉ édit., v° Notaire, n. 3 et suiv.

6. — Tel fut le notariat en France jusqu'aux lois des 6 oct. 1791 et 25 vent. an 11, qui rompirent les derniers liens qui attachaient la juridiction volontaire à la juridiction contentieuse. « Il faut observer, dit Toullier, t. 6, n. 211, que ces lois ont opéré un changement remarquable dans la nature des fonctions des notaires. Ils sont aujourd'hui les délégués directs et spéciaux du pouvoir exécutif, pour rendre exécutoires tous les actes et contrats auxquels les parties doivent ou veulent faire donner le caractère d'authenticité attaché aux actes de l'autorité publique. Leur autorité n'est plus, comme on le pensait autrefois, une émanation de l'autorité judiciaire, mais une délégation immédiate de la puissance royale. »

En effet, la loi des 29 sept.-6 oct. 1791 supprima les qualifications anciennes des notaires, abolit la vénalité et l'hérédité de leurs offices, et les réunit en un seul corps, sous la seule dénomination de *notaires publics*. Chacun d'eux eut le droit d'exercer dans toute l'étendue du département de sa résidence, et non au delà (Sect. 1ʳᵉ, art. 2 et 3 ; sect. 2, art. 1. 2. 11 et 12).—La loi du 25 vent. an 11, qui vint plus tard, maintint cette seule qualification d'officiers publics.—« Toutefois, dit M. Roll. de Vill., *cod.* p. 368 en note, une lettre du ministre de la justice du 3 mess. an 13, voulait que les notaires prissent le titre de *notaires impériaux ;* et, sous la restauration, des notaires continuant, à cet égard, l'usage qui s'y était établi, avaient cru généralement devoir adopter la qualification de *notaires royaux.* Mais depuis la révolution de 1830, le seul titre de *notaire* a été conféré par les ordonnances de nomination ; et les notaires n'en ont pas pris d'autre. »

Les notaires, et surtout ceux de Paris, jouissaient autrefois de priviléges étendus. L'égalité consacrée par les lois nouvelles a mis fin à ces prérogatives exceptionnelles : les notaires ne jouissent plus, en cette qualité, que des droits inhérents à l'exercice des fonctions notariales.

7. — La loi du 25 ventôse, qui abroge expressément celle du 6 oct. 1791, a embrassé les mêmes principes, et organisé le notariat sur les bases où il est assis aujourd'hui.—Cette loi est divisée en trois titres : dans le premier, elle règle les fonctions, ressorts et devoirs des notaires, les actes, leur forme, les minutes, grosses, expéditions et répertoires ; dans le deuxième, elle détermine le nombre, le placement et le cautionnement des notaires, les conditions pour être admis et le mode de nomination au notariat, l'institution des chambres de discipline, dont l'organisation a été réglée par l'arrêté du gouvernement du 2 nivôse an 12, la garde, transmission, tables des minutes et recouvrements ; enfin, dans le troisième, elle pose quelques dispositions transitoires, et quelques dispositions générales.

La loi de ventôse, quoi qu'elle soit organisatrice du notariat, se complète par une foule d'autres lois ou réglements dont les principaux sont rapportés dans la collection qu'on trouvera plus bas. Les plus importants sont : 1° L'arrêté du 2 nivôse an 12, ou plutôt l'ordonnance royale du 4 janvier 1843, qui a abrogé cet arrêté et qui en même temps qu'il organise les chambres des notaires, contient des dispositions étendues relativement à la discipline, crée l'honorariat et remplit quelques lacunes laissées par la loi du 25 ventôse touchant les clercs des notaires ou aspirants au notariat : tout ce qui a trait, dans cette ordonnance, à l'organisation des chambres des notaires et à la discipline, se trouve expliqué dans le traité qui suit immédiatement le commentaire dont on s'occupe ici ; — 2° la loi du 21 juin 1843, relative aux notaires en second, dont il est parlé sous les articles 8 et suiv. et qui est recueillie à sa date.

TITRE 1ᵉʳ. — *Des notaires et des actes notariés.*

8. — Les actes notariés sont ceux qui sont reçus par un notaire. Dans la pratique du notariat ils ont diverses dénominations suivant leur objet. — On les appelle contrats, actes, actes simples, procès-verbaux, actes impropres.|—Les *contrats* sont les actes qui contiennent des engagements réspectifs, des obligations synallagmatiques, etc., dont il doit être gardé minute. — Sous le mot *actes*, on désigne tous ceux qui renferment les engagements d'une seule partie : on les nomme aussi *actes simples* en ce qu'ils sont d'ordinaire délivrés en brevet, sans qu'il en soit laissé minute (Voy. l'art. 20 de cette loi). — Les *procès-verbaux* sont les actes dans lesquels un notaire rend compte de ce qu'il a fait, d'une mission qu'il a remplie dans l'exercice de ses fonctions : tels sont les comparutions par suite de sommation, les inventaires, les comptes et partages judiciaires, les actes respectueux, etc., etc. Voy. Roll., sous ces mots. — Enfin les *actes impropres* sont ceux qui ne sont pas astreints aux formalités ordinaires, tels que les certificats de propriété, les certificats de vie (autres que ceux des rentiers sur l'état), les mentions de quittances, etc., etc.

Dans le langage des études, on désigne sous le nom d'*obligations*, les actes de prêt ou de placement d'argent, et en général, toutes les reconnaissances de sommes. — M. Clerc, p. 162, n. 1.

Parmi les actes notariés, les uns sont de la *juridiction volontaire*, les autres de la *juridiction contentieuse.* A cette dernière catégorie se rapportent particulièrement les procès-verbaux ; ils ne se font pas, en général, les jours fériés. — Voy. n. 58.

9.—Enfin, sous le rapport de la forme, les actes notariés se divisent en *originaux* et en *copies*, en *minutes* et en *brevets* (Voy. art. 20 et 21).—Ceux qui n'ont pas reçu l'accomplissement de toutes les formalités requises pour leur validité sont nommés *actes imparfaits* (Voy. l'art. 68).

La forme des divers actes notariés dont il vient

d'être parlé n'est pas toujours la même. La loi du 11 ventôse trace, art. 8 et suiv., les formes communes à la plupart de ces actes, à tous ceux notamment de la juridiction gracieuse. On les fera connaître sous chacun des articles de cette loi.

Section 1re. Des fonctions, ressort et devoirs des notaires.

ARTICLE 1.

Les notaires sont les fonctionnaires publics établis pour recevoir tous les actes et contrats auxquels les parties doivent ou veulent faire donner le caractère d'authenticité attaché aux actes de l'autorité publique, et, pour en assurer la date, en conserver le dépôt, en délivrer des grosses et des expéditions.

10. — Ce résumé, tracé par la loi même d'institution du notariat, suffit pour en faire comprendre l'étendue et l'importance. Le notariat français est un des plus anciens établissements nationaux, et le corps des notaires a conservé, avec ses hautes attributions, les nobles traditions de lumières et de probité que les siècles précédents lui ont léguées.

11. — La mission du notaire est loin de s'arrêter aux garanties de forme qu'il doit donner à ses actes. Il éclaire les parties sur le mérite et les conséquences de leurs conventions, il les dirige dans les opérations à l'aide desquelles elles cherchent à augmenter leur fortune ou à réparer leurs pertes. Il est le conseiller de tous leurs intérêts, et souvent l'arbitre amiable de leurs différends. Il intervient dans les principaux actes de la vie civile, il recueille les dernières volontés, et sa sollicitude s'étend au delà de la vie, par le soin qu'il apporte au réglement des droits des héritiers.

12. — Un tel ministère, on pourrait presque dire une telle magistrature, commande à ceux qui l'exercent une exactitude, une délicatesse, une probité à toute épreuve ; et à ces qualités doivent se joindre des notions exactes, et une connaissance pratique des affaires. Le notariat touche à toutes les relations sociales. Il faut que le notaire sache bien et vite. Pour cela, il est nécessaire qu'il contracte l'habitude d'écrire, de rendre ses pensées avec clarté, car c'est de la rédaction des actes que dépendent souvent le sort des conventions et le repos des familles ; enfin, il doit se faire remarquer par un zèle soutenu pour les intérêts des parties qui se confient à ses lumières.—Voy. l'introd de M. Clerc.

13. — Aussi M. Réal disait-il dans l'exposé des motifs, en parlant du notariat,... « Une quatrième institution est nécessaire, et à côté des fonctionnaires qui concilient, qui jugent..., la tranquillité appelle d'autres fonctionnaires qui, conseils désintéressés des parties, aussi bien que rédacteurs impartiaux de leurs volontés, leur faisant connaître toute l'étendue des obligations qu'elles contractent, rédigeant ces engagements avec clarté, leur donnant le caractère d'un acte authentique, et la force d'un jugement en dernier ressort, perpétuant leur souvenir et conservant leur dépôt avec fidélité, empêchent les différends de naître entre les hommes de bonne foi, et enlèvent aux hommes cupides, avec l'espoir du succès, l'envie d'élever une injuste contestation. Ces conseils désintéressés, ces rédacteurs impartiaux, cette espèce de juges volontaires qui obligent irrévocablement les parties contractantes, sont les notaires : cette institution est le notariat. »

14.—On va reprendre successivement chacune des expressions de l'article 1er, dans lequel le caractère et les attributions ordinaires des notaires sont définis. On parlera ensuite de quelques attributions qui dérivent virtuellement soit de l'art. 1er de la loi de l'an 11, soit du caractère des notaires, soit de lois spéciales.

15.—1° Les notaires sont les fonctionnaires publics établis pour, etc.—M. Favard, dans son rapport au Tribunat, disait sur ce point : « Votre section a d'abord reconnu que l'attribut le plus essentiel du notariat pour toutes les classes de citoyens, c'est d'authentiquer les conventions, d'en certifier la date et de leur donner, en les recevant, le caractère et la force de l'exécution parée. Le notaire exerce ici une partie de l'autorité de la justice : ce qu'il écrit fait la loi des parties. Aussi, on ne saurait trop faire pour environner les notaires de toute la dignité qui commande et inspire la confiance. C'est dans cette vue que la loi de 1791 (tit. 1er, sect. 2, art. 1er) les avait placés au rang des fonctionnaires publics. C'est aussi la qualification que leur donne l'art. 1er du projet. »

16.—Remarquez d'abord que les attributions conférées aux notaires sont exclusives, quand des textes spéciaux ne portent pas le contraire. En effet, la loi ne dit pas que les notaires sont des fonctionnaires établis pour, etc., mais qu'ils sont les fonctionnaires. Cette rédaction n'est ni involontaire, ni équivoque, car elle a remplacé celle de l'art. 1er, tit. 1er, sect. 2 de la loi du 6 oct. 1791 et celle du projet qui portait : les notaires sont des fonctionnaires : Par là, sont écartées les prétentions des officiers publics qui voudraient s'ingérer dans les fonctions notariales. — Conf. Loret, Éléments de la science du Notariat, sur l'art. 1er; Massé, Parf not., liv. 1er, ch.1er; Roll., n. 269.—Jousse, t. 2, p. 372, reconnaissait aussi aux notaires un droit privatif. — Par là encore se trouve protégée leur personne contre les insultes lorsqu'ils sont dans l'exercice de leurs fonctions (C. pén. 222).

17.—Mais les notaires sont-ils des officiers ministériels? Bien qu'ils soient investis de quelques attributions communes aux officiers ministériels et comme tels placé sous la censure du garde-des-sceaux, il a été jugé qu'ils ne sont pas des officiers ministériels proprement dits, leurs fonctions étant en général incompatibles avec celles de ces officiers. (Rennes, 9 juillet 1834 ; Cass. 12 août 1835; D.P. 38. 2. 226. 35. 1. 415.)—V. aussi eod., 38. 3. 197. — Cependant, la jurisprudence leur accordant pour leurs honoraires le bénéfice de l'art. 60 C. pr., on peut en conclure qu'ils sont, dans certains cas, assimilés à ces officiers ou qu'ils sont des officiers ministériels de la *juridiction volontaire*. (*Conf.* Roll., v° Offi. min., n. 4.) — Carré, Quest. 2783, Favard, v° Off. min., Toullier, t. 7, p. 265 et Boncenne, t. 1er, p. 583, se fondant sur ce que le ministère des notaires est forcé, estiment qu'ils sont officiers ministériels, expression dérivée du mot *ministerialis*, lequel signifiait, d'après Ducange, *serviteur* attaché au baron pour son service.

18. — De ce que les officiers publics ne peuvent s'ingérer dans les fonctions des notaires, il résulte, à plus forte raison, que les simples particuliers ne peuvent, en aucun cas, usurper les attributions qui leur sont réservées. Toutefois, il a été décidé qu'un individu sans caractère public, tel qu'un arpenteur, avait pu, après avoir fait l'arpentage de biens à partager, et du consentement des copartageants, former des lots, rédiger l'acte de partage, le signer avec les parties, en rester dépositaire, à charge d'en délivrer des copies aux copartageants, sans qu'il y ait là, de sa part, usurpation des fonctions de notaire, et contravention à l'art. 1er de la loi du 25 vent. an 11, alors, d'ailleurs, qu'il est exprimé dans l'acte qu'il sera réalisé devant notaire, à toutes réquisitions des parties. — 31 mai 1831. Req. D.P. 31. 1. 279. — M. Roll. de Vill., n. 302, critique cette décision qui nous a paru se renfermer dans les règles rigoureuses du mandat et qui ne dégénérerait en usurpation qu'autant qu'un arpenteur serait dans l'habitude de recevoir de pareils actes.

19. — De même, la circonstance que des ventes par actes sous seing-privé et en détail, d'immeubles appartenant à des majeurs, ont été précédées d'enchères et qu'elles se référent à un cahier des charges commun, ne constitue pas un empiétement sur les attributions des notaires, qui rende les particuliers qui se sont ainsi dispensés de recourir au ministère de ces officiers publics, passibles de dommages-intérêts envers eux..., alors d'ailleurs que les actes de ventes ne constatent ni des affiches, ni même des enchères préalables. (Req. 20 fév. 1843. D.P. 43. 1. 53. — *Conf.* 26 juin 1811. Bruxelles. D.P. 11. 2. 197.) Cette décision, contraire à plusieurs solutions ministérielles et au jugement du trib. de Château-Thierry (D.P. 39. 3. 4 et 104), est critiquée par M. Roll. de Vill., n. 302 *bis*, qui s'en exagère, à nos yeux, l'importance. Il suffit de songer aux dangers qui peuvent résulter du mode suivi dans cette espèce et dans celle qui précède, pour comprendre qu'il ne formera jamais une pratique un peu dommageable pour le notariat. Voy. aussi nos observations sur les deux arrêts de la Cour de cassation. D.P. 31. 1. 279; 43. 1. 53.

20. — C'est à raison du droit exclusif des notaires de recevoir les actes dont les parties veulent obtenir l'authenticité, que les notaires de Paris prirent, le 24 déc. 1730, la délibération suivante : « Nous sommes tous unanimement convenus, et avons promis, en parole d'honneur, que nous ne souffrirons, directement ou indirectement, qu'il soit fait des actes dépendants de nos fonctions, que les signatures en soient reçues, et que les expéditions, copies ou extraits en soient

faits sous nos vues, à notre su, et sous nos ordres, par nos clercs travaillant actuellement dans nos études, et résidant chez nous, sans pouvoir nous prêter sur cela à aucune facilité, convention ni accommodement, quand bien même ce serait à titre purement gratuit, à cause du danger qu'il y aurait pour le public et pour nous d'en user autrement. »

Par la même délibération, les notaires se sont promis, en parole d'honneur, de ne pas recevoir d'actes qui auraient été rédigés hors de leur présence par des agents d'affaires.

21. — Si des actes authentiques étaient reçus par un autre qu'un notaire, comme ils auraient besoin, pour leur authenticité, de la signature d'un notaire, celui qui aurait signé s'exposerait à des peines disciplinaires.

22. — 2° *Recevoir tous les actes et contrats.* — Les notaires n'ont pas seulement mission de rédiger les conventions des parties, mais de dresser *acte* de tout fait quelconque qu'un individu peut avoir intérêt à faire constater (Toull. 8, n. 145; Loret, t. 1, p. 155; Dall. 10, 422, n. 2; Roll.. n. 247). — En général, tous les actes de la juridiction *volontaire* leur sont permis, sauf les exceptions des art. 75, 477 C. civ., et 486 C. comm. — Tous ceux, au contraire, de la juridiction *contentieuse* leur sont interdits, sauf aussi les exceptions des art. 154 C. civ., et 173 C. comm. — Langlois, ch. 20 et 21.

23. — La loi parle des actes et contrats *des parties* ; elle emploie le mot *parties* et non le mot de citoyens, individus, particuliers, etc., afin de montrer que les attributions des notaires s'étendent aux actes passés même avec des établissements, ou avec des fonctionnaires publics quelle que soit l'élévation de leur position sociale. Loret, p. 156. — Ainsi les contrats de vente, acquisition ou autres faits par le roi lui-même, doivent, pour jouir de l'authenticité, être reçus et gardés par un notaire. Il y a exception pour les contrats de mariage des princes et princesses de la famille royale; ils sont reçus par le chancelier; mais il en doit être déposé copie chez un notaire qui peut, dit M. Roll. de Vill., n. 251, en délivrer expédition comme s'il avait reçu la minute. »

24. — Les mots *actes et contrats* embrassent dans leur généralité tous les traités, tous les engagements, toutes les conventions, tous les faits que les citoyens peuvent avoir intérêt à faire constater légalement, comme les testaments, inventaires, états de lieux, compromis, actes de notoriété, etc. Conf. Roll., n. 247. — Et quel que soit le domicile ou la nation des parties, pourvu que l'acte soit reçu dans le ressort notarial. — Les notaires pourraient même recevoir des actes d'appel pourvu qu'on les fît signifier par un huissier; c'est la remarque de M. Rolland de Vill. n. 40, qui cite l'arrêt du 19 mai 1806, Pau, qui l'a ainsi jugé. Mais on conçoit que cette condition que l'acte soit signifié par un huissier, rend cette attribution du notaire véritablement illusoire. Ce n'est que pour l'honneur du principe qu'il convient de la faire connaître.

25. — Cependant, les attributions des notaires ont leurs limites comme celles de tous les fonc-

tionnaires; les actes et contrats que la loi leur confie sont les transactions de la vie sociale, c'est-à-dire ce qui intéresse l'état et la fortune des individus. Pour les autres actes dans lesquels des individus voudraient faire constater quelque événement remarquable, comme le passage d'un prince, les notaires ont bien le droit de les recevoir et de leur conférer l'authenticité de la forme; mais les constatations qu'ils renferment ne sont pas authentiques au fond, parce qu'elles excèdent la mission et les pouvoirs du notaire. — Toull. t. 8, n. 144. — V. art. 8 et 19.

26. — 3° *Auxquelles les parties* doivent *ou* veulent *faire donner le caractère*, etc. : ces mots *doivent* ou *veulent* indiquent qu'il y a des actes qui doivent nécessairement être passés devant notaire ; d'autres qui, au gré des parties, peuvent être passés devant notaire, ou être rédigés sous signatures privées. Les premiers sont les donations et les mandats pour les accepter (C. civ. 931, 933), les testaments, autres que le testament olographe, et la révocation faite en cette forme (C. 971, 976, 1035), les contrats de mariage (13, 84, 1396), les actes qui rétablissent la communauté (1451), les actes respectueux (C. 154), consentements à mariage (73) reconnaissances d'enfant naturel (334), les constitutions d'hypothèques et les mains-levées (C. 2127, 2158), les procurations pour désaveu (C. pr. 353) et pour la plupart des actes ci-dessus (L. 21 juin 1843, art. 2.) les certificats de propriété et de vie, les actes de notoriété, les décharges à donner aux Monts-de-Piété, les cessions de brevet d'invention, les actes de subrogation (C. 1250), etc., etc.

27. — Il paraît superflude faire remarquer que les actes ne cessent pas d'être volontaires, et par suite, dans les attributions de la juridiction gracieuse, par cela que la loi exige qu'ils soient passés devant notaires.

28. — Les parties peuvent choisir leurs notaires, sauf les cas de nomination d'office. Il a été toujours défendu aux juges d'imposer aux parties le notaire qui devra passer un acte ou un inventaire. (Turin, 14 août 1809 ; S. 10. 2. 229). Par suite, un notaire ne peut accepter, ni conserver le choix qui serait fait de lui à l'exclusion de ses confrères (Statuts des notaires de Paris, 30 janv. 1690, 29 juill. 1760.). — *Conf.* Roll., n. 281. — Et alors même qu'un testateur a déclaré qu'il entendait que l'inventaire et le partage de sa succession fussent faits par tel notaire, les héritiers ou légataires peuvent en choisir un autre. C'est là un précepte nu, une indication, plutôt qu'une véritable obligation.—Massé, l. 1ᵉʳ, ch. 18; Roll., n. 280.—Enfin après l'ouverture d'une succession l'exécuteur n'est pas en droit d'imposer aux héritiers légitimes et aux légataires universels le notaire de son choix, à l'effet de faire l'inventaire du mobilier. — S'il y a dissidence entre les parties, le choix doit être fixé, non par les divers motifs de préférence qu'on peut invoquer, mais par une nomination faite d'office par le président du tribunal (C. civ., 1031, 1034; C. pr., 955 ; Bordeaux, 15 avril 1835. D.P. 35. 2. 112. — Au surplus, s'il y a contestation entre le créancier et le débiteur sur le choix du

notaire, qui doit passer l'acte de constitution d'hypothèque, c'est au débiteur, qui paie les frais de l'acte, qu'il appartient de faire le choix, quoiqu'on alléguerait un usage contraire pour ce cas. —Req. 3 juill. 1844. D.P. 44. 1. 279.

29. — 4° *Donner le caractère d'authenticité attaché aux actes de l'autorité publique.* — Il faut, pour cela, deux notaires, ou un notaire et deux témoins. — V. à cet égard art. 8 et suiv.

30. — Par le mot *authenticité, authentique,* expression tirée du grec (αυθεντες;), on entend ce qui se réfère à un auteur certain, ce qui a de l'autorité, ce à quoi l'on doit accorder confiance : et c'est en ce sens que l'art. 1319 C. civ., dit que l'acte authentique fait pleine foi, c'est-à-dire qu'il suffit que l'acte soit représenté pour qu'on doive y déférer, sans qu'il soit besoin de vérification préalable (voy. les observ. sur cet article) ; la signature de l'officier public, légalisée par un fonctionnaire supérieur ou une autorité dont le sceau a plus de notoriété, est, comme la loi elle-même, réputée connue de tout le monde. Nouv. Denisart, Acte auth.. p. 159; Toullier, t. 8, n. 57; t. 9, n. 322.

31. — Comme on le pressent, il y a quatre sortes d'actes authentiques : 1° les actes législatifs; 2° les actes administratifs; 3° les actes de juridiction contentieuse; 4° les actes de juridiction gracieuse ou volontaire; c'est à cette dernière classe qu'appartiennent les actes notariés qui sont l'objet de la loi du 25 vent. an 11, dont on présente ici le commentaire.—Toullier. t. 8, n. 54; Solon, n. 70; Dalloz, 10. 645, n. 2.

32. — L'authenticité est établie pour prévenir les contestations sur la preuve des actes ou des conventions. Aussi l'art. 1317 C. civ. définit-il l'acte authentique celui qui a été reçu par officiers publics, ayant le droit d'instrumenter dans le lieu où l'acte a été rédigé, et avec les solennités requises. Cette définition est incomplète : car elle ne s'applique pas à tous les actes authentiques, notamment aux actes législatifs. Solon, n. 70. — Un acte public est donc essentiellement un acte authentique, pourvu que l'officier qui l'a reçu ait agi en sa qualité. *Persona publica agens contra officium personæ publicæ, non est digna spectari ut persona publica.* — Dumoulin. Pothier, n. 740.

33. Mais un acte cesse d'être authentique : 1° Si l'officier qui l'a reçu était incapable ; ce qui doit s'entendre en ce sens, que les actes par lui reçus sont nuls, à moins qu'il n'existe une véritable erreur commune sur sa capacité, cas auquel on appliquerait la règle *error communis facit jus* (Conf. Duranton, t. 13, n. 77). — Cette incapacité peut provenir, soit de ce que la nomination de cet officier a été subreptice, soit de ce qu'il était révoqué, suspendu ou destitué de ses fonctions au moment où il a passé l'acte. Mais on considère comme valables les actes qu'il a faits jusqu'à la signification du jugement de suspension ou d'interdiction (Duranton, *eod.* n. 75 ; Cass. 25 nov. 1813, D.A. 7. 700), à moins qu'un jugement ne soit point nécessaire pour prononcer la déchéance de fonctions, comme on en a des exemples dans les art. 64, 65, 68 de la loi de l'an 11 : ici l'erreur commune n'est pas admise (Turin, 21 avril 1807, Dict. gén., vᵒ Preuv. litt., n. 62). — Toutefois

ceci est rigoureux, car les citoyens ne peuvent vérifier la capacité de l'officier public qu'ils ont vu hier encore dans l'exercice de ses fonctions, sans que l'autorité ait pris les précautions nécessaires pour rendre la déchéance notoire et pourvoir même à son remplacement: aussi, quoique les articles 4, 5, 7 et 53 prévoient des cas où le notaire est réputé démissionnaire, nous ne croyons pas que les actes reçus par lui jusqu'à ce que son remplacement ait eu lieu ou lui ait été notifié, soient affectés de nullité; la décision du 19 janv. 1837, indiquée n. 91, *in fine*, dit bien que le notaire ne peut continuer l'exercice de ses fonctions jusqu'à son remplacement; mais c'est là une mesure d'ordre qui trace le devoir du notaire, sans affecter les actes que des tiers peuvent passer de bonne foi devant lui;—2° si le notaire est incompétent, c'est-à-dire s'il a instrumenté hors de son ressort ou s'il a agi hors du cercle de ses attributions.—Merlin, Répert. v° Filiation, n. 6 ; Duranton, t. 13, n. 70; — 3° si l'acte est destitué des formes prescrites par la loi, quoique dans ce cas il puisse valoir comme écriture privée, aux termes de l'art. 68 de la loi de vent. et de l'art. 1318 C. civ., articles applicables au cas où l'incompétence de l'officier public résulte de ce qu'il a agi hors de ses attributions, tout aussi bien que lorsqu'il a instrumenté hors de son ressort. C'est à tort en effet que M. Duranton, t. 13, n. 74, soutient que l'art. 1318 n'a eu en vue, comme l'art. 68 de la loi de ventôse, que les actes notariés et l'incompétence résultant de ce qu'un notaire agirait hors de son ressort : l'art. 1318 est général ; il serait difficile de ne pas accorder à l'adjudication que les parties passeraient devant un préfet, un sous-préfet, un maire, alors qu'elle porterait leur signature, la même autorité qu'il accorde aux actes reçus par un notaire incompétent. Conf. Roll. v° Acte auth. n. 38.

34. — L'authenticité peut encore être attribuée à des actes sous seing-privé, par le dépôt qui en est fait en l'étude d'un notaire ; mais pour cela, il faut que les deux parties fassent ce dépôt et qu'elles déclarent que l'acte contient leurs volontés. C'était déjà la disposition des lois romaines (Conf. Pothier, Introd. au tit. 20 de la Cout. d'Orléans, n. 13, de l'art. 107 de cette Cout.; Merlin, Rép. v° Acte sous seing-privé, § 4, et Hyp. sect. 2, art. 10 ; Grenier, dès Hyp. n. 67 ; Dalloz, t. 9, p. 194 ; Persil et Troplong, sur l'art. 2127 ; Toullier, t. 8, n. 200 ; Roll. v° Acte auth. n. 42). Suivant ces auteurs, l'acte déposé devient authentique. Il en serait de même, quoique l'acte ne serait remis au notaire que par une seule partie, pourvu que ce fût le débiteur ou la partie seule obligée : c'est ce qui résulte de ces expressions de Treilhard : « S'il n'était déposé que par l'une des parties, à moins que ce ne fût par le débiteur, la reconnaissance ne serait pas complète.» (Conférence sur l'art. 2127. Conf. Toullier, t. 8, n. 200 ; Cass. 11 juill. 1815).—Il a été jugé, à plus forte raison, qu'il en devait être ainsi, lorsqu'après le dépôt fait par le débiteur seul, le créancier à lui-même, dans les actes publics, reconnu implicitement la signature par lui apposée au bas de l'acte (Cass. 27 mars 1821) ; ou qu'il s'est fait dé-

livrer une grosse de l'acte déposé et poursuit l'exécution des conventions qu'il renferme (Bourges, 27 juin 1823).—Enfin, l'authenticité résulterait du dépôt effectué par une partie seule si elle avait mandat de l'autre partie (Conf. Troplong, *eod* ; Caen, 22 juin 1824).— V. ces quatre arrêts. D.A. 9. 200; 11. 648; 7. 708; D.P. 25. 2. 112. — Dans tous ces cas, et quoiqu'il ne paraisse pas nécessaire que l'acte de dépôt contienne une attestation ou reconnaissance formelle de ce qui est contenu en l'acte sous seing-privé déposé et quoique cette reconnaissance résulte implicitement du dépôt (Merlin, Rép. v° Acte sous seing-privé, § 4 à la note ; Troplong, n. 506 ; Persil, sur l'art. 2127; Rolland, *eod.*, n. 49.—Contrà, Pothier, Toullier et Grenier, *loc. cit.*), il est toujours plus convenable que l'acte de dépôt en contienne l'énonciation.

35. — Ce qu'on vient de dire de l'authenticité pour les actes sous seing-privé s'applique-t-il aux actes qui *doivent* être rédigés en forme authentique, et ces actes, s'ils étaient d'abord rédigés sous seing-privé, acquerraient-ils l'authenticité par le dépôt que les parties en feraient dans l'étude d'un notaire ? — L'intérêt du notariat, la sécurité des contractants eux-mêmes, doivent faire adopter la négative, au moins en thèse générale. C'est l'opinion émise par Pothier, *eod.* n. 28, par Merlin, Rép. v° Filiation, n. 12, et Donations, sect. 2, § 1er; Grenier, n. 159, pour les donations, lesquelles doivent être refaites, lorsqu'elles contiennent une nullité (C. civ. 1339): *Contrà*, Furgole, sur l'art. 1er de l'ord. de 1731). M. Rol. de Vill. *eod.* n.52, rejette, comme absolument vicieuse, la forme privée pour les donations entre vifs, les contrats de mariage et les testaments. « Il ne saurait, dit-il, y avoir de difficulté.» — A l'égard de la reconnaissance d'un enfant naturel, consignée dans un acte sous seing-privé, rédigé par le père, qui l'a déposé entre les mains d'un notaire, en lui déclarant que c'est son propre ouvrage, Merlin, v° Filiation, n. 12, soutient qu'un tel acte est valable comme authentique. M. Rol. de Vill. n'admet une telle proposition, *eod.* n.54, que parce qu'il y voit une nouvelle reconnaissance « qui se suffit à elle-même , indépendamment de l'acte privé.» Mais ce n'est pas ainsi, à l'aide d'une telle subtilité, que Merlin entend résoudre la question qui, au reste, paraît devoir être décidée suivant l'opinion de M. Roll. de Vill., au moins depuis la loi du 21 juin 1843 qui , pour la solennité des formes, met les reconnaissances d'enfant sur la même ligne que les donations , les testaments et les révocations de ces actes, les contrats de mariage et les procurations pour consentir (*Contrà*, Loiseau, Tr. des enf. nat., p. 472). Quoique la loi de 1843 n'ait pas parlé de la société anonyme, il semble que les formes particulières de ce contrat qui doit être soumis à l'approbation du gouvernement, ne sont pas compatibles avec la rédaction sous seing-privé (Conf. Roll. de Vill. n. 57).

Au surplus, M. Roll. de Vill. *eod.* n. 55, pense que le consentement à mariage résulterait valablement d'un acte sous seing-privé , déposé en l'étude d'un notaire. Il applique ici la raison de décider qu'il a émise au paragraphe qui précède. C'est ce qu'il fait encore, *eod*, n. 56, au sujet de l'affectation hypothécaire, bien qu'elle ne puisse être consentie que par acte passé dans la forme authentique devant notaire (C. civ. 2127 ; Paris, 11 juill. 1815 ; 27 mars 1821 : 15 fév. 1832, Contrà, Delvincourt, t. 3, p. 300, Metz, 24 mars 1819). Le dépôt d'un acte sous seing-privé est, aux yeux de M. Roll. de Vill. n. 58, l'équivalent d'une ratification qui couvre les vices de l'acte. D'un autre côté, l'obligation devient exécutoire contre le débiteur et le notaire peut la délivrer en forme de grosse en même temps que l'acte de dépôt avec lequel elle s'identifie (Conf. Merlin, Quest. v° Acte sous seing-privé, n. 4, Roll. n. 59. Cass. 27 mars 1821. Dict. gén. v° Preuve litt. n. 1343). Sur les dépôts d'actes, Voy. aussi n. 38.

36. — L'authenticité des actes notariés ne dépend plus, comme sous la législation précédente, de l'accomplissement de la formalité de l'enregistrement ; elle tient au caractère de l'officier public et à l'accomplissement des formes inhérentes à l'acte au moment où il est passé (Locré, Espr. C. pr. 4, 73 ; Berriat, p. 86 ; Favard, v° Acte not., § 1, n. 3 ; Merl., Rép. t. 6, p. 405 ; Dict. not., n. 8). — Il a été jugé en ce sens : 1° Qu'un acte notarié n'a pas besoin d'être revêtu de l'enregistrement pour faire foi en justice, surtout après la mort du notaire à qui cette obligation était exclusivement imposée. Ce ne serait pas le cas d'appliquer l'art. 9 de la loi du 5-19 déc. 1790, qui considérait comme sous seing-privé tout acte authentique non enregistré dans les délais prescrits (Bruxelles, 12 janv. 1808. S. 10. 2. 543) ; — 2° Qu'un acte notarié ne perd pas son caractère d'authenticité lorsque l'enregistrement qu'il a reçu, dans le délai prescrit par la loi, a été bâtonné par le receveur, faute de paiement du droit (Cass. 16 déc. 1811. D.A. 8. 631);— 3° Enfin, que le défaut d'enregistrement d'un acte notarié, dans les délais prescrits, n'a plus d'autre effet que de soumettre les notaires au paiement d'une amende, et non de faire considérer l'acte commé sous seing-privé, la loi du 22 frimaire an 7, ayant abrogé celle du 29 sept. 1790 (Loi, 22 frim. an 7, art. 73, et tit. 6, art. 33; Req. 23 janv. 1810. D.A. 6. 150). — Quant aux obligations des notaires, relativement à l'enregistrement de leurs actes, V. Enregistrement.

37.—5° *Assurer la date.*—Des auteurs ont soutenu que l'enregistrement était nécessaire pour conférer à l'acte, même notarié, une date certaine. C'est une erreur que réfute énergiquement l'art. 1er de la loi du 25 vent. an 11 ; d'où la conséquence que le défaut d'enregistrement d'un acte, dans le délai voulu par la loi, ne peut porter atteinte à son authenticité.—Dalloz 10. 423, n. 10; Roll., n. 166 et plus haut n. 36.

38.—6° *Conserver le dépôt :* « Les notaires, porte l'art. 20 de la même loi, seront tenus de garder minute de tous les actes qu'ils recevront. » Ils sont sous ce rapport *gardes notes* et responsables de ces minutes, Voy. art. 20 et 60.

Les notaires ne sont pas seulement dépositaires des actes qu'ils reçoivent; ils peuvent aussi recevoir en dépôt toute sorte de pièces. Ainsi, un acte sous seing-privé est souvent déposé chez un notaire, dans la crainte qu'il ne s'égare, ou pour lui faire acquérir, au moyen de ce dépôt, dont il

doit toujours être dressé acte (L. 22 frim. an 7, art. 3), l'authenticité qui lui manque.— D.A. 10. 423, n. 12. — V. n. 34.

39.—7°*Délivrer des grosses et expéditions :* pour la distinction à faire entre les grosses et expéditions, V. l'art. 21.

40.— 8° *Autres fonctions des notaires qui dérivent implicitement soit de l'art. 1er, soit de leur caractère, soit de lois spéciales.* — Quoique la loi ne le dise pas expressément, les notaires comptent, parmi leurs attributions les plus importantes, les conseils qu'ils donnent à leurs clients, et le dépôt qu'ils reçoivent des secrets des familles.— *Conf.,* Roll., n. 285 et suiv.

41.—Les anciennes lois et les anciens usages avaient donné aux notaires un grand nombre d'attributions exclusives, que la législation n'a pas maintenues. — M. Roll., § 9, exprime le vœu de les leur voir restituer dans toute leur étendue ; mais c'est là un vœu qui restera longtemps stérile, et nous doutons même qu'il soit de l'intérêt bien entendu des notaires qu'il y soit donné satisfaction.

Outre leurs attributions générales, les notaires en ont quelques autres, telles que d'être commis par les tribunaux pour représenter les présumés absents dans les inventaires, comptes, partages et liquidations dans lesquels ces derniers se trouvent intéressés (C. civ. 113); telles encore que d'être commis dans les partages judiciaires, pour procéder aux comptes que les copartageants ont à se rendre, ainsi qu'à la formation de la masse générale et à la composition des lots (C. civ. 828, 831, 842 ; C. pr. 976). — Et dans ce cas, ils procèdent seuls, comme délégués de la justice.—Les notaires sont appelés aussi à concourir aux ventes judiciaires (C. civ. 459, 806, 827 ; C. pr. 747, 904, 955, 970, 988 et 1001; C. comm. 564).

Le notaire devant lequel les parties ont été renvoyées pour procéder à la liquidation d'une succession (C. pr. 976), peut se livrer *seul* au travail à faire pour remplir sa mission, dès que les titres, pièces et renseignements lui ont été remis par les héritiers copartageants (C. civ. 828; C. pr. 976)... Amiens. 21 déc. 1830. D.P. 34.2.9,—

42.—Les notaires peuvent aussi se charger des commissions qui tiennent à l'exécution de leurs actes, ou qui sont une suite nécessaire de leurs attributions. — Souvent ils sont chargés, même par les actes qu'ils reçoivent, du dépôt des prix de vente ou des sommes prêtées, jusqu'à l'accomplissement des formalités hypothécaires. — *Conf.,* Roll., n. 303 et suiv.

Les commissions de cette nature qu'ils consentent à recevoir, et celles que la loi leur impose, rentrent dans la classe de leurs devoirs et obligations, dont il sera traité plus bas, n. 47 et 50.

43. Le droit des notaires de recevoir les actes et contrats étant exclusif, les greffiers et les juges ne peuvent recevoir des actes de cette espèce. — Ce principe ayant été souvent violé sous l'ancienne monarchie, les ordonnances ont ramené, à plusieurs reprises, les magistrats à son exécution (Édits du 5 juin 1317; de nov. 1542; du 11 déc. 1543; du 4 déc. 1553; code Henri, tit. 22, art. 14 et 26, arrêt du 26 août 1758).—Roll. n. 291.

44.—Quoique distrait aujourd'hui de la juridiction des tribunaux ordinaires, le notariat continue à y être rattaché par plusieurs dispositions de loi. C'est ainsi qu'il demeure dans les attributions du ministre de la justice (L. 19 brum. an 4) et qu'il est placé sous la surveillance disciplinaire des tribunaux , dans les cas prévus par la loi. — M. Roll. de Vill., n. 29 et suiv., s'attache à réunir les textes des lois nouvelles qui lui paraissent prouver que le notariat fait toujours partie de l'ordre judiciaire. Cette proposition ne paraît pas pourtant d'une complète exactitude, ni d'une utilité pratique bien réelle, car en prenant à la lettre les inductions de cet auteur, il faudrait dire que les avocats et les avoués en font partie également.

45. — Quoique la ligne de démarcation, tracée par les lois nouvelles entre les magistrats et les fonctionnaires de tout autre ordre, ne permette plus aucune confusion entre les notaires et les membres des cours et tribunaux, cependant certaines attributions des juges de paix ont donné lieu à des conflits entre eux et les notaires. — On appuyait les prétentions des juges de paix sur ce qu'ils peuvent, par leurs procès-verbaux de conciliation, consacrer les engagements entre parties. Mais cette usurpation fut justement proscrite par une circulaire du ministre de la justice, du 29 brum. an 5, ondée principalement sur ce que les juges de paix n'ont de compétence que pour les affaires vraiment contentieuses, et nullement à l'égard des contrats purement volontaires. Depuis lors, les juges de paix ont invoqué l'art. 7 C. pr., qui leur permet de juger les différends des parties qui se présentent volontairement devant eux; mais cet article suppose des différends à juger; il n'autorise pas à en simuler de fictifs pour entreprendre sur les attributions des notaires, et dénaturer le ministère du juge (Pig. t. 1er p. 44; Roll. n. 294 et suiv.) Et un arrêt a annulé un jugement|de juge de paix, rendu en vertu de prorogation et en dernier ressort, dans une espèce où il n'y avait pas de contestation entre les parties, mais simple demande de délai (19 août 1841, Paris D.P. 42. 2. 202. Toutefois la cour de cassation a maintenu soit des poursuites en saisie immobilière (Req. 13 nov. 1843, D.P. 44. 1. 17), soit une inscription hypothécaire (cass. 6 janvier 1845. D.P. 45. 1. 56) , prise en vertu de décisions de juge de paix, rendues dans des circonstances semblables , mais non attaquées par les voies ouvertes contre les jugements.

46. — Quant aux greffiers, qui ne sont, en quelque sorte, que les secrétaires des juges (Ferrières, Parf. not., liv. 1, ch. 2), ils ne peuvent, dans aucun cas, exercer aucune des fonctions réservées aux notaires. — Conf. Roll. n. 38.

47. — Les notaires ne peuvent non plus être confondus avec les avoués , encore moins avec les huissiers , ministres de la juridiction contentieuse, et seulement pour les actes forcés.

48. — Ce sont les huissiers qui sont exclusivement chargés des notifications, de l'exécution des actes et jugements.—Les notaires ne peuvent faire des notifications que dans certains cas exceptionnels. (Voy. n. 24). Ainsi ils ne peuvent signifier un transport (Brux. 23 mars 1811). Cependant ils ont qualité pour faire des offres réelles (C. civ., 1258). Et pour les sommations d'assister à la consi-

gnation des offres par eux faites (C. civ., 1259 — Agen, 17 mai 1836. Bordeaux , 30 juin 1836. D.P. 37. 2. 101; 37. 2. 115. — Peuvent-ils faire tous les actes et notifications extrajudiciaires étrangers aux exécutions forcées? — V. la dissertation insérée D. P. 35. 1. 545.

49. — Ils ont le droit exclusif de dresser des inventaires (C. pr. 933), excepté en cas de faillite (C. com. 479).

50.—Ils dressent des procès-verbaux de carence concurremment avec les juges de paix (L. 6. mars 1791).

51. — Il paraît superflu de dire en terminant sur l'art. 1er, que les fonctionnaires de l'ordre administratif ne doivent se permettre aucun empiétement sur les attributions des notaires.

ARTICLE 2.

Ils sont institués à vie.

52. — « S'il est, a dit l'orateur du gouvernement qui a exposé les motifs de la loi du 25 vent. an 11, une circonstance où l'institution à vie ne présente aucun inconvénient, c'est sans doute lorsqu'elle s'applique à un notaire. Quoiqu'il soit nommé à vie , il est , à chaque instant, soumis à un choix, à une véritable élection, dans laquelle l'électeur parfaitement libre ne peut être déterminé dans son choix que par une probité et des talents dont il aura fait l'expérience , ou qui lui auront été attestés par la voie publique. » C'est déjà en ce sens que s'expliquait le rapporteur de la loi du 6 oct. 1791.

De cette institution à vie, il résulte que les notaires ne sont pas révocables, en ce sens qu'ils ne peuvent être destitués ou même suspendus que par des jugements. C'est là un principe ancien (Merlin, Rép. v°. Notaire, § 3. Ils ne peuvent non plus être déplacés de résidence. Roll. v° Notaire, n.73. En Algérie , ils sont révocables. V. Arrêté, 30 déc. 1843.

ARTICLE 3.

Ils sont tenus de prêter leur ministère lorsqu'ils en sont requis.

53. — Cette disposition reproduit un principe ancien. Chassanée, sur la Cout. de Bourgogne , p. 257, n. 48 , disait déjà : *Notarius recusans recipere instrumenta si est rogatus de hoc, debet privari officio.* Et Ferrière, Parf. Not., liv. 1, ch. 16, a dit aussi : « On tient qu'on peut contraindre un notaire de recevoir un acte. La raison est qu'il est personne publique et qu'il était en son pouvoir d'accepter ou de refuser l'office de notaire; mais sitôt qu'il l'a accepté et qu'il en est revêtu, il ne lui est pas permis de refuser son ministère. Il doit faire les fonctions de sa charge pour tous ceux qui l'en requièrent. » — Le rapporteur de la commission chargé d'examiner un projet de résolution sur le notariat, M. Cailly, s'est exprimé en ces termes au Conseil des Anciens, séance du 12 prairial an 7 : • Le ministère du notaire est un *ministère nécessaire* ; il ne peut le refuser lorsqu'il en est requis, et ce serait aller

contre le principe de la matière que de lui laisser la liberté du refus. S'il participe aux fonctions d'une honorable magistrature, son temps et ses facultés appartiennent à tous ses concitoyens et à tous ceux qui ont besoin de son ministère. Comme le juge se doit tout à l'administration de la justice, le notaire se doit tout entier aux fonctions que la loi lui délègue ; elle devait donc le *rendre garant* d'un refus déplacé. » — Cette assimilation du notaire au juge avait été faite par Blondela, Tr. des Connaiss. nécess. à un notaire, t. 1, p. 57

Ainsi, il est tenu d'aller prêter son ministère hors de sa résidence, pourvu que ce soit dans son ressort. La loi, en effet, veut qu'il défère aux réquisitions des parties, et elle règle même les frais de voyage (Ann. not. t. 7. p. 142; Roll. v° Notaire, n. 396). Mais on conçoit que cette rigueur à l'égard du notaire ne se manifestera guères que dans les cas où il y a urgence, comme lorsqu'il s'agit de recevoir le testament d'un malade.

54. — Il résulte 1° de la circulaire du 28 vent. an 13, rapportée à sa date, que le refus illégal de prêter son ministère entraînerait, contre le notaire, la suspension et même la destitution, suivant les circonstances ; 2° de l'art. 1382 C. civ., et du rapport de M. Cailly, qu'il pourrait être passible de dommages-intérêts envers les parties, si celles-ci, même quand elles l'auraient fait commettre par le juge, ressentaient un préjudice de ce refus... ou si, comme cela a été jugé, le refus du notaire de signer ou clore un testament, a été déterminé par dol ou fraude. Bordeaux, 3 août 1841. D.P. 42. 2. 13.

55. — Cependant, le notaire échapperait à tout reproches'il était dans un cas d'empêchement légitime En effet, la loi du 6 oct. 1791, tit. 1er, sect. 2, art. 6, et les projets de loi qui ont précédé celle de l'an 11, indiquaient déjà ce dernier cas de refus. Le projet de loi adopté en l'an 8, au Conseil des Cinq-Cents, portait : « A moins d'*empêchement légitime*, les notaires ne peuvent refuser leur ministère, lorsqu'ils en sont légalement requis par des personnes *en état de contracter* et pour des actes *licites*, à peine de dommages-intérêts envers les parties requérantes qui auraient souffert de leur refus, constaté par une sommation, laquelle contiendra, de la part des requérants, l'offre réelle des droits et honoraires de l'acte, et de la part du notaire, les motifs de son refus. » Ces cas d'empêchement ne sont pas reproduits dans la loi de l'an 11, au moins d'une manière aussi précise; mais la raison et même la force des choses révèlent bientôt qu'ils y sont comme sous-entendus. C'est l'avis de tous les auteurs, notamment de Roll., v° Notaire, n. 355.

Ils peuvent être ramenés à trois principaux : 1° si le notaire est dans un cas d'empêchement physique ou légal; 2° si les parties sont incapables; 3° si l'acte est illicite.

56. — Au reste, ces cas de refus doivent être examinés avec soin, car l'omission, dans la loi, des mots cités a sans doute eu lieu sciemment; et c'est surtout lorsqu'on articule soit l'incapacité des parties, soit le caractère illicite des actes, qu'une grande circonspection est imposée au notaire. En effet, la nullité n'est pas toujours certaine; elle fait naître parfois de grandes controverses, et sou-

vent elle n'est que relative. — Le notaire ne doit donc refuser son concours qu'après mûr examen : il avertira les parties ; il mentionnera, au besoin, dans l'acte, leur persistance malgré l'avis qu'il leur aura donné : par ce moyen, il se mettra presque toujours à l'abri du reproche ; et, si les parties s'opposent à cette mention dans l'acte, il pourra, dans les cas surtout où il n'y a pas urgence et où d'autres notaires exercent dans la localité, refuser son ministère, tant qu'il ne sera pas commis par le juge.

Toutefois, si comme le remarque M. Roll., v° Not., n. 357, — « Le premier devoir du notaire est de ne mettre sous la garantie de la loi que des volontés purement légales (V. aussi Loret, t. 1er, p. 166; Ann. not., t. 1er, p. 168), il ne faut pas perdre de vue qu'il est, d'après le même auteur, *eod.* n. 389, une foule d'actes qu'il n'est pas interdit au notaire de passer, quoique la loi n'en sanctionne pas toutes les dispositions ou qu'elle ne les autorise pas formellement. »

Mais voyons les trois cas de refus légitime rappelés plus haut.

57. — 1° *Si le notaire est dans un cas d'empêchement physique ou légal.* — La raison dit qu'il pourra s'abstenir, sauf la faculté qu'il a de se faire substituer. Tel serait le cas où il serait malade ou absent, celui où il serait requis d'aller instrumenter dans un lieu dont les abords sont impraticables ou dangereux, toutes circonstances qu'il doit prouver (Roll. n. 391); — S'il est requis de prêter son ministère hors de son *ressort*, ou si, au moment où il est demandé, il se trouve déjà occupé; mais ce dernier empêchement ne peut être que très-momentané ; et il n'en résulterait aucun de ce que le pays serait envahi par l'ennemi (Voy. L. 28 frim. an 8), si, d'ailleurs, les communications ne sont pas empêchées ou prohibées.

58. — A cette nature d'empêchement se réfèrent les cas où le notaire est requis de prêter son ministère : 1° le dimanche ou un jour de fête légale (L. 18 germ. an 10, art. 17); 2° à une heure indue, à minuit, par exemple, et sans qu'il y ait extrême urgence (Cothereau, théo. et prat. du notaire, p. 17; Ann. not., t. 7, p. 142) : il peut alors refuser son ministère ; il le doit même lorsqu'il est requis de procéder un jour férié, à des actes de juridiction contentieuse comme les compulsoires, sommations respectueuses, inventaires, à moins qu'il n'y ait urgence (Loret, t. 1er, p. 168, Roll. n. 395, v° Notaire) ; ou dans des lieux et des temps suspects (Ord. juill. 1304, art. 6; C. pr. 1037). — *Quid* si un commerçant n'a pas de patente? — V. art. 47.

59. — Enfin, le notaire ne pouvant recevoir l'acte dans lequel il est partie, ou intéressé, ou parent au degré prohibé de l'une des parties (Voy. l'art. 8), devrait refuser son ministère ; il le pourrait aussi dans le cas où les parties lui étant inconnues, leur individualité ne serait pas attestée par des témoins (Voy. art. 11), et dans celui où elles ne lui consigneraient pas les droits d'enregistrement et honoraires de l'acte. Voy. n. 54, 3°.

60. — 2° *Si les parties sont incapables.* — « Sans doute, lit-on dans un arrêt de la Cour de justice d'Alger, du 17 avril 1833 (D. P. 34. 2. 16),

le législateur n'a pas voulu rendre le notaire juge de la validité des actes qu'il doit passer; cependant les devoirs de la magistrature qu'il remplit lui imposent des obligations, et de ce nombre est celle de refuser son ministère aux parties qui sont, d'après la notoriété publique, *incapables* de contracter. »

61. — Cependant une distinction est à faire entre les incapables d'une manière absolue et ceux qui ne sont affectés que d'une incapacité relative, comme les mineurs, les femmes mariées, les interdits, et, d'après la jurisprudence, les communes. — Ces individus peuvent rendre leur condition meilleure. Le notaire ne devrait donc pas leur refuser son ministère, surtout pour des actes qui leur sont favorables.

62. — Mais il doit le refuser à l'aliéné qui veut s'obliger, à l'individu qui veut tester quoiqu'il ne soit pas sain d'esprit (Bordeaux, 3 août 1841); à celui qui est en état d'ivresse (Loret, t. 1er, p. 166), ou sous le coup de violence et de contrainte actuelle (C. 1109); au maire qui se présente pour contracter au nom d'une commune sans être autorisé (Lett. min., 21 mai 1826); à celui qui prend la qualité de mandataire sans produire une procuration (art. 13), ou lorsqu'il est de notoriété publique qu'elle est révoquée (Alger, 17 avril 1833. D.P. 34. 2. 16).— Enfin, il peut refuser de recevoir l'enchère d'un insolvable alors que le cahier des charges arrêté entre *majeurs* veut qu'on n'admette que des enchérisseurs fournissant une caution solvable. Pau, 10 janv. 1835. D.P. 35. 2. 172.

63.—Un notaire requis par une veuve commune en biens, et par les héritiers de son mari, au nombre desquels se trouvent plusieurs mineurs, de procéder, soit dans son étude, soit à la chambre d'adjudication des notaires, *à la vente aux enchères*, mais sans l'accomplissement des formalités prescrites par la loi, d'une propriété appartenant pour des portions indivises auxdits mineurs, doit-il, encore bien que les héritiers majeurs offrent de se porter forts des mineurs et de laisser la portion afférente à ceux-ci dans le prix ès-mains de l'adjudication jusqu'à l'époque de leur majorité et de la ratification, refuser son ministère?

—La chambre des notaires de Paris a été d'avis que, dans cette circonstance, le notaire devait refuser son ministère (Délib. 10 oct. 1822). Cet avis est-il bien fondé? Les notaires peuvent-ils refuser l'appareil de la publicité et de la concurrence à un acte dans lequel figurent des personnes qui ne peuvent pas se défendre, et qui n'a pas à leur égard un caractère irrévocable? Roll., n. 361, ne le pense pas. — La question est délicate, et nous ne croyons pas, lorsque les droits des incapables sont complétement sauvegardés, que les notaires doivent refuser leur concours ni encourent des reproches pour l'avoir accordé — Sans doute, les majeurs ont pu prendre une voie plus facile et sans publicité. Mais ce n'est pas là une raison de les dépouiller des avantages de la publicité.

64. — 3° *Si l'acte est illicite.* — Le projet de l'an 8, ci-dessus rappelé, portait : « A moins d'empêchement légitime, les notaires ne peuvent refuser leur ministère... *pour des actes licites*, à

peine, etc. Voy. n. 54. — Si la loi de l'an 11 reproduisait cette disposition, nul ne songerait à critiquer, en principe, le droit du notaire de refuser son ministère pour des actes *illicites*; il s'induirait *à contrario* du silence du législateur, quant à ces sortes d'actes. — Mais le doute vient de ce que la loi de l'an 11 ne l'a pas reproduite, ou plutôt de ce qu'elle s'est bornée, dans son art. 17, à indiquer quelques cas particuliers, dans lesquels le notaire pourrait refuser d'insérer certaines stipulations dans les actes. Or, la conséquence qui se tire de là est toute simple. En indiquant certains cas où le notaire peut refuser son ministère, ou plutôt certaines stipulations, il annonce, peut-on dire, qu'il a entendu que son ministère fût obligé pour tous les cas qu'il n'a point prévus, *inclusio unius est exclusio alterius.* — Cependant, à nos yeux, le principe qui autorise le refus du notaire n'est pas moins constant que fondé en raison : « Le notaire, dit très-bien M. Loret, t. 1, p. 167, est l'officier établi par la loi pour recevoir les conventions des parties, et leur donner le caractère d'authenticité qui en assure l'exécution; mais la loi ne consacre pas ces conventions, elle n'en garantit l'exécution qu'autant qu'elles sont en harmonie avec les lois générales relatives à la matière qui fait l'objet du contrat. L'art. 1131 C. civ., d'accord en cela avec les principes de notre ancienne législation, dit que l'obligation fondée sur une cause *illicite* ne peut avoir aucun effet; or, tout contrat qui serait un attentat contre les bonnes mœurs, qui serait en opposition avec les lois positives, serait fondé sur une cause illicite. Si donc on proposait à un notaire de recevoir des actes de cette espèce, il serait obligé de s'y refuser. Son caractère de ministre de la loi doit lui faire rejeter tout ce qui est condamné par elle. Ce refus, dans une pareille circonstance, est de sa part l'observation de ses devoirs et un hommage qu'il rend à la pureté de son ministère. »

Qu'on y prenne garde cependant : cette théorie, poussée trop loin, aurait de graves inconvénients; et c'est la raison peut-être qui a déterminé le législateur de l'an 11 à ne pas reproduire la disposition du projet adopté en l'an 8. — Sans doute, si tout ce qui est illicite se présentait avec un caractère d'évidence telle qu'il ne fût pas possible de s'y méprendre, le législateur n'aurait pas manqué de s'expliquer positivement et d'enjoindre aux notaires de ne point recevoir de tels actes; s'il a gardé le silence, c'est qu'il a vu les inconvénients d'un texte précis, et il a laissé au bon sens du notaire le soin de discerner les cas dans lesquels il est convenable qu'il refuse son ministère à des actes qu'il croit illicites. Et, pour avoir une idée des embarras que le législateur aurait éprouvés, il suffit de voir au Dictionnaire général, v° Obligations, les exemples nombreux de contestations élevées au sujet d'actes qu'on prétendait illicites; il suffit de songer à tous ceux que les accidents de la vie peuvent faire éclore chaque jour, pour comprendre ce qu'il y a eu de sagesse dans le silence de la loi.

65. — D'abord, on regarde comme *illicites* les actes qui sont contraires à l'ordre public ou aux bonnes mœurs (C. civ. 1133).

Tels seraient les actes où il s'agirait de cons-
pirations (Parl. de Gren., arrêt de 1460, rapp.
par Papon dans ses Arrêts, liv. 4, t. 14, n° 8); —
ceux où il s'agirait d'une protestation contre les
lois du pays, — c'est ce qui s'est vérifié au sujet
d'une protestation contre les lois organiques du
concordat : le notaire et l'huissier qui l'avait notifiée furent destitués sur le motif qu'ils n'avaient pu
recevoir et notifier un acte aussi visiblement contraire au respect dû aux lois et aux actes du gouvernement, que par un entier oubli de leur devoir (Arrêté 29 niv. an 11).

66. — Autrefois il était défendu aux notaires de
recevoir aucunes contre-lettres sur les traités d'offices de procureur au parlement et d'huissier de
la même cour, pour porter le prix au delà de la
fixation des offices et de l'estimation des pratiques
(Jousse, t. 1, p. 375; arrêt 7 déc. 1691 et 8 août
1714). Ces contre-lettres étant aujourd'hui interdites par une jurisprudence qui devient chaque
jour de plus en plus constante, il semble que le
refus de ministère serait tout à fait légal.

67. — Le refus de recevoir des actes tendant à
rétablir la féodalité ou à rappeler le régime féodal
serait légal aussi (art. 17). Il en serait de même du
refus de recevoir des plaintes en matière criminelle (Roll., v° Notaire, n. 376),... ou un acte de
délégation de contributions pour l'électorat, hors
des cas prévus par la loi (Circ. ch. not. de Paris,
31 juillet 1838),... ou la déclaration de deux individus de se prendre pour mari et femme (eod.,
n. 378)..., ou une procuration à l'effet de contracter mariage (Stat. not. de Paris, 14 nov. 1811),
.... ou des actes contenant des déclarations ca-
lomnieuses ou injurieuses pour autrui (Rennes,
14 fév. 1842),... ou des déclarations de grossesse
(Roll. eod., n. 382)... ou des actes frauduleux pour
les tiers (Trib. de la Seine, 2 juillet 1838, D. P.
40. 3. 64),... ou un acte usuraire,... ou des déclarations par manière de déposition, de révélation,
sur des minutes ou autrement (Stat. not. de Paris, 28 mars 1688. Roll. eod. 385),... ou des actes
de vente, d'acquisition, d'échange, de cession ou
transport, de concession de rente, de transaction
au nom des établissements ecclésiastiques et des
communautés religieuses de femme, s'il n'est justifié de l'ordonnance royale portant autorisation
de l'acte et qui devra y être entièrement insérée
(Ord. 14 janv. 1831). — Le même refus, à défaut
d'autorisation préalable, devrait avoir lieu pour
les autres établissements; le principe, dit très-bien
M. Roll. de Vill., eod., n. 374, est le même. — La loi
d'août 1749, art. 22, prescrivait déjà aux notaires
de ne recevoir de tels actes au profit des gens de
main-morte ou des fondations pieuses, que sur
lettres-patentes. — Mais si le notaire était invité à
passer contrat de mariage entre un oncle et une
nièce, il ne serait pas, ce semble, fondé à refuser
son ministère jusqu'à production de la dispense :
ceci regarde l'officier de l'état civil... pas plus
qu'il ne serait fondé à refuser au tuteur la rédaction d'un état de situation, sous prétexte que de
tels actes doivent être rédigés sans frais sur papier
non timbré (C. civ. 470) : seulement le tuteur
supporterait les frais (Conf. Roll. eod. 390).

ARTICLE 4.

Chaque notaire devra résider dans le
lieu qui lui sera fixé par le gouvernement.
En cas de contravention, le notaire sera
considéré comme démissionnaire : en conséquence, le grand-juge, ministre de la justice, après avoir pris l'avis du tribunal,
pourra proposer au gouvernement le remplacement.

68. — «Le fonds de cette disposition, a dit M. Réal,
se trouve dans toutes les lois anciennes; on la re-
voit dans la loi d'oct. 1791, tit. 1, sect. 2, art. 10,
et dans les projets soumis aux deux conseils. L'a-
bus que cette disposition veut réprimer est, pour
ainsi dire, aussi ancien que l'institution. Sous l'ancien régime, il fut la source d'une foule de procès : les troubles de la révolution permirent à cet
abus de se développer avec une nouvelle énergie.
Tous les points de la République et même de la
capitale offrent des preuves d'atteintes multipliées
portées par cet abus à la propriété. » — Le tribun
Favard ajoutait : « Si le notaire pouvait transférer à son gré sa résidence, la loi aurait manqué
son but tant pour l'avantage de la société que
pour celui des notaires en particulier. On verrait
la majeure partie d'entre eux abandonner les campagnes et venir habiter les villes pour la résidence
desquelles d'autres notaires auraient payé un cautionnement plus considérable.»

69. — La résidence est le lieu où le notaire est
obligé d'avoir une demeure fixe et habituelle pour
l'exercice de ses fonctions. La résidence, qu'il ne
faut pas confondre avec le ressort, a été aussi imposée, d'une manière générale, aux fonctionnaires
publics, par la loi des 29 mars, 12 septembre
1791, art. 1er, qui, après le seul fait de leur contravention à cet article, « sont censés avoir renoncé à leur fonction et devront être remplacés
(art. 13) », et par les lois des 28 floréal an 10 et
20 avril 1810, qui autorisent le remplacement des
magistrats en cas d'absence.

70. — Le principe de cette résidence se trouve
déjà dans l'art. 22 de l'ord. de juill. 1304, Dicti
notarii in locis certis, villis seu castris, reside-
bunt. — Cependant, il arrivait souvent qu'on les
autorisait à résider où ils voulaient, pourvu que
ce fût dans l'étendue de la juridiction à laquelle
ils étaient attachés. Loret, t. 1er, p. 170. L'art. 4
ne permet plus cette faculté.

71. — Pour assurer l'exécution de l'art. 4, l'art.
45 veut que la commission énonce le lieu fixe de
la résidence, et l'art. 12 exige que ce lieu soit indiqué dans les actes que le notaire reçoit, à peine
de 100 fr. d'amende (réduite à 20 fr. par l'art. 10
de la loi du 16 juin 1824). Et il a été jugé qu'il ne
pourrait se prévaloir de sa demeure réelle à l'effet
d'établir que son domicile politique n'est pas au lieu
de sa résidence. Rennes (4 nov. 1834; D.P.35.2.50).

72. — La loi a établi les bases d'après lesquelles le
nombre des notaires est réglé dans chaque département; mais c'est au gouvernement qu'est dévolu le
droit de fixer les résidences suivant que l'exigent
les besoins variables des localités (art. 4 et 31);

et, sur le rapport de M. de Tascher, la chambre des pairs a écarté par ordre du jour, le 22 janvier 1831, une pétition qui demandait qu'elles fussent fixées par une loi.— «Ainsi, disait M. de Tascher, lorsque les besoins d'une population nouvelle ou la modification qu'elle a subie nécessitent soit la création d'une nouvelle étude, soit le déplacement d'une étude ancienne, cette création ou ce changement de résidence a lieu par une décision du ministre de la justice, qui ne la rend que lorsque les intérêts ont été consultés et entendus.»

73.—Il est convenable que la chambre de discipline, qui est appelée à donner son avis sur une question de résidence, entende, en leurs observations, tant le demandeur que les notaires qui auraient un intérêt opposé. Instr. min. 29 sept. 1836.

74.—Quoique, d'après M. Roll. de Vill., v° Résidence, n. 16, il soit aujourd'hui admis au ministère que les notaires peuvent résider dans tel lieu de la commune qu'il leur plaît de choisir, par exemple, dans un hameau et non au centre, parce qu'ils sont à la commune et non à telle ou telle fraction; cependant, une ordonn. du 28 août 1822 (voy. plus bas à sa date), rendue sur avis du conseil d'État, porte qu'un notaire ne peut, *sans autorisation*, se transporter dans un hameau dépendant du chef-lieu de la commune qui lui a été assignée par sa commission. — *Contrà*, Metz, 21 juill. 1818. D.A. 10. 424, n. 2. — ... Ou dans une des sections de cette commune. Toulouse, 31 déc. 1844. D.P. 45 1. 66.

75. — Et, par contre, le notaire nommé en remplacement d'un titulaire en résidence dans un hameau, ne peut aller résider dans une ville, siége de la commune dont ce hameau dépend, encore bien que sa commission lui assignerait cette commune, sans limitation. Ord. cons. d'État, 9 mars 1838. D.P. 39. 2. 86.

76. — Un notaire cède son étude à un aspirant à qui sa commission assigne une autre résidence et qui est déchu à défaut de prestation de serment...; jugé que l'ancien, qui continue ses fonctions, n'est pas astreint à la nouvelle résidence. Ord. 23 juin 1832; aff. E... Jurisp. du not., art. 3290.

77.—Et les décisions rendues par les ministres sur ces points, sont des actes de haute administration qui ne sont pas susceptibles d'être déférés au conseil d'État. Voy. les décisions indiquées sous l'art. 45.

78. — C'est au lieu de sa résidence que le notaire doit avoir son étude, ses clercs, le dépôt de ses minutes (Avis cons. d'État, 1 fruct. an 12). L'étude ne doit pas être divisée, c'est-à-dire tenue en plusieurs maisons. Ferrière, Roll., *loc. cit.*, n. 25. V. n. 83.

79. — Cependant le notaire peut, sans enfreindre la loi de la résidence, se transporter dans les diverses communes de son ressort, pour instrumenter (Avis C. d'État, du 7 fruct. an 12).

80.—Mais il faut qu'il en soit *requis* (Arr., 7 fruct. an 12; Décis. min. de la just. 30 oct. 1834, 3 déc. 1836) : car les notaires n'exercent leur ministère que sur réquisition (art. 3), réquisition qui n'a besoin ni d'être écrite, ni faite par huissier

(Chamb. dép. 8 avril 1837), et qu'on doit, jusqu'à preuve contraire, supposer avoir existé. — Conf. Roll. n. 30.

Toutefois, la preuve que le notaire n'a pas été requis par les parties pourrait être admise, malgré la mention faite par le notaire qu'il a été demandé par elles car cette mention ne touche pas à la substance de l'acte; elle est étrangère aux parties, et si elle était reconnue mensongère, elle ne ferait qu'aggraver les torts du notaire. V. n. 69.

81. — Mais il y a infraction à l'obligation de résider.

1° Si le notaire s'absente, sans autorisation, de sa résidence ou de son ressort et abandonne ainsi ses fonctions. C'est ce qui résulte des lois relatives aux fonctionnaires en général citées, n. 69, du discours de M. Joubert (V. n. 91) et implicitement de l'art. 4. — Les caractères de cette infraction ne sont pas déterminés par la loi : c'est au gouvernement de les apprécier en raison soit de la durée de l'absence, soit des circonstances extraordinaires qui ont pu la motiver ou empêcher le notaire de demander une autorisation (Conf. Roll. n. 34). Il n'est pas exigé, en effet, que l'absence soit permanente. L'abandon de l'étude peut n'être que momentanée, partiel et non absolu et cependant constituer une infraction à l'art. 4. (Conf. Roll. *eod.* n. 40). — On est même allé jusqu'à voir une infraction pareille dans le fait de se rendre habituellement, à jour fixe, dans une commune voisine pour y recevoir des actes (Turin, 9 janvier 1810, Nîmes, 23 déc. 1825, Cass. 24 juin 1829, 1 janv. 1841; déc. min. just. 2 nov. 1835, 26 nov. 1836 ; D. A. 10, 424, n. 2, 1; D. P. 26. 2. 82 ; 29. 1. 281 ; 41. 1. 78 ; 36. 3. 47; 37. 3. 134.

82.—Et, si malgré les avertissements, il persiste dans le même système de conduite, le ministre peut le déclarer démissionnaire (Déc. min. just. 2 nov. 1835, D. P. 36. 3. 47).

83. — Si, sans être requis, il se transporte habituellement dans une commune, autre que la sienne, bien qu'elle soit de son ressort ; s'y installe soit dans une auberge, soit dans un local qui lui est affecté et provoque les clients à venir passer leurs actes, pardevant lui, il est vrai de dire que, dans ce cas, il ouvre une étude nouvelle et tient une double résidence, au préjudice de ses confrères. Roll. n. 29.—V. les décisions citées dans les n°ˢ suiv.; elles posent ce principe d'une manière aujourd'hui incontestable. Il y aurait là, d'ailleurs, une de ces tentatives d'usurpation de clientèle, flétries anciennement sous le nom de corbinage. V. n. 85

84. — Mais quelque fréquents que soient les voyages ou transports d'un notaire, hors de sa commune, ils ne sauraient constituer une infraction, s'il n'a été requis (Cass. 21 fév. 1827; Paris, 14 mai 1832; Décis. min. just. 5 déc. 1836 ; D. P. 27. 1. 148; 32. 2. 122): ils ne prouvent que la confiance dont il jouit.

85. — Les tentatives d'usurpation de clientèle au préjudice d'un confrère ont été flétries de tout temps. C'est ce qu'anciennement on nommait *corbinage*. On appelait corbiner le notaire qui

s'en rendait coupable, V. Roll. v° Notaire, n.509, note.

86. — Les conséquences de l'infraction sont :

1° *Que le notaire sera considéré comme démissionnaire.* Cette disposition de l'art. 4, conforme aux lois citées n. 69, n'emporte, malgré l'emploi du mot *sera*, ni une déchéance absolue, ni une démission de droit : c'est ce qui résulte du mot *pourra* dont se sert le même article et du discours de M. Joubert au Tribunat, qui explique et justifie ainsi l'art. 4 : « Une autre conséquence, c'est que le gouvernement *puisse* et doive remplacer le notaire qui ne résiderait pas dans le lieu qui lui aurait été fixé. Les notaires sont nommés pour les besoins des citoyens. Leur nombre et leur placement seront, en effet, déterminés d'après les localités. Si donc, un notaire ne réside pas au milieu d'eux, le gouvernement ne doit voir qu'un démissionnaire dans celui qui renonce, par son fait, au pacte solennel qu'il avait formé avec la société. Un jugement ne doit pas être nécessaire pour un cas qui rentre dans l'administration générale.— Le gouvernement n'usera de son droit qu'après avoir pris l'avis de la chambre.»— Ainsi, faculté, pouvoir discrétionnaire pour le gouvernement de réputer démissionnaire le notaire qui s'absente. — M. Fouquet, Biblioth. du barreau, 1829, t. 2, p. 35, dit que le silence du ministre équivaut à une remise de la peine ; mais cette opinion n'est exacte qu'en ce sens que la remise ne sera définitive qu'autant qu'il se sera écoulé un délai assez considérable pour qu'on doive supposer l'intention du ministre de ne pas user du droit rigoureux, et en ce sens qu'une première absence pourra être prise en considération en cas d'un nouvel abandon, même de peu de durée. Mais encore une fois, nous sommes ici dans le domaine discrétionnaire du ministre, et l'exercice, même tardif, de ce droit conféré par l'art. 4, n'engagerait que la responsabilité ministérielle. Toutefois, si le notaire qui a enfreint sa résidence donne sa démission, il n'y a plus lieu de le poursuivre, en vertu de l'art. 4. Déc. min. 17 oct. 1837. D. P. 38. 3. 42.

87.—Mais la poursuite ne serait pas paralysée par la mention, dans les actes, qu'ils ont été passés dans le lieu de la résidence du notaire. La vérité de cette mention pourrait être recherchée. Trib. de Villefranche, 29 mars 1838. D. P., 39. 3. 47.

88.—Au reste, bien que déclaré démissionnaire, le notaire peut présenter un successeur. Déc. min. 19 janv. 1837. D.P. 37. 3. 135. Dict. gén. v° Office, n. 81.

89. — Enfin, le notaire déclaré démissionnaire pour infraction à sa résidence, doit cesser immédiatement ses fonctions ; de telle sorte qu'il ne peut en continuer l'exercice jusqu'à son remplacement. Décis. min.,19 janv. 1837. D.P.37.3.135.

90. — Le notaire lésé par une infraction de résidence peut adresser contre son confrère une plainte, soit à la chambre de discipline qui doit se borner à rappeler celui-ci au devoir et qui ne doit en saisir l'autorité qu'autant qu'il y a persévérance abusive (Voy.Loret sur l'art.4 et Rolland,

eod., n. 43), soit directement au procureur du roi ou au ministre.

91.—Il résulte d'une circul. min. du 24 vend. an 6, que, sur une première plainte, le ministre se borne à faire des injonctions officieuses et, par exemple, à charger le procureur du roi d'avertir le notaire et de le prévenir qu'à défaut par lui de tenir sa résidence, il sera poursuivi disciplinairement.—Si celui-ci persévère, le ministre charge le procureur du roi de demander l'avis du tribunal, non par voie contentieuse, mais par simple voie *consultative* et sans qu'il soit astreint de présenter un réquisitoire au tribunal (Req. 24 juin 1829 D.P. 29. 1. 281).

92.—Celui-ci, s'il ne se croit pas assez éclairé, soit par la plainte, soit par les renseignements que la chambre ou le ministère public ont pu lui fournir, ordonne une enquête qui a lieu à la diligence de ce dernier et contradictoirement avec l'inculpé s'il est présent. La délibération est adressée au ministre par le procureur du roi, qui a le droit de s'en faire délivrer une expédition (Poitiers, 1er juillet 1831, aff. G., D.P. 32. 2. 72). En cet état, le ministre provoque, s'il y a lieu, l'ordonnance de démission, laquelle est notifiée au notaire par le procureur du roi qui, dans l'usage, « se borne, dit M. Roll., n. 52, à transmettre à cet officier la copie de l'ordonnance, avec injonction de cesser immédiatement ses fonctions,» et qui, en cas de résistance, requiert l'apposition des scellés sur les minutes du notaire, *eod.*, n. 53.

93.—2°.—*Que le notaire encourra des peines disciplinaires ;*— Car on a considéré aussi l'infraction à la résidence comme une atteinte à la dignité de la profession notariale et un préjudice causé à des confrères (Nanci, 26 juin 1826; Cass. 11 janv. 1841; Toulouse, 31 déc. 1844; trib. de Roanne 5 déc. 1844. D.P. 26. 2. 234; 41. 1. 78; 44. 2. 66 et 3. 64.—*Contrà*, Nimes, 23 déc. 1825; Req., 21 fév. 1827; Paris, 14 mai 1832. D. P. 2 6. 2. 83; 27. 1. 148; 32. 2. 122).— Les tribunaux civils ont compétence à cet égard (Trib. d'Evreux, 27 août 1836 ; Toulouse , 31 déc. 1844 ; D.P. 37. 3. 135; 45. 2. 66.) Mais ces peines ne doivent pas aller jusqu'à la destitution, car elles empiéteraient sur le pouvoir que l'art. 4 défère au gouvernement (Turin, 9 janv. 1810; Cass. 24 juin 1829. D.A. 10, 424, note 2; D.P. 29. 1. 281), sauf, bien entendu, le cas où l'infraction serait accompagnée de faits gravement répréhensibles, tels qu'énonciations mensongères ou frauduleuses: la destitution pourrait alors être prononcée par les juges qui devraient baser leur décision sur ces faits et non sur la simple infraction à l'obligation de résider. C'est ce qui a été décidé à l'égard d'un notaire qui avait abandonné sa résidence pour échapper à une action criminelle dirigée contre lui : le ministre a pensé que ce n'était pas le cas de le considérer simplement comme démissionnaire par l'application de l'art. 4, mais qu'on devait poursuivre sa destitution judiciairement (Déc. min. just., 11 juill. 1835).

94.—Les tribunaux ne se sont arrêtés, et avec raison, ni à la circonstance que le notaire n'avait pas un dépôt de minutes dans la commune où il allait ainsi indûment exploiter (Arrêt cité, Rouen,

26 juin 1837)....—ni [à l'allégation de bonne [foi de sa part (Même arrêt).

95. — Au surplus, le ministère public qui aurait mal qualifié le fait de résidence, ne serait pas fondé à prétendre pour la première fois devant la Cour de cassation, qu'on doit lui donner une qualification différente; et après y avoir vu l'infraction qui consiste à offrir son ministère sans réquisition, il serait non recevable à prétendre qu'il constitue une infraction à la résidence (Req. 14 juillet 1840; D.P. 40. 1. 245.)

96.—3° *Enfin, le notaire s'expose à une action en dommages-intérêts,* formée par le notaire ou les notaires qui éprouvent un préjudice par suite du transport illégal de résidence. C'est ce que la jurisprudence reconnaît d'une manière constante (Riom. 18 mai 1833; 28 fév. 1834; Rouen, 26 juin 1837, 9 fév. 1839; Lyon, 30 nov. 1838, 28 mars 1840; Cass. 15 juillet 1840, 11 janv. 1841; Rennes, 24 août 1841, 11 déc. 1843, Paris, 31 janv. 1843. D.P. 34. 2. 14. 38. 2. 8; 40. 2. 166. 40. 1. 246; 41. 1. 78. 42. 2. 9; 44. 2. 197.)

Les tribunaux de Brignolles, d'Aurillac, de Draguignan, de Pont-Audemer, de Tournon, de Villefranche, etc., se sont prononcés dans le même sens; et la doctrine de l'arrêt de la Cour de Metz du 21 juillet 1818 (D.A. 10. 424, n. 2.2), qui avait rejeté cette action par le motif que la question d'infraction de résidence, toute entière de haute police et d'administration publique, était du ressort exclusif du garde-des-sceaux, a été généralement abandonnée. Des peines disciplinaires infligées au notaire ne le soustrairaient même point à l'action privée, laquelle est indépendante de l'action publique (Trib. de Draguignan, 14 fév. 1837; Nismes, 17 juin 1839. D.P. 38. 3. 42).—Les dommages-intérêts peuvent être demandés par la voie civile (Rennes, 11 déc. 1843. D.P. 44.2.197). —Le préjudice, en cas pareil, résulte du fait seul d'usurpation de la clientelle, c'est aussi la remarque de M. Rolland, v° Résidence, n. 63. Comme base d'appréciation de ce préjudice, les juges ont d'abord le montant des honoraires des actes indûment passés; ils doivent en outre prendre en considération le tort éventuel résultant du détournement de la clientelle.

97.—Les conséquences de l'infraction à la loi de résidence ainsi expliquées, nous ferons remarquer, en terminant, sur l'art. 4, 1° qu'on tient que le notaire institué à vie ne peut être changé de résidence sans son consentement.

2° Que la simple translation de résidence dans le même canton n'exige pas une nomination nouvelle. Et le notaire n'est pas astreint à un autre serment, lequel n'est exigé que lorsqu'il y a translation d'un ressort dans un autre, parce que dans ce cas la chancellerie considère qu'il y a une nomination nouvelle; il ne peut cependant emporter ses minutes, pas plus dans un cas que dans l'autre, de la commune qu'il a quittée, ainsi que le décide le ministre de la justice en se fondant sur l'art. 54 (*Contrà*, Loret et Rolland, n. 187).—Enfin, il ne doit pas d'indemnité au notaire du ressort dans lequel il est admis; et l'on se fonderait en vain pour le cas de changement de résidence ou de création nouvelle, sur ce qui se pra-

tique en cas de suppression d'office (Rennes, 12 avril 1843, affaire Dupouel).—*Contrà* Rolland, v° Résidence, n. 77.

On peut consulter sur l'art. 4, relatif à la résidence le Dict. gén., v° Notaire, n. 218 et suivants.

ARTICLE 5.

Les notaires exercent leurs fonctions, savoir :

Ceux des villes où est établi le tribunal d'appel, dans l'étendue du ressort de ce tribunal ;

Ceux des villes où il n'y a qu'un tribunal de première instance, dans l'étendue du ressort de ce tribunal;

Ceux des autres communes, dans l'étendue du ressort du tribunal de paix;

98.—Le ressort est l'étendue territoriale dans laquelle un notaire a le droit d'instrumenter et hors de laquelle il est sans pouvoir, sans caractère.

Quoiqu'il résulte de l'art. 22 de l'ord. du 13 juillet 1304, que les limites des ressorts n'étaient pas alors parfaitement réglées, on ne lit pas moins dans le rapport du tribun. Favard que « de tous temps l'exercice du notariat a été circonscrit dans les limites territoriales hors desquelles le notaire n'avait plus de caractère : le projet consacre le même principe.»

On connaissait avant la Révolution trois classes de notaires: 1° les notaires de Paris, d'Orléans et de Montpellier, les premiers ayant en tous lieux la prééminence, même sur ceux de ces deux dernières villes; 2° les notaires royaux des provinces; 3° les notaires seigneuriaux (V. Rolland, v° Ressort, n. 3). — La loi du 6 octobre 1791, titre 1er, sect. 2, art. 11, supprima ces différences et n'établit qu'une seule classe de notaires avec pouvoir d'exercer dans toute l'étendue du département de leur résidence. Mais cette loi, qui exagérait les principes d'égalité et d'uniformité, et qui créait le germe d'une concurrence désastreuse, a fait place à la disposition ci-dessus qui, donnant aux officiers de la juridiction volontaire la même limite de ressort qu'aux magistrats de la juridiction contentieuse, pose avec netteté la limite hors de laquelle finit leur empire.

99.—«Distribuer les notaires par ressort, disait le tribun Favard, les circonscrire dans ce même ressort, c'est les attacher à leur place, c'est se préparer le moyen de les réduire au nombre nécessaire, c'est enfin les rendre plus utiles aux citoyens pour lesquels ils sont établis. D'ailleurs, l'étendue des justices de paix qui forment le dernier ressort se trouve plus considérable que ne l'était celle d'une foule de petites juridictions anciennes auxquelles la majeure partie des notaires étaient attachés, et sous ce rapport, l'institution nouvelle leur est avantageuse. » — M. Réal ajoutait : «Les affaires plus difficiles exigeant une instruction plus parfaite, la nature des choses condamne la *concurrence*, et la loi doit, dans la distribution des ressorts qu'elle donne aux notaires, établir une différence proportionnée à la différence qu'elle suppose dans l'instruction. »

Cette classification des notaires, la différence d'instruction, de cautionnements et d'honoraires, qui en étaient la suite, ont pu faire croire qu'il existait deux catégories de notaires, ceux des villes et ceux des campagnes. « Ce serait, disait le tribun Joubert, aller contre l'ordonnance même du projet que de regarder les notaires comme divisés en notaires de villes et notaires de campagne. Les ressorts sont différents; il y en a de trois espèces : une grande partie des notaires appartiennent à des villes où il n'y a pas de tribunal : ces notaires seront aussi de la troisième classe. La qualité du ressort ne tend donc pas à établir cette distinction qu'on paraissait craindre des notaires de villes et des notaires de campagne. »—Le même orateur pense que la faculté d'aller instrumenter dans un ressort inférieur accordée à certains notaires, ne s'exerce le plus souvent que pour aller consommer des affaires qui ont pris naissance dans le ressort.

Enfin la division de l'art. 5 a été critiquée. Favard, Rép. v° Notaire, sect. 1, aurait voulu qu'il n'y eût que deux classes de notaires (sauf l'exception pour Paris), les uns exerçant dans tout le département, et les autres dans tout l'arrondissement : on les aurait répartis par cantons avec obligation de résidence au lieu assigné : le nombre des notaires eût été diminué, leur état plus lucratif, la surveillance plus sévère : on aurait prévenu les faux qui sont commis parfois pour dissimuler des usurpations de ressort.—D'autres ne voudraient que deux classes adaptées aux deux degrés de juridiction : ils suppriment les notaires de canton.—Mais, à la chambre des députés le 19 novembre 1831, à la chambre des pairs le 29 avril même année, il a été passé à l'ordre du jour sur des pétitions qui demandaient la suppression de la 3e classe. Ces chambres ont vu, et avec raison, dans cette suppression, des inconvénients au moins aussi graves que ceux contre lesquels on réclamait. V. Roll. v° Ressort, n. 9.

100.—Si la ville dans laquelle siége soit une cour d'appel, soit un tribunal de 1re instance, est le chef-lieu d'une ou même de plusieurs justices de paix dans la circonscription desquelles se trouvent des communes rurales assignées pour résidence à des notaires, ceux-ci doivent-ils être considérés comme notaires de la ville et ont-ils droit à une commission de 1re ou 2e classe? — Non, a répondu le conseil d'état par décision du 7 fruct. an 12 : «attendu qu'on ne peut regarder comme tels que les notaires dont la résidence est fixée dans les villes où siégent ces tribunaux; que les notaires résidant dans les communes rurales ne sont que de la 3e classe.»

101.— Toutefois, ceux-ci ayant le droit d'exercer dans toute l'étendue de la justice de paix, peuvent, lorsqu'ils en sont requis, se transporter dans la partie de ces villes dépendant de la justice de paix pour y instrumenter; mais ils ne peuvent ouvrir étude ni conserver le dépôt de leurs minutes ailleurs que dans le lieu de leur résidence. — Même décision. — Conf. déc. min. just. 7 juin 1837.

102.—Des tribunaux de première instance siégent quant à présent dans des villes autres que celles pour lesquelles ils ont été établis. Ainsi le siége du tribunal fixé pour Pontarlier est à Arbois, celui de Mezières est à Charleville, etc. :—Sont-ce les notaires du tribunal de fait ou ceux du tribunal de droit qui doivent être réputés de deuxième classe? Le garde-des-sceaux a décidé que ce sont les notaires du tribunal de fait; que c'est à eux qu'appartient le droit d'instrumenter dans tout le ressort. Cette décision est fondée sur la lettre de la loi qui place dans la deuxième classe ceux qui ont leur résidence dans une ville où il y a un tribunal de première instance.

103.—Si une ville qui n'est le siége ni d'une cour d'appel ni d'un tribunal de première instance a deux justices de paix, les notaires de l'une ne peuvent instrumenter dans la partie de la ville comprise dans le ressort de l'autre.—Loret, se fondant sur l'art. 34 qui fixe le tarif du cautionnement sur la population, est d'un avis contraire. V. l'art. 31.

104. — Le notaire qui désire entrer dans une classe supérieure doit en former la demande : il ne lui suffirait pas de consigner le cautionnement requis pour exercer dans ce ressort supérieur : cela est trop évident. V. art. 31.

105.—Le roi pouvait autrefois lever les incompatibilités; il n'a plus cette faculté. V. Roll. n. 23.

ARTICLE 6.

Il est défendu à tout notaire d'instrumenter hors de son ressort, à peine d'être suspendu de ses fonctions pendant trois mois, d'être destitué en cas de récidive, et de tous dommages-intérêts.

106.—La règle adoptée par l'art. 6 était regardée anciennement comme trop sévère, et quoiqu'elle résultât, dit Roll., v° Ressort, n. 17, assez clairement de l'édit de nov. 1542, on cherchait à la restreindre (V. Ferrière, Parf. not., liv. 1er ch. 8; Blondel a n. 231; Loret, sur l'art. 6).—Il a même été jugé, qu'en raison de l'incertitude des limites seigneuriales et des juridictions, les notaires n'étaient passibles que d'une amende, sans que leurs actes fussent déclarés nuls (Cass. 5 avril 1836. D.P. 36. 1. 143).

107.—La règle du ressort s'applique aux notaires en second. — Conf. Loret sur l'art. 6.

108.—Elle ne s'applique pas, bien entendu, aux parties, lesquelles peuvent être domiciliées dans un autre ressort, sans que le notaire cesse d'avoir juridiction tant qu'il ne sort pas de son territoire. Louet, lett. N., nombre 10, n° 1; Ferrière, Blondel a, loc. cit., Roll. n. 16.

109.—Un notaire ne peut être commis ou délégué par les juges pour instrumenter hors de son ressort. Roll., v° Ressort, n. 22.

110.—Le rang d'ancienneté se perd par le changement de ressort, mais non par celui de simple résidence.— *Conf.* Roll., v° Ancienneté, n. 9, et Ressort , n. 32.

111. —Les notaires en activité lors de la loi de l'an 11 ont pu, jusqu'à ce qu'ils aient reçu de nouvelles provisions, continuer d'instrumenter dans toute l'étendue du ressort de leur résidence (Cass. 6 avril 1809, Dict. gén., v° Preuv. litt. 118).

112.—Mais ceux qui n'ont pas reçu leur commission confirmative ont dû , à peine de nullité, se renfermer dans le ressort fixé par la loi (Cass. 10 déc. 1816; D.A. 10. 648, n. 1. 2.

113. — Un notaire n'est pas réputé avoir instrumenté hors de son ressort par cela qu'il était hors de la limite de ce ressort, lorsqu'il a assisté aux pourparlers des parties , a entendu leurs explications et pris note de leurs conventions. C'est ce qui résulte de ce passage de M. Ph. Dupin, rapp. de la loi sur les notaires en second : « La réception des actes, c'est l'instant où le contrat se forme, et où le notaire, donnant lecture de ce contrat aux parties, leur dit : Est-ce là votre volonté? C'est l'instant où les parties signent. » —M. Ph. Dupin ajoute « que l'opinion de M. Delangle, qui avait dit que la réception d'un acte devait s'entendre aussi des discussions préliminaires, des débats plus ou moins étendus qui ont existé entre les parties, en présence des notaires, a étonné le Palais.»—Ces deux opinions sont trop exclusives, ou plutôt peuvent être fort exactes suivant l'espèce dans laquelle elles ont été émises. Celle de M. Ph. Dupin est conforme à l'esprit dans lequel a été entendue la loi du 21 juin 1843, explicative du mot *reçu* de l'art. 8 de la loi de ventôse; celle de M. Delangle serait irréprochable s'il l'avait exprimée au sujet d'une poursuite disciplinaire dirigée contre un notaire qui serait dans l'habitude d'aller, hors de son ressort et sans en être requis, provoquer des affaires qu'il terminerait ensuite dans son étude.—Au surplus, on doit regarder comme étant dans l'exercice légal de ses fonctions, par exemple, le notaire , à partir du moment où il écrit l'acte.

114. — Il suffit qu'il soit déclaré en fait que des actes d'adjudication ont été passés et signés dans le lieu de la résidence d'un notaire, pour qu'il doive échapper à la poursuite disciplinaire (la suspension) intentée contre lui, encore bien qu'il aurait procédé à l'adjudication hors de son ressort (Cass. 3 juillet 1826. D.P. 26. 1. 312). La cour de Douai s'était fondée sur droit sur ce que l'art. 6 ne s'appliquait qu'au cas où un notaire *rédigeait* des actes hors de son ressort ; ce qui n'est pas péremptoire, car l'art. 6 se sert aussi du mot instrumenter. — La cour de cassation s'est tirée d'embarras par une sorte d'équivoque. Roll., v° Ressort, n. 19, critique cette décision comme favorable à la fraude; il cite, en son sens, un jugement du tribunal de Blois, du 3 mars 1841.

115. — La constatation en fait, dont on vient de parler, a paru à la cour de cassation d'une telle gravité qu'elle a maintenu un arrêt de la même cour de Douai, qui avait rejeté les poursuites en suspension dirigées contre un notaire, bien qu'une promesse de vente sous seing-privé eût été rédi-

gée dans le lieu même de l'adjudication (Cass. 3 juill. 1826. D P. 26. 1. 312).

116. — Un notaire assiste, comme ami ou conseil, à la rédaction d'un acte de vente sous seing privé; les parties vont ensuite réaliser cet acte, en forme authentique, à la résidence de ce notaire et devant lui ; y a-t-il contravention à l'art. 6? Non, dit Roll, n. 21 ; jamais la prohibition d'instrumenter hors du ressort n'a comporté un pareil sens. « Très-souvent, au contraire , on voit des notaires aussi bien que des avocats se transporter hors de leur arrondissement pour servir de conseil aux parties..... Pourrait-il être interdit aux parties de rapporter l'acte privé en l'étude du notaire, leur conseil, ou de le réaliser en acte public? Evidemment non.»—Cette opinion doit être comprise en ce sens que le cas auquel elle s'applique se présentera naturellement et sans dessein de s'attirer la clientèle d'un confrère.

117. —La disposition de l'art. 6 est prescrite à peine de nullité (art. 68). De là il suit que l'acte doit contenir la preuve qu'il a été passé dans le ressort et que la mention qu'il renferme à cet égard ne peut être détruite que par la voie d'inscription de faux.

118. — Suffit-il , en cas de contravention à l'art. 6 , que les peines qu'il prononce (suspension et destitution) soient requises , pour que les juges doivent les prononcer? — L'affirmative est adoptée par MM. Fouquet, Bibl. Barr. 1809. t. 2, p. 39; Roll. n. 28, qui pensent que ces peines sont forcées ; mais cette opinion nous semble trop absolue : là , comme partout, les juges ont leur droit de libre examen; ils ne doivent punir le notaire qu'en cas de mauvaise foi ou de négligence coupable : et, par exemple, s'il y a eu méprise de sa part sur l'étendue de son ressort, par suite d'une erreur commune , il devrait être acquitté.

119.— Aussi, un acte a-t-il été maintenu comme authentique dans une espèce où, pendant un long espace de temps, le notaire a été inscrit sur le tableau de l'arrondissement où l'acte a été passé, alors qu'il y a toujours instrumenté sans réclamation du ministère public, et que le lieu où l'acte a été passé est situé sur les confins de deux arrondissements (Angers, 30 mai 1817. D. A. 10. 647, n. 1).

ARTICLE 7.

Les fonctions de notaires sont incompatibles avec celles de juges, commissaires du gouvernement près les tribunaux, leurs substituts, greffiers, avoués, huissiers, préposés à la recette des contributions directes et indirectes, juges, greffiers et huissiers des justices de paix, commissaires de police et commissaires aux ventes.

120. — On entend par fonctions incompatibles, des fonctions qui s'excluent, qui, par des raisons d'ordre ou de convenance, ne peuvent se rencontrer dans la même personne. L'incom-

patibilité ne doit pas être confondue avec l'empêchement. Il est parlé de ce dernier aux art. 3, 8, 17, etc.).

121. — Toutes les législations ont admis des incompatibilités. La loi du 24 vend. an 3 pose cette règle générale : « Aucun citoyen ne pourra exercer ni concourir à l'exercice d'une autorité chargée de la surveillance médiate ou immédiate des fonctions qu'il exerce dans une autre qualité.»
— *Chargée de la surveillance*, c'est déjà sur un motif pareil que Loyseau, des Offices, ch. 10, n. 46, se fondait pour justifier les incompatibilités qui trouvent, d'ailleurs, une justification toute naturelle dans ces considérations, qu'un fonctionnaire doit tout son temps à l'emploi qui lui est confié ; qu'il ne peut suffire aux soins qu'exigent plusieurs fonctions, et qu'il est juste que les faveurs, les immunités sociales, au lieu d'être concentrées sur un seul individu, soient partagées.

122. — Au reste, le principe des incompatibilités a été dès longtemps étendu aux notaires (V. Denisart, v° Incompat. d'Offices, Ferrière, Parf. not. livre 1er, ch. 11, Jousse, *Just. civ.*, t. 2, page 411. — Leurs fonctions étaient déclarées incompatibles avec celles de juge et de procureur du roi. (Edit. 3 mars 1536; l. 24 vend. an 3); de juge de paix (L. 1er br. an 2); d'avocat (arrêts des 30 janv. 1616, 4 août 1760, 23 janv. 1766, cités par Denisart, v° Incompat. d'off., Jousse, t. 2, p. 475); de greffiers des tribunaux (l. 6 oct. 1791); d'huissiers, (édit. d'avril 1664); de procureur, éd. fév. 1740, nov. 1741, sept. 1760, 6 oct 1791), de commiss. de police (L. 8 juin 1792); de préposé à la recette des contrib. (l. 6 oct. 1791). — On n'observait pas toujours à la rigueur celles des incompatibilités qui n'étaient pas prononcées par les ordonnances: Dans les juridictions subalternes, on permettait aux notaires les fonctions de greffiers, de procureurs et d'huissiers : celui qui avait été reçu avoué pouvait, en province, en exercer la profession, à moins que, dans les affaires où il était appelé à exercer ces fonctions, il n'eût pas fait des actes de son ministère. Ferrière et Denisart. *Eod.*

123. — Depuis la loi de l'an 11, les fonctions de notaire ont été déclarées incompatibles avec celles d'avocat (Décr. 14 déc. 1810; ord. 20 nov. 1822, art. 42), dont un notaire ne peut même prendre le titre (Lett. min. just., 13 juill. 1829 ; *contra* Roll. *eod.*, n. 16); avec celles de commissaire-priseur (Ord. 31 juill. 1822 qui révoque celle du 26 juin 1816).

124. — Un notaire, s'il est licencié ou gradué, peut être juge suppléant d'un tribunal civil (Req. 3 janv. 1822; Dict. gén., v° Juge sup. 109),les fonctions de celui-ci n'étant pas habituelles, mais purement accidentelles (L. 27 vent. an 8, art. 12, Carré, Compét., t. 1, p. 123). — M. Roll. dit, v° Incompatib., n. 10, «pourvu qu'il réunisse les conditions prescrites par l'art. 64 de la loi du 20 avril 1810 : l'usage est d'ailleurs conforme à cette opinion. » — Or, ces conditions sont d'être licencié, d'avoir prêté serment et d'avoir été inscrit au tableau pendant deux ans. — L'arrêt de la chambre des requêtes est moins rigoureux. — M. Augan, p. 16, voudrait que, dans ce cas, la loi prononçât l'in

compatibilité ; ce dont il n'y a pas de justes raisons, à notre avis, car le notaire n'est appelé d'ordinaire que dans des cas très-rares et où le service manquerait. Pourquoi se priver d'un tel auxiliaire?

125. — Il peut être suppléant de juge de paix (Let. min. 22 janv. 1827).—M. Roll. *eod.* n. 8, dit avec raison que « l'usage confirme cette opinion. » — Toutefois, il ne pourrait pas, ce semble, procéder en même temps à la levée des scellés comme juge suppléant, et à l'inventaire comme notaire : l'art. 7 serait ici applicable : les deux fonctions s'excluent ; car comme juge, même accidentel, il se trouve exercer un contrôle sur lui-même agissant comme notaire. (Conf. Loret, t. 1er, p. 188 ; Roll. *cod.*, n. 9. V. n.). — Il peut être maire ou adjoint (Lett. min. 22 janv. 1827; Loret, t. 1er, p. 192 ; Roll. *eod.*, n. 20. — Mais il ne peut être ni greffier de justice de paix, l'art. 7 est général, — ni greffier de maire tenant l'audience de police (Legraverend, t. 2, p. 306).

Peut-il être commis pour remplacer *momentanément* un greffier de justice de paix empêché? Oui; Ann. not. t. 9, p. 222 ; Roll. *eod.*, qui prouve que l'art. 7 ne s'entend pas des fonctions accidentelles. Pourquoi alors restreindre cette aptitude accidentelle au greffe de justice de paix?

126. — Il ne peut être membre d'un conseil de prud'homme (Roll. qui cite une déc. du min. de just. de 1808 ou 1809), ni receveur de l'enregist. (L. 21 germ. an 5), ni conservateur des hypoth. (L. 21 vent., 9 mess. an 3), ni contrôleur des contributions (Déc. min. fin., 8 prair. an 13), ni directeur de la poste aux lettres, car il fait la recette d'une espèce de contribution (Déc. min. fin., 5 fév. 1805, Loret, t. 1, p. 191 ; Roll. *eod.* n. 22).

127.—... Ni conseiller de préfecture (avis cons. d'ét. 10 vent. an 13), ni sous-préfet, ni secrétaire de préfecture ou de sous-préfecture. — La loi du 24 vend. an 3, tit. 2, art. 5, déclare en effet les fonctions de directoire de département (il exerçait celles dévolues aujourd'hui au conseil de préfecture) et de district (sous-préfet), de greffier de ces administrations (aujourd'hui les secrétaires) incompatibles avec celle de notaire. M. Roll. *eod.* n. 18.

128.—Quoiqu'il ne puisse être commissaire-priseur, il peut procéder aux prises et ventes de meubles dans les lieux où il n'en existe pas. V. Dict. gén., v° Ventes publ. de meubles.

129.—Un notaire peut être dispensé d'accepter une tutelle dans un autre département (C. 427). —*Conf.* Roll. v° Incompatibilité, n. 26.—*Contra* Favard., v° Tutelle, qui se fonde sur ce que les notaires ne sont pas assujettis à une résidence *continuelle*.—Mais, à ce compte, les autres fonctionnaires non plus, car les uns et les autres peuvent s'absenter quoiqu'ils ne le puissent qu'en vertu d'une autorisation.—Ce qu'on dit ici est-il applicable au curateur, lorsque les biens qu'il s'agit d'administrer ou de protéger sont situés hors du département? Cela s'appliquerait au curateur commis à l'administration des biens d'un absent ? M. Roll., de Vill. *eod.*, n. 28 et 29, dit que le notaire pourrait alléguer l'incompatibilité sur le premier point, mais non sur le second, parce que

43

la curatelle à l'absence est un mandat que l'art. 1994 C. c. permet de substituer. L'incompatibilité ne nous semble pas exister pour les divers·s curatelles, la plupart volontaires, dont s'occupent nos lois. — Toutefois, il pourrait être nommé conseil de tutelle.

130.— Il est interdit aux notaires de se livrer, porte l'édit de 1765, à des «travaux incompatibles avec leurs fonctions et qui les font sortir des bornes de leur état,» comme se livrer à des opérations de commerce, de banque, de finance.

131.— Quelle peine est infligée au notaire qui accepte des fonctions incompatibles? Dans quel délai doit-il opter ?—V. art. 66.

Section II. *Des actes, de leurs formes, des minutes, grosses, expéditions et répertoires.*

ARTICLE 8.

Les notaires ne pourront recevoir des actes dans lesquels leurs parents ou alliés en ligne directe à tous les degrés, et en collatérale jusqu'au degré d'oncle ou de neveu inclusivement, seraient parties, ou qui contiendraient quelque disposition en leur faveur.

132. — Le tribun Favard, dans son rapport, justifiait ainsi cet article : «S'il est défendu aux notaires de recevoir des actes pour leurs parents jusqu'à certains degrés, on a voulu par là leur conserver un caractère d'impartialité qui ne doit jamais les abandonner. Cette mesure les met à l'abri de tous les combats que l'intérêt livre à la probité, et l'affection aux devoirs, combats dans lesquels la probité triomphe, mais qu'il est bon d'éviter à la généralité des hommes publics. »

133. — Le droit ancien était conforme à la disposition de l'article 8. « L'arrêt de réglement du 8 juin 1635, a dit Merlin, Rép. v° Notaire, § 5, n. 4, est conçu dans des termes qui répondent parfaitement à ceux de l'art. 8 de la loi du 25 ventôse : « Fait défenses aux notaires, porte-t-il, « d'instrumenter pour leurs fils, gendres et pa- « rents au degré de l'ordonnance. » Ces mots *instrumenter pour,* comprennent évidemment le cas où les parents ou alliés du notaire sont parties dans l'acte et le cas où l'acte dispose en leur faveur sans qu'ils y soient parties. »

134.—Un arrêt de réglement, du 11 août 1607, avait déjà fait défense à tous notaires de passer ou recevoir aucuns contrats, au profit de leurs enfants, gendres, pupilles, étant en leurs tutelles ou curatelles et *cousins-germains,* ni de prendre aucuns de leurs parents en pareil degré pour témoins desdits contrats.

135. — La difficulté la plus grave à laquelle l'art. 8 ait donné naissance, est celle de savoir si les mots *disposition en leur faveur* que contient cet article, se réfèrent aux parties elles-mêmes ou aux notaires. Voici en quels termes Grenier, des Donat., n. 249, s'exprime sur la question : « J'ai vu prétendre, dit-il, que ces mots *en leur faveur,*

ne se rapportaient pas aux notaires, mais bien à leurs parents ou alliés au degré déterminé par cet article. Mais cette prétention ne me paraît pas fondée; elle est contraire aux règles grammaticales. Si le premier pronom *leurs* se rapporte aux notaires, il en est de même du second *leur,* qui a le même régime. S'il en était autrement, cet article aurait dit deux fois la même chose, en ce qui concerne les parents ou alliés des notaires; car ces mots : « des actes dans lesquels leurs parents ou alliés seraient parties, » comprennent, dans le sens de la loi, les testaments comme les autres actes, quoique les légataires ne soient pas, à proprement parler, parties dans ces testaments. Cet article a donc deux dispositions, l'une qui regarde les parents ou alliés du notaire, l'autre qui le concerne personnellement ; et c'est sans doute parce que cet article contenait une législation sur le cas des dispositions faites en faveur des notaires par tous actes quelconques, que le code civil ne s'en est pas expliqué en parlant soit des testaments, soit des donations. Toullier, t. 8, n. 73; Roll., v° Notaire, n. 405; Augan, t. 1. p. 71, sont de cet avis, qui trouve d'ailleurs un appui dans l'arrêté du 30 déc. 1842, sur l'Algérie, dont l'art. 33 défend aux notaires « d'insérer dans les actes des dispositions dont ils retireraient un *profit personnel.* » — Merlin, Rép., v° Notaire, § 5, n. 4 ; Loret, t. 1, p. 208; Duranton, t. 13, n. 28, pensent au contraire que les mots *en leur faveur,* de l'art. 8, ne s'appliquent qu'aux parents et alliés du notaire, tout en ne doutant pas que la prohibition de l'art. 8 doive être étendue aux notaires.

C'est à cette dernière opinion que nous serions disposé à nous ranger. En effet, l'argumentation grammaticale de M. Grenier nous paraît tomber devant la construction de la phrase dont se compose l'art. 8, qui est celle-ci : « Les actes dans lesquels les parents du notaire seraient parties ou qui contiendraient quelque disposition en leur faveur.» Or, de quelle parenté se préoccupe le législateur ? De celle des parties avec le notaire. — Quelle disposition excite sa sollicitude? Celle qui est faite en leur faveur. Ce sont les parents du notaire que la loi a en vue principalement : le notaire ne s'offre à lui qu'accessoirement. Il est des actes dans lesquels des parents du notaire figurent comme *parties ;* il en est dans lesquels, sans être parties, ils reçoivent un avantage. Aux premiers, se réfèrent particulièrement les actes entre vifs, ceux-ci autres qui contiennent des stipulations ou des promesses, des engagements synallagmatiques ou unilatéraux ; dans la seconde classe se rangent surtout les actes dans lesquels ces parents, sans y figurer comme parties, sont l'objet de quelque avantage, de quelque faveur : telles sont les stipulations faites pour eux par des tiers, les exécutions de mandat, et surtout les actes de dernière volonté. Or, à l'égard des uns comme à l'égard des autres, le ministère du notaire, qui est leur parent ou allié jusqu'au 3e degré, est prohibé. Voilà l'économie de la loi, qui, expliquée de cette manière, ne présente aucune espèce d'ambiguïté, tandis que l'incertitude et la confusion naissent dès qu'on prétend appliquer au notaire les mots *en leur faveur* qu'on lit dans l'art. 8. Avec celle dernière interprétation en effet, il n'y aurait de prohibition du ministère du notaire, 1° à son égard, qu'autant que l'acte renfermerait une disposition en sa faveur, c'est-à-dire qu'il pourra figurer lui-même comme partie dans les actes qu'il reçoit, s'y obliger, y jouer en un mot le principal rôle, dès lors qu'aucune disposition en sa faveur n'y sera stipulée; 2° à l'égard des parents du notaire, toutes les fois qu'au lieu de paraître comme parties, ils ne figureront dans les actes que d'une manière passive, encore qu'ils y soient l'objet des plus larges faveurs! — Or, en présence de ces suppositions qu'on ne peut admettre, l'interprétation qui rattache les mots *en leur faveur* aux parents des notaires et non à ces derniers, doit être adoptée.

Des auteurs ont soutenu aussi que les mots *en leur faveur* comprennent tout à la fois les parents et les notaires; mais, c'est là une prétention que détruit le sens grammatical de la disposition laquelle, par la disjonctive *ou*, entend marquer une opposition entre les actes dans lesquels les parents du notaire comparaissent comme parties et ceux dans lesquels ils reçoivent quelque avantage. Pour que le notaire pût être compris dans cette expression, il faudrait qu'il eût figuré dans le premier membre de la phrase qui parle des parties dans l'acte et qu'il eût été mis sur la même ligne que ces parties; or, c'est ce qui n'a point eu lieu; et, ce qui démontre d'une manière péremptoire que l'interprétation qu'on relève ici ne saurait être admise, c'est que, comme on l'a déjà dit, l'art. 8 ne se trouverait avoir prévu que le cas où l'acte contiendrait une disposition en faveur du notaire et nullement celui dans lequel il prendrait part aux actes comme partie.

136.—Est-ce à dire pour cela que toute latitude ait été laissée aux notaires, soit qu'ils stipulent comme parties dans les actes qu'ils reçoivent, soit qu'ils y soient l'objet de dispositions avantageuses? Est-ce à dire que les législateurs, qui ont senti le besoin de donner à la société des garanties et de protéger le notariat contre toute suspicion fâcheuse, les ait livrés, la société aux plus graves périls, les notaires aux séductions de l'intérêt le plus facile à satisfaire? Non très-certainement: l'incapacité des notaires résulte virtuellement de la loi de leur institution qui en a fait des fonctionnaires publics pour recevoir les actes auxquels les *parties* veulent faire donner le caractère d'*authenticité*, et qui a ainsi imprimé une force toute extraordinaire aux témoignages qu'ils portent touchant les conventions et les déclarations qu'ils consignent dans leurs actes. Or, est-il besoin d'écrire dans une loi qu'une autorité pareille ne peut être attribuée qu'à des actes dans lesquels le notaire non seulement ne figure point comme partie, mais dans lesquels il ne saurait avoir aucun intérêt? — La prohibition s'induit virtuellement des art. 8, 9, 10, 11, 12, 13, de la loi de ventôse qui, en proscrivant l'intervention des notaires et des témoins dans les actes où leurs parents jusqu'au 3e degré (et même jusqu'au 4e à l'égard de témoins testamentaires, C. civ. 975) figurent soit comme parties, soit comme intéressés, a entendu manifestement que les uns et les autres ne pourraient rendre témoignage dans leur propre cause :

nemo testis idoneus in re suâ. L'incapacité des notaires pour instrumenter dans les actes qui les concernent, tient donc aux principes les plus élevés, aux fondements même de l'institution du notariat; toute expression à cet égard était superflue, et, dans la prohibition qui résulte contre eux, l'interprétation ne saurait, soit dans l'intérêt de leur considération, soit dans l'intérêt de la société, être trop large et trop générale.

137. — D'après ces explications, il se présente quatre hypothèses dans lesquelles les notaires sont également incapables d'instrumenter : 1° actes dans lesquels leurs parents ou alliés au degré prohibé sont parties; —2° actes qui contiennent quelques dispositions en faveur de ces parents; —3° actes dans lesquels les notaires figurent comme parties; —4° actes contenant des dispositions en leur faveur.—Voilà, suivant nous, l'économie de la loi; la marche qu'elle leur trace est aussi simple que facile à reconnaître.

138. — Mais avant de parcourir ces situations diverses, il convient de remarquer 1° que la loi de ventôse est générale pour le notariat et pour les actes notariés; qu'elle s'applique aux testaments comme aux actes entre-vifs, sauf les dérogations ou modifications que des lois spéciales et le Code civil peuvent présenter (par ex., l'art. 975, plus sévère que l'art. 13 de la loi de ventôse); qu'on objecte en vain qu'il n'y a pas de *partie* dans un testament, ce qui impliquerait l'idée que l'art. 8 ne leur est pas applicable; que le mot *partie* est générique et que le testateur est partie au testament comme celui qui s'oblige dans un contrat. (Massé, liv. 3, ch. 16; Duranton, t. 9, n. 52; Vazeille, des Donat., art. 975, n. 4); que l'ancienne jurisprudence était conforme. (Jousse, t. 2, p. 382.—*Contrà*, Pothier, *eod.*, ch. 1, art. 3, § 2);—2° que l'art. 8 s'applique aux contrats de mariage comme aux actes ordinaires (Riom, 20 nov. 1818 et 28 mai 1824.—*Contrà*, Colmar, 16 mars 1813; Riom, 12 fév. 1818. D.A. 10. 651, n. 2. 3; 652; 651½; 650); — 3° qu'il s'applique à l'adjudication dont un notaire est chargé soit par les parties, soit par commission des juges. Loret, t. 1, p. 207; Massé. Ann. du not., t. 16, p. 152.—Voy. cependant n. 154, 179.

139.—4° Que la nullité des actes est absolue, et doit être appliquée, quelque éventuelle et modique que soit la disposition. (Bourges, 30 juin 1828. D. P. 29. 2. 207)—Qu'elle est indivisible, n. 214.

140. — 5° Que la prohibition atteint le notaire en second comme celui qui garde la minute : le motif de la loi est le même, car ils reçoivent l'acte conjointement. Merlin, Rép., v° Notaire, § 5, n. 4; Roll. de Vill., v° Parenté, n. 52.

141. — 6° Qu'un notaire serait passible des dommages-intérêts qu'entraînerait la nullité de l'acte qu'il rapporterait à son profit sous le nom d'une personne interposée.— Toull., n. 73; Roll., eod., n. 454.— V. aussi n. 181, 182 et 206.

7° Un notaire peut-il délivrer une expédition affectée d'un vice prévu par l'art. 8? V. l'art. 21.

—Passons aux diverses catégories de l'art. 8.

142. — 1° *Actes dans lesquels les parents ou alliés du notaire sont parties.*

143. — *Parenté.* — La parenté est le lien établi par la nature entre des personnes qui descendent les unes des autres ou d'un même auteur, ou par le seul effet de la loi, entre l'adoptant, par exemple, et l'adopté. — Elle diffère de l'alliance ou affinité qui est le lien résultant du mariage entre un époux et son conjoint et ses *parents naturels*, etc. : cette sorte de parenté, quoiqu'elle ne résulte que des usages sociaux, identifie tellement un époux à l'autre, qu'elle produit presque toujours les mêmes effets que celle qui dérive des liens du sang.

144. — La parenté se reconnaît particulièrement à deux signes, la prohibition du mariage et la capacité de succéder.

145. — A l'égard de la ligne directe, il ne s'élève pas de difficultés, la prohibition s'étend à tous les degrés de la parenté ou de l'alliance. — Mais en collatérale, il y a des incertitudes; il semble que, pour les lever, il vaut mieux s'en tenir à la *lettre* de l'art. 8 qui restreint la prohibition au troisième degré.

146. — L'*alliance* produit les mêmes incapacités que la parenté (Roll., n. 61); mais on entend par là l'alliance véritable et non cette espèce de rapport improprement qualifié d'affinité qui existe entre un conjoint et les *alliés* de ce conjoint. Ainsi, le notaire est l'allié de la sœur de sa femme, mais non du mari de celle-ci : *affinitas affinitatem non parit.* Nancy, 2 fév. 1838; D.P. 38. 2. 26. — Ainsi, si sa belle-mère se remarie, le second mari est le beau-père de la femme du notaire et non de ce dernier. M. Roll. de Vill., *eod.*, n. 56, estime que le notaire peut passer des actes pour les beau-frère et beau-père de sa femme. Loret, t. 1er, p. 200, est d'avis contraire; mais cet avis, bien qu'il trouve appui dans les art. 283 et 378 C. proc., relatifs aux témoins et aux juges, doit être rejeté comme allant au-delà des termes rigoureux de la loi.—Il peut aussi recevoir les actes dans lesquels les beau-père et belle-mère, beau-frère et belle-sœur de son fils ou de sa fille sont parties : l'affinité résultant du mariage ne remonte pas plus haut que les époux. Roll., n. 57.

147. — On doit dès-lors et sans aucun doute, considérer comme allié du notaire l'enfant que sa femme a eu d'un premier lit (D.P. 36. 3. 168).

148. — On doit par analogie appliquer la prohibition aux parents *naturels* et *adoptifs*, dans les degrés, bien entendu, où il y a parenté ou alliance. Fouquet, Bibliot. du barreau, 1809, t. 2, p. 45; Loret, t. 1er, p. 203; Roll., n. 58. Ainsi il n'y a, en droit strict, ni parenté ni alliance entre le notaire et la mère de son enfant naturel même reconnu ; mais les convenances commandent au notaire de s'abstenir ou au moins de n'agir qu'avec une grande circonspection (Roll., n. 59. — *Contra,* Fouquet, p. 49);—Ni entre un notaire enfant naturel et le fils que son père a adopté : la parenté adoptive se restreint aux cas prévus par la loi. A plus forte raison, lorsqu'elle est en contact avec la parenté naturelle. Fouquet, p. 50; Roll., n. 60; ..... ni entre l'adopté et les frères ou sœurs de l'adoptant; ni entre le notaire père adoptif et le frère naturel de l'enfant qu'il a adopté.

149. — La prohibition fondée sur la parenté

des parties avec le notaire en ligne collatérale, s'applique aux testaments, et elle est limitée au troisième degré, comme pour les actes entre vifs inclusivement. — En conséquence, le notaire peut recevoir le testament d'un cousin-germain, c'est-à-dire d'un parent au 4e degré : l'art. 975 C. civ. n'est établi que contre les témoins et non contre le notaire. Grenier, n. 249; Toullier, *loc. cit.* Vazeille, sur l'art. 975, n. 4; Augan, t. 1, p. 70; Riom 3 déc. 1827. D.P. 29. 2. 234; *Contra* Delvincourt t. 2, p. 315 ; Massé, liv. 3, ch. 16; Douai 17 mars 1815. D.A. 5. 679.

150. — *Partie.* On doit considérer comme parties dans le sens prohibitif de l'art. 8, c'est-à-dire comme rendant le notaire, qui est parent au degré prohibé, incapable de recevoir l'acte dans lequel elles figurent.

151 — 1° Le mandant, même dans les actes où il est représenté par son mandataire; c'est lui qui a intérêt à l'acte, lui qui est véritablement la partie contractante. Carré, Org. jud. p. 396; Loret, t. 1 p. 206; Roll., v° *Parenté*, n. 68, Trib. de Gray 24 fév. 1835, et les motifs de l'arrêt de cassation du 29 déc. 1840 (D.P. 41. 1. 48) dans lesquels il est dit « qu'on doit réputer parties dans les actes des notaires, non-seulement ceux qui stipulent pour d'autres comme leurs mandataires ou représentants, et qui signent les actes, mais encore et surtout les parties *intéressées.* »

152 — 2° Le tuteur agissant au nom de son pupille (Cass. 29 déc. 1840; D.P. 41. 1. 48).

153. — 3° Celui qui passe des actes comme mandataire,—peu importe qu'il ne stipule rien pour lui, et qu'il n'ait aucun intérêt personnel; — il suffit qu'il soit stipulant pour que, dans le sens de la loi notariale et vis-à-vis du notaire, il doive être réputé partie dans l'acte; c'est ce qui résulte implicitement des art. 11, 13, 14 et 15 de la loi. D'ailleurs, outre que les limites du mandat peuvent être excédées, ce qui constituerait le mandataire partie pour tout ce qui serait en dehors de ses pouvoirs, on conçoit que les conséquences du mandat peuvent être de nature à l'intéresser personnellement. — Aussi la pratique des notaires de Paris est-elle dans le sens de la prohibition. — *Conf.* Déc. min. just., 5 fév. 1823; Cass. 29 déc. 1840. D.P. 41. 1. 48. Carré, *eod.* Roll. de Vill., v° Parenté, n. 71.—*Contra* Loret; t. 1 p. 205; Duranton, t. 8 n. 428; Augan, t. 1. p. 70; Pont, Dissertation imprimée (D.P. 34. 1. 422), à la suite de l'arrêt de cassation du 30 juillet 1834, dont les motifs, contraires à l'opinion qui voit une partie dans le mandataire, doivent être connus : « Attendu que la prohibition faite aux notaires par la loi du 25 ventôse an 11 ne s'applique qu'aux actes dans lesquels certains parents ou alliés du notaire seraient parties, ou dans lesquels quelques dispositions formelles en faveur du notaire seraient contenues; — attendu, en outre, que la qualité de mandataire même *salarié* ne donne pas le titre de partie au mandataire qui ne figure dans l'acte qu'en cette qualité; que, par conséquent, cette qualité ne donne point l'intérêt direct auquel le législateur attache la peine de nullité. » — Cet arrêt est d'autant plus digne d'être remarqué, qu'il refuse la qualité de partie

même au mandataire *salarié*; mais il ne faut pas perdre de vue : 1° qu'il est antérieur de plusieurs années à celui de 1841 qui, par la généralité de ses expressions (voy. le n. 150), semble avoir montré qu'il a entendu condamner la doctrine de l'arrêt de 1834 ; 2° que ce n'est que dans leurs *motifs* que l'un et l'autre de ces arrêts résolvent là question, que la spécialité de l'une et l'autre des espèces leur permettait d'éviter. — Toutefois, on ne doit réputer partie ni le mandataire parent du notaire, qui n'est pas présent à l'acte de procuration pour l'accepter (Loret, t. 1 p. 205; Roll. n. 77); — Ni à plus forte raison le mandataire dont le nom serait plus tard inséré dans une procuration en blanc ou en brevet, à moins toutefois que ce nom ne soit celui du notaire même qui a reçu la procuration. V. n. 171.

154.—... 5° Le syndic d'une faillite ou l'administrateur d'un hospice ou d'un bureau de bienfaisance. Roll., *eod*. n. 74. *Contrà*, Loret, t. 1, p. 207. mais non, d'après Roll., n. 75, édit. 1re, le notaire chargé par justice de représenter un absent. — Voy. cependant n. 179, 180.

155. — ... 6° Le gérant d'une société, même anonyme, à moins qu'il ne figure pas personnellement dans l'acte.— L'arrêt cité n. 151, du 30 juill. 1834, a refusé de le considérer comme partie, tout en voyant en lui un mandataire, et sans s'arrêter à cette particularité qu'il n'avait pas figuré dans l'acte, ce qui aurait pu dispenser la cour de se prononcer sur le principe. D. P. 34. 1. 421.

156. — ... 7° Le gérant d'affaires, *negotiorum gestor*, car il agit, il contracte, il peut être désavoué, il est passible de recours (Fouquet, Bibliot. du barreau, 1810, p. 341).

157 — .... 8° Celui qui se porte fort et même, d'après la jurisprudence, les individus dans l'intérêt desquels on se porte fort pour d'autres individus (Metz, 6 janv. 1841; Rennes, 31 août 1841; Cass. 29 déc. 1840. D.P. 41. 1. 48; 2, 124.) — Cette dernière solution est critiquée par Roll. de Vill. *eod*. n. 70, en ce qu'elle tend à paralyser le bénéfice des art. 1120 et 1121 Cod. civ. V. l'art. 13.

158. — ... 9° Le mari qui comparaît à l'acte uniquement pour autoriser sa femme. En effet, le mari agit, stipule, se comporte en un mot comme une partie en ce qui concerne son autorisation, *parte in quâ*. — Cependant un arrêt de la cour de Nancy, du 2 février 1838 (D.P. 38. 2. 26), a adopté une opinion contraire. « Attendu que l'on n'est partie dans un acte que lorsqu'on y figure pour contracter, c'est-à-dire pour *fournir une déclaration*, une promesse, une stipulation qui engage le stipulant personnellement, et non lorsqu'on y comparaît seulement pour assister une partie contractante; que, spécialement, le mari ne peut être considéré comme partie dans l'acte, lorsqu'il n'y figure que pour assister ou autoriser sa femme; si d'ailleurs il ne contracte aucun engagement personnel ou s'il ne retire de l'acte aucun avantage qui lui soit propre. » — Mais le mari doit être regardé comme partie, s'il a intérêt à l'acte pour lequel il doit autoriser sa femme, que cet intérêt soit indirect ou direct. — C'est ce que le même arrêt reconnaît ; et, sur le pourvoi, cet arrêt a été maintenu le 27 mars 1839, mais par le motif unique qu'il était déclaré en fait que le mari

était intéressé dans l'acte par lui autorisé (D. P. 39. 1. 111).

159. — ... 10° La partie qui a figuré dans un acte dont on veut faire le dépôt chez un notaire parent de cette partie, et bien que celle-ci ne figure pas dans l'acte de dépôt. L'absence de la partie parente du notaire, au moment de la passation de l'acte de dépôt, ne doit être d'aucune influence : car absente comme présente, elle a le même intérêt; par suite, les mêmes motifs de prohibition dominent. D'ailleurs, les dispositions d'une loi ne peuvent être ainsi éludées à l'aide d'un dépôt qu'il serait si facile à l'une des parties d'effectuer. — *Conf*. Roll., n. 91.

160.—Les individus qui figurent dans une pièce qu'on veut annexer à un acte que le notaire reçoit, si le nouvel acte se réfère aux dispositions de la pièce qu'on veut annexer et qui contient des stipulations en faveur d'un parent du notaire. Roll., n. 92.

161.— On ne considérerait pas comme parties, les personnes appelées comme conseils ou par honneur à signer un contrat de mariage, pourvu que, bien entendu, l'acte soit signé par deux notaires ou par un notaire et deux témoins ayant la capacité requise. — Le témoignage d'honneur ou d'estime que l'usage permet ainsi de rendre à certaines personnes ne présente rien qui puisse nuire à l'acte ni infirmer son authenticité. — *Conf*. Roll., v° Partie n. 2.

162.— 2° *Dispositions en faveur des parents du notaire*. Il y a intérêt dans le sens de l'art. 8, si des parents ou alliés du notaire au degré prohibé sont institués légataires ; c'était déjà l'ancienne jurisprudence (Jousse, t. 3, p. 383 ; Ferrière, Parf. not., t. 2, p. 224); qui doit être encore suivie. (Merlin, Rép., v° Notaire, § 5, n. 4, et Testam., sect. 2, § 3, art. 2, n. 8; Toull., t. 5, n. 388; Duranton, t. 9, n. 52; Poujol, sur l'art. 971; Douai, 29 mai 1810; 8 mai 1811; 17 mars 1815. D.A. 10. 648, n. 2; 5. 292, 679); et cela quelque modique et quelque éventuelle que soit la disposition, comme si, par exemple, un testateur, en léguant un immeuble, déclare que si le légataire veut le vendre un jour, il sera tenu d'en donner la préférence à un tel, neveu du notaire. (Favard, Rép. Not., t. 2, p. 659; Bourges, 30 juin 1828. D.P. 29. 2. 207). Voy. sur le sens des mots *en leur faveur*, n. 187 et suiv.

163. — La nullité qui résulte du vice de parenté peut être couverte par la ratification, lorsque les parties sont toutes capables de contracter, et que l'objet de l'acte est susceptible de confirmation. C'est à tort que le tribunal de Toulouse avait allégué l'ordre public en faveur de la thèse contraire; son jugement fut justement réformé. (Toulouse, 1er mars 1822). — Tout ceci, bien entendu, sauf l'exception de l'art. 1339 C. civ., pour les donations.

164. — 3° *Le notaire ne peut pas être partie dans les actes qu'il reçoit.* « Il est incompatible, dit Brillon, v° Notaire, n. 25, que le même qui reçoit le contrat soit aussi la partie contractante; il doit y avoir de la différence entre le stipulant et le promettant. » C'est en ce sens que s'exprime Loret, t. 1, p. 208, et Roll. de Vill., *eod*., n. 430,

qui ajoute que le notaire « ne peut jouer deux rôles à la fois : certifier la présence et les déclarations d'une partie et être lui-même cette partie, autrement il serait juge dans sa propre cause. » — Tout cela serait de soi-même évident, quand la loi ne l'aurait pas érigé en règle absolue.

165. — L'incapacité existe, quoique l'acte ne lui procurerait aucun avantage et même lui serait défavorable. Qui ne comprend en effet que le notaire pourrait, par la tournure qu'il saurait donner à la rédaction, affaiblir des conséquences que l'acte serait susceptible de produire contre lui ? — D'ailleurs il est partie dans l'acte et à ce titre il ne peut lui donner le caractère d'authenticité. Cependant, Guypape, question 328 ; Despeisses, t. 2, p. 188 ; Jousse, t. 2, p. 384 ; Rousseau-Lacombe, v° Notaire, n. 15, étaient d'un avis contraire. « Un notaire, dit ce dernier, peut instrumenter dans sa propre affaire, lorsque l'acte n'est pas à son avantage ; par exemple, lorsqu'il s'oblige lui-même : *quoniam nullum ipsius commodum est* (L. 22, § 10, D. *de Leg. Cornel., de fals.*).

166. — Dans quel cas le notaire doit-il être réputé partie ? Il semble que, pour être partie, il faut qu'il s'oblige dans l'acte, qu'il y stipule comme promettant ou acceptant, car, dit très bien M. Roll. de Vill., n. 433, « un acte peut renfermer des stipulations qui concernent le notaire sans que cet officier doive y être intéressé comme partie. »

167. — Ainsi il ne peut 1° passer ni l'acte d'une vente de biens qui lui appartiennent, et la doctrine contraire adoptée par la cour de Turin, 23 frimaire an 11 (D.A. 10. 648, n. 1), ne saurait être admise ;

— 2° Ni y recevoir une somme à lui due, ni consentir une subrogation. — *Conf.*, Roll., *eod.*, n. 438.

168. — 3° Ni se rendre, par personne interposée, acquéreur d'immeubles vendus devant lui : l'acte ne vaut que comme sous-seing privé conformément à l'art. 68. Colmar, 9 fév. 1835, aff. Gaudin. Jurisp. not., art. 2951. — V. n. 181 et 206.

169. — 4° Ni accepter valablement, au nom de la partie absente à l'acte qu'il reçoit, se portât-il fort pour elle. — Toulouse, 31 juill. 1830. D.P. 31. 2. 124. — « L'acceptation du notaire, dit Roll. de Vill., 2° édit., *eod.*, n. 449, ne serait qu'une chose surabondante et qui ne pourrait vicier l'acte. » — Mais cette observation n'est pas exacte, et, par sa généralité, elle prête à erreur. En effet, si l'obligation est bilatérale elle se trouvera nulle à défaut de liens réciproques ; si elle n'exige pas un double lien, l'intervention directe du notaire signale toujours un oubli du devoir dont il ne doit pas s'écarter. V. notre obs., D. P. *eod.*, dans laquelle nous avons relevé cette erreur qui se trouve déjà dans la 1re édit. — Au surplus, la nullité résultant de l'acceptation pour l'absent peut être couverte par le silence gardé jusqu'au jugement. Arg., Toulouse, 7 déc. 1832. D.P. 32. 2. 235.

170. — 5° Ni passer l'acte par lequel il serait constitué dépositaire de sommes ou valeurs, que le dépôt soit gratuit ou salarié. — *Conf.*, Roll. de Vill., *eod.*, n. 446 (Rouen, 2 février 1829 ; D.P. 30. 2. 154). — Il en serait autrement si la charge de garder un dépôt non salarié était imposée au notaire dans un testament. V. n. 197.

171. — ... 6° Ni passer une procuration dans laquelle il est constitué mandataire, parce que, comme mandataire, il est partie dans l'acte, lorsqu'il accepte, et c'est avec raison. M. Roll. de Vill., n. 440, va jusqu'à interdire au notaire de se charger d'une procuration qu'il aurait précédemment reçue en blanc : il serait, en effet, trop facile d'éluder la prohibition de la loi, s'il suffisait de laisser en blanc le nom du mandataire pour que, sous prétexte que l'acceptation du mandat a été un fait postérieur qui n'a pu invalider la procuration, il fût permis au notaire de se charger du mandat. « Quel moyen d'ailleurs, dit Roll. de Vill., d'établir que le nom du mandataire n'aurait été rempli que postérieurement à l'acte, s'il avait été délivré en brevet ? et ce n'est que dans cette forme que les procurations se délivrent en blanc ; concluons donc, ajoute-t-il, que la prohibition de la loi pourrait toujours être méconnue ; aussi l'usage est conforme à notre opinion. »

Cependant si le mandant remplissait de bonne foi la procuration du nom du notaire devant qui elle aurait été reçue, en déclarant constituer celui-ci mandataire aux termes de cette procuration, cet acte vaudrait-il comme authentique, ou n'aurait-il que le caractère d'un mandat sous-seing privé ? De ce qui a été dit au numéro qui précède, on peut conclure que la procuration n'aurait de valeur que comme acte sous-seing privé, car, en y insérant le nom du notaire qui l'a reçue, celui-ci ou le mandant communique à l'acte un vice qui en altère le caractère public. — Ceci est le droit rigoureux ; mais les circonstances de bonne foi, du temps écoulé depuis la passation de la procuration et peut-être de la cessation de fonctions du notaire, peuvent le modifier beaucoup.

172. — ... Il suffit qu'un notaire stipule dans un acte, comme mandataire, pour que cet acte perde son caractère d'authenticité, encore bien qu'il s'agisse d'un acte unilatéral, et que les notaires soient dans l'usage abusif de recevoir les actes de cette nature, en l'absence de la partie au profit de laquelle l'obligation est souscrite, et d'accepter en son nom. — Rouen, 2 fév. 1829 ; D.P. 30. 2. 154

173. — ... Toutefois on ne devrait pas assimiler au mandat dont il vient d'être parlé, la clause d'un cahier de charges dressé par un notaire, dans laquelle il serait dit que les intérêts du prix en seraient remis au notaire pour en faire la répartition : ce n'est là qu'une indication qui ne lie ni le notaire envers les parties, ni celles-ci envers lui (Cass. 5 mars 1828. D.P. 28. 1. 162).

174. — ... Le notaire, qui a usé du droit de se substituer un mandataire autorisé par la procuration, ne peut non plus recevoir comme notaire les actes consentis par le mandataire substitué, par la raison qu'il répond des faits de celui-ci, qui est censé tenir ses pouvoirs du notaire, et qu'il doit lui en rendre compte. — Il en serait autrement si la désignation du mandataire, qui devrait être substitué, se trouvait faite par le mandant : le substitué serait alors le mandataire direct du mandant. — *Conf.* Roll., v° Substit. de not.

175. — ... 7° Ni signifier des actes respectueux s'il a été constitué mandataire, à l'effet de les adresser aux père et mère (Douai, 8 janv. 1828. D.P. 28. 2. 97).

176.—...8° Ni dresser le compte de la gestion qu'il aurait eue d'une succession dont la liquidation lui est confiée, ni en fixer le reliquat ni en recevoir quittance ou décharge. Roll., v° Compte de succ., n. 32.

177.— Il ne lui est pas défendu de traiter de bonne foi avec le mandataire nommé dans une procuration qu'il a reçue, et, par exemple, d'acheter les biens que ce mandataire est chargé de vendre : la vente est un acte subséquent parfaitement distinct de la procuration, et qui est valable, quoique, pour éviter toute allégation de surprise ou de fraude, le notaire ferait plus sagement de s'abstenir. — Conf. Roll., v° Notaire, n. 445.

178.—Et c'est ce qui lui serait imposé non moins à titre de droit rigoureux que de convenance, s'il était désigné dans la procuration comme étant celui à qui la vente doit être consentie. C'est ce qui s'induit au reste de l'opinion citée de M. Rolland de Villargues.

179.— ... 9° Ni instrumenter dans les opérations où il représente des absents (Loi 6 oct. 1791. tit. 1, sect. 2 art. 7; résol. sur le notariat, 1er floréal an 7, art. 21). V. n. 154.

180.— .. 10° Ni recevoir les actes entre-vifs concernant les gestions qui lui sont confiées. Si donc il est tuteur, syndic d'une faillite ou maire d'une commune, administrateur d'un hospice ou d'un bureau de bienfaisance, il n'a capacité de recevoir des actes pour le mineur, la faillite, la commune ou l'hospice, qu'autant qu'un administrateur autre que le notaire figure dans l'acte auquel il doit n'avoir d'ailleurs aucun intérêt personnel (Déc. min. fin., 11 avril 1809. Roll. de Vill., v° Notariat, 420), ou qu'il y a d'autres administrateurs ayant délibéré l'acte (Avis comité de l'int., 7 avril 1843. D.P. 44. 3. 6.). Il serait intéressé dans une faillite s'il était du nombre des créanciers et que l'acte contînt une répartition de sommes.—V. 154.

181. — L'art. 175 C. pén., qui défend sous des peines correctionnelles et même sous peine d'interdiction d'exercer à jamais aucune fonction, à tout officier public, de prendre intérêt dans les adjudications dont il a, en tout ou en partie, la *surveillance ou l'administration*, s'applique à un notaire commis par la justice pour recevoir l'adjudication d'un immeuble, encore bien que les parties seraient présentes à l'adjudication (Cass. 28 déc. 1816. D. A. 2. 597. Colmar, 9 fév. 1835, Aff. Gaudin. — Conf. Merlin, Quest. v° Notaire, § ii ; Favard eod. sect. 7. n° 12. Roll. n. 427. — Chauveau et Hélie sont d'avis contraire. *Théorie*, t. 1. p. 139. Mais cet article ne s'applique pas à un notaire qui se rend, sous le nom d'un tiers, cessionnaire de la créance, dont il reçoit l'acte de cession sur la réquisition des parties. Cass. 18 av. 1817. D. A. 10. 427. n. 3 ; Toull. t. 8. n° 148, n. Chauveau et Hélie, eod. t. 4. p. 139 ; Augan, t. 1, p. 139. Roll. n° 425.

182.—Il ne s'appliquerait pas, non plus, au cas où le notaire, qui s'est rendu adjudicataire, par l'entremise d'un prête-nom, a procédé à l'adjudication, à la requête de l'autorité administrative dans la forme ordinaire : « Considérant, porte l'arrêt, que quelque blâmable que soit une telle conduite, les faits appris ne rentrent pas dans les cas prévus et punis par l'art. 175, C. pén.; que cet article ne s'applique, en effet, qu'aux fonctionnaires, officiers publics ou agents du gouvernement, qui prennent ou reçoivent quelque intérêt dans des opérations, faits, adjudications, entreprises ou régies dont ils ont l'administration ou la surveillance ; que V... était bien, comme notaire, fonctionnaire ou officier public, mais qu'il n'était chargé d'aucune administration; que la surveillance de la vente des biens communaux de Plélan ne lui était pas confiée ; qu'il n'avait reçu aucune délégation, et qu'il n'avait d'autre mission que celle de dresser acte de vente lorsque le prix en était fixé, et après que l'adjudication avait été prononcée par le maire : que c'était à ce magistrat et aux conseillers municipaux que l'administration et la surveillance de l'opération appartenait, d'après les clauses mêmes du cahier des charges , et qu'eux seuls avaient le droit, aux termes de l'art. 16 de la loi du 18 juill. 1837, de statuer sur toutes les difficultés qui pourraient s'élever ». — On doit rappeler que le notaire qui se trouve dans le cas de l'art. 175 peut être destitué et que cette destitution peut être prononcée par les tribunaux civils. Cass. 30 déc. 1811. D. A. 10. 1. 426. n. 1.—V. n. 168; 206.

183.—Le notaire peut passer le contrat de mariage du mineur dont il est subrogé-tuteur ; car, le mineur est assisté de son tuteur, qui n'agit d'ailleurs qu'en exécution de la délibération du conseil de famille, et le subrogé-tuteur reste étranger au contrat ; il n'intervient que dans le cas où les intérêts du pupille seraient en opposition avec ceux du tuteur.

184.—Il peut, s'il a été nommé séquestre, recevoir les actes dans lesquels il donne quittance ou décharge des sommes qu'il reçoit en cette qualité. Cela paraît constant d'après Roll. n. 451.

185.—Il a été de même décidé qu'il peut recevoir la décharge du prix d'une vente d'immeubles qu'il a faite, pourvu que, dans le cas où la partie ne sait pas signer, il intervienne dans l'acte un second notaire ou deux témoins (Avis C. d'Ét. 21 oct. 1809; Roll.] eod., n° 452 bis). Mais cette solution souffre difficulté à nos yeux : si la partie sait signer , la décharge a sans doute effet contre elle, mais seulement comme acte sous seing-privé. Si elle ne sait ni ne peut signer, nous ne voyons pas que l'intervention d'un notaire ou de deux témoins suffise pour rendre le contrat parfait à son égard : il faudrait, ce semble , un notaire du ressort *et* deux témoins. Au reste , d'après la pratique attestée par M. Roll. de Vill. n° 452 : « Toutes les fois qu'un notaire est constitué, soit passé devant lui, soit dépositaire de titres ou sommes, soit mandataire ou *débiteur à tout autre titre,* la décharge qui lui est donnée est reçue par un confrère. »

186.— Un notaire peut remplir les fonctions d'expert, lorsqu'il est chargé, comme notaire, de dresser procès-verbal de la visite qu'il opère.

Cela s'induit implicitement de l'art. 317 du Code de procédure, dans lequel on voit que le procès-verbal d'expertise doit être rédigé par les experts eux-mêmes, et que ce n'est que par exception que le greffier peut en être chargé. — Conf. Roll. n. 453, qui dit que c'est là ce qui se pratique dans les inventaires.

187. — 3° *Dispositions en faveur du notaire.*
Le notaire ne doit avoir aucun intérêt personnel
aux actes qu'il reçoit : La loi veut qu'il conserve
un caractère d'impartialité qui le rende étranger
aux intérêts des parties. C'est ainsi qu'on écarte
les témoins qui sont intéressés dans un débat,
nemo in re suâ testis idoneus. —La loi 9 Cod. de
testib. porte aussi : *omnibus in re propriâ dicendi
testimonii facultatem jura submoverunt.* —L'intérêt doit être actuel ou futur; mais il n'y aurait
pas nullité s'il n'était né que depuis la passation
de l'acte. Cass. 12 fév. 1844. D.P. 44. 4. 269.

188. — Dans quel cas une disposition doit-elle
être réputée faite dans l'intérêt du notaire ?
D'abord , l'intérêt que le notaire peut avoir
se vérifie surtout dans les actes de dernière
volonté ou à titre gratuit encore plus que dans les
contrats onéreux. En second lieu, il a intérêt lors
que l'acte contient une disposition dont il peut
se prévaloir et qu'elle constitue un titre en sa
faveur. C'est particulièrement ce qui a lieu dans
les cas où il est nommé parmi les légataires, parmi
les personnes auxquelles il est dans la volonté du
testateur de faire une libéralité ou lorsque , par
exemple, dans un acte entre-vifs, on s'est porté
fort pour lui.—Mais, lorsque l'acte n'est qu'énonciatif en sa faveur plutôt qu'attributif d'un droit,
lorsqu'il rappelle, par exemple, une dette en faveur
du notaire qu'il charge son héritier d'acquitter ,
lorsqu'il désigne celui-là comme dépositaire de certains objets de la succession; dans ces cas il ne
serait pas exact, ce semble, de considérer la disposition comme le rendant intéressé à l'acte dans
lequel il ne fait aucune déclaration de son chef
et auquel il ne prend part qu'en sa qualité d'officier public.

189.—Ainsi un notaire ne peut 1° ni recevoir un
testament qui contient un legs à son profit (Brillon,
v° Legs, 106; Ricard, Des donat., n. 539; Grenier,
n. 249, Vazeille, sur l'art. 975, n. 4).

190. — .. 2° Ni celui par lequel le testateur se
reconnaît son débiteur (Toull. t. 8, n. 73; Roll.,
v° Notaire, n. 408. — Mais ceci ne doit être entendu que dans le sens indiqué n. 188; car il a été
jugé avec raison que le testament qui charge le
légataire universel de payer au notaire rédacteur
une somme déterminée et les intérêts que le testateur déclare devoir à ce notaire par billet, n'est
pas nul comme contenant une *disposition en
faveur du notaire,* alors toutefois que le billet
est représenté, qu'il n'est pas prescrit, et qu'il est
reconnu, en fait, que le testament n'a ni changé,
ni amélioré la situation du notaire.— 4 mai 1840.
Req. D.P. 40. 1. 195.

191. — Il a été jugé aussi qu'un testament par
lequel le testateur lègue « à *tous ses débiteurs*
les intérêts qu'il lui devront à son décès » n'est
pas nul comme contenant une disposition dans
l'intérêt du notaire lequel se trouve (ainsi que sa
femme et son père) au nombre de ces débiteurs,
en vertu d'actes sous seing-privé sans date certaine
à l'époque du testament..... et l'arrêt qui a annulé
un tel acte doit être cassé, bien qu'il ait déclaré
en fait qu'à l'époque du testament comme au
décès du testateur, le notaire et ses parents étaient
débiteurs d'intérêts, et qu'ainsi il y avait legs à
leur profit (Cass., 20 juin 1827. D.P. 27. 1. 278).

192-193.—Maintenant il convient de remarquer
que la disposition dont on s'occupe ici s'applique
aux actes de dernière volonté comme aux dispositions entre-vifs (Douai, 29 mai 1810. D.A. 10.
648).

194. —Est-elle applicable au testament mystique
qui contient des dispositions en faveur du notaire
ou de ses parents aux degrés prohibés? Ce notaire
peut-il recevoir l'acte de suscription ? L'affirmative
se fonde sur ce que ce dernier acte est distinct
du testament, et que le notaire est réputé ignorer
les dispositions testamentaires (Brillon , v° Legs,
n 106, Merlin , *Rép.,* v° Testament, sect. 2, § 3 ;
art. 3, n. 20; Grenier, n. 269 bis; Favard, v° Test.
Sect. 1, n. 5 ; Duranton , t. 9 , n. 126 ; Dalloz ,
t. 6, p. 33 ; Montpellier, 9 fév. 1836) ; l'opinion
contraire a été soutenue par M. Spinnael, An-
notat. critiques, n. 152 ; mais elle ne pourrait
être admise que dans le cas où il serait reconnu
d'une manière bien certaine que le notaire a eu
connaissance des dispositions que le testament
contenait à son profit ; c'est en ce sens que se
sont prononcés Grenier, n. 269, Favard et Dalloz
loc. cit. Roll. de Vill., v° Acte de suscript. n. 12.
— *Contrà* , Merlin , *eod* ; Toull. t. 5 , n. 466 ,
Nîmes, 21 fév. 1821. D. A. 6. 10.

195. — Le notaire serait réputé avoir connu le
testament mystique, s'il l'avait écrit, s'il en avait
entendu la lecture au moment de la suscription.—
Cependant Gren., Merl., Toull., *loc. cit.,* estiment
que si ce n'est que comme personne privée que
cette connaissance lui est arrivée, il a pu recevoir
l'acte de suscription, et que son legs est valable.
Roll. de Vill. *eod.* n. 14, et l'arrêt cité (Nîmes,
21 fév. 1821), se prononcent dans ce dernier sens.
Toutefois, M. Roll. de Vill. remarque qu'il est
toujours fort convenable que les notaires s'abstiennent, soit de recevoir les actes de suscription
des testaments qui contiennent des dispositions en
leur faveur ou en celle de leurs parents aux degrés
prohibés , soit de se servir de témoins parents au
même degré du testateur. « Combien cette
réflexion , ajoute-t-il , n. 15 , acquiert de force
lorsque le testament ne contient de dispositions
qu'en faveur du notaire ou des témoins , comme
lorsqu'il les institue héritiers universels ? »

196. — Il ne peut recevoir le testament qui le
nomme, *moyennant salaire,* pour exécuteur testamentaire. Il importerait peu que le notaire refusât
plus tard de remplir le mandat qu'il avait d'abord
accepté 15 janv. 1834. Douai. Stouëke. D. P. 34.
2. 127. D. G. Exéc. test., n. 34. 35. 36. Il en serait autrement, si la charge était gratuite : l'acte
serait onéreux plutôt qu'avantageux et aurait pour
objet d'assurer aux héritiers ou aux légataires un
conseil éclairé et utile à leurs intérêts.

197. — Par la disposition d'un testament qui
constitue le notaire dépositaire des valeurs léguées,
on ne peut dire qu'il soit devenu partie ou intéressé dans l'acte, et, par suite, incapable de le recevoir : un tel dépôt n'a pour but que l'exécution
du testament, et ne saurait présenter un intérêt
pour le notaire (C. civ. 971 ; Req. 27 déc. 1831.
D. P. 32. 1. 9). Cette décision nous a paru juste en
tant que le dépôt est gratuit et non salarié. — V.
nos observ., D. P. *eod.*—V. n. 170.

— Remarquez qu'il s'agit ici d'un testament.

Le notaire serait incapable de recevoir un acte entre-vifs, par lequel il consentirait à se charger d'un dépôt de sommes ou valeurs quelconques : il serait partie dans l'acte, alors même qu'il n'y aurait aucun intérêt, et l'on doit rejeter, comme trop général, un motif de l'arrêt de la Cour de Nîmes, dans l'affaire précédente, où il est dit qu'un notaire a capacité pour constater des dépôts dans la forme authentique. V. D. P. 32. 1. 9, n. 3.

198. — Il peut recevoir un compromis où il est nommé arbitre. — Toulouse, 17 juill. 1826, 18 août 1837. D. P. 27. 2. 20 ; 33. 2. 17.

199.—Il peut 1° recevoir un cahier de charges dans lequel il est dit que les intérêts du prix seront remis au notaire pour les répartir entre les co-licitants majeurs : ceux-ci ayant toujours la faculté de demander la consignation des intérêts. Argum. de l'arrêt du 5 mars 1828. D. P. 28. 1. 162. — 2° Dresser un inventaire dans lequel il énonce les sommes qui lui sont dues, une telle énonciation ne lui conférant pas de titre. Arg. délib. 13 août 1831. D.P. 33. 3. 34.

200. — Il peut recevoir main-levée d'une opposition formée entre ses mains ; car c'est la quittance de décharge du débiteur ou ayant-cause qui peut le libérer et non l'acte de main-levée qui n'a pour objet la faculté de verser les fonds dont il est détenteur, en d'autres mains que celles du saisissant. Il en serait autrement s'il avait un intérêt à la main-levée, en ce qu'elle lui permettrait d'opposer une compensation aux saisies ou en ce qu'elle validerait des paiements qu'il aurait faits illégalement. — Conf. Roll., v° Notaire, n. 417.

201. — Il ne peut recevoir l'acte de dépôt d'un testament qui l'institue légataire. Grenier, des Donat., n. 6. Mais l'acte de dépôt seul serait nul. Roll., v° Dépôt de test., n. 6.V. n. 159.— Cependant il peut être commis pour recevoir le dépôt d'un testament qui le nomme exécuteur testamentaire, ou même qui contient un legs à son profit. Roll., v° Dépôt de test. n. 56, 57.

202. — Comme exécuteur testamentaire, il ne peut faire l'inventaire et les autres actes relatifs à la succession qui lui est confiée et qu'il doit surveiller (Conf. Roll., eod. n. 419).

203. — Il peut recevoir le testament contenant un legs au profit de l'hospice ou bureau de bienfaisance dont il est membre (Conf. Roll., eod. n. 421.)

204. — Il peut recevoir des actes au nom d'une société anonyme, encore qu'il soit lui-même actionnaire de la société (Cass. 30 juill. 1834, D.P. 34. 1. 421.—V. n. 155.

205. — Il peut recevoir les actes relatifs à un placement de fonds qu'il a été chargé de procurer, alors que ce n'est pas comme mandataire qu'il prend part à ce placement, mais par pure obligeance et par intérêt pour son client. En cas pareil il n'est point intéressé, et il s'induit virtuellement de l'ordonnance du 4 janv. 1843, art. 12, qu'il est dans ses attributions de procurer des placements semblables. Aussi a-t-il été jugé qu'il pouvait n'être pas considéré comme mandataire du prêteur pour opérer le prêt. Riom, 5 juill. 1841, aff. Saint-Rames. Jurisp. not., art. 5385.

206.—Si, pour couvrir la nullité résultant de l'intérêt que le notaire peut avoir à un acte qui est passé devant lui, il recourait à l'entremise d'une personne interposée, la nullité n'existerait pas moins. La loi ne distinguant pas, atteint la disposition indirecte comme celle qui est faite directement au notaire. Il y a même en cas pareil une fraude à la loi qui aggrave la conduite de ce dernier. Colmar, 9 fév. 1835, aff. Gaudin. Jurisp. du not. art. 2951. — V. n. 181, 182.

207. — Aux points qui viennent d'être examinés se rattache naturellement la question de savoir si, lorsque le notaire instrumentaire a des droits réels ou connaît l'existence de droits semblables appartenant à des tiers, tels qu'usufruit, hypothèque, etc., etc., sur la chose qui fait l'objet du contrat qu'il reçoit, il est tenu de les déclarer ?— On distingue d'abord entre les droits des tiers ou clients du notaire et ceux du notaire lui-même. A l'égard des premiers, et quoiqu'il soit de son devoir d'instruire les parties, et de les éclairer sur les résultats de leurs stipulations, on pense généralement que la discrétion dont le notaire ne doit pas se départir ne lui permet pas de leur faire aucune révélation. « Un notaire qui passe un acte, dit Ferrière, Parf. not., liv. 1, ch. 18, ne peut jamais être obligé de déclarer un fait dont il a connaissance. A l'exception de son propre fait, il n'est point garant de ce qui est dit dans le contrat par lui reçu ; d'autant qu'il est obligé de garder le secret des parties. C'est en ce sens que s'étaient prononcés les arrêts des 23 déc. 1592, 16 juill. 1653 (Jousse, t. 2, p. 380 et 406 ; Louet, Lett. 12, n. 6, 5°; Langlois, ch. 45, p. 406). — Mais, si les charges existent au profit du notaire ; par exemple, s'il est vendu des biens qu'il sait lui appartenir, s'il est hypothéqué des immeubles sur lesquels il a pris inscription, doit-il révéler ces charges à l'acheteur ou au créancier à peine de responsabilité? La négative résulte des motifs d'un arrêt de cassation, du 10 nov. 1828 (D.P. 28. 1. 438), portant que « le notaire qui reçoit un acte n'est point partie dans cet acte, et ne fait que recevoir et rédiger les conventions des parties; qu'il ne peut même se refuser à les transcrire comme elles lui sont dictées, et ne peut ni protester contre elles, ni faire personnellement aucunes réserves sur ce qui y est exprimé. »

On peut même ajouter avec Ferrière, liv. 1, ch. 20, que les notaires n'étant point parties dans un acte, ils sont tenus de recevoir les conventions des parties sans connaissance de cause. ». On peut dire enfin qu'ils ne peuvent jouer deux rôles, certifier les déclarations des parties et les contester, c'est-à-dire être à la fois juge et partie ; qu'on les a toujours considérés comme étrangers aux actes passés devant eux ; comme conseils désintéressés, et qu'ils sortiraient de cette mission élevée s'ils se constituaient les contradicteurs des parties.—Mais ces considérations n'ont jamais été admises, et ce n'est pas en ce sens que le rôle de conseil et le secret ont été imposés au notaire. A l'égard des notaires, dit Proudhon, de l'Usuf. n. 2178, l'instruction qu'ils doivent apporter dans les fonctions qu'ils remplissent, la connaissance plus approfondie qu'ils doivent avoir des affaires qui se traitent devant eux, le ministère dont ils sont revêtus pour la garantie de tous les intérêts, sont autant de causes qui doivent faire peser sur eux une plus grande responsabilité; ils ne sont pas de simples témoins, ils sont aussi des officiers instrumentaires sur la scrupuleuse exactitude desquels les parties ont le droit de compter. En écrivant un acte, ils doivent savoir tout ce qui y est renfermé, et il ne peut leur être permis de dissimuler impunément une énonciation fausse qui y serait consignée : il faut donc dire qu'en thèse générale, l'exception du dol leur est opposable. » Cette doctrine était celle aussi de Ferrière, Parf. not., liv. 1. 20 ; de Massé, liv. 1, ch. 15.

208. — Cette doctrine a été reconnue applicable à une clause de *franc et quitte d'hypothèque* insérée dans un acte reçu par un notaire à qui les biens avaient été hypothéqués précédemment et qui avait dissimulé cette circonstance, et l'on décidait que le notaire avait préjudicié à son hypothèque par son silence; qu'il ne pouvait plus dès-lors l'exercer de préférence au nouveau créancier (L. 26. § 1. D. de pign. et hypoth. L. 9. § 1. D. *quib. mod. pign. solv.*; Basnage, des Hypoth. ch. 17 ; Pothier, Hypoth. ch. 3, § 5 ; Jousse, Justice civ. t. 2, p. 406; Ferrière, liv. 1. ch. 20; Louet, Lett. 12, n. 6, 1°; arrêt 21 mars 1581 et déc. 1598). — C'est aussi dans ce sens que Grenier, des Hypoth. n. 508; Massé, liv. 1, ch. 15; Troplong, des Hypoth. n. 869 et 871 ; Duranton, t. 20, n. 303, se sont prononcés. « Le système de la publicité, dit Grenier, ne saurait changer cette décision parce que ce système ne bannit pas la bonne foi des contrats et n'autorise ni le dol ni la mauvaise foi : aussi voyons-nous que la publicité des inscriptions n'excuse pas du délit de stellionat celui qui présente comme libres des biens hypothéqués ou qui déclare des hypothèques moindres que celles dont ces biens sont chargés »

209. — Il en serait de même, suivant Basnage, Ferrière, Louet et Massé, *loc. cit.*, si, sans déclarer ses biens francs et quittes, le débiteur les hypothéquait spécialement à un nouveau créancier, bien qu'ils le fussent déjà au profit du notaire. Quoique ceci fasse plus de difficulté, le silence de ce dernier doit le faire déchoir de son antériorité hypothécaire par rapport au nouveau créancier; et l'on cite un arrêt du 22 janv. 1590 qui l'aurait ainsi jugé. M. Roll. de Vill., *eod.*, n. 498, n'admet pas cette doctrine : il pense que la possibilité qu'a le nouveau créancier de s'éclairer au bureau des hypothèques, le rend non recevable à se plaindre du silence du notaire; mais si cette raison était bonne, elle aurait la même valeur au sujet de la clause franc et quitte. L'opinion de M. Roll. de Vill. doit donc être rejetée comme contradictoire avec celle qu'il a émise pour la clause de franc et quitte. — Disons toutefois que cet auteur déclare ne raisonner qu'en thèse générale et sans prétendre que les circonstances particulières ne pourraient pas motiver une autre solution. — Mais c'est la thèse générale elle-même qui nous semble contestable : d'après nous, le notaire est en faute s'il a gardé le silence : c'est le principe général ; il ne pourrait échapper à la responsabilité qu'à raison de circonstances exceptionnelles, comme s'il apparaissait que la déclaration du notaire n'aurait pas empêché le nouveau créancier de prêter ses fonds, ou si, au jour de l'acte, l'hy-

pothèque du notaire ne pouvait, en raison de la valeur actuelle des biens grevés, faire préjudice à celle qui était stipulée dans l'acte.

210. — Ajoutons, en terminant, sur ces points délicats, que la doctrine de la cour de cassation, dans son arrêt du 10 nov. 1828 (V. n. 207), si elle était prise dans les termes généraux où elle est énoncée, serait plus rassurante pour le notariat que celle des autorités qui ont été citées plus haut; que cette énonciation prend un caractère de gravité plus marqué lorsqu'on voit qu'elle se trouve dans un arrêt de cassation, dont les motifs sont communément l'objet d'une attention plus scrupuleuse de la cour ; que si nous avons cédé aux autorités contraires, c'est qu'il nous a paru y voir des traces d'une pratique notariale dont il est toujours fâcheux de s'écarter, car elles forment la règle commune des notaires, tout en ne nous dissimulant pas que ces fonctionnaires ont besoin d'être à l'abri de toute allégation de surprise ou de mauvaise foi et de n'être pas inquiétés au sujet de la discrétion qu'ils auront gardée envers les parties. C'est dans cet esprit, sans doute, que, dans la première édition de son *Répertoire*, M. Roll. de Vill. avait dit, n. 232 : « Qu'en droit rigoureux, le notaire ne saurait être tenu de cette déclaration (celle de son hypothèque), mais que c'est pour lui un devoir moral.» — Toutefois, dès qu'on convient qu'il y a devoir moral pour le notaire, on arrive bien près de la limite où se rencontre la responsabilité : car si une cour royale voyait dans le silence du notaire une faute envers un client, cette décision pourrait bien, suivant les cas, échapper à la censure de la cour de cassation.

211. — Il est sensible que la situation du notaire s'aggraverait de son silence, s'il avait intérêt à le garder, comme si, créancier lui-même de l'emprunteur, il devait recevoir tout ou partie des fonds et s'il pouvait craindre que la valeur des biens hypothéqués ne suffit pas pour le désintéresser.

212. — D'autres exemples du préjudice que le silence du notaire peut lui faire encourir sont proposés par les auteurs : « Si, comme notaire, dit Pothier, du Louage, n. 105, j'ai passé un bail par lequel le bailleur donnait à ferme un héritage que je savais m'appartenir, au moins pour la jouissance, et que depuis j'aie intenté une action contre le fermier pour l'expulser, le fermier est bien fondé à m'y prétendre non-recevable par l'exception du dol, ma réticence étant un dol qui l'a induit en erreur. » — *Conf.* Proudhon, n. 2178. —Ainsi, dit aussi ce dernier *eod.*, un notaire qui serait usufruitier d'un fonds et qui recevrait sans réclamation l'acte par lequel le propriétaire le vendrait en plein domaine à un autre, devrait être déchu de son droit, sinon comme y ayant tacitement renoncé, du moins comme passible de l'exception de dol envers l'acquéreur.

213. — Cependant, cette doctrine ne doit pas être poussée jusqu'à une extrême rigueur ; l'arrêt de cass. du 10 nov. 1828 montre que la cour suprême ne serait pas disposée à imposer aux notaires une initiative indiscrète dans les transactions qui sont passées devant lui, à l'obliger à des révé-

lations qu'on ne lui demande pas et qu'on peut lui contester le droit de faire énoncer dans l'acte, afin de se mettre à l'abri de toute action récursoire dans le cas où, malgré ses révélations, les parties persévéreraient.—Aussi, a-t-il été décidé 1° qu'un notaire qui a reçu des baux à ferme dont le cahier des charges portait que les frais et émoluments seraient payés par les preneurs, conserve, nonobstant cette clause, son action solidaire contre les débiteurs (Cass. 10 nov. 1828, D. P. 28. 1. 438).—2° Qu'on ne peut invoquer comme formant un commencement de preuve par écrit contre un notaire, les énonciations qui peuvent se trouver dans l'acte passé devant lui (Bordeaux, 14 fév. 1832, D. P. 32. 2. 119).

214. — Au reste, il a été jugé que la nullité résultant de ce qu'un notaire est intéressé dans un testament, ne doit faire annuler que la disposition relative au notaire, et reste sans influence sur les autres legs ou dispositions (Limoges, 4 mai 1830. D. P. 32. 1. 9), et il a été soutenu sans succès que l'acte étant indivisible quant à la forme, la nullité dont il était vicié en raison de l'incapacité du notaire, se communiquait à l'acte en entier ; qu'autrement, et si elle devait être restreinte à la disposition relative au notaire, rien ne serait plus facile que de prévenir les effets de cette nullité en souscrivant une contre-lettre à son profit. — M. de Broé a incliné dans son rapport pour la nullité absolue, en se fondant sur les arrêts des 1er oct. 1810 et 20 juin 1827, (D. P. 30. 1. 10, n. 1). — Ajoutons que la loi ne distingue point; que lorsqu'elle prononce une nullité, cette nullité doit atteindre toutes les dispositions de l'acte qui peuvent avoir été passées sous son influence, c'est-à-dire qu'elle doit frapper l'ensemble de l'acte, car si l'on suppose que l'intérêt du notaire a pu le faire sortir du caractère d'impartialité que le législateur a jugé nécessaire pour donner force authentique à l'acte, il semble que la même suspicion doit se communiquer à toutes les dispositions, à celles en vue desquelles on aura obtenu l'intervention complaisante du notaire, comme à celles qui doivent lui profiter personnellement ; au reste, c'est l'opinion de Grenier, n. 249 ; Toull. t. 5. n. 406, Merlin, Rép., v° Témoins inst. § 4, n. 3, 16°, Delvincourt, t. 2, p. 315. Duranton, t. 9, p. 120, Rolland, n. 113. V. n° 139.

ART. 9.

Les actes seront reçus par deux notaires, ou par un notaire assisté de deux témoins, citoyens français, sachant signer, et domiciliés dans l'arrondissement communal où l'acte sera passé.

215.— Les actes seront reçus : Ces mots qui ont donné lieu à la loi additionnelle du 21 juin 1843 ont été l'objet d'une vive et sérieuse controverse dans la jurisprudence et parmi les auteurs. Quelle est leur signification ? La réception des actes se compose de quatre parties : la discussion des conventions, leur rédaction, la lecture et la signature. La loi de ventôse a-t-elle entendu que le notaire en second (ou les deux témoins, lorsqu'il n'y pas de second notaire), pourra se dispenser d'être présent à ces quatre phases de la réception de l'acte, et qu'il suffira qu'il le signe après coup? Des arrêts nombreux, dont plusieurs émanent de la cour de cassation, et quelques auteurs, ayant à leur tête M. Toullier, ont proclamé que la présence du notaire en second, au moins à la lecture et à la signature des actes, était nécessaire à peine de nullité.—Les notaires des villes et des localités dans lesquelles l'usage contraire s'était établi, attaquaient cette opinion comme impraticable en fait, comme inutile dans son but, en ce que des plaintes sérieuses ne réclamaient pas contre l'usage établi, enfin, comme préjudiciable aux parties qui, en définitive, seraient obligées de supporter les frais de déplacement d'un second notaire. Toutefois, les notaires et les auteurs qui soutenaient leur système convenaient que, pour les testaments et même pour les donations, il était d'usage que le notaire en second fût présent à la réception de ces actes. Cet usage, il faut le dire, n'avait aucune limite bien déterminée, et tout le monde, dans une matière si grave et si usuelle, éprouvait le besoin de lui voir une sanction dans la loi. Ajoutons qu'il est des actes dont l'importance et la solennité ne sont pas moins grandes que celles des testaments. Or, pour ces actes, l'usage n'offrait aucune protection. C'est en présence de ce vague et de ces dangers, en présence surtout des graves responsabilités dont, en différentes occasions, des arrêts avaient frappé des notaires qui s'étaient conformés de bonne foi à l'usage qu'ils avaient vu pratiquer par leurs devanciers ; c'est en présence d'une responsabilité qui avait été étendue jusqu'au notaire en second, que nous avons soutenu que la loi de l'an 11 devait être exécutée dans sa lettre au moins pour l'avenir, et jusqu'à ce qu'une loi nouvelle fût intervenue, tout en faisant sentir la nécessité d'amnistier, en quelque sorte, le passé, en plaçant les actes sous la protection de la règle error communis facit jus. —

216. — C'est dans ce conflit (Voy. le tableau de la jurisprudence à laquelle il a donné lieu ; — Dict. gén., v° Preuve litt., n. 153 et suiv.), et au milieu des émotions causées dans le notariat, que le projet de la loi du 21 juin 1843 a été discuté (V. cette discussion, D. P. 43. 3 166). Là, le législateur agissait en maître ; il n'avait pas, comme les juges, besoin de s'appuyer sur l'erreur commune pour maintenir ce qui avait été fait ; c'est par voie d'interprétation qu'il a procédé : puis, reconnaissant que l'usage avait sagement interprété les mots seront reçus de la loi de ventôse, il a cru devoir, afin de laisser moins de doute sur sa pensée, reproduire le même mot, ou son équivalent dans l'art. 1er de cette loi. — Vient ensuite l'art. 2 qui énumère les actes pour lesquels la présence de deux notaires ou d'un notaire et des témoins est requise au moment de la lecture des actes par le notaire et de la signature par les parties. — Enfin, il est dit dans l'art. 3 que les autres actes continueront à être régis par l'art. 9 de la loi de ventôse, tel qu'il est expliqué dans l'art. 1er.

217—Que résulte-t-il de tout cela, c'est que, pour

les actes autres que ceux qu'énumère l'art. 2 de la loi du 21 juin 1843 (et pour les testaments qui ont toujours été exceptés), la présence du notaire en second ou des témoins n'est exigée, ni à la discussion des articles, ni à la rédaction, ni à la lecture ni même à la signature par les parties : « Il est bien entendu, a dit M. Sauzet, président de la chambre des députés, en résumant la discussion élevée sur ces points, que la présence du notaire en second ou des témoins instrumentaires n'est exigée comme condition de validité, *à aucune des phases de la réception des actes.* » — V. aussi n. 219.

218.—La loi du 21 juin 1843 est additionnelle à l'art. 9 de la loi de ventôse. Il importe, dès-lors d'en relever toutes les expressions :

« *Loi du 21 juin 1843 sur la forme des actes notariés :*

« Art. 1er. Les actes notariés passés depuis la promulgation de la loi du 25 vent. an 11 ne peuvent être annulés, par le motif que le notaire en second, ou les deux témoins instrumentaires, n'auraient pas été présents à la réception desdits actes.

« 2. A l'avenir, les actes notariés contenant donation entre-vifs, donation entre époux pendant le mariage, révocation de donation ou de testament, reconnaissance d'enfants naturels, et les procurations pour consentir ces divers actes, seront, à peine de nullité, reçus conjointement par deux notaires, ou par un notaire en présence de deux témoins.

« La présence du notaire en second ou des deux témoins n'est requise qu'au moment de la lecture des actes par le notaire et de la signature par les parties. Elle sera mentionnée à peine de nullité.

« 3. Les autres actes continueront à être régis par l'art. 9 de la loi du 25 ventôse an 11, tel qu'il est expliqué dans l'art. 1er de la présente loi.

« 4. Il n'est rien innové aux dispositions du Code civil sur la forme des testaments. »

219. — La discussion de la loi du 21 juin a donné lieu à plusieurs solutions des Chambres qu'on va retracer :

Quel est le sens des mots « reçus *conjointement* par deux notaires ou par un notaire en présence de deux témoins » qu'on lit dans l'art. 2 de la loi du 21 juin ? — M. *Phil. Dupin* a dit : « La commission a donné mission expresse à son rapporteur d'expliquer que, par ces mots, on ne doit pas entendre que le second notaire et les témoins seront présents à toutes les discussions de parties, ni aux conférences préliminaires des actes de donation. Il suffit qu'ils soient présents au moment de la formation définitive du contrat, c'est-à-dire au moment où les conventions sont échangées et fixées irrévocablement; en d'autres termes, au moment où les conventions sont lues, vérifiées, acceptées et certifiées par les signatures de tous ceux qui doivent concourir à l'acte. » — Par suite de cette explication, la première partie du deuxième alinéa de l'art. 2 a été ajoutée. Cette addition, a dit *M. le président*, a pour objet d'expliquer en quoi consiste la réception conjointe du premier alinéa de l'article.

220.—Le deuxième alinéa de l'art. 2 se terminait ainsi : « La présence du notaire en second ou des deux témoins sera mentionnée *à peine de nul-*

lité, » il a été expliqué que cette disposition irritante n'était pas innovative; qu'elle n'avait rien de sacramentel ; que ce n'était pas une formule que l'on entendait faire, mais une formalité dont on prescrivait la constatation. — « C'est du fait de la mention, a dit M. le président en résumant le débat, et non pas de la formule qu'il s'agit : il n'y a rien de sacramentel. » — Il résulte de là que plusieurs modes peuvent être employés pour constater l'accomplissement de la formalité, mais l'essentiel est que l'acte contienne le témoignage ou la déclaration de l'officier public que tout s'est passé conformément à la loi. (V. la discussion, D. P. 43. 3. 182, n. 5).

221. — Les contrats de mariage sont régis par l'art. 3 et non par l'art. 2, quoiqu'ils contiennent des donations.—On a pensé que les préliminaires qui précèdent d'ordinaire ces actes sont tels que, pour eux, les précautions de l'art. 2 étaient sans objet.

222. — Lors de la discussion de l'art. 3, on a demandé que les dispositions de l'art. 2 fussent applicables à tous les actes notariés qui ne sont pas signés par *toutes les parties.*—On faisait remarquer que l'art. 2 ne parle que des donations ordinaires et non des donations déguisées qui peuvent se cacher sous toutes sortes d'actes, et que, dans les campagnes où ce mode de disposer est presque toujours suivi, la fortune des familles est à la merci d'un notaire ; que le droit conféré aux notaires est exorbitant et sans exemple dans nos usages ; que le magistrat lui-même ne donne authenticité aux actes qu'autant qu'il est assisté de son greffier. On a dit que, dans les cinq dernières années, soixante notaires avaient été poursuivis pour faux commis presque tous par supposition de personnes, au préjudice de citoyens illettrés ; qu'au moyen de ventes faites par un notaire sans l'assistance de son confrère et sans témoins, il peut arriver à consommer la ruine d'une famille aussi complétement que par un testament ; que ces faits n'étaient malheureusement que trop fréquents; que le danger est d'autant plus grave qu'il s'exerce envers la partie de la population qui a le moins de moyens de s'en défendre. — On a répondu que les actes passés par les gens illettrés ne sont d'ordinaire que de peu d'importance; que, d'ailleurs, l'abus est très-rare; qu'on ne se plaint pas; que la disposition que l'on propose présente une innovation qui tend à compliquer la loi d'une manière fâcheuse; qu'elle est de plus inexécutable par la raison qu'il faudrait traîner avec soi le second notaire ou les témoins, car un acte commencé dans une localité est souvent terminé dans une autre.—L'amendement a été rejeté.

On a demandé aussi que les actes pussent être rédigés par un seul notaire sans témoins. — En cela, disait-on, il convient de remplacer la fiction par la réalité; car un notaire qui signe après coup, des témoins qui signent après coup, ne prennent véritablement point de part à la confection de l'acte.—Un autre député a demandé si c'était bien ainsi, c'est-à-dire en ce sens, que les notaires et les témoins auront le pouvoir de signer après coup, que la commission entend l'art. 3 de la loi. — M. *le garde-des-sceaux.* « Cela ne fait pas de doute. » —M. *le président.*

« La commission ayant dit que les autres actes continueront à être régis par l'art. 9 de la loi de ventôse tel qu'il a été expliqué et l'explication consistant à dire que la présence à la réception n'est pas nécessaire et que la réception ne peut être annulée par défaut de présence, il ne saurait y avoir aucun doute, l'explication est donnée. » L'amendement a été retiré, il avait d'ailleurs été combattu par le motif qu'il tend à enlever aux citoyens une garantie, si faible qu'elle soit.

223.—L'art. 977 C. pr., en cas de partage et de licitation, permet aux notaires de procéder seuls, sans l'assistance d'un autre notaire ou de témoins ; je m'imagine, a dit M. Dufaure, que cet article spécial, quoique nous fassions une loi générale et postérieure, ne sera pas abrogé ; mais, comme on n'a pas fait pour lui la réserve formelle que fait notre art. 4 pour les testaments, je désire que le gouvernement et la commission s'en expliquent. « M. *le garde-des-sceaux.* » Il est bien entendu que nous faisons une loi toute spéciale.—M. *le rapporteur.* « La loi actuelle est une loi toute spéciale, sur la loi de ventôse ; nous n'avons entendu toucher en rien, soit au Code civil, soit au Code de pr. — M. *le président.* « Il est bien entendu que les matières spéciales réglées par le Code civil et par le Code de procédure continueront à être gouvernées par les dispositions des deux codes, et notamment pour ce qui est relatif aux testaments et aux actes respectueux réglés par l'art. 54 du Code civil. »

224.— A la chambre des pairs, M. Boyer a demandé si la signature du second notaire ou des témoins devait entraîner pour eux une responsabilité quelconque ; il aurait voulu que la loi nouvelle contînt une disposition précise à cet égard. M. Franck-Carré a répondu que la chambre n'était point appelée à faire une loi sur la responsabilité des notaires, mais seulement une loi sur la forme des actes notariés ; qu'il laissait par conséquent en dehors, parfaitement intacte et toujours soumise à l'appréciation des tribunaux, la question de savoir si les circonstances doivent faire admettre ou repousser la responsabilité du notaire en second ou des témoins instrumentaires. Ce n'est pas là une question de principe, mais une question de fait, qui demeure livrée à l'appréciation, à l'arbitrage des tribunaux. V. le Traité de la responsabilité.

225. — *Par deux notaires.* — Le but de la loi, lorsqu'elle appelle un second notaire, est signalé par M. Toullier, t. 8, p. 74, en ces termes. « L'homme est faible quand il est seul, il peut être facilement séduit ou induit en erreur, il a moins de force pour résister au combat que l'intérêt ou la séduction livrent à sa probité et à sa bonne foi. C'est pour soutenir, c'est pour fortifier le notaire autant que pour l'éclairer, que la sagesse de la loi le place à côté d'un surveillant devant lequel il rougirait de se montrer faible, partial ou injuste. — Le second notaire n'est pas en effet autre chose qu'un surveillant que la loi donne à chaque notaire. » Toullier, t. 8, n. 74 ; Drion, p. 12, et 58. — Voy. plus haut n. 217 et suiv. ce qui est dit sur le second notaire.

226.— Il ne peut y avoir plus de deux notaires pour recevoir un acte (arrêt de régl. 10 fév. 1615 ; statut des not. de Paris, 5 niv. an 14 ; 20 nov. 1816) : s'il s'en présente un plus grand nombre, les plus anciens excluent les autres (Roll., v° Acte notarié, n. 133). S'il en était admis un plus grand nombre que celui fixé par l'art. 9, l'acte ne serait pas nul ; ce qui abonde dans un acte ne le vicie pas : c'est ce qui a été jugé au sujet d'un testament dans lequel on avait admis un plus grand nombre de notaires que la loi ne l'exigeait (Cass. 6 avril 1809 ; 7 déc. 1809. D.G., v° Testam., n. 616).

Quand il y a deux notaires, on désigne sous le nom de notaire en premier, le notaire instrumentaire, c'est-à-dire celui qui est requis ou choisi par les parties, en notaire en second celui qui est appelé pour assister celui-là. C'est le notaire en premier qui choisit le notaire en second, et lorsqu'ils sont désignés tous deux par les parties, celui qui reste dépositaire de la minute conserve le titre de notaire en premier (Roll., v° Acte notarié, n. 123, 124). Cette distinction n'est pas sans importance, car on tient assez généralement que le notaire en second, qui ne signe d'ordinaire dans l'acte qu'en qualité de *collègue*, et après coup, sauf le cas où il s'agit des actes indiqués par l'art. 2 de la loi du 21 juin (V. n. 218), n'est pas responsable des vices qu'il peut renfermer, pas plus que ne le sont les témoins lorsqu'il n'y a qu'un notaire.

227. — Lorsque Louis IX établit au Châtelet de Paris une sorte de confrérie de 60 notaires, il voulut qu'ils fussent toujours *deux* pour recevoir les actes. C'est à cette création que se reporte sans doute l'idée du notaire en second, car l'ordonn. de 1498, § 66, est la première qui en parle ; mais on donne à entendre que déjà les contrats étaient passés par deux notaires. Les ord. de 1539, art. 175, de 1579, art. 66, mentionnent les deux notaires. —D'après Ferrière, Parf. not. ; Brion, p. 58, Roll. de Vill., v° Acte notarié, n. 117, le notaire en second tient lieu de deux témoins. Il doit, bien entendu, avoir le droit d'instrumenter dans le ressort où il est appelé, à peine de nullité.

228. — Cependant il est des cas où un seul notaire suffit, et où il peut instrumenter seul, comme s'il s'agit : 1° de partage judiciaire (C. proc. 977) ; 2° d'inventaires pour lesquels un notaire a été commis par justice ; 3° de ventes judiciaires envoyées devant lui ; 4° de la délivrance de copies collationnées ; 5° de procès-verbaux de compulsoire ; 6° de secondes grosses ; 7° de délivrance de certificats de propriété et de certificats de vie aux rentiers et pensionnaires de l'Etat ; 8° enfin de mentions qui n'exigent pas le concours du notaire en second ou de deux témoins. Roll. *cod.* n. 144.

—Il a été décidé, au reste, qu'un contrat de mariage n'avait pu être valablement reçu par un seul notaire sans témoins (Riom, 12 fév. 1818, D.G. v° Preuve litt., n. 178).

229. — *Ou par un notaire assisté de deux témoins.* — L'art. 166 de l'ordonn. de Blois, de

1579, portait : « et afin d'obvier *aux faussetés et suppositions* qui peuvent se commettre pour ce regard, nous voulons qu'ès lieux où jusques à présent a esté permis qu'un seul notaire, en présence de deux témoins, puisse recevoir et puisse contracter testaments et autres, ledit notaire, s'il est ès villes ou gros bourgs, esquels vraisemblablement on puisse avoir témoins qui sachent signer, et au cas que la partie qui s'oblige ne puisse signer, soit tenu d'appeler pour le moins un témoin qui sache signer, et lequel actuellement signera avec lui la minute. » — « Les témoins instrumentaires, dit d'Aguesseau, sont ceux qui par leurs signatures assurent la vérité et la foi des actes. Leurs fonctions approchent de celles des notaires, et ils partagent avec eux la confiance de la loi. « Enfin M. Toullier, t. 5, s'exprime ainsi : « Les témoins appelés par la loi [sur le notariat pour assister le notaire, sont ses coopérateurs; c'est lui qui les appelle : ils exercent concurremment avec lui une portion de la puissance publique, puisqu'ils coopèrent à conférer aux actes l'exécution parée, c'est-à-dire le droit d'employer la force publique, pour les faire exécuter. »

230. — Pour les testaments la solennité est plus grande. Les deux notaires, ou le notaire et les deux témoins exigés par l'art. 9, ne suffisent pas; il faut en effet : 1° pour le testament public, deux témoins et deux notaires, ou quatre témoins et un notaire (C. civ. 976) : il en faut même un plus grand nombre si le testament est reçu dans la campagne; 2° pour l'acte de suscription d'un testament mystique, la loi exige six témoins avec un notaire, et même sept si le testateur n'a su ou pu signer son testament (C. civ. 976 et 977).

231. — C'est au notaire de s'assurer de la capacité des témoins appelés aux actes (aux testaments). Réq. 15 janv. 1835. D.P. 35. 1. 156); c'est à lui qu'il appartient de les choisir. Blondela, t. 1, n. 427; Loret, t. 1, p. 215; Grenier, n. 247; Roll., v° Responsab. n. 73. — « Dans les testaments au contraire, dit Toullier, n. 396, les témoins ne sont pas appelés par le notaire; il sont choisis par le testateur pour être présents pour attester un fait passé en leur présence.» C'est aussi ce que disent Bigot-Préameneu et Grenier, n. 247, un arrêt de Toulouse, du 23 juill. 1838. — La présomption est donc que les témoins testamentaires sont appelés par le testateur, (Grenier, *eod.*, Roll., v° Témoin inst., n. 8); ce qui n'empêche pas qu'ils doivent être connus du notaire qui engage sa responsabilité s'il ne s'enquiert pas de leur capacité.

232. — Quoiqu'il soit dans l'esprit de la loi que les témoins sachent ce que contient l'acte auquel ils doivent assister, cependant ils ne sont pas responsables de la nullité qui résulterait du défaut de leur présence à la signature : c'est là un fait qui regarde le notaire. *Conf.* Roll., v° Témoin instr. n. 10.

233. — Le silence d'un témoin touchant les droits qu'il a sur ce qui fait l'objet du contrat. comme une hypothèque, une vente antérieure à lui consentie, ne lui préjudicie pas et ne le rend point non-recevable à se prévaloir contre les parties ou l'une d'elles, soit de son hypothèque, soit de l'antériorité de son titre de vente, Proudhon, de l'Usuf., n. 2178; Poitiers, 6 avril 1838; D.G., v° Transcrip. des Donat., n. 28-4°.

234. — Il paraît hors de doute que, sur une plainte en faux, on peut faire attester par les témoins, contrairement à ce qui résulte de leur signature, qu'ils n'ont pas assisté à la confection de l'acte; mais on ne doit pas se contenter de leur attestation toute nue; il faut des circonstances, des indices qui l'autorisent. V. les arrêts indiqués au Dict. gén., v° Preuve litt., n. 197 et 730 et suiv.

235. — *Citoyens français.* — Cela se résume en ces mots : qu'il faut être Français, majeur, mâle, jouissant des droits civils et ayant l'exercice des droits politiques ou l'aptitude pour les exercer.—Sont donc incapables 1° les condamnés à une peine emportant la dégradation publique (Constit. 22 frim, an 8, art. 4; C. pén. 8, 28, 34), ou à des peines correctionnelles avec interdiction d'être témoin dans les actes pendant le temps déterminé par le jugement (C. pén. 42); — 2° les étrangers même admis à jouir en France des droits civils (C. civ. 13; Merlin, Rép. § 2, n. 3; Grenier, n. 247; Dalloz, t. 5, p. 805; cass. 23 janvier 1811; Colmar, 13 février 1818; D.G. v° Testament, n. 696); ou qui auraient appartenu à un pays ci-devant réuni à la France s'ils n'ont pas fait la déclaration exigée par l'ord. du 14 oct. 1814; (Dalloz aîné, t. 5, p. 808, n. 13; Cass., 14 avril 1818; 2 août 1827; 23 avril 1828; D.G. v° Droits civils, n. 69); — 3° Les *domestiques* à gages attachés au service de la personne ou du ménage (Const. an 8, art. 5; Rennes, 23 juin 1827, aff. M......; Toulouse, 9 juin 1843, aff. Lafage);—4° les faillis non réhabilités (Const. *eod;* Carré, *Org. jud.* n. 585, Esnault, des Faill. n. 152; Rouen, 13 mai 1839; *Contra*, cass. 10 juin 1824); — 5° l'héritier immédiat, détenteur à titre gratuit de la succession totale ou partielle d'un failli (Const. art. 5), ce que M. Roll. de Vill., n. 21, 2°, hésite, et avec raison, à admettre.

236. — L'ord. de 1304 exigeait que les témoins des actes fussent connus et dignes de foi : *coràm testibus ac etiam fide dignis.* C'est là un précepte qui est tellement de l'essence du notariat, que le législateur n'a sans doute pas cru devoir le consigner dans la loi d'une manière expresse.

237. — La capacité est la règle générale, l'incapacité l'exception; tout Français peut être témoin, s'il n'est privé de ce droit par un jugement ou par un texte précis de la loi. Les causes d'incapacité doivent se restreindre plutôt que s'étendre par l'interprétation. — Toull. , t. 5, n. 590, et Merl., Rép., *loc. cit.* ; D.A., *eod.*, n. 2.

238. — Ne sont incapables d'être témoins ni le failli : 1° la privation du droit de tester dans un acte entre vifs, ne se trouvant pas dans la nomenclature que font les lois de commerce des droits dont ils doivent être privés. (Cass., 10 juin 1824; D.A. 12. 566, n. 1); 2° ni l'individu dont l'inconduite est notoire; 3° ni la profession religieuse, car, outre que les incapacités ne s'étendent pas, cette profession ne prive plus des droits civils. D.G., v° Test., n. 693, 694.

239.—L'incapacité des témoins ne se présumant

pas, c'est à l'héritier qui l'allègue d'en faire la preuve.—Merl., Rép., t. 17, p. 604.

240. — Cet héritier ne serait pas astreint à la voie rigoureuse de l'inscription de faux ; car le notaire auquel la loi n'ordonne que de mentionner le nom et la demeure des témoins n'a pas qualité pour constater authentiquement leur capacité qui repose sur des faits étrangers à la confection du testament, seul objet que la loi ait confié au notaire. D.A. 5. 805, n. 3.

241. — Jugé même que l'héritier peut, sans s'inscrire en faux, prouver que les indications relatives à une qualité accidentelle des témoins, par exemple le domicile, sont mensongères, s'il produit un commencement de preuve par écrit de ce fait ; c'est alors au légataire à établir l'exactitude des indications (C. civ. 980). — Bruxelles, 13 avril 1811. D.A. 5. 798. — Cette décision est contestable ; car le fait constaté, la demeure des témoins, est un fait matériel qui doit être connu du notaire.

242. — Indépendamment de la capacité civile, les témoins doivent avoir la capacité physique ou morale. Ainsi ils doivent entendre la langue des parties ou celle dans laquelle l'acte est rédigé (Ricard, des Donat., part. 1, f1603 ; Furgole, des Testam., ch. 3, sect. 1, n. 6 ; Maleville, sur l'art. 972 ; Grenier, n. 255 ; Toullier, t. 5, n. 393. Merlin, Rép., v° Témoin instrum., § 2, n. 3-24, et Quest. de droit, v° Testam., § 17) ; sinon il doit y avoir un interprète, dont la mission et la capacité sont examinées sous l'art. 13.

243. — La loi laisse aux magistrats le soin de décider si les témoins appelés aux testaments étaient dans un état physique tel qu'ils aient vu et entendu le testateur, qu'ils aient compris ses dispositions, qu'ils se soient rendu compte de tout ce qui s'est passé devant eux.—Merl., Rép., t. 13; v° Témoin instrumentaire. § 2, n. 4 ; Toull., t. 5, n. 390 ; Fav. v° Témoins, n. 2 ; Delv., t. 2, n. 313, notes ; Dall. 5. 803, n. 5.

244. — Ainsi, ne peuvent être témoins d'un testament, les aveugles, les sourds, les sourds-muets, les fous.— Gren., t. 1, n. 254 ; Toull., t. 5, n. 394 ; Merl., Rép., loc. cit. ; Favard, loc. cit. : Dur., n. 104 ; Dall. 5. 805, n. 6.

245. — Grenier comprend parmi les incapables les muets, que le droit romain excluait effectivement de la faculté d'être témoins. Mais le muet sachant écrire voit, entend et comprend ce qui se passe ; il peut attester par sa signature que toutes les formalités ont été observées en sa présence. L'exclusion de la loi romaine ne serait plus admise.— Toull., n. 392 ; Favard, Dur., Merl., loc. cit. ; Dall. 5, 805, n. 6.

246. — La prodigalité n'est plus une cause d'interdiction. La nomination d'un conseil n'enlève point au prodigue ses droits civils, ni, par conséquent, le droit d'être témoins.—Duranton, t. 9, n. 108 ; Dalloz, eod., n. 7.

247. — On ne peut appeler comme témoins 1° ni ceux qui sont parties dans l'acte : cela résulte et du principe retracé n° 150 et implicitement de l'art. 10 qui défend de prendre pour témoins les parents ou alliés des parties, c'est-à-dire de ceux pour lesquels l'acte est rédigé : com-

ment supposer qu'on ait pu avoir l'idée de les admettre à attester la sincérité d'un acte qui est fait par elles et pour elles ? (Conf., Limoges, 27 mai 1831) ; M. Roll. de Vill., n. 35, dit qu'il ne résulterait pas une nullité de ce que, dans un acte unilatéral, l'un des témoins déclarerait accepter pour le créancier ; il ne voit là qu'une énonciation de vieux style, surabondante, mais qui ne vicie pas l'acte, encore bien que le témoin ait déclaré avoir mandat pour accepter. — Quoi qu'il en soit de cette remarque qu'il appuie d'un arrêt du 27 août 1833, nous croyons que les notaires doivent s'abstenir de constater les déclarations de cette nature.—V. n. 169.

2° Ni les témoins qui ont un intérêt personnel dans les actes où ils figurent. — V. n. 187.

— L'exclusion n'atteindrait pas les habitants d'une commune : ils peuvent rendre témoignage dans un acte passé entre le maire et un autre individu. Arg. Dict. gén., v° Témoin n. 72, et Suppl. eod.

248.—Au reste, il a été dérogé à l'art. 9 de la loi de ventôse par l'art. 980 C. c. postérieur en date, qui, pour les testaments, exige seulement que les témoins soient « mâles, majeurs, sujets du roi, jouissant des droits civils », et qui par suite, puisqu'il n'impose pas la condition de la jouissance des droits politiques, permet d'appeler comme témoin à un testament les individus en état de domesticité, pourvu qu'ils aient d'ailleurs les autres conditions requises par l'art. 980. Duranton, t. 9, n° 110, 111 ; Cass. 3 août 1841. D.G. suppl. v° Testam., n. 688. Conf. cass. 3 juill. 1838. D.P. 38. 1. 304.

249. — S'il a été appelé à un acte un témoin qui, d'après l'opinion commune, réunit toutes les conditions de capacité prescrites par la loi, alors que dans la réalité il en était dépourvu, quel est l'effet de cette incapacité ? La capacité putative prévaut-elle ici sur la capacité réelle ? En d'autres termes, l'acte auquel un tel témoin a pris part doit-il être protégé par la loi Barbarius Philippus, 3 D. de officio prætorum, et être maintenu d'après la maxime error communis facit jus ? — L'affirmative est admise d'une manière générale, Furgole des Testam. ch. 3, sect. 1, n. 7 ; Merlin, Rép. v° Témoins inst. § 2, n. 3-26 ; Delvincourt, t. 2, p. 312 ; Grenier, n. 256 ; Toullier, t. 5, n. 407 ; Duranton, t. 9, n. 109 ; Dalloz, t. 5, p. 808, n. 28. — « Toutefois, dit ce dernier, pour que l'erreur commune équivale à la capacité effective, il faut que cette erreur résulte d'une série d'actes multipliés qui forme pour lui une possession publique et paisible de l'état qu'elle suppose ; car, c'est alors seulement qu'il est impossible de ne pas se tromper. Il importerait peu que le notaire et les témoins eussent l'opinion erronée de la capacité du témoin ; leur croyance n'a d'effet que quand elle est partagée par le public et qu'elle coïncide avec la possession de l'état supposée. Ainsi la déclaration du témoin qu'il est sujet du roi, qu'il jouit de ses droits civils, ne couvrirait pas la nullité du testament, si cette déclaration se trouvait fausse. » Par suite de ces principes, on a refusé d'annuler : 1° des actes, sous prétexte qu'on y avait appelé comme témoins des individus réputés citoyens français,

mais qui dans le fait étaient étrangers. (Cass. 28 fév. 1821 ; 18 janv. 1830; 28 juin 1831. 24 janv. 1839. D.P. 39. 1. 294. D.G., v° Test. n. 746 ; Lois n. 204); —2° des testaments, encore bien qu'un témoin, qui exerçait paisiblement et publiquement ses droits civils, ait été frappé précédemment d'une condamnation emportant mort civile (Limoges, 7 déc. 1809, Grenoble, 14 août 1811, D.G., v° Test., n. 747 et 748).

—3° Enfin il a été jugé qu'il faut que les actes de possession publique motivent et justifient l'erreur commune; il ne suffit point que l'opinion de la capacité du témoin soit généralement répandue, si elle l'est sans motifs plausibles.—Cass. 24 juill. 1839. D.P. 39. 1. 294.

250. Mais l'erreur commune ne protége pas l'acte dans lequel aurait figuré un témoin affecté d'une incapacité morale, telle que celle résultant de l'âge, du sexe, de la parenté. Le notaire et les parties pouvaient, devaient prendre ou exiger des renseignements à cet égard. Telle est au moins l'opinion des auteurs cités. Merlin, Toullier, Grenier, Delvincourt, Dalloz, loc. cit. Cependant, cette opinion, qui tend à placer en dehors de la règle commune l'erreur sur l'une des qualités qui viennent d'être énoncées, souffre quelque difficulté. M. Roll. de Vill., v° Tém. inst., n. 44, ne semble pas porté à la partager, et il cite un arrêt de la cour de Turin, du 17 avril 1806, d'où il induit un précédent contraire. Mais, cet arrêt nous a semblé cité à tort; car, outre que la cour y paraît peu disposée à étendre la loi Barbarius au delà de ses termes, elle annulle formellement un acte dans lequel on avait appelé deux jeunes gens d'un état obscur et qu'on prétendait avoir, dans l'opinion commune, l'âge requis, bien qu'ils ne l'eussent pas en réalité. V. les motifs de cet arrêt. D.A. 5. 811.

Au reste, on peut citer en faveur de l'opinion de M. Roll. de Vill. deux arrêts, l'un de la Cour d'Aix, du 29 juill. 1838, (D.P. 39. 2. 10) qui a validé un testament dans lequel figurait comme témoin un mineur qui s'était déclaré fils majeur quoiqu'il lui manquât 33 jours, et qui avait déjà figuré dans plus de vingt actes publics ;— l'autre de la Cour de cass. du 31 juill. 1834 (D.P. 34. 1. 425), qui a maintenu un testament portant institution de tous les filleuls du testateur, lesquels étaient en très-grand nombre, ce qui n'avait pas permis de reconnaître la parenté de l'un des témoins avec l'un des légataires ; d'où résultait, suivant l'arrêt, que l'erreur dans laquelle était tombé le notaire était invincible.

Remarquez qu'on n'annulerait pas l'acte dans lequel un nombre de témoins, excédant celui prescrit par la loi, aurait été appelé ;— Ni celui dans lequel l'un des témoins excédant le nombre légal serait incapable: c'est ce qui se voit surtout dans les contrats de mariage qui sont signés le plus souvent par les membres de la famille.—Conf. Roll. de Vill., v° Témoin instr., n. 47 et 48, qui cite par inadvertance, comme ayant jugé ces questions, deux arrêts qui ont résolu des questions toutes différentes.

251.— Sachant signer. — Les témoins doivent savoir signer, car ils sont obligés d'apposer leurs signatures aux actes. Cette condition n'est pas exigée d'une manière si absolue pour les témoins des testaments reçus dans les campagnes : il suffit que l'un des deux ou deux des quatre témoins signent (C. civ. 974). — Voy. sur la signature des actes ce qui est dit sous l'art. 14.

252.— Et domicilié dans l'arrondissement communal où l'acte sera passé.—Cette condition a été regardée comme tellement importante que son infraction a fait annuler une donation contenue même dans un contrat de mariage. Grenoble, 21 déc. 1827. D.P. 28. 2. 77.

253. — Mais est-il nécessaire, à peine de nullité, que les témoins d'un testament soient domiciliés dans l'arrondissement communal où l'acte a été passé? Non, d'après la jurisprudence. Le Code civil, par son silence (art. 890), a dérogé en ce point à la loi du notariat. Il y a, en effet, des différences essentielles entre le testament public et les autres actes notariés : 1° un testateur qui veut tenir secrètes ses dispositions appellera des témoins étrangers à la localité ; 2° il faut plus de témoins pour le testament, quand il n'y a qu'un notaire ; 3° c'est le testateur lui-même, et non le notaire, qui, selon l'usage, choisit les témoins.—Grenier, t. 1, n. 247 et 247 bis; Delv., t. 2, p. 313; Duranton, n. 112 ; Dalloz aîné, 5.798, n.11. — Bruxelles, 13 fév. 1808. Limoges, 7 déc. 1809. Douai, 27 avril 1812. Caen, 19 août 1812. Paris, 18 avril 1814; Cass. 10 mai 1825, 4 janv. 1826, 24 août 1832 ; 4 août 1841; Rouen, 15 mars 1840.—Dict. gén., v° Testament, n. 663.

L'opinion contraire se fonde sur ce que la loi de ventôse est commune à tous les actes notariés, et qu'il faudrait dans le Code une dérogation expresse, pour se dispenser de l'appliquer. — Toull., t. 3, n. 397; Merl., Rép., v° Tém. inst. t. 17, p. 614; Fav., v° Testament, sect. 1, § 3, art. 3, n. 10.—Bruxelles, 13 avril 1811. D.A. 5 .798. Il est toujours plus sage de prendre les témoins dans la commune.

ARTICLE 10.

Deux notaires parents ou alliés au degré prohibé par l'art. 8 ne pourront concourir au même acte.

Les parents, alliés, soit du notaire, soit des parties contractantes, au degré prohibé par l'art. 8, leurs clercs et leurs serviteurs, ne pourront être témoins.

254.—Cette disposition est conforme : 1° à un arrêt de règlement du parlement de Paris, du 22 mai 1550, qui défend à tous notaires du ressort: « de eux accoupler ensemble, pour passer ou recevoir contrats, le père, le fils, les deux frères, l'oncle et le neveu, le beau-père et le gendre ; » — 2° à celui du 24 nov. 1601 qui fait la même défense aux notaires père et fils ; — 3° à celui du 8 juin 1635 qui faisait défense aux notaires « d'instrumenter pour leurs fils, gendre et tous autres parents au degré de l'ordonnance. » — L'art. 10 ne s'applique pas, bien entendu, aux membres de la chambre des notaires dans laquelle peuvent figurer des notaires aux degrés les plus rapprochés. Roll., v° Assemblée des not., 51.—Seulement, l'ord. du 4 janvier 1843, art. 19, leur interdit de prendre part à la délibération, s'ils sont parents au degré prévu par l'art. 8, du plaignant ou de l'inculpé. »

255. — *Deux notaires parents ou alliés.* — Le concours au même acte, dont parle l'art. 10, doit s'entendre de celui qui a lieu dans le cas où deux notaires agissent comme officiers publics instrumentaires : l'article ne s'appliquerait pas au cas où, dans un inventaire reçu par un confrère, figurerait un notaire commis par justice pour représenter un absent : ici, en effet, ce n'est pas comme officier instrumentaire qu'agit ce dernier ; ce serait plutôt comme mandataire de l'absent, nommé dans un cas où l'intervention de la justice couvre toute irrégularité, à supposer qu'un mandataire doive, ainsi que [nous l'avons pensé, être considéré comme partie dans un acte.

256. — La prohibition s'applique aux testaments comme aux actes ordinaires. Jousse, t. 2, p. 381 ; Merlin, Rép. v° Témoins inst. § 2,n.3-17; Grenier, n. 251 ; Duranton, t. 9, n. 252.

257. — *Parents et alliés, soit du notaire, soit des parties.* — L'arrêt de réglement d'août 1607 établissait la prohibition jusqu'aux cousins-germains; mais celui du 4 septembre 1685 se bornait à défendre aux notaires d'employer *ses enfants ou domestiques* pour témoins. Voilà l'ancien droit en ce qui concerne la parenté des témoins avec le notaire. Mais pour les actes ordinaires, la parenté entre les témoins et les parties n'était l'objet d'aucune prohibition; seulement on lit dans la déclaration du 14 févr. 1737 : « Défense aux notaires d'employer pour témoins, dans les actes passés en matière de *bénéfice*, les parents ou alliés du résignant ou du résignataire, jusqu'au degré de *germain inclusivement.* » —V. ces dispositions plus haut.

258. — Une question qui a occupé beaucoup les auteurs et qui donne lieu à une controverse dont le terme n'est pas encore arrivé, est celle de savoir si l'art. 975 C. civ. doit seul être consulté pour le réglement de la capacité des témoins dans les testaments; en d'autres termes, si cet article a rendu sans effet, en ce qui concerne ces témoins, non seulement les dispositions contraires de la loi de l'an 11, mais encore celles de cette loi, notamment de l'art. 10, qui pourrait se concilier avec l'art. 975 dont la disposition porte : « Ne peuvent être pris pour témoins du testament par acte public, ni les légataires, à quelque titre qu'ils soient, ni leurs parents ou alliés jusqu'au quatrième degré inclusivement, ni les clercs des notaires par lesquels les actes seront reçus.»

Comme on le voit, cet article étend aux parents ou alliés des légataires, au degré de cousin-germain, l'incapacité que, en collatérale, la loi du 25 ventôse an 11 (art. 10 et 8) n'établit qu'à l'égard des parents ou alliés jusqu'au degré d'oncle ou de neveu inclusivement, c'est-à-dire au troisième degré seulement. Il exclut d'ailleurs, comme la loi de ventôse (art. 10),les clercs des notaires par lesquels les actes sont reçus. — Mais d'un autre côté, cet article garde le silence sur la parenté et l'alliance des témoins soit avec le notaire, soit avec

le testateur; il laisse aussi à savoir si les serviteurs, soit du notaire, soit du testateur et des légataires, peuvent être témoins testamentaires.

259. — Dans la combinaison de cette disposition avec l'art. 10 de la loi de ventôse, la doctrine tend à rejeter tout système trop exclusif. Elle laisse subsister, dans le silence de l'art. 975, celles des prohibitions de l'art. 10 qui lui paraissent basées sur des raisons fondamentales ; en un mot, elle repousse, soit l'opinion de M. Jaubert dans son discours sur le titre des Donat. et Testam., d'après lequel la loi de ventôse « cette loi générale ne peut plus être invoquée dans la matière des testaments, pour lesquels une loi particulière règle tout ce qui est relatif aux témoins; » soit celle de M. Delvincourt, t. 2, p. 315 ; soit enfin les motifs de l'arrêt de la cour de cassation du 3 août 1841, D. P. 41. 1. 321. Ce n'est pas à dire qu'elle trace une règle plus simple pour les notaires; loin de là, ceux-ci auront à rechercher ce qu'il y a de fondamental, de permanent dans la prohibition de la loi de ventôse, ce qui a survécu après la publication du code civil.

260. — Ainsi, on a pensé qu'on pouvait appeler comme témoins dans les testaments : 1° les serviteurs des légataires (Merlin, *eod.*; Caen, 4 déc. 1812. D. A. 5. 815 ; Limoges, 8 juill. 1814. aff. Mathis) ; mais non les parents ou alliés des légataires, que ceux-ci aient été institués universels ou à titre universel ou à titre particulier, substitués ou non (Cass. 27 nov. 1833. D. P. 34. 1. 28. Roll., v° Parenté, n° 110) : c'est ce qui résulte de l'art. 975 qui s'est montré à leur égard plus sévère que la loi de l'an 11, puisqu'il les repousse jusqu'au degré de cousin-germain, mais plus circonspect que l'ancien droit qui ne prononçait pas d'exclusion contre ces témoins (Merlin, Rép. *eod.* n. 3-16); ni leurs conjoints, lesquels sont le principe de l'affinité. Delv., t. 2, p. 315 ; Dalloz, t. 5 , p. 807 ; Duranton, t. 9,n.114 ; Poujol sur l'art. 980, n. 33, Roll., v° Parenté, n. 111.

261. — 2° Les parents ou alliés du testateur : le témoignage de ceux-ci, en effet, n'a rien de suspect, dès que le testament ne contient aucune disposition en leur faveur; cela paraît être généralement admis (Merlin, § 2, n. 17 ; Toullier, t. 5, n. 399; Delv., t. 2, p. 315; Dalloz aîné, *eod.* n. 21 ; Duranton, t. 9, n. 116; Vazeille, art.975, n.9 ; Poujol, art. 975, n. 16). — 3° Ses serviteurs (Cass. 3 août 1841. D. P. 41. 1. 321).—4° Son conjoint (mêmes autorités). — 5° Plusieurs témoins, parents entre eux, même aux degrés les plus rapprochés (Grenier, t. 1, n. 252 ; Toullier, t. 5, n. 403; Favard; v° Testam., sect. 1. § 3, art. 2, n. 11; Dalloz, *eod.* n.23; Delv. t. 2, p. 75. Duranton, t. 9, n. 117 ; Vazeille, art. 795, n. 6; Poujol, *eod.* n. 17 ; Loret, t. 1, p. 226 ; Massé, liv. 1, ch. 20 ; Bruxelles, 25 mars 1806 , D. G. v° Test. n. 726) ; « Mais il ne faut pas perdre de vue, dit ce dernier, la judicieuse observation de Ricard, que la réunion de plusieurs témoins de la même famille doit être évitée, parce que si elle n'est pas une cause de nullité, elle peut, dans certaines circonstances , devenir une présomption de fausseté ou de suggestion. —6° Le tuteur des légataires et le tuteur nommé par le

44

testateur à l'un de ses descendants (Merlin , § 2 , n. 19; Toullier , t. 5, n. 401; Delv., t. 2, p. 315; Dalloz, n° 24).

262. — Mais nonobstant le silence du code civil, les auteurs ont pensé que quelques personnes devaient, en raison de la position subordonnée dans laquelle elles se trouvent à l'égard du notaire, être repoussées comme témoins testamentaires. Tels sont ses serviteurs (v. n. 272), ses parents ou alliés au degré prévu par l'art. 8. Ici s'applique l'art.10 de la loi de ventôse, et l'on objecte en vain que l'art. 975 du code civil n'ayant pas reproduit la prohition qu'à l'égard du clerc de notaire, il doit être présumé avoir reconnu la capacité de ses parents ou alliés. Le code est à consulter pour les incapacités qui ont leur cause dans la personne même du témoin considéré abstractivement, mais non pour celle résultant de ses rapports avec le notaire ou le testateur (Grenier , Toullier , loc. cit., Dalloz , t. 5. 898, n. 27, Merlin , Rép., v° Tém. inst. § 2, n. 13. Duranton, t. 9, n. 115;—Contrà, Delv., t. 2, p. 315 ; Vazeille, art. 975, n. 9). — La jurisprudence ancienne s'était prononcée dans le sens de la prohibition (Ferrière, Parf. Not., liv. 11, ch. 1; Denizart, v° Notaire, n. 73; Jousse, t.2, p. 383, qui cite comme conformes les arrêts des 14 janv. 1621, 25 fév. 1647, 3 oct. 1703. Mais sur ce point encore, Merlin, v° Tém. inst. Sect. 2, § 3, n. 3-13° repousse l'application aux testaments de l'arrêt de réglement de 1607 relatif aux contrats, et il cite des arrêts en ce sens.

263. — La nullité qui résulte de l'infraction à l'art. 975 affecte le testament tout entier, alors même que le légataire, parent du témoin, n'est institué qu'à titre particulier et qu'il existe des légataires même à titre universel auxquels le témoin est étranger. Riom, 26 déc.1809, Metz, 1er fév. 1821, cass. 27 nov. 1833. D.G. v° Testam., n° 705 et suiv. D.P. 34. 1. 28.

264. — Leurs clercs et leurs serviteurs. — Les arrêts de réglement des 4 sept. 1685, 2 juill. 1708 et 12 avril 1726 excluaient déjà des fonctions de témoins instrumentaires , les clercs et serviteurs du notaire : l'art. 10 étend l'exclusion aux clercs et serviteurs des parties contractantes elles-mêmes, parce qu'il y a parité de suspicion. Toullier, t. 8, n. 76; Loret, t. 1. p. 230; Augan, t. 1, p. 83.

265. — Ce qui constitue la qualité de clerc de notaire dans le sens de la loi, c'est le travail habituel dans l'étude d'un notaire, et non pas seulement l'occupation momentanée. La loi veut d'ailleurs que le stage des aspirants au notariat se fasse sans interruption.

266. — Celui qui travaille habituellement dans l'étude d'un notaire doit être réputé clerc de notaire, lors même qu'il n'est pas porté sur le tableau des aspirants, ou sur le registre des clercs, existant dans certaines chambres de discipline. — Bruxelles, 12 avril 1810. D.P. 10. 2. 107.

267. — Que le clerc soit salarié ou non, ce n'est toujours que le travail habituel dans l'étude qui détermine la qualité de clerc. On sait d'ailleurs qu'il y a des clercs qui ne reçoivent aucune indemnité, comme ceux qu'à Paris on nomme externes; il faut supposer, en général, que le clerc s'occupe plutôt pour son instruction et pour remplir son stage, que pour retirer un prix de son travail.—Dict. du not., 3e édit., v° Clerc, n. 5 et 10; D.A. 5. 808, n. 25.

268. — L'individu qui travaille dans l'étude d'un notaire, mais non habituellement, ne doit pas être considéré comme clerc, dans le sens de l'art. 975; et du reste, la loi n'ayant pas déterminé les caractères du clerc de notaire, l'arrêt qui le décide ainsi est à l'abri de la cassation. — Bruxelles, 7 mai 1819. D.A. 5. 816.

269. — N'est pas clerc non plus celui qui fait, par intervalles, quelques expéditions chez un notaire, et dont l'occupation principale est de se livrer au dehors, à des opérations de commerce.— Bruxelles, 20 mars 1811; Grenoble, 7 avril 1827. D.P. 12. 2. 70; 29. 1. 138.

270. — ... Ou qui fait gratuitement des écritures dans l'étude d'un notaire, et exerce en même temps des fonctions indépendantes de la cléricature, comme celles de commis-greffier, secrétaire de sous-préfecture. — 18 août 1824. Agen. D. P. 25. 2. 66.

271. — ... Ou qui, à une époque précédente, avait fréquenté assidument et même uniquement l'étude d'un notaire, mais ne devait plus être considéré comme clerc, parce qu'il résultait d'une enquête « que son travail ordinaire était la confection des rôles de contributions, de procès-verbaux de domaines nationaux et d'autres opérations qui lui venaient de l'extérieur, sauf quelques actes qui lui étaient confiés pour sa satisfaction. » —Bruxelles. 20 mars 1811. Dict. du not., 3e édit., v° Clerc, n. 9.

272. — Serviteurs. — Quoique l'art. 975, C. civ. n'ait exclu comme témoins des testaments que les clercs du notaire, on doit, à plus forte raison, appliquer ici la loi de vent. an 11, qui n'admet pas le témoignage des serviteurs du notaire, placés encore dans une dépendance plus directe. — Gren., t. 1er, n. 253, Toull., t. 5, n. 402; Dur., n. 115; Dal., 5. 808, n. 26.—Contrà, Merl., loc. cit. Delv., t. 2, p. 316.

Mais on pourrait appeler à un testament les personnes demeurant dans la maison du notaire ou même chez lui , ses commensaux , que l'ordonnance de 1735, art. 42, appelait domestiques, expression que sa trop grande généralité a fait rejeter de la loi de l'an 11 et du C. civ.

En tout cas, les notaires doivent s'abstenir d'employer comme témoins toutes les personnes que l'on pourrait considérer, sous quelque rapport que ce fût, comme leurs subordonnés.

ARTICLE 11.

Le nom , l'état et la demeure des parties devront être connus des notaires, ou leur être attestés dans l'acte par deux citoyens connus d'eux, ayant les mêmes qualités que celles requises pour être témoin instrumentaire.

273.—Le principe de cette disposition qui reproduit presque textuellement l'art. 5, tit. 1er, sect. 2 de la loi du 6 oct. 1791, se trouvait déjà dans les ordonnances de mars 1498 et oct. 1535 qui défendaient aux notaires de «recevoir aucun contrat s'ils ne connaissent les personnes ou qu'ils soient certifiés, et témoignés être ceux qui contractent, sous peine de privation de leur office.» Il se trouvait surtout dans l'édit de juin 1627. —Ferrière, Parf. not., liv. 1, ch. 12, a dit aussi : les notaires ne doivent recevoir d'actes que des personnes qu'ils connaissent, et ce, pour éviter les fraudes et suppositions de personnes qui passeraient des obligations ou autres actes au nom d'un autre, auquel abus il est d'une très-grande conséquence d'obvier.»

274.—Lorsqu'un notaire n'a pas appelé de témoins pour certifier l'individualité, c'est-à-dire l'identité de la personne qui agit dans les actes avec celle dont le nom y est indiqué, il y a présomption légale qu'elle la connaît et il n'est pas tenu de le mentionner.

275.—En conséquence, quand une partie, un testateur sont connus du notaire, celui-ci peut se dispenser de faire constater leur individualité : et l'on ne peut tirer une nullité de ce qu'il ne l'a point fait (Colmar, 22 fév. 1812, aff. Jager. Roll., v° Individualité, n. 31). Cette décision, qui est bien celle de l'arrêt, ne peut souffrir difficulté.

276.—L'art. 11 s'applique : 1° aux actes synallagmatiques comme aux actes bilatéraux ; il ne distingue pas, quoique la supposition soit plus facile dans ces derniers actes que dans les premiers où les parties sont en présence : tous ceux qui contractent sont intéressés à réclamer son exécution. Conf. Roll., v° Individualité, qui tire argument de l'arrêt du 29 déc. 1828, cass. quoique la question n'y paraisse pas avoir été agitée, tant elle est peu susceptible d'un doute. —Contrà, Loret, t. 1, p. 236.

277. — 2° Aux adjudicataires dans les ventes aux enchères : il y a dans ce cas majorité de raison pour que le notaire prenne plus de précaution, à cause du concours plus grand des acheteurs, et bien qu'on puisse objecter que la loi a pris elle-même des précautions en repoussant les insolvables.—Conf. Roll., eod., n. 8.

278.—3° Aux mandataires qui se présentent même avec une procuration délivrée en blanc. — On oppose en vain qu'en donnant une telle procuration, le mandant a voulu qu'elle pût servir au porteur. Cet acte peut avoir été perdu, détourné : le notaire doit faire certifier si le porteur est bien le même que l'individu dont il prend le nom.

279. — Ce sont les notaires qui, dans les départements où il n'existe pas d'agents de change, sont autorisés par l'ord. du 14 avril 1819, art. C, à délivrer les certificats d'individualité du vendeur de rentes sur l'état. Mais ces actes, on le comprend, ne sont que des espèces de passeport, comme le remarque très-bien M. Roll. de Vill. eod., n. 10;

et il suffirait que la signature apposée sur le certificat d'individualité fût véritable pour que le notaire dût échapper à toute action résultant de ce qu'une fausse signature aurait été apposée sur l'acte de transfert. — Cela fait pressentir qu'il y a ici prescription d'une mesure qui n'est pas pleinement rassurante.

280. — Noms, demeure, état des parties : voilà tout ce qu'on connaît ordinairement sur un individu d'une manière notoire. Tels sont aussi les points sur lesquels doit porter le certificat d'individualité. « Exiger davantage, a dit Réal, eût été interdire aux notaires de prêter leur ministère dans un nombre infini de circonstances et réduire en particulier les notaires des villes frontières à l'impossibilité presque absolue de recevoir aucun acte. »

281.— Ainsi, la disposition de l'art. 11, concernant le nom des parties, ne peut être étendue aux prénoms, lesquels n'ont pas la même notoriété que les noms de famille : on pousserait la rigueur au delà de toute limite raisonnable si l'on voulait rendre le notaire, qui est de bonne foi, responsable de ce que les parties lui auraient déclaré de faux prénoms (Dalloz aîné, 10. 653, n. 17 ; Cass. 8 janvier 1823. D. A. 10. 653, n. 1.

282.—Ni aux qualités que prennent les parties; quoiqu'il soit mieux, quand on le peut et quand cela paraît être utile, de les faire certifier. « Le notaire, dit Loret, t. 1, p. 237, n'est point garant des qualités que les parties s'attribuent, dans un acte qu'il reçoit, comme celles de mari, de femme, de tuteur ; il n'est responsable que de leur individualité : on ne peut admettre une extension que la loi n'autorise pas et que la jurisprudence n'a jamais adoptée. » — Cela paraît exact ; mais le notaire pourrait être déclaré en faute, si pouvant faire constater la qualité, il avait omis de le faire, quoique cela fût d'un intérêt réel et facile à reconnaître.

283.— ...Ni à l'âge ou à la capacité des parties pour s'obliger en tant que majeure ou mineure et, par suite, la fausse certification de la majorité d'une partie qui est mineure et dont l'âge ne doit être établi que par la production de son acte de naissance, ne saurait rendre les témoins responsables (Paris, 11 fév. 1826. D. P. 26. 2. 152) — Ni à l'âge ou à la capacité des parties placées sous l'assistance d'un conseil judiciaire. — Mais le notaire ne peut ignorer si un individu de son arrond. est interdit. V. l'art. 18.

284.—Attestés dans l'acte. C'est dans l'acte même et non ailleurs, que la certification de l'individualité doit se trouver : l'art. 11 le dit expressément et l'art. 13 veut que les actes soient écrits en un seul et même contexte. Mais il ne résulterait pas une nullité de cette infraction à l'art. 11; il n'en naîtrait qu'une action en garantie contre le notaire, mais non contre des témoins qu'on aurait requis à cet effet, et qui seraient de bonne foi.

285. — Par deux citoyens ayant les mêmes qualités que les témoins instrumentaires. La prohibition fondée sur la parenté ne s'applique pas aux témoins certificateurs, bien qu'ils doivent

avoir les qualités exigées des témoins instrumentaires, lesquels ne peuvent être ni parents ni alliés du notaire ni des parties (Favard, v° Acte not., § 2, n. 7 ; et Augan, p. 52). En effet, les qualités exigées par l'art. 9, auquel l'art. 11 semble renvoyer, sont d'être citoyen, domicilié dans l'arrondissement et sachant écrire ; d'ailleurs, les témoins instrumentaires coopèrent à l'acte, tandis que les témoins certificateurs ne sont nullement nécessaires à sa perfection ; leur intervention n'a pour effet que de transporter sur les notaires la garantie de l'individualité attestée. (Dalloz, 10, 654, n. 19. Carré, Organ. 412). Roll. de Vill. ajoute qu'aucun témoignage n'a plus de poids que celui des *parents* de la partie inconnue dont il s'agit d'attester l'individualité.

286. — L'individualité d'une partie peut être attestée par les témoins instrumentaires ; il n'est pas nécessaire que cette attestation soit faite par deux autres témoins appelés à cet effet. La fonction des certificateurs est de même nature que celle des instrumentaires ; il n'est pas exact de dire qu'ils sont partie dans l'acte et responsables comme à ce titre (Augan, p. 53 ; Dalloz, 10. 654, n. 21 ; Roll. n. 23 ; Req. 7 juin 1825. D. P. 25. 1. 337. — *Contrà*, Loret, t. 1, p. 237 ; Carré, p. 411 ; Dict. du not., v° Individualité, n° 18.

287. — *Par deux citoyens connus du notaire.* Le notaire prend des renseignements, en se transportant aux lieux habités par les témoins et les parties. (Augan, p. 53 ; Dalloz, 654, n. 20.

288. — D'où il suit qu'il serait responsable si ces témoins étaient frappés de quelque incapacité : c'est lui qui les choisit ; l'erreur commune pourrait seule le soustraire aux suites de sa négligence. L'arrêt de la Cour de Trèves, du 13 nov. 1812, que cite M. Roll. de Vill., n. 24, arrêt qui a été rendu en matière de testament et dans une espèce où le testateur avait lui-même choisi les témoins, dont l'un était incapable, n'est d'aucune valeur dans la question, où il s'agit de certification d'individualité et où la mission du notaire est précisément de prendre des précautions pour empêcher la fraude, puisque les parties ou l'une d'elles lui sont inconnues.

289. — À l'égard des marins et militaires nouvellement arrivés dans un port ou dans une garnison où ils ne sont pas encore connus, on était anciennement dans l'usage de faire certifier leur identité par deux officiers du régiment ou du navire. — « Une décision du ministre de la justice, dit M. Roll. de Vill., n. 27, autorise encore cet usage. » — Cet auteur ne voit dans cette décision qu'une marche enseignée aux notaires, un conseil qui leur est donné : La circulaire ne peut modifier une loi, et si les certificateurs se trouvaient frappés de quelque incapacité, le notaire serait, à son avis, responsable envers les tiers, ce qui ne nous paraît pas admissible alors qu'il n'y a d'autre faute à reprocher au notaire que de s'être conformé à la circulaire ; seulement il nous paraîtrait convenable que l'acte retraçât la situation dans laquelle le notaire a rédigé son acte.

290. — Mais le notaire doit s'abstenir de passer l'acte, procuration, testament ou autres, qu'un voyageur ou un militaire marchant isolément, mais inconnu dans la localité, le requéraient de dresser. C'est aussi l'avis de Roll. *cod.*, n. 25. — On devrait regretter qu'il ne fût pas permis au notaire de passer un tel acte, dans lequel il relaterait qu'un individu se disant, etc., etc., l'a requis à cet effet, et de n'attribuer ainsi à l'acte que la valeur que les juges croiraient devoir lui accorder, si le danger d'un tel mode de procéder ne devait être beaucoup plus grave que l'inconvénient presque frivole auquel on prétendrait remédier.

291. — L'inobservation de la formalité relative au certificat d'individualité n'est pas une cause de nullité : l'art. 11 n'est pas compris dans l'énumération que fait l'art. 68. Toullier, 1. 8, n. 71. Duranton, t. 13, n. 38; Roll. n. 30.

292. — Par suite, de ce qu'un testament a été rédigé par un notaire, sur la seule représentation du passeport du testateur, il ne résulte pas une nullité de ce que le notaire, à qui cet individu était inconnu, n'aurait pas fait certifier son identité, alors d'ailleurs que cette identité est bien constante..... à plus forte raison si, parmi les témoins, il s'en trouvait qui n'eussent été appelés que pour attester surabondamment l'identité, cass. 6 avril 1809. Dict. gén., v° Testam., n. 616.

293. — Lorsqu'il résulte, pour les parties, un préjudice du défaut de constatation d'individualité, le notaire en est responsable s'il y a faute ou négligence de sa part. — Mais l'acte n'est pas nul. — Denizart, v° Notaire, n° 81. Toull.; Dur., *loc. cit.*; Dalloz. 10. 654, n. 18. Paris, 19 mai 1806, Toulouse, 28 janv. 1820, et 19 déc. 1621. D. A. 10. 789, n. 10.

294. — Si l'attestation de l'identité d'une partie inconnue du notaire est faite par l'autre partie connue du notaire, l'acte perd-il de son caractère d'authenticité? On ne le pense pas, et tel est l'avis de M. Roll. de Vill., n. 28; le notaire fait, sous sa responsabilité, ce qu'il entend : la confiance qu'il a dans l'attestation de l'un des contractants peut être telle qu'il n'ait pas jugé à propos d'appeler des témoins. Cela est, cela peut être un tort, car nous ne croyons pas que, dans une situation semblable, un notaire doive se contenter de l'espèce de sûreté qui peut résulter de la déclaration de la partie connue du notaire.

295. — Aussi, a-t-on déclaré responsable un notaire qui avait négligé l'accomplissement de l'art. 11 vis-à-vis de l'une des parties qui lui était inconnue; et il alléguait en vain qu'il avait dû croire que cette partie était connue de l'autre contractant qu'il connaissait lui-même. (Cass. 29 déc. 1828. D.P. 29. 1. 83.)

296. — Le notaire, dans le cas où l'emprunteur inconnu lui a été amené par le prêteur qui le connaissait, a pu être déchargé envers celui-ci de la responsabilité, pour inobservation de l'art. 11. (Cass. 17 mars 1828. D.G. v° Responsabilité, n. 312.) — Il en doit être autrement si c'est le notaire qui a procuré l'emprunteur.

297.—Il répond des suites du faux nom pris par un mandant , quoiqu'au mandat se trouverait déjà jointe une quittance sous seing-privé donnée par avance. C'est ce qui résulte d'un arrêt de la Cour de Paris, du 19 août 1826, aff. Duprat, cité par Roll., *eod* , n. 43.

298.— La responsabilité s'étend-elle au notaire en second ? — L'affirmative s'induit de l'arrrêt du 11 nov. 1835 (Req. D.P. 35. 1.408). — Mais cette solution serait rigoureuse en présence de la discussion à laquelle a donné lieu la loi du 21 juin 1843, relativement aux notaires en second. — Voy. n. 218 et suiv.

299. — Un notaire qui ne s'assure pas si les personnes qui comparaissent devant lui portent bien le nom qu'elles prétendent avoir, s'expose même à être suspendu de ses fonctions, si on l'a trompé sur ce point (Art. 11 et 53).— Poitiers, 21 mai 1824. D.A. 10. 654.

ARTICLE 12.

Tous les actes doivent énoncer les nom et lieu de résidence du notaire qui les reçoit, à peine de 100 francs d'amende contre le notaire contrevenant.

Ils doivent également énoncer les noms des témoins instrumentaires, leur demeure, le lieu, l'année et le jour où les actes sont passés, sous les peines prononcées par l'article 68 ci-après, et même de faux, si le cas y échoit.

300. — On distingue dans les actes notariés trois parties : le préambule, où sont énoncés le nom des notaires et la comparution des parties ; le corps de l'acte, qui comprend les clauses et conventions ; la clôture de l'acte, où se trouvent les mentions et énonciations que la loi requiert pour la solennité de l'acte.

301. — L'art. 12 est renouvelé des ord. de juill. 1304, art. 5 ; d'août 1539, art. 7 ; de Blois, 1579 , art. 167 ; de l'édit de juin 1550, art. 3. — Il est d'usage d'énoncer, au commencement de l'acte, le nom du notaire qui le reçoit et l'assistance du notaire en second, et de mettre dans la clôture de l'acte , celui des témoins instrumentaires. M. Roll. de Vill., v° Acte notarié , n. 164, dit qu'il serait convenable de mentionner le nom des uns et des autres en commençant l'acte ; que tous composent également le tribunal volontaire devant lequel comparaissent les parties. Mais quelle que soit la place que ces énonciations occupent dans l'acte, il ne saurait résulter de là une nullité. La loi ne fixe pas la partie de l'acte qu'elles doivent occuper. Aussi cette mention : « Fait et passé en l'étude de Mᵉ..., etc. », satisferait , suivant nous, au vœu de la loi, quoique M. Cornet , p. 89 , paraisse d'une opinion contraire. L'essentiel, c'est qu'un acte contienne la preuve qu'il est émané d'un notaire, c'est-à-dire d'un officier ayant qualité pour instrumenter dans le lieu où il est reçu : c'est pour cela que l'on exige l'énonciation des nom et lieu de résidence du notaire,

302. — *Nom du notaire.* Son énonciation

dans l'acte était exigée par les ord. de 1304 et 1539 : les autres se bornaient à prescrire la mention de ses qualité et résidence et l'usage était conforme. — Par délibération du 17 juin 1813 , les notaires de Paris se sont interdit de prendre aucun nom , surnom ou prénom autre que ceux sous lesquels ils auront obtenu leur nomination ou prêté leur serment, à moins que les changements ne soient légalement autorisés. Au reste , sous l'expression *nom* , la loi ne comprend pas les prénoms qu'il serait cependant d'énoncer, s'il existait dans la résidence plusieurs notaires du même nom (Conf. Augan , p. 54 ; Roll. *eod*. n. 170). — Enfin , le défaut d'indication du nom du notaire n'est pas puni avec la même rigueur que l'omission du nom des témoins ; il ne donne lieu qu'à une amende, comme au cas d'omission du nom des parties. V. n. 359.

303. — De la nécessité d'énoncer le nom du notaire , il s'induit qu'il y aurait contravention si l'acte se bornait à s'exprimer en ces termes : « Pardevant le notaire soussigné » (Déc. min. fin. 20 oct. 1807). La signature qui termine l'acte ne serait pas suffisante pour compléter l'énonciation ; et d'ailleurs , suivant Loret, *eod*. , l'indication du nom devient nécessaire ou au moins utile pour confirmer la signature elle-même (*Conf.* Rolland, *eod*. n. 169.

304. — La qualité du notaire doit-elle être exprimée dans l'acte ? C'est cette qualité qui donne l'authenticité à l'acte. Il est donc convenable qu'elle s'y trouve énoncée. — Doit-elle l'être à peine de nullité ? L'affirmative est enseignée par Merlin, vᵒ Testam., sect. 2. § 2, art. 3, et t. 17, p.688, qui se fonde sur les édits de déc. 1691, art. 13, et de juin 1550 dont l'art. 3 voulait « que foi ne fût ajoutée aux instruments reçus par les notaires, s'il n'y était fait mention de la qualité desdits notaires», et sur cette rédaction proposée par le Tribunat : « Tous les actes doivent énoncer les nom, qualité et lieu de résidences des notaires », Merlin dit que si le mot qualité a depuis été retranché c'est que l'addition en a paru inutile. Toullier, t. 5, n. 556, prétend que l'omission de la qualité de notaire n'annule pas l'acte. M. Dalloz aîné, t. 5 , p. 675, n. 6, penche, après une longue discussion, vers ce dernier avis qui n'implique point, comme le prétend Merlin, que la nullité ne pourrait atteindre l'acte qui n'indiquerait ni le nom, ni la qualité, ni la résidence du notaire. Ceci, en effet, est une question toute différente. M. Roll. de Vill., *eod*., n. 172, adopte l'opinion de Merlin. Au reste , ce n'est qu'en droit que la question est ici examinée, car la qualité du notaire ressortira presque toujours d'une manière virtuelle de l'ensemble de l'acte ; et comme la loi n'a point imposé de termes sacramentels pour la mention d'une qualité qu'il n'a pas même prescrite expressément, les équivalents s'en induiraient aisément soit de la forme de l'acte, soit de ses énonciations, comme s'il y est dit : « Pardevant Mᵉ tel, à la résidence de..., soussigné, » soit de l'emploi du style usité dans le notariat, si le notaire a parlé de lui-même à la troisième personne ou s'est servi du pronom *nous* qui ne convient qu'à une personne publique, s'il a été assisté d'un collègue, si l'acte a été signé avec les solen-

nités d'usage, enregistré comme acte notarié, placé au rang des minutes (Conf. Toullier, Dalloz, Duranton, Rolland, *loc. cit.*). — Les notaires devaient prendre la qualité de notaires impériaux, d'après une décision du min. de la just. du 3 mess. an 13, et recevoir les actes en cette qualité. Depuis la chute de l'empire, ils se sont bornés à prendre celle de notaire, sans y ajouter. Une lettre du min. de la just. du 13 juill. 1829, leur interdit même d'ajouter à leur qualité celle d'avocat.

305. — *Lieu de résidence.* L'indication de ce lieu est nécessaire pour s'assurer que le notaire n'a pas instrumenté hors de son ressort. — Le défaut d'énonciation du lieu de la résidence du notaire n'entraîne pas nullité, mais seulement une amende contre le notaire (Roll., n. 178; Dur., n. 41; Dall. 5. 675, et 10. 655, n. 23; Augan, p. 55. *Contrà,* Toull. n. 84) : C'est ce qu'on jugeait déjà sous la loi du 6 oct. 1791 (Poitiers, 15 prair. an 11. D. A. 10. 655). Il en serait évidemment de même aujourd'hui. — Pour le cas où plusieurs communes porteraient le même nom, ce qui arrive assez fréquemment il est bon d'indiquer dans les actes le canton et le département; mais, ainsi qu'on vient de le dire, l'omission de cette indication qui est recommandée par statut notarial de Paris, du 17 juin 1813, au moins pour les notaires do 3° classe, ne serait pas une cause de nullité; Loret, t. 2, p. 18.; Massé et Lherbette, t. 1er, p. 96. Roll. n. 178.

306. — Quant au notaire en second, l'indication de son nom dans l'acte n'est pas nécessaire. Tel est l'usage, qui se fonde sur ce que l'art. 12 n'exige que la mention du notaire *qui reçoit* l'acte. « C'était aussi en ce sens, dit Roll. de Vill., n. 181, que s'exprimait l'ord. de 1539, art. 175 ; il suffit donc que le notaire en second soit désigné sous le nom de confrère ou de collègue, comme cela a toujours été l'usage » (Loret, Massé, liv. 1. ch. 20, Carré, p. 400; Favard, v° Acte notarié, § 2, n. 8; Augan, p. 54. — Toutefois, on met, ajoute Roll. de Vill. n. 184, le nom du notaire en second dans les testaments, les actes respectueux et les actes dans lesquels les deux notaires concourent également. » Depuis la loi du 21 juin 1843 sur les notaires en second, le nom de ce notaire devrait être exprimé dans tous les actes qu'énumère l'art. 2. Au reste, la qualité du notaire en second résulte suffisamment de la qualification de *collègue* ou de *confrère*, qui lui est donnée par l'acte (Loret, sur l'art. 12). Sa résidence doit aussi être mentionnée; elle ne serait pas suffisamment indiquée par la qualification de collègue (*Contrà,* Loret, *cod.*); car cette qualité ne prouve pas l'identité de résidence. Pour que la mention soit régulière, il faut dire, et tel est l'usage ; « pardevant Me tel et son collègue, notaires à... » (*Conf.*, Roll. n. 188). Il est convenable de mettre les noms des deux notaires, lorsque le notaire en second n'a pas la même résidence que le premier.

307. — *A peine de* 100 *fr. d'amende* (réduite à 20 fr. par l'art. 10 de la loi du 16 juin 1824). — C'est d'amende seulement qu'est punie l'infraction à ce premier alinéa de l'art. 12 : la peine de nullité n'est attachée qu'à l'inobservation du second alinéa dont on va présenter l'explication,

Merlin, Rép., v° Tém. test., sect. 2, § 3, art. 2, n. 8; Carré, n. 588 ; Loret, sur l'art. 12; Duranton, t. 13, n. 41; Toullier, t. 8, n. 84, qui a rétracté l'opinion contraire qu'il avait émise.

308. — *Ils doivent également énoncer.* — Les énonciations de ce 2e alinéa sont relatives aux témoins. Plus rigoureuses que celles prescrites par l'art. 13 pour les parties et les témoins certificateurs d'individualité, elles sont prescrites à peine de nullité. Néanmoins, il n'y a ni formules ni termes sacramentels pour leur expression. *Conf.* n. 316. 2. 359.

309. — *Noms des témoins instrumentaires.* — L'énonciation des noms des témoins instrumentaires est prescrite à peine de nullité; la loi n'exige pas celle de leurs prénoms et qualités (Augan, p. 56; Toull., n. 85; Dall. 10. 655. n. 25; Roll., n. 189, 191); mais il est mieux de les mettre, et cela se pratique ainsi. — Il faudrait que l'erreur dans l'énonciation des noms fût bien grave pour qu'elle fît annuler l'acte, car il est rare qu'elle ne puisse être facilement suppléée par les mentions de l'acte. Ainsi, donner à un témoin le nom de *Barbet* au lieu de *Bardet*, ce n'est pas commettre une nullité alors qu'aucun individu dans la commune ne porte le nom de Barbet (Cass., 24 juill. 1840. D.P. 40. 1. 332). Cependant on a vu une nullité dans la substitution du nom Galland à Gallemand (trib. de Versailles, 21 janv. 1835, aff. Lamy). On a annulé, à plus forte raison, un testament signé par un témoin sous un faux nom, bien que ce faux nom lui soit donné dans le monde, si d'ailleurs il a figuré dans ses rapports avec l'autorité publique sous son nom véritable : on a refusé de voir là une erreur commune (Amiens, 2 avril 1840. D.P. 40. 2. 147).—V. n. 362.

310. — La qualité ou la profession du témoin doit-elle être indiquée ? L'art. 167 de l'ord. de 1579 l'exigeait, mais sans y attacher de nullité. Aujourd'hui, et quoiqu'il soit mieux de faire cette mention, son omission ne rendrait pas l'acte nul. Toullier, t. 8, n. 85; Merlin, v° Tém. instr., § 2, n. 21; Dalloz, 5. 798, n. 4; Roll., n. 192. Tel serait le cas où un officier de santé aurait été qualifié de docteur en médecine (Lyon, 23 avril 1812. D.A. 5. 745; Bourges, 9 mars 1836, aff. Pouppa D.P. 37. 2. 2). Au surplus il faut, dans un acte notarié, déclarer que les témoins paraissent en cette qualité de témoins; c'est cette qualité qui donne le caractère d'authenticité à leur mission. — Loret, t. 2, p. 37; Roll., n. 199.

311. — *Demeure des témoins.* L'acte doit mentionner cette demeure; il ne s'agit plus en effet d'une question de capacité, mais d'une énonciation prescrite par la loi du notariat, sans que le code ait dispensé de cette formalité les actes testamentaires. C'est, d'ailleurs, un moyen indispensable pour vérifier la capacité légale des témoins. —(Merlin, Rép., t. 17; Delv., t. 9, n. 112; Dalloz, 5, 798, n. 2. — Cass., 1er oct. 1810; Aix; 26 août 1813; Limoges, 8 août 1821. — Cass, 4 janv. 1826; D. G. v° Testam., n. 666).—Quant au mode de mention, la loi n'a réprouvé point l'emploi de mots autres que celui de *demeure*, pourvu qu'ils fassent connaître avec

certitude.le.lieu qu'habitent les témoins (Dalloz, t. 5, p. 798). — Ainsi l'énonciation de la demeure a paru résulter suffisamment de ces mots : fait et passé en présence de tels et tels de tel endroit, bien qu'on n'ait pas employé les mots *demeurant à* (Aix, 3 déc. 1812. D.A. 5. 708;—Ou de ces mots : en présence de tels et tels de telle commune (Cass., 28 fév. 1816.D.A. 5. 802); —ou de ceux-ci en présence de tels et tels, tous de telle commune (Cass., 23 nov. 1825. D.P. 26. 1. 11.)—Toutefois la mention du *domicile* au lieu de *demeure*, a été trouvée insuffisante (Colmar, 1er fév. 1812. D.A.5.771). Mais cela nous a paru d'autant plus rigoureux que les deux mots sont souvent employés comme synonymes; et la cour de Liège, par arrêt du 20 oct. 1824, a regardé cette mention comme satisfaisant à la loi. D. G. v° Testam., n. 672. — Si l'on se borne à indiquer le lieu de la demeure sans parler de la commune, ou le nom de la rue sans indiquer la ville, il n'y a pas nullité, alors que ces lieu et rue sont situés dans l'endroit où l'acte est reçu. C'est au moins ce qu'ont jugé les cours d'Agen, 5 août 1824 et de Rennes, 1er juillet 1816. D.P. 25. 2. 60. D.A. 5. 699. — L'indication de la demeure peut être suppléée par la mention de la fonction, alors que cette fonction emporte résidence comme s'il est dit que le témoin est receveur des contrib. directes (Grenoble, 7 août 1828. D.P. 29. 2. 19).—Mais énoncer une fausse demeure, c'est n'en indiquer aucune; il faudrait des circonstances spéciales pour que la nullité ne fût pas admise. Tel serait le cas proposé par M. Roll. de Vill., n. 198 où le témoin n'aurait changé de domicile que depuis deux jours, ce qui aurait causé l'erreur : l'erreur sur la rue et sur le numéro devrait aussi n'être le plus souvent d'aucune considération. — Au reste, sur tous ces points il est aisé aux notaires de prévenir les difficultés qu'on ne saurait trop les engager à se servir de désignations claires et précises; et c'est le cas de dire avec la cour de cassation, lorsqu'une telle énonciation existe, elle fait foi comme partie intégrante d'un acte authentique (Cass., 3 juillet 1838. D.P. 38. 1. 304). V. n. 366.

312. — *Lieu où l'acte est passé.* — Cette mention qui était déjà prescrite par les ordonn. de 1304, art. 5, et de 1579, art. 167, est exigée à peine de nullité, même pour les testaments (Lyon, 28 janv. 1832. D.P. 32. 2. 179). C'est elle qui fait connaître si le notaire a instrumenté dans son ressort. Quoiqu'il soit d'usage que les actes soient passés dans l'étude des notaires, ils peuvent néanmoins être faits en tous lieux convenables, pourvu que ce ne soit pas hors de leur ressort. —Que comprend-on par ce mot *lieu?* Est-ce seulement la commune ? est-ce en outre la maison où le notaire instrumente, c'est-à-dire ce que les docteurs appelaient *locus loci?* L'art. 175 cité obligeait les notaires de mettre « la maison où les contrats sont passés » : l'usage s'est conservé, et l'on fait bien de le suivre. Carré, p. 401; Augan, p. 59. Cette mention a de l'utilité, par exemple, lorsque l'acte est attaqué pour dol ou pour ivresse : en cas pareil, il est bon de savoir si c'est dans une auberge ou dans une maison mal famée qu'il a été reçu. V. Loret sur l'art. 12. — Deux arrêts des 1er juin 1714 et 13 août 1722 voulaient que le prisonnier qui veut contracter fût amené entre

deux guichets : c'est un lieu où il est censé jouir de sa liberté. Il importe de le mentionner pour le cas où l'on se plaindrait de violence ; mais l'omission de cette mention ne rend pas l'acte nul. Massé, liv. 2, ch. 13. On doit repousser aujourd'hui l'opinion contraire de Ferrière, t. 1, p. 123.

313.—Au reste, il paraît bien constant que l'omission de la maison n'affecte pas l'acte de nullité. Cela résulte du silence du code à cet égard. (Merlin, Quest., v° Date, § 2; Toullier, t. 8, n. 82; Dalloz, t. 10, p. 655 ; Favard, Rép. not., t. 1, p. 60 ; Duranton, t. 13, p. 42 ; Carré, p. 401 ; Augan, p. 58; Massé, t. 1, p. 60. Cass.; 28 fév. 1816, 23 nov. 1825. D. G. v° Testam., n. 286).— Cela se jugeait ainsi, même sous l'ord. de 1579. Ainsi la mention, *fait à Sauveterre,* c'est-à-dire sans indication de maison et de rue, a été déclaré suffisante; même arrêt, 23 nov. 1825. — Il importe peu que la commune ou la ville soit plus ou moins considérable; toute distinction serait ici arbitraire. — Massé et L'herbette, t. 1, p. 101 et suiv.; Augan, p. 60; Roll., n. 272, qui cite en ce sens un arrêt de Bruxelles, du 10 juin 1819, aff. Coninck.

314. — Il ne pourrait y avoir quelque difficulté que dans les cas où un notaire n'a qualité que pour instrumenter dans une partie de la ville où l'acte a été reçu; il semble qu'alors il devienne nécessaire de désigner avec plus de précision le lieu, le *locus loci*, afin qu'on puisse s'assurer de sa compétence. Toutefois, en faisant mention du *lieu*, l'on a rigoureusement satisfait, sinon au but, au moins au texte de la loi. — Roll., n. 273, est d'un avis contraire, qu'il fonde sur ce que l'acte doit offrir la preuve de l'accomplissement de toutes les formalités; il rétracte l'opinion contraire émise dans sa première édition.

315. — Il est d'usage d'énoncer que l'acte a été reçu *en l'étude,* et l'on ajoute le nom du notaire à qui l'étude appartient, quand l'acte a été reçu par deux notaires. Il y a même présomption qu'un acte a été passé dans l'étude, lorsqu'un notaire exprime seulement le nom de la commune; cela résulte naturellement de la formule ordinaire : devant nous, notaire... ont comparu... — Toull., n. 82; Dur., n. 42; Roll., n. 275.

316. — La loi ne prescrit aucune formule pour l'énonciation du lieu où l'acte a été passé : les juges ont donc le pouvoir de chercher dans les clauses de l'acte la preuve de l'accomplissement de cette formalité. — Dalloz. 10. 655, n. 26; les arrêts des cours de Rennes 9 mars 1809 , Douai 28 nov. 1814, de Bruxelles 10 juin 1819, B.A. 10. 656; 5. 782. 611, fournissent des exemples de cette appréciation. Et il a été jugé qu'un acte notarié n'est pas nul par cela seul que le notaire n'y a pas fait une mention expresse du lieu où il l'a reçu; qu'il suffit au contraire , pour que le vœu de la loi soit rempli, qu'à la lecture de l'acte il ne reste aucun doute sur le lieu où il a été passé. — Rennes, 9 mars 1809. D.A. 10. 656, n. 2.—V. n. 304, 318, 359. Au surplus , lorsqu'un acte a été reçu ou signé dans plusieurs lieux différents, le notaire doit mentionner cette circonstance. — Roll. n. 280.

317. — La mention du lieu se met à la fin dans

les actes purement volontaires; dans les actes tenant à la juridiction contentieuse, elle se met habituellement dans le préambule. — *Conf.* Loret sur l'art. 12; Roll. n. 281.

318. — *L'année et le jour.* — Les actes notariés doivent être datés : l'art. 12 exige qu'ils énoncent l'année et le jour où ils sont passés. La loi a omis de parler du mois, d'où il résulte que le jour du mois peut être indiqué par celui d'une fête publique fixe, comme Noël, l'Assomption. —Toull., t. 8 n. 81; Roll. n. 655, n. 27. L'omission du mois pourrait aussi, ce semble, être réparée par la date de l'enregistrement. V. n. 319.—L'arrêt de règlement du 4 sept. 1685, exigeait l'énonciation du mois, il est d'usage de l'indiquer.

La mention de l'heure n'est ordonnée que pour certains actes de procédure. Elle peut aussi être utile pour les assurances, pour les testaments, à cause de la révocation qui aurait lieu par d'autres testaments du même jour.—Toull., t. 8, n. 81, Roll., 287. 288. Denisart, v° *Date*; Merlin, Rép. v° Testam. Sect. 2 § 3, art. 3 n. 13; Dalloz, *cod.*; Cass. 6 vent. an 13.

La mention du jour de la semaine n'est utile que pour les actes que la loi défend de faire le dimanche ou les jours de fête légale. — Augan, p. 60; Toull., t. 8 n. 81; Roll., n. 286; Dalloz, 5. 620, et 10 *cod.*—Dans les inventaires, ventes aux enchères, procès-verbaux et autres actes qui peuvent exiger plusieurs séances, on indique à chaque séance l'heure d'ouverture et celle de la fin (Déc. 10 brum. an 14).

Toullier, t. 8, n. 82, est le seul qui pense que l'expression du lieu fait partie de la date. *Contra*, Solon, p. 115, note; Dalloz, 5. 630 et 10. 665, n. 28.— La mention qu'un acte a été signé *tel jour, en tel lieu*, satisfait à la loi, qui veut qu'il soit fait mention du jour et du lieu où l'acte a été passé. — Douai, 28 nov. 1814. Dalloz, 5. 782.

319. — A défaut de date ou d'approuvé de la surcharge de la date d'une donation passée devant notaire, l'enregistrement suffit-il pour donner à l'acte l'authenticité, et pour qu'il vaille comme acte notarié? — L'affirmative a été adoptée dans une espèce régie par la loi de 1790 (Cass. 6 mars 1827. D.P. 33. 1. 303.). Mais cette décision serait difficilement admise en présence de la nullité prononcée par l'art. 68; qui, en exigeant que l'acte fût daté, a voulu qu'il eût une date indépendante de l'enregistrement.

320. — Lorsqu'un acte où figurent plusieurs parties n'a été signé ou consenti par chacune d'elles qu'à des jours différents , le notaire doit donner à l'acte plusieurs dates; à la rigueur cependant, le notaire ne serait pas répréhensible pour n'avoir mis à son acte que la date du jour de la dernière signature, ce n'est qu'alors que l'acte devient parfait, et que l'on peut dire qu'il existe réellement. (*Conf.* Roll., n. 294).—Quand un acte porte plusieurs dates, c'est la dernière seule qui peut être opposée aux tiers. — « Il est assez généralement d'usage, dit Roll. de Vill., n. 296, d'exprimer cette pluralité de dates en énonçant qu'à l'égard de telle partie l'acte a été passé tel jour : qu'à l'égard de telle autre partie il a été

passé tel jour, etc.; et cela peut avoir l'utilité dont nous avons parlé plus haut (prévenir une accusation de faux, un alibi). On doit surtout indiquer les différents lieux où l'acte a été signé pour que la mention soit complète ! »

321.—La loi ne dit pas si la date doit être placée au commencement ou à la fin de l'acte ; cette énonciation qui se lie à celle du lieu est mise d'ordinaire à la fin. — En tous cas il est prescrit aux notaires de dater les actes avant de les faire signer par les parties et surtout avant de les signer eux-mêmes (Décl. 14 juill. 1669, art. 13). —Sur ce point, M. Toullier, t. 8, n. 106, critique sévèrement et avec raison l'abus qui s'est quelquefois pratiqué de laisser la date en blanc afin de prolonger le délai de dix ou quinze jours, accordé par l'art. 20 de la loi de l'an 7 pour l'enregistrement.

Disons en terminant que les erreurs de date qui peuvent se glisser dans un acte ne sont pas une cause de nullité, lorsque les énonciations de l'acte permettent de les réparer ou de suppléer à leur omission, *error librarii in transcribendis verbis non nocet*, L. 92. D. de Reg. jur.; Toull., t. 8, n. 83; D. G. v¹⁄₂ Date et Testam.

322.—*Sous les peines prononcées par l'art.* 68 *ci-après*, c'est-à-dire sous peine d'être déclaré nul ou de ne valoir, s'il y a lieu, que comme acte sous seing privé.

ARTICLE 13.

Les actes des notaires seront écrits en un seul et même contexte, lisiblement, sans abréviation, blanc, lacune, ni intervalle; ils contiendront les noms, prénoms, qualités et demeures des parties, ainsi que des témoins qui seraient appelés dans le cas de l'art. 11. Ils énonceront en toutes lettres les sommes et les dates : les procurations des contractants seront annexées à la minute, qui fera mention que lecture de l'acte a été faite aux parties. Le tout à peine de 100 fr. d'amende contre le notaire contrevenant.

322 *bis.*—Cet article ne fait guère que reproduire les dispositions des ordonn. qui, en tous temps, prirent soin de régler la manière dont les actes notariés devaient être écrits.—C'est par l'amende qu'il punit les infractions aux règles qu'il établit.

323.—*Les actes des notaires seront écrits*, etc. — Les notaires ne sont pas tenus d'écrire eux-mêmes leurs actes (à moins qu'il ne s'agisse de testament public ou mystique, art. 972, 979 C. civ.), quoiqu'il serait mieux qu'ils le fissent, quand ils ne sont pas empêchés; mais, dans les grandes villes, où les clercs sont instruits et où le temps des notaires est pris par des affaires qu'ils sont obligés de suivre eux-mêmes, ils peuvent faire écrire les actes par leurs clercs. Des défenses furent faites à ce sujet aux notaires de Paris en 1317; mais François 1ᵉʳ les leva par lettres patentes du 1ᵉʳ sept. 1541:—Il y a plus, c'est qu'en l'absence d'un texte prohibitif dans l'art. 13, on ne pourrait annuler un acte notarié qui serait écrit par une personne étrangère à l'étude ou même par une des parties : le doute qui a pu exister dans l'ancien droit n'est plus permis aujourd'hui : seulement, et en cas d'allégation de fraude, cette circonstance pourrait être prise en considération par le juge.— *Conf.*, Loret, t. 1, p. 156; Roll., n. 238.

324. — Quoique la loi n'exige pas que les actes soient écrits en *présence* des parties, et que cela soit même souvent impossible, ils doivent cependant être écrits pleinement et entièrement, avant qu'ils soient soumis à leur signature. Cette recommandation, faite par les ord. d'oct. 1485, art. 7, et 1535, ch. 19, art. 4, par la coutume de Bourbonnais, art. 77, mérité d'être rappelée ici.

325.—Est-il défendu aux notaires de faire imprimer ou lithographier la formule des actes qu'ils sont souvent appelés à passer, comme les lettres de change, les protêts, les procurations, etc., soit en minute ou brevet, soit en expédition? — Quoique la négative soit enseignée par Carré, Org. jud., p. 406; Augan, p. 57, Rolland, n. 240, et que l'usage, suivant la remarque de ce dernier auteur, paraisse conforme, la chambre des notaires de Paris a pris le 21 mars 1839 la délibération dont voici les termes : « En ce qui touche l'usage que pourraient faire les notaires d'actes imprimés ou lithographiés ; — Vu l'art. 13 de la loi du 25 vent. an 11;—Considérant que cet usage, s'il s'établissait, porterait un préjudice grave aux intérêts du public, en ce qu'il tendrait à détruire les garanties qu'il a le droit d'attendre d'une rédaction spéciale, de la discussion qui la prépare, du travail qui la produit ; — Considérant que cet usage ne serait pas moins funeste au notariat, dont il altérerait la dignité, réduirait l'importance, et par suite, compromettrait l'avenir;—Considérant que ces principes d'un intérêt général, conformes à toutes les traditions du notariat, ne sauraient fléchir même à la demande des parties;— Est d'avis que les notaires ne doivent jamais recevoir, soit en minutes, soit en brevet, d'actes imprimés, lithographiés ou autographiés.. En ce qui touche la délivrance par les notaires, d'expéditions, grosses ou extraits imprimés ou lithographiés;—Considérant qu'aucune loi, ni aucun réglement, ne contiennent de prescription à cet égard;—Que les motifs d'un ordre si élevé, qui décident la question relativement aux minutes, ne sauraient trouver ici leur application;—Mais, considérant la responsabilité des notaires, relativement à la délivrance des expéditions, des extraits, et surtout des grosses, et l'obligation que la loi leur impose de garder le secret des actes qui leur sont confiés; — Est d'avis qu'un notaire ne peut user de la lithographie ou de l'imprimerie pour la confection de ses expéditions, grosses ou extraits, qu'en cas de nécessité démontrée et avec l'autorisation des parties.

326. — Depuis l'ord. de 1539, les actes publics doivent être écrits et rédigés *en français*. Plusieurs ordonnances locales ont été rédigées dans le même sens. Une loi du 2 thermid. an 2 portait que nul acte ne pourrait, dans quelque partie que

ce fût du territoire français, être *écrit qu'en langue française*. L'exécution de cette loi fut suspendue indéfiniment, peu de temps après sa publication.—Un arrêté du 24 prairial an 11 ordonna que les actes publics, dans les départements nouvellement réunis à la France et dans les autres où l'usage de dresser lesdits actes se serait maintenu, fussent tous écrits en langue française. Toutefois, le même arrêté porte que les officiers publics pourront écrire à mi-marge de la minute française la traduction en idiôme du pays lorsqu'ils en seront requis par les parties. Le 24 therm. an 12, lettre du ministre de la justice aux notaires de Bruxelles, décidant que pour les testaments, les notaires doivent rédiger l'acte en français, quelle que soit la langue dans laquelle il leur est dicté par le testateur, sauf à eux à écrire la traduction à mi-marge, et à lire cette traduction au testateur et aux témoins. Ces règles sont de nature à s'appliquer aujourd'hui à ceux de nos départements où la langue populaire est un patois ou idiôme étranger.—Dalloz, 5. 691, n. 4, 5.

327.—Il résulterait de l'ensemble de ces dispositions réglementaires que le notaire peut et doit, s'il en est requis, traduire à mi-marge, en langue étrangère. Cependant il faut distinguer : si les témoins entendent la langue étrangère, nul doute que le notaire ne puisse faire la traduction, puisque les témoins pourront en contrôler la fidélité. Mais si les témoins ne comprennent pas cette langue, ils ne seront pas en état de s'assurer de l'exactitude des paroles du notaire, ils ne sauront pas les choses par un témoignage indépendant et personnel, autant du moins qu'il peut l'être.— Il y aurait lieu, dans ce cas, à la nomination d'un interprète. V. n. 392.

328.—L'acte devant être rédigé en français, il faut que les témoins sachent le français. V. n. 390, 3°

329.—En général, si un notaire ne comprend pas la langue des parties, il peut instrumenter pour elles à l'aide d'un interprète, ce que toutefois le notaire doit faire avec circonspection.— Toull., t. 8, n. 99; Favard, v° Langue franç. *Dict. du not.*, eod., n. 5, 6. A plus forte raison, si une partie ne comprend pas le français, et que ni les témoins, ni le notaire, ne comprennent la langue que parle cette partie, il y a nécessité d'appeler un interprète. — Si l'un des témoins connaît cette langue, peut-il servir lui-même d'interprète ? — V. n. 393.

330. — Un acte notarié, écrit en langue étrangère, au lieu d'être rédigé en français, est-il nul ? Les avis sont partagés sur cette question. Toullier, t. 8, n. 101, se prononce pour la nullité, après avoir émis le sentiment contraire; il se fonde sur d'anciennes lois et ordonnances qu'il regarde comme non abrogées. Toutefois une note de cet auteur, à l'endroit cité, indique un retour à sa première opinion. Les autres auteurs ont une opinion plus arrêtée. La validité de l'acte, quoique rédigé en langue étrangère, est soutenue par Merlin, Rép., v° Langue française, *Quest.*, v° Test., § 17; Grenier, Donat, n. 255 *bis*; Favard, et *Dict. du Not.*, v° Langue franç.; Roll.; v° Langage des actes, n. 12. — Dalloz, 5. 692, n.

6. 791, n. 1 et 10, 656, n. 32, paraît pencher pour cette opinion. Il se fonde sur ce que les anciens monuments législatifs invoqués ne parlent pas des actes notariés, ou n'avaient pas reçu leur exécution, ou n'avaient qu'une autorité purement locale ; et sur ce que les lois nouvelles n'ont point prononcé la nullité, qui, dès lors, ne peut être suppléée.

331. — Il est à regretter que l'état de la législation et de la jurisprudence manque, sur ce point, de l'unité qui est l'essence du système fondé par la révolution de 1789. N'est-il pas étrange que le droit de conférer l'authenticité et la force exécutoire, qui est une délégation de la puissance nationale, puisse varier, dans les formes de sa manifestation, suivant les différentes provinces du royaume? Ne doit-il pas y avoir une langue officielle, exclusive, nécessaire, à peine de nullité, pour tous les actes authentiques, comme il n'y a qu'un seul système légal de poids, de mesures, de monnaies ?

332. Si l'on regarde l'acte notarié rédigé en langue étrangère comme nul en tant qu'acte authentique, il faut, s'il est signé de toutes les parties contractantes, lui reconnaître la force d'un écrit sous seing-privé. — Toull., t. 8, n. 102; Roll., n. 13; Dict. du Not., cod.

333. — On a présenté à des notaires de Paris des modèles de procuration en anglais, pour retirer des fonds des caisses publiques d'Angleterre, ou pour négocier des effets publics de ce pays; le notaire n'y était appelé que pour attester la signature du mandant. Mais, par circulaire du 2 janvier 1817, la chambre des notaires a décidé que les notaires ne devant jamais s'écarter des formes qui leur sont prescrites, ils ne devaient recevoir aucun acte qu'en langue française.

334. — Un notaire dépositaire de minutes écrites en idiome autre que le français, ne doit délivrer des expéditions qu'en langue française. S'il connaît la langue dans laquelle ces minutes sont écrites, pourra-t-il faire lui-même la traduction? Quoiqu'il semble que la loi doive avoir autant de confiance en lui que dans un traducteur, il sera mieux qu'il fasse appeler un traducteur juré. Dans tous les cas, il fera bien de transcrire à mi-marge le texte de la minute dans la langue originale. — Dict. Not., n. 15. — V. n. 392.

335. — Lorsque des pièces qu'on veut déposer chez un notaire sont écrites en langue étrangère, elles doivent préalablement être traduites. — Roll., 1re édit., v° Traduct. de pièces, n. 7.

336. — Le notaire qui s'aperçoit qu'il a commis une erreur ou émission ne doit faire aucune correction sans l'aveu de toutes les parties. Si l'une des parties refusait de laisser corriger l'erreur, elle ne pourrait y être obligée en justice. Le devoir du notaire serait de constater les irrégularités dans l'expédition. — Toull., t. 8, n. 129; Roll., n. 136, 137.

337. — Comment doivent être écrites les énonciations relatives au calendrier, aux monnaies, poids et mesures? V. art. 17.

Nous allons répondre à chacune des expressions de l'art. 13.

338. — 1° Un seul et même contexte. — Ces expressions, développées par celles qui les suivent, signifient que les dispositions contenues dans les actes doivent être exprimées d'une manière complète, rédigées de suite, sans interruption par des objets étrangers, sans lacune ni intervalle. — Grenier, Donat., n. 241; Dalloz, 5. 676; Roll., 1re édit., v° Contexte, n. 2.

339. — Certains actes, comme des procès-verbaux, sont rédigés à des intervalles différents. Ce n'est pas, à proprement parler, une dérogation à la règle de l'unité de contexte, car chaque portion de ces actes forme un tout complet qui a une existence indépendante; c'est plutôt un composé d'actes différents qu'un seul et même acte. — Dict. du not., v° Contexte, n. 2; Roll., eod., n. 3, 4,

340. — L'obligation de rédiger les actes en un seul et même contexte n'empêche pas l'usage des alinéas pour distinguer les diverses clauses ou parties d'un acte.

341. — L'unité de contexte est impérieusement exigée pour les testaments mystiques, par l'art. 976 C. civ., qui porte : tout ce que dessus sera fait sans divertir à d'autres actes. Dans la confection d'un testament public, elle n'est pas nécessaire à ce point, que l'on ne puisse, après la clôture et la signature de l'acte, disposer de nouveau, par renvoi, séance tenante. — Bordeaux, 17 mai 1833. D.P. 34. 2. 66. — Ce n'est point de cette espèce de contexte qu'il s'agit dans l'art. 13. Il n'y est question que de l'unité de contexte quant à la forme. Il ne prescrit pas l'unité quant au temps : car un acte ne serait pas nul pour avoir été commencé le matin et terminé le soir. Il ne prescrit pas davantage l'unité d'acte : car rien n'empêche qu'un même acte renferme une vente et une procuration, un louage et une société, etc. — Dur., t. 13, n. 43; Roll., cod. n. 2, 3, 5.

342. — Remarquez que la loi prescrit l'unité de contexte, non à peine de nullité de l'acte, mais à peine d'amende contre le notaire.

343. — 2° Lisiblement. — La recommandation d'écrire lisiblement se trouve déjà dans l'ord. de juill. 1304, art. 3, dans l'ar.. de règl. du 4 sept. 1685, et l'édit de Lorraine du 14 août 1721, art. 51, qui voulait aussi que les noms propres et les sommes fussent écrits d'un caractère plus gros que le reste de l'acte.

344. — La peine pour illisibilité de l'écriture, n'est prononcée contre le notaire qu'autant que c'est par son fait que l'écriture de l'acte est illisible. On ne peut, en aucune façon, le rendre responsable des accidents qui auraient rendu illisibles les clauses ou énonciations d'un acte écrit primitivement d'une manière lisible. — Les clauses tellement effacées qu'on ne peut plus les lire, sont nulles (L. 1. D, de his quæ in testam. del.). — Roll., v° Illisible, n. 3, 4. — On peut prouver par témoins l'accident qui a rendu un acte illisible, par exemple, lorsque le papier a été corrompu par l'humidité, altéré par des agents chimiques, rongé par des animaux, percé par des

insectes, etc. — Toull., t. 9, n. 220; Roll., v° Illisible, n. 5. — Une signature mal orthographiée ou presque illisible, ne rend pas un acte nul (Dict. not., v° Illisible n. 3). Ceci s'applique principalement aux signatures des parties et des témoins : il ne dépend pas des notaires de leur imposer un mode quelconque de signature: ils ne peuvent user que de recommandations officieuses.

345.—3° *Sans abréviation.* — L'abréviation est le retranchement de quelques lettres, mots ou phrases dans l'écriture. — La défense, déjà ancienne (V. l'ord. de 1304, art. 3; l'arr. de régl. du 4 sept. 1685 et l'édit de Lorraine de 1721, art. 60), des abréviations dans les actes notariés, est surtout relative aux noms, dates et sommes; mais la loi de vent., en renouvelant la prohibition, l'étend sans distinction à toutes les abréviations, tant celles des phrases que celles des mots. — La loi ne déclare pas les abréviations nulles, comme elle fait pour les surcharges, interlignes ou additions. Les abréviations n'emportent nullité qu'autant qu'elles rendent une clause inintelligible, ou qu'elles ne permettent pas de lire un mot essentiel constatant l'accomplissement d'une formalité requise à peine de nullité. Dans ce cas, le notaire encourrait évidemment la responsabilité vis à vis les parties, indépendamment de l'amende. — En effet, les abréviations n'emportant pas, en général, la nullité des actes, les questions qu'elles soumettent n'ont ordinairement d'intérêt que pour l'application de la peine dont le notaire est passible. C'est en ce sens qu'il importe d'apprécier les abréviations qui peuvent se trouver dans un acte.

346. — Doivent être considérées comme abréviations défendues les caractères abrégés qu'on emploie pour l'indication des mois, comme nov., déc., etc. (Toull., t. 7, n. 501; Roll., 1re édit., v° Abrév., n. 10; *Dict. du not., eod.,* n. 3.)—Sont également considérées comme abréviations défendues, les suivantes : *So°* pour *somme, no°ᵉ* pour *notaire, co°* pour *comme*, *signif.* pour *signification, oblig.* pour *obligation.* Roll., *eod.,* n. 9, pense que la régie et les tribunaux peuvent consulter l'usage suivi à cet égard, afin d'apprécier s'il y a lieu, pour l'une, à poursuivre, pour les autres, à condamner le notaire. —La défense des abréviations ne s'étend point à celles que l'usage a consacrées, par exemple, celles de Mr, Mᵐᵉ, Mˡˡᵉ, Vol., N°, C. R°., V° pour monsieur, madame, mademoiselle, volume, numéro, case, recto, verso.—Loret, sur l'art. 13; Dalloz, 10. 657, n. 35. Il en est de même de MM. pour messieurs, Sʳ pour sieur, led., lad. pour ledit, ladite Md pour marchand, lorsque ce mot précède l'indication spéciale d'un commerce. (Roll., n. 5. 7 ; *Dict. du not.,* v° *eod.,* n. 4). — On peut ajouter à cette nomenclature l'abréviation et *Cie* usitée pour la désignation de la raison sociale des sociétés, surtout en matière de commerce. —Les lettres *etc.* indiquent suffisamment l'expression *et cætera.* — Dans les énonciations d'hypothèques, on admet les abréviations vol. et n°, pour volume et numéro. — Lorsqu'une phrase a un sens complet, le notaire n'encourt pas de peine en y ajoutant un *etc.* Mais il en est autre-

ment si l'*etc.* laisse dans l'indécision la phrase commencée; le notaire est passible de l'amende, et la clause est nulle si l'intention des parties ne se trouve pas suffisamment expliquée par les autres stipulations ou énonciations de l'acte. — Roll., v° *eod.*

347.—Les notaires encombraient autrefois leurs actes d'une foule de locutions abrégées, vieilles formules de style, dont le notariat moderne commence à faire justice. Tels sont les mots *auquel lieu, nonobstant, promettant, obligeant, renon. çant, transportant, dessaisissant, voulant,* etc. Toutes ces expressions, qui ne sont que des commencements de phrases dont la fin est supposée connue, tombent dans la prohibition de la loi.— Dalloz, 10. 657, n. 35; Augan, p, 57; *Dict. du not.,* v° Abrév., n. 14.—*Contra,* Roll., *eod.,* qui regarde leur inutilité comme un motif de les soustraire à l'application de la loi. — Un usage, encore plus abusif que ces abréviations elles-mêmes, c'était celui d'en développer le sens dans les grosses des actes, usage contraire aux premiers principes du notariat, suivant lesquels aucune extension ne peut être donnée, dans les grosses, à ce qui est dit dans les minutes.

348.—Certaines abréviations sont, non-seulement permises, mais ordonnées; ce sont celles qui résultent de la suppression de clauses ou qualifications tenant au régime féodal, ou contraires aux lois du royaume.

349. — Un notaire ne se rend pas coupable de contravention par des abréviations étrangères à l'acte, et qu'il n'a écrites que pour sa gouverne. Ainsi, il peut placer des annotations abrégées, non signées de lui, en marge d'un procès-verbal de vente de meubles, pour désigner les adjudicataires (*Dict. du not.,* v° Abrév., n. 12). — Colmar, 28 juill. 1827. D.P. 28. 2. 58.

350. — Pour les abréviations faites dans les grosses ou expéditions, V. n. 347.—Dans les extraits analytiques ou raisonnés, il est évident que les phrases peuvent être réduites. Dans les extraits littéraux, elles peuvent être rapportées en partie, sauf à indiquer le reste par un *etc.* (*Dict. du not.,* v° Abrév., n. 8). S'il en était autrement, l'acte serait une copie et non un extrait.

351.—Quel que soit le nombre des abréviations, il n'est dû qu'une seule amende pour l'acte qui les renferme (Roll., n. 11; *Dict. du not.,* n. 11; cass. 24 avril 1809. D.A. 10. 66, n. 2).

352. — 4° *Sans blanc, lacune, ni intervalle.* Cette disposition qui se trouve déjà dans l'ord. de 1304, art. 3, de 1535, ch. 19, art. 8, l'arrêt de 1685 et l'édit déjà cité de 1721, art. 69, s'applique aux expéditions, grosses et copies, aussi bien qu'aux minutes, avec les restrictions indiquées *suprà,* n. 347.

353. — La défense de laisser des blancs n'entraîne pas celle d'établir des alinéas (trib. d'Oleron. 15 mars 1838. D.P. 39. 3. 9.)—La chambre des notaires de Paris a pris, le 28 pluv. an 12, un arrêté fort sage qui recommande aux notaires du ressort de tirer des traits de plume pour rem-

plir les blancs laissés par les alinéas, tant dans les expéditions que dans les minutes.—*Dict. du not.*, vᵒ Blanc, n. 2; Roll., *eod.*, n. 5; Dalloz 10. 656, n. 33.—Il y a contravention lorsqu'un renvoi paraphé, mis à la marge ou au bas d'un acte, est laissé en blanc.—*Dict. de l'enreg.*, vᵒ Blanc, n. 6.

—C'est par un abus contre lequel s'élève Toullier, t. 8, n. 106, que les notaires laissent quelquefois en blanc la date de leurs actes, afin de prolonger la date de l'enregistrement. — Néanmoins dans certains cas, les notaires se trouvent obligés de laisser des blancs dans leurs actes. C'est ce qui arrive lorsque les parties ne sont pas d'accord sur une clause et qu'elles passent à la rédaction des autres clauses, sauf à revenir plus tard sur celle qui a motivé leur dissentiment, ou bien encore lorsqu'elles ne fournissent pas de renseignements suffisants, soit pour l'indication des qualités des parties, soit pour la description des choses qui font la matière du contrat. Les blancs qui peuvent rester par suite de ces circonstances sont remplacés, dans l'usage, par autant de barres horizontales qu'il y aurait eu de lignes d'écriture. C'est la seule manière d'exécuter la loi. L'usage, à cet égard, a été consacré par une circulaire du garde-des-sceaux, du 8 juillet 1823, adressée aux procureurs-généraux, et reproduite dans une instruction du directeur-général de l'enregistrement, du 9 août 1823 (Dalloz, 10. 657, n. 1). Une autre circulaire a été adressée par le garde-des-sceaux, sur le même sujet, le 30 août 1825.

354. — D'après ces circulaires, les barres destinées à remplacer les blancs doivent être approuvées par les parties. — Le ministre avait pensé, dans sa circulaire de 1823, qu'il suffisait que l'approbation fût donnée avant l'enregistrement de l'acte; mais, d'accord avec le ministre des finances, il a reconnu, par la circulaire du 30 août 1825, que c'est au moment même de la signature de l'acte que le notaire doit faire approuver les barres par les parties. — L'approbation se fait comme celle des renvois ordinaires, en marge de la page correspondante ou à la fin l'acte. Elle doit être paraphée par le notaire en second ou les témoins instrumentaires. — Roll., vᵒ Blanc, n. 11; Dict. du not., *eod.*, n. 5. — Si l'approbation des barres n'a pas eu lieu, le notaire peut-il être poursuivi comme ayant contrevenu à la disposition qui défend de laisser des blancs dans les actes? La circulaire du 8 juillet 1823 décide affirmativement, en se fondant sur ce que les barres constatent qu'il y a eu des blancs, et prouvent que la loi a été enfreinte; Rolland, n. 12, et le Dict. du not., n. 4 répondent que si les barres montrent qu'il y a eu des blancs, elles prouvent aussi qu'il n'y en a plus; que s'il n'est pas prouvé que ces barres ont été faites après coup, il ne saurait y avoir contravention.

355. — La régie et le ministre de la justice avaient d'abord pensé que les préposés de l'enregistrement pouvaient et devaient constater, en marge de l'acte notarié, l'existence des blancs et des contraventions qu'ils y avaient découverts; mais cette marche a été justement proscrite. Les employés de la régie ne peuvent constater les contraventions que par des procès-verbaux séparés, et ils n'ont pas le droit de faire aucune mention marginale sur les actes argués d'irrégularité (Circul. des 8 juill. 1823 et 30 août 1825).

356. — Lorsque, dans un acte notarié, existent un blanc et une interligne, les tribunaux doivent condamner pour le fait seul de la contravention matérielle, sans examiner si le blanc et l'interligne sont préjudiciables.—Nancy, 18 janv. 1840, D.P. 40. 2. 94.

357. — L'omission de la constatation des mots biffés dans la minute d'un contrat, omission qui se fait remarquer par le blanc laissé dans le renvoi établi pour constater des mots rayés, constitue une contravention à l'art. 13. — Trib. d'Oleron, 15 mars 1838. D.P. 39. 3. 9.

358. — D'après un usage fort ancien, on excepte les procurations en brevet de la règle qui défend de laisser des blancs dans les actes notariés. — Toull., n. 108; Aug., p. 57; Dalloz, 10, 657, n. 34. En effet, la défense de laisser des blancs ne s'applique point aux procurations (Aix, 28 avril 1842. D. P. 43. 4. 348.) — Mais il a été jugé qu'elle était applicable aux procurations reçues en minute (Nancy, 20 août 1841. 20 janvier 1842; Douai, 12 déc. 1842. D. P. 41. 2. 233; 42. 2. 161; 43. 2. 83.)

359. — *Noms, prénoms, qualités et demeure des parties et des témoins certificateurs.* — Il importe, d'abord, de remarquer que ces énonciations, quoique fort importantes, ne sont pas prescrites à peine de nullité; il n'y a lieu en cas d'omission qu'à une amende contre le notaire; il eût en effet, été trop rigoureux d'annuler un acte pour une erreur, un *lapsus calami*, quelquefois sans grande importance et qui peut être presque toujours suppléé par les énonciations de l'acte. — *Conf.* Toullier, t. 7, n. 501; Augan, p. 55; Favard, vᵒ Acte notarié, § 2, n. 6.—*Conf.*, n. 308, 316, 2ᵒ.

360. — Lorsque la même feuille de papier timbré contient deux actes distincts, et à des dates séparées, les énonciations ci-dessus doivent se trouver dans les deux actes, bien qu'ils forment le complément l'un de l'autre, comme si le même papier contenait à la fois et l'acte de vente et la quittance du prix (Metz, 2 juill. 1836. D. P. 41, 2. 124; Cass. 14 juin 1843. D. P. 43. 1. 344.)|—Jugé cependant que le notaire qui, en dressant une quittance de prix de vente, à la suite de la minute, s'est référé à cet acte pour la désignation des prénoms et qualités des parties, n'a commis aucune contravention à l'art. 13 de la loi du 25 ventôse an 11 (Paris, 4 mars 1842. D. P. 42. 2. 194.)

361. — On a vu plus haut, art. 8, qu'il y a controverse sur le point de savoir ce que l'on doit entendre par le mot *parties*. — On a considéré comme parties dans le sens de l'art. 13, 1ᵒ non-seulement les mandataires, mais encore les mandants ou personnes intéressées au nom desquels ils stipulent (Cass. 29 déc. 1840. Trib. de Gray,

24 fév. 1834; trib. de Metz 2 août 1836. D. P. 41. 1. 48; 36. 3. 84; 37. 3. 145. — V. art. 8 et 10. — 2o Les personnes pour lesquelles on se porte fort. (Cass. même arr. Metz, 6 janv. 1841, Douai, 13 déc. 1842, D. P. 41. 2. 124; 43. 2. 83.)

En effet, il peut être urgent d'agir pour un individu dont les prénoms ne sont pas connus de celui qui intervient en sa faveur ; et il semble que, dès que les prénoms du porte-fort, c'est-à-dire de la seule partie qui stipule dans l'acte, sont mentionnés, le vœu de l'art. 13 est satisfait : c'est une exception qui est ici déterminée par la force des choses. Ajoutons que tant que celui pour lequel on s'est porté fort ne se présente pas pour ratifier ce qui a été fait, il n'est pas partie, à proprement parler, dans l'acte ; ce cas diffère de celui où l'on agit pour un mandant dont on a les pouvoirs, et qu'on est censé connaître. — Au reste, la difficulté est bien frivole, car, dès qu'on aura des doutes il sera toujours aisé d'échapper à l'amende que prononce l'art. 13, en donnant un prénom quelconque, mais en indiquant toutefois celui pour lequel on s'oblige par des désignations telles qu'il ne puisse y avoir aucune méprise sur son identité.

362. — Le *nom* dont il est parlé dans l'art. 13, est celui qui désigne la famille de la partie, ou celui sous lequel elle est connue ; il est bien qu'il soit écrit en caractères plus gros ; l'exactitude est ici très-importante. — L'obligation d'insérer les noms reçoit exception pour les procurations, V. n° 358. Il y en avait une autrefois pour les promesses d'obligation ; mais la défense de laisser en blanc les noms fut faite au notaire (Sent. du Châtel., 12 déc. 1615; ordonn. de 1629, art. 147. Stat. des Not. de Paris de 1681 art. 25); et la prohibition n'a plus été levée. Les surnoms ou sobriquets peuvent être utiles pour assurer l'identité dans les endroits où plusieurs individus d'une même famille peuvent avoir les mêmes noms et prénoms. — V. n. 309.

363. — A l'égard des *prénoms*, on doit les énoncer tous et dans l'ordre de l'acte de naissance, ce qui est utile quand il y a divers individus du même nom ; une inexactitude sur ce point ne devrait pas, ce semble, rendre le notaire responsable, car il a dû s'en rapporter à la déclaration des parties qu'il n'a, le plus souvent, aucun moyen de contrôler. — *Conf.* Roll., n. 210. — Le notaire n'est tenu d'indiquer que les noms ou surnoms des légataires, lesquels, au reste, ne sont pas parties dans l'acte. — V n. 309.

Toutefois, l'erreur dans l'orthographe du nom ou du prénom ne vicierait pas l'acte, si l'identité était certaine (Dalloz, t. 10, p. 657 ; Augan, p. 55; Riom, 4 déc. 1809, aff. Brugnon.

364. — Par la mention des *qualités* que la loi exige, il faut entendre celle de la profession. L'amende ne s'appliquerait pas au notaire qui aurait omis d'énoncer les titres de noblesse d'une partie ou sa qualité de tuteur, curateur ou autre. Roll., n. 214. Ce ne sont pas là des qualités dans le sens de l'art. 13. Quand les contractants n'exercent point de profession, il semble que les notaires pourraient, sans encourir l'amende, se dispenser d'ajouter, comme ils le font d'ordinaire, après les noms et prénoms, les mots sans profession.

Augan, p. 55; Dalloz, t. 10, p. 655; Trib. de Bordeaux, 31 août 1835; Trib. de Metz, 2 août 1836. Il a été jugé, en conséquence, que le silence absolu gardé par le notaire sur la qualité et la profession de la partie qui figure dans un acte ne constitue pas une contravention, si cette partie n'a ni profession ni qualité ; le notaire n'est pas même tenu d'en faire mention. — Trib. de Metz, 2 août 1836. D.P. 37. 2. 145. — Toutefois, il est plus prudent d'ajouter dans ce cas les mots sans profession. — Enfin, l'énonciation de la qualité de *propriétaire* a été déclarée suffisante dans un exploit d'huissier, quoique la partie eût un emploi, celui de percepteur des contributions indirectes (Paris, 17 août 1810, aff. Defalque). — V. n. 310.

365. — Disons, en terminant sur ce point, que la *patente* doit être énoncée lorsqu'il s'agit d'un acte qui a rapport au commerce (des parties. — Voy. la loi du 25 avril 1844 , rapportée plus loin , à sa date, et les tableaux de tous les patentables qui y sont annexés. — V. aussi l'analyse des discussions dont elle a été l'objet. — D.P. 44. 3. 65. — V. aussi l'art. 23.

366. — *Demeure.* — La demeure que le notaire doit mentionner, c'est le domicile réel (C. civ. 102.). — Quand une partie demeure dans une commune peu connue, il est bon d'indiquer au moins le département. Dans les grandes villes , les notaires doivent, par précaution, mentionner le nom de la rue et même le numéro de la maison où demeurent les parties. Dans l'usage, on désigne en outre le lieu où une partie se trouve momentanément, comme une maison de campagne. — Loret, sur l'art. 13. Roll., n. 219 et suiv. — La demeure d'un fonctionnaire est suffisamment indiquée par la qualité de ce fonctionnaire, alors qu'une résidence est nécessairement attachée à l'exercice de ses fonctions. — V. n. 311.

367. — *Ainsi que des témoins appelés dans le cas de l'art.* 11. Lorsque le notaire, ne connaissant pas les parties, s'est fait attester leur individualité par deux *témoins certificateurs*, il doit mentionner les noms, prénoms, qualités et demeures de ces témoins. — Ces énonciations sont susceptibles des observations qui précèdent. Seulement, on remarque que, pour ces témoins spéciaux, que le notaire doit bien connaître et qui sont choisis par lui, l'acte doit énoncer leurs *prénoms* et *qualités*, tandis que cela n'est pas exigé par l'art. 12 pour les témoins instrumentaires, qu'il peut n'avoir pas choisis et même ne pas connaître. — Quelques auteurs trouvent, entre ces deux dispositions, une absence de logique dont l'allégation n'est pas justifiée à notre avis.

368. — 5° *Enonciation des sommes et dates en toutes lettres.* — La novelle 107, ch. 1, défendait l'emploi des chiffres dans les désignations des pertes des copartageants. — L'art. 13 de la loi de ventôse contient une disposition semblable pour l'indication des *sommes* et des *dates* dans les actes notariés ; mais la plus grande tolérance existe pour les actes sous seing-privé, et l'exception de l'art. 1326 C. civ. ne fait que confirmer la règle à leur égard. Au surplus, il est à remarquer que les mots écrits en chiffres ne sont pas frappés de nullité comme

les surcharges. — La [prohibition des chiffres s'étend à l'expression des conventions des parties, et à tout ce qui concerne les justifications d'actes et de titres. — *Dict. du not.*, v° Chiffres, n. 2.

— Dans les procès-verbaux de ventes de meubles et effets mobiliers, les notaires doivent inscrire en toutes lettres le prix de chaque objet adjugé, et tirer ensuite ce prix hors ligne, à peine de 5 fr. d'amende (L. 22 pl. an 7, art. 5; 16 juin 1824, art. 10), seule applicable. Roll., v° Chiffres, n. 10. — Il est d'usage de porter en chiffres, dans les actes, les numéros des maisons, ceux des divisions adoptées pour distinguer et classer les clauses d'un acte, ceux des patentes des commerçants, des inscriptions hypothécaires, des rentes sur le grand-livre, des actions sur la banque. — *Dict. du not.*, n. 8.

— Les énonciations en chiffres ne sont pas défendues lorsqu'elles ne forment que la répétition des sommes déjà exprimées en toutes lettres. — *Dict. du not.*, *eod.* — Le notaire qui a énoncé en chiffres, dans une liquidation, la somme particulière que chaque intéressé est appelé à recueillir, n'est point en contravention avec l'art. 13, s'il a énoncé en toutes lettres les sommes composant les masses actives et passives.—Colmar, 18 mai 1829. D.P. 30, 2. 106. — Ce qui peut être indiqué en chiffres dans les minutes, peut l'être de même dans les expéditions et extraits, pourvu que le nombre de lignes et de syllabes fixé par la loi se trouve dans chaque page. — *Dict. du not.*, *eod.*, n. 10. — Il est reconnu que les actes peuvent renfermer des tableaux en chiffres, lorsqu'on ne peut les syncoper sans en détruire l'intelligence (Instr. gén., 20 juillet 1820, n. 942); mais il est plus légal de rappeler d'abord les sommes en toutes lettres. — *Conf.*, Augan, p. 55; Roy., Dict. des contr., v° Chiffres; Roll., *eod.*, n. 11.—On peut écrire en chiffres sur le répertoire, le n° d'ordre, la date de l'acte, celle de l'enregistrement et le montant des droits perçus. Déc. min. fin., 5 mai 1807, 10 mai 1808. — Enfin, de même que pour les abréviations, il n'y a qu'une seule amende pour les différentes contraventions qui résulteraient de l'emploi des chiffres plusieurs fois répétés dans un même acte.

369. — 6° *Les procurations des contractants seront annexées à la minute.* Cette annexe, que prescrit l'art. 13, n'est pas la seule en usage; nous allons parler de diverses sortes d'annexes.

370. — *Caractères de l'annexe; différences avec le dépôt de pièces.* Il y a annexe quand la pièce jointe est relative à l'acte passé, en forme un accessoire, et doit, en quelque sorte, ne faire qu'un avec lui; par exemple, s'il s'agit d'un acte ratifié joint à la ratification. Si la copie jointe est étrangère à l'acte passé, par exemple, si, à un acte de vente, l'acquéreur joint le brevet d'une procuration qu'il donne à un tiers pour administrer les biens acquis, c'est un dépôt et non plus une annexe (*Dict. de l'Enreg.*).

371.—Le dépôt de pièces est soumis à un droit fixe d'enregistrement; l'annexe n'emporte l'application d'aucun droit.—Roll., 1re édit., v° Annexe, n. 1.—Le dépôt se constate par un acte spécial; l'annexe par une simple mention sur les actes aux-

quels sont annexées les pièces jointes. —*Dict. du not.*, v° Annexe, n. 1.—Pour qu'il y ait annexe, et non dépôt, il ne suffit pas qu'une pièce soit jointe, il faut que l'annexe soit mentionnée. Autrement, la pièce annexée resterait isolée parmi les minutes du notaire. Elle serait considérée comme acte déposé, et si l'acte de dépôt n'avait pas été dressé, il y aurait contravention donnant lieu à une amende de 10 fr. (L. 22 frim. an 7, art. 43; 16 juin 1824, art. 10. Décis. min. fin. et min. de la just., 18 avril 1817. J. Enr., n. 5738; Roll. n. 3.) — La régie paraît avoir abandonné quelque chose de la sévérité de cette décision. — *Dict. du not.*, v° Annexe, n. 27.

372.—Quoique aucune loi ne le prescrive, il est d'usage que lorsque la pièce annexée est un écrit sous seing-privé, ou qu'elle émane d'une juridiction étrangère au notaire, elle soit certifiée véritable par la partie qui en fait le dépôt.—Roll., n. 44. *Dict. du not.*, n. 28.

373. — *Mention de l'annexe.* L'art. 13 prescrit l'annexe des procurations; mais il n'exige pas qu'il en soit fait mention dans l'acte, quoiqu'il soit mieux qu'elle soit opérée, puisqu'elle constate une formalité importante pour les parties et pour les tiers. Le seul défaut de cette mention ne suffirait donc pas pour faire encourir une peine au notaire. Décis. min. fin., 11 avril 1815 (*Dict. du not.*, n. 25). — Roll., n. 24. — Voyez néanmoins le n° précédent.

374. — Il est d'usage de mentionner l'annexe sur la pièce annexée. Cette mention est signée du notaire et des témoins, ou des deux notaires. — Roll. n. 43; *Dict. du not.*, n. 26. — La loi n'exige pas qu'il soit fait lecture ni, par suite, mention de la lecture des procurations annexées. — *Dict. du not.*, n. 29.

375. — *Annexe des procurations; autorisation ou consentement.* L'annexe des procurations est obligatoire, sous peine de 20 fr. d'amende contre le notaire (L. 16 juin 1824, art. 10). — Quel que soit le nombre des pièces, la contravention du notaire n'entraîne qu'une faible amende. — Déc. rég. de l'enreg., 7 février 1818. — L'obligation d'annexer s'étend même au cas où ce n'est pas le mandataire lui-même qui paraît: le notaire ne doit jamais s'en rapporter aux déclarations des parties ou du tiers sur leurs pouvoirs respectifs; il doit exiger sur le champ la représentation et l'annexe des procurations. Massé, t. 1, p. 106, avait professé un sentiment contraire; mais il est repoussé par Augan, p. 62. *Dict. du not.*, n. 3. Roll. n. 5 et 6; Loret, t. 1, p. 264; Dalloz, 10. 657, n. 36.

376. — Jugé aussi que les notaires doivent, sous peine d'encourir l'amende, exiger la représentation des procurations en vertu desquelles quelques parties disent agir, et annexer sur-le-champ ces procurations à leurs minutes, encore bien que ce ne fût pas le procureur fondé lui-même, mais un tiers se portant fort pour lui, qui contracterait l'obligation à laquelle la procuration n'a point été annexée.—Metz, 10 déc. 1817, D.A. 10. 657, note.— Les notaires ne peuvent donc, sans contravention, se borner à énoncer que les procurations ont été représentées et rendues.—Dict. du not., v° Annexe, n 4; Roll., n. 10.

377. — Si la procuration a été passée en minute par le même notaire qui reçoit l'acte passé par le mandataire, il n'y a pas lieu d'annexer une expédition de cette procuration; non plus que lorsque la procuration se trouve déjà annexée à un acte précédemment passé dans la même étude. Il suffit de s'y référer. (Roll., n. 21; Dict. du not., n. 6; Déc. min. just., 28 mars 1807 et min. fin. 17 nov. 1809; Loret, t. 1er, p. 265.) — Toutefois il faut faire exception pour les donations. La procuration donnée par un majeur pour l'acceptation d'une donation doit être toujours jointe, soit à la minute de la donation, soit à celle de l'acceptation si elle a eu lieu par acte séparé (C. civ. 933; Dict. du not., n. 7).

378. — Il est évident qu'il n'y a pas lieu d'appliquer l'art. 13, lorsque le mandataire déclare agir en vertu d'un mandat purement verbal. — Roll., n. 12; Dict. du not., n. 11;Lherbette, t. 1, p. 106.

379. — L'annexe doit être faite aux actes en brevet comme aux expéditions. Si l'acte auquel on a annexé la procuration est de nature à être délivré en brevet, les pièces annexées peuvent être remises à la partie à qui l'acte en brevet a été consenti. — Roll., n. 14; Dict. du not., n. 5. — La loi ne distingue pas non plus, quant aux annexes, les procurations passées en minute devant un notaire de la même résidence, et celles qui ont été passées devant un notaire éloigné, — Augan, p. 55; Roll., n. 13; Rennes, 2 février 1833. D.P. 34. 2. 219. — Quant aux procurations générales, il suffit d'en annexer un extrait, concernant l'acte auquel il se rattache. — Roll., n. 23; Dict. du not., n. 8. — Les procurations des héritiers absents doivent être annexées, non au procès-verbal de levée des scellés, mais à l'inventaire dressé par le notaire. Seulement le juge de paix peut en faire mention dans son procès-verbal (Décis. min. just. 3 avril 1827; 28 avril 1832; circul. not. de Paris, 29 déc. 1813; Roll., n. 18). — Toutefois il semblerait bien rigoureux de condamner un notaire qui se serait contenté de relater dans l'inventaire la procuration du mandataire, en énonçant qu'elle est annexée au procès verbal de levée des scellés. — Conf., Roll., n. 19.

380. — L'obligation d'annexer s'applique aux autorisations données par un mari à sa femme pour contracter. Ces autorisations sont de vrais mandats, puisqu'elles confèrent à la femme le pouvoir de contracter. — Augan, p. 56; Roll.; n. 15; Dict. du not., n. 12. — Il en est de même des différents consentements, en vertu desquels un acte est passé. — (Stat. not. de Paris, 9 vent. an 13; Roll., n. 16 et Dict. du not., n. 13. — Contrà, Roy., Man. des contrav., v° Annexe). — Mais il ne serait pas nécessaire d'annexer la procuration à la minute de l'acte qui contiendrait substitution de procuration; il suffirait que l'acte de substitution et la procuration originaire, dont le substitué devra toujours justifier, soient annexés à l'acte passé pour ce dernier. — Conf., Roll., n. 17. qui cite le Journ. de l'enreg. comme contraire à cet avis.

381. — Annexes des pièces autres que les pro-curations. — Ici le notaire n'encourt pas d'amende pour défaut d'annexe. Cette peine ne s'applique qu'à l'annexe des procurations. Mais le défaut d'annexe à de certains actes peut produire des irrégularités, quelquefois même des nullités. — En cas de délivrance d'une grosse par ampliation, ou d'une seconde grosse, l'ordonnance du juge et les autres pièces sont annexées au procès-verbal, rédigé par le notaire à l'effet de la délivrance de l'ampliation ou de la seconde grosse.

382. — Lorsqu'un individu figure dans un acte comme mari exerçant les droits de sa femme, comme tuteur, comme administrateur d'un hospice ou autre établissement public, il n'est pas nécessaire d'annexer les actes qui constituent sa qualité, parce que les actions existent sur des registres, dans des dépôts auxquels on peut toujours recourir; il suffit que la qualité soit constante. — Loret, t. 1er, p. 266, Roll., n. 26. — Mais les notaires annexent à l'acte qui excède les bornes de l'administration d'un tuteur ou administrateur, l'expédition de la délibération du conseil de famille, et la grosse du jugement d'homologation, ou enfin la pièce qui contient une autorisation suffisante (Dict. du not., n. 19). — Roll., n. 27.

382 bis. — Les notaires annexent aux baux des biens des hospices, les approbations des préfets, aux procès-verbaux d'adjudication, partages et autres actes, la grosse du jugement ou l'ordonnance du juge-commissaire qui renvoie devant eux, ainsi que les pièces justificatives des annonces et publications; aux donations, les états de dette et d'effets mobiliers. (Dict. du not., n. 20, 21, 22).

383. — L'ordonnance qui commet un notaire pour représenter un absent à un inventaire ou à un partage, demeure annexée à la minute de l'acte par lequel elle est délivrée Dict.. Not., n. 23; Roll., n. 32.

384. — Les demandes d'origine et les pièces justificatives des droits et qualités des cohéritiers s'annexent aux partages et autres actes déclaratifs de propriété, pour que les notaires puissent délivrer des certificats de propriété. Eod., n. 24; Roll., n. 33.

385. — Quand les notaires rédigent un acte de notoriété ayant pour objet d'obtenir la rectification d'actes de l'état civil, ils doivent s'abstenir d'y annexer l'extrait de ces actes, parce qu'ils doivent être représentés en originaux au tribunal qui ordonne la rectification. — Roll., n. 35.

386. — Les notaires sont dans l'habitude de ne pas retenir par voie d'annexe ou de dépôt les expéditions, extraits ou brevets d'actes reçus par d'autres notaires ressortissant de la même chambre. — Roll., n. 36.

387. — Expéditions des pièces et actes annexés. — Un notaire a le droit, quand il délivre expédition d'un acte qu'il a reçu, de délivrer en même temps copie ou expédition de la pièce qui y est annexée. C'est au notaire d'apprécier, selon l'usage qui devra être fait de la pièce, s'il doit ou non délivrer expédition des annexes. — Loret, t. 1er, p. 346; Roll., n. 51. Dict. du Not., n. 31. — C'est par abus, dans ce cas, que les notaires, au lieu

de délivrer expédition d'une procuration annexée, se bornent à en donner un extrait en se contentant de déclarer qu'elle est *spéciale* à l'effet de l'acte. Il faut que la teneur de la procuration soit connue par les termes et non par l'opinion du notaire (*Délib. not. de Paris*, 25 nov. 1817.)—Roll., n. 52.

388. — Les notaires peuvent donner isolément copie des pièces et actes sous seing-privé, ou passés dans les pays étrangers ou dans les colonies, qui sont annexés aux minutes des actes de leur étude (*Dict. du not.*, n. 33.) En est-il de même pour les copies isolées des pièces annexées dont les minutes se trouvent en France, dans les études d'autres notaires? L'affirmative semblerait assez conforme à la nature des fonctions des notaires. Toutefois, une lettre du garde-des-sceaux, du 6 mai 1826, porte que « les notaires ne peuvent délivrer copie séparée que des actes qu'ils ont reçus; que, quant aux actes judiciaires surtout, il ne peut en être demandé copie qu'aux greffiers. » Le *Dict. du not.* approuve cette décision, v° Annexe, n. 34.—Roll., v° Abrév., n. 53, 54, pense qu'elle paraît devoir être restreinte au cas où un notaire voudrait annexer à ses minutes la grosse d'un jugement, pour en délivrer ensuite des expéditions ou plutôt des copies. — Au reste, les notaires de Paris, par délibération du 9 vent. an 13, et ceux de quelques autres villes s'étaient déjà interdit le pouvoir de délivrer expéditions ni extraits isolés de pièces annexées à leurs actes, quand il y en a minute dans l'étude d'un autre notaire du même ressort.—*Conf*, Lett. min.

389. — 7° *Mention de la lecture.* — L'art. 13 veut que les actes notariés soient lus aux parties. —Quelque importante que soit cette formalité, elle n'est pas prescrite à peine de nullité, parce qu'on suppose, sans doute, qu'une partie ne signe point de confiance, et que si elle le fait elle ne doit imputer qu'à elle-même les résultats fâcheux que peut avoir son imprudence. — C'est du moins ce qu'il faut induire de ce que la nullité n'est point attachée au défaut de mention de la lecture; bien qu'il en soit autrement pour les actes testamentaires. (C. 972, 1001). Toullier, t. 8, n. 97; Dalloz, 5. 717. Augan, p. 73, rappelle qu'on a abandonné la prétention d'obliger les notaires à donner lecture des procurations lorsque les actes sont passés en vertu de procuration. —Conf., Roll., v° Acte notarié, n. 307.—La lecture doit avoir lieu pour les renvois des actes (voy. art. 14), comme pour les dispositions qui sont prohibées par la loi (Motif de l'arrêt, 24 nov. 1835; Req. D.P. 36. 1. 24); elle doit être faite avant les signatures.

390. — 8° *Lecture de l'acte aux parties.* —*Interprète.*— En exigeant que mention soit faite à la minute de la lecture de l'acte aux parties, la loi suppose manifestement le cas le plus ordinaire, celui où les parties se sont exprimées dans la langue française, et où, par conséquent, le notaire leur donne lecture des conventions qu'elles ont expliquées dans leur langue maternelle. Mais il peut arriver que les parties ou l'une d'elles soient étrangères, qu'elles ne sachent pas le français et que le notaire n'entende pas leur langue. Quelle

est, dans ce cas, la marche à suivre, pour le notaire? La loi spéciale, ni aucune autre ne s'en sont expliquées.

La nécessité, en l'absence d'une disposition expresse sur ce point, force de recourir à ce qui est établi pour un cas analogue, par le code d'instruction criminelle. Aux termes de l'art. 332 de ce code, « dans le cas où l'accusé, les témoins ou l'un d'eux ne parleraient pas la même langue, ou le même idiome, le président nommera d'office un interprète âgé de 21 ans au moins, et lui fera prêter serment de traduire fidèlement les discours à transmettre entre ceux qui parlent des langues différentes. » Par parité de raison, le notaire appelé pour recevoir un acte par une personne qui ne sait pas le français, et dont lui-même, il n'entend pas la langue, devra nécessairement appeler un interprète, qui lui explique les volontés de la partie, et qui, faisant ensuite connaître à cette partie comment ses volontés ont été exprimées, la mette à même de savoir si elles ont été exactement reproduites. V. Ferrière, *Parfait notaire;* Toullier, t. 8, n. 99.

Il n'est pas douteux, d'ailleurs, que la nécessité de recourir à un interprète existerait également pour le notaire dans le cas où les témoins instrumentaires ignoreraient la langue française, ou même celle que parle la partie contractante. Il y a lieu alors, comme dans l'hypothèse où c'est la partie elle-même qui ne connaît pas la langue française, de donner un interprète au témoin. Merlin, Rép., v° Témoins instr. § 2, n. 24, Quest. v° Test., § 17, art. 2; Maleville , sur l'art. 972; Grenier, des Donat., t. 1, n. 225; Toullier , t. 5, n. 395; Delv.. t. 2, p. 813, note; Favard, v° Langue française; Dalloz, t. 5, p. 791, n. 2.

391.—Mais comment cet interprète devra-t-il être donné? Il est de règle très-ancienne que l'interprète soit élu et accordé par les parties. (Pardoux-Duprat, Prat. de l'art du not.) Cependant si les parties ne s'accordent pas, il y aurait lieu de recourir à une autre règle indiquée par Ferrière, *loc. cit.*, suivant lequel l'interprète doit être nommé par le juge ordinaire du lieu où se fait la convention, au bas d'une requête qui est présentée à cet effet. » Toutefois ce mode de nomination que Ferrière paraît signaler comme devant toujours être suivi, doit être, comme nous l'avons dit, subordonné, ce nous semble, à celui qui est indiqué par Pardoux-Duprat. C'est seulement lorsque les parties ne peuvent pas s'accorder et fixer à l'amiable leur choix entre les interprètes dont chaque tribunal est ordinairement entouré et auxquels il accorde sa confiance, qu'il y a lieu de s'adresser au juge ordinaire, comme le dit Ferrière, c'est-à-dire aujourd'hui au président du tribunal.— *Sic*, Roll. de Vill., v° Interprète, n. 11 et suiv.

392.—D'ailleurs, il ne paraît pas douteux que le notaire ne pourrait pas servir lui-même d'interprète, s'il connaissait la langue dans laquelle les parties s'expriment, et que les témoins ne l'entendissent pas. Le notaire, dit Merlin, Quest., v° Testament, § 7, art. 2, n'est point établi par la loi interprète; et il serait absurde de lui supposer ce caractère; alors qu'il est si évident que les témoins sont appelés par la loi conjointement avec lui pour partager ses fonctions, pour en surveiller l'exercice. » Et en effet, on conçoit que cette surveillance serait complétement illusoire, puisque les témoins ne pourraient savoir ce qu'ils font ou ce qu'ils attestent qu'à l'aide du notaire lui-même, c'est-à-dire de celui qu'ils doivent surveiller.—Toutefois on comprend qu'il en serait autrement, si les témoins entendaient eux-mêmes, comme le notaire, le langage dans lequel s'expriment les parties. La traduction qu'en ferait le notaire dans sa rédaction porterait sur des volontés parfaitement comprises de tous ; et il n'y a pas de doute, Merlin le reconnaît, *loc. cit.*, que le vœu de la loi ne fût complétement rempli dans ce cas, où les témoins ont su individuellement et par eux-mêmes ce qui s'est fait en leur présence.

393. — Si c'est le notaire qui n'entend pas la langue des parties et qu'au contraire elle soit connue d'un témoin, il y a plus de difficulté sur le point de savoir si ce dernier pourrait être employé comme interprète par le notaire. Pour l'affirmative, Toullier a dit, *loc. cit.* : « les art. 368 et 369 de la loi du 3 brum. an 4 permettaient à l'un des témoins ou des jurés d'être interprète dans les procès criminels. Si l'art. 332 du C. d'inst. crim. a défendu aux témoins, aux jurés et même aux juges de faire les fonctions d'interprètes, sa prohibition ne paraît pas devoir être étendue aux interprètes que le notaire est forcé de prendre, puisque les réglements existants lui permettent d'être lui-même interprète et traducteur, s'il sait la langue du déposant. » Et cette même doctrine s'induit d'un arrêt de la cour de cassation qui a jugé que pour déterminer la foi qui est due à un acte notarié, il n'y a pas à examiner quelle langue parlaient respectivement le notaire qui a reçu l'acte et les parties qui y ont figuré et l'ont signé : qu'un tel acte fait essentiellement foi jusqu'à inscription de faux, encore qu'il y soit dit que l'un des témoins instrumentaires a servi d'interprète entre le notaire et les parties qui ne parlaient pas la même langue (cass. 19 déc. 1815, D.P. 16. 1. 158).

Toutefois, cet arrêt ne contient aucun motif sur la question, et quant à ceux qu'invoque Toullier, ils sont loin d'être concluants. D'une part, en effet, si les art. 368 et 369 du Code des délits et des peines, permettaient de prendre l'interprète parmi les témoins et les jurés, la permission d'abord était subordonnée au consentement de l'accusé et de l'accusateur public, preuve certaine que, sans ce consentement, il serait résulté de l'emploi d'un juré ou d'un témoin en qualité d'interprète, une nullité qui eût été de droit. Mais, d'ailleurs, ce que le Code des délits et des peines permettait à cet égard, a été formellement rejeté par le code de 1808 et pourquoi ? Précisément parce qu'il a été reconnu dans la discussion de ce dernier code, que la permission créée par les articles précités de brumaire était contraire aux principes. D'une autre part, en ce qui concerne les réglements d'où Toullier ferait résulter la faculté pour le notaire lui-même de servir d'interprète ou de traducteur aux contractants lorsqu'il entend leur langue, ce ne peut être que l'arrêté du 24 prair. an 11. Or, cet arrêté se borne à permettre, par son art. 2, aux officiers

publics des lieux où l'on ne parle pas français, d'écrire à mi-marge de la minute française, la traduction en idiome du pays, lorsqu'ils en seront requis par les parties. Mais, il n'ajoute pas que le notaire pourra, si les deux témoins ignorent la langue parlée par les parties contractantes, servir d'interprète à ces témoins, et les habiliter, par là, à remplir leur fonction. Cela est même si éloigné de l'esprit de cet arrêté, que le ministre de la justice qui l'avait rédigé, écrivait, dans une lettre du 4 therm. an 12, rappelée par Toullier lui-même, *loc. cit.*, n. 98, que « *la traduction n'aurait pas l'authenticité de la rédaction française.* » Ainsi, les deux motifs invoqués par ce dernier auteur à l'appui de la thèse que l'un des témoins instrumentaires pourrait être employé par le notaire en qualité d'interprète, sont également mal fondés.

Aussi nous ne pensons pas que sa doctrine et celle qui résulte de l'arrêt précité de la cour de cassation doive être suivie. Et nous dirons avec Merlin, qui fournit à la doctrine contraire le plus solide appui (V. *loc. cit.*, à la not.) : « Que faut-il pour qu'un acte entre-vifs soit authentique ? qu'il soit reçu par un notaire et deux témoins. Ce n'est donc qu'au concours du notaire et des deux témoins que la loi accorde le degré de confiance d'où naît l'authenticité de l'acte. Or, ce concours existe-t-il lorsque le notaire ne sait pas par lui-même ce dont les parties conviennent devant lui ? Qu'il puisse appeler un interprète pour la lui expliquer, à la bonne heure ; cet interprète, surtout s'il est assermenté, sera un autre lui-même, et le vœu de la loi qui exige le concours de trois personnes pour constater authentiquement les intentions des parties contractantes sera rempli. Mais prendre cet interprète parmi les deux témoins qui l'assistent, c'est effectivement réduire à deux (et même à un seul, s'il n'y a qu'un des deux témoins qui entende la langue des parties) les trois témoignages que la loi exige ». Telle paraît être l'opinion de Rolland de Vill. v° Interprète, n. 10.—Remarquons cependant que, depuis la loi du 21 juin 1843, qui n'exige pas la présence des témoins à la réception de certains actes, cette opinion sera plus de difficulté.

394.—Par analogie encore avec le cas prévu par l'art. 332 du C. Inst. crim., l'interprète employé par le notaire doit réunir les qualités qui sont requises de celui qui doit être nommé d'office par le président, lorsque l'accusé, les témoins ou l'un d'eux ne parlent pas la même langue ou le même idiome. Cependant Toullier, *loc. cit.*, va plus loin : cet auteur pense que l'interprète doit avoir, dans ce cas, la qualité que la loi sur le notariat exige dans les témoins instrumentaires. C'est ajouter, ce nous semble, à la loi, et assimiler deux positions qui sont fort distinctes. Toutefois, comme l'enseigne Roll. de Vill., v° Interprète, n. 7, les notaires feraient prudemment peut-être, pour éviter toutes difficultés, de se conformer à l'opinion de Toullier.

395. — Les anciens auteurs pensaient que le notaire devait exiger le serment de l'interprète ; cette règle serait encore convenablement suivie aujourd'hui. Toutefois, l'omission ne pourrait en aucune manière entraîner la nullité de l'acte.

45

396. — Le notaire doit avoir soin de référer que telle partie ne sachant pas le français, a manifesté, dans sa langue maternelle, ses volontés qui ont été rendues en français, soit par le notaire (si les témoins entendaient aussi cette langue), soit par tel qui a fait les fonctions d'interprète, et qui a reporté et expliqué son interprétation à la partie intéressée. Il faut également, à la fin de l'acte, faire mention que la lecture a été faite par l'interprète dans la langue maternelle de la partie ; et dans tous les cas, il est à propos, comme le permet l'arrêté précis du 24 prair. an 11, de mettre à mi-marge de l'original français, la traduction dans la langue que parle celui qui ne sait pas le français (*Sic.* Toullier, t. 8, n. 99).

Lorsqu'un acte notarié a été rédigé sans le secours d'un interprète, dans le cas où il est nécessaire, il doit être déclaré nul, car il ne mérite aucune foi. Cet acte ne peut pas être réputé l'œuvre des parties qui y ont figuré, et qui ignoraient la langue.

397. — 9° *A peine de 100 fr. d'amende contre le notaire.* — Cette amende, qui montre l'importance attachée à la lecture, est réduite, comme on sait , à 10 fr., par la loi du 21 juin 1824. — Elle est encourue pour la contravention à une seule des formalités ci-dessus; mais il n'est dû qu'une seule amende si le même acte contient plusieurs contraventions, ainsi qu'on l'a déjà fait remarquer sur l'art. 12. Le notaire serait passible de l'amende, alors même que la contravention ne se trouverait que dans l'expédition ou la grosse, car c'est là un acte de notaire aussi bien que la minute; il en serait autrement si la contravention ne provenait que d'une erreur de copiste, ce qu'il appartiendrait aux tribunaux d'apprécier suivant les circonstances.—Dalloz, 10. 656, n. 33; Toull., t. 8, n. 107.

ARTICLE 14.

Les actes seront signés par les parties, les témoins et les notaires, qui doivent en faire mention à la fin de l'acte.

Quant aux parties qui ne savent ou ne peuvent signer, le notaire doit faire mention, à la fin de l'acte, de leurs déclarations à cet égard.

398.—*Les actes seront signés.*—La signature est une formalité essentielle des actes : c'est le signe du consentement : jusque-là, il n'y a que projet. Toullier, t. 8, n. 344.

On va parler ici : 1° de la signature des parties; 2° de celles des témoins; 3° de celle du notaire ou de notaires; 4° de la manière dont elle doit être formée; 5° de la mention des signatures; 6° des mentions relatives au défaut de signature; 7° du lieu où doivent être placées ces mentions.

399. — 1° *Signature des parties.* —C'est l'ordonnance d'Orléans, de 1560, qui la première paraît avoir rendu obligatoire la signature des par-

ties. Son article 84 porte que les notaires « sont tenus de faire signer aux parties et aux témoins instrumentaires (s'ils savent signer), tous actes et contrats qu'ils recevront.» — Des lettres patentes du 11 oct. 1561 dispensèrent de cette obligation les notaires de Paris, dispense qui fut abrogée par l'ord. de 1579, laquelle prescrivait de nouveau la formalité de la signature.

400. Il paraît que les aveugles sont dispensés de signer à cause de l'abus qu'on pourrait faire de cette infirmité : la signature est suppléée par la déclaration motivée du notaire. Roll., v° Signature, n. 31.

401. Malgré la généralité de la règle qui prescrit la signature, il est des actes pour lesquels la signature des parties ne paraît pas être exigée à peine de nullité : ce sont ceux surtout qui ont un caractère judiciaire. Tels sont les actes respectueux, les adjudications, licitations, procès-verbaux de comparution, protêts, ventes judiciaires; mais, pour les adjudications, notamment il est mieux que les notaires exigent la signature.

C'est en ce sens qu'il a été jugé que l'adjudication d'un bail fait dans l'intérêt d'un hospice passée devant un notaire désigné par le préfet, est valable, nonobstant le défaut de signature de l'adjudicataire, de même que si elle était faite en justice ou devant le notaire commis par elle (Rouen, 23 août 1837. D.P. 39. 1. 331).

D'ailleurs, il suffit que, dans un acte notarié postérieur, l'adjudicataire ait dans ce cas fait des déclarations d'où l'on peut induire la reconnaissance de sa part qu'il s'est rendu adjudicataire, pour que l'adjudication doive produire son effet (Cass. 13 août 1839. D.P. 39. 1. 331).

Il a été jugé cependant que les adjudications volontaires reçues par les notaires doivent, comme tous les autres actes de vente, être signées tant de l'adjudicataire que des vendeurs : l'enchère ne peut tenir lieu de la signature. Ici ne s'applique pas l'art. 707 C. pr.; cass. 24 janv. 1814. D.P. 14. 1. 179.

402.—Remarquons que ce ne sont pas seulement les parties qui s'obligent qui doivent signer. Ce sont aussi celles qui acceptent. Il est défendu aux notaires d'employer les mots présents et acceptant, si les parties ne sont pas réellement présentes pour signer et déclarer qu'elles ne le savent.—Roll., v° Acte notarié, n. 316.

403.—Lorsqu'il n'y a qu'une partie qui s'oblige, comme dans les actes unilatéraux, c'est la signature de cette partie qui est celle requise à peine de nullité; le défaut de signature de l'autre partie ne vicie pas dès lors le contrat.— Toull., t. 8, n. 72; Roll., v° Acte notarié, n. 318.—Ainsi jugé, soit à l'égard d'une obligation pure et simple d'un débiteur envers un créancier qui a omis de la signer (cass. 8 juill. 1818. D.A. 10. 658); soit au sujet d'une quittance signée seulement de celui qui déclare avoir reçu la somme (Parlem. de Paris, 5 août 1749, aff. Legros; Loret, t. 1, p. 276).

404. Dans l'usage, on signe son nom patronimique : cela s'observe même à l'égard des

femmes, mais l'acte qu'elles signeraient du nom de leur mari comme elles le font d'ordinaire dans les actes de la vie privée, ne serait pas nul.

Si c'est un étranger qui signe en. employant des caractères particuliers, comme en Allemagne, il est d'usage qu'on dise qu'il a écrit son nom dans les caractères de sa langue.

405.—La précaution qui consiste à faire mettre par les parties, au bas du recto de chaque feuillet, leur paraphe ou leurs initiales, comme pour les renvois, est fort sage, car les notaires ne paraphent pas les bas de page.—Loret, t. 1. p. 283; Roll., n. 323. — Les notaires ont l'habitude de faire parapher ou signer les renvois avant la signature de l'acte, afin d'éviter les inconvénients d'un refus d'apposer ces paraphes après la signature de l'acte. Garnier-Deschênes, n. 87; Roll., n. 327.

406. — La signature des parties est en général apposée en présence du notaire : c'est surtout l'attestation de cet officier qui donne l'authenticité à l'acte signé.—V. n. 31 (arrêt de régl., 4 sept. 1685; Loret, t. 1. p. 275; Roll. n. 328). — Un arrêt du 2 déc. 1599 que rapporte Charondas, liv. 10, ch. 66, annula un mariage en ce qu'il y était constaté que le notaire étant malade n'avait pu être présent aux signatures des parties et qu'on lui avait porté à signer.—Aussi a-t-il été recommandé aux notaires de s'abstenir de demander aux confrères de signer de confiance des actes en premier : il n'est permis, sous aucun prétexte, de déférer à de telles demandes. Stat. not. de Paris, 4 juill. 1825. — Jugé que le testament public qui n'a été signé du notaire et des témoins qu'après la mort du testateur, est nul.—Gand, 5 avril 1833. D.P.34. 2.156. Conf. Toullier, t.5, n.—V. n. 415.

407. — La signature peut être divisée en ce sens qu'il n'est pas d'absolue nécessité que les parties signent toutes en même temps : l'une peut signer en l'absence de l'autre, car la simultanéité de consentement n'est pas exigée. Il ne serait donc pas permis à un notaire de supprimer un acte déjà signé de quelques-unes des parties, parce que les autres tarderaient ou refuseraient de comparaître. Car, outre qu'il peut résulter de cet acte des droits irrévocablement acquis au profit de quelque personne, la signature retardée par une foule de causes prévues ou non, peut toujours être donnée tant que le signataire ne s'est pas rétracté. — Aussi a-t-on vu qu'on devait en certain cas donner à l'acte plusieurs dates. — Loret, t. 1, p. 273; Roll., n. 331, 333.

408. — 2° Signature des témoins.—Les ordonn. de 1560 et 1579 n'exigeraient pas que les témoins sussent signer, à moins qu'il ne s'agît d'actes passés dans les villes ou gros bourgs, ou par une partie ne pouvant signer : en ces cas, l'art. 166 de l'ordonn. de 1579 voulait qu'au moins un témoin sût signer; mais l'arrêt de régl. du 4 sept. 1685 prescrivit, sans distinction, qu'il y eût au moins un témoin qui sût signer et qui signât actuellement à peine de nullité. — La loi de ventôse exige, comme on l'a vu, implicitement que les deux témoins sachent signer. On sait que l'art. 974 C. civ. déroge en ce point pour les testaments

dont les témoins, au reste, sont plus nombreux.

Les témoins signent après les parties. Leur signature est aussi indispensable que celle des parties et des notaires. — L'arrêt du régl. du 4 sept. 1685 enjoignait aux notaires de faire signer les témoins aussi bien que les parties, à l'instant de la passation des actes. Mais cette prescription n'était pas suivie. Aujourd'hui la signature peut être apposée après coup sauf les cas prévus par l'art. 2 de la loi du 21 juin 1843. V. n. 218.

409. — Quand les témoins ont omis de signer, il faut réparer immédiatement cette omission. Si l'on tardait à les faire signer, on s'exposerait à des poursuites en faux, et la signature pourrait être considérée comme faite tardivement, dans le seul but de priver les parties de l'action en nullité. — Il a été jugé en effet que si l'acte n'a été signé par un témoin que neuf ans après sa passation et postérieurement au décès des parties et du notaire, il pourrait être argué de faux (Cass., 7 nov. 1812, D.A. 8. 362.—Il est cependant à remarquer que la question n'est résolue dans cet arrêt, rendu sur une poursuite en faux, qu'en pure théorie. —L'art. 3 de la loi du 21 juin 1843, en permettant aux notaires de faire signer certains actes après coup, autorise une tolérance qui n'avait d'appui que dans la pratique. V. n. 414.

410. — « Quand l'acte est passé en présence de conseils, dit Roll. de Vill., n. 324, l'usage est qu'ils signent seulement à la fin sans parapher les renvois ni les pages. — La même chose a lieu 1° à l'égard de ceux qui ne signent les contrats de mariage que par honneur; 2° à l'égard des témoins certificateurs d'individualité. »

411. — 3° Signature du notaire. — C'est cette signature qui opère le complément et la perfection de l'acte.

Mais si elle confère l'authenticité à l'acte, elle n'ajoute rien à l'effet obligatoire résultant du consentement des parties. — Bordeaux, 5 janv. 1833. D.P. 33. 2. 94. — Jugé aussi que l'acte passé en présence d'un notaire et de témoins qui l'ont signé avec les parties ne devient authentique que par la signature du notaire; en conséquence, il doit être considéré comme étant sous-seing privé, tant que ce fonctionnaire ne l'a pas revêtu de cette dernière formalité. Cour de cass. de Belgique. — 2 avril 1833. D.P. 36. 3. 127.

412.—Le notaire devant, par sa signature, certifier les autres, et donner à l'acte son complément et sa perfection, ne signe qu'après les parties et les témoins (Arr. de régl., 21 mars 1659 et 4 sept. 1685); Ferrière, Parf. not., liv. 1, ch. 13 et 14; Carré, p. 403: avis cons. d'ét., 16 juin 1810; Loret, t. 1, p. 279; Roll., n. 339). Mais, d'un autre côté, sa signature étant nécessaire, les parties et les témoins qui ont signé peuvent le forcer à donner sa signature; les parties ont le même droit vis-à-vis des témoins; mais il n'est pas d'exemples qu'elles en aient usé : le témoin refusant aurait sans doute un motif valable.—Le notaire qui aurait omis de signer ou de faire signer les témoins serait responsable de la nullité de l'acte, s'il n'avait aucune excuse légitime à présenter. Jousse, t. 2, p. 392; Arrêt 11 mai 1604.—Roll., v° Signat., n. 52, qui cite Paris, 1er fl. an 11, aff. Delaage; Bourges, 29 avril 1823, aff. Raisonnier.

413.—Il n'est pas absolument nécessaire que la signature du notaire intervienne en présence des parties. On est d'autant plus autorisé à le penser, que le projet de loi sur le notariat portait : les actes seront *simultanément* signés par les parties, les témoins et les notaires; et que le mot simultanément a été retranché de la rédaction définitive. — Loret, t. 1, p. 277; Roll., v° Acte notarié, n. 341.—Mais on n'a pas besoin de faire remarquer qu'il est convenable que le notaire signe l'acte dès l'instant que toutes les autres signatures y sont apposées, afin de prévenir les rétractations et l'action en responsabilité. — Un notaire qui, par un oubli involontaire, a négligé de signer, peut donc, si les choses sont encore entières, réparer cette négligence en apposant sa signature. Arg. C. pr. 138; Roll., *eod.*

414. — Si l'acte est reçu par deux notaires, la signature du notaire en second est indispensable; mais elle peut être donnée après coup, ainsi que cela résulte de la discussion de la loi du 21 juin 1843. V. n. 217. — Il est bien entendu que cette signature doit être donnée avant l'enregistrement de l'acte, et qu'il pourrait résulter des inconvénients graves d'une signature trop retardée. Roll., v° Signature, n. 50.

415. — Si le notaire meurt avant d'avoir signé, mais après la signature des parties et des témoins, Favard, Rép., v° Acte not., § 2, n. 18, et Augan, p. 78, pensent qu'il y a lieu d'obtenir du tribunal la nomination d'un autre notaire de l'arrondissement, pour signer la minute restée imparfaite, et qu'il faudrait suivre la même marche et se faire autoriser aux recherches nécessaires dans le cas où les minutes auraient été détruites. — Cette marche aurait, ce semble, besoin d'être approuvée par toutes les parties ; ou bien, pour être admise malgré l'opposition de l'une d'elles, il faudrait qu'un accident extraordinaire, de force majeure, eût empêché le notaire de signer au moment où, après avoir constaté la convention des parties, il s'apprêtait à opposer sa signature.—Cela souffre même difficulté. Aussi Pigeau, t. 2, p. 336 et Roll. de Vill., v° Acte not., n. 346, rejettent-ils l'opinion ci-dessus sans faire aucune des distinctions que nous venons de soulever.

416.—Bien qu'un acte ne soit pas signé par le notaire, s'il l'est par les parties, il est obligatoire, comme acte sous seing-privé, à moins que l'intention des parties n'ait été de faire dépendre l'obligation de la perfection notariale de l'acte.

417.—Le notaire est garant et conservateur de l'acte qui a été signé par les parties et qui ne peut plus être changé par l'une sans le consentement de l'autre. La signature du notaire doit être conforme à celle dont il a fait le dépôt au greffe; il ne peut la changer sans autorisation. V. l'art. 49.

418.—*Manière dont la signature doit être formée.*—La signature, telle qu'elle est usitée aujourd'hui, consiste à tracer soi-même son nom au bas d'un acte, de la manière qu'on a coutume de l'écrire en pareil cas. Voilà ce qui résulte de l'usage, car la loi ne dit nulle part en quoi consiste la signature : les appréciations des juges sur le point de voir si tels ou tels caractères constituent la signature de l'une des parties, échapperont le plus souvent à la censure de la Cour de cassation.—Cette question est distincte de celle de savoir si tels ou tels signes, ou lettres, forment une signature : il y a dans ce dernier cas une question de droit pour la solution de laquelle cette Cour ne serait pas enchaînée par la qualification des juges du fond. Voyez nos observ. D.G. v° Cassation, n. 707 et suiv.; D.P. 43. 1. 200.

419. — Avant le 12e siècle, divers modes de signature étaient pratiqués.—On signait 1° en écrivant de sa propre main son nom et sa qualité, ce qui était rare;—2° En formant une croix, ou le mot *signum*, ou même l'initiale S : le notaire retraçait alors les lettres des noms des parties;—3° En se servant de monogrammes ou de symboles arbitraires; — 4° En écrivant les noms des parties et des témoins dans le corps de l'acte, et l'acte mentionnait le mode de souscrire. Mabillon, *de re diplom.*, p. 168. Durant le 13e siècle, ces signatures disparurent. Voy. Henrion de Pansey, du Pouv. municip., p. 385.

420.—L'ord. de 1566, dite de Moulins, suppose même que les sceaux étaient encore en usage à cette époque : ils suffisaient d'après Toullier, t. 8, p. 308, note, pour autoriser la preuve par témoins des actes sous seing-privé; mais cela nous semble faire difficulté. V. n. 432. — Dans les actes publics, on apposait le sceau ou la signature manuelle Les notaires, depuis leur institution en titre d'office par saint-Louis, n'ont plus employé que la signature manuelle dans les actes qu'ils recevaient. Voy. Nouv. tr. diplom., t. 2, p. 429. « Il y a, dit Roll., v° Signat., n. 3, quelques exemples contraires dans le 14e siècle. »

421.—La signature établit l'individualité : or, dans l'état actuel de la société, la marque la plus distinctive d'un individu, c'est son nom de famille; en général, le nom propre forme la signature.— (Toull., t. 8, n. 94; Aug., p. 77; Dalloz, 5. 650, n. 5; Dur., t. 19, n. 48. Rolland, v° Signat., n. 100).—La signature, par le nom, se complète au moyen des prénoms, constatés par l'acte de naissance, conformes à la loi sur les noms des citoyens. — L'omission des prénoms n'annulerait pas une signature, si d'ailleurs l'identité de la personne était clairement établie.—Dalloz, 5. 650, n. 6.·

422. — Malgré l'abolition du régime féodal, la signature donnée par un nom de terre ou de propriété serait jugée valable si la partie était dans l'usage de signer ainsi (Toull., t. 8, n. 84; Merl., Rép., v° Signat., § 3, art. 4; Roll., v° Sign., n. 101. — *Conf.* Cass. 10 mars 1829. D.P. 29. 1. 173.)—Dalloz, 5. 650, n. 7, n'admet cette solution qu'avec réserve, et la combat en principe, tout en admettant l'exception résultant de la publicité de l'usage, publicité qui demeure livrée toute entière à l'appréciation des tribunaux.

423. — Il est difficile d'admettre comme valable la signature par un simple surnom ou sobriquet; autrement, il dépendrait de chacun de se donner

des noms de fantaisie, et de faire perdre la trace de son individualité : on suppose que les parties n'ont pas agi sérieusement. Toutefois, la notoriété du surnom ou sobriquet pourrait déterminer les tribunaux à maintenir une pareille signature. —Toull., n. 94; Roll. n. 102; Dalloz, *eod.*, Dur. *eod.*

— On devrait aussi maintenir toute obligation contractée sérieusement et exécutée de bonne foi: il ne faut pas qu'un nom pris par caprice ou par vanité nuise à des contrats formés sérieusement et exécutés. — En tout cas, la signature, même d'un surnom ou sobriquet, vaudrait comme commencement de preuve par écrit. — Jugé 1° qu'un acte notarié n'est pas nul parce que la partie, au lieu de signer de son véritable nom de famille,. a signé d'un autre nom sous lequel elle était connue et qu'elle portait dans sa vie publique et privée — Bourges, 19 août 1824. D.P. 25. 2. 62.

2° Que , de ce qu'un individu signe sous un autre nom que celui sous lequel il est désigné dans l'acte, il ne s'ensuit pas qu'il y ait nullité, s'il est reconnu que la même personne est connue sous les deux noms indistinctement.— Grenoble , 7 avr. 1827. Aff. Fauchery. Jurisp. not., art. 465.

— 3° qu'un procès-verbal signé Maillard par un employé connu sous ce nom, mais dont le vrai nom est Goujat, est valable. Cass. 20 janv. 1834. D.P. 24. 1. 121.

424. — Les femmes mariées signent ordinairement de leur nom de filles, suivi de leur nom de femmes; l'omission du nom de filles ne serait pas une cause de nullité de la signature. — *Conf.* Roll., n. 104.

425. — Certaines classes de personnes ont adopté l'usage de ne signer qu'après l'apposition de leurs prénoms, précédés seulement quelquefois de l'initiale de leur nom. C'est ce que font les évêques, et une signature, ainsi apposée: J. B., évêque de Clermont, *au lieu de* Jean-Baptiste Massillon, évêque de Clermont, a été reconnue valable. Sent. 7 avril 1743.—*Conf.*, Req; 23 mars 1824.D.A. 5. 653. Gren, n.224.—M. Dalloz aîné, 5. 651, n. 8, et 761, n. 1, pense qu'il faut rigoureusement restreindre ces décisions à l'espèce. S'il en était autrement, il résulterait de l'arrêt qu'un fonctionnaire , un simple particulier pourrait signer par la désignation de sa qualité, par des initiales, par une croix, par un signe quelconque, pourvu qu'il fût constant qu'il avait l'habitude de signer de cette manière; pour les personnes illettrées, il suffirait d'une marque quelconque choisie selon le caprice du moment. Il n'est pas probable que la cour suprême ait entendu consacrer un pareil arbitraire.

426. — En général, on reconnaît qu'une signature n'existe pas quand elle ne consiste que dans les initiales ou quelques lettres seulement des noms et prénoms. — Dalloz, 5. 951, n. 9; Merl., *Rép.*, t. 17, p. 584. — Jugé ainsi que les initiales d'un prénom et d'un nom de famille, suivies de quelques caractères confus et informes, ne forment pas une signature. — Cass. 25 avril 1825. D.P. 25. 1. 278.

427. — Il est évident que si un testateur mourait en faisant sa signature, mais avant de l'avoir

terminée, le testament serait nul. — Dalloz, 5. 761, n. 3.

428. — Les incorrections d'une signature , la difficulté de la lire, les fautes d'orthographe qu'elle renferme, ne sont pas des causes de nullité. — (Toull. t. 6, n. 443, et 8 n. 96; Roll., v° Sign., n. 107). — Ainsi jugé au sujet de la signature : 1° d'un témoin testamentaire nommé Nicolas Rosse, qui avait signé *Nicolasse*, req. 4 mai 1841, D.P. 41. 1. 238 ; 2° d'une testatrice nommée Lacquererie Ducheylard, qui avait signé *Laquererie Ducheyla*. Bordeaux, 5 mai 1828. — « Et où arriverait-on, dit M. Duplan, rapporteur dans cette affaire, si l'on se montrait exigeant sur la correction des signatures, quand nous voyons la plupart de nos hauts fonctionnaires , de nos officiers publics, et des citoyens eux-mêmes , signer avec des caractères où l'on ne peut distinguer aucune lettre de la langue française? » *Conf.* Cass. 10 mars 1829. D.P. 29. 1. 173.

429.—Ainsi ces signatures de testateurs, *Constintin* pour Constantin ; *Delooz* pour Delau, ont été validées. (Parl. de Flandre , 23 fév. 1742; Parl. de Paris, 5 juill. 1582).—Il était reconnu 1° qu'en Flandre le peuple prononçait *an* comme la syllabe *in*; 2° que Delau signait par vanité le nom Delooz , se prétendant issu d'une ancienne famille de ce nom.

430. — Il en doit être ainsi surtout lorsqu'il s'agit de testaments rédigés le plus souvent en un moment où l'esprit et les sens sont déjà tombés dans une extrême faiblesse (Dalloz, 5. 761 , n. 2. Ainsi , jugé que la signature, dont la sincérité n'est d'ailleurs pas révoquée en doute, ne peut être annulée par cela que quelques lettres en ont été retouchées (Agen, 5 août 1824 , D.P. 25. 2. 60.

431. — L'illisibilité même d'une signature ne serait pas une cause de nullité. (Merl., Rép., v° Sign. § 3, art. 4; Roll., *eod.* n. 110.

432.'— Dans plusieurs provinces, les parties qui ne savaient pas signer faisaient une marque, une croix, et le notaire écrivait à l'entour : marque d'un tel. Cet abus a cessé. On ne regarde plus une simple marque comme une signature ; un acte qui ne serait signé que de cette manière ne vaudrait pas même comme commencement de preuve par écrit (Merl., Rép., v° Sign., § 1, n. 8; Loret, 1. p. 272 ; Roll. n. 118, 119 ; Brux. 27 janv. 1807 ; Paris, 13 juin 1807, 20 août 1808 ; Colmar, 23 déc. 1809. D.A. 10. 732, n. 2. 1; 131. 3.

433. — Une signature faite à l'aide d'une main étrangère sur laquelle on s'est appuyé seulement pour pouvoir former une signature plus lisible, ne serait pas nulle (Turin, 5 pluv. an. 13; Roll., v° Sign. 114); elle ne l'est pas non plus, si le testateur qui avait bien la volonté de révoquer, a fait tenir sa main passive et inerte à l'effet de signer : la personne qui a tenu la main ne peut donc pas être rendue passible de la peine de faux. Cass. 18 mars 1830. D. P. 30. 1. 173. — Toutefois, un arrêt du parl. de Douai, du 24 mars 1784, que cite Merlin, Quest. 8°, Témoin, § 2, a annulé un testament dans lequel le testateur s'était laissé conduire la main, parce qu'il était incapable de

signer autrement. Cette décision, dont l'espèce diffère de celle qui précède, ne doit pas, ce semble, être suivie, même en matière de testament; et, en supposant, bien entendu, que tout se soit passé avec sincérité. Que doit-on craindre, en effet? L'emploi de la violence? Mais la violence ne pourra avoir lieu qu'avec l'adhésion du notaire. Or, si le notaire est complice, il se gardera bien de conseiller un mode de signer qui exigera l'emploi de la violence dont les traces se verront dans la signature même. Il déclarera plutôt que le testateur se trouvait, par suite de la maladie ou autrement, dans l'impossibilité de signer. — On suppose, en effet, qu'il s'agit ici d'un testateur rendu par la maladie presque inhabile à tracer sa signature. V. le n. qui suit.

434. — Une signature, quoique tracée d'après un modèle, n'en étant pas moins le fait de celui qui l'a copiée, est valable, quoiqu'il soit mieux de ne pas signer quand on ne peut le faire qu'à l'aide d'un secours étranger. Roll. n. 117.

435. — Des règles particulières sont prescrites pour la signature des notaires. V. l'art. 49.

436. — 6° *Mention des signatures.* — Elle était exigée, à peine de nullité, par l'ord. de 1560, art. 84, par celle de 1579, art. 165, et par l'arrêt de régl. du 4 sept. 1685. — Jugé qu'elle l'était même pour les actes portant dons mutuels entre époux. Cass., 16 juill. 1833. D.P. 33. 1. 316.

437. — Aujourd'hui encore, il doit être fait mention, à peine de nullité, de toutes les signatures requises (art. 14 et 68). — Cette disposition s'applique à tous les actes notariés : les testaments ne sont point exceptés. — Par suite, est nul l'acte de donation qui ne contient pas la mention de la signature du donateur et des témoins. — Cass., 6 juin 1821. D.A. 10. 21. — Le défaut de mention de la signature des témoins rend l'acte nul, encore qu'il soit en effet revêtu de cette signature. — Bourges, 28 juill. 1829. D.P. 33. 2. 113.

438. — La mention prescrite doit être claire et précise, mais n'est assujettie à aucune formule sacramentelle. Dalloz, 10. 659, n. 41, et 5. 761, n. 7. — V. n. 220.

439. — La mention de la signature, par exemple dans un testament, est suffisamment exprimée en ces termes : « Ayant interpellé les témoins et le testateur de signer le testament, ils ont tous déclaré le faire. »—(Cass., 16 fév. 1814; D.A. 5. 766). — Cet arrêt exprime suffisamment la mention de signature, mais il la place dans la bouche des témoins et du testateur, ce qui n'est pas régulier.

440. — Le notaire qui termine un contrat de mariage par ces mots : *Et ont les futurs et les parents déclaré ne savoir signer, à la réserve des soussignés* (des témoins), ne fait pas une suffisante mention de la signature des témoins. — Paris, 25 mai 1826. D.P. 27. 2. 114.

441. — La loi veut la mention que les parties *ont signé*; on a pensé que la mention qu'une partie *déclare signer* n'équivaut pas à la mention qu'elle a effectivement signé (Liège, 2 déc. 1807, aff. Delaforge). — Mais cette solution paraît plus subtile que fondée en droit et en raison.— *Conf.*, Roll., v° Sign., n. 53.

442. — Au reste, la mention de signature ou de défaut de signature est nulle quand elle renferme des énonciations contradictoires. Dalloz, 5. 767, n. 1.

443. — En quelques termes que le notaire exprime la mention des signatures, il faut toujours qu'il présente cette mention comme émanant de lui-même; il a seul qualité pour constater l'accomplissement des formes légales. Il ne suffirait pas de mettre la mention de déclaration de signature dans la bouche des parties ou des témoins. — Dalloz, 5. 762, n. 8; Merl., Rép., t. 17, p. 580.

444. — Quoique la loi demande indistinctement la mention de la signature des parties, des témoins et du notaire, on a douté de la nécessité absolue de la mention de la signature du notaire, laquelle est, par elle-même, authentiquement constatée. — La cour de Besançon (5 déc. 1809. D.P. 10. 659, n. 4), a vu une nullité dans le défaut de mention de la signature du notaire. Mais depuis, on a pensé que cette mention n'était pas nécessaire. Avis du Cons. d'état, du 16 juin 1810, approuvé le 20; Cass., 11 mars 1812. D.A. 10. 659; Duranton, t. 13, n. 45; Toull., t. 8, n. 92; Dalloz, 10, p. 659, n. 42.

445.—Toutefois, et quoiqu'on admettrait la nécessité de cette mention, elle ne s'appliquerait pas à la signature du notaire en second. — Même arrêt, 11 mars 1812. — Enfin, le défaut de mention de la signature d'une personne qui, quoique intéressée dans l'acte, n'avait pas besoin de le signer, n'entraîne pas nullité.

446. — *Mentions relatives au défaut de signature.* — « Si les parties, porte l'art. 14, ne savent ou ne peuvent signer, le notaire doit faire mention de leurs *déclarations* à cet égard.—L'art. 84 de l'ord. d'Orléans de 1560 disposait en termes différents; il portait : « Et en cas que les parties ou témoins ne sauront signer, les notaires ou tabellions feront mention de la *réquisition* par eux faite aux parties et témoins de signer et de leur *réponse* qu'ils ne savent signer. »

L'art. 14 de la loi de ventôse exige, comme on l'a vu, la *déclaration* de ne savoir ou pouvoir signer. — Pour les testaments, l'art. 973 pousse la sévérité plus loin; il exige que le notaire fasse mention expresse de la déclaration du testateur qu'il ne sait ou ne peut signer, ainsi que de la *cause* qui l'empêche (Dalloz, 10. 767, n. 2 et suiv.; Toull., t. 8, n. 90).— M. Roll. de Vill., v° Signat., n. 44 et 45, conseille aux notaires d'indiquer dans les actes entre-vifs, comme le voulaient les anciennes ordonnances, la cause qui fait que les parties ne peuvent signer; mais il reconnaît aussi avec Toullier, t. 8, n. 90, que cette mention n'est plus de rigueur absolue. — C'est là une précaution qui peut être utile dans le cas où l'acte est attaqué pour surprise, fraude, etc.

447. — La déclaration de ne pouvoir ou ne savoir signer n'est soumise à aucune formule sacramentelle; il suffit qu'elle soit mentionnée en termes assez clairs pour ne laisser aucun doute

sur l'accomplissement de la formalité. Les notaires feront sagement d'adopter des formules nettes et précises qui ne soient pas susceptibles de donner lieu aux difficultés qu'on va retracer dans quelques-uns des numéros qui suivent.

448. — Ce n'est pas la mention du fait d'impuissance ou d'ignorance, mais celle de la *déclaration* des parties que la loi demande au notaire; c'est de celles-ci, en un mot, et non du notaire, que la déclaration doit émaner. — Toull., t. 8, n. 91; Augan, p. 75; Dur., t. 13 n. 46; Roll., v° Sign., n. 35; Dall., 5. 767 et suiv., 775, 776 et suiv.; 10, 661, n. 44; Gren., t. 1, n. 242; Toull., t. 5, n. 437, Merl., Rép., t. 17, p. 566; Limoges, 17 juin 1808; Cass. 15 avril 1835. D.A. 5. 781; D.P. 35. 1. 221.

449. — On a vu que les ord. d'Orléans, art. 84, et de Blois, · art. 85, voulaient que les notaires fissent mention et de la *réquisition* par eux faite aux parties, et de la réponse de celles-ci. — Néanmoins, sous ces lois et malgré la ;clarté des termes, on jugeait que la réquisition ou interpellation supposait la réponse, comme la réponse supposait la réquisition ; qu'ainsi l'une des deux formalités était suffisante. — « La loi des 29 sept.-6 oct. 1791 proscrivit cette *mauvaise jurisprudence*, dit avec raison Merlin, Rép. v° Sign. § 3, art. 2, et voulut que les notaires fissent mention formelle , tout à la fois de la réquisition, par eux faite aux témoins ou testateur de signer, et de leur déclaration ou réponse de ne pouvoir signer, le tout à peine de nullité. » — L'art. 14 de la loi de ventôse, et l'art. 913 C. civ., se borne à exiger la mention de la *déclaration* des parties ou des témoins. — Ici se reproduit donc la question de savoir si cette mention serait suppléée par celle de l'interpellation ou réquisition faite aux parties ou aux témoins de signer? Non, répond avec raison Merlin, Rép. t. 17 p 568, car l'interpellation ne suppose pas nécessairement la · réponse : on pourrait croire que c'est le notaire qui s'est lui-même constitué juge de l'impossibilité qu'il atteste. — *Conf.* Dalloz, 5, 775, n. 3. — M. Roll. de Vill. paraît être d'un avis contraire. V. Sign., n. 46.

450. — Toutefois, la mention de la déclaration de ne savoir ou pouvoir signer, se trouve virtuellement dans ces expressions : « ... Qui *ont signé*..., *non ledit Borrès, non plus que le testateur*, pour *ne savoir, de ce requis, l'un après l'autre, par nous.* — Toulouse 27 avril 1813. D.A. 5. 777. Grenoble, 22 janv. 1810. -D.A. *eod.* Toulouse, 29 juin 1821. D.A. 5, 777. — Ou dans celle-ci : *lequel n'a signé pour ne savoir, de ce requis...* (Grenoble, 20 janv. 1830. D.P. 30. 2. 100. — *Conf.* Toull., t. 5, n. 438; Roll., n. 46). — Il y a, dans ces deux espèces, quelque chose de plus que dans la proposition générale examinée au n° qui précède. — Mais il est mieux d'éviter ces locutions qui laissent de l'ambiguité.

451. — Evidemment, il n'y a pas nullité non plus lorsque le notaire, après avoir mentionné son interpellation, constate un fait qui suppose nécessairement que le testateur a répondu ne savoir signer; par exemple, dans le cas où un testament se termine ainsi : « Et a, la testatrice,

fait sa marque pour ne savoir écrire ni signer, de ce requise suivant la loi. » — Dalloz, 5. 775, n. 4; Merl. , Rép., t. 17, p. 569. Colmar, 13 nov. 1813. D.A. 5. 780.

452. — La mention de la déclaration de ne savoir ou pouvoir *signer* ne serait pas remplacée par celle de ne savoir ou pouvoir *écrire* : car il y a des personnes qui ne savent pas écrire, et qui savent signer leur nom (Favard, *eod.*, § 4, n. 5; Toull., Roll., n. 36; Dall., 5, 767, n. 4). — Douai, 9 nov. 1809. Bruxelles, 9 déc. 1815. D.A. 5. 770, 771. — La déclaration qu'on est *illettré* ne remplirait pas non plus le vœu de la loi. — Ann. not., t. 10, p. 286; Roll. n. 38.

453. — Cependant Merl., Rép., t. 17, 564, et Toull., t. 5, n. 438, estiment qu'il y aurait mention suffisante même dans le cas où le notaire ayant demandé à une partie si elle *sait écrire*, elle se serait bornée à déclarer qu'elle ne *sait écrire*, ces mots devant, suivant eux, s'entendre naturellement de la signature, et non de l'écriture en général. Delvincourt, t. 2, p. 304, note, est d'opinion contraire et avec raison, suivant nous, car ce cas ne doit se être confondu avec celui du n. 456. Mais il arrivera rarement qu'un notaire fasse l'interpellation d'*écrire* au lieu de faire celle de signer; et la réponse de l'interpellé, mentionnée dans l'acte, sera presque toujours conçue en termes qui lèveront l'équivoque. Aussi Merlin, Rép., t. 17, p. 560 et Dalloz, t. 5, 767. n. 4, enseignent-ils, et il jest même jugé que la déclaration de ne *pouvoir pas écrire*, implique celle de ne pouvoir pas signer : l'empêchement actuel qui s'oppose à ce que l'on trace des caractères d'écriture, frappe sur la signature comme sur toute autre réunion de lettres; il en est de même lorsqu'il y a déclaration de *ne savoir pas écrire, à cause de la faiblesse de sa vue*, à cause de telle maladie, *à cause d'une faiblesse à la main*. — Colmar, 1er fév. 1812. Bruxelles, 6 oct. 1815. 3 déc. 1818. D. A. 5. 771, 773.

454. — Ainsi encore, si la déclaration de ne savoir écrire est précédée ou suivie d'énonciations qui démontrent que le déclarant ne savait réellement pas signer, par exemple, si, après avoir dit qu'il ne sait pas écrire, il appose une croix ou autre marque quelconque au lieu de signature, la mention sera suffisante. Merl., Rép., t. 17, p. 562; Delv., t. 2, p. 304; cass. 11 juill. 1816. D.A. 5. 772.

455. — Mais, d'un autre côté, la mention de la déclaration de la partie qu'*elle ne sait signer*, n'est point suppléée valablement par la mention d'un fait qui peut seulement faire présumer l'ignorance ou l'impuissance, par ex. l'apposition d'une croix ou d'une marque. (Augan, p. 76; Roll., *eod.*, n. 40; Dalloz. 10. 661. n. 46). — Jugé, en conséquence que la mention dans un acte public qu'une partie a apposé *sa marque ordinaire*, ne dispense pas le notaire de mentionner, à peine de nullité, que cette partie a déclaré ne savoir signer. — Colmar, 4 mars 1817. D.A. 10. 661.

456. — La déclaration de ne savoir écrire est encore suffisante, lorsqu'elle a été précédée d'une interpellation du notaire à la partie de signer ou de jdéclarer si elle sait signer. On suppose que

la réponse a été conçue dans le même sens que l'interpellation. Dalloz, 5. 767 , n. 5; Merl., Delv., *eod*. Bruxelles, 13 mars 1810. D.A. 5. 771.

457. — Remarquez que l'art. 14 ne prescrit la mention de la déclaration de ne pouvoir signer *que de la part des parties*. Quant aux *témoins*, la seule chose nécessaire, c'est leur signature, la mention de cette signature, ou la mention par le notaire qu'ils ne pouvaient ou ne savaient signer. Merlin., Rép., t. 17. p. 559; Grenier, t. 1, n. 242. Dalloz, 5. 768, n. 8.

458.—Lorsqu'une personne, sachant signer, déclare faussement dans un acte entre-vifs à titre onéreux ne pas le savoir , un pareil mensonge, de la part d'une partie, serait sans effet pour invalider l'acte : une partie ne peut se prévaloir de sa mauvaise foi pour se jouer de ses engagements. (Merlin, Quest. v° Signat., Toullier, t. 5, n. 439; Augan, p. 75; Dalloz, t. 10. 661, n.45, Duranton, t. 13, n. 47; Roll., n. 41); — mais de la part d'un testateur, un tel mensonge entraînerait la nullité du testament : on suppose, dans ce cas, que le testateur a cédé à l'obsession ou à la contrainte ou que la déclaration n'a pas été faite ; ce point est très-constant; il l'était même dans l'ancien droit. V. Dict. gén., v° Testament, n. 570.—Il en serait autrement si le testateur, homme illettré, signant mal et avec peine, était dans l'habitude tantôt de signer, tantôt de ne pas signer. Montp. 27 juin 1834. D.P. 35. 2. 67.

459.—Au surplus, il n'est pas exigé, à peine de nullité, qu'il soit donné lecture de la mention faite par le notaire, que le testateur a déclaré qu'il ne peut ou ne sait signer (C. civ. , 973).— Req., 3 juill. 1834. D.P. 34. 1. 302.

460.— *Lieu où doivent se placer les mentions relatives aux signatures.*—La mention doit être faite à la fin de l'acte.—L'acte serait-il nul, si elle se trouvait ailleurs? Oui, selon Toullier, t. 8, n. 95.—Mais qu'importe où se trouve dans telle partie ou telle autre? L'art. 14 a indiqué la fin de l'acte seulement parce que c'est la place naturelle et la plus usitée : cet article est simplement indicatif.—*Conf.* Merlin, Rép., v° Signat.; Augan, p. 74; Dalloz, 10. 660, n. 43; Turin, 25 fév. 1810. D.A. 10. 660.

461.—La nullité prononcée pour inobservation de l'art 14, ne s'applique spécialement qu'au défaut de mention de la signature (des témoins), et non au cas où cette mention a été faite au commencement de l'acte, au lieu de l'être à fin. — Cass., 4 juin 1823. D.A. 10. 660.—Jugé aussi que l'art. 14 doit, quant à la nullité qu'il prononce, être divisé et tenu pour impératif et obligatoire quant à la mention des signatures, mais indicatif seulement quant à la place la plus convenable pour l'apposition de cette mention.— Metz, 22 janv. 1833. D.P. 34. 2. 158.

462. — En supposant même que la nullité soit applicable au placement de la mention ailleurs qu'*à la fin*, il faudrait s'entendre sur ce qui constitue la fin d'un acte. Ces expressions n'indiquent que la fin des clauses ou conventions que l'acte renferme : autrement, il faudrait aller jusqu'à

dire que la signature même des parties doit précéder la mention dont il s'agit; (Merl., Rép., t. 17, p. 572. Dalloz, 5, 782, n. 2).—Jugé, en ce sens, 1° qu'on doit entendre par les mots *fin d'un acte notarié*, tout ce qui suit les clauses essentielles qui ont fait l'objet de cet acte. (Metz, 22 janv. 1833. D.P. 34. 2. 158);—2° Qu'il suffit que la mention soit renfermée dans la dernière phrase, bien qu'elle n'en forme pas le dernier membre. (Douai, 28 nov. 1814. D.A. 5. 782.—*Consultat.* D.P. 34. 1. 302);—3° Qu'elle soit insérée dans la conclusion de l'acte, encore qu'elle soit suivie de plusieurs autres énonciations. (Paris, 25 nov. 1813. D.A. 5. 783);—4° Qu'elle est valablement placée entre la dernière disposition et la date. (Cass. 18 août 1817. D.A. 5. 784). — Au reste, elle doit être mise après la mention de la lecture du testament au testateur. *Consultat.* D.P. 34. 1. 302.

463.—Ç'a été une question controversée, que celle de savoir si la disposition dont il s'agit ici s'applique aux testaments par acte public.—Mais le Code civil gardant le silence sur la place que la mention doit occuper (V. l'art. 973), on a pensé que le notaire pouvait, à plus forte raison, la placer où il jugerait le plus convenable (Toullier, t. 5, n. 434; Dalloz, t. 5, p. 782, n. 1), quoiqu'il soit mieux que, suivant l'usage, il la place à la fin de l'acte.

Quant à la suscription des testaments mystiques, il n'est pas besoin non plus que la mention de la signature des témoins soit mise à la fin de l'acte.—V. D.P. 35. 1. 153.

464.—8° *Effet du défaut de signature ou de mention.*—Le défaut de signature du notaire, ou de mention des signatures, n'empêche pas l'acte signé par toutes les parties de valoir comme acte sous seing-privé (art. 68) à moins qu'il n'ait été dans leur volonté de faire dépendre l'acte de sa perfection notariale, ce qui devrait être formellement convenu et exprimé.—*Conf.* Merl. Rép. v° Acte not.; Roll., v° Signat., n. 58, 62; cass. 6 juin 1821, D.A. 10. 21.

ARTICLE 15.

Les renvois et apostilles ne pourront, sauf l'exception ci-après, être écrits qu'en marge; ils seront signés ou paraphés tant par les notaires que par les autres signataires, à peine de nullité des renvois et apostilles. Si la longueur du renvoi exige qu'il soit transporté à la fin de l'acte, il devra être non-seulement signé ou paraphé comme les renvois écrits en marge, mais encore expressément approuvé par les parties, à peine de nullité du renvoi.

465. — *Renvois et apostilles.* — Le renvoi est plus particulièrement la marque (croix ou autre signe), qui, dans un acte, se réfère à une marque semblable placée en marge ou à la fin de l'acte. L'apostille est l'addition qui est mise au-dessous

ou à la suite de cette marque, de ce signe, ou renvoi.—Dans le langage, ces mots sont synonymes, ou plutôt le mot renvoi comprend et la marque et l'apostille elle-même.

466. — Ce n'est pas que nous entendions dire avec Loret sur l'art. 15, que l'emploi des mots *renvoi et apostilles* présente une sorte de redondance. Cette locution était en quelque sorte commandée au législateur par le besoin de montrer qu'il n'entendait pas innover sur ce point, ce qui aurait pu être prétendu s'il n'avait admis que l'une ou l'autre de ces expressions, à moins qu'il ne définit le sens qu'il entendait donner à celle qu'il aurait conservée, définition dont les législateurs s'abstiennent ordinairement, et avec raison. — Quoi qu'il en soit de cette remarque presque frivole, les renvois et apostilles sont le moyen légal de réparer les erreurs et omissions, de compléter ou d'expliquer une pensée mal saisie ou mal rendue. — Au reste, il ne faut pas confondre avec les renvois et apostilles, certaines mentions que le notaire fait quelquefois sur les minutes, comme celles qui ont trait aux honoraires, aux délivrances de grosses et expédition, aux modifications introduites par des actes subséquents; les renvois et apostilles ne s'entendent que des additions qui ont lieu pendant la rédaction de l'acte, des corrections et changements qui doivent être signés ou paraphiés des parties.

467. — Le renvoi ou la marque qui l'annonce consiste d'ordinaire en une espèce de croix, c'est-à-dire en une petite ligne horizontale traversée d'une ligne verticale placée dans le corps de l'acte à l'endroit où le renvoi doit être mis. — Le renvoi est ensuite annoncé à la marge par un signe semblable à la ligne horizontale qui est tirée sur toute la longueur de la marge. S'il y a deux, trois renvois, chaque ligne horizontale est coupée par deux, trois lignes verticales. Le notaire doit ranger ces renvois dans le corps de l'acte et à la marge correspondante, de manière que leur ordre numérique soit bien assuré. *Conf.* Loret, sur l'art. 15; Roll., v° Renvoi, n. 6.

468. — La disposition de l'art. 15 relative aux renvois et apostilles est conforme à l'ord. d'oct. 1535, ch. 19, art. 8, à l'arrêt de régl. du 4 sept. 1685 qui portait 100 fr. d'amende, et qui fixait à trois doigts l'espace des marges dans toutes les pages des minutes, mais pour lesquelles l'art. 4 de l'édit de juill. 1304 recommandait déjà aux notaires de laisser un espace raisonnable.

469. — Les dispositions de l'art. 15 s'appliquent aux testaments par acte public, le Code civil ayant, par son silence, renvoyé implicitement aux lois qui régissent les actes notariés en général. Dalloz, 5. 675, n. 2. Grenoble, 26 déc. 1832. D.P. 33. 2. 100.

470. — *Renvois écrits en marge.* — En général, les renvois doivent être écrits en marge : c'est leur place naturelle. — L'art. 8 de l'ord. d'oct. 1535 défendait aux notaires de faire aucunes apostilles, soit en marge, soit en tête de leurs actes, et prescrivait qu'elles fussent mises à la fin. —Mais on vient de voir que l'arrêt de 1685 avait abrogé cette disposition.

471. — Quoique l'ord. citée de 1535 ait distingué entre l'espace laissé en blanc à côté ou en bas des pages, et celui qui est en tête, il semble qu'on doit les comprendre les uns et les autres sous le mot *marge* : ce sont en effet les marges de l'acte.—*Conf.* Roll., v° Marge, n. 2.

472. — *Signé ou paraphé.* — La signature, on en a parlé plus haut; le paraphe s'entend soit de la marque formée de certains traits de plume qui accompagnent la signature, soit des lettres initiales des nom et prénoms : celle-là est employée surtout par les officiers publics; elle a le double but, dit Loret, t. 1, p. 288, de donner à la signature plus de dignité et d'opposer plus de difficulté pour contrefaire la signature : celle-ci, moins usitée, est employée par quelques personnes. — Le paraphe qui résulte des initiales des noms et prénoms, bien qu'il offre moins de sécurité, est consacré par l'usage et par la jurisprudence. — Il a été jugé, en effet, qu'il suffit qu'un renvoi, même essentiel, mis en marge d'un acte notarié (un testament), soit suivi des initiales de la partie, pour qu'il y ait paraphe dans le sens de l'art. 15 de la loi de ventose. Bourges, 9 mars 1836. D.P. 37. 2. 2.

473. — Quand on use de ce dernier mode, il serait mieux qu'on employât toutes les initiales des noms et prénoms compris dans la signature. Mais il n'y aurait pas nullité du renvoi en ce qu'une partie n'aurait écrit que l'initiale de son nom, sans ajouter celle de ses prénoms, si elle était dans l'habitude de se servir de ce mode de parapher les actes, et même quoiqu'elle ne serait pas dans cette habitude : dès qu'il y a paraphe de sa part, cela suffit. Au reste, l'emploi d'un paraphe différent de celui qu'on est dans l'usage de tracer, serait pris en considération par le juge, dans le cas où l'on s'inscrirait en faux contre le renvoi.—Il n'y a donc pas lieu d'adopter l'opinion des auteurs des Ann. not., t. 1, p. 247, d'après laquelle un renvoi est nul s'il ne comprend à la fois les initiales des nom et prénoms : « autrement, disent-ils, le paraphe serait incomplet et de nulle valeur, de même que l'est une signature où l'on aurait oublié un nom de famille , même une seule lettre ou autre signe nécessaire pour compléter cette signature. » — Toutefois, lorsqu'une partie n'appose pas l'initiale de son nom, il serait bon qu'elle y ajoutât le signe ou trait de plume dont elle est dans l'usage d'accompagner sa signature. — C'est, au reste, une recommandation que le notaire doit lui faire lorsqu'elle emploie des initiales autres que celles de ses nom et prénom : sans cela, « il serait impossible, dit Loret, t. 1er, p. 289, de savoir à qui appartient ce paraphe. » — Cette opinion, avons-nous dit, n'est pas exacte. C'est aussi l'avis de Roll., v° Paraphe, n. 4.—Ajoutons aussi que celle qui précède n'est pas moins inexacte en ce qui touche la signature, que les auteurs des Annales annulent pour des erreurs ou omissions qui ne devraient pas, en général, en entraîner la nullité.

474. — Lorsque la même marge contient plusieurs renvois, le notaire doit laisser entre chacur

la place nécessaire pour une approbation spéciale. — Augan, p. 68.

Et chacun des renvois doit être spécialement signé ou paraphé à peine de nullité. — Loret, *eodã* Roll., v° Renvoi, n. 11.

475. — *Tant par les notaires que par les autres signataires.* Sous ces mots *et autres signataires*, on entend les parties contractantes et les témoins (Arrêt régl., du 4 sept. 1685), mais non les personnes qui ne figurent que par honneur ou déférence. — Lorsqu'un renvoi ne concerne que quelques-unes des parties contractantes, il semble qu'il doive suffire de leurs signatures ou paraphes, ainsi que de ceux des témoins et du notaire. — Il a été cependant jugé que le renvoi d'un cahier des charges dont la confection avait été immédiatement suivie d'une adjudication devant notaire, devait être signé ou paraphé non-seulement par le notaire et les témoins, mais encore par l'adjudicataire. Caen, 9 janv. 1827. D.P. 27. 2. 141.

476. — Si les parties ne savaient ou ne pouvaient signer ou parapher, leur approbation résulterait de leur déclaration à ce sujet; il en serait de ce cas comme de la signature de l'acte. — Roll., v° Renvoi, n. 12.

477. — *Renvois transportés à la fin de l'acte.* — L'art. 15 a prévu le cas où la longueur du renvoi exigerait qu'il fût porté à la fin de l'acte; et il a augmenté les précautions afin de prévenir les abus. « Cet article veut, dit Loret, que l'apostille soit reportée à la fin de l'acte, dans le cas où elle serait trop longue pour pouvoir être placée à la marge ; cette longueur doit faire présumer que l'addition est destinée à ajouter de nouvelles clauses ou à modifier celles qui se trouvent dans l'acte; c'est le motif pour lequel la loi a exigé, de la part des parties contractantes, une solennité plus grande pour y constater leur adhésion, que pour les simples apostilles qui sont apposées en marge de l'acte. »

478. — Remarquez cependant que c'est une facilité que la loi accorde, et non une restriction qu'elle établit. Ainsi, l'on ne pourrait considérer comme irrégulier un renvoi qui aurait été rejeté à la fin de l'acte, bien qu'il eût pu être écrit en marge. Dans ce cas, le renvoi offre même plus de garantie, puisque, à la différence du renvoi en marge, qui n'a besoin que d'une signature ou d'un paraphe, il doit être revêtu d'une approbation expresse. D'ailleurs, la volonté des parties fait ici la loi. (Toull., t. 8, n. 110; Roll., v° Renvoi, n. 17). — Aussi a-t-il été jugé que, quoiqu'il soit dans le vœu de la loi que les renvois ne soient placés à la fin de l'acte que lorsque leur longueur l'exige, cependant la loi n'ayant pas prononcé de nullité à ce sujet, on ne saurait annuler un renvoi composé seulement de trois lettres, en ce qu'il aurait été placé à la fin de l'acte et non en marge. — Angers, 20 mai 1825. D.P. 29. 1. 194.

479. — L'ordonnance de 1535 exigeait que l'apostille fût mise à la fin de l'acte, *et au-dessous avant qu'il fût signé*, et qu'elle fût signée *si près de la lettre* qu'on ne pût y rien ajouter. Mais il paraît que, malgré ces précautions, il fut abusé de la faculté que laissait l'ordonnance de placer les renvois à la fin de l'acte. Aussi un arrêt de règlement de 1685 voulut que ce qui serait ajouté aux actes fût, *à l'instant même de leur passation*, expressément approuvé et paraphé par les parties, les témoins et le notaire, et « à condition que ce qui sera ajouté n'entrera point dans la signature des parties, des témoins et notaire, à peine de nullité des actes. » — La disposition de cet arrêt est, on le voit, à peu près reproduite dans l'art. 15 de la loi de ventôse.

480. — Lorsque le renvoi est, à cause de sa longueur, rejeté à la fin de l'acte, il est prudent de le placer après la formule de clôture ; autrement, il se confondrait avec les clauses de l'acte. Dalloz, 10. 662, n. 49. — Il peut donc être mis, sans contravention, après les mots *fait et passé*, etc. — Délib. du 6 avril 1825, et 1er juin 1825; Roll. n. 19. — Mais il faut le mettre avant les signatures. C'est satisfaire à la loi : car par les mots *fin de l'acte*, on entend la fin des clauses et énonciations qu'il renferme. D'un autre côté, la loi ne déterminant pas avec précision ce qu'il faut entendre par fin de l'acte, des renvois ne seraient pas nuls pour avoir été rejetés même après les signatures de l'acte. L'arrêt du 23 mars 1829 le suppose ainsi. — *Conf.* Loret sur l'art. 15; Roll., v° Renvoi, n. 22.

481. — Les renvois transportés à la fin de l'acte sont, comme on le voit, entourés de précautions toutes spéciales; ils doivent être signés ou paraphés, comme ceux qui sont écrits en marge : de plus, il faut qu'ils soient expressément *approuvés* par les signataires. Il suit de là que la signature unique pour tout l'acte, même avec approbation, ne suffirait pas ; il faut toujours une signature spéciale et une approbation expresse. — Dalloz, 10. 662, n. 49; Augan , 67, 68. — C'est en ce sens qu'il a été jugé : 1° qu'un renvoi placé à la fin de l'acte, avant les signatures, mais sans approbation spéciale, est nul. Paris, 25 mai 1826. D.P. 27. 2. 114 ; — 2° que le renvoi mis à la fin d'un acte notarié, avant les signatures qui s'appliquent au corps de cet acte, doit, à peine de nullité, de même que s'il était placé après ces signatures, être revêtu d'une signature ou d'un paraphe particulier, et de plus être expressément approuvé; il ne suffirait pas, dès-lors, qu'avant les signatures de l'acte, le notaire se fût borné à exprimer que le renvoi a été lu au testateur et aux témoins, et approuvé par eux; et il y a lieu de prononcer la nullité, sans qu'il soit besoin d'attaquer cette énonciation par l'inscription de faux. — Cass: 23 mars 1829. D.P. 29. 1. 193; — 3° enfin que ces renvois ainsi placés à la fin des actes notariés, même avant les signatures, doivent, à peine de nullité, être revêtus des signatures ou paraphes, et de l'approbation des parties et du notaire, *indépendamment de celles* qui terminent l'acte. Lyon, 18 janv. 1832. Grenoble, 26 déc. 1832. D.P. 32. 2. 179. 33. 2. 100. — Peu importe même, dans ce dernier cas, que la longueur du renvoi écarte toute présomption qu'il ait été mis après coup, ou que l'usage du ressort fût de ne pas faire signer et approuver de tels renvois. — Même arrêt de la cour de Grenoble. — En effet, la loi est générale, et quant à l'usage invoqué, il est sensible qu'un usage, sans généralité, ne saurait jamais abroger la loi.

482. — A l'égard de l'*approbation expresse* qu'exige l'art. 15, MM. Augan, p. 68 et Roll. de Vill., n. 26, disent que cette approbation est une constatation qui doit émaner du notaire et qu'il n'est pas nécessaire qu'elle soit écrite par les parties, lors même qu'elles sauraient écrire. — Loret, *eod.*, est d'un avis contraire, et l'on ne peut nier que les termes de la loi (approuvé *par les parties*) ne donnent appui à son opinion; aussi pensons-nous qu'il est plus sûr d'exiger l'approbation des parties.

483. — C'est pénétrés de l'idée que l'approbation doit émaner des parties, que M. Dalloz, t. 10, p. 662, n. 50, et Augan, p. 68, disent que si les parties ne savent écrire que leurs noms, et par conséquent ne peuvent donner elles-mêmes l'approbation expresse au renvoi final, le notaire peut se charger de l'écrire. — Augan, p. 68 ; Dalloz, 10. 662, n. 50 (1).

484.—Au reste, en supposant que l'approbation soit valablement écrite par le notaire, il peut être bon, mais il n'est pas nécessaire qu'elle mentionne les signatures ou paraphes qui l'accompagnent. — *Conf.*, Loret, *eod.*, Roll., n. 30.

485. —Ni qu'elle mentionne expressément que le renvoi a été lu aux parties, cette mention étant réputée comprise dans celle de la lecture de l'acte.

486. — S'il y a plusieurs renvois à la fin de l'acte, chacun d'eux doit être revêtu des signature ou paraphe et approbation expresse que la loi prescrit. — *Conf.*, Roll., n. 27.

487. — Il paraît superflu d'ajouter que le défaut d'approbation du renvoi en entraîne la nullité, quoique les autres formalités auraient été observées. C'est ce qui s'induit virtuellement de l'art. 15 dont toutes les formalités sont irritantes. — *Conf.*, Roll., n. 25.

488. — Mais il ne faut pas confondre avec un renvoi les additions interdites par l'art. 16. — En effet, si, après la clôture d'un acte, mais avant les signatures, il est ajouté une clause additionnelle terminée par une nouvelle clôture de l'acte, cette clause ne doit pas être considérée comme un simple renvoi qui serait nul pour défaut d'approbation.—Bordeaux, 14 mars 1840, aff.

Logarelie, car une disposition additionnelle doit contenir la mention spéciale de toutes les formalités nécessaires à la validité de l'acte lui-même, et, s'il s'agit d'un testament, la déclaration faite par le testateur *de n'avoir pu signer pour cause de faiblesse*. Grenoble, 26 déc. 1832. D.P. 33. 2. 100.

489. — De même, lorsque, après qu'un acte a été signé, on ajoute une clause additionnelle importante et qui déroge, par exemple, à d'autres stipulations du même acte, si cette clause est écrite en marge ou au pied de l'acte après les signatures, il faut, pour sa validité, qu'elle soit revêtue séparément des mêmes formalités, c'est-à-dire qu'elle soit de nouveau signée par les parties, ou, si elles ne peuvent signer, qu'il soit fait une nouvelle mention du motif de leur empêchement. — Cass., 30 mars 1840. Req. D.P. 1. 180.

490. — *Règles communes aux deux sortes de renvoi.* — L'usage est de faire signer ou parapher et approuver les renvois avant de faire signer l'acte.

491.—En général, quand on dit qu'un renvoi n'est pas *approuvé*, cela s'entend de l'inaccomplissement de quelques-unes ou de toutes les formalités prescrites par l'art. 15, et non de l'*approbation spéciale* qui est exigée, en raison de la longueur du renvoi, par le deuxième alinéa de cet art. 15.—C'est en ce sens qu'on dit que, d'après le règlement du 4 sept. 1685, le défaut d'approbation régulière des renvois emportait la peine de nullité de l'acte, plus une amende de 100 livres.

492. — C'est au moment de la possession de l'acte que les renvois doivent être faits et non après sa perfection. L'arrêt de régl. du 4 sept. 1685 portait à cet égard : « Lui fait défense (au notaire) de faire aucune apostille dans les minutes, que l'apostille ne soit approuvée à la marge et l'approbation signée, *dans l'intérêt* des parties, des témoins et du notaire. »

493.—M. Roll. de Vill., v° Renvoi, n. 32, dit que les « renvois ne peuvent être mis après coup, même du consentement des parties. » Et cela est conforme à la doctrine de Ferrière, Parf. not., liv. 1, ch. 15, qui s'exprime ainsi : « Quoiqu'il soit permis aux contractants de changer ce qu'ils veulent dans l'acte qu'ils ont passé, néanmoins quand cet acte est une fois signé d'eux, des témoins et du notaire, il est entièrement parfait, et il faut un autre acte passé avec les mêmes formalités pour y pouvoir ajouter ou diminuer la moindre chose: outre que si l'apostille était faite l'après-dînée et que l'acte eût été passé le matin, il y aurait fausseté dans l'apostille qui se trouverait n'être pas de même date que l'acte, quoiqu'elle fût réputée en faire partie... Un autre inconvénient qui pourrait arriver, c'est qu'en ajoutant un renvoi ou apostille, l'une des parties ne voulant pas le parapher, l'acte deviendrait nul et imparfait ; cela est arrivé plusieurs fois.—Il faut donc, dans le cas où les parties veulent changer quelque chose dans l'acte par elles signé, que le notaire en ajoute un autre au bas du premier, dans lequel les nouvelles conventions soient insé-

<hr/>

(1) Voici la formule proposée par M. Roll. de Vill., v° Renvoi, n. 31, page 244 :

« Et ont les parties approuvé expressément le présent renvoi contenant *tant* de lignes, signé (ou paraphé), la présente approbation avec le notaire et les témoins, après lecture :

Ou bien : Et ont les parties approuvé expressément le présent renvoi contenant tant de lignes, en réitérant leurs déclarations de ne savoir (ou de ne pouvoir) signer, de ce interpellé par le notaire, qui a signé (ou paraphé) avec les témoins, la présente approbation, après lecture. »

rées avec les mêmes formalités. » — M. Massé a donné son assentiment à l'opinion de Ferrière.

494.—Cette doctrine peut être exacte en droit rigoureux ; mais les choses ne se mènent pas avec cette rigidité. Si, l'acte signé, il apparaît aux parties qu'un renvoi est nécessaire pour expliquer mieux leur pensée ou pour lever une équivoque de rédaction, un notaire intelligent ne manquera pas de s'assurer de l'accord des parties touchant la nécessité de réparer l'erreur, et de maintenir l'acte dans son intégrité; il donnera, au besoin, une nouvelle lecture aux parties et aux témoins de l'acte, ainsi que du renvoi qu'il aura soin de leur faire approuver et signer; à quoi bon refaire un acte qu'un simple renvoi peut compléter, et que les parties ont la ferme volonté de maintenir tel qu'elles viennent de le signer?—Aussi, M. Roll. de Vill. a-t-il fait, v° Acte notarié, n. 277, sur l'opinion de Ferrière, l'observation fort judicieuse que voici : « Dans l'usage, dit-il, l'on n'est pas aussi strict. Quand toutes les parties sont d'accord, le notaire se prête aux changements qu'elles désiraient faire; il le fait avec toutes les précautions convenables, et il ne peut en résulter aucun des inconvénients que signale Ferrière. En effet, d'une part, les actes n'étant plus datés avant ou après midi comme anciennement, peu importe à quelle heure de la journée les changements interviennent : la date reste exacte. D'une autre part, le défaut de signature du renvoi qu'on aurait fait ajouter, n'entraînerait plus la nullité de l'acte; ces renvois seuls seraient comme non avenus. Il est étonnant que M. Massé ait reproduit sur ce dernier point l'observation de Ferrière et n'ait pas fait attention au changement de législation. »

495. — Si les notaires s'aperçoivent qu'ils ont omis de faire approuver régulièrement des renvois, ils doivent réunir les parties, et les faire approuver. Toull., t. 8, n. 112 ; mais si l'une des parties s'y refuse, il ne reste à l'autre que le recours à la justice. Encore est-il douteux que l'on puisse être admis à prouver ce que renferme le renvoi non signé ou paraphé, ni approuvé, quoiqu'écrit par le notaire : ce serait, d'après Pothier, des Oblig., n. 760, prouver contre le contenu de l'acte, car il n'existe, à proprement parler, de renvoi que ceux qui sont revêtus des formalités légales.—Conf., Ferrière et Massé, eod.; Duranton des Contr., n. 1393; Loret, eod ; Roll., n. 34.— Au reste, l'approbation, faite après coup, à plusieurs jours d'intervalle, ne pourrait pas nuire aux tiers — Toull., t. 8, n. 113; mais elle serait opposable aux ayant-cause des signataires.

496. — L'inobservation dans les renvois ou apostilles des formalités prescrites par l'art. 15, ne donne plus lieu à l'amende contre le notaire; elle n'entraîne que la nullité du renvoi. Cass. 24 avril 1809. Rennes, 5 mai 1834; Bourges, 19 janvier 1838; Douai, 18 mai 1841. D.A. 10. 661. D. P. 38. 2. 227; 40. 2. 2.

497. — Elle n'affecte pas non plus l'acte de nullité comme sous l'arrêt de réglement du 4 sept. 1685. Cet acte conserve toute sa valeur, malgré l'irrégularité des renvois, lesquels lui deviennent étrangers. Conf., Roll., n. 39. C'est ce qui a été

jugé à l'occasion d'un renvoi qui se trouvait dans un contrat de mariage passé même avant la loi de l'an 11 (en l'an 7). Le renvoi contenait une constitution d'hypothèque, signée seulement par le notaire, qui a été réputée non écrite. (Nîmes, 13 juillet 1808. D. A. 9. 289). Et cette doctrine, qui résulte des termes exprès de l'art. 15, a été appliquée aux renvois mis dans les testaments par acte public. — Pau, 17 janv. 1835, aff. Darmusey; Jurisp. du Not., art. 2881. Cass., 24 nov. 1835. D.P. 36. 1. 24.

498. — Cependant le principe n'est pas tellement général qu'il ne soit susceptible d'exception. Supposez, en effet, que le renvoi ait pour objet une chose essentielle du contrat, par exemple, le prix d'une vente, l'acte sera nul comme authentique, si le renvoi est vicié de nullité, puisque ce n'est que dans ce renvoi que se trouve l'un des éléments sans lesquels il n'y a pas de vente.— Conf., Duranton, t. 13, n. 50.

499. — La loi déclarant nuls les renvois non approuvés, les notaires doivent éviter de les insérer dans la grosse ou expédition qu'ils délivrent. Il serait bon néanmoins d'en faire mention. Si l'approbation était seulement irrégulière, il faudrait insérer le renvoi, mais avec mention de l'irrégularité. — Toull., t. 8, n. 111 ; Dall., 10. 662, n. 48.

500. — Quant aux renvois qui peuvent être faits sur les grosses et expéditions, il paraît d'usage que les notaires qui délivrent ces actes se bornent à les parapher. Toutefois, une délibération des notaires de Paris du 27 avril 1834 porte : « Les renvois sur les grosses, expéditions et extraits, doivent être *signés* par le notaire qui les délivre. »

501. — L'art. 15 n'exigeant pas une mention de lecture distincte pour les renvois, ceux-ci sont compris dans la mention générale de l'acte entier. Dalloz, 10. 661, n. 47; Cass., 3 août 1808. Dict. gén., v° Test., n. 511. — Il a été jugé aussi que la mention de lecture faite *du tout*, à la fin d'un testament, se réfère, dans sa généralité, aux renvois en marge approuvés, comme au corps de l'acte. — Bordeaux, 17 mai 1833. D.P. 34. 2. 66.

Cependant, s'il arrivait qu'un renvoi, mis en marge ou à la fin d'un testament, n'eût pas été lu au testateur, ce qui pourrait avoir lieu dans le cas où le renvoi aurait une autre date ou aurait été ajouté après la lecture et la signature du testament, l'acte entier serait-il nul?—L'affirmative résulte des motifs de l'arrêt de la cour de cass. du 24 nov. 1835 (D. P. 36. 1. 24); mais cette solution ne paraît pas légale. Elle ne le serait qu'autant que le testateur, ou, s'il s'agissait d'un acte entre vifs, qu'autant que les parties auraient déclaré que leur intention a été de subordonner le maintien de l'acte à la validité du renvoi; ce qui pourrait aussi être induit de l'importance du renvoi et de son influence sur l'ensemble des dispositions de l'acte.

502. — Enfin, Loret remarque qu'il est mieux de mentionner cette lecture si les renvois sont

importants. — C'est là une bonne précaution, alors surtout qu'on peut craindre qu'en raison de sa gravité, l'addition soit considérée non comme un simple renvoi, mais comme une clause additionnelle dans le sens de celle dont il est parlé.

503. — Les receveurs de l'enregistrement doivent parapher les renvois en même temps qu'ils enregistrent les actes. — Arr. du cons. 21 juin 1773; Ord. gén. rég., art. 30; instr. gén., 15 mars 1831, art. 26, n. 1351.

504. — Les renvois doivent être écrits sans blancs ni intervalles : ils doivent aussi être exempts de ratures ou surcharges; car il ne faut pas qu'une énonciation destinée à rectifier un acte exige elle-même des rectifications.

Ainsi, il a été jugé 1° qu'un notaire commet une contravention passible d'amende s'il a laissé un blanc au-dessus du paraphe des parties pour y inscrire un renvoi qui n'a pas été fait — Trib. de Coutances, 16 juin 1841; — 2° que lorsque des ratures ont été faites dans un renvoi, l'approbation de ces ratures ne peut être insérée sous ce renvoi même, et qu'elle doit être faite d'une manière distincte. — Bourges, 19 janv. 1838. D.P. 38. 2. 227.

ARTICLE 16.

Il n'y aura ni surcharge, ni interligne, ni addition dans le corps de l'acte; et les mots surchargés, interlignés ou ajoutés, seront nuls. Les mots qui devront être rayés le seront de manière que le nombre puisse en être constaté à la marge de leur page correspondante, ou à la fin de l'acte, et approuvé de la même manière que les renvois écrits en marge. Le tout à peine d'une amende de 50 francs contre le notaire, ainsi que de tous dommages-intérêts, même de destitution en cas de fraude.

505.—*Surcharges, interlignes, additions.*—La *surcharge* est la substitution d'un mot à un autre, par le changement, opéré ou ce dernier, des lettres qui le composent. L'*interligne*, c'est l'espace laissé entre deux lignes d'écriture. L'*addition*, est toute écriture ajoutée dans le corps d'un acte; elle se place plus spécialement à la fin des alinéas; autrement, elle constituerait une surcharge ou une interligne.

506.—L'art. 16 a une double sanction pour assurer l'observation des prohibitions qu'il a établies, 1° il annule les mots, surcharges, interlignes, ajoutés dans les actes notariés : cette disposition a trait aux intérêts des parties : on en parle plus bas en recherchant quels sont les effets des surcharges entre elles ou envers les tiers; — 2° Il établit une amende de 50 francs (réduite à 10 fr. par l'art. 16 de la loi du 10 juin 1824) : ceci ne regarde que le fisc, et est indépendant des peines de destitutions et de dommages-intérêts dont le

notaire se rendrait passible si les intercallations étaient pratiquées de mauvaise foi, et même des peines de faux, si elles allaient jusqu'à l'altération des dispositions de l'acte.

C'est en ce sens qu'il a été jugé que la peine d'amende n'empêche pas que la surcharge ne soit qualifiée de faux, si elle a été faite méchamment, à dessein de nuire, fût-ce pour frauder le droit sur l'enregistrement. Cass., 20 fév. 1809, aff. R...

507. — Les surcharges, interlignes et additions sont défendues sous peine d'amende, pour les expéditions comme pour les autres actes.—*Conf.*, Roll., n. 76.

508.—La loi les déclare nulles les unes et les autres, ou, en d'autres termes, non écrites; elles n'altèrent point dès-lors la validité de l'acte lorsque, de lui-même et abstraction faite des additions, il est régulier et complet. Voy. n. 511.

509.—Il n'est dû qu'une amende pour les diverses surcharges, interlignes et additions qui sont dans un acte; mais, s'il y a plusieurs actes, il est dû autant d'amendes qu'il y a d'actes dans lesquels se trouvent les contraventions à l'art. 16. — Voy. n. 522.

510.—On ne parle ici que des actes notariés; car les surcharges, additions et interlignes produisent leur effet dans les actes sous seing-privé dès que cela paraît être la volonté des parties. C'est ce qui a été jugé dans un cas où il était établi que des mots interlignés étaient, ainsi que l'acte, écrits de la main de la partie qui les désavouait. Bordeaux, 17 juin 1829, D.P. 29. 2. 205. Mais il semble qu'on ne doit, en général, pouvoir les opposer à la partie qui ne les a pas écrits qu'autant qu'ils ont été approuvés ou signés par elle. Au reste, c'est aux juges de rechercher si les surcharges, interlignes ou additions émanent bien des parties, ou s'ils ont été faits par une main étrangère; ils ont, à cet égard, un pouvoir d'appréciation fort étendu, car ils ont toujours, selon la remarque de Merlin, Quest., v° Testaments, § 16, à vérifier la sincérité des mots.

Reprenons les diverses expressions de la loi pour en déterminer la valeur et la portée :

511.—*Surcharges.*—Les anciennes ordonnances ne paraissent pas s'être occupées des surcharges.—L'art. 16 contient sur ce point une disposition qui a donné lieu à de vives controverses.

512.—La première question que cet article fait naître est celle de savoir ce que la loi a entendu désigner par cette expression, les mots *surchargés*. —Par cette expression, l'art. 16 entend parler, suivant nous, des mots qui sont substitués à d'autres mots, soit en employant pour la formation de ceux-là tout ou partie des lettres dont ceux-ci sont composés, soit en écrivant d'autres mots sur eux. Ainsi, ce sont les mots nouveaux et non ceux qui ont été primitivement tracés que la loi a eus en vue. Les termes de l'art. 16 sont formels, puisqu'il met sur la même ligne la surcharge, les interlignes et les additions, c'est-à-dire tout ce qui vient changer l'économie de l'acte premier. —Ajoutons que son esprit ne l'est pas moins; car c'est dans la vue de prévenir les fraudes qu'il a disposé et qu'il a vu dans la surcharge une contravention qui rend le notaire passible d'amende, qu'elle soit préjudiciable ou non. Or, ce n'est pas en vue des mots primitivement écrits que le législateur avait à prendre des précautions, mais en vue de ceux qui ont pu être ajoutés ou formés après coup.

513. — Cela bien compris, il convient de rechercher les cas dans lesquels une surcharge se rencontre.

514. — Les *mots surchargés*, dit la loi; d'où il semble résulter qu'il est nécessaire qu'un mot nouveau ait été formé avec ou sur l'ancien, pour qu'il y ait surcharge.

515. — Ainsi, lorsqu'en écrivant, il échappe au notaire une faute d'orthographe, ou l'omission d'une lettre, d'un jambage, on ne pourrait qualifier de surcharge une correction visible et légère, surtout si le mot ne tenait pas à une disposition importante de l'acte; d'ailleurs, disent Toullier, t. 8, n. 114, et Roll. de Vill., n. 4, la loi ne parle que des *mots* et non de simples lettres surchargées. — Cette théorie est conforme à celle des auteurs du Journ. de l'enregist., art. 4447, d'après lesquels il n'y a que les surcharges réprouvées par la loi, c'est-à-dire celles qui ont eu pour objet de substituer un mot à un autre, qui puissent constituer une contravention. Hors ce cas, la surcharge d'une ou de plusieurs lettres *insignifiantes* n'est qu'une irrégularité qui ne donne pas lieu à l'amende. — Ainsi, pour apprécier s'il y a ou non contravention lorsque quelques lettres sont changées dans un mot, on doit considérer si elles ont pour objet une simple correction d'écriture ou d'orthographe, ou si elles ont eu pour but de substituer un mot à un autre. Dans ce dernier cas, il y a contravention lors même que le mot écrit d'abord aurait été mis par erreur, et que le sens de la phrase exigerait l'emploi du second.

Ainsi, il faudrait qu'il apparût d'une manière bien évidente qu'un mot a été surchargé, c'est-à-dire, formé après coup sur un autre mot, pour qu'il y eût surcharge proprement dite. Si donc, pendant qu'il écrit un mot, ou même après qu'il l'a terminé, le scribe retouche la lettre mal formée ou inutile qu'il vient de tracer, mais sans changer le mot lui-même, qui n'a pas cessé d'être parfaitement lisible, la surcharge n'existe pas.

C'est, au reste, ce qui a été jugé au sujet du mot *dicté* d'un testament dont le C, formé mal à propos en capitale, avait été corrigé. — Cass., 3 août 1808. D.A. 5. 760.

516. — Mais il y a surcharge, et par suite contravention passible d'amende, quoique la surcharge porte sur des mots insignifiants et insusceptibles de changer le sens de la clause : « attendu que la loi est générale, et qu'il serait dangereux que la loi reçût à cet égard la moindre modification; que peu importe dès lors la valeur des mots surchargés.»—Déc. min. fin., 8 nov. 1814, 1ᵉʳ oct. 1832 ; Colmar, 1ᵉʳ fév. 1831. D.P. 31. 2. 230.

517. — . ... Ou qu'elle porte sur la date de l'acte, attendu que la date fait partie essentielle de l'acte,

et que c'est à tort qu'on soutient le contraire.— Cass., 20 fév. 1816. D.A. 7. 353.

..... Ou qu'elle existe soit dans un renvoi approuvé ou dans l'indication des mots rayés. — Bourges, 19 janv. 1838. D.P. 40. 2. 2. — Soit même, d'après Roll. de Vill., vᵒ Surcharge, n. 25, dans une expédition authentique. Arg. de l'art. 13.

518. — On a assimilé avec raison à une surcharge passible d'amende, la substitution d'un mot à un autre, à l'aide du grattoir. — Bruxelles, 28 juillet 1830. D.P. 33. 2. 216.

519. — Il a même été jugé que la circonstance que des surcharges seraient approuvées par les parties, et que les mots surchargés seraient reproduits à la marge, ne ferait pas disparaître la contravention « attendu que l'art. 16 prohibe d'une manière absolue toutes les surcharges dans les actes notariés. » — Trib. de Vire, 1ᵉʳ fév. 1840; d'Avesnes, 15 sept. 1840; de Châteaubriant, 1ᵉʳ juillet 1841 (D.P. 42. 3. 384); Rennes, 14 mars 1843. Jurisp du not., art. 4043, 5633, 6066. — Mais cela a été trouvé rigoureux, car la précaution que le notaire a eue de répéter les mots à la marge et de les faire approuver, doit, a-t-on dit, faire assimiler la surcharge à un renvoi ou à une rature valablement approuvés, d'autant plus qu'il est possible que ce soit à la demande même des parties et pour conserver la trace de ce qui avait été arrêté d'abord que la surcharge aura été opérée. Il semble que la volonté de celles-ci doit tout couvrir dans un acte qui les concerne personnellement et alors d'ailleurs que tout a été approuvé à l'instant même par elles. Aussi a-t-il été professé que le notaire, dans ce cas, n'était pas passible d'amende. Toullier, t. 8, n. 110; Roll., n. 26 et 28; Décis. min. fin., 17 janv. 1817.

Nous ne sommes pas de cet avis : les surcharges, l'interligne, les additions, sont des moyens illégaux et partant odieux, ne fût-ce qu'au point de vue des dangers qu'elles offrent ou des procès qu'elles font naître, et même lorsqu'elles ont été pratiquées de bonne foi : le notaire est donc en faute lorsqu'il en introduit dans son acte. Ce cas, au reste, ne doit pas être confondu avec celui qu'on examine au n. 537.

Au surplus, il résulte de la jurisprudence qu'on approuve ici que les notaires feront sagement d'employer, lorsque la chose sera possible, la voie de la rature ou de l'apostille, plutôt que celle de la surcharge, pour remplacer les mots qui devront disparaître de l'acte.

520. — Toutefois si, au moment où les surcharges sont constatées par la régie, l'acte avait cessé d'être en la possession du notaire rédacteur (s'il s'agit, par exemple, d'un acte délivré en brevet), et que rien ne constatât qu'il fût l'auteur de la contravention, il ne serait pas passible d'amende. —Trib. de la Seine, 19 mai 1841. D.P. 41. 3. 344.

521. — Les notaires ne doivent point écrire à la marge des mots qu'ils refont ou surchargent, une approbation de ces mots : le seul moyen qu'ils aient de corriger une erreur, sans compromettre le sort de l'acte, et sans s'exposer à une amende, c'est de rayer le mot et de le remplacer par un renvoi, dûment approuvé, ou de le raturer,

s'il y a lieu. V. n. 519, 2°.—Augan, p. 69, 70; Dalloz, 10. 664, n. 55.

522. — Ces principes posés, il s'agit de signaler les *effets* des surcharges.

L'un de ces effets est de soumettre le notaire à une amende. Et il a été jugé que le notaire n'est pas passible d'autant d'amendes qu'il y a d'endroits interlignés, surchargés ou ajoutés dans le corps du même acte. Toutes les contraventions à l'art. 16, qui se trouvent dans le même acte, ne le soumettent qu'à une seule amende. — Cass., 24 avril 1809. D.A. 10. 661. — Mais il est passible d'une amende pour chaque acte qu'il a reçu, et dans lequel se trouvent des surcharges, interlignes ou additions, lors même que plusieurs contraventions de ce genre ont été constatées par un seul procès-verbal.—Cass., 29 janv. 1812; 20 fév. 1816. D.A. 10. 662, n. 26; 7. 353.

523. — Un autre effet de la surcharge est de rendre *nuls* les mots surchargés.

Cette disposition, qui a trait principalement à l'intérêt des parties contractantes, a été souvent l'objet d'interprétations qui nous paraissent aller au-delà des termes de la loi.—En effet, rien de plus clair en apparence que les termes de l'art. 16. « Les mots surchargés, dit-il, les mots interlignés ou par additions sont *nuls*, ce qui revient à dire qu'ils doivent être réputés non écrits. Or, que suit-il de là? Que l'acte doit être lu tel qu'il a été écrit avant la surcharge ou comme s'il n'y avait pas eu de surcharge. Un acte notarié est quelque chose de trop grave pour que la surcharge d'un mot essentiel à sa validité, punie d'une simple amende et si facile à opérer, doive entraîner la nullité de l'acte. La loi ne va pas jusque là; elle se contente de réputer la surcharge non écrite, ce qu'elle fait, au surplus, pour les interlignes et les additions qui, certainement, n'opèrent pas non plus la nullité de l'acte notarié.—Or, d'après cette interprétation, et alors même que la surcharge attaquerait un mot sans lequel l'acte ne saurait subsister, le juge devrait conserver sa valeur réelle à ce mot s'il est reconnaissable, ou la lui restituer en consultant les diverses clauses de l'acte, si la surcharge a été faite de telle manière que le mot primitif ne puisse être rétabli : ce n'est que dans le cas où les surcharges étant nombreuses et rendant l'acte d'une vérification impossible dans ses parties fondamentales, dégénéreraient en une véritable destruction de l'acte, que les juges devraient se déterminer à l'annuler. Il ne faudrait pas non plus qu'à la faveur de ce pouvoir des tribunaux, on s'imaginât qu'on peut, au moyen de surcharges qui les rendraient méconnaissables, couvrir une nullité viscérale dont cet acte serait affecté. Le juge saurait sans doute se tenir dans une limite qui mettrait la société en garde contre une pareille manœuvre.

Il a été soutenu que la nullité s'appliquait à la fois et au mot primitivement écrit et au mot substitué ou écrit au moyen de la surcharge.—C'est là, à notre avis, une erreur. Les mots surchargés ne sont, dans l'esprit comme dans la lettre de la loi, rien d'autre que les mots ajoutés; autrement, et si les uns et les autres étaient compris dans la prohibition, qui oserait soutenir, en présence d'une nullité formelle, que les mots primitifs, lorsqu'ils demeurent reconnaissables et que, d'ailleurs, ils n'impliquent pas contradiction avec les dispositions de l'acte, doivent conserver toute leur valeur? C'est cependant ce qui se soutient chaque jour, et ce que la jurisprudence reconnaît.—On fonde l'opinion que nous critiquons ici sur les mots *surchargés* et *mots surchargés* de l'art. 16 : on applique celui-là aux mots primitifs, à ceux sur lesquels la surcharge a été opérée, et ceux-ci aux mots ajoutés. — C'est là une évidente confusion : pour s'en convaincre, il suffit de remarquer que les expressions *surchargés* et *mots surchargés* sont toujours accolés aux mots *interlignes* et *additions*. Or, ce n'est que des expressions, des phrases nouvelles que ces derniers mots peuvent s'entendre.—Au reste, il est des cas où les mots primitifs doivent être annulés, lorsque, par exemple, ils ont été rendus illisibles ou que ce qui peut en être lu n'est plus en harmonie avec les conditions de validité de l'acte.

524.—Tel nous paraît être le sens de l'art. 16; et, dans l'application, on tient assez généralement que toute surcharge n'annule pas indistinctement le mot où elle se trouve. La jurisprudence tend à confier aux tribunaux un pouvoir appréciateur quant à l'effet des surcharges, dans les actes même où la loi déploie le plus de sévérité pour l'observation des formes, par exemple, dans les testaments. Merl., *Quest.*, v° Test., § 16; Dall. 5. 760, 10. 663, n. 54.

525.—Ainsi on n'annule pas l'acte dans lequel un mois ayant été surchargé et remplacé par un autre mois, le premier reste toujours visible, alors, d'ailleurs, qu'il est indifférent que l'acte ait été fait dans un mois ou dans l'autre; (Grenoble, 22 fév. 1809. D.A. 5. 580). — Voilà une jurisprudence, dit Toullier, t. 8, n. 174, note, à laquelle la raison applaudit.

526. — Ni celui dans lequel les mots primitifs restent lisibles, comme si les mots *sur les* ont été remplacés par les mots *mil huit*, et bien que ceux substitués fassent partie de la date de l'acte. Cass. 21 mai 1838. D.P. 38. 1. 234.

527.—Ni le testament dans lequel se trouve la surcharge ou correction d'un mot d'abord mal orthographié, surtout si l'on ne peut dire qu'il y ait eu un autre mot à la place. Cass., 3 août 1808. Dict. gén., v° Test., n. 291.—Ceci mérite examen ; la solution est nouvelle, car la question qui était engagée était celle de savoir si, contrairement à la définition donnée par les auteurs, on peut dire qu'il y a surcharge dans le sens de l'art. 16, alors que le mot surchargé n'a pas été fait en remplacement d'un autre mot et ne présente en quelque sorte qu'une rectification d'orthographe. Or, la solution nous paraît bien rendue : autrement, la moindre inadvertance ou imperfection, soit de l'encre, soit de la plume, obligerait de recommencer l'acte. *Est modus in rebus.*

528.—Duranton, *Droit civil*, t. 13, n. 52, regarde aussi, comme conforme à la logique, mais comme répugnant à une interprétation équitable de la loi la décision qui annulerait un acte notarié pour cause de surcharge du nom du lieu où il serait passé.

— Entendons-nous : si le lieu primitif, resté lisible, est 'dans le ressort du notaire, il n'y a pas de nullité : il n'y en a pas, à plus forte raison, si le lieu primitif et le lieu ajouté en surcharge sont l'un et l'autre dans ce ressort. Mais si ce dernier est placé seul dans le ressort notarial, la nullité doit, ce semble, être inévitablement prononcée, d'après la combinaison des art. 6, 12 et 68 de la loi.—Enfin, une quatrième hypothèse se présente : le mot primitif est illisible ; le mot mis en surcharge indique un lieu placé dans le ressort du notaire: que décidera-t-on ? C'est d'un cas pareil que Duranton a sans doute voulu parler, quand il a recommandé une interprétation favorable à la validité de l'acte. Or, il nous semble que si la surcharge a été faite après coup , sans emprunter aucune lettre au mot primitif, et avec le dessin marqué de faire disparaître ce dernier, la nullité devra encore être prononcée.

529.—Aussi, une interprétation plus rigoureuse et plus légale que celle enseignée par Duranton a été adoptée et , par application de l'art. 16, on a annulé :

530. — 1° Un acte de donation dans lequel les quatre dernières lettres du mot *vingtième* ont été remplacées par le mot *unième*, ce qui fait *vingt-unième* ; l'acte a été annulé tout entier à défaut de date (Agen, 20 juin 1807, aff. N...), et dans un autre acte de donation où le montant de la somme paraissait être de *seize mille* francs, et où le mot seize avait été remplacé, au moyen de surcharge, par le mot six, ce qui ne laissait plus que *six* mille francs, on a annulé tout à la fois les mots *seize* et *six*, en sorte qu'on n'a conservé que mille francs (Cass. 27 juill. 1825. D. P. 25. 1. 384);

531. — 2° Un testament où le nom d'un témoin a été substitué à un autre mot, ou à un autre nom laissé illisible , alors que le témoin dont le nom est illisible n'a pas signé le testament qui est signé, par le témoin mis par surcharge (Toulouse, 29 avril 1826. D. P. 29. 2. 5.).— Roll. de Vill., v° Surcharge , n. 9, indique un arrêt de la cour d'Aix, du 15 janvier 1824, qui serait conforme.

532. — 3° Un testament présentant , sur les nom et qualité de l'un des témoins, une surcharge qui met en doute lequel a assisté au testament, de celui dont le nom a été écrit en surcharge ou de celui dont le nom a été primitivement inscrit, alors que ce dernier était incapable (Nîmes, 22 juin 1841. D. P. 41. 2. 245);

533. — 4° Un acte de vente notarié daté du 19 juin 1807, où les mots *dix-neuf juin*, mis en surcharge, avaient remplacé d'autres mots *illisibles* (Cass. 27 mars 1812. D. A. 10. 662). — Merlin a soutenu, dans l'espèce, que, tant qu'on ne s'était pas pourvu, par la voie d'inscription de faux, à l'effet de prouver que les mots substitués à ceux primitivement écrits, l'avaient été par falsification de l'acte, l'acte ne pouvait être réputé avoir une autre date ; que les mots *dix-neuf juin* étaient , jusque-là réputés avoir été écrits par le notaire ; ou que ces mots étant surchargés se trouvaient atteints de nullité, et que l'acte se trouvait ainsi manquer de date. — Ce système n'a pas été consacré dans sa généralité d'une manière expresse. La cour de cassation a rejeté le pourvoi ; « Attendu qu'il a été déclaré qu'au moyen de la nullité des mots concernant la date qui était surchargée, ledit acte n'était réellement point daté.»

M. Toullier, t. 8, n. 114, en note, fait sur cet arrêt l'observation que voici : « Cette décision est très-rigoureuse. Dans l'espèce, il n'y avait que deux mots de la date surchargés ; *Quid*, s'il n'y en avait eu qu'un ? L'acte serait-il nul ? Nous avons vu que l'omission d'un mot faite par inadvertance ne doit pas vicier l'acte. On gâte la jurisprudence, et l'on commet une injustice contre l'esprit de la loi, par une rigueur mal entendue. » M. Duranton, t. 13, n. 52, approuve l'arrêt. — Sans relever ce qu'il y a d'inexact dans cette remarque de Toullier, que l'omission d'un mot ne doit pas vicier l'acte, puisqu'il est, au contraire, des mots d'une telle importance que leur omission entraîne radicalement la nullité de l'acte, nous ferons observer que la cour de cassation a borné sa décision à l'espèce même , en prenant pour base la déclaration de la cour royale, d'après laquelle, et vu la nullité des mots mis en surcharge, l'acte ne se trouvait réellement pas daté. — Or, ne résulterait-il pas de ce motif que sa décision eût été toute autre si la cour royale avait assigné pour date, à l'acte de vente, celle des mots primitivement écrits ? Nous inclinons pour l'affirmative. — Mais quels étaient ces mots primitifs ? Aucun des recueils du temps ne les fait connaître. Merlin, Rép., v° Ratif., n.[9, dit qu'ils étaient illisibles. Or, dès qu'il n'était pas possible de les lire, et que la cour royale n'avait pas trouvé dans l'acte le moyen de suppléer à l'absence de ces mots, il est manifeste que l'acte était, aux yeux de la Cour de cassation, dépourvu de sa date, ce qui, d'après les art. 12 et 68, était une cause de nullité manifeste.

C'est dans le sens de cette dernière remarque qu'il est dit par M. Dalloz, t. 10, p. 662, n. 53 et t. 5, p. 680, que, pour qu'on puisse annuler un acte à défaut de date, il faut que la date soit entièrement surchargée, et que ce qui en reste ne suffise pas pour fixer la date de l'acte.

534. — Toutefois, la jurisprudence tend à admettre ici un correctif remarquable au sujet des dates surchargées. D'après cette jurisprudence, si, dans un acte de donation daté le *vingt-el-un*, le mot *un* a été surchargé du mot *huit*, tellement qu'on y lise à la fois la date du 21 et du 28, il suffit que l'acte ait été enregistré pour que la date soit devenue certaine, et que l'acte vaille comme acte notarié. Cass. 6 mars 1827. D.P. 33. 1. 303.

535.—Au reste, il paraît être admis que s'il est établi que la surcharge a eu lieu après la passation de l'acte et est étrangère aux parties, la nullité n'atteindra que les mots surchargés et non le mot ; mais ceci doit être entendu sans doute en ce sens que les mots primitifs pourront être reproduits à l'aide de l'acte lui-même, et que, ces mots rétablis, l'acte sera d'ailleurs complétement régulier.

536. — Toutefois, sur la question de savoir

comment on fait la preuve que les mots ont été sur-chargés après coup, M. Merlin, on l'a vu, n. 353, estime que, s'agissant d'un faux, la preuve ne pourra être faite que par la voie d'inscription de faux soit principal ou incident. — *Conf.* Roll., n. 14. — Mais cette opinion n'a pas été admise au moins dans une espèce où la chose, c'est-à-dire la surcharge après coup, paraissait tellement manifeste que les yeux des juges suffi-saient pour l'apercevoir. Cass. 20 fév. 1821. D.A. 6. 149.

537. — Nous croyons que les partie peuvent paralyser, en ce qui les concerne, l'effet de cette annulation, en approuvant les surcharges d'une manière expresse et en prenant la précaution, afin d'éviter les équivoques, de faire repro-duire à la marge ou à la fin de l'acte, les mots ainsi retouchés ou ajoutés : ce ne serait plus là, en réalité, que de simples renvois. Mais il y aurait en cela superfétation. Mieux vaudrait prendre di-rec e nent le parti de raturer les mots qu'on vou-drait supprimer en approuvant ces ratures à la fin de l'acte ou de compléter la phrase à l'aide d'un renvoi. — Cependant, on conçoit que les parties pourraient avoir intérêt à ce que les mots qu'elles entendent condamner soient simplement couverts par une surcharge qui conserve en quelque sorte à l'acte sa forme primitive, et il semble qu'en approuvant ces mots qu'elles auront fait repro-duire en marge, elles s'enlèvent le droit d'en de-mander ultérieurement la nullité. (*Conf.* Toul-lier, 8, n. 110 , Roll., n. 12.) Il en serait autre-ment si les parties se bornaient à approuver les mots surchargés sans autre explication. — Au reste, il a été jugé que si, dans un renvoi régu-lièrement approuvé par les parties, il se trouve des mots surchargés, il n'est pas nécessaire qu'il y ait en outre une approbation pour ces sur-charges. Douai, 18 mai 1841. D.P. 42. 2. 113.— C'est là une décision qui ne doit pas être suivie : des renvois réguliers font partie de l'acte : tout ce qui s'y trouve surchargé doit être annulé, s'il n'y a pas approbation expresse des surcharges et même énonciation des mots surchargés, à supposer qu'on admette comme valable la surcharge ap-prouvée.—V. n. 517, 2°.

538. — *Interlignes.* — On a donné plus haut (Voy. n. 505) la définition du mot interlignes. — Par cette expression, lit-on dans un arrêt, l'art. 16 entend, non pas des mots formant une ligne qui fait suite au corps de la phrase, quoique cette ligne soit plus serrée que les autres, mais seule-ment des mots placés *au-dessus des expressions de la phrase pour en parachever le sens*.— An-gers, 20 mai 1825. D. P. 29. 1. 194.

539. — Quoi qu'il en soit, l'ancien droit défen-dait déjà les interlignes dans les actes notariés, (Ord. de juil. 1304, art. 4; d'oct. 1535, ch. 9, art. 8; Ferrière, Parf. Not., liv. 1, ch. 15.— L'art. 16 les punit d'amende. Voy. n. 506). Il paraît inutile d'indiquer la raison de cette sévérité des lois, lorsqu'elles ont proscrit un abus à l'aide duquel il serait si facile de modifier, de dénaturer les actes.

Les notaires doivent écrire les actes sur leurs répertoires sans blancs ni interlignes (l. 22 frim. an 7, art. 49).

540. — La prohibition des interlignes existe pour les expéditions. Voy. n. 507.

Elle n'existe pas pour les actes sous seing-privé. V. n. 510.

541. — L'acte entier pourrait être déclaré nul, si l'on avait placé dans l'interligne la mention d'une formalité essentielle comme, par exemple, la mention, dans un testament, de la lecture en présence des témoins. Il en est de ce cas comme de celui des surcharges. *Conf.* Roll., v° Interl., n. 4, qui cite un arrêt de Colmar, du 25 avril 1812, aff. Frelin, qui l'aurait ainsi jugé.

542.—Mais l'interligne serait valable si les parties l'avaient expressément approuvée (Voy. n. 537), ce qui n'absoudrait pas d'amende le notaire, car il savait que l'interligne était défendue et il lui était aisé d'employer plus sûrement la voie de l'a-postille ou renvoi. *Conf.* Roll., n. 5, *cod.* Ce cas présente, il est vrai, quelque dissonance avec celui de la surcharge indiquée n. 519; mais il nous semble que la loi doit recevoir une interprétation uniforme pour des cas qu'elle a compris dans une même prohibition, et qu'elle frappe d'une même amende.

543. — Peut-il être prononcé plusieurs amendes s'il y a plus d'une interligne? Voy. n. 522.

544. — *Additions.* — On en a donné la défini-tion plus haut n. 505. Il y a addition de mots, lors-qu'on écrit dans le vide d'un alinéa ou dans l'es-pace qu'on laisse au commencement ou à la fin d'une page; il y a addition de lettres, si l'on en ajoute quelques-unes au commencement ou à la fin d'un ou de plusieurs mots, pour substituer le pluriel au singulier, ou pour changer les sommes ou les dates. — (*Dict. du not.*, v° Addit. n. 1.) On comprend que des additions insignifiantes et peu nombreuses de lettres en vue de rétablir l'or-thographe, seront rarement assimilées à des addi-tions, même au regard de la régie.

545. — Il y aurait addition si le notaire ajoutait quelque chose à la fin de l'acte, *et près de la let-tre*, sans le faire approuver par les parties; ce qui serait ainsi ajouté serait nul, et les signatures ne le protégeraient pas (Ord. 1535, tit. 19, art. 8, arrêt de réglem. 4 sept. 1635.)

546. — Les notaires ne peuvent ajouter même des paroles inutiles, des mots de style, et, à plus forte raison, des énonciations essentielles, sans les faire parapher ou approuver. (Journ. des aud., à la suite de l'arrêt du 27 déc. 1627).—Et il y a contravention, quoique l'addition soit sans influence sur la validité de l'acte. — Colmar, 1er février 1831, aff. L...

547. — Lorsque des mots ont été écrits dans le corps d'un acte sur des points qui remplissaient une partie de la ligne, il y a addition dans le sens de l'art. 16. — Colmar, 1er fév. 1831. D.P. 31. 2. 230. — Roll., *cod.*, n. 7, critique cette dé-cision; il pense qu'il est permis au notaire, au moment où il rédige un acte, de remplir la ligne qu'il avait d'abord laissée en blanc (ce qui n'est pas la question jugée); il ne croit pas non plus que des points puissent être assimilés à des barres sur lesquelles on ne peut écrire, et constituer une contravention. — Il est vrai que des points ne sont point des barres ; mais ils énoncent que la

ligne ne doit pas être autrement remplie, et cela suffit, ce semble, pour qu'on doive voir une addition dans les mots qui ont été écrits sur ces points. — Aussi M. Roll. finit-il par dire qu'il serait mieux de faire un renvoi.

548. — Ils ne peuvent, après coup, même du consentement des parties, faire des additions par renvoi ou apostilles, surtout s'il s'est écoulé plusieurs jours depuis que l'acte a été reçu. Il faut un nouvel acte pour faire des changements à un acte consommé. — *Conf.*, Roll., *eod.*, n. 3.

549. — Des additions faites, après coup, dans l'intention de nuire, peuvent prendre le caractère d'un faux. — Mais si ces mots étaient inutiles ou indifférents, insusceptibles, en un mot, d'opérer obligation, décharge, etc., ils ne constitueraient pas un fait de la nature de ceux prévus par le code pénal, art. 147 et suiv. — Cass., 9 janv. 1806, D.A. 8. 342.

550. — Dès qu'une addition existe, il n'est pas nécessaire, pour qu'il y ait contravention, de prouver qu'elle a eu lieu après coup ou en l'absence des parties. — *Conf.*, Roll., n. 11.

551. — *Mots rayés, ratures.* — On entend par rature l'annulation ou effaçure d'un mot au moyen d'un trait de plume.

On va parler des cas où il y a rature, du mode de les former, de la nécessité de leur approbation. On parlera ensuite des effets du défaut d'approbation régulière.

552. — L'arrêt de réglement du 4 sept. 1685 défendait aux notaires de raturer soit des lignes entières, soit des mots, sans faire approuver la rature à la marge et sans faire signer l'approbation par les parties et les témoins; il ordonnait de plus que les ratures fussent faites par une barre et un trait de plume simple passant sur les mots, afin de pouvoir compter et distinguer facilement la quantité de mots rayés, à peine d'amende arbitraire. Des dispositions relatives aux ratures se trouvent encore dans l'édit de fév. 1719; l'arrêt du conseil du 21 janv. 1723, l'édit de Lorraine du 14 août 1721, art. 66.

553. — On a vu plus haut que l'art. 16 de la loi de ventôse se rapproche sur ce point de l'arrêt de 1685. D'après cet article, en effet, les mots qui devront être rayés le seront de manière que le nombre puisse en être constaté à la marge de leur page correspondante, ou à la fin de l'acte, et approuvé de la même manière que les renvois écrits en marge.

554. — Aussi M. Roll. de Vill., v° Rature, n. 3, dit-il, qu'aujourd'hui, comme sous l'arrêt de 1685, pour opérer une rature, on passe une barre ou un trait de plume sur les mots, afin de pouvoir compter et distinguer facilement la quantité de mots rayés. — « Les notaires attentifs, dit Garnier-Deschênes, p. 78, ont le soin, en comptant les lignes ou mots rayés, de les numéroter afin d'éviter toute méprise. »

555. — La rature entière d'un mot qui reste illisible doit être assimilée à une surcharge. Bruxelles, 28 juill. 1830, D. P. 33. 2. 216.

Des ratures ou des mots sont illisibles lorsqu'on ne peut en apercevoir le sens par la vue et qu'on est obligé d'y suppléer par l'intelligence ou par des conjectures. L. 1 § Dig. *de his quæ in test.*

del. — Les clauses qui sont tellement effacées qu'on ne peut les lire sont nulles.—Même loi.

556. — On ne doit considérer que comme un seul mot les mots composés, tels que *c'est-à-dire, ledit, ladite, ayant-cause, beau-frère*, etc.; on ne pourrait les compter séparément, sans leur donner un sens entièrement différent de celui que présente leur réunion. — Fav., v° Rature; Loret, sur l'art. 16; Roll., v° Rature, n. 4.

557. — Lorsque l'acte présente des lignes entières raturées, le but de la loi semble rempli, si l'on énonce le nombre de lignes rayées, auquel on ajoute le nombre de mots épars dans la page ou dans l'acte.—Loret, *cod.*; Roll.; n. 5.

558.—On doit, jusqu'à preuve contraire, présumer que des ratures non approuvées, ont été faites après la passation de l'acte. Bruxelles, 28 juill. 1830. D.P. 33. 2. 216.

Et dès qu'une rature existe, il y a présomption pareillement qu'il y avait quelque chose d'écrit avant la rature. – Même arrêt.

559.—L'approbation des ratures peut se mettre à la marge ou à la fin de l'acte. Ce dernier mode est plus simple, car il multiplie moins les signatures; il est aussi plus usité. Dans ce cas, on met d'ordinaire à la marge qui correspond à la clôture de l'acte, une indication en ces termes: *rayé tant de mots nuls*, ou *tant de lignes*. Cette approbation est signée ou paraphée par les parties, les témoins et le notaire. — On peut aussi placer l'approbation à la fin de l'acte, immédiatement au-dessous de son contexte, et avant les signatures. (Loret, sur l'art. 16; Augan, p. 71. Roll. n. 8, 9, 10).—Mais, dans ce dernier cas, l'approbation doit, pour être valable, être revêtue d'une signature *spéciale* de la part du notaire, des parties et des témoins. — La simple signature qui termine l'acte est insuffisante, quoique l'approbation ait été écrite avant la signature. (Montpellier, 13 fév. 1829. D.P. 30. 2. 9).—Il a été jugé au contraire que, dans le silence de la loi, il n'est pas nécessaire que, dans cette espèce, les ratures soient approuvées par une signature ou un paraphe particulier. Trib. d'Oléron, 15 mars 1838. D.P. 39. 3. 9. Cette dernière décision ne paraît pas devoir être suivie.

560.—On ne pourrait pas insérer l'approbation immédiatement après les ratures, dans le corps même de l'acte. La loi n'autorise pas ce mode d'approbation qui serait une véritable introduction d'additions dans les actes. — *Conf.*, Roll., n. 12.

561.—Il a été jugé, en conséquence, que l'approbation des mots rayés dans un renvoi était nulle si elle se trouvait faite dans le renvoi lui-même. Bourges, 19 janv. 1838. D.P. 40. 2. 2.—Elle ne pourrait pas être placée non plus au-dessus ou au-dessous du mot rayé : ce serait une interligne, qui est prohibée.

562.—L'approbation des ratures par le notaire seul, même si elle attestait le consentement des parties, ne suffirait pas, sans leurs signatures, pour prouver qu'elles ont consenti aux ratures. Le notaire ne pourrait se permettre de donner de pareilles approbations sans commettre une faute notable, ou, au moins, une haute imprudence.— Toull., t. 8, n. 127, 129.

563.—A plus forte raison, si le notaire a oublié de faire constater sur la minute, avant la signature, les ratures convenues, il ne doit point y remédier après coup sans l'aveu des parties. Il doit avertir les parties et les amener, s'il est possible, à s'entendre sur les rectifications à opérer.—Dalloz, 664, n. 57. — « Le texte d'un acte est sacré, dit Toullier, t. 8, n. 129, avec un sens très-profond; la main plus qu'imprudente qui oserait y toucher, sous prétexte d'en corriger les erreurs, s'habituerait facilement à l'altérer et à le falsifier. »

Si les parties ne s'accordent pas, Toullier, loc. cit., pense qu'il y a lieu de recourir à la justice; Roll., n. 18, estime, au contraire, que l'acte n'est plus susceptible d'aucun changement, même par autorité de justice; il faut un autre acte consenti par les parties pour réparer les vices du premier; et cette opinion paraît exacte, car, dès qu'une nullité existe, il n'est pas au pouvoir d'une partie de forcer l'autre à la réparer : l'acte est comme non avenu en cette partie, si la validité de l'acte dans ses autres dispositions n'en est pas affectée; il sera nul en totalité si la nullité est de telle nature qu'elle doive réfléchir sur l'acte tout entier.

564. — Effet des ratures.—Cet effet est de deux sortes : 1° Il rend le notaire passible d'amende; — 2° Il affecte en certains cas la régularité de l'acte.

D'abord, quant à l'amende, le notaire est passible d'amende pour les ratures non constatées et approuvées, encore bien qu'aucune fraude ne puisse lui être imputée. Bourges, 19 janv. 1838. D.P. 40. 2. 2. En cas pareil, il y a lieu à autant d'amendes qu'il y a d'actes dans lesquels le notaire a enfreint la loi. Même arrêt. V. n. 522.

565.—Enfin, le notaire qui, pour substituer un mot à un autre dans un acte, raie ce dernier mot, et, par un renvoi en marge dûment paraphé par lui, les parties et les témoins, fait cette mention : Bon pour le rétablissement du mot hyds au lieu et place du mot Paris raturé nul, ne commet aucune contravention; car, quoiqu'il soit vrai que le notaire ait employé une mauvaise locution, puisqu'on ne peut, en bon français, rétablir un mot dans un acte qu'autant qu'il a été écrit, et que le mot hyds ne l'avait pas été, on ne peut cependant lui infliger une amende, la loi de ventôse an 11 ne punissant point les fautes de grammaire ou les mauvaises locutions qui peuvent se rencontrer dans les actes que reçoivent les notaires.—Trib de Montluçon, 14 janv. 1837. D.P. 38. 4. 9.

566.—Ensuite, et quant à l'influence des ratures sur la validité des clauses ou des mots qui les recèlent, il est d'abord à remarquer que la loi ne dit point que les mots rayés sont nuls, comme elle le fait pour les mots surchargés, interlignés. Or, la différence de ce langage est sensible. Quand on annule des mots mis en surcharge, en interligne, on ne fait que supprimer la cause de toutes les irrégularités possibles dans les actes, en conservant ce qui a été primitivement fait.— Mais si l'on avait annulé les mots raturés dans un acte, c'est précisément l'inverse qu'on aurait fait : On aurait anéanti ces mots sur le seul motif que

des ratures frauduleuses peut-être, mais irrégulières en tout cas, les auraient atteints. On aurait détruit une clause, et même en certains cas, un contrat solennel, scellés par toutes les parties, au profit de barres ou ratures sans valeur insérées dans l'acte sans aucune garantie, sans solennité. Il était donc juste que la loi ne déclarât pas nuls les mots rayés.

Aussi, a-t-il été jugé qu'on doit regarder les ratures non approuvées comme nulles et non avenues; que les mots rayés doivent être rétablis dans leur état primitif et être censés avoir toujours fait partie de l'acte.—Montp., 23 fév. 1829. D.P. 30. 2. 9.—Conf., Toullier, t. 8, n. 128.

Mais il a été décidé, au contraire, que lorsque des mots raturés dans un acte notarié ayant été remplacés par d'autres mis en renvoi, ce renvoi se trouve annulé par défaut d'approbation, les mots raturés ne doivent pas être considérés comme continuant de faire partie de l'acte. Lyon, 18 janv. 1832. D.P. 32. 2. 179.—Cette décision, alors qu'il n'est pas déclaré que les mots rayés ne sont pas compatibles avec les dispositions de l'acte, ne paraît pas devoir passer en jurisprudence.

567. — Toutefois une clause raturée dans un acte doit être réputée non écrite, lorsqu'il apparaît que la rature a été faite avant la perfection de l'acte et approuvée par les parties, quoique l'un des témoins ne l'aurait pas régulièrement approuvée : on ne saurait même être admis à suppléer à cette clause par la preuve testimoniale.— Toulouse, 20 juill. 1820, aff. Canceris. — Pour qu'une telle décision soit légale, il nous semble qu'il est indispensable que la preuve que les ratures ont précédé la perfection de l'acte résulte des stipulations de l'acte même, ce qui peut en effet se rencontrer fréquemment, lorsque les clauses qui suivent celle qui aura été rayée ont été rédigées dans la supposition que celle-ci a cessé d'exister.

568. — Au surplus, on admet sur ce point plusieurs distinctions. — D'une part, si les ratures sont approuvées, il est évident que les mots ou les dispositions rayés sont nuls; l'intention et le fait concourent alors ensemble avec une force irrésistible. L'approbation prouve d'ailleurs que les ratures ont été faites avant la perfection de l'acte, et avec une pleine connaissance de ce que les parties voulaient en retrancher. (Solon, n. 82; Duranton, 13, n. 54; Dalloz, 10. 664, n. 56; Augan, p. 71). — Néanmoins, si l'approbation avait pour objet de valider les mots rayés, il serait difficile de les annuler, d'autant mieux qu'ils se trouveraient réellement répétés dans l'approbation, au moins implicitement. Dans un pareil cas, on ne peut pas dire qu'il y ait, à proprement parler, approbation des ratures; il y a plutôt approbation des mots que l'on reconnaît avoir été rayés mal à propos. Ce mode présenterait de graves inconvénients; il est toujours plus sûr et aussi facile de recommencer ce qui a été rayé quand on reconnaît que la rature a été faite à tort.

569. — En second lieu, et quant aux ratures non approuvées, plusieurs nouvelles distinctions puisées pour la plupart dans le titre au Dig. de his quæ in testamento delentur, sont nécessaires: 1° Si les ratures, quelles qu'elles soient, ont été

faites par des tiers sans le concours ou le consentement des parties, elles ne nuisent ni à la validité de l'acte, ni à celle des mots rayés, à moins que les ratures ne soient telles qu'elles empêchent de lire les mots qu'elles couvrent; —2° Il en est de même si l'on prouve que les ratures n'ont eu lieu, de la part des parties ou de l'une d'elles, que sans dessein ou inconsidérément, *in consultò*, par colère, étourderie, etc., *nihilominus valent*, L. 1er Dig., cod.; —3° Quant aux ratures volontaires, méditées, faites à dessein *consultò*, il faut distinguer celles qui sont antérieures et celles qui sont postérieures à la perfection de l'acte. Dans le premier cas, la partie rayée seule est nulle : dans le second cas, il en est de même, quand la rature provient du concours des deux parties. — Si une seule fait la rature, elle ne peut nuire à l'autre; mais elle peut être déclarée lui profiter s'il s'agit de la radiation d'un titre existant contre elle : on y peut voir une remise de la dette; —4° Si les ratures faites postérieurement rendent l'acte entièrement illisible, celui qui veut le faire valoir a une action en dommages-intérêts contre l'auteur des ratures; il a contre la partie une action en exécution, si l'on peut encore reconnaître la teneur de l'acte; 5° Lorsque les ratures portent sur des parties inutiles, des phrases indifférentes, elles ne sont d'aucune influence; si elles tombent sur des parties essentielles, il faut d'abord distinguer entre les ratures de la minute, et celles de la grosse ou expédition. — Toullier, n. 116 et suiv.; Roll., n. 29 et suiv.

570. — Lorsque les ratures de la minute ne sont pas constatées, Toullier, 8, 125 et suiv., pense, contre l'opinion de Merlin, Rép., v° Ratification, et Duranton, 13, n. 54, que cet état de la minute, qui constitue le notaire en faute, n'est pas présumé antérieur à la signature de l'acte, et que les ratures sont, jusqu'à preuve contraire, censées postérieures; on peut penser que l'acte a été falsifié. Quel que soit l'auteur de ces ratures, si elles ne sont point consenties, elles ne peuvent préjudicier aux droits résultant du contrat; elles doivent être regardées comme non avenues, de même que les additions non approuvées.—Dalloz, 10, 664, n. 56; Roll., n. 52.

571. — Quant aux ratures sur la grosse ou sur les expéditions, lorsqu'elles ont été constatées et approuvées, elles ne sont considérées que comme des erreurs de copiste, sauf à la partie qui se plaindrait, à demander la représentation de la minute. Si les ratures ne sont pas constatées, il faut appliquer les distinctions faites pour les ratures qui se trouvent sur la minute; elles sont censées faites par celui chez qui se trouve l'acte. — Toull., t. 8, n. 130, 131, 132; Dalloz, 10. 665, n. 58; Roll., n. 54 et suiv.

572. — Quoique les mêmes règles doivent être suivies pour les actes qui auraient été délivrés en brevet et dans lesquels se trouveraient des ratures non approuvées (*Conf.* Toull., n. 131; Roll., n. 58), il a été jugé cependant que l'art. 16 de la loi de ventôse, relatif à l'approbation des mots rayés nuls, n'est point applicable aux actes en brevet; que cette disposition ne distingue pas, il est vrai, entre les actes en minutes et les actes en brevet; mais que la différence essentielle qui existe

entre ces deux sortes d'actes nécessite une distinction : en effet, les premiers restent à perpétuité dans les mains du notaire, dont sortent immédiatement les seconds, pour n'y plus rentrer : que tout ce que peut faire le notaire, c'est de constater l'état de ces actes au moment de leur délivrance aux parties; que s'ils éprouvent ultérieurement quelques altérations, l'officier public rédacteur ne saurait justement ni raisonnablement en être responsable. — Trib. de la Seine, 21 juill. 1837. D. P. 37. 4. 195.

ARTICLE 17.

Le notaire qui contreviendra aux lois et aux arrêtés du gouvernement concernant les noms et qualifications supprimés, les clauses et expressions féodales, les mesures et l'annuaire de la république, ainsi que la numération décimale, sera condamné en une amende de 100 francs qui sera double en cas de récidive.

573. — *Noms et qualifications supprimées.* — Ces expressions se réfèrent particulièrement au sénatus consulte du 22 fruct. an 13, qui a ordonné qu'à compter du 1er janv. 1806 le calendrier grégorien serait remis en usage dans toute la France. Par ce sénatus-consulte, s'est trouvée abrogée la défense d'employer dans les actes soit publics, soit privés, aucune autre date ni indication que celle tirée du calendrier républicain, à peine d'amende contre les particuliers et contre les fonctionnaires publics, et même en cas de récidive, de destitution contre les notaires, arrêté 4 germ. an 6; — L. 23 fruct. an 6.—A partir du sénatus-consulte, les notaires qui contreviennent aux lois concernant l'annuaire du royaume encourent une amende de 100 fr., réduite à 20 fr. par l'art. 10 de la loi du 16 juin 1824.

574. — *Clauses et expressions féodales.* Les dispositions de cet article relatives aux qualifications et expressions féodales se réfèrent notamment à la loi du 8 pluviôse an 2, dont l'art. 4 est ainsi conçu : « Il est fait défense à tous notaires, greffiers et autres dépositaires quelconques d'insérer à l'avenir dans les minutes, expéditions ou extraits d'actes de toute nature, quelle que soit leur date, des clauses, qualifications, énonciations ou expressions tendant à rappeler d'une manière directe ou indirecte le régime féodal ou nobiliaire, ou la royauté, sous les peines portées par l'art. 7 du décret du 7 juillet 1793, sauf auxdits dépositaires à délivrer lesdits extraits ou expéditions, après les avoir purgés de tout ce qui est prescrit par le présent décret et ceux antérieurs. — Le décret des 27 sept. — 16 oct. 1791, art. 4, disposait déjà en ce sens.

Depuis, Napoléon ayant jugé la création d'une nouvelle noblesse nécessaire à son empire, rétablit les titres de prince, d'altesse, sérénissime, duc, comte, baron et chevalier, avec hérédité à certaines conditions. Il voulut que les armoiries et livrées fussent fixées par lettres-patentes; il créa les majorats. Tout cela fut l'objet du sénatus-consulte du 14 août 1808 et des décrets du 1er mars 1808 et enfin de l'art. 259 du code pénal de 1810 qui punit de six mois à deux ans de prison, l'usurpation de titres non légalement conférés. Toutefois, comme l'ancienne noblesse aurait pu croire qu'elle se trouvait rétablie dans ses titres, l'un de ces derniers décrets dit, art. 15 : « Défendons à tous nos sujets de s'arroger des titres et qualifications que nous ne leur aurions pas conférés, et aux officiers de l'état civil, notaires et autres de les leur donner ; renouvelant autant que besoin serait, contre les contrevenants, les lois actuellement en vigueur. » Mais la charte de 1814, confirmée par celle de 1830, dont l'art. 62 porte : « la noblesse ancienne reprend ses titres, la nouvelle conserve les siens », a virtuellement modifié, en ce qui concerne les anciens nobles, les prohibitions des décrets de 1791, de l'an 2, de l'art. 17 de la loi de vent. an 8 et enfin de l'art. 15 du décret du 1er mars 1808. En sorte que rien ne s'est opposé à ce que, depuis la charte de 1814, les notaires donnassent aux anciens nobles les titres, qualifications, qu'ils ont le droit de prendre ou qu'ils sont en possession de porter. Ajoutons, pour compléter cet exposé : 1° qu'aux termes et à compter d'une ordonnance du 10 fév. 1824, les titres de baron, vicomte, comte, marquis et duc, sont personnels aux impétrants et non transmissibles à leur descendance, à moins que les lettres-patentes ne les aient autorisés à constituer, et qu'ils n'aient réellement constitué un majorat affecté au titre que le roi leur accorde ; 2° Qu'une autre ordonnance du 10 octobre suivant, a prescrit la justification à faire pour obtenir des lettres-patentes, conférant le titre personnel de chevalier aux membres de la Légion d'Honneur, et déterminé les cas dans lesquels la noblesse leur serait acquise héréditairement. — C'est ainsi qu'on marchait avant 1830, dans l'intérêt d'une fraction de la société qui se croit plus religieuse et plus chrétienne que les autres, vers le système anti-chrétien de la prééminence originelle de l'homme sur son semblable !

575. — On sait qu'aujourd'ui et depuis l'abrogation de l'art. 259 du code pénal, relatif à l'usurpation des titres royaux, par la loi du 28 avril 1832, ces titres peuvent être pris impunément par tout le monde. — Cependant suit-il de là que la défense faite aux notaires, par l'art. 15 de l'un des décrets du 1er mars 1808, doive être réputée avoir pris fin ? — On ne le pense pas. L'art. 62 de la charte continue de subsister. Chaque jour, le roi use du droit qui lui est attribué par la constitution de donner des titres de noblesse. Un notaire enfreindrait donc les lois s'il donnait à une partie un titre qu'il saurait ne pas lui appartenir. — Néanmoins, en présence de ce fait considérable de l'abrogation de la disposition de l'art. 259 relative aux titres nobiliaires, en présence de l'impossibilité morale où les convenances placent le notaire de demander à un citoyen la justification du titre que la loi lui permet de prendre sans commettre aucun délit, on conçoit qu'il arrivera bien rarement que la bonne foi du notaire ne le mette pas à l'abri des peines disciplinaires. On se déterminerait, ce semble, d'autant plus difficilement à le punir, que l'auteur de l'usurpation échappe à toute disposition répressive.

Du reste, les titres que la charte et les décrets antérieurs ont rétablis sont particulièrement ceux qui ont trait aux personnes et non ceux attachés aux choses et qui rappelleraient la féodalité, comme serait celui de seigneurs de tel endroit. Conf., Roll, v° Qualific. féod., n. 5.

576. — Les mesures. Expression qui comprend aussi les poids. La diversité des poids et mesures qui, avec celle des lois, existait en France, était regardée, avec juste raison, comme l'un des premiers obstacles au progrès social. C'est pour arriver à l'uniformité tant désirée en cette matière que la réforme a été entreprise. — Mais cet avantage dont les Romains avaient joui, qu'ils introduisirent dans la Gaule, où il subsista jusqu'à la fin du règne de Charlemagne, et que plusieurs rois tentèrent en vain de rétablir, n'est pas un de ceux qui s'acquièrent en un jour : il n'a pas fallu moins d'un demi siècle pour l'atteindre (Voy. au Dict. gén., v° Poids et Mesures, les phases si variées de la législation, et l'histoire des expédients auxquels elle a été obligée d'avoir recours.) — Encore est-il vrai de dire qu'il ne se trouve réalisé qu'à demi ; et sans le secours de l'enseignement primaire, le législateur aurait sans doute été condamné pour longtemps encore à recourir aux expédients. Voy. au titre 14, part. 1re de cet ouvrage, un tableau des poids et mesures et de leurs dénominations.

577. — La jurisprudence est quelquefois venue au secours des notaires eux-mêmes. — La loi du 1er vend. an 4 avait « enjoint à tous notaires, officiers publics, d'exprimer en mesures nouvelles toutes les quantités de mesures qui seront à énoncer dans les actes qu'ils recevront, sous peine de 50 fr. d'amende (portée à 100 pour les notaires, par l'article 17 de la loi de vent.), réduite à 20 fr. par celle de 1824). »

578. — Cependant il a été successivement décidé 1° que les notaires pouvaient placer les anciennes mesures à côté des nouvelles, afin d'en présenter comme la traduction ou l'explication. Arrêté 13 br. an 9 ; Instr. gén. 14 déc. 1833 ; Cass. 12 nov. 1834 ; Aix 23 janv. 1834. Amiens, 12 juill. 1834 ; D.P. 35. 1. 25 ; 34. 2. 81.

517.—2° Que, bien que les officiers publics ne puissent d'abord employer pour l'expression des quantités en mesures nouvelles, que les dénominations du système décimal fixées par la loi du 18 germinal an 3 (arrêté min. de l'int., 30 frim. an 14, art. 4), cependant ils ont pu, depuis le décret du 12 fév. 1812, se servir des dénominations vulgaires autorisées, pour les usages du commerce, par ce décret, et par exemple, des notaires ont pu employer ces locutions aunes de 120 centimètres, boisseau métrique, etc. Cass. 7 janvier 1834, Rennes, 5 mai 1834. D.P. 34. 1. 76 ; 38. 2. 227.

580. — Mais tous ces expédients ou tempéraments ont dû cesser à partir de 1840. C'est ce qui résulte de la loi du 4 juillet 1837, dont l'art 5 porte : « A compter du 1er janvier 1840, toutes dénominations de poids et mesures autres que celles portées dans le tableau annexé à la présente loi, et établies par la loi du 18 germinal an 3, sont interdites dans les actes publics ainsi que dans les affiches et annonces. Les officiers publics contrevenants seront passibles d'une

amende de 20 francs qui sera recouvrée par contrainte comme en matière d'enregistrement. » — Cette loi abroge le décret du 12 fév. 1812, à partir de la même époque.

Ainsi, désormais, il n'est plus permis d'énoncer les anciens poids et mesures à côté des nouveaux : l'indication de ceux-là concurremment avec ceux-ci, aurait pu avoir pour résultat de retarder une réforme que les tâtonnements du pouvoir n'ont que trop différée.

581. — Toutefois, la défense d'énoncer dans les actes les anciennes mesures ne s'applique qu'à l'avenir; par suite, il est permis aux notaires et officiers publics de reproduire *textuellement* les anciennes dénominations de poids, mesures et monnaies dans les copies et extraits d'actes antérieurs au 1er janvier 1840, ou dans les analyses qui en sont faites dans les actes postérieurs. Mais il doit être indiqué dans l'acte nouveau qu'en employant les anciennes dénominations, on analyse l'ancien titre. Trib. de Meaux, 28 mai 1840; de Coulommiers 24 août 1840, d'Orléans 18 déc. 1840; Déc. min. fin. et com., 5 août 1842; Instr. gén. 20 août 1842, n. 1671. D.P. 43. 3. 16.

582. — Si un notaire employait pour la désignation de pièces de terre ou de vigne la dénomination de *sillons* et de *rangs*, contreviendrait-il à l'art. 5 de la loi de 1837? Le tribunal de Saint-Jean-d'Angély s'est prononcé pour la négative le 25 juillet 1840, attendu que ce ne sont pas là des mesures de terrain, et que la loi de 1837 n'a interdit que la dénomination applicable à des mesures anciennes. — Il en faut dire autant des expressions qui s'appliquent à un vaisseau ou à une quantité quelconque dont la mesure et le poids ne sont pas déterminés, comme une bouteille, un tonneau, un baril de vin, une voiture, une botte de foin, cent fagots ou bourrées, un tombereau, une brouette de sable, enfin de toutes les expressions qui ne déterminent pas expressément une certaine quantité fixe de poids et mesures. Délib. 6 avril 1832; Solut. 30 avril 1832. Journ. de l'Enreg., n. 10345. — Cette décision, quoique rendue avant la loi de 1837, devrait, ce semble, encore être suivie : il n'est pas à craindre qu'un mode pareil passe en usage. D'ailleurs, s'il devait être pratiqué, ce ne serait qu'à la longue, et le pouvoir ne manquerait pas de moyens pour le faire cesser. — D'ailleurs, une fois que, dans une localité, les termes indiqués deviendraient l'expressions de mesures ou poids usuels, les tribunaux de répression seraient compétents pour la faire cesser.

583. — Il n'y aurait pas contravention non plus dans l'énonciation que contiendrait une procuration de mesures usitées en pays étranger où l'acte devrait être exécuté: la loi n'est pas applicable aux conventions qui doivent avoir leur exécution en pays étranger ou qui sont stipulées en valeurs étrangères. Solut. 14 janv. 1832. Dict. gén. n. 258. —Mais il contreviendrait à la loi s'il se servait des dénominations de trois quarts d'hectolitres, trois huitièmes d'hectolitres. « Attendu qu'admettre le mélange de l'unité décimale avec les anciennes fractions ordinaires, ce serait consacrer l'accouplement de deux systèmes qui reposent sur des bases essentiellement différentes, détruire toute l'économie de la loi et manquer le but que le législateur s'est proposé. Trib. de Lisieux 23 déc. 1812. D.P. 43. 3. 80.

584. — *Numération décimale.* La division décimale des monnaies énoncée par la loi du 24 août 1793, confirmée par celle du 16 vend. an 2, a été établie par celle du 28 therm. an 3. — Ces lois ont ordonné que l'unité monétaire porterait désormais le nom de *franc*, que le franc serait divisé en 10 décimes, le décime en 10 centimes, et que le titre et le poids des monnaies seraient indiqués par les divisions décimales.—L'art. 2 de la loi du 17 floréal an 7 porte : « A partir de la même époque (1er vend. an 8), toutes transactions ou actes entre particuliers exprimeront également les sommes en francs, décimes et centimes, ou les sommes seront censées évaluées de cette manière, quand même elles seraient énoncées en livres, sous et deniers. » — Enfin l'arrêté du 26 vend. an 8 présente des tableaux de conversion des francs en livres tournois et des livres en francs (Voy. ces tableaux, 1re partie p. 640, 641.)

585. — Malgré ces textes, il a été jugé que le notaire qui, dans un testament, emploie d'anciennes dénominations monétaires pour les valeurs léguées par le testateur, ne contrevient point à la loi du notariat (Trib. de St-Dié, 30 août 1832. D.P. 43. 3. 20), et cela paraît conforme au principe qui veut que le testament soit écrit tel qu'il est dicté. — Le notaire doit cependant proposer au testateur la numération décimale; mais si le testateur résiste soit par ignorance du système nouveau soit par toute autre cause que, pour sa garantie, le notaire devrait mentionner, nous ne voyons pas que celui-ci puisse encourir une amende.

586. — *Amende de 100 fr.* Elle a été réduite à 20 fr. par l'art. 10 de la loi du 16 juin 1824, et surabondamment, pour la contravention à la loi sur les poids et mesures, par celle du 4 juillet 1837, art. 5.

ARTICLE 18.

Le notaire tiendra exposé dans son étude un tableau sur lequel il inscrira les noms, prénoms, qualités et demeures des personnes qui, dans l'étendue du ressort où il peut exercer, sont interdites ou assistées d'un conseil judiciaire, ainsi que la mention des jugements relatifs; le tout immédiatement après la notification qui en aura été faite, et à peine des dommages-intérêts des parties.

587. — Cet article qui a son origine dans d'anciens arrêts de règlement (V. Cod. du not. 18 mars 1614) est l'exécution des art. 501, C.civ. et 897 C. pr. qui ont été promulgués après lui.— Ajoutons qu'il est un peu modifié et qu'il est complété par l'art. 501. — Voici, au surplus, le texte des art. 501, C. civ. et 897, C. pr.

« Art. 501, C. civ. : Tout arrêt ou jugement portant interdiction ou nomination d'un conseil sera, à la diligence des demandeurs, levé et signifié à partie, et inscrit, dans les dix jours, sur les tableaux qui doivent être affichés dans la salle de l'auditoire et dans l'étude des notaires de l'arrondissement. — Art. 897, C. pr. : le jugement qui prononcera défense de plaider, transiger, emprunter, recevoir un capital mobilier, en donner décharge, aliéner ou hypothéquer sans assistance de conseil, sera affiché dans la forme prescrite par l'art. 501, C. civ. »

588.— *Un tableau*. — A Paris, la chambre des notaires est dans l'usage de tenir registre, pour elle, des interdictions et nominations de conseil; cette mesure est utile pour la réparation des omissions que les notaires du ressort peuvent avoir commises. La forme du placard serait difficile à suivre à cause du grand nombre d'extraits qui peuvent être publiés. Chaque notaire en tient le tableau dans un registre, et la mention de cette mesure est affichée dans l'étude (Roll., v° Tableau des interdits, n. 8 et 9).

589.—*Inscrire exactement les noms.* — Le notaire qui tronquerait les noms de l'interdit, sur le tableau qu'il afficherait dans son étude, serait passible des dommages-intérêts, pourvu que l'erreur fût de nature à tromper les parties sur l'individualité de la personne désignée (*Eod.*, n. 12.

590. — Il y aurait aussi responsabilité, si le notaire avait, par son dol, empêché la partie de prendre connaissance du tableau. Mais il faudrait, pour juger qu'il y a dol, que le tribunal eût des preuves positives, et ce cas est très-peu probable.

591. — *Dans le ressort.* — De la combinaison de l'art. 18 avec l'art. 501, C. civ., il résulte que le tableau doit contenir les interdictions et dations de conseil faites *dans l'arrondissement*; «jet c'est ainsi, dit M. Roll. de Vill., v° Tabl. des interd. n. 3, qu'on l'a toujours entendu.»

Ce n'est que de l'arrondissement de l'interdit ou du prodigue, de celui, en un mot, dans lequel le jugement est rendu, que la loi entend parler, et non des divers arrondissements dans lesquels ils peuvent avoir contracté des obligations. Argum. Cass. 29 juin 1819, D. A. 9. 561.

592. — *Du jugement.* — L'insertion au tableau doit avoir lieu, quoique le jugement d'interdiction ou de nomination de conseil puisse être réformé sur l'appel. Dans le cas d'appel, il faut que le jugement et l'arrêt soient remis successivement à la chambre des notaires (*Conf.* Roll., *eod.*, n. 4.

593.—*Immédiatement.*—L'art. 501, C. civ. exige que l'inscription soit faite dans les *dix jours* de la signification à partie. V. ce qui suit.

594—*Après la notification qui leur en est faite.* Il résulte des art. 92 et 175 du tarif, qu'il n'est pas nécessaire que le jugement soit signifié aux notaires : il suffit que l'extrait en soit remis au secrétaire de leur chambre, qui en donne récépissé et le communique à ses collègues. Les notaires de l'arrondissement sont tenus de prendre, à leur chambre, note de ces jugements et de s'en faire afficher l'extrait dans leurs études (Toullier, t. 2, n. 1332). Cet extrait, écrit sur un papier timbré de 35 cent. et enregistré, est fait par l'avoué qui le dépose ou le fait déposer au secrétariat de la chambre (Roll., *eod.*, n. 6). Si les notaires négligeaient de retirer la note des extraits de juge-

ments, le secrétaire devrait la leur adresser le plus promptement possible ; il importe que des tiers ne puissent pas être trompés sur la capacité des interdits.

595.—*A peine de dommages-intérêts.* — Quand la mention a eu lieu conformément à la loi, le notaire peut-il être soumis à des dommages-intérêts à raison de l'incapacité de l'interdit ? Oui, selon l'arrêt du 17 janv. 1662, Denisart, et les auteurs des Pandectes français. Non, suivant Ferrière, Langlois, Merlin, Rép. v° Interd., § 6; Loret, Garnier-Deschênes, Massé et Pagès, Respons. des not., p. 78. La loi ne déclare responsable le notaire que quand il n'a pas tenu dans son étude le tableau des interdits; c'est aux parties à s'imputer de n'avoir pas consulté ce tableau : *volenti non fit injuria.* — Il nous semble que le notaire devant lequel un pareil acte serait passé, sans qu'il eût pris la précaution d'avertir la partie de l'incapacité, pourrait, s'il était reconnu qu'il savait très-pertinemment que l'interdiction n'était pas levée, être déclaré responsable.

596. — Au reste, bien que la loi ne prescrive pas la publicité des jugements de main-levée d'interdiction (V. Dict. gén., v° Interdit, n. 174), il est d'usage à Paris d'en remettre l'extrait au secrétaire de la chambre, qui en fait mention dans une colonne particulière.

ARTICLE 19.

Tous les actes notariés feront foi en justice, et seront exécutoires dans toute l'étendue de la république.

Néanmoins, en cas de plainte en faux principal, l'exécution de l'acte argué de faux sera suspendue par la déclaration du jury d'accusation prononçant qu'*il y a lieu à accusation.* En cas d'inscription de faux faite incidemment, les tribunaux pourront, suivant la gravité des circonstances, suspendre provisoirement l'exécution de l'acte.

597. — « Par cette disposition, a dit M. Réal, dans l'*Exposé des motifs*, la loi constitue véritablement le notariat en donnant aux actes que le notaire reçoit le caractère et la force que la loi donne aux jugements qui sont passés en force de chose jugée. Mais, pour éviter les interruptions forcées que l'on pourrait donner au principe véritablement conservateur de la tranquillité des familles et de la propriété, pour empêcher qu'il ne puisse, dans la main d'un faussaire, être une arme dont rien ne pourrait arrêter les funestes effets, le projet prévient les dispositions suivantes, etc. »

Cette disposition est celle que contient le 2° alinéa de l'article qui a fourni au tribun Favard, dans son rapport, les observations qu'on va lire :

« On a objecté, y est-il dit, que la faculté accordée aux tribunaux de suspendre, dans certains cas, l'exécution des actes notariés, était une innovation à laquelle on pouvait opposer les principes de la matière. On a observé que, suiv. l'art. 25, les actes notariés n'étaient exécutoires qu'en forme de grosses, et que la forme des grosses était la même que celle des jugements, d'où l'on a tiré la conséquence que ce qui concernait les jugements en matière d'exécution devait être applicable aux actes notariés ; que si le pourvoi en cassation, si l'admission même de la requête n'arrêtaient pas l'exécution des jugements, si les jugements devaient être exécutés tant qu'ils ne sont pas cassés, les actes notariés devaient l'être également tant qu'ils ne sont pas annulés.

« La réponse à cette objection est simple. L'exécution parée et provisoire, attribuée de tout temps, même en cas de faux, aux actes notariés, est une conséquence nécessaire et rigoureuse de leur authenticité légale ; mais à la vue des faux qui se commettent journellement, n'est-il pas du devoir du législateur d'en prévenir les effets par les mesures proposées ? Le principe général reste toujours. La foi et l'exécution sont dues à l'acte notarié : tel est le premier vœu de la loi. La modification n'est établie que pour deux cas d'exception tellement rigoureux, que le principe n'en doit souffrir aucune atteinte.

« Le premier est le cas de la plainte en faux principal contre un acte dont l'exécution est provisoire. Si l'accusation est admise par un jury spécial, l'intérêt de la société n'exige-t-il pas que l'exécution d'un pareil acte demeure suspendue ? C'est le faussaire que la loi veut atteindre ; mais l'acte reste toujours conservé dans ses effets, qui sont simplement suspendus, et reprendront toute leur force, s'il est jugé qu'il n'y a pas de faux.

« Le second, quoique moins précisé, rentre néanmoins dans les mêmes intentions que le premier. Le faux incident devant être jugé par le tribunal civil saisi déjà de l'affaire principale, le projet de loi ne pouvait mieux faire que de l'établir jury en quelque sorte dans cette plainte incidente de faux.

« Ainsi, c'est à lui à peser dans sa sagesse le mérite des preuves qui lui sont présentées, à apprécier les circonstances, à juger leur caractère ou plus ou moins grave, et, s'il lui est suffisamment prouvé que le faux existe, à ordonner la suspension provisoire de l'acte.

« Dans ces deux cas d'exception extraordinaire, le projet ne détruit pas l'exécution provisoire de l'acte, il ne fait que la suspendre : c'est une mesure simplement provisoire qui pourrait être prise de même contre un jugement attaqué comme faux, et pour lequel l'accusation aurait été admise. Le tribunal que l'on aurait supposé avoir rendu ce jugement pourrait certainement en suspendre l'exécution. Ainsi, l'article proposé ne porte point atteinte à l'exécution parée des actes notariés. »

Nous allons reprendre maintenant les diverses expressions de l'art. 19.

598. — *Tous actes notariés feront foi.* — On a vu plus haut, n. 31 et suiv., que les actes notariés jouissent de l'authenticité, ou, en d'autres termes, qu'ils sont des actes authentiques ; or le caractère principal de l'acte authentique est de faire foi, c'est-à-dire de commander créance, d'impri-

mer une véritable certitude aux actes et contrats qu'il constate, en un mot de faire preuve pleine et complète sans avoir besoin d'en invoquer d'autre : *instrumentum est probatio probata et non probanda*, Fabre. — Conf. Marcadus de *probat.* Concl. 1148, n. 2. C'est ce qui résulte expressément de la combinaison des art. 1 et 19 de la loi avec l'art. 1319 C. civ.—Or, sous ce rapport, un inventaire est un acte authentique dont les énonciations ne peuvent être détruites par des présomptions. Cass., 2 déc. 1835. D.P. 36. 1. 70.

Quelle est la nature de la foi due aux actes notariés ? A quelle condition cette foi est-elle due ? Entre quelles personnes ?

598. — § 1er. *Nature de la foi due aux actes notariés.*—L'acte notarié fait pleine foi, non seulement de ce qu'il atteste directement, mais encore de ce qu'il atteste indirectement ou obliquement, c'est-à-dire de ce qui en est une suite nécessaire et infaillible. — Merl., Rép., v° Moyens de faux, t. 17, p. 209.—Ainsi, une partie en attestant que des témoins étaient présents à la dictée, à l'écriture, prouve virtuellement qu'ils n'étaient pas ailleurs, ou qu'ils ne sont pas arrivés après, que tout était écrit.

600. — On a demandé si la foi due aux actes authentiques est tellement indivisible, que le faux dans une partie d'un acte entraîne la nullité pour le tout. — Fabre enseigne que la foi est une et indivisible *cum totius instrumenti fides una et individua sit* : Solon, n. 80, penche pour cette opinion. — Serpillon, Cod. c., du Faux, p. 391 ; Muyard, Instit., p. 332 ; Toullier, t. 8, n. 117 ; Merl., Rép., v° Faux ; Dall. 10. 674, n. 10 ; *Dict. du not.*, v° Acte auth., n. 21 ; Roll. *eod.* n. 82, pensent, au contraire, que le faux dans une partie de l'acte n'annulle pas les autres dispositions lorsqu'elles n'ont point de connexité avec celles qui sont falsifiées, *cum instrumenti capitula sunt separata et æquè principalia.* Ainsi, dans un acte énonçant que Paul doit à Pierre diverses sommes dont l'une aurait été prêtée à Bordeaux, la preuve que ce dernier prêt n'est pas véritable n'empêche pas les autres de valoir.

601.—L'acte fait pleine foi, c'est-à-dire qu'aucune preuve testimoniale, contraire à ce qu'il renferme, n'est admise : on a rejeté l'ancien brocard, *témoins passent lettres* : et l'on dit avec la loi 2 cod. *de testibus : contrà scriptum testimonium, testimonium non scriptum non fertur.*

602.—Il y a plus : pour détruire la foi légalement due à l'acte authentique, l'inscription de faux ne suffit pas, il faut prouver, en outre, qu'il contient un faux : — L'acte ne cesse de faire foi que lorsque la preuve du faux est acquise. S'il en était autrement, la foi due à l'acte authentique serait à la merci du premier intéressé qui viendrait en nier le contenu ; c'est précisément pour assurer les actes contre des attaques téméraires, que la loi a établi l'authenticité.—Nancy, 24 juil. 1833. D.P. 34. 2. 204.—A la vérité, l'art. 1319 C. civ. porte qu'en cas de plainte en faux principal, l'exécution de l'acte sera suspendue par la mise en accusation ; et qu'en cas d'inscription de faux incident, les juges pourront, suivant les circonstances, suspendre provisoirement l'exécution de l'acte. Mais cet article, en disant que l'exécution de l'acte cessera ou pourra cesser par suite d'une procédure de faux, ne suspend ou ne permet de suspendre que l'effet attribué à l'acte, mais non la foi qui lui est due. — Merl., Rép., t. 17, p. 206; Duranton, t. 13, n. 83; Roll., n. 89.

603.—L'acte authentique continuant de faire foi après l'inscription de faux, il ne peut être infirmé par des allégations non justifiées par des inductions, même vraisemblables, mais qui laisseraient subsister la possibilité que ce que l'acte atteste soit vrai.—Merlin, eod., 208; Roll., n. 90, 93.—Ainsi, la partie admise à s'inscrire en faux contre un acte authentique ne peut se borner à offrir la preuve négative des faits constatés par l'acte incriminé; mais elle doit articuler des faits positifs contraires. Nancy, 22 fév. 1841. D.P. 41. 2. 191.

604.—Des auteurs vont même jusqu'à prétendre que la foi due aux actes est de telle importance que l'on ne peut pas demander à faire la preuve directe contraire soit aux faits attestés par l'acte, soit à ceux qui en résultent par induction nécessaire; mais que cette preuve doit porter sur d'autres faits ou circonstances qui viennent établir, par une induction nécessaire et infaillible, la fausseté de ceux énoncés dans l'acte. Ce sont des faits *extérieurs*, des faits *indirects*, en un mot des *moyens de faux* qui doivent faire l'objet de la preuve demandée. (C. pr. 229, 232; Merlin, eod. Roll., eod., n. 91.)—Ainsi, il ne suffit pas de prouver contre l'attestation de l'acte, qu'un témoin n'était pas présent à sa rédaction, si l'on n'offre de prouver qu'il se *trouvait, à cette époque*, dans un autre lieu. (Instit. *de stipul. inut.*; Merlin, eod.)—Il a été jugé, en conséquence, que la déclaration de tous les témoins instrumentaires sur inscription de faux, que le testament n'a été écrit en entier, ni dicté, ni signé en leur présence, cette déclaration isolée de toutes autres preuves ou circonstances, est insuffisante pour établir la fausseté des énonciations contenues dans l'acte attaqué. (Bourges, 2 mai 1832. D.P. 33. 2. 47.) Il en doit être de même si les déclarations des témoins instrumentaires ne sont pas *unanimes*. Colmar, 22 nov. 1829. D.P. 30. 2. 180.

605. — C'est ici ici le lieu d'examiner jusqu'à quel point le témoignage des notaires et des témoins peut être invoqué pour atténuer la foi due aux actes notariés.
En général, lorsqu'il s'agit de prouver des faits relatifs à des actes notariés, et que la preuve est admise par la loi, les témoignages des notaires et des témoins instrumentaires doivent être reçus, sauf les reproches particuliers qui pourraient s'élever contre eux.

606.—Nul doute sur ce point lorsque les faits à prouver n'ont rien de contraire à ceux attestés dans l'acte, par exemple s'il s'agit de faits de fraude ou de violence, venus à la connaissance des témoins et du notaire depuis la passation de l'acte, ou d'un fait de numération fictive.—Toullier, n. 309, 310.

607.—Mais un notaire et des témoins peuvent-ils être entendus sur des faits directement contraires à ceux qu'ils ont eux-mêmes attestés? Il faut distinguer. Hors le cas d'une procédure de faux, le notaire et les témoins instrumentaires ne peuvent être admis à déclarer, contrairement au matériel de l'acte, que les conventions n'ont pas été réellement dictées par les parties. Mais ils peuvent déposer sur la sincérité des conventions, sur les faits de simulation qui seraient venus à leur connaissance.—Toullier, t. 9, n. 313.

608.—Toutefois, les déclarations du notaire et des témoins sur les faits de simulation ne doivent être reçues qu'autant qu'ils auraient acquis la connaissance de ces faits hors du temps où l'acte a été passé. On ne saurait admettre des notaires à venir déclarer qu'ils se sont prêtés sciemment aux simulations dont les parties se rendaient coupables. C'est ainsi que l'arrêt du 8 prairial an 12 (D.A. 10. 671, n. 2) a maintenu un acte notarié dont on avait demandé la nullité, parce que le notaire qui l'avait reçu avait reconnu, dans un écrit privé, quel'une des parties n'était que prête-nom.

609. — Mais les choses ne sont plus les mêmes lorsqu'un acte notarié est incriminé de faux. Alors, non-seulement il est permis d'entendre les notaires et les témoins; mais leurs dépositions ou interrogatoires deviennent nécessaires.

610.—Jugé aussi qu'aucune loi ne défend au juge d'admettre l'audition des témoins instrumentaires d'un acte public argué de faux; c'est à lui seul qu'il appartient d'apprécier l'intérêt, la portée et les résultats des dépositions. (Req. 12 mars 1838. D.P. 38. 1. 89. — V., en sens cont., D.G., v° Témoin, n. 128 et suiv.)—Cependant il a été décidé que la seule déposition de ces témoins ne fait pas preuve complète du faux; elle peut seulement être admise en complément de preuve. Montpellier, 9 déc. 1828. D.P. 30. 2. 41.

611. — Si le notaire était lui-même inculpé de faux, les témoins pourraient déposer, bien que les faits déclarés par eux fussent en opposition avec ceux attestés par leur signature. S'ils étaient impliqués dans la procédure, ils n'auraient pas, non plus que le notaire, de dépositions à faire, mais bien des interrogatoires à subir; leurs aveux seraient d'un grand poids, s'ils n'étaient pas décisifs.—Toull., t. 9, n. 311 et 312.

612.—Au reste, la foi due aux actes authentiques n'est pas inébranlable dans tous les cas; la loi n'a ni dû, ni voulu assurer l'empire du mensonge.—D'abord, pour que tel acte puisse faire foi, il faut que son état matériel ne résiste pas à cette croyance que la loi commande pour ses énonciations. — Si donc, à la simple *inspection oculaire* de l'acte produit devant eux, les juges reconnaissent que sa contexture et sa forme accusent des vices patents et matériels qui lui enlèvent tous les caractères d'authenticité, ils peuvent refuser à cet acte foi et exécution, sans être tenus de subordonner leur conviction et leur jugement à l'inscription en faux (C. civ. 1319; C. pr. 214). — Req. 12 janv. 1833. D.P. 33. 1. 108. — Si, dans un acte de donation où le montant de la somme donnée paraît être de *seize* mille francs, le mot *seize* a été altéré et remplacé par le mot *six*, les juges peuvent aussi, sans inscription de faux, n'avoir aucun égard aux mots *six* ou *seize*, et borner la quotité de la somme à *mille* francs, seuls mots écrits d'une manière claire et lisible.—Req. 27 juill. 1825. D.P. 25. 1. 384.—Ainsi encore, l'erreur résultant de ce qu'un commandement réclame une somme de 944 fr. pour deux années d'arrérages, et en vertu d'un bail dont copie est donnée au débiteur, a pu être corrigée, et la somme allouée être de 977 fr. si cela résulte de l'acte signifié. —Req. 3 déc. 1838. D.P. 39. 1. 37.

613.—§ 2. *Conditions sous lesquelles pleine foi est due aux actes.* — D'abord, il est indispensable que l'officier public ait caractère pour attester les faits consignés dans les actes. En effet, la foi due aux actes authentiques se restreint aux actes qui sont dans les attributions de l'officier public, à ce qu'il a mission de recevoir, d'authentiquer; car nul fonctionnaire n'a de pouvoir que celui que la loi lui a départi : ce qu'il fait au-delà est nul : c'est l'acte d'une personne privée. Toullier, t. 8, n. 145 et suiv., Meyer, Inst. jud., liv. 7, chap. 13; Dall., 10. 674, n. 7.

614.—Ainsi, le notaire est institué aux termes de l'art. 1er, pour recevoir tous les actes et contrats, ce qui doit s'entendre des transactions civiles intéressant les familles ou les individus, leur état ou leur fortune :—Il n'a pas de mission au-delà. Il peut bien constater la vente d'une chose par une partie à une autre qui l'achète, le paiement du prix, etc.; dresser procès-verbal d'une prise de possession de la chose vendue, etc.; mais il n'a pas attribution pour rédiger dans les formes et avec les caractères d'un acte notarié, la relation de quelque événement public ou privé comme le passage d'un prince, les détails d'une fête de famille. L'acte reçu par un notaire pour constater de tels faits, dit avec raison Toullier, 8, n. 145, ne leur donnera pas plus d'authenticité que n'en ont acquis les prétendus miracles du diacre Pâris, par les nombreux procès-verbaux qui, dans le dernier siècle, ont été dressés pour les constater. »

615. — Ainsi, il est dans ses attributions de constater l'accomplissement des formes, les faits qui se passent sous ses yeux, tels que l'énumération des espèces, la déclaration émanée des parties. Ce sont là des faits *matériels* dont le notaire a la perception au moyen de ses sens. Mais la sincérité des déclarations, la bonne foi des parties, la fixité d'esprit des contractants, la liberté de volonté, leur état d'ivresse, sur tous ces points, il ne peut donner qu'une opinion, et se trouve sans mission pour communiquer à sa déclaration, à cet égard, l'effet de produire foi pleine et entière : la simulation, la démence, l'intervalle lucide, l'ivresse, etc., ne pourront pas moins être prouvés par la simple voie testimoniale, etc., sans qu'il soit besoin de recourir à une inscription de faux. Toullier, t. 8, n. 144 à 147, Delvincourt, 2. 608; Duranton, 13, n. 302; Meyer, liv. 8, ch. 14; Dall., 10. 674, n. 8; Roll., n. 65 et suiv.

616.—Jugé, en conséquence, que l'inscription de faux n'est pas nécessaire à l'effet d'être admis à prouver : 1° qu'un testateur qui est dit, dans le testament, avoir été sain d'esprit au moment de sa rédaction, ne l'était pas en réalité. (Cass. 27 fév. 1821. D.A. 11. 63. n. 8....) ; ou qu'il était incapable de donner une volonté. Douai, 28 juin. 1839. D.P. 40. 2. 26.

617. — 2° Qu'une partie était en démence, quoique l'acte notarié atteste que le contractant se trouvait dans son moment lucide. Pau, 18 déc. 1807, aff. Pascau.

618. — 3° Qu'une partie avait été plongée à dessein, dans un état d'ivresse et était incapable de donner un consentement(Lyon, 9 fév. 1837).

619. — 4° Qu'un acte a été obtenu par violence et qu'il est dénué de consentement réel (Cass. 5 févr. 1828. D. P. 28. 1. 122.

620. — 5° Qu'un acte est entaché de dol et fraude (Paris , 7 déc. 1814. D. A. 10. 673, n. 2; Cass. 31 juil. 1833 , 12 mars 1839. D. P. 33. 1. 324; 39. 1. 132). Rien de plus constant.—Peu importe même qu'on argumente de l'invraisemblance et de la fausseté des énonciations qu'il renferme: l'inscription de faux n'est pas plus nécessaire (Aix, 12 juillet 1813. D. A. 10. 687 , n. 2. — Il est bien entendu que la fraude dont on peut faire preuve malgré les énonciations de l'acte authentique et sans recourir à l'inscription de faux, est celle qui serait du fait des parties. On ne serait pas recevable à attaquer, de cette manière, un acte authentique par des reproches dirigés contre l'officier public lui-même (Cass. 27 août 1811. D. P. 14. 1. 455).

621.— 6° Que des sommes énoncées avoir été numérées en présence du notaire , n'ont pas été réellement payées en tout ou en partie à celui qui est dit les avoir reçues (Cass. 28 juin 1821. D.A. 12.823.n.16);—Que nonobstant les mots payé *comptant,* exprimés dans l'acte, le paiement a été simulé (Aix, 2 fév. 1832. D. P. 32.2. 171);et qu'une vente n'est , dans la réalité , qu'une donation déguisée. Poitiers, 29 janvier 1813. D. A. 5. 76.

622.—7° Que la qualification de *futurs époux* donnée aux parties et la mention que le contrat est fait en vue du mariage, ne sont pas exactes, et que le mariage est postérieur à l'acte : ce ne sont pas là des énonciations directes dans le sens de l'art. 1320 C. civ. Riom, 11 janv. 1837. D.P. 37, 2. 124.

623.—8° Que le contenu en l'acte notarié n'est pas sincère..., s'il y a aveu de la partie et commencement de preuve par écrit. Cass. 26 janv. 1820. D.A. 10. 672, n. 1.

624.—9° Qu'un engagement pour *prêt précédemment fait,* n'est en réalité (surtout en matière commerciale où les simples présomptions sont admises), et quoiqu'il n'y ait pas allégation de fraude, qu'une simple garantie pour crédit ouvert. Cass. 23 mars 1824. D.A. 10. 672, n. 2.

625.—10° Que, malgré la mention qu'une délimitation a été faite en présence des riverains dont aucun n'est cependant nommé, l'un de ces riverains n'y était pas présent. Cass. 23 déc. 1835, D.P. 36. 1. 36.

626. — 11° Qu'un vendeur est majeur malgré l'énonciation de l'acte qu'il *n'est âgé que de 20 ans 9 mois*, si l'on ne rapporte un acte de naissance qui l'établisse. Cass. 14 fév. 1828. D.P. 28. 1. 132.

627. — Enfin, c'est d'après les mêmes règles qu'on soutient que le serment décisoire peut être déféré contre les obligations, consignées dans un acte authentique. Dans ce cas, le serment porte sur la sincérité de l'acte et non sur l'authenticité. C'est en ce sens qui se fixe aujourd'hui ce point qui était douteux sous l'ancien droit. Toullier, 10. 380; Dict. gén.; v° Serment décisoire, n. 29 et suiv., 120.

628. — Il résulte de ces décisions que la chambre civile de la cour 'de cassation a admis un principe trop général dans son arrêt du 19 déc. 1815 ainsi motivé : « Attendu qu'il résulte de ces textes (les art. 19 et 68 de la loi de ventôse; 1317 et 1319 C. civ.) que tout acte notarié fait foi en justice et que les tribunaux doivent en ordonner l'exécution, *à moins* : 1° qu'il ne soit attaqué au fond par la voie de faux principal incident ; à moins 2° qu'il ne soit dans la forme, en contravention à l'une des dispositions dont l'art. 68 ordonne l'exécution à peine de nullité. »

Et c'est d'après ces motifs que la Cour a cassé un arrêt qui avait décidé qu'on pouvait, sans prendre la voie préalable de l'inscription de faux, faire annuler un acte, sur le seul motif que l'obligé n'entendait pas le français, et que le notaire n'entendait pas la langue de l'obligé. (Cass. 19 déc. 1815. D.A. 10. 656). — Il ne s'agit pas ici d'un arrêt de *rejet*, déterminé par la considération du pouvoir discrétionnaire dont l'art. 19, dans sa disposition finale, a investi le juge du fond, mais d'un arrêt de *cassation*, ce qui imprime à la décision plus d'autorité.

629. — § 3. *Entre quelles personnes l'acte notarié fait foi ?* — L'acte fait pleine foi entre les parties contractantes et leurs héritiers ou ayant-cause (C. civ. 1319). On peut induire du silence que cet article garde à l'égard des tiers, que ceux-ci ne sont pas compris dans sa disposition. Ce serait une erreur : l'authenticité a un caractère absolu, en ce sens, que l'acte authentique fait preuve complète envers et contre tous, même à l'égard des tiers, *contrà omnes* (Dumoulin, sur la Cout. de Paris, § 8, gl. 1re n. 18 ; Pothier, n. 704) : « C'est, dit Toullier, t. 8, n. 149, le critère de vérité le plus certain que l'on connaisse dans la vie civile... Un des fondements les plus solides de la paix dans la société. » — En se bornant à dire « l'acte fait pleine foi entre les parties contractantes, leur héritiers ou ayant-cause », l'art. 1319 ne contient qu'une restriction apparente de la force probante des titres. En effet, un partage, une vente sont des actes que les tiers comme les parties doivent respecter, sauf les cas de fraude ou de simulation, lesquels forment aussi une exception au profit des parties elles-mêmes. Autrement qu'arriverait-il ? C'est que le légitime propriétaire, obligé de se défendre contre un usur-

pateur dont la possession remonterait à moins d'une année, se trouverait réduit, comme le remarque Toullier, n. 148, à l'impossibilité de prouver sa propriété, puisqu'il ne pourrait opposer ses titres, ses contrats d'acquêts, ses partages à l'usurpateur. Dall., v° Oblig., p. 674, n. 9.

630. — Mais qu'est-ce que l'acte prouve à l'égard des tiers? Il prouve *rem ipsam*, c'est-à-dire la convention, les faits que le notaire atteste s'être passés devant lui, au moment de l'acte, *tempore gesti instrumenti*, et non ceux qu'il n'a appris que par d'autres ou par le résultat des conférences. Ceux-ci ne sont que de simples *énonciations* (Art. 1320), auxquelles le caractère d'authenticité ne peut plus s'appliquer, au moins avec la même extension. En effet, *entre les parties*, l'acte authentique et même l'acte sous seing-privé fait foi de ce qu'il n'exprime qu'en termes énonciatifs ; si l'énonciation a un rapport direct à la disposition ; les énonciations étrangères à la disposition ne servent que de commencement de preuve (art. 1320) : la difficulté consiste à distinguer les énonciations qui ont un rapport direct à la disposition, de celles qui lui sont étrangères (Voy. Pothier, n. 736, 737; Toullier, t. 8, n. 158 ; Delvincourt, t. 2, 610 ; Duranton, Tr. des contrats, n. 1222, 1223. — *A l'égard des tiers*, les simples énonciations ne peuvent pas même servir de commencement de preuve par écrit ; elles ne peuvent ni leur nuire, ni leur profiter, à moins qu'elles ne se trouvent dans des titres anciens (Toull., n. 162; Dalloz, v° Oblig., p. 674, n. 11.

631. — Tout ce qu'on dit ici ne s'applique pas aux *contre-lettres*, actes occultes, qui ne peuvent jamais être opposés aux tiers, qu'elles soient authentiques ou sous seing-privé. (Voy. Dalloz, v° Oblig., p. 674, n. 1.

632. — *Seront exécutoires.* — L'acte notarié est, d'après l'art. 19, exécutoire de plein droit. Autrefois, et sous la loi des 29 sept. - 6 oct. 1791, l'exécution ne s'arrêtait qu'après le jugement définitif rendu sur l'inscription de faux. Aussi, sous cette loi, un simple soupçon de fraude ne pouvait-il, à plus forte raison, suspendre l'exécution (Cass. 23 br. an 13, D. A. 10. 671, n. 2.

633. — Aujourd'hui, dès qu'un acte notarié est présenté au juge, il n'a point à vérifier si la preuve de la convention est acquise ; elle résulte de l'acte même qui tient lieu de loi entre les parties (C. 1134). La loi existe-t-elle ? L'acte est-il revêtu extérieurement des formes légales ? Si la loi et les formes ont été observées, le juge ne peut se dispenser d'ordonner l'exécution, quelles ques soient les allégations des parties ou les soupçons qu'il aurait conçus sur la sincérité de l'acte. Tout crédit, toute confiance seraient ébranlés, si cette force d'exécution n'était pas attribuée à l'acte authentique (Toull. t. 9, n. 322; Roll. n. 100, 102, 103).

Par suite, le juge ne peut surseoir aux poursuites ou saisies faites en vertu de contrats emportant exécution parée. L'art. 1244 C. civ. qui permet aux juges d'accorder un délai et de surseoir aux poursuites, ne concerne que les cas où les juges ont eux-mêmes prononcé la condamnation et non à ceux où il s'agit d'un acte public emportant exécution parée (Discuss. Cons.-d'État sur l'art. 1244 ; Pigeau , 1. 618 ; Toullier , t. 6 , n. 659, 660; Duranton, t. 12, n. 89; Carré, sur les art..122 et 806; Berriat, p. 506 ; Boncenne, t. 2, p. 518; Pau, 26 nov. 1807; Bruxelles, 18 juin 1812; Colmar, 14 avril 1815; *Contrà*, Thomine, sur l'art. 122, C. pr. ; Aix, 17 nov. 1813 ; Bordeaux, 28 fév. 1814 et 6 janv. 1837 ; Pau , 12 juin 1822 ; Agen, 6 déc. 1824 ; Dict. gén., v° Paiement , n. 138, 139 et suiv.

634.— Ainsi, un tribunal ne peut pas suspendre l'exécution, par cela seul qu'il a ordonné que le créancier sera interrogé sur faits et articles. (V. D.G., v° Exécut. n. 103, ou qu'il y a citation en référé (Caen, 10 avril 1827. Dict. gén., v° Exécut. n. 98) ; ou que le débiteur offre de donner caution (Rennes, 3 janvier 1826. D. G. Exécut. 105) ; ou qu'il a été formé contre un arrêt, soit une tierce opposition , soit un pourvoi en cassation (Paris , 7 janv, 1812, *eod.*, n. 104) ou une simple opposition (Colmar, 14 avril 1815, D. P. 2. 1117).

635.—L'art. 2212, C. civ., contient cependant une exception ; il dispose qu'une expropriation forcée peut être arrêtée si le débiteur justifie, par deux authentiques, que le revenu net et libre de ses immeubles pendant une année suffit pour le paiement de la dette, en capital, intérêts et frais, et s'il en offre la délégation aux créanciers.

636. — La jurisprudence présente des exemples d'actes authentiques dont les tribunaux ont arrêté l'exécution par la considération de circonstances qui militaient fortement contre les énonciations qui y étaient contenues : de pareilles décisions ne doivent être admises qu'avec beaucoup de précaution. Dalloz, 10. 672, n. 3.

637. — Ainsi, il a été jugé que l'exécution peut être suspendue, lorsque , d'après les conventions mêmes des parties, et les circonstances de la cause, il apparaît au juge que son exécution entraînerait, pour l'un des contractants, un préjudice qui ne saurait être réparé (Req. 29 nov. 1832. D. P. 33. 1. 108).

638. — On comprend aussi que les juges peuvent surseoir à l'exécution d'un acte authentique lorsque ses dispositions sont contradictoires; car il faut, avant tout, décider en quel sens cette exécution aura lieu. — Jugé , en conséquence, qu'il suffit qu'un acte authentique, qui d'ailleurs est attaqué pour simulation, contienne des dispositions en faits contradictoires, pour qu'il puisse être ordonné qu'il sera sursis à son exécution, sans qu'il soit besoin de prendre la voie d'inscription de faux. Rouen, 2 fév. 1829. D.P. 30. 2. 154.

639. — ... Ou lorsqu'il y a conflit de titres authentiques entre des parties qui demandent chacune de leur côté l'exécution des actes de l'autorité publique. — Angers, 29 août 1811, aff. Fouqueré.

640. — ... Ou s'il est survenu une loi (celle par exemple du papier monnaie) qui a réduit l'obligation du débiteur. — Req., 5 déc. 1810. D. G. v° Exécut., n. 107. — C'est là un fait de prince,

un événement de force majeure qui est supérieur aux règles de droit privé, fussent-elles établies dans un but d'ordre public.

641. — ... Ou si le créancier a un gage suffisant pour la conservation de son droit. — Paris, 29 fév, 1836. D.P. 36. 2. 47.

642. — ...Ou si le débiteur a opposé des compensations qui ont éteint le titre. (Rennes, 3 janv. 1826; Req., 29 nov. 1832. D.P. 26. 2. 188; 33. 1. 108); et s'il y a opposition aux poursuites fondées sur la compensation. — Req., 1er fév. 1830. D.P. 30. 1. 127.

643. — ... Ou s'il y a demande en nullité de l'acte authentique fondée sur le dol, l'erreur, la violence, la simulation, l'incapacité, la démence, etc. (Voy. n.　). Toullier, 8, n. 65 et 10, n. 380; Delvincourt, 2. 608; Loret, 1. 323; Roll., n. 109; Bordeaux, 13 fév. 1806; Cass., 10 juin 1816. D.A. 5. 304; 10. 755, n. 1.

644. — Le juge peut encore ordonner le séquestre d'un objet litigieux, alors même que la partie qui le possède le détient en vertu d'un acte authentique.—Req. 10 mars 1814. D.A. 3. 719.

645. — Enfin, il a été jugé que dès qu'un acte était attaqué en nullité au fond, le juge des référés avait le droit d'examiner le motif sur lequel le débiteur se fondait et d'en suspendre l'exécution. — Paris, 29 fév. 1836. D.P. 36. 2. 47.

646. — Un autre effet de la force exécutoire des actes notariés, c'est qu'il n'est pas besoin de jugement pour les mettre à exécution et qu'on regarde comme frustratoires les frais et dépens qui ont été faits dans cet objet, quoique la jurisprudence présente des cas où, à raison de certaines circonstances, l'action a été accueillie et les dépens ont été mis à la charge du débiteur. Voy. entre autres Req., 1er fév. 1830. D.P. 30. 1. 101. — V. aussi D. G., v° Exécution.

647. — Au reste, pour qu'un acte authentique soit exécutoire de droit, il faut qu'il se trouve revêtu de la formule exécutoire. Il faut, de plus, si l'exécution doit avoir lieu dans un autre ressort que celui où l'acte a été passé, qu'il ait été légalisé. — Voy. les art. 25 et 28 de la loi.— Mais le défaut de légalisation ne pourrait être opposé par une partie : il ne saurait l'être que par des tiers. —Quant aux règles relatives au mode d'exécution des actes authentiques, V. art. 26 et Dict. gén., v° Exécution des actes.

648. — *Inscription de faux principal ou incident.* — Sous la loi du notariat du 6 oct. 1791, elle ne suffisait pas pour suspendre l'exécution. Mais l'art. 19 de la loi de ventôse dispose que la mise en accusation sur une plainte en faux principal arrêtera l'exécution, et qu'en cas d'inscription de faux incident, les juges pourront, suivant les circonstances, suspendre provisoirement l'exécution des actes (*notariés*). L'art. 1319 C. civ. étend cette disposition à tous les actes authentiques en général.

649. — Au surplus, l'inscription de faux ne doit être admise que lorsque les faits sur lesquels elle

est fondée sont appuyés de présomptions graves qui les rendent probables : le sort d'un acte public ne peut être facilement abandonné aux résultats incertains de la preuve testimoniale. Et, par exemple, l'inscription de faux fondée sur ce qu'un acte public, au lieu d'avoir été reçu par le notaire qu'il désigne, n'a été reçu que par son principal clerc, doit être rejetée, si cette allégation est combattue par les termes mêmes de l'acte. Paris, 23 juin 1840, D. P. 40. 2. 244.

De même, l'inscription de faux tendant à démontrer qu'un témoin indiqué comme présent à l'acte, était réellement absent, doit être rejetée, lorsque ce témoin, au lieu d'être témoin instrumentaire, nécessaire, dès-lors, à la validité de l'acte, n'était que certificateur d'identité, alors surtout que l'identité n'est pas contestée. — Même arrêt.

650. — *Suspension de l'exécution.* — L'inscription de faux a un effet différent suivant qu'on prend la voie du faux principal ou du faux incident. Pour que celle-là soit suspensive d'exécution, il faut qu'il soit déclaré qu'il y a lieu à accusation; et il a été jugé avec raison, que, tant que cette mise en accusation n'a pas été prononcée, la partie n'est pas recevable à demander le sursis (Colmar, 3 mai 1808. D. A. 8. 431); mais il est à remarquer que la mise en accusation n'est exigée que pour les actes exécutoires et authentiques, comme certains actes d'huissier (Req. 15 fév. 1810. Dall. 8. 405. 408). — Au contraire, dès qu'il y a inscription de faux incident légalement formée, le juge est autorisé à accorder le sursis ; mais c'est là, pour lui, une faculté, non un devoir impérieux. Telle est l'économie des art. 19 de la loi de ventôse et 1319, C. civ. Et ce n'est que sous le bénéfice de ce qui résulte de ces dispositions que l'art. 135 C. pr. dispose que l'exécution provisoire doit être ordonnée, lorsqu'il y a titre authentique Bordeaux, 2 oct. 1832, D. P. 33. 2. 50.

651. — Pour qu'il y ait lieu à surseoir, on doit justifier d'une inscription loyalement formée.

652. — Il ne suffit donc pas de dire qu'on s'inscrit en faux, si l'acte est produit (Req. 17 nov. 1830. D. P. 30. 1. 395); ou qu'on entend s'inscrire en faux, même en matière commerciale (Paris, 9 août 1809. D. A. 8. 427): ou qu'on a *menacé* de s'inscrire en faux, menace non réalisée (Cass. 14 août 1832. D. P. 33. 1. 26).

653. — Mais si une partie a demandé acte devant le tribunal de commerce de ce qu'elle déclare s'inscrire en faux, le tribunal est autorisé à surseoir (Req. 1er avril 1829. D. P. 29. 1. 206.

654. — Jugé aussi qu'il suffit qu'une partie ait *déclaré* s'inscrire en faux contre une lettre de change, pour que le tribunal ait pu ordonner le dépôt de la pièce au greffe, quoique les formalités prescrites par les art. 215, 219, C. pr. n'aient pas été remplies (Req. 1er avril 1829. D.P. 29. 1206).

655. — Si la pièce arguée de faux n'est relative qu'à l'un des chefs de la demande, il peut être passé outre au jugement des autres chefs (C. pr. 427).

ARTICLE 20.

Les notaires seront tenus de garder minute de tous les actes qu'ils recevront.

Ne sont néanmoins compris dans la présente disposition les certificats de vie, procurations, actes de notoriété, quittances de fermages, de loyers, de salaires, arrérages de pensions et rentes; et autres actes simples qui, d'après les lois, peuvent être délivrés en brevet.

656. — La minute est l'original que le notaire garde en sa possession pour en délivrer des expéditions ou des grosses.

Le nom de *minutes* vient de ce que, jadis, l'on écrivait les actes en notes ou écriture menue (*minuta*), pour plus de promptitude. Le notaire ou tabellion en faisait ensuite des copies, en caractères plus gros, pour délivrer aux parties; de là l'origine du mot grosses. On donnait aussi aux minutes le nom de *briefs, brefs,* ou *brevets.* Dans l'origine, les notaires remettaient les briefs ou originaux aux parties, et ne conservaient que le brouillon ou les notes informes qu'ils avaient faites avant de mettre au net la minute. Pour éviter les inconvénients qui résultaient de cette remise de la minute, les notaires prirent l'habitude de transcrire leurs actes sur des registres nommés *protocoles.* Une ordonnance du mois de juillet 1304 leur en fit une obligation. C'était, dès lors, le droit commun, rappelé dans une ordonnance de Charles VII, du 1er déc. 1437, qui en fit l'application aux notaires du châtelet de Paris. Cette disposition fut renouvelée et généralisée par les ordonnances de 1539, d'Orléans en 1560, de Blois en 1579. D'après ces ordonnances et celles qui sont intervenues pour en régulariser l'exécution, les minutes des actes étaient toujours remises aux parties ; les registres et protocoles des notaires ne présentaient que la copie des minutes des actes, et non les minutes elles-mêmes. Il paraît que ce ne fut que sous Louis XII qu'il fut enjoint aux notaires de garder les minutes. Toutefois, la conservation des originaux des actes fut due au zèle des notaires, plutôt qu'à aucune loi positive : car la règle générale, sous l'ancienne législation, était que le notaire pouvait délivrer tous les actes en brevet, à l'exception de ceux dont des lois spéciales, par exemple, l'ord. de 1721 sur les donations , prescrivaient de garder minute (Toull., t. 8, n. 447 ; Roll., vo Minute, n. 1 à 8.

657. — On va reprendre les termes de l'art. 20 et parler successivement 1o de la *garde* des minutes; 2o des actes qui doivent être *conservés en minute;* 3o des actes *simples* ou en *brevet;* 4o de leur *forme;* 5o de la *forme* et rédaction des minutes ; 6o enfin du *concours* entre deux notaires pour la garde des minutes.

658. — § 1er *Seront tenus de garder minute.* — Le principe est ancien (act. not., 30 mars 1686, 18 nov. 1687). — C'est aux notaires eux-mêmes que la loi confie la garde de leurs minutes. Ils sont dépositaires légaux des titres et actes qui intéressent le plus les citoyens, véritable dépôt public qui tient à l'essence de leurs fonctions, puisque l'art. 1er de la loi les a établies pour *conserver le dépôt* des actes et contrats, et qui est de la plus haute importance. Toullier, t. 8, n. 425; Loret, t. 1er, p. 327.

659. — Les notaires doivent avoir leurs minutes chez eux, dans la maison où ils tiennent leur étude. Ils ne pourraient les déposer hors de chez eux, ni, à plus forte raison, dans une maison située hors du lieu de leur résidence ou de leur ressort. — Ferrière; Massé, liv. 1er, ch. 20; *Dict. du not.*, n. 62. — Ils ne doivent négliger aucune précaution pour mettre leurs minutes à l'abri des dangers d'inondation, d'incendie, d'humidité; ils seraient responsables de leur négligence à cet égard. Mais ils ne répondent pas des accidents purement fortuits. — Roll., n. 123. — Le même soin et la même surveillance doivent être donnés par les notaires à la garde des testaments olographes qui leur sont confiés, sans qu'il en ait été dressé acte de dépôt; ils doivent les tenir dans un lieu sûr et secret, et n'en donner connaissance ni aux héritiers présomptifs, ni aux légataires avant le décès du testateur (édit du duc de Lorraine, 14 août 1721). Ce n'est qu'après la présentation de l'acte au président du tribunal qu'il convient de le faire connaître aux intéressés.

660. — D'après l'ancienne jurisprudence, pour réparer la perte d'une minute, arrivée par cas fortuit ou force majeure, le notaire ou les parties pouvaient obtenir du juge une ordonnance portant que les personnes à qui aurait été délivrée une expédition de l'acte perdu auraient à la rapporter chez le notaire, afin qu'il en tirât une copie qui tînt lieu de minute. D'après un décret du 16 août 1793, le notaire est, dans ce cas, autorisé à compulser les registres de l'enregistrement, pour extraire les actes dont les minutes sont détruites. La loi du 25 vent. an 11 ne s'oppose pas à ce que l'on suive l'une ou l'autre marche. — Fouquet, *Biblioth. barr.*; Favard, Rép., v° Acte notarié, § 2, n. 18; *Dict. du not.*, n. 84, 85; Roll., v° Perte d'un acte. — Il a été jugé que lorsque l'existence d'un acte est déniée par le notaire qui l'a reçu, et qu'on n'en trouve pas la minute sur son répertoire, l'extrait des registres du bureau de l'enregistrement où cet acte a été inscrit est suffisant pour en établir la preuve, lorsque, d'ailleurs, le notaire ne peut pas justifier de la tenue d'un répertoire régulier. — Douai, 1er juill. 1816. D.A. 10. 665. Conf. Dalloz, 10. 665, n. 60.

661. — Un notaire qui s'apercevrait de la disparition d'une de ses minutes et qui saurait comment elle lui a été enlevée, pourrait se pourvoir contre celui qui la lui aurait soustraite ou qui la retiendrait; il devrait faire déposer les témoins présents à la passation de l'acte, pour justifier de son existence et de sa forme. — Ferrière, liv. 1, ch. 21; Loret, *eod.*; Roll., v° Minute, n. 81.

662. — Il n'est permis aux notaires de se dessaisir de leurs minutes que dans les cas prévus par la loi (Voy. l'art. 22); et le dépôt doit être conservé, quoique la cause de l'acte n'existerait plus et que les charges ou obligations seraient éteintes. Nul n'est juge de l'importance d'un tel acte qui doit toujours pouvoir être consulté et qui peut avoir un intérêt perpétuel. Loret, t. 1er, p. 333; Roll., v° Minute, n. 116.

663. — De ce que les notaires sont tenus de conserver soigneusement leurs minutes, il suit qu'ils ne peuvent consentir que les parties y mettent aucun acte sous seing-privé.

664. — Les minutes échappent, en tant que choses publiques, au privilége du propriétaire de la maison.

665. — Les notaires ne sont pas tenus de garder minute des actes qu'ils n'ont pas signés, car l'authenticité est une condition essentielle de leur validité. — (Bordeaux, 3 août 1841. D. P. 42. 2. 13.) — V. cependant ce qui est dit, art. 26, sur les actes imparfaits. Par suite l'action en délivrance de l'expédition de tels actes n'est pas admissible. — Même arrêt.

666. — Lorsqu'un notaire est appelé pour recevoir la quittance ou décharge donnée à un confrère dépositaire de titres ou sommes, mandataire ou débiteur à tout autre titre, il est d'usage de constituer ce dernier détenteur de la minute; mais il est fait mention de cette circonstance tant sur la minute que sur les répertoires des deux notaires. Roll., v° Notaire, n. 452.

667. — § 2. *De tous les actes.* — Le principe général est que les notaires doivent garder minute de tous les actes : c'est la disposition du 1er alinéa de l'art. 20; mais il est fait à ce principe de nombreuses exceptions dans le 2e alinéa pour ce qu'il appelle les *actes simples* ou actes délivrables en *brevet.*

668. — La distinction entre ces actes est importante puisque, s'il est délivré en brevet un acte dont il doit rester minute, l'acte est nul, à moins qu'il ne soit susceptible de valoir comme acte sous seing-privé (art. 68).

669. — Aussi, lorsqu'on doute si un acte doit être délivré en brevet, il est prudent de le passer en minute; car c'est pour économiser les frais que le mode de délivrance en brevet a été adopté et l'on peut garder minute de tous actes susceptibles d'être délivrés en brevet. — *Conf.* Roll. v° Brevet (acte en), n. 26 , 27. En un mot, il est facultatif aux parties de renoncer au droit qu'elles ont d'obtenir en brevet les actes simples et d'exiger qu'il en soit conservé minute. — *Conf. eod.* n. 28.

670. — Mais quand un acte doit être passé en minute, il n'est pas permis aux parties d'autoriser le notaire à le délivrer en brevet (*Conf.* Roll. v° Brevet, n. 3; l'ordonnance de 1560, art. 84, était contraire) et celui-ci ne pourrait se dispenser d'en garder minute, même en délivrant l'acte en double brevet, remis à chacune des parties, ainsi que l'a décidé un arrêt du parlement de

Paris, du 19 avril 1714, en annulant sur ce motif l'acte de vente d'une maison. Roll. *eod.*, n. 4. — En cas d'insistance par les parties, pour avoir de tels actes en brevet, M. Roll. de Vill., n. 30, estime que le notaire pourrait mettre sa responsabilité à couvert en mentionnant la réquisition expresse des parties : mais nous ne croyons pas qu'une telle réquisition puisse couvrir le notaire qui reçoit un acte dans une forme qu'il sait être irrégulière et irritante : il doit plutôt refuser son ministère.

671. — La distinction entre les actes dont il doit être gardé minute, et les actes simples qui sont délivrés en brevet, semble avoir pris naissance dans la déclaration du 7 déc. 1723. — Cette déclaration qui supprime le contrôle, y substitue un autre droit qui, à l'avenir, devait être perçu sur le papier et le parchemin qu'on devait employer aux actes ; elle établit des formules particulières pour les papiers et parchemins timbrés dont on se servira pour les *brevets*, *minutes* et *expéditions*. Les actes simples ou ordinaires y sont soumis à un droit moindre ; mais on le verra, c'est au plus ou moins d'importance des actes que le législateur semble s'être attaché dans cette distinction, plutôt qu'à l'essence ou à la nature des actes, car il classe parmi les actes simples soit des actes synallagmatiques, soit des actes qui ont un caractère en quelque sorte permanent.

Les nomenclatures de la déclaration de 1723 méritent d'être connues, quoiqu'on y trouve moins une interprétation exacte de l'art. 20 de la loi de ventôse, que l'origine des actes *simples* dont la dénomination est restée dans le notariat, à peu près telle que l'avait faite la déclaration (Voy. aussi plus haut la 1re partie, tit. 1er, p. 15 et suiv.).

Nous allons citer les articles principaux de cette déclaration, qui doivent être consultés non comme dispositions législatives encore en vigueur, mais comme contenant, ainsi que le fait remarquer M. Massé (Parf. Not., liv. 1, ch. 24), des indications auxquelles il est bon de recourir, pour appuyer ce qu'il faut entendre par les *actes simples*. Voici ces articles :

ART. 4. « Tous les actes, y est-il dit, seront et demeureront divisés en deux classes : la première sera composée des *actes simples* qui se passent *ordinairement* sans minute ; savoir : les procurations, avis de parents, attestations ou certificats, autorisation d'un mari à sa femme, désaveu, répondant de domestique, désistements, consentements, mains-levées, élargissements, décharges de pièces, papier et meubles, cautionnements, et généralement tous actes simples qui n'ont rapport à aucun titre ou acte, et ne contiennent aucune obligation respective ; les apprentissages ou alloués, transport d'iceux, quittances ou gages de domestiques, arrérages de pensions ou rentes, quittances d'ouvriers et autres personnes du commun, pour choses concernant leur état et métier, quittances de loyers et fermages, cautionnements des employés dans nos fermes et affaires ; le tout à quelques sommes qu'ils puissent monter ; les conventions, marchés, obligations qui n'excéderont point la somme de 300 livres; les commissions d'archidiacre pour desservir une cure, les actes de vêture, noviciat ou profession dans les monastères, les nominations de gradués, procurations pour compromettre, requérir, résigner, céder ou rétrocéder un bénéfice, celles pour notifier les noms, titres et qualités de gradués, ou pour consentir création ou extinction de pension, révocation desdites procurations, rétractations, significations desdits actes et des brefs, bulles, signature, rescrits apostoliques, des concordats et attestations de temps d'études, notification de degrés et autres représentations, réquisitions de visa, de fulmination de bulles, d'admission à prendre l'habit, à faire noviciat et profession, celles pour satisfaire au décret d'une provision de bénéfice régulier, et celles faites aux curés pour publier aux prônes des messes les prises de possession, les publications à issues de messes des prises de possession, en cas de refus des curés, actes de refus d'ouvrir les portes pour prendre possession ou autrement, opposition à prise de possession, lettres d'intronisation et les répudiations des provisions.—Et la seconde classe sera composée de tous les autres actes non compris dans ladite première classe.

ART. 5. « Il sera fait une première sorte de formule pour les actes de la première classe, intitulée *actes de la première classe*, dont le droit de marque, pour tenir lieu du droit de contrôle, sera de dix sous outre le prix du papier timbré ; et si les parties jugent à propos qu'il reste minute de quelqu'un desdits actes, et qu'il leur en soit délivré des expéditions, lesdites expéditions ne pourront être faites que sur le papier de la même marque, ou sur des carrés de parchemin dont le droit de marque sera de vingt sous.

« 6. Les minutes des actes de la seconde classe seront écrites sur un papier intitulé, etc. »

672.—Les projets de loi de l'an 7 et de l'an 8 portaient cette disposition : « Ils sont tenus (les notaires), sous les peines portées en l'article...., de garder minute de tous les *actes synallagmatiques*, ainsi que de ceux obligatoires pour un seul contractant, mais qui sont *attributifs de droits à des tiers* non présents à l'acte. »

C'est en ce sens que Favard en présentant le projet de loi au corps législatif, disait : « L'art. 20 veille à la conservation et à la perpétuité des conventions en obligeant les notaires à garder minutes de tous leurs actes. Il n'admet d'exception que pour ceux dont le contenu, la nature et les effets ne présentent qu'un objet ou un intérêt simple en lui-même et passager. » — D'après les coutumes de la Marche, art. 38, et du Bourbonnais, art. 78, les notaires devaient aussi « faire protocoles et registres des *lettres perpétuelles* par eux reçues. »

673.—Enfin, de la discussion au conseil d'état sur l'art. 20, et aussi de la disposition de cet article lui-même, il semble qu'on peut tirer cette règle, qu'il doit être gardé minute : 1° de tous actes synallagmatiques; 2° de ceux qui contiennent quelques dispositions au profit des tiers ou que ceux-ci peuvent invoquer ; 3° de tous ceux dont l'effet est perpétuel et se transmet des parties contractantes à leurs héritiers ou ayant cause à perpétuité. *Conf.* Langlois, ch. 53, sect. 1re, Massé, liv. 1, ch. 24, Loret, t. 1, p. 330; Merlin, Rép., v° Acte notarié; Roll., v° Minute, n. 12.

674. — Au nombre des actes dont il doit être gardé minute, se placent, en première ligne, les actes qui ont trait à l'état civil des hommes et à leurs transactions de famille : Ces actes ont un intérêt permanent, perpétuel.—Telle est la reconnaissance de l'enfant naturel que la loi du 21 juin 1843 range parmi les actes qui exigent la présence ou le concours de deux notaires ou d'un notaire et de deux témoins, au moment où ils sont passés. — M. Roll. de Vill., v° Minute, n. 16, 2, leur assimile *les actes respectueux* (Arg. 154 C. civ.) qu'il avait, dans sa 1re édition, v° Brevet, n. 17, considérés comme actes simples. Mais il nous semble pousser trop loin son principe.

675. — Dans cette catégorie des actes dont il doit rester minute et qui comprend tout ce qui n'est pas excepté par la loi, se trouvent aussi les contrats de mariage (C. 1394); — les quittances ou reconnaissances de dot (Loret, t. 1, p. 330). — Les donations (C. 931); ce qui comprend : 1° la création des pensions viagères par forme de don et récompense. (Massé, *eod.* ; Loret, *eod.*); 2° les procurations contenant pouvoir d'accepter des donations ou de les révoquer, de reconnaître un enfant (Arg. art. 2, L. 21 juin 1843, n. 217; 3° l'acceptation de donation par acte postérieur); — les testaments et codiciles, contrairement au droit ancien qui permettait de les délivrer au testateur (Circ. min. just. 6 vend. an 13; avis, Cons. d'ét., 7 avril 1821);— les actes relatifs à la propriété des immeubles, dont l'effet a un caractère permanent; ce qui comprend les contrats de vente et d'échange (Massé et Loret, *eod.*); les constitutions de servitudes; — les main-levées d'inscription de saisie immobilière (Massé, *eod.*, Loret, p. 331);—tous les actes synallagmatiques si faible qu'en soit l'importance (Massé et Loret, *eod.*); tels que les baux en général, les devis d'ouvrage et marché, les sociétés, les transactions, les contrats de constitution de rente; et c'est à tort que Massé dit que ces contrats peuvent être délivrés en brevet, puisqu'ils contiennent des engagements réciproques;—(*Conf.* Roll., n. 32);— les obligations contenant remise d'un gage mobilier, d'une antichrèse, sur lesquels le débiteur conserve un droit; — les titres nouvels ; — les contrats de constitution d'aliments (C. civ. 205 et suiv.) ou réparation d'un dommage (Roll., n. 37, 38);—les actes de dépôt à cause des obligations réciproques qui en naissent. Roll. , n. 41; Loret, p. 331 ; — les main-levées de saisie ou opposition au trésor, lorsque les créances ont un caractère de perpétuité, comme les cautionnements de titulaires; — le trésor se contente de main-levées en brevet dans certains cas qu'il détermine d'une manière un peu arbitraire (Massé, *eod.*, Roll., n. 43); — les actes d'acceptation de communauté. (Roll., v° Accept. de comm., n. 16);— les comptes , partages et autres réglements renvoyés au notaire par le tribunal et sujets à homologation (déc. min. just., 30 janv. 1812; C. pr. 981; Roll. , 48); — les inventaires ou récollements en cas de communauté, d'absence, interdiction ou décès (Roll., v° Minute, n. 45); — les procès-verbaux de vente judiciaires (Circ. min. Inst. 28 floréal an 12; et de la régie, 8 prair.

suiv.; déc. min. fin., 2 juin 1807) et de vente de meubles (déc. min. just. 8 fév. 1830);—enfin les actes simples lorsqu'ils se rattachent à un titre antérieur; comme, par exemple, les quittances finales de sommes dues en vertu d'actes authentiques dont il y a minute. (Loret, *eod.*), tels que certains actes de notoriété, certaines procurations générales ou pour affaire importante. Roll., n. 51.

676.—Un contrat d'assurance est un acte synallagmatique; il ne peut donc être délivré en brevet quand il est rédigé par des notaires. Roll., v° Assurance, n. 85, 1re éd., pense qu'il y a lieu d'excepter le cas où la prime a été acquittée soit comptant, soit en billets de prime, parce qu'alors le contrat n'est plus qu'unilatéral, et n'intéresse plus que l'assuré. Ce motif ne paraît pas exact; il suppose que l'assuré, après la signature de la police, n'a plus d'autre obligation que celle de payer la prime; il n'en est point ainsi, et le contrat ne cesse pas d'être synallagmatique par cela seul que la prime a été payée.

677. — Du reste, l'obligation imposée au notaire de garder minute s'étend aux minutes de ses prédécesseurs, et généralement à toutes celles qui existent dans les études, à quelque titre et de quelque manière qu'elles y aient été déposées.— Favard, Rép., v° Acte notarié, § 3, n. 2.

678. — § 3. — *Actes simples qui peuvent être délivrés en brevet.* — Les actes simples ou en brevet (dérivé du mot *bref, brevis*), sont ceux dont il ne reste pas de minute et qu'on délivre en original.—Sur l'origine des actes simples, V. ce qui est dit plus haut n. 671. Le Tribunat avait demandé le retranchement des mots *actes simples*, en se fondant sur ce que l'article contenant ces mots : « qui *d'après les lois* peuvent être délivrés en brevet », il n'y avait plus qu'à rechercher si la délivrance en brevet était autorisée par quelque loi. Le retranchement n'eut pas lieu, et ce fut, ce semble, avec raison: il se pouvait, en effet, que les lois n'eussent pas indiqué tous les actes délivrables en brevet, et, dans ce cas, il était mieux d'insérer dans la disposition les mots *actes simples,* dont le sens et la portée étaient à peu près fixés. — Il résulte de ces expressions, que la loi n'est pas limitative; mais seulement indicative, car, dans l'impossibilité de faire une énumération qui aurait nécessairement été défectueuse, quoiqu'on eût sous les yeux la déclaration du 7 déc. 1723, le législateur s'est servi d'une locution générale qui permet de rechercher, d'après la nature des actes et à l'aide de l'analogie, quels sont ceux qu'on doit réputer *actes simples.*

680. — Par argument *à contrario* de ce qui est dit plus haut, n. 673, il suit qu'on doit regarder comme actes simples les actes *unilatéraux*, qui ne renferment pas de stipulations que les tiers puissent invoquer, et n'ont pas un caractère permanent, à quelque somme que les obligations puissent monter et que la limitation à 300 francs portée par la déclaration de 1723 ne doit plus être admise, parce que c'est d'après la nature de l'acte et non d'après l'importance variable de la somme, que la classification dans l'une ou l'autre catégorie doit être établie.

681.—Ainsi, l'on délivre en brevet : 1° les autorisations à l'effet de contracter données par un mari à sa femme. Roll., n. 16; remarque avec raison que cela est constant; —2° les procurations authentiques exigées de la part de ceux qui se font représenter dans les actes de l'état civil (C. 36 — Conf. Roll., v° Brevet, n. 15;) — 3° les actes simples passés par des mandataires, quoiqu'il y doive être annexé une procuration, circonstance qui ne change pas la nature de l'acte. (Conf. Roll., n. 17);—4° les actes de transport pur et simple, c'est-à-dire sans mélange de stipulation synallagmatique et sans contrat permanent;—(Conf. Massé, liv. 1, ch. 24, Roll., n. 19);—5° l'agrément que le roi et les princes donnent par acte séparé, à un contrat de mariage.—Mais comme de tels actes sont des monuments que les familles aiment à conserver, il est mieux de les passer en minute ou d'en déposer le brevet au notaire qui a reçu le contrat de mariage. Délib. not. de Paris, 4 juill. 1822.

682. — Il est des actes qu'on regarde comme simples, mais dont il importe cependant de garder minute : c'est l'intérêt des parties qui a commandé cette exception dans l'exception, et la pratique l'a admise.—Ainsi, on conserve minute des actes simples qui se réfèrent à un titre antérieur. C'est ce qu'on induit de ces mots de l'ord. de 1723, art. 4, « et généralement de tous autres actes simples qui n'ont rapport à aucun titre. » — Et, dans cette catégorie, se trouvent : 1° le transport d'une créance opérée en extinction d'une dette du cédant résultant, soit d'acte dont il existe minute, soit d'un jugement. (Massé, liv. 1, ch. 24. Roll., n. 36);—2° les quittances de remboursement de rentes ou de capitaux dont il a été pareillement gardé minute. Telle est, du moins l'opinion de Garnier-Deschênes, n. 90, et de Roll. de Vill., n. 34, fondée sur le silence de l'art. 20 à l'égard de telles quittances.—Contra Favard, qui se fonde sur ce que la quittance n'est pas un acte bilatéral.—Il en est ainsi des obligations unilatérales, telles que remise d'un gage, antichrèse, promesse de remploi ou de subrogation, constitution d'aliments, etc. —Conf. Roll., n. 32.

683.—§ 4.—Forme des actes en brevet. — La délivrance d'un acte en brevet est constatée authentiquement par sa mention dans le répertoire du notaire : il n'est pas besoin que l'acte la constate, ni que la partie en donne décharge au notaire. —L'acte en brevet n'est pas délivré dans la forme exécutoire. (Jurisp. du not., n. 1680); et si le créancier veut obtenir une grosse exécutoire, il doit le rapporter au notaire qui l'a reçu ; cette grosse ne pourrait être délivrée par un autre notaire qu'autant que les parties lui en auraient fait le dépôt. Roll., n. 46. 48. — Quelquefois il l'est en double original ou par duplicata, lorsque, par exemple, il doit être envoyé au loin ou qu'on craint qu'il ne s'égare. C'est ainsi que les lettres de change se délivrent par 1er, 2e, 3e etc.—Enfin, les brevets doivent porter l'empreinte du sceau du notaire; ils sont délivrés sur papier timbré de toute dimension (Déc. min. fin. 12 vent. an 7; circ. 2 pr. an 7), et remis aux parties après enregistrement (L. 22 fr. an 7, art. 41) : ils sont passibles des droits d'après la nature de leurs stipulations sans distinc-

tion entre eux et ceux qui sont gardés en minute.

684.—Enfin, quand un brevet est, ainsi qu'il a été dit ci-dessus, n. 683, rapporté au notaire qui l'a reçu, il en dresse un acte de dépôt nommé « acte de rapport pour minute d'un brevet »; il est écrit sur une feuille de papier particulière. Tel est l'usage à Paris. Il semble plus régulier que celui de beaucoup de notaires de province, qui se contentent de mentionner sur le répertoire le rapport du brevet. — Roll., v° Rapport pour minute.

685.—§ 5.—Forme et rédaction des minutes. — La minute est l'original de l'acte notarié. En traçant les formes de celui-ci, on a par là même fait connaître les formes de celle-là. — On va cependant rappeler quelques points, qui n'ont trait qu'à la forme matérielle des minutes.

Il n'est pas interdit aux notaires de faire imprimer ou lithographier leurs minutes, ce qui peut leur être nécessaire quand ils ont à passer un grand nombre d'actes semblables.—Roll. de Vill., v° Minute, n. 66; Dict. du not. , eod. , n. 55. — Les notaires doivent écrire leurs minutes, non sur des registres , mais sur des feuilles isolées (Décis. min. just. 15 fév. 1809); D. A. 10. 666, n. 63).—Ils peuvent prendre du papier timbré de la dimension qui leur convient. Ils doivent laisser trois doigts de marge dans toutes les pages de leurs minutes, pour y ajouter facilement les apostilles qu'il serait nécessaire d'y mettre (Arr. réglement. du parlem. de Paris, 4 sept. 1685). Cette disposition peut être considérée comme implicitement reproduite par l'art. 15 loi 25 vent. an 11. (Dict. du not., v° Marge; Roll. , eod.)—Beaucoup de notaires ont adopté l'usage prudent de faire parapher par les parties le recto de chacun des rôles dont se composent les minutes. Les paraphes se mettent en haut, en bas, ou en marge des pages (Dict. du not., n. 56, 57).

686. — Comme l'obligation de garder minute forme aujourd'hui le droit commun, et que c'est au notaire recevant que la minute reste, il n'est plus nécessaire, comme autrefois, que la minute mentionne qu'elle est restée en la possession de tel notaire.—Roll., n. 73.

687. — Dans la rédaction des minutes, le notaire n'est que le secrétaire des parties ; il doit seulement écrire clairement leurs volontés et mentionner l'accomplissement des formes légales; c'est le concours de la volonté des parties qui fait la loi du contrat (Toull. t. 6, n. 212).—Il lui est défendu par l'arrêt de régl. du 4 sept. 1685, d'ajouter quoi que ce soit à la fin des actes, si ce n'est à l'instant de la passation, et les faisant, à l'instant même, approuver et parapher par les parties et les témoins (Voy. l'art. 13). — Un arrêt du Conseil, du 9 nov. 1706, a défendu, en outre, aux notaires de faire aucune mention, sur leurs minutes, des quittances sous signature privée données par les parties, ni de souffrir que les parties écrivent ou signent sur les minutes aucunes quittances, ratifications, actes quelconques, sous signature privée.

688. — Peut-il être gardé plusieurs minutes d'un même acte ? — Les notaires de Paris prirent, le 10 déc. 1775, une délibération par laquelle

47

ils défendaient l'usage des doubles minutes : « Il ne pourra y avoir du même acte plusieurs minutes. L'usage des doubles minutes qui s'est introduit depuis plusieurs années , sera regardé à l'avenir comme une contravention formelle à l'art. 17 de nos réglements. » — Un arrêt de réglement du 17 mars 1783 les proscrivit aussi. « Il ne sera tenu, y lit-on, qu'une seule minute des actes passés par devant deux notaires. » — Toutefois , l'arrêt du Conseil du 16 déc. 1769, supposant que les actes pouvaient être passés en double minute, réglait pour cela le mode du contrôle. Les décisions des ministres et de la régie supposent aussi que l'usage n'est pas défendu, car elles règlent le mode d'enregistrement (Déc. de la Régie, 26 fév. 1806; 27 nov. 1832 ; Déc. min., 16 août 1808 ; 12 déc. 1832).—Loret, t. 1, p. 337 et Roll. de Vill., v° Minute, n. 58, disent que la loi de l'an 11 n'ayant pas défendu la double minute, on ne peut annuler un acte qui serait rédigé dans cette forme. Cela paraît très-exact, quoiqu'il soit mieux de s'abstenir de ce mode qui, du reste, n'est supposé, par la décision citée, être pratiqué que dans le cas où un notaire d'une classe supérieure concourt, dans son ressort , avec un notaire de classe inférieure , et qui paraît avoir présenté des inconvénients en raison du double dépôt et du droit appartenant à chaque notaire de délivrer des grosses. — Au surplus, il est bien que l'acte fasse mention de la rédaction en double minute, en ajoutant que chaque notaire est resté en possession d'une de ces minutes. C'est aussi pour éviter toute incertitude, que la régie exige l'indication expresse du notaire chargé de payer le droit d'enregistrement, paiement dont le mode est réglé par la décision min. du 16 août 1808.

689. — *Concours entre notaires pour la garde de la minute ; ancienneté.* — Il ne faut pas confondre le cas où un notaire est appelé en second par son confrère , avec celui où chaque partie se faisant assister de son notaire de confiance, les deux notaires concourent à la rédaction. Dans ce cas, et lorsque deux notaires sont ainsi appelés, la minute appartient au plus ancien en réception , quoique les actes ou contrats auraient été dressés par le plus jeune (Stat. des not. de Paris, 13 mai 1681, art. 17).... ou que celui-ci serait choisi par plusieurs parties , tandis que celui-là ne serait appelé que par une seule. La Jurisp. du not. rapporte , art. 54, une ordonnance en référé du 17 mars 1828 qui l'a ainsi jugé en faveur de M° Barbier. Le nombre des voix ne doit influer en rien pour l'attribution des minutes : il s'agit ici d'une prérogative de l'âge, des égards et des respects que méritent l'ancienneté. — C'est par un motif semblable que la compagnie des notaires de Paris a attribué la minute d'un bail au notaire le plus ancien quoiqu'il n'eût été nommé que par l'un des bailleurs ou propriétaires et par le preneur, tandis que l'autre notaire avait été appelé par tous les autres bailleurs ou propriétaires (Stat. not. 23 sept. 1696).

690. — La règle ne fléchit pas, quoique l'acte soit rédigé en forme de procès-verbal et à la suite de sommations données pour comparaître dans l'étude du notaire moins ancien (Stat. not., 2 av. 1807)

691.—Fondée sur l'ancienneté, cette règle a été appliquée, en matière d'inventaire et de récolement, soit au notaire de l'époux survivant et commun en biens (Paris, 4 janv. 1833. aff. St-Amand), soit à celui de la veuve, commune en biens et usufruitière universelle (Nancy, 25 août 1835, aff. Fortier, Jur. not., art. 1895 et 3133); ....quoique le notaire plus jeune ait reçu le testament du défunt, et qu'il représente les parties qui ont le plus fort intérêt dans la succession (Colmar, 30 juill. 1826; D.P. 26. 2. 50); ....quoique le plus ancien ne réside pas sur les lieux et que le plus jeune, qui y réside, ait été choisi par l'exécuteur testamentaire, par la majorité des héritiers (Paris, 22 août 1831, D.P. 31. 2. 249); .... quoique le plus jeune ait été commis par la justice pour un inventaire (Stat. not., 24 sept. 1818), ou qu'il ait toujours été le notaire de la famille (Paris, 13 juin 1832. D.P. 33. 2. 91). C'est toujours au plus ancien que doivent être renvoyés le partage et la liquidation de la succession (Même arrêt). — Toutefois, dans une espèce où deux notaires ayant été commis par un jugement de séparation de corps, pour procéder à l'inventaire et à la liquidation de la communauté, il avait été jugé sur l'appel que la liquidation aurait lieu à la requête et diligence du mari, demandeur en séparation dont le notaire était le moins ancien , la Cour de Paris a pensé que, dans l'esprit de cette décision, c'était évidemment le notaire du mari qui devait être le premier en nom dans l'inventaire et qui devait conserver la minute dudit inventaire, ensemble les autres actes auxquels devait donner lieu la liquidation. » — Arrêt 28 oct. 1841, aff. D... Journ. Pal., t. 76, p. 568.— C'est là, comme on voit, une interprétation d'une décision précédente plutôt qu'un principe de droit général que la Cour a entendu poser.

692. — C'est aussi au plus ancien notaire de Paris qu'appartient : 1° La minute d'un compte de tutelle, d'exécution testamentaire et de bénéfice d'inventaire (Stat. not. de Paris, 2 oct. 1817, 28 août 1823). — Le projet de résolution du 23 frim. an 8, cité plus haut, attribuait la minute des comptes au notaire de l'oyant. (Roll., v° Minute, n. 88);—2° La minute d'une donation, quoiqu'il y soit fait vente de quelque objet au donataire (Stat. not., 24 juill. 1695); — 3° La minute d'un transport de bail (Stat. not., 20 mai 1824).

693. — La règle qui détermine , en faveur de l'ancienneté, la préférence pour la garde des minutes, a reçu de nombreuses exceptions qui sont en général fondées sur cette considération d'équité que la minute doit être laissée au notaire de la partie qui est la plus intéressée à la conservation. Et c'est encore dans les statuts ou réglements des notaires de Paris qu'on trouve ces sages exceptions que MM. Augan, p. 74, et Roll. de Vill., n. 91, résument ainsi : Les minutes des contrats de vente appartiennent au notaire de l'acquéreur; — Celles des échanges avec soulte au notaire de l'échangiste qui paie ou doit la soulte ; — Celles des obligations ou constitutions de rentes, au notaire du prêteur; — Celles des transports au notaire du cessionnaire; — Celles des contrats de mariage et des inventaires ou transports en conséquence de ces contrats, au notaire de la future; — Celles des baux à ferme ou à loyer, au notaire du bailleur; — Celles des quittances, au notaire de celui qui fait le paiement (Statuts not., 13 mai 1682), et par exemple, au notaire de la caisse des consignations, si c'est celle-ci qui fait la remise des sommes consignées. (*Conf.*, Roll., n. 96, qui remarque que tel est l'usage).—Peu importe que la quittance porte constitution de partie du prix, une telle constitution n'étant dans l'acte qu'un accident. Stat., 19 oct. 1698.

694. — Par une conséquence du principe que ces dernières solutions consacrent, on décide que la minute d'une décharge de prix de vente publique de meubles, donnée personnellement au notaire qui a fait la vente, quoique signée par un autre notaire, reste à la garde du notaire dont elle opère la libération. Avis cons. d'Et., 21 oct. 1809. Voy. Roll., vº Décharge de prix de vente.

695. — D'autres exceptions ont été faites : ainsi on attribue au notaire du créancier la minute d'un titre nouvel (Roll.), n. 94);—au notaire de l'usufruitier, 1º la minute d'une obligation souscrite pour l'usufruit, au profit de Paul, et pour la nue-propriété, au profit de Jean (Stat. not. 24 sept. 1812); 2º celle du contrat de vente d'un bien dont l'usufruit est acquis par un individu autre que le nu-propriétaire. (Stat. not., 16 nov. 1815.)

696. — Voici d'autres règles qui résultent des statuts des notaires de Paris :

697. — 1º Le notaire qui a prêté les deniers pour faire un paiement est exclu par le notaire de celui qui paie (Stat. not., 23 janv. 1695). — Celui de l'enfant naturel est exclu dans les inventaires, partages de la succession, par le notaire des héritiers légitimes, ou du conjoint survivant, ou de l'exécuteur testamentaire. (Stat. not., 23 janv. 1806, art. 1 et 2.) — Dans tous les autres cas, les droits de concurrence et ceux de garde des minutes, entre les notaires des enfants naturels et des autres parties intéressées, se déterminent d'après les règles ordinaires. Stat. not. 1681, art. 3.

698.—2º Les minutes des baux à vie de maisons et héritages doivent rester aux notaires des preneurs et acquéreurs, et les minutes des actes de délaissement pour dots doivent rester aux notaires des épouses, comme une suite des contrats de mariage. Stat. not. de Paris, 28 oct. 1725.

699. — 3º Si le vendeur a fait, dans une quittance du prix d'un fonds vendu, indication du paiement ou délégation de la somme comprise dans la quittance, ou si cette somme fait le montant d'une créance inscrite, colloquée utilement dans un ordre, le notaire du créancier exclut celui du vendeur. — Mais le notaire de celui-ci exclut le notaire du créancier s'il n'y a ni indication de paiement, ni délégation, ni collation. Stat. not. de Paris, 1er sept. 1814.

700. — 4º Le notaire qui a par devers lui les minutes des inventaires, contrats ou autres actes auxquels son confrère a été appelé avec lui, ne peut en délivrer copies ou extraits que les expéditions originales n'en aient auparavant été signées de son confrère et délivrées ; ni faire signer lesdites expéditions, copies ou extraits, à autres notaires,

sinon en cas de maladie, pour laquelle il ne puisse signer, ou d'absence et éloignement de cette ville; nonobstant laquelle maladie ou absence il a une même part à l'émolument que s'il avait signé lesdites expéditions, laquelle part, le gardien des minutes sera tenu de lui envoyer. Stat. not. de Paris, homologués le 31 mai 1681, art. 18.

701. — 5º Autrefois, il était d'usage à Paris que quand un notaire était appelé pour suppléer un collègue empêché pour cause de parenté, c'était au suppléé que la garde de l'acte était confiée. Une décis. du min. de just., en date du 18 janvier 1809, veut que l'acte reste au suppléant, c'est-à-dire au notaire qui l'a reçu, quand même les parties consentiraient à ce qu'il fût confié au notaire suppléé. — Mais si l'empêchement provient d'absence ou de maladie, l'acte reste au notaire suppléé, à la charge d'en faire mention et de la porter sur son répertoire. *Conf.* Dalloz., 10. 666, n. 62; Augan, p. 86.

702.—Les questions relatives à la réception et à la garde des minutes sont soumises à la chambre des notaires. (Ord. 4 janv. 1843, art 2, 2º.)

703. — Quant à la transmission des minutes après démission, destitution, remplacement ou décès d'un notaire, V. les art. 54 et suiv.

ARTICLE 21.

Le droit de délivrer des grosses et des expéditions n'appartiendra qu'au notaire possesseur de la minute; et néanmoins tout notaire pourra délivrer copie d'un acte qui lui aura été déposé pour minute.

Cet article s'occupe : 1º des *grosses* et *expéditions*; 2º des *dépôts d'actes pour minutes*. Il est parlé de ceux-ci à la 1re part., p. 42. — On va parler particulièrement de celles-là.

703. — *Expéditions, grosses, copies.* Ces trois mots se trouvent dans l'art. 21 : chacun exprime l'idée de la reproduction littérale, d'un original et, dans le cas particulier, d'une minute.

Le code civil, art. 1334 et suivants, emploie le mot *copie*, comme expression générale : les expéditions et grosses sont des espèces particulières. —Dans l'art 21, le mot *copie* paraît être synonyme du mot expédition, quoique le contraire ait été prétendu. V. 1re part., p. 1, et plus bas.

L'expédition est le mot employé dans le notariat pour désigner la copie littérale de la minute.

On la nomme *grosse* quand elle est revêtue de la forme exécutoire, et *ampliation* quand elle est faite sur une grosse dont la minute n'existe plus.

Elle prend le nom *d'extrait* lorsqu'elle ne comprend pas l'acte entier. V. 1re part., p. 3.

On la désigne sous le nom de *copie*, quand elle est faite sur des actes déposés pour minute (art. 21, 2e alin.) ou annexée à quelque acte.

C'est une *copie collationnée*, si elle a été faite sur pièces représentées au notaire, et par lui rendues, Augan, p. 101, 102. V. n. 722, 765.

On va parler 1º des expéditions, n. 704; — 2º des grosses ou premières expéditions, n. 730; — 3º des copies et secondes expéditions tirées avec ou sans l'autorisation du magistrat ou des parties.

n. 754, 756 ; — 4° des copies tirées par un autre que le dépositaire de la minute, n. 764 ; — 5° des copies de copies ou copies collationnées, n. 765 ; — 6° des copies tirées par des particuliers ou des personnes publiques hors de leurs fonctions, n. 772 ; — 7° de la transcription des actes sur les registres publics, n. 774 ; — 8° des actes recognitifs et confirmatifs, n. 782 ; — 10° de la ratification ou confirmation des actes, n. 796.

704. — *Par qui l'expédition est-elle délivrée ?*
Par le possesseur de la minute. S'il a été fait une *double minute*, le droit d'en délivrer expédition est commun aux deux notaires.

Mais l'expédition peut être délivrée par un seul notaire, le possesseur de la minute, quoique l'acte ait été reçu par deux notaires : Brillon cite, comme conformes, sur ce point peu controversable, en présence des termes de l'art. 21, un arrêt de juill. 1457 et un arrêt de réglement de 1534. D'après) Jousse, t. 2, p. 402. « Les grosses et expéditions doivent être signées du notaire qui les délivre, et alors elles ont toute leur force; et il n'est pas pour cela nécessaire d'y joindre la signature d'un second notaire ou des deux témoins.» C'est en ce sens aussi que la cour de Paris s'est prononcée par arrêt du 25 janvier 1834. Aff. Pancemont, qui a adopté les motifs d'un jugement ainsi conçu : « Attendu que d'après l'art. 21 de la loi du 25 vent. an 11, la signature du notaire dépositaire de la minute suffit pour la validité et l'authenticité de l'expédition entière ou par partie; que la signature d'un second notaire pour les expéditions ou extraits d'actes qui a été admise en usage parmi les notaires de Paris, peut servir à attester la vérité de la signature du notaire dépositaire de la minute; que la signature en second est une espèce de légalisation officieuse de la signature en premier; qu'elle rend les faux plus difficiles, et qu'elle peut aussi être un moyen de surveillance réciproque dans la forme extérieure des expéditions et extraits; mais qu'elle n'a nullement pour objet, d'attester la conformité de l'expédition ou de l'extrait avec la minute, qui n'est jamais représentée au notaire en second; qu'inutile pour la validité et l'authenticité légales de l'expédition ou de l'extrait, elle ne peut jamais rendre le notaire qui la donne responsable du contenu de l'extrait ou de l'expédition.» — En conformité de cet arrêt, la chambre des notaires de Paris a pris, le 27 avril 1834, une délibération portant que les grosses, expéditions et extraits des actes ne doivent être signés que par le notaire possesseur de la minute.» *Conf.* Roll., v° Expédition, n. 49. *Contrà*, Loret, t. 1, p. 343.

705. — Cette doctrine n'est pas restreinte aux premières expéditions et grosses; elle s'applique aussi aux expéditions subséquentes; peu importe que l'expédition soit délivrée par le notaire qui a reçu la minute ou par son successeur : le concours d'un second notaire ou de témoins instrumentaires n'est nécessaire dans aucun cas. — Toullier, t. 8, n. 446, émet, mais sans le discuter, un avis contraire qui n'est pas partagé par MM. Augan, t. 1, p. 172 et Roll. de Vill., *eod.*, n. 50.
Mais ce concours est regardé comme nécessaire si l'expédition est tirée sur une pièce dont le notaire n'est pas dépositaire, qui lui a été représentée, et qui a été par lui rendue aux parties. Roll. v° Copie collat. 10.

Il paraît même qu'on est dans l'usage de ne mentionner le notaire en second qu'autant que son nom se trouve sur la minute.

706. — Un notaire empêché par maladie ou par une cause autre que la parenté, de délivrer expédition d'un acte, peut être substitué, pour cette délivrance, par un confrère, sans qu'il soit besoin de commission du tribunal. Tel paraît, d'après Roll. de Vill., n. 30, être l'usage pratiqué à Paris. — Mais, en cas de décès, le président désigne le notaire qui, jusqu'à son remplacement, doit délivrer les expéditions. C'est là une pratique déjà attestée par Brillon, v° Notaire, n. 60.

707. — Il n'est pas interdit aux notaires de délivrer expédition d'actes dans lesquels eux ou leurs parents sont intéressés. Cependant, pour prévenir tout soupçon sur la fidélité des expéditions, ils s'abstiennent de les délivrer eux-mêmes; ils présentent requête au président du tribunal, lequel commet un notaire de la résidence ou du ressort pour délivrer les expéditions (Arg. C. pr. 842) au bas desquels la commission est indiquée.

708. — Par qui sont délivrées les expéditions de minutes qui se trouvent dans les dépôts publics ou les greffes? V. art. 60.

709. — *Formes des expéditions.* — Sur ce point, on renvoie d'abord aux formules transcrites à la 1re partie, p. 1 et suiv.
L'expédition devant être la copie de la minute, doit reproduire fidèlement jusqu'à la ponctuation et l'orthographe de l'original, sauf à mentionner que cette orthographe et cette ponctuation appartiennent à l'original. — Roll., n. 64, 67.
Mais dans les expéditions ou copies, les notaires doivent omettre les clauses, qualifications, énonciations ou expressions tendant à rappeler le régime féodal, à peine de 20 fr. d'amende, disposition qu'il faut concilier avec le rétablissement de la noblesse. V. l'art 17.

710. Les expéditions sont écrites, en général, par les clercs des notaires. Une délibération des notaires de Paris, du 24 déc. 1730, porte : que les expéditions, copies ou extraits de leurs actes ne seraient faits que sous leur vue, à leur su et sous leurs ordres par leurs clercs travaillant actuellement dans leurs études et résident chez eux, sans pouvoir se prêter pour cela à aucune facilité, convention ni accommodement quand bien même ce serait à titre purement gratuit, à cause des dangers qu'il y aurait pour le public et pour eux d'en user autrement.
Il nous semble qu'un notaire ne manquerait à aucune règle, en faisant pour des cas urgents écrire des expéditions par des personnes étrangères, pourvu que ce fût sous ses yeux et dans son étude.

711. — On tient que les dispositions de la loi relatives aux interlignes, blancs, lacunes, surcharges, ratures, renvois, etc., s'appliquent aux expéditions et que les ratures et renvois ou apostilles doivent être approuvés par eux. — Les blancs de chaque alinéa sont remplis par une barre tirée jusqu'au bout de la ligne.

712. — Il n'est pas d'usage de rapporter dans les expéditions et grosses les signatures qui sont apposées sur la minute reçue par le notaire qui délivre l'expédition, (arrêté, 15 prairial an 11, Massé, liv. 13, ch. 19. Roll., n. 78.) — Mais on les rapporte dans les expéditions d'actes passés devant ses prédécesseurs, ou à la fin des expéditions de pièces déposées ou énoncées et des copies collationnées, de la vérité desquels il ne peut répondre comme de ceux qu'il a passés lui-même. Massé, eod.; Roll. eod., n. 79.

713. — Les expéditions délivrées par les notaires des actes par eux retenus en minute, de ceux qui leur sont déposés, ou qui se trouvent annexés à leurs minutes, ne peuvent être écrites sur du papier inférieur à celui appelé moyen papier (de 1 fr. 25 c.) à peine de 10 fr. d'amende outre le paiement des droits de timbre (L. 13 br. an 7, art. 19 et 26; 28 avril 1816, art. 63, et 16 juin 1824, art. 10) : les copies collationnées se font sur du papier de toute dimension, quoiqu'il soit d'usage à Paris de les écrire sur du papier d'expédition.

Elles ne peuvent contenir, compensation faite d'une feuille à l'autre, plus de vingt-cinq lignes par page de moyen papier, et plus de trente lignes par page de grand papier, à peine de 5 fr. d'amende outre le paiement des droits de timbre (L. 13 br. an 7, art. 20 et 26, n. 5; 16 juin 1824, art. 10). — S'il y a des tableaux qui ne puissent être syncopés, on les reproduit, quel que soit le nombre de lignes. Il suffit que la compensation dont il vient d'être parlé se retrouve.

714. — Les expéditions doivent contenir quinze syllabes à la ligne (Décr. 16 fév. 1807, art. 174). Mais la contravention à cette disposition, résultant de ce qu'il y aurait plus de quinze syllabes à la ligne, ne fait encourir au notaire aucune amende.

715. — Elles doivent reproduire les renvois, ratures, surcharges, interlignes et additions de la minute, même non approuvés. Conf. Ann. not., t. 13, p. 249; Carré, Cours élém. d'org. jud. p. 422, Augan, t. 1, p. 171, Duranton, t. 13, n. 238, Roll. n. 74. — Contra, Toullier, t. 8, n. 111 et 128, qui enseigne que le notaire ne doit en tenir aucun compte, et qu'il doit copier l'acte comme il a été primitivement rédigé ; il se fonde sur ce motif que les renvois, surcharges, etc., non approuvés sont regardés comme non avenus, et sur un arrêt de régl. du 17 déc. 1627 qui défendait aux notaires d'insérer dans les expéditions les apostilles non approuvées. — Cette opinion que M. Roll. de Vill. avait adoptée dans sa 1re édition, eod. n. 32, doit être rejetée par ces raisons péremptoires, à notre avis, 1° qu'il est possible que, sans les mots ou les phrases contenues en renvois, interlignes, etc., l'acte ne soit pas intelligible; 2° que le notaire n'est pas juge de la valeur et des irrégularités de la minute, qui peuvent avoir plus ou moins de gravité, qui peuvent laisser des mots ajoutés ou retouchés, la valeur d'un commencement de preuve par écrit et qui, enfin, peuvent n'être pas critiqués par les parties.

716. — Si l'acte est affecté de quelque nullité à défaut de signature d'une partie ou de témoins, ce serait un acte imparfait dont le notaire ne devrait

pas délivrer expédition sans ordonnance du juge. Ann. not., eod., Roll. eod. n. 75.—V. l'art. 26.

717. — On doit transcrire la légalisation ou au moins énoncer par qui elle a été faite, dans les expéditions ou extraits d'actes de dépôt ou d'actes représentés et rendus. Délib. not., Paris, 25 sept. 1817.

718. — Le notaire détenteur de la minute paraphe seul le bas de chaque recto. Les deux notaires, dans les cas où ils signent tous deux l'expédition, paraphent les renvois et la mention, ou l'approbation des mots rayés, et ils signent à la fin. Le notaire en premier signe et paraphe à droite. Le paraphe au bas de chaque recto n'est qu'une précaution toute volontaire : la loi ne l'exige pas, même pour les minutes.—Roll., n. 86.

719. — Quand l'acte a été reçu par deux notaires, le nom du possesseur de la minute est indiqué à la fin avant la transcription de la mention de l'enregistrement. Ferrière, liv. 1, ch. 13. — On fait aussi connaître la place que cette mention occupe sur la minute.

720. — « Il est assez d'usage à Paris, dit M. Roll. de Vill., n. 87, de mettre au bas de l'expédition après l'enregistrement, une mention indicative de l'objet de l'acte expédié, lorsque la dernière feuille employée ne contient que quelques mots ou quelques lignes sur le recto du premier rôle de cette feuille. En effet, on pourrait détacher celle-ci et l'appliquer à un corps d'expédition tout différent, en y mettant un paraphe toujours facile à imiter.»

721. — Le nombre des rôles, des renvois et mots rayés est indiqué à la fin de chaque expédition, par une mention marginale. Délib. not. de Paris, 27 avril 1834.

722. — Tout le monde comprend la nécessité de collationner les expéditions sur les minutes : delà est venu l'usage de quelques notaires d'indiquer cette collation par le mot collationné, mis à la fin, dans la marge.

723. — L'obligation de mentionner sur la minute la délivrance des expéditions prescrites par l'arrêt de régl. du 4 sept. 1685, n'est pas renouvelée par la loi de ventose qui ne l'exige que pour les grosses (art. 26). Cela se pratique encore, mais dans un simple but d'ordre : ce sont les clercs qui écrivent eux-mêmes fait expédition : il n'y a ni paraphe ni signature du notaire.

724. — Les expéditions doivent porter le sceau du notaire en premier.

725. — Les actes qui ne sont que la conséquence d'autres actes, comme les quittances de prix de vente, les ratifications et par la même raison les actes annexés, tels que procurations, doivent, ce semble, pouvoir être expédiés à la suite de ceux auxquels ils se réfèrent. — Mais ils ne peuvent l'être s'ils ne sont pas dans ces deux catégories. Roll. n. 92 et 94.

726. — Foi due aux expéditions. — On vient de voir les précautions qui sont prises pour assurer la fidélité des expéditions. C'est de là que naît la foi qui leur est due. Délivrées par le possesseur de

ces minutes, il y a présomption qu'elles sont conformes à l'original.

Aussi a-t-il été jugé: 1° que la loi accordant à l'expédition délivrée par un notaire le même degré de confiance et d'autorité qu'à la minute elle-même, elle ne peut être attaquée que par la voie de l'inscription de faux, encore que la partie qui la produit ne puisse pas représenter la minute et qu'on ne trouve aucune mention du prétendu acte sur les registres de l'enregistrement. — (Cass. 17 mess, an 10, D.A. 10. 666, n. 4).

2° Qu'il suffit que l'expédition d'un testament olographe constate que la minute existe dans un dépôt public, pour que son exécution n'en puisse être suspendue jusqu'à la représentation de la minute, dont l'apport, au reste, n'est pas à la charge de l'héritier institué. Toulouse, 9 août 1834. D.P. 35. 2. 16.

727. — Cependant, la présomption ne va pas jusqu'à dispenser le notaire de représenter la minute: au contraire les parties peuvent exiger cette communication à l'effet de collationner elles-mêmes les expéditions qui leur sont délivrées, arg. C. civ. 1334. V. art. 23 de la loi. Duranton, t. 13, n. 87. Carré, Cours élém. d'org. jud., p. 422.

En conséquence, les notaires ne peuvent point, en offrant de délivrer aux parties ou à leurs ayants-droit, des expéditions des actes qu'ils ont reçus, refuser de leur en représenter les minutes. — Paris, 22 juill. 1809. D.A. 10. 666, n. 3 — Comment se fait cette représentation ou communication ? V. l'art. 23.

728. — C'est pour le cas où la minute n'existe plus, que l'article 1335 C. civ. a réglé le degré de foi que doivent obtenir les expéditions ou copies. A cet égard, il les a distinguées en plusieurs classes que nous allons examiner. Au premier rang se placent les grosses.

729. — Quant à la force probante, les premières expéditions sont mises, par l'art. 1335, sur la même ligne que les grosses.

730. — Des grosses ou premières expéditions. — De leur nature. — Une grosse est une copie authentique, délivrée en forme exécutoire. Le but de la grosse est d'assurer à celui à qui elle est délivrée la voie d'exécution de plein droit. Cette prérogative est une délégation de la puissance publique. — Toullier, t. 6, n. 209 et suiv. Il ne faut donc pas confondre les grosses avec les expéditions, qui ne sont pas revêtues de la formule exécutoire. Toute grosse est une expédition, mais toute expédition n'est pas une grosse; c'est la différence de l'espèce et du genre. Toull., t. 8, n. 418. — L'expédition donne le droit d'agir en justice; la grosse autorise à exécuter directement sans avoir recours aux tribunaux. — Du reste, quoique non exécutoire, l'expédition n'est pas moins authentique, et ne fait pas moins foi que la grosse. — Toull., n. 426.

731. — Le droit du notaire de délivrer une première grosse, ne cesse point par cela qu'il en aurait été précédemment donné une ou plusieurs expéditions non exécutoires. C'est l'usage suivi par les notaires (Augan, p. 118); mais cet usage

a essuyé quelques contradictions devant les tribunaux. — Dalloz, 10. 706, n. 8.

732. — Quels actes peuvent être délivrés en grosses ? — Ce sont les actes susceptibles d'exécution parée. Et pour cela, il faut qu'ils soient authentiques (V. n. 30 et suiv.), qu'ils contiennent obligations de choses liquides et certaines (C. civ. 2213; C. pr. 551; Roll., v° Grosse, n. 8 et 16). — Toutefois les actes sous seing-privé, devenant authentiques par le dépôt qui en est fait par les parties chez un notaire, il peut être délivré des grosses de ces actes par le notaire auquel ils sont déposés, et qui les compte parmi ses minutes. — Conf. Req. 27 mars 1821, D.A. 11. 648, n. 2. — C'est ce qui est reconnu nonobstant le mot copie dont se sert l'art. 21, ce mot copie étant une expression qui comprend, d'après l'art. 1335 C. civ., tous les modes de réproduction littérale de l'original, les grosses, comme les expéditions. Toullier ne reconnaît au notaire que le pouvoir de délivrer de simples copies; mais si l'art. 21 ne parle que de copie, c'est qu'il suppose que tout notaire peut en délivrer, même celui qui n'a pas reçu l'acte. Augan, p. 118, pense que l'acte déposé pour minute peut être revêtu de la forme exécutoire, lorsque toutes les parties ont reconnu leur signature, ou que, depuis le dépôt, l'acte a été relaté dans un titre authentique où a figuré la partie qui n'aurait pas concouru au dépôt. — Conf. Dalloz, 10. 706, n. 7. Roll., v° Grosses, n. 9. — Voy. plus haut, n. 34.

733. — Une ordonnance de référé, rendue par le président de tribunal civil, et consignée sur un procès-verbal reçu par un notaire, peut être délivrée par celui-ci en forme de grosse (Stat. des not. de Paris, 29 sept. 1814). — Roll., n. 14.

734. — On peut délivrer en forme de grosse un contrat de mariage s'il contient obligation de payer une certaine somme dans un certain temps, soit par des tiers aux époux, soit par ceux-ci à des tiers. Il ne peut l'être si le contrat de mariage ne contient que le réglement des droits éventuels des époux. — (Conf. Roll., n. 24). — 2° Une obligation à ordre qui aurait été reçue en minute, qu'elle ait ou non un caractère commercial. Roll., n. 26.

735. — Il importe peu qu'un titre soit prescrit par sa date, car le titre seul reste tant que la prescription n'est pas prononcée. — Mais, après trente ans, le notaire, dit Roll. de Vill., n. 28, ne peut délivrer la grosse d'un titre sans avoir pris toutes les précautions nécessaires pour s'assurer si la créance n'est pas remboursée : autrement, cette délivrance pourrait lui être imputée à faute.

736. — Mais on ne peut délivrer en forme de grosse : — 1° Les actes imparfaits, lesquels n'ont pas le caractère de l'authenticité; ni les actes délivrés en brevet, car il résulte des art. 21, 25 et 26 que les grosses ne se délivrent que sur la minute (Massé, liv. 12, ch. 20; Carré, Cours élém. d'organ. jud., n. 613; Roll., n. 10), à moins qu'il n'ait été rapporté au notaire ou déposé à un autre notaire pour minute. (Roll., eod. , n.

11); ni un testament, quoiqu'il renferme le legs d'une somme déterminée, parce que le légataire ne peut se mettre en possession qu'à compter du jour de la demande en délivrance (*Conf.* Roll., n. 25).

737. — *A quelles personnes les grosses peuvent-elles être délivrées?* — A chacune des parties intéressées, c'est-à-dire à celles qui ont le droit de poursuivre *l'exécution* de l'acte. Loret, t. 1, p. 387, Massé, liv. 1, ch. 29; Toullier, t. 8, n. 420; Duranton, Tr. des contr., n. 1318.—A *chacune* des parties intéressées : c'était déjà la disposition de l'ord. d'août 1539, art. 178. Il faut en effet que si l'obligation a été contractée envers plusieurs conjointement, chacun, en vertu du principe de division, ait le droit de poursuivre l'exécution pour son compte : mais, dans ce cas, la grosse n'est délivrée que pour ce qui est dû à celui qui la requiert. Loret, p. 387, Augan, t. 1, p. 177; Roll., n. 32.

Il paraît cependant être d'usage que le notaire se fasse autoriser à délivrer plusieurs grosses, lorsque la dette n'est pas divisée dans le titre. — Enfin, la circonstance d'une délivrance multiple est mentionnée au bas de chaque grosse.

738. — Il ne peut être délivré autant de grosses d'un titre nouvel qu'il y a d'héritiers co-propriétaires. Le débiteur ne leur doit qu'un titre à tous, comme il n'en devait qu'un au créancier originaire; c'est à eux à se servir de la voie d'ampliation, s'ils veulent avoir chacun une grosse.

739. — Le notaire peut refuser la grosse aux créanciers lorsque les frais et déboursés soit de la minute, soit de cette grosse, lui sont dus. — Arg. C. pr., 85.

Par qui les grosses sont-elles délivrées ? — Par le notaire possesseur de la minute. — Quand l'acte est passé en double minute, le droit de délivrer la grosse doit être déterminé par les mêmes règles que celles qui fixent la conservation des minutes. (V. l'art. 20.)—Toullier, t. 8, n. 421, pense que le droit de délivrer les grosses n'appartient qu'au notaire qui a reçu l'acte. Augan, p. 116, et Dalloz, 10. 706, n. 6, enseignent que ce droit peut être exercé par le notaire possesseur de la minute, soit qu'il l'ait reçue lui-même, soit qu'elle l'ait été par ses prédécesseurs. — Loret, t, 1er, p. 341.

740. — Par qui sont délivrées les grosses des minutes déposées dans les dépôts publics? V. art. 60, 61.

741. — *Formes des grosses.* — Les formes des grosses sont, en général, les mêmes que celles des expéditions. (V. n. 709). Elles portent, de plus, la formule exécutoire. V. l'art. 52, et Roll., n. 55 et suiv.

742. — Un acte pouvant contenir de longs détails, et des clauses étrangères les unes aux autres, les notaires sont autorisés à délivrer des grosses par extraits, malgré l'induction qui se tire de l'art. 673 C. pr. Mais, pour éviter toute contestation de la part des débiteurs, ils agissent prudemment, en ne délivrant les grosses par extrait que sur une autorisation qu'ils rapportent dans la grosse ou dans le style de délivrance. *Conf.* Roll., n. 52.

743.—Les grosses et expéditions des contrats de mariage en suite desquels il existe des changements ou contre-lettres, ne peuvent être délivrés, à peine de dommages-intérêts des parties, et sous plus grande peine, s'il y a lieu, sans que ces changements ou contre-lettres soient transcrits en suite de ces grosses et expéditions (C. civ. 1397).

744.—Il doit être fait mention sur la minute de la délivrance d'une première grosse. Cette mention ne résulte pas des initiales F.G., fait grosse : on doit mentionner la délivrance, et le notaire doit signer. Un jugement du trib. d'Orléans, du 24 juin 1839, l'a ainsi jugé. Jurisp. du not., art. 4541, et tel paraît être l'usage à Paris.

745.—*Effets des grosses.* —Quant à l'exécution du contrat, les grosses ont plus de force que la minute même ou l'original, car elles ont seules le privilège de l'exécution parée.— Toullier, t. 8, n. 420.—La remise volontaire de la grosse du titre fait présumer la remise de la dette ou le paiement, sauf la preuve contraire (C. civ., 1283). — La remise de la grosse à l'un des débiteurs solidaires a le même effet au profit de ses codébiteurs (1234).—Le créancier qui perd sa première grosse ne peut plus obtenir la voie d'exécution parée que par l'autorité de justice, et en obtenant la délivrance d'une seconde grosse.—Toullier, 8, 422. — Mais la perte de la grosse n'entraîne pas celle du droit hypothécaire.

746.—La remise de la grosse à l'huissier, vaut pouvoir pour toutes exécutions autres que la saisie immobilière et l'emprisonnement, pour lesquels il faut un pouvoir spécial (C. pr. 556).

747. — *Foi due aux grosses et premières expéditions.*—Lorsque l'original subsiste, les grosses, comme toutes les copies, en général, ne font foi que de ce qui est contenu dans l'original (C. civ. 1334). — Pour assurer cette disposition, « la représentation du titre original peut toujours être exigée (même article) » ce qui s'applique au cas où la copie en vertu de laquelle on agit est une grosse. — V. n. 727.

748.—Mais la demande de représentation de l'original n'autorise pas les juges à surseoir à l'exécution de l'acte. Car la grosse est exécutoire de plein droit, et son exécution ne pourrait être arrêtée que par une inscription de faux.

749. — Les grosses et premières expéditions font foi, non seulement quand elles ont été délivrées sur la minute même de l'acte reçu par le notaire, mais encore lorsqu'elles ont été délivrées sur un acte déposé pour minute au notaire.—Il importe peu qu'elles aient été délivrées par le successeur de celui qui a reçu l'acte; la loi reconnaît le droit de délivrer les grosses, au notaire *possesseur* de la minute, sans exiger que ce soit lui qui ait reçu l'acte. —Roll., 1re édit., n. 17.— *Contra*, Toull., 8, 421.

750. — Que si l'original n'existe plus, les grosses ou premières expéditions font la même foi que lui. C'est ce qui ressort de l'art. 1335 qui place sur la

même ligne les grosses et premières expéditions. Elles ne diffèrent que quant à la formule exécutoirel et à l'exécution qui en est la suite; du reste, elles ont les mêmes effets quant à la force probante — Toull., n. 426; Dur. n. 1324; Dalloz, 10. 706, n. 12. — Au surplus, une expédition peut être réputée la *première* qui ait été délivrée, lorsque le contraire n'est pas établi. — Req., 29 nov. 1830; D.P. 31. 1.

751. — *Expéditions ou copies tirées par autorité des magistrats ou du consentement des parties.* — Elles font la même foi que l'original perdu. C. 1335, 1°.

752. — Malgré l'assimilation, quant à la force probante, des grosses ou premières expéditions et des copies tirées par l'autorité du magistrat ou du consentement des parties, Dumoulin a signalé entre ces actes une différence que la loi nouvelle ne repousse point. Les grosses et premières expéditions font foi de leur date et de leur contenu envers toutes personnes, tandis que les copies tirées par l'autorité du magistrat ou avec le consentement des parties ne font pas foi contre les tiers; cependant elles prouvent, comme le ferait l'acte privé, *rem ipsam*, lorsqu'elles ont acquis une date certaine. — Toullier, t. 8, n. 430, 431; Duranton, t. 13, n. 244; Dalloz, 10. 706, n. 13; Roll., v° Copie, 1re édit., n. 25, 26. — *Contrà*, Solon, n. 110.

753. — Elles peuvent servir de commencement de preuve par écrit, induction qui se tire de l'art. 1335, n. 2. — Toullier, n. 432, 433.

754. — Si l'original était un acte sous seing-privé, la copie qui le remplacerait, et qui aurait été tirée par autorité de justice, ou du consentement des parties, aurait plus de force que lui : car elle ne serait pas soumise à la reconnaissance ou à la vérification d'écritures. — Roll., *eod.*, v° Copie, n. 29.

755. — De ce que les copies faites du consentement des parties tirent leur force de ce consentement on peut conclure qu'il doit être constaté authentiquement, et qu'il doit émaner de personnes capables de contracter. — Si les parties étaient incapables de contracter, l'expédition ou la copie ne ferait pas foi contre elles, contre leurs héritiers ou ayants-cause, même après trente ans. — Toullier, n. 454; Delv., t. 2, p. 289.

756. — *Copies et secondes expéditions tirées sans l'autorité des magistrats ou sans le consentement des parties.* — « Les copies qui, sans l'autorité du magistrat, ou sans le consentement des parties, et depuis la délivrance des grosses ou premières expéditions, auront été tirées sur la minute de l'acte par le notaire qui l'a reçu, ou par l'un de ses successeurs, ou par officiers publics qui, en cette qualité, sont dépositaires des minutes, peuvent, en cas de perte de l'original, faire foi quand elles sont anciennes. Elles sont considérées comme anciennes quand elles ont plus de trente ans. — Si elles ont moins de trente ans, elles ne peuvent servir que de commencement de preuve par écrit (C. civ. 1335, 2°). »

757. — Comme il ne s'agit, dans le n. 2 de l'art.

1335, que de copies tirées depuis la délivrance de la grosse ou première expédition, si la première expédition a été délivrée en forme simple, elle a la même foi que l'original, bien qu'elle n'ait pas trente ans de date. — Dalloz, 10. 706, n. 16; Duranton, *eod.*

758. — Il résulte du même article qu'une copie ayant moins de trente ans de date, ne peut faire foi comme ancienne. Req., 10 nov. 1830; D.P. 31. 1. 77.

759. — Les trente ans nécessaires pour qu'une copie soit ancienne se comptent, non pas du jour de l'acte reçu, mais du jour où la copie a été tirée, de sorte qu'il ne suffirait pas que l'acte fût ancien si la copie était récente. — Toull., t. 8, n. 434; Dur., n. 1325; Dalloz, 10. 706, n. 10.

760. — Pour juger si une copie est ancienne, il faut donc en connaître la date. — Si la copie n'a point de date, elle ne peut faire preuve dans les conditions voulues par l'art. 1335. — Cependant, elle ne doit pas non plus être considérée comme nulle et non avenue. — Et il a été jugé qu'il suffit qu'une copie, quoique non datée, soit mentionnée dans des actes, pour qu'en cas d'inexistence de la minute, cette copie puisse être, sinon regardée comme preuve du contenu de l'acte non représenté, au moins valoir comme commencement de preuve par écrit (Req., 10 nov. 1830. D.P. 31. 1. 77). — L'art. 1335, n. 2, en ne reconnaissant à la copie d'autre force que celle de commencement de preuve par écrit, diffère de l'art. 1347, qui définit le commencement de preuve par écrit l'acte émané de celui à qui on l'oppose; ici, ce n'est point la partie qui a écrit la copie. — Il résulte encore de ce n. 2 de l'art. 1335 que la preuve testimoniale et le serment d'office sont admissibles pour compléter la preuve. — Toull., n. 436; Dur., t. 13, n. 247; Dalloz, 10. 706, n. 17.

761. — Du reste, les juges sont seulement autorisés, mais nullement obligés à admettre les copies ayant moins de trente ans comme commencement de preuve par écrit. — Dur., t. 13, n. 246.

762. — Une expédition d'acte peut être réputée ancienne, dans le sens de l'art. 1335, § 2, C. civ., lorsque le contraire n'est pas établi. — Req., 29 nov. 1830. D.P. 31. 1. 7.

763. — Les copies anciennes tirées, parties non présentes ni appelées, ne peuvent faire pleine foi que quand elles sont soutenues de la possession; autrement, le droit serait prescrit, puisqu'on suppose que le titre remonte à plus de trente ans. — Poth., n. 705; Toull., t. 8, n. 164 et 435; Roll., v° Copie, 1re édit., n. 98.

764. — *Copies tirées par un autre que par le dépositaire de la minute.* — En cas de non existence de l'original « lorsque les copies tirées sur la minute d'un acte ne l'auront pas été par le notaire qui l'a reçu, ou par l'un de ses successeurs, ou par officiers publics qui, en cette qualité, sont dépositaires des minutes ; elles ne pourront servir, quelle que soit leur ancienneté, que de commencement de preuve par écrit (C. civ. 1335, 3°). » Cette disposition prévoit le cas où le porteur d'un acte délivré en brevet le présente à un notaire

autre que celui qui l'a reçu, et le cas où, par quelque événement fortuit ou de force majeure, la minute sera tombée au pouvoir d'un individu qui en aurait fait tirer copie par un fonctionnaire public quelconque. De pareils actes sont abandonnés à l'appréciation des juges, qui peuvent les considérer comme un commencement de preuve par écrit, mais n'y sont pas obligés (Toull., n. 437, 438; Dur., t. 13, n. 248 ; Roll., *eod.*, n. 44 ; Dalloz, 10. 707, n. 18). Du reste, l'article s'applique à tous fonctionnaires quelconques qui n'ont pas caractère pour conserver les minutes et en délivrer régulièrement copie.

L'expédition d'un acte notarié délivrée, hors la présence des parties, par un notaire auquel la minute a été représentée et retirée, et à laquelle ni lui ni ses successeurs n'ont concouru, forme un commencement de preuve par écrit, quoiqu'elle remonterait à moins de trente ans. Une décision contraire s'induit d'un arrêt du 27 janv. 1825. (Req. D. P. 25. 1. 126).

765. — *Copies de copies, Copies collationnées.* — Les copies de copies, porte l'art. 1335, 4°, pourront, suivant les circonstances, être considérées comme simples renseignements. On entend par copies de copies celles qui, sans autorité de justice, et parties non appelées ni présentes, ont été tirées par un officier public, non sur la minute d'un acte, mais sur une autre copie ou expédition délivrée, soit par celui qui a reçu l'acte, soit par tout autre officier public, dépositaire de la minute (Poth., n. 741 ; Toull., t. 6, n. 439 ; Roll., v° Copies, n. 48). Les secondes grosses délivrées par ampliation sur une grosse déposée, et les expéditions tirées d'une grosse déposée chez un notaire, ne sont, à vrai dire, que des copies de copies; mais on comprend aisément que ce n'est pas de ces sortes d'actes que l'art. 1335 entend parler (Dur., 13, 250).

766. — Les copies dont il s'agit peuvent se faire de plusieurs manières, et elles varient dans leurs effets. Lorsqu'elles sont faites par un notaire sur une copie ou expédition délivrée par un officier public dépositaire de la minute, en présence des parties, elles ont entre les parties ou leurs ayant-cause, la même force que le premier acte. Quant aux tiers non appelés, la copie de copie ne fait pas preuve contre eux ; mais, d'après Dumoulin et Pothier, elle forme une présomption; c'est plus qu'un simple renseignement. Toullier, n. 440, 442, et Duranton, pensent que l'effet de la copie de copie est, dans ce cas, de fortifier d'autres conjectures, et de pouvoir fournir des présomptions que l'art. 1353 autorise les juges à consulter. Les copies, demandées par une partie, d'une grosse ou d'une expédition qui lui a été remise, et qui ont été tirées même par un notaire, et à plus forte raison, celles tirées par le créancier ou ses successeurs, ne servent que de simples renseignements. Duranton, 13, n. 251, 252; Dalloz. 10.707, n. 19; Roll., *eod.*, n. 50 et suiv.

767. — Les collations de pièces sont judiciaires lorsqu'elles se font pendant le cours d'un procès et en vertu d'une ordonnance du juge : elles se font par les notaires ; mais elles peuvent être faites aussi par le juge lui-même. V. art. 24.

768. — Les collations extra-judiciaires, que l'art. 1335 a plus spécialement en vue, peuvent être faites sur des actes sous seing-privé (Lett. min. fin. 5 sept. 1809).

769. — On ne doit point considérer comme simples collations les grosses ou expéditions délivrées par les notaires, des actes qui se trouvent dans les dépôts publics de minutes. Lorsqu'un tribunal a confié temporairement les minutes d'un notaire décédé à un autre notaire, en l'autorisant à délivrer des expéditions, ces expéditions ne sont pas non plus des copies collationnées (Dict. enreg., v° Collation, Roll. , 1re édit., v° Copies collat. , n. 10, 11).

770. — Plusieurs pièces peuvent être comprises dans une même copie collationnée, et une seule signature suffit pour les certifier. Mais il faut qu'elles soient copiées les unes à la suite des autres d'un seul et même contexte ; elles doivent être datées et signées par les officiers qui les font, enregistrées dans le même délai que les autres actes (*Conf.* Roll., *eod.* n. 12, 13).

771. — Les copies collationnées n'étant pas des actes proprement dits, il semble qu'elles ne requièrent pas l'assistance d'un notaire en second, ni de témoins. Elles doivent être portées sur le répertoire (Roll., *eod.*, n. 14, 15, 17).

772. — *Copies tirées par des particuliers ou des personnes publiques hors de leurs fonctions.* Si les copies ont été faites par des personnes privées ou, ce qui revient au même, par des personnes publiques hors de l'exercice de leurs fonctions, elles ne fournissent qu'un indice léger. Pothier les nomme copies absolument informes. Toullier, t. 8, n. 444, pense, d'après Dumoulin, que si quelqu'un a produit une semblable copie et en a tiré des inductions, son adversaire peut s'en servir et la lui opposer, parce qu'en s'en appuyant on en reconnaît la vérité (Dalloz, 10.707, n. 20; Roll., 1re édit., v° Copie, n. 11).

773. — La force des copies tirées par une personne publique dépend de la circonstance que cette personne a agi ou non dans l'exercice de ses fonctions. Toullier, n. 446, en conclut que le notaire qui les délivre doit être assisté d'un notaire en second ou de deux témoins. Mais, au n. 47 et suiv., Toullier établit la distinction que voici : les notaires sont obligés, sauf quelques exceptions, de garder minute des actes ; c'est à celui qui les a dressés et qui reste dépositaire de la minute, à délivrer l'expédition ; et à cet effet, la loi n'ordonne pas la signature du second notaire ni des témoins. Quant aux autres expéditions ou copies, il faut que le notaire qui dresse l'acte où il certifie la copie conforme à la minute qu'il possède, soit assisté d'un second notaire ou de deux témoins, personnes nécessaires pour qu'il soit considéré comme fonctionnaire public. *Conf.* Dumoulin; Solon, n. 115. Duranton avait d'abord rejeté la distinction entre les grosses ou premières expéditions et les autres expéditions ou copies. Suivant son premier avis, si la grosse ou expédition peut être regardée comme la minute qu'autrefois les notaires remettaient aux parties, c'est en ce sens qu'elle tient lieu de la minute en cas

de perte; mais elle n'est réellement pas la minute, et elle peut être infidèle. Depuis, l'auteur a rétracté ce sentiment et considéré l'assistance d'un second notaire comme inutile pour la délivrance d'une seconde grosse, par la raison que l'art. 844 C. pr. qui trace des formes spéciales n'exige pas celle-là (t. 13, n. 63); Dalloz, 10, 707, n. 21, penche vers l'opinion qui assure le mieux l'authenticité des actes.

774. — *Transcription des actes sur les registres publics.* — Pothier applique les principes qu'il pose aux registres d'insinuation des donations. L'insinuation a été abolie; la loi nouvelle reconnaît la transcription des donations et aliénations immobilières (art. 1336). — Dalloz, 10. 707, n. 22; Dur., t. 13, n. 254.

775. — La transcription d'un acte sur les registres publics, porte l'art. 1336, C. civ., ne pourra servir que de commencement de preuve par écrit, et il faudra même pour cela, 1° qu'il soit constant que toutes les minutes du notaire, de l'année dans laquelle l'acte paraît avoir été fait, soient perdues, ou que l'on prouve que la perte de la minute de cet acte a été faite par un accident particulier; 2° qu'il existe un répertoire en règle, du notaire, qui constate que l'acte a été fait à la même date.

« Lorsqu'au moyen du concours de ces deux circonstances, la preuve par témoins sera admise, il sera nécessaire que ceux qui ont été témoins de l'acte, s'ils existent encore, soient entendus. »

776. — La condition relative au répertoire n'était point exigée autrefois. Elle est surtout fort sage lorsqu'il s'agit de prouver la perte d'une minute par un accident particulier. Tel serait, par exemple, le cas où toutes les minutes de l'année ne seraient pas perdues, et où il ne manquerait que la minute de l'acte transcrit, circonstance qui ferait douter de la vérité ou de la forme de l'acte.—(Toull., t. 8, n. 469; Roll., 1re édit., v° Perte d'acte, n. 12, 13). Si le répertoire du notaire a péri avec ses minutes, on recourt au double déposé au greffe du tribunal, et qui est signé du notaire. — Roll., eod. n. 16.

777. — La transcription acquiert un grand degré de force quand elle s'accorde avec le registre du receveur de l'enregistrement. — Toull., t. 8, n. 470; Roll., eod., n. 15.

778. — L'art. 1336 ne parle pas de l'enregistrement des actes authentiques non sujets à transcription; aucun texte ne donne à la mention sur les registres de l'enregistrement la force de commencement de preuve par écrit; Duranton, t. 13, n. 255, pense qu'il n'y a pourtant pas d'inconvénient à admettre l'enregistrement comme un commencement de preuve par écrit : car il rend vraisemblable le fait allégué. L'enregistrement, réuni aux autres conditions dont parle l'art. 1336, rend le fait plus vraisemblable qu'une simple copie de copie tirée par un autre que l'officier public compétent, laquelle peut cependant valoir comme commencement de preuve par écrit.— Delv., t. 2, n. 380; Roll., cod. n. 17. — Contra, Toull., t. 9, n. 72.

Jugé ainsi que la mention expresse et littérale, sur les registres de l'enregistrement, de la date d'une procuration, du nom du mandant et de l'objet de l'acte, équivaut à la transcription entière de cet acte, et peut, sous les conditions imposées par l'art. 1336 C. civ., servir de commencement de preuve par écrit. — Réq., 16 fév. 1837. D.P. 37. 1. 253.

Décidé cependant que la copie entière d'un titre à son enregistrement ne peut valoir comme commencement de preuve par écrit, tendant à constater l'existence et la validité de ce titre non représenté; le receveur n'a point qualité pour relever copie d'un titre, et en outre cette copie, faite en l'absence de la partie intéressée à la contester, ne peut être d'aucune valeur. — Aix, 21 fév. 1840. D.P. 40. 2. 128.

779. — Lorsque deux sœurs, mariées, ont transigé, par acte notarié, sur la succession de leur mère commune, mais que la transaction ne se trouve plus dans les minutes du notaire et est déniée par l'une des parties, les tribunaux peuvent considérer, comme formant un commencement de preuve par écrit, et établissant des présomptions graves de l'existence de l'acte, la souscription d'un billet signé par le mari de l'une des deux sœurs, le jour même de la transaction, et payé par lui, ainsi que la mention de la transaction sur le répertoire du notaire et le registre de l'enregistrement. Dans ce cas, les tribunaux peuvent, même sans ordonner la preuve testimoniale, prononcer que la transaction sera refaite. — Req. 17 mars 1825, D.P. 25. 1. 209.

780. — Il est clair que les conditions énumérées dans l'art. 1336 ne s'appliquent pas aux actes sous seing-privé. Il suffit qu'ils soient transcrits sur un registre public pour servir de commencement de preuve par écrit : car cette transcription rend vraisemblable le fait allégué (C. civ. 1347). — Dalloz, 707, n. 24; Roll. eod., n. 19; Dur., t. 13, n. 255.

781. — Les témoins de l'acte qui doivent être entendus (art. 1336) s'ils existent encore, sont les témoins instrumentaires. S'ils n'existent plus, il ne suffit pas de faire entendre des témoins qui aient seulement vu l'acte, mais il faut des témoins qui l'aient lu ou en aient appris les clauses de la bouche de la partie intéressée à le combattre; les tribunaux apprécient leurs dispositions. — Dalloz, 10. 707, n. 23; Pothier, n. 738; Toull., t. 8, n. 471; Roll. eod. n. 21.

Il a été jugé que si les témoins sont décédés, il peut y être suppléé par les présomptions graves, précises et concordantes, sans que l'appréciation de ces présomptions puisse être soumise à la Cour. — Req. 16. fév. 1837. D.P. 37, 1, 253.

782. — *Actes recognitifs et confirmatifs.* — Les canonistes ont établi des règles pleines de subtilité sur les confirmations d'actes. Dumoulin avait adapté ces principes aux institutions féodales. Pothier résume la doctrine de Dumoulin, et les auteurs du code l'ont suivie quoiqu'elle eût son origine dans des usages que le temps a détruits. — Toull., t. 8, n. 474 et suiv.; Dall., 10. 709, n. 1.; Dur., 13, n. 263.

783.—L'acte recognitif est celui que le débiteur, principalement d'une redevance annuelle, donne au créancier, en reconnaissance du droit, afin d'empêcher la prescription.

L'acte confirmatif est celui par lequel on donne force à un acte précédent qui en était dépourvu ou qui n'en avait pas une entière; parmi ces actes on distingue ceux de confirmation et ceux de ratification.—Dur., t. 13, n. 256, 257.

784.—La règle générale est que « les actes recognitifs ne dispensent pas de la représentation du titre primordial à moins que sa teneur n'y soit spécialement relatée (art. 1337).»

785.— Le principe que les actes recognitifs ne dispensent pas de la représentation du titre primordial, ne s'applique qu'au cas où le nouveau titre a pour objet de reconnaître l'existence du titre primitif, lequel continue d'exister; il n'est pas applicable au cas où un acte est passé pour constater une obligation préexistante, soit qu'elle n'ait pas été constatée, soit que les parties aient voulu remplacer le titre originaire par un nouveau titre destiné à leur servir de règle : ici, la représentation de l'acte ancien ne peut être exigée, le nouvel acte étant non pas recognitif, mais constitutif de l'obligation qui doit désormais lier les parties.— Pau, 14 août 1818. D.P. 29. 2. 106.

786.—D'après l'ancienne distinction entre les actes recognitifs *in formâ speciali ex certâ scientiâ*, et ceux *in formâ communi*, lorsque la teneur du titre primordial est spécialement relatée dans l'acte recognitif, on ne peut exiger la présentation du premier, quelque récente que soit la reconnaissance (art. 1337;—Toull., n. 485; Dur.; Dall. 10. 709, n. 2; Roll., 1re éd., v° Titre nouvel, n. 28). — Il importe peu qu'il n'existe qu'une pièce contenant la relation spéciale de la teneur du titre, et qu'il soit ou non soutenu d'une longue possession.—(Toull., t. 8, n. 485; Roll., n. 28; Dur., t. 13, n. 260). Il a été jugé qu'il suffit qu'un acte ancien soit relaté dans une transaction passée en exécution de ce titre, transaction qui a d'ailleurs été exécutée et a servi de base à des jugements, pour que celui qui invoque le titre précédent soit dispensé de le représenter.—Metz, 10 fév. 1836. D.P. 38. 2. 153.

787.— Le code n'exige pas la copie littérale du titre, mais la relation spéciale de sa teneur; la relation du titre, sans celle de sa teneur, ne suffirait pas. Mais en quoi la relation d'un titre diffère-t-elle de sa teneur? C'est une question délicate, abandonnée à la prudence des tribunaux.— (Toull., t. 8, n. 484, et t. 10 n. 312; Rép. de Fav., v° Acte recognitif, sect. 1re, n. 5; Roll., n. 30, 31, 32; Dall., 10. 710, n. 3).—Par exemple, l'arrêté d'un conseil de préfecture qui établit, d'une manière positive, l'existence d'un titre de concession au profit de particuliers, et en rappelle les principales clauses, sans en être la copie fidèle, a pu être considéré comme un acte recognitif émané du gouvernement, relatant en termes suffisants la teneur du titre primordial, dans le sens de l'art. 1337 C. civ. et pouvant dispenser de sa représentation, alors d'ailleurs que ce titre avait été produit au conseil de préfecture, et non rendu aux concessionnaires.— Req. 11 juin 1833. D.P. 33. 1. 274.

788.— Les actes recognitifs qui ne contiennent que la relation du titre primordial, et non la relation spéciale de la teneur de ce titre, ne pouvant dispenser le créancier de représenter ce titre, il s'ensuit qu'il n'en prouve pas l'existence quand il est perdu.—(Toull., n. 486, 487; Roll. *eod.*, n. 34).—Jugé cependant que la circonstance que la teneur du titre primordial n'y est pas spécialement relatée est même indifférente lorsqu'il y a difficulté entre les parties, non sur la quotité, la nature ou l'époque de l'exigibilité de la rente, mais sur son existence.—Poitiers, 28 fév. 1823. D.A. 10. 700, n. 1.

789.— Mais les actes recognitifs qui ne réfèrent que le titre primordial et non sa teneur, servent à confirmer ce titre, et à interrompre la prescription (Pothier, n. 743; Toull., t. 8, n. 476; Roll., n. 33).

790.— Alors même que la teneur du titre est spécialement relatée dans l'acte recognitif, et que le créancier est dispensé de produire ce titre, le débiteur peut le représenter pour établir que les clauses n'y sont pas telles que la reconnaissance le porte (Dall., 10. 710, n. 5; Roll., n. 27). Foi est due au titre primordial, c'est pourquoi l'art. 1337-2° veut que ce que les actes recognitifs contiennent de plus que le titre primordial, ou ce qui s'y trouve de différent, n'ait aucun effet. Peu importe, à cet égard, le nombre et l'ancienneté des reconnaissances; il faut excepter le cas de la novation. — Toull., t. 8, n. 488; Dur., t. 13, n. 261; Poth., n. 744; Dall. 10. 710, n. 5; Roll., n. 38, 39, 42.

791.— Par application de l'art. 1337, § 1° 2°, il a été jugé:

1° Le registre-journal, servant anciennement à la perception des rentes domaniales, bien que revêtu de la forme exécutoire, ne peut tenir lieu du titre constitutif de ces rentes. Paris, 2 déc. 1836; D. P. 37. 2. 71.

2° Le contrat de vente, qui met à la charge de l'acquéreur le service d'une rente due par le vendeur, n'a pas pour effet de remplacer le titre primordial de la rente, alors que le crédi-rentier n'est pas intervenu au contrat. — Même arrêt.

3° La renonciation du débiteur à se prévaloir des dispositions de l'art. 1337 C. civ., qui soumet le créancier à la représentation du titre primordial, est obligatoire, alors même que, s'agissant d'une rente, le débiteur prétendrait, mais sans en justifier, qu'elle a une origine féodale. Req. 5 déc. 1837. P. 38. 1. 391.

4° Bien que ce qui est contenu dans le titre nouvel de plus ou de différent que le titre primordial, soit sans effet, cependant il ne faut pas en conclure qu'il ne puisse y être ajouté des conditions accessoires, pourvu qu'elles ne touchent en rien à l'essence de l'obligation primitive. Ainsi, en matière de rente foncière, la solidarité stipulée par les débiteurs, comme clause additionnelle dans le titre nouvel, doit avoir tous ses effets. — Toulouse, 5 avril 1838. D. P. 39. 2. 112.

792. — Le § 3 de l'art. 1337 dispense le créan-

cier de représenter le titre primordial lorsqu'il y a plusieurs reconnaissances conformes, soutenues de la possession, et dont l'une a plus de trente ans, dans le cas où l'acte recognitif ne relate pas spécialement la teneur du titre. Une seule reconnaissance, soutenue de la possession, et remontant à plus de trente ans, ne suffirait pas pour dispenser le créancier de représenter le titre. Duranton, t. 13, n. 263; Delvincourt, t. 2, n. 621, n'admettent cette décision qu'à l'égard des tiers, et non à l'égard de celui de qui émane la reconnaissance. Favard, *loc. cit.*, n. 5; Toull., t. 8, n. 487, pensent que le texte est précis, et que le créancier qui n'a qu'une reconnaissance, ou qui en a plusieurs qui ne réunissent pas les conditions voulues, n'a d'autre ressource que l'aveu du débiteur, son serment ou la preuve de la perte et de la teneur du titre. — Dall., 10. 710, n. 4; Roll., n. 37.

Jugé ainsi qu'il n'est pas nécessaire de représenter un titre primordial, lorsqu'on produit des reconnaissances soutenues d'une possession immémoriale conforme. Req. 5 juill. 1837, D.P. 37. 1. 472.

793. — La disposition du § 3, de l'art 1337 s'applique aux actes antérieurs comme aux actes postérieurs au Code civil. (Pau, 30 janv. 1828, D.P. 29. 2. 105). — Jugé, au contraire, par la même Cour, qu'à l'égard des actes antérieurs au Code civil, une seule reconnaissance peut être déclarée suffisante. — Pau, 14 août 1828, D.P. 29. 2. 106)

794. — Les reconnaissances successives dont il est parlé dans le § 3 de l'art. 1337 peuvent résulter, au profit d'un individu, d'actes passés avec des tiers, dans lesquels ces droits sont reconnus. — Cass. 6 fév. 1832, D.P. 32. 1. 98.

795. — Suivant Pothier, si, dans le cas où l'acte recognitif serait plus favorable au débiteur, il y a plusieurs reconnaissances conformes dont l'une remonte à trente ans, le créancier ne pourrait, en représentant le titre primordial, prétendre plus qu'il n'est porté par les reconnaissances, la prescription étant acquise au débiteur pour le surplus, pourvu qu'elle ait pu courir contre le créancier. — *Conf.* Duranton, t. 13, n. 262; Rép. de Favard, *loc. cit.*, n. 4; et Delv., t. 2, 622, n. — *Contra*, Toull., t. 8, n. 489; Dall., 10. 710, n. 6; Roll., n. 40, 41.

796. — Enfin, à l'égard des actes qui contiennent une *ratification* ou *confirmation*, leurs formes et leurs effets sont réglés par les art. 1338, 1339 et 1340 C. civ., dont voici les termes :

« Art. 1338. L'acte de confirmation ou ratification d'une obligation contre laquelle la loi admet l'action en nullité ou en rescision, n'est valable que lorsqu'on y trouve la substance de cette obligation, la mention du motif de l'action en rescision, et l'intention de réparer le vice sur lequel cette action est fondée. — A défaut d'acte de confirmation ou ratification, il suffit que l'obligation soit exécutée volontairement après l'époque à laquelle l'obligation pouvait être valablement confirmée ou ratifiée. — La confirmation, ratification, ou exécution volontaire dans les formes et à l'époque déterminées par la loi, emporte la renonciation aux moyens et exceptions que l'on pouvait opposer contre cet acte, sans préjudice néanmoins du droit des tiers. »

« Art. 1339. Le donateur ne peut réparer par aucun acte confirmatif les vices d'une donation entre-vifs; nulle en la forme, il faut qu'elle soit refaite en la forme légale. »

« Art. 1340. La confirmation ou ratification, exécution volontaire d'une donation par les héritiers ou ayant-cause du donateur, après son décès, emporte leur renonciation à opposer soit les vices de forme, soit toute autre exception. »

Tout ce qui a trait à la forme des actes de confirmation et de ratification ainsi qu'aux droits dont ils sont passibles, est exposé à la 1re partie, tit. 2, ch. 9, p. 46. A l'égard des difficultés auxquelles ces mêmes articles ont donné lieu sur le fond du droit, on peut en voir le tableau développé dans notre Dict. gén., v° Ratification : un commentaire des art. 1338, 1339, 1340 C. civ., sortirait du cadre de ce travail.

ARTICLE 22.

Les notaires ne pourront se dessaisir d'aucune minute, si ce n'est dans les cas prévus par la loi et en vertu d'un jugement.

Avant de s'en dessaisir, ils en dresseront et signeront une copie figurée qui, après avoir été certifiée par le président et le commissaire du tribunal civil de leur résidence, sera substituée à la minute dont elle tiendra lieu jusqu'à sa réintégration.

797. — Reprenons le terme de cet article :

798. — *Ne pourront se dessaisir.* — C'était déjà l'ancienne règle. — « Lesquelles minutes, porte l'acte de notoriété du 18 nov. 1687, ne doivent point sortir de leur possession, ni être par eux portées hors de leurs études, s'il ne leur est ordonné par les magistrats, ou qu'il soit nécessaire de mettre au pied ou à la marge de la minute, quelque acte qui se passe en exécution, ou de décharge, ou qu'il y ait ordonnance de justice de les porter au greffe lorsqu'il y a eu inscription de faux formée contre lesdits actes. » — Un arrêt de réglement du 13 avril 1720 est dans le sens de cet acte. Enfin, on lit dans l'arrêt de réglement du 21 avril 1751 : « Fait défenses auxdits juges d'ordonner que les minutes seront apportées à leurs greffes, si ce n'est qu'elles soient inscrites en faux et dans les autres cas de droit. » — Ajoutons que l'arrêt de réglement du 15 mars 1567 punissait une pareille infraction de la perte de l'office, quoique le titre fût éteint.

799. — Il est bien entendu que le notaire ne doit pas être réputé se *dessaisir* de la minute lorsqu'il se transporte, lui ou son clerc, hors de l'étude pour la faire enregistrer; quoique l'acte notarié fasse foi de sa date indépendamment de l'enregistrement, c'est une formalité qu'on doit

regarder en quelque sorte comme un complément de l'acte.

800. — Les principes et leurs exceptions, concernant les minutes, s'appliquent également aux actes déposés pour minutes. V. n.

801. — Les cas où un notaire peut se dessaisir de ses minutes sont, d'abord ceux de poursuite en faux principal et en faux incident (C. inst. cr. 452; C. pr. civ. 214); de vérification d'écriture (C. pr. 200). Et ce n'est pas seulement la pièce arguée de faux ou dont la vérification est demandée, qui peut être déplacée; mais encore celles qui peuvent servir de pièces de comparaison (C. pr. 200 et suiv. ; C. inst. cr. 453, 454). M. Rolland de Villargue, n. 135, fait remarquer l'ordon. de juill. 1737, est le premier acte qui ait ordonné aux notaires de se dessaisir de leurs minutes pour fournir des pièces de comparaison en cas de faux; ils se bornaient jusque-là à présenter leurs minutes au parquet des gens du roi ou à la cour lors du jugement des procès.

802. — Lorsqu'un notaire commis judiciairement, par suite de difficultés élevées sur les opérations d'un partage, a renvoyé les parties à se pourvoir devant le juge commissaire, il doit déposer au greffe le procès-verbal des dires respectifs (C. pr. 977).

803. — Les cas qui viennent d'être rappelés ne sont pas les seuls où les notaires peuvent être contraints de se dessaisir de leurs minutes. Il a été décidé que les juges peuvent ordonner l'apport à leur greffe des actes notariés, toutes les fois que l'inspection de ces actes peut éclairer leur religion. (Cass., 6 janv. 1830; D.P. 30. 1. 52).—Mais cette décision, qui donne à la conjonctive *et* de l'art. 22, le même sens qu'à la disjonctive *ou*, ne paraît pas devoir être admise avec cette généralité. Dans l'esprit, comme dans la lettre de l'art. 22, la communication ne doit être ordonnée que dans les cas prévus par les lois, et même dans ces cas, il faut un jugement exprès qui la prescrive. Or, on ne peut croire qu'il ait été dans l'intention du législateur de permettre aux tribunaux d'ordonner à leur gré, dans les cas non prévus par les lois comme dans ceux où elles l'autorisent, une telle mesure, qui est coûteuse et susceptible de beaucoup d'inconvénients.—*Conf.*, Roll. de Vill., n. 141, qui dit que, dans l'usage, on invite le notaire à apporter lui-même sa minute dans la chambre du conseil pour la communiquer aux magistrats qui la rendent immédiatement. « Il n'y a rien là d'irrégulier, dit-il; le notaire ne se dessaisit pas de son acte : il se borne à en donner communication dans l'intérêt des parties ou de leurs ayant-cause, et rien ne règle la forme de cette communication que le notaire donne de la manière qu'il juge convenable. » — Cet auteur dit aussi que c'est ce qu'il a *toujours vu pratiquer.*

804. — Un notaire peut aussi transporter dans une autre étude la minute d'un acte, lorsqu'il s'agit de mettre à la suite un nouvel acte qui contient l'exécution du premier, ou qui en porte quittance ou décharge. — Roll., n. 131.

805. — Mais le notaire qui, obligé de rendre compte en justice, joint à ses pièces justificatives la minute d'un acte reçu par lui, pour qu'elle soit remise au juge-commissaire, encourt les peines de discipline portées contre le notaire qui se dessaisit d'une minute hors les cas prévus par la loi.—Metz, 7 mai 1822. D.A. 10. 666, n.

806. — Un notaire ne peut non plus se dessaisir de la minute d'un bail fait par l'administration d'un hospice pour que cet acte soit soumis à l'approbation du préfet. (*Dict. du not.*, n. 67).—Et il a été décidé que les préfets ne peuvent exiger des notaires le dessaisissement des minutes des actes qu'ils reçoivent au profit des établissements publics, à l'effet de donner à ces actes leur approbation : ce dessaisissement n'a lieu qu'après qu'il a été autorisé par justice. — Lettre du min. just., 22 fév. 1830. D.P. 36. 3. 57.

807. — Enfin, le notaire qui procède à la vente de biens de mineurs, d'après délégation du juge, doit garder la minute de la vente, et non la déposer au greffe (Circul. reg. 8 prair. an 12).

808. — L'art. 22 s'applique-t-il aux testaments, ou en d'autres termes un notaire peut-il être contraint de remettre au testateur, qui veut la supprimer, la minute du testament de celui-ci ? — L'affirmative était adoptée dans l'ancienne jurisprudence qui a paru à Merlin, Rép., v° Notaire, § 6; à Delvincourt, t. 2, p. 301, à Toullier, t. 5, n. 659, à Massé, Parf. not., t. 1, p. 80, devoir être encore suivie; et le trib. de Clamecy, par jugement du 14 juillet 1836 (D.P. 36. 3. 67), a consacré cette interprétation qui se fonde sur ce que les anciens règlements *speciaux*, sur la matière, conservés expressément par la loi du 6 oct. 1791, art. 6, ne doivent pas être réputés abrogés par la loi *générale* du notariat, et sur ce qu'il doit être permis à un testateur de supprimer un acte dont il a dû se croire l'arbitre jusqu'à sa mort, qu'il peut modifier sans cesse et qu'il peut avoir le plus grand intérêt à faire disparaître, soit dans l'intérêt de sa propre considération, soit dans l'intérêt de sa famille. — L'opinion contraire au dessaisissement est adoptée par les avis du conseil d'Etat du 7 avril 1821, par les statuts des notaires de Paris du 8 germ. an 12; par Grenier, t. 1, n. 177; Dalloz, Jur. gén., v° Disp. test., t. 6, p. 158; Duranton, t. 9, n. 61 et 470; Roll. de Vill., v° Minute, n. 143; trib. d'Amiens, 29 nov. 1837. D.P. 38. 3. 201. — Elle repose sur ces considérations légales que la loi du notariat doit être réputée avoir abrogé tous les anciens règlements relatifs à la garde et à la conservation des minutes, puisqu'elle a des dispositions complètes sur cette matière-là; qu'autrement on se trouverait replongé dans toute l'incertitude que l'ancienne législation faisait naître, et qu'enfin un testament peut renfermer des stipulations, des dispositions favorables à des tiers, comme une reconnaissance d'enfant naturel ou de dette, qu'il ne doit pas être permis de supprimer sans le consentement des personnes que cette reconnaissance concerne. C'est en ce dernier sens que la question nous a semblé devoir être décidée. (Dict. gén., v° Révocat. de test., n. 142).

809.—Il importerait peu, dès lors, qu'on offrît au notaire de lui remettre, pour sa décharge, un acte même notarié constatant la remise qu'il opérerait. Cet expédient, admis par le jugement cité du tribunal de Clamecy, ne ferait pas disparaître les inconvénients reprochés à la suppression de la minute, inconvénients qui ne sont ni sans réplique, ni les plus grands de ceux que le système du tribunal fait naître.

810.—Si c'est le testament d'un étranger que le notaire a reçu, ou s'il lui a été fait dépôt du testament olographe de ce dernier, il ne peut s'en dessaisir, même sur la demande du gouvernement auquel cet étranger appartient. Déc. min. just.; 9 oct. 1836.

811.—Les notaires peuvent être contraints par corps à faire le dépôt ou la représentation de leurs minutes ordonnée par justice (C. pr. 201, 221; C. civ. 2060).

812.—Lorsqu'un notaire est empêché pour cause de maladie ou autrement, de se transporter au greffe du tribunal civil pour y faire le dépôt, il peut être décidé que ce dépôt sera fait au greffe de la justice de paix de la résidence de ce notaire. Bordeaux, 16 juin 1838, aff. Parenteau. Jurisp. not., art. 4270.

813. — *Copie figurée.* — Ainsi nommée parce qu'elle est conforme à l'original dont elle doit reproduire le tableau trait pour trait dans sa forme matérielle et dans sa substance. Ainsi, dit-Loret, elle doit faire connaître toutes les imperfections de l'original, les ratures, les surcharges, les interlignes, les fautes d'orthographe, l'indication des blancs, lacunes, renvois et autres circonstances. C'est ce qui s'induit aussi des art. 226 et 227 C. pr.;

814.—Quand la minute dont l'apport est ordonné se trouve sur un registre tel que les anciens protocoles qu'on tenait autrefois, le tribunal, porte l'art. 455 C. Inst. crim., peut dispenser de la copie figurée ou collationnée. Mais, dans ce cas, les grosses et expédition dont on peut avoir besoin sont délivrées aux parties qui ont droit d'en obtenir, par le greffier et non par le notaire (C. pr. 245).

815.—*Certifiée.*—La certification est l'attestation par la signature de la vérité d'un fait, d'un acte. Les art. 203 C. pr. et 455 C. Inst. cr. disent que la copie des actes dont le déplacement est ordonné en matière de vérification d'écriture et d'inscription de faux, sera *vérifiée* par le président qui en dressera *procès-verbal* et qu'il sera fait *mention* de ce procès-verbal, lorsqu'il sera délivré expédition de la copie figurée.

816.—Il ne doit être dressé qu'un seul procès-verbal, lorsqu'il est fait envoi par le notaire de plusieurs actes. C'est l'opinion très-sage de Carré (art. 203 C. pr.) fondée par la nécessité d'économiser les frais.

817.—Ces frais, tant pour le procès-verbal que pour l'expédition qui en est délivrée au notaire, sont avancés par lui au greffier, ce qui du reste

n'a pas lieu en matière criminelle où tous les actes sont faits à la requête du ministère public. De son côté, le notaire est remboursé de ses frais sur la taxe du juge, d'après le tarif civil ou criminel (C. pr. 203; Carnot sur l'art. 455 C. Inst. cr.)

818.—*Président du tribunal civil...* ou en cas soit d'absence soit d'empêchement, par le juge qui le remplace.—Ce magistrat doit, aux termes de l'art. 203 C. pr. et 455 C. Inst. cr. relatifs à la vérification d'écriture et au faux, dresser procès-verbal de la pièce figurée ou collationnée. Voy. le n. qui suit.

819. —La *connaissance du tribunal civil.* —C'est-à-dire le procureur du roi ou, en cas d'empêchement ou d'absence, son substitut. — On a demandé si le concours de ce magistrat au procès-verbal que l'art. 203 C. pr. relatif aux vérifications d'écriture, charge le président de rédiger est nécessaire. M. Roll. de Vill. *eod.*, n.7, dit sur ce point : « Cela est exigé par l'art. 22 (de la loi de ventôse). Mais la loi n'exige plus cette formalité, lorsqu'il s'agit d'une vérification d'écriture : « il cite Carré comme étant de cet avis, lequel devrait être étendu à l'inscription de faux, puisque l'art. 455 C. Inst. cr. ne prescrit pas non plus ce concours.—Est-ce bien là le sens des articles qui viennent d'être cités ?—D'abord, il résulte de l'opinion de M. Rolland de Villargues, que la *certification* prescrite par l'art. 22 est un véritable procès-verbal, puisqu'il dit que le concours du procureur du roi à ce dernier acte est exigé par l'art. 22, quoiqu'il n'y soit parlé que de certification. Ensuite, implicitement, que cet article est modifié par l'art. 203 C. pr. cr. Or, l'une et l'autre de ces conséquences ne nous paraissent pas admissibles. L'art. 22 n'a trait qu'aux actes notariés : l'art. 203 C. pr. et l'art. 455 C. Inst. cr. disposent pour tous les actes qui se trouvent dans les dépôts publics. — Que le dessaisissement d'une minute déposée dans l'étude d'un notaire soit nécessité par une vérification d'écriture ou une inscription de faux, la certification par le procureur du roi, sur la copie figurée qui doit, jusqu'à réintégration, remplacer la minute, n'est pas moins indispensable que celle du président; elle est indépendante du procès-verbal qui doit être dressé par ce dernier magistrat, aux termes des art. 203 et 255.

820.—*Du lieu de leur résidence.*—Si les actes ne peuvent être déplacés ou si les notaires sont trop éloignés, il est laissé à la prudence du tribunal d'ordonner que la vérification se fera dans le lieu de la demeure des dépositaires ou dans le lieu le plus proche.

821.—*Dont elle tiendra lieu.*—En effet, le notaire pourra délivrer des grosses ou expéditions de cette copie. Dans les cas des art. 203 C. pr., 455 Inst. cr., il doit faire mention du procès-verbal. — Toutefois la copie figurée dont il est ici question ne saurait avoir le même effet que les copies qui sont tirées, conformément à l'art. 1335 C. civ., de l'ordre du magistrat, les parties *présentes* ou dûment *appelées*, et qui sont assimilées à l'original.—Mais, en cas de perte de la minute, on comprend qu'elle doit établir une forte présomption en faveur de la partie qui a besoin de l'invoquer. *Conf.* Carré, sur l'art. 203; Roll., n. 16.

ARTICLE 23.

Les notaires ne pourront également, sans l'ordonnance du président du tribunal de première instance, délivrer expédition ni donner connaissance des actes à d'autres qu'aux personnes intéressées en nom direct, héritiers ou ayant droit, à peine des dommages-intérêts, d'une amende de 100 francs, et d'être, en cas de récidive, suspendus de leurs fonctions pendant trois mois, sauf néanmoins l'exécution des lois et réglements sur le droit d'enregistrement, et de celles relatives aux actes qui doivent être publiés dans les tribunaux.

822. — La disposition de cet article peut être ramenée aux points suivants : touchant 1° la communication à donner aux parties intéressées ; 2° la forme à suivre pour l'obtenir et les conséquences d'une communication illégale; 3° la communication à donner aux établissements publics; 4° le dépôt des contrats de mariage des commerçants. — On va reprendre ces divers objets.

823. — 1° *Communication aux parties intéressées; — délivrance d'expédition et connaissance des actes.*—La première rédaction de l'art. 23, portait : les notaires ne pourront également, sans jugement préalablement rendu, délivrer expédition ou même donner connaissance des actes qui sont en leur possession à d'autres personnes qu'à celles intéressées dans ces actes, à peine des dommages-intérêts des parties, d'une amende de 100 fr., et en cas de récidive, d'être pendant trois mois suspendus de leurs fonctions. Il n'est point dérogé par la présente disposition à celles contenues en l'art. 54 de la loi du 22 frim. an 7, non plus qu'aux dispositions des lois relatives aux actes qui doivent être publics dans les tribunaux. » — Les 3e et 4e rédactions étaient conformes, si ce n'est que les mots *sans jugement préalable* avaient été substitués aux mots *sans jugement préalablement rendu*. Enfin, le Tribunat proposa de mettre : « les notaires ne pourront, sans ordonnance du président du tribunal de 1re instance, etc., etc. » ; il ajouta au mot *intéressés* les mots *en nom direct, héritiers ou ayants-droit.*

824. — L'ordonn. de Villers-Cotterets d'août 1539, art. 117 et 179, défendaient déjà aux notaires de délivrer copie de leurs actes à d'autres qu'aux parties intéressées. — Cette prescription était une conséquence de la réserve, du secret qui sont recommandés au notaire, et qui n'ont pu être méconnus qu'à une époque où, sous prétexte de civisme, on violait les lois les plus immuables de la conscience, en imposant la révélation comme un devoir, dont l'infraction était punie de mort. Le notaire est l'homme des parties, investi de leur confiance : il leur doit donc garder le secret d'autant plus que l'acte est leur propriété. Nouv. Denisart, v° Compuls., p. 66; Toullier, t. 8, n. 424.

825. — C'est par suite de cette discrétion imposée aux notaires, qu'ils regardent comme un devoir de refuser de déposer en justice sur des faits qu'ils n'ont connu que dans l'exercice ou à l'occasion de l'exercice de leurs fonctions ; et la jurisprudence des tribunaux a consacré leurs prétentions à cet égard (Montpellier, 24 sept. 1827; Bordeaux, 16 juin 1835; trib. de Moulins, 9 mai 1828; trib. de Rochechouart, 2 juin 1828. D.P. 29. 2. 88; 35. 2 138).'—Mais la cour de cassation, par arrêt du 23 juill. 1830,'(D.P. 30. 1. 321) les a soumis à l'obligation de déposer au moins en matière criminelle, se rangeant en cela à l'opinion de Legraverend, t. 1, p. 239 et à celle de Favart, Rép., v° Notaire, qui fait une distinction entre les matières criminelles et les matières civiles, et pense que ce n'est que dans les enquêtes civiles que les notaires sont autorisés à se taire sur ce qui a été dit en leur présence. — Quoi qu'il en soit de l'intérêt de la société, les règles de la morale et de la conscience sont partout les mêmes; elles disent que ce qu'on n'a appris que par la suite de la confiance qu'on a en nous et du ministère auquel les citoyens ont été obligés de recourir, ne doit pas être facilement divulgué. Aussi le notaire qui révélerait d'une manière indiscrète les secrets dont il serait dépositaire à l'occasion de ses fonctions, encourrait-il la peine d'un mois à six mois d'emprisonnement et une amende de 100 francs à 500 francs, portée par l'art. 378 C. pén.

826. —La communication autorisée par l'art. 23 diffère du compulsoire dont parle l'art. 24, en ce que celui-ci est particulièrement requis dans le cours de l'instance judiciaire. Rouen, 13 mars 1826. D.P. 26. 2. 198.

827. — Que faut-il entendre par ces mots de l'art. 23, *intéressées en nom direct?* — Voici à cet égard l'observation que faisait le Tribunat : « le mot *intéressées* est trop vague et présente une latitude telle qu'elle atténue la force de la disposition. En ajoutant *en nom direct, héritiers ou ayant droit,* la rédaction sera plus précise, et l'exception sera renfermée dans les justes limites qui séparent le droit de l'abus. » — Pigeau, t. 3, p. 327; et Carré, sur l'art. 842, qui parlent des parties intéressés en nom direct, pensent qu'on doit entendre par ces derniers mots, ceux même qui ont contracté pour l'acte et pour eux, et non ceux qui ont contracté pour autrui ou dont il serait parlé dans l'acte, sans cependant qu'ils eussent contracté.

828. — Un légataire institué par testament, un tiers auquel l'une des parties s'engage à servir une rente, sont des parties intéressées dans le sens de l'art. 23. Arg. Rouen, 13 mars 1826, D.P. 26. 2. 198.

829. — Aussi, celui qui se prétend héritier, mais sans justifier de sa qualité, ne serait-il pas recevable à exiger la communication (Arg.

cass. 28 janv. 1835, D.P. 35. 1. 154). V. art. 24.

830. — Un individu, bien qu'il soit mineur et qu'il allègue son indigence, ne peut réclamer le concours du ministère public pour faire la recherche dans les études des notaires des actes dont il a besoin, car le ministère public n'agit d'office que dans l'intérêt et pour assurer l'exécution de la loi (Déc. min. just. 26 nov. 1835).

831. — La disposition qui donne aux parties intéressées le droit de demander communication des actes, s'applique aux répertoires des notaires (Langlois, ch. 48; Roll., v° Commun., n. 8); mais elle ne s'applique pas aux testaments, lesquels, pendant la vie du testateur, doivent rester secrets pour les légataires et autres qui y seraient nommés. Parl. de Provence, 14 fév. 1664; Louet, lett. N, x, n. 24. — Si le légataire universel avait fait ordonner le dépôt dans les minutes d'un notaire, du testament qui l'institue, celui qui en contesterait la sincérité ne pourrait faire condamner ce légataire à lui en donner communication. Bordeaux, 29 mai 1839. C'est au notaire qu'il devrait s'adresser; mais il semble qu'il faudrait qu'il fût averti du dépôt qui aurait été effectué.

832. — Un notaire ne peut refuser la communication d'un acte sous prétexte qu'il est contraire aux bonnes mœurs. (Arr. parlement de Bretagne, du 29 avril 1608). C'est, en effet, comme le remarque Brillon, parce que le contrat est contre les bonnes mœurs, qu'on a intérêt de se pourvoir pour empêcher son exécution.

833. — Les mémoires ou projets préparés par le notaire ou sur lesquels il a composé sa minute doivent-ils être communiqués aux parties? C'est au notaire à juger de l'opportunité de cette communication qui ne peut être exigée de lui à titre de droit rigoureux (Ferrière, liv. 1, ch. 23; Massé, liv. 1, ch. 2; Roll., cod., n. 9; arr. 21 fév. 1558, rapp. par Bouchel, v° Notaire), car ces projets et mémoires sont sa propriété; ce ne serait que dans les où il les aurait écrits sous la dictée des parties que la prétention de celles-ci pourrait être fondée.

834. — Il est nécessaire que celui qui demande communication d'un acte en indique la date précise : c'est au moins ce qui fut reconnu par un arrêt du 5 juin 1736, dans une espèce où des héritiers demandaient qu'un notaire de Paris fût tenu de représenter les minutes des actes de remboursements qui avaient été faits par le roi à leur auteur, en 1715 et 1720. L'arrêt trouva l'indication insuffisante : « Déboute les parties, y est-il dit, sauf à elles à indiquer dûment les actes dont elles pourront avoir besoin et qu'elles voudront faire compulser, lesquels seront communiqués en la manière accoutumée. » — Langlois, qui rapporte cet arrêt, ch. 48, p. 496, fait l'observation que voici : « les doyen et syndics des notaires de Paris ayant été remercier sur cet arrêt M. le premier président et M. l'avocat-général, ces deux magistrats leur dirent que la cour avait senti de quelle importance il était pour le public de ne point dévoiler le secret de leurs mi-

nutes; mais, qu'en même temps, son intention était que les notaires facilitassent, le plus qu'ils pourraient, aux parties, la délivrance des actes dont elle auraient besoin; principalement lorsque ces parties se trouvaient être héritiers de ceux qui avaient contracté : auquel cas, ces héritiers pouvant n'avoir que de légères idées des actes qu'ils demandaient, les notaires devaient faire une exacte recherche de tous ceux qu'ils avaient reçus pour ceux à qui ces héritiers succédaient; et que même dans le cas de compulsoire pris par une partie étrangère, ils ne devaient pas s'attacher tellement à la date indiquée, que n'y trouvant point l'acte demandé, ils se dispensassent d'en faire la recherche à quelque légère distance, au-dessus et au-dessous de cette date. » Ces observations portent avec elles un caractère de sagesse qui leur conserve toute autorité même sous la loi nouvelle. Toutefois ici, comme au cas de compulsoire, on rejetterait une demande en communication d'actes qu'on n'indiquerait que d'une manière vague et dépourvue de toute précision (Arg. cass., 28 janv. 1835. D.P. 35. 1. 154). Voy. l'art. 24.

835. — *De quelle manière la communication doit-elle être donnée?* — L'art. 177 de l'ord. citée de 1569 portait : « défendons à tous notaires et tabellions de ne montrer et communiquer lesdits registres et protocoles, fors aux contractants, leurs héritiers, etc. » — le mot *montrer* indique qu'il s'agit ici d'une communication en quelque sorte oculaire. Dans l'usage, le notaire se borne à donner lecture de l'acte; mais, on le comprend, les parties peuvent être intéressées à en vérifier la minute et à en constater l'état : aussi le notaire ne refuse-t-il jamais de la montrer, à moins qu'il n'ait des soupçons qui lui fassent craindre pour la conservation de sa minute, dont il ne doit se dessaisir qu'en vertu de jugement. Si donc il pouvait appréhender quelque soustraction ou lacération, il pourrait exiger, par exemple, que la communication en fût faite en présence du président du tribunal (Arg. C. pr. 852; Pau, 12 fév. 1833. D.P. 33. 2. 199). Responsable de la perte des minutes, le notaire indique, dans le silence de la loi, le moyen qui lui paraît le plus convenable pour en assurer la conservation, sauf, s'il y a contestation, à recourir au juge.

836. — Si un notaire doit à la partie communication de la minute, il n'est pas obligé de la lui remettre entre les mains un seul instant. — Dict. du not., n. 68.

837. — Les notaires ne sont pas tenus de délivrer expédition d'un acte, à d'autres qu'aux parties intéressées et à leurs héritiers et ayants droits, lorsqu'il n'y a pas d'instance engagée entre les tiers qui demandent l'expédition et les parties qui ont signé l'acte (Paris, 8 fév. 1810. D.A. 3. 702).

838. — Le notaire doit refuser soit la communication, soit la délivrance de la grosse à la personne qui se présente comme étant aux droits du créancier, en vertu seulement d'un écrit sous signature privée. Trib. de Redon, 19 déc. 1832; Mémorial, 4556.

839. — La convention intervenue entre le notaire démissionnaire et son successeur par laquelle celui-ci s'engage à communiquer à celui-là les minutes pour le partage des honoraires, serait frappée de nullité (Toulouse, 14 nov. 1835, Mémorial, n. 3970. D.P. 36. 2. 42).

840. — 2° *Formes de la demande d'expédition ou de communication ; conséquences d'une communication illégale.* — L'art. 839 C. pr. porte : « le notaire qui refusera de délivrer expédition ou copie d'un acte aux parties intéressées en nom direct, leurs héritiers ou ayants droit, y sera condamné et par corps, sur assignation à bref délai donnée en vertu de permission du président du tribunal de première instance, sans préliminaire de conciliation. » — L'art. 840 ajoute que « l'affaire sera jugée sommairement, et le jugement exécuté nonobstant opposition ou appel. »

841. — Lorsque la communication a lieu en vertu d'ordonnance, il n'y est appelé aucune autre partie et nul procès-verbal n'est dressé.

842. — Il suffit qu'il soit présenté au notaire une ordonnance du président autorisant la délivrance d'une expédition à un tiers intéressé, pour qu'il ne soit pas admis à en discuter le mérite : il doit s'y conformer et il trouve en elle sa garantie. Rouen 13 mars 1826. D. P. 26. 2. 198.

843. — Cette demande doit, en tant que personnelle au notaire, être portée, devant le tribunal de son domicile. — *Conf.* Carré, t. 3, p. 384.

844. — Le notaire, devant lequel un acte a été passé, est tenu d'en fournir expédition aux parties contractantes, soit par lui-même soit par son successeur,... tellement, qu'il est responsable envers la partie qui a intérêt à l'obtenir, du dommage résultant pour celui-ci de sa production tardive dans un ordre. Bourges, 17 juin 1829. D. P. 30 2. 163.

845. — Les infractions à la disposition prohibitive de la communication des actes aux parties qui n'ont pas qualité pour l'obtenir, donnent lieu à des dommages et intérêts, à l'amende et même en cas de récidive, à la suspension, contre les notaires. — De ces divers modes de sanction, l'amende et la suspension sont requises par le ministère public ; les dommages et intérêts n'ont trait qu'à la partie à laquelle la communication illégale a pu faire éprouver un préjudice : celles-là sont encourues par le notaire dès qu'il y a eu infraction à l'art. 23; mais pour que des dommages-intérêts soient dus, il faut, suivant la règle générale, qu'un préjudice ait été éprouvé. Or, une partie serait sans droit d'en demander, si elle ne pouvait justifier d'aucun dommage souffert par elle.

846. — Quant à la suspension, en cas de récidive, elle paraît être absolue; les tribunaux ne pourraient, ce semble, en dispenser le notaire.

847. — Il paraît inutile de dire que les frais extraordinaires auxquels donnent lieu la communication, doivent être supportés par la partie et non par le notaire (Pau, 12 fév. 1833. D. P. 33. 2. 199).

848. — Quoique, dans l'usage, la communication se fasse gratuitement, cependant si elle exigeait un temps un peu considérable soit pour des opérations de calculs, soit pour la recherche des actes, il serait juste d'allouer un honoraire qui serait fixé sur le pied des vacations ordinaires. La loi du 25 juillet 1790 réglait à 10 sous l'honoraire dû pour la communication des biens nationaux; mais, aujourd'hui, ce tarif serait tout à fait insuffisant pour les communications réclamées par les parties ou leurs héritiers.

849. — 3° *Communication aux préposés de l'enregistrement et aux établissements publics.* — Les notaires sont obligés de communiquer, à toute réquisition, aux préposés de l'enregistrement qui se présentent chez eux, *sans déplacer*, les actes dont ils sont dépositaires et leurs répertoires, à peine, en cas de refus, d'une amende de dix francs. — V. les art. 52, 54 de la loi du 22 frimaire an 7. — Mais les receveurs de l'enregistrement ne sont pas tenus, eux, de communiquer leurs registres aux parties; ils leur en délivrent seulement des extraits. V. l'art. 58 de la loi du 22 frim. an 7.

850. — Les notaires doivent aussi donner avis aux administrateurs des établissements de bienfaisance, des dispositions faites en faveur des pauvres. Arr. 4 pluv. an 12, art. 2; déc. 12 août 1807; ord. 16 juin 1814, et 2 avril 1817. — Cet avis est donné, à Paris, au préfet qui préside ces établissements. — Cette disposition se retrouve : 1° dans le décret du 30 déc. 1809, concernant les fabriques d'églises; 2° dans le décret du 6 déc. 1813 sur l'administration des biens du clergé; 3° dans l'ord. du 2 avril 1817, relative aux donations et legs en faveur des établissements ecclésiastiques, dont l'art. 5 porte : « tout notaire dépositaire d'un testament contenant un legs au profit de l'un des établissements mentionnés dans l'art. 3, sera tenu de leur en donner avis, lors de l'ouverture ou publication du testament. » — Les décrets et ordonn. ci-dessus doivent être observés, lors même que le disposant a choisi une tierce personne pour exécuter sa libéralité. Circ. min. just. 4 mai 1835, Mémorial, art. 3767.

851. — Les notaires devaient, suivant une loi du 25 juillet 1790, communiquer aux officiers municipaux et aux particuliers les baux des biens nationaux; mais cette loi est devenue sans objet.

852. — 4° *Dépôt des contrats de mariage de commerçants.* — Cette disposition de l'art. 23 se réfère à la publication des contrats de mariage des commerçants, ordonnée par l'art. 67 du code de commerce qui porte : « tout contrat de mariage entre époux dont l'un sera commerçant, sera transmis par extrait, dans les mois de sa date, aux greffes et chambres désignés par l'art. 872 C. pr., pour être exposé au tableau conformément au même article. Cet extrait énoncera si les époux sont mariés en communauté, s'ils sont séparés de biens, ou s'ils ont contracté sous le régime dotal. » L'art. 68 ajoute : « Le notaire qui aura reçu le contrat de mariage sera tenu de faire la remise ordonnée par l'article précédent, sous peine de 100 francs d'amende, et même de destitution, et de responsabilité envers les créanciers, s'il est prouvé que l'omission soit la suite d'une collusion. »

853. — Qu'entend-on par commerçants? A quels signes reconnaît-on les commerçants? Voici ce que le ministère de la justice répondait le 7 avril

48

1811 : « J'ai été consulté plusieurs fois sur le sens attaché au mot commerçant dans le cas de l'art. 67 C. com., et j'ai toujours répondu que l'on devrait d'abord considérer comme tels tous négociants, banquiers, fabricants et marchands ; mais qu'il ne paraissait pas qu'on dût ranger dans cette classe, le simple artisan qui, ne travaillant qu'au fur et à mesure des commandes qu'il reçoit journellement, ne fait point de son état un objet de spéculation. Il serait au surplus difficile d'établir une règle bien précise à cet égard : c'est au notaire à apprécier les circonstances dans les cas particuliers qui se présentent. »

Toute insuffisante qu'elle est, cette définition contenait une indication que la jurisprudence a consacrée, et qui se trouve reproduite dans la loi des patentes du 25 avril 1844 (rapportée à sa date), dont les dispositions, plus précises et plus développées, sont suivies de tableaux qui contiennent la nomenclature de toutes les professions commerciales jusqu'ici connues.—Sur les indices auxquels on peut reconnaître la qualité de commerçant, voy. notre Dict. gén., v° Commerçant, et le tableau de la jurisprudence, eod.

854.—Il paraît superflu de dire qu'on peut faire des actes de commerce sans être commerçant. Il est même des actes, tels que la signature d'une lettre de change, qui constituent des actes de commerce : ce n'est que l'habitude de faire des actes de commerce, la circonstance, en un mot, qu'on fait du commerce sa profession, qui imprime à un individu la qualité de commerçant (C. com., art. 1). — A quels caractères reconnaît-on les actes de commerce ? Quels actes peuvent être qualifiés tels ? Voy. Dict. gén., v° Acte de comm., et Jur. gén. de M. Dalloz aîné, cod.

855.—Si, par erreur, un individu était qualifié commerçant dans son contrat de mariage, il semble que le notaire échapperait aux conséquences des articles cités, dans le cas où il n'en aurait pas déposé un extrait : la fiction ne doit pas tenir la place de la vérité, et le notaire qui, mieux informé, reconnaît une erreur, n'est pas, ce semble, obligé de se conduire de la même manière qu'il le ferait si cette erreur n'existait pas : la loi d'ailleurs n'exige que la publication du contrat de mariage des commerçants, et non de ceux qui sont étrangers au commerce ; or, une qualification erronée ne saurait donner à une partie une profession qu'elle n'a pas.—Conf. Bourges 27 fév. 1826, Mémorial, n. 57.—Cependant le contraire a été jugé par la cour de Colmar le 4 mai 1829. [D.P. 30. 2. 1.— Au surplus, pour peu que la profession de celui qui s'est dit commerçant ait d'analogie avec les habitudes du commerce, le notaire agira sagement en faisant le dépôt, et même en le faisant dans tous les cas, afin de ne pas se constituer juge d'une qualité qu'il a constatée lui-même.

Le notaire serait passible d'amende, si l'époux exerçait notoirement la profession de marchand, bien qu'il n'ait pas pris cette qualité dans le contrat : il doit connaître l'état ou la profession des parties. Bordeaux. 22 juin 1836.

856.—Si le futur, qui a pris dans son contrat la qualité d'ébéniste, s'est constitué en dot son fonds de commerce, il doit être réputé commerçant. Bordeaux, 19 fév. 1835 ; Memorial n. 3597.

—Le contraire a été jugé dans une espèce où il était constitué en dot à un ouvrier chapelier un fonds de commerce de chapellerie pour en jouir à compter de la célébration du mariage. Trib. de Loches, 18 juill. 1841. D.P. 41. 3. 334.— On voit aisément toute la différence qui existe entre cette espèce et la précédente.

857. — Les notaires doivent déposer au greffe des tribunaux civil et de commerce et au secrétariat des chambres d'avoués et de notaires, les extraits des contrats de mariage des commerçants et des actes de société (C. pr. 872 ; C. com. 42, 67 et 68). — Le dépôt doit avoir lieu, lorsque c'est le mari qui a la qualité de commerçant.—Toullier, t. 12, n. 70 ; Pardessus, n. 92.

858.—L'insertion au tableau de la chambre des notaires et des avoués n'est obligatoire qu'autant qu'il existe une chambre d'avoués ou de notaires dans le lieu même du domicile du mari. Paris, 16 mars 1821. D. A. 1. 379. — Contrà, Bourges, 13 juin 1826. D.P. 28. 2. 63 : l'affiche à la maison commune seule ne peut suppléer à cette omission. Même arrêt de Bourges.

Sur ce point, une décision du garde-des-sceaux, du 16 juill. 1823, porte que l'extrait du contrat de deux époux dont l'un est commerçant, doit être affiché aux greffes des tribunaux de première instance et de commerce ; et, à défaut de ce dernier tribunal, dans la principale salle de la mairie du domicile du mari, et toujours dans les chambres désignées par l'art. 872 C. pr., parce qu'elles existent au chef-lieu de chaque arrondissement. L'usage est conforme.—Roll., v° Dépôt de contr. de mar., n. 26.

859.—Si le siège du commerce de la femme est dans un lieu autre que le domicile du mari, l'affiche doit également être faite dans les auditoires et chambres de ce lieu.—Pardessus, n. 92.

860.—C'est le notaire dépositaire de la minute du contrat de mariage, qui est chargé de l'exécution de la formalité (C. com. 68).

861.—Si les différents lieux où le dépôt doit être fait, se trouvent hors de l'arrondissement ou du ressort de ce notaire, il n'en demeure pas moins chargé d'envoyer l'extrait du contrat aux greffes ou mairies où il doit être affiché.—Roll., V. Dépôt de contr. de mariage, eod., n. 16 et 17.

862. — Lorsque le dépôt doit se faire dans un lieu autre que celui de la résidence du notaire, le délai d'un mois, accordé par l'art. 67 C. com., est augmenté d'un jour par cinq myriamètres de distance. Décis. min. des fin. 19 oct. 1813.

863.—La loi du 16 juin 1824, qui réduit à 20 fr. les amendes de 100 fr. prononcées par les lois sur le notariat, est générale et applicable à l'amende de 100 fr. que prononce l'art. 68 C. com. contre le notaire qui n'a pas fait le dépôt du contrat de mariage d'un commerçant.—Cass., 27 août 1828 ; Colmar, 4 mai 1829 ; Délib. de la Régie, 21 oct. 1828. D. P. 28. 1. 403 ; 30. 2. 1. — La cour de Colmar a depuis rétracté sa jurisprudence par arrêt du 10 juin 1834. D.P. 40. 2. 179, mais on ne croit pas que sa doctrine soit suivie.

864. —Il n'est dû qu'une seule amende, quoique le dépôt ait été omis dans plusieurs greffes ou chambres ; il n'y a qu'une contravention, (Déc min, fin. , 4 mai 1824) ; mais il y a lieu à

autant d'amendes qu'il y a de contrats de mariage non déposés. (Déc. min. fin., 5 sept. 1826).

ARTICLE 24.

En cas de compulsoire, le procès-verbal sera dressé par le notaire dépositaire de l'acte, à moins que le tribunal qui l'ordonne ne commette un de ses membres, ou tout autre juge, ou un autre notaire.

865.—On donne le nom de *compulsoire* à la voie qui est prise pour obtenir expédition ou extrait d'un acte dans lequel on n'a pas été partie, et dont on a besoin dans le cours d'une instance judiciaire; on le donne aussi au procès-verbal rédigé dans ce cas par le notaire ou autre officier public.

866. — Le compulsoire a une origine déjà ancienne; il était réglé par les lettres-patentes du 12 août 1779. — On va parler ici des cas où il y a lieu à compulsoire et de ses formes.

867.—1°.*Cas où il y a lieu à compulsoire.*— Ce n'est que dans le cours d'une instance que le compulsoire peut être demandé ; c'est ce qui résulte des termes mêmes de l'art. 846, C. pr.; c'est aussi ce qui résultait des lettres-patentes du 12 août 1779 qui, dans leur préambule, supposent que les parties sont en contestation; et cette opinion qui paraît être combattue par Berriat St-Prix, est celle de Pigeau, Carré, Favard et Dalloz, *eod.* n. 4. Elle est consacrée par arrêts des Cours de Paris, 4 juillet 1809 et 8 février 1810; de Rouen, 13 mars 1826 (D. A. 3. 709; D. P. 26. 2. 198. D. G. v° Compuls., n. 28 et suiv.)

868. — Il convient d'abord de remarquer que la voie de compulsoire s'applique aux actes authentiques en général ; mais il paraît admis qu'elle n'est pas applicable à des actes sous seing-privé restés entre les mains des parties contractantes, et confiées à des tiers à titre de dépôt (Dalloz, Jur. gén. , t. 3, p. 700). — Ainsi , il a été jugé 1° Que les livres et registres des particuliers sont leur propriété privée, et que nul n'a le droit d'en pénétrer le secret par voie de compulsoire(Rennes, 21 juin 1811. D. P. 23. 2. 118).—2° Qu'une partie, et, par exemple, une fabrique ne peut être autorisée à compulser les actes de famille d'un débiteur à l'effet de prouver les reconnaissances faites dans ces actes de l'existence d'une rente que celui-ci soutient être prescrite (Rouen, 13 juin 1827. D. P. 27. 2. 164).

869. — Au reste, on n'assimilerait pas à un compulsoire la vérification des livres et papiers d'un négociant, ordonnée par le tribunal de commerce, et par suite, les formes de compulsoire n'ont pas dû être observées(Paris, 28 août 1813; Amiens, 9 mai 1821. D. A. 3. 703. 704).

870. — Le compulsoire de l'inventaire dressé après le décès d'un prétendu débiteur peut-il être autorisé à l'effet d'y trouver la preuve que la créance résulte d'un acte privé énoncé en cet inventaire ? La négative a été adoptée par jugement du trib. de la Seine, du 31 janvier 1838, aff. Royer ; mais cette décision ne nous paraît pas exempte de critique, car, outre qu'un inventaire est un acte authentique, c'est-à-dire un acte déposé dans un lieu public, les termes de l'art. 24 sont généraux, et dès que la demande de compulsion est jugée reposer sur des motifs réels et sérieux, elle doit, ce semble, être accueillie : on ne se livre ici à aucune visite domiciliaire; et, quant aux secrets des familles, dont le tribunal appréhende la divulgation, ils sont toujours dévoilés plus ou moins, suivant le contenu des actes à compulser. *Conf.* Roll. de Vill., v° Compulsoire, n.6.

Si l'acte est entre les mains d'un particulier, Pigeau, t. 2, p. 165, pense que le compulsoire peut être ordonné, mais Dalloz, t. 3, p.701, n. 1, est d'avis contraire : la question nous semble dépendre des circonstances, c'est-à-dire de la cause plus ou moins confidentielle qui aura fait passer l'acte dans les mains d'un tiers.

871. — Quant aux actes authentiques, le compulsoire leur est applicable; mais il faut distinguer deux espèces d'actes authentiques : 1° les uns , entièrement publics de leur nature, intéressent la société toute entière. Les dépôts qui les renferment sont ouverts à tous les citoyens, et chacun peut s'en faire délivrer expédition ou copie. Tels sont les actes de l'état civil (C. civ. 45), les inscriptions hypothécaires (C. c. 2196), les jugements ou autres actes judiciaires dont les greffiers sont dépositaires (C. pr. 853), les matrices de rôles des contributions, etc. (Dalloz , v° Compuls. n. 1). Il n'est pas besoin de recourir à la voie du compulsoire, par exemple, pour obtenir communication d'actes déposés dans un greffe (Colmar, 14 juin 1814. D. A. 3. 701. Argum. *Conf.* Req. 23 nov. 1829. D. P. 30. 1. 41). Il a toutefois été jugé qu'un greffier ne peut être forcé de délivrer à des *tiers* , expédition d'un arrêt par lequel un magistrat a été suspendu de ses fonctions (Aix, 11 janv. 1825. D. P. 32. 2. 80);—2° les autres actes authentiques intéressent spécialement les parties contractantes et sont relatifs à leurs affaires privées. Comme ils font pleine foi, même contre les tiers, tant de la convention elle-même que des faits qu'elle renferme, lorsque ces faits se sont passés sous les yeux du notaire, et qu'en les opposant aux tiers, ils peuvent ainsi leur porter préjudice ; par une juste réciprocité, nos lois ont accordé à ces derniers le droit de recourir à l'autorité du juge pour contraindre le dépositaire de l'acte à en donner expédition , nonobstant la prohibition générale qui lui défend d'en délivrer aux tiers : tel est le but de la demande en compulsoire (Dalloz, *eod.* n. 1. 2. 3).

872.—Il y a une distinction entre les parties intéressées et les tiers intéressés qu'on lit dans les art. 23 de la loi du 25 ventôse et 839 et 846 C. pr. Celles-là sont les parties contractant ou stipulant directement dans l'acte ; ceux-ci sont les individus qui n'ont pas assisté au contrat, mais en faveur desquels les contractants ont fait des stipulations quelconques (Rouen, 13 mars 1826.D.P. 26. 2. 198).

873. —Lorsqu'en déposant une pièce cachetée chez un notaire, les parties conviennent qu'elles ne pourront en demander l'ouverture que dans le cas où elles justifieraient que l'une des conditions sous lesquels le dépôt a eu lieu s'est réalisée, il

n'est pas permis à l'un des déposants, tant que cette justification n'a pas eu lieu, de requérir, par voie de compulsoire, copie de l'acte secret pour y puiser des preuves contre l'autre et malgré lui ; il ne peut qu'obtenir expédition de l'acte de dépôt (Cass. 2 mai 1838. D. P. 38. 1. 188).

874. — Il n'est pas nécessaire de recourir au compulsoire, lorsque l'une des parties qui a figuré dans un acte demeuré imparfait veut en obtenir expédition ou extrait, ni lorsqu'on veut en obtenir une seconde grosse, par suite de la perte ou destruction de la première. En cas pareils, l'ordonnance du juge suffit (D. G. eod. n. 26).

875. — Le notaire ne peut discuter le mérite de l'ordonnance du juge autorisant un compulsoire : il doit s'y conformer (Rouen, 13 mars 1826. D.P. 26. 2. 198).

876. — L'autorisation de compulser les actes d'un notaire pour y puiser, en cas d'inexistence reconnue des actes de l'état civil, les preuves de la filiation du demandeur, ne peut être rejetée sous le seul prétexte qu'il resterait encore à prouver des degrés intermédiaires, alors surtout qu'il est dit dans la demande que les actes à rechercher ou à compulser pourraient contenir des mentions utiles à la preuve de ces degrés (Cass., 10 juin 1833. D.P. 33. 1. 254).

877. — Les juges ont un pouvoir discrétionnaire pour admettre ou rejeter le compulsoire (Cass., 2 mai 1838. D.P. 38. 1. 188) : c'est en effet une voie d'instruction à laquelle il peut leur paraître inutile de recourir s'ils ont déjà sous les yeux des documents suffisants pour asseoir leur opinion, ou si le compulsoire requis ne leur paraît pas devoir jeter une nouvelle lumière dans le débat, ou si le titre n'a pas un rapport direct à l'objet en litige, et doit rester sans influence dans la cause. — Carré, sur l'art. 846 ; Rennes, 27 juill. 1809 ; Cass., 28 janv. 1835. D.P. 35. 1. 154.

878. — 2° Formes du compulsoire. — La demande à fin de compulsoire est formée par requête d'avoué à avoué (C. pr. 847). — Pour l'obtenir, il n'est pas nécessaire d'indiquer la date du titre recherché et le nom du notaire qui l'a reçu (Ordon. de 1667, tit. 12 ; C. civ. 1334 ; C. pr. 847). — Paris, 1er mars 1809. D.A. 3. 701. — On peut répondre à la requête par laquelle le compulsoire est demandé (art. 75 du tarif). — Conf. Roll., v° Compulsoire, n. 15. — La demande est portée à l'audience sur un simple acte ; le jugement est rendu sommairement, sans aucune procédure, et il est exécutoire nonobstant appel ou opposition (C. pr. 847, 848). — V. cet ouvrage, 1re part., p. 110 et suiv.

879. — Le jugement ordonnant le compulsoire doit être signifié non-seulement aux parties en cause, mais encore à toutes les parties intéressées à l'acte. — Conf., Pigeau et Carré. — Contrà. Dalloz, v° Compuls., n. 3.

880. — La signification du jugement contient sommation de paraître chez le dépositaire des actes, à jour et heure indiqués, pour assister au compulsoire. Pareille signification est faite au dépositaire avec commandement de représenter la pièce aux jour et heure qui lui sont indiqués. — (Massé, t. 1er, p. 91 ; Roll., n. 18). — Les procès-verbaux de compulsoire sont dressés et l'expé-

dition ou copie délivrée par le notaire ou dépositaire, à moins que le tribunal qui l'a ordonné n'ait commis un de ses membres ou tout autre juge du tribunal de première instance, ou un autre notaire (C. pr. 849).

D'après ces idées, il a été décidé que le juge commis pour procéder à une vérification de registres peut modifier, par une seconde ordonnance, celle qu'il avait précédemment rendue pour régler la forme de la vérification à faire, s'il s'aperçoit que cette forme est contraire au texte de l'arrêt. — Amiens, 9 mai 1821. D.A. 3. 704.

881. — Lorsque le compulsoire doit se faire par un juge, ce magistrat indique les jour et heure par une ordonnance qu'il rend sur la requête à lui présentée à cet effet. Et il est procédé non pas en l'étude du notaire, mais au lieu où siége le tribunal. (Arg. C. pr. 1040), ou à l'hôtel du juge, selon qu'il est également indiqué par l'ordonnance (Dict. du not., n. 15).

882. — Dans tous les cas, les parties peuvent assister au procès-verbal, et y insérer tels dires qui leur convient (C. pr. 850). Les avoués des parties ont aussi le droit d'assister au procès-verbal de compulsoire, et d'y insérer leurs dires (arg. C. pr. 850 ; Tarif, art. 92 ; Dict. du not., n. 18). Cette assistance est même nécessaire lors du procès-verbal de compulsoire ou collation de pièces (Arg. Tar. 92 ; Roll., n. 26). — Si l'une des parties ne comparaît pas, il est donné défaut contre elle. — Toutefois, on ne doit commencer à procéder au compulsoire qu'une heure après l'échéance de l'assignation donnée à la partie, lorsqu'elle ne se présente pas (Arg. de l'art. 2 du tit. 12 de l'ord. 1667 ; Dict. du not., n. 13 ; Roll., n. 25). — V. n. 925.

883. — Les parties peuvent collationner l'expédition ou copie avec la minute, dont lecture est faite par le dépositaire. Si elles prétendent que l'expédition ou copie n'est pas conforme à la minute, il en est référé à jour indiqué par le procès-verbal, au président du tribunal, lequel fait la collation ; à cet effet, le dépositaire est tenu d'apporter la minute (C. pr. 852).

884. — Le notaire qui procède au compulsoire décrit les actes ou répertoires, dans l'état où ils se trouvent. Il constate l'état et le nombre de feuillets, les renvois, les signatures et paraphes, les blancs, lacunes et altérations. Dict. du not., n. 23.

885. — Quand la pièce est compulsée par un autre que par le notaire, celui-ci dresse une expédition ou copie de la pièce compulsée et en représente l'original à l'officier commis, qui collationne cette expédition ou copie et en fait mention sur l'acte. Dict. du not., n. 25.

886. — Les copies ou expéditions délivrées par le notaire sont terminées par un style de délivrance daté du jour du compulsoire, indiquant la collation qui en a été faite par lui sur les originaux, et le jugement qui a ordonné le compulsoire. Le notaire fait aussi mention de la délivrance sur la pièce compulsée. Dict. du not., n. 26.

887. — Rien ne s'oppose à ce que le procès-verbal de compulsoire soit fait en brevet ; mais alors la grosse du jugement qui l'a ordonné doit

y demeurer annexée, et l'expédition de la pièce compulsée doit être insérée en ce procès-verbal (Roll., n. 34). Le notaire doit apposer au bas du procès-verbal, s'il est fait en brevet, sinon au bas de l'expédition de la pièce compulsée, le reçu de ses frais ou honoraires; de sorte que le montant en puisse être compris dans les dépens auxquels l'une des parties sera condamnée. (Dict. du not., n. 28). Dans le cas où le procès-verbal de compulsoire est fait en brevet, comme on y insère l'expédition, il doit être dressé sur du papier de dimension, qui ne peut être au-dessus du moyen papier. Autrement le procès-verbal peut être sur du papier de toute dimension. Dict. du not., n. 30.

888. — Les frais du procès-verbal de compulsoire et ceux du transport par le dépositaire, dans le cas où ce n'est pas le notaire qui compulse, sont avancés par le requérant. C. pr. 852; Dict. du not., n. 22.

889. — Il est taxé aux notaires pour chaque vacation de trois heures aux compulsoires faits en leur étude, et devant le juge, en cas de transport devant lui, à Paris 9 fr., dans les villes où il y a tribunal de première instance 6 fr., et partout ailleurs 4 fr. (décret du 16 fév. 1807, art. 168).

ARTICLE 25.

Les grosses seules seront délivrées en forme exécutoire; elles seront intitulées et terminées dans les mêmes termes que les jugements des tribunaux.

890. — On parle, 1° sous l'art. 21, des grosses, de leurs formes (ces formes sont aussi indiquées à la 1re part., p. 3), de leurs effets, et de la foi qui leur est due; 2° sous l'art. 26, des secondes grosses et des ampliations ainsi que des voies à prendre pour les obtenir. — L'art. 25, qu'on vient de lire, donne lieu de parler de la formule exécutoire.

891. — Les rédactions premières de cet article portaient : « Les grosses qui seront délivrées en forme exécutoire seront intitulées dans les mêmes termes que les jugements des tribunaux.»—Le Tribunal fit l'observation que voici : « D'après la rédaction de cet article, il semblerait qu'il peut y avoir des grosses qui ne soient pas délivrées en forme exécutoire, tandis qu'elles le sont toujours, qu'elles seules peuvent l'être pour tous les actes notariés, et que c'est ce qui constitue la différence entre la grosse et l'expédition. L'addition du mot terminées est indispensable pour exprimer que la forme exécutoire des grosses est la même que celle des jugements. On propose de rédiger l'article ainsi qu'il suit : « Les grosses seules seront délivrées en forme exécutoire et terminées dans les mêmes termes que les jugements des tribunaux.»

892.—La formule royale qui rend exécutoires les actes notariés ne doit donc être apposée que sur les grosses et non sur les simples expéditions, copies ou extraits. (Circ. min. just., 1er mars 1825).

On tient cependant qu'un simple extrait peut être délivré en forme exécutoire, lorsqu'il s'agit, par exemple, d'une obligation consentie au profit de plusieurs créanciers avec des stipulations différentes pour chacun d'eux.

893.—C'est par une délégation du pouvoir royal que les notaires communiquent aux actes qu'ils reçoivent la force exécutoire, au moyen de la formule réglée par les lois. La formule exécutoire a été déterminée d'une manière uniforme, d'abord par la loi des 29 sept.-6 oct. 1791, art. 14, puis par un arrêté du gouvernement, du 15 prairial an 11; elle n'a changé que quant aux dénominations nouvelles introduites par les changements dans la constitution politique. C'est à la formule déterminée par le gouvernement impérial que renvoient les art. 146 et 545 C. proc. Un avis du conseil d'état, du 2e jour complémentaire an 13, décide que cette formule n'est point nécessaire pour les grosses délivrées antérieurement, lesquelles sont exécutoires sous la formule dont elles ont été revêtues au moment de leur confection.

894.—Un contrat notarié a pu être mis à exécution sans que la grosse délivrée par le notaire, dans l'intervalle du 21 sept. 1792, époque de l'abolition de la royauté, à la publication de la loi du 25 vent. an 11, fût revêtue de la formule qui, dans l'usage, avait été généralement substituée à celle établie par la loi du 6 octobre 1791 (Cass., 21 vend. an 11. D.A. 10. 667, 8 août 1808, D.A. 10. 667). — Jugé de même qu'il n'est pas nécessaire que les actes déjà exécutoires par eux-mêmes, le soient encore rendus dans les formes nouvelles. — Bruxelles, 25 juin 1807. D.A. 10. 667.

895. — Sous la restauration, les grosses étaient intitulées : Louis, ou Charles, roi de France et de Navarre. L'ordonnance du 16 août 1830 a établi l'intitulé suivant : «Louis-Philippe, roi des Français, à tous présents et à venir, salut.»

896.— La formule du mandement final, réglée par l'art. 141 du sénatus-consulte organique du 28 flor. an 12, n'a pas varié depuis cette époque. Voici dans quels termes elle est conçue : « Mandons et ordonnons à tous huissiers sur ce requis, « de mettre ces présentes à exécution; à nos « procureurs généraux et à nos procureurs près les « tribunaux de 1re instance, d'y tenir la main; à « tous commandants et officiers de la force publique d'y prêter main-forte, lorsqu'ils en se-« ront légalement requis. » — V. au reste, 1re part., p. 3.

897.—Il suffit que les actes et jugements soient intitulés au nom du roi, et terminés par un simple mandement aux huissiers de les mettre à exécution, sans qu'il soit besoin, à peine de nullité, d'y ajouter un mandement aux procureurs-généraux et aux procureurs du roi, et à tous commandants et officiers de la force publique; en ce cas, l'art. 68 de la charte a abrogé l'art. 141 du sénatus-consulte du 28 flor. an 12.—Nancy, 9 juill. 1829. D.P. 30. 2. 22.

898. — D'après l'ord. du 30 août 1815, les porteurs de grosses, délivrées pendant l'absence du roi, devaient s'en procurer d'autres.

Et les expéditions, délivrées sous la république, d'actes passés avant la révolution, devaient être revêtues de la formule exécutoire prescrite par cette ordonnance et par l'art. 545 C. proc. — V. n. 894.

899.—Les porteurs de grosses anciennes avaient, d'après la même ord. de 1815, la faculté de s'en servir, à charge d'en faire rectifier la formule. Le notaire bâtonnait la formule existante, et y substituait, par interligne ou à la marge, la formule royale; il datait et signait cette rectification, qui se faisait sans frais (art. 2 et 3, ord.),

900. — Les dispositions de cette ordonnance étaient des conséquences directes du principe de légitimité absolue sur lequel la restauration appuyait son existence; elles ont dû cesser avec le principe lui-même. C'est ce qui a été reconnu, conformément à la jurisprudence antérieure à la restauration, par une circulaire du garde-des sceaux, en date du 20 déc. 1830, et portant que toutes les grosses doivent conserver la formule exécutoire en usage à l'époque de leur délivrance, s'il n'y a pas été substitué une autre formule, conformément à l'ord. du 30 août 1815, et que, si cette substitution a été faite, les choses doivent rester dans l'état où elles se trouvent.

901.—Dès lors les tribunaux ont à apprécier la conformité de l'intitulé et du mandement des actes avec la formule prescrite à chaque époque.

Ainsi, jugé que la formule adoptée pour l'intitulé des lois, par l'art. 140 du sénatus-consulte organique du 28 flor. an 12, étant tombée en désuétude depuis 1808, en ce qu'elle faisait dériver la puissance du pouvoir exécutif des constitutions *de la république*, ce dernier mot a pu être omis dans l'intitulé des actes, depuis cette époque, sans que cette omission atténuât leur force exécutoire. — En conséquence, une saisie-immobilière n'est pas nulle, parce que la formule énoncée au contrat ne serait pas exactement la même que celle portée dans l'art. 140 précité, si d'ailleurs elle était conforme à celle insérée dans les lois et décrets du temps où l'acte a été fait.—Bordeaux, 14 août 1832. D.P. 33. 2. 96.

902. — Les expressions : *à tous ceux qui ces présentes verront, salut*, peuvent être considérées comme l'équivalent de celles-ci : *à tous présents et à venir, salut*, qu'on trouve dans l'art. 140 de la loi du 28 floréal an 12.—Même arrêt.

903. — La voie d'exécution parée n'appartient qu'aux actes notariés signés par les parties.—Dalloz, 10. 667, n. 68.—Mais non aux procès-verbaux de vente de meubles non signés par elles. —V. n 732.

904. — L'addition par le successeur d'un notaire, de la formule exécutoire à une expédition que celui-ci avait délivrée, n'a pas besoin d'être précédée de l'accomplissement des formalités prescrites par l'art. 844 C. pr., pour la délivrance d'une seconde grosse.— Agen, 31 mai 1837. D.P. 38. 2. 228.

ARTICLE 26.

Il doit être fait mention, sur la minute, de la délivrance d'une première grosse, faite à chacune des parties intéressées : il ne peut lui en être délivré d'autre, à peine de destitution, sans une ordonnance du président du tribunal de première instance, laquelle demeurera jointe à la minute.

905.— Ce qu'on a à dire sur cet article s'applique : 1° aux *secondes grosses*, et aux *ampliations ;* 2° aux voies à prendre pour se procurer des grosses ou copies d'actes soit parfaits, soit imparfaits ; mais auparavant, il convient de faire remarquer que ces expressions du 1er alinéa de cet article qui portent « qu'il doit être fait mention, sur la minute, de la délivrance d'une première grosse faite à *chacune des parties intéressées,* » doivent être entendues dans ce sens, que la grosse est délivrée à chaque partie ayant droit de poursuivre l'exécution de l'acte, et non en ce sens, qu'elle est remise au débiteur comme au créancier : le débiteur n'a droit qu'à une expédition dépourvue de la formule exécutoire: l'art. 26 dispose pour le cas où l'acte contient des obligations respectives susceptibles d'être poursuivies par voie d'exécution aux termes des art. 545 et 551 C. pr.—Augan, p. 116 et 117, 2e éd. ; Toull., t. 8, n. 420, 421 ; Fav., Rép., v° Acte notarié, § 4 ; Durant., Tr. des contr., n. 1318; Dalloz. 10. 706, n. 5.

Cela entendu, on va retracer les principales difficultés qui naissent du 2e alinéa de l'art. 26 mis en parallèle avec les art. 839 et suiv. du Code de procédure.

906.—1° *Seconde grosse.*—C'est ordinairement la perte de la première grosse ou son mauvais état par suite de quelque accident, ou la résistance d'un tiers, d'un cohéritier qui refuse de s'en dessaisir (V. n. 918), qui donnent lieu à la demande d'une seconde grosse. Il ne faut pas que ces circonstances, étrangères à la volonté de la partie qui a besoin de son titre, paralysent l'exercice de ses droits. C'est ce qui était déjà reconnu avant la loi de l'an 11. Ord. d'août 1539, art. 177 et 178; Ferrière, Parf. not., liv. 1, ch. 25; Toullier, t. 8, n. 455, n. 456.

907. — Le créancier qui a perdu la grosse de son titre peut en exiger une seconde, si le débiteur qui se prétend libéré ne justifie pas que l'obligation est éteinte; et, dans ce cas, le débiteur ne peut prouver sa libération que par des preuves écrites ou par des présomptions légales: de simples présomptions ne suffiraient pas pour faire admettre la preuve testimoniale, si les parties ne se trouvaient dans aucun des cas où elle est permise : c'est en vain aussi qu'on fonderait la présomption de libération sur ce que la demande d'une seconde grosse serait frauduleuse, et n'aurait pour objet que de faire revivre une obligation acquittée, la fraude ne tombant pas, dans ce cas, sur l'obligation, mais sur un fait postérieur (C.

civ., 1315, 1319, 1341, 1353, 1356.) — Cass., 20 mars 1826. D.P. 26. 1. 215.

908.—Des formules particulières sont exigées pour la délivrance d'une seconde grosse (V. plus bas, n. 919) et le notaire encourrait la *destitution*, s'il ne s'y conformait pas, à moins qu'il ne soit de bonne foi, comme s'il ignorait qu'une première grosse eût été délivrée, en ce que son prédécesseur n'en aurait pas fait mention sur la minute. (*Conf.* Loret, t. 1, p. 389; Roll. n. 88); ou si le débiteur a consenti à la délivrance. V. n. 914 925.

909.—Ainsi, la partie doit préalablement obtenir *une ordonnance du président.*—L'ord. d'août 1539, art. 178 et 179, voulait déjà que la délivrance fût ordonnée par *justice*, et cela, *parties ouïes*, le tout sous peine de privation de l'office. —La présomption de remise de dette ou de paiement qui résulte de la possession de la grosse par le débiteur, justifie suffisamment cette rigueur.

910.—Et l'ordonnance est nécessaire, quoique la première grosse serait irrégulière, le notaire n'étant pas juge des vices de l'acte (Cass. 23 août 1826. D.P. 27. 1. 10). Mais si la première grosse a été annulée pour vice de formes, la seconde est, dans la réalité, une première grosse pour l'obtention de laquelle on n'a pas été obligé de requérir l'ordonn. Req., 24 mars 1835 D.P. 35. 1. 254.

911.—Toullier, t. 8, n. 423, 425, applique cette disposition aux secondes expéditions. Augan, p. 122; Dalloz, 10. 706. n. 9, pensent au contraire que l'art. 26 ne peut s'étendre aux expéditions et que le notaire peut en délivrer autant qu'il lui en est demandé.

912.—Il y aurait contravention à cette défense si un notaire, après avoir délivré une grosse à la partie, en délivrait une autre au cessionnaire ou aux héritiers de cette partie.—Roll., n. 87.

913.—Quoique l'art. 844 se serve du mot la *partie*, il est sensible que l'héritier de cette partie a besoin aussi de se faire autoriser par ordonnance du président. V. n. 927.

914. — Sans l'autorité du magistrat, le notaire peut délivrer une seconde ou troisième grosse, pourvu que les parties, capables à cet effet, y donnent toutes leur consentement. — Toullier, n. 454; Delv., 2, 619; Durant., 13, n. 62; Dall., 10, 706, n. 10, et Roll., v° Grosse, n. 89, qui rétracte l'opinion contraire qu'il avait émise dans la 1re édition n. 62.—Ce consentement, qui doit être donné dans la forme authentique (Toull. n. 453; Roll. n. 89 bis), est joint à la minute de l'acte. Roll. de Vill. n. 90, exige qu'il soit dressé procès-verbal et de la demande d'une seconde grosse par le créancier, et du consentement du débiteur.

915. — Les secondes grosses et les ampliations légalement tirées sont exécutoires comme les premières. — Toull., t. 8, n. 457.

916. — Il n'est pas nécessaire de faire mention, sur la minute, de la délivrance d'une seconde grosse; la loi n'exige cette mention que pour la première; quant à la seconde grosse, la délivrance

est établie par le procès-verbal qui la constate. Massé, liv. 1. ch. 29; Roll. n. 120;—*Contra* Toull, n. 459.

917.—Les notaires peuvent délivrer des grosses et expéditions distinctes faisant partie des dépôts publics, sans les soumettre à l'enregistrement, et sans les inscrire sur leur répertoire, comme les copies collationnées (Décis. min. 18 avril 1809).

918. — 2° *Ampliations.*—On appelle ainsi les secondes grosses qu'un notaire délivre sur une grosse originale qui lui a été déposée. Elles diffèrent des grosses, en ce que celles-ci sont expédiées sur la minute. — Il y a lieu à la délivrance d'ampliations, par exemple, pour l'exécution des créances appartenant à plusieurs héritiers, ou contre eux personnellement à un même créancier, ou lorsque le propriétaire d'une créance en fait le transport à plusieurs personnes distinctes (Toull., t. 8, n. 456; Roll. v° Ampliation, n. 1).—Pour éviter les frais des ampliations, celui à qui la grosse du titre est remise peut s'obliger à en aider les autres, ce qui arrive fréquemment dans l'usage (Roll., n. 3). — Une ampliation devant être considérée comme une seconde grosse, il s'ensuit qu'il faut, pour en obtenir la délivrance, suivre la même procédure que pour celle des secondes grosses (Pigeau, Locré, Carré; Roll., n. 4. Voy. plus bas n. 920).—Le notaire qui délivrerait une ampliation sans ordonnance du juge, serait passible d'une amende de 20 fr. (Art. 23; L. 16 juin 1824, art. 10).

919. 3° — *Des voies à prendre pour se procurer la copie d'un acte.*—Il faut distinguer entre le cas où l'on n'a pas été partie, par soi ou ses auteurs, et celui où l'on a été partie à l'acte. Pour le premier cas, la loi du 25 vent. an 11 veut que les notaires ne puissent délivrer expédition ni donner connaissance de leurs actes à d'autres qu'aux parties intéressées en nom direct, héritiers ou ayants-droit (V. art. 23). Les tiers qui veulent avoir copie ou communication d'un acte doivent employer la voie du compulsoire. — V. eod. — Pour le second cas, il faut distinguer entre l'acte *parfait* et l'acte *imparfait* ou *non enregistré*, et quant aux actes parfaits, il faut encore distinguer entre les *secondes grosses* et les *expéditions* ou *copies*.

920. — *Actes parfaits.* — La partie qui voudra se faire délivrer une *seconde grosse*, soit d'une minute d'acte, soit par forme d'*ampliation* sur une grosse déposée, présentera, à cet effet, requête au président du tribunal de première instance (C. pr. 844). C'est le président du tribunal de l'arrondissement où réside le notaire dépositaire de la minute et non celui du défendeur dont l'article, d'après Toullier, 1re édition, t. 8, n. 455; Demiau, sur l'art. 844; Roll., v° Grosse, n. 94, a entendu parler.—*Contra*, Augan, t. 1, p. 181; Pau, 31 août 1837, D.P. 39. 2. 93.

921. — Cette requête se fait par le ministère d'un avoué; et les frais de la délivrance sont à la charge de celui qui l'obtient. (Roll., cod. n. 95; Duranton, *cod.*) — La requête expose les motifs de la demande, laquelle ne peut être écartée par

des présomptions de paiement non établies par la loi.—(Cass. 20 mars 1826, D. P. 26. 2. 215). Ferrière, liv. 1, ch. 25, Debelleyme, t. 2, p. 185; Roll., n. 112.

922.—Lors même qu'une première grosse a été délivrée sans être revêtue des formes voulues lors de sa confection pour qu'elle eût force exécutoire, le notaire n'en peut délivrer une seconde sans l'observation des formalités prescrites par l'art. 844 C. pr.; autrement cette seconde grosse ne peut servir de base à aucun acte d'exécution.—Req., 23 août 1826. D.P. 27. 1. 10.

923. — En vertu des ordonnances du président, « la partie fait sommation au notaire pour faire la délivrance à jour et heures indiqués, et aux parties intéressées pour y être présentés (C. pr. 844. » — A Paris, le président indique l'huissier qui fait la sommation (Debelleyme, p. 43), dont l'original n'a pas besoin d'être visé par le notaire. — Conf. Roll., n. 100.—Contrà, Carré sur l'art. 845.

924.—Il n'y a pas de délai indiqué pour la sommation au notaire; le demandeur peut donc n'indiquer que celui de vingt-quatre heures. Le délai doit être augmenté, si les parties intéressées sont éloignées, d'un jour par 3 myriamètres de distance. (C. pr., 1033). — Conf., Carré sur l'art. 843; Roll., n. 99.

925. —La disposition de l'art. 844 fait supposer le refus du débiteur; si, postérieurement à l'ordonnance, le débiteur consent à la délivrance, la seconde grosse est délivrée par le notaire sans autres formalités que celles qui constatent la délivrance.—Roll., n. 101.—Si les parties ne se présentent pas chez le notaire au jour et à l'heure indiqués, le notaire donne défaut contre elles et délivre la grosse en leur absence.—(Toull., t. 8, n. 461; Carré, eod.; Roll., n. 101, 3°).—Ce défaut peut, à la rigueur, être donné après une heure d'attente; mais d'ordinaire on attend trois heures. Roll., eod., n. 102. — V. n. 882.

926. — En cas de contestation, les parties se pourvoiront en référé (C. pr. 845). Alors la délivrance ne peut avoir lieu que sur la signification, au notaire, de l'ordonnance de référé ou du jugement. C'est devant le président qu'on doit se pourvoir en référé, sauf renvoi à l'audience, s'il y a lieu. — Toull., 8, n. 458; Carré, Roll., n. 106 et 107.

927.—Lorsque, pour l'obtention d'une seconde grosse d'un acte dans lequel son auteur a été partie contractante, l'héritier s'est fait autoriser par le président du tribunal de première instance, il n'est pas tenu, sur le refus du notaire de délivrer la grosse, fondé sur une opposition formée entre ses mains, de l'assigner à bref délai, conformément à l'art. 839 C. pr. — Le président saisi par voie de référé de cette opposition doit en donner main-levée, alors qu'elle n'est pas fondée sur le défaut de qualité du réclamant et qu'elle n'a pour base qu'un fait qui ne peut être réfuté ou détruit par l'héritier qu'à l'aide du titre dont la grosse lui est refusée. — Toulouse, 20 mars 1838. D.P. 39. 2. 73.

928.—S'il y a renvoi à l'audience, le juge doit

procéder sommairement (Carré, eod.), quoique la demande en délivrance doive, en tant qu'indéterminée, être soumise aux deux degrés de juridiction. —Bordeaux, 20 janv. 1831. Dict. gén., v° Degré de jurid., n. 425.

929. — Si le juge du référé ordonne que le notaire délivrera la grosse, M. Roll. de Vill. n. 113, p. 114, dit que le créancier doit faire signifier copie du jugement au notaire avec certificat attestant qu'il n'est parvenu ni opposition, ni appel, et avec sommation de lui faire délivrance, à laquelle il est dès-lors inutile d'appeler le débiteur (C. pr. 548). — Mais, d'après Loret, liv. 1, p. 388, il suffit, dans ce cas, d'annexer à la minute de l'acte dont la grosse est délivrée, l'ordonnance ou le jugement qui ordonne cette délivrance ainsi que les exploits de sommation et de signification, et de mentionner seulement, soit ces divers actes, soit la délivrance de la seconde grosse. Cette dernière voie est plus simple ; mais elle offre moins de sécurité pour le notaire qui, s'il veut la suivre, en tant que moins coûteuse, doit s'assurer s'il n'y a ni opposition ni appel.

930.—La seconde grosse doit porter mention de l'ordonnance, ainsi que de la somme pour laquelle on pourra exécuter, si la créance est acquittée ou cédée en partie (C. pr. 844).

931. — La délivrance de la seconde grosse, opérée volontairement ou par ordre de justice, est constatée par un procès-verbal du notaire. — Toull., 458; Pig., 2, 331; Carré; Demiau, p. 528; Roll., n. 104. 106.
Ce procès-verbal doit être dressé dans la forme des actes notariés, c'est-à-dire par deux notaires ou par un notaire et deux témoins (Conf. Roll., n. 117. Toull., 8. 458).

932. — Les frais sont à la charge de celui qui obtient une seconde grosse (Voy. ord. 30 août 1815, art. 4), laquelle peut être refusée tant que les frais de la première ne sont pas payés. C. pr. 851.

933. — Les formalités prescrites pour obtenir une seconde grosse s'appliquent aux grosses subséquentes (Loret, t. 1, p. 390), ainsi qu'à la délivrance des grosses par ampliation, Roll., n. 123.

934. — Les secondes grosses, ou les ampliations, demandées dans l'intérêt de l'état, ne s'obtiennent qu'au moyen des mêmes formalités. Toutefois, la demande se fait sur simple mémoire, sans avoué, suivant les règles de procédure concernant les affaires de la régie. L. 27 vent. an 9, art. 17; Avis cons. d'Et. 12 mai 1807; Instr. génér. du 4 juill. 1809, n. 436; Roll., n. 124.

Enfin lorsqu'il s'agit d'un acte parfait, enregistré, etc., d'une expédition ou copie, et non d'une seconde grosse, le droit de la demander appartient, ainsi qu'on l'a vu, aux parties intéressées. Ce droit est sanctionné par l'art. 839 C. pr. ainsi conçu « : Le notaire ou dépositaire qui refusera de délivrer expédition ou copie d'un acte aux parties intéressées en nom direct, héritiers ou ayants-droit, y sera condamné, et par corps, sur assignation à bref délai, donnée en vertu de permission du président du tribunal de première instance, sans préliminaire de conciliation. »

935. — La demande étant personnelle, doit être portée devant le tribunal de la résidence du notaire ou dépositaire (Carré, sur l'art. 839, Roll. 1re édit., v° Copie, n. 73). — Avant d'assigner le notaire, doit-on le mettre en demeure ? Non, selon Carré, qui se fonde sur le silence de la loi et sur la facilité qu'a le notaire de faire valoir devant le tribunal les motifs de son refus. Oui, selon Demiau, p. 520 ; car la loi prévoit le *refus* du notaire ; il faut donc le constater, afin d'en venir à la fâcheuse mesure d'une assignation ; c'est cette dernière voie qu'on suit ordinairement, mais il paraît inutile de faire constater le refus du notaire. — L'affaire est jugée sommairement, et le jugement exécuté nonobstant opposition ou appel (C. pr. 840).

936. — Outre la contrainte par corps, le notaire peut encore, suivant les circonstances, être condamné aux dommages-intérêts envers la partie ; il est en outre passible d'une amende de 20 fr. et de suspension pendant trois mois, en cas de récidive. — (L. 25 vent. an 11, art. 23 ; L. 16 juin 1824, art. 10).

937. — 3° *Actes imparfaits ou non enregistrés.* — Un acte imparfait est celui dans lequel on n'a pas observé toutes les formalités prescrites. Tel est l'acte que toutes les parties n'ont pas signé, celui qui n'est pas signé de l'officier public ou des témoins, celui qui émane d'un officier public incompétent, l'acte sous seing-privé synallagmatique non fait double. — Il est des cas où un tel acte peut valoir comme acte sous-seing privé, il en est d'autres où il a l'effet d'un commencement de preuve. — L'acte non enregistré n'est pas pour cela un acte imparfait. Aussi l'art. 841 C. pr., qu'on verra ci-après, distingue-t-il ces deux sortes d'actes. (Roll., v° Acte imparf., n. 12), quoique la marche pour en avoir copie soit la même. Un notaire ne peut, dans aucun cas, se permettre de supprimer un acte imparfait ; cela résulte de la loi qui autorise les parties à s'en faire délivrer expédition ou copie (Roll., 2 et suiv.; eod. n. 15).—Il ne pourrait non plus lui donner la perfection qui lui manque dès qu'il est survenu une difficulté entre les parties.

938. — La partie qui voudra obtenir copie ou extrait d'un acte resté imparfait présentera requête au président du tribunal de première instance (C. pr. 841). — Elle pourrait aussi demander un extrait de l'acte. (*Conf.*, Roll., n. 25). — Il suit de là que le notaire ne pourrait, *de plano*, et de sa seule autorité, délivrer la copie demandée. (Dict. du not., n. 8) ;... surtout si l'acte imparfait a de plus été déclaré nul comme frauduleux. (Cass., 19 mars 1836. D.P. 36. 1. 196).—La partie qui présente sa requête, dans laquelle elle expose les raisons qu'elle a d'obtenir copie de l'acte, tout imparfait qu'il se trouve, n'a pas besoin d'appeler l'autre partie (*Eod.*, n. 12). — La délivrance est faite, s'il y a lieu, en exécution de l'ordonnance mise en suite de la requête ; et il doit en être fait mention par le notaire au bas de la copie délivrée (C. pr. 842).

939. — Le notaire peut refuser d'obtempérer à l'ordonnance du président. Cela résulte des mots *s'il y a lieu*, etc., de l'art. 843 qui suppose le refus du notaire. (Pig., t. 2, n. 333 ; Carré, art. 842 ; Dict. du not., n. 14). — « En cas de refus, porte l'art. 843, de la part du notaire ou dépositaire, il en est référé au président du tribunal de première instance. » — Le référé doit être introduit, non par le notaire, mais par la partie qui a demandé l'expédition (Pig., t. 2, n. 335 ; Carré, loc. cit.; Dict. du not., n. 15). — La loi exigeant que la condamnation par corps ne soit prononcée que par un jugement, le président ne peut par une seule ordonnance sur référé prononcer cette contrainte ; il ne peut non plus condamner aux dépens. Il faut, pour ces deux objets, assigner devant le tribunal. — Roll., n. 34.

940. — Quand le notaire consent à délivrer la copie, on doit lui remettre la requête et l'ordonnance afin qu'il les annexe au procès-verbal dressé pour constater la délivrance. — Pig., t. 2, n. 334 ; Carré, eod., Roll., n. 35.

941. — L'art. 841 prescrit les mêmes formes pour obtenir délivrance de la copie d'un acte *non enregistré*, sauf l'exécution *des lois et règlements* relatifs à l'enregistrement. — Quoiqu'il semble résulter de cet article que la partie qui demande expédition de l'acte non enregistré peut n'être pas obligée de les payer, néanmoins, si elle en a les moyens, le notaire peut la contraindre à en faire l'avance, sauf recours contre la partie directement débitrice. — Roll., v° Acte non enreg., n. 2.

942. — Il n'y a pas lieu de recourir à cette procédure pour obtenir copie d'un acte notarié et parfait, non enregistré dans le délai ; car il suffit au notaire de faire enregistrer l'acte et d'en payer les droits et l'amende ou le double droit, pour pouvoir en délivrer expédition. On ne pourrait appliquer l'art. 841 qu'au cas où le notaire refuserait d'enregistrer, refus qui l'exposerait aux contraintes de la régie. Aussi cette disposition est-elle rarement exécutée. — *Dict. du not.*, v° Acte non enreg., n. 2.

ARTICLE 27.

Chaque notaire sera tenu d'avoir un cachet ou sceau particulier, portant ses nom, qualité et résidence, et, d'après un modèle uniforme, le type de la république française.

Les grosses et expéditions des actes porteront l'empreinte de ce cachet.

943. — On lisait dans les premières rédactions : « Les grosses *ou* expéditions, etc. Sur la demande du tribunal, la conjonction *et* a été substituée à la disjonctive *ou*. »

944. — M. Favart, dans son discours au Tribunat, retraçait ainsi l'objet de cet article : « Le cachet exigé... de chaque notaire est un garant de plus en leur faveur et pour la société, contre la fraude et les faussaires : c'est une sorte de légalisation donnée aux actes notariés pour tout le dé-

partement ou le ressort du notaire qui les délivre. Aussi, ces mêmes actes ne sont-ils astreints à la légalisation judiciaire que lorsqu'on veut s'en servir au-delà du département ou du ressort du notaire. Cette mesure produit l'heureux effet de faciliter et d'accélérer l'exécution des actes. Elle sera surtout utile pour l'obtention et la conservation des hypothèques pour lesquelles le moindre retard peut devenir très-nuisible. »

945.—D'après l'ord. du 9 nov. 1291, foi ne devait être ajoutée qu'aux actes scellés. — Louis XIII, par édit de juin 1627, enjoignit aussi de faire sceller les actes notariés. A cet effet, un édit de nov. 1696, établit des officiers nommés gardes-scel, qui furent supprimés par un autre édit de nov. 1706 portant que les notaires scelleraient eux-mêmes leurs actes. — A cet effet, les notaires devaient avoir un sceau particulier aux armes de France et indiquant le tribunal auquel ils étaient immatriculés. — Le décret des 9-14 sept. 1792 établit une nouvelle formule du scel des actes des notaires, en ces termes : « L'assemblée nationale décrète qu'à l'avenir les actes des notaires, au lieu de ces mots: *sous le scel du roi*, porteront ceux-ci : *sous le scel de la nation.* » — Le type et la légende du sceau furent déterminés par la loi du 6 pluv. an 13. — Au type de la république a succédé celui de l'empire, puis celui de la royauté : c'était la représentation du sceau de l'Etat. — Enfin, après la révolution de 1830, la forme du sceau notarial fut d'abord indiquée sans type, par ord. du 14 août 1830; mais la forme des timbres et cachets a été déterminée depuis par l'ord. du 19 nov. 1830.

946. — Le scel des actes notariés est une ancienne formalité que la fiscalité avait détournée de son but primitif. La loi ne la prescrit pas à peine de nullité. Toullier, t. 8, n. 60, dit que si on présentait une grosse non scellée, les tribunaux pourraient ordonner que la partie qui poursuit l'exécution, en produisît préalablement une revêtue du sceau (*Dict. du not.*, n. 13). — Loret, t. 1er, p. 392, pense que sans cette formalité, les grosses ne pourraient servir à exercer la contrainte contre le débiteur (*Contrà*, Toullier, t. 8, n. 60).— Il dit aussi que les expéditions, copies collationnées ou extraits qui ne seraient pas revêtus du sceau n'auraient pas en justice la même foi que si cette formalité avait été remplie. Mais cette opinion est généralement repoussée, par cette raison que l'art. 545 C. pr., exige seulement, pour la mise à exécution des actes, qu'ils portent le même intitulé que les lois, et qu'ils soient terminés par un mandement aux officiers de justice.

947. — Ici, sous le nom d'expédition, la loi entend toutes copies authentiques délivrées par les notaires; ainsi les extraits, les copies collationnées, même les actes en brevet doivent également être revêtus du cachet. — Roll., n. 11; *Dict. du not.*, n. 12.

948.—La loi n'exige plus que, comme autrefois, l'apposition du cachet du notaire soit accompagnée d'une mention constatant l'observation de cette formalité. — Roll., n. 13.

949.—Les notaires doivent se considérer comme gardiens du sceau qui leur est confié, et ne s'en servir que pour les actes de leur ministère, et non pour des usages privés. — *Dict. du not.*, n. 15.

950. — Il n'est dû aucun honoraire pour l'application du sceau. — Roll., n. 14; *Dict. du not.*, n. 14.

951. — L'apposition du sceau se fait à la marge qui correspond à la signature du notaire. On mettait autrefois au-dessous de l'empreinte, les mots : scellé lesdit jour et an, avec la signature ou le paraphe du notaire : on fait encore cette mention, quoique la loi ne l'exige pas.

ARTICLE 28.

Les actes notariés seront légalisés, savoir : ceux des notaires à la résidence des tribunaux d'appel, lorsqu'on s'en servira hors de leur ressort, et ceux des autres notaires, lorsqu'on s'en servira hors de leur département.

La légalisation sera faite par le président du tribunal de première instance de la résidence du notaire, ou du lieu où sera délivré l'acte ou l'expédition.

952.—La légalisation est l'attestation par un officier public ou fonctionnaire qui a mission pour la donner, de la vérité des signatures apposées à un acte, et des qualités de ceux de qui il est émané. — Son but est de certifier les signatures et qualités hors du ressort du notaire, à l'effet de rendre l'acte exécutoire dans tout le royaume; elle confirme l'authenticité, mais elle ne la constitue pas. Toull., t. 8. n° 58; Berriat, p. 90; Dalloz, t. 10, p. 668, n. 69; Roll, v° Légalisation, n. 2 ; cass. 22 oct. 1812. D.A. 8. 361.

953. — La légalisation est chez nous de date déjà ancienne. Il existe au trésor des chartes une copie des statuts des tailleurs de Montpellier, délivrée par deux notaires de la même ville, au bas de laquelle sont deux légalisations datées de 1323, et données l'une par le juge royal de Montpellier, l'autre par l'official de Maguelonne (Denisart. v° Légalisation). — Les actes passés par les notaires du Châtelet de Paris faisaient foi dans tout le royaume sans avoir besoin de légalisation (Denisart, *cod.*; Loret, t. 1, p. 395). Les résolutions sur le notariat des 6 vendém. et 23 frim. an 8, art. 81, portaient que l'empreinte du cachet (du notaire) tiendrait lieu de légalisation pour constater sa qualité et la vérité de sa signature dans toute l'étendue de la république : Jousselin s'est exprimé dans le même sens au conseil des anciens, séance du 13 prairial an 7 ; mais une telle valeur n'est plus attribuée aujourd'hui à l'emploi du cachet notarial; il faut la signature du notaire (voy. plus haut, n. 945); et c'est pour en procurer la connaissance à ceux de qui la légalisation doit émaner, que la loi astreint les notaires à faire, avant d'entrer en fonctions, le dépôt au greffe de leurs signature et paraphe.

— Quels actes doivent être légalisés et par qui ? — Quels sont les effets de la légalisation ? — Comment doivent être légalisés les actes produits soit aux colonies, soit en pays étranger, et ceux passés aux colonies et à l'étranger, lorsqu'ils sont produits en France ?

954. — 1° *Actes légalisables et par qui.* — Les actes qui ont besoin d'être légalisés sont en général ceux émanés d'un fonctionnaire public, lorsqu'on les produit hors du ressort où il exerce ses fonctions, et en particulier les actes notariés, mais non les jugements, à moins qu'on n'en fasse usage en pays étrangers.— La légalisation est aussi exigée pour les certificats de vie des rentiers et pensionnaires de l'état, pour les actes de l'état civil, lorsqu'on doit s'en servir hors du ressort (C. civ. 45).

955. — Elle peut avoir lieu non-seulement pour les actes des fonctionnaires qui sont encore vivants, mais encore de ceux qui sont morts, au moment où la formalité est requise, pourvu que la qualité, le sceau et la signature de ces officiers soient connus par la tradition ou autrement. Roll., v° Légalisation n. 9.

956. — Confirmative de l'authenticité des actes, la légalisation ne s'applique qu'à des actes émanés d'officiers publics, et non à des actes sous seing privé, dont une simple désignation suffit pour arrêter l'effet.— Aussi, les administrateurs doivent-ils s'abstenir de légaliser ces derniers actes, auxquels ils doivent craindre de donner une autorité qu'ils ne justifient pas. Et quoiqu'on lise dans l'art. 11 de la loi des 6-27 mars 1791 : « la légalisation des actes sera faite, les certificats de vie seront donnés par les présidents des districts, par les juges qui en feront les fonctions, et concurremment par les maires, mais seulement, par ces derniers, pour les actes des officiers publics, ou pour les citoyens qui seront domiciliés dans l'étendue de la commune. » — Une telle disposition ne doit s'appliquer qu'aux actes d'administration, d'ordre ou d'intérêt général, comme seraient ceux émanés des commissaires de police, des médecins, chirurgiens, membres des bureaux de charité, receveurs particuliers et agents des contributions, des institutrices et maîtresses de pension, et enfin de certaines personnes ayant un caractère public ou remplissant des fonctions qui donnent une certaine authenticité à leur signature (Circ. préf. de la Seine, 18 fév. 1808 et 13 nov. 1816). — Les mêmes circulaires prescrivent aux maires de refuser leur légalisation à toutes les procurations et autres actes sous seing privé étrangers à l'administration publique, et qui n'auraient rapport qu'à des intérêts privés. — Enfin la légalisation du maire ne saurait jamais donner à un acte le caractère d'authenticité qu'il n'aurait point par lui-même : cet acte conserverait, quoique légalisé, la nature d'acte sous seing privé (Déc. min. fin. 30 oct. 1822; arg., n. 973).

957.— Au reste, les maires sont autorisés à donner leurs légalisations 1° en matière de saisie mobilière et de vente judiciaire (C. pr. 698, 699 et 959); 2° en matière de conflit, lorsqu'une partie a signé seule un mémoire (Ord. 12 déc. 1821,

art. 5).— Le droit de légalisation leur a été reconnu par le conseil d'état dans deux cas remarquables dont il y a être parlé : 1° Il s'était élevé la question de savoir si les habitants de Seine-et-Oise pourraient se contenter de donner de simples procurations sous seing-privé, légalisées par le maire ou par le sous-préfet, pour suivre auprès du trésor public la liquidation du prix de chevaux par eux fournis à l'Etat : le conseil d'état, par avis du 26 nov. 1819, a décidé « que les sous-préfets et les préfets ne doivent pas se refuser à légaliser les signatures des maires lorsque ceux-ci se sont bornés à certifier les signatures des habitants de leurs communes; 2° sur la question de savoir si la légalisation des signatures par les maires ou fonctionnaires administratifs peut être refusée dans les cas non prévus par la loi, le conseil d'Etat, par avis du 22 avril 1831, a dit : « Considérant que cette obligation (des maires) ne saurait s'appliquer qu'aux cas prévus par la loi, et constituer un droit au profit des requérants que dans ces seuls cas; que néanmoins toutes les fois qu'il s'agit d'un acte sous seing-privé, de la délivrance d'un certificat de vie ou en un mot de toutes pièces ayant un caractère légal d'utilité, les maires ne peuvent refuser de légaliser les signatures des habitants de leurs communes; mais que les maires peuvent refuser la légalisation qui leur serait demandée pour certifier des signatures apposées à des écrits qui n'ont aucun but d'utilité judiciaire ou administrative, et à plus forte raison lorsqu'ils seraient de nature à porter préjudice à des tiers. » — Ces motifs, on le voit, n'infirment pas d'une manière absolue la recommandation que nous avons faite plus haut aux fonctionnaires de refuser la légalisation à des actes d'intérêt privé; le conseil d'Etat l'improuve lorsque ces actes sont de nature à nuire à des tiers, ou qu'ils n'ont pas l'intérêt public pour objet; or, une telle limitation suffit pour montrer tout ce qu'il y a d'instable et de peu rassurant dans la légalisation qui s'attache à des actes d'intérêt privé, car il est peu de ces actes qui ne soient de nature à nuire, ne fût-ce que d'une manière indirecte, à des tiers, ou à les inquiéter.

958. — Il paraît superflu de faire observer que les fonctionnaires ne doivent donner de légalisation qu'autant qu'ils connaissent la qualité de l'officier public qui a reçu l'acte, la signature et le sceau dont il est dans l'usage de se servir.— S'ils n'ont pas une connaissance personnelle de ces qualités et signatures, ils peuvent, d'après le Répert de jurisp., v° Légalisation, légaliser l'acte suivant ce qu'ils tiennent par tradition, ou à la relation d'autrui, pourvu qu'ils s'informent des faits qu'il s'agit d'attester. — Mais on comprend sans peine avec quelle circonspection un fonctionnaire doit agir dans de telles circonstances.

959.— L'art. 28 indique les fonctionnaires par lesquels la légalisation des actes notariés peut être faite. Il est sensible que, s'ils sont empêchés, ils peuvent être substitués par un membre de la Cour ou du tribunal.

960.— Un notaire de première classe qui délivre un acte ou une expédition, hors de sa résidence, mais dans son ressort, peut, ce semble, faire légaliser sa signature soit par le président du tribunal du lieu où l'acte est délivré, soit par le président du tribunal du lieu de sa résidence : le dépôt des signature et paraphe de ce notaire dans tous les greffes du ressort de la Cour royale où il réside, rendent cette faculté sans inconvénient. — Mais un notaire de deuxième ou troisième classe ne pourrait faire légaliser ses actes dans un autre ressort que le sien : c'est ce qui résulte de l'économie de l'art. 28.

961.—Le préfet légalise les actes des sous-préfets, même ceux des maires quand ils doivent être envoyés hors du département. — Les actes des agents inférieurs de l'administration sont légalisés sans frais par les préfets et sous-préfets, lesquels, au reste, ne doivent pas refuser leur légalisation à la signature des maires, bien que ceux-ci se soient bornés à certifier des actes d'intérêt privé. V. n. 957.—Les maires légalisent la signature des imprimeurs, des journaux contenant insertion des placards dans le cas de l'art. 698 C. pr. — Les présidents des tribunaux civils légalisent les extraits des actes de l'état-civil.—La loi du 21 vent. an 7, art. 14, attribue 25 cent. aux greffiers pour chaque légalisation.

962.—2° *Effet de la légalisation.*—On a vu que le défaut de légalisation ne nuisait pas à l'authenticité de l'acte; qu'en conséquence le faux commis sur un acte de naissance doit être réputé faux en écriture publique, bien qu'il n'ait pas encore été légalisé (Cass., 22 oct. 1812. D.A. 8. 861). Il a été jugé aussi qu'il ne nuisait pas non plus à sa validité (Cass. 10 juillet 1817. D. A. 10. 668); que par suite, lorsque l'exécution d'un acte est poursuivie hors du ressort où il a été reçu, il n'y a pas nullité de la procédure (Même arrêt).

963.—Toutefois, il y a lieu à surseoir aux poursuites jusqu'à ce que la formalité ait été remplie; et comme les frais qu'occasionne cette mesure sont imputables au poursuivant, c'est lui qui doit les supporter. (Même arrêt; Toullier, Favard, *eod.*; Carré, sur l'art. 549).—Enfin, l'acte ne peut être exécuté s'il n'a été préalablement légalisé. Colmar, 26 mars 1808. D.A. 10. 668.

964. — On ne légalise que les grosses ou premières expéditions, en vertu desquelles on peut exécuter sans jugement, et non les minutes qui restent en dépôt chez le notaire.—Dur., 13, n. 64.

965.—Lorsqu'on agit en vertu d'un acte qui a été légalisé, il est nécessaire ou au moins utile, de le mentionner. Si c'est une expédition ou un extrait d'un tel acte que l'on délivre, il est utile de transcrire la légalisation, ou du moins d'énoncer par qui elle a été faite.—Stat. not. de Paris, 25 sept. 1817.

966. — Enfin la légalisation de signatures d'officiers publics apposées sur des actes publics, ou de particuliers apposées sur des actes sous seing-privé, est exempte de l'enregistrement (L. 22 frim. an 7, art. 70, § 3; n. 11; 15 mai 1818, art. 80; déc. min. fin. 30 oct. 1822).

967.—3° *Actes produits aux colonies ou à l'étran-*

ger. —Quoique aucune loi n'ordonne que les actes publics et les actes notariés destinés aux colonies, soient, indépendamment de la légalisation à laquelle ils sont soumis en France, lorsqu'on doit les exécuter hors du département ou du ressort de la cour royale, légalisés par le ministre dans les attributions duquel se trouvent ces officiers publics et soient visés par celui de la marine, cependant cela paraît être exigé par les réglements coloniaux. C'est ce que décide un arrêté du 8 vent. an 12, fait par l'autorité locale de la Guadeloupe, et ce qui s'induit des ordonn. des 9 fév. 1827 et 27 août 1828, conférant au gouverneur de la Martinique, de la Guadeloupe et de la Guiane française, la mission de légaliser les actes venant de l'étranger. Or, comment ce fonctionnaire ferait-il cette légalisation, si la signature ne lui était pas connue? Et la signature qu'un chef de colonies doit connaître ne peut être, ce semble, que celle du ministre de la marine dont il ressortit directement. Au reste, tel est l'usage, ainsi qu'on le voit sous le n° 969. Il a été jugé en conséquence que les actes provenant de la France ou des pays étrangers ne peuvent être ni employés dans les transactions passées à la Guadeloupe, ni produits devant les tribunaux, ni signifiés par des huissiers de cette colonie, s'ils ne sont légalisés par l'autorité compétente. Par suite est nul l'acte d'appel d'un jugement de cette colonie interjeté en vertu d'une procuration sous seing-privé, laquelle n'était pas légalisée, et même ne pouvait pas l'être (Cass. 10 mai 1825, D.P. 25. 1. 315.

968. — Mais comment la législation est-elle donnée, si l'acte doit être produit en Algérie? En cas pareil les signatures sont légalisées non seulement par le président du tribunal de l'arrond. et par le ministère de la justice, mais elles sont en outre visées par le ministre de la guerre. C'est ce qui résulte d'une lettre du garde-des-sceaux du 16 mars 1837, portant : « Il en est des actes passés en France et qui doivent être produits à Alger, comme des mêmes actes à produire dans une autre colonie; à la différence seulement qu'au lieu du visa du ministre de la marine, ils doivent encore recevoir celui du ministre de la guerre, de l'administration duquel dépendent les possessions françaises du nord de l'Afrique et la nomination des fonctionnaires qui y sont en exercice. »

969.—A l'égard des actes qui viennent des colonies, ils doivent, après avoir été légalisés par l'autorité locale compétente, et par exemple par le président du tribunal, s'il s'agit d'actes notariés, l'être par le gouverneur de la colonie (Ord. 21 août 1825; 9 fév. 1827; 27 août 1828); ils sont ensuite visés au ministère de la marine ou, si l'acte vient de l'Algérie, par le ministre de la guerre.

970.—Lorsque l'acte doit être exécuté en pays étranger, la signature du fonctionnaire qui a légalisé doit être légalisée par le garde-des-sceaux : celle de ce ministre l'est par le ministre des affaires étrangères; enfin cette dernière est certifiée vraie par l'ambassadeur ou consul de la puissance dont il s'agit (Ordonn. 25 oct. 1833, art. 10). Les actes étrangers produits en France doivent avoir été légalisés par l'ambassadeur ou autre ministre français, et visés au ministère des affaires étrangères; si la France n'a point d'envoyé dans ce pays, les actes doivent être légalisés par le ministre étranger accrédité à Paris, et visés au ministère des affaires étrangères (Ord. 20 mai 1818, art. 2 ; 26 juill. 1821 ; 25 oct. 1833, art. 9).

971.—En cas d'urgence, il suffirait de la légalisation par l'agent du ministère des affaires étrangères qui se trouverait dans le lieu de la passation de l'acte. (Lettr. du garde-des-sceaux, 9 déc. 1828; ord. 25 oct. 1833. Dict. du not., v° Légalisation, n. 7). En cas pareil, nos consuls, lorsqu'ils légalisent les actes des fonctionnaires publics étrangers, doivent avoir soin de mentionner la qualité du fonctionnaire ou de l'autorité de laquelle l'acte est émané , et d'attester qu'il est à leur connaissance que ce fonctionnaire a actuellement, ou qu'il avait lorsque l'acte a été passé, la qualité qu'il y prend (Ord. 25 oct. 1833).

972. — Quant aux actes notariés destinés aux États-Unis d'Amérique, ils sont légalisés directement par le consul de ce pays, pourvu que le notaire lui justifie de sa qualité et qu'il lui fasse le dépôt de sa signature (Lett. du consul Barnet aux not. de Paris, 4 sept. 1832, D.P. 32. 3. 114).

973. — C'est par le consul ou celui qui le remplace que les actes reçus par le chancelier du consulat doivent être légalisés (Pardessus, n. 1461).— A l'égard des actes sous seing-privé signés à l'étranger, l'art. 8 de l'ordonn. du 25 oct. 1833 porte : « nos consuls ne sont point obligés de donner de légalisation aux actes sous signatures privées, sauf aux intéressés à passer, si bon leur semble, ces actes soit en chancellerie, soit devant des fonctionnaires publics compétents. Toutefois, lorsque des légalisations ou attestations de signature auront été données sur des actes sous seing-privé soit par des fonctionnaires publics, soit par des agents diplomatiques ou consulaires du pays où nos consuls sont établis, ils ne pourront refuser de légaliser la signature de ces fonctionnaires. »

974. — Tout ce qui vient d'être dit s'applique aux jugements rendus soit en France, soit à l'étranger (eod., art. 10).

ARTICLE 29.

Les notaires tiendront répertoire de tous les actes qu'ils recevront.

975. Le répertoire est un registre sur lequel les notaires sont tenus d'inscrire jour par jour les actes qu'ils reçoivent. L'article qu'on vient de lire, en imposant aux notaires l'obligation de tenir un répertoire, n'a fait que reproduire et confirmer la loi du 22 frim. an 7 sur l'enregistrement, qui ne s'est pas seulement bornée à poser les principes, mais encore qui l'a organisé. V. art. 49 et suiv. de cette loi. C'est donc particulièrement dans les commentaires de ces articles que se trouve tout ce qui concerne la forme et la

tenue du répertoire , les actes qui y doivent être portés, la communication qui en doit être faite aux receveurs de l'enregistrement et le visa qui y est apposé par ces fonctionnaires, le dépôt annuel du double du répertoire au greffe du tribunal de première instance, enfin le mode de poursuites pour le recouvrement des amendes. Nous y renvoyons le lecteur.

976. — Notons seulement ici, en ce qui concerne la forme des répertoires, que, par une circulaire du 28 mars 1810, le ministre de la justice a adressé aux procureurs du roi un modèle de répertoire qui a été transmis aux chambres de discipline, et adopté depuis longtemps à Paris, avec l'addition d'une colonne. La forme de ce modèle, ainsi modifié, pourrait être suivie partout, car il réunit tous les avantages. Dans ce but, et pour rendre les frais d'impression moins onéreux, les chambres des différents arrondissements d'un même département pourraient, suivant l'observation du ministre, se concerter sur cet objet : et c'est en effet ce qui a lieu dans un grand nombre de localités.

977. — Les répertoires des notaires sont assujettis au droit de timbre, en raison de la dimension du papier. V. l. du 13 brum. an 7, art. 12, 2°. A cet égard, nous avons placé sous cette loi spéciale pour le timbre, et notamment sous les art. 18 et suiv., les obligations auxquelles les notaires sont tenues, et les conditions sous lesquelles les prescriptions de la loi peuvent être considérées comme exactement remplies. Nous y renvoyons pareillement le lecteur.

978. — Les notaires doivent, aux termes de la loi, tenir répertoire de tous les actes qu'ils reçoivent. Il n'y a que de très-rares exceptions à cette règle ; et nous les avons indiquées dans notre commentaire de la loi du 22 frim. an 7 (art. 49, n. 10). Mais, comment la règle doit-elle être entendue, et par exemple, s'applique-t-elle même aux actes imparfaits ou frappés de nullité, soit par l'art. 68 de la loi du 25 vent. an 11, soit par d'autres dispositions de la loi? L'administration n'a pas toujours suivi sur ce point la même doctrine. Ainsi, dans une espèce où un acte n'avait pas été signé par le notaire, faute par les parties de lui avoir fourni le montant des droits d'enregistrement, il résulte d'une délibération du conseil d'administration du 26 sept. 1815, rapportée par le contrôleur, art. 569, que le seul défaut de signature du notaire n'aurait pas dispensé l'acte de l'inscription au répertoire, parce que, dans ce cas, l'imperfection de l'acte eût été du fait du notaire et, d'ailleurs, la nullité n'en eût pas été absolue aux termes de l'art. 68 de la loi de vent. Mais cette doctrine se trouvait formellement contredite dans un arrêt de rejet du 2 nov. 1807 (D.A. 364), par lequel, dans une espèce où un notaire, qui s'était dispensé de porter au répertoire un acte non signé de lui et de le faire enregistrer, était poursuivi sur ce chef, la cour de cassation déclara « qu'un acte ne devait pas être considéré comme un acte public, dès lors qu'il était dénué de la signature de l'officier public chargé de le recevoir, signature qui seule

pouvait constater légalement l'intervention de cet officier. » Et plus tard, la régie invoquant cet arrêt en a appliqué le principe dans une solution du 7 oct. 1823. D'après cela, et dans le dernier état de la jurisprudence, le notaire ne serait pas tenu d'inscrire sur son répertoire un acte qu'il n'a pas jugé devoir signer et qui, par conséquent, n'est pas un acte notarié. Tel est aussi l'usage, et il est généralement approuvé par les auteurs. V. le *Contr.*, *loc. cit.*, et Roll. de Villargues, v° Rép. des not., n. 77.

979. — Toutefois il n'en serait plus ainsi, dès que le notaire aurait apposé sa signature sur l'acte imparfait. On peut dire, à la vérité, en prenant aussi texte de l'arrêt précité du 2 nov. 1807, que si l'acte ne se trouve pas sans effet d'une manière absolue, il est du moins privé, malgré la signature du notaire, des avantages de l'authenticité; qu'il n'est pas un acte public et ne peut valoir que comme sous seing-privé; et qu'en conséquence, dans ce cas même, le notaire n'est pas tenu de le porter sur son répertoire. — Mais, ces considérations qui pourraient peut-être dans certaines circonstances être utilement invoquées par le notaire, ne suffiraient pas, en thèse générale, pour justifier l'omission de l'inscription au répertoire. « Le notaire, a dit avec raison M. Daufresne (Rép. de Roll. de Vill., *loc. cit.*, n. 78), n'a dû signer l'acte qu'après s'être assuré que toutes les autres signatures nécessaires pour sa validité avaient été apposées, que toutes les formalités prescrites par la loi avaient été remplies. S'il s'est trompé, il doit se soumettre aux conséquences de son erreur, quelque fâcheuses qu'elles puissent être; et il ne lui est pas permis sous le prétexte d'imperfection ou même de nullités qui ne seront peut-être pas proposées, ou qui, le plus souvent, pourront être converties par la ratification de l'acte, de manquer à l'engagement qu'il a pris, par l'apposition de la signature, de donner à l'acte, autant qu'il était en lui, les avantages de l'authenticité, d'en constater l'existence et d'en assurer la conservation comme acte public. Le notaire s'est obligé, en un mot, et il ne lui appartient pas de se rendre juge du mérite d'un engagement qu'il a cru d'abord valable. »

ARTICLE 30.

Les répertoires seront visés, cotés et paraphés par le président, ou, à son défaut, par un autre juge du tribunal civil de la résidence : ils contiendront la date, la nature et l'espèce de l'acte, les noms des parties, et la relation de l'enregistrement.

980. — La loi reproduit ici en substance les diverses obligations prescrites par la loi de frim. relativement à la tenue des répertoires. V. l'art. 50 de cette loi et notre commentaire. Remarquons seulement, d'une part, que le présent article modifie la loi de l'an 7, art. 53, en ce qui concerne le magistrat par lequel doit être visé, coté et paraphé, le répertoire des notaires. D'après cette

dernière loi, c'était le juge de paix du canton qui était chargé de ce soin : d'après la présente, il est commis au président, et à son défaut, à un autre juge du tribunal de première instance de la résidence du notaire.

981. — D'une autre part, l'article ci-dessus ne se borne pas à exiger, comme l'art. 50 de la loi de frim. an 7, mention sur le répertoire de la *nature* de l'acte : il veut que le répertoire contienne la *nature* et l'*espèce* de l'acte. Par là, le législateur a fait cesser le doute qui s'était d'abord élevé sur le point de savoir si le notaire pouvait tenir concurremment deux répertoires particuliers, l'un pour les minutes, l'autre pour les brevets. En exigeant mention, sur le répertoire, de la *nature* de l'acte, c'est-à-dire que le répertoire fasse connaître si l'acte est une vente, une quittance, etc., et l'*espèce*, c'est-à-dire que le répertoire indique si l'acte est en minute, ou s'il est en brevet, le législateur a virtuellement déclaré qu'il n'y aurait qu'un seul et même répertoire pour les minutes et pour les brevets.

TITRE II. — *Régime du Notariat.*

Section I. *Nombre, placement et cautionnement des notaires.*

ART. 31.

Le nombre des notaires pour chaque département, leur placement et résidence, seront déterminés par le gouvernement, de manière, 1° que, dans les villes de cent mille habitants et au-dessus, il y ait un notaire, au plus, par six mille habitants; 2° que, dans les autres villes, bourgs ou villages, il y ait deux notaires au moins, ou cinq au plus, par chaque arrondissement de justice de paix.

982. — A toutes les époques, le nombre des notaires a dû être limité par le gouvernement. Une loi qui proclamerait l'entière liberté de la profession de notaire, aurait pour effet inévitable d'altérer ou de détruire même la juste confiance qu'on accorde à cette classe de fonctionnaires, en y appelant une foule avide de travail et de fortune, qui ne trouvant bientôt plus, dans leurs fonctions, de quoi suffire à leurs besoins, seraient forcés d'y ajouter d'autres professions où viendraient échouer le talent, la réputation et quelquefois l'honneur. En sorte que, dans la réalité, la limitation du nombre des notaires constitue moins un privilège pour ceux qui sont investis qu'une garantie pour la société toute entière. Aussi la nécessité de restreindre et de fixer le nombre des notaires a-t-elle été constamment motivée sur les abus nombreux qui naissaient d'une liberté illimitée. Déjà dans son ord. de juin 1510, Louis XII disait : « Pour ce qu'à l'occasion de la grande et affrénée multitude des notaires qui sont à présent en nostre royaume et que indifféremment toutes manières de gens y sont reçus, sont par ci-devant advenus plusieurs abus et inconvénients;

avons en suivant les ordonnances de nos prédécesseurs, ordonné et ordonnons que lesdits notaires seront réduits à certain nombre qui sera par nous ordonné. » C'est sur ce fondement que l'ord. d'Orléans de 1560, art. 82, et l'édit du 29 avril 1664 fixèrent le nombre des notaires royaux et que l'édit de novembre 1582 régla celui des notaires seigneuriaux.

983. — Ces dispositions prohibitives ne semblent pas, du reste, avoir été obéies : car, à l'époque de la Révolution, on comptait en France 40,000 notaires royaux, seigneuriaux, héréditaires ou casuels, avec ou sans finances. Les abus signalés par l'ord. de 1510 s'étaient reproduits dans toute leur force. « Il n'était point de village un peu fort, lit-on, en effet, dans les *Considérations sur le notariat* de M. Bonnomet, où l'on ne trouvât des notaires ; et comme la nature des affaires et des propriétés rurales entraînait peu de mutations et de transactions, on conçoit que dans les campagnes les notaires étaient peu occupés, que leurs places ne pouvaient suffire à leurs besoins, et qu'ils étaient obligés, pour y subvenir, d'y joindre d'autres professions souvent disparates ; en sorte que ceux qui y arrivaient avec quelque instruction ne tardaient pas à la perdre ; le besoin amenait la mauvaise foi, qui, réunie à l'ignorance, alimentait la chicane et multipliait les procès. » Ces abus firent passer, dans la loi du 6 oct. 1791, le principe de la limitation qui avait été posé dans l'ord. de 1510. « Autrement, disait le rapporteur de la loi, l'on verrait bientôt s'accroître outre mesure cette classe de fonctionnaires, qui ne serait pas l'élite des citoyens probes et instruits, mais un rassemblement d'hommes médiocrement éclairés, se disputant, non la confiance, mais le produit de la confiance de leurs concitoyens, et tous trop rarement employés pour être satisfaits d'un légitime salaire. » Ces considérations, toujours subsistantes, ont déterminé la disposition de l'art. 31 de la loi spéciale sur le notariat, et plus tard, après la révolution de 1830, ils ont fait toujours écarter les pétitions adressées aux Chambres et par lesquelles les pétitionnaires provoquaient une loi qui affranchit les notaires de toute entrave et proclamât la liberté de cette profession. (Ch. des pairs, séance du 22 janv. 1831 ; Ch. des dép., séances des 10 sept. 1831 et 31 mars 1832).

984. — Du reste, la limitation par le gouvernement du nombre des notaires, ne doit pas être entendue en ce sens que le nombre en soit fixé d'une manière invariable. Ce nombre est, en effet, susceptible d'augmenter ou de diminuer, suivant les besoins des localités. L'art. 31 ci-dessus tient compte de cette nécessité, en prenant, pour base de la fixation, soit la population, pour les villes de 100,000 habitants, et au-dessus, soit, pour les autres villes, la division du territoire par canton ou justice de paix. « Au moyen de cette disposition, a-t-il été dit dans l'exposé des motifs, le gouvernement, en combinant les éléments particuliers qu'il peut obtenir avec ceux que la loi lui donne pour règle principale, peut déterminer facilement une fixation assez étendue pour qu'elle suffise aux besoins des citoyens, mais assez limitée cependant pour que l'homme probe et instruit

qui veut se livrer aux longues études qu'exige le notariat, puisse le faire avec l'espoir d'y trouver une honnête existence. »

985. — C'est d'après la base indiquée par la loi que le gouvernement s'est attaché à déterminer sur l'avis des chambres de discipline des notaires qui ont été consultées sur ce point, en 1810 et en 1811, le nombre nécessaire dans chaque canton. Depuis, des ordonnances spéciales ont pourvu aux besoins des arrondissements et des cantons, à mesure des mutations.

986. — Quant au nombre des notaires de Paris qui était fixé à 113 par lettres patentes d'octobre 1639, il s'est trouvé porté à 114, en 1790, par la réunion, à la capitale, du Roule où résidait un notaire. Un arrêté du 21 fruct. an 11 a déclaré qu'il ne serait fait aucune réduction dans ce nombre de cent quatorze notaires pour Paris.

987. — Mais, bien que le gouvernement ait fixé par des ordonnances spéciales le nombre des notaires d'un canton, il n'en conserve pas moins le droit de l'augmenter encore suivant les besoins des localités, tant que le *maximum* fixé par la loi, c'est-à-dire un notaire par 6,000 habitants dans les villes de 100,000 habitants et au-dessus, et dans les autres, 5 notaires par chaque arrondissement de justice de paix, n'est pas atteint. Seulement, il s'élève, dans ce cas, une difficulté ; c'est celle de savoir si les notaires déjà établis et qui, par suite de la création d'une place nouvelle, souffrent un préjudice, ont droit à une indemnité. La question a été résolue négativement par l'administration qui a constamment refusé les indemnités qui ont été sollicitées et s'est opposée même à toutes les stipulations de ce genre. Il y en a, d'ailleurs, un motif qui nous semble décisif ; c'est que les créations de places nouvelles ne sont déterminées que par le besoin des populations, c'est-à-dire par l'intérêt public et que cet intérêt ne saurait être subordonné à celui des notaires, ni être pour eux le principe d'une indemnité.

Disons-le, cependant, cette solution qui est exacte en principe, est susceptible de recevoir des modifications dans des circonstances particulières. La loi du 25 juin 1841 sur les droits d'enregistrement dus sur les offices, le suppose elle-même lorsqu'elle dit dans son art. 12 « qu'en cas de création nouvelle de charges ou offices... si les nouveaux titulaires sont soumis, comme condition de leur nomination, à payer une somme déterminée pour la valeur de l'office, le droit de 2 pour 0|0 sera exigible sur cette somme... » Par là, le législateur fait clairement entendre qu'une indemnité peut, selon les circonstances, être imposée comme condition d'une création. Et c'est, en effet, ce qui a eu lieu, en 1839, lorsque le nombre des courtiers de Marseille fut élevé de 70 à 150. L'art. 2 de l'ord. royale, rendue à ce sujet, disposait que « pour cette fois seulement, un candidat pourrait être présenté à l'agrément du roi par chacun des soixante-dix courtiers en exercice. » Ces courtiers, en exécution de la disposition, ont présenté chacun un candidat après en avoir stipulé une indemnité ; et bien que la mesure ait été limitée par cette expression *pour cette fois seulement,* il est clair qu'elle pourrait aujourd'hui être prise encore, dans des cas analogues, si elle paraissait juste et convenable. L'art. 12 précité de la loi du 25 juin 1841 ne permet pas le doute à cet égard.— Nous avons donc eu raison de dire qu'en principe la question proposée doit être résolue négativement; mais que cette solution n'a rien d'absolu et qu'elle peut, si l'autorité le juge convenable, être modifiée par les circonstances.

ARTICLE 32.

Les suppressions ou réductions de places ne seront effectuées que par mort, démission ou destitution.

988. — Cette disposition est la conséquence nécessaire de celle qui précède. Après avoir déterminé le nombre des notaires pour chaque canton, en fixant un *maximum* et un *minimum*, il était indispensable de donner au gouvernement le pouvoir de réduire le nombre des notaires existants. C'est ce pouvoir qu'établit la présente disposition et qui a été expressément confirmé par la loi de 1816, laquelle, après avoir accordé aux notaires et à d'autres fonctionnaires la faculté de présenter un successeur, a ajouté : « Cette faculté ne déroge point, au surplus, au droit de sa majesté de réduire le nombre desdits fonctionnaires, notamment celui des notaires, dans les cas prévus par la loi du 25 vent. an 11 sur le notariat. »

989. — Seulement, il a fallu fixer le nombre des notaires qu'il conviendrait de maintenir, d'après les bases de la loi, dans chaque canton, de manière à opérer successivement les réductions. Ce fut l'objet qu'on se proposa lors de la promulgation de la loi de vent. an 11, ainsi que cela résulte d'une circulaire du 5 flor. an 11 par laquelle le ministre de la justice sollicitait des renseignements des membres des parquets. Mais ce travail n'a été fait que plus tard par le concours des chambres de discipline et des magistrats. On lit, en effet, dans une autre circulaire du 8 juill. 1819 : « Les chambres de discipline des arrondissements, par suite de l'autorisation qu'elles en avaient reçue, ont émis en 1810 et 1811, des avis sur la manière dont les prescriptions de la loi du 25 vent. devraient s'exécuter dans chaque arrondissement cantonnal. Cette loi ayant fixé deux bases, celles du *minimum* et du *maximum*, et laissé au gouvernement à déterminer, par canton, le nombre et l'emplacement des études, il est nécessaire d'arrêter un travail à cet égard : c'est ce travail qui a été préparé par les délibérations précisées. Bien qu'elles n'aient point reçu l'homologation de l'autorité supérieure dans tous ses parties, ces bases ont été, en général, considérées sinon comme définitives, du moins comme graves et dignes de la plus sérieuse attention, sauf les modifications que l'intérêt public et le mouvement qui s'est opéré dans l'industrie ont pu exiger depuis. » — Le travail mentionné dans cette circulaire sert encore de base aujourd'hui pour les réductions qui sont prononcées, non pas toutefois

d'une manière absolue, mais en ce sens qu'il sert de contrôle aux nouveaux renseignements que l'on prend et qui sont fournis par les chambres de discipline existantes et par les magistrats actuels.

990. — La réduction est prononcée par une ordonnance spéciale ou accessoirement à l'ordonnance de réduction. Cette ordonnance détermine en outre la quotité de l'indemnité à laquelle a droit le notaire dont la charge est supprimée, ou ses héritiers.

991. — On comprend, en effet, que si le gouvernement peut réduire le nombre des notaires, ce ne doit être jamais qu'à la condition que les fonctionnaires atteints par la mesure ou leurs représentants soient indemnisés de l'espèce d'expropriation qu'ils subissent. Aussi le principe de l'indemnité a-t-il été admis de tous les temps. Mis en avant par Loyseau dans son Traité des *offices*, liv. 1, ch. 10, n. 25 et 26, il a été consacré par l'administration avant comme depuis la loi de 1816 dont il est une suite toute naturelle (V. les décrets des 19 et 25 mars 1808, et la circ. du 29 août 1823), et enfin il a été sanctionné pour ainsi dire par le législateur lui-même, lorsqu'il dit dans l'art. 14 de la loi du 25 juin 1841 relative aux droits d'enregistrement sur les offices, « qu'en cas de suppression d'un titre d'office, lorsqu'à défaut de traité, *l'ordonnance qui prononcera l'extinction fixera une indemnité à payer* au titulaire de l'office supprimé ou à ses héritiers, l'expédition de cette ordonnance devra être enregistrée... »

992. — Mais il importe d'examiner par qui l'indemnité peut être réclamée, contre qui elle peut l'être, comment elle doit être supportée et comment elle se règle. Sur ces divers points, il s'est présenté quelques difficultés.

993. — L'indemnité tenant lieu du droit de présentation dont le titulaire ou ses héritiers auraient joui, aux termes de l'art. 91 de la loi du 28 avril 1816, si l'office n'avait pas été supprimé, c'est par eux qu'elle peut être réclamée en cas de réduction ou de suppression. Cependant, l'indemnité ne pourrait être réclamée par ceux qui auraient négligé de fournir le supplément de cautionnement exigé par la loi précitée de 1816; ni par ceux dont le titre serait devenu vacant avant la promulgation de cette loi. Le droit de présentation n'existait pas, en effet, en faveur des premiers, et quant aux seconds, faute par eux d'avoir complété le cautionnement, le titre est demeuré éteint de plein droit et sans indemnité (Déc. min. 2 déc. 1835. D.P. 38. 3. 1).

994. — Il semblerait encore que l'indemnité ne peut être réclamée par le titulaire ou les héritiers dont le titre est supprimé, s'il y a eu destitution. Cela s'induit de l'art. 91 de la loi du 28 avril 1816 qui, dans ce cas, refuse le droit de présentation au titulaire (Déc. min. 18 avril 1836). Toutefois, l'administration déterminée par les circonstances et usant en quelque sorte d'un pouvoir discrétionnaire, a pensé que l'indemnité due pour la suppression ne devait pas toujours et nécessairement être refusée dans ce cas (Déc. min. 30 mai 1843).

995. Les héritiers d'un notaire dont le titre doit être supprimé peuvent, encore bien qu'ils aient traité de la cession des minutes et recouvrements, réclamer une indemnité pour la suppression du titre. Ce sont là deux valeurs distinctes, et le traité dont la première a été l'objet ne saurait empêcher qu'ils soient indemnisés de la privation de la seconde.

996. La loi ne fixe en aucune manière comment l'indemnité peut être supportée. Cela tient, sans doute, à ce que le législateur n'a pas encore réalisé la promesse de la loi de 1816 qui, après avoir posé le principe de la présentation, ajoutait : « Il sera statué, par une loi particulière, sur l'exécution de cette disposition, et sur les moyens d'en faire jouir les héritiers ou ayant cause desdits officiers.» En attendant donc qu'une loi organise le principe posé dans celle de 1816, il a fallu suppléer au silence de la législation, et on l'a fait, en recourant, par analogie, à ce qui se pratique à l'égard d'autres officiers ministériels en cas de suppression. L'ordonnance roy. du 19 janvier 1820 portant fixation du nombre des avoués près les tribunaux de première instance, dans le ressort de la cour royale de Paris, énonce le mode qui a été suivi à l'égard des notaires « jusqu'à ce que les titres actuellement existants, porte l'art. 2 de cette ord., aient été réduits au nombre ci-dessus déterminé, il ne sera présenté à notre nomination aucun candidat qui ne soit porteur de deux démissions ou présentation, soit de la part des titulaires, soit de celles de leurs ayants cause, aux termes de l'art. 9 de la loi des finances du 28 avril 1816. » Ainsi procède-t-on à l'égard du notaire. Pour eux comme pour les avoués, les réductions ne s'opèrent jamais qu'une à une. Ils peuvent donc être nommés quoique le nombre des notaires existants dépasse celui qui est fixé; mais aucun candidat ne peut obtenir sa nomination s'il n'est porteur de deux démissions ou présentation de la part des titulaires ou de leurs ayants cause, et dont l'une soit émanée du notaire auquel le candidat demande à succéder, et l'autre de l'un des notaires dont le titre doit être supprimé (1er mai 1832. Lett. du garde des sceaux. D.P. 33. 3. 76 ; 2 déc. 1835. déc. min. D.P. 38. 3. 1.) Il faut, en effet, indépendamment de la production de deux titres distincts, que l'un de ces deux titres au moins, soit celui d'un notaire vivant, pour être nommé notaire dans le canton où le nombre de ces officiers dépasserait celui qui a été fixé; autrement, ainsi que le dit M. le garde des sceaux dans sa lettre précitée du 1er mai 1832, la réduction se trouverait indéfiniment ajournée, ce qui serait contraire à l'art. 32 de la loi du 25 vent. an xi.

997. — Remarquons cependant que la règle d'après laquelle aucune nomination ne peut avoir lieu, dans un canton où le nombre des notaires doit être réduit, que sur la production de deux titres, souffre quelques exceptions. Ainsi on a reconnu que l'aspirant qui se présente peut-être nommé sur un seul titre, lorsqu'il est cessionnaire d'une étude consolidée, c'est-à-dire qui a déjà contribué à la réduction ou aux charges de l'extinction (30 déc. 1834. déc. min. D.P. 36. 3. 129 ;

10 mars 1837. déc. min.; 17 oct. 1837. déc. min. D.P. 38. 3. 42.)

998. — Ainsi encore, il a été reconnu que quoiqu'il y ait une réduction à effectuer dans le nombre des notaires du canton, ceux de ces fonctionnaires qui occupent des résidences conservées, peuvent être remplacés sur un seul titre, si le notaire menacé de suppression déclare, même en se réservant la faculté de continuer ses fonctions, qu'il consent à ce que son étude demeure éteinte, sans indemnité pour ses héritiers, lors de son décès. 15 mai 1836 et 25 juill. 1837. Déc. du garde des sceaux. D.P. 37. 3. 64, et 38. 3. 117.

999. — Ainsi encore, dans le cas de réduction arrêtée dans le nombre des notaires d'un canton, n'excédant pas le maximum fixé par la loi, un aspirant peut être nommé sur un seul titre à une résidence conservée, en justifiant que les notaires menacés de suppression ont refusé, soit de donner leur démission en sa faveur, soit d'aller occuper cette résidence (15 juin 1835. Déc. min. just. D.P. 36. 3. 79). — Car, il faut remarquer que le notaire dont l'office doit être supprimé a droit à la préférence sur le candidat qui se présente pour être pourvu d'une étude vacante dans une résidence conservée du même canton (17 oct. 1837. Déc. min. D.P. 38. 3. 42.), pourvu toutefois qu'il consente à transférer sa résidence dans la commune siège de l'étude cédée, et qu'il s'oblige à tenir les conditions du traité fait avec le démissionnaire (18 nov. 1844. Déc. min. D.P. 36. 3. 38).

1000. — Mais lorsque, conformément à une ordonnance royale, il y a lieu à réduction du nombre des notaires d'un canton, réduction qui doit porter, proportionnellement, tant sur la ville chef-lieu d'arrondissement que sur les communes rurales, les notaires du chef-lieu qui n'ont été nommés que sur la production d'un seul titre, ne peuvent pas transmettre leur office en offrant de rapporter la cession du titre d'un notaire d'une des communes rurales du même canton. C'est d'un office même de la ville qu'ils doivent obtenir la cession pour en opérer l'extinction (30 déc. 1834. Déc. du min. de la just. D.P. 36. 3. 129).

1001. — Le point de savoir contre qui l'indemnité doit être réclamée n'a pas été fixé sans quelques difficultés. On a tenu d'abord qu'elle devait être supportée en entier par le premier candidat qui se présentait. Ainsi les autres titulaires d'office conservés, bien qu'ils profitassent de la réduction et quelquefois plus encore que le candidat qui se présentait, n'étaient en rien tenus à l'indemnité. C'est ainsi qu'il a été décidé que le notaire dont le titre a été supprimé par suite de réduction, n'a droit, non plus que ses héritiers, à aucune indemnité, soit contre le notaire de la commune voisine, soit contre tous les notaires du canton : dès lors, c'est à tort qu'il s'opposerait à la nomination du successeur du notaire voisin, jusqu'au paiement de l'indemnité (27 mars 1832. Trib. de Valence. D.P. 32. 3. 85).

1002. — Mais, en considération des résultats injustes de cette décision, l'administration a pris le parti de faire supporter l'indemnité par tous les titulaires conservés dans la proportion du béné-

49

fice que chacun doit retirer de la supposition. Cette doctrine a été confirmée par un avis du conseil d'administration du ministre de la justice, approuvé le 8 octobre 1834 et conçu en ces termes. « Considérant qu'aux termes d'une ordonnance de fixation du 8 février 1826, l'étude occupée à Lafitole par le sieur Lalanne, décédé en 1823, dans l'intégrité de ses droits, devant être supprimée, la nomination du sieur Ducos ne peut qu'être subordonnée au désintéressement des héritiers du sieur Lalanne; considérant, en fait, que loin de profiter seul de ladite extinction, le sieur Ducos en retrouve moins d'avantage que le notaire établi à la résidence de Lavaulx; qu'il est donc juste d'y faire contribuer ce dernier au moins pour moitié; — Est d'avis de faire nommer le sieur Ducos aux fonctions qu'il sollicite, à la charge par lui de payer la somme de 1000 fr., formant la moitié de celle de 2000 fr., à laquelle demeure fixée l'indemnité due aux héritiers Lalanne, le surplus de ladite indemnité demeurant à la charge du notaire de Lavaulx ». — Depuis, la décision a servi de base à l'administration dont la jurisprudence sur ce point paraît définitivement fixée. Toutefois, ce ne sont que les notaires du même ressort de justice de paix qui demeurent en exercice, qui doivent supporter une part de l'indemnité. Il en serait autrement des notaires étrangers à ce ressort, si par une circonstance quelconque ils venaient à profiter de la réduction (Déc. min. 28 déc. 1838. D.P. 39. 3. 66).

1003. — Les parties intéressées peuvent fixer à l'amiable l'indemnité et la part contributoire de chacun des notaires conservés. Il peut même intervenir entre les notaires du ressort une convention, sur ce point, avant que les vacances soient arrivées (Req. 4 juin 1835, D.P. 35. 1. 233). L'administration se borne alors à vérifier les bases du traité et à s'assurer que l'on ne s'est pas écarté des limites prescrites.

1004. — Mais lorsqu'un arrangement amiable n'a pas pu avoir lieu soit par le fait du titulaire dont le titre est supprimé ou de ses héritiers, soit par le fait des notaires conservés, l'administration prend l'avis de la chambre de discipline, du tribunal de première instance et des magistrats du parquet: et sur les renseignements produits, le montant de l'indemnité est fixé aussi bien que les proportions dans lesquelles les notaires conservés doivent concourir au paiement (17 oct. 1837. déc. min. D.P. 38. 3. 42).

1005. — A défaut de convention contraire, l'indemnité doit être payée immédiatement par les notaires conservés comme par le nouveau notaire nommé. Toutefois, l'indemnité n'est rigoureusement exigible des notaires conservés que lors de leur démission ou de leur décès; ils peuvent donc se refuser au paiement jusque-là; mais alors M. le garde des sceaux auquel il en doit être référé par la partie intéressée, fait prévenir ces officiers qu'il ne sera autorisé de mutation dans leurs études qu'après le paiement de la portion d'indemnité mise à la charge de chacun d'eux (Déc. min., 8 fév. 1839; 2 mai 1841).

1006. — Lorsque le paiement de l'indemnité n'a

pas lieu immédiatement, les intérêts en sont dus à compter du jour de la demande; c'est une conséquence qui résulte de la nature même des choses : il est certain en effet que les notaires conservés profitent immédiatement de la réduction.

1007. — En règle générale, ainsi que nous l'avons dit, la quotité de l'indemnité et la portion pour laquelle chacune des études y doit contribuer, sont déterminées par l'ord. spéciale qui prononce l'extinction de l'étude supprimée ou accessoirement à l'ordonnance de nomination. Lorsque ces deux points sont ainsi établis, il n'appartient aux tribunaux ni de résoudre la même question, ni d'intercepter la décision qui a été rendue (Rennes, 29 juin 1833. D.P. 34. 2. 41) : les tribunaux ne pourraient qu'ordonner l'exécution des décisions administratives prises à cet égard.

1008. — Mais si l'administration a refusé de prendre la décision ou si elle a omis de le faire, il faut distinguer : dans le cas de refus, il y a une décision de l'administration, ou plutôt il y a un parti pris par elle de ne pas accorder l'indemnité, ce qu'elle a pu faire, dans le cercle de ses attributions, sauf, bien entendu, le recours à l'autorité supérieure. Les tribunaux seraient donc ici encore incompétents; il faudrait alors se pourvoir pour faire réformer la décision, et, comme le dit M. Roll. de Vill., v° Réduct. du nomb. des not., n° 57, la voie ouverte serait le recours au conseil d'État; mais dans le cas, qui sera d'ailleurs infiniment rare, d'omission par l'administration de déterminer l'indemnité, elle ne sera pas complétement dépouillée du droit de le faire, si les choses sont entières, c'est-à-dire si le candidat nommé n'a pas prêté serment. Le gouvernement, qui pourrait alors rapporter l'ord. de nomination, pourrait, à plus forte raison, réparer l'omission qu'il aurait commise. Ce serait autre chose si le candidat nommé avait prêté serment. « L'administration, dit avec raison Roll. de Vill., loc. cit., n. 56, n'aurait plus de condition à imposer à la nomination, puisque cette nomination serait un fait consommé et devenu irrévocable; mais il nous paraît qu'en ce cas, le recours aux tribunaux serait ouvert à l'ancien titulaire dont l'office aurait été déclaré supprimé ou à ses héritiers, pour faire statuer sur l'indemnité qui leur est due par suite de la suppression prononcée de leur office. C'est ainsi que lorsqu'il a été nommé à un office, sans qu'il y ait eu de présentation de la part de l'héritier du présent titulaire (ce qui est arrivé quelquefois), les tribunaux ont admis l'action en indemnité contre le nouveau notaire nommé. »

ARTICLE 53.

Les notaires exercent sans patente; mais ils sont assujettis à un cautionnement fixé par le gouvernement, d'après les bases ci-après, et qui sera spécialement affecté à la garantie des condamnations prononcées contre eux, par suite de l'exercice de leurs fonctions.

Lorsque, par l'effet de cette garantie, le montant du cautionnement aura été employé en tout ou en partie, le notaire sera suspendu de ses fonctions, jusqu'à ce que le cautionnement ait été entièrement rétabli; et, faute par lui de rétablir, dans les six mois, l'intégralité du cautionnement, il sera considéré comme démissionnaire, et remplacé.

1009. — Cet article est celui qui a donné lieu aux plus sérieuses controverses.

1010. — Deux dispositions distinctes sont comprises dans le premier paragraphe du présent article : l'exemption de la patente et l'obligation du cautionnement.

Relativement à la patente, les notaires, qui en étaient affranchis par l'art. 16, sect. 2, tit. 2 de la loi du 6 oct. 1791, y avaient été soumis par les lois postérieures, qui, dans leur système d'égalité, avaient assimilé ces fonctionnaires, sous ce rapport, aux commerçants et aux artisans (V. la loi du 1 brum. an 7, tarif 2ᵉ classe). L'exemption résultant du texte ci-dessus n'a donc été qu'un retour à un principe qui, depuis, a été sévèrement maintenu quoiqu'on ait souvent demandé le rétablissement de la disposition de loi de l'an 7. En effet, la prétention de soumettre les notaires à une patente a été soulevée en 1834, en 1835, et récemment encore à l'occasion de la nouvelle loi du 25 avril 1844 sur les patentes. Mais elle a été constamment écartée par le motif qu'on ne peut ranger dans la classe des commerçants et dans celle des artisans, des fonctionnaires qui exercent une véritable magistrature domestique et sont les organes de la loi. Aussi, l'exemption consacrée par le texte ci-dessus a-t-elle été reproduite et confirmée par la loi précitée du 25 avril 1844 (V. art. 13, 2°). Les notaires exercent donc sans patente.

1011. — Quant au cautionnement, le texte ci-dessus confirme, en principe, la loi des 29 sept.-6 oct. 1791, la première qui, par ses art. 16, 17, 18 et 19, a assujetti le notaire à l'obligation de fournir un cautionnement dont elle a fixé la quotité, la destination et le mode de versement. — Ce n'est pas que le cautionnement fût à cette époque une mesure absolument nouvelle. Loin de là; dans tous les temps, et pour ainsi dire dans tous les États, les législateurs ont compris la nécessité de prémunir et le prince et les particuliers contre l'infidélité ou les abus que pourraient commettre, dans l'exercice de leurs fonctions, certains comptables ou fonctionnaires publics : et le cautionnement a été admis comme la mesure qui pouvait le mieux répondre à cette nécessité et la satisfaire. C'est ainsi que, dans les principes de la loi romaine, le titulaire d'une charge vénale qui résignait ses fonctions était responsable des faits de son successeur. V. L. unique au C. de periculo eorum, etc.; c'est ainsi encore que, dans notre ancienne législation, l'obligation du cautionnement imposé aux comptables, d'abord par un arrêt du conseil du 30 avril 1758, avait été confirmée et étendue par un nouvel arrêt du 17 fév. 1779, dont la législation actuelle s'est approprié à peu près toutes les règles.

1012. — Cependant, ni ces arrêts du conseil, ni aucune autre disposition législative n'avaient assujetti les notaires à un cautionnement. Dans le système de vénalité qui existait à cette époque, la finance de l'office, c'est-à-dire la somme que les notaires étaient obligés de payer au roi et de verser dans la caisse du Trésor, présentait, plus encore que le cautionnement, une garantie suffisante; car cette finance était affectée aux créanciers, pour faits de charge, par un privilège spécial et si favorable que ces créanciers étaient préférés même au vendeur de l'office non payé ou aux bailleurs de fonds. C'est, ainsi que nous l'avons dit, la loi des 29 sept.-6 oct. 1791 qui, en réorganisant le notariat, a exigé de ceux qui en voudraient suivre la carrière cette garantie jusque-là inconnue pour eux ou le cautionnement. Du reste, cette innovation législative a été expliquée dans le rapport qui a précédé la loi de 1791 en des termes qu'il n'est pas inutile de rappeler ici. « Les notaires, a dit le rapporteur, M. Frochot, sont destinés à remplir des fonctions trop importantes pour que rien ne garantisse à la société la réparation de leurs erreurs, et même, autant qu'il est possible, celle de leurs prévarications. Ainsi, vous abolirez la vénalité des offices notariels, mais vous n'enlèverez pas au public le gage de sa confiance: vous rendrez, au contraire, ce gage plus certain encore, en lui assignant une destination unique et précise qu'il n'avait pas antérieurement. — Donnés aux citoyens comme instrument de leur volonté, les notaires sont comptables envers tous de la vérité des actes qu'ils souscrivent; ils sont les conservateurs des traités les plus précieux aux familles, les dépositaires de tous leurs intérêts. Sous cet aspect, l'immense responsabilité de ces officiers est sans doute peu facile à évaluer; ou plutôt elle est inappréciable, si l'on veut parcourir toutes les chances où elle peut être exercée, et calculer sa masse sur la possibilité des malversations, des erreurs ou des négligences graves, souvent aussi préjudiciables que la mauvaise foi elle-même.

« Mais résulte-t-il de cette considération que l'on ne puisse exiger des notaires aucun gage de responsabilité, ou que l'on doive l'élever à une valeur considérable? — Les comités ont cru devoir se déterminer, à cet égard, d'après les principes qui vous ont guidé en fixant les cautionnements des divers fonctionnaires publics que vous y avez assujettis; ils ont consulté les convenances raisonnables, persuadés, comme l'assemblée nationale semble l'avoir été, que la fixation de ces sortes de garanties ne peut jamais être qu'arbitraire par la nature même des choses; car il n'existe pas de bases certaines pour l'établir; et si, dans le fait, elles existaient, elles donneraient des résultats impossibles à remplir. — Le mode que nous vous présenterons ne portera pas à une valeur excessive le fonds de responsabilité des notaires; et nous avouerons même que nous l'avons calculé plutôt comme moyen de répondre des erreurs ou des négligences graves de ces officiers, que comme une garantie contre leurs prévarications. Le plus sûr gage de responsabilité, en ce genre, doit être placé dans les sages précautions apportées aux choix des sujets, ou plutôt c'est là seulement qu'il peut exister; l'expérience du passé est même pour nous, relativement aux notaires, un heureux présage de l'avenir; car sous le règne de la vénalité, si cette classe de fonctionnaires a présenté bien rarement des hommes peu dignes de l'estime publique, que ne devrons-nous pas attendre de ceux qui devront leur mission à un choix plus épuré? »

1013. — Depuis la loi des 29 sept.-6 oct. 1791, l'obligation de fournir un cautionnement avait été successivement effacée et rétablie par la loi, pour les notaires (V. la loi du 12 pluv. an 2, art. 29; et celle du 7 vent. an 8). Mais les rédacteurs de la loi spéciale du 25 vent. an 11 sur le notariat ont définitivement maintenu la mesure du cautionnement, et s'inspirant particulièrement des motifs qui avaient déterminé le législateur de 1791, ils ont pensé que cette mesure « tournerait au profit de l'État et des citoyens; qu'il en résulterait une plus grande sûreté contre les notaires qui, pour raison des faits de leurs fonctions, encourraient des condamnations pécuniaires. » (Discours de M. Jaubert, sur la loi de vent. an 11.)

1014. — Ainsi qu'on le voit, cet article détermine l'objet du cautionnement : il sera, dit-il, spécialement affecté à la garantie des condamnations prononcées contre les notaires, par suite de l'exercice de leurs fonctions : ce sont les condamnations qui sont ordinairement qualifiées sous la dénomination de condamnation pour faits de charge. Mais ce n'est pas là l'objet unique du cautionnement; le complément de la présente disposition, sous ce rapport, se trouve dans la loi du 25 vent. an 13 sur les mesures relatives au remboursement du cautionnement, loi dont l'art. 1er, en confirmant ce premier objet du cautionnement, en signale d'autres. — Cet article dispose en effet : « les cautionnements fournis par les agents de change, etc..., sont, comme ceux des notaires, affectés par premier privilége à la garantie des condamnations qui pourraient être prononcées contre eux par suite de l'exercice de leurs fonctions; par second privilége, au remboursement des fonds qui leur auraient été prêtés pour tout ou partie de leur cautionnement, et subsidiairement au paiement, dans l'ordre ordinaire, des créances particulières qui seraient exigibles sur eux. » Ces deux priviléges sont susceptibles d'observations particulières à chacun; nous verrons ensuite, en parlant des *oppositions*, quels sont les droits des créanciers ordinaires auxquels le cautionnement est subsidiairement affecté.

1015.—1° *Créanciers pour faits de charge.* — C'est à ces créanciers qu'est principalement accordée la garantie du cautionnement. Les condamnations pour faits de charge sont en général celles qui sont prononcées pour prévarications commises dans l'exercice des fonctions; ainsi le fait par un notaire, qui a reçu des fonds pour les placer, de les avoir gardés et de n'avoir remis en échange qu'une obligation entachée de nullité constitue un fait de charge (Paris, 4 mars 1834,

D.P. 34. 2. 115). Ce sont ces faits et les faits analogues qui donnent lieu au privilége de premier ordre. — Disons seulement que les faits de charge ne peuvent produire cet effet que lorsque le créancier a été légalement forcé d'employer le ministère du fonctionnaire. Il en serait autrement s'il s'agissait d'opérations amenées par la confiance volontaire dans le notaire hors de l'exercice de ses fonctions (Rouen, 15 fév. 1838, D.P. 39. 2. 75). C'est dans cette mesure que doit être reconnu le privilége de premier ordre établi par la loi.

1016. — Il faut, d'ailleurs, remarquer que ce privilége ne s'applique pas seulement aux condamnations que de simples particuliers auraient obtenues pour ce qu'on appelle des faits de charge. La généralité des termes de la loi exige qu'on l'étende encore aux condamnations que la régie aurait obtenues contre les notaires pour droits d'enregistrement et même aux amendes qu'elle aurait fait prononcer. En effet, la loi affecte expressément le cautionnement « à la garantie des condamnations qui pourraient être prononcées contre les notaires *par suite de l'exercice de leurs fonctions.* » Or, la condamnation obtenue par la régie pour droits d'enregistrement, lui confère une créance qui dérive éminemment de l'exercice des fonctions et qui n'a rien de défavorable. Pourquoi donc ne serait-elle pas garantie par un privilége, aussi bien que ce qu'on appelle les condamnations pour faits de charge?... Il en est ainsi des amendes dont la condamnation a sa source dans une contravention commise dans l'exercice des fonctions; et, en présence des termes généraux de la loi, il ne saurait y avoir aucun motif raisonnable de considérer le cautionnement comme ne devant pas répondre des amendes, d'autant plus que ces cautionnements ont été, dans la pensée de la loi, une sûreté donnée à l'État aussi bien qu'aux simples particuliers, contre les infractions des notaires. Aussi la jurisprudence n'a fait aucune distinction et il ne paraît pas que les auteurs en aient fait davantage. Les amendes aussi bien que les droits d'enregistrement ont été considérés comme atteignant le cautionnement au même titre que les faits de charge proprement dits (Cass., 1er juin 1814, D.P. 23. 2. 121; 26 mars 1821; D.P. 21. 1. 414; 4 fév. 1822; D. P. 22. 1. 314; 25 juill. 1827; D.P. 27. 1. 320). V. aussi Roll. de Vill., v° Caut. de tit., n. 15.

1017. — Mais il y a cette circonstance importante à remarquer que, relativement aux amendes, le fisc ne pourrait pas saisir les fonds du cautionnement au préjudice des créanciers pour fait de charge. Cela a été constamment admis dans l'ancienne jurisprudence, ainsi que l'attestent Loyseau, *des Offices*, liv. 1er ch. 4, n. 65 et Basnage, *des Hyp.*, ch. 13; et c'est aujourd'hui la doctrine de la cour de cassation (7 mai 1816. D.A. 9. 83.) et celle de la cour de Paris (21 janv. 1837. D.P. 37. 2. 175.) qui se fondent sur la règle du droit romain, *Fiscalium pœnarum petitio, creditoribus postponitur,* règle que les art. 2098 et 2202 du C. civ. semblent avoir voulu adopter. *Conf.* Grenier, Hyp., t. 2, n. 298; Dard, p. 92; Troplong, Hyp., n. 95 *ter.*, Rolland de Villargues, v° *Caut. de tit.,* n. 16.

1018.—2° *Bailleurs de fonds.*—Le privilége de second ordre a été accordé aux bailleurs de fonds de cautionnement par application du droit commun consacré par l'art. 2103 n. 2 du C. civ., et établi par les lois romaines, droit selon lequel celui qui a prêté des fonds pour construire ou réparer une maison ou un navire, a un privilége sur cette maison ou sur ce navire (l. 5 , D. *qui pot. in pig. vel hyp. hab.* et l. 26, D. *de rebus auct. jud. possid.*). La proposition avait été même faite de consacrer ce second privilége sur le cautionnement par l'art. 2102 du C. civ., lors de la discussion de cet article au conseil d'État; et elle fut rejetée par plusieurs motifs, entre autres par le motif que si la disposition était placée dans le code civil, elle deviendrait une règle absolue et gênerait les opérations de la caisse d'amortissement qui n'a pas de bureau d'opposition ; mais qu'on pourrait la prendre en considération lorsqu'on s'occuperait des lois annoncées par l'art. 2098 (V. Fenet. Trav. prép. du C. civ., t. 15, p. 355). On voit, en effet, comment cette demande a été prise en considération par le législateur dans la loi spéciale sur le remboursement du cautionnement fourni par les titulaires : le privilége des bailleurs de fonds y est expressément consacré. Toutefois, ce privilége n'existe que suivant l'accomplissement de certaines formalités énumérées par cette loi spéciale. elle-même, et en vertu des décrets des 28 août 1808 et 22 déc. 1812.

1019. — Aux termes de l'art. 4 de la loi du 25 nivôse an 13, l'effet du privilége était assuré aux bailleurs de fonds au moyen d'une déclaration faite en leur faveur à la caisse d'amortissement au moment même du versement. Cette déclaration leur tenait lieu de l'opposition à laquelle étaient et sont encore assujettis les autres créanciers, comme nous l'indiquerons bientôt.

1020.—Le décret du 28 août 1808 est survenu après, qui, pour faciliter aux titulaires l'emprunt dont ils auraient besoin pour leur cautionnement, disposa, par son art. 1er, que « les prêteurs de fonds pour cautionnement qui n'auraient pas fait remplir, à l'époque de la prestation, les formalités exigées par les art. 2, 3, 4, de la loi du 25 niv. an 13 pour s'assurer de la jouissance du privilége de second ordre, pourraient l'acquérir à quelque époque que ce fût, en rapportant au bureau des oppositions établi à la caisse d'amortissement (aujourd'hui au ministère des finances, division de la dette inscrite) en exécution de la susdite loi du 25 niv., la preuve de leur qualité et main-levée des oppositions existantes sur le cautionnement, ou le certificat de non opposition du tribunal de première instance.» Le décret ajoutait, dans les art. 2 et 3, qu'il « serait délivré aux prêteurs de fonds inscrits sur les registres des oppositions et déclarations de la caisse d'amortissement, et sur leur demande, un certificat conforme au modèle annexé (1) et que les prêteurs de fonds ne pour-

raient exercer le privilége de second ordre qu'en représentant le certificat, à moins cependant que leur opposition ou la déclaration faite à leur profit ne fût consignée aux registres des oppositions et déclarations de la caisse d'amortissement; faute de quoi, ils ne pourraient exercer de recours contre la caisse d'amortissement que comme les créanciers ordinaires, et en vertu des oppositions qu'ils auraient formées au greffe des tribunaux indiqués par la loi. »

1021. — Ce décret, en autorisant la délivrance du certificat de bailleur de fonds, *à quelque époque que ce fût*, en faveur des prêteurs, qui n'auraient pas fait remplir au moment de la prestation les formalités exigées par la loi de l'an 13, entendait évidemment parler de ceux que l'art. 1 de cette loi signale comme ayant un privilége de second ordre, c'est-à-dire de ceux qui avaient prêté tout ou partie du cautionnement. Ainsi entendu, il est clair que le décret du 28 août 1808 offrait aux titulaires des facilités incontestables pour se procurer les fonds de leur cautionnement sans compromettre la sûreté du prêteur. Mais interprété avec toute l'extension que comportait la généralité de ses termes, il put devenir la source de véritables abus : rien ne s'opposait, en effet, à ce qu'on en fît servir les dispositions en faveur de créanciers qui n'étaient pas sérieux ou qui du moins ne méritaient pas la faveur qui s'attache aux bailleurs de fonds de cautionnement dans l'intérêt desquels le décret avait été exclusivement conçu; rien ne s'opposait à ce que le titulaire attribuât des avances à des personnes qui ne les avaient pas faites réellement ou qui, du moins, les avaient faites dans un autre but que celui du cautionnement.

1022.—On sentit donc bientôt la nécessité d'empêcher les déclarations frauduleuses. Ce fut l'objet qu'on se proposa en rendant le décret du 22 août 1812. « Les déclarations à faire à l'avenir, porte l'art. 1 du décret, par les titulaires de cautionnements en faveur de leurs bailleurs de fonds, pour leur faire acquérir le privilége du second ordre, seront conformes au modèle ci-annexé (2), passées

quence, il est inscrit sur le registre à ce destiné comme bailleur de fonds du cautionnement de N...... pour la totalité ou jusqu'à la concurrence de la somme de....., qu'il a prêtée audit N.... pour acquitter partie de son cautionnement.—*Vu par nous*, administ... »

(2) *Modèle de la déclaration annexé au décret.* « pardevant, etc., s'est présenté N.. (*mettre les noms, qualité et demeure*), lequel a , par ces présentes , déclaré que la somme de...., que le comparant a versée à la caisse.... pour la(*totalité ou partie*) du cautionnement auquel il est assujetti en sadite qualité, appartient en capital et intérêts à N.......... (*mettre les noms, qualité et demeure*), ou à NN....... ; savoir : à N......, jusqu'à concurrence de la somme de...... et à N..... jusqu'à concurrence de celle de....., pourquoi il requiert et consent que la présente déclaration soit inscrite sur les registres de la caisse d'amortissement, afin que ledit N.... ait et acquière (*ou lesdits NN..... aient et acquièrent*) le privilége de second ordre sur ledit cautionnement , conformément aux dispositions de la loi du 25 niv. an 13 et décret du 28 août 1808. — Dont acté , etc..... »

(1) Modèle de certificat. « Je soussigné, chef de bureau des oppositions à la caisse d'amortissement , certifie que N... s'est conformé aux dispositions prescrites par la loi des 25 niv. - 16 vent. an 13 , pour acquérir le privilége de second ordre; qu'en consé-

devant notaires et légalisées par le président du tribunal de l'arrondissement.»— L'art. 2 ajoute : «Dans le cas où le versement à la caisse d'amortissement serait antérieur de plus de huit jours à la date de ces déclarations, elles ne seront valables qu'autant qu'elles seront accompagnées du certificat de non opposition, délivré par le greffier du tribunal du domicile des parties, dont il sera fait mention dans lesdites déclarations, lesquelles au surplus ne seront admissibles à la caisse d'amortissement, s'il y a des oppositions à cette caisse, que sous la réserve de ces oppositions.» Ainsi, en vertu de ce décret, le bailleur de fonds a eu un délai de huitaine, à partir du versement du cautionnement, pour remplir les formalités nécessaires à la conservation de son privilége. Pendant ce délai, aucune opposition ne peut être faite à son préjudice; c'est seulement après la huitaine expirée qu'il est primé par les oppositions antérieures à la déclaration d'origine des deniers.

1023.—En multipliant les formalités, le décret de 1812 n'atteignait cependant pas le but qu'on se proposait. Ainsi que le dit très-bien M. Dard, *des Offices*, p. 55 , il aurait fallu pour prévenir complétement les fraudes, quand la déclaration du privilége est faite après les huit jours du versement des fonds exigés, outre le certificat de non opposition, la preuve authentique que les fonds employés pour fournir le cautionnement provenaient en tout ou en partie du créancier au profit duquel est faite la déclaration du privilége de second ordre.— Quoi qu'il en soit, cette garantie n'est pas consacrée par la loi; il n'y aurait donc aucun moyen, dans l'état actuel de la législation, d'en exiger la réalisation.

1024. — Mais l'administration avait d'abord usé, sous ce rapport, d'une tolérance qui, si la jurisprudence ne fût pas intervenue, aurait fini par rendre complétement illusoires les dispositions du décret de 1812. Pendant longtemps en effet, les déclarations au profit des bailleurs de fonds ont été reçues sans qu'on exigeât de ceux en faveur desquels elles étaient faites, aucune preuve que les deniers versés pour le cautionnement avaient été réellement fournis par le prêteur. La tolérance de l'administration allait même jusqu'à délivrer des déclarations à un second ou troisième bailleur de fonds, après une première déclaration devenue sans objet par le remboursement du prêt fait au titulaire de l'office. Il est cependant évident, comme le fait remarquer l'auteur précité, que le second ou le troisième bailleur de fonds n'avait pas fourni les deniers pour le cautionnement, puisque le prêt qu'il avait fait était postérieur à l'époque du versement des fonds qui avaient été prêtés par d'autres bailleurs déjà remboursés. Mais, aucun délai n'étant fixé par la loi pour faire la déclaration, on admettait que celle qui était faite par le titulaire sous le nom duquel les fonds du cautionnement avaient été versés suffisait à quelque époque qu'elle eût été faite. C'est là ce que la jurisprudence n'a pas admis et ne pouvait pas admettre : la raison dit assez que la condition nécessaire pour donner naissance au privilége du second ordre, c'est que les deniers versés par le bailleur de fonds proviennent réellement de celui au profit duquel la déclaration est faite. Aussi a-t-il été formellement décidé que la déclaration du titulaire d'un cautionnement ne peut produire aucun effet, lorsqu'il est prouvé que les deniers prêtés par le bailleur de fonds n'ont pu être employés à fournir le cautionnement déposé (Paris, 4 mars 1834, D.P. 34. 2. 115) , et cette doctrine a été reproduite dans un second arrêt de la même cour, du 11 juill. 1836 (D.P. 36. 2. 139), contre lequel on s'est vainement pourvu en cassation (30 mai 1838 , Req. D.P. 38. 1. 226) V. encore 19 juill. 1842, Req. (D.P. 42. 1. 344).

1025. — Depuis ces arrêts, il n'est plus délivré de déclaration de privilége lorsque le premier bailleur de fonds, au profit duquel il a été fait une première déclaration, a été remboursé, et que son privilége a été éteint. Le bailleur de fonds ne peut plus transférer son privilége à un autre prêteur qu'au moyen d'une subrogation consentie par lui au moment où il reçoit son remboursement de ce nouveau bailleur de fonds.

1026. — Tel est le moyen ordinaire de conserver et d'assurer le privilége de second ordre. Cependant, il convient d'ajouter que, dans la pratique, il en est employé d'équivalents qui produisent le même effet. Ainsi, par exemple, si en principe, la déclaration dont nous venons de parler tient lieu aux bailleurs de fonds de l'opposition que les autres créanciers sont tenus de faire pour arriver à l'exercice de leurs droits (L. 25 niv. an 13, art. 4), il n'en est pas moins vrai que lorsqu'elle a été omise, le bailleur de fonds pourrait y suppléer par une opposition faite dans les termes de l'art. 1er, de la même loi. Cela résulte de l'art. 2 qui autorise les réclamants sans distinction, à faire l'opposition. Mais l'opposition, dans ce cas, devrait être signifiée au Trésor; lui seul, en effet, peut recevoir la déclaration sur l'origine des deniers du cautionnement. Si elle n'était signifiée qu'au greffe, elle n'aurait d'autre effet, pour le bailleur de fonds, que celui qu'elle produit pour les opposants ordinaires, dont les droits vont être bientôt indiqués. Tout cela s'induit du décret du 28 août 1808, art. 3 et de celui du 22 déc. 1812, art. 4, qui ont réglé l'exécution de la loi de l'an 13. —D'ailleurs l'opposition se périmerait par cinq ans, à compter de sa date, si elle n'était renouvelée (L. 9 juill. 1836, art. 14, L. 8 juill. 1837, art. 11), et, dans tous les cas, elle laisserait à juger par les tribunaux la valeur et la légitimité du titre sur lequel on établit le privilége du second ordre (*Conf.* Roll. de Vill., v° Caut. de tit., n. 58 et suiv.)

1027. — D'un autre côté, dans l'hypothèse prévue aux précédents numéros, lorsque les fonds ne peuvent pas être réputés avoir été fournis par le nouveau créancier et qu'aucune subrogation n'a été faite au moment du remboursement du créancier précédent, on y supplée par la cession ou transport des fonds de cautionnement consenti par le titulaire à son nouveau créancier et signifié par ce dernier au bureau des oppositions établi auprès du ministre des finances. Ce bureau reçoit chaque jour des significations de transport de cette espèce, le chef du bureau met son visa sur l'original de la signification, comme à toutes significations d'opposition faites au trésor; et par l'effet du transport, le cessionnaire est regardé comme un propriétaire valablement saisi, entre les mains duquel le Trésor se libère régulièrement comme il pourrait le faire entre les mains du titulaire; sauf, bien entendu, les oppositions des créanciers nantis d'un privilége préférable.

A la vérité, la validité du transport des fonds de cautionnement a été contestée; et même il a été formellement jugé par l'arrêt déjà cité de la cour de Paris, du 11 juill. 1836, qu'un tel transport est radicalement nul. Le titulaire, a dit la cour, doit être propriétaire des fonds de son cautionnement; il ne pourrait en transférer la propriété à un tiers sans renoncer à l'exercice de ses fonctions. Sans doute, on peut acquérir, d'après la loi, un privilége de second ordre sur le cautionnement; mais il faut remplir les conditions que la loi a prescrites. Le transport-cession serait un moyen détourné d'obtenir l'équivalent d'un pareil privilége; et dans la réalité, ce serait un moyen d'accorder la jouissance de ce privilége à d'autres qu'à ceux au profit desquels il a été créé.

Mais cette doctrine n'a pas dû prévaloir. D'abord, aucune loi n'a dit que les titulaires doivent être propriétaires des deniers qu'ils sont tenus de verser à titre de cautionnement. Le législateur a même si peu entendu exiger d'une manière absolue qu'ils seraient toujours propriétaires, qu'il a permis à un tiers de fournir le cautionnement, et a assuré à ce tiers la restitution intégrale à son profit, sauf, bien entendu les faits de charge pour la garantie desquels le cautionnement est fourni. Ainsi, quand ce n'est pas le titulaire lui-même qui a fourni le cautionnement, le véritable propriétaire c'est le bailleur de fonds, dont le privilége constitue un véritable droit de propriété. Et cela établit invinciblement que la propriété ne doit pas résider nécessairement sur la tête du propriétaire. A la vérité, les lois spéciales ont fait découler ce privilége de l'accomplissement de certaines formalités. Mais qu'en peut-on conclure? Seulement que pour faciliter aux officiers ministériels le moyen de se procurer des fonds pour leurs cautionnements, elles ont introduit des formes plus simples et moins onéreuses, susceptibles d'assurer aux bailleurs de fonds le privilége du second ordre. Mais on n'en peut en aucune manière conclure que la loi spéciale ait entendu abroger le droit commun. Or, la faculté pour les titulaires du cautionnement d'en céder et transporter aux tiers les fonds, ou plutôt l'action en revendication qu'ils ont contre le Trésor, est essentiellement dans le droit commun; et dès lors il n'y a aucun motif de leur interdire cette faculté à laquelle la loi spéciale n'a pas directement mis obstacle. Aussi le Trésor a reconnu depuis longtemps la validité de tels transports au sujet desquels il ne peut plus aujourd'hui s'élever aucun doute. V. en ce sens, Paris, 24 avril 1834 (D.P. 1834. 2. 181), Rouen, 27 fév. 1838. V. aussi Favard, v° Cautionnement, sect. 3, § 4; Dard., p. 68 et suiv.,

Encyclopédie de Sebir et Carteret, v° Caution de tit., n. 52; Rolland de Vill., eod., n. 95.

1028.—Ainsi, en nous résumant sur le privilége du second ordre, il résulte de la loi expliquée par la jurisprudence, en premier lieu, que le bailleur de fonds a un délai de huitaine, à partir du versement du cautionnement, pour remplir les formalités nécessaires à la conservation de son privilége, délai après lequel il est primé par les oppositions antérieures à la déclaration d'origine des deniers. Il en résulte, en second lieu, qu'il ne peut exercer son privilége qu'en justifiant de l'accomplissement des formalités et sur la représentation du certificat d'inscription de la déclaration faite en sa faveur, à moins que la déclaration n'ait été consignée sur le registre des oppositions ou déclarations; en troisième lieu, que le bailleur de fonds remboursé ne peut plus transmettre son privilége à un nouveau bailleur qu'au moyen de la subrogation consentie au moment même où il a reçu son remboursement, et enfin que lorsque cette subrogation n'a pas eu lieu, le nouveau bailleur ne peut trouver que dans la cession-transport qui lui serait fait par le titulaire des fonds du cautionnement, l'équivalent à peu près du privilége du second ordre qu'il ne peut plus acquérir.

1029. — Lorsque le titulaire change d'emploi, ou que son emploi est supprimé et qu'il en obtient un autre, le bailleur de fonds peut consentir, par acte notarié, à ce que le cautionnement non remboursé serve pour le nouvel emploi obtenu par son débiteur (ord. 25 sept. 1816, art. 3). — Il y a plus, il résulte d'une formule insérée dans un décret du 25 sept. 1806, relativement au cautionnement du préposé des contributions indirectes, qu'un tel consentement peut être donné par avance, c'est-à-dire pour l'exercice futur de nouvelles fonctions.

1030.—3° *Opposition ou saisies-arrêts sur les cautionnements.* — Ce n'était pas tout que d'affecter à la garantie de certains faits et de certains créanciers les fonds du cautionnement; d'instituer divers rangs de priviléges; il fallait encore, le cas échéant où les causes de la garantie viendraient à se réaliser, assurer aux créanciers leurs droits et en régler l'exercice. Dans la pensée de la loi, l'opposition sur les fonds du cautionnement est le premier acte qui soit à la disposition du créancier.—On comprend, d'ailleurs, que par la nature même des choses, le créancier ne pourrait procéder par la voie de la saisie-exécution. Cette saisie ne peut, en effet, être exercée que contre le débiteur directement, et sur les objets dont il est personnellement en possession. Or, le titulaire n'est pas en possession du cautionnement, c'est le Trésor qui en est le détenteur. Et puisque la somme se trouve ainsi déposée en mains tierces, il demeure évident qu'il ne peut être procédé légalement, par les tiers, que par voie de saisie-arrêt ou d'opposition (*Conf.*, Cass. 11 juin 1811. D.A. 2. 424).

1031. — L'opposition, au surplus, cela résulte de tout ce qui précède, doit être également admise soit de la part des créanciers pour faits de charge ayant un privilége de premier ordre, soit de la part des bailleurs de fonds de cautionnement ayant privilége du second ordre, soit enfin de la part des créanciers ordinaires, c'est-à-dire de ceux auxquels la loi affecte les fonds du cautionnement subsidiairement aux deux classes de créanciers qui viennent d'être indiquées. Les uns et les autres sont manifestement autorisés par la loi de l'an 13 à former opposition; et il n'est pas même nécessaire qu'ils aient un titre; il leur suffit d'une permission du juge conformément à l'art. 558 C. pr.

1032. — Mais en quelle forme doit être faite l'opposition et quels en sont les effets? Les règles varient, à cet égard, suivant qu'il s'agit de telle ou telle classe de créanciers.

1033. — En ce qui concerne la forme, nous nous sommes déjà expliqué *supra*, n. 1018, relativement aux créanciers ayant un privilége de second ordre; nous y avons indiqué les formalités auxquelles ils sont assujettis pour s'assurer la jouissance de ce privilége. Nous n'avons donc à parler ici que des créanciers pour faits de charge et des créanciers ordinaires.

1034. — Les formalités communes à ces deux classes de créanciers, relativement à l'opposition tendante à empêcher que le titulaire retire, à leur préjudice, les fonds de cautionnement, sont indiquées par l'art. 2 de la loi du 25 nivose an 13. « Les réclamants, porte cet article, seront admis à faire sur les cautionnements des oppositions motivées, soit directement à la caisse d'amortissement (aujourd'hui bureau des oppositions établi au ministère des finances), soit au greffe des tribunaux dans le ressort desquels les titulaires exercent leurs fonctions; savoir : pour les notaires, etc., au greffe des tribunaux civils;.... » Ainsi les créanciers ont le choix de faire signifier leur opposition, soit au Trésor, soit au greffe des tribunaux.

1035. — Mais il importe de remarquer que les oppositions faites au greffe n'arrêtent que le remboursement des capitaux du cautionnement, et nullement le paiement des intérêts servis annuellement aux titulaires ou aux bailleurs de fonds. Le paiement de ces intérêts n'est arrêté que par les oppositions faites au Trésor (12 avril 1807, avis déjà cité du cons. d'Et.). Sous ce rapport, il n'est pas sans importance que les créanciers adressent de préférence leurs oppositions au Trésor.

1036. — Les oppositions doivent être motivées; c'est-à-dire énoncer la créance pour laquelle elles sont faites. Elles sont soumises d'ailleurs aux formalités établies par le déc. du 18 août 1807, et par les lois de finances du 9 juill. 1836 et 8 juill. 1837 et par une ord. du 16 sept. suiv. Ainsi, les originaux doivent être visés, au Trésor, par le conservateur des oppositions du ministère des finances, et, dans les greffes des tribunaux, par le greffier du tribunal où les oppositions ont été signifiées. Elles doivent être dénoncées ensuite au débiteur saisi avec assignation en validité de la saisie, et contre-dénoncées, soit au ministre des finances, soit au greffier. — Les oppositions doivent être renouvelées tous les cinq ans, sans

quoi elles tomberaient en péremption (Lois précitées du 9 juill. 1836, art. 14 et du 8 juill. 1837, art. 11).

1037. — On comprend, d'ailleurs, que cette forme de procéder cesse d'être applicable dans les colonies et dans l'île de Corse, lorsque le cautionnement a été fourni en immeubles (V. *infra* sous l'art. suiv., n° 1050). La garantie des créanciers ne peut alors s'exercer qu'en provoquant la vente des immeubles, dans les formes judiciaires prescrites au titre des partages et licitations du C. de pr. civ. (4 juill. 1821, ord. rendue pour la Corse).

1038. — En ce qui concerne les effets de l'opposition, la doctrine et la jurisprudence ont établi une différence marquée entre le cas où l'opposition provient d'un créancier pour fait de charge, et celui où elle est formée par un créancier ordinaire.

A l'égard des créanciers pour faits de charge, on a admis que leur opposition affecte le cautionnement à l'instant même, et qu'ils ont le droit de l'exercer sans attendre la vacance du titre par démission, décès ou autrement. On a objecté contre cette doctrine que la loi du 25 niv. an 13, art. 5, refuse au titulaire la faculté de le réclamer sans avoir satisfait à certaines formalités qui garantissent aux tiers l'exercice de leurs droits, espèce de purge établie dans l'intérêt de tous les créanciers du titulaire, sans distinction, mais qui deviendrait sans application, si l'un des créanciers, même privilégiés du titulaire, qui aurait obtenu contre lui une condamnation, pouvait, par voie d'exécution immédiate, obtenir le versement des fonds dans ses mains, au préjudice des autres créanciers pour faits de charge eux-mêmes, auxquels ces fonds étaient également affectés, et qui ont dû croire qu'il leur suffisait, pour la conservation de leurs droits, de former opposition dans les trois mois de l'affiche de la déclaration de cessation des fonctions du titulaire, comme l'exige la loi précitée. Tel est notamment l'avis de M. Dard, p. 83 et suiv.

1039. — Mais cette doctrine a été constamment rejetée par la jurisprudence qui a admis l'exercice sur les fonds du cautionnement du privilége du créancier pour fait de charge à l'instant même de l'opposition sans attendre le décès ou la démission du titulaire (Cass. 11 juin 1811 D. A. 2. 423; 1er juin 1814; *eod.* 424, 26 mars 1821, *ibid.*; 24 fév. 1822, *ibid.*). Et, il en faut convenir, le texte, aussi bien que la raison et la nature même des choses, justifient cette solution. En effet, non seulement la loi du 25 niv. an 13 n'oblige pas le créancier pour fait de charges qui a obtenu une condamnation à attendre la vacance de l'office, ce qui pourrait se prolonger indéfiniment au gré du titulaire, mais encore le texte de l'art. 33 de la loi de vent. que nous commentons ici, serait manifestement contraire à cette limitation « lorsque, par l'effet de cette garantie (celle des faits de charge), dit cet article, le montant du cautionnement aura été entièrement rétabli... » C'est donc à dire que le cautionnement peut être entamé ou même absorbé complétement pendant la durée de l'exercice du titulaire; et comment peut-il l'être si ce n'est précisément par l'effet d'oppositions formées en vertu de condamnations et suivies d'une exécution immédiate? La loi de vent. ne permet donc pas de douter de l'exactitude des décisions intervenues sur ce point; et s'il fallait des considérations nouvelles, la raison et la nature même des choses en fourniraient de puissantes. Le cautionnement, en effet, a pour objet de garantir les créanciers pour faits de charge, et de réparer le préjudice que la fraude ou la mauvaise gestion du notaire pourrait leur causer. Or, ç'eût été manquer le but que le législateur voulait atteindre, que de les forcer à attendre, pour l'exercice de leurs droits, une époque où ils seraient devenus peut-être complétement illusoires. Aussi, de même qu'il a prévalu dans la jurisprudence, ce sentiment a prévalu aussi parmi les auteurs. V MM. Dall., v° Cautionn. de fonct.; Roll. de Vill., v° Caut. de tit., n° 86 et suiv.

1040. — Mais les mêmes raisons de décider n'existaient pas pour le créancier bailleur de fonds, ni pour les créanciers ordinaires. Aussi tient-on qu'ils ne peuvent se faire payer immédiatement sur le capital du cautionnement. On peut dire, il est vrai, que les biens du débiteur formant le gage commun de ses créanciers, ils peuvent être saisis toutes les fois qu'une disposition expresse de la loi ne les en a pas affranchis, et qu'aucune loi ne déclare insaisissable le cautionnement. Si donc, peut-on ajouter, les créanciers pour faits de charge peuvent saisir le cautionnement, sans attendre la démission ou le décès du titulaire, les créanciers ordinaires doivent avoir le même droit.

Cette conclusion a été généralement repoussée et avec raison; d'abord, le texte de la loi de vent., que nous commentons en ce moment, ne permet pas de douter que c'est seulement aux créanciers pour fait de charge qu'il attribue l'effet d'entamer le cautionnement et par suite de donner lieu à la suppression ou au remplacement du notaire. Le même droit ne saurait donc appartenir aux créanciers ordinaires. Cela, d'ailleurs, se conçoit très-bien, si l'on réfléchit que ce n'est pas en faveur de ces créanciers qu'est établie la garantie du cautionnement; elle n'est pour eux qu'une ressource éventuelle et fort incertaine, car elle peut être absorbée par les créanciers pour faits de charge auxquels elle est affectée essentiellement et par premier privilége. On peut ajouter, avec M. Dalloz aîné, loc. cit., qu'à l'égard des créanciers autres que ceux pour faits de charge, le cautionnement doit être assimilé à une créance à terme qu'aurait le débiteur et dont il ne pourrait exiger le paiement, de la part du tiers saisi, qu'à l'échéance. Ici, le tiers saisi, c'est l'Etat; et le terme, le décès ou la démission du titulaire. Cette doctrine a été à peu près unanimement accueillie. Il en résulte que si le capital du cautionnement peut être saisi par les créanciers ordinaires, pendant l'exercice du titulaire, il ne peut pas du moins leur être distribué avant la vacance du titre (Grenoble, 15 fév. 1823. D.A. 24. 25; Bordeaux, 18 et 25 avril 1833 D.P. 34. 2. 21 et 22).—V. aussi outre Dalloz, déjà cité, Bioche et Goujet, Dict. de proc., v° Cautionn., n. 36; Roger, de la Saisie-

arrêt, p. 332; Dard; p. 95 et suiv.; Rolland de Vill., loc. cit., n. 93. — Cela, du reste, ne s'applique qu'au capital du cautionnement : car, en ce qui touche les intérêts, les créanciers même ordinaires en peuvent réclamer la distribution, à leur profit, s'ils ne sont pas touchés par un bailleur de fonds.

1041. — Ajoutons encore que si des oppositions ont été formées, même par des créanciers ordinaires, sur le montant du cautionnement, le créancier qui a obtenu une condamnation pour faits de charge, ne peut obtenir du trésor la remise de tout ou partie de ce cautionnement qu'autant que le trésor a été condamné à cette remise par suite de la procédure suivie par le créancier privilégié, et qu'autant que les créanciers opposants ont été appelés. Dans cette hypothèse, le paiement ne peut être ordonné par le Trésor, au profit du créancier réclamant, que sur la production au directeur de la dette inscrite de l'expédition du jugement ayant acquis force de chose jugée, et qui ordonne ce paiement, par *premier privilége ou préférence à tous autres saisissants*, ou la délivrance des deniers du cautionnement à tous les créanciers admis à concourir, si ces deniers sont suffisants pour les payer. Quand les deniers sont insuffisants et qu'il est nécessaire de procéder à une distribution par contribution, chacun des créanciers ne peut être payé du trésor que sur la remise du mandement de collocation délivré en exécution des art. 665 et 671 C. pr. (Instr. gén. 5 mars 1838).

1042. — Mais si ceux qui avaient formé opposition conjointement avec le créancier privilégié réclamant et l'officier ministériel titulaire du cautionnement, consentaient au paiement, par *préférence*, des sommes dues à ce créancier, la production de l'acte authentique de ce consentement et du certificat du greffier constatant les oppositions existantes suffirait, auprès de la direction de la dette inscrite, pour l'ordonnancement au profit du réclamant (*Ibid.*).

S'il n'existe pas sur les fonds du cautionnement d'autres oppositions que celle du créancier privilégié réclamant, celui-ci, pour obtenir son payement, doit en justifier au moyen d'un certificat du greffier, visé par le président du tribunal et par l'examen des registres des oppositions tenu au Trésor (*Ibid.*).

— Aussitôt que le Trésor s'est dessaisi de tout ou partie des fonds du cautionnement, le directeur de la dette inscrite doit en informer le procureur du roi près le tribunal du domicile de l'officier ministériel, afin que ce magistrat puisse prendre des mesures pour le rétablissement du cautionnement dans son intégrité (*Ibid.*).

1043. Le deuxième § de l'art. 33 de la loi de ventôse prononce la suspension du notaire dont le cautionnement est employé en tout ou en partie par l'effet de la garantie, jusqu'à l'entier rétablissement; et faute par lui de le rétablir dans les six mois, il le considère comme démissionnaire. V. à cet égard l'article suivant.

ARTICLE 34.

Le cautionnement sera fixé par le gouvernement, en raison combinée des ressort et résidence de chaque notaire, d'après un *minimum* et un *maximum*, suivant le tableau ci-après, savoir :

ET RÉSIDENCES	POUR LES NOTAIRES					
	DES RESSORTS DE					
	TRIBUNAUX d'appel.		TRIBUNAUX de 1re inst.		JUSTICES de paix.	
	DROITS.		DROITS.		DROITS.	
	Min.	Max.	Min.	Max.	Min.	Max.
Au dessous de 5,000 habitants.....	fr. »	[fr.] »	fr. 1,000	fr. 1,500	fr. 500	fr. 800
De 5,000 à 10,000..	2,000	2,500	1,500	1,800	800	1,000
De 10,000 à 25,000..	2,500	3,200	1,800	2,200	1,000	1,400
De 25,000 à 50,000.	3,200	3,800	2,200	2,800	1,400	2,000
De 50,000 à 75,000.	3,800	4,400	2,800	3,400	»	»
De 75,000 à 100,000.	4,400	5,000	3,400	4,000	»	»
De 100,000 et au dessus...	»	6,000	»	»	»	»
De Paris......	»	12,000	»	»	»	»

Ces cautionnements seront versés, remboursés, et les intérêts payés conformément aux lois sur les cautionnements, sous la déduction de tous versements antérieurs.

1044. — La loi règle ici la quotité du cautionnement à fournir par le notaire, et pour le surplus, c'est-à-dire le versement et le paiement des intérêts, elle renvoie aux lois spéciales sur le cautionnement. Reprenons successivement les termes de la loi; nous indiquerons en quoi les dispositions législatives ultérieures l'ont modifiée.

1045. — *D'après un minimum et un maximum suivant le tableau ci-après.* — L'importance des fonctions, les chances qu'elles présentent, les produits qu'elles assurent, la responsabilité qu'elles entraînent, telles sont en général les bases sur lesquelles est déterminée la quotité du cautionnement : c'est la population principalement qui peut servir de point d'appréciation pour fixer ces bases, et c'est ainsi que le texte que nous commentons a déterminé d'après un *maximum* et un *minimum* qu'il indique la quotité du cautionnement en raison combinée des ressort et résidence de chaque notaire. Mais remarquons que le maximum et le minimum déterminés par la présente loi ont été successivement augmentés par la loi du 2 vent. an 13, qui a doublé le cautionnement des notaires de Paris et augmenté d'un tiers celui des autres notaires, et par la loi du 28 avril 1816 qui a établi un nouveau tarif reposant d'ailleurs sur les mêmes bases. C'est celui qui subsiste encore aujourd'hui. Il en résulte que les cautionnements sont de 1,800 fr. à 5,200 pour le notaire de 3e classe; de 3,000 fr. à 12,000 fr. pour les notaires de 2e classe; de 4,000 à 25,000 fr.

pour les notaires de première classe, et enfin de 50,000 fr. pour les notaires de Paris.

1046. — Mais aucune modification ne peut être faite à la fixation du cautionnement fourni pour raison d'un mouvement survenu en plus dans la population, depuis la nomination de l'employé ou du fonctionnaire. Cette circonstance ne doit pas être invoquée contre lui pour aggraver les conditions sous lesquelles il est entré en fonctions. Toute autre manière de [procéder placerait les officiers publics dans un état d'incertitude que le législateur a dû éviter (Déc. min. 3 mai 1836).

1047. — *Les cautionnements seront versés.* — Le versement du cautionnement est la première formalité que doit remplir le notaire après sa nomination; il ne serait pas admis à être installé et à prêter serment avant de l'avoir accomplie, et s'il n'en justifie par la quittance (V. *Infrà*, art. 47; V. aussi L. 28 avril 1816, art. 96). — Mais où et comment ce versement doit-il être effectué? Aux termes des lois spéciales auxquelles renvoie la présente disposition, c'est au Trésor que le versement doit être fait, pour Paris, et, pour les autres localités, dans les caisses des receveurs de département et d'arrondissement (L. 7 et 27 vent. an 8, art. 5, arrêté du 26 prair. an 11, L. 28 avril 1816, art. 93).

1048. — Le cautionnement se verse en numéraire et en une seule fois, suivant la loi de 1816, art. 16; et quant au supplément de cautionnement que cette loi a exigé des titulaires en fonctions, le mode de versement en a été réglé par une ordonnance roy. du 1er mai suivant. Une autre ord. du 19 fév. 1817 a prorogé le délai du versement; et enfin une dernière ord. du 12 janv. 1820 a déclaré révoqués, après deux mois de la promulgation, les notaires et autres officiers ministériels qui n'auraient pas versé le supplément.

1049. — Cependant la disposition de la loi de 1816 relative au versement en numéraire n'a pas empêché que ceux des titulaires qui étaient en exercice à l'époque où cette loi fut promulguée restassent, quant à la nature du cautionnement qu'ils avaient fourni, sous l'empire de la législation précédente. Cette loi ne pouvait, en effet, pas plus qu'aucune autre, avoir un effet rétroactif. Ainsi, il existait, même après la loi de 1816, des titulaires dont le cautionnement fourni sous l'empire des lois précédentes, était en tout ou en partie formé de rentes sur l'État. De là, lorsque la conversion des rentes fut opérée, l'ord. roy. du 28 juin 1825, qui détermina les bases de ces cautionnements et dont l'art. 1er dispose : « Les inscriptions de rente [en trois pour cent ou en quatre et demi qui proviendront de la conversion des inscriptions de rentes en cinq pour cent, affectées à des cautionnements envers le trésor royal ou les administrations publiques, remplaceront les cautionnements primitifs, sans que ces cautions puissent être tenues de compléter la somme en rentes précédemment affectées. »

1050. — Au surplus, il existe encore aujourd'hui deux exceptions à la règle, que le cautionnement doit être fourni en numéraire. L'une résulte de l'ord. roy. du 4 juill. 1821, rendu pour le notaire et autres officiers ministériels de l'île de Corse qui, aux termes de cette ordonnance, sont autorisés à fournir provisoirement les cautionnements et suppléments de cautionnements exigés d'eux par la loi de 1816, en immeubles, par la totalité ou pour partie; l'autre est établie pour la législation des colonies qui exigeant un cautionnement de 10,000 fr. pour les notaires, les autorise pareillement à les fournir en immeubles, en prescrivant seulement que les immeubles excèdent d'un tiers le taux du cautionnement.

1051. — Le cautionnement versé doit être toujours intégral dans les caisses du Trésor. C'est ainsi que l'art. 33 de la présente loi dispose que, lorsque, par suite des condamnations prononcées contre le notaire pour fait de charge, le montant du cautionnement a été employé en tout ou en partie, cet officier sera *suspendu* de ses fonctions jusqu'à ce que le cautionnement ait été rétabli, et considéré comme *démissionnaire* si le rétablissement n'a pas lieu dans les six mois. — Remarquons d'ailleurs que tant que le notaire n'est pas remplacé, il doit être admis à rétablir son cautionnement, le délai fût-il même expiré. Cela est vrai, surtout si le notaire n'a pas été mis en demeure, ce qui ne veut pas dire que la mise en demeure soit nécessaire; mais comme cela est dans les convenances et dans les usages de l'administration, le titulaire a pu facilement se laisser aller à la négligence tant qu'un avertissement officieux ne lui a pas rappelé la mesure grave à laquelle il était exposé.

1052. — En principe, la somme versée ne peut garantir que les faits d'une seule personne. Par suite, le cautionnement du titulaire qui résigne ses fonctions ne devenant libre et dès lors transférable qu'après des formalités assez longues, on n'admet pas que le précédent titulaire puisse transporter son cautionnement au successeur. Le transport qu'il lui en ferait ne serait pas valable, et le successeur serait tenu de fournir un cautionnement pour sa propre gestion (31 oct. 1836 Circ.) Cela même a été appliqué au notaire qui change seulement de résidence : on a décidé, en effet, que le cautionnement par lui fourni à raison de ses premières fonctions ne peut lui servir pour les mêmes fonctions qu'il va exercer dans une autre localité. (Même Circ. *adde* 28 déc. 1838 Circ.)

1053. — *Remboursés.* — En ce qui concerne le remboursement du cautionnement du notaire, pour lequel il est aussi renvoyé aux lois spéciales, il s'effectue à Paris par le Trésor; et, dans les départements, par l'intermédiaire des receveurs généraux et particuliers. (Arr. 26 prair. an 11, L. 7 et 27 vent. an 8.) Mais le remboursement ne peut pas être exigé, par le titulaire et ses héritiers, immédiatement après la cessation des fonctions; des formalités préalables doivent être remplies, dont le but est de faire appel à tous ceux à qui les fonds du cautionnement sont affectés et de les mettre à même de réclamer le bénéfice attaché par la loi à la nature de leurs créances. Ces formalités sont prescrites par l'art. 5 de la loi du 25

niv. an 13. « Les notaires..., porte cet article, seront tenus, avant de pouvoir réclamer leur cautionnement à la caisse d'amortissement, de déclarer, au greffe du tribunal dans le ressort duquel ils exercent, qu'ils cessent leurs fonctions; cette déclaration sera affichée dans le lieu des séances du tribunal, pendant trois mois; après ce délai et la levée des oppositions directement faites à la caisse d'amortissement, s'il en était survenu, leur cautionnement leur sera remboursé par cette caisse, sur la présentation et le dépôt d'un certificat du greffier, visé par le président du tribunal, qui constatera que la déclaration prescrite a été affichée dans le délai fixé; que pendant cet intervalle il n'a été prononcé contre eux aucune condamnation pour faits relatifs à leurs fonctions, et qu'il n'existe au greffe du tribunal aucune opposition à la délivrance du certificat, ou que les oppositions survenues ont été levées. » — Si le titulaire négligeait ou refusait de faire la déclaration de cessation de fonctions, prescrite par cet article, les créanciers pourraient, après l'avoir mis en demeure par une sommation, la faire à sa place, en justifiant soit de la destitution du titulaire, soit de la démission donnée par lui, acceptée par le gouvernement et suivie de la nomination d'un successeur reçu et ayant prêté serment.

1054. — Indépendamment de l'intérêt des tiers auquel satisfont les formalités qui viennent d'être indiquées, il y a celui du Trésor, qui serait exposé à payer deux fois s'il ne veillait pas à ce que le remboursement ne fût pas fait à d'autres que ceux à qui les fonds appartiennent. C'est dans cet intérêt que d'autres formalités plus minutieuses ont été imposées aux titulaires du cautionnement ou à leurs ayants-droit. Ces formalités sont indiquées dans une instruction du ministre des finances du 16 déc. 1833, qui donne « la nomenclature des pièces à déposer, à partir de 1834, à la cour des comptes, avec les ordonnances de remboursement de capitaux de cautionnement en numéraire. » Il résulte de cette instruction qu'accompagne le modèle imprimé des pièces exigées, que les pièces à produire sont: 1° Une lettre de demande en remboursement, adressée au ministre des finances, énonciative des pièces produites à l'appui et indiquant le département et l'arrondissement de sous-préfecture où devra s'effectuer ce remboursement; 2° le certificat d'inscription au nom du titulaire, et à défaut une déclaration de perte faite sur papier timbré et dûment légalisée, ou, enfin, s'il n'a pas de certificat d'inscription, les récépissés des versements ou certificats des comptables du trésor public (Arr. 24 germ. an 8).—Les bailleurs de fonds, au lieu du certificat d'inscription, doivent produire le certificat de second ordre, et, à défaut, une déclaration de perte, etc.

1055.— Lorsque ce sont les héritiers, légataires, créanciers ou ayants-droit à quelque titre que ce soit, qui demandent le remboursement du cautionnement, ils doivent fournir en outre un certificat de propriété conformément aux dispositions du décret du 18 sept. 1806, inséré au Bulletin des lois, n° 122. Ces certificats peuvent être délivrés par un notaire, par un juge de paix ou par un greffier.

1056. — Le montant des cautionnements dont le remboursement n'a pas été effectué par le trésor public, faute de production ou de justification suffisantes, dans le délai d'un an, à compter de la cessation des fonctions du titulaire, peut être versé en capital et intérêts à la caisse des dépôts et consignations, à la conservation des droits de qui il appartiendra. Ce versement libère définitivement le trésor public (l. 9 juill. 1836, art. 16).

1057. — Les intérêts payés. — La loi du 6 oct. 1791 ne parlait en aucune manière des intérêts des cautionnements. C'est dans la loi du 7 vent. an 8 qu'a été établie, pour la première fois, l'obligation pour l'Etat de les payer. La loi du 25 vent. an 11 a maintenu cette obligation, en renvoyant aux lois sur les cautionnements (V. supra l'art. 34). Le taux de ces intérêts fixé d'abord à 5 p. 0|0 par an sans retenue, par la loi du 7 vent. an 8, a été réduit à 4 p. 0|0 sans retenue aussi par celles du 15 sept. 1807, art. 21, du 28 avril 1816, art. 04, et l'ord. du 11 janv. suiv., art. 1. Mais cela n'empêche pas que le créancier ayant un privilége pour fait de charge, ou le bailleur de fonds ne puisse recevoir du titulaire des intérêts à raison de 5 p. 0|0 de sa créance, parce que la fixation du taux de l'intérêt à 4 p. 0|0 n'a été faite que dans l'intérêt du Trésor.

1058. — Les intérêts dus par la caisse courent à compter de la date soit des versements en numéraire, soit de l'acquittement des obligations (L. 24 germ. an 8, art. 8). Mais il n'en peut être fait aucun paiement que sur la représentation de la quittance définitive du Trésor, constatant le versement total du cautionnement. (Ibid.)

1059. — L'intérêt se paie soit aux titulaires, soit aux bailleurs de fonds, soit à tous autres ayants droit (Ibid., art. 4), sur la représentation de la lettre d'avis de paiement qui leur est adressée et des inscriptions ou duplicata d'inscriptions, ou des jugements, procurations, etc., suivant qu'il s'agit des titulaires, bailleurs de fonds, créanciers ou mandataires. Les paiements se constatent par l'apposition d'estampilles différentes au dos des inscriptions ou duplicata, et les parties prenantes donnent une quittance suivant la formule imprimée qui leur est remise.

1060. — Les intérêts des cautionnements se prescrivent aux termes d'un avis du Cons. d'Et. du 24 mars 1808, par cinq ans, selon le droit commun. Il a été décidé, par application de cet avis, que lorsque cinq années se sont écoulées entre le dernier acte qui a interrompu la prescription et la nouvelle demande formée par un propriétaire ou ses ayants-cause, les intérêts remontant au-delà de cinq années antérieures à ladite demande, sont de nouveau prescrits (28 mai 1838, ord. C. d'Et. D.P. 39. 3. 101).

1061. — D'après un autre avis du Cons. d'Et. du 12 août 1807, le trésor doit être considéré comme régulièrement libéré des intérêts du cautionnement payé aux titulaires, d'après ses ordonnances ou mandats, lors même qu'il surviendrait des op-

positions dont il aurait connaissance, dans l'intervalle compris entre le jour de l'ordonnance et celui où le paiement aura été effectué.

Section II. *Conditions pour être admis, et mode de nomination au notariat.*

ARTICLE 35.

Pour être admis aux fonctions de notaire, il faudra,
1° Jouir de l'exercice des droits de citoyen;
2° Avoir satisfait aux lois sur la conscription militaire;
3° Etre âgé de vingt-cinq ans accomplis;
4° Justifier du temps de travail prescrit par les articles suivants.

1062. — Reprenons les diverses dispositions de cet article:
Jouir de la qualité de citoyen. — Le mot *citoyen* est complexe; il implique à la fois la jouissance des droits civils et des droits civiques ou politiques. Or, on sait que l'exercice de ceux-là est indépendant de ceux-ci (C. civ. 7). Pour être Français, il faut jouir des droits civils : il faut jouir en outre des droits civiques ou politiques ou être apte à en jouir, pour être citoyen français. On peut être Français sans être citoyen, tandis qu'on ne peut être citoyen si l'on n'est pas Français.

Comment devient-on Français? Comment devient-on citoyen? comment se constate l'exercice de cette qualité?

1063. — On est *Français* par la naissance, par la naturalisation, par la réintégration.

Le Français de *naissance* est celui qui est né en France ou à l'étranger d'un Français jouissant de cette qualité qu'il n'a pas perdue (C. civ. 9), et que ce dernier tenait lui-même, soit de son origine française, soit de naturalisation; ce qui est indifférent.

L'enfant suit la condition du père, sa nationalité. — Il est Français, si son père est Français, quoique celui-ci ait épousé une étrangère. Il est étranger si son père, bien qu'il ait épousé une femme française, est étranger.

1064. — La même règle s'applique à l'enfant naturel qui est Français, quoique né d'une mère étrangère, si le père qui l'a reconnu est Français, (Arg. C. civ. 158, 383, 707 ; Proudhon, Dr. civ., t. 1, n. 68; Toullier, t. 1, n. 207; Delvincourt, t. 1, p. 23; Dalloz, t. 6, p. 506 ; Guichard, n. 50. — *Contrà*, Duranton, t. 1, n. 124, qui se fonde sur la maxime *partus sequitur ventrem*. — Il est étranger si, quoique né d'une Française, il a été reconnu par un étranger. — *Conf.* Toull., Dall., Delv., *eod. — Contrà*, Coin-Delisle, n. 11. — Il paraît inutile de dire que si l'enfant naturel n'est pas reconnu, il suit la condition de sa mère.

1065. — Les individus nés dans les pays qui avaient été réunis à la France, depuis la réunion, et qui en ont été séparés par les traités de 1814 et 1815, sont devenus étrangers s'ils n'ont pas obtenu des lettres de déclaration de naturalité, ou n'ont pas fait les déclarations prescrites par l'art. 9 C. civ. (Décis. min. just., 9 janvier 1827 ; Cass. 16 juill. 1834 ; 1ᵉʳ août 1836. D. P. 34. 1. 305 ; 37. 1. 148.) — Peu importe même que leur père ait obtenu des lettres de naturalité : ces lettres sont personnelles. — Mais sont considérés comme français 1° les descendants des religionnaires fugitifs s'ils n'ont rien fait pour perdre cette qualité. (Ch. dép. Aff. B. Constant ; Cass. 13 juin 1811. D.A. 6. 515); 2° L'individu né en France d'un père étranger ou devenu étranger avant la naissance ; si, dans l'année qui suit sa majorité, il a réclamé la qualité de Français et s'est conformé, d'ailleurs, à l'art. 9 dans le délai *rigoureux* qu'il établit, en faisant sa déclaration, en France, à la mairie de sa résidence, et, à l'étranger, devant l'ambassadeur ou le consul, déclaration qui, d'après l'opinion suivie au ministère, opère de plein droit. (Roll., *eod.*, n. 102 : *Contra*, Dalloz, t. 6, p. 507, n. 20; Guichard, Dr. civ., n. 72, qui pensent que le ministère peut refuser).—Plus favorisé, l'enfant *né* d'un Français devenu étranger, peut *toujours* réclamer la qualité de Français : c'est un bénéfice du sang qui coule dans ses veines.

1066.—Le Français par la *naturalisation* est celui qui, avant le décret du 17 mars 1809, étant étranger, âgé de 21 ans accomplis, a déclaré à la mairie de sa résidence, l'intention de se fixer en France et y a résidé pendant dix années *consécutives* conformément à l'art. 3 de la constitution de l'an 8. — C'est aussi celui qui, depuis le décret de 1809, à partir duquel il n'y a plus eu de naturalisation de plein droit, a obtenu en outre des lettres de naturalisation.

1067. — Le Français *réintégré* est celui qui, après avoir perdu la qualité de Français, s'est conformé à l'art. 18 du Code civil portant : « Le Français qui aura perdu la qualité de Français pourra *toujours* la recouvrer en rentrant en France *avec l'autorisation du roi*, et en déclarant qu'il veut s'y fixer et qu'il *renonce à toute distinction* contraire à la loi française. » — De l'avis du Cons.-d'Et. des 14-21 janv. 1812, 8ᵉ et 9ᵉ Quest., on a induit que la demande devait être adressée au ministre de la justice. En tous cas, la déclaration exigée par l'art. 18 C. civ. est faite à la mairie du lieu où le réclamant doit s'établir ; elle pourrait par argument de ce qui est dit n. 1065, être faite devant l'ambassadeur ou le consul, s'il n'a pas encore obtenu la permission de rentrer en France.—C'est là tout ce que l'on exige : il n'est pas nécessaire d'obtenir des lettres-patentes.(Décis.min.23juill.1831).—Mais si la perte de la qualité de Français a été le résultat d'un service non-autorisé, pris à l'étranger, le réclamant doit tout à la fois et obtenir l'autorisation de rentrer en France, et remplir la condition imposée à

l'étranger pour devenir citoyen français (C. civ. 21), c'est-à-dire qu'il devra résider en France pendant dix années *consécutives*, à moins que le gouvernement n'use envers lui du pouvoir qui lui permet de réduire à une année le stage politique de l'étranger (Sénat. Cons. 19 fév. 1808). Dall., t. 6, p. 508, n. 26.

2° La qualité de *citoyen* s'acquiert et se conserve conformément à la loi constitutionnelle (C. civ. 7); c'est elle qui donne l'exercice des droits politiques et civiques ou plutôt l'aptitude à les exercer, car ils sont de plusieurs sortes et l'on peut jouir des uns, sans avoir la jouissance des autres : l'essentiel est qu'on ne soit pas privé de tout ou partie de ces droits par l'effet d'une condamnation. — Qu'un individu, par exemple, ait encouru la dégradation civique, tous les droits de citoyen sont perdus pour lui, C. pén. 31 et 42.

1068.—De ce qu'on peut être privé de certains droits civiques, comme droit de vote et de port d'armes, et conserver cependant la jouissance de ceux qui suffisent pour l'exercice des fonctions publiques (C. pén. 42, 43, 109, 123; 185, 187; 401, 405, 406, 410), il semble qu'une privation partielle n'élèverait pas une exclusion absolue des fonctions du notariat. Seulement cette condamnation et les faits qui l'auront motivée soulèveront l'examen d'une question de moralité à l'appréciation discrétionnaire du gouvernement et des chambres de discipline (*Conf.* Roll., n. 115) qui, on le comprend bien, devront se montrer sévères dans le choix d'un homme, dont le ministère est forcé, et qui doit devenir le dépositaire, sinon l'arbitre, des intérêts de toute une localité.

1069. — C'est par la production d'un certificat délivré par le maire de son domicile que l'aspirant au notariat doit justifier qu'il jouit des droits civiques et civils. On ne devrait pas admettre, ce semble, les certificats qui émaneraient des juges de paix, du président du tribunal et même du sous-préfet, ces personnages sont sans qualité à cet égard. C'est aussi l'avis de MM. Favier, de l'Admiss. au not., n.80 et Roll., n. 118.—Si les faits ne sont pas à la connaissance personnelle du maire, il délivre le certificat sur la déclaration de deux témoins domiciliés dans la commune.—M. Roll. de Vill., n. 119, remarque avec raison que le domicile de l'aspirant dont on parle ici est celui de l'art. 102 C. civ. et non le domicile spécial exigé par l'art. 167, *eod.*, n. 79, pour le mariage; il cite M. Favier comme étant d'une opinion contraire.—Si l'aspirant est privé de quelques droits civiques, le certificat doit le faire connaître. Comme acte administratif, ce certificat doit être légalisé par le sous-préfet et par le président du tribunal.

1070.—*Avoir satisfait aux lois sur le recrutement.*—La preuve de la libération est présumée de droit si l'aspirant est âgé de trente ans accomplis (L. 21 mars 1832, art. 48) ; c'est là un bénéfice d'âge qui rend inutile le certificat de l'autorité administrative constatant la libération (Déc. min. just. 5 nov. 1836), l'aspirant eût-il, par suite d'omission sur le tableau de recensement, échappé au tirage. M. Roll. de Vill. cite, *cod.* n. 127, sous la date de *mars* 1837, une décision du ministre de la justice qui l'a ainsi résolu.

1071. — L'aspirant peut se trouver dans deux cas, 1° être âgé de moins de trente ans, 2° avoir trente ans accomplis. — Si l'aspirant a atteint sa trentième année, il n'a besoin de produire aucun certificat à l'effet d'établir qu'il a satisfait à la loi du recrutement : la présomption de droit est en faveur de la libération (décis. min. just., 5 nov. 1836) : il est libéré par bénéfice d'âge, bénéfice applicable en quelque situation qu'il se trouve et bien que, omis sur les tableaux de recensement, il n'ait pas participé au tirage. — Que s'il a moins de trente ans, il doit produire des certificats, des preuves de libération qui varient suivant la situation dans laquelle il se trouve.

En effet a-t-il obtenu sa *libération définitive*, laquelle est prononcée en masse par le conseil de révision, après la clôture de la liste du contingent, en faveur de ceux dont les numéros ne sont pas compris dans cette liste?—Est-il *exempté* par le conseil de révision pour infirmité, défaut de taille ou motif d'humanité (L. 21 mars 1832 art. 13, 15), rayé de la liste du contingent et remplacé dans l'ordre des numéros subséquents (même loi art. 13)?—Dans ces divers cas le certificat de libération ou d'exemption est délivré par le préfet ou par le maire. Favier, n. 110. 111. 120.

1072. — La libération peut aussi provenir soit de dispenses, comme celles qu'obtiennent les jeunes gens qui ont remporté les grands prix de l'Institut et de l'Université, et qui peuvent être admis aux fonctions publiques en produisant le certificat du conseil de révision (même loi, art. 14 et 15) ;—soit du *remplacement* opéré sur la liste du contingent ou au corps, mode de libération dont le premier est seul autorisé expressément par la loi : l'aspirant est tenu de produire avec l'acte de remplacement reçu par le préfet un certificat constatant la présence au corps de son remplaçant ; et il peut être admis aux fonctions de notaires (art. 19. 23), quoique l'année pendant laquelle il répond en cas de désertion du remplaçant, ne se soit pas écoulée;—soit par *substitution de numéro* autorisée par le conseil de révision (art. 17, 18, 28) : l'aspirant doit produire l'acte reçu par le préfet qui admet la substitution (art. 24);—soit de congé définitif ou de réforme, délivré avant ou après la libération de la classe, pièce qui doit seule être produite par l'aspirant (Favier, n. 146);—soit enfin de la preuve qu'on a obtenu sa radiation des registres de l'inscription maritime (L. 3 brum. an 4).

1073.—Mais il ne serait pas satisfait aux lois du recrutement si l'aspirant était seulement *admis* à *la réserve* (déc. 16 juin 1808; L. 11 oct. 1830; 21 mars 1832 art. 29), à moins qu'il ne justifiât d'un remplacement régulier (décis. min. just. , 21 avril; 5 mai 1830);—ou s'il était en *congé illimité*, c'est-à-dire renvoyé dans ses foyers pour un temps indéterminé (L. 21 mars 1832, art. 30);—en cas pareil, l'aspirant ne cessant pas de faire partie de l'armée, ne peut être admis aux fonc-

tions de notaire (Décis. min. just. 18 mars 1839; Juris. not., art. 4551).

1074. — 3° *Être âgé de vingt-cinq ans accomplis.* — L'ordon. de 1560, art. 82, exigeait déjà cet âge, et l'art. 4 de celle des 29 sept.-6 oct. 1791 l'avait maintenu : c'est l'âge de la majorité judiciaire. — D'après l'art. 35, les vingt-cinq ans doivent être *accomplis* le jour de la nomination. Ainsi, né le 1er juillet 1810, l'aspirant n'aura vingt-cinq ans accomplis que le 2 juillet 1835. — L'âge se prouve par l'acte de naissance auquel on joint une traduction légale, s'il n'est pas écrit en français. — D'après M. Favier, n. 323, il n'est pas toujours nécessaire de traduire l'extrait même des registres de l'état civil : le ministère de la justice admet des copies de ces extraits, lorsqu'ils se trouvent dans un dépôt public. — Le président du tribunal légalise les actes de naissance. (C. civ. 45.) — Il est suppléé à ces actes pour les enfants trouvés, par un extrait de la déclaration qu'exige l'art. 58 Code civil, et, pour toutes autres personnes, par le résultat d'une procédure criminelle (C. civ. 198, 199, 327) : l'inscription du jugement sur les registres de l'état civil tient lieu d'un acte de l'état civil. — L'âge plus ou moins avancé ne saurait être un motif d'exclusion, l'aspirant eût-il plus de 70 ans, ce qui l'affranchirait de la contrainte par corps (*Contrà*, Favier, n. 160) ; mais il faudrait des raisons bien majeures, pour que le gouvernement fît un choix pareil. — Toutefois, il ne lui serait pas permis d'admettre des dispenses d'âge ; elles ne sont plus autorisées. — *Conf.* Favier, n. 161 ; Rol., n. 150.

1075. — 4° *Justifier du temps de travail prescrit par les articles suivants.* — Ce temps de travail exigé de ceux qui aspirent aux fonctions de notaire, est ce qu'on nomme *stage*. -

C'est une condition essentielle dont M. Jaubert a fait sentir toute l'importance et la nécessité, dans son discours sur la loi du 25 vent. an 11. «Eh! quelle profession, a dit l'orateur du gouvernement, plus que celle des notaires, exige une éducation analogue? Ne sait-on pas que la plus savante théorie ne suffirait pas pour faire un bon notaire; qu'il faut aussi une pratique assidue pour apprendre les formes, pour connaître les lois relatives, pour exprimer avec clarté des conventions qui se diversifient à l'infini, pour éviter des pièges qui trop souvent sont tendus à la candeur et à la bonne foi? Pour tout cela, sans doute, il faut de la perspicacité naturelle, mais il faut aussi de l'habitude. Loin de nous de considérer le ministère des notaires comme l'ouvrage d'une routine vulgaire, mais chaque profession a ses règles; celle du notaire a, de plus, son style particulier; l'habitude seule peut donner ce genre d'instruction.

« Un des plus grands avantages du stage doit être aussi d'aider les candidats à se bien pénétrer de l'esprit de la profession. Il n'est plus question ni d'esprit de corps, ni d'esprit de corporation; mais il est utile, il est nécessaire que dans chaque profession il y ait un esprit de l'état; il excite l'émulation, honore le cœur, élève l'âme. Lorsqu'un homme estime sa profession, il sait prendre les moyens de se faire estimer lui-même.»

1076. — Ces avantages du stage ont été constamment sentis : aussi il fut dans tous les temps un préliminaire nécessaire pour quiconque a voulu être admis aux fonctions du notariat. La durée et les conditions seules ont varié. Selon un arrêt de réglement du 4 sept. 1685, fait pour les notaires du ressort du parlement de Paris, non compris ceux de cette ville, le stage notarial devait être de cinq ans dans une étude de notaire ou de procureur. Quant aux notaires de Paris, leurs anciens réglements obligeaient à un stage de dix ans, dont cinq au moins en qualité de maître-clerc. — Enfin la loi du 29 sept.-6 oct. 1791, d'après laquelle les places de notaire ne devaient être occupées que par des sujets entièrement désignés au concours (tit. 4, art. 1), exigea, d'une manière générale, un stage de 8 ans, sans interruption, savoir, les quatre premiers dans les études des notaires et des avoués, en quelque lieu que ce fût du royaume, et les quatre derniers nécessairement en qualité de clerc de notaire dans l'étendue du département où le concours devait avoir lieu. (Tit. 4, art. 4.)

1077. — Aujourd'hui la durée du stage varie suivant la classe dans laquelle l'aspirant se propose d'entrer, et quelquefois aussi en raison de l'aptitude et de la capacité que fait supposer la position particulière dans laquelle le candidat se trouve placé. Ces variations sont indiquées par les art. 36, 37, 38, 39, 40 et 41 dont le commentaire va suivre.

1078. — Pendant la durée de leur stage, les aspirants au notariat sont connus sous la dénomination générique de clercs. Il y a sur la position des clercs dans l'étude, sur leurs droits et leurs devoirs, sur leurs relations avec le notaire ou patron, les règles et les usages qui complètent les notions relatives au stage et qui, à ce titre, doivent trouver leur place ici.

1079. — La loi, d'abord, n'a pas déterminé les caractères auxquels on pourrait reconnaître la profession de clerc ; de là on tire la conclusion que c'est au ministère qu'il appartient d'apprécier les circonstances d'où l'on peut induire qu'un individu travaillant chez un notaire a cette qualité, quand il s'agit de justifier le stage ; ou bien que c'est aux tribunaux, lorsque la question est portée devant eux, par exemple, s'il s'agissait de l'application de l'art. 10 de la présente loi. V. supra cet article et nos explicat., p. 690, n. 264 et suiv.

1080. — Toutefois, il résulte d'une manière à peu près générale des diverses applications qui ont été faites, que la qualité de clerc s'induit d'une double condition, à savoir : le travail dans l'étude et le travail habituel. Ainsi celui-là ne serait pas considéré comme clerc qui, hors de l'étude, travaillerait même habituellement pour un notaire ; et, d'un autre côté, on ne considérerait pas davantage, en général, du moins, comme tel, celui qui, même dans l'étude, ne ferait que quelques expéditions d'actes pour le notaire, surtout s'il avait une autre occupation principale et ordinaire. (Grenoble, 7 avril 1827; D. P. 29. 1. 138.)

1081. — Les clercs sont externes et internes. Seulement la qualification d'externe n'implique en aucune manière l'idée d'un travail en dehors de l'étude ; elle s'applique aux clercs qui ne reçoivent aucun salaire, ce qui, à Paris, est la condition de la plupart des jeunes gens qui travaillent dans les études. En général, le clerc externe n'entre pas dans la hiérarchie qui existe dans l'étude; mais il n'est pas douteux que le temps qu'il fait en cette qualité ne doive, aussi bien que s'il était interne, lui être compté dans la supputation de la durée de son stage, lorsqu'il se présente pour remplir les fonctions du notaire, s'il a accompli, d'ailleurs, les autres conditions qui seront ci-après indiquées.

1082. — La qualité de clerc n'est point une fonction publique : il est bien évident que le titre est exclusivement personnel au patron, et cela encore même que le clerc recevrait de lui, pour traitement, une partie du produit de l'étude. Néanmoins, il s'attache une sorte de caractère légal à la qualité de clerc, que la loi reconnaît, puisqu'elle fait de la première cléricature une condition nécessaire pour être admis aux fonctions de notaire (V. infrà, les art. 36, 37 et 39), et puisque, d'un autre côté, un droit de surveillance générale sur leur conduite est attribué aux chambres de notaire avec la faculté de prononcer des peines disciplinaires (V. ci-après). Aussi tient-on, sans difficulté, que le clerc ne peut pas être considéré comme le serviteur de son patron, conformément à l'observation qui a été faite par le Tribunal sur l'art. 19 de la présente loi, ni, à plus forte raison, comme son domestique. Cependant, il faut le dire, l'art. 386 3° du Code pénal a été constamment appliqué dans le cas où un clerc salarié s'est rendu coupable d'une soustraction frauduleuse au préjudice de son patron, par la jurisprudence qui considère le clerc comme rentrant dans la classe des hommes de service à gages dont parle cet article (Cass. 27 mars 1829. D.P. 29. 1. 202). Mais cette appréciation semble avoir été condamnée par le 2e § ajouté à l'art. 408 du C. pr., par la loi du 28 avril 1832. Ce § punit l'abus de confiance commis par un domestique, homme de service à gages, élève clerc ou commis; d'où il paraît résulter que les clercs ne sont pas compris dans les termes d'hommes de service à gages, puisque le législateur a cru nécessaire de les énoncer à côté de ces derniers. Cela ne veut pas dire, toutefois, qu'au fond, l'aggravation de peines résultant de l'art. 386 3° du Code pénal ne doive pas être prononcée contre le clerc qui aurait commis une soustraction frauduleuse au préjudice de son patron. En effet, si le clerc n'est pas compris dans les termes d'homme de service à gages, c'est-à-dire dans la première partie du n. 3 de l'art. 386, il est nécessairement compris dans la 3e partie de la même disposition qui s'applique à tout individu travaillant habituellement dans l'habitation où il aura commis la soustraction frauduleuse. Sous ce rapport, le clerc serait passible de l'aggravation de peine, et ainsi entendue, la jurisprudence qui prononce cette aggravation ne pourrait qu'être approuvée (V. Hélie et Chauveau, Th. du C. pén., t..7, p. 15).

1083. — Il existe entre les clercs d'une étude une hiérarchie que la loi du notariat reconnaît virtuellement elle-même, lorsqu'elle parle du *premier clerc*, et que l'ordonnance réglementaire du 4 janvier 1843 a reconnue d'une manière explicite, lorsqu'elle laisse toute liberté pour l'inscription sur le registre servant à constater le stage, *jusqu'au quatrième grade*, et exige l'autorisation de la chambre pour l'inscription de *grades inférieurs* (V. *infrà*, n. 1097). Ainsi, le signe matériel de la hiérarchie, c'est la distinction des clercs par grade, dont aucun, du reste, ne peut plus, aujourd'hui, être géminé (V. sur ce point l'art. 36 ci-après de la présente loi, n. 1118 et 1119), et cette distinction a pour fondement, en général, l'expérience et l'aptitude personnelle de chacun des clercs. Par suite, la répartition du travail se fait entre tous les clercs, suivant l'importance des affaires qui se traitent dans l'étude et selon le rang que chacun d'eux occupe dans la hiérarchie.
— L'effet nécessaire de la hiérarchie est l'obligation de déférences réciproques sans lesquelles il n'y aurait pas d'ordre possible dans l'étude. Ainsi, le dernier clerc, dans la hiérarchie, et ceux même qui n'entrent pas dans cette hiérarchie, comme tous les clercs externes qui n'ont aucun grade, doivent reconnaître l'autorité morale des grades supérieurs, et ainsi de tous les grades jusqu'au premier clerc qui, placé en tête de la hiérarchie, a droit, de la part de tous, à une déférence que, du reste, lui assurent ses longs travaux, son savoir et la bienveillance dont il use habituellement envers ses jeunes collaborateurs.

1084. — En général, les fonctions des clercs consistent à écrire et expédier les actes qui se font dans l'étude. Cependant il ne faut pas croire que le clerc doive nécessairement écrire sous la dictée de son patron. Il peut préparer la rédaction des actes après avoir entendu les explications des parties. Les nombreux détails qui constituent les occupations d'une étude ne permettent même pas qu'il en soit autrement; et le notaire ne pourrait pas évidemment suffire à ses obligations s'il ne pouvait faire préparer les actes par ses clercs, sauf ensuite à réviser et, au besoin, à régulariser la rédaction. C'est, d'ailleurs, ainsi que le stage peut être réellement utile aux clercs qui, livrés à eux-mêmes pour la rédaction des projets qu'ils préparent, s'exercent plus utilement aux fonctions qu'ils rempliront un jour.

1085. — Des devoirs particuliers sont imposés aux clercs. Le premier de tous consiste dans une soumission absolue à leur patron pour tout ce qui concerne les travaux de l'étude et les fonctions de leur charge. Comme on l'a dit très-bien, « les relations qui existent entre eux ne sont pas seulement celles du commettant et de ses préposés; ce sont encore celles du maître et de ses *élèves*. Les clercs sont des élèves choisis, qui doivent s'inspirer des exemples de leur patron. Il leur transmet les bonnes traditions; il s'efforce de les former au bien par une surveillance et des soins paternels qui doivent lui mériter leurs respects,

sans rien ôter à la confiance » (V. Roll. de Vill., v° Clerc, n. 48).

1086. — Ce n'est pas tout : les clercs ne peuvent pas se livrer à des travaux autres que ceux de l'étude. Aussi, les notaires de Paris se sont-ils interdit d'admettre ou de conserver aucuns clercs qui se livreraient à des occupations étrangères au notariat ou contraires à ses usages, et, à plus forte raison, qui auraient accepté des fonctions déclarées par la loi incompatibles avec celles de notaire (Stat. not. de Paris, 4 juill. 1822). Cependant, ces défenses, du moins en ce qui n'est pas incompatible avec le notariat. ou contraire à ses usages, sont de pure convenance; il n'est pas sans de nombreux exemples, que des clercs, par l'effet d'une confiance toute personnelle, soient chargés de procuration pour passer des actes, ou bien de la négociation d'affaires qu'on leur confie, ou de dépôts de sommes d'argent ou effets mobiliers. Et ces affaires qui, du reste, se font sous la responsabilité exclusive du clerc et sans engager jamais celle du patron qui y reste étranger, ne font pas, en général, perdre sa qualité au clerc, ou ne sont pas un obstacle à ce qu'il soit reçu comme titulaire.

1087. — En ce qui concerne sa demeure de fait, le clerc n'est pas absolument libre dans le choix qu'il en peut faire. On est allé jusqu'à dire qu'il est nécessaire qu'il la prenne dans la commune où le notaire est établi. V. Favier, n. 361. Mais, la jurisprudence administrative est moins absolue; elle exige seulement que la demeure ne soit pas tellement éloignée qu'elle exclue le travail assidu que suppose la fonction de clerc. (Juill. 1835, déc. min. just.)

1088. — Les clercs de notaire participent en général aux affaires de l'étude, soit par leurs travaux, soit par leurs démarches ; de là il suit qu'ils sont les préposés et mandataires tacites des notaires, relativement aux affaires dont ils se mêlent, et par conséquent que le notaire peut être actionné à raison du fait de ses clercs. Mais les clercs ne sont considérés comme mandataires que dans les choses qui se rattachent directement et nécessairement à l'exercice de leur emploi; et conséquemment c'est à cela aussi que se borne la responsabilité du notaire. Ainsi, le notaire est responsable des titres et papiers qui seraient confiés à un clerc pour dresser un acte; si ces papiers s'égarent ou viennent à être soustraits. Il le serait également à l'égard des deniers remis pour acquitter les droits d'enregistrement ou pour les honoraires : dans ces cas et d'autres analogues, la remise faite au clerc est évidemment censée faite au notaire lui-même. — La jurisprudence est même allée parfois bien plus loin. Voy. le Traité de la responsabilité, à la fin de cet ouvrage.

1089. — Avant l'ord. réglement. du 4 janv. 1843, aucun texte n'avait fixé l'âge auquel le stage notarial pouvait commencer utilement. En l'absence d'une disposition précise sur ce point, on se prononçait par analogie de ce qui a lieu pour l'admissibilité dans les facultés. Nul ne pouvant être reçu avant seize ans (L. 22 vent. an 12), c'est-à-dire avant l'âge où la loi suppose le discernement (C. pén., art. 66), plusieurs chambres de notaires avaient décidé que le stage ne pourrait commencer utilement qu'après seize ans accomplis. D'a-près cela, il avait été décidé que le candidat dont les premières années de stage remontaient à l'âge de dix ans, ne pourrait être admis (19 mai 1836, déc. min. just. , D.P. 37. 3. 136). Cependant ces solutions n'avaient aucune base dans la loi spéciale; et il a paru nécessaire de combler la lacune qu'elle présentait sous ce rapport. C'est ce qu'a fait l'ord. réglementaire du 4 janv. 1843, dont l'art. 34 dispose qu'aucun aspirant au notariat ne sera admis à l'inscription au stage, s'il n'est âgé de *dix-sept* ans accomplis.

1090. — Cette même ordonnance a rempli une lacune que présentait encore la loi, sous un autre rapport. Il n'existait, en effet, aucune disposition législative qui fixât le mode de constater le stage. La preuve du stage était faite au moyen de certificats délivrés aux candidats par les notaires chez lesquels ils avaient travaillé. Un grand nombre de chambres de discipline avaient établi, il est vrai, des registres de stage; mais ce n'était jamais qu'un moyen secondaire, tellement que le défaut de mention de stage sur un registre n'était pas, pour l'administration, un motif de rejeter le candidat, et même que la production d'un extrait de ces registres n'empêchait pas que l'on ne dût justifier des certificats délivrés par les patrons (23 juin 1838, déc. min. just. D.P. 39. 3. 65). — Il en est autrement aujourd'hui : l'ord. réglementaire du 4 janv. 1843 a réglé tout ce qui concerne la constatation du stage par une série d'articles dont il ne sera pas sans utilité de présenter ici le commentaire succinct.

1091. — D'après l'art. 31 de l'ord. précitée , « tout clerc qui aspirera aux fonctions de notaire se pourvoira d'un certificat du notaire chez lequel il travaillera. Ce certificat constatera le grade qu'il occupe dans l'étude du notaire »; et d'après l'art. 32, « l'inscription au stage prescrit par les art. 36 et suiv. de la loi du 25 vent. an 11, aura lieu sur la production faite par l'aspirant de son acte de naissance et du certificat mentionné en l'art. précédent ». — Ainsi ce ne sont plus les certificats d'étude qui doivent désormais constater le stage ; cependant, ils n'en sont pas moins encore un élément essentiel de la constatation, puisque c'est seulement sur la production de ce certificat que peut avoir lieu l'inscription au stage prescrite par l'ordonnance.

1092. — L'art. 33 de l'ord. fixe ensuite le mode et le délai de l'inscription. « Il sera tenu à cet effet, dit cet article, par le secrétaire, un registre qui sera coté et paraphé par le président. — Les inscriptions audit registre seront signées tant par le secrétaire de la chambre que par l'aspirant. — Elles devront être faites dans les trois mois de la date du certificat délivré comme il est dit en l'art. 31. — Ce certificat et l'acte de naissance resteront déposés aux archives de la chambre ». Il y a, sur cette disposition, plusieurs remarques à faire.

1093. — En premier lieu , c'est l'aspirant lui-même qui, en principe, doit requérir l'inscription : cela s'induit nécessairement du texte d'après lequel les inscriptions doivent être signées par lui. Cependant, on a dit avec raison qu'en cas de maladie dûment constatée de l'aspirant ,

l'inscription pourrait être requise par le notaire ou par tout autre fondé de pouvoirs, sauf la nécessité de laisser déposés aux archives, avec le certificat d'étude et l'acte de naissance, le pouvoir et le certificat du médecin.—*Conf.*, Favier, n. 333.

1094. — En second lieu, le délai de l'inscription est de trois mois à partir de la date du certificat d'étude délivré par le notaire. C'est aussi, sauf le point de départ du délai, ce qui résultait d'une délibération du 26 vendémiaire an 13, prise par les notaires de Paris, et aux termes de laquelle « les clercs qui entraient chez les notaires, ou changeaient d'études ou de grades , étaient tenus de s'inscrire dans les trois mois de leur entrée ou de leur mutation, les inscriptions ne devant constater que les trois mois antérieurs leur date. » L'art. 33 de l'ordonnance de 1843 est, comme on le voit, la reproduction de cette délibération avec cette modification seulement que le point de départ des trois mois serait aujourd'hui à la date du certificat d'étude délivré par le notaire, et non plus au jour de l'entrée de l'aspirant dans l'étude, ou de chaque mutation.

1095. — Mais remarquons que l'effet de l'inscription est le même, en ce sens que si elle est prise dans le délai de trois mois, le stage court du jour de l'entrée dans l'étude (jour que le certificat du notaire doit nécessairement constater), pourvu cependant que le jour ne remonte pas lui-même à plus de trois mois avant celui où l'inscription est prise, cette inscription ne devant aujourd'hui , comme sous l'empire de la délibération précitée, constater que les trois mois antérieurs à sa date. Ainsi, par exemple, un certificat d'étude constatant l'entrée de l'aspirant dans l'étude et fixant cette entrée au premier janvier, est délivré par le notaire le premier mars à l'aspirant , qui requiert l'inscription ce même jour premier mars, cette inscription constatera évidemment les deux mois de stage écoulés depuis le mois de janvier. Mais si, au lieu de se faire inscrire le premier mars , l'aspirant ne requiert son inscription que le premier mai , bien qu'il soit encore dans le délai de trois mois depuis la délivrance du certificat, cette inscription ne constatera pas, pour son stage , les quatre mois écoulés depuis l'entrée à l'étude ; elle ne lui vaudra que pour les trois mois qui l'auront précédé. V. Roll. de Vill., v° Stage, n. 138.

1096. — Ainsi que nous l'avons dit *supra* n. 1089, aucun aspirant au notariat ne peut être admis à l'inscription s'il n'est âgé de dix-sept ans accomplis. C'est la disposition textuelle de l'article 34 de l'ordonnance du 4 janvier 1843. Mais cet article ne détermine l'âge que pour l'inscription au stage et nullement pour ce qui concerne la hiérarchie établie entre les clercs d'une étude, il s'ensuit qu'il n'y aurait aucun obstacle, ainsi que l'enseigne M. Favier, n. 333, à ce qu'un jeune homme , qui aurait accompli sa dix-septième année, fût inscrit comme second ou comme premier clerc.

1097. — Aux termes de l'art. 35 de l'ordonnance de 1843, « les inscriptions pour les grades inférieurs à celui de quatrième clerc ne seront admises que sur l'autorisation de la chambre, qui pourra le refuser lorsque le nombre de clercs

50

demandé sera évidemment hors de proportion avec l'importance de l'étude. — Le même grade ne pourra être conféré concurremment à deux ou plusieurs clercs dans la même étude. » — La dernière de ces deux dispositions a été exclusivement dirigée contre l'usage qui s'était introduit d'établir des premiers clercs *adjoints* dans les études de notaire et de considérer la qualité de premier clerc adjoint, comme remplissant le but de la loi, laquelle n'admet un candidat aux fonctions de notaire que s'il a été *premier clerc* pendant un an au moins : le commentaire s'en place naturellement à côté de celui de l'art. 36 de la loi (v° *infrà*, sur cet article, les n. 1118 et 1119). — La première a été empruntée aux statuts des notaires de Paris, qui, en effet, admettaient l'intervention de la chambre dans les grades inférieurs à celui de quatrième clerc.

1098. — La disposition de l'ordonnance de 1843 a fait de cette disposition une règle commune et applicable dans toutes les localités. Mais elle s'est servie des termes restrictifs dans lesquels l'intervention était admise par les statuts des notaires de Paris ; et en cela il semble qu'elle n'a pas suffisamment tenu compte de la différence essentielle qui existe entre les études de Paris et celle de la plupart des autres localités. On conçoit que, pour Paris, le nombre de quatre clercs soit un minimum pour toutes les études, et que par suite les statuts n'aient permis à la chambre d'intervenir pour apprécier la demande d'un notaire que lorsqu'elle avait pour objet de faire inscrire un plus grand nombre de clercs. Mais ce qui est exact pour les études de Paris ne l'est assurément pas pour la majeure partie des études des autres localités : le nombre de quatre clercs est un maximum auquel même le plus grand nombre n'atteint pas. Cependant il résulte des termes de l'art. 35 de l'ordonnance, que le notaire même dont l'étude est de la plus minime importance, peut faire inscrire quatre clercs, sans que la chambre ait le droit de s'enquérir si ce nombre n'est pas hors de toute proportion pour l'étude, puisque ce n'est que relativement aux inscriptions pour les grades *inférieurs à celui de quatrième clerc*, qu'aux termes de cet article, l'autorisation de la chambre est nécessaire. Il est évident que par là on facilite l'abus des certificats de complaisance. Aussi ce danger a-t-il amené quelques auteurs à penser que la chambre pourrait intervenir et empêcher l'inscription même dans le cas où le nombre des clercs demandés ne dépasserait pas celui de quatre, si ce nombre était hors de proportion avec l'importance de l'étude. (V. notamment Roll. de Vill., v° *Stage*, n. 149). Mais, quoique cette restriction ne se trouve pas dans les termes de l'ordonnance, qui n'exige l'autorisation de la chambre que relativement à l'inscription *pour les grades inférieurs à celui de quatrième* clerc, et quoiqu'on puisse dire que tout notaire ayant le droit de recevoir quatre clercs dans son étude, doit, pour que ce droit ne soit pas paralysé, jouir de la faculté de les faire inscrire au stage, il nous semble que des circonstances peuvent se rencontrer où la simulation sera tellement évidente, en raison de la nullité des affaires de l'étude, que la chambre

sera autorisée à refuser l'inscription de quatre stagiaires. Dans cette matière, c'est de stage qu'il s'agit, c'est-à-dire de la préparation à une fonction publique et partant d'une institution d'ordre public, encore plus que de convenance particulière. Or, est-ce trop que de soumettre le droit du notaire au contrôle de la chambre ?

1099. — Au reste, si l'inscription d'un cinquième clerc était demandée, et que la chambre, usant de la faculté que lui donne l'art. 35 de l'ordonnance, refusât de l'autoriser, l'aspirant n'aurait aucun moyen de se pourvoir contre cette décision : le pouvoir de la chambre est souverain en cette matière ; rien dans le texte ou dans l'esprit de l'ordonnance n'en limite l'exercice.

1100. — Mais ce n'est pas à dire que ni la chambre ni l'étude soient liées irrévocablement par la décision intervenue, pour refuser l'inscription d'un cinquième clerc. Il est évident que l'étude peut acquérir une importance plus grande que celle qu'elle avait au moment de la décision ; et rien dès lors n'empêcherait un aspirant de se présenter pour réclamer son inscription comme cinquième clerc, puisque l'état des choses étant changé, la chambre pourrait, sur une délibération nouvelle, donner une autorisation qu'elle aurait dû d'abord refuser.

1101. — L'inscription que prévoient les art. 31, 32 et 33 ci-dessus, a pour objet de constater l'entrée de l'aspirant dans l'étude ; mais le registre des inscriptions est destiné, en outre, à constater les phases diverses du stage. Aussi l'art. 36 de l'ord. de 1843 dispose-t-il, que « toutes les fois qu'un aspirant passera d'un grade à un autre ou changera d'étude, il sera tenu d'en faire, dans les trois mois, la déclaration, qui sera reçue dans la forme prescrite par l'art. 33 ci-dessus. Cette déclaration sera toujours accompagnée d'un certificat constatant son grade ». — Remarquons que la date du certificat dont il est parlé dans cet article n'est plus, comme la date de celui dont il est question dans les art. 31, 32 et 33, le point de départ du délai de trois mois dans lequel doit être faite la déclaration dont il s'agit ici ; le point de départ de ce délai est placé par l'ordonnance à l'époque même du changement d'étude ou de grade. Si la déclaration était faite après, il s'en suivrait une interruption dans le stage. *Conf.* Favier, n 340.

1102. — Comme les notaires eux-mêmes, les aspirants sont soumis à la surveillance générale des chambres, qui peuvent prononcer des peines disciplinaires plus ou moins graves suivant les circonstances et qui peuvent aller jusqu'à la suppression du stage pendant un temps déterminé, qui ne peut excéder une année ; (ord. du 4 janv. 1843, art. 37). Mais, ainsi que l'enseigne M. Favier, n° 349, la privation d'un certain temps de stage prononcée par voie disciplinaire s'applique à l'ensemble du stage et ne porte pas spécialement sur le stage courant. Sans quoi, il y aurait interruption entre le travail antérieur et celui auquel l'aspirant continuerait à se livrer, ce qui serait, dans certains cas, une aggravation notable de la peine, la loi faisant de la non interruption du stage une condition nécessaire de l'admissibilité de l'aspirant aux fonctions de notaire (V. *infra* les art. 36 et suiv. de la loi de vent. et le commentaire). Ainsi en supposant qu'un aspirant tenu à un stage de six ans se soit rendu coupable], à l'expiration de la troisième année, d'une faute qui a motivé la suppression d'une année de son stage, cette suppression répartie sur l'ensemble du stage aura pour effet de prolonger la durée du travail, en la portant à sept ans au lieu de six. Mais la suppression aurait un effet autrement grave si elle s'appliquait exclusivement au stage courant, c'est-à-dire si elle se plaçait à l'époque contemporaine de la faute commise. Il y aurait alors une interruption nécessaire entre la troisième et la quatrième année du stage, et il s'en suivrait que l'aspirant, tenu de justifier d'un travail non interrompu pendant six ans, serait obligé de recommencer à l'expiration de la quatrième année, et aurait fait en définitive un stage de dix ans. Ainsi la peine prononcée entraînerait, dans la réalité, une suppression du stage pendant trois ans, ce qui est inadmissible, puisque, dans les termes de l'ordonnance, cette suppression ne peut, en aucun cas, aller au-delà d'une année.

1103.—Enfin, l'ord. de 1843 organisant en quelque sorte l'exécution des dispositions précédentes relatives à l'inscription, a disposé par son art. 38 que « dans le mois de la publication de l'ordonnance, le registre d'inscription prescrit par l'art. 33, sera ouvert au secrétariat des chambres où ce mode de constater le stage ne serait pas déjà établi.—Tous les aspirants, ajoute ce même article, travaillant dans les études du ressort desdites chambres, seront tenus de se faire inscrire au plus tard avant le 1ᵉʳ avril prochain, et la première inscription de chacun d'eux, faite dans ledit délai, constatera tout le temps de stage qui leur sera acquis en vertu des certificats qu'ils représenteront, lesquels, pour cette première inscription devront être visés par le syndic de la chambre.» Ainsi, tous les clercs qui travaillaient encore chez les notaires le 12 janvier 1843, date de la promulgation de l'ordonnance du 4 janvier, ont dû se faire inscrire quelle que fût la durée de leur temps de travail, au plus tard avant le 1ᵉʳ avril 1843 : l'inscription était obligatoire pour tous. Néanmoins il est constant que le clerc qui a négligé de se faire inscrire avant cette époque a pu se prévaloir de son stage antérieur, soit que ce stage fût complet, soit même qu'il n'ait été complet que depuis la promulgation de l'ordonnance qui n'a pu avoir d'effet rétroactif (15 déc. 1843 et 25 janv. 1844, déc. min.). Mais le stage commencé après la publication de l'ordonnance ne peut être constaté que dans la forme que cette ordonnance a établie.

1104.—Il est à peine nécessaire de dire que le stage doit être fait en France. Les considérations présentées par M. Jaubert dans son discours sur la loi du 25 vent. an 11 (V. *supra*, n. 1075) indiquent de la manière la plus péremptoire que fait partout ailleurs qu'en France, le stage ne pourrait, sous aucun rapport, répondre aux vues du législateur. —Disons seulement que ce n'est pas nécessairement dans la France continentale que le stage doit être fait : le candidat au notariat qui aurait subi, dans nos colonies et à Alger, l'épreuve du travail pendant toute la durée fixée par la loi, serait sans difficulté admis dans la métropole. *Conf.* Roll. de Vill., vᵒ Stage, n. 9 et 10.

ARTICLE 36.

Le temps de travail ou stage sera, sauf les exceptions ci-après, de six années entières et non interrompues, dont une des deux dernières, au moins, en qualité de premier clerc chez un notaire d'une classe égale à celle où se trouvera la place à remplir.

1105.—Le stage dont cet article fixe les conditions et la durée est le stage ordinaire. On désigne comme exceptionnel celui dont la durée ou les conditions sont modifiées par les articles suivants.—Il y a relativement au stage ordinaire des règles assez nombreuses à noter : elles vont être reprises successivement.

1106.—La première de toutes consiste dans la durée. Elle doit être de *six années*. Ainsi, la loi actuelle a pris un terme moyen entre les anciennes dispositions qui fixaient la durée du stage à cinq, huit et dix ans (V. sur l'art. 35 n. 1076). « Chacun, a dit le tribun Favard, à l'appui de la nouvelle disposition, a reconnu la nécessité de la justification d'un temps de travail; mais on a été divisé sur le temps à passer chez un notaire. Les uns le désiraient plus long que ne l'exige le projet parce qu'ils pensaient que si l'aspirant au notariat doit se livrer à l'étude des lois, s'il peut acquérir au barreau des connaissances très-utiles, il n'en est pas moins vrai que c'est dans les études des notaires que l'on acquiert surtout le talent de la rédaction des actes, l'habitude de la conciliation, tout ce qui donne enfin la pratique si nécessaire dans cet état. La section s'est cependant réunie à penser que le projet annonçait assez cette vérité, et qu'on pourrait se dispenser de mettre de plus grandes entraves à l'admission des aspirants jugés capables de remplir les fonctions de notaire.»

1107. — Aujourd'hui ce sont des réclamations en sens contraire qu'on a fait entendre. On a pensé que la durée du stage pourrait être réduite sans difficulté à cinq ans, c'est-à-dire à un temps correspondant à celui qui est exigé pour arriver aux fonctions de juge et qui, on le sait, se décompose ainsi : trois ans pour les études de droit et deux ans de stage comme avocat. L'autorité elle-même a paru reconnaître la justice de ces réclamations dans l'arrêté du 30 décembre 1842, lorsqu'en réglementant le notariat dans une de nos colonies, elle a fixé la durée du stage à cinq ans dont un au moins en qualité de maître clerc (art. 5).

1108. — Cependant la disposition ci-dessus subsiste : le stage doit donc durer six années; et par argument de l'art. 132 du C. de comm., ces années et les mois qui les composent sont comptés de quantième à quantième, suivant le calendrier grégorien, bien que, d'après ce calendrier, les mois soient inégaux. *Conf.* Favier-Coulomb, n. 368.

1109. — Selon l'expression de la loi, les six années doivent être *entières*. Il suit de là que, ne manquât-il qu'une fraction même insignifiante de stage, l'aspirant ne pourrait être admis, encore qu'il présentât des garanties *spéciales* de capacité. Favier-Coulomb, n° 369, enseigne le contraire, surtout, dit-il, s'il est établi que le candidat, depuis son examen par la chambre de discipline, continue à travailler dans une chambre de notaire. Nous ne pensons pas que cette doctrine puisse prévaloir. La loi fixe un terme commun à tous, et hors de sa prescription, il n'y aurait qu'arbitraire. Quel serait le degré de capacité auquel le candidat devrait atteindre pour qu'on pût en sa faveur, la durée du stage? Et ce point établi, quelle serait la mesure dans laquelle cette durée pourrait être abrégée? serait-ce trois mois, deux mois, quinze jours? Il n'y aurait évidemment, sur ce point, ni règles précises, ni limites raisonnables à poser; rien n'empêcherait que si, dans un intérêt particulier, le stage pouvait être réduit à cinq ans et neuf mois, on ne pût, plus tard, et dans un autre intérêt, particulier encore, mais plus recommandable, le réduire à cinq ans. Ces dérogations à la loi commune prendraient leur source dans un même principe, et, si l'une pouvait être considérée comme juste et permise, on ne voit pas pourquoi l'autre ne le serait pas également. Le seul moyen d'éviter l'arbitraire, c'est de s'en tenir au texte de la loi et d'exiger indistinctement un stage de six années entières, sans prendre l'avenir en considération.

1110. — Non-seulement il faut que les six années soient entières, mais encore il est indispensable, d'après le texte de la loi, qu'*elles ne soient pas interrompues*. Cependant cette exigence de la loi doit être sainement interprétée. Ainsi, on considèrera comme interruption du stage toute discontinuation, par le candidat, de ses études pour se livrer à des occupations étrangères au notariat ou même pour rester inoccupé. C'est ainsi qu'il a été jugé que celui qui fait des expéditions chez un notaire, et dont l'occupation principale est de se livrer, au dehors, à des opérations de commerce, n'est pas clerc de notaire dans le sens de la loi (Grenoble, 7 avril 1827, D.P. 29. 1. 138).

1111. — Mais la continuité du stage ne sera pas censée interrompue par une maladie grave et dûment constatée (14 nov. 1837, déc. min. just.), ni par le temps passé au service militaire (oct. 1831, déc. min. just.), ou dans les écoles de droit et de notariat, dans les études d'avoué ou d'avocats, dans les bureaux des receveurs des domaines et de l'enregistrement; ni enfin par l'exercice de fonctions publiques analogues à celles de notaire, telles que celles d'huissier (1825, déc. min.), de greffier de juge de paix (8 sept. 1830, déc. min.), de surnuméraire de l'enregistrement (juill. 1836, déc. min.). Dans tous ces cas, et ceux, analogues qui tous sont, on le comprend bien, abandonnés à la sagesse du gouvernement, l'interruption de fait que le stage a éprouvée, ne devra

pas être opposée au candidat qui légalement sera censé avoir rempli la condition de continuité exigée par la loi.

1112. — Cependant, ce n'est pas à dire que l'on dût compter au candidat, dans les six ans que doit durer son stage, le temps pendant lequel il aurait été forcé de l'interrompre. La durée du stage pendant six ans est une condition essentielle; en sorte que si après un an, par exemple, l'aspirant était forcé de l'interrompre pendant l'année suivante; il serait censé, sans doute, n'avoir pas interrompu, mais il n'en aurait pas moins, à faire cinq années qui, ajoutées à celle qu'il avait déjà faite, compléterait le nombre de six rigoureusement nécessaire. Bien plus, il résulte d'une déc. min. du 31 juill. 1639, qu'on ne devrait pas compter à un aspirant le stage qu'il aurait fait chez un notaire concurremment avec l'exercice d'une fonction publique; « car, est-il dit dans la décision, l'aspirant qui auraid'autres devoirs à remplir n'apporterait point à l'étude du notaire l'assiduité qui peut seule garantir sa capacité. » — Décidé de même à l'égard d'un candidat qui exerçait, pendant le temps du stage, les fonctions de percepteur des contributions directes. Déc. min. 25 juill 1834.

1113. — Mais l'on s'est demandé si, en exigeant un stage de six années entières et non interrompues, la loi doit être entendue en ce sens qu'il soit nécessaire que le stage se prolonge jusqu'à l'époque où le candidat se présente pour être admis au notariat? La chambre des notaires de Paris a décidé l'affirmative sur cette question délicate, par délibération du 19 novembre 1812. On peut dire, dans ce sens, avec Loret, t. 1, p. 432, « qu'il serait ridicule, parce qu'on aurait autrefois travaillé six ans chez un notaire, qu'après une interruption d'une ou de plusieurs années on se prétendît en droit d'aspirer à une place de notaire. Le sanctuaire du notariat ne peut être ouvert qu'au candidat qui, étant toujours resté dans la carrière, n'aura jamais perdu les bons modèles et se sera montré digne de remplir les fonctions dont il a été le constant coopérateur. » — Cependant cette doctrine nous paraît trop absolue. Ainsi que le dit Favard, Rép., v° Notariat, sect. 4, « elle n'est pas entièrement conforme à ce qui se pratique habituellement au ministère de la justice. Lorsque les six années de travail datent d'une époque éloignée, on s'assure, par des investigations particulières, de la nature des occupations intermédiaires de l'aspirant... C'est seulement quand ces occupations étaient étrangères au notariat, ou contraires à ses usages, que le candidat n'est pas admis. La généralité des auteurs s'est prononcée en ce sens. V. Dalloz, Jur. gén., t. 10, p. 428, n. 8; Favier, n. 117; Roll. de Vill., v° Stage, n. 33. — V. aussi les décisions ministérielles du 5 janv. 1829, sept. 1836, 2 juin 1838, etc. — V. aussi n. 1122.

1114. — Indépendamment des conditions que nous avons indiquées, l'art. 36 exige que pendant l'une des deux années au moins du stage, l'*aspirant ait travaillé en qualité de premier clerc*. C'est pendant l'une des dernières années, et non pendant la dernière seulement que doit être exercéla fonction de premier clerc. « Il eût été trop rigoureux, a dit le Tribunat, d'exiger que ce fût absolument la dernière, vu qu'il peut arriver qu'un clerc fort instruit se trouve premier clerc la cinquième année et que, la dernière, il l'ait passée dans une autre étude où il n'ait pu être reçu en cette qualité, la place étant déjà remplie par un autre. »

1115.—Le projet de loi y avait mis même plus de tolérance, car en se bornant à exiger que sur les six années de stage, l'aspirant en eût passé une au moins en qualité de premier clerc, ce projet ne fixait pas l'époque à laquelle devait se placer cette année de première cléricature, et par là il laissait supposer qu'il était indifférent que ce fût dans la cinquième ou la sixième année, plutôt que dans une autre. Mais le tribunal proposa la modification qui est passée dans la loi, et il fit remarquer que « faute de déterminer à quelle époque des six années il est nécessaire d'avoir eu cette qualité, il serait possible qu'un aspirant au notariat eût la qualité de premier clerc dès la première année de son stage, place qu'il était hors d'état de remplir, et qu'il n'aura point conservée, mais qu'on lui aura donnée d'abord, afin que, cette condition une fois accomplie, il n'eût plus à faire qu'un stage de forme. On préviendra cet inconvénient, ajoutait le Tribunat, si l'on exige que l'aspirant ait eu cette qualité de premier clerc au moins une des deux dernières années du stage. » C'est là, en effet, ce qui a été exigé par la loi, et par les motifs qui ont déterminé le législateur et que le Tribunat a exposés, on voit que la condition doit être rigoureusement remplie. Aussi a-t-il été décidé qu'il ne suffirait pas qu'un aspirant eût fait la quatrième année de son stage comme premier clerc (Décis. min. 10 mai 1840).

1116.—D'ailleurs, une année de première cléricature fractionnée entre les deux dernières années du stage, par exemple, six mois dans la cinquième et six mois dans la sixième, ces deux fractions, fussent-elles séparées par l'intervalle de six mois ou d'un an, rempliraient le vœu de la loi. Il suffirait que pendant l'intervalle l'aspirant ne se fût pas livré à des occupations étrangères. Conf. Roll. de Vill., v° Stage, n. 42 et suiv.

1117. — Mais l'année de première cléricature est de rigueur et l'on ne pourrait admettre, en compensation, des années de travail en qualité de simple clerc au delà des six années exigées, V. Favier, n. 389; pas plus qu'on ne pourrait admettre le stage de second clerc, à Paris, comme l'équivalent du stage de premier clerc dans une autre résidence. La première de ces positions n'équivaut pas à la seconde et, par conséquent, elle ne donne pas les conditions d'idonéité suffisantes pour être nommé notaire dans une résidence inférieure, 10 mai 1840, décis. garde-des-sceaux. D.P. 44. 3. 5.

1118.—Il y a plus : le titre de premier clerc adjoint ne suffirait pas pour l'admissibilité de l'aspirant aux fonctions de notaire. Déjà, après une assez longue pratique contraire, on avait fini par décider, même avant la publication de l'ord. régl. du 4 janv. 1843, que « la loi ne reconnaît

pas le titre de premier clerc adjoint; en conséquence l'aspirant au notariat qui justifie non d'un certificat de premier clerc en titre, mais seulement de premier clerc adjoint, ne peut être admis.—10 janv. 1841, déc. garde-des-sceaux. D. P. 44. 3. 5.

1119.—Aujourd'hui cette solution résulte invinciblement de l'ord. précitée, dont l'art. 35 dispose que « le même gradé ne pourra être conféré concurremment à deux ou plusieurs clercs dans la même étude.» — Peut-être pourrait-on dire avec M. Favier, Comm. de l'ord. du 4 janv. 1843, p. 127, que pour Paris, du moins, où les mutations de premier clerc se présentent assez rarement, cette disposition ne laisse pas que d'être rigoureuse, en ce qu'elle enlève à beaucoup d'aspirants le seul moyen qui rendait possible pour eux le complément des études.

1120. — Enfin, la dernière condition exigée par l'art. 36 consiste dans la nécessité d'exercer la cléricature chez un notaire d'une classe égale à celle où se trouve la place à remplir. — Une décision du min. de la just., du 15 sept. 1840 (D.P., 44. 3. 6.), a interprété cette prescription de la loi, en ce sens que lorsqu'un aspirant au notariat justifie d'une durée de travail de six années, il n'y a pas lieu de rechercher où le travail s'est accompli, sauf l'année de première cléricature exigée par l'art. 36. D'où il résulterait que c'est pour cette année seulement et non pas pour toute la durée du stage que le travail devrait avoir été fait chez un notaire d'une classe égale à celui où se trouve la place à remplir.

1121. — Cette interprétation, nous en convenons, pourrait se justifier par le texte, ou du moins par la ponctuation de l'art. 36. Mais en y réfléchissant, elle détruit toute l'économie de la loi qui, dans les articles suivants, ainsi qu'on va le voir, abrège ou prolonge la durée du stage suivant qu'il est fait chez un notaire d'une classe inférieure ou supérieure à celle où se trouve la place à remplir, ce qui indique bien que l'art. 36 est relatif à l'hypothèse où il s'agit d'un stage fait dans une classe qui n'est ni supérieure ni inférieure, mais égale à la place à remplir. Aussi l'art. 36 a été constamment entendu en ce sens que c'est le stage entier et non pas seulement l'année de première cléricature qui doit être fait chez un notaire d'une classe égale à celle où se trouve la place à remplir.

1122. — Les années de travail passées dans une étude de notaire, antérieurement à la loi du 25 vent. an 11, doivent être comptées utilement pour la formation du stage exigé par cette loi, alors même qu'on n'aurait travaillé chez aucun notaire depuis sa promulgation. — 15 déc. 1835. Déc. min. just. D.P. 36. 3. 48.

ARTICLE 37.

Le temps de travail pourra n'être que de quatre années, lorsqu'il en aura été employé trois dans l'étude d'un notaire d'une classe supérieure à la place qui devra être remplie, et lorsque, pendant la quatrième, l'aspirant aura travaillé, en qualité de premier clerc, chez un notaire d'une classe supérieure ou égale à celle où se trouvera la place pour laquelle il se présentera.

1123. — Cet article consacre la première exception à la règle des six années établie par l'article précédent. Elle est établie en faveur de ceux qui sont clercs chez un notaire de la classe supérieure à celle où ils veulent être admis, et a pour objet de réduire d'un tiers la durée de leur stage. On a pensé, ainsi que cela résulte de l'exposé des motifs de la loi, que les moyens d'instruction sont d'autant plus grands pour l'aspirant, que l'étude dans laquelle il travaille appartient à une classe plus élevée.

1124. — Dans les termes de la loi, la durée de quatre ans fixée pour le stage, dans ce cas, se décompose ainsi : trois années chez un notaire de première classe, et une année en qualité de premier clerc chez un notaire de première ou de seconde classe. M. Roll. de Vill., v° Stage, n. 54, enseigne qu'il n'y a rien de rigoureux dans l'ordre indiqué par la loi; qu'ainsi il importerait peu que l'aspirant eût travaillé d'abord un an dans la première classe, un an comme premier clerc dans la seconde, et enfin deux ans dans la première, parce que, dans cette hypothèse, nonobstant l'ordre dans lequel le temps de cléricature se serait accompli, le candidat aurait, en définitive, passé trois ans chez un notaire de première classe et un an en qualité de premier clerc chez un notaire de seconde, et que c'est là tout ce qu'exige la loi. Il est évident, à la lecture de l'article ci-dessus, que la loi exige davantage. Ce qu'elle veut, c'est, dans le même intérêt que nous avons déjà signalé (V. sur l'art. 36, n. 1115), que l'année de première cléricature se trouve la quatrième. Or, cela ne se rencontre pas dans l'hypothèse que prévoit M. Rolland de Villargues, et dès lors l'aspirant qui s'y trouverait placé serait infailliblement refusé, comme ne remplissant pas les conditions de la loi.

1125. — Les quatre années de stage, dans le cas particulier de l'art. 37, doivent être non interrompues comme les six années dans le cas de l'art. 36. Sous ce rapport, les observations que nous avons présentées à propos de ce dernier article trouvent ici leur entière application.

1126. — Au surplus, l'art. 37, malgré son apparente généralité, s'applique seulement au cas où l'aspirant veut exercer dans la deuxième classe. S'il aspirait à la troisième, sa condition serait régie par l'art. 41 ci-après, qui, ainsi qu'on le verra, limite à trois ans, et non au-delà la durée du stage chez un notaire d'une classe supérieure.

ARTICLE 38.

Le notaire déjà reçu, et exerçant depuis

un an, dans une classe inférieure, sera dispensé de toute justification de stage, pour être admis à une place de notaire vacante dans une classe immédiatement supérieure.

1127. — Mais cette exemption de toute justification de stage ne peut être invoquée que par le notaire qui passe dans une classe *immédiatement supérieure*. Ainsi, elle ne profiterait pas au notaire qui, exerçant dans la troisième classe, aspirerait à la première. Celui-là devrait faire la justification exigée de tout autre candidat, sans égard à sa position particulière.

1128. — Toutefois, il est arrivé dans des cas spéciaux, quand il s'est agi de sujets distingués, et d'après l'attestation des chambres de discipline et des magistrats, qu'on s'est écarté de cette règle, et que l'on ait considéré l'exercice des fonctions de notaire de troisième classe comme équivalant à un travail en qualité de clerc dans une étude de première classe. — Favier, n. 414 et 415. — V. cependant Roll. de Vill., v° Stage, n. 61.

1129. — Par un *à fortiori* manifeste de la disposition ci-dessus, il n'y a lieu à aucune justification de stage à l'égard d'un notaire d'une classe supérieure qui voudrait occuper un notariat d'une classe inférieure.

1130. — Il faut remarquer que la dispense est accordée par la loi au notaire exerçant depuis un an. C'est donc le commencement de son exercice, c'est-à-dire le jour où il a prêté serment qui doit servir de point de départ au délai d'un an et non pas sa nomination. *Conf.* Rolland de Villargues, v° Stage, n. 58.

1131. — Mais le bénéfice de la loi n'est-il acquis qu'au notaire qui exerce actuellement? Et ne profite-t-il pas aussi à celui qui a cessé d'exercer? Le gouvernement n'a vu aucune différence entre ces deux positions. Dans l'une et l'autre hypothèse, la disposition de l'art. 38 a été appliquée. V. Roll. de Vill., *loc. cit.*, n. 59; Favier, n. 413.

ARTICLE 59.

L'aspirant qui aura travaillé pendant quatre ans, sans interruption, chez un notaire de première ou de seconde classe, et qui aura été, pendant deux ans au moins, défenseur ou avoué près un tribunal civil, pourra être admis dans une des classes où il aura fait son stage, pourvu que, pendant l'une des deux dernières années de son stage, il ait travaillé, en qualité de premier clerc, chez un notaire d'une classe égale à celle où se trouvera la place à remplir.

1132. — Cette disposition ne s'applique pas à un aspirant qui aurait travaillé, pendant les quatre années dont il est question, chez un notaire de troisième classe. L'exception n'a lieu que pour le stage dans les études de première ou de seconde classe.

1133. — Cette exception est faite en faveur du défenseur et des avoués près d'un tribunal civil; mais elle n'établit pas, en leur faveur, une dispense absolue, mais seulement une réduction de stage : ainsi, l'avoué qui veut devenir notaire ne peut, dans aucun cas, être dispensé du stage; il ne peut invoquer qu'une réduction, s'il a exercé les fonctions d'avoué pendant plus de deux ans. — 19 mai 1836. Déc. min. just. D.P. 37. 3. 136.

1134. — La dispense est établie en faveur des *défenseurs* près d'un tribunal civil. Mais quel est la portée de cette expression? Elle comprend, sans aucun doute, les avocats reçus et qui exercent près d'une cour royale ou d'un tribunal de première instance. Mais, elle ne s'étend pas au simple licencié, qui, n'ayant pas été reçu au serment, ne possède qu'un titre académique (21 sept. 1835 déc. du garde des sceaux. D.P. 36. 3. 48.)

1135. — M. Rolland de Villargues, v° Stage, n. 68, enseigne que la dispense ne devrait pas non plus être accordée aux agréés, mais à tort, suivant nous, si, du moins, les agréés sont en même temps licenciés; et l'on n'imiterait probablement pas l'exemple donné par le conseil de l'ordre des avocats de Paris, lequel refuse d'admettre dans son sein les avocats qui ont exercé les fonctions d'agréés, quelque honorable que soit leur caractère C'est ce qui a eu lieu à l'égard de Me Augier. Mais une pareille exclusion semble avoir été inspirée par les idées ou plutôt par les préjugés d'un autre âge.

1136. — Du reste, il faut que l'avocat qui réclame la réduction de stage *exerce* sa profession; c'est le sens évident de la disposition ci-dessus; il ne lui suffirait donc pas d'être seulement inscrit sur le tableau des avocats (19 janvier 1836, déc. garde des sceaux). C'est l'exercice qui a lieu, soit en plaidant, soit en consultant, qui rend applicable le bénéfice de la loi.

1137. — C'est pourquoi un avocat, même stagiaire, est admis à l'invoquer, pourvu qu'il justifie de son exercice par un certificat de la chambre de discipline et des juges de la cour ou du tribunal auxquels le candidat appartient. Exiger de l'avocat l'inscription au tableau, ce serait exiger plus que la loi, et distinguer là où elle ne distingue pas.

1138. — D'ailleurs, dans tous les cas, les quatre années de cléricature et les deux années d'exercice comme défenseur ou comme avoué, doivent être distinctes et successives, et non pas simultanées. • En effet, l'art. 39 de la loi du 25 vent. an 11, permet seulement d'ajouter deux ans d'exercice comme avocat à quatre années de travail comme clerc, pour compléter le temps de stage exigé par l'art. 36 de la même loi; mais ni par sa lettre, ni par son esprit, l'art. 39 n'autorise l'admission aux fonctions de notaire lorsque les quatre années de cléricature et les deux années de profession d'avocat se sont accomplies simultanément; il faut toujours, dans le cas prévu

par cet article, qu'en somme on retrouve les six années d'étude exigées par l'art. 36. » (25 sept. 1843. Déc. garde-des-sceaux.)

1139. — Mais, remarquons qu'il ne suffit pas que ces six années s'y trouvent d'une manière quelconque; il faut aussi qu'en les décomposant, on y trouve complet chacun des éléments indiqués par la disposition ci-dessus, à savoir : quatre ans entiers de cléricature, et deux ans aussi entiers d'exercice comme avoué ou comme avocat. Ainsi le temps d'exercice comme avocat au-delà de deux années exigées par la loi, ne pourrait, en aucune manière, compenser ce qui manquerait à l'aspirant des quatre années de stage notarial exigées également (21 sept. 1835. Déc. min. just. D.P. 36. 3. 48).

1140. — Enfin, la loi exige que les quatre années dont le stage se compose aient été faites sans interruption. Sous ce rapport, nous nous référons aux observations qui accompagnent l'art. 36 ci-dessus : les règles d'interprétation qui y sont exposées sont de tous points applicables ici. — Mais la non interruption n'est pas également exigée par le texte relativement aux deux années d'exercice comme avocat ou comme avoué. Peut-être la non interruption, à cet égard, est-elle dans l'esprit de la loi. Mais, il faut convenir que, dans le silence qu'elle a gardé, ce serait y ajouter que de faire de cette non interruption une condition nécessaire de l'admission de l'aspirant. — *Conf.* Roll., v° Stage, n. 70.

1141. — En ce qui concerne l'année de première cléricature exigée par la loi, elle doit se placer à la quatrième année du stage; c'est une condition indispensable, et rien ne pourrait suppléer l'exercice de cette première cléricature (déc. min. just., janv. 1837).

ARTICLE 40.

Le temps de travail exigé par les articles précédents devra être d'un tiers en sus, toutes les fois que l'aspirant, ayant travaillé chez un notaire d'une classe inférieure, se présentera pour remplir une place d'une classe immédiatement supérieure.

1142. — Ainsi, le stage qu'aurait fait un aspirant chez un notaire d'une classe immédiatement inférieure à celle où il veut être admis, ne lui compterait que pour deux tiers. Cela s'applique au stage ordinaire prévu par l'art. 36 ci-dessus, comme au stage exceptionnel que règlent les art. 37 et 39. Chacune de ces hypothèses donne lieu à des observations particulières.

1143. — Dans le cas de l'art. 36, le stage est de six années dont une au moins en qualité de premier clerc. Si le stage s'est accompli dans une étude de seconde classe, et que le candidat aspire à une place de notaire dans la première, il faudra qu'il justifie, en vertu de l'article ci-dessus, d'un temps de travail plus long *d'un tiers* que celui dont il aurait dû justifier s'il n'eût aspiré qu'à une étude de seconde classe : ainsi son stage, dans ce cas, devra avoir eu une durée de huit années. Et ce n'est pas tout; de même que la durée du stage entier est prolongée, de même aussi doit être prolongée et dans la même proportion, la durée de la première cléricature. Dans le cas où l'aspirant n'eût pas tendu vers une classe supérieure à celle où il a exercé comme clerc, la première cléricature n'aurait été que d'un an ; elle doit être de 16 mois dès qu'il aspire à une classe immédiatement supérieure. Le stage devra donc se décomposer ainsi, dans cette hypothèse : un an quatre mois, au moins, comme premier clerc et six ans huit mois comme simple clerc. On ne se dissimule pas qu'il y a de la rigueur dans cette interprétation.

1144. — Mais le tiers en sus que la loi exige ne doit pas nécessairement s'appliquer à la totalité du stage, lorsque, par sa position et par la durée du stage qu'il a fait dans des classes diverses, l'aspirant n'a besoin d'invoquer la compensation que pour une partie. Ainsi, dans la même hypothèse où un candidat aspirerait à une étude de deuxième classe, si, au lieu des six ans de stage dans cette classe dont un an au moins en qualité de premier clerc, l'aspirant ne justifiait que d'une fraction, par exemple, trois ans dont seize mois en qualité de premier clerc, il est évident qu'il serait admis à compléter la fraction de trois ans qui lui manquerait, par le stage qu'il aurait fait dans une étude de troisième classe. C'est, alors, sur cette dernière fraction seulement, que devrait porter le tiers en sus exigé par la loi : ainsi, dans l'hypothèse prévue, l'aspirant qui, outre le stage de trois ans dont seize mois dans la deuxième classe, pourrait invoquer un stage de quatre ans accompli dans la troisième classe, aurait fait les justifications nécessaires et satisfait à toutes les exigences de la loi.—*Conf.* délib. 20 sept. 1836.

1145. — Dans le cas de l'art. 37 ci-dessus, le stage du candidat qui aspire à la seconde classe est réduit, ainsi que nous l'avons vu, à quatre ans, lorsque trois ont été employés dans la première classe et un comme premier clerc dans la première ou dans la seconde classe. Mais si le candidat est dans la troisième classe, et qu'aspirant à la seconde il puisse exciper d'un stage antérieur fait dans la première, le tiers en sus dont il devra justifier dans ce cas, d'après l'article ci-dessus, devra-t-il être calculé sur les six années du stage ordinaire fixé par l'art. 36 ou sur les quatre années du stage exceptionnel que prévoit l'art. 37 ? La question a été implicitement résolue dans ce dernier sens par le ministre de la justice. Dans l'espèce, M. A... fait un traité pour l'acquisition d'une étude de notaire de deuxième classe. Il n'avait pas travaillé pendant six années dans le notariat, et par conséquent il dut invoquer les dispositions exceptionnelles de l'art. 37. Il justifia donc d'un stage de un an deux mois en qualité de premier clerc dans la deuxième classe, de deux ans six mois dans la première et enfin de onze mois dans la troisième : en tout quatre ans sept mois. Ce stage, comme on le voit, ne pouvait satisfaire à la première condition exigée par l'art. 37, puisqu'au lieu de trois ans de travail dans la pre-

mière classe, le candidat ne justifiait que de deux ans six mois. Mais il compensait les six mois qui lui manquaient par les onze mois qu'il avait passés en travaillant dans la troisième classe. Cette compensation a été admise par le motif que les onze mois formaient plus d'un tiers en sus des six mois qui manquaient au candidat. (15 juin 1837, déc. min. just. D.P. 38. 3. 80). Cette solution n'est selon nous qu'une application exacte des art. 37 et 40 combinés. Elle est cependant critiquée vivement par MM. Favier, n. 431 et Roll. de Vill., v° Stage, n. 80, d'après lesquels ce n'est pas sur les trois années de cléricature dans la première classe, ou sur ce qui s'en manquait, que devait être calculé le tiers en sus, mais bien sur les six années en vue desquelles l'art. 40 a exigé les excédants du candidat qui veut arriver à une place de notaire immédiatement supérieure.

1146.—Quant à la seconde partie du stage exigé par l'art. 37, c'est-à-dire l'année de première cléricature, elle reçoit également l'application de l'art. 40. D'après cela, il a été décidé que celui-là peut être reçu notaire de deuxième classe qui, indépendamment d'un stage de trois ans dans des études de première classe, justifie de seize mois de travail, en qualité de premier clerc dans une étude de troisième classe (23 juin 1838. Déc. min. just. D.P. 39. 3. 65).

1147. —Dans le cas de l'art. 39, qui réduit à quatre années le stage des défenseurs et des avoués qui veulent devenir notaires, la combinaison de cet article avec l'art. 40 n'est pas susceptible de présenter des difficultés. L'avocat ou l'avoué exerçant qui aspireront à une place de notaire dans une classe immédiatement supérieure à celle où ils auront fait leur stage, devront nécessairement justifier d'un temps de travail de cinq ans quatre mois; savoir, quatre ans d'après l'art. 39, et d'après l'art. 40, seize mois formant le tiers en sus de ces quatre ans.

1148. — L'art. 40 ne parle que du candidat qui aspire à devenir notaire dans une classe *immédiatement supérieure*. Il semblerait résulter de là que le clerc qui a fait son stage dans des études de troisième classe ne peut aspirer à une place de notaire de première classe, quel que soit le nombre d'années qu'il aurait passées dans ces études ; en sorte que le clerc d'une étude d'une classe inférieure, même avec un tiers de temps de plus, ne peut aspirer qu'à une place d'une classe immédiatement supérieure. Tel n'a pu être le vœu de la loi; aussi l'administration lui donne-t-elle une autre interprétation : elle décide que, pour être admis dans la seconde classe, il suffit de huit années de stage dans la troisième ; et que, pour être admis dans la première, il suffit de neuf années de stage, dont sept dans la troisième et deux dans la seconde classe. — V. cependant Loret, sur l'art. 40, et Rolland de Vill., v° Stage, n. 83.

ARTICLE 41.

Pour être admis à exercer dans la troisième classe de notaires, il suffira que l'aspirant ait travaillé, pendant trois années, chez un notaire de première ou de seconde classe, ou qu'il ait exercé, comme défenseur ou avoué, pendant l'espace de deux années, auprès du tribunal d'appel ou de première instance, et qu'en outre il ait travaillé, pendant un an, chez un notaire.

1149. — Cet article prévoit deux hypothèses distinctes, relativement à la troisième classe de notaires dont il s'occupe spécialement : celle où c'est un aspirant ayant travaillé dans une classe supérieure, qui veut être admis dans la troisième, et celle où c'est un défenseur ou un avoué exerçant près d'un tribunal ou d'une cour.

1150. — Dans la première hypothèse, le stage est réduit à trois ans au lieu de six qu'il aurait duré nécessairement si le candidat eût aspiré à une place de classe égale. Ainsi, le temps d'étude, chez un notaire d'une classe supérieure à la troisième, compte double pour le stage de cette troisième classe. Il importe peu d'ailleurs que les trois ans aient été passés dans la deuxième ou la première classe ; la loi est formelle sur ce point.

1151. — Mais, si le temps de stage compte double, c'est seulement dans le cas où les trois années sont complètes ; au-dessous, il ne compterait que pour sa valeur. On a soutenu et a même été décidé que la présomption de la loi étant que le stage fait dans la classe supérieure est plus profitable que celui fait dans une classe inférieure, il y a lieu de suivre la présomption dans tous les cas. (25 juin 1837, déc. min. ; D. P. 37. 3. 105 ; 21 août 1838, délib. D. P. 39. 3. 105.) Cependant la jurisprudence administrative est revenue sur ce point, elle a établi que « la disposition de l'art. 41 est exceptionnelle ; que, comme toute exception, elle doit être renfermée dans ses termes; qu'il n'est pas plus permis de compléter le stage qu'elle exige par un stage de troisième classe, fût-il double, que de le dédoubler lui-même pour parfaire un stage de classe inférieure. » (2 déc. 1843, déc. min.) Conf.19 juin 1838, déc. min.; D. P. 39. 3. 105.

1152. — Dans les trois années qu'exige l'art. 41, il n'est pas nécessaire que le candidat ait été premier clerc ; il suffit qu'il ait travaillé dans des études de première ou de deuxième classe. Mais il faut que les trois années de travail n'aient pas été interrompues. L'art. 41 ne le dit pas sans doute ; mais la non interruption est une règle fondamentale en cette matière. Toutefois, il n'y aurait pas interruption si les trois années se trouvaient séparées entre elles par un stage dans la troisième classe ; par exemple si le candidat avait travaillé deux ans dans la première, qu'il fût ensuite passé, pour un an, dans la troisième, et enfin qu'il fût rentré dans la première où il serait demeuré un an. Les trois années ne seraient pas consécutives, sans doute : mais on ne pourrait pas dire non plus que la continuité du stage eût été rompue.

1153. — Dans la seconde hypothèse, prévue

par l'art. 41, celle où un défenseur ou un avoué aspirent à une place de notaire de troisième classe, il résulte des termes de la loi que l'avocat ou l'avoué n'a pas besoin non plus d'avoir été premier clerc, et quant à l'année de son travail chez un notaire, peu importe la classe du notaire chez lequel il a employé cette année.

1154. — Seulement, il faut que cette année de travail et les deux années d'exercice comme avocat ou avoué, soient distinctes et non pas simultanées, comme dans le cas de l'art. 39 ci-dessus. — V. supra, sur cet article n° 1138. Mais il importerait peu que l'aspirant eût successivement, pendant ces deux années d'exercice, comme avocat ou comme avoué, rempli ces deux fonctions : rien n'indique dans la loi qu'il doive avoir exercé exclusivement l'une ou l'autre. Conf. Roll. de Vill., v° Stage, n° 96.

ARTICLE 42.

Le gouvernement pourra dispenser de la justification du temps d'étude, les individus qui auront exercé des fonctions administratives ou judiciaires.

1155. — Les motifs de la loi ont été exprimés en ces termes lors de la discusion par M. Réal: « Cette disposition est essentiellement transitoire, et le gouvernement désire voir arriver promptement le moment où il en proposera l'abrogation; mais il faudrait ignorer qu'il s'est fait une révolution en France pour contester la nécessité de cette mesure; il faudrait, d'un autre côté, méconnaître quelles sont les intentions, quels sont les intérêts du gouvernement ; il faudrait surtout méconnaître avec quelle précaution, avec quelle prudence et avec quelle sagesse le gouvernement fait ses choix, pour craindre que cette mesure fût dans ses mains la source d'aucun abus ». Ces observations ont fait maintenir une disposition qui, passée dans la loi comme *essentiellement transitoire*, n'en a pas moins subsisté depuis sa promulgation et subsiste encore. Mais on comprend que si le gouvernement peut l'invoquer encore aujourd'hui, il ne doit le faire du moins qu'avec la plus grande réserve.

1156. — D'après les termes de la loi, la dispense du temps d'étude peut être accordée aux individus ayant exercé des fonctions *administratives* ou *judiciaires*. Cette disposition, en ce qui concerne les fonctionnaires de la première catégorie, a souffert quelques difficultés. Le Tribunal en proposa formellement le rejet : « On peut être un bon administrateur, disait-il, et ne pas connaître les premiers éléments de la science du notaire. Etendre à tous ceux qui ont administré l'art. 42, ce serait renverser le système de la loi. Tant de citoyens ont été administrateurs depuis plus de douze ans, que presque tous les Français seraient dans le cas de la dispense, en sorte que ce qui serait l'exception deviendrait, par le fait, règle générale. Parmi les fonctionnaires qui sont aujourd'hui qualifiés administrateurs, il en est un grand nombre, tels que les membres des conseils généraux, qui ne se sont occupés que de la répartition des contributions, qui n'exercent leurs fonctions que peu de jours chaque année, et qui les exerceraient toute leur vie sans acquérir les connaissances qu'un clerc de notaire peut se procurer en trois mois d'étude.... « Malgré ces observations, la rédaction de la loi a été maintenue; et par suite le gouvernement est resté autorisé à accorder des dispenses aux individus qui ont exercé des fonctions administratives.

1157. — Mais, dans l'application, ces dispenses ne sont accordées qu'à ceux qui justifient d'une capacité incontestable jointe à des services administratifs bien établis et d'une durée notable. Sous ces conditions, la dispense est applicable aux membres du Conseil d'Etat, aux préfets, aux sous-préfets, aux conseillers de préfecture et même aux fonctionnaires des services financiers.

1158. — Elle l'est également aux maires et à leurs adjoints, car ces fonctionnaires sont les délégués du gouvernement, en même temps que les représentants de la commune.

1159. — Mais les fonctions de conseiller municipal étant restreintes aux seuls intérêts de la commune, ne sont pas de véritables fonctions administratives propres à motiver l'application de la dispense de stage autorisée par l'art. 42 précité (19 mai 1836. Déc. min. just. D.P. 37. 3. 136).

1160. — [Les directeurs du domaine, les conservateurs des hypothèques, les inspecteurs, vérificateurs et receveurs de l'enregistrement sont des fonctionnaires de l'ordre administratif auxquels la dispense de stage peut être accordée (14 juill. 1840, décis. min.).

1161. — Mais il en serait autrement des simples surnuméraires de la régie de l'enregistrement. En conséquence, ceux qui se présentent pour être nommés notaires ne peuvent être dispensés de la justification du stage, alors même qu'ils auraient remplacé, par intérim, le titulaire d'un emploi. — (13 juin 1835. Décis. min. just. D.P. 36. 3. 48.)

1162. — Dans l'ordre judiciaire, on comprend dans le nombre de fonctionnaires auxquels la dispense peut être accordée tous les magistrats depuis la cour de cassation jusqu'aux plus simples justices de paix. On y comprend même les membres de la cour des comptes (14 nov. 1835, décis. min.), et d'après M. Roll. de Vill., v° Stage, n. 113, ceux des tribunaux de commerce. V. cependant Favier, n. 475. — Il en est ainsi des juges suppléants, même des suppléants des juges de paix lesquels sont membres d'un tribunal et exercent des fonctions judiciaires. V. Favier, loc. cit. Enfin, cela s'applique encore aux greffiers et à leurs commis assermentés, qui, par un très-grand nombre de décisions, ont été déclarés dans le cas d'obtenir la dispense (Voy. entre autres, 31 janv. 1836, décis. min. D.P. 36. 3. 71).

1163. — Mais les avocats, les avoués et les huissiers n'exerçant pas de fonctions judiciaires dans le sens de l'art. 42, n'ont droit évidemment à aucune dispense, sauf, en ce qui concerne les avocats et les avoués, l'application des dispositions particulières des art. 39 et 41, ci-dessus.

ARTICLE 45.

L'aspirant demandera à la chambre de discipline du ressort dans lequel il devra exercer, un certificat de moralité et de capacité. Le certificat ne pourra être délivré qu'après que la chambre aura fait parvenir au commissaire du gouvernement du tribunal de première instance, l'expédition de la délibération qui l'aura accordé.

1164. — La moralité et la capacité sont les deux conditions essentielles pour être admis aux fonctions de notaire. La loi indique ici le mode à l'aide duquel le candidat pourra justifier de l'accomplissement de ces deux conditions. Ce mode, d'ailleurs, n'est plus celui qui se pratiquait, soit sous l'empire de la loi du 6 oct. 1791, qui a réorganisé le notariat, soit sous l'ancienne législation.

En effet, d'après la loi de 1791, la capacité des aspirants au notariat, résultait du concours public qui devait avoir lieu dans tous les chefs-lieux de département et dans lesquels étaient désignés par avance les sujets qui pourraient occuper les places de notaire. La loi du 25 vent. an 11 a supprimé ce mode que ses rédacteurs ont considéré comme peu sûr pour établir la capacité relative de chaque candidat : « Le concours, a dit, en effet, le tribun Jaubert, trahit souvent un talent modeste, il peut aussi favoriser un sujet peu capable; s'il est vrai que le vainqueur doit avoir nécessairement quelque talent, il ne prouve pas toujours que le vaincu n'en a pas un supérieur. Elle sera donc bonne cette loi qui aura diminué les obstacles en faveur de la modestie, surtout pour l'admission à une profession calme par elle-même, qui ne consiste pas à parler disertement, qui exige toujours de la réflexion, et conséquemment du temps pour la combinaison des idées et leur rédaction. — Les moyens proposés pour éclairer le choix du gouvernement nous ont donc paru propres à remplir le but désiré. »

Ces moyens, on le voit par le texte de la loi, consistent dans la certification de moralité et de capacité que l'aspirant doit obtenir. Par là, le législateur de l'an 11 s'est rapproché des pratiques de l'ancienne législation ; mais il les a modifiées sous un rapport essentiel. En effet, d'après les anciennes ordonnances, tout aspirant au notariat devait subir un examen devant les juges qui étaient appelés à recevoir son serment (ord. 28 déc. 1490, art. 20; arrêt de régl. du 14 sept. 1685). Le moyen est resté le même en règle générale, du moins, sous l'empire de la loi de l'an 11; mais l'autorité chargée d'apprécier la capacité a été changée; car c'est aujourd'hui à la chambre de discipline du ressort dans lequel le candidat veut exercer, qu'il doit demander le certificat de capacité et de moralité. A l'appui de cette innovation, l'orateur du Tribunat, M. Favard, disait : « Ce qui a surtout déterminé l'adoption des règles proposées pour le stage de chaque aspirant, c'est l'obligation que lui impose l'art. 43, de rapporter un certificat de moralité et de capacité de la chambre de discipline du ressort dans lequel il devra exercer. Cette disposition, infiniment honorable pour l'institution du notariat, doit rassurer sur la capacité, l'instruction et la probité des aspirants, qui seront examinés par leurs pièces.—La garantie de la société entière repose donc sur la chambre de discipline; la loi leur en confie le soin et s'en rapporte à leur conscience. Elles sentiront toute l'importance des obligations qui leur sont imposées; elles sauront les remplir avec courage et sans exception pour que le gouvernement soit toujours éclairé sur ses choix. »

Après avoir fait l'historique de cet art. 43, il resterait à exposer les difficultés assez nombreuses qui se rattachent à cet article. Mais elles ont été discutées *in extenso* dans notre *Tr. de la discip. not.*, ch. 1, sect. 1er § 3, nᵒˢ 24 *bis* et suiv. Nous y renvoyons le lecteur.

ARTICLE 44.

En cas de refus, la chambre donnera un avis motivé, et le communiquera au commissaire du gouvernement, qui l'adressera au grand-juge, avec ses observations.

1165. — Cet article se rattache au précédent, et comme celui-ci il a été l'objet d'un examen spécial dans notre *Traité de la discip. not.*—Voy. *loc. cit.*, n. 56 et suiv.

ARTICLE 45.

Les notaires seront nommés par le premier consul, et obtiendront de lui une commission qui énoncera le lieu fixe de la résidence.

1166. — En tous temps, il a été de principe en France, qu'au souverain seul il appartient d'instituer les notaires, sinon les notaires seigneuriaux, c'est-à-dire ceux qui étaient créés par les seigneurs dans l'étendue de leur seigneurie, du moins les notaires royaux, c'est-à-dire ceux qui étaient établis par le roi dans les justices royales. C'est ce principe qui a été formellement consacré par l'art. 45 et dont le tribun Jaubert a proclamé la nécessité en ces termes : « Les fonctions des notaires sont une émanation de l'autorité publique, et de là, la conséquence que les notaires doivent être institués et librement nommés par le chef de l'autorité publique. » — Dans les derniers temps, le pouvoir suprême de la nation n'intervint que pour la signature d'un diplôme.

— L'autorité publique est une. Il fallait donc que toutes ses attributions ne vinssent que de leur source naturelle. Aussi le projet porte, avec raison, que les notaires seront nommés par le premier consul. »

1167. — Ce principe avait été considéré comme applicable aux notaires de l'Algérie, et par suite il avait été jugé que l'institution et la nomination d'un notaire, faite par un sous-intendant militaire dans une province de l'Algérie, peu de jours après sa conquête, devait être réputée nulle et non avenue; et que dès lors les actes reçus par un notaire ainsi nommé ne pouvaient valoir comme actes authentiques. (Cass. 9 mai 1842; D. P. 42. 1. 243). — Mais il a été établi, depuis cet arrêt, par l'arrêté du ministre de la guerre, du 30 déc. 1842, portant réglement de l'exercice et de la discipline de la profession de notaire en Algérie, que « les notaires continueraient d'être nommés, et lorsqu'il y aura lieu, révoqués par le ministre de la guerre sur le rapport du procureur général. » (Art. 2. V. D. P. 43. 3. 51.)

1168. — Hors ce cas, la nomination est proposée par le garde des sceaux au roi, qui, éclairé par tous les renseignements qu'exigent les articles précédents de la loi, l'accorde ou la refuse, à sa volonté. C'est même là un acte de haute administration qui, à ce titre, n'est susceptible d'aucun recours. (28 août 1822 et 9 mai 1838, ord. cons. d'Etat.)

1169. — Du reste, lorsque la nomination est accordée, elle fait l'objet d'une ordonnance royale, comme pour tous les autres fonctionnaires qui sont à la nomination du roi. Cette ordonnance énonce, aux termes de l'article ci-dessus, le lieu fixe de la résidence. Mais elle n'attribue toujours que le titre à l'office, et ne dispense pas le titulaire nouvellement pourvu de la réception et de l'installation qui doivent compléter son caractère d'officier, réception et installation dont il va être parlé sous les articles suivants.

1170. — Disons seulement ici que l'ordonnance royale qui nomme un notaire reste sans effet, par suite du refus de l'impétrant de se faire installer : l'impétrant peut refuser cette nomination, sauf l'action en dommages-intérêts qui peut être formée contre lui. (18 juill. 1836, déc. min.; D.P. 37. 3. 138.) — Il résulte même de cette décision que le refus par le candidat de la nomination à l'emploi de notaire qui lui est confié par ordonnance, ne ferait pas obstacle à ce que ce candidat fût promu, par une seconde ordonnance, aux mêmes fonctions dans une autre résidence. Mais sous ce dernier rapport, le ministre réserve formellement le droit d'apprécier les motifs du refus, afin que s'il était le résultat d'un manque de foi condamnable et d'un calcul intéressé, l'administration pût le déjouer, loin de le favoriser en agréant une seconde fois le candidat qui violerait ainsi ses engagements.

ARTICLE 46.

Les commissions de notaire seront, dans

leur intitulé, adressées au tribunal de première instance dans le ressort duquel le pourvu aura sa résidence.

1171. — Il résulte de ce qui a été dit sous l'article précédent, qu'on s'est écarté, dans la pratique, de la forme indiquée par celui-ci. L'ordonnance royale est substituée à la *commission*, dont le présent article prescrit la délivrance. Et, en effet, dit très-bien M. Rolland de Villargues, v° Notaire, n° 214, « le terme de *commission* ne s'est jamais employé que pour désigner une fonction temporaire ou révocable : ainsi, on était loin, dans l'ancienne jurisprudence, de se servir d'une pareille expression. L'expression employée était celle de *provision*. Le roi ne délivrait que des lettres de provision, c'est-à-dire qu'il se bornait à *pourvoir* d'un office de notaire la personne qui lui était désignée ou présentée par le titulaire ou propriétaire de cet office. » — Aussi la disposition de l'art. 46 n'est point suivie au ministère. L'ampliation de l'ordonnance de nomination a paru jusqu'à présent un titre suffisant pour faire admettre l'impétrant à la prestation de serment. V. M. Joye, *Annuaire*, p. 143.

ARTICLE 47.

Dans les deux mois de sa nomination, et à peine de déchéance, le pourvu sera tenu de prêter, à l'audience du tribunal auquel la commission aura été adressée, le serment que la loi exige de tout fonctionnaire public, ainsi que celui de remplir ses fonctions avec exactitude et probité.

Il ne sera admis à prêter serment qu'en représentant l'original de sa commission et la quittance du versement de son cautionnement.

Il sera tenu de faire enregistrer le procès-verbal de prestation de serment au secrétariat de la municipalité du lieu où il devra résider, et au greffe de tous les tribunaux dans le ressort desquels il doit exercer.

1172.—La présente disposition a trait à la fois à la réception des notaires et à leur installation, deux choses que l'on a toujours soigneusement distinguées. « Après la provision, dit en effet Loyseau, il faut encore passer par la réception solennelle, qui est celle qui lui transfère la puissance publique, l'ordre et le caractère d'officier. Comme donc la provision met l'office entre les mains du pourvu, aussi la réception le joint et applique directement à sa personne : celle-là le fait seigneur de l'office et celle-ci le fait officier ; celle-là lui en attribue le droit et la disposition ; celle-ci l'effet et l'exercice ; celle-là le titre et la seigneurie, celle-ci la qualité et le rang. » Puis, après avoir expliqué que la réception consiste dans la prestation de serment, Loyseau ajoute : « Ce serment reçu, voilà l'officier reçu et désormais fait personne publique ayant toute la puissance qui dépend de son office. Or, cette réception des officiers ne leur attribue pas la possession actuelle de leurs offices. Il faut une appréhension corporelle pour acquérir la vraie possession des offices, aussi bien que de toute autre chose.... Le commencement de l'exercice des offices est donc la prise de possession d'iceux, qui s'appelle proprement *installation*, pour ce qu'ès offices de judicature et quelques autres, on met et installe solennellement l'officier en son siége et place de l'auditoire » (V. *Tr. des offices*, liv. 1, ch. 2, n. 41, 42, 46 et 47, ch. 4, n. 67, 68 et 92). D'après cela, la réception du notaire consiste dans la prestation du serment qui lui attribue le caractère d'officier, et son installation est la mise en possession de l'office.

1173. — La prestation du serment doit, aux termes de l'article ci-dessus, avoir lieu dans les deux mois de la nomination, à peine de déchéance. Mais cette peine est-elle simplement comminatoire, ou bien a-t-elle lieu de plein droit et sans qu'il soit besoin de la faire prononcer? M. Loret résout la question dans ce dernier sens, et c'est aussi ce qui est établi dans une décis. minist. du 18 juill. 1836, où on lit: « Attendu qu'une telle déchéance est acquise de plein droit, qu'il en est des déchéances comme des prescriptions, puisque les premières ne sont autre chose que des prescriptions de courte durée; que le code de procédure en contient une disposition expresse (art. 1029); que s'il en était autrement à l'égard des dispositions qui prescrivent des formalités d'honneur et d'installation avant l'exercice de fonctions publiques, il suivrait de là que jusqu'à une déclaration de déchéance, pour laquelle les tribunaux sont dépourvus de compétence, le caractère du fonctionnaire public serait partagé ; que ce caractère ne résiderait pas sur une seule tête ; que le démissionnaire l'aurait à la fois perdu et conservé. » — Cependant on s'est relâché de cette doctrine si rigoureuse, et on admet, dans l'usage, que, quoique plus de deux mois se soient écoulés depuis la nomination, le candidat peut encore être admis à la prestation du serment si rien, d'ailleurs, ne s'oppose à ce qu'il soit reçu et à ce qu'il fasse connaître les motifs qui l'ont empêché de remplir la formalité.

1174.—Au surplus, il est également dans l'usage de ne prononcer jamais la déchéance, laquelle implique l'idée d'une peine. Lorsque le candidat nommé ne demande pas à être reçu, ou lorsqu'il refuse formellement de profiter du bénéfice de l'ordonnance qui l'a nommé, on se borne à annuler cette ordonnance.

1175.—Dans ce cas, on le conçoit bien, le candidat n'a pas le droit de présenter un successeur, ni de concourir à cette présentation : ce droit réside toujours sur la tête de l'ancien titulaire qui, par le fait, n'a pas été remplacé. Déc. min. 8 juill. 1835.

1176. — D'après l'art. 47, le serment doit être prêté à l'audience publique de première instance dans le ressort duquel le pourvu doit exercer. Mais quelle est la formule de ce serment? La loi ne la détermine pas; elle se borne à dire que le pourvu sera tenu de prêter le serment que la loi exige de tout fonctionnaire public, ainsi que celui de remplir ses fonctions avec exactitude et probité. Mais, dans l'usage, celui du moins qui est suivi à Paris, on ne prête pas cette seconde partie du serment. En sorte que c'est seulement le serment politique qui est exigé du notaire et qui, aux termes de la loi du 31 août 1830, est compris dans cette formule : « Je jure fidélité au roi des Français, obéissance à la Charte constitutionnelle et aux lois du royaume. » Disons ici que cet usage ne saurait être approuvé. La loi du 31 août 1830, en prescrivant un serment général pour tous les fonctionnaires publics, n'a aucunement abrogé les lois antérieures qui prescrivaient un serment spécial à certains fonctionnaires, et notamment la loi de l'an 11 qui avait établi ce serment spécial pour les notaires. Aucune autre loi, d'ailleurs, ne contient cette abrogation et la loi de ventôse subsiste en entier, sous ce rapport. Rien ne saurait donc justifier la modification qu'elle reçoit dans la pratique. C'est ainsi qu'il a été décidé que la loi du 31 août 1830 n'ayant pas abrogé les lois antérieures qui prescrivaient un serment spécial à certains fonctionnaires, il s'ensuit qu'outre le serment exigé de tout fonctionnaire en général par cette loi, un employé des postes est tenu de prêter aussi le serment spécial prescrit par la loi du 29 août 1790, art. 2 (Cass. 23 août 1831. D.P. 31. 1. 330). Mais voy. le n. qui suit.

1177. — Indépendamment du serment que les notaires ont dû prêter, toujours devant les magistrats, ils en ont de tout temps prêté un autre dans l'intérieur de leur compagnie. La formule de ce serment a varié; M. Rolland de Villargues rapporte, v° Serment des notaires, n. 9, celle qui était transcrite en 1558 sur les registres des immatricules des notaires de Paris, formule très-développée à cette époque, et qui depuis a été fort simplifiée. En 1781, ce serment se bornait à promettre sur l'Evangile d'exécuter les réglements de la compagnie et de tenir ses délibérations secrètes. Les statuts qui furent faits à cette époque, c'est-à-dire en 1781, réduisirent encore ce serment à la promesse d'observer les réglements dont il était ensuite délivré un exemplaire au nouvel élu. « C'est encore dans les mêmes termes, dit M. Roll. de Vill., loc. cit., n. 10, que ce serment se prête à Paris, non plus lors de l'immatricule, mais à l'assemblée générale qui suit la réception. »

1178. — Au surplus le notaire qui ne fait que changer de résidence, sans quitter son ressort, c'est-à-dire son canton, n'est pas astreint à prêter de nouveau le serment prescrit par l'art. 47. Conf. Roll. de Vill., loc. cit., n. 6.

1179. — Un procès-verbal constatant la prestation du serment est dressé, dans lequel il est d'usage, à Paris, de transcrire l'ordonnance de nomination. Le greffier délivre une expédition entière de ce procès-verbal, au notaire qui est tenu de la faire enregistrer aux différents lieux indiqués dans l'article ci-dessus, c'est-à-dire au secrétariat de la municipalité du lieu où le notaire devra résider, et aux greffes de tous les tribunaux dans le ressort desquels il doit exercer. —En outre, l'enregistrement doit avoir lieu à la chambre de discipline de l'arrondissement du notaire qui doit y faire consigner son immatricule sur un registre tenu à cet effet. Stat. not. de Paris, 31 mai 1681, art. 10, et 6 novembre 1808.— C'est là le premier acte de la prise de possession par le nouveau notaire.

1180.—Mais on remarque que la loi ne fixe pas pour cette formalité, comme pour la prestation du serment, un délai dans lequel elle doive être accomplie. De là est née la question de savoir si, faute par le notaire d'avoir fait enregistrer le procès-verbal de prestation du serment dans les lieux indiqués, son remplacement peut être demandé. La négative est enseignée par M. Roll. de Villargues, v° Installation, n. 11, et nous pensons que c'est avec raison. Il paraît en ne peut plus juste de dire avec cet auteur que l'objet principal de la loi, c'est-à-dire la prestation du serment, étant rempli, il serait par trop rigoureux de vouloir que l'inaccomplissement d'une formalité peu importante en elle-même entraînât contre le notaire une peine aussi grave que celle du remplacement.

1181. — On a vu que l'art. 47 exige des notaires le serment de remplir ses fonctions avec exactitude et probité. — Exactitude et probité : ces mots comprennent l'ensemble des devoirs qui sont imposés aux notaires et dont l'infraction peut entraîner contre eux soit des peines de discipline, soit des actions en dommages-intérêts.

A l'égard des peines de discipline, nous avons retracé dans le Traité abrégé de la discipline, ch. 2, sect. 5, § 3, les faits principaux qui y donnent lieu. Nous nous bornons à y renvoyer. — Quant à la responsabilité et aux faits auxquels elle s'applique, il en est parlé dans le traité de M. Vergé qui termine cette deuxième partie.

Nous allons indiquer succinctement les actes dont l'usage ou les réglements ont considéré l'observation comme formant l'ensemble des devoirs des notaires.—Les uns ont une sanction particulière dans les lois et réglements : les autres résultent plutôt des usages, des convenances de la société, et constituent ce qu'on appelle les devoirs moraux qui sont imposés aux notaires. — Ces derniers devoirs sont de deux sortes : les uns, qui leur tracent une règle de conduite envers la société et particulièrement à l'égard de leurs clients ou des parties qui se présentent devant eux; les autres, qui indiquent la manière dont les notaires doivent se conduire entre eux.

1182. — Les obligations qui dérivent de la loi et des réglements sont de résider dans le lieu fixé au notaire par leur commission (V. art. 4);—de prêter leur ministère quand ils en sont requis (V. l'art. 3);— de ne pas instrumenter hors de leur ressort (V. art. 6); de ne pas accepter de fonctions incompatibles avec les leurs (V. art. 7); — de fournir leur cautionnement (V. art. 33); — de ne communiquer les actes qu'à ceux qui ont qualité pour l'exiger (V. art. 23); — de prêter serment et déposer leur signature et paraphe avant d'entrer en fonctions (V. art 47); — d'avoir un cachet ou sceau particulier (V. art. 27); — de conserver avec soin leurs minutes (V. art. 21, 22, 25, 26); — de tenir dans leurs études un tableau des jugements d'interdiction et de nomination de conseils judiciaires (V. art. 18); — de tenir un registre pour l'insertion des protêts (C. com. 176, 187); — d'en tenir un énonçant les noms des rentiers viagers et des pensionnaires de l'état auxquels ils délivrent des certificats de vie (Déc. 21 août 1806); — de tenir un registre ou répertoire dans lequel ils inscrivent tous les actes qu'ils reçoivent (V. art. 29); — de faire le dépôt des contrats de mariage des commerçants et des actes de société (V. art. 23, C. comm. 42, 43, 44, 67, 68); — de faire notifier au garde-des-sceaux le décès des titulaires des majorats dont ils sont appelés à faire l'inventaire, lorsque cette notification n'a pas eu lieu (Déc. 4 mai 1809); — de faire observer dans les actes qu'ils reçoivent les lois qui intéressent l'ordre public et les bonnes mœurs (V. art. 3 et 17); — de s'y conformer eux-mêmes et observer dans leurs actes les formes que la loi a tracées, ce qui implique, comme on le voit, la connaissance très-précise de la législation; — de rédiger leurs actes dans la langue française; — de se conformer aux lois d'enregistrement, du timbre, etc.; — de ne pas recevoir les actes dans lesquels eux ou leurs parents au degré prohibé seraient parties intéressées en nom direct ou indirect (V. art. 8 et 10); — de mentionner la patente des commerçants (V. art. 12 et 33; Dict. gén., v° Patente, n. 103 et Suppl., eod.

1183. — Le notaire et ses clercs doivent s'abstenir de participer à la rédaction de contre-lettres qui auraient pour objet de détruire des conventions reçues par le notaire.

1184. — Les anciens réglements de 1696 et 1699 défendaient aux notaires d'écrire pour autrui, ou de signer, comme témoins, des actes sous seing-privé. Mais cette législation a été abrogée par les lois des 19 déc. 1790 et 22 frim. an 7 (Avis cons. d'Etat, 26 mars, 1er avril 1808. —Req. 30 nov. 1807. D.A. 10. 423, n. 1). — Ils doivent user avec beaucoup de circonspection du droit d'écrire des actes privés, afin de ne pas diminuer le crédit dont jouissent, à juste titre, les actes authentiques. Il est bon, dans ce cas, de faire écrire l'acte par un clerc; c'est ce qui se pratique à Paris.

1185. — L'ordonn. du 4 janvier 1843 a établi aussi contre les notaires diverses prohibitions, dont quelques désastres, arrivés les années précédentes, et qui avaient alarmé l'opinion publique, faisaient sentir la nécessité. — L'énumération de ces prohibitions n'est et ne pouvait être qu'énonciative. Les droits que les magistrats tiennent de la loi du 25 vent. an 11 et de celle du 20 avril 1810 restant les mêmes, « il a seulement paru nécessaire de leur signaler, ainsi qu'aux justiciables et aux notaires eux-mêmes, certains actes auxquels ces fonctionnaires ne sauraient se livrer sans s'exposer à compromettre leur position et les intérêts de leurs clients », Inst. min. 12 janv. 1843. D.P. 43. 3. 43.

Les diverses infractions mentionnées dans l'ord. du 4 janv. 1843 donnent lieu à des poursuites disciplinaires même en l'absence d'une partie plaignante.

1186. — L'ordonn. leur défend : 1° de se livrer à aucune spéculation de bourse, opération de commerce, escompte et courtage. (Ord. 4 janv. 1843, art. 12.) — C'était déjà la disposition des stat. des not. de Paris (délib. 2 août 1827) et une circulaire du garde des sceaux du 8 fév. 1840 portait sur ce point : « en attendant que cette sage prescription ait passé dans la loi, et qu'elle ait ainsi prévenu ces faillites de notaires-banquiers, qui, depuis quelques années, affligent et alarment la confiance publique, au grand dommage du notariat lui-même, j'appelle votre surveillance la plus active, et je vous charge de provoquer celle des chambres de discipline sur l'abus que je viens de signaler et sur tous les actes auxquels se livreraient les officiers publics contrairement aux devoirs de leur ministère; » — 2° De se constituer garants ou caution de prêts opérés ou constatés par eux (ord. 4 janv. 1843, art. 12), même dans un acte sous seing privé : l'ordonn. est générale ; — 3° De servir de prête-nom en aucune circonstance, même pour des actes autres que ceux désignés ci-dessus (ord. 4 janv. 1843, art. 12), et par suite de faire intervenir leurs clercs, suivant un abus quelquefois pratiqué, en qualité de mandataire d'une ou de plusieurs des parties dans les actes passés devant lui : c'est aussi la disposition de l'art. 33 de l'arrêté du 30 déc. 1842 pour l'Algérie; — 4° De placer en leur nom personnel des fonds reçus même à condition d'en servir l'intérêt (ord. 4 janv. 1843, art. 12). En effet, dans un cas pareil, il y a ou abus d'un dépôt, ou opération soit de banque, soit d'escompte; — 5° De s'intéresser dans aucune affaire pour laquelle ils prêtent leur ministère (ord. 4 janv. 1843, art. 12) : — la prohibition est applicable, que l'intérêt soit direct ou indirect, que le notaire ait opéré par lui-même ou par personne interposée (V. n. 181); — 6° De faire des spéculations relatives à l'acquisition et à la revente des immeubles, à la cession de créances, droits successifs, actions industrielles et autres droits incorporels (ord. 4 janv. 1843, art. 12); — 7° De s'immiscer dans la gestion d'une société, entreprise ou compagnie de finances (ord. 4 janv. 1843, art. 12. — Conf., stat. not. de Paris du 2 août 1827); ou dans l'entreprise ou administration de toute bourse commune, ou souscription relative au recrutement et au remplacement, bien qu'il s'agirait d'un établissement autorisé (Délib. not. de Paris, 10 avril 1813.)

1187. — Les devoirs moraux des notaires sont particulièrement ceux que des lois positives n'ont pas déterminés, mais qui résultent plutôt des usages et des convenances de la société; il en est parlé sous divers articles de cette loi (V. art. 3, 4, 6, 7, 8, 10), et dans les traités abrégés de la discipline et de la responsabilité. — Ils consistent, par exemple, à diriger leurs clients et à les éclairer sur la légalité, les effets et les conséquences de leurs stipulations (V. sur ce point Loret, t. 1, p. 79 et plus haut); — de leur indiquer les délais et les formes auxquels ils devront se conformer pour les inscriptions, l'enregistrement, les transcriptions etc.; — de refuser leur ministère aux actes frauduleux et contraires aux lois d'ordre public (V. art. 3, Roll., v° Notaire, n. 489, 490); — de faire connaître les droits qu'ils peuvent avoir (mais non ceux des tiers) comme créanciers ou autrement sur les choses qui sont l'objet des actes qu'ils reçoivent (V. n. 207), lorsque ces droits sont ignorés de l'une des parties, mais de garder le secret sur les confidences qui leur sont faites dans l'exercice de leurs fonctions; c'est là un des devoirs les plus sérieux des notaires et auquel du reste ils manquent très-rarement: sans discrétion il n'y a ni délicatesse ni probité véritables (V. n. 824).

1188. — *Devoirs des notaires entre eux.*—Les notaires sont soumis pareillement à des observances particulières que la délicatesse et les besoins d'une sorte de confraternité ont introduites. Ainsi ils doivent s'abstenir de toutes tentatives directes ou indirectes, publiques ou secrètes, dans le but de s'attirer une clientelle, au préjudice de leurs confrères. — A cet égard il y a des limites : ainsi ils ne devraient pas prêter leurs noms à des confrères plus jeunes afin de leur conserver des affaires ou la garde de minutes dont ceux-ci prévoyaient qu'ils seraient exclus par des collègues plus anciens. La chambre de Paris, dans le cas où des réclamations à ce sujet lui sont parvenues, a exigé que le notaire accusé d'intelligence affirmât qu'il n'avait pas prêté son nom (Stat. not. de Paris, 4 août 1686 et 24 avril 1595).

1189.— Il est interdit aux notaires 1° d'occuper le logement habité par l'un de ses collègues, si ce n'est trois années après que celui-ci l'a quitté (Stat. not. de Paris 17 juin 1808; 7 fév. 1811), délai que les statuts des notaires de Gray (art. 1284) réduisent à un an. 2° De contracter aucune société pour les fonctions notariales, et de résider dans la même maison comme associés ou autrement (Stat. not. de Paris 10 déc. 1780) : l'arrêté du 30 déc. 1842 pour l'Algérie interdit aussi, art. 8, à tous notaires de s'associer soit avec d'autres notaires, soit avec des tiers pour l'exploitation de son office; — 3° De prendre un clerc sorti de l'étude d'un autre notaire sans le consentement de ce dernier, ou, en cas de refus, sans celui des syndics. (Stat. not. de Paris, 6 déc. 1688; 1er juillet 1808).

1190. — Enfin les statuts des notaires de Gray ont établi des règles qui ne sauraient être trop méditées, et qu'il importe de retracer, car elles contiennent sur la conduite que les notaires doivent observer entre eux, des préceptes auxquels la délicatesse et la loyauté ne sauraient qu'applaudir.

En voici quelques dispositions que M. Roll. de Vill. a fait connaître dans son Rép. du notariat : « La confraternité, y est-il dit, oblige les notaires à s'entre-aider de leurs conseils, de leurs services, et à se porter un mutuel appui » (art. 1278).

« Les notaires, soit titulaires, soit honoraires, doivent scrupuleusement s'interdire de critiquer les actes de leurs confrères, de s'expliquer sur les défectuosités qu'ils pourraient y remarquer, et de donner des conseils dont le but tendrait à nuire à ces derniers ou à diminuer leur clientelle. — Dans le cas où ils seraient consultés sur les vices de quelques actes, ils doivent au contraire apaiser, autant que possible, les parties lésées, prendre le temps d'en conférer secrètement avec leurs confrères inculpés, et aviser avec ceux-ci aux moyens de réparation s'il en existe.—Le notaire convaincu de chercher à découvrir les cas de nullité ou de contravention qui existeraient dans les minutes dont il serait dépositaire des actes de ses prédécesseurs, et d'en donner connaissance aux parties intéressées ou aux agents du fisc, pour en faire résulter une action en dommages-intérêts ou une condamnation à amende, encourrait la plus forte peine que la chambre pût prononce » (art. 1281).

« Les notaires ne doivent pas souffrir qu'en leur présence on parle de leurs confrères d'une manière désavantageuse.—Leur devoir, au contraire, est d'imposer silence aux personnes qui attaquent leur collègue absent, s'ils ne peuvent parvenir à détruire l'effet de la calomnie ou de la médisance.» (art. 1280).

1191.— Il est interdit pareillement aux notaires par les statuts de Gray, « de faire des démarches directes ou indirectes, publiques ou secrètes, pour s'attirer la clientelle de ses confrères ou la détourner, serait se rendre coupable de manœuvres qui seraient indignes de l'honneur du notariat et qui mériteraient d'être sévèrement réprimées, lorsque la connaissance en parviendrait à la chambre.

« Il existerait une plus grande culpabilité, et par conséquent une répression plus forte devrait avoir lieu, par exemple : —1° Si le notaire d'une certaine résidence, sachant qu'un de ses collègues doit venir recevoir un acte dans la commune de cette même résidence ou dans le ressort du canton de ce dernier, avait l'impudeur de menacer d'employer son influence, ou celle de ses affidés, pour contre-carrer cet acte, ou empêcher qu'il ait lieu; — 2° Si les notaires de troisième classe répandaient et accréditaient, dans leur canton, le bruit mensonger que les actes qui s'y passent doivent nécessairement être reçus par eux, sans que les contractants aient la faculté de s'adresser aux notaires de classe supérieure qui auraient leur confiance, ou s'ils insinuaient, pour empêcher qu'on y fît venir ceux-ci, que leurs droits d'expédition et leurs frais de voyage sont plus chers; — 3° Si les notaires de classe supérieure cherchaient à réclamer les actes pour lesquels on manifesterait l'intention de s'adresser aux notaires de troisième classe, sous le prétexte qu'on trouverait auprès de ces derniers moins d'instruction et d'habitude des affaires (art. 1279).

« Dès qu'une opération quelconque aura été annoncée par affiches devoir avoir lieu en l'étude d'un notaire indiqué, les autres notaires de l'arrondissement s'interdisent la faculté de recevoir l'acte en résultant, si ce n'est avec le concours de ce premier.—A défaut de ce concours, celui-ci aura droit à la moitié des honoraires de la minute de l'acte, comme s'il y avait assisté.— S'il refuse de l'accepter, elle sera versée dans la bourse commune, sans que, dans aucun cas, le notaire rédacteur puisse en profiter. — Un exemplaire de chaque affiche sera remis au secrétariat de la chambre afin de constater l'annonce.» (art. 1282 *bis*).

ARTICLE 48.

Il n'aura le droit d'exercer qu'à compter du jour où il aura prêté serment.

1192. — C'est une conséquence du principe que la prestation du serment investit le notaire de ses fonctions ; il résulte de là et du texte ci-dessus, que, jusque-là, il n'a point le caractère d'officier public, et l'officier en remplacement duquel il est nommé continue d'avoir le droit d'instrumenter.

Si le pourvu entrait en fonctions sans avoir prêté serment, il pourrait être poursuivi et puni d'une amende de 16 fr. à 150 (C. pén., 196.)

ARTICLE 49.

Avant d'entrer en fonctions , les notaires devront déposer au greffe de chaque tribunal de première instance de leur département, et au secrétariat de la municipalité de leur résidence, leur signature et paraphe.

Les notaires à la résidence des tribunaux d'appel, feront, en outre ce dépôt au greffe des autres tribunaux de première instance de leur ressort.

1193. — La mesure prescrite par cet article a existé à peu près de tous temps dans la législation. L'ordonnance de 1535, ch. 19, art. 2, en contenait une disposition en ces termes : « que le serment presté comme dit est, ils seront reçus et inscrits en la matricule dudit lieu qui sera ordonné à ce, et y sera mis le jour de la réception d'un chacun, qui sera tenu de mettre son nom, surnom et seing manuel de quoi il entend soy aider, le lieu dont il est, et en quel lieu et pour quel lieu ila été créé notaire, dès quel temps, par qui, et comme, le jour de la réception d'icelui : le quel nom dès iceluy temps il ne pourra changer ne muer. » Cette mesure qui, du reste, était empruntée à l'ordonnance royale du mois de juillet 1304 contenant règlement pour les tabellions notaires, et dont l'art. 18 prescrivait le dépôt des signatures dans chaque cour de justice, cette mesure a passé dans la loi du 6 oct. 1791 qui a réorganisé le notariat. L'art. 19, tit. 4, disposait en effet : « Dans le procès-verbal de ladite prestation de serment, le notaire public reçu consignera les signature et paraphe dont il entend se servir dans l'exercice de ses fonctions, et il ne pourra en employer d'autres à peine de faux. »

1194. —La loi du 25 vent. an 11, en prescrivant la même formalité, n'a donc fait que suivre une

marche tracée dès longtemps ; mais elle a rendu la mesure plus utile en ce que le mode qu'elle a établi arrive plus sûrement au but vers lequel cette mesure a toujours tendu. Ce qu'on s'est proposé par le dépôt des signature et paraphe, c'est en effet, comme le dit M. Loret, *Élém. de la scien. not.*, t. 1, p. 468, de mettre les juges, dans toute l'étendue du royaume, en état de vérifier les signatures apposées au bas des actes notariés, actes que la législation déclare exécutoires dans toute la France sans visa ni pareatis. Or, le dépôt des signature et paraphe, tel qu'il est prescrit par l'art. ci-dessus, est bien autrement susceptible de mettre les juges qui pourraient avoir à faire la vérification, à portée de la faire, que la simple consignation de ces paraphe et signature dans le procès-verbal de prestation de serment prescrit par la loi de 1791.

1195. — C'est dans le même but que le dépôt doit être fait par le notaire, aux termes de la loi, avant d'entrer en fonctions. Toutefois, la loi ne fixe à cet égard aucun délai et ne prononce aucune déchéance, pas plus qu'elle ne l'a fait à l'égard de l'enregistrement du procès-verbal de prestation de serment dont nous avons parlé sous l'art. 47. La solution que nous avons donnée relativement à l'enregistrement (V. art. 47, n. 1180) devrait donc être suivie relativement au dépôt. L'inaccomplissement de la formalité ne saurait entraîner le remplacement du notaire, d'autant plus que celui-ci est toujours à portée de remplir cette formalité, et que d'ailleurs, l'inobservation ne peut nuire en rien aux actes reçus par le notaire en retard pour faire le dépôt(V. Favard, v° Paraphe, et Roll., v° Installation, n. 9). Mais toujours est-il que le dépôt doit être effectué dans le plus bref délai possible. « Sans tenir strictement, porte une circulaire du 6 nov. 1821, de M. le garde-des-sceaux, à ce que le dépôt soit effectué avant l'entrée en fonctions, il est bon cependant de veiller à ce qu'il se fasse dans le plus court délai possible, et surtout à ce qu'un notaire n'instrumente pas dans le ressort d'un tribunal où ses signature et paraphe n'auraient pas encore été déposés. »

1196. —Aux termes de l'ord. précitée de 1535, le dépôt de la signature avait pour effet d'y interdire tout changement de la part du notaire. « Le-quel nom dès iceluy temps, disait l'ord., il ne pourra changer ne muer. » Cette prohibition se rencontre aussi, et sous la plus grave des sanctions, dans la loi de 1791 ; le changement y était interterdit à peine de faux. C'est aussi ce qui était établi dans le projet de la loi de l'an 11 qui, en outre, prononçait accessoirement, l'amende, la suspension et la destitution en cas de récidive. Mais la disposition spéciale qui prononçait toutes ces peines a été supprimée par le Tribunat qui n'en a donné aucun motif. Il n'y a donc plus aujourd'hui aucune sanction pénale attachée à la prohibition de la loi ; ce qui n'empêcherait pas, on le comprend bien , que le changement fait à la signature ou au paraphe, dans une intention criminelle et dans l'intention de nuire, ne fût susceptible d'entraîner la peine du faux.

1197.—D'ailleurs, il peut arriver qu'un notaire

soit forcé de changer la forme de sa signature ; par exemple, s'il lui arrive un accident qui l'empêche de se servir de sa main droite; s'il est autorisé à changer de nom, etc. Il est clair que, dans ces cas et dans les cas analogues, le notaire pourra se faire autoriser à changer ses signature et paraphe; mais il en devra faire un nouveau dépôt dans le greffe et aux lieux indiqués par l'article ci-dessus : il y a même raison que pour le dépôt qui avait été primitivement fait.

1198. — En général, le dépôt au greffe du tribunal civil de l'arrondissement de chaque notaire, se fait en personne. Mais, si les notaires ne font pas en personne le dépôt soit au greffe du tribunal civil de l'arrondissement de leur résidence, soit au greffe des tribunaux dans le ressort desquels ils ont le droit d'exercer, les signature et paraphe sont transmis par la chambre de discipline des notaires, après que la fidélité des signature et paraphe particulière sur une feuille particulière de papier, a été attestée par le doyen et les syndics de la chambre, et que les signatures de ceux-ci ont été légalisées par le président du tribunal civil (déc. min. fin. et just. 17 oct. 1821 ; circ. min. 6 nov. 1821). — Toutefois, M. Rolland de Villargues, v° Dép. des sign. et par. du not., n. 14, fait remarquer que « la légalisation des signatures du doyen et des syndics, par le président du tribunal civil, n'est de nécessité que dans le cas où il se trouve parmi eux des notaires d'une classe différente de celle du notaire dont ils transmettent les signature et paraphe. S'ils sont d'une classe égale à celle de ce notaire, les signature et paraphe de ces doyen et syndics ont dû être déposés précédemment par ceux-ci aux mêmes greffes, et ils y sont connus; et la légalisation des signatures des notaires n'est utile que lorsqu'elles sont apposées à des actes qui doivent servir hors du ressort de ces fonctionnaires. »

Section III.—Chambre de discipline.

ARTICLE 50.

Les chambres qui seront établies pour la discipline intérieure des notaires, seront organisées par des réglements.

1199. — Conformément à la disposition contenue dans cet article, il a été rendu, le 2 niv. an 12, un arrêté qui a établi les chambres des notaires, en a fixé les attributions et l'organisation, en a réglé les pouvoirs dans les moyens de discipline et le mode de procéder, a déterminé le mode de nomination des membres de la chambre, et la durée de leurs fonctions. Jusqu'à ces derniers temps, les chambres des notaires ont été placées sous l'empire de cet arrêté. Mais il a été formellement abrogé par une ordonnance royale du 4 janvier 1843 qui a repris la matière dans son ensemble et forme aujourd'hui la loi spéciale

qui règle les pouvoirs et les attributions des chambres des notaires. Tout ce qui s'y rattache a fait l'objet de notre Traité de la discipline notariale, placé à la suite de cette loi. Nous y renvoyons le lecteur.

ARTICLE 51.

Les honoraires et vacations des notaires seront réglés à l'amiable entre eux et les parties, sinon, par le tribunal civil de la résidence du notaire, sur l'avis de la chambre, et sur simples mémoires, sans frais.

1200. — De tout temps, il a été permis aux notaires en France, de réclamer des salaires. Il y a, sous ce rapport, une différence marquée avec ce qui s'est d'abord pratiqué chez les Romains. « Les ministres des magistrats, comme greffiers, notaires, sergents et autres semblables, dit Loysau, des Off. liv. 1, ch. 8, n. 22, ne prenaient du commencement rien des parties, témoin ce formulaire du serment des gouverneurs de province, qui porte ces mots : Tales studebo assumere circa me omnes, ut non ego solùm purus sim, sed etiam qui circa me sunt. Et se collige encore mieux de la loy : Ne damna provincialib., inf. lig. du C. Théod. , où il leur est défendu, à peine de la vie, de prendre aucuns présents des parties, bien qu'ils leur fussent offerts. Aussi étaient-ils réduits en milices et avaient ainsi que les soldats stipendia seu annonas publicas; même ils étaient de la famille et du train ordinaire du magistrat, et y a apparence qu'il avaient bouche à cour chez lui..... »

1201. — Cependant, même à Rome, comme le dit Loyseau, loc. cit., n. 23, les ministres des magistrats, « à succession de temps s'avantagèrent par bienséance et par forme de présents de prendre de ceux qui avaient affaire à eux, certains petits salaires qu'ils appelaient sportulas ; sportulæ enim propriè sunt executorum seu apparitorum, non judicum (de sport. et execut. lit., C.), tous ainsi que nous disons donner le vin, quand on a bailli une pièce d'argent à des messagers. à des clercs ou autres menus gens pour aller boire...., Et finalement Justinien autorisa ces sportules, occasione, dit-il, consuetudinum, Nov. 8, ch. 8 ; tolerabilia enim sunt quæ longæ consuetudo comprobat, dit la loi pénultième de pollic. »

1202.—Quoi qu'il en soit, ces usages ne furent originairement suivis en France qu'à l'égard des magistrats. Quant à leurs ministres, tels que les notaires, il en était autrement. « Pour ce, à la vérité, ajoute Loyseau, n. 26, qu'ils n'estaient pas vray officiers pourvus par le roy, mais commis par les juges, que partant ils n'avaient ny gages du roy ny bouche à Cour, comme à Rome ; ce n'est pas de merveille qu'il leur fût permis de prendre salaire modéré des parties, pour s'entretenir en servant le public.» Aussi, toutes les ordonn. ont reconnu en principe le droit pour les notaires de réclamer un honoraire des parties (V. juill. 1304, art. 7, 1er avril 1315, art. 18, 26 juill. 1433, juillet 1580, etc.); et ce droit a été proclamé en ces termes dans le rapport sur la loi du 6 oct. 1791 : « Trop souvent, en établissant des fonctions publiques, on perd de vue l'intérêt du fonctionnaire; on croit n'avoir plus rien à faire lorsque ses devoirs lui ont été tracés; il semble alors que tout ait été prévu pour le plus grand avantage de la société; mais ce n'est pas encore assez, il faut que ces devoirs soient remplis, et il n'est guère de moyen plus sûr d'atteindre ce but de toute institution, que d'attacher les fonctionnaires par leur propre intérêt à l'accomplissement de leurs devoirs et au succès de leur mission. — On se le dissimulerait vainement, peu d'hommes ont la faculté de se livrer aux fonctions publiques par le seul désir d'être utiles; un si noble dévouement est au-dessus du patriotisme des uns ou de la fortune des autres; et si l'on excepte quelques places qu'une grande considération accompagne, ou que de grandes espérances environnent, la plupart resteront vacantes, si l'intérêt et le besoin n'y appelaient des concurrents : c'est au législateur à s'emparer de cette vérité, affligeante si l'on veut, mais utile pour lui, et à s'en servir comme d'un nouveau gage de l'exécution de ses lois. — Qui pourrait, par exemple, se vouer aux fonctions de notaires, qui pourrait surtout se livrer aux longues études que cet état exige, sans l'espoir d'y trouver une honnête existence? Plus ces fonctions sont importantes, plus il faut qu'un légitime intérêt y attache ceux qui sont chargés de les remplir : car enfin, on ne s'attend pas que ces places soient recherchées à l'avenir, pas plus qu'elles ne l'ont été avant nous, par des motifs absolument étrangers aux moyens de subsister. » — D'après ces considérations, la loi de 1791 ne s'est pas attachée à consacrer le droit des notaires à des honoraires, elle l'a supposé existant par la nature même des choses, et ne s'est occupée qu'à régler le mode d'en établir la quotité. C'est aussi dans cet esprit qu'a été conçu l'article ci-dessus de la loi du 25 vent. an 11.

1203. — Nous aurons à parler successivement dans le commentaire de cet article, des diverses espèces d'honoraires, de leur quotité, des personnes qui doivent les payer et des actions dont ils sont la source.

1204. —1° *Diverses espèces d'honoraires*.—Les rétributions accordées aux notaires pour les actes passés devant eux et pour les opérations qui leur sont confiées, se divisent en cinq espèces. Ce sont 1° *les honoraires* proprement dits, qui sont dus comme une récompense pour la rédaction des actes; 2° les *vacations* qui sont la rétribution accordée pour le temps que le notaire a employé à la confection d'un procès-verbal, tel qu'un inventaire, une comparution des parties; 3° les *droits d'expédition* qui sont dus pour la délivrance de l'expédition d'un acte, indépendamment de la minute; 4° les *frais de voyage*, qui sont une indemnité accordée au notaire lorsqu'il est appelé pour instrumenter hors du lieu de sa ré-

sidence; 5° enfin, les droits qu'on peut appeler *divers*, parce qu'ils sont accidentels et s'appliquent à des objets différents.

1205.—1° *Quotité des honoraires*.—Les rétributions des quatre dernières espèces signalées dans le n° précédent ont été réglées par le tarif du 16 février 1807 ; elles ne doivent donc, en aucun cas, être augmentées ou diminuées. Aussi, n'y a-t-il pas de difficultés bien sérieuses à l'égard de ces quatre espèces d'honoraires : et nos observations seront brèves sur ce point. —Remarquons seulement par forme d'observation générale, que pour l'application du tarif, les notaires sont divisés en quatre classes : ceux de Paris, Lyon, Bordeaux et Rouen, forment la première ; la deuxième se compose des notaires qui résident dans les autres chefs-lieux de cours royales; la troisième, des notaires habitant les villes où il y a un tribunal de première instance, et la quatrième, des notaires qui résident dans les cantons. — Cela posé, indiquons la quotité des honoraires réglés par le tarif.

1206. — Quant aux *vacations*, les actes qui y donnent droit sont, en général, ceux qui doivent contenir la mention de l'heure à laquelle leur rédaction a commencé, et de celle à laquelle cette rédaction a fini. Tels sont les inventaires, les actes respectueux, les comptes, liquidations et partages, les actes de comparution pour compte, délivrance de secondes grosses, etc.; cette espèce d'actes est connue sous le nom de procès-verbaux (Remy, *des émol. des not.* , p. 52).—La durée de chaque vacation est fixée à trois heures (Tarif, art. 166) Il n'en est passé en taxe aux notaires qui opèrent dans le lieu de leur résidence que trois par jour, deux par matinée et une seule l'après-dîner (*ibid.* 151). — Mais ceux qui opèrent hors de leur résidence peuvent faire quatre vacations par jour (Arg., tarif. 161 et 170).—Chaque vacation de trois heures est taxée aux notaires à Paris, 9 fr.; dans les villes où il y a un tribunal de première instance, 6 fr.; partout ailleurs, 4 fr. (Tarif, art. 168). Mais le troisième décret du 16 fév. 1807 a ajouté à ce tarif en disposant par son art. 1er que le premier était rendu commun aux cours royales de Lyon, Bordeaux et Rouen, et que toutes les sommes portées au tarif seraient réduites d'un dixième pour la taxe des frais et dépens dans les autres cours royales. Ainsi, en vertu du 3e décret du 16 fév. 1807, chaque vacation de trois heures est taxée à 9 fr. pour Lyon, Bordeaux et Rouen, comme pour Paris, et à 8 fr. 10 c. pour les autres cours royales.

1207. — Remarquons toutefois qu'il y a une taxe faite d'une manière générale pour tous les dépositaires, qui doivent représenter les pièces de comparaison ou vérification d'écriture ou arguées de faux, en inscription de faux incident. D'après cette taxe, qui varie suivant que le dépositaire est un greffier, un notaire, un avoué ou un huissier, chaque vacation de trois heures devant le juge commissaire ou le greffier est taxée à 9 fr. pour les notaires de Paris et à 6 fr. 75 c. pour ceux des départements (Tarif, 166). On avait d'abord pensé que la disposition précitée du troisième décret du 16 fév. 1807 portait une dérogation à ce tarif, relativement aux vacations des notaires dans les cas particuliers qu'elle prévoit; d'où l'on avait conclu que l'art. 170 de ce même tarif réglait ces vacations dans tous les cas. Mais on est revenu de cette opinion; et l'on enseigne unanimement aujourd'hui que le troisième décret prémentionné se réfère sur tous les points au tarif, dont il ne change aucune disposition, se bornant seulement à le réduire d'un dixième pour certaines localités. V. Remy, p. 110, Vernet, p. 124, Chauveau, Comm. du tarif, t. 1er, p. 260; V. aussi, 14 nov. 1838, trib. de Vesoul, D.P. 39. 3. 152).

1208. — Dans tous les cas où il est alloué des vacations aux notaires, il ne leur est rien passé pour les minutes de leurs procès-verbaux (Tarif, 169).

1209. — Dans certaines circonstances aussi, les notaires sont payés de leurs vacations, non pour la confection d'un acte, mais pour leur simple présence ou assistance : ainsi, par exemple, pour compulsoire, transport devant le juge, ouverture de testaments, référé, dépôt de procès-verbaux et d'extraits (C. civ., 1007; C. p. 849, 852, 977; C. comm., 67, 68; C. inst. crim., 455).

1210. — Pour les droits d'expédition, leur fixation a pour base la longueur de l'écriture ou le nombre des rôles que contient l'expédition. La quotité du droit, en se reportant à la distinction en quatre classes faite entre les notaires, est pour chaque rôle de 3 fr. pour les notaires de 1re classe, 2 fr. 70 c. pour ceux de 2e; 2 fr. pour ceux de 3e, et 1 fr. 50 c. pour ceux de 4e (Tarif, art. 174 et 3e déc. du 16 fév. 1807). — Le rôle ne doit être composé que de 25 lignes à la page et de 15 syllabes à la ligne (ibid. 174). — Du reste, lorsqu'une expédition contient moins d'un rôle d'écriture, il est dû néanmoins le rôle entier; mais il y a lieu à la réduction proportionnelle du droit d'expédition pour le second ou subséquent rôle qui n'est écrit qu'en partie. (Déc. min. 10 oct. 1835, D.P. 37. 3. 83. V. aussi Remy, p. 164.) — Ces règles diverses sont applicables aux extraits; l'usage constant est de les faire payer au rôle.

1211. — Mais il y a des règles ou une quotité particulière pour les expéditions qui se délivrent dans l'intérêt public. La loi du 5-10 déc. 1790 avait fixé l'honoraire de chaque rôle à 2 sols 6 den., et il avait d'abord paru que cette disposition n'avait pas été abrogée; que l'art 174 du tarif de 1807 n'avait eu pour objet que de régler le salaire des notaires entre les particuliers. Toutefois une décision du 9 janv. 1808, concertée entre les ministres des finances et de la justice, a établi « que les notaires seraient suffisamment indemnisés en recevant, par chaque rôle des expéditions délivrées dans l'intérêt public, 75 c. à Paris, et 50 c. dans les départements. »

1212. — Dans tous les cas, lorsque des expéditions ont été faites frustratoirement, l'honoraire n'en peut pas être demandé. C'est ce qui a été jugé dans un cas où le notaire chargé de rédiger d'abord un état de situation en minute, puis un compte de tutelle, avait délivré expédition des deux actes, quoique l'expédition fût inutile. — Cass., 11 nov. 1833. D.P. 34. 1. 36. — Le même arrêt a reconnu que le notaire qui, pour obtenir la taxe de ce qui lui est dû par ses clients, a remis au juge des expéditions d'états, par lui dressés, expéditions inutiles aux parties, n'est pas fondé à répéter les frais de ces expéditions, sous prétexte qu'il ne doit pas déplacer ses minutes; et en outre, qu'un notaire ne peut être admis à répéter des honoraires pour une copie faite sur papier libre.

1213. — Si deux notaires ont concouru au même acte, les honoraires de l'expédition doivent se partager également. Mais ceux de la seconde expédition et des suivantes ne sont dus qu'au notaire détenteur de la minute.

1214. — Lorsque le notaire est dépositaire de minutes reçues par un notaire d'une autre classe le droit d'expédition exigible par le notaire dépositaire est dû à raison de la classe de l'étude dans laquelle les minutes seront réintégrées, si le dépôt n'est que provisoire; mais si le dépôt est définitif, le notaire est fondé à réclamer le droit alloué à la classe dont il fait partie.—Déc. min. 10 oct. 1835. D.P. 37. 3. 83.

1215. — Quant aux frais de voyage, ils sont fixés par l'art. 170 du tarif ainsi conçu : « Quand les notaires seront obligés de se transporter à plus d'un myriamètre de leur résidence, indépendamment de leur journée, il leur sera alloué pour tous frais de voyage et de nourriture, par chaque myriamètre, un cinquième de leurs vacations, et autant pour le retour; et par journée, qui sera comptée à raison de cinq myriamètres, aussi pour l'aller et le retour, quatre vacations. »

1216. — Ajoutons que des frais de voyage sont encore accordés aux notaires, outre leurs vacations, dans le cas particulier de l'art. 166 du tarif déjà cité, c'est-à-dire lorsque, dans une procédure de faux incident ou de vérification d'écriture, ou dans une instruction de faux, ils sont obligés de se transporter au-delà d'un myriamètre pour aller déposer des pièces dans un greffe. Mais le tarif n'indique pas, dans ce cas, la quotité de l'indemnité allouée au notaire. Quelle sera donc cette quotité? Dans le silence de la loi, on a décidé qu'il y avait lieu de régler l'indemnité à raison de 3 fr. par myriamètre pour l'aller et le retour, par application de la disposition finale de l'art. 167 du même tarif. — 14 nov. 1838. Trib. de Vesoul. D.P. 39. 3. 152. — Nous nous sommes élevés contre cette solution en rapportant le jugement précité, et nous persistons à penser, d'accord en cela, d'ailleurs, avec M. Chauveau, t. 1. p. 260, qu'il est probable que le législateur, en réservant dans l'art. 166 les frais de voyage aux greffiers, notaires, avoués et huissiers, a entendu renvoyer sur ce point, aux autres dispositions du tarif où les frais de même nature se trouvent fixés relativement à chacun de ces officiers. Dans cette supposition, c'est l'art. 170 du tarif qui serait applicable aux notaires, et non l'art. 167; et l'indemnité serait, par chaque myriamètre, d'un cinquième de leurs vacations et autant pour leur retour, au lieu de 3 fr.

1217. — On accorde également une indemnité mais de frais de voyage seulement, pour le second voyage que font les notaires pour aller reprendre leurs minutes. — Déc. min. 4 mars 1820. — V. Dict. gén., v° Honoraire, n. 83.

1218. — Relativement aux rétributions extraordinaires comprises sous le nom collectif de *droits divers*, elles peuvent être dues pour actes imparfaits, actes impropres, actes respectueux, apport de pièces au greffe indépendamment des frais de voyage, consignations, protêts, recherches d'actes, ventes judiciaires d'immeubles, ventes de meubles, etc., etc. Ces droits sont en général réglés par le tarif. Ajoutons ce qui concerne les honoraires des notaires certificateurs : ces honoraires, d'après des inst. min. du 12 sept. 1806 et 1er août 1826, sont fixés, sur les sommes à recevoir, comme il suit : — *Certificats de la première espèce.*—Pour les rentes, pensions, etc., de 601 fr. et au-dessus, à 2 fr.; pour celles de 301 à 600 fr., 1 fr.; pour celles de 101 à 300 fr., 75 cent.; pour celles de 100 fr. et au-dessous, 50 cent. (déc., 21 août 1806). — *Certificats de la deuxième espèce.*—Pour les pensions de 601 fr. et au-dessus 1 fr.; pour celles de 301 à 600 fr., 50 cent.; pour celles de 101 à 300 fr., 35 cent.; pour celles de 51 à 100 fr., 20 cent.; pour celles de 50 fr. et au-dessous, zéro (ord. roy. du 20 juin 1817, art. 12). Lorsque les certificats de vie s'appliquent à plusieurs rentes ou pensions, la rétribution des notaires est proportionnelle au total des arrérages à à recevoir. (10 nov. 1817 et 1er août 1826. Déc. min. fin.) — *Certificats de la troisième classe.* — Ils ne sont point tarifés; à Paris, ils se paient 2 fr., sans avoir égard au montant des arrérages à recevoir.

1219. — Il nous reste à traiter maintenant, sous le rapport de la quotité, de la cinquième espèce des rétributions accordées aux notaires; nous voulons parler des *honoraires* proprement dits. Ici les difficultés sont plus sérieuses.

A cet égard, la quotité n'est pas déterminée par le tarif; elle dépend d'abord du règlement amiable à faire entre les notaires et les parties; et ce n'est que dans le cas où il y a contestation qu'il y a lieu de recourir à la taxe du juge. Telle est la disposition de l'article ci-dessus. Il paraît résulter d'une semblable disposition que cette rétribution particulière qui constitue de véritables honoraires, ne doit pas de plein droit être soumise à la taxe pas plus qu'elle ne peut être l'objet d'un tarif.

1220. — Sous le rapport de la taxe, cela avait été admis, en effet, par une jurisprudence constante émanée soit des cours royales et des tribunaux, soit de la cour de cassation elle-même. Il résultait de cette jurisprudence, que le règlement amiable d'honoraires intervenu entre les notaires et les parties, conformément à l'art. 51 de la loi du 25 vent. an 11, rendait celles-ci non recevables à recourir à la taxe, sauf le cas de fraude, d'erreur ou de surprise, alors surtout qu'elles avaient exécuté volontairement cette convention (Cass., 17 mars 1829, D.P. 29. 1. 181; 27 mai 1829. 29. 1. 256). — Il est même remarquable que ces décisions ne distinguent nullement entre les actes spécialement tarifés, et ceux dont la taxe, à raison de leur nature, dépend des circonstances, et que dans l'un comme dans l'autre cas, elles proclament la force obligatoire du règlement amiable, sans permettre aucun recours en répétition des honoraires excédant le taux du tarif.— Sous l'empire de cette jurisprudence, on tenait comme un principe qu'il ne *pouvait y avoir lieu* à la taxe des honoraires qu'*en l'absence* d'un règlement amiable; et ce règlement amiable dès qu'il était intervenu, faisait irrévocablement la loi des parties, à moins qu'il n'eût pas été éclairé par une entière connaissance des faits et conséquemment qu'il n'eût pas le caractère d'un engagement sérieusement et librement consenti (Amiens, 9 mai 1823, Dict. gén., v° Honoraire, n. 59; Req., 10 avril 1827. D.P. 27. 1. 195; Civ. r., 19 janv. 1831. D.P. 31. 1. 46).

1221.—Mais, par un retour récent dans la jurisprudence, la réserve faite par la jurisprudence ancienne, pour ce dernier cas, vient d'être généralisée, et conformément à la décision fortement motivée d'un jugement du trib. de Joigny du 27 mai 1837 (D.P. 38. 3. 111), la cour de cassation a posé en principe que le décret du 16 fév. 1807 a dérogé à l'art. 51 de la loi de vent. an 11, qui autorisait les règlements amiables des honoraires. Et, par suite, elle a décidé que les actes du ministère des notaires spécialement tarifés ou non par le décret du 16 fév. 1807, n'en sont pas moins soumis à la taxe du juge, sans que les règlements amiables intervenus y puissent faire obstacle; et que le droit de recourir à la taxe dans tous les cas est d'ordre public et appartient, dès lors, aux parties, même après qu'elles ont exécuté volontairement le règlement amiable, en payant les honoraires fixés par cette convention. — Cass., 1er déc. 1841. D.P. 42. 1. 17. — Cette doctrine a été vivement combattue, notamment par M. Rolland de Villargues, v° Honoraires, n. 19. On ne peut se dissimuler toutefois que l'art. 173 du tarif ne lui prête un très-puissant appui. Aux termes de cet article « tous les autres actes du ministère des notaires (c'est-à-dire les actes non tarifés), notamment les partages et ventes volontaires qui auront lieu par devant eux, *seront taxés par le président du tribunal de première instance* de leur arrondissement, suivant leur nature et les difficultés que leur rédaction aura présentées, et sur les renseignements qui lui seront fournis par les notaires et les parties. » L'art. 171 du même tarif vient encore à l'appui de la solution lorsqu'il dit que « il sera passé aux notaires pour la formation des comptes que les copartageants peuvent se devoir de la masse générale de la succession, des lots et des fournissements à faire à chacun des copartageants, une somme correspondante au nombre des vacations que le *juge arbitrera avoir été employées* à la confection de l'opération. » Certes, ces dispositions, qui mettent en avant l'arbitrage du juge, impliquent bien l'idée qu'il y a eu innovation à l'art. 51 de la loi de l'an 11 où c'était le règlement amiable qui était mis au premier rang. Comme l'a dit le trib. de Joigny dans l'espèce de l'arrêt qui vient d'être cité, « si sous l'empire de la loi de vent. en cas de règlement entre le notaire et les parties, celles-ci étaient non recevables à l'attaquer et à réclamer l'intervention des tribunaux, il n'en est plus ainsi depuis la promulgation du décret du 16 fév. 1807. — En effet, la loi du 25 vent. n'avait soumis à aucun tarif, à aucune taxe légale, les actes des notaires, et en avait laissé la fixation sous l'empire du droit commun, et à l'arbitrage des officiers et des parties, et s'était bornée en cas de contestation, à tracer un mode spécial et plus simple devant les tribunaux; — Sous cette législation, les conventions amiables des parties étant, la règle, elles devaient leur tenir lieu de loi et devaient, contre toute réclamation, être une légitime fin de non recevoir; — Mais cet état de choses a été nécessairement changé par l'intervention du décret du 16 fév. 1807; — Par ce décret, le législateur, après avoir établi complétement le droit civil par la promulgation du code civil et du code de procédure, a voulu régler aussi les droits et honoraires des officiers ministériels appelés à le mettre en action, et a proclamé pour tous la nécessité d'une fixation légale et l'obligation de s'y soumettre; — En présence de cette disposition générale et absolue, le réglement amiable entre les officiers et les parties n'a plus été qu'une exception volontaire *de la part de celles-ci*, et qui ne peut leur interdire le recours aux magistrats, si elles veulent *ensuite* l'invoquer; — Adopter cette exception à la nécessité de la taxe serait en rendre la règle presque entièrement illusoire, parce que les officiers ministériels pourraient toujours profiter du besoin qu'ont d'eux les parties pour s'y soustraire en imposant leurs conditions à l'avance; — Aussi le décret de 1807 a si peu entendu admettre ce réglement amiable comme exception à l'application de ses dispositions, qu'à plusieurs reprises il a formellement interdit à ces officiers d'y déroger par des conventions contraires; — Le décret du 16 fév. 1807 a entendu soumettre à ses règles les notaires, tout aussi expressément que les autres officiers ministériels, puisqu'il leur a consacré un chapitre tout entier; — On ne peut non plus pouvoir distinguer entre les divers actes des notaires, et excepter de ses dispositions ceux pour lesquels il n'a pas établi de tarif spécial; — En effet, si le législateur a compris que certains actes d'après leur nature ne pouvaient pas être évalués avec certitude, et si en conséquence il n'en a point fixé le prix, il a montré qu'il ne voulait point les soustraire à la règle d'une fixation légale, puisque, par une disposition expresse, il les a soumis à la taxe, et, par les art. 171 et 173, a confié leur évaluation, dans chaque cas particulier, à l'appréciation du juge-commissaire ou du président du tribunal; — Les prohibitions faites par le décret aux officiers ministériels, de déroger à ses dispositions, s'étendent aux notaires aussi bien qu'aux avoués et huissiers, et aux actes non tarifés spécialement, comme à ceux qui le sont; — Si les art. 129 et 151, qui contiennent ces prohibitions, sont placés dans d'autres chapitres que celui particulier aux notaires, cependant ceux-ci sont nommés expressément dans l'art. 151, et l'art. 171 se réfère nécessairement à cet art. 151 pour les successions, comme l'art. 172 se réfère aux art. 113 et 129 pour les remises accordées en cas d'adjudication; — Ainsi, les prohibitions de cet article

sont générales et sans exception.» — Ces considérations nous paraissent fort justes, et elles confirment la doctrine que nous avions fait pressentir dans une dissertation publiée dans notre R. pér. 29. 1. 181, où nous avons tâché d'établir que le réglement amiable fait à *l'avance* n'est pas irrévocable.

Mais c'est du réglement fait à *l'avance* que nous avons parlé et c'est aussi dans cette limite qu'il faudrait entendre, selon nous, l'arrêt du 1er déc. 1841. A la vérité, cet arrêt, pas plus que le jugement du tribunal de Joigny, dont il a confirmé la doctrine, n'ont fait cette limitation. Le jugement et l'arrêt ont statué, en thèse générale. Disons-le, cependant: si, après que tout a été consommé et lorsque les parties ne se trouvent plus sous la dépendance des notaires, une fixation amiable, exempte de surprise, était acceptée par les parties et exécutée par elles, il paraîtrait difficile d'admettre que le notaire qui aurait reçu de bonne foi la rémunération de ses soins et d'un travail exigeant une grande expérience, pût encore être soumis à une action en répétition par voie de taxe ou autrement. L'erreur seule ou la fraude pourrait, à notre avis, ouvrir dans cette hypothèse, une action en répétition ou en rescision du réglement amiable. C'est la doctrine que nous avons émise en rapportant l'arrêt du 1er déc. 1841, D. P. 1842. 1. 17; nous ne pouvons qu'y persister.

1222. — En ce qui concerne l'inapplicabilité d'un tarif aux actes dont il s'agit ici, le décret de 1807, n'a fait que le confirmer. On a vu que l'art. 173 impose au juge taxateur l'obligation de consulter, pour la fixation des honoraires, la nature de l'acte, les difficultés que sa rédaction aura présentées et les renseignements fournis par les notaires et les parties. Toutefois on a mis en question s'il ne conviendrait pas d'établir des tarifs qui comprendraient tous les honoraires dus aux notaires, comme il en existait autrefois dans beaucoup de localités. La question a été même soumise en 1829, à la chambre des députés; mais la proposition a été rejetée par des considérations décisives. « Il y a des actes, a dit notamment M. Dupin dans la séance du 24 avril 1829, dont la valeur peut d'avance être appréciée ; par exemple, les vacations de telle ou telle durée, etc...... Aussi existe-t-il pour tous ces objets, tarif établi par le décret du 16 fév. 1807. — Mais les autres actes des notraires, ceux qui ont pour objet d'attester les conventions des parties, et qui varient au gré de leurs caprices, de leurs besoins et de leurs spéculations, ne sont pas susceptibles d'un tarif uniforme. Quelle base, en effet, prendriez-vous pour les évaluer? — L'importance des sommes ? Mais l'acte de prêt d'un million n'est pas plus long ni plus difficile à faire que l'acte constatant un prêt de mille écus. — Classerez-vous les actes selon leur nature, tant pour une vente, tant pour une liquidation, tant pour une transaction ? Cela est impossible, vous allez en être convaincus. Rien de plus simple, assurément, qu'une procuration pour un objet unique; par exemple, pour paraître au bureau de paix; on la rédigera, je suppose, pour cinq francs. Mais, s'il s'agit d'une procuration pour gérer une usine, pour suivre les opérations d'une société de commerce, pour faire toutes les affaires d'un homme qui va s'absenter pour un voyage de long cours, le même salaire sera-t-il en proportion avec le travail de prévision qu'aura exigé cette procuration ? — Pour les ventes, l'impossibilité d'arriver à une taxe uniforme, est encore plus palpable : si deux paysans viennent chez un notaire lui dire : Moi, Paul, j'ai vendu à Pierre un journal de terre moyennant deux cents francs, écrivez. Certes voilà un acte fort simple, il sera bientôt dressé, le taux n'en sera pas cher. Mais s'il s'agit d'un domaine ou d'une terre considérable; mais si le vendeur et l'acheteur ne sont pas d'accord; s'il faut longuement discuter sur le prix, sur les termes, sur l'établissement de la propriété ; si, l'acheteur, soupçonnant que son vendeur a de mauvaises affaires, prie le notaire d'étudier minutieusement sa position, de vérifier les titres, de voir s'il a bien jugé, lui et ses auteurs, en remontant à plus de trente années, quel prix la loi assignera-t-elle d'avance à une telle suite de travaux ?—La même observation s'applique aux liquidations, selon qu'une succession sera faible ou considérable, nette ou embrouillée, selon qu'elle pourra finir en peu de jours ou durer plusieurs années. — Que dirai-je surtout des transactions, de ces actes qui sont le triomphe du notariat, et dans lesquels les hommes qui exercent cette profession se font tant d'honneur, quand ils ont été, je ne dis pas seulement les rédacteurs du traité de paix, mais les négociateurs, les plénipotentiaires, les promoteurs de la conciliation ; quand par leurs sages conseils, à force de soin, d'assiduité, de persévérance, ils sont parvenus à rapprocher les esprits, à réunir les volontés, et qu'ils sont venus à bout de terminer un procès existant, ou de prévenir un procès prêt à éclater? —Faites donc descendre de pareils services au taux fixé d'avance par un tarif froidement calculé !— Avec un prix invariable pour telle ou telle nature d'acte, on ferait alternativement injustice au notaire et à la partie, on risquerait perpétuellement d'accorder ou trop ou trop peu. Trop, en prenant pour base un prix moyen, qui se trouverait exagéré pour les affaires minimes, et insuffisant quand on l'appliquerait à des intérêts considérables et à des travaux de difficile appréciation. Avec cette uniformité de salaire et de récompense, vous détruiriez toute émulation ; l'acte mal fait serait aussi bien payé que l'acte rédigé avec soin ; l'acte le plus succinct autant que l'acte le plus compliqué ; le notaire inhabile et insouciant, autant que l'homme soigneux et expérimenté. »—L'application d'un tarif ne pouvait pas prévaloir sur ces considérations si nettes et si judicieuses : le principe posé dans l'art. 51 de la loi de vent. et confirmé par l'art. 173 du décret de l'an 7, devait nécessairement l'emporter.

1223. — Mais il n'a été rien précisé en ce qui concerne les bases d'après lesquelles les honoraires du notaire doivent être fixés. A cet égard, et ainsi que cela s'induit d'ailleurs des observations ci-dessus rapportées de M. Dupin, la fixation trouve sa base naturelle dans l'importance des affaires, et dans le plus ou moins de travaux et de difficultés présentés par l'opération qui y donne lieu, Ajoutons, avec M. Augan, t. 1, p. 197, qu'on doit aussi consulter les usages locaux, car, en cette partie, il existe des différences notables entre Paris et les principales villes, et entre celles-ci et les villes inférieures. Les notaires doivent entrevoir le danger auquel ils s'exposeraient soit en excédant les usages reçus, soit en s'en écartant par une trop grande modicité. Dans le premier cas, ils exciteraient des réclamations qui leur seraient préjudiciables, et dans le second, ils déprécieraient eux-mêmes leur travail.

1224. — D'ailleurs, certaines règles ont été admises, dans la pratique : elles préviennent l'arbitraire en même temps qu'elles sont susceptibles de concilier l'intérêt des notaires et celui des parties. Il résulte de ces règles que les actes sont divisés en deux classes, les uns, qu'on a considérés comme devant rendre exigible un honoraire proportionnel, parce qu'ils contiennent des valeurs déterminées ou susceptibles de l'être ; les autres qui ont paru ne pouvoir être soumis qu'à un honoraire fixe, parce qu'ils ne présentent dans leurs stipulations aucune valeur, et ne laissent à considérer que le travail qu'ils exigent. C'est, comme ledit M. Roll. de Vill., v° Honoraire, n. 39, sous ce double point de vue que des tarifs ont été adoptés par plusieurs chambres et proposés dans divers écrits. V. aussi les ouvrages de MM. Renaud et Vernet.—Ajoutons que c'est la classification qui est suivie par la loi sur l'enregistrement, et en outre que, dans les colonies, l'autorité locale a fait, à des époques plus ou moins récentes, des tarifs dans lesquels les actes des notaires sont également divisés en deux séries dont l'une est rétribué par un honoraire fixe et l'autre par un honoraire proportionnel.

1225. — Si la fixation des honoraires ne peut avoir lieu amiablement entre le notaire et les parties, elle est faite par le président du tribunal de première instance de la résidence du notaire. C'est ce qu'établit l'art. 173 du tarif du 16 fév. 1807, qui, sous ce rapport, a modifié l'art. 51 ci-dessus de la loi de vent., aux termes de laquelle c'était le tribunal tout entier qui devait faire la fixation en cas de dissentiment entre le notaire et les parties.

1226. — Ce même article voulait que la fixation fût faite sur *l'avis des chambres*, et cette disposition n'a pas été reproduite par le tarif de 1807, dont l'art. 173 se borne à indiquer au juge taxateur, comme base de la taxe, la nature des actes, les difficultés que leur rédaction aura présentées et les renseignements fournis par les notaires et les parties. De là est née la question de savoir si le tarif a abrogé l'art. 51 de la loi de vent. en ce qui concerne l'avis des chambres, que le tribunal devait prendre aux termes de ce dernier article? Nous avons examiné cette question dans notre *Tr. de la discip. not.*, où nous avons tâché d'établir que depuis le décret de 1807, l'avis des chambres n'a plus été nécessaire pour arriver à la fixation des honoraires, et qu'il est entièrement facultatif au président de prendre cet avis ou de taxer sur les seuls renseignements des intéressés.

V. *loc. cit.* n. 18. C'est aussi l'opinion de M. Augan, t. 1, p. 198. — Le président peut également prendre en considération des règlements que les chambres font, d'après l'usage, sur la taxe des actes non tarifés par la loi. Ces règlements ne sont pas obligatoires sans doute pour les notaires, ni à plus forte raison pour les parties (30 août 1811, Nimes D.A. 10. 434; 30 juin 1829, Bourges D.P. 29. 2. 272). Mais rien ne s'oppose à ce qu'ils soient pris en considération par le juge taxateur ou même par les tribunaux, surtout lorsque ces tarifs sont exécutés depuis un certain nombre d'années, en présence des chefs de la magistrature locale. 17 fév. 1840, D. P. 41. 2. 3; 26 janv. 1841. Req. D.P. 41. 1. 97.

1327. — Les honoraires des actes auxquels deux notaires ont coopéré ne peuvent pas être plus élevés que s'il n'y avait qu'un seul notaire (Arg. stat. not. de Paris de 1681, art. 15). De là il suit, sauf ce que nous avons dit *suprà*, à l'occasion des vacations, qu'en cas de coopération de plusieurs notaires à un même acte, les honoraires doivent se partager également entre eux (stat. not. de Paris du 27 fév. 1823).

1228. — Mais pour qu'il y ait lieu au partage des honoraires par portions égales, il faut que la coopération du second notaire ait été entière. Il en serait autrement si cette coopération n'avait été qu'accessoire. Cela est constant dans la pratique. Ainsi, le notaire qui serait intervenu dans un acte important, par exemple, dans un partage, pour une partie qui aurait un simple consentement ou une main-levée à donner, n'aurait pas droit à la moitié des honoraires; il ne devrait en toute équité être admis à demander que les honoraires du consentement à la main-levée. — *Conf.* Chauveau, n. 38, Roll. de Vill. v° *honoraires* n. 202.

1229. — Mais que faudrait-il décider à l'égard du notaire qui substituerait un confrère pour cause de maladie ou d'absence? Il a été jugé qu'un tel notaire serait fondé à percevoir la moitié des honoraires de l'acte qu'il aurait ainsi reçu. 15 mars 1839. Trib. d'Apt. D.P. 40. 3. 103. Remarquons toutefois qu'il y avait dans cette espèce cette circonstance particulière, que le notaire substituant n'avait pas entendu agir uniquement en cette qualité; et, en effet, l'acte avait été reçu en double minute, l'une devant rester dans son étude, et l'autre dans celle du notaire substitué. Sans cette circonstance, il est probable que les honoraires auraient été exclusivement attribués au notaire substitué. Il est d'usage, en effet, dans l'hypothèse d'une substitution véritable, que le notaire substituant n'ait aucune part dans les honoraires. Et cet usage, ainsi que le dit avec raison Roll. de Vill. v° *Honoraires*, n. 196, « est fondé sur ce que le notaire qui substitue un confrère momentanément empêché, exerce son ministère, non pas précisément à la réquisition des parties, mais pour obliger son confrère, afin de conserver à ce dernier sa clientelle, la garde de l'acte et les émoluments qui sont attachés à sa réception. Cette substitution est même mentionnée dans l'acte, et il y est ajouté que la minute

de cet acte restera en la possession du notaire substitué. »

1230. — 3° *Des personnes qui doivent payer les honoraires.* «En général, dit M. Augan, t. 1, p. 203, les frais occasionnés par les actes sont à la charge de celles des parties à qui la convention doit profiter, ou dans la main de qui elle doit former un titre utile; ainsi, d'après le Code civil, les frais de quittance sont à la charge de la partie qui se libère (1248), et les frais de vente sont à la charge de l'acheteur (1539). » C'est, d'ailleurs, en suivant le même principe que la loi sur l'enregistrement dispose que les droits des actes emportant obligation, libération ou translation des actes de propriété ou d'usufruit de meubles ou immeubles, seront supportés par les débiteurs et nouveaux preneurs, et que ceux de tous les autres actes le seront par les parties auxquelles les actes profiteront, lorsque, dans ces derniers cas, il n'aura pas été stipulé de dispositions contraires dans les actes. » (L. 22 frim. an 7, art. 31.) — Ainsi, c'est aux débiteurs et nouveaux possesseurs que la demande des honoraires doit être faite par le notaire, et c'est ce qui se pratique dans l'usage. V. Remy, p. 131.

1231. — Dans le cas où plusieurs débiteurs de sommes inégales renouvellent les titres, la règle s'applique encore en ce sens que chaque débiteur ne doit naturellement qu'une part de frais proportionnels à sa dette. « Sans cette juste répartition, dit avec raison M. Vernet, p. 94, il pourrait arriver qu'un débiteur payât, en frais, plus qu'il ne doit en principal. »

1232. — Mais il peut se faire que la demande d'honoraires adressée par le notaire à celle des parties qui doit les supporter, soit infructueuse, comme il ne serait pas juste qu'un notaire perdît ses avances et le fruit de ses travaux, la loi lui a donné le droit de se faire payer par les autres signataires de l'acte. Ce droit résulte de la nature même des fonctions du notaire. Chargé par plusieurs contractants de rédiger un acte qui les intéresse tous, il est véritablement le mandataire commun de tous ces contractants, et il a une action solidaire contre chacun d'eux. Cette obligation de toutes les parties envers le notaire est comparée à celle du mandant envers un mandataire. Tel est le principe admis par la jurisprudence. Le notaire étant ainsi considéré comme le mandataire de tous ceux qui figurent dans l'acte, il suit naturellement qu'il a, contre chacun d'eux, l'action accordée aux mandataires pour se faire rembourser des frais et des avances qu'il a faits (C. civ. 1999, 2002). Son mandat, qui s'étend aux honoraires, est, par sa nature même, comme celui de tout officier public, salarié, et ne peut être considéré comme gratuit : cela est fondé encore sur ce que, relativement aux officiers publics, l'emploi du temps et des soins doit être assimilé aux déboursés. — *Conf.* Augan, t. 1, p. 204; Remy, p. 131; Vernet, p. 38; Roll. de Vill., v° Honoraires, n. 211 et suiv.

1233. — Du reste, le principe de la solidarité a été fréquemment appliqué par la jurisprudence, et notamment à l'égard des honoraires d'une vente (Cass. 27 juin et 15 nov. 1820, Dict. gén., v° Honoraires, n. 116 ; Cass. 20 mai 1829 D. P. 29. 1. 247), d'un bail (Cass. 10 nov. 1828. D.P. 28. 1. 438), d'une quittance (Cass. 19 avril 1826, D. P. 26. 1. 240), d'une liquidation de succession (Cass. 27 janv. 1812, Dict. gén. , v° Honoraire, n. 117), etc., etc. — Remarquons même que plusieurs de ces décisions ont consacré le principe de la solidarité en présence d'une stipulation expresse de l'acte par laquelle il était convenu de faire supporter les droits et les honoraires exclusivement par l'une des parties qui était nommément désignée. C'est qu'en effet, une stipulation de cette nature ne peut avoir pour objet que de régler l'intérêt des parties entre elles, de déterminer celle qui devra supporter les frais en définitive ; mais elle ne peut nullement déroger à l'obligation solidaire d'indemnité contractée envers les notaires par toutes les parties qui ont requis leur ministère. C'est ce qu'expriment nettement les arrêts précités des 26 juin 1820 et 20 mai 1829.

1234.—Toutefois, ces décisions se restreignent au seul cas où l'acte a lieu du consentement unanime de toutes les parties et dans leur intérêt commun ; elles seraient inapplicables au cas où le notaire aurait agi sur la demande d'une seule d'entre elles. C'est ainsi qu'il a été décidé que le notaire qui a rédigé une promesse de vente, sur la demande du vendeur, et sans mandat de l'acheteur, ne peut réclamer ses honoraires que contre le vendeur (Req., 5 janv. 1819, Dict. gén., v° Honoraires, n. 118), et que lorsqu'un traité d'adjudication est resté imparfait par le refus de signer de quelques-unes des parties mentionnées dans l'acte comme acquéreurs solidaires, le notaire instrumentaire ne peut exercer l'action solidaire en paiement de ses honoraires et du droit d'enregistrement, contre les signataires ou non-signataires, s'il n'avait pas d'ailleurs reçu d'eux le mandat d'acheter l'immeuble mis en vente (Req. 16 juill. 1832. D.P. 32. 1. 413).

1235.—De même aussi le principe de la solidarité se restreint aux seuls droits qui sont dus lors de la passation de l'acte et qui en sont une suite immédiate ; quant aux droits dont l'obligation ne naît qu'après la passation de l'acte, ils ne concernent que celle des parties qui a séparément requis le ministère du notaire. (V. Remy, p. 132, Vernet, p. 93 ; Augan, t. 1, p. 204). Ainsi, le notaire aurait incontestablement une action solidaire contre toutes les parties, pour les premières expéditions d'un acte, et surtout si cet acte porte qu'elles seront délivrées; mais relativement aux expéditions délivrées ensuite sur la demande de l'une des parties, le notaire n'aurait d'action que contre celle-ci, par la raison que, seule, elle aurait requis son ministère. V. les auteurs cités et Roll. de Villarg., v° Honoraires, n. 226 et suiv.

1236.— La solidarité existe, en faveur du notaire, aussi bien pour les avances et déboursés , par exemple, le timbre et l'enregistrement, qu'il est tenu de faire, que pour ses honoraires. Le principe sur lequel la solidarité est fondée est le même absolument, c'est le mandat. La cour de cassation a dit, en effet, dans l'arrêt précité du 26 juin 1830 que « le recours donné aux notaires par l'art. 30

de la loi sur l'enregistrement est conforme au droit commun suivant lequel le mandataire constitué par plusieurs personnes pour une affaire commune, à une action solidaire contre chacune d'elles pour le remboursement de ses avances et le paiement du salaire qui peut lui être dû, droit consacré par les art. 1999 et 2002 C. civ.»

1237.—La conséquence qui semblerait s'induire de ce principe, c'est que le notaire a droit aux intérêts des avances par lui faites du jour où il les a effectuées ; car, après avoir posé en règle dans l'art. 1999 du C. civ., que le mandant doit rembourser au mandataire les avances faites par celui-ci, le législateur ajoute dans l'art. 2001 que l'intérêt de ces avances est dû au mandataire du jour des avances constatées. Or, la jurisprudence, en reconnaissant l'identité de position qui existe entre le notaire et le mandataire ordinaire, entre le client et le mandant, semble avoir, par cela même, tranché la question des intérêts. C'est ce qu'enseigne la généralité des auteurs. L'analogie une fois reconnue et consacrée, dit M. Augan, t. 1, p. 205, il n'y a pas eu à s'occuper de cette question par la raison bien simple que sa solution ne pourrait être qu'une dépendance de la question principale , et que cette solution, d'ailleurs, se trouve écrit dans l'art. 2001 du C. civ. Qu'exige, en effet, la loi ? que les avances soient constatées. Or, à l'égard des notaires, cette condition est remplie de la manière la plus formelle par les registres de la régie. Ainsi nulle raison de penser que les avances d'enregistrement ne soient pas productives d'intérêts du jour où elles ont été faites.»—C'est, en effet, ce qui a été jugé à plusieurs reprises. Trib. de la Seine, 10 fév. 1830; Grenoble, 14 juill. 1838 ; Riom, 8 déc. 1838 ; D.P. 39. 2. 94 2. 251.

1238.—Disons cependant que la cour de cassation a constamment rejeté cette doctrine; elle n'a admis le droit du notaire aux intérêts de ses avances qu'à dater de sa demande en justice. C'est ce qu'elle a jugé par un premier arrêt du 30 mars 1830 (Civ. rej. D.P. 30. 1. 188) et elle a maintenu sa doctrine par un nouvel arrêt du 24 juin 1840 (Req. D.P. 40. 1. 259) lors duquel le conseiller rapporteur, M. Troplong, a présenté des considérations qui prêtent à cette doctrine un bien solide appui. «Sans doute, a dit M. Troplong, le notaire est le mandataire des parties pour recevoir leurs dispositions et les convertir en acte public. Mais quand il s'agit du paiement des droits que le fisc prélève sur ces actes, le notaire n'agit plus dans le rôle de mandataire des parties. Ce n'est pas par suite de son mandat et pour le conduire jusqu'au bout qu'il paie, c'est parce que la loi fiscale lui en impose l'obligation spéciale. D'après elle, il est débiteur envers le Trésor, il est lié personnellement envers lui, sauf son recours. C'est donc dans la loi fiscale qu'il faut aller puiser les conséquences de l'obligation extraordinaire qu'elle impose; de cette obligation, dis-je, qui dépasse les limites du mandat, car on ne la trouverait pas dans le mandat, si la loi ne l'imposait expressément. Or la loi du 22 frim. an 7, qui, dans son art. 29, constitue le notaire débiteur du fisc, lui donne, dans l'art. 30, les moyens d'assurer son remboursement du côté de la partie débitrice, et là elle ne parle pas des intérêts de plein droit; elle les repousse donc par son silence, et dès lors les intérêts ne peuvent être dus que du jour de la demande. — Les matières d'enregistrement ne sont pas les seules où l'on voit le fisc assurer le paiement de l'impôt en se donnant plusieurs débiteurs. Quelquefois le propriétaire est tenu de payer l'impôt pour le locataire; Quelquefois le preneur est tenu d'en faire l'avance pour le propriétaire. Cependant on n'a jamais prétendu que celui qui, dans ces cas, a fait l'avance de l'impôt, pût le recouvrer en exigeant les intérêts de plein droit. La raison est que celui qui paie n'a pas agi purement et simplement pour le compte de l'autre, pour satisfaire à son désir, pour lui rendre service. C'est avant tout et en premier ordre, pour s'exonérer envers le Trésor qui voit en lui un obligé personnel et qui lui ferait rigoureusement expier son retard. — Donc le motif dominant de l'art. 2001 manque ici. Il manque d'autant plus que le notaire a trouvé dans la passation de l'acte une occasion de profit; que son ministère a été convenablement rétribué par des honoraires qui dépassent le salaire d'un mandataire sans caractère public; qu'ainsi ce serait grever les parties outre mesure que de se faire de l'avance des frais une occasion de faire courir des intérêts légaux. —Mais ce n'est qu'une considération. La véritable raison est que la loi de la matière est muette sur les intérêts de plein droit, et que l'art. 2001 C. civ. ne peut suppléer à ce silence expressif.»

1239. — 4° *Actions auxquelles donne lieu l'obligation des honoraires.* — Le notaire a une action en justice pour le paiement de ses honoraires : c'est la conséquence nécessaire du droit que la loi lui donne de les réclamer. Cependant, on a dit avec raison qu'il est de la dignité et même de l'intérêt des notaires de n'avoir recours aux tribunaux que dans les cas d'une évidente nécessité. Disons à ce propos que la jurisprudence a plusieurs fois consacré en principe le droit qu'aurait le notaire non payé et qui ne voudrait pas recourir aux voies judiciaires, de retenir les pièces à lui fournies pour la rédaction d'un acte jusqu'à parfait paiement (Paris, 13 oct. et 28 nov. 1834, D.P. 35. 2. 5 et 27; trib. Pointe-à-Pître, 13 mars 1838, D.P. 39. 3. 107). — Pareillement le notaire pourrait, aux termes de l'art. 851 C. pr., refuser la délivrance des expéditions aux parties et les forcer ainsi de recourir elles-mêmes en justice (art. 839 et 840), où elles seraient condamnées au paiement des droits du notaire, par leur propre fait, puisque les motifs du refus devraient être incidemment jugés.

1240. — Mais, lorsque ces moyens indirects d'arriver au paiement des honoraires n'existent pas pour le notaire, et qu'il rencontre une résistance absolue dans ses clients, quelle est la forme dans laquelle l'action doit être exercée et quelles sont les justifications qui doivent l'appuyer? A cet égard, il faut distinguer : les parties peuvent vouloir payer et elles contestent seulement la quotité de l'honoraire; ou bien elles peuvent être en retard ou refuser de payer les honoraires réclamés, abstraction faite de leur montant. Dans la première hypothèse, le notaire devra recourir à la taxe de son mémoire par le président

du tribunal de sa résidence. La taxe a lieu conformément aux règles que nous avons indiquées; *suprà*, n. 1219 et suiv.

1241. — Cependant, alors même qu'il a fait taxer ses honoraires, le notaire n'a pas, pour cela, un titre exécutoire. Le notaire n'aurait pas même le droit de se faire délivrer un exécutoire par le greffier (Roll. de Vill., v° Honoraire, n. 277); cet exécutoire ne peut être délivré aux notaires que dans deux cas déterminés : 1° lorsqu'il s'agit d'inscription de faux incident (C. pr. 203); 2° pour droits d'enregistrement et de timbre (L. 22 fr. an 7, art. 20). Ainsi, hors de ces deux cas, la taxe ne forme point entre les mains du notaire un titre qu'il puisse exécuter; elle n'a pas l'effet d'une décision judiciaire; elle ne constitue qu'un préalable d'instance auquel les parties peuvent s'arrêter, mais qui peut aussi être suivi à leur gré d'une contestation devant le tribunal.

1242. — Mais une question plus difficile est de savoir comment cette décision sera attaquée, si les parties ne veulent pas l'accepter? Il y a eu sur ce point nombre de décisions qui ont admis la voie d'opposition devant le tribunal de première instance. (V. notamment 22 déc. 1832, Paris, D.P. 33. 2. 85). Mais, il a été reconnu, et c'est le parti qui a prévalu devant la Cour de cassation, que le président qui procède à la taxe des frais dus à un notaire ne remplace pas le tribunal; qu'il ne juge pas comme, par exemple, lorsqu'il statue en état de référé; qu'il remplit des fonctions purement gratuites et qu'ainsi la décision qu'il rend est plutôt un avis qu'un jugement. De là on a conclu qu'il n'y avait pas nécessité de se pourvoir par opposition ou par appel contre cette décision; et que si les parties ne consentent pas à l'accepter, elles doivent nécessairement se pourvoir par voie d'action principale devant le tribunal de première instance, par application de l'art. 51 de la loi de vent., qui attribue compétence à ce tribunal seul (Cass. 11 nov. 1833, D.P. 34. 1. 36; 21 avril 1845, D.P., vol. 1845, 6° cah.). Dans ce système, qui n'établit aucun antagonisme entre l'art. 51 de la loi de l'an 11, et l'art. 173 du Tarif, le président remplit un office de conciliation nécessaire dans le triple intérêt 1° de la bonne harmonie entre un notaire et son client; 2° de la considération du notariat; 3° de l'administration de la justice, en ce qu'il établit une sorte de juridiction de premier degré dans une matière qui atteint rarement au 2° ressort.

1243. — Dans la seconde hypothèse, lorsque les parties refusent de payer les honoraires, abstraction faite de leur quotité, le notaire doit les assigner directement en justice. Mais il se présente deux systèmes pour engager l'action. Ils consistent, l'un, dans les formes du droit commun, telles qu'elles sont déterminées par le Code de procédure en matière personnelle, l'autre, dans les formes spéciales établies par l'art. 60 du même code et par l'art. 9 du second décret du 16 fév. 1807. D'après le premier des systèmes, le tribunal compétent serait celui du domicile de la partie débitrice, et le juge de paix dans le cas où la quotité des honoraires ne s'élèverait pas au-dessus de 200 fr.; enfin le notaire ne pourrait assigner devant le tribunal sans avoir pris le préliminaire de conciliation. D'après le second, le tribunal compétent serait dans tous les cas celui où les frais auraient été faits, et à quelque somme que ces frais se fussent élevés: c'est devant ce tribunal que l'action devrait être portée *de plano* et sans préliminaire de conciliation.

Quel est entre ces deux systèmes celui qu'il faut adopter? La Cour royale de Poitiers s'est prononcée en faveur du premier par arrêt du 7 déc. 1830, et il existe, dans le même sens quatre décisions de M. le garde-des-sceaux, en date des 4 déc. 1826, 8 nov. 1827, 28 mai 1828 et 30 nov. 1829. Toutes ces décisions reposent sur un même motif, à savoir : que les dispositions de l'art. 60 C. pr. et de l'art. 9 du décr. du 16 fév. 1807, d'après lesquelles les demandes formées pour frais par les *officiers ministériels*, doivent être portées au trib. où les frais ont été faits et sans préliminaire de conciliation, ne s'appliquent pas aux notaires.

Mais cette doctrine, qui est d'ailleurs admise par plusieurs auteurs (V. Lepage , quest. p. 107, Chauveau, Comm. du tarif, t. 1. p. 127), n'a pas généralement prévalu. Et en effet, à supposer qu'il faille faire, relativement à l'application de l'art. 60 du C. de pr. et de l'art. 9 du décr. de 1807, la distinction proposée entre les notaires et les officiers ministériels, et que par conséquent il fallût laisser ces articles de côté, il resterait encore l'art. 51 ci-dessus de la loi de vent. an 11, d'après lequel les honoraires des notaire doivent être réglés... *par le tribunal civil de la résidence du notaire.* Or, l'on ne peut pas supposer que le législateur ait voulu que deux tribunaux différents puissent être saisis de la même affaire, l'un quant à la taxe et l'autre quant à la condamnation des honoraires taxés. L'inapplicabilité de l'art. 60 du C. de pr. étant donc hypothétiquement admise, dans le cas particulier, il resterait encore l'art. 51 de la loi de vent. dont la disposition consacre virtuellement la compétence du tribunal de la résidence du notaire.

Mais ensuite, comment pourrait-on dire que l'art. 60 ne régit pas les notaires, comme les avoués, les huissiers, les greffiers? La disposition de cet article d'après laquelle les demandes formées pour frais par les officiers ministériels doivent être portées au tribunal où les frais ont été faits, a été motivée notamment sur ce que ce tribunal est celui qui peut taxer les frais le plus exactement, et sur ce qu'il importe au public que ces officiers, dont le ministère est forcé, ne soient pas détournés de leurs fonctions, et qu'il ne serait pas juste, lorsqu'ils ne peuvent les refuser, de les exposer à poursuivre au loin les vacations et avances qui leur seraient dues. Or, il est de toute évidence que ces motifs s'appliquent, avec autant de raison, aux notaires qu'aux avoués et autres officiers ministériels. Aussi a-t-on admis d'une manière à peu près générale, en doctrine, qu'ils peuvent porter leur action en paiement d'honoraires devant le tribunal de leur arrondissement, quel que soit le domicile des parties (V. Carré, sur l'art. 60 C. pr.; Boncenne, t. 2. p. 253; Loret, t. 1, p. 494; Augan, t. 1. p. 207; Roll. de Vill., v° Honoraire, n. 241). La jurisprudence s'est également prononcée dans ce sens; et c'est

par application des principes qui viennent d'être rappelés, qu'elle a proclamé que le juge de paix est incompétent *ratione materiæ* pour statuer sur la demande en paiement d'honoraires formée par un notaire, ces honoraires fussent-ils au-dessous de la somme de 200 fr. ; trib. de Civray, 24 avril 1841, D.P. 41. 3. 431 ; Orléans, 15 mai 1832; Rennes, 28 nov. 1840 , D.P. 41. 2. 180; Dijon , 22 avril 1844, Cass. 21 avril 1845. D.P., vol. 1845, 6e cahier.

1244. — Du reste, ainsi que le fait remarquer M. Augan, p. 209, « les formes ordinaires pourraient être admises en certains cas, si on veut les considérer comme simplement facultatives : ainsi, par exemple, s'il y a eu règlement amiable de frais entre le notaire et son client, ou si celui-ci n'élève pas de contestation sur la quotité des honoraires, s'il n'y a d'autres difficultés à juger que celles qui résulteraient de paiements allégués par le client, ou de la demande d'un délai pour se libérer, dans ces différents cas, aucune disposition, soit du décret de 1807, soit de la loi de vent. ne paraît interdire l'usage des formes communes de la procédure. Il est donc loisible au notaire de porter sa demande suivant la marche ordinaire , soit devant le tribunal du domicile des parties, si la somme des honoraires réclamés excède 200 fr., soit devant le juge de paix également du domicile du défendeur, si les honoraires ne s'élèvent pas au-dessus de cette somme.»

1245. — Dans tous les cas, il doit être donné, en tête de l'assignation, copie du mémoire des honoraires réclamés (2e tarif de fév. 1807, art.9). C'est là la pièce principale que le notaire doit produire à l'appui de sa demande. Mais elle n'est pas la seule : l'exhibition des minutes peut lui être demandée; il doit donc se tenir prêt à les représenter. Cette représentation suffit d'ailleurs pour établir ses droits, soit que les actes aient été reçus par le notaire lui-même, soit qu'ils l'aient été par l'un de ses prédécesseurs ; ce serait à la partie qui se prétendrait libérée à donner la preuve de la libération. (Cass. 14 oct. 1811, Dict. gén., v° Honoraires, n. 111; Cass. 4 avril 1826; D.P. 26. 1. 224).

1246. — Cependant, comme la plupart des clients sont dans l'usage de ne point retirer de récépissé des paiements faits au notaire, s'il leur avait été délivré expédition des actes sans réserve des frais , la représentation de ces expéditions serait une présomption de paiement, surtout si, à cette première circonstance, se réunissait celle d'un long silence de la part du notaire (Req., 18 nov. 1813, Dict. gén., v° Honoraire, n. 113; Douai, 13 fév, 1834, D.P. 36. 2. 61).

1247. — La présomption de paiement des frais d'actes antérieurs résulterait aussi de la quittance donnée à raison de frais d'actes passés plus récemment (Bordeaux, 8 déc. 1835; D.P. 37.2.26).

1248. — D'ailleurs, le notaire peut déférer le serment à la partie qui invoque la présomption de paiement résultant des circonstances ci-dessus.—Conf. Chauveau, n. 57.

1249. — Le tribunal, s'il trouve la demande justifiée, condamne le défendeur au paiement; au contraire il rejette demande si la libération de la partie lui paraît établie. Mais, dans l'un et l'autre cas, le jugement est soumis aux voies de recours ouvertes contre les jugements ordinaires, car la loi n'a fait, à cet égard, aucune dérogation au droit commun. De là il suit que l'appel peut être interjeté contre ce jugement, si la demande excédait le taux du dernier ressort. —Paris, 22 déc. 1832 ; trib. d'Apt, 15 mars 1838.—*Conf.*, Roll. de Vill., v° Honoraires, n. 249 et 250. — *Contrà*, Remy, p. 136.

1250. — Du reste, comme toutes les actions, celle des notaires en paiement des frais est sujette à la prescription. Mais aucune loi n'en ayant réglé la durée, il s'ensuit que cette prescription tombe dans la règle générale et que l'action dure 30 ans aux termes de l'art. 2262 C. civ., v° Troplong, De la prescrip., n. 984 ; Augan, t. 1, p. 210 ; Loret, t. 1, p. 492 ; Roll., de Vill., v° Honoraires, n. 309.

ARTICLE 52.

Tout notaire suspendu, destitué ou remplacé, devra, aussitôt après la notification qui lui aura été faite de sa suspension, de sa destitution ou de son remplacement, cesser l'exercice de son état, à peine de tous dommages-intérêts, et des autres condamnations prononcées par les lois contre tout fonctionnaire suspendu ou destitué qui continue l'exercice de ses fonctions.

Le notaire suspendu ne pourra les reprendre, sous les mêmes peines, qu'après la cessation du temps de la suspension.

1251.—La loi règle ici les effets de la suspension, de la destitution ou du remplacement d'un notaire. Les effets sont identiques dans les trois circonstances, c'est la nécessité, pour le notaire, de cesser l'exercice de son état aussitôt que notification lui est faite de sa suspension, de sa destitution ou de son remplacement. Néanmoins il convient de parler successivement des trois cas à cause de quelques particularités qu'ils présentent.

1252.—*De la suspension.* — La suspension est l'état du notaire auquel l'exercice de ses fonctions est temporairement interdit. C'est une peine que la loi prononce dans divers cas, et qui a existé à peu près en tous les temps dans la législation. Elle n'est pas néanmoins sans de graves inconvénients. En premier lieu, elle se concilie mal avec le principe qui fixe la résidence et le nombre des notaires d'après les besoins des localités. Ensuite, elle est, par sa nature, susceptible de porter à la considération de l'officier qui en est frappé, une atteinte irréparable. Aussi a-t-on cherché, dans l'usage, un terme moyen entre la suspension et la destitution. Quand les chambres sont appelées à donner leur avis sur la suspension, et que le cas est grave sans toutefois qu'il paraisse devoir motiver la destitution, elles engagent le notaire inculpé à donner sa démission. Si l'inculpé, comme ledit

M. Rolland de Villargues, v° Discipline notariale, n. 149, consent à prendre sa retraite, justice est faite, et la peine devient plus efficace qu'une suspension, sans en avoir les inconvénients pour le notaire lui-même et pour le public.

1253. — Quoi qu'il en soit, la peine de la suspension subsiste dans la loi qui la prononce dans plusieurs cas déterminés. Notamment, il y a lieu à la suspension de notaire, d'après l'art. 6 de la présente loi, si le notaire a instrumenté hors de son ressort (V. *suprà*, cet article) ; il y a lieu encore à cette peine, d'après l'art. 23 de la même loi, si le notaire a délivré expédition ou donné connaissance d'un acte par lui reçu à d'autres qu'aux personnes intéressées en nom direct, héritiers ou ayant cause ; aux termes de l'art. 33 de cette même loi, la suspension doit également être prononcée contre le notaire dont le cautionnement se trouve absorbé en tout ou en partie par l'effet de la garantie à laquelle ce cautionnement est affecté, et la suspension dure jusqu'à ce que le cautionnement ait été rétabli en entier, pourvu toutefois que ce rétablissement soit effectué dans les six mois, délai après lequel le notaire serait considéré comme démissionnaire (V. *suprà*, art. 33) ; enfin, un quatrième cas de suspension est prévu par la loi du 4 mai 1809, art. 12 : c'est lorsqu'un notaire procède à un inventaire après le décès d'un titulaire de majorat, sans se faire représenter le certificat de notification de ce décès, et sans en faire mention dans l'intitulé de l'inventaire.

1254. — Tels sont les cas de suspension nommément établis par la loi. Mais, il importe de le remarquer, la loi n'est point limitative en ce point : il résulte d'une jurisprudence constante et arrêtée, que la suspension peut être prononcée dans tous les cas de faute grave, sans que le silence de la loi puisse mettre le notaire à l'abri de l'application de cette peine disciplinaire. Nous avons donné, dans notre travail de la discipline notariale, n. 143 et suiv., des exemples nombreux qui viennent à l'appui de la proposition ci-dessus ; il suffira ici d'y renvoyer le lecteur.

1255. — L'effet immédiat de la suspension est, ainsi que nous l'avons dit d'après l'art. ci-dessus, l'obligation, pour le notaire, de cesser l'exercice de son état. Le notaire qui continuerait, après notification à lui faite de sa suspension, l'exercice de ses fonctions, se rendrait passible des peines prononcées par l'art. 197 du C. pén., sans préjudice de tous dommages-intérêts. Il en serait ainsi du notaire qui reprendrait ses fonctions avant l'expiration du temps de la suspension.

1256. — Indépendamment de cet effet, qui est attribué à la suspension par l'art. ci-dessus, la loi en détermine un autre, qui n'est qu'une conséquence du premier, dans l'art. 68 ci-après, duquel il résulte que l'acte, fait en contravention à la disposition que nous commentons ici est nul, s'il n'est pas revêtu de la signature de toutes les parties ; et que lorsque l'acte est revêtu de la signature de toutes les parties contractantes, il ne vaut que comme écriture sous seing-privé. Qu'il en soit ainsi, lorsque les parties ont connu la circonstance de la suspension, cela ne peut pas être un seul instant douteux; la disposition de la loi est formelle. Mais, cette disposition s'applique-t-elle également dans le cas où les parties ont été de bonne foi, c'est-à-dire lorsqu'elles n'ont pas su que le notaire était suspendu? L'erreur dans laquelle le notaire les a laissées à cet égard suffirait-elle pour valider l'acte qu'elles auraient passé devant lui? V. sur ce point, *Suprà*.

1257. — *De la destitution*. La destitution est la privation, encourue par un officier public, de ses fonctions à raison de quelque faute grave. Un notaire peut, comme tout fonctionnaire ou employé, encourir cette peine; la disposition de l'art. 2 de la présente loi, qui déclare les notaires *institués à vie*, n'y fait aucunement obstacle. Car, en déclarant que les notaires sont institués à vie, le législateur de l'an II a voulu seulement les distinguer de certains fonctionnaires et employés que le gouvernement peut suspendre ou révoquer à son gré et sans autres motifs que sa volonté; mais il n'a pas entendu que les notaires ne pourraient jamais être destitués par les tribunaux pour des causes graves. C'est en ce sens seulement, et avec cette limitation, que les notaires ne sont pas révocables ; irrévocables en principe au gré du gouvernement , ils n'en peuvent pas moins être destitués, pourvu que ce soit dans les formes prévues par la loi, c'est-à-dire par des jugements.

1258. — Aussi voit-on que la loi spéciale sur le notariat elle-même a prévu plusieurs cas de destitution. Ainsi la destitution du notaire peut être prononcée : 1° si après avoir été suspendu de ses fonctions pour avoir instrumenté hors de son ressort, il récidive (*Suprà*, art. 6) ; 2° s'il y a fraude dans la contravention à ce qui est prescrit au sujet des surcharges, interlignes ou additions , et des ratures dans les actes par lui reçus (*Suprà*, art. 16); 3° s'il délivre une seconde grosse d'actes, sans y avoir été autorisé par ordonnance du juge (*Suprà*, art. 26).

1259. — Indépendamment de ces cas prévus par la loi spéciale , il en est d'autres que déterminent des lois particulières dans lesquels la destitution du notaire peut aussi être prononcée; ainsi 1° s'il est prouvé que l'omission du dépôt du contrat de mariage des époux dont l'un est commerçant, est la suite d'une collusion (C. com. 68) ; 2° si le notaire ne laisse pas de copie exacte des protêts, et ne les inscrit pas en entier, jour par jour, et par ordre de date, dans le registre particulier qu'il doit tenir à cet effet (C. comm., 176); 3° s'il n'a pas versé à la caisse des consignations les sommes dont il était dépositaire dans les cas prévus par l'ordonnance du 3 juillet 1816, relative aux allocations de la caisse des dépôts et consignations, créée par la loi du 28 avril 1816 (art. 10). Dans ce dernier cas, l'ordonnance suppose que le notaire pourrait être révoqué et remplacé sans jugement préalable ; c'est une erreur sans doute; il s'agit ici d'une destitution : les tribunaux seuls pourraient donc la prononcer. Il n'y a que trois cas dans lesquels un notaire peut être remplacé sans jugement préalable :

nous les indiquerons bientôt en parlant du *remplacement*.

1260. — Remarquons même qu'en signalant ces divers cas de destitution, la loi ne s'est pas exprimée *limitativement*, et n'a pas dit que, dans d'autres cas aussi graves ou plus graves encore, les notaires ne pourraient pas être destitués par les tribunaux. Il en est de la destitution comme de la suspension dont nous venons de parler ; rien ne s'oppose à ce qu'elle soit prononcée hors le cas spécialement indiqué. Et cela s'induit de l'art. 53 ci-après de la loi de vent. an xi, qui dit d'une manière absolue et nullement par relation aux cas qu'elle a indiqués que *toutes destitutions* des notaires seront prononcées par les tribunaux. Aussi, le pouvoir discrétionnaire de prononcer la destitution du notaire dans tous les cas de faute suffisamment grave, a-t-il été proclamé, en principe, en faveur des tribunaux, par la jurisprudence. (Cass. 20 nov. 1811 D. P. 12. 1. 181, 20 juill. 1841 rég., D. P. 41. 1. 315; 3 déc. 1827, Bordeaux, D. P. 28. 2. 140.)

1261. — Toute la difficulté consiste à savoir quelles sont les fautes que l'on doit considérer comme assez graves pour entraîner la destitution. Voy. à cet égard , notre Tr. de la discip. not., n. 144 et suiv. et n. 245.

1262. — La destitution , comme nous l'avons dit, et ainsi que cela résulte de l'article suivant, doit être prononcée par le tribunal civil de la résidence du notaire. Il y a donc une instance à poursuivre. Mais il est évident que, pendant cette instance , le notaire dont la destitution est provoquée doit continuer ses fonctions, parce qu'en général personne ne doit être dépouillé provisoirement de son état.

1263. — C'est seulement lorsque la destitution est prononcée et que notification du jugement est faite au notaire, que celui-ci doit immédiatement cesser l'exercice de son état, sous peines de tous dommages-intérêts, aux termes de l'article ci-dessus, indépendamment des peines publiques que prononce l'art. 197 du C. pén. Comme dans le cas de suspension, tous les actes faits après la notification de la destitution seraient nuls, aux termes de l'art. 68, et ces actes ne pourraient même valoir ,quoique , par suite de l'appel , le jugement prononçant la destitution viendrait à être infirmé. *Conf.*; Rolland de Villargues, v° Destitution, n° 53.

1264. — Le jugement qui prononce la destitution d'un *notaire certificateur* ne doit pas être entendu dans un sens limité et comme se rapportant seulement au titre de *certificateur*, mais bien comme emportant déchéance absolue du titre de notaire et de toutes les fonctions qui y sont indistinctement attachées ; en conséquence , la chambre de discipline invitée à procéder à l'examen des candidats qui se présentent pour remplacer le notaire destitué, ne peut, sans commettre un excès de pouvoir, refuser d'obtempérer à cette invitation. — 29 oct. 1835. Décis. du min. de la just. D. P. 36. 3. 75.

1265. — Le notaire destitué n'a pas, aux termes de la loi du 28 avril 1816, art. 91, la faculté de présenter son successeur. V. p. 151, n. 11.

1270. — *Du remplacement.* — Le remplacement n'est pas, en principe, une peine proprement dite. Cela est évident, lorsqu'il est la suite d'une démission volontairement donnée par le notaire; mais il en est encore ainsi dans les cas de la démission forcée que la loi spéciale a prévus. Le remplacement a sans doute quelque chose de très-grave dans ces cas, mais il ne constitue pas une peine dans le sens légal du mot, car la révocation encourue de plein droit dans ce cas n'a pas besoin d'être prononcée par les tribunaux; le notaire est considéré par la loi elle-même comme démissionnaire, ce qui met le gouvernement dans la nécessité de pourvoir à son remplacement. V. notre *Tr. de la discip. not.*, *infrà*, n. 244.

1277. — Ainsi, dans tous les cas, le remplacement suppose une décision préalable, laquelle est volontaire et expresse, ou bien tacite et forcée.

1278. — La loi spéciale sur le notariat prévoit trois cas dans lesquels un notaire peut ou doit être réputé démissionnaire. Ces trois cas sont: 1° si le notaire ne réside pas dans le lieu qui lui a été fixé par le gouvernement (art. 4 et 5); 2° s'il accepte des fonctions incompatibles avec celles du notariat (art. 7 et 66); 3° enfin, s'il ne rétablit pas, dans les six mois, l'intégralité de son cautionnement absorbé en tout ou en partie par l'effet de la garantie à laquelle ce cautionnement est affecté (art. 33). — Remarquons que la question de démission présumée est administrative et exclusivement dans les attributions du ministre de la justice. C'est à lui seul qu'il appartient de proposer le remplacement, sauf à prendre l'avis du tribunal du ressort.

1279. — Lorsque la démission est volontaire, il est évident que la volonté doit être manifestée en termes exprès. Mais, en quelle forme cette volonté doit-elle être exprimée? C'est un point qui a subi quelques variations. Avant la loi de 1791, qui a réorganisé le notariat, la démission se donnait en la forme d'une procuration en brevet passée devant notaire, par laquelle le titulaire donnait pouvoir de résigner l'office entre les mains du roi, en faveur de celui qui avait traité de la finance. C'était ce qu'on appelait la procuration *ad resignandum*, que le résignataire dont le nom était, d'ailleurs, laissé en blanc, présentait au chancelier, dont l'agrément devait être demandé. Cet ordre de choses fut modifié par la loi de 1791, sous l'empire de laquelle la démission dût être pure et simple, les places de notaires ne pouvant plus être occupées que par des sujets antérieurement désignés dans un concours public. — La loi du 25 vent. an 11, tout en abolissant ce concours, n'avait pas, en principe, dû apporter un grand changement à cette forme de la démission, car cette loi n'autorisait pas le titulaire à présenter officiellement son successeur, puisqu'elle laissait au gouvernement le choix des candidats (art. 45). Mais, en fait, le gouvernement admet-

tait toujours comme successeur le candidat indiqué par le titulaire, pourvu qu'il réunît les conditions exigées de la loi. Ce droit de présentation qui était admis dans l'usage, a été ensuite érigé en loi, par la loi du 28 avril 1816, art. 91. La forme de la démission a subi l'influence de ce nouvel état de choses, et aujourd'hui, le notaire qui a l'intention de se démettre, remet à la chambre de discipline de son ressort, pour être transmise avec les autres pièces au procureur du roi, une déclaration écrite sur papier timbré portant ce qui suit: « Je soussigné...., notaire à...., déclare par ces présentes, donner à S. M., entre les mains de M. le garde des sceaux, ministre de la justice, ma démission de notaire à ...., en faveur de M...., premier clerc de M'...., notaire à...., que je supplie S. M. de vouloir bien agréer pour mon successeur. — A...., ce....» — Il doit toujours être justifié de la démission par un acte particulier et distinct, destiné à rester aux archives de la chancellerie, comme preuve de la transmission régulière du titre. Cette pièce ne peut être suppléée par la production du traité, que l'on est dans l'usage de rendre aux parties après la nomination (13 fév. 1833. Cir. pr. gén. de Paris).

1270. — Du reste, il est de jurisprudence, dans l'administration, que le gouvernement ne doit pas accepter la démission d'un notaire contre lequel il existe des faits de nature à motiver une action en destitution (20 nov. 1837, déc. min. D.P. 38. 3. 117). Cette décision est, en apparence, contraire à une autre du 17 oct. 1837, de laquelle il résulte que le notaire à qui on reproche d'avoir enfreint sa résidence peut arrêter les poursuites en donnant sa démission. Mais, si l'on compare cette faute, purement disciplinaire, aux faits criminels imputés au notaire contre lequel est intervenue la décision du 20 novembre, on se rendra aisément compte de la divergence de ses deux solutions.

1271. — En principe, la démission donnée par le titulaire d'un office est révocable tant qu'elle n'a pas été admise, sauf l'action en dommages-intérêts de celui avec lequel un traité a été passé. De son côté, le successeur désigné peut aussi se rétracter, sous la même condition des dommages-intérêts.

1272. — Mais dès que la démission donnée par le notaire a été *admise*, c'est-à-dire acceptée par un acte ministériel notifié au démettant, elle devient irrévocable. Il n'importe même pas que la nomination du successeur soit faite. L'acceptation du gouvernement suffit pour compléter le contrat, et elle a pour effet de lier le démissionnaire. — (*Conf.* Dard., des Offices, p. 164; Roll. de Vill., v° Démission, n. 23). Aussi a-t-il été décidé dans ce sens que la démission pure et simple donnée par un notaire ne peut plus être rétractée par ce dernier, dès l'instant qu'elle a été acceptée par l'administration, et le notaire doit cesser ses fonctions aussitôt qu'apparaît l'ordonnance qui le déclare démissionnaire. — 30 mars 1838. Ord. D.P. 38. 3. 196. — *Conf.*, 9 janv. 1837. Déc. du garde des sceaux. D.P. 37. 3. 138.

1273. — La démission volontaire ou forcée, tacite ou expresse de la part du titulaire, a pour effet immédiat de donner au gouvernement le droit de pourvoir au remplacement du titulaire, sauf néanmoins un cas particulier prévu par les art. 31 et 32 de la présente loi. En effet, dans les communes où le nombre des notaires est encore excessif, la démission d'un notaire, de même que son décès ou sa destitution, donne lieu à la suppression de sa charge, par réduction, jusqu'à ce que les notaires exerçants se trouvent réduits au nombre déterminé par la loi pour la commune ou le ressort (V. supra, art. cités).

1274. — Hors ces cas, le remplacement doit être effectué. Mais comment? Cela varie suivant les circonstances. S'agit-il d'une démission tacite et forcée, le garde des sceaux, après avoir pris l'avis du tribunal du ressort, propose au roi le remplacement en faveur de qui bon lui semble.

1275. — Mais s'agit-il d'une décision volontaire et expresse, il faut distinguer. La solution, ou le mode de remplacement sera le même que dans le cas précédent, si le notaire n'a pas désigné de successeur, à cela près seulement que le garde des sceaux, en proposant un candidat au roi, n'est pas tenu de prendre l'avis du tribunal.

1276. — Au contraire, si le démissionnaire a désigné son successeur, c'est celui-ci qui doit être nommé, s'il est agréé par le gouvernement; sinon le garde-des-sceaux rend une décision motivée.

1277. — Le notaire qui a donné sa démission, n'en doit pas moins remplir ses fonctions jusqu'à l'installation de son successeur, qui a lieu par la prestation de serment devant le tribunal. Jusque-là, les effets de la démission sont suspendues, tant dans l'intérêt public que dans celui du notaire lui-même. C'est seulement lorsque la démission est entièrement consommée par la nomination et l'installation du successeur, que le précédent titulaire doit immédiatement cesser l'exercice de ses fonctions sous les sanctions diverses que nous avons déjà indiquées en parlant de la suspension et de la destitution.

1278. — Il a été néanmoins fait une exception à cette règle pour le cas d'une démission tacite et forcée. Il a été décidé, en effet, que le notaire déclaré démissionnaire pour infraction à sa résidence doit cesser immédiatement ses fonctions; de telle sorte qu'il ne peut continuer l'exercice de ses fonctions jusqu'à son remplacement. (19 janv. 1837. Déc. du min. de la justice. D.P. 37. 3. 135). — Néanmoins cette décision ne semble pas devoir être suivie; elle a été justement critiquée, à notre avis, par M. Roll. de Vill., v° Démission, n. 35, qui dit avec raison : « Il est de principe que le notaire démissionnaire ne doit cesser ses fonctions que du jour où il reçoit la notification de son remplacement. Cela se fonde, d'ailleurs, sur les inconvénients qui résultent toujours de la vacance d'une place. Or, pourquoi, dans l'espèce, s'écarterait-on de ce principe? Il est constant que la démission tacite ou forcée n'a aucunement le caractère d'une destitution. Elle n'élève aucune suspicion quant à l'exercice des fonctions : Ainsi, un notaire a abandonné sa résidence, il a accepté des fonctions incompatibles, il n'a pas rétabli son cautionnement : tout cela empêche-t-il de continuer ses services au public, et y a-t-il de l'inconvénient? Nullement. En un mot, l'ordonnance qui intervient pour prononcer la démission d'un notaire dans les cas qui viennent d'être énumérées, ne fait que remplacer l'acte volontaire qui aurait dû être donné par le notaire. Elle n'a pas d'autre objet. Ses conséquences ne peuvent pas être différentes. »

1270. — Le notaire démissionnaire doit remettre son cachet à la chambre; celui du notaire décédé est retiré par les syndics au moment de l'apposition des scellés sur les minutes. Les cachets, remis ou retirés, sont de suite brisés et annulés; il en est tenu un état qui reste aux archives (Stat. des not. de Paris, 15 oct. 1812).

ARTICLE 53.

Toutes suspensions, destitutions, condamnations d'amende et dommages-intérêts, seront prononcées contre les notaires par le tribunal civil de leur résidence, à la poursuite des parties intéressées, ou d'office, à la poursuite et diligence du commissaire du gouvernement.

Ces jugements seront sujets à l'appel, et exécutoires par provision, excepté quant aux condamnations pécuniaires

1280. — Cet article fixe la compétence des tribunaux qui peuvent prononcer, contre les notaires, les suspensions, les destitutions, etc., et la voie de recours ouverte contre le jugement. D'un autre côté, l'ord. du 4 janv. 1843 qui a remplacé l'arrêté du 2 niv. an 12, place dans les attributions des chambres de notaire, le droit de prononcer ou de provoquer, suivant les cas, l'application de toutes les dispositions de discipline (art. 1). — Il résulte de là que l'action disciplinaire se partage aujourd'hui entre les tribunaux civils et les chambres de displines. Mais comment et dans quelle proportion ce partage a-t-il lieu? C'est ce qui a été examiné dans notre Tr. de la discipl. not. où se trouve le commentaire complet de la disposition ci-dessus. V. n. 122 et suiv.; et 252 et suiv.

Section IV. *Garde, transmission, tables des minutes et recouvrements.*

ARTICLE 54.

Les minutes et répertoires d'un notaire remplacé, ou dont la place aura été supprimée, pourront être remis par lui ou par ses héritiers à l'un des notaires résidant dans la même commune, ou à l'un des notaires résidant dans le même canton, si le remplacé était le seul notaire établi dans la commune.

1281. — L'ord. de 1560, art. 83, voulait déjà qu'après le décès d'un notaire, il fût dressé un *inventaire* de ses registres et protocoles, et qu'il en fût fait dépôt au greffe de la juridiction de sa résidence. — C'était le greffier qui, après le dépôt, délivrait les grosses et expéditions des actes, moyennant un salaire, dont la moitié était remise aux héritiers, pour leur tenir lieu des recouvrements à faire sur l'acte. — Des lettres patentes du 11 oct. 1561 exceptèrent les notaires de Paris de cette disposition, touchant le dépôt des minutes au greffe, et ils furent autorisés à les transmettre à leurs successeurs. — Un édit d'Henri III, daté de mars 1575, créa dans chaque bailliage, sénéchaussée et siège royal, des offices de notaires gardes-notes dont les fonctions étaient d'avoir le dépôt des minutes des notaires qui, par décès ou autrement, cesseraient l'exercice de leur emploi, et d'en délivrer des grosses et expéditions aux parties. — Mais un édit de mai 1597, supprima tous les offices des notaires royaux, greffiers, clercs, tabellions et gardes-notes qui existaient dans le royaume et créa pour les remplacer, des offices de notaires gardes-notes et tabellions héréditaires, à l'instar des notaires du Châtelet de Paris qui étaient déjà ainsi constitués. — Un arrêt de règlement du 28 fév. 1667, déclara qu'en cas de transmission des offices, les minutes seraient, contrairement à ce qui semblait résulter de l'art. 83 de l'ord. de 1560, remises aux successeurs, qu'il en serait fait un état sommaire, et que l'émolument des expéditions appartiendraient aux héritiers (Jousse Rec. des ordonn.). — Ces offices, qui ont existé comme une propriété dans les mains des notaires et de leurs héritiers, et qui ont été transmissibles, avec les minutes, dans les mains des titulaires successifs, ont été supprimés par la loi du 6 oct. 1791 qui a aboli la vénalité de ces charges. — Enfin, des mesures propres à assurer la remise des minutes, après la démission ou le décès d'un notaire, au remplacement duquel il n'y avait lieu de pourvoir, ont été établies par un arrêté du 2 vend. an 7.

1282. Il résulte de l'art. 54, qu'en cas de remplacement comme au cas de suppression, le notaire reste propriétaire de ses minutes et répertoires, mais sous une restriction sévère; il doit les remettre dans le mois en cas de remplacement, et dans les deux mois en cas de suppression (art. 55, 56), à un notaire de sa commune, ou, s'il est seul, à un notaire du canton dont dépend cette commune. — A défaut de cette remise, ils passent à son successeur: — Ce n'est qu'à défaut d'autres notaires existant dans la commune, que les minutes et répertoires doivent être remis à un notaire du canton, et il importerait peu, même en cas d'existence de deux études dans la même commune, que l'étude devenue vacante dût être supprimée : il est dans l'esprit de la loi que ces actes soient conservés dans la localité : l'objection tirée de ce qu'il n'y aurait

plus alors de concurrence pour la fixation du prix des minutes, et que l'autre notaire resterait maître de terminer à son gré, est sans valeur, car, on sait qu'en cas de discord, la fixation peut être arbitrée par la chambre. L'opinion qui tend à dire qu'il faut qu'il y ait toujours deux notaires au moins qui puissent recevoir le dépôt, et que si un seul notaire est conservé dans la commune, les autres notaires du canton ont qualité pour traiter avec l'ancien titulaire ou ses héritiers, cette opinion de M. Cagnerau. p. 227, n. 13, ne peut être admise qu'à défaut d'acceptation, par le notaire de la commune, des conditions qui lui sont faites, soit par l'ancien titulaire ou ses héritiers, soit par la chambre des notaires. — V. n. 1284.

1283. — Par suite, on doit regarder comme susceptible d'être critiquée la décision de la cour de Dijon du 1er avril 1818 (D.A. 10. 440, n. 2), d'après laquelle, lorsque de deux notaires exerçant leurs fonctions dans la même commune, l'un d'eux donne sa démission, il peut remettre ses minutes et répertoires au notaire nommé pour le remplacer, quoique ce dernier n'ait reçu sa nomination qu'à la charge d'aller exercer dans une autre commune, pourvu que ce soit dans le même canton (Mémorial, art. 2557).

1284. — Le notaire qui obtient la translation de son étude dans une autre commune du canton, peut-il transférer ses minutes dans cette commune, ou doit-il les remettre au notaire résidant dans la commune qu'il a quittée? La loi du 6 oct. 1791 voulait que les minutes restassent dans l'ancienne résidence du notaire, et cette règle doit être encore suivie. — On objecterait en vain que la loi de ventôse, plus favorable aux notaires que celle de 1791, doit être interprétée dans un sens conforme à cet esprit de faveur. Mais ce n'est pas de faveur qu'il doit s'agir ici, c'est de la convenance et de l'intérêt des citoyens ou de la localité, en présence desquels l'intérêt du notaire n'est que d'une bien faible considération : les minutes ne doivent pas être déplacées, emportées dans une autre résidence tant que la première subsiste. Telle est à nos yeux la règle que le gouvernement doit observer; mais la distance d'une commune à l'autre, même d'un autre canton, peut être si faible, que la chancellerie ne croit pas devoir en tenir compte. V. n. 1282.

1285. — Il résulte de l'art. 54 que les minutes sont à la fois une propriété publique, en ce que les parties peuvent s'en faire délivrer des expéditions et grosses, et en ce que, après le décès ou le remplacement, elles doivent être remises soit au successeur, soit à un autre notaire de la localité; et une propriété privée, car les titulaires ou leurs représentants ont le droit exclusif de percevoir les droits auxquels ces délivrances donnent lieu, et aussi d'exiger un prix pour leur remise, dans le cas où c'est un notaire autre que le successeur qui l'a obtenue.

1286. — De là il résulte aussi que si par testament, donation ou vente, un notaire transmet ses minutes et répertoires à un individu qui n'est pas notaire, l'acte ne peut recevoir d'effet qu'autant que le légataire, le donataire ou l'acquéreur se fera recevoir notaire, ou qu'il aura le droit de faire lui-même la remise des minutes à un notaire pour en retirer l'émolument (Déc. min. just. 26 juillet 1816).

1287. — Les limites territoriales respectées, un notaire ou ses héritiers sont autorisés à choisir le notaire qu'ils croiront devoir rendre dépositaire des minutes et répertoires : ce n'est que dans le cas où ce choix n'est pas fait dans le mois, qu'elles doivent être remises au successeur.

1288. — La disposition d'après laquelle les minutes d'un notaire décédé ne peuvent sortir du canton, est applicable aux minutes, dont un ancien tabellion était resté dépositaire aux termes de l'art. 60 (Déc. min. just. 21 avril 1830).

1289. — Les héritiers peuvent faire leur choix sans attendre que leur auteur ait été remplacé : ils peuvent, en effet, désigner immédiatement celui qu'ils entendent constituer dépositaire, et rendre par là inutile l'intervention du président du tribunal. (Colmar, 14 juin 1811. D.A. 10. 440. n. 2. 1.)

1290. — La remise des minutes ne peut pas plus que le droit de présentation pour la nomination d'office, être l'objet d'une adjudication aux enchères entre les notaires qui auraient droit d'y concourir : tout doit se passer avec discrétion, et en quelque sorte de gré à gré ; l'intervention de la Chambre est destinée à supprimer toutes causes de discussions trop vives et trop retentissantes.

1291. — Le droit de disposer des minutes et répertoires appartient même au notaire destitué : des recouvrements, des émoluments y sont en effet attachés, et ils sont la propriété du titulaire.

1292. — Le notaire démissionnaire doit remettre à son successeur non-seulement les minutes de l'étude, mais encore les papiers qui lui ont été confiés comme notaire (Bourges, 20 fév. 1837).

1292. — A supposer que la remise puisse être faite pour un temps limité, si elle a eu lieu volontairement et sans ordonn. du juge, elle doit être considérée comme définitive, jusqu'à preuve du contraire (Orléans, 11 déc. 1828, D.P. 29. 2. 126).

1293. — Enfin, l'art. 2, 6°, de l'ordonn. du 4 janv. 1843 porte qu'il est dans les attributions des chambres de discipline de recevoir en dépôt les états des minutes dépendant des études de notaires supprimées.

ARTICLE 55.

Si la remise des minutes et répertoires du notaire remplacé n'a pas été effectuée, conformément à l'article précédent, dans le mois, à compter du jour de la prestation de serment du successeur, la remise en sera faite à celui-ci.

1294. — Cette disposition se rapproche des art. 13 et 14, titre 3 de la loi du 6 oct. 1791, qui voulaient que dans tous les cas le possesseur de l'office fût en même temps le possesseur des minutes, et qu'il fût chargé des recouvrements. L'intention

des deux lois est manifeste : on a voulu favoriser le successeur de l'ancien titulaire, en lui accordant le dépôt des minutes, dans le cas où soit le remplacé, soit les héritiers, n'en auraient pas disposé dans le mois, délai qui paraît être de rigueur, car c'est un droit qu'on attribue au remplaçant, et, dans la lutte de ce droit avec celui du remplacé ou de ses héritiers : la loi elle-même a prononcé : si ceux-ci n'ont pas effectué la remise des minutes et répertoires à un autre notaire, c'est le remplaçant qui se trouve investi du droit de les revendiquer.

Cependant, cette rigueur ne va pas, ce semble, au point d'autoriser la revendication, dans le cas où la remise aurait déjà commencé à s'effectuer, ou dans celui où un événement de force majeure y aurait mis empêchement.—Mais ce droit de revendication s'exercerait à l'encontre du notaire qui aurait été indûment investi des minutes et répertoires, après la déchéance encourue.

1259. — Le délai d'un mois, à partir de la prestation de serment, doit s'entendre en ce sens que le délai ne court qu'à dater du moment où la prestation a été notifiée à l'ancien titulaire. Jusque-là, il a pu l'ignorer ou compter sur une certaine indulgence de la part du remplaçant dans l'exercice du bénéfice que la loi confère à celui-ci.

1296. — C'est en ce sens que la question a été jugée au profit de la veuve d'un titulaire qui avait, plus d'un mois après la promulgation de la loi de ventôse, remis les minutes et répertoires de son mari à l'un des notaires du canton : on a pensé que le remplaçant aurait dû, avant la remise effectuée par la veuve, faire notifier sa nomination ou prestation de serment, avec sommation de déposer entre ses mains les minutes et répertoires (Cass. 26 mess. an 12; Nîmes, 14 mars an 12; D.A. 10. 493.

ARTICLE 56.

Lorsque la place de notaire sera supprimée, le titulaire ou ses héritiers seront tenus de remettre les minutes et répertoires, dans le délai de deux mois du jour de la suppression, à l'un des notaires de la commune, ou à l'un des notaires du canton, conformément à l'art. 54.

1297. — Cet article, en fixant deux années à dater de la suppression, pour la remise des minutes et répertoires, prend un terme moyen entre l'arrêt de règlement du 4 septembre 1695, qui accordait trois mois, et l'art. 13, tit. 3, de la loi du 6 oct. 1891, qui fixait le délai à un mois. Il n'investit pas, comme l'art. précédent, un remplaçant du droit de réclamer les minutes et répertoires; il ne désigne pas même le notaire auquel la remise devrait être faite : c'est à un notaire du canton que cette remise est accordée, et l'art. suivant donne au procureur du roi le droit de désigner le titulaire qui devra l'obtenir. — On verra, dans cet art., que le délai n'est pas fatal ; quelque notoriété qu'ait obtenue la suppression de l'office, il faut une sommation, pour que la négligence du titulaire ou de ses héritiers à effectuer la remise soit punie de l'amende portée dans cet article, § 2. C'est à la requête soit du procureur du roi soit même de la chambre des notaires, que la notification de la suppression de l'office et de la désignation du notaire indiqué, après les deux mois, pour recevoir les minutes et répertoires, doit être faite.

1298.—De ce qui est dit ici, on ne doit pas inférer qu'il soit toujours nécessaire de notifier la suppression de l'office au titulaire ou à ses héritiers : il se pourrait que cette suppression eût reçu une telle notoriété, comme si, par exemple, elle résultait d'une loi publiée dans le bulletin, ou d'une distraction de territoire dont l'autorité étrangère se serait emparée par ses commissaires, que toute notification fût devenue superflue.

On ne devrait pas en inférer, non plus, que la notification ne puisse être faite qu'à la requête du procureur du roi ; elle pourrait l'être aussi à la requête du préfet ou du sous-préfet.

ARTICLE 57.

Le commissaire du gouvernement près le tribunal de première instance est chargé de veiller à ce que les remises ordonnées par les articles précédents soient effectuées ; et, dans le cas de suppression de la place, si le titulaire ou ses héritiers n'ont pas fait choix, dans les délais prescrits, du notaire à qui les minutes et répertoires devront être remis, le commissaire indiquera celui qui en demeurera dépositaire.

Le titulaire ou ses héritiers, en retard de satisfaire aux dispositions des art. 55 et 56, seront condamnés à 100 fr. d'amende par chaque mois de retard, à compter du jour de la sommation qui leur aura été faite d'effectuer la remise.

1299. — Le droit de désignation d'un notaire pour recevoir les minutes et répertoires, que cet article confère au commissaire du gouvernement, n'est établi qu'au cas de la suppression d'un office: s'il y a lieu à simple remplacement, on a vu que l'art. 55 attribuait au successeur le dépôt des minutes, à défaut par le titulaire d'en avoir fait, dans le mois, la remise au notaire de son choix. Ici le délai est, au contraire, de deux mois. La différence s'explique par cette raison que la suppression est une mesure qui frappe inopinément le titulaire, qui est toute de rigueur contre lui, et que, dans cette situation, on a dû lui donner d'autant plus de facilités pour s'arranger de gré à gré avec un autre titulaire, que l'événement a été moins prévu.

C'est d'après la même considération, qu'on doit décider, à notre avis, que le délai de deux mois

à partir de la suppression, n'est pas fatal, et que le titulaire ou ses héritiers pourront faire choix d'un notaire tant que le commissaire du gouvernement n'aura pas fait signifier l'indication par lui faite d'un autre notaire : c'est, au reste, ce qui s'induit du 2e alinéa de l'article qui exige une sommation pour opérer la mise en demeure d'effectuer le dépôt.

Cette indication, au surplus, n'a pas besoin d'être notifiée d'une manière spéciale : il suffit qu'elle se trouve dans la sommation d'effectuer la remise que l'art. 57 exige pour faire courir l'amende.

1300. — La sanction pénale que contient le 2e alinéa de l'art. 57 a été établie sur la demande du Tribunat : « Pour que cet article, a-t-on dit, ne soit pas illusoire, on propose de le terminer par une disposition pénale qui en garantisse l'exécution: cette disposition formerait un second paragraphe ainsi conçu, etc. » (comme au deuxième alinéa).—L'amende de 100 francs, réduite à une seule amende de 10 francs par l'art. 10 de la loi du 16 juin 1824, quel que soit le temps écoulé depuis la sommation (Décis. min. fin. 9 oct. 1830), est encourue de droit : l'art. 57 dispose en termes impératifs, et ce ne serait qu'en cas de force majeure, que les juges pourraient se dispenser de l'appliquer, à supposer même qu'ils consentissent à admettre une exception pour ce cas.

1301.—Les frais des sommations faites aux notaires destitués, pour les contraindre au dépôt de leurs minutes, doivent, comme frais de justice, être avancés par les receveurs de l'enregistrement, sauf recours contre les parties intéressées.

1302. — Si un notaire ou ses héritiers refusaient de faire la remise des minutes et répertoires, ou ce qui est le même, n'obtempéraient à la sommation qui leur est faite à cet égard, ils seraient, ce semble, contraignables par corps, aux termes des art. 2060, n° 7, C. civ., et 221 C. pr.

ARTICLE 58.

Dans tous les cas, il sera dressé un état sommaire des minutes remises ; et le notaire qui les recevra s'en chargera au pied de cet état, dont un double sera remis à la chambre de discipline.

1303.—La mesure que cet article prescrit n'est pas nouvelle : c'est dans l'intérêt de la responsabilité de l'ancien et du nouveau titulaire qu'elle est ordonnée ; aux termes d'un arrêt de règlement du parlement de Paris, du 27 juin 1716, un *inventaire sommaire* des minutes et répertoires laissés par le notaire décédé devait être fait par les juges ordinaires. « Ce règlement, dit Ferrière, Parf. not., liv. 1, ch. 24, était bien nécessaire, car auparavant les minutes des tabellions et greffiers des seigneurs qui décédaient, passaient entre les mains de leurs veuves et héritiers : ces minutes se perdaient ou chacun s'en emparait au préjudice du

52

public, et si un acquéreur avait en sa possession la minute de son contrat de vente, il était impossible à un demandeur en déclaration d'hypothèque de lui justifier son acquisition : avant le réglement ci-dessus, cela causait un désordre bien commun. » — L'édit. de fév. 1761 portant suppression des tabellionages qui subsistaient encore à cette époque dans plusieurs provinces, prescrivit la confection d'un état sommaire, pour la remise à faire aux notaires du ressort, des minutes qui en dépendaient. « Voulons, y est-il dit, que lesdites minutes soient délivrées à chacun desdits notaires, ou à leurs successeurs auxdits offices, lesquels seront tenus de se charger desdites minutes, chacun en droit soi, et d'en donner décharge audit greffier, au pied d'un état sommaire qui en sera dressé en la forme ci-dessus mentionnée. » Cet état était dressé par le principal officier de chacun des siéges, en présence du procureur du roi.

1304. — Il résulte de la lettre de l'art. 58, que l'état sommaire doit avoir lieu dans tous les cas, celui du décès du titulaire, comme celui de remplacement ou de suppression de l'office. Il est dressé avant la prise de possession : c'est ainsi qu'on l'entendait avant la loi de l'an 11, et telle doit être l'interprétation nouvelle : « chaque notaire, porte une délib. de la ch. des notaires de Paris, du 6 nov. 1808, est tenu, dans le mois à compter du jour de sa prestation de serment, en inscrivant son immatricule sur le registre établi à cet effet, aux archives de la chambre, de déposer aux archives le double certifié par lui, de l'état sommaire exigé par ledit art. 58, ou de déclarer que la remise des minutes et répertoires de ses prédécesseurs ne lui a pas été faite. L'immatricule doit constater le dépôt de cet état. Dans le cas où les minutes et répertoires d'un notaire seraient remises par lui ou ses héritiers à un notaire autre que le successeur, le notaire auquel cette remise aurait été faite devrait effectuer le dépôt de l'état sommaire des dites minutes : le tout soit dans le mois de la prestation de serment du successeur, soit dans les deux mois de la suppression de la place, aux cas prévus par l'art. 56. — Lorsque la remise n'aura pas été constatée de la manière et dans les délais fixés par les articles précédents, il sera pris à la chambre, à la diligence des syndics, toutes informations nécessaires, tant sur les motifs de ces retards et des empêchements qui pourraient exister, que sur les moyens de les faire cesser, pour ensuite en être référé, s'il y a lieu, à M. le procureur impérial près le tribunal de première instance. »

L'état sommaire est dans l'intérêt respectif du titulaire ancien et du nouveau : s'il n'en était pas dressé, celui-ci pourrait être réputé avoir reçu les minutes intégralement. En même temps que l'état décharge l'un, il charge l'autre de la responsabilité des minutes. Tous deux sont donc également intéressés à ce que la mesure soit exécutée. Aussi, est-ce en présence de l'ancien titulaire ou de ses héritiers, non moins qu'en celle du nouveau notaire, ou ceux dûment appelés, que l'état doit avoir lieu. — Que si l'un d'eux ne comparaissait pas, il semble que la mesure pourrait être exécutée avec le concours du syndic de la chambre des notaires ou même du juge de paix. C'est aussi l'avis de M. Roll. de Vill., v° État sommaire, n. 12. — Si le nouveau titulaire apprenait que, par malveillance, imprudence ou par toute autre cause, des minutes eussent été distraites, il devrait en donner avis à la chambre, et même au procureur du roi, et dans le but de se mettre à l'abri contre les actions récursoires, le faire constater.

1305. — L'état sommaire exigé par l'art. 58 diffère d'un inventaire, lequel devrait désigner chaque minute, énoncer les noms des parties, la nature, la date et l'enregistrement de l'acte (Loret, sur l'art. 58). Aussi n'est-il pas besoin d'un inventaire détaillé, même lorsque les minutes ont été, après le décès du notaire, placées sous les scellés, conformément à l'art. 61. C'est ce que le ministre de la justice a reconnu par décision du 21 avril 1828, ainsi conçue : « L'art. 61 de la loi doit, y est-il dit, s'expliquer par l'art. 58 qui le précède. Le but de la loi, en exigeant les diverses garanties spécifiées dans ces articles, est d'assurer le sort des minutes, et de préserver de tout risque leur existence. Or, le but de la loi est également rempli, soit que l'on procède à un inventaire, toujours long, toujours coûteux; soit que l'on procède à un simple recolement sur les répertoires, suivi de l'état sommaire indiqué par l'art. 58 de la loi du 25 ventôse an 11. Placé, ainsi que l'art. 61, sous la même rubrique, applicable à des circonstances d'une similitude parfaite, l'art. 58 de la loi du 25 vent. an 11 a été, dans la pensée du législateur, destiné *pour tous les cas* où il y aurait dépossession ou transmission de minutes, quelles que fussent la cause et la nature de cette transmission, et de quelque mode qu'elle dût s'opérer. Je pense donc que c'est avec raison que M. le président du tribunal a décidé, par son ordonnance du 7 mars dernier, que l'état sommaire et descriptif devait remplacer, dans l'espèce, l'inventaire prescrit par l'art 987 C. pr. civ. On sent bien, au surplus, que cet article s'exécuterait pour le surplus des biens composant la succession du notaire. »

1306. — Il résulte de cette décision, que l'état sommaire peut se faire au moyen d'un simple recolement sur les répertoires, et on le fait suivre, bien entendu, des observations qu'il peut être utile de consigner. C'est déjà la marche que prescrivait l'arrêt de régl. du 6 avril 1632; c'est encore celle que le min. de la justice a indiquée par déc. du 30 mai 1838, dont voici les termes : « Le sieur D.... ancien notaire, remplacé le 7 oct. dernier par le sieur T..., expose qu'il n'a pas encore effectué entre les mains de son successeur la remise des minutes de son ancienne étude, parce qu'il a été arrêté par la difficulté de rédiger l'état sommaire mentionné dans l'art. 58 de la loi du 25 vent. an 11. Il demande quelle est la forme à suivre pour la rédaction de cet état. L'article précité ne contenant à cet égard aucune règle spéciale, les parties ont la faculté d'adopter le mode qui leur paraît le plus convenable, pourvu que l'acte de dépôt contienne des indications suffisantes pour assurer la conservation des minutes.

il est d'usage dans plusieurs arrondissements de procéder à un simple recolement sur les répertoires, et de constater ensuite dans l'acte de dépôt les minutes qui existent en nature et celles qui se trouvent en déficit. Cet acte peut être fait par les parties elles-mêmes sous leurs signatures privées; il doit seulement être en double original. On ne peut qu'engager le sieur D.... à prendre des renseignements auprès de la chambre de discipline, et à se conformer à l'usage suivi dans son arrondissement. »

1307.—Voici le mode qui est indiqué pour la confection de l'état sommaire : on divise les minutes du notaire remplacé ou supprimé en autant d'exercices qu'il y a de notaires qui les ont reçues; on énonce les noms et les prénoms de chaque notaire, le lieu de sa résidence, la durée de son exercice, et le nombre d'actes inscrits sur le répertoire; ensuite, on fait, sur les répertoires, le recolement des minutes qui existaient, et de celles qui manquent, en se bornant à désigner les unes et les autres par les numéros des répertoires où elles sont inscrites relatant celles qui manquent dans un tableau qui reproduit leur énonciation portée aux répertoires, et signalant les lacérations ou irrégularités matérielles qu'elles peuvent offrir. —On constate, en même temps, l'état des répertoires, en les cotant et paraphant, en y énonçant la remise qu'on en a faite entre les mains du nouveau dépositaire, qui dès-lors se trouve chargé de les représenter à toute réquisition, et qui donne décharge du tout conformément à l'art. 58. V. Loret, sur l'art. 58, et Roll., v° Etat sommaire, n. 18.

1308.—Il résulte de la décision qui précède, n. 1306, que l'état sommaire peut être fait sous seing-privé (Contra, Loret), et qu'il n'est pas nécessaire qu'il soit rédigé en double original, bien que, en même temps qu'il décharge un notaire, il charge le dépositaire des minutes. C'est ce qu'on peut induire et de la disposition qui porte que le notaire qui reçoit les minutes s'en chargera au pied de cet état, et de celle qui veut qu'un double de cet état soit déposé à la chambre de discipline : « Alors, a dit le Tribunat, auteur de cette dernière disposition, plus d'embarras pour les recherches; c'est à la chambre de discipline qu'on trouve la filiation des différents corps de minutes dans le cas où ils seraient passés d'une étude à l'autre. »

1309.—Lors du décès d'un notaire, le juge de paix doit, dans l'intérêt public et sans obtenir de droits de vacation, constater le dépôt des minutes du notaire, et veiller à ce que les transmissions soient faites par les héritiers du défunt à qui de droit (Orléans, 11 janv. 1815).

1310.—Lorsque les scellés ont été apposés, l'état sommaire doit être dressé en présence du juge : c'est le seul moyen de constater que les minutes remises au successeur sont telles qu'elles ont été laissées par le notaire décédé. (Déc. min. just., 22 mai 1828. Mémorial, art. 1324.)

1311.—Un notaire peut, en vertu d'une or-

donnance du juge, faire apposer les scellés dans les lieux où il présume que sont déposés les papiers et minutes appartenant à son étude, et indûment retenus par son prédécesseur. (Bourges, 10 août 1836. D.P. 37. 2. 101).

1312. — L'effet de la reconnaissance, mise au pied de l'état sommaire, opère la décharge entière de l'ancien titulaire ou de ses héritiers, et c'est sur le nouveau possesseur que pèse dès-lors la responsabilité, en cas de perte, de tout ou partie des minutes. D'après le paragraphe 6 de l'art. 2 de l'arrêté du 2 niv. an 12, une des attributions de la chambre de discipline est « de recevoir en dépôt les états de minute des places de notaires supprimés. De cette disposition, il semblerait résulter que ce n'est qu'au cas de suppression de places, c'est-à-dire au cas où il ne doit pas être nommé d'autres notaires en remplacement, que le dépôt doit être fait; mais ce n'est pas ainsi qu'on doit l'entendre : les mots *notaires supprimés* doivent, dans la combinaison de cet art. avec l'art. 58 de loi de ventôse, être compris comme synonymes de ceux-ci : *notaires qui ont cessé leurs fonctions*. La remise de l'état sommaire à la chambre doit avoir lieu dans tous les cas, et on ne doit attribuer qu'à un vice de rédaction l'induction contraire que fournit l'arrêté du 2 niv. an 12.

1313. — Les chambres des notaires ne peuvent être soumises à aucune responsabilité, relativement aux minutes d'actes déposées dans leur salle, lorsque les dépôts n'ont pas été ordonnés par elle, et qu'ils n'ont eu lieu que pour la commodité de quelques notaires de l'arrondissement (Bourges, 17 juin 1829. D.P. 30. 2. 163). '

1314. — Il n'est pas dû d'honoraires au notaire de la chambre de discipline, pour la délivrance des certificats qui attestent les différents dépôts faits à la chambre, dans les cas prescrits par la loi (Déc. min. just., 16 fév. 1835. D.P. 36. 3. 126), bien que cela ne paraisse pas suivi à Paris.

ARTICLE 59.

Le titulaire ou ses héritiers, et le notaire qui recevra les minutes, aux termes des art. 54, 55 et 56, traiteront, de gré à gré, des recouvrements, à raison des actes dont les honoraires sont encore dus, et du bénéfice des expéditions.

S'ils ne peuvent s'accorder, l'appréciation en sera faite par deux notaires dont les parties conviendront, ou qui seront nommés d'office parmi les notaires de la même résidence, ou, à leur défaut, parmi ceux de la résidence la plus voisine.

1315. — Cet article consacre, au profit des titulaires ou de leurs héritiers, un droit qui leur est acquis, et qui ne saurait leur être enlevé sans injustice, même en cas de destitution. L'ancienne législation était conforme (lett. pat., 11 déc. 1543; arr. de régl., 28 fév. 1662; L. 6 oct. 1791, tit. 3, art. 14).

1316. — Les recouvrements dont il est ici question comprennent les honoraires déjà dus au jour du remplacement ou de la suppression de l'office, les déboursés pour droits de timbre, d'enregistrement et autres, le bénéfice éventuel résultant de la délivrance des grosses et expéditions; les vacations qu'un acte aurait pu occasionner et dont les frais seraient dus à l'ancien notaire (*Contrà*, Loret, t. 1, p. 523).

1317. — Dans l'évaluation des sommes dues pour honoraires, on doit suivre l'usage admis, et tenir compte des éventualités et retard que le paiement peut offrir.

1318. — A Paris, les frais des premières expéditions entrent dans les honoraires de l'acte : celles-là peuvent seules, dès-lors, être l'objet d'une évaluation moins variable. A l'égard des autres expéditions, dont la délivrance est requise facultativement par les parties, le profit qu'elles offrent est tout-à-fait éventuel. « Il n'y a donc, dit Roll. de Vill., v° Recouvrement, n. 13, que les expéditions dont le coût se paierait à part qui doivent entrer dans la fixation des recouvrements.»

Relativement aux expéditions des anciens actes, «le bénéfice, dit le même auteur, ne doit en être considéré que comme une juste indemnité de la garde des minutes et de la responsabilité attachée à cette délivrance.» Cela paraît très-juste.

1319. — Lorsque les deux notaires choisis par les parties ne s'accordent pas pour faire l'évaluation, peuvent-ils, comme sous la loi du 6 oct. 1791, tit. 3, art. 15, prendre un autre notaire de la résidence pour les départager? Massé, liv. 1, ch. 28, enseigne l'affirmative; car, la loi de l'an 11 n'abroge les dispositions de celle-là «qu'en ce qu'elles ont de contraire à la présente. » — D'après M. Rolland de Vill., *eod.*, n. 17, le législateur a voulu s'en référer sur ce point au droit commun, et c'est le président du tribunal qui lui paraît être investi du droit de nommer le tiers arbitre qui doit départager les deux notaires (C. pr. 1012, 1017); il se fonde sur ce que le projet de la loi de ventose consacrait une disposition analogue à celle de la loi de 1791, qui a été retranchée. Quant à nous, nous ne voyons pas un arbitrage véritable dans l'attribution conférée aux deux notaires par l'art. 59 de la loi, et par suite les art. 1012, 1017 C. pr., ne sont pas applicables. Dans le silence de la loi, il nous paraît plus conforme de suivre l'opinion de M. Massé, qui a sa base dans une loi spéciale au notariat, et qui n'est abrogée que dans des dispositions contraires à celle de l'an 11.

1320. — *Sont autorisés à traiter de gré à gré.* — Il semble résulter de ces mots que c'est une faculté que la loi confère au notaire remplacé ou supprimé, et qu'il lui serait loisible de conserver le droit d'exiger ces recouvrements. Mais ce serait là une erreur : l'article est d'ordre public et

doit être entendu dans un sens impératif, car ces recouvrements sont un produit de l'étude qui, pour être perçu, a presque toujours besoin qu'on ait la possession des actes; or, l'immixtion de l'ancien titulaire dans le mouvement des affaires de l'étude et dans la détention des minutes est regardée comme contraire à l'essence du notariat: aussi la jurisprudence a-t-elle proscrit toutes les réserves de cette nature qui ont pu être faites dans les actes de cession, et les recouvrements doivent être cédés en même temps que les minutes de l'office (Circ. proc. gén. de Riom, 10 déc. 1839; Orléans, 12 juin 1839; Cass. 12 janv. 1841; Déc. min. just. 10 août 1842; (D.P. 40. 2. 136; 41. 1. 70; 43. 4. 314.—*Conf.* Roll., n. 5).— Par suite, on déclarerait nul le compromis qui aurait pour objet de régler le mode d'après lequel, en cas de contestation, le nouveau titulaire devrait délivrer à l'ancien les expéditions des minutes, afin d'assurer les recouvrements (Cass. 12 janv. 1841. D.P. 41. 1. 70), et l'insertion de clauses semblables dans les traités avec le successeur serait à bon droit regardée comme un obstacle à la nomination de celui-ci.

1321. — En cas de décès du notaire, le recouvrement des déboursés et honoraires qui lui étaient dus doit être poursuivi par ses héritiers, tant que le dépôt des minutes n'est fait que provisoirement; mais lorsque le dépôt est définitif, et que les héritiers de l'ancien titulaire ont traité des minutes, ainsi que l'art. 59 leur en impose l'obligation, le notaire dépositaire a seul qualité pour opérer le recouvrement des sommes dues tant pour avances et déboursés que pour honoraires ou droits d'expédition. Il doit prendre les précautions nécessaires pour que les débiteurs en retard ne puissent se libérer valablement en payant les héritiers de l'ancien notaire (Déc. min. just. 1er oct. 1835, Jurisp. not., art. 5247).

1322. — La cession des recouvrements doit contenir un prix distinct de celui de l'office : l'administration le veut ainsi.

De là, il suit que la cession de l'office n'implique pas la cession des recouvrements, dont l'évaluation peut être faite par acte séparé, ou en tout cas, avoir un prix distinct (Besançon, 25 mars 1828. D.P. 28. 2. 210. Dict. gén., v° Office, n. 65).

Il suit aussi de là que le legs de l'office ne devrait pas, à la rigueur, comprendre les recouvrements (Duranton, t. 9, n. 237; *Contrà*, Merlin, Rép., v° Legs, sect. 4, § 3, n. 18); mais c'est en thèse de droit rigoureux qu'on s'exprime ici, car c'est le contraire qui aura lieu plus souvent, pour peu que les termes du testament prêtent à l'interprétation qui tendrait à ne pas séparer les recouvrements de l'étude : les règles adoptées par la chancellerie ne sont pas d'une grande influence dans l'interprétation des actes testamentaires. Aussi, M. Rolland de Villargues, n. 21, dit-il sur ce point : « Toutefois il faudrait examiner les *termes* du testament, et interpréter la *volonté* du défunt.»

1323. — A l'égard de la cession des minutes faite sans autre explication, elle emporte celle des recouvrements : c'est aussi l'avis de M. Favier-Coulomb, n. 33; en effet, la possession des minutes est sans aucune valeur entre les mains de l'ancien titulaire; il y a plus, il doit en faire la remise dans un délai passé lequel elles appartiennent de droit à son successeur. Lors, donc, qu'il est attaché un prix à la remise de ces minutes, ce prix doit comprendre tous les émoluments qui peuvent découler de la possession des minutes et répertoires, et par suite les recouvrements qui, le plus souvent, ne peuvent être opérés sans le secours des papiers de l'étude, dont l'ancien titulaire a été obligé de se dessaisir. — Néanmoins, M. Roll. de Vill., *eod.*, n. 22, ne voit là que « des présomptions qui devraient céder devant la preuve contraire, qui serait faite par l'ancien titulaire ou ses héritiers. » — Certainement si des preuves contraires résultant d'écrits, par exemple, sont produites, les recouvrements ne seront pas réputés avoir été cédés; mais dans le conflit entre de simples présomptions avec celle dont on parle ici, c'est cette dernière qui doit l'emporter, d'autant plus qu'il y a là plus qu'une simple présomption; il y a l'interprétation toute naturelle de l'acte, et il faudrait qu'il s'y trouvât des expressions précises dans le sens de la réserve des recouvrements, pour que les juges fussent autorisés à juger que ceux-ci ont été réservés.

1324. — Si le prix fixé pour les recouvrements n'est pas payé, le vendeur conserve son privilège sur ces recouvrements tant qu'ils n'ont pas été opérés, soit que les minutes se trouvent encore dans les mains de son successeur, soit qu'elles aient été rétrocédées à un autre titulaire, qui aura été averti ou qui aura su que le prix n'était pas encore payé. Mais il a été jugé que ce privilège, alors qu'il a été fixé moyennant un prix particulier, ne s'étendait pas au prix de vente de l'office (Paris, 23 mai 1838. D.P. 38. 2. 110.). — Il ne s'étend pas non plus aux recouvrements dus au successeur pour des actes autres que ceux qui ont été cédés (Paris, 8 juin 1836. D.P. 36. 2. 124.— *Contrà*, Dard, des Off., p. 460).

1325. — A partir du moment où le nouveau titulaire est nommé, tous les émoluments de l'étude lui appartiennent, en ce sens, que si des honoraires pour des actes nouveaux ont été payés à l'ancien titulaire, il a le droit de les réclamer contre celui-ci, encore bien qu'il offrirait de prouver que c'est lui qui les a rédigés depuis la nomination (Bordeaux, 6 janv. 1834. D.P. 34. 2 146).

1326. — *Qui seront nommés d'office.* — Par qui cette nomination doit-elle être faite dans les cas où les parties ne parviennent pas à s'entendre sur le choix des notaires? elle peut l'être, ce semble, par le président du tribunal de première instance, auquel il est, à cet effet, présenté une requête sommaire au bas de laquelle intervient une ordonnance qui désigne deux notaires pour procéder à l'estimation des recouvrements et au bénéfice des expéditions; c'est l'avis de M. Gagnerau, p. 235, n. 5. Mais ce n'est qu'au cas où les parties entendent déférer à ce magistrat le droit de désigner les notaires, qu'il peut en être ainsi, car s'il

y a résistance de l'une d'elles, il s'agit alors d'un débat qui ne peut être vidé que par le tribunal.

ARTICLE 60.

Tous dépôts de minutes, sous la dénomination de *Chambre de contrats, Bureaux de tabellionage*, et autres, sont maintenus à la garde de leurs possesseurs actuels. Les grosses et expéditions ne pourront en être délivrées que par un notaire de la résidence des dépôts, ou, à défaut, par un notaire de la résidence la plus voisine.

Néanmoins, si lesdits dépôts de minutes ont été remis au greffe d'un tribunal, les grosses et expéditions pourront, dans ce cas seulement, être délivrées par le greffier.

1327. — *Tous dépôts de minutes, sous la dénomination de chambres de contrats, bureaux de tabellionage et autres.* L'édit du 26 juillet 1433 institua des tabellions auxquels les minutes devaient être remises par les notaires, pour être, après le décès de ces tabellions, déposées au greffe de la juridiction où des expéditions et des grosses en seraient délivrées par les greffiers. — V. aussi l'ord. d'Orléans de 1560, art. 83. — Cet édit ne reçut qu'une exécution incomplète. Aussi, par un autre édit de mai 1575, les veuves et héritiers des notaires furent tenus de délivrer les minutes, registres et protocoles du titulaire défunt à des notaires garde-notes, institués à cet effet dans chaque bailliage, sénéchaussée ou siège royal. — Un autre édit de mai 1597 supprima, à la charge du remboursement de la finance, les offices de tabellions et de garde-notes; il les unit et incorpora à ceux des notaires royaux qui devaient prendre à l'avenir le titre de notaires garde-notes-tabellions, et qui eurent le droit de transmettre leurs minutes à leurs successeurs. — Il paraît que plusieurs de ces tabellionages ne furent pas remboursés, ce qui donna lieu à l'édit de février 1761, portant qu'ils seraient immédiatement supprimés et réunis aux offices des notaires royaux; que les minutes existantes dans ces dépôts seraient remises aux greffiers des juridictions royales de leurs ressorts *et ensuite rendues* par les greffiers aux notaires qui seraient successeurs de ceux qui auraient anciennement reçu les actes. L'édit ne comprenait pas des tabellions établis dans l'étendue des terres de l'apanage du duc d'Orléans, ni ceux créés dans le ressort du parlement de Flandre et dans l'Artois : il ne dérogea pas non plus au droit que les seigneurs pouvaient avoir d'établir des tabellions dans l'étendue de leurs seigneuries. — Enfin on doit ajouter à ces tabellionages ceux qui, sous quelque titre que ce soit, dépendaient des pays réunis à la France pendant la révolution. — C'est en cet état que fut rendue la loi des 29 sept.-6 oct. 1791, dont les articles 1er et suivants du titre 3 contiennent diverses dispositions relatives à la garde et au dépôt des minutes, et depuis, l'art. 60 de la loi de l'an 11, plus spécial sur la matière qui nous occupe.

1328. Les ordonnances des 17 déc. 1823 et 6 mars 1828 contiennent sur les anciens dépôts publics de minutes des dispositions qu'il importe de connaître. Voyez plus bas ces ordonnances à leurs dates.

1329. — L'obligation que la première de ces ordonnances, relative aux actes reçus à Saint-Domingue, impose, est-elle applicable aux dépôts des actes notariés passés dans cette île, dont les parties intéressées avaient fait le dépôt entre les mains d'un notaire? — Par arrêt du 17 juin 1828, aff. Lauly, la cour de cassation a adopté la négative.

1330. — L'édit de juin 1776 astreint les notaires des colonies à dresser une double minute de leurs actes pour en faire l'envoi à Paris, et faire partie d'un dépôt des papiers publics des colonies.

1331. — De leurs possesseurs actuels.— De ces expressions, il résulte que l'art. 60 est transitoire en ce point; il diffère de la disposition de l'édit de 1761, en ce qu'il maintient les minutes dans les mains de leurs possesseurs actuels, tandis que l'édit voulait qu'elles fussent remises au greffe de la juridiction, pour être ensuite rendues au notaire successeur, disposition qui se rapproche, comme on le voit, de celle de l'art. 61.

1332.—L'article 60 contient une exception au principe d'après lequel la délivrance des grosses et expéditions n'appartient qu'au possesseur de la minute. — M. Roll. de Vill., v° Dépôt de minutes, n. 22, dit qu'on « a vu des notaires cessionnaires en commun d'un office supprimé faire à la chambre des notaires le dépôt des minutes de cet office, en attendant qu'ils pussent s'accorder sur celui d'entre eux qui en resterait dépositaire? » — Il ne paraît pas qu'une telle mesure prise ainsi sous la surveillance de la chambre puisse être critiquée, lorsqu'elle est très-limitée dans sa durée, et que des précautions ont été prises pour la conservation du dépôt.—Il paraît bien certain au surplus que ce dépôt n'affranchirait pas les notaires qui l'ont fait de leur responsabilité.

1333. — Il est dans l'esprit de l'art. 60 que les possesseurs de minutes, autres que les greffiers, puissent en disposer, pourvu que la transmission s'en fasse au profit d'un notaire, d'après les règles posées par les articles qui précèdent.

1334. — Les grosses et expéditions ne pourront en être délivrées que par un notaire de la résidence des dépôts. — Dans ce cas, le notaire doit-il partager les honoraires de l'expédition avec le dépositaire de la minute? — Dans le silence de la loi, l'affirmative doit, ce semble, être adoptée, elle trouve un appui dans l'arrêt de règlement du 27 juin 1716 dont il est parlé plus bas, n. 1338. — Conf.Loret, t. 1, p. 525.

1335.— Quelle foi s'attache à ces grosses et expéditions? V. les art. 21 et 26 de la loi du 25 vent. an 11, supra.

1336. — Les notaires peuvent délivrer ces gros-ses et expéditions sans les inscrire sur leurs répertoires et sans les soumettre à l'enregistrement, ainsi qu'ils y sont tenus pour les copies collationnées. — Déc. min. fin. 18 avril 1809. V. n. 1347.

1337. — Les tribunaux civils sont compétents pour connaître des questions d'indemnité relatives aux anciens dépôts de minutes d'actes notariés. Déc. min. just. 30 oct. 1834; D. P. 36. 3. 48.

1338. — Il a été remarqué que, dans plusieurs localités, des minutes se trouvaient dans les mains de personnes privées. Le ministère public, lorsqu'il en a connaissance, doit prendre des mesures pour obtenir leur remise aux notaires de la résidence, car ces dépôts, quelle que soit leur ancienneté, n'ont rien de légal.—Cela, au reste, s'est déjà vu anciennement, ainsi que le constate un arrêt de règlement du 27 juin 1716, portant : « Et à l'égard des minutes des contrats et autres actes reçus par les notaires desdites justices à présent décédez ou qui s'étoient démis de leurs offices et dont les baux sont expirez, et lesquelles minutes passées du temps de leurs exercices, sont demeurées entre leurs mains ou entre celles de leurs héritiers ou ayants-cause, seront aussi remises entre les mains des notaires et actuellement en charge et dans l'exercice d'icelle, qui s'en chargeront au bas des répertoires, à la charge que l'émolument des grosses qui en seront délivrées demeurera pour les deux tiers à ceux qui en auront retenu les minutes, à leurs héritiers ou ayants-cause, et l'autre tiers aux notaires actuellement en charge, qui expédieront et qui signeront lesdites grosses, à l'effet de quoy seront faits des inventaires sommaires, et séparez sans frais, par les juges ordinaires des lieux, à la requête et en présence des substituts de notre procureur-général et des procureurs fiscaux desdites justices, de tout et chacun les actes et pièces des exercices des charges de greffiers et de notaires qui peuvent être en la possession de personnes non faisant fonction de greffiers et notaires. — A la représentation desdits actes et pièces, ceux qui en sont saisis seront contraints par toutes voies dues et raisonnables, même par corps, en vertu du présent arrêt, et sans qu'il en soit besoin d'autre. »

1339. — Pour rendre inutile la possession des minutes entre les mains des personnes privées, la chambre des notaires d'Aurillac a pris la délibération que voici : « Il est expressément défendu au notaire de signer les expéditions ou grosses de tout acte dont la minute ne serait pas en son pouvoir, à peine de censure avec réprimande, et de l'interdiction de l'entrée dans la chambre pour la seconde fois. »

1340. — Dans une pétition adressée au conseil des Cinq cents, il avait été demandé qu'on établît, dans chaque département, un dépôt où seraient réunis les doubles des minutes des actes qui y étaient passés. M. Légier fit, le 19 fruct. an 6, un rapport favorable; mais, après un ajournement, le projet fut rejeté le 13 therm. an 7, sur un rapport contraire de M. Favard. —Depuis, M. Joye, alors chef du bureau du notariat au ministère de la justice, a présenté une pétition, dans laquelle il a demandé qu'il fût établi à Paris, dans les attributions du ministère de la justice, un dépôt central où seraient réunis les doubles des minutes des actes notariés passés dans toute l'étendue du royaume, à l'instar de ce qui a lieu pour les colonies. Par décision du 21 avril 1836, le renvoi de la pétition au garde des sceaux et au ministre des finances fut ordonné, mais il est resté sans résultat; et peut-être devait-il l'être, car la commission de la chambre adoptait précisément l'idée que le conseil des Cinq cents avait rejetée en l'an 7 : « Votre commission, disait-elle, convaincue de l'utilité de la mesure proposée, pense que, s'il n'était pas possible de la mettre à exécution par la création d'un dépôt central, on devrait s'arrêter à l'idée d'un établissement par département... C'est une idée à étudier, à méditer... — Pour nous, nous pencherions de préférence vers le projet de M. Joye : ce projet est gigantesque, si l'on veut; mais son utilité est fort importante, et il n'en faut pas davantage pour qu'une grande nation comme la France doive l'adopter, dès que l'utilité justifie l'étendue de la dépense. Les chemins de fer, d'une part, l'électricité de l'autre, doivent amener une telle rapidité de communication entre les hommes, que la centralisation sera en quelque sorte la loi des générations futures.

ART. 61.

Immédiatement après le décès du notaire ou autres possesseurs de minutes, les minutes et répertoires seront mis sous les scellés par le juge de paix de la résidence, jusqu'à ce qu'un autre notaire en ait été provisoirement chargé par ordonnance du président du tribunal de la résidence.

1341. — Cette disposition, qui prescrit une mesure d'ordre public, et qui a paru nécessaire pour prévenir les abus qui ont si souvent existé anciennement, a été insérée dans la loi sur les observations du Tribunat. Les règlements anciens se bornaient à prescrire un inventaire ou état sommaire des minutes à la requête des juges des lieux (Ord. 1560, art. 83; arrêt de régl., 27 juin 1716) : le ministère public avait bien le droit de requérir l'apposition des scellés (V. Denisart, v° Scellés, n. 10; Pigeau, Procéd. du Chât., t. 2, p. 270), mais cela ne s'observait pas à Paris où l'on procédait de la manière suivante : « Aussitôt un décès ou tout évènement quelconque qui enlève un officier à son état, les syndics se transportent en sa maison, et, soit qu'il y ait scellé ou non, ils se dessaisissent seuls des minutes, brevets et expéditions de tous les actes, ainsi que de tous les papiers qui intéressent le public; ils les renferment dans une ou plusieurs pièces, et après avoir pourvu à la sûreté du dépôt et constaté par un procès-verbal les précautions que leur prudence leur suggère, le syndic en exercice demeure chargé des clés; et tant que la vacance dure, il délivre, sur les demandes que lui en font les par-

ties, et pour que le service du public ne périclite pas, toutes les expéditions, copies collationnées et extraits nécessaires à ceux qui ont droit; et, cette fonction remplie, il rétablit dans le dépôt les pièces qu'il en avait retirées.

« Du moment qu'il se trouve un successeur reconnu capable par le corps et pourvu sur l'agrément des magistrats, le syndic, par acte au pied du procès-verbal qui le chargeait, met le nouveau titulaire en jouissance de toutes les minutes, titres et pièces qui composaient la pratique du prédécesseur, après récolement fait par ce nouveau titulaire sur les répertoires du notaire auquel il succède, et qui sont continués et parachevés avant la remise, s'ils ne se trouvent pas complets. » Continuation manuscrite du Traité des droits des notaires, de Langlois; Stat. not. de Paris, 6 déc. 1689; Roll. de Vill., v° Minute, n. 152.

1342.—Comme on le voit, la mesure à prendre a passé de la communauté des notaires aux juges de paix, et en cas d'omission ou négligence, elle peut être provoquée par le ministère public qui serait, au besoin, averti par la chambre de discipline, s'il n'en avait pas connaissance. D'après les statuts des notaires de Paris du 3 brum. an 13, ce soin concernait particulièrement les syndics; et M. Roll. de Vill., eod., n. 155, enseigne que l'apposition des scellés pourrait même, dans ce cas, être faite à la requête du syndic de la chambre; que cela ne fait aucune difficulté et que tel est l'usage à Paris. — Si respectable que soit cet usage et le motif qui lui sert d'appui, on ne peut se dissimuler que le droit de requérir l'apposition des scellés, mesure d'intérêt public, n'est pas attribué expressément par la loi à la chambre des notaires; mais l'intervention d'office de celle-ci se justifie par la pureté des motifs qui la font agir. Aujourd'hui, on invoquerait l'esprit de l'ord. du 4 janvier 1843 et notamment l'art. 1er qui investit la chambre d'un droit général de provocation disciplinaire.

1343. — Il importerait peu que la mesure fût considérée comme inutile par les héritiers du notaire décédé, tous majeurs : l'intérêt qui s'attache à la conservation des minutes n'est pas susceptible de s'abaisser ou de fléchir devant les convenances particulières des héritiers.

1344. — S'il existe des actes qui ne soient pas encore revêtus de toutes les formalités, comme s'il fallait les soumettre à l'enregistrement ou les expédier, le juge de paix fait alors une description succincte de ces actes.

1345.—Cependant, comme il pourrait résulter un préjudice pour l'étude de cette apposition des scellés, si elle se prolongeait trop longtemps, l'art. 61 autorise le président du tribunal de la résidence à charger provisoirement du dépôt des minutes un autre notaire : cette mesure peut être provoquée par tous les intéressés, même par le juge de paix lui-même ou par le ministère public. (V. M. de Belleyme).—Dans ce cas, le premier acte du président consiste dans la levée des scellés, qu'il n'est pas nécessaire d'accompagner d'un inventaire des minutes, lesquelles sont placées sous la garde du notaire commis, qui se borne à s'en charger sous sa responsabilité, jusqu'à ce que le successeur ait été nommé et l'état sommaire dressé. Tout ceci semble ne pouvoir avoir lieu que dans le cas où les héritiers n'ont pas encore traité des recouvrements avec un notaire compétant, cas dans lequel celui-ci serait autorisé à obtenir, sur requête au président, la levée des scellés et la cessation de la mission provisoire.

1346.—Si, avant la mesure provisoire, il devenait urgent de se procurer une grosse ou expédition, on pourrait s'adresser, par requête, au président du tribunal qui ordonnerait la levée momentanée des scellés, à l'effet de rechercher la minute dont un notaire commis ferait l'expédition, et le juge de paix réapposerait les scellés.— On suppose que le dépôt provisoire ne pourra, par suite de quelque circonstance, être exécuté assez rapidement pour parer à l'urgence.

1347.—Une conséquence du dépôt provisoire, c'est que le notaire qui en est chargé a le droit de délivrer les grosses et expéditions qui sont demandées ; il a ce droit en vertu de l'ordonn. même qui le commet et dont c'est le principal objet. Déc. min. just., 22 juin 1813. — « En ce cas, porte cette décision, le notaire, subrogé dans les fonctions qu'exerçait son collègue, en prend toute la responsabilité quant à la délivrance des expéditions. Son ministère est celui d'un successeur temporaire ; et comme il a, pendant sa durée, les mêmes effets que le ministère du successeur nommé définitivement, il s'en suit que les expéditions délivrées ne sont point sujettes à l'enregistrement, et qu'à plus forte raison elles ne sont point susceptibles d'être inscrites sur le répertoire du notaire dépositaire, comme les actes délivrés en brevet ou les copies collationnées. »

1348. — On est même allé plus loin à Paris : le notaire commis provisoirement est chargé de recevoir les actes de l'étude, comme remplaçant l'ancien titulaire : l'intérêt de l'étude et des clients qui sont dans l'usage d'y passer leurs actes, le veut ainsi. — La formule des ordonnances de référé est tracée ainsi par M. de Belleyme : « Attendu qu'il est instant de pourvoir à la délivrance des grosses, expéditions et extraits de minutes demandés par les parties intéressées, et aussi de pourvoir à la passation de tous les actes concernant la clientelle ; — attendu, quant à ces actes, qu'il importe que les minutes en restent dans la dite étude, où les clients ont l'habitude d'avoir et de trouver toutes minutes relatives à leurs affaires, etc. »

1349.—L'art. 54 doit servir de règle dans le choix du notaire que le président doit désigner provisoirement ; l'art. 61 ne le dit pas, mais il y a même raison de le décider : on comprend même que le droit de ce magistrat ne doit pas être plus étendu que celui des héritiers qui exercent un droit de propriété.

1350. — Ce n'est pas seulement le décès qui donne lieu aux mesures prescrites par l'art. 61 ; elles peuvent avoir lieu si le notaire se trouve par toute autre cause, telle que la destitution ou la démission, privé de l'exercice de ses fonctions. C'est ainsi qu'il a été jugé que les scellés ont pu être apposés à la requête du ministère public, sur les minutes d'un notaire déclaré démissionnaire pour défaut de prestation de serment. (Rennes, 5 mars 1832. D.P. 33. 2. 70.—Conf. Delepierre, p. 77 ; Roll., v° Minute, n. 167).—Il devrait en être de même si, par suite de poursuites criminelles, ou d'absence prolongée, l'étude d'un notaire se trouvait livrée à l'abandon. Telle est aussi la pensée des auteurs qui viennent d'être cités. Eod.

1351. — La levée des scellés est accompagnée, comme au cas de l'art. 58, d'un état sommaire et non d'un inventaire.—Si, lors de cette levée, on trouvait des papiers appartenant à un tiers qui ne les réclamerait pas à l'instant, le juge de paix ne serait pas autorisé à en dresser un état descriptif : on devrait les remettre au successeur du notaire ; ici ne s'applique pas l'art. 939 C. pr. (Paris, 8 sept. 1825. D.P. 26. 2. 57).

1352. — Quoique le juge de paix, comme conservateur de l'intérêt public, soit témoin de la remise intégrale du dépôt, il n'a nullement le droit d'en constater l'état matériel (Orléans, 11 janv. 1815. V. Colas Delanoue, t. 1, n. 644).—En cas pareil, la mission du juge de paix consiste dans sa présence à la rédaction de l'état sommaire exigé par la loi (Déc. min. just., 22 mai 1828. V. Gagneraux, Comment. de la loi de l'an 11, p. 233, n. 7).

1353.—Les employés de l'enregistrement n'ont pas le droit d'assister à la levée des scellés ni à l'inventaire des papiers particuliers d'un notaire décédé : la vérification qui serait faite à cette époque pourrait être déclarée intempestive, surtout par rapport aux actes sous seing-privé non timbrés ni enregistrés que l'on trouverait dans l'étude : il convient dans ce cas d'attendre que le dépôt en soit fait dans les mains d'un officier public contre lequel on puisse agir comme dépositaire (Décis. min. fin. 12 janv. 1818. V. Gagneraux, p. 239, n. 9).—Le tribunal du Puy, par jugement du 28 août 1817, avait reconnu le même principe au sujet d'une promesse sous seing-privé non timbrée, qui avait été découverte lors de l'inventaire des papiers trouvés chez un notaire décédé, « attendu, y est-il dit, que la découverte de ce billet n'ayant eu lieu, de la part du vérificateur, que par une extension de la vérification de l'étude, il en résultait que la direction générale possédait cet écrit par un moyen non légal, ni avoué par les règlements sur ses attributions ; qu'elle ne pouvait dès-lors exciper de cet écrit isolé, non suivi de quelque présomption sur son exécution, pour demander l'amende qu'encourent ceux qui écrivent des billets ou actes sur papier non timbré, etc. » M. Gagneraux qui rapporte ce jugement, eod., p. 239, n. 10, dit qu'il a été exécuté par la régie. — Toutefois, si le ministère public avait appelé un préposé de l'enregistrement pour assister à la levée des scellés requise par lui, on doit, d'après un jugement du tribunal de Beauvais, du 6 mai 1835, décrire sommairement les actes sous seing-privé dans l'inventaire.

TITRE 3. — *Des notaires actuels.*

ARTICLE 62.

Sont maintenus définitivement tous les notaires qui, au jour de la promulgation de la présente loi, seront en exercice.

1354. — *Définitivement.* — Ce mot se réfère à l'état de choses existant avant la loi de l'an 11 : les notaires exerçaient alors leurs fonctions provisoirement (L. 6 oct. 1791, tit. 1, art. 4; déc. 18 brum. an 2, art. 1) : l'art. 62 a converti cet état provisoire en état définitif; il a maintenu tous les notaires en exercice sans distinction de leur origine ou de la régularité de leurs titres.

ARTICLE 63.

Sont également maintenus définitivement les notaires qui, au jour de la promulgation de la présente loi, n'ayant point été remplacés, n'auraient interrompu l'exercice de leurs fonctions ou n'auraient été empêchés d'y entrer que pour cause, soit d'incompatibilité, soit de service militaire.

1355. — *Définitivement.* — Cette expression s'applique aux notaires qui, ayant opté pour des fonctions administratives ou judiciaires, avaient été autorisés, par les décrets des 21 vent. et 11 therm. an 3, à reprendre leurs fonctions de notaire dans lesquelles ils n'avaient pas été remplacés.

ARTICLE 64.

Tous lesdits notaires exerceront ou continueront d'exercer leurs fonctions , et conserveront rang entre eux, suivant la date de leurs réceptions respectives.

Mais ils seront tenus, dans les trois mois du jour de la publication de la présente loi,

1° De remettre au greffe du tribunal de première instance de leur résidence, et sur un récépissé du greffier, tous les titres et pièces concernant leurs précédentes nomination et réception;

2° De se pourvoir, avec ce récépissé, auprès du gouvernement, à l'effet d'obtenir du premier consul une commission confirmative, dans laquelle seront rappelés la date de leurs nomination et réception primitives, ainsi que le lieu fixe de leur résidence.

1356. — L'exécution de cet article est prescrite sous la sanction de l'art. 68 de la loi. Ainsi, on a jugé qu'un ancien notaire qui n'avait pas remis ses titres et pièces au tribunal dans le délai de trois mois, était déchu de plein droit de ses fonc-

tions; qu'en conséquence un testament par lui reçu après l'expiration de ce délai était nul s'il n'avait été compris dans la confirmation ultérieure du gouvernement; qu'à cet égard on ne pouvait se prévaloir de l'erreur commune pour faire maintenir l'acte (Turin, 21 avril 1807. S. 7. 2. 668).— En tous cas, un tel notaire, non confirmé par le gouvernement dans le délai, a dû ou cesser ses fonctions, ou se renfermer dans l'arrondissement déterminé par la règle générale, à peine de nullité des actes reçus hors de cet arrondissement (Cass. 10 déc. 1816).

—Mais l'ancien notaire en exercice qui avait effectué le dépôt de ses titres au greffe dans le délai de trois mois, a pu, même depuis la loi de l'an 11, instrumenter dans tout le département de sa résidence, quoiqu'il n'eût pas encore reçu la nouvelle commission du gouvernement qui devait circonscrire son ressort (Cass. 6 avril 1809. D.A. 9. 196).

ARTICLE 65.

Dans les deux mois qui suivront la délivrance de cette commission, chacun desdits notaires sera tenu de prêter le serment prescrit par l'art. 47, et de se conformer aux dispositions de l'art. 49 pour le dépôt des signature et paraphe.

Le présent article et le précédent seront exécutés, à peine de déchéance.

1357. — Cet article est pareillement prescrit sous la sanction de l'art. 68. Sa disposition a été exécutée, ou doit être réputée avoir été remplie par les notaires qui sont encore en exercice aujourd'hui.

Que si, par impossible, quelques-uns ne s'y étaient pas conformés, la bonne foi tirée de l'erreur commune devrait aujourd'hui protéger les actes passés devant eux.

ARTICLE 66.

Les notaires qui réunissent des fonctions incompatibles seront tenus, dans les trois mois du jour de la publication de la présente loi, de faire leur option, et d'en déposer l'acte au greffe du tribunal de première instance de leur résidence; sinon, ils seront considérés comme ayant donné leur démission de l'état de notaire, et remplacés ; et, dans le cas où ils continueraient à l'exercer, ils encourront les peines prononcées par l'art. 52.

1358. — Cet article n'est-il que transitoire? N'a-t-il pas, au contraire, abrogé l'art. 3, tit. 4 de la loi du 24 vend. an 3, relative aux incapacités, qui est beaucoup plus sévère et qui porte :

« Ceux qui seraient appelés à l'avenir à remplir des fonctions non compatibles avec celles qu'ils exerçaient déjà, seront pareillement tenus sous la même peine (de destitution des deux fonctions) dans la décade qui suivra la notification qui leur sera faite du nouveau choix qui aura lieu en leur faveur ? » — Merlin, Rép., v° Notaire, § 4 ; Massé, liv. 1, ch. 8 ; Roll., *eod.*, n. 21, pensent que ce dernier article a été abrogé en ce qui touche les notaires et que l'art. 66 doit seul être suivi, ce qui, en logique rigoureuse, peut être contesté. — V., sur les incompatibilités, ce qui est dit sous l'art. 7. V. aussi l'art. 52. — Il semble inutile de dire que la disposition de l'art. 66 est prescrite sous la sanction de l'art. 68.

ARTICLE 67.

A compter du jour de leur option, ils auront un délai de trois mois pour obtenir la commission du premier consul, et pour remplir les formalités prescrites aux art. 47 et 49 ; le tout sous les mêmes peines.

1359. — De la combinaison de cet article avec l'art. 65, il résulte que les anciens notaires qui exerçaient des fonctions incompatibles ont eu, pour se mettre en règle, 1° trois mois à partir de la publication de la loi pour faire leur option, et en déposer l'acte au greffe ; 2° trois mois à partir de cette formalité pour obtenir la commission du premier consul et se conformer aux art. 47 à 49 ; 3° deux mois pour prêter serment : ensemble huit mois. — Cet article est, comme les trois qui précèdent, placé sous la sanction de l'art. 68.

Dispositions générales.

ARTICLE 68.

Tout acte fait en contravention aux dispositions contenues aux art. 6, 8, 9, 10, 14, 20, 52, 64, 65, 66 et 67, est nul, s'il n'est pas revêtu de la signature de toutes les parties ; et lorsque l'acte sera revêtu de la signature de toutes les parties contractantes, il ne vaudra que comme écrit sous signature privée ; sauf, dans les deux cas, s'il y a lieu, les dommages-intérêts contre le notaire contrevenant.

1360. — Cet article, qui contient la sanction de plusieurs prescriptions de la loi, présente deux dispositions principales, l'une relative à l'effet des actes qui sont dépourvus d'authenticité, l'autre qui a trait aux dommages-intérêts dont le notaire peut être déclaré passible, en cas de nullité des actes. — Sur celle-ci, voyez, à la fin de cet ouvrage, le traité de la Responsabilité des notaires.

Quant à la première, elle n'est pas nouvelle, car elle ne fait que consacrer un principe bien ancien et attesté par Pothier, n. 87 ; Boiceau, partie 2, ch. 4 ; Louet, lettre 12, n. 10 ; Toullier, t. 9, n. 87. — Déjà, sous la loi romaine, une convention ne cessait pas d'être valable, quoique l'acte qui la renfermait fût nul en la forme, si d'ailleurs il pouvait subsister de manière à en fournir la preuve (L. 4, D. de Pign. et hyp.; L. 17, C. de Pactis).

1361. — Les conventions doivent être distinguées des actes qui les renferment ; un acte qui ne présente pas les formes nécessaires pour valoir comme authentique, peut donc subsister comme convention privée, si, d'ailleurs, il réunit les conditions exigées pour la formation d'un contrat. Sur ce principe reposent l'art. 1318 C. civ., et l'art. 68, loi de l'an 11, qui valident comme écriture privée, s'il est signé des parties, l'acte qui n'est point authentique par l'incompétence ou l'incapacité de l'officier, ou pour défaut de forme. — (Toullier, t. 8, n. 134. Dalloz, t. 10, p. 669, n. 4). — L'art. 1318 ne concerne pas les actes solennels, c'est-à-dire ceux qui sont nécessairement assujettis à l'authenticité et ne peuvent valoir que sous cette forme : par exemple, le testament notarié (Dalloz, 5. 677), le contrat de mariage, la donation, la constitution d'hypothèque : de pareils actes sont irrévocablement nuls s'ils manquent de l'une des conditions voulues pour leur authenticité. — Delvincourt, t. 2, p. 607, n.; Duranton, Favard, v° Acte notarié, § 7, n. 5 ; Dalloz, 10. 669, n. 2 ;

Ainsi, une donation entre vifs ne pouvant valoir, lorsqu'elle est nulle, comme acte authentique, n'a pas même la force d'un acte sous seing privé si elle est annulée pour avoir été reçue par un notaire hors de son ressort (Pau, 11 mars 1811. D.A. 10. 647). — De même, est nul le contrat de mariage, même signé de toutes les parties, qui ne peut valoir comme acte notarié. (Colmar, 16 mars 1813. D.A. 10. 651, n. 2). — Du reste, les dispositions de l'art. 1318 C. civ. et 68 de la loi de ventose s'appliquent à toutes les nullités résultant de l'inobservation des formalités prescrites pour la validité des actes comme authentiques. — Toullier, n. 134 ; Dalloz, 10. 669, n. 1.

1362. — Quand il s'agit d'actes que la loi permet de faire sous seing-privé, la signature des parties couvre la nullité qui résulte de l'incompétence ou de l'incapacité de l'officier public. Un notaire est incompétent quand il agit hors de son ressort : il est incapable lorsque, par exemple, il est parent d'une des parties ou partie intéressée lui-même, ou lorsqu'il a été suspendu ou destitué. — Duranton, 13. 75. 76. 77 ; Dalloz, 10. 671, n. 8. — Et il a été jugé 1° que l'acte reçu par deux notaires, nul comme acte authentique, vaut comme acte sous signature privée, s'il est signé des parties, quoique le notaire serait l'une de ces parties. — Req., 28 brum. an 14. D.A. 10. 671, n. 1. Conf. Lherbette, t. 1, p. 78.

2° Qu'il est nul quoique reçu au profit de l'un des notaires ou en faveur de l'un de ses parents au degré prohibé. Aix, 8 prair. an 12. D.A. 10. 671, n. 2. — Argum. conf., cass. 28 brum. an 14.

1363. — Néanmoins, les actes d'un notaire qui a surpris sa nomination, en faisant croire faussement qu'il réunissait les conditions légales pour exercer le notariat, ne valent pas seulement, jusqu'à sa révocation notifiée, comme actes privés, mais ils valent encore comme actes authentiques. — V. suprà, et Dur., t. 13, n. 75, 76, 77; D.A. 671, n. 8.

1364. — Au cas où l'incompétence de l'officier public résulte, non pas de ce qu'il a passé l'acte hors de son ressort, mais de ce que la nature de ses fonctions ne le rendait pas apte à recevoir les conventions des parties, par exemple s'il s'agit d'un contrat passé devant un préfet, un maire, un huissier, alors qu'il aurait dû être passé devant le notaire, Duranton, t. 13, n. 74, pense que l'acte ne vaut comme acte sous seing-privé, qu'autant qu'il est conforme aux art. 1325 et 1326 C. civ.; car un pareil acte n'a pas été, à proprement parler, reçu par un officier public : il n'est qu'un acte sous signature privée, et, comme tel, soumis aux formes nécessaires à la validité de tels actes. — Il en est de même, à plus forte raison, de tout acte qui aurait été reçu en l'absence du notaire, et rédigé par son clerc. Paris, 17 déc. 1829, D.P. 30. 2. 167.

1365. — Parmi les formes qui entraînent la nullité de l'acte comme authentique, se trouve l'énonciation des témoins instrumentaires et de la date, bien que l'art. 68, dans la disposition dont il s'agit ici, ne renvoie pas expressément à l'art. 12, qui prescrit cette mention. — Roll., 1re édit., v° Acte notarié, n. 259; Toull., t. 8, n. 134; Merl., Rép., v° Ratif., n. 9.

1366. — Il en serait de même de l'acte que le notaire aurait omis de signer (L. 25 vent. an 11, art. 14 et 68). — Roll., n. 260.

1367. — Si la signature des parties suffit pour que l'acte nul comme authentique vaille comme acte sous-seing privé, il faut, du moins, que toutes les parties l'aient signé. — Et il a été jugé que des actes reçus par des notaires hors de leur ressort ne peuvent valoir comme actes sous seing-privé s'ils ne sont pas signés de toutes les parties contractantes (Pau, 11 mars 1811. D.A. 10. 647).

1368. — Mais pour que la signature soit indispensable, il faut que ce soit celle d'une partie nécessaire à l'acte. — Dalloz, 10. 669, n. 3. — Ainsi, dans la vente qu'un mari fait d'un bien qui lui est propre, le consentement de la femme n'offrant à l'acquéreur qu'une garantie à laquelle il lui est loisible de recourir, il s'ensuit que lorsque l'acte est nul comme authentique, il vaut comme acte sous signatures privées, s'il est signé de l'acquéreur et du vendeur, encore que la femme de celui-ci, qui est dite partie, ait refusé de le signer. — Cass. 3 juin 1824. D.A. 10. 669, n. 2. — Jugé de même que si l'art. 1318 C. civ. exige que l'acte qui n'est point authentique, pour défaut de forme, soit signé des parties pour valoir comme écriture privée, cela ne peut s'entendre que des parties contractantes et non de celles qui n'y ont figuré qu'accessoirement, dont l'absence n'a point d'influence directe sur la validité du contrat, et spécialement d'une femme qui n'a figuré comme covenderesse dans la vente consentie par son mari d'un objet sur lequel elle n'a aucun droit de propriété, que par forme de fidéjussion. — Colmar, 12 déc. 1821. D.A. 10, 670, n. 2.

1369. — S'il n'est question que d'un engagement unilatéral, la signature de la partie qui s'oblige est suffisante; cette signature suffirait même pour un acte authentique. — Delvinc., loc. cit.; Durant., t. 13, n. 73; Répert. de M. Favard, loc. cit., Dalloz, 10. 669, n. 3.

1370. — Si l'acte n'est pas signé, en vain porterait-il l'énonciation que l'une des parties ne sait signer. — Dalloz, 10. 669, n. 4. Roll., 266.

1371. — S'il y a plusieurs obligés solidaires, il faut qu'ils aient tous signé pour que l'acte soit maintenu comme acte sous seing-privé. — Toull., t. 8, n. 135, et Delv., t. 2, p. 608, notes ; Dur., t. 13, n. 72, Roll., n. 268; Merlin, Rép., v° Ratific., n. 9. Dalloz, 10. 670, n. 6. — Il a été jugé, en conséquence, qu'un acte nul, comme acte authentique, ne peut pas valoir comme acte sous seing-privé, qu'à l'égard de toutes les parties, et spécialement si, étant passé entre trois personnes, dont deux, le mari et la femme, solidaires, il n'est pas signé par la femme, qui a déclaré ne savoir signer. — Req. 27 mars 1812. D.A. 10. 662, n. 2.

1372. — Le créancier qui a signé peut refuser d'exécuter le contrat jusqu'à ce que les obligés solidaires aient tous signé, ou autrement accepté le contrat. Il peut aussi demander la nullité, ou, plus simplement, rétracter son consentement avant la signature ou l'acceptation des co-obligés solidaires ; il ne perdrait pas ce droit par l'offre ultérieure qu'ils lui feraient de signer ou d'accepter. — Toull., eod.; Roll., eod., n. 270, 271. — Celui des co-débiteurs solidaires qui a signé l'acte peut, d'après Toullier, eod., en demander l'exécution contre les autres qui n'ont pas signé (Contrà, Roll., n. 272, 273; Dict. du not., v° Acte not., n. 53). — Jusqu'à ce que le créancier ait manifesté la volonté d'exécuter l'obligation en totalité, les co-obligés solidaires qui n'ont pas signé peuvent lui notifier qu'ils retirent leur consentement et considérer le contrat comme non avenu (Toull.; Roll., eod.; Dict. du not., n. 55). — Si les obligés solidaires qui ont signé exécutent l'obligation, ils peuvent, de leur côté, contraindre à l'exécution le créancier, qui n'a plus d'intérêt à exiger le concours des non-signataires (Toull., t. 8, n. 137; Roll., n. 275). — Il en serait autrement, si l'obligation n'était pas de nature à recevoir sur le champ sa complète exécution, par exemple s'il s'agissait d'une rente viagère, ou d'une créance remboursable seulement à une époque déterminée. — Toull., 138; Roll. 276.

1373. — Lorsqu'un même acte contient des conventions distinctes, que les unes sont valablement signées, et les autres dénuées des signatures nécessaires, celles qui sont signées peuvent et doivent être exécutées. — (Massé et Lherbette, t. 1, p. 111; Roll., 1re édit., v° Acte notarié, n. 277, 278, 279; Pigeau, 2. 936.

1374.—Ceux qui n'ont pas signé peuvent offrir de le faire ou l'exécuter, tant que les parties signataires n'ont pas manifesté la volonté de rétracter leur consentement.—Toull., t. 8, n. 139; Roll., *eod.*, n. 280 et suiv.

1375. — L'acte notarié, nul pour défaut de signature des parties, vaut comme commencement de preuve par écrit, du moins contre ceux qui l'ont signé (Toull., t. 8, n. 140; Roll., n. 285, 286). Sur les caractères du commencement de preuve par écrit, voy. notre Dict. gén., v° Preuve test., *Dict nol.*; v° Acte notarié, n. 56. — Cette décision semble fort contestable.

1376. — Lorsque la signature d'un acte nul comme authentique existe, la loi ne demande rien de plus; ainsi la rédaction en double est inutile, dans l'hypothèse prévue par l'art. 1318; le dépôt dans les minutes du notaire assure la conservation de l'acte et son exécution mieux que ne le fait l'art. 1325. — (Delv., *loc. cit.*; Dur., t. 13, n. 71; Merl., Rép., *loc. cit.*; Roll., n. 264). — Ainsi, il a été jugé qu'un acte notarié, signé de toutes les parties, et nul pour défaut de forme, n'a pas besoin d'être fait double pour valoir comme écriture privée. — Bruxelles, 17 juin 1812; Paris, 13 avril 1813; Colmar, 12 déc. 1831; Req., 8 mai 1827; D.A. 10. 669, n. 3 et 670, n. 2; D.P. 27. 1. 235.—Jugé toutefois qu'un acte synallagmatique énonçant qu'il a été passé devant M·....., notaire à..... ne peut, s'il n'a été signé par ce notaire, ni fait double, valoir ni comme acte authentique, ni comme acte sous signatures privées, encore qu'il ait été signé par les parties. — Paris, 14 août 1815; D.A. 10. 670, n. 1. — Dans cette espèce où le notaire n'avait pas gardé de minute, et où rien n'établissait que l'acte eût été reçu par lui, il ne restait plus qu'un acte sous seing-privé qui, comme tel, devait être double. — Enfin il a été décidé, dans le même sens, qu'un acte, rédigé en l'absence du notaire par son clerc, et non signé du notaire, ne peut valoir comme acte sous seing privé, quoique signé par les parties, si, renfermant des conventions synallagmatiques, il n'a pas été fait en double écrit. — Paris, 17 déc. 1829. D.P. 30. 2. 167.

1377.—La signature des parties ne paraît pas à Delvincourt, 2, 608, n., suffisante pour faire valoir une obligation de payer une somme, si l'acte ne porte pas le bon ou approuvé, exigé par l'art. 1326.—*Contrà*, Dur., t. 13. n. 73.

1378.—Alors même que l'acte, annulé comme authentique, serait encore nul comme acte sous seing privé, la convention n'en serait pas moins valable, si elle était établie d'une autre manière, par exemple, par un aveu. — Dall. 10. 669, n. 1;

Toull., t. 8, n. 134; Dur., t. 13, n. 78. — Cela résulte de la distinction qu'il faut faire entre l'acte et la convention.—Dans ce cas, il faut apprécier si, en rédigeant leurs conventions par écrit, les parties ont eu l'intention de subordonner à la confection et à la régularité de l'acte la validité du contrat, ou si elles n'ont voulu rédiger leurs conventions que pour en assurer la preuve. On comprend que c'est dans ce cas seulement, et non dans le premier, que le contrat existe quoique l'acte ne puisse valoir ni comme acte authentique ni même comme écriture privée.— Dur., t. 13, n. 79.

1379. — L'acte notarié contenant vente d'immeubles, nul comme acte authentique à défaut de la signature du notaire ou des témoins, mais signé par les parties et par conséquent valable comme acte sous signature privée, rend l'acquéreur passible des droit et double droit, s'il n'a pas été enregistré dans le délai de trois mois (L. 22 frim. an 7, art. 22 et 38). — Trib. de Cambrai, 30 juin 1841. D.P.41. 3. 523.

ARTICLE 69.

La loi du 6 octobre 1791, et toutes autres, sont abrogées en ce qu'elles ont de contraire à la présente.

1380. — Les premières rédactions de cet article portaient : la loi du 6 oct. 1791 et toutes autres *relatives au notarial* sont abrogées en ce qu'elles *sont* contraires à la présente. — Le Tribunat fit observer qu'il s'était glissé dans cet article une légère faute typographique : qu'ainsi, au lieu des mots « en ce qu'elles *sont* contraires à la présente » il fallait lire, en ce qu'elles *ont de contraire* à la présente. Cette dernière rédaction fut adoptée. — C'est à partir du 7 germ. an 11, que la loi du notariat est devenue exécutoire dans le département de la Seine, c'est-à-dire un jour franc après la promulgation faite le 5 germ. ; elle l'a été dans les autres départements, après le même délai augmenté d'autant de jours qu'il y avait de fois 10 myriamètres entre Paris et le chef-lieu de chaque département. Le tableau des distances joint à l'arrêté du 25 therm. an 11 servira à déterminer le moment précis où les anciennes lois sur le notariat, remplacées par celle de l'an 11, ont cessé d'être obligatoires.—Remarquons sur ce point que le délai doit, d'après un arrêt de la cour de cassation du 16 avril 1831 (D.P.31. 1. 214), être augmenté non-seulement d'un jour pour chaque 10 myriamètres, mais encore d'un jour pour la fraction d'un à dix myriamètres qui peut exister en sus. Ainsi l'augmentation a dû être de deux jours pour les lieux placés à 12, 15, 18 myriamètres de distance de Paris.

FIN DU COMMENTAIRE DE LA LOI DU 25 VENT. AN 11.

TRAITÉ ABRÉGÉ
DE LA DISCIPLINE

ET DES

CHAMBRES DE NOTAIRES.[1]

1. L'ordonnance du 4 janvier 1843 qui, par son article 40, abroge l'arrêté du 2 nivose an 12, dont il a reproduit néanmoins la plupart des dispositions, distingue, dans son intitulé, les chambres de notaires de la discipline du notariat. Et c'est avec raison, car l'organisation de ces chambres et les attributions que le législateur leur départit en divers cas, ne touche nullement à la discipline proprement dite. Toutefois, comme les objets dont les chambres ont à s'occuper sont uniquement relatifs au service intérieur et aux intérêts du notariat, elles ont été envisagées principalement par le législateur sous le rapport de leurs attributions disciplinaires qui sont, comme on sait, les plus importantes de celles que la loi leur a départies. Aussi, dans l'intitulé de ses divisions, l'ordonnance du 4 janvier, à l'instar de l'arrêté de l'an 12, se sert-elle de ces mots : *des chambres de discipline des notaires et de leurs attributions ; — de la discipline*, etc.

Sans nous préoccuper de ces distinctions peu importantes, nous allons diviser notre matière en deux chapitres, l'un relatif aux chambres des notaires et à leurs attributions ; l'autre qui aura pour objet l'action disciplinaire, et nous les soumettrons l'un et l'autre aux divisions et subdivisions qui vont être indiquées (2).

DIVISION.

CHAP. 1.—*Des chambres de notaires.*

(1,2) Le travail qu'on publie ici doit être considéré principalement sous le rapport de la discipline ; il ne présente pas l'explication complète de toutes les dispositions de l'ordonn. du 4 janv. 1843 ; il est borné à la discipline et aux attributions des chambres des notaires. C'est dans l'ordonn. même, qui est insérée plus bas au tableau chronologique de la législation du notariat, qu'il faut lire ce qui se rapporte 1° aux assemblées générales des notaires dont il est parlé dans les art. 22, 23, 24, 25 et 39 de cette ordonnance ; 2° à l'honorariat (art. 29 et 30, et page 830, n. 9 et 11) ; 3° à la bourse commune, laquelle est réglementée par l'art. 39 de l'ord. (V. aussi ce traité, n. 21 et 78).—A l'égard des aspirants au notariat dont s'occupent les art. 31 et suivants de l'ord. du 4 janvier, on devra consulter 1° les art. cités de cette ordonnance ; 2° les numéros 22 et suivants de ce traité où il est fait mention d'eux en tant qu'ils sont soumis à la discipline, 3° le commentaire des articles 36 et suivants de la loi du 25 ventose an 11 relatifs aux clercs ou aspirants au notariat et au stage qui est exigé d'eux.

CHAP. 1er.—*Des chambres de notaires.*

2. Qui dit corporation doit dire aussi discipline ; aucun corps ne peut subsister sans les moyens de maintenir dans son sein l'ordre et la paix, de garder au dehors sa pureté morale. Cela est vrai surtout pour le notariat : ses fonctions, toutes de confiance, supposent une sévérité de principes et de traditions qui ne saurait être entretenue avec trop de soin. C'est dans l'intérêt même de l'insti-

tution que les lois et les usages ont consacré des mesures de bonne administration intérieure, des récompenses et des peines.

3. Les mesures d'administration intérieure consistent dans la création et les attributions multipliées des chambres de notaires : les récompenses sont les honneurs dont les notaires peuvent être l'objet de la part du gouvernement, et l'honorariat qui peut leur être accordé à la suite d'une carrière bien remplie; les peines appliquées, soit par les chambres de discipline, soit par les tribunaux, embrassent toutes les infractions et s'étendent même aux écarts de conduite privée dont un notaire pourrait se rendre coupable : selon la gravité des cas, elles vont depuis le simple rappel à l'ordre jusqu'à la destitution : enfin, pour assurer au notariat un recrutement honorable, des conditions d'admission et de stage et une discipline spéciale sont imposées aux aspirants au notariat.

4. La législation sur la discipline notariale n'est ni complète ni homogène. En réorganisant le notariat, la loi du 25 ventose an 11 inscrivit parmi ses dispositions quatre articles qu'elle plaça sous la rubrique de *chambres de discipline*. Cet intitulé est vicieux; des quatre articles auxquels il s'applique, le premier seul (art. 50 de la loi), concerne les chambres de discipline, et il ne les mentionne que pour disposer qu'elles seront organisées par des réglements.

5. Les réglements annoncés se sont trouvés d'abord dans l'arrêté du 2 nivose an 12, relatif à l'établissement et à l'organisation des chambres de discipline. L'article 23 porte qu'il sera pourvu, lors du réglement général à faire pour l'exécution de la loi du 25 ventose an 11, à toutes autres dispositions qui pourraient concerner les chambres de discipline. Le réglement général dont cet article indiquait le besoin et faisait espérer la rédaction, n'a jamais été fait. Cependant, l'insuffisance des dispositions existantes était signalée de toutes parts; les abus de l'esprit de spéculation qui menaçait d'envahir le notariat, et quelques scandales déplorables attestant le relâchement de la discipline, mettaient le gouvernement en demeure de faire quelque chose. Il invoqua l'article 23, dont l'esprit plutôt que la lettre appelait son intervention, pour servir de point d'appui à l'ordonnance des 4-12 janv. 1843. (Voy. à sa date)

6. Cette ordonnance ne se borne pas à un nouveau réglement des attributions, de l'organisation et du mode de procéder des chambres de discipline; elle introduit des dispositions nouvelles relatives à la discipline en elle-même, à l'honorariat et à la discipline particulière des aspirants au notariat. Avec la loi du 25 ventose an 11, elle forme aujourd'hui le code de la discipline notariale. Son importance est d'autant plus grande que l'article 40 abroge expressément l'arrêté du 12 nivose an 12. Ce n'est pas à dire que les documents de jurisprudence antérieurs à l'ordonnance aient perdu leur autorité; ils servent à expliquer la nouvelle ordonnance dans les dispositions, en grand nombre, qu'elle a empruntées à l'arrêté de l'an 12. Cette observation devra souvent être prise en considération.

7. On l'a dit : dans son intitulé, l'ordonnance du 4 janvier 1843 emploie avec raison l'expression *chambres de notaires*, au lieu de celle de *chambres de discipline*, qui ne s'applique qu'à une des attributions de ces assemblées. — Il n'y a qu'une chambre de notaires par arrondissement.

SECT. Ire. — *Attributions des chambres de notaires.*

8. Les notaires réunis en chambre exercent ou peuvent exercer les fonctions de conciliateurs, d'administrateurs, de conseillers, de juges; en cette dernière qualité ils participent à l'action disciplinaire, qui fera l'objet d'un chapitre spécial. Nous allons rapidement parcourir leurs autres attributions; elles se rattachent plus ou moins directement à la discipline notariale, car elles ont pour objet le maintien des réglements de la profession et l'exercice consciencieux et éclairé des fonctions du notariat.

§ 1er. — *Des fonctions de conciliateur.*

9. Les chambres de notaires sont chargées de prévenir ou concilier tous différends entre notaires. Cette attribution est générale : les exemples que donne l'article 2, n. 2, de l'ordonnance du 4 janvier 1843, conforme à l'article correspondant de l'arrêté du 2 niv. an 12, sont explicatifs et nullement limitatifs. Toutefois, les différends dont il y a question ne sont que ceux qui concernent les fonctions notariales : les chambres de notaires n'auraient aucun droit d'intervention dans les contestations élevées entre notaires, si elles étaient étrangères au notariat, par exemple s'il s'agissait d'une question de propriété immobilière, d'une affaire administrative, d'une discussion électorale, etc.

10. A l'occasion de cette disposition, on a demandé si, dans un traité de cession d'un office, on pouvait valablement stipuler que la chambre des notaires connaîtrait des difficultés qui pourraient s'élever sur l'exécution de ce traité. Cette question, qui renferme celle de la validité des clauses compromissoires, serait aujourd'hui résolue négativement par la jurisprudence : la stipulation serait nulle à défaut de désignation de l'objet du litige. — Cependant, il faut croire qu'il est peu de notaires, jaloux de la dignité de leur institution, qui se détermineraient à la contester. V. p. 438, n. 14.

11. La chambre des notaires est appelée aussi à remplir l'office de conciliateur relativement aux plaintes et réclamations, non plus entre notaires, mais de la part des tiers contre les notaires; cette fois l'ordonnance ajoute expressément : *à raison de leurs fonctions.*

12. Ici, la seule attribution qui soit et qui puisse être donnée étant celle de prévenir et de concilier, si les parties ne s'entendent pas, la chambre des notaires ne peut prononcer irrévocablement, car elle n'a aucune juridiction sur des personnes étrangères au notariat. Aussi, M. Rolland de Villargue, v° Chambre de discipline des notaires, n. 60, fait-il remarquer « que, dans telles positions que les chambres de discipline se trouvent

placées, leur pouvoir ne s'étend jamais sur les tiers, à moins qu'ils n'y consentent, et que ce pouvoir peut même recevoir des bornes à l'égard des notaires; qu'ainsi, bien que les chambres puissent prendre connaissance des différends qui s'élèvent entre des notaires et des tiers, et statuer sur les plaintes de ces derniers, cependant leurs décisions ne sont pas irrévocables à l'égard de ceux - ci, qui peuvent par conséquent porter leurs demandes devant les tribunaux. »

13. Il en serait autrement, bien entendu, si les membres de la chambre avaient statué comme arbitres et sur compromis.

§ 2. — Des fonctions de conseiller.

14. Lorsque des chambres ne sont point parvenues à prévenir ou à concilier des différends élevés entre notaires relativement à des affaires notariales, elles sont chargées d'émettre leurs opinions par simple avis : ce sont les termes de l'ordonnance de 1843, conformes à ceux de l'arrêté de l'an 12.

15. La législation, sur ce point, n'ayant pas changé, les décisions de M. le garde-des-sceaux, en date des 6 mai et 21 juin 1830, sur la question de savoir si une chambre des notaires, consultée par le ministre de la justice sur la valeur d'une étude de notaire, peut se déclarer incompétente, devraient encore être suivies. Le ministre s'est prononcé pour la négative, par les raisons que voici : « Considérant qu'en prenant une pareille délibération, la chambre a jugé une question qui ne lui est pas soumise à méconnu ses devoirs et ses attributions; qu'en effet, les notaires sont des fonctionnaires publics, et que tout fonctionnaire public doit au gouvernement qui l'a institué, son concours dans le cercle de ses connaissances, toutes les fois qu'il est consulté sur des objets qui touchent à l'intérêt public ou à l'intérêt particulier de son corps; ce concours est dû plus particulièrement par les chambres de discipline, qui sont, d'après leur institution, spécialement chargées d'éclairer le gouvernement sur tout ce qui touche aux intérêts des corps qu'elles représentent ;

« Dans le cas particulier, la chambre de discipline a eu d'autant plus tort de se déclarer incompétente, qu'il s'agissait d'un différend entre notaires à raison de leurs offices, et que l'art. 1, n. 2 de l'arrêté du 2 niv. an 12 (aujourd'hui de l'ordonn. du 4 janvier 1843), charge la chambre de concilier tous différends entre notaires, et, en cas de non conciliation, d'émettre son opinion par forme de simple avis.

« D'ailleurs, un corps, comme fonctionnaire public, ne doit se déclarer incompétent que lorsqu'on lui demande un acte de juridiction hors de ses attributions, mais nullement lorsqu'il ne s'agit que d'un simple avis, qui n'oblige en rien, qu'on pourrait se dispenser de lui demander, et qui n'a d'autre objet que d'éclairer l'autorité sur une mesure qu'elle a jugée utile. »

16. La chambre donne son avis sur les dommages-intérêts qui pourraient être dus par des notaires à des tiers (art. 2, n. 3 de l'ordonn. de 1843); les tribunaux seuls peuvent condamner à ces dommages-intérêts, sans être tenus, d'ailleurs, de s'en rapporter à l'opinion des notaires sur l'indemnité réclamée.

17. La chambre agit encore comme conseil lorsqu'elle donne son avis sur les difficultés concernant le réglement des honoraires et vacations des notaires, ainsi que sur tous différends soumis à cet égard au tribunal civil (Ordonn. de 1843, art. 2, n. 4).

18. L'art. 51 de la loi du 25 vent. an 11 rend obligatoire pour les tribunaux cet avis préalable de la chambre des notaires. Comment cet article se concilie-t-il avec l'art. 173 du tarif du 16 février 1807, aux termes duquel « tous les autres actes du ministère des notaires (c'est-à-dire ceux non tarifés par la loi) notamment les partages et ventes volontaires qui auront lieu pardevant eux, seront taxés par le président du tribunal de première instance de leur arrondissement, suivant leur nature et les difficultés que leur rédaction aura présentées et sur les renseignements qui lui seront fournis par les notaires et par les parties?» — Sans soulever la question, désormais vidée par la jurisprudence, de la légalité de l'abrogation d'une loi par un simple décret, il ressort sans équivoque possible, des termes mêmes de l'acte de 1807, des innovations importantes : 1° c'est le président qui est d'abord chargé de taxer; 2° le président décide sur les renseignements qui lui sont fournis par les notaires et les parties. Si ces renseignements ainsi délivrés contradictoirement par les plaideurs sont suffisants, il en résulte évidemment que le président n'est plus tenu de prendre l'avis préalable de la chambre des notaires.

Si donc on suppose que le président rend une décision définitive, ayant tous les caractères d'un véritable jugement, c'est-à-dire qui ne serait passible que d'opposition ou d'appel, il est certain que l'art. 173 du tarif a modifié ou abrogé l'art. 51 de la loi de l'an 11 ; et c'est dans une thèse ainsi posée que nous avons soutenu l'efficacité de l'abrogation de la loi par le décret de 1807 (D.P. 28. 1. 181) : c'est aussi dans ce sens que la jurisprudence montre le plus de tendance à se prononcer. V. notre Dict. gén., vo Honoraires, n. 100 et suiv. et Suppl., eod. En cas pareil, en un mot, la juridiction du tribunal serait totalement remplacée par celle du président, et la taxe faite par ce dernier magistrat ne saurait dès-lors être réformée par le tribunal, c'est-à-dire par une autorité égale en degré à la sienne. On devrait donc rejeter l'interprétation des arrêts qui ont jugé que le réglement du président pouvait être déféré, par opposition, au tribunal dont il fait partie.

Que si, au contraire, on ne voit dans l'attribution conférée à ce magistrat qu'une mission purement consultative qui ne lie pas les parties, à laquelle celles-ci ne sont tenues de déférer qu'autant que cela leur convient, si l'on n'y voit, en un mot, qu'une attribution à peu près semblable à celle qu'il exerce en matière de séparation de corps, la thèse change totalement : l'art. 173 du tarif n'a plus alors qu'un caractère purement in-novatif; il n'abroge ni ne modifie l'art. 51 de la loi de l'an 11; il se borne à créer, dans l'intérêt du notaire et de son client, une sorte de juge conciliateur dont l'avis, pour n'être pas obliga-toire pour les parties, ne sera pas moins suivi presque toujours par elles.—Dans cette interpré-tation, l'art. 173 a son objet spécial et déterminé, et l'art. 51 de la loi de l'an 11 conserve toute sa valeur pour les cas graves, c'est-à-dire pour ceux où les parties, ne croyant pas devoir déférer à la taxe du président, recourront à la voie judiciaire. Voyez plus haut notre Comment. de l'art. 51, n. 1242.

19. La chambre a encore dans ses attributions la mission de donner tous avis motivés, de les adresser ou communiquer à qui de droit, quand il s'agit des demandes de certificats de la part des aspirants au notariat (Ord. de 1843, art. 2, n. 5).

20. Enfin, si le gouvernement juge à propos de consulter une chambre de notaires, sur quelque sujet que ce soit, elle peut, elle doit même expri-mer son avis : c'est ici le cas de rappeler les prin-cipes sages émis par M. le garde-des-sceaux dans la décision rapportée ci-dessus, n. 15.

§ 3. Des fonctions d'administrateurs.

21. Les chambres de notaires ont les attribu-tions de véritables administrateurs. Elles délibè-rent sur toutes les mesures à prendre pour l'inté-rêt de la corporation. Ainsi elles ont à régler les dépenses concernant la bourse commune, établie et administrée d'après les prescriptions de l'art. 39 de l'ordonnance de 1843.

22. En cette qualité d'administrateurs, les mem-bres de la chambre délivrent ou refusent tous cer-tificats de bonnes mœurs et capacité, demandés par les aspirants au notariat, et prennent à ce sujet toutes les délibérations nécessaires. Ces disposi-tions de l'ordonnance de 1843, empruntées à l'ar-rêté de l'an 12, ne sont que l'application des art. 43 et 44 de la loi du 25 vent. an 11.

23. Ce n'est pas ici le lieu de traiter ce qui re-garde les conditions du stage; on peut voir plus haut le Commentaire de la loi du 25 ventose, an 11, art. 36 et suiv. Nous devons seulement faire remarquer les précautions nouvelles prises par l'ordonnance, et les attributions qui en ré-sultent pour les chambres de notaires. D'abord l'art. 33 ordonne la tenue d'un registre spécial pour les inscriptions au stage : ce soin est confié au secrétaire de chaque chambre. L'art. 35 exige l'autorisation de la chambre chaque fois qu'il s'a-git d'une inscription dans les grades inférieurs à celui de quatrième clerc : et la chambre pourra refuser si le nombre de clercs demandé est évi-demment hors de proportion avec l'importance de l'étude. D'après l'art. 36, la déclaration du passage d'un grade à un autre ou de changement d'étude devra être faite dans la même forme que l'ins-cription au stage. Enfin l'art. 37 donne aux cham-bres, sur la conduite des clercs, un pouvoir de surveillance et de discipline que nous exposerons

en parlant de l'action disciplinaire. Avant l'ordon-nance, le mode de constater l'inscription, le grade et le stage des clercs n'était déterminé que par d'anciens arrêts ou par des statuts de notaires, actes fort sagement combinés, mais qui ne pou-vaient avoir la puissance et la généralité de la nouvelle ordonnance; le gouvernement, en régle-mentant cette matière, a comblé une lacune re-grettable, et cédé aux vœux exprimés par le no-tariat (Sur l'ancien état de choses, voyez notre *Dictionn. gén.*, vᵒ Notaire, § 9, n. 175 et suiv.).

24. Nous avons à parler spécialement ici du droit et de l'obligation, pour les chambres de notai-res, de statuer sur les demandes de certificat de moralité et de capacité, condition essentielle que doivent remplir les aspirants. Sous ce titre d'aspi-rants, il ne faut évidemment comprendre que les personnes qui ont accompli les autres conditions imposées pour qu'on puisse être notaire. Une chambre de notaires ne serait pas tenue de s'oc-cuper de la demande d'un prétendu aspirant qui ne le serait réellement pas aux yeux de la loi. C'est aussi ce que pense M. Rolland de Villargue, vᵒ Certificat de moralité et de capacité, § 1ᵉʳ, n. 6.

25. Le certificat ne peut être demandé à toute chambre indistinctement; il ne peut l'être qu'à la chambre du ressort dans lequel l'aspirant devra exercer. Cela est écrit dans l'art. 43 de la loi du 25 ventose an 11. Il en résulte qu'une chambre du ressort où un aspirant aurait fait son stage de-vrait refuser le certificat si l'aspirant devait exer-cer dans un autre ressort; il en résulte aussi que pour que la chambre puisse connaître sa compé-tence, la demande du certificat doit indiquer le lieu où l'aspirant se propose de résider; c'est en ce sens que les instructions ministérielles prescri-vent aux chambres de notaires d'examiner avant tout s'il convient de nommer un notaire dans le lieu désigné par la demande (Circulaire des 22 vent. an 12, 6 vendém. et 28 vent. an 13, 18 juill. 1819. Rolland de Villargue, *loc. cit.*, n. 16 et 17). Toutefois, ainsi que nous l'avons fait remarquer dans notre Dictionn. gén., vᵒ Notaire, n. 189, cette condition d'indication du lieu de résidence, utile pour l'appréciation de la convenance d'établir un nouveau notaire, ne semble devoir exercer aucune influence sur l'opinion que la chambre peut avoir de la moralité et de la capacité du candidat.

26. L'aspirant, après avoir fait connaître son intention au président et au syndic de la chambre, et leur avoir donné communication des pièces re-latives à son traité avec le titulaire ou ses héri-tiers, s'il y en a un, est présenté à la chambre le jour fixé. Il remet les pièces nécessaires pour con-stater son âge, son état civil et politique, sa libé-ration de la loi du recrutement, son stage, sa con-duite dans les études où il a travaillé, la démission, la retraite ou le décès du titulaire à remplacer, la demande d'agrément par le roi. Ces pièces sont déposées, et avant que la chambre ne statue, une circulaire est écrite aux notaires de l'arrondisse-ment, afin qu'ils soient mis à même de signaler à la chambre les faits relatifs à la moralité et à la capacité de l'aspirant, s'ils avaient des renseigne-ments à fournir à cet égard (Voy. Rolland de Vil-

largues, n. 20, 21, 22. Dict. gén.; v° Notaire, n. 133).

27. Le premier soin d'une chambre devant laquelle un aspirant s'est présenté doit être d'examiner les pièces qu'il a produites à l'appui de sa demande; si elles sont complètes, elle doit donner son avis; mais il ne lui appartient pas de juger les pièces fournies. On lit, à ce sujet, dans une décision du ministre de la justice, en date du 23 octobre 1829 : « Il n'entre point dans les attributions de la chambre de discipline de prononcer sur la légalité des justifications imposées à tout aspirant aux fonctions du notariat. Elle doit se borner à examiner si celui qui se présente devant elle offre, par sa moralité et sa capacité, des garanties suffisantes pour remplir les fonctions auxquelles il aspire, sauf à émettre son avis sur la légalité et la sincérité des certificats qui lui sont soumis, et dont il appartient au gouvernement d'apprécier le mérite. »

28. Il suit de ces principes que si, par exemple, un candidat, qui n'a pas justifié de son stage, prétend se trouver dans le cas de dispense prévu par l'art. 42 de la loi du 25 vent. an 11, en faveur des personnes qui ont rempli des fonctions administratives ou judiciaires, la chambre ne doit pas se borner à donner son avis sur cette prétention, en renvoyant le candidat à se pourvoir préalablement pour obtenir la dispense; elle doit délibérer sur la moralité et la capacité, sauf à donner son avis sur les motifs de dispense allégués. C'est aussi ce qu'a décidé le ministre de la justice. Circul. du 6 vend. an 12; décis. du 29 mai 1837.

29. A plus forte raison, dit M. Rolland de Villargues, n. 25, en s'appuyant sur la décision déjà citée du 23 octobre 1829, la chambre ne pourrait refuser de délibérer par le motif que le stage du candidat n'aurait pas été continué jusqu'au jour de la demande. Le même auteur, n. 26, dit que si le candidat n'avait pas l'âge prescrit, la chambre n'aurait pas à délibérer, des dispenses ne pouvant pas être accordées. Toutefois, ajoute-t-il, dans quelques circonstances qui ont pu paraître favorables, les chambres ont admis des aspirants auxquels il ne manquait que peu de temps, le temps que doit durer l'instruction de la demande, pour atteindre l'âge requis; le ministre lui-même aurait autorisé, dans ce cas, la délivrance du certificat de moralité et de capacité. Cet abandon de la rigueur des principes, dans des cas tout à fait exceptionnels, et qui devront se présenter rarement hors de certains motifs d'urgence de nature à provoquer une application large et facile des exigences légales, nous semble en effet complètement équitable et opportun.

30. Ce qu'il importe de ne jamais perdre de vue, c'est que les chambres de notaires n'ont, en règle générale, qu'un simple avis motivé à donner sur la moralité et la capacité de l'aspirant; mais le gouvernement seul a le droit de statuer en dernier ressort, soit sur la capacité et la moralité des aspirants, soit sur leur idonéité, sous le rapport du stage et des autres conditions énoncées en l'art. 35 de la loi, soit enfin sur l'opportunité de pourvoir à l'étude dont ils font la demande. Conforme à la pratique du gouvernement, cette règle hiérarchique l'est aussi à l'opinion de MM. Favard, Dalloz aîné. A. 10. 429, n. 13; Dict. gén.; v° Notaire, n. 140.

31. Si, d'un côté, les chambres des notaires ne peuvent, sur les matières dont il s'agit ici, que donner leur avis, qui s'exprime par la délivrance ou le refus motivé du certificat, d'un autre côté, elles ne peuvent pas ne pas donner cet avis. Cette règle est absolue, chaque fois que l'aspirant a réellement cette qualité et que, d'ailleurs, le maximum du nombre de notaires fixé par la loi n'est pas rempli dans une résidence. La chambre ne pourrait même se refuser à délibérer sous prétexte qu'il n'est pas nécessaire d'augmenter le nombre des notaires. C'est ce que portent les circulaires du ministre de la justice, des 22 vent. an 12, 6 vendém. et 28 vent. an 13. « Je vous faisais observer, lit-on dans cette dernière, que lorsque le maximum de la loi n'était pas rempli, les chambres ne pouvaient se dispenser de délibérer sur les demandes qui leur étaient proposées ; qu'elles avaient bien la liberté de faire les observations qu'elles jugeaient convenables, mais qu'elles ne pouvaient, par un refus absolu de délibérer, s'arroger indirectement le droit d'admettre ou de rejeter les demandes de notariat, droit qui ne peut appartenir qu'au gouvernement. Il faut mettre un terme à une résistance qui est quelquefois aussi injuste qu'illégale, et qui est presque toujours inspirée par les intérêts personnels. »

32. Bien que le nombre et le placement des études de notaires aient fait, en 1810, l'objet d'un travail spécial, néanmoins, lorsque le gouvernement invite les chambres de notaires à examiner les demandes des aspirants dans leurs effets sur les fixations de 1810, elles doivent délibérer sur la capacité et la moralité. Circul. du 18 juillet 1819; Roll., Certific. de mor., n. 28, 29.

33. Supposons que le nombre des notaires d'un arrondissement ait été fixé par des ordonnances royales, et qu'il n'existe actuellement aucune vacance, on a demandé si des aspirants pouvaient requérir la chambre de délibérer sur leur moralité et capacité, sous prétexte qu'ils ont besoin du certificat, par exemple, pour obtenir par la délibération le rétablissement d'une étude qui aurait été supprimée dans le ressort. La Cour de Douai a jugé, le 25 mars 1831, que dans un pareil cas, la délibération de la chambre ne pouvait pas être exigée (D. P. 31.2. 148). M. Rolland de Villargues, loc. cit., n. 30, estime que cette décision est conforme à la lettre et à l'esprit de la loi et des instructions ministérielles; en effet, dit-il, « ces mots, dans le ressort de laquelle il devra exercer, supposent manifestement l'indication d'une place pour laquelle il sollicite l'examen. Ce n'est pas tout : les circulaires n'obligent les chambres à examiner les candidats qui se présentent, toutes les fois que le maximum n'est pas rempli, que parce qu'elles ne peuvent pas s'arroger de régler le nombre des notaires, droit qui n'appartient qu'au gouvernement. Or, ce motif n'existe plus, lorsque le gouvernement a pris soin de régler le nombre des notaires dans un ressort ; il exerce son droit, et la chambre qui refuse alors de délibérer, ne peut plus être taxée de vouloir exercer un pouvoir qui ne lui appartient

53

point. » — On conçoit très-bien que les notaires refusent, comme inutile ou prématuré, sur la demande d'un simple particulier, une délibération dont ils ne pourraient s'abstenir, si elle était requise par le ministre, dans un intérêt d'administration publique.

34. Les raisons qui empêcheraient, comme on vient de le voir, la chambre de délibérer, l'obligeraient à le faire, s'il s'agissait d'un aspirant qui se présenterait dans un canton qui excéderait le maximum légal. L'étude excédante ayant été établie par le gouvernement, il n'appartient pas à la chambre des notaires de décider qu'il y a lieu de rentrer dans les limites du maximum, par une réduction dans le ressort où la mutation est demandée. Elle doit délibérer sur la demande de certificat, sauf à donner son avis sur l'opportunité ou la convenance de la réduction. Le ministre de la justice s'est prononcé en ce sens par une décision du 15 juillet 1829.

35. La chambre n'a pas le droit de refuser de délibérer sur la demande d'un certificat sous prétexte que le titulaire a cédé son office à une époque où il n'avait plus le droit de céder, étant alors tombé en faillite. Déc. du min. de la just., du 31 mars 1829.

36. Il en serait de même dans le cas où des notaires démissionnaires seraient poursuivis criminellement ou correctionnellement pour faits relatifs à leurs fonctions. Mais alors, la chambre devrait avertir le gouvernement, puisque le notaire poursuivi, ayant perdu le droit de céder, le garde-des-sceaux ne pourrait proposer de sanctionner aucune transmission. Cette solution s'appliquerait même au cas d'acquittement des poursuites criminelles. Circulaire du 18 juillet 1819.

37. La chambre de discipline peut et doit délivrer le certificat de capacité et de moralité qui lui est demandé, alors même qu'un créancier du notaire cédant lui demande par acte extrajudiciaire de surseoir à cette délivrance jusqu'à ce qu'il soit justifié, par le candidat, du paiement de la somme qui lui est due; surtout si le traité paraît avoir été fait de bonne foi, et spécialement s'il ne porte pas quittance du prix stipulé. Toutefois, on peut considérer cette opposition comme un renseignement à transmettre à l'administration supérieure. Mais dans ce cas, le ministre de la justice peut ordonner que l'impétrant ne sera admis à prêter serment qu'après avoir consigné le prix de la cession, à moins qu'à raison des termes stipulés pour le paiement du prix, le créancier du titulaire cédant n'ait le temps de faire tous actes conservatoires de ses droits. Déc. du garde-des-sceaux; 9 fév. 1838. D. P. 38. 3. 196.

38. Si deux candidats se présentent pour un même notariat, la chambre doit examiner la moralité et la capacité de chacun d'eux, et délivrer ou refuser le certificat selon le résultat de cet examen. Nous avons exprimé cette opinion, Dict. gén., v° Notaire, § 9, n. 141; c'est aussi celle de M. Rolland de Villargues. — V. n. 50.

39. Qu'arrivera-t-il si, malgré l'obligation, qui lui est imposée par la loi et les instructions ministérielles, de délibérer sur les demandes de cer-

tificat, une chambre refuse de s'en occuper? Il y a là un mauvais vouloir qui doit être réprimé; on peut y signaler un manquement grave, une sorte d'insubordination, qui suffit, surtout lorsqu'il y a eu injonction de la part du gouvernement, pour soumettre les membres de la chambre récalcitrante à des peines disciplinaires, qui seraient prononcées par les tribunaux. Telle est la marche indiquée par la circulaire du ministre de la justice, du 28 vent. an 13, et par la décision du 15 juillet 1829.

40. L'exercice de l'action disciplinaire aurait donné, dans ce cas, satisfaction à l'ordre méconnu; mais quelle satisfaction pourrait, à son tour, obtenir l'intérêt du candidat dont la chambre aurait illégalement refusé d'examiner la demande? La question n'est pas sans difficulté. Reconnaissons d'abord, avec M. Rolland de Villargues, n. 38, que le candidat lui-même n'aurait pas le droit de s'adresser aux tribunaux pour leur demander l'examen et le certificat. D'une part, il s'agit d'une matière administrative, placée hors de la compétence des tribunaux; d'une autre part, les actes de la chambre des notaires ne sont soumis, par aucune loi, au recours judiciaire.

Comme tout intérêt lésé doit pouvoir obtenir réparation, c'est au pouvoir supérieur, au gouvernement que le candidat doit s'adresser. Saisi de la réclamation, que devra ou plutôt que pourra faire le garde des sceaux? M. Joye, *Annuaire de la magistrature et du notariat*, p. 143, dit que le ministre, usant du droit qui lui est conféré par l'art. 44 de la loi de ventose, s'adresse au tribunal de première instance, et le prie de faire comparaître le candidat dans la chambre du conseil, et de s'assurer de sa capacité et de sa moralité. M. Rolland de Villargues, n. 36, repousse l'application de l'art. 44, qui, en effet, suppose que la chambre a délibéré, tandis que nous sommes dans l'hypothèse d'un refus de délibération. Le même auteur pense que la pratique, par le ministre, d'inviter le procureur du roi à transmettre les renseignements qu'il aurait recueillis sur la moralité et la capacité d'un candidat, s'accorderait mieux avec l'esprit de l'art. 43 de la loi, qui impose à la chambre l'obligation de communiquer ses délibérations relatives à la moralité et à la capacité des candidats, au ministère public seulement; cependant il n'admet pas non plus cette manière de procéder; suivant lui, la chambre de discipline a seule reçu de la loi la mission de délivrer les certificats dont il s'agit. Si elle oublie son devoir, si elle refuse de l'accomplir, il ne s'ensuit pas qu'aucune autre autorité puisse s'emparer d'attributions qui n'appartiennent qu'à ce corps; la résistance de la chambre sera vaincue par les poursuites disciplinaires dirigées contre ses membres, « et comme ils peuvent être condamnés, suivant les cas, à la suspension et même à la destitution, *il est impossible* que force ne demeure pas à la loi. » Improbable, oui; impossible, non; si donc, le cas, peu probable à la vérité, d'un refus persévérant se présentait, il faudrait bien donner une résolution, et c'est ce que ne fait pas M. Rolland. Il nous semble que la nécessité de rendre justice à qui elle serait due, et l'intervention légale du gouvernement et du ministère public dans les délibérations des chambres, dont la communication n'a pas été dans la pensée du législateur une formalité stérile, suffisent pour autoriser le ministre à demander des renseignements au procureur du roi, et à les considérer, s'ils sont suffisants, comme suppléant au certificat qui n'a pu être obtenu. M. Rolland, n. 37, cite une affaire dans laquelle il paraît que le garde des sceaux avait procédé de cette manière, en annulant une délibération par laquelle une chambre de notaires avait subordonné la délivrance du certificat à une condition illégale. Le ministre nous paraît avoir agi avec autant de régularité que de sagesse.

41. Après avoir exposé le droit et le devoir, pour les chambres, de délibérer sur les demandes de certificat, nous avons à examiner l'objet et le mode de ces délibérations. La chambre doit d'abord s'enquérir de la moralité de l'aspirant. Une première délibération constate la présentation du candidat, et, à la suite, une circulaire est adressée (du moins tel est l'usage à Paris), à tous les notaires de l'arrondissement, afin de provoquer des renseignements. La chambre doit se montrer sévère sur la moralité; M. Rolland de Villargues, n. 45, regarde comme un des éléments de cette enquête sur la moralité, l'examen des conditions du traité d'acquisition, et en même temps des moyens financiers à l'aide desquels le candidat pourra remplir ses conditions.

42. C'est en ce sens aussi qu'il a été décidé que l'enquête sur la moralité doit porter non-seulement sur la conduite du candidat dans les rapports privés, mais encore et principalement sur les actes relativement à la profession de notaire qu'il demande à exercer (Déc. min. du 3 février 1837, D.P. 38. 3. 43).

43. La capacité se constate ordinairement par un examen; la chambre a évidemment le droit d'imposer cette épreuve, qui offre le moyen le plus naturel de s'assurer de la capacité du candidat. Cela était d'usage dans l'ancien droit d'après l'ordonnance d'octobre 1535; l'exposé des motifs de la loi de l'an 11 parle expressément de l'examen, et la raison l'indique avant tout autre moyen. En cela donc, la pratique des chambres de notaires n'a pas besoin d'être justifiée par l'autorité des auteurs.

44. L'examen n'est pas prescrit; il est seulement permis : les chambres de notaires peuvent y renoncer, si elles le jugent inutile, si elles se sont assurées autrement de la capacité ou de l'incapacité du candidat; aussi une décision du ministre de la justice a-t-elle confirmé, le 29 mai 1837, une délibération d'une chambre qui avait refusé le certificat de capacité sans avoir voulu faire subir l'examen au candidat. « Considérant, portait cette délibération, que les moyens d'appréciation de la capacité de l'aspirant sont laissés par la loi à la conscience des chambres de discipline, qui sont moralement responsables, envers la société, de la bonté des choix du gouvernement qu'elles sont appelées à éclairer; que les chambres de discipline sont autorisées à accorder ou refuser le certificat sur la seule vérification des pièces produites, si ces pièces établissent d'une manière suffisante à leurs yeux la capacité

ou l'incapacité de l'aspirant; qu'aucune loi ne leur impose l'obligation de faire subir un examen aux candidats, lorsqu'elles sont convaincues que le résultat de cet examen, quel qu'il puisse être, ne saurait assurer la preuve d'une capacité pratique et d'une expérience nécessaires pour accomplir dignement les fonctions de notaire; que, dans l'espèce, la conviction de la chambre sur l'incapacité de....., ne pourrait être détruite par un examen. » (Voy. D.P. 1838, 3. 43).

45. L'examen peut être exigé, non-seulement du candidat qui aspire pour la première fois au notariat, mais de tout autre candidat, du notaire qui change de ressort, de la personne qui a déjà exercé des fonctions judiciaires. Ainsi l'a décidé le ministre de la justice, le 9 juin 1835 (D.P. 36. 3. 80), pour un notaire qui, sans changer de classe, demandait à passer dans une autre résidence; c'est également l'opinion de M. Rolland de Villargues, n. 50, et de M. Loret, t. 1ᵉʳ, p. 446. Dict. gén., vᵒ Notaire, n. 146 et suiv.

Il a été décidé par le ministre qu'il n'y a pas de nouveau certificat à exiger d'un notaire de troisième classe qui, étant en exercice depuis plus d'un an, demande à être nommé de deuxième classe. (Décis. du 15 janv. 1836, D.P. 36. 3. 71). — Une chambre de notaires a même dispensé de certificat un ancien notaire qui demandait à reprendre ses fonctions qu'il avait cessé de remplir depuis deux ans (D.P. 36. 3. 80), solution qui nous paraît fort contestable, et qui est contraire aussi à l'avis de M. Rolland de Vill., vᵒ Notaire, n. 177.

46. En général, l'examen est oral; mais des candidats peuvent avoir à redouter les effets d'une grande timidité, ou de l'inexpérience de la parole; il est permis de les interroger par des questions écrites; nous avons émis cette opinion au Dict. gén., vᵒ Notaire, n. 135; M. Rolland, n. 52, ajoute que ce mode d'examen ne devrait être employé que s'il était demandé par le candidat; mais la chambre pourrait, à notre avis, l'ordonner d'office.

47. L'examen comprend tout ce qui concerne les droits et fonctions des notaires; il doit s'étendre au droit civil et à la jurisprudence, dans ce qui a rapport avec le notariat et la rédaction des acte; Rolland, n. 51.

48. Lorsque les chambres se sont édifiées sur la moralité du candidat, et qu'elles l'ont examiné sur sa capacité, elle doivent se prononcer; elles ne le peuvent faire que de deux manières, par la délivrance ou par le refus du certificat. Si l'une ou l'autre ou conditions dont elles ont à certifier l'accomplissement n'est pas remplie, il n'y a pas lieu de scinder le certificat, mais de le refuser : il est indivisible dans ses deux objets. Décis. du min. de la justice, du 29 mai 1837.

49. De ce que le certificat doit être péremptoirement accordé ou refusé, il s'ensuit qu'une chambre ne pourrait ajourner. L'ajournement ne pourrait guère s'appliquer qu'à la capacité, car pour la moralité, la chambre doit avoir recueilli ses renseignements avant de procéder à l'examen de capacité; d'un autre côté, si des taches existent sur la vie d'un candidat, ce n'est pas un ajournement qui les effacerait. Quant à la capacité, elle

peut sans doute se développer : mais elle doit exister au moment où le candidat se présente, et c'est avec raison qu'un magistrat du ministère public a soutenu que l'aspirant qui, après examen, ne paraît pas posséder une instruction suffisante, ne peut être ajourné par la chambre à une époque déterminée pour subir devant elle un nouvel examen, à la suite duquel il serait statué de nouveau sur sa capacité et sa moralité. (Voy. D.P. 36. 3. 118). — Seulement, dans l'une comme dans l'autre hypothèse (refus pour moralité ou capacité) , il nous semble que le candidat peut avoir montré depuis une telle conduite ou avoir acquis une telle instruction , qu'il pourra se représenter avec succès.

50. Si deux ou plusieurs candidats se présentent pour une place vacante ou un notariat nouveau, la chambre doit examiner la moralité et la capacité de chacun d'eux, et leur accorder ou refuser le certificat, suivant les cas. Elles peuvent indiquer celui des candidats qui leur paraît mériter la préférence; c'est seulement dans cette circonstance, qui rend les comparaisons nécessaires, que la même délibération peut comprendre plusieurs aspirants. Circul. du min. de la justice, 6 vendém. et 28 vent. an 13; Dict. gén., v° Notaire, n. 141; Rolland de Villargues, v° Certific. de mor., n. 66 et 68.

51. Nous avons à parler maintenant des formalités que les chambres de notaires doivent suivre lorsqu'elles accordent ou lorsqu'elles refusent le certificat.

52. Dans aucun cas, la décision ne leur est laissée sans contrôle : l'autorité publique intervient pour prévenir les effets également dangereux de la faiblesse ou de la malveillance.

53. Supposons d'abord que la chambre ait accordé le certificat demandé. La loi du 25 vent. an 11, art. 43, veut qu'il ne puisse être délivré qu'après que la chambre aura fait parvenir au procureur du roi l'expédition de la délibération qui l'aura accordé. De plus, d'après une circulaire du 15 juill. 1820, quand une présentation a eu lieu, les procureurs généraux sont chargés de donner personnellement au ministre tous les renseignements nécessaires pour l'éclairer.

54. D'après la circulaire ministérielle du 22 vent. an 12, rappelée Dict. gén., v° Notaire, n. 130, la délibération de la chambre, soit qu'elle accorde, soit qu'elle refuse le certificat, est communiquée au procureur du roi, qui fait ses observations, et renvoie le tout à la chambre, qui *délibère de nouveau*, et confirme ou change sa première délibération. Telle était la jurisprudence constante de l'administration , ainsi que l'attestent MM. Joye, Annuaire, p. 132, et Rolland, v° Certific. de mor., n. 59.

Cet état de choses a été changé par une décision du ministre de la justice, du 8 mai 1837, aux termes de laquelle : lorsque la chambre de discipline a exprimé un avis favorable à l'aspirant, et que le procureur du roi n'a fait aucune observation contraire, la délivrance du certificat de capacité et de moralité n'est plus qu'une formalité pour laquelle une nouvelle réunion de la chambre ne paraît pas indispensable; il convient donc d'éviter aux notaires qui en font partie, et qui demeurent souvent dans des communes éloignées, un déplacement qui peut nuire à leurs intérêts et à ceux de leurs clients. Le certificat de moralité et de capacité peut, dans ce cas, être délivré régulièrement par le président, ou par tout autre fonctionnaire de la chambre, délégué à cet effet, dans la délibération prise sur la demande de l'aspirant; une nouvelle délibération n'est indispensable que lorsque le procureur du roi a refusé son *admittatur*. D.P. 38. 1. 112.

Cette décision est conforme à loi de l'an 11, qui suppose que c'est la délibération qui *accorde* le certificat, bien qu'il ne puisse être délivré qu'après l'envoi des observations du procureur du roi, délivrance qui n'est plus qu'un simple acte d'exécution. Quoique légale, la nouvelle marche adoptée par le ministère laisse des regrets à M. Rolland, qui trouve l'ancienne plus conforme à l'esprit de la loi. Nous avons au contraire exprimé au Dict. gén. suppl. , v° Notaire, n. 136, 137, l'opinion que c'est avec raison que l'administration paraît avoir senti que, lorsque le candidat a réuni l'*unanimité* des suffrages en sa faveur, il devient inutile de le soumettre à une nouvelle épreuve. La marche tracée par la circulaire précitée ne devra donc être désormais suivie que lorsqu'il n'y a eu décision favorable qu'à la simple majorité, sur l'aptitude et la moralité de l'aspirant, ou bien lorsque le procureur du roi a refusé son *admittatur*.

55. Si le procureur du roi n'approuve pas la délibération qui accorde le certificat, il fait ses observations et les renvoie à la chambre, qui délibère de nouveau, et persiste ou change d'avis. Sa nouvelle délibération est encore adressée au procureur du roi. Circul. du 22 vent. an 12; décis. du min. de la just. du 8 mai 1827. Ce dernier ne pourrait critiquer une délibération favorable à l'aspirant, sous prétexte qu'elle ne renfermerait pas assez de détails. C'est ce que vient de juger une décision récente. V. D.P., 1845, 6° cah.

56. Lorsque, au lieu d'accorder, la chambre croit devoir refuser le certificat, elle donne son avis motivé et le communique au procureur du roi, qui l'adresse, avec ses observations, au ministre de la justice par l'intermédiaire du procureur général. (L. du 25 vent. an 11, art. 44). Il suit de là que, malgré le refus de la chambre, la demande du candidat n'en doit pas moins être présentée au gouvernement, qui a égard non seulement à la délibération de la chambre , mais à tous les renseignements qui lui sont adressés par le ministère public. (*Conf.* Roll. , v° *Certif. de mor.*, n. 62).—Le même auteur, n. 64 et 65, dit avec raison que l'obligation de motiver le refus n'entraîne pas pour la chambre le devoir de mentionner en détail tous les faits qui l'ont déterminé , et que l'administration ne doit pas aisément passer outre, malgré la désapprobation d'un corps auquel on ne saurait supposer, sans de graves motifs, d'autres mobiles que celui de son propre honneur et de son intérêt bien entendu.

57. Selon M. Rolland, n. 70, le candidat auquel la chambre aurait refusé un certificat ne pourrait

pas se faire délivrer expédition de la délibération. En effet, si l'arrêté du 2 niv. an 12, et l'ordonn. de 1843, disent que l'avis motivé de la chambre doit être communiqué à *qui de droit*; ces expressions générales sont précisées et limitées par l'art. 44 de la loi du 25 vent. an 11, qui ordonne la communication par la chambre au procureur du roi, et par celui-ci au ministre. On comprend que les renseignements sont confidentiels et n'ont pour objet que d'éclairer la religion du ministre; il est vrai que le candidat frappé d'un refus a intérêt à en connaître les motifs, afin de pouvoir y répondre : mais il est peu probable qu'il n'en ait pas la connaissance ou le sentiment; d'ailleurs, les magistrats ou l'administration se font un devoir de recevoir ou de provoquer des explications sur les faits qui peuvent être imputés à l'aspirant.

58. Les termes et les motifs de la délibération qui refuse le certificat n'étant pas officiellement connus de l'aspirant, celui-ci n'a pas le droit de demander aux tribunaux la radiation de cette délibération, sous prétexte qu'elle nuit à sa considération par les faits qu'elle énonce. C'est ce qu'a sagement décidé la cour de Bruxelles, le 10 nov. 1829 (D.P. 1832. 2. 196).

59. Par les mêmes considérations, la chambre ne pourrait être attaquée en diffamation pour les faits qu'elle aurait énoncés dans sa délibération sur la capacité ou la moralité d'un candidat. En motivant son refus, la chambre n'a fait que remplir son devoir ; son opinion, dépouillée de toute publicité, n'a aucun des caractères injurieux qui la feraient tomber sous le coup de la loi. N'est-il pas visible, d'ailleurs, dit avec raison M. Rolland, n. 71, que si les chambres n'étaient pas à l'abri d'une plainte en diffamation, elles ne pourraient remplir leur mission avec l'indépendance qu'elle exige? Que deviendrait leur suffrage s'il n'était pas parfaitement libre? Mériterait-il la moindre confiance? Le même auteur, n. 73, et M. Loret, ajoutent, ce qui ne paraît pas moins certain, que les notaires qui, de bonne foi, auraient fourni des renseignements à la chambre, renseignements essentiellement secrets, ne seraient pas plus que la chambre elle-même passibles d'une action en diffamation. Ils seraient même encore plus à l'abri de toute poursuite, rien ne constatant, dans la délibération, la source des faits sur lesquels elle se fonde.

60. M. Joye, Annuaire, p. 143, et M. Rolland, n. 73, disent que la chambre a la faculté de révoquer le certificat qu'elle aurait délivré à un aspirant qui n'en était pas digne. Cela est vrai en théorie; mais une chambre qui remplit consciencieusement sa mission aura bien rarement l'occasion de se dédire ainsi : car elle ne se prononcera qu'après s'être assurée qu'elle ne donnait son approbation qu'à une personne digne de l'agrément du pouvoir, et faite pour figurer honorablement dans la corporation.

61. Nous devons mentionner maintenant l'exposé des attributions administratives des chambres de notaires.

62. Elles délibèrent sur les demandes de changements de résidence formées par des notaires du ressort; elles suivent à cet égard la même instruction que pour les certificats de moralité et de capacité. Circul. du 18 juill. 1819.

63. Chaque nouveau notaire est tenu, par la loi du 25 vent. an 11, art. 49, de déposer au greffe des tribunaux du ressort et à la municipalité de sa résidence, sa signature et son paraphe. Afin de faciliter l'exécution de cette disposition, les chambres de notaires ont été autorisées à transmettre les signatures et paraphes des nouveaux notaires à chaque tribunal de l'arrondissement, après que les président et syndic les ont certifiés, et que les signatures de ces derniers ont été légalisées. Dict. gén., v° Notaire, n. 136. 157.

64. Les chambres reçoivent en dépôt les états des minutes dépendant des études supprimées; enfin elles représentent tous les notaires de l'arrondissement collectivement, sous le rapport de leurs droits et intérêts communs. Ordonn. de 1843, art. 2, n. 6 et 7. Il est d'usage que lorsque la chambre représente tous les notaires du ressort, elle fasse préalablement connaître, en assemblée générale, les objets pour lesquels elle peut être appelée à représenter ainsi tous les notaires. Dict. gén., v° Notaire, n. 429. Roll. V. Ch. de discipl., n. 166.

65. En cette qualité de représentant de tous les notaires de l'arrondissement, la chambre a exclusivement le droit d'exprimer son avis sur l'acceptation ou le refus des libéralités faites à la corporation ; ce droit n'appartient donc pas à l'assemblée générale. Ainsi décidé par délibération de la chambre des notaires de Paris, en date du 3 décembre 1842 (D.P. 44. 3. 133).

66. Remarquez, avec M. Rolland, v° Chamb. des not., n. 70, que la chambre n'étant que mandataire des notaires, elle n'a pas le droit de contrôle et de révision sur les délibérations de l'assemblée générale des notaires qui lui ont conféré ses pouvoirs.

67. Le droit de représenter les notaires s'applique à toutes les actions judiciaires, à toutes les demandes, soit principales, soit formées par intervention. M. Rolland, n. 155. 156.

68. Ainsi, en demandant, contre d'autres officiers publics, à être maintenus dans un droit qui leur est contesté, les notaires agissent valablement dans leur intérêt et dans celui de leur compagnie. Aix, 33 janv. 1032 (D.P. 33. 2. 74).

69. De même, la chambre peut intervenir, par son syndic, dans une instance d'appel dont le but serait de faire restreindre les attributions des notaires. Ainsi l'a jugé la cour de Colmar, le 30 janv. 1827 (D.P. 27. 2. 130).

70. Le syndic serait évidemment trop intéressé personnellement pour n'avoir pas le droit d'intervenir dans une instance où serait attaquée la délibération qui l'a nommé membre de la chambre. Arrêt de la cour de Paris, du 25 août 1834. D.P. 35. 2. 12.

71. Il a été jugé plusieurs fois qu'un simple intérêt d'honneur suffit pour autoriser l'interven-

tion d'un notaire. Voy. Dict. gén., v° Intervention, n. 25 et suiv. Nous croyons, avec M. Rolland, v° Ch. de discipline, n. 161, que cette solution doit s'étendre aux chambres de notaires, qui, dans leur action collective, représentent chacun des notaires individuellement; dans une corporation loyale et bien dirigée, l'honneur de tous est intéressé à ce que l'honneur d'aucun ne reçoive la moindre atteinte.

72. M. Rolland, n. 164, enseigne que la chambre ne doit former une action ou y défendre qu'après avoir délibéré. Cette proposition n'a besoin, pour se soutenir, que de sa propre évidence, il est inutile de chercher, à cet égard, du secours dans le texte de l'arrêté du 2 niv. an 12, aujourd'hui de l'ordonnance de 1843, qui suppose en effet, une délibération, puisqu'il dit que le syndic agit pour la chambre dans tous les cas, et conformément à ce qu'elle a délibéré.

73. Il n'y a de lien légal qu'entre les notaires d'un même arrondissement; une chambre ne pourrait donc, dans aucune circonstance, engager d'autres chambres à lui prêter leur concours, sous prétexte qu'il s'agirait de l'intérêt de tout le corps des notaires. M. Rolland, n. 165, partage cet avis.

74. Dans les chambres de discipline, il doit y avoir un tableau destiné à l'exposition des extraits des demandes en séparation de biens, des jugements prononçant la séparation de biens ou la séparation de corps et de biens, des contrats de mariage entre époux dont l'un est commerçant; des contrats de mariage de tout époux, séparé de biens ou marié sous le régime dotal, qui embrasserait le commerce depuis son mariage. C'est aussi à la chambre des notaires que se trouvent les extraits de jugements d'interdiction destinés à entrer dans le tableau qui doit en être exposé dans toutes les études des notaires de l'arrondissement. Nous n'insistons pas ici sur cet objet qui appartient à l'organisation et aux fonctions du notariat. Voy. au surplus, p. 726, n. 587 et suiv., p. 753, n. 852 et suiv.

§ 4. Des réglements faits par les chambres de notaires.

75. Il entre dans les attributions, soit des chambres de notaires, soit des assemblées générales, de faire des réglements pour l'exercice de leurs pouvoirs et fonctions. Seulement de pareils réglements, qui touchent à de graves intérêts, ne peuvent recevoir leur exécution qu'avec l'approbation du ministre de la justice auquel ils sont adressés par le procureur général; celui-ci les reçoit du procureur du roi, à qui ils ont été remis par les assemblées ou chambres qui les ont délibérés. Ordon. du 4 janv. 1843, art. 23.

76. Les réglements délibérés par des notaires doivent être annulés par l'autorité compétente s'ils empiètent sur les attributions de la loi, de l'ordonnance ou de l'administration publique.

77. C'est ainsi qu'il a été décidé que les notaires d'un arrondissement, réunis en assemblée générale, ne peuvent, sans commettre un excès de pouvoir, arrêter entre eux un tarif déterminant leurs honoraires, alors même qu'ils déclareraient cette mesure non-obligatoire pour l'autorité compétente. Arrêté du tribunal de,... 16 déc. 1835 (D.P. 36. 3, 109).

78. De même, la fixation, par une délibération d'une assemblée générale, d'un droit à percevoir au profit de la bourse commune sur la délivrance d'un certificat de moralité et de capacité, est illégale, et le recouvrement ne peut conséquemment en être poursuivi devant les tribunaux. Décis. min. du 20 mars 1834. D.P. 36. 3. 47.

SECT. II. — *Organisation des chambres de notaires, nomination de leurs membres et leurs fonctions.*

79. L'organisation des chambres de notaires est réglée par les art. 4 et suivants de l'ordonnance du 4 janvier 1843. Le nombre de leurs membres y est fixé. Aux termes d'une décision ministérielle du 19 février 1837, lorsque le nombre des notaires d'un arrondissement, qui était primitivement supérieur à 50, a été successivement réduit au-dessous, le nombre des membres de la chambre doit être réduit de 9 à 7, de la manière suivante : à la première élection, il n'y a lieu de remplacer qu'un des trois membres sortants; aux élections des deux années suivantes, les deux autres tiers doivent se renouveler successivement; enfin la quatrième année, les membres formant ces deux mêmes tiers doivent tirer au sort celui d'entre eux qui devra céder une place pour compléter la série entamée par suite de la réduction du nombre des notaires de l'arrondissement.

80. L'ordonnance de 1843, art. 5 et 9, règle le nombre de membres dont la présence est nécessaire pour que la chambre puisse délibérer.

81. L'absence d'un ou plusieurs membres est constatée par le procès-verbal de la séance, lequel indique les noms des membres présents; il n'est pas nécessaire de mentionner les excuses des absents : à Paris, il est d'usage que les membres fassent connaître les empêchements qui leur surviennent, et qu'ils demandent un congé, s'ils peuvent le faire à temps. Le procès-verbal fait mention de l'avertissement donné ou des congés accordés, mais sans en exprimer la cause. Toutefois, dit M. Rolland, v° Ch. de discipl. n. 85, la mention de cette cause deviendrait, sinon nécessaire, au moins convenable dans le cas où l'absence des membres devrait empêcher les délibérations : car le ministère public pourrait alors puiser dans le procès-verbal des renseignements sur les mesures qu'il croirait devoir prendre à l'égard des membres absents.

82. Que faut-il faire si les membres, régulièrement convoqués, ne se trouvent pas en nombre suffisant pour délibérer? M. Rolland, n. 87

et 88, pense qu'il n'est pas nécessaire d'ajourner la séance pour y appeler de nouveau les absents ; qu'on peut alors légalement appeler pour suppléer les défaillants, des notaires résidants dans la ville où la chambre tient ses séances : il s'appuie sur l'arrêté du 2 niv. an 12, et sur ce qui se pratique pour le jury et pour la magistrature ; il ajoute que cette marche a été approuvée au ministère de la justice.

Nous ne saurions admettre cette manière de procéder. La composition légale d'un corps délibérant est une des conditions essentielles pour la validité de ses actes : on ne doit donc y apporter aucune modification arbitraire : les analogies ne suffisent pas : il faut un texte positif. L'art. 5 de l'ordonn. de 1843 porte, en termes exprès, que les chambres ne peuvent délibérer valablement qu'autant qu'il y a un nombre de.... membres présents et votants. Ce que cette ordonnance exige, c'est la présence d'un nombre déterminé, non pas de notaires, mais de notaires ayant été investis par leurs collègues, à la suite d'une délibération et d'un scrutin, d'un mandat spécial. Il est évident que la simple désignation, par le président de la chambre, d'un ou de plusieurs suppléants, ne saurait être un équivalent de l'investiture solennelle conférée par l'assemblée générale. Aussi l'ordonnance n'admet-elle point de suppléants pour remplacer un membre nommé par l'élection.

À la vérité, l'art. 11 autorise le président ou la majorité des membres présents à désigner des suppléants pour remplir, en cas d'absence ou d'empêchement, les fonctions d'un ou des officiers de la chambre. Mais ce suppléant est pris, le texte le dit, parmi les membres de la chambre, et ne saurait, en aucun cas, être choisi hors de son sein.

Les art. 10 et 11 de l'arrêté du 2 niv. an 12, reproduits par les art. 14 et 15 de l'ordonn. de 1843, ne sauraient non plus recevoir ici aucune application : ils admettent le concours de notaires étrangers à la chambre ; mais dans quelle situation, et pour quel but ? Il s'agit de poursuites disciplinaires assez graves pour entraîner la suspension ou la destitution. Alors, bien qu'il ne s'agisse que de donner un simple avis, l'ordonnance prescrit l'adjonction, aux membres de la chambre, d'autres notaires de l'arrondissement, tous choisis par la voie de l'élection, et dont aucun ne peut manquer de ce titre sans que la base de la juridiction ne s'écroule. Si, dans l'hypothèse des art. 14 et 15, qu'invoque M. Rolland, la doctrine de cet auteur était juste, il s'en suivrait que la chambre pourrait délibérer en s'adjoignant non-seulement les membres qu'il lui est expressément permis d'appeler, mais encore ceux qui lui seraient nécessaires pour compléter son organisation ordinaire ; ne serait-ce pas l'exposer à renouveler les éléments réguliers de sa composition ?

On doit supposer que le minimum fixé par l'ordonnance sera toujours complet ; si, par malheur, il ne l'était pas, l'inconvénient d'un ajournement et d'une convocation nouvelle ne serait certes pas aussi grand que celui d'une délibéra-tion viciée par l'irrégularité de la composition de l'assemblée qui l'aurait prise.

83. Il ne suffit pas de la présence du nombre exigé de membres de la chambre ; il faut que ce nombre se compose de membres pouvant délibérer et voter. On devrait donc ne pas compter celui qui n'a pas voix délibérative ; tel serait le parent ou allié au degré prohibé, d'un plaignant ou intéressé. C'est aussi la remarque de M. Rolland, n. 89.

84. Le mode de nomination des membres de la chambre, et la durée de leurs fonctions forment l'objet des art. 25 et suivants de l'ordonn. de 1843, qui règlent plusieurs points restés jusqu'alors indécis.

85. Les chambres des notaires sont électives ; elles sont nommées par l'assemblée générale des notaires de l'arrondissement convoquée à cet effet. La nomination a lieu chaque année dans la première quinzaine de mai ; la chambre doit nommer ses officiers, au plus tard, le 15 mai, et se constituer aussitôt après les élections, ordonn. art. 25 et 28. — M. Rolland, v° Ch. de discipl. des notaires, n. 16, fait remarquer que les opérations de l'assemblée générale sont distinctes de celles de la chambre qui en est le produit ; il pense, en conséquence, qu'elles doivent être l'objet de délibérations séparées ; et il blâme le procédé suivi dans certains départements, où les membres nommés par l'assemblée générale, se constituant immédiatement en comité particulier, désignent leurs officiers par le même procès-verbal qui constate la délibération de cette assemblée, et dans un seul contexte. Tout cela paraît cependant rigoureusement conforme à la lettre de la loi, qui n'exige pas deux procès-verbaux distincts.

86. La nomination, par l'assemblée générale, des membres de la chambre se fait au scrutin secret par bulletin de liste contenant un nombre de noms qui ne peut excéder celui des membres à nommer. Cette dernière disposition de l'art. 25 de l'ordonn. de 1843 ne défend que d'excéder le nombre des noms ; il ne défend pas de rester au-dessous en portant sur le bulletin moins de noms qu'ils n'y avait de membres à nommer. Ainsi l'enseigne M. Rolland.

86 bis. Quand les chambres se réunissent pour nommer leurs officiers, leurs anciens élus n'ont plus de pouvoirs : la présidence n'appartient donc à aucun d'eux : il est d'usage à Paris que le doyen des notaires présents préside, et que le plus jeune soit nommé secrétaire. Conf. Roll., v° Discip., n. 17. — Contra, v° Assemblée gén., n. 20.

87. M. Rolland, n. 22, estime, et nous trouvons comme lui qu'il est convenable, que le procès-verbal constate le fait de la constitution de la chambre, résultant de la nomination des officiers ; c'est, en effet, une sorte d'installation pour les nouveau-venus.

88. La question de savoir si les officiers élus peuvent refuser les fonctions à eux déférées avait fait doute (voy. M. Rolland, n. 23) ; l'art. 27 de l'ordonnance de 1843 a levé toute incertitude en déclarant : « les membres élus officiers ne pourront refuser. » Il est bien entendu qu'il ne s'agit que d'un

refus non motivé; aujourd'hui comme aupara, vant, un notaire qui croirait avoir un légitime empêchement à l'acceptation d'une fonction dans la chambre, pourrait le proposer à ses collègues ; mais la chambre en serait juge, et si elle rejetait la demande, le notaire ne pourrait se dispenser d'accomplir le mandat donné par la confiance de la chambre (Décis. min. du 19 juin 1838). Cette opinion se corrobore par la disposition, nouvelle, de l'ordonn. de 1843 qui dit, art. 25, que *le notaire élu membre de la chambre, ne pourra refuser les fonctions qui lui auront été déférées qu'autant que son refus aura été agréé par l'assemblée générale.* Évidemment c'est dans le même sens que doit être entendu l'art. 27 qui défend le refus aux officiers élus par la chambre; quel motif pourrait établir, à cet égard, une différence entre les officiers nommés par la chambre, et les notaires nommés par l'assemblée générale membres de la chambre?

Il en serait de même de la démission d'un officier qui aurait d'abord accepté; la chambre aurait le droit d'en apprécier les motifs, et de l'admettre ou de la rejeter. M. Rolland, n. 28. D.P. 39. 3. 11.

89. Il est de règle qu'une expédition de la délibération de la chambre, qui nomme ses officiers, soit immédiatement adressée au procureur du roi, pour être transmise au ministre de la justice. M. Rolland, n. 26.

90. Le secrétaire de la chambre est dans l'usage, ainsi que le rappelle M. Rolland, n. 27, de faire connaître annuellement, par une circulaire, sa composition à tous les notaires de l'arrondissement, afin de leur faciliter les moyens de correspondre avec les officiers nommés.

91. Les officiers nommés par la chambre sont un président, un syndic, un rapporteur, un secrétaire et un trésorier. Les art. 6 et suiv. de l'ordonnance de 1843, déterminent les attributions de ces divers fonctionnaires. L'art. 11 a prévu le cas où il serait nécessaire de nommer momentanément des suppléants. Il est naturel de penser, et cela est d'usage à Paris, que les suppléants ne doivent être nommés qu'au moment où il y a lieu, et non au commencement de la session; tel paraît être l'esprit de l'ordonnance; et d'ailleurs, si l'on procédait autrement, ne s'exposerait-on pas à voir les suppléants désignés ainsi d'avance se trouver eux-mêmes empêchés précisément lorsqu'on aurait besoin de leur intervention? Nous reconnaissons volontiers avec M. Rolland, n. 47, qu'une marche différente n'est point contraire à la loi; mais nous venons de dire que les inconvénients doivent la faire repousser.

92. Il est prudent de mentionner, dans les délibérations où figurent des suppléants, que les formalités exigées pour leur nomination ont été remplies. Toutefois, nous croyons, comme M. Rolland, n. 48, que l'absence de cette constatation ne serait pas une cause de nullité; il suffit de constater le fait du remplacement: celui qui prétendrait que les formalités n'ont pas été remplies devrait en faire la preuve.

93. Celui des fonctionnaires de la chambre qui agit pour elle, c'est le syndic; ordonn. de 1843, art. 6, 8. Il ne peut agir qu'en vertu d'une délibération de la chambre, sauf le cas d'urgence, ainsi que le fait judicieusement observer M. Rolland, n. 169.

94. Dans les chambres où il y a plusieurs syndics, cas prévu par l'ordonn. art. 7, ils agissent collectivement; l'action syndicale, dit M. Rolland, n. 170, réside alors dans tous les syndics, comme elle réside dans un seul quand il n'y en a qu'un.

95. L'action du ministère public pour faire annuler ou rectifier une délibération de la chambre peut être dirigée contre le syndic. Ainsi jugé par le tribunal de Rennes, le 4 août 1832 (D.P. 33. 3. 32.); cette décision suppose la compétence des tribunaux pour statuer sur la validité de la délibération d'une chambre de notaires, compétence plus que douteuse, ainsi qu'on le verra ci-après.

96. Le syndic a le droit de convoquer l'assemblée générale des notaires. Décis. du min. de la just. du 15 octobre 1834 (D.P. 36. 3. 38).

97. Les syndics seuls représentant la chambre, les tribunaux ne doivent point admettre l'intervention de commissaires spéciaux désignés par la chambre. La cour de Paris l'a jugé par arrêt du 25 août 1834. D.P. 35. 2. 12.

98. Les syndics n'agissant que dans la limite des pouvoirs qu'ils ont reçus, il faut qu'une délibération spéciale les autorise à appeler, à se pourvoir en cassation, à moins que la première délibération ne leur ait donné l'autorisation de parcourir tous les degrés de juridiction, de former toutes les espèces de recours. C'est aussi la remarque de M. Rolland, n. 172. Le même auteur, n. 173, fait observer que les syndics ne peuvent, sans de nouvelles autorisations, se désister de l'instance, compromettre, transiger: tout cela est parfaitement exact; puisqu'il faut un mandat spécial pour ces divers actes.

SECT. III. — *Mode de procéder des chambres de notaires dans l'exercice de leurs attributions.*

99. Les chambres délibèrent à huis-clos et non en séance publique. Aussi, rien de ce qui s'y dit ne peut donner lieu au-dehors à des réclamations ou poursuites pour injure ou diffamation.

100. Les chambres de notaires procèdent différemment selon qu'elles remplissent les fonctions de juges, de conciliateurs ou d'administrateurs. Comme juges, elles statuent sur des faits de discipline: voyez, à cet égard, le chapitre 3, ci-après.

101. Lorsqu'il s'agit de conciliation, c'est-à-dire dans les différends entre notaires, et les difficultés entre des notaires et des tiers, sur lesquelles la chambre est chargée d'émettre son avis, le mode de procéder est réglé par l'art. 18 de l'ordonn. de de 1843, conforme à l'arrêté du 2 niv. an 12. M. Rolland, v° Ch. de discipl. des notaires, n. 101, applique la faculté de paraître contradic-

toirement devant la chambre, sans assignation, aux tiers engagés dans des difficultés avec des notaires. Comme faculté, cela n'est pas douteux; mais il ne nous paraît pas moins certain que des tiers ne sauraient être obligés de venir devant la chambre des notaires qu'en vertu d'une citation régulière; encore seraient-ils libres de ne pas comparaître : le seul inconvénient qui en résulterait pour eux, c'est que l'avis que la chambre doit donner ne reposerait que sur les renseignements de la partie qui aurait comparu.

102. Les affaires entre des notaires et des tiers ne pouvant être vidées sans l'avis préalable de la chambre, ces derniers s'adressent au président de la chambre qui, ordinairement, fait inviter le notaire à se présenter, sur une simple lettre du secrétaire. A défaut de ce moyen, les tiers sont forcés d'avoir recours à la citation par voie d'huissier. Cette marche est celle qu'indique M. Rolland, n. 102.

103. Les parties doivent, avant que la chambre donne son avis, avoir été entendues et appelées; elles peuvent se faire représenter par un notaire (ord. de 1843, art. 20), ce qui n'exclut pas tout autre fondé de pouvoirs, ainsi que le remarque M. Rolland, n. 104, qui ajoute, n. 105, avec non moins de raison, que la procuration peut être sous seing privé.

104. L'ordonnance ne parle que du droit de se faire représenter et non de celui de se faire défendre. M. Rolland, n. 107, dit que l'usage, du moins à Paris, est que les parties sont admises à se faire défendre devant la chambre par qui bon leur semble, et que si elles choisissent à cet effet des avocats ou des avoués, ceux-ci se présentent alors comme défenseurs et non comme mandataires. Ce que M. Rolland signale ici comme un simple usage, nous semble un droit général et absolu. La défense est de droit commun devant toutes les juridictions, devant toutes les assemblées qui font comparaître des tiers devant elles : soit que les parties viennent elles-mêmes devant la chambre des notaires, soit qu'elles n'y comparaissent que par l'intermédiaire d'un fondé de pouvoir, elles ont toujours le droit de faire plaider leur cause par un défenseur de leur choix.

105. Lors même que le différend à concilier est entre notaires, la chambre ne peut jamais, s'il n'y a pas d'arrangement à l'amiable, prononcer par voie de décision, et porter contre l'une des parties une condamnation pécuniaire. Son avis n'empêche jamais les parties de recourir aux tribunaux. M. Rolland, n. 111, 112, fait ressortir le caractère purement consultatif de cette partie des attributions de la chambre.

106. Quand la chambre agit dans ses fonctions purement administratives, elle suit, quant au mode de procéder, soit l'usage, soit ses propres réglements, à moins que des actes du gouvernement ne lui prescrivent une marche déterminée. On a vu plus haut quelles formes elle doit suivre pour la délivrance des certificats de moralité et de capacité.

SECT. IV. — *De la rédaction, de la notification, de la communication au ministère public, de l'expédition, de l'exécution des délibérations des chambres de notaires; des voies de recours dont elles sont susceptibles.*

107. L'art. 20 de l'ordonn. de 1843 règle les formes générales de toutes les délibérations des chambres de notaires.

108. Elles doivent être inscrites sur un registre et non écrites sur de simples feuilles volantes. Circul. du min. de la justice du 22 vent. an 12, ord. du 4 janv. 1843, art. 3.

109. Les délibérations, en général, sont et restent secrètes. Toutefois il peut y avoir lieu de les faire connaître soit à des notaires, soit à des tiers. Alors la notification se fait dans la même forme que la citation. Ord. de 1843, art. 20.

110. Les personnes qui sont parties intéressées dans une délibération ayant besoin de la connaître, ont le droit d'en demander expédition ; mais ce droit n'appartient qu'à elles, et ainsi qu'on le verra plus loin, au ministère public. C'est le secrétaire qui délivre les expéditions; elles ne pourraient, dans aucun cas, être demandées au président (M. Rolland, n. 125, 126).—Le secrétaire de la chambre de discipline des notaires n'est pas fondé à réclamer aucun droit de rédaction ou d'expédition pour les actes auxquels il procède en cette qualité. 16 fév. 1835. Déc. du min. de la just. C... D.P. 36. 3. 126.

111. On a demandé si un notaire ou une personne qui prétendrait avoir été inculpée dans son honneur par la délibération d'une chambre de notaires, aurait le droit de se faire délivrer une expédition. L'affirmative semble avoir été jugée par un arrêt de la cour de cassation du 30 août 1831, dont la décision est résumée en ces termes dans notre recueil périodique (31. 1. 325): Lorsque le candidat à un titre de notaire croit avoir été calomnié dans les délibérations prises par la chambre, à l'occasion de sa sollicitation, il a le droit de demander communication et expédition de ces délibérations; et les tribunaux peuvent, en cas de refus, l'ordonner, et désigner celles des délibérations dont la communication sera faite par l'intermédiaire du procureur du roi. M. Rolland, n. 144 et suiv., craignant qu'on ne donne trop d'extension à ce qui a été jugé par cet arrêt, examine les faits de l'espèce, et résume ainsi son opinion : « Nous croyons qu'on peut faire résulter de cette décision un principe de dommages-intérêts contre les chambres, mais seulement quand celles-ci sont sorties du cercle de leurs attributions pour attaquer gratuitement et sans nécessité un notaire ou toute autre personne dans son honneur et sa réputation. » Cette restriction est fort sage; elle repose sur le principe, rappelé par M. Rolland, qu'un fonctionnaire qui se renferme dans ses devoirs n'encourt aucune responsabilité si l'accomplissement légal de ses obligations entraîne un dommage pour au-

trui. Ceci s'explique et se justifie par un exemple que M. Rolland tire de la cause même qui a fait naître cette discussion. Ainsi, une chambre de notaires consultée seulement sur une demande de création d'une nouvelle étude, ne doit délibérer que sur la question de savoir s'il est nécessaire d'établir un nouveau notaire dans la résidence où l'aspirant a dessein de s'établir (Circul. du 28 vent. an 12); si, outrepassant sa mission, elle donne des motifs défavorables à la personne, elle sort de la limite de ses droits, et sa délibération illégale pouvant donner lieu à une réclamation à raison du préjudice causé par les faits portés à la connaissance du gouvernement, la partie lésée doit pouvoir obtenir l'expédition de la délibération, afin que les tribunaux jugent s'il y a lieu à une action en dommages-intérêts. Supposez, au contraire, que la chambre délibère sur la moralité d'un aspirant, comme les faits sur lesquels elle s'appuierait rentrent dans le domaine de son appréciation et de ses devoirs, il n'en saurait résulter aucune responsabilité judiciaire.

112. Des différents textes qui établissent les rapports des tribunaux avec les notaires, ou qui, plus spécialement, ordonnent certaines communications des chambres de notaires, par exemple, lorsqu'il s'agit des délibérations relative aux certificats demandés par les aspirants, la jurisprudence avait sagement conclu que le ministère public avait le droit d'exiger la communication de toutes les délibérations des chambres de notaires (Voy. Dict. gén., v° Notaire, n. 397, 398, 399; M. Rolland, n. 177 et suiv.)—L'art. 3 de l'ordonnance de 1843 a rendu toute incertitude à cet égard impossible, en décidant que toute délibération de la chambre serait inscrite sur un registre et que ce registre serait communiqué au ministère public à sa première réquisition.

113. La jurisprudence antérieure à l'ordonnance étendait ce droit d'exiger communication, non seulement à toute délibération, même à de simple discipline intérieure, mais à toutes les pièces sur lesquelles interviennent les délibérations. (Voy. Dict. gén., Suppl., v° Discipline, n. 218). Sous le régime de l'ordonnance, la communication forcée embrasse évidemment toutes les délibérations, de quelque nature qu'elles soient. Mais la question relative aux pièces autres que la délibération n'est pas tranchée par le nouveau texte. Toutefois, si l'on se tient strictement à la lettre, on peut croire que le droit du ministère public ne serait pas aussi étendu que le font les arrêts de quelques cours royales. En effet, l'ordonnance veut que les délibérations soient toutes inscrites sur un registre et que ce registre soit communiqué au ministère public à sa première réquisition ; la communication du registre, et la transcription sur ce registre des délibérations, semblent marquer à la fois la limite des devoirs de la chambre et des droits du ministère public. Si la délibération mentionnait des annexes, les pièces ainsi désignées devraient être communiquées, car elles feraient partie de la délibération. Mais si, sans ordonner aucune annexe, la délibération s'appuyait sur des faits, sur des documents dont l'analyse ou la mention paraîtraient insuffisantes au ministère public, ce-

lui-ci pourrait en demander la communication. Mais alors, et ceci est à nos yeux essentiel, la demande ne serait plus, du moins ne devrait plus être fondée sur le droit absolu de communication, mais appuyée sur les motifs qui rendraient cette communication nécessaire. La différence est grande entre les deux positions; dans l'une, le tribunal n'a qu'une injonction à formuler, qu'une exécution de l'ordonnance à imposer; dans l'autre, il devrait peser les motifs de la résistance des membres de la chambre. Cette distinction est d'autant plus importante que la désobéissance à une disposition formelle de l'ordonnance serait une cause d'application, à la chambre, d'une peine disciplinaire, tandis que la défense d'un droit réclamé ne saurait être par elle-même, et si elle est présentée avec convenance, la base d'aucune peine. Remarquons, en terminant, que les chambres de notaires ont, en général, trop d'intérêt à la bonne intelligence avec le ministère public, pour mettre les susceptibilités de l'esprit de corps au-dessus du loyal accomplissement des devoirs qui leur sont prescrits vis-à-vis les représentants de l'ordre public et du gouvernement. Les contestations dont il s'agit ne sont donc pas de nature à se présenter fréquemment. Nous reviendrons sur cette question en traitant de l'action disciplinaire.

114. La réquisition du ministère public à fin de communication du registre peut être dirigée contre le secrétaire de la chambre (Bourges, 8 décembre 1828. D.P. 29. 2. 97); elle serait, ce semble, plus régulièrement formée contre le syndic (Ord. du 4 janv. 1843, art. 6, 3°), mais non contre le président.

115. L'action, si elle devenait nécessaire à la suite d'une telle réquisition, serait portée devant le tribunal siégeant en audience publique et non en chambre du conseil. M. Rolland, n. 185, cite aussi comme ayant jugé en ce sens le jugement du tribunal de Montauban, du 12 février 1838, rapporté D.P. 38. 3. 197.

116. Nous avons déjà eu occasion de dire que les délibérations des chambres de notaires n'ont, en général, qu'un caractère consultatif. Elles n'ont donc de force obligatoire qu'autant que les notaires se sont engagés à la leur reconnaître, comme cela a été établi à Paris par des statuts du 30 mai 1734.

117. Un notaire qui refuserait d'exécuter une délibération de la chambre pourrait-il être soumis à une peine disciplinaire? Nous examinerons cette question au chapitre 3.

118. Quant aux tiers, il est évident que les chambres n'ont aucun moyen de contrainte pour l'exécution des délibérations. Pour éviter les ennuis d'une discussion sans issue, il arrive quelquefois, et cela est fort sage, que les parties convertissent, par un compromis, l'avis à intervenir en véritable arbitrage, et constituent la chambre en juge du différend. M. Rolland, n. 151 à 153.

119. Les délibérations des chambres de notaires ne sauraient être à l'abri de tout recours, de toute annulation ; les chambres peuvent commettre différentes sortes d'irrégularités, des violations de formes, des excès de pouvoirs; par

exemple, procéder sans être irrégulièrement constituées, délibérer sans être en nombre, exprimer un refus de délibérer quand leur devoir
leur prescrivait une délibération, sortir de leurs
attributions en établissant des perceptions arbitraires, résister à des actes de l'autorité, porter
atteinte à l'ordre public. Que de pareille délibérations doivent être annulées, cela ne saurait
faire doute; mais par quelle voie ? On avait
d'abord pensé que, sur la demande du ministère
public, les tribunaux pouvaient être saisis de
cette question soit directement, soit accessoirement à une poursuite disciplinaire dirigée contre
les membres de la chambre. M. Rolland, n. 131
et suiv., cite plusieurs exemples de cette manière
de procéder (1); mais il la blâme et nous n'hési-
tons pas plus que lui dans l'expression de notre
désapprobation.

En effet, aucune loi ne confère aux tribunaux
la connaissance des délibérations notariales ; cette
attribution serait contraire aux principes de la
séparation des pouvoirs. L'ordonnance de 1843,
art. 20, comme déjà l'arrêté du 2 niv. an 12, déclare que les délibérations des chambres des notaires ne sont que de *simples actes d'administration;* or il est de l'essence de l'administration
que ses actes ne tombent point sous la juridiction des tribunaux ; l'autorité judiciaire n'agit sur
les notaires et sur les chambres que lorsqu'il
s'agit de peines de discipline. Mais comme corps
administratifs, les chambres de notaires relèvent
du ministre de la justice qui seul a le droit
d'annuler leur délibération irrégulière. Outre les
règles générales du droit qui prescrivent cet ordre
hiérarchique, plusieurs dispositions de l'ordonnance prouvent que telle est l'intention du gouvernement, d'accord avec la loi sainement entendue. N'est-ce pas évidemment parce que le
ministre a son action directe sur les chambres,
que les délibérations sur l'établissement des bourses communes et tous les règlements des chambres ou des assemblées générales doivent être
soumis à l'approbation du garde-des-sceaux ?
(art. 23 et 39 de l'ordonn.).

L'opinion que nous soutenons est consacrée
par la marche suivie depuis plusieurs années au
ministère de la justice. Ainsi, dès le 26 janv.
1813, une lettre de M. le garde-des-sceaux portait que la délibération prise par des notaires
réunis en assemblée générale, qui autorise l'un
de ses membres à résister à une demande en
restitution d'honoraires qui lui est personnelle, et
qui met tous les frais du procès à la charge de la
compagnie, est viciée d'excès de pouvoir : par
suite, elle n'est pas obligatoire, même pour ceux
qui l'ont signée, et elle peut être annulée par le
ministre pour excès de pouvoir. D.P. 38. 3. 116.

Un arrêté du garde-des-sceaux, en date du
10 juill. 1841, a décidé, en principe, que les dé-

libérations prises par les chambres des notaires
sont des actes administratifs, soumis au contrôle
du garde-des-sceaux : ces délibérations, bien que
prises à titre consultatif, sont susceptibles d'être
annulées par le ministre. D.P. 41. 3. 540.

Enfin, en annulant une délibération inconve-
nante, le ministre peut ordonner qu'elle sera
biffée, et que la décision ministérielle sera transcrite en marge. Lettre min. de la just. du 17
mars 1828.

CHAP. II. — *De l'action disciplinaire.*

120. Un notaire, comme tout officier public,
est soumis à un pouvoir de discipline ; l'exercice
de ce pouvoir constitue l'action disciplinaire.
Avant d'exposer les règles spéciales aux deux juridictions qui prononcent en matière de discipline
notariale, il importe d'indiquer les principes qui
leur sont communs, d'examiner les questions dont
la solution est nécessaire pour la délimitation
de leurs attributions.

SECT. I. — *De l'action disciplinaire en général.*

121. Ici nous avons à faire connaître la compétence des autorités qui prononcent, les personnes
qui peuvent être poursuivies, et les faits qui peuvent donner lieu aux poursuites.

§ 1er — *A qui appartient l'action disciplinaire.*

122. L'art. 53 de la loi du 25 vent. an 11, porte
que les suspensions, destitutions, condamnations
d'amende et dommages-intérêts, seront prononcées
cées contre les notaires par les tribunaux civils.
D'un autre côté, l'art. 1er de l'ordonnance du
4 janvier 1843, qui a remplacé, en le modifiant et
en le fortifiant, l'arrêté du 2 nivose an 12, dispose
que les attributions de la chambre des notaires
sont : 1° de prononcer ou de provoquer, suivant
les cas, l'application de toutes les dispositions de
discipline.

123. Il résulte de ces textes que l'action disciplinaire est partagée entre les chambres de discipline et les tribunaux. Dans quelles proportions
a lieu ce partage ?

On voit bien que le pouvoir des chambres est
limité, qu'elles peuvent prononcer certaines peines
moindres, et que pour les peines plus graves, la
suspension, la destitution, elles n'ont qu'un droit
de provocation. On voit aussi que les tribunaux
ont seuls pouvoir de prononcer la suspension et
la destitution. Mais ce que la loi ne dit pas, c'est
que la compétence des tribunaux soit limitée à
cette attribution exclusive, et qu'ils ne puissent
jamais agir hors des cas qui leur sont réservés ;
en un mot, la loi ne dit pas que les tribunaux ne
peuvent intervenir que quand ils sont seuls compétents. De là, la question fondamentale de savoir
si, et dans quelles circonstances, le pouvoir disciplinaire des tribunaux peut concourir avec
celui des chambres de discipline ?

Si l'on examine la question du point de vue de
l'autorité, d'après les données de la jurisprudence,
la compétence générale des tribunaux paraît incontestablement établie ; la Cour de Bourges, en
1827 (Dict. gén., v° Discipline, n. 244); celle de
Paris, le 9 janvier 1837 (D.P. 37. 2. 174); le tribunal

(1) C'est en ce sens que le tribunal de Rennes avait
jugé, le 14 août 1833, D. P. 33. 3. 32, que la composition des chambres intéressant l'ordre public, le
ministère public avait qualité pour poursuivre l'annulation ou rectification d'une délibération qui
maintiendrait une composition irrégulière.

de Blois, le 8 février 1837 (D.P. 37. 3. 136)); la Cour de Rennes, le 1er avril 1840 (D.P. 40. 2. 135); la Cour de Bordeaux, le 4 août 1841 (D.P. 42. 2. 71; le tribunal de Tulle, le 31 mai 1843 (D.P. 44. 3. 36) ; et, ce qui est plus grave encore, la chambre des requêtes de la Cour de cassation, par deux arrêts, l'un du 16 juin 1836 (D.P. 36. 1. 264), et l'autre du 23 décembre 1839 (D.P. 41. 1. 162), ont expressément reconnu aux tribunaux le pouvoir de prononcer, concurremment avec les chambres, des peines de simple discipline.
— Enfin, un auteur, généralement favorable à l'indépendance et aux intérêts des notaires, M. Rolland, vᵒ Discipline, n. 3 et suiv., s'applique à bien établir cette doctrine de la plénitude de juridiction disciplinaire des tribunaux. Une cour, celle de Nancy, persiste dans le système contraire; (voy. ses arrêts des 2 juin 1834, D.P. 34. 2. 219, et 9 juin 1843. D.P. 43. 2. 170.), et la chambre civile de la cour de cassation, par un arrêt du 1er avril 1844 (D.P. 44. 1. 150), a consacré formellement le principe de la séparation des deux juridictions. Voici en quels termes cette dernière jurisprudence a été défendue dans une dissertation qu'un de nos amis, M. Grün, avocat, connu par des ouvrages de jurisprudence, nous a communiquée, et que l'importance de la question nous détermine à publier ici :

« Pour établir la compétence absolue des tribunaux, y est-il dit, on part de ce principe, que la plénitude de la juridiction disciplinaire leur appartient parce que la loi de l'an 11 place les notaires sous leur surveillance et leur autorité; par voie de conséquence, on induit de là qu'ils ont le droit de prononcer toutes les peines disciplinaires applicables aux notaires. Le principe est-il constant? La conséquence est-elle rigoureuse?

« Non. Aucun texte ne consacre cette pensée de la plénitude de juridiction; c'est par induction seulement qu'on la fait sortir de l'art. 53 de la loi du 25 vent. an 11. Mais cet article dit seulement que les tribunaux prononcent les suspensions, destitutions, amendes et dommages-intérêts. Or, une désignation de quatre espèces de condamnations placées dans les attributions des tribunaux n'entraîne évidemment pas par elle-même l'idée d'une juridiction générale; il nous paraît également difficile d'y voir le germe d'une autorité générale de surveillance : on ne saurait trouver dans la contexture, fort claire, de l'article, que l'attribution de cette portion de la surveillance qui consiste à examiner si des notaires se sont mis dans le cas d'encourir la suspension, la destitution, une amende ou des dommages-intérêts, et à leur appliquer une de ces peines s'il y a lieu. C'est sans doute une partie essentielle de la surveillance et de la discipline, mais ce n'est pas toute la surveillance, toute la discipline.

« D'un autre côté, la surveillance, quelque générale qu'on la suppose, n'implique pas forcément le droit de punir; on conçoit aisément la vigilance qui constate le méfait séparée du pouvoir qui inflige le châtiment : c'est ainsi que l'instruction criminelle tout entière se partage en deux grandes divisions, la police judiciaire et la justice. Il ne suffirait donc pas, pour constituer une juridiction sur les notaires, que la loi eût donné aux tribunaux une surveillance : si elle avait entendu (ce qui peut s'admettre un moment par hypothèse) réserver à une juridiction spéciale certains faits disciplinaires, les prérogatives de la surveillance judiciaire consisteraient dans la constatation des fautes et la dénonciation à l'autorité compétente pour les punir.

« On invoque les articles de l'arrêté du 2 niv. an 12, aujourd'hui remplacé par l'ordon. du 4 janv. 1843, qui indiquent les rapports des notaires avec les tribunaux, qui ordonnent la communication de certains avis et de toutes les délibérations des chambres au procureur du roi. Ces dispositions, très-sages, donnent au ministère public le moyen de s'enquérir, le droit de se faire rendre compte de tous les faits, de tous les actes des notaires ou de leurs chambres, qui pourraient s'écarter de l'ordre qu'il doit faire maintenir. Mais, nous le répétons, est-il logique de conclure de la surveillance disciplinaire à la juridiction? L'immixtion du ministère public a pour effet de dénoncer les abus et les fautes à l'autorité compétente; mais c'est dans d'autres textes qu'il faut chercher la désignation de cette autorité.

« On dit encore : l'art. 53 de la loi du 25 vent. an 11 confère des pouvoirs disciplinaires aux tribunaux, et leur donne même la mission de prononcer les peines les plus graves. Comment donc pourraient-ils être incompétents d'une manière absolue, quand il s'agit d'appliquer des peines moindres? Les tribunaux correctionnels ne peuvent-ils pas, sur la poursuite dirigée contre un fait qualifié délit, se borner à prononcer des peines de simple police?—Écartons d'abord l'analogie; pour les tribunaux correctionnels, le droit de prononcer comme juges de police résulte d'un texte formel, et non d'une simple induction. Mais la question n'est pas là; et cependant si on invoquait cet exemple, n'opposerait-on pas avec raison que les tribunaux correctionnels saisis d'un fait qualifié simple contravention devraient se déclarer incompétents, sous peine de bouleverser tout le système de la loi et tout l'ordre de juridiction(1)? Le droit de prononcer des peines plus fortes n'entraîne pas *de plano* celui de connaître de faits passibles d'une peine moindre. Ce n'est pas sans raison que le législateur a créé divers degrés de tribunaux, avec des attributions différentes, exclusives, avec des formes variées, des appareils plus ou moins compliqués ou imposants. Pour ne parler que des notaires, la loi a réservé à une sorte de tribunal de famille, comme le disait M. Favard, orateur du Tribunat, les fautes de discipline les moins graves; il a voulu, selon les expressions du même orateur, concentrer dans ce tribunal tout ce qui pourrait déconsidérer les notaires. Ainsi, pour les infractions de pure discipline, point de publicité,

(1) Ils le devraient, en effet, s'ils étaient saisis *directement*, V. n. 124.

point de solennité, point d'intervention étrangère au notariat. Le grand jour, l'éclat de l'audience judiciaire ne sont-ils pas contraires à ce vœu, à ce soin de l'honneur du corps et de ses membres? Le rôle des tribunaux commence quand ces considérations cèdent devant les exigences de l'ordre public, et quand les conséquences de la condamnation sont tellement graves pour le notaire que ce n'est pas trop de toute l'indépendance de la magistrature pour offrir à l'inculpé des garanties suffisantes d'impartialité. Les deux juridictions reposent sur des bases bien distinctes, et répondent à des besoins différents; il semble donc difficile de donner à l'une tous les pouvoirs de l'autre, d'imposer aux notaires un tribunal public au lieu d'un tribunal secret, un débat retentissant à la place d'une discussion sans écho.

«On s'appuie sur l'art. 2 de l'arrêté de nivose an 12 (aujourd'hui de l'ordonn. de 1843) qui, après avoir autorisé, dans les différends des notaires avec des tiers, les chambres à prononcer la censure et toutes autres peines disciplinaires, ajoute: *sans préjudice de l'action devant les tribunaux, s'il y a lieu*; le recours aux tribunaux pour les faits de simple discipline est donc réservé aux tribunaux. — Il faut prendre garde de détourner, pour le besoin de se créer des arguments, le sens d'expressions qui n'ont aucun rapport avec la question agitée ici. Le paragraphe 3 de l'art. 2 de l'arrêté et de l'ordonnance charge les chambres de discipline de prévenir et concilier les différends des notaires avec des tiers, et en cas de non conciliation, de donner leur avis sur les dommages et intérêts, ainsi que de prononcer la censure ou autres peines disciplinaires; mais comme, à l'égard des tiers, les délibérations des chambres ne sont jamais que consultatives, l'action de ceux-ci devant les tribunaux leur est expressément réservée, quelle que soit l'opinion émise par la chambre. Il ne s'agit nullement là, comme on le voit, de l'action disciplinaire, mais bien de l'action civile des tiers contre les notaires. L'économie de l'article, sa rédaction, son objet spécial ne permettent pas de lui donner un autre sens : si l'on avait entendu réserver l'action disciplinaire des tribunaux à côté et en sus de celle des chambres, ce n'est pas par une phrase incidente jetée à la fin d'un paragraphe exclusivement relatif à une nature particulière de contestations, qu'on s'en serait expliqué; on l'aurait dit, soit dans les mêmes termes, *sans préjudice*, etc., soit en mots équivalents placés dans le § 1er, qui porte, en termes généraux, que les chambres de notaires sont chargées *de prononcer ou de provoquer l'application de toutes les peines de discipline*.

Ces dernières expressions, si précises, rapprochées de la loi de l'an 11, semblent tout résumer. Les chambres prononcent toutes les peines de discipline qui sont dans leurs attributions : elles provoquent l'application des autres qui sont réservées aux tribunaux. Ainsi deux rôles bien tracés, deux compétences bien limitées.

« Aux arguments tirés des textes, on ajoute enfin des considérations d'intérêt public. Il faut une surveillance, une discipline pour les notaires; or, selon l'ordre hiérarchique, qui doit en être chargé, si ce n'est les tribunaux? Les notaires ne font-ils pas aussi partie de l'ordre judiciaire puisqu'ils ont une juridiction? L'indépendance des tribunaux n'est-elle pas pour les notaires une garantie d'impartialité plus forte que l'intervention ministérielle dans les condamnations notariales? L'action du ministère public n'est-elle pas aussi la meilleure garantie contre les abus tolérés, contre les atteintes portées à la dignité de la chambre elle-même?

« Ces raisons sont excellentes pour justifier ce qui a été fait, c'est-à-dire la soumission des notaires à la surveillance des tribunaux pour tous leurs actes par le ministère du procureur du roi, et à leur discipline pour les fautes les plus graves. Mais elles ne motiveraient en rien la destruction des barrières qui ont été sagement élevées entre la surveillance et la juridiction, entre les affaires de famille et les condamnations publiques. La coexistence des deux juridictions, chacune agissant dans sa sphère, garantit tous les intérêts; il n'est pas nécessaire pour cela que les tribunaux prennent la place et remplissent le rôle des chambres de discipline.

« Restent deux objections dont nous ne nous dissimulons pas la puissance. Par un esprit de corps mal entendu, peut-être par quelque connivence coupable, une chambre de discipline pourra se montrer trop indulgente dans le châtiment; elle pourra même aller jusqu'à fermer les yeux sur la faute et donner l'encouragement, le scandale de l'impunité.—Dans le premier cas, le mal est moindre; car les tribunaux, si l'infraction a une haute gravité, pourront agir pour prononcer la suspension ou la destitution, bien que cette solution fasse difficulté. Mais dans le cas du silence complet, de l'inaction absolue de la chambre, l'inconvénient est immense; si, malgré les provocations du ministère public, malgré les injonctions ou invitations du garde des sceaux, la chambre refuse de poursuivre : l'ordre public sera-t-il donc désarmé? Nous avouons que, dans le système que nous développons, il n'y a pas de remède absolu contre cette situation extrême. Mais arrivera-t-il souvent que la lutte en vienne là? Remarquez, d'ailleurs, que le refus de la chambre serait un motif suffisant pour exercer l'action disciplinaire devant les tribunaux contre les membres individuellement; d'un autre côté, si des tiers étaient engagés dans une contestation d'où serait né le scandale de l'action reprochée au notaire, la mauvaise volonté des confrères céderait probablement devant la crainte d'un éclat judiciaire; enfin, l'action disciplinaire devant les tribunaux étant imprescriptible, et les chambres de notaires se reformant tous les ans, il n'est pas probable que la majorité de l'assemblée générale voulût, en nommant la chambre, perpétuer le conflit malheureux élevé par la chambre précédente.»

Malgré cette argumentation, il nous semble que l'attribution des tribunaux, même pour les cas autres que ceux énoncés dans l'art. 53 de la loi de ventose, peut être justifiée et par l'esprit soit de cet article, soit de l'ordonn. du 4 janv. 1843 qui a eu pour objet, comme on sait, de renforcer la discipline du notariat (Voy. le rapport au roi dont cette ordonnance est précédée), et par l'art. 11 de l'arrêté du 2 niv. an 12, aux termes duquel les tribunaux connaissent, d'une manière générale, de toute inculpation qui *paraît assez grave* pour mériter la suspension; et enfin par l'art. 45 de la loi du 20 avril 1810 qui attribue au ministère public la surveillance des officiers ministériels, c'est-à-dire des notaires comme des autres officiers à l'égard desquels les tribunaux exercent le pouvoir disciplinaire.—Les considérations sur lesquelles cette attribution repose sont, 1° que la distinction entre les infractions punies de suspension ou destitution et celles qui ne sont passibles que de peines moins graves n'a pas été toujours faite par le législateur; qu'elle n'est pas même passible parce qu'elle dépend souvent de la sévérité plus ou moins grande ou au moins de l'appréciation du juge; qu'il serait dès lors bizarre d'obliger un tribunal de se dessaisir par cela qu'il croirait ne devoir infliger que la réprimande ou la privation de l'entrée dans la chambre de discipline à un notaire qu'il aurait pu, pour le même fait, frapper de suspension; — 2° qu'en raison de l'influence que les notaires, dont le ministère est forcé, ont sur les intérêts des familles et dont il leur serait facile d'abuser par suite de la confiance qu'on est obligé d'avoir en eux, il a été utile de créer, à côté de la chambre de discipline, une autorité répressive dont on n'aurait à craindre ni la mollesse, ni l'esprit de corps, ni l'indulgence intéressée; que cette autorité est même indispensable soit dans le cas où, malgré les injonctions du procureur du roi ou des ministres, la chambre refuserait de punir certains faits disciplinaires, insusceptibles d'entraîner la suspension ou la destitution, soit dans l'hypothèse où les poursuites devraient être dirigées contre la chambre toute entière peu disposée, on le pense bien, à se punir elle-même; —3° Enfin que, dénier aux tribunaux l'attribution disciplinaire que nous soutenons leur appartenir, c'est, d'une part, soumettre le notaire inculpé à deux poursuites pour le même fait; c'est d'autre part, aggraver encore sa situation en ce que le tribunal, pour en finir, aimera souvent mieux lui infliger une suspension de courte durée, que de lui faire subir les tribulations d'une nouvelle poursuite devant sa chambre qui, d'ailleurs, si elle se déclarait incompétente sous le prétexte que le fait lui paraîtrait devoir entraîner la suspension, pourrait paralyser l'action disciplinaire, nul n'ayant le droit de vaincre, dans ce cas, sa résistance.

La seule raison fondée que les notaires puissent opposer à l'attribution du tribunal, se tire de la publicité de l'audience, que la jurisprudence a admise dans cette matière contrairement à la nature de l'institution disciplinaire. Mais le dernier mot n'a sans doute pas encore été dit sur ce point par les tribunaux ou par le législateur. La publicité n'a pas lieu à l'égard des magistrats et des autres officiers ministériels : pourquoi la veut-on pour les notaires ? — V. plus bas.

124.—Toutefois, ce n'est, comme on vient de le voir, qu'à l'occasion d'une action disciplinaire en suspension, destitution ou dommages-intérêts, et d'une manière en quelque sorte subsidiaire, que les tribunaux prononcent des peines de discipline intérieure; ils ne pourraient être saisis *directement* des faits de simple discipline sur la poursuite

du ministère public, qu'autant que la chambre aurait refusé d'en connaître sur l'injonction, soit du procureur du roi, soit du ministre. C'est là une déférence qui est due à la juridiction instituée plus particulièrement pour réprimer ces sortes d'infractions; et, comme il ne s'agit que de fautes légères (puisqu'elles ne sauraient donner lieu à une poursuite devant la justice répressive), il ne peut jamais y avoir une grande urgence dans la poursuite. Cette interprétation, au reste, s'induit, par analogie, de l'art. 54 de la loi du 20 avril 1810, portant que les Cours royales exerceront les droits de discipline attribués aux tribunaux de première instance, *lorsque ceux-ci auront négligé de les exercer*. (*Conf.* Roll., n. 11).
—On objecterait en vain que cette disposition ne saurait être étendue d'un cas à un autre, 1° en ce qu'elle est une exception aux règles ordinaires de l'organisation des tribunaux; 2° en ce que, d'ailleurs, on ne saurait comparer les rapports des tribunaux de première instance et des chambres de notaires avec ceux des Cours royales et des tribunaux; 3° en ce qu'enfin, si le législateur avait voulu les mêmes dispositions dans les deux cas, il l'aurait dit.— Il faut répondre qu'on est ici dans une matière spéciale; que la loi est silencieuse et que c'est le cas de suppléer à son silence par l'interprétation puisée dans une loi de même nature plutôt que dans des lois établies pour des matières qui n'ont pas d'analogie avec celle-ci.

125. — Au reste, les tribunaux saisis par le ministère public de la connaissance des faits qui ont entraîné déjà une peine disciplinaire prononcée par la chambre des notaires, n'ont pas le droit de prononcer à leur tour, pour les mêmes faits, une peine de discipline, parce que ce serait méconnaître la juridiction propre des chambres de discipline et l'autorité de la chose jugée. (*Conf.* Nancy, 2 juin 1834 (D.P. 34. 2. 219). — Quel que soit le caractère d'indépendance des deux juridictions, la justice est satisfaite dès que le fait a été apprécié par l'une d'elles, *non bis in idem*. Mais ceci doit être entendu avec le correctif indiqué n. 128.

126. Dans le système qui vient d'être examiné, M. Rolland de Vill., v° Discipline, n. 12, enseigne qu'il serait inutile d'exiger une constatation préalable de la négligence de la chambre de discipline; et il suffirait, pour autoriser l'action judiciaire, qu'il se fût écoulé un délai moral sans poursuites de la part de la chambre : c'est là une doctrine qui fut consacrée, il y a plusieurs années, dans l'affaire *Parquin.*—Il nous semble qu'il devrait être justifié d'une mise en demeure ou d'une dénonciation faite à la chambre de discipline.

127. Quand on attribue aux tribunaux la plénitude de la juridiction disciplinaire, on est naturellement conduit à décider que si, sur une demande de suspension ou destitution, ils estiment que cette peine est trop sévère, ils peuvent se borner à prononcer une des peines plus douces qui se trouvent ordinairement dans les attributions des chambres de discipline. C'est la conséquence forcée du principe. V. notre Dict. gén., v° Discipline, 245. *Conf. eod.*, n. 16.

128. Si un notaire, poursuivi devant la chambre de discipline, n'a été frappé que d'une peine

légère, ou n'a pas été puni du tout, le ministère public n'est pas moins libre de demander aux tribunaux une des peines graves qu'ils ont le droit d'appliquer. Ici les deux juridictions agissent dans toute leur indépendance et sans sortir de leurs limites (*Conf.* M. Rolland, n. 17, 18). Mais il est bien entendu que les juges ne pourront plus prononcer de peines de simple discipline. V. n. 125.

§ 2.—*Contre qui l'action disciplinaire peut être exercée.*

129. Le pouvoir disciplinaire s'étend sur toute la carrière notariale.

130. Comme les clercs n'ont pas encore la qualité de notaires, on avait pensé que les dispositions relatives à la discipline ne leur étaient pas applicables; et cependant on ne pouvait se dissimuler les dangers que présenterait l'impunité des désordres ou de l'inconduite d'une personne participant aux travaux, initiée, jusqu'à un certain point, aux secrets d'une étude. Quelques statuts locaux avaient essayé d'établir, à cet égard, des mesures nécessairement incomplètes et inefficaces, parce qu'elles manquaient de l'appui de la loi ou des règlements publics. L'ordonnance du 4 janvier 1843 a comblé cette lacune; l'art. 37 porte que les chambres exercent une surveillance générale sur la conduite de tous les aspirants de leur ressort, et pourront, suivant les circonstances, prononcer contre eux soit le rappel à l'ordre, soit la censure, soit enfin la suppression du stage pendant un temps déterminé, qui ne pourra excéder une année; il ajoute qu'il sera procédé contre les clercs dans les mêmes formes que contre les notaires, sauf les dispositions relatives spécialement à la suspension et à la destitution, qui ne leur sont évidemment pas applicables; enfin, il veut que, dans tous les cas, le notaire chez lequel travaille le clerc inculpé soit préalablement entendu ou appelé.

131. Dès que les notaires sont en exercice, ils deviennent passibles, sans distinction de classes, de toutes les dispositions de la discipline notariale.

132. Les chambres de notaires peuvent commettre, dans leurs délibérations, des actes répréhensibles, s'écarter de la loi, résister à l'autorité; de pareils torts ne sauraient rester impunis; ils appellent le châtiment disciplinaire. Mais comment la poursuite sera-t-elle intentée? S'adressera-t-elle à la chambre, en corps, ou bien ira-t-elle chercher individuellement chacun des membres de la chambre? M. Rolland n'hésite pas : il admet, n. 24 et suiv., l'action contre toute la chambre collectivement; les analogies ne manquent pas, en effet, pour légitimer cette opinion : les lois de l'organisation judiciaire attribuent à la cour de cassation le droit de discipline sur les cours royales, et aux cours royales sur les tribunaux de première instance; et, dans plusieurs occasions, les cours royales ont poursuivi disciplinairement des conseils d'avocats, comme corps et non comme individus. M. Rolland, n. 25, reconnaît toutefois qu'il est arrivé souvent que des membres de chambres de notaires ont été

poursuivis individuellement, par exemple pour avoir résisté aux injonctions de l'autorité, en refusant de procéder à l'examen d'aspirants qui demandaient à exercer dans leur arrondissement; peut-être, ajoute-t-il, a-t-on pensé que c'était là le mode le plus convenable d'apprécier la culpabilité de chacun.

On ne peut nier l'analogie invoquée, ni la convenance de frapper en masse pour un acte commun auquel chacun a pris part, sans qu'on puisse demander un compte plus rigoureux à un des membres qu'à un autre; dans ces cas, c'est l'acte que l'on atteint et non les personnes. L'inconvénient de cette doctrine, c'est de demeurer forcément soumise à des restrictions arbitraires. En effet, on peut bien prononcer contre une chambre de notaires, une censure, une réprimande; mais il y a des peines impossibles. Ainsi, la privation de voix délibérative dans l'assemblée générale, l'interdiction de l'entrée de la chambre, pendant plusieurs années, ne se conçoivent pas, quand il s'agit des chambres elles-mêmes considérées collectivement. Cela ne semble-t-il pas indiquer, en l'absence de toute distinction fondée sur la différence des peines, que la poursuite devrait se faire individuellement? La faute de tous étant commune à chacun, n'est-il pas naturel que chacun aussi en supporte la peine? L'effet d'un châtiment personnel n'est-il pas plus grand que celui d'une peine qui n'atteint qu'un corps moral, et qui, frappant tout le monde, ne tombe sur personne, et ne s'individualise que par l'effet d'une solidarité toute d'opinion? — Il nous semble que, nonobstant les impossibilités qui viennent d'être indiquées, et qui tiennent à la nature des choses, la chambre peut être poursuivie collectivement. — Au reste, ce cas de poursuite, soit en corps, soit individuellement, ramène la question de compétence, et donne occasion d'appuyer la nécessité de la juridiction des tribunaux sur l'impossibilité de faire juger par une chambre les fautes qu'on lui reproche à elle-même.

133. — En admettant les poursuites collectives, M. Roll. de Vill., *eod.*, se croit obligé de faire une exception pour les peines vraiment répressives comme la suspension et la destitution. Il paraît certain, en effet, que la suspension ne pourrait être prononcée contre une chambre de discipline; car celle-ci a des devoirs nombreux et importants à remplir, dans l'intérêt public comme dans l'intérêt collectif des notaires de l'arrondissement. Or, la compagnie tout entière et les tiers qui sont dans la nécessité de recourir à elle, ne peuvent être obligés d'attendre jusqu'à ce que la suspension ait cessé. — A l'égard de la destitution de la chambre, en tant que juridiction disciplinaire, rien ne s'oppose, peut-on dire, à ce que cette destitution, qui équivaudrait à une véritable dissolution, soit prononcée : ce serait là un appel fait à la sagesse de la compagnie entière des notaires, qui, du reste, pourrait réélire les mêmes membres, si elle approuvait leur conduite. — Mais, outre que la destitution dont parle l'art. 53 de la loi de ventôse an 11 n'a pas d'analogie avec la simple dissolution, à quel corps une attribution pareille serait-elle dévolue? Est-ce au tribunal de

première instance, qui n'est que l'égal, en degré, de la chambre des notaires? Ne serait-ce pas plutôt, et par assimilation de ce qui existe pour les juges et pour les avocats, à la cour royale? Enfin les fonctions de ces chambres étant administratives plus que judiciaires, le droit de réprimer leurs écarts, de les dissoudre, ne doit-il pas résider exclusivement dans l'administration supérieure et spécialement dans les mains du garde-des-sceaux?—Nous pencherions vers cette dernière opinion.

134. Une poursuite collective ne suppose pas des actes dirigés contre tous les membres de la chambre; l'action serait valablement dirigée contre le président; M. Rolland, n. 27, tire cette solution de l'analogie avec ce qui se pratique à l'égard des bâtonniers de l'ordre des avocats.

135. Lorsqu'une faute n'est imputable qu'à certains membres de la chambre, c'est contre eux seuls que l'action doit être dirigée; par exemple, il n'y a lieu de poursuivre que le secrétaire et le président, s'ils ont refusé communication d'une délibération. M. Rolland, n. 28, pense de même.

136. La Cour de Bourges est allée jusqu'à décider qu'il y a lieu de punir disciplinairement le secrétaire qui, *d'après les ordres de la chambre*, a refusé de délivrer au ministère public expédition entière d'une délibération. Nous avons fait remarquer que, dans la situation délicate où les ordres de la chambre plaçaient ce secrétaire, une telle sévérité était excessive. D.P. 29. 2. 97.

137. Un notaire n'échappe point au pouvoir disciplinaire par cela seul qu'il a donné sa démission. S'il en était autrement, l'impunité deviendrait trop facile. Aussi la Cour de cassation a-t-elle jugé, le 12 avril 1837, que la démission d'un notaire, et la présentation qu'il a faite de son remplaçant n'empêchent pas l'application des peines disciplinaires (D.P. 37. 1. 298). Le tribunal de Mayenne a rendu un jugement analogue, le 12 déc. 1837. D.P. 38. 3. 70.

138. Les poursuites disciplinaires ne pourraient plus avoir lieu si le notaire inculpé et démissionnaire avait été remplacé et que son successeur eût été installé. Dans un cas pareil, les poursuites déjà commencées devraient s'arrêter, et les juges déclarer qu'il n'y a lieu de statuer; ainsi décidé par le tribunal de Vassy, le 23 nov. 1838 (D.P 40. 3. 53). Nous avons fait remarquer, Dict. gén. suppl., v° Discipline, n. 239, que le gouvernement pourrait suspendre le remplacement d'un notaire placé sous le coup d'une action disciplinaire qui pourrait amener sa destitution.

139. D'un autre côté, le ministre de la justice a décidé, le 17 oct. 1837 (D.P. 38. 3. 42), que lorsqu'un notaire prévenu d'une infraction à la loi sur la résidence donne volontairement sa démission, il y a lieu d'ajourner les poursuites propres à lui faire appliquer l'art. 4 de la loi du 25 vent. an 11.

140. M. Rolland, n. 33, se demande si les notaires honoraires sont soumis à l'action disciplinaire des chambres. La difficulté selon lui, naît de ce que ces notaires ne sont pas légalement reconnus,

et que les chambres ne peuvent agir que dans le cercle de leurs attributions légales; il pense, toutefois, que la chambre de discipline, ayant pour mission de veiller à tout ce qui tient à l'honneur du corps, doit, si des avertissements officieux étaient insuffisants, déférer la conduite de l'inculpé à l'assemblée générale, qui pourrait prononcer la radiation de l'honorariat auquel elle l'avait admis; il cite, à l'appui, une délibération de la chambre des notaires de Paris, du 1er mai 1813.

M. Rolland écrivait avant l'ordonnance de 1843, qui a fait une innovation heureuse en consacrant l'institution de l'honorariat; tel est l'objet des art. 29 et 30. L'incompétence des chambres de notaires ne pourrait donc plus se fonder sur ce que l'honorariat n'est pas légalement reconnu. D'un autre côté, les chambres ne pourraient, en aucun cas, prononcer la révocation de l'honorariat, parce que ce n'est plus elles qui le confèrent, mais bien le roi, sur la proposition des chambres, et le rapport du garde-des-sceaux (Ordonn. art. 29).

141. Reste la question de savoir si des peines de simple discipline pourraient être prononcées contre un notaire honoraire. Nous pencherions volontiers pour l'affirmative. Non-seulement il est bien qu'un corps honorable ait les moyens de réprimer tout ce qui pourrait porter atteinte à sa pureté, à sa bonne renommée; mais, en particulier les prérogatives importantes que l'ordonnance attache au titre de notaire honoraire nous semblent demander des garanties. L'honorariat n'est pas un honneur pur et simple, un titre qui récompense le passé en déshéritant complétement le présent. Aux termes de l'art. 30, les notaires honoraires assistent aux assemblées générales et y ont voix consultative. Ils appartiennent donc assez intimement au corps des notaires, ils en suivent d'assez près les destinées, pour en avoir encore les obligations morales, et en subir aussi la discipline.

§. 3. — *Faits qui donnent lieu à l'exercice de l'action disciplinaire.*

142. La loi du 25 vent. an 11, art. 52, prononce des peines contre quelques infractions des notaires aux obligations de leur ministère. Ainsi, l'art. 4 considère comme démissionnaire le notaire qui ne réside pas dans le lieu fixé par le gouvernement; l'art. 6 prononce la suspension, et en cas de récidive, la destitution contre tout notaire qui instrumenterait hors de son ressort. L'art. 16 porte la peine d'amende, et même de destitution en cas de fraude, s'il y a eu altération par surcharge, interligne ou addition dans le corps de l'acte; l'art. 23 prononce une amende, et, en cas de récidive, la suspension contre les notaires qui, sans autorisation judiciaire, délivreraient à d'autres que ceux qui peuvent le requérir, expédition ou connaissance d'un acte. La suspension et la destitution dont il est encore question aux art. 26 et 33, sont appliquées par les tribunaux. Quant aux chambres de discipline, ni la loi du

25 vent. an 11, ni l'arrêté du 2 niv. an 12, ne mentionnent aucun des faits qui rentrent dans leur juridiction ; l'art. 9 de l'arrêté dit que la chambre prononcera par voie de décision, *pour les cas de police et de discipline intérieure* ; l'art. 15 porte que le syndic déférera à la chambre *les faits relatifs à la discipline*.

L'ordonnance de 1843 est plus explicite ; elle a spécifié, art. 12, sept prohibitions, et elle ajoute, art. 13 : les contraventions aux prohibitions portées en l'article précédent seront, *ainsi que les autres infractions à la discipline*, poursuivies et punies, selon la gravité des cas, conformément à la loi du 25 vent. an 11 et à la présente ordonnance. Reste encore à décider quelles sont les autres infractions à la discipline, non spécifiées par l'ordonnance.

Si l'on s'attache à la nature du pouvoir disciplinaire et aux motifs qui l'ont fait établir, on verra qu'il doit s'étendre aussi loin que les actes, quels qu'ils soient, qui pourraient porter atteinte à l'honneur de la corporation, ou qui s'écarteraient de la délicatesse, de la probité, de la bonne conduite, sans lesquelles un notaire perdrait l'estime et la confiance des citoyens et du gouvernement ; c'est dire assez que le pouvoir disciplinaire embrasse toutes les fautes et toutes les faiblesses.

Telle a été la pensée, conforme d'ailleurs aux traditions, des auteurs de la loi du 25 vent. « Dans le commerce ordinaire de la vie, l'homme qui manque aux lois ordinaires de la délicatesse, celui même qui ne fait pas tout ce que la probité commande, est presque toujours hors des atteintes des lois ; aucun tribunal ne peut leur infliger des peines ; mais lorsqu'il s'agit d'un notaire, un manque de délicatesse est déjà un délit répréhensible, et le défaut de probité est un crime qui doit être sévèrement puni. Ce Code pénal plus sévère, ce tribunal plus austère, nous le trouvons dans l'institution des chambres de discipline.... Il faut que le notaire que la loi ne pourrait atteindre, il faut que le notaire que les tribunaux ne pourraient intimider, voie sans cesse dans ses confrères des juges aussi éclairés, aussi infaillibles que sa conscience, aussi inévitables que ses remords.» Ainsi s'exprimait M. Réal, orateur du gouvernement.

On voit donc que le pouvoir disciplinaire, soit des tribunaux, soit des chambres, comprend non seulement les infractions commises par les notaires contre les lois de leur profession, mais même les actions blâmables qu'on pourrait leur reprocher en dehors de leur ministère. Prévoir tous ces actes, c'est chose impossible ; mais, dans l'exposé des cas qui se sont présentés, et dans les observations qui s'y rattachent, les juges des faits disciplinaires trouveront, avec d'utiles exemples, des guides pour les éventualités qui les attendent.

143. C'est le manquement au devoir qui fonde l'action disciplinaire, indépendamment de toute considération de préjudice pécuniaire. Aussi la cour de cassation a-t-elle jugé, avec raison, par arrêt du 19 août 1844, que l'action disciplinaire n'est pas subordonnée à la constatation d'un préjudice causé aux parties ; par suite, le notaire

auquel une infraction disciplinaire est imputée, ne saurait invoquer, comme moyen de défense, qu'il n'a nui à personne. Cass. 19 août 1844. D.P. 44. 1. 397.

144. 1° *Faits étrangers à l'exercice des fonctions de notaire.* L'immoralité dans la vie privée rejaillit sur la fonction : c'est pourquoi elle donne ouverture à l'action disciplinaire. Quand il y a scandale public, surtout quand il y a délit contre les mœurs, des peines de discipline peuvent être appliquées, quoique, d'ailleurs, la probité du notaire ne soit pas mise en doute. La cour de Bordeaux a jugé en ce sens, le 6 juin 1833. D.P. 33. 2. 226.

145. Toutefois, il faut prendre garde de pousser la rigueur à l'excès ; il faut surtout éviter tout ce qui ressemblerait à une sorte d'inquisition dans la vie privée. Des habitudes relâchées, mais cachées, peuvent bien diminuer un homme dans l'opinion publique, sans pour cela devoir attirer sur lui le stigmate d'un châtiment ; c'est plutôt le cas d'un avertissement officieux que d'une punition officielle. Les conseils d'une sage réserve ont été exposés dans une lettre du procureur-général à la cour royale de Paris, en date du 21 mars 1821 ; il s'agissait d'un notaire auquel on reprochait d'avoir obtenu les faiblesses d'une jeune fille de 19 ans, et le magistrat était d'avis d'abandonner cette faute à la conscience du coupable et au blâme moral de l'opinion. Voy. M. Rolland, vᵒ Discipline, n. 40.

146. Nous avons signalé, Dict. gén., vᵒ Discipline, Suppl. n. 222, 226, un considérant d'un arrêt de la cour de Limoges d'où il résulterait qu'il n'y a ni l'indépendance, ni la dignité nécessaire, dans la conduite d'un notaire obéré de dettes emportant contrainte par corps.

147. Jugé de même qu'un notaire qui, par suite de désordre dans ses affaires, est obligé de prendre des arrangements avec ses créanciers, et qui expose ses clients à ne pas être intégralement payés de sommes qu'ils lui ont confiées, encourt une peine de discipline. Toulouse, 13 mai 1836. D.P. 37. 2. 28.

148. Un abus de confiance, commis en dehors des fonctions notariales, suffirait pour entraîner l'application de la peine disciplinaire ; arrêt de la cour de Paris, du 26 mars 1839 (D.P. 39. 2. 131). Devrait aussi être puni disciplinairement un notaire qui appliquerait à son usage personnel des fonds qu'il serait chargé de recevoir, alors même qu'il serait prouvé qu'il n'avait pas l'intention de se les approprier, et bien qu'il eût opéré la restitution à son commettant. Une délibération notariale du 22 août 1836, a consacré cette loyale solution. D.P. 37. 3. 140.

149. Il en serait de même d'une condamnation pour délit d'habitude d'usure. Cass., 24 juin 1828. D.P. 28. 1. 292.

150. Le notaire qui, comme condition d'un prêt effectué par son entremise, stipule qu'il aura le droit de prélever une portion des honoraires alloués à un autre notaire chargé de vendre les biens

54

de l'emprunteur, et qui, plus tard, sur le refus d'exécuter cette convention, cherche à entraver la vente, en proposant à un huissier d'exercer différentes poursuites hypothécaires sur les biens déjà vendus, en lui offrant en même temps de partager les bénéfices qui proviendraient de ces poursuites, commet une infraction grave aux devoirs de sa profession, et se rend passible de peines disciplinaires. Ces circonstances ont été ainsi sagement appréciées par un arrêt de la cour de Paris, du 11 janvier 1841. D.P. 41. 2. 148.

151. Une chambre des notaires, dont la délibération est rapportée D.P. 37. 3. 137, après avoir posé le principe que les notaires sont soumis aux peines de discipline intérieure pour les actes de leur vie privée qui tendent à compromettre leur caractère, en a fait une application rigoureuse, en décidant qu'il y avait lieu de punir de censure avec réprimande un notaire qui avait écrit une lettre injurieuse à une personne avec laquelle il se trouvait en relations d'affaires.

152. Des opinions, quelque subversives qu'elles soient, pourvu qu'elles ne sortent point, dans leur mode de manifestation, du cercle de la légalité, ne donnent lieu à aucune poursuite. Il en serait différemment si elles se traduisaient en actes séditieux. Aussi la cour d'Agen a-t-elle jugé qu'un notaire peut être poursuivi disciplinairement pour avoir pris part à un mouvement insurrectionnel. Arrêt du 18 janv. 1842. D.P. 42. 2. 195.

153. Un notaire coupable d'irrévérence contre un magistrat dans l'exercice de ses fonctions est passible de peines de discipline. Ainsi jugé par la cour de Bordeaux, le 4 août 1841 (D.P. 42. 2. 71).

154. 2° *Infractions commises dans l'exercice du notariat.* Il est évident, d'abord, que tout notaire qui manque à l'une des obligations qui lui sont imposées par les lois et réglements de sa profession, s'expose à une punition disciplinaire, alors même que la disposition violée ne porterait aucune sanction pénale. Cette règle s'appliquerait à l'infraction commise contre les conditions même auxquelles est attachée la jouissance de la qualité et des fonctions notariales. Ainsi, comme le fait remarquer M. Roll. de Vill., n. 47, un notaire encourrait les peines disciplinaires s'il instrumentait avant d'avoir prêté serment, ou s'il avait continué ses fonctions après qu'il aurait eu la connaissance officielle de sa suspension. M. Roll. de Vill. ajoute : *ou de sa destitution.* Mais c'est là une distraction, car le notaire destitué n'est plus soumis à la juridiction disciplinaire.

155. La désobéissance aux règles concernant l'organisation du corps des notaires, par exemple la composition et la réunion des assemblées générales et des chambres de notaires, exposerait le récalcitrant à des peines de discipline; il manquerait en effet à ce qu'il doit à l'ordre public, aux principes d'une bonne administration, et aux bons rapports avec ses collègues.

156. Quand les contraventions de cette nature se sont produites, elles ont trouvé une juste répression dans le notariat et devant les tribunaux. Ainsi, il a été décidé qu'une peine disciplinaire

doit frapper le notaire qui sans excuse valable ne se rend pas à la convocation de l'assemblée générale réunie pour le renouvellement de la chambre. (Cour de Bourges, 23 juill. 1827; D.P. 28. 2. 60; Délib. de la ch. des not. de Bergerac, 3 juill. 1834; D.P. 36. 3. 77; trib. de Tulle, 31 mai 1843; D.P. 44. 3. 36). Il en serait de même de l'absence, non motivée, d'une assemblée générale convoquée pour tout autre objet.

157. Ce qui vient d'être dit des assemblées générales s'appliquerait aussi aux réunions de la chambre des notaires; M. Rolland, v° Discipline, n. 59, fait la même observation.

158. Un notaire qui refuse d'exécuter la délibération d'une chambre, prise en conséquence du réglement arrêté par cette chambre, est passible d'une peine disciplinaire. Ainsi l'a décidé, le 22 déc. 1837, une chambre dont la délibération est recueillie D.P. 38. 1. 70. M. Rolland, v° Chamb. des notaires, n. 150, et Discipline, n. 55, pense que, dans ce cas, l'application d'une peine dépend des circonstances, et doit avoir lieu si le manquement prend le caractère de l'insubordination.

159. Il résulte d'une circulaire du ministre de la justice, du 28 vent. an 13, que les membres d'une chambre de notaires pourraient être poursuivis disciplinairement s'ils avaient refusé de délibérer, quoiqu'ils en eussent été régulièrement requis; ce pourrait être, pour les tribunaux, un motif de prononcer la suspension et même la destitution.

160. Toute altération de la vérité, commise par un notaire, donne lieu à l'application d'une peine disciplinaire. Aucun doute ne saurait exister s'il s'agissait d'un véritable faux. Dans une espèce jugée par la Cour de cassation, le 24 juin 1828, la suspension et même la destitution n'avaient pas été trouvées trop graves, parce qu'en effet il s'agissait de deux procédures en faux contre des actes reçus par un notaire. D.P. 38. 1. 292.

161. La Cour de Colmar a refusé de voir un cas de destitution dans un faux, commis sans intention frauduleuse, et sans qu'il y ait eu préjudice causé à personne. (Arr. du 8 mars 1825, D.P. 25. 2. 183). Les circonstances en effet pouvaient militer contre l'application la plus sévère de toutes les peines de discipline; mais il ne faudrait pas conclure de cette décision indulgente que les magistrats aient entendu regarder une pareille faute comme non punissable : elle est, au contraire de celles qui doivent attirer sur un notaire une de ces punitions qui répriment sans tuer, si on peut s'exprimer ainsi, c'est-à-dire sans enlever à un notaire sa position dans la société.

162. Plus sévère que la Cour de Colmar, le tribunal de Mayenne a regardé comme constituant la faute de discipline la plus grave, et comme méritant la destitution, le faux commis par un notaire, quoique sans intention de préjudicier à personne. Jugement du 12 Déc. 1837, D.P. 38. 4. 70.

163. Les notaires et les tribunaux se montrent, avec juste raison, sévères contre les faux commis dans les certificats délivrés aux clercs; de pareils

actes tendent à déprécier le notariat en y introduisant l'incapacité ou l'immoralité au moyen du mensonge : le résultat n'est pas moins funeste que le procédé n'est coupable. De fortes peines ont été prononcées contre des notaires qui avaient déclaré mensongèrement dans un certificat, qu'un aspirant avait travaillé dans leur étude pendant un temps déterminé. (Cour de Poitiers, 10 août 1824, D.A. 10. 437. n. 2; et cela encore que le notaire n'eût agi que par complaisance, et sans aucun motif de cupidité; Cour d'Agen, 28 fév. 1825. D.P. 26. 2. 107.) La Cour de Poitiers n'admit pas comme excuse l'aveu fait par le notaire à la chambre qu'il avait donné une attestation contraire à la vérité.

164. Dissimuler, dans une vente, une partie du prix d'adjudication, pour frauder les droits d'enregistrement, c'est, de la part d'un notaire, un acte repréhensible, et qui peut donner ouverture aux poursuites de discipline. C'est ce que porte une instruction du ministre de la justice, en date du 2 août 1838 (D.P. 39. 3. 4). M. Rolland, n. 63, pense aussi que toute dissimulation d'une portion du prix dans une vente notariée exposerait le notaire à une peine disciplinaire. Toutefois, il cite un arrêt de la Cour de Lyon, du 18 février 1841, rendu dans des circonstances où ce fait se présentait entouré d'excuses qui avaient motivé le renvoi des poursuites intentées par le ministère public.

165. La chambre des notaires de Nancy avait précédemment décidé que le syndic devrait poursuivre tout notaire qui se permettrait la moindre altération de la vérité dans l'expression du prix aux procès-verbaux de vente aux enchères. Délibérat, du 3 mai 1836. D.P. 39. 3. 4.

166. La dissimulation du prix véritable d'un office peut entraîner l'application de peines de discipline contre un notaire. Ce principe a été plusieurs fois consacré par la jurisprudence. Voy. Dict. gén., suppl., v° Office, n. 106, 14°; D.P. 44. 3. 37.

167. S'appuyant sur un arrêt de la Cour de Nîmes, du 20 août 1840, M. Rolland applique la même solution à un notaire qui, en sollicitant sa nomination, a dissimulé à l'administration les conditions de son traité d'acquisition, et c'est en ce sens que la question serait sans doute résolue par les tribunaux devenus plus sévères contre les notaires.

168. La résidence des notaires est une de leurs principales obligations; on la leur impose de la manière la plus rigoureuse : s'ils y contreviennent, le gouvernement peut prononcer leur remplacement en les considérant comme démissionnaires. Divers arrêts avaient d'abord décidé que cette répression par le gouvernement atteignait seule les contraventions à l'obligation de résidence, et que ces faits ne pouvaient être l'objet d'une action disciplinaire. (Voy. D.P. 45. 2. 66, note 1). — Mais d'autres décisions dont une, en date du 11 janvier 1841, émane de la chambre civile de la Cour de cassation, établissent une jurisprudence contraire, qui nous a paru préférable. (D.P., eod., et plus haut, p. 669, n. 93). — Le gouvernement n'est pas tenu, mais il a seule-

ment le droit, de remplacer le notaire qui a enfreint le devoir [de résidence ; s'il n'a pas provoqué ce châtiment extrême, la faute du notaire ne doit pas rester impunie; la chambre ou les tribunaux, selon la gravité des cas, sont naturellement appelés à proportionner une peine à l'infraction. — V. eod., n. 86 et suiv.

169. M. Rolland, n. 59, pense que le fait de la réclamation par un notaire, d'honoraires excessifs, ne donnerait pas lieu à une poursuite disciplinaire, parce que les parties qui auraient payé, tandis qu'elles pouvaient contester en justice, sont présumées avoir consenti au règlement. L'acquiescement des parties intéressées ne nous paraît pas être un obstacle à ce que la chambre agisse, par voie de discipline, pour l'honneur du corps et la punition d'un défaut de délicatesse. Ce sont les circonstances qui la détermineraient; il est évident, et M. Rolland le reconnaît, qu'il y aurait lieu à poursuites disciplinaires si le notaire inculpé avait exigé des honoraires excessifs en abusant de son influence sur les clients.

170. Les notaires doivent prêter leur ministère dès qu'ils en sont requis. Toutefois ce principe ne va pas jusqu'à les obliger de donner leur attache à des actes illicites; il serait absurde de supposer que jamais la loi ait entendu forcer les notaires à l'immoralité et à l'illégalité; loin de là, on doit admettre qu'elle le leur défend. C'est donc avec raison que des notaires ont été condamnés à des peines de discipline pour avoir prêté sciemment leur ministère à des prêts usuraires, bien qu'ils n'y eussent, d'ailleurs, aucun intérêt personnel. Caen, 15 décembre 1828 (D.P. 30. 2. 130). — Voy: Comment de la loi du 25 vent. art. 3.

171. Le notaire qui viole, dans des vues d'intérêt privé, les diverses prohibitions établies dans la loi de l'an 2, dans l'art. 12 de l'ordonnance du 4 janvier 1843, ou dans d'autres dispositions spécialement relatives aux notaires, encourt, à bon droit, les peines disciplinaires.

172. M. Rolland dit avec raison, n. 62, que le notaire qui se rend cessionnaire de droits litigieux, malgré l'art. 1597 C. civ., s'expose à des peines disciplinaires : car il viole ses devoirs de notaire.

173. Le notaire qui reçoit des actes d'achat ou de revente dans lesquels il est intéressé par suite d'association en participation avec l'un des contractants est passible d'une peine disciplinaire; il invoquerait en vain la bonne foi; moins que personne il serait admis à prétendre qu'il ignorait la loi. Cass. 19 août 1844. D.P. 44. 1. 397.

174. 3° *Cumul de plusieurs actions fondées sur le même fait.* Il est de principe constant que l'action disciplinaire est indépendante de l'action civile ou de l'action criminelle dont un notaire serait l'objet à raison des mêmes faits. Le sort de l'une n'entraîne pas celui de l'autre.

175. Ainsi, qu'un notaire soit traduit devant une cour d'assises, mais acquitté, il peut être poursuivi disciplinairement, à raison des mêmes faits dont il a été déclaré non coupable au point de vue criminel; il ne serait pas fondé à invoquer la chose jugée; il le pourrait d'autant moins que

les décisions du jury n'étant jamais motivées, laissent dans le doute, en cas d'acquittement, si elles ont entendu nier l'existence du fait ou seulement l'intention coupable. La jurisprudence est conforme à cette doctrine; voy. Dict. gén., v° Discipline, n 236, 237, — et arr. de la chambre des requêtes, du 22 avril 1837, D.P. 37. 1. 298, du 29 déc. 1836. D.P. 37. 1. 63.

176. Toutefois, la Chambre civile, par arrêt du 24 janvier 1837, (D.P. 37. 1. 64), a décidé en sens contraire; nous avons émis des doutes sur le bien jugé de cet arrêt; l'application rigoureuse de la règle *non bis in idem*, ne nous a pas semblé opportune quand elle doit tomber sur une classe de citoyens tenue à des obligations plus étroites; un notaire peut fort bien ne pas mériter la répression sévère du droit commun, être pur aux yeux du Code pénal, mais avoir encore encouru la peine de son code professionnel, avoir manqué à la délicatesse plus étroite qu'exige son ministère, et se trouver ainsi , quoique innocent légalement dans le sens de la criminalité, inculpé sous le rapport de la discipline notariale.

177. Aussi, malgré l'arrêt de la Chambre civile, les Cours royales ont continué de juger dans le sens que nous avons soutenu, par exemple la Cour de Limoges, le 21 juin 1838 (D.P. 39. 2. 6), et la Cour d'Agen, le 18 janvier 1842 (D.P. 42. 2. 195).

178. Ce qui vient d'être dit pour le cas d'une déclaration de non culpabilité par les jurés, s'appliquerait à une déclaration de non-lieu, *faute de charges suffisantes*; elle n'affranchirait pas le notaire des poursuites de discipline. Deux arrêts de la Cour de Colmar, des 5 et 8 mars 1825, l'ont ainsi jugé. D.P. 25. 2. 183.

179. La Cour de Bourges, par arrêt du 20 avril 1825 , a décidé qu'il en serait autrement si la Chambre d'accusation avait déclaré le fait criminel prescrit. (D. P. 25. 2. 249). Mais cette solution semble contredire un principe généralement admis, et dont nous parlerons plus tard , à savoir que l'action disciplinaire des tribunaux est imprescriptible.

180. Il en serait de l'acquittement par le tribunal correctionnel comme de la déclaration de non-culpabilité par le jury; il n'empêcherait point l'action disciplinaire ultérieure. La Chambre des requêtes a fait application de ce principe dans une espèce où la poursuite de l'action criminelle était prescrite. 30 déc. 1824 ; D.P. 25. 1. 129.

181. Si, au lieu d'être acquitté, le notaire est condamné, l'action disciplinaire, étrangère à l'action publique, n'est point épuisée par cette condamnation; l'homme a été atteint; le notaire peut encore l'être. Le tribunal de Nîmes a jugé en ce sens à l'égard d'un notaire condamné à une peine correctionnelle. Voy. Dict. gén., suppl. v° Discipl., n. 236, 4°. — Voy. aussi v° Chose jugée, n. 385.

182. L'indépendance des deux actions, criminelle et disciplinaire, a encore cette conséquence que cette dernière peut être exercée avant que la première ait été jugée. M. Rolland, v° Disci-

pline, n. 68, enseigne aussi que les mêmes faits pour lesquels un notaire est poursuivi criminellement ou correctionnellement peuvent encore , bien que l'affaire ne soit pas jugée, motiver l'action disciplinaire. Une décision du ministre de la justice, du 11 juillet 1835, reconnaît ces principes dans une affaire où il s'agissait d'une accusation de faux. D.P. 36. 3. 71.

183. Nul doute que l'application d'une simple peine de discipline intérieure n'opposerait aucun obstacle à l'action du ministère public qui croirait voir dans les faits le caractère d'un délit ; elle ne mettrait obstacle qu'à l'application de peines disciplinaires de même nature. (V. n. 125). De même, la décision disciplinaire de la Chambre des notaires n'empêcherait pas l'action civile devant les tribunaux de la part des parties lésées.

Dans le cas où les tribunaux prononcent les peines de discipline, ils peuvent statuer simultanément sur la peine et sur les dommages-intérêts : c'est une économie de temps et de frais. Les arrêts déjà cités de la Cour de Lyon, du 28 mars 1840, et de la Cour de cassation, du 11 janv. 1841, ont admis ce mode de procéder.

SECT. II. — *De l'exercice de l'action disciplinaire devant les chambres de discipline.*

184. Cette matière est réglée par les nouvelles dispositions de l'ordonnance de 1843, par les instructions ministérielles et par la jurisprudence des tribunaux. Nous allons traiter, en trois paragraphes distincts, de l'instruction, des délibérations et des peines qu'elles appliquent, des recours contre les décisions.

§ 1er *De l'instruction devant les chambres de discipline.*

185. Remarquons d'abord que c'est devant les chambres de discipline, et non devant les assemblées générales que doivent être portées les poursuites de discipline contre les notaires ; les assemblées générales ne peuvent ni excuser, ni punir leurs membres, même à raison de leur absence aux réunions. Voy. aussi M. Rolland, v° Discipline, n. 78, 79.

186. Quand les fautes commises par les notaires et dont la connaissance parvient aux chambres, excèdent la compétence disciplinaire de ces dernières, elles doivent les dénoncer au ministère public, afin qu'il poursuive devant les tribunaux. M. Rolland, v° Discipl. n. 70.

187. Le syndic de la chambre exerce auprès d'elle les fonctions du ministère public ; c'est lui qui lui défère les faits relatifs à la discipline : il est tenu de les lui dénoncer, soit d'office, soit sur la provocation des parties intéressées ou d'un des membres de la chambre. On se demandait si le procureur du roi pouvait renvoyer au syndic les plaintes ou renseignements qui lui sont parvenus (V. M. Rolland, n. 74, 75). L'art. 17 de

l'ordonn. du 4 janv. 1843 lève les doutes, en disant que le syndic devra dénoncer les faits de discipline soit d'office, *soit sur l'invitation du procureur du roi.*

188. C'est encore une question de savoir si un tribunal pourrait renvoyer un notaire devant la chambre de discipline. M. Rolland, n. 76, se fondant sur la plénitude de juridiction disciplinaire qu'il reconnaît aux tribunaux à l'égard des notaires (Voy. ci-dessus, n. 123), adopte l'affirmative; il invoque un plaidoyer de M. Merlin dans une affaire où il s'agissait d'un avoué, tout en reconnaissant que les notaires ne sont pas soumis, au même degré que les avoués, au pouvoir disciplinaire des tribunaux.—Il nous paraît que le tribunal qui serait saisi directement d'un fait de simple discipline, pourrait se déclarer incompétent, mais qu'il excéderait ses pouvoirs en renvoyant le notaire devant la chambre de discipline de son arrondissement; celle-ci ne serait pas légalement saisie par un tel renvoi.

189. Quand la chambre est saisie par la plainte d'un notaire contre un autre notaire, cette plainte doit lui être adressée directement et non par l'intermédiaire du procureur du roi. Délib. du 5 août 1836, sur une partie seulement de laquelle est intervenue une décision du garde-des-sceaux du 2 janv. 1837; D.P. 37. 3. 136.

190. L'art. 17 de l'ordonnance règle la manière dont le syndic doit citer le notaire inculpé à comparaître devant la chambre. Il est d'usage, dit M. Rolland, n. 82, et cela nous paraît de toute justice, que le notaire en retard supporte les frais de l'exploit d'huissier, à moins que la chambre ne l'en décharge. Nous pensons, avec le même auteur, que si, au lieu de citer d'abord le notaire par une simple lettre, le syndic l'a fait immédiatement assigner par huissier, ce ne serait pas une cause de nullité de la poursuite, mais un juste motif pour le notaire de se refuser à payer les frais de la citation.

191. Une chambre de discipline pourrait-elle se saisir incidemment de l'action disciplinaire? M. Rolland, n. 84, croit que non : suivant lui, une chambre commettrait évidemment un excès de pouvoir, si, oubliant qu'elle n'est point saisie d'une action disciplinaire, elle prenait sur elle, en statuant sur une réclamation civile, et à la suite de son avis, de déclarer qu'un notaire a manqué à son devoir, et de prononcer contre lui une peine de discipline; le syndic, ajoute M. Rolland, peut alors faire des réserves, et quand l'intérêt civil est satisfait, intenter l'action disciplinaire. Nous ne croyons pas cette opinion à l'abri de critique. Aucun texte de la loi ni de l'ordonnance ne défend le cumul des deux procédures devant les chambres; on a vu, ci-dessus, sect. 1re, que les tribunaux civils peuvent prononcer simultanément, quand il y a lieu, sur l'action en dommages-intérêts et sur l'action disciplinaire; pourquoi en serait-il autrement devant la chambre des notaires? N'entre-t-il pas dans l'esprit de l'institution d'éteindre dans l'intimité les reproches qu'on pourrait avoir à faire à un collègue, d'éviter les formalités et les

frais, de procéder en famille? N'est-ce pas agir dans cet esprit que d'en finir avec une mesure de discipline quand l'inculpé est présent et a pu donner ses explications? La lettre de citation est nécessaire sans doute, quand le notaire n'a été appelé pour aucun motif devant la chambre; mais quand il s'y trouve, à quoi bon multiplier les actes? Nous supposons, on le voit, que le notaire inculpé serait présent, aurait présenté sa défense, et que la poursuite disciplinaire pourrait être vidée sans instruction ultérieure.—V. n. 238.

192. Aux termes de l'art. 6 de l'ordonnance du 4 janvier 1843, le rapporteur recueille les renseignements sur les faits imputés aux notaires, et en fait rapport à la chambre. Il est bien entendu que le rapporteur peut et doit s'entourer de tous les renseignements avant de faire son rapport; c'est dans ce but qu'une délibération des notaires de Paris, du 16 pluv. an 12, l'autorise à donner, soit chez lui, soit ailleurs, des rendez-vous aux notaires à qui il a des explications à demander ou à donner.

193. L'office du rapporteur n'est pas exclusif; il n'empêche pas la chambre d'ordonner une enquête devant un de ses membres; le mode d'instruction tracé par l'ordonnance, comme précédemment par l'arrêté de nivose an 12, n'a rien qui ne se concilie avec l'idée d'une audition de témoins devant un notaire. La chambre des notaires de Privas avait pensé ainsi, par délibération du 2 mai 1836; attaquée pour incompétence devant le tribunal civil, cette délibération fut infirmée par jugement du 30 août 1836. Mais, à son tour, la Cour de Nismes, par arrêt du 5 janvier 1837, approuva la procédure ordonnée par la chambre des notaires. D.P. 38. 2. 168.

194. Indiquée par la nature des choses, conseillée par le légitime désir d'arriver à la vérité, l'audition des témoins est sans doute un moyen légal de se bien renseigner, et aucun motif plausible ne peut empêcher une chambre de discipline d'y recourir. Mais pour qu'une enquête soit complétement efficace, il faut que celui qui y procède ait le droit d'obliger à comparaître les témoins qu'il regarde comme utiles; or, ce droit de coaction n'existe pas dans les mains des notaires; on peut, comme M. Rolland, n. 90, regretter que les chambres ni leurs rapporteurs ne soient armés de cette prérogative : mais il faut reconnaître, comme nous l'avons déjà fait nous-mêmes, que la comparution des témoins devant les chambres de discipline est essentiellement volontaire, et que la prestation de serment ne peut être exigée de ceux qui se présentent. Une décision du garde-des-sceaux, du 20 novembre 1837, proclame ces principes. D.P. 38. 3. 117.

195. Nous avons cru devoir faire une exception, pour le cas où ce serait un notaire (encore faut-il que ce soit un notaire de l'arrondissement), qui serait appelé en témoignage. Il ne pourrait se refuser à comparaître devant la chambre; s'il le faisait, son refus constituerait un manquement à l'ordre, et aux égards dus aux gardiens de la discipline notariale. Il n'y aurait, à la vérité, aucun moyen de

contrainte contre lui; mais il s'exposerait à une peine de discipline.

196. L'enquête ordonnée par une chambre n'emporte pas l'obligation d'entendre tous les témoins désignés par le notaire inculpé; la chambre reste libre d'admettre ou de refuser tel mode de former sa conviction.

197. La délibération du 5 août 1836, intervenue dans l'affaire rappelée ci-dessus, n. 189, a prononcé en ce sens, et a également décidé que, dans une enquête de cette nature, on peut entendre des notaires qui, dans la chambre et avant la poursuite, se seraient exprimés sur l'inculpation. Ils peuvent donner des renseignements, et cela suffit pour que leurs collègues puissent s'adresser à eux : tout est de faculté et de convenance dans cette sorte d'instruction intérieure.

198. Après le rapport, toutes les personnes intéressées et l'inculpé sont entendus. Une délibération du 5 août 1836, dans l'affaire Br... (D.P. 37. 3. 136), a refusé à un notaire le droit de se présenter assisté, pour sa défense, d'un notaire agissant à titre d'ami. Cette restriction au droit de défense ne nous paraît pas légitime. En vain a-t-on cherché à l'appuyer sur l'art. 15 de l'arrêté du 2 nivose an 12, reproduit par l'art. 20 de l'ordonn. du 4 janv. 1843, qui, dit-on, n'accorde qu'aux tiers la faculté de se faire représenter ou assister par un notaire. Le texte se refuse à cette interprétation : il accorde la faculté dont il s'agit, *aux tiers qui voudront être entendus*. Quoiqu'il semble que la demande volontaire d'être entendu suppose le désir de s'expliquer par soi-même, on n'a pas voulu que le droit d'avoir un défenseur même dans la compagnie à laquelle appartient l'adversaire, pût souffrir aucun doute. Mais la même mention expresse n'était pas nécessaire, et le même doute ne pouvait pas exister à l'égard du notaire, qui n'a pas seulement quelques intérêts pécuniaires, mais sa considération, son honneur, peut-être son état à défendre. Serait-il juste, peut-on regarder comme légal, de gêner l'exercice de la défense dans une pareille situation? A Paris, et c'est là aussi une remarque de M. Rolland de Vill., v° Discipline, n. 94, on laisse au notaire inculpé toute latitude de se faire assister par un autre notaire, par un avocat ou par tout autre conseil de son choix. On accorde cette faculté aux magistrats cités devant la cour de Cassation (D.P. 44. 1. 278).

199. Les règles d'instruction dont il a été question jusqu'ici concernent les affaires dans lesquelles les chambres prononcent des peines disciplinaires : lorsqu'il s'agit de destitution, et même d'après une innovation introduite par l'ordonnance de 1843, de suspension, les chambres n'ont plus le droit de punir, mais seulement celui de provoquer la peine; elles procèdent alors par de simples avis, dans les formes indiquées par les art. 15 et 16 de l'ordonnance.

200. L'adjonction des notaires n'est exigée que pour former l'avis qui doit être donné; elle ne l'est pas pour procéder à des actes d'instruction ordonnés par la chambre; ces préliminaires appartiennent à la chambre : cela est d'autant plus sagement jugé par la Cour de Nismes (5 janv. 1837, D.P. 38. 2. 168), qu'il peut arriver, si l'instruction est favorable, que la chambre renonce à provoquer la suspension.

201. Quand la majorité est d'avis qu'il y a lieu de se prononcer pour la suspension ou la destitution, nous croyons, comme M Rolland, n. 145, que la délibération doit être notifiée au notaire inculpé. Bien que l'art. 20 de l'ordonnance ne parle que de la notification des délibérations qui appliquent des peines, et que la même disposition ne soit pas écrite pour les simples avis, néanmoins les mêmes motifs doivent entraîner la même décision. Il importe au notaire de connaître, pour les combattre devant les tribunaux, les raisons du précédent qu'établit contre lui l'opinion de ses collègues.

202. L'avis portant qu'il y a lieu à suspension ou destitution peut-il être frappé d'opposition ou d'autre recours par le notaire intéressé? M. Rolland, n. 147, pense que oui; selon lui, si l'on s'attache à l'objet de là délibération, à ses formes, à son influence, on ne peut s'empêcher de reconnaître, dans l'avis de la Chambre, une véritable décision disciplinaire, à la vérité non définitive; d'ailleurs, ajoute-t-il, comment refuser tout recours contre une décision qui, sans compter les erreurs du fond, peut présenter des vices de forme? — Malgré l'évident intérêt qu'a le notaire à ne pas voir arriver jusque devant les tribunaux la discussion des faits qui lui sont imputés, nous avons quelque peine à lui ouvrir, pour ce cas, une voie de recours; cela ne se peut faire qu'en effaçant la distinction bien tranchée entre les décisions disciplinaires qui appliquent une peine, et les avis qui tendent à indiquer seulement qu'il y aurait lieu d'en appliquer une. Les premières prononcent, elles jugent : les autres instruisent, préparent le jugement; les tribunaux ne sont point liés par l'avis qu'on leur donne; ils peuvent y trouver la trace de quelque jalousie, de quelque intrigue, ou d'une susceptibilité excessive, d'un esprit de corps poussé au-delà des bornes. On ne se pourvoit pas contre une consultation, quelque solennelle qu'elle soit. Le notaire inculpé a une puissante garantie dans l'adjonction d'un certain nombre de ses collègues aux membres ordinaires de la chambre. D'ailleurs, bien que l'ordonnance ne le dise pas, rien ne s'oppose à ce qu'il soit entendu ou appelé : alors qu'il aura été entendu, de quoi se plaindrait-il?

§ 2. — *Des délibérations et des peines qu'elles appliquent.*

203. La première condition pour la validité des délibérations, c'est qu'elles soient rendues par une chambre régulièrement composée; les règles à cet égard sont établies par l'ordonnance du 4 janvier 1843, et ne diffèrent pas d'avec ce qui est prescrit pour les délibérations non disciplinaires, sauf quelques dispositions spéciales dont il sera parlé ci-après. Voy. pour les délibérations, en général, ce qui a été dit plus haut.

204. Si le président est empêché, il peut être remplacé par le syndic dont les fonctions sont alors remplies par un autre membre. (Décis. rapportée D.P. 37. 3. 136). M. Rolland, vᵒ Discipline, n. 99, pense qu'il ne saurait en être ainsi lorsque le syndic titulaire a rempli ses fonctions dans l'affaire, qu'il a entamé ou commencé l'instruction ; car on ne peut être à la fois accusateur et juge. Du reste, quand il n'est pas partie poursuivante dans l'action disciplinaire, ce qui arrive quand c'est le ministère public qui, avant de poursuivre, demande l'avis de la chambre, le syndic a voix délibérative. Décision de 1836, rappelée ci-dessus.

205. Tous les membres de la chambre peuvent prendre part aux délibérations; les notaires honoraires n'y ont que voix consultative (Ord. de 1843, art. 30).

206. L'art. 19 de l'ordonnance du 4 janvier 1843 exclut des délibérations disciplinaires le notaire parent ou allié, en ligne directe à tout degré, et, en ligne collatérale, jusqu'au degré d'oncle ou neveu inclusivement, du plaignant ou du notaire inculpé. Cette disposition est nouvelle, et lève des doutes qui s'étaient élevés. Comme les causes d'exclusion ne s'étendent pas, nous pensons qu'on ne saurait invoquer d'autres motifs que la parenté comme moyens de récusation contre des notaires membres de la Chambre de discipline. M. Rolland, n. 100, estime aussi que l'on ne peut, sous ce rapport, assimiler les Chambres de discipline aux tribunaux, et il ajoute que lorsque la loi accorde la faculté de récusation, elle le dit expressément, par exemple pour les prud'hommes, pour les conseils de discipline de la garde nationale. — V. cependant n. 208.

207. M. Rolland, n. 101, est d'avis que les notaires qui déclarent avoir été témoins du fait qui donne lieu aux poursuites devant la chambre peuvent prendre part à la délibération; en effet, les formes n'ont point ici la rigueur judiciaire : la Chambre s'éclaire comme elle l'entend, et c'est surtout dans les renseignements venus de ses propres membres qu'elle place naturellement sa confiance.

208. Il est bien entendu que si un membre de la chambre est plaignant contre un notaire, il ne pourra prendre aucune part à la délibération, ni même siéger avec voix consultative. M. Rolland, n. 105, fait également cette observation.

209. Les notaires que la chambre est obligée de s'adjoindre quand il s'agit de provoquer la suspension ou la destitution d'un notaire paraissent avoir rempli leur mission spéciale quand ils ont délibéré sur la question de suspension ou de destitution; il semble donc qu'ils ne pourraient prendre part à la délibération par laquelle la Chambre, rejetant l'extrémité qui lui était proposée, se bornerait à l'application d'une simple peine de discipline. Nous devons dire toutefois qu'une chambre de notaires, par délibération du 3 août 1835 (D.P. 36. 3. 125), a pensé le contraire.

210. L'art. 20 de l'ordonnance de 1843 veut que toutes les délibérations soient motivées, et signées par le président et le secrétaire, et con-

tiennent les noms des membres présents; mais il ne prescrit aucune formalité pour la délibération intérieure; M. Rolland, n. 106, pense, en conséquence, qu'il suffit que la majorité soit constatée; à Paris l'usage est de voter par mains levées.

211. La loi et l'ordonnance déterminent la compétence disciplinaire des chambres de notaires; l'art. 14 de l'ordonn. du 4 janv. 1843 renferme l'énumération des peines qu'elles peuvent prononcer; dans aucun cas, et sous aucun prétexte, elles ne peuvent en appliquer d'autres.

212. Ainsi, il ne leur appartiendrait pas d'ordonner qu'un notaire sera rayé du tableau des membres de la chambre; ce serait d'ailleurs une usurpation sur les droits de l'assemblée générale, qui seule nomme les membres de la chambre. Nous avons déjà exprimé ce sentiment. D.P. 33. 1. 358.

213. Le ministre de la justice a décidé, le 29 oct. 1835, par suite des mêmes principes, que les chambres ne peuvent prononcer la privation du titre de notaire certificateur.

214. Les délibérations disciplinaires des chambres étant des actes de police intérieure, M. Rolland, n. 112, regarde comme entachés d'illégalité les règlements d'une chambre qui a autorisé la censure avec publicité; cette publicité, contraire à l'esprit qui a présidé à l'établissement des chambres, est, en effet, une sorte de peine additionnelle, qu'aucune loi n'autorise. Par le même motif, M. Rolland, n. 113, croit qu'il y a excès de pouvoir de la part d'une chambre lorsqu'elle ordonne que la décision qui interdit à un notaire le droit de voter aux assemblées générales pendant un certain nombre d'années, sera lue, chaque année, dans l'assemblée générale, pendant le même nombre d'années. On peut multiplier les exemples de peines dont on peut frapper illégalement un notaire : la règle la plus sûre, en cas pareil, est de se renfermer dans le cercle des pénalités que le législateur a établies.

215. Les chambres ne peuvent, dans aucun cas, condamner à l'amende, ni à des dommages-intérêts; sur ce dernier point, elles n'ont qu'un avis à donner; voy. chap. 2.

216. En restant dans les limites de sa compétence, une chambre ne peut prononcer contre un notaire plusieurs peines disciplinaires; c'est ainsi qu'une délibération du 3 août 1835 a cumulé la privation de voix délibérative dans l'assemblée générale avec l'interdiction de l'entrée de la chambre. D.P. 36. 3. 125.

217. Pour être exécutées, les délibérations ont besoin d'être connues légalement, et cette connaissance légale résulte de la notification. L'art. 20 de l'ordonn. de 1843 porte que la notification se fait dans la même forme que les citations. Jusqu'à ce qu'elles aient été notifiées dans la forme légale, les décisions disciplinaires ne peuvent produire aucun effet. C'est ainsi que la Cour de Paris a décidé qu'un notaire, privé de voix délibérative dans l'assemblée générale, avait eu néanmoins le droit de coopérer à ses travaux, parce que la délibération qui lui infligeait la peine ne

lui avait pas été notifiée régulièrement. Arr. du 25 août 1834. D.P. 35. 2. 12.

218. Le notaire frappé d'une peine disciplinaire peut exiger une expédition de la délibération; c'est son intérêt, c'est son droit; le tribunal de Provins, cité par M. Rolland, n. 120, a eu raison de le proclamer. Nous pensons, avec le même auteur, n. 121, que la notification faite au notaire ne lui enlèverait pas le droit de demander l'expédition.

219. Quant à la partie plaignante, si elle n'a pas demandé de dommages-intérêts, évidemment elle n'est pas fondée à exiger une expédition de la délibération qui aurait ou prononcé ou refusé de prononcer une peine disciplinaire : la discipline du notariat lui est chose étrangère. Mais s'il y a eu réclamation de dommages-intérêts, l'expédition ne pourra être refusée, en ce qui touche du moins ce chef : car c'est sur l'avis de la chambre des notaires que le plaignant s'appuiera, s'il n'y a pas eu transaction ni compromis devant la chambre, pour obtenir ses dommages-intérêts devant les tribunaux. M. Rolland, n. 122, envisage la question de la même manière.

220. Il est inutile aujourd'hui de rechercher si le procureur du roi peut se faire donner expédition, puisque, d'après l'ordonnance de 1843, il a le droit de requérir communication du registre où doivent être inscrites toutes les délibérations de la chambre. Voy. plus haut.

§ 4. — *Des voies de recours contre des délibérations des chambres de discipline.*

221. Les délibérations disciplinaires des chambres de notaires n'ont pas rigoureusement le caractère de jugements : ce sont, dit l'art. 20 de l'ordonn. de 1843, de simples actes d'ordre ou de discipline ou de simples avis. De pareilles mesures ne peuvent être confiées qu'aux notaires eux-mêmes : de plus, le vœu de l'institution est, comme nous avons eu déjà l'occasion de le dire, que les affaires disciplinaires expirent dans l'enceinte des chambres, et y reçoivent solution sans retentissement, ainsi que le demanderaient les différends de famille. Il s'ensuit de là que le mérite, au fond, d'une délibération de discipline, ne peut être déféré à aucune autre juridiction. Les tribunaux n'ont point reçu compétence à cet égard; et personne ne l'a réclamée pour eux; bien au contraire. Voy. M. Rolland, v° Discipline, n. 133.

222. Le garde-des-sceaux n'aurait non plus aucun pouvoir de prononcer sur le mérite d'une délibération, rendue compétemment, avec les formes voulues, et appliquant une peine de discipline intérieure. La jurisprudence du ministère lui-même sur ce point est constante. Décis. du 28 déc. 1829, du 2 janv. 1837 et du 12 avril 1839; la première est rapportée par M. Rolland, n. 134 et celle du 2 janv. 1837, D.P. 37. 3. 136.

223. Si, par suite de l'examen d'une délibération qui lui serait adressée, le ministre trouvait la peine trop douce comparativement aux faits reprochés, il pourrait provoquer l'action du ministère public, lequel, d'ailleurs, aurait le droit d'agir d'office, et de demander devant les tribunaux la suspension ou la destitution; cette poursuite serait complètement indépendante de la mesure disciplinaire prise par la chambre. M. Rolland, n. 135, s'exprime dans le même sens. V. n. 125.

224. Mais, au lieu d'une délibération régulière, légale, supposez qu'une chambre de notaires a prononcé hors de sa compétence, a commis un excès de pouvoir, ou bien a violé les formes prescrites, la décision sera-t-elle à l'abri de tout recours? Nous ne le pensons pas; il est contraire à toute hiérarchie, à toute bonne administration de la justice, qu'une décision quelconque rendue contrairement aux lois, surtout aux lois de compétence et de distribution des pouvoirs, ait l'impunité assurée. Aucune raison n'existe qui conduise à placer, sous ce rapport, la juridiction des chambres de notaires dans un privilège exceptionnel. Nous avons développé ces idées, D.P. 33. 1. 360; ce sont aussi celles qu'admet M. Rolland, n. 136; et, en vérité, elles ne sont pas de nature à souffrir une sérieuse contradiction. Aussi n'est-ce pas là que se présentent les difficultés.

225. Mais ce qui est réellement embarrassant, c'est de savoir par quel moyen et devant quelle juridiction le recours pourra être exercé. A cet égard, une vive controverse s'est élevée devant les tribunaux. La Cour de cassation a déclaré non-recevable un pourvoi porté devant elle contre une délibération disciplinaire attaquée comme contenant un excès de pouvoir (arr. 4 déc. 1833; D.P. 33. 1. 358). La Cour de Nîmes, par son arrêt, déjà cité, du 5 janv. 1837, a jugé que ce n'est qu'en cas d'excès de pouvoir que les décisions des chambres de discipline des notaires peuvent être attaquées par le notaire condamné, et qu'elles doivent l'être par voie d'action directe ou d'exception devant les tribunaux ordinaires. Au contraire, la Cour de Caen, par arrêt du 5 avril 1838 (D. P. 38. 2. 175), a décidé que les délibérations disciplinaires des chambres de notaires, qui contiennent soit une violation des formes constitutives, soit un excès de pouvoir, ou une incompétence, doivent être attaquées, non par la voie de l'action en nullité devant le tribunal civil, mais par celle du pourvoi en cassation.

Cette dernière doctrine est celle que M. Dalloz aîné a soutenue et développée lors de l'arrêt de 1833, et à laquelle s'est rangé, en la discutant à fond, M. Rolland, v° Discipline, n. 137. Nous avons alors combattu le mode de recours indiqué par feu M. l'avocat-général Nicod, l'action en dommages-intérêts contre les membres de la chambre; en effet, on concevrait difficilement une pareille action fondée sur une simple erreur sans reproche de passion adressé aux membres de la chambre. Si on l'admettait, on ouvrirait un moyen de remettre en lumière, de discuter les délibérations; on provoquerait les luttes, les inimitiés.

En faveur de l'action en nullité portée devant les tribunaux ordinaires, on a invoqué l'analogie avec l'arbitrage; on a dit que ce moyen doit d'autant plus être admis que les décisions de chambres de discipline peuvent être affectées de diverses sortes de nullités radicales, par exemple si elles condamnaient un notaire sans l'avoir mis à même de se défendre, si elles émanaient d'une chambre composée d'un nombre de membres inférieur à celui qu'exige l'ordonnance. Toutefois, l'attribution de la Cour de cassation est mieux fondée; elle est plus prompte, plus directe, plus économique, moins retentissante dans la localité, et par conséquent plus en harmonie avec la nature du pouvoir disciplinaire. On objecte vainement que par leur nature, par l'absence de formalités, et d'après le texte même de l'ordonnance, les décisions des chambres de notaires ne sont pas des jugements, et, par suite, échappent à la juridiction de la Cour suprême. Cette objection, qui diminue la portée d'une grande institution, tombe devant la loi du 27 vent. an 8, qui charge la Cour de cassation d'annuler non pas seulement tous les jugements ou arrêts, mais tous les *actes* pour lesquels les juges étaient incompétents ou dans lesquels il ont excédé leurs pouvoirs, ou violé des formalités essentielles et d'ordre public.

— Cependant, n'y a-t il pas une distinction à faire entre les décisions du tribunal et celles des chambres de discipline? Celles-ci, considérées comme des mesures d'intérieur, des actes de police notariale, ne devraient-elles pas être déférées au garde des sceaux, en cas d'excès de pouvoir; et celles-ci, véritables *actes judiciaires*, dénoncées à la Cour de cassation? Nous pencherions volontiers vers cette distinction, en regrettant qu'elle n'ait pas encore été proposée et qu'elle soit même repoussée d'avance par les décisions citées n. 222.

226. On a demandé si le notaire appelé devant la chambre de discipline peut former opposition à la décision qui l'a condamné par défaut? Un arrêt de la Cour de Paris, du 25 août 1831, suppose cette faculté, mais ne juge pas la question *in terminis* (D.P. 34. 2. 229). Nous avons ici quelques doutes. M. Rolland, n. 127, n'hésite pas à admettre l'opposition; en effet, le droit de faire défaut, et, ensuite, celui de s'opposer à la chose décidée, sont reçus dans toutes les juridictions, lorsqu'une loi formelle ne consacre pas le contraire. Les formes spéciales d'un avertissement par lettre du syndic, ensuite par un exploit d'huissier, la déclaration que la délibération sera prise après que le notaire aura été entendu ou dûment appelé, ne constituent pas des dérogations au droit commun; le préliminaire d'une simple lettre a pour but d'empêcher l'éclat d'un acte extrajudiciaire, mais ne peut faire double emploi avec la constatation authentique qui était nécessaire, dans le cas prévu, et qui résulte de la citation. D'ailleurs une citation, même réitérée, prouve seulement qu'on a été averti, mais n'enlève pas le droit de faire défaut, lequel tient essentiellement à celui de se défendre de la manière et au moment où on le veut, droit précieux surtout lorsqu'il s'agit d'une décision où l'honneur personnel peut être engagé. De ce que le notaire aura été dûment appelé, il ne suivra pas

que la décision ne saurait être frappée d'opposition : si cette formalité essentielle n'avait pas été observée, c'est par voie de cassation, ainsi qu'on l'a vu ci-dessus, ou par voie administrative, si l'on admet la distinction que nous avons proposée, que la décision devrait être attaquée; mais le recours alors ne porterait pas sur le fond, comme le fait l'opposition.

227. La faculté d'opposition étant admise, M. Rolland, n. 128 et suiv., pense, et cela nous semble tout à fait raisonnable dans l'absence de dispositions qu'a laissé subsister l'ordonnance de 1843, que ce recours devrait, aux termes du Code de procédure, être formé dans la huitaine à partir de la signification de la décision de la chambre, par lettre du syndic, contenir les moyens d'opposition, et suivre les formes de la procédure civile et non celles de la procédure en matière correctionnelle.

SECT. III. — *De l'exercice de l'action disciplinaire devant les tribunaux.*

228. Il nous reste à exposer par qui et dans quel temps l'action disciplinaire s'exerce devant les tribunaux, quelle est la forme de la procédure, quelles peines les tribunaux peuvent prononcer; enfin, de quel recours leurs décisions sont passibles.

§ 1ᵉʳ. — *Par qui et dans quel délai l'action disciplinaire est exercée devant les tribunaux.*

229. L'art. 53 de la loi du 25 vent. an 11, après avoir énuméré les diverses peines que les tribunaux sont autorisés à prononcer contre les notaires, ajoute que ces peines sont prononcées à la poursuite et diligence du procureur du roi. Ce magistrat trouve des renseignements dans les procédures judiciaires où un notaire peut être impliqué (M. Rolland, n. 166. 167), dans la notoriété publique, dans les délibérations des chambres de discipline qu'il a toujours le droit de se faire communiquer, dans les plaintes ou dénonciations qui lui sont adressées. Voy. aussi D.A. 10. 436, n. 2.

230. L'action disciplinaire devant les tribunaux appartient au ministère public exclusivement : les tribunaux ne sauraient, à cet égard, prendre aucune initiative ; les invitations ou injonctions de ce genre sont contraires aux règles hiérarchiques de l'organisation judiciaire. C'est donc avec raison que M. Rolland, vᵒ Discipline, n. 151, 152, les rejette comme nous. V. cependant n. 188.

231. Si, dans l'exercice de ses fonctions disciplinaires, le ministère public est indépendant des tribunaux, à plus forte raison l'est-il des Chambres de discipline; il peut donc provoquer la punition légale des notaires, d'office, et sans avoir pris au préalable l'avis de la Chambre : un arrêt de la Chambre des requêtes, du 13 mai 1807, un de la Cour de Bourges, du 23 juillet 1827, et un autre du 3 déc. de la même année, ont consacré ce principe (Voy. D.A. 10. 436, n. 1 ; D.P. 28. 2. 60 et 140). Il est aussi rappelé dans l'instruction ministérielle du 12 janvier 1843, explicative de l'ordonnance du 4 du même mois. D.P. 43. 3. 43.

232. L'action disciplinaire et judiciaire est publique et tout à fait personnelle ; il s'ensuit qu'elle n'admet aucune intervention étrangère, ni de la part d'autres notaires, ni de la part des tiers, par exemple des créanciers, intéressés à ce que leur débiteur ne perde pas son état par un jugement de destitution. C'est aussi ce que pense M. Rolland, v° Destitution, n. 39.

233. Nous rappelons ici ce que nous avons déjà dit, que l'action disciplinaire est indépendante de l'action civile, qu'elle peut être exercée simultanément avec celle-ci, et qu'elle ne trouve pas d'obstacle dans l'acquittement de poursuites criminelles dont les mêmes faits auraient été l'objet.—V. n. 174.

234. On a vu, section 1re, n. 179, un arrêt décidant que l'action disciplinaire peut être exercée après l'acquittement de poursuites déclarées prescrites; un autre arrêt de la Cour de Bourges, du 20 avril 1825, D.P. 25. 2. 249, a refusé aux tribunaux le droit de destituer un notaire pour un fait criminel déclaré prescrit par une chambre d'accusation. Sans chercher à concilier ces deux décisions, nous dirons que la question a été jugée en principe par un arrêt de la chambre des requêtes, du 23 avril 1839 (D.P. 39. 1. 153), et un de la Cour de Limoges, du 21 juin 1838 (D.P. 38. 2. 6), portant que l'action disciplinaire est imprescriptible; qu'on ne saurait la soumettre aux diverses prescriptions qui atteignent l'action publique, dont elle diffère essentiellement. Cette importante décision, avons-nous dit dans notre Dict. gén., v° Discipline, Suppl., n. 239, 50, paraît découler, comme conséquence rigoureuse, de l'institution d'un pouvoir disciplinaire, établi dans l'intérêt même des notaires et de la dignité de leur profession, non moins que dans l'intérêt des tiers auxquels il est d'absolue nécessité que les notaires, par l'intégrité de leur réputation de probité et de délicatesse, inspirent une entière confiance. Or les limites plus ou moins étendues de la prescription n'ont aucune application dans cet ordre d'idées.

§ 2. *Des formes de la procédure.*

235. La loi du 25 vent. an 11 ne s'explique point à cet égard; elle attribue seulement la compétence *au tribunal civil.* Ces termes suffisent pour indiquer que quoique la juridiction disciplinaire suppose l'application de peines, même de peines très-graves, comme la destitution, les jugements disciplinaires doivent être considérés comme appartenant à la justice civile; cela est d'autant plus évident que les peines disciplinaires n'ont pas les caractères afflictifs ou déshonorants de plusieurs des peines criminelles ou correctionnelles. Il s'ensuit de là que, pour intenter les poursuites disciplinaires, on doit suivre les règles de la procédure civile. C'est aussi l'opinion de M. Rolland, n. 158; et on procède ainsi dans la pratique : on verra plus loin les conséquences tirées de là par un arrêt de la Cour de Rennes, du 7 janv. 1839 (D.P. 39. 2 261), quant à la signification des jugements.

236. On a conclu de là qu'une assignation était nécessaire pour qu'un tribunal puisse prononcer la destitution d'un notaire. Turin, 12 janv.1810. D.A. 10. 438, n. 2.

237. Les notaires sont assignés devant la chambre civile où siége habituellement le président; celui-ci peut retenir l'affaire ou la renvoyer à une autre chambre. (Déc. du 30 mars 1808, art. 58, 61).

238. Nous pensons avec M. Rolland, v° Discipline, n. 160, que l'action disciplinaire doit toujours être formée par une instance principale, et jamais d'une manière incidente; elle est, en effet, essentiellement distincte de toute autre contestation que pourraient soulever les actes d'un notaire, et, d'ailleurs, il serait indigne de l'action publique de se trouver comme subordonnée, comme accessoire, d'un intérêt privé quelconque. Il n'y a aucun rapport entre ce cas et celui des fautes commises par les officiers ministériels et découvertes à l'audience; ces officiers font, en quelque sorte, partie des tribunaux ; c'est auprès d'eux, pour les affaires judiciaires qu'ils exercent leur ministère : il n'est donc pas étonnant qu'ils soient placés dans une subordination plus étroite. La loi a entendu donner aux notaires la pleine garantie des deux juridictions pour les poursuites de discipline; cette action doit donc être examinée pour elle-même, et seule, par le tribunal civil, puis, s'il y a appel, par la Cour royale. V. cependant n. 191.

239. Bien que cela ait été contesté, nous croyons, ainsi que M. Rolland, n. 163, 164, que le notaire inculpé peut comparaître par un avoué, à moins que le tribunal n'ordonne sa comparution en personne. Soumis à une action civile, il peut en revendiquer les formes et les prérogatives.

240. D'un autre côté, et par les mêmes motifs, le notaire doit constituer avoué; il y a exception pour les officiers ministériels, parce que à la différence des notaires, ils sont jugés disciplinairement, non pas en audience publique, mais sans procédure et dans la chambre du conseil. M. Rolland, n. 165, est de cet avis; il s'appuie sur ce que les actions dirigées contre les notaires devant les tribunaux sont réglées par le droit commun.

241. On s'accorde généralement à regarder la publicité comme une garantie précieuse pour les notaires. Les cours et les tribunaux saisis de l'action disciplinaire contre un notaire, doivent donc prononcer en audience publique, et non en assemblée générale, ou en chambre du conseil; le règlement de 1808, relatif aux officiers ministériels, qui autorise les décisions en chambre du conseil, a été déclaré inapplicable aux notaires, qui doivent jouir, dit-on, comme tous autres citoyens, du droit d'être jugés avec les solennités protectrices. La publicité, quand il s'agit de censure disciplinaire, n'est pas, il est vrai, ajoute-t-on, dans l'intérêt personnel des notaires ou de leur corporation; mais alors elle importe à l'ordre public, troublé par les méfaits de fonctionnaires qui

doivent donner l'exemple de la délicatesse et de la probité. Enfin, ce point de droit est aujourd'hui parfaitement établi (Voy. les arrêts indiqués Dict. gén., v° Discipline, n. 248, et Supplém., *eod.*, les décisions du ministre de la justice, des 17 juin 1833, 16 déc. 1834 et 22 déc. 1835.) — Voilà où en est la question; telles sont les raisons par lesquelles on soutient applicable aux notaires une publicité dont on se passe ou qu'on a cru dangereuse, lorsqu'il s'agit de poursuites dirigées contre des magistrats ou contre les autres officiers ministériels. Or, si la publicité est bonne, protectrice pour ceux-là, elle doit l'être aussi pour ces derniers; si l'ordre public y gagne dans un cas, on ne voit pas qu'il doive y perdre dans l'autre. — Mais c'est le contraire qui doit, ce semble, être soutenu : l'action disciplinaire s'applique à des faits qui, dans l'ordre commun, ne seraient pas soumis à une répression pénale ou à des actes qui ont déjà été réprimés par les tribunaux. Dans l'un comme dans l'autre cas, la publicité ajoute à la condamnation, par la déconsidération qu'elle appelle sur le fonctionnaire, une peine bien plus grande que celle qui lui est infligée. Or, ce résultat ne dépasse-t-il pas le but que le législateur a voulu atteindre en instituant des juges disciplinaires? Et, enfin, la règle ne devrait-elle pas être la même pour tous les fonctionnaires? V. n. 123, *in fine.*—Au surplus, la décision ministérielle précitée, du 22 déc. 1835, prévoyant les inconvénients que pourrait présenter la discussion publique, accorde que le débat peut avoir lieu à huis-clos, si les juges le croient convenable, mais sauf à prononcer toujours la décision en audience publique.

242. Un arrêt de la Cour de Rennes, du 7 janv. 1839 (D.P. 39. 2. 61), se fonde sur ce que l'action disciplinaire a pour but une mesure d'ordre et d'intérêt public, pour décider qu'elle est essentiellement célère, et peut être portée devant la chambre des vacations. Cette solution ne nous semble pas reposer sur un bon motif : de ce qu'une affaire est d'ordre public, il ne s'ensuit pas qu'elle requière célérité : mais ce qui est vrai, ce qui nous paraît convenable, c'est que l'on considère une action disciplinaire comme urgente, et qu'on la soumette à une chambre de vacation si, dans l'espèce, il y a des raisons de se hâter, par exemple si le scandale des faits qui motivaient la poursuite exige une prompte répression, ou demande même que les fonctions notariales ne soient pas laissées dans des mains indignes de les exercer. Ce sont les circonstances qui indiqueront aux juges ce que les convenances demanderont.

§ 3.—*Des peines disciplinaires infligées par les tribunaux.*

243. La législation actuelle ne reconnaît plus de peines arbitraires. En matière de discipline notariale, les peines sont spécifiées par la loi du 25 vent. an 11 et par l'ordonnance du 4 janv. 1843. Les unes et les autres peuvent être appliquées par les tribunaux, si l'on adopte l'opinion qui regarde l'autorité judiciaire comme investie de la plénitude de la juridiction disciplinaire

(Voy. n. 123). Si, au contraire, on admet une ligne de démarcation bien tranchée entre les pouvoirs des chambres et ceux des tribunaux, ces derniers ne devront être considérés comme autorisés qu'à prononcer les peines mentionnées dans l'art. 53 de la loi du 25 vent. an 11, la suspension et la destitution.

A la vérité, le même article ajoute l'amende et les dommages-intérêts; mais les dommages-intérêts ne constituent qu'une condamnation purement pécuniaire et civile; quant à l'amende, elle ne peut être infligée que dans les cas où une disposition spéciale l'autorise; en la comprenant dans l'art. 53, le législateur n'a eu en vue que de donner attribution et compétence aux juges civils : il n'a pas entendu leur conférer le pouvoir exorbitant de frapper d'amende à leur discrétion. M. Rolland, v° Discipline, n. 173, fait la même remarque. Cette doctrine est consacrée par un arrêt de la Cour de cassation, du 11 janv. 1841, D.P. 41. 1. 78, qui décide expressément que la peine disciplinaire ne peut être remplacée par une amende arbitrée par les juges lorsqu'il s'agit d'un fait (l'infraction à la résidence), pour lequel la loi ne prononce pas d'amende.

244. Le remplacement des notaires est une peine assurément fort grave; elle a été prévue et infligée par les art. 5, 33 et 62 de la loi du 25 vent. an 11; mais ce n'est pas une peine proprement dite dans le sens légal du mot; en effet, la révocation, encourue de plein droit par l'accomplissement du fait qui la motive, n'a pas besoin d'être prononcée par les tribunaux : le notaire, coupable du fait, est considéré, par la loi même, comme démissionnaire, ce qui met le gouvernement dans la nécessité de pourvoir à son remplacement. D. A. 10. 436, n. et Dict. gén., v° Discipline, n. 220.

245. Pour ce qui est de la suspension et de la destitution, ce sont de vraies peines disciplinaires infligées par les tribunaux; la loi du 25 vent. an 11 spécifie plusieurs cas de suspension ou destitution, notamment dans les articles 6, 16, 23, 26 et 33; des cas de destitution sont aussi prévus par les art. 68 et 176 C. com. et par l'art. 10 de l'ordonn. du 3 juill. 1816 (Voy. encore Comment. de la loi de l'an 11, art. 53). Mais on comprend que ces dispositions ne sauraient être limitatives; la loi de l'an 11 donne aux tribunaux le droit de prononcer les peines de suspension et de destitution, c'est-à-dire qu'elle les autorise à punir ainsi les notaires qui manqueraient gravement à leurs devoirs moraux, aux obligations spéciales de leur profession; il est impossible de prévoir et de mesurer à l'avance les infractions qui mériteraient ces châtiments. Il rentre dans la nature du pouvoir disciplinaire de s'appliquer à tous les écarts de conduite ou de profession, et dans les attributions des juges qui l'exercent de choisir, dans les limites de leur compétence, la peine qui leur paraîtra le mieux appropriée à la faute (Voy. plus haut n. 142 et suiv. et Comment. de la loi de l'an 11, art 53).

Ces principes sont consacrés par la jurisprudence (Dict. gén., v° Discipline, n. 222, 223 et suiv.). Ainsi, on voit, dans les espèces rapportées dans cet endroit et que nous avons déjà citées

n. 142 et suiv. la suspension ou la destitution prononcées pour habitude d'usure, pour immoralité, pour certificat mensonger délivré à un aspirant, pour une atteinte aux bonnes mœurs, pour la participation à un mouvement insurrectionnel, pour dérangement dans les affaires privées, pour dissimulation de prix de vente, pour abus de confiance, pour faux commis en actes publics, quoique sans intention de porter préjudice. M. Rolland, v° Destitution, n. 13, expose quelques sages idées théoriques destinées à guider le juge dans l'appréciation de la gravité des fautes que peut commettre un notaire, et qui entraînent pour lui la perte de son état ou la simple suspension.—V. aussi le Comment. de l'art. 53 de la loi de l'an II.

246. L'art. 4 de la loi du 25 vent. an 11 considère comme démissionnaires les notaires qui contreviennent à l'obligation de la résidence. V. ce qui est dit plus haut sur ce point, n. 168. Le soin d'apprécier la culpabilité appartient aux tribunaux. Le plus souvent, dans ces circonstances, la difficulté est de savoir si, en effet, le notaire a contrevenu, par l'acte qu'on lui reproche, à l'obligation de résidence; cette difficulté est quelquefois assez grande, comme on peut s'en convaincre en examinant les arrêts qui ont interprété l'article 4 de la loi sur le notariat. Voy. p. 667 et suiv.

247. La destitution est une peine que les tribunaux prononcent; le gouvernement n'a pas le droit de la prononcer, comme il a celui de remplacement, quand le notaire est considéré comme démissionnaire. C'est sur cette distinction que repose un jugement du 31 déc. 1834 (D.P. 36. 3. 130), et une décision du ministre de la justice, du 11 juillet 1835 (D.P.36. 3. 71).

248. Les tribunaux, lorsqu'ils prononcent la destitution d'un notaire, prononcent, par cela même, la déchéance absolue de son titre; ainsi on ne pourrait soutenir, s'il s'agit de la destitution d'un notaire-certificateur, que le jugement ne s'applique qu'à la qualité de certificateur. Décis. du min. de la justice du 29 octobre 1835. D.P. 36. 3. 75.

249. En prononçant la destitution d'un notaire les tribunaux violeraient la loi et excéderaient leurs pouvoirs, s'ils l'autorisaient à présenter un successeur. Ainsi jugé par la cour de Bordeaux, le 6 juin 1833. D.P. 33. 2. 226.

250. Nous pensons, avec M. Rolland, n. 175, que les tribunaux ne peuvent ordonner l'impression et l'affiche des décisions qui infligent aux notaires des peines disciplinaires; aucune loi n'autorise cette punition additionnelle. C'est également ce qu'a jugé la cour de Douai, le 13 fév. 1843. (D.P. 43. 2. 216). Le même arrêt décide que les tribunaux ne peuvent non plus ordonner que leur jugement sera lu devant tous les membres de la compagnie, et inscrit sur les registres de la chambre.

251. Ils ne peuvent non plus condamner un notaire à la contrainte par corps pour le paiement des dépens de la condamnation disciplinaire. Arrêt de la cour de Douai, du 13 sept. 1834. D.P. 35. 2. 159.

§ 4.—De l'exécution des jugements disciplinaires et des moyens de les attaquer.

252. Il résulte de l'art. 52 de la loi sur le notariat que la suspension ou destitution n'a d'effet qu'après que le jugement qui l'ordonne a été notifié au notaire condamné. Il en serait de même des jugements interlocutoires rendus sur la poursuite, par exemple, d'un jugement de compétence, et de celui qui ordonnerait une enquête. Arrêt de la cour de Rennes, du 7 janvier 1839. D.P 39. 2. 261.

253. Aussitôt après la notification, le notaire suspendu ou destitué doit cesser ses fonctions, sous peine de dommages-intérêts et de nullité de ses actes. L. 25 vent. an 11, art. 52.

254. Les jugements des tribunaux civils en matière de discipline notariale sont soumis aux mêmes règles de procédure que les autres décisions de ces tribunaux : ils doivent donc être rédigés dans les mêmes formes, et sont attaquables par les mêmes moyens.

255. Ils sont donc susceptibles d'opposition, s'ils ont été rendus par défaut. Les formes et les délais de l'opposition sont ceux fixés par le Code de procédure (D.P. 35. 1. 85. Rolland, v° Discipline, n. 185). La cour de cassation l'a jugé, dans une espèce où un notaire avait été destitué sans avoir été assigné; Arrêt du 20 nov. 1811; D.A. 10. 437, n. 1.

256. 2° Aux termes de l'art. 53 de la loi de l'an 11, le jugement est toujours sujet à l'appel, soit de la part du notaire, soit de la part du ministère public; seulement il est exécutoire par provision, excepté quant aux condamnations pécuniaires.

La garantie du double degré de juridiction ne peut être enlevée aux notaires, par l'application du décret de 1808, par une cour royale, qui aurait cru être en droit de prononcer la peine disciplinaire contre un notaire pour infraction par lui commise dans des actes produits devant elle. Dict. gén., n. 240, suppl. 3°, où sont indiquées plusieurs décisions conformes. Voy. aussi D.P. 42. 2. 237 et 44. 1. 230.

257. Le ministère public peut appeler du jugement qui décide qu'il n'y a pas lieu d'appliquer la peine de destitution, provoquée par lui. Ch. des req., arr. du 13 mai 1807; D.A. 10. 436, n. 1.

258. Selon les principes généraux de l'acquiescement, le ministère public a le droit d'appeler d'un pareil jugement, alors même qu'il l'a signifié au notaire avec ordre de s'y conformer. La Cour de cassation l'a décidé expressément, par arrêt du 13 déc. 1824; D.P. 25. 1. 8. Il n'en serait pas de même du notaire qui aurait exécuté le jugement qui le condamnerait à une peine de discipline; il ne serait plus recevable, en raison de son acquiescement, à interjeter appel. Telle est aussi l'opinion de M. Rolland, n. 190, qui invoque l'autorité de M. Carnot.

259. Ce n'est pas le syndic de la chambre de discipline, mais le ministère public seul, qui peut

appeler d'un jugement rejetant la demande de suspension d'un notaire, demande conforme à l'avis qu'aurait exprimé la chambre. Arr. du 11 déc. 1826, Cour de Caen. D.P. 27. 2. 127.

260. Pour les formes de l'appel, on doit suivre les formes ordinaires du Code de procédure ; aussi la Cour de Douai a-t-elle annulé un appel d'une condamnation disciplinaire prononcée contre un notaire, parce qu'il avait été interjeté au greffe du tribunal civil. Arr. du 13 sept. 1834. D.P. 35. 2. 159.

261. Quoique les tribunaux prononcent des peines disciplinaires, comme ils jugent civilement, et que les faits sur lesquels ils statuent ne constituent pas des délits, c'est devant la Cour royale que doivent être portés les appels de condamnations disciplinaires. Cass., 30 juin 1814 ; D.A. 1. 380.

262. L'évocation, par la cour qui juge sur l'appel et qui infirme, est permise en cette matière. Dict. gén., v° Discispl. n. 254. D.P. 35. 1. 85.

263. Le recours en cassation n'est recevable qu'après que la voie de l'appel a été épuisée. Telle est la règle générale de la procédure. Dict. gén., eod., n. 255.

264. De même que pour l'appel, le ministère public n'est pas non-recevable dans son pourvoi par cela seul que l'arrêt disciplinaire aurait été rendu conformément à sa conclusion ; cass. 20 nov. 1811 ; D.A. 10. 437, n. 1. Dict. gén., v° Acquiescement.

265. Le pourvoi du ministère public devient sans objet et doit être rejeté si, au moment où il a été formé, le notaire inculpé avait donné sa démission, suivie même déjà du remplacement par le gouvernement, et de l'installation du successeur. Cette décision de la Cour de cassation, du 11 juill. 1827 (D.P. 27. 1. 301), est conforme aux principes de l'action disciplinaire. Voy. ci-dessus sect. 1re.

266. Sur quoi peut se fonder le pourvoi en cassation ? La chambre des requêtes a jugé, le 24 juin 1828 (D.P. 28. 1. 292), que l'appréciation des fautes commises par les notaires, et qui seraient de nature à entraîner leur suspension ou destitution, appartient exclusivement aux tribunaux ; et que, quelles que soient leurs décisions à cet égard, soit sous le rapport du fait, soit quant à la peine disciplinaire appliquée, elles échappent à la cassation.

La question s'est représentée devant la Cour suprême (D.P. 39. 1. 153). Mais elle n'a pas été expressément résolue. Nous avons dit, Dict. gén., suppl. V° Discipline, n. 246, et nous croyons devoir répéter ici que si la preuve, la constatation des faits inculpés disciplinairement sont abandonnées à l'appréciation souveraine des juges du fond, il n'en est pas de même du caractère légal de ces faits.

La Cour de cassation, abondant dans le sens de la distinction que nous venons de faire, a décidé, le 19 août 1844, que si les cours royales ont un pouvoir discrétionnaire pour constater et apprécier la gravité des faits disciplinaires, leurs arrêts n'échappent pas à la censure de la Cour de cassation quand elles se déterminent uniquement par des raisons de droit ; ainsi, elles ne peuvent refuser d'appliquer une peine disciplinaire à un notaire, après avoir constaté en fait qu'il s'était mis en contradiction avec une disposition formelle de la loi, sans que leur décision encoure la cassation (D.P. 44. 1. 397).

Du reste, il nous a paru que la Cour suprême pourrait annuler un jugement disciplinaire pour incompétence, excès de pouvoir, ou vices de formes essentielles. Voy. n. 225 et suiv.

267. Il n'est besoin d'invoquer aucune autorité pour établir que le ministre de la justice n'a nul droit de révision sur les jugements disciplinaires des tribunaux. En est-il de même à l'égard des décisions que rendent les chambres de discipline ? Voy. la distinction faite plus haut, n. 225, in fine.

Mais il ne s'ensuit pas que les tribunaux aient le droit de refuser ou celui de critiquer la transcription, que le ministre de la justice est dans l'usage d'ordonner sur les registres des délibérations, des arrêtés qu'il prend dans les affaires disciplinaires sur lesquelles ils ont statué ; la Cour de cassation, en jugeant ainsi, le 29 nov. 1837 (D.P. 38. 1. 260), a décidé par le même arrêt, que la délibération d'un tribunal, qui enjoint au greffier de n'inscrire, à l'avenir, sur le registre des délibérations, aucun arrêté du ministre sans l'avoir communiqué au président, doit être annulée pour excès de pouvoir, et comme statuant, d'ailleurs, par voie de dispositions réglementaires.

FIN DU TRAITÉ ABRÉGÉ DE LA DISCIPLINE DES CHAMBRES DE NOTAIRES.

TABLEAU CHRONOLOGIQUE

DES

LOIS ET RÉGLEMENTS PRINCIPAUX

RELATIFS AU NOTARIAT.

Avril 1411. Lettres de *sauvegarde* et de *garde-gardienne* accordées par le roi Charles VI aux notaires de Paris, et qui les autorise en outre à mettre des *panonceaux.*

Charles, etc. Nous désirans de tout nostre cuer nos officiers estre maintenuz et gardez avec tous leurs biens et familles en paix et en transquilité parquoi ils puissent mieulx et plus seurement et honnorablement nous servir, à la supplication de nos bien amez clercs et notaires ordonnez et créez en nostre Chastelet de Paris, qui sont de tous temps en la sauvegarde royal, iceulx d'abondant avons prins et mis, prenons et mettons de grace especial avec tous leurs biens quelz et ou quilz soient assis en nostre royaume, qu'ils ont et auront ou temps à venir, leurs familiers et serviteurs en et soubz nostre proteccion et sauvegarde espécial, et de noz successeurs roys de France, pour y estre et demourer perpétuelment.

Et pour ce que pour le fait et exercice de leurs offices, aient d'ancienneté esté en nombre ordonnez soixante, qui continuelment sont et fréquentent nostre dit Chastelet, pour l'expédition de la chose publicque, et y soient si continuellement occupez, que bonnement ilz ne pourroient poursuir leur causes, droiz et querelles qu'ilz ont et leur pourroient touchier en pluseurs et divers lieux, leur avons donné, commis et député, commettons, donnons et députons de nostre dicte grâce, nostre prévost de Paris présent et avenir, leur gardien especial et juge en toutes leurs causes meues et à mouvoir contre quelzconques personnes, en demandant et en deffendant, pour iceulx nos clercs et notaires et leurs successeurs en chief et en membre, leurs familiers, leurs gens et possessions et revenues quelles qu'elles soient et à eulx appartenantes en quelconque maniere que ce soit, maintenir et garder par lui et par autres ses commis et deputez, en leurs justes possessions, franchises, libertez, droitz, coustumes, usages, priviléges et saisines, et pour iceulx deffendre de par nous de toutes injures, villenies, griefz, oppressions, inquietacions, molestacions, de force d'armes, de puissance de lays, et de toutes nouvelletez indeues quelles qu'elles soient : et s'il y a débat en cas de nouvelleté entre les parties sur les choses contencieuses, de mettre icellui debat en nostre main comme souveraine, et à faire par icelle nostre main recréance là et si comme il appartendra, pour faire paier nosdiz clercs et notaires et leurs successeurs, et un chascun d'eulx, ou à leur certain commandement, tous leurs cens, rentes, revenues et leurs debtes bonnes et loyaulx congneues et prouvées par lettres, témoings, instrumens ou autres loyaulx enseignemens, que ilz luy apperra estre deues ausdiz nos clercs et notaires, à leursdiz successeurs ou à aucun d'eulx, de quelzconques personnes, en contraignant iceulx depteurs à ce par la prinse, vendue, explectacion de leurs biens et détencion de leurs corps, se obligiez y sont : et se aucuns de leurs depteurs se vouloient opposer au contraire, nostre main suffisamment garnie là où et si comme il appartendra, de commetre pour faire adjourner pardevant soy ou son lieutenant en nostre Chastelet de Paris, lesdiz depteurs, et toutes autres personnes ; tant en demandant comme en deffendant, pour aler avant par lui tant sur lesdictes oppositions, debats ou questions, comme sur lesdictes debtes, comme il sera à faire de raison, ou pour faire sur les choses dessusdictes, les parties oyes, bon et brief acomplissement de justice ;

Et voulons que nostredicte grâce il fasse publier par tous les lieux où il verra qu'il appartiengne, à la requeste desdiz notaires, de leurs successeurs ou d'aucun d'eulx ; et en signe de nostre dicte sauvegarde espécial, fasse mettre nos pennonceaux royaulx ès maisons, possessions et autres biens d'eulx et d'un chascun d'eulx, ou mestier sera, affin que nul ne se puisse excuser d'ignorance, et intime et deffende à toutes les personnes dont il sera requis de par les dessusnommez, que à eulx, à leurs familiers, gens, biens, héritages ou possessions ou qu'ilz soient, présents et avenir, ils ne meffacent, ne facent meffaire en aucune manière, sur certaines peines à appliquer à nous ; et pour faire et accomplir plus diligemment les choses dessusdictes de point en point, et chascune d'icelles ;

Nous mandons et commettons à nostredit pré-

---

(1) On n'a pas compris ici les réglements spéciaux des chambres de notaires, même de celle de Paris, soit parce que ces réglements se trouvent imprimés séparément et dans plusieurs ouvrages, soit parce qu'ils ont été, pour la plupart, rappelés dans le cours du Comment. de la loi du 25 vent. an 11.

vost de Paris présent et avenir, ou à son lieutenant, que il, touteffois que mestier en sera, dé-
pute ou commette aux dessusnommez, une ou
pluseurs personnes convenables, à leurs dépens,
lesquelx et chascun d'eulx nous voulons de nostre
grâce dessusdicte que ils aient à faire exécuter les
choses dessusdictes et chascunes d'icelles, tout
pouvoir d'office de sergent : toutes voies nous ne
voulons qu'il s'entremette de choses qui requièrent cognoissance de cause ; et nous donnons en
mandement à tous noz justiciers et subgiez, etc.

Par le roy, en son conseil, monseigneur le duc
de Guienne, le comte de Saint-Pol, l'admiral, le
sire d'Omont et autres, présens.

Juin 1510. Ordonnance de Louis XII sur la réformation de la justice, qui ordonne, en ce qui concerne les notaires, que leur *nombre* sera réduit, qu'ils
garderont *minute* de leurs actes (excepté les notaires
de Paris), et qu'ils ne pourront recevoir de contrats
usuraires.

62. *Item.* Pour ce que à l'occasion de la grande
effrenée multitude des notaires, qui sont à présent en nostre royaume et que indifféremment
toutes manières de gens y sont reçus, dont sont
par ci-devant advenus plusieurs abus et inconvé-
niens ; avons en ensuivant les ordonnances de nos
prédécesseurs, ordonné et ordonnons que lesdits
notaires seront réduits à certain nombre qui sera
par nous ordonné, vû par nous préalablement les
informations qui sur ce seront faites par nosdits
baillifs et senéchaux, avec leurs avis et d'autres
nos officiers esdits bailliages et sénéchaussées.

63. *Item.* Que d'oresnavent tous notaires et tabellions feront bons et suffisants registres et pro-
thocolles des contrats et autres actes par eux reçus et passez, et iceux mettront par ordre selon
la priorité et postériorité desdits contrats et autres
actes, afin que si d'oresnavant en estoit question,
l'on puisse avoir recours audit prothocolle ou registre, fors et exceptez les notaires de nostre Chastelet de Paris.

65. *Item.* Avons interdit et deffendu, interdi-
sons et deffendons à tous notaires, de ne recevoir
aucuns contrats usuraires, sous peine d'estre pri-
vez de leurs estats et d'amende arbitraire.

8 janvier 1522. Arrêt de réglement qui décide que le
choix des notaires pour la passation des actes, et
particulièrement des inventaires, appartiennent aux
parties, et non aux tribunaux ni autres autorités.

Ordonne que désormais ès commissions contenant confection d'inventaire ne seront exprimez
les noms des notaires, mais que par les premiers
notaires du Chastelet de Paris, qui sur ce seront
requis, l'inventaire sera fait et sera en la faculté
des parties présenter lesdites commissions à tels
notaires dudit Chastelet que leur semblera.

Août 1539. Ordonnance, dite *de Villers-Cotterets*,
du roi François Ier, sur le fait de la justice, contenant plusieurs dispositions sur la *forme* des actes,
telle que l'obligation de garder *minute*, l'obligation
de les rédiger en *langue française*; sur leur *exécu-*

tion ; sur les *honoraires* des notaires; sur les communications que les notaires peuvent faire, la délivrance des secondes *grosses*, les peines encourues
en cas de *contravention*, l'*Indication du notaire en
second*, etc.

65. Que les lettres obligatoires faictes et passées sous scel royal seront exécutoires par tout
notre royaume.

66. Et quant à celles qui sont passées sous autres sceaux authentiques, elles seront aussi exécutoires contre les obligés ou leurs héritiers en
tous lieux où ils seront trouvés demeurans lors
de l'exécution, et sur tous leurs biens, quelque
part qu'ils soient assis ou trouvés, pourveu qu'au
temps de l'obligation ils fussent demeurans au-
dedans du destroit et juridiction où lesdits sceaux
sont authentiques.

67. Et à cette fin, tous notaires et tabellions
seront tenus mettre par leurs contrats, sur peine
de privation de leurs offices et d'amende arbitraire, les lieux des demeurances des contractants.

111. Et pour ce que telles choses sont souvent
advenues sur l'intelligence des mots latins contenus esdits arrests, nous voulons d'oresnavant que
tous arrests, ensemble toutes autres procédures,
soit de nos cours souveraines et autres subalternes et inférieures, soit de registres, enques-
tes, contrats, commissions, sentences, testamens,
et autres quelconques actes et exploicts de justice, ou qui en dépendent, soient prononcées,
enregistrées et délivrées aux parties en langage
maternel françois et non autrement.

173. Que tous notaires et tabellions, tant de
nostre Chastelet de Paris, qu'autres quelconques,
seront tenus faire fidèlement registres et protocolles de tous les testamens et contrats qu'ils
passeront et [recevront, et iceux garder diligemment, pour y avoir recours quand il sera requis
et nécessaire.

174. Esquels registres et protocoles seront
mises et insérées au long les minutes desdits contrats, et à la fin de ladite insertion sera mis le
seing des notaire ou tabellion qui aura receu ledit
contract.

175. Et s'ils sont deux notaires à passer un
contrat ou recevoir un testament, sera mis et escrit
au dos dudit testament ou contract, et signé desdits
deux notaires, le nom de celui, ès livre duquel
aura esté enregistré ledit contract ou testament,
pour y avoir recours quand mestier sera.

176. Et ne pourront lesdits notaires, sous om-
bre dudit registre, livre ou protocolle, prendre
plus grand salaire pour le passement desdits
contrats, réception desdits testamens ; bien seront-ils payés de l'extrait de leursdits livres, si
aucun en étoit fait en après par eux, auxquels
lesdits contrats appartiennent, ou auxquels ils
auroient été ordonnés par autorité de justice.

177. Et défendons à tous notaires et tabellions,
de ne monstrer ni communiquer leursdits registres, livres et protocolles, fors aux contractans,
leurs héritiers et successeurs, ou à autres auxquels

le droict desdits contracts appartiendroit notoirement, ou qu'il fust ordonné par justice.

178. Et que depuis qu'ils auront une fois délivré à chacune des parties, la grosse des testamens et contracts, ils ne la pourront bailler, sinon qu'il soit ordonné par justice, parties ouyes.

179. Le tout ce que dessus, sur peine de privation de leurs offices, laquelle nous avons dès-à-présent déclaré et déclarons par cesdites présentes, ès cas dessusdits, et à chacun d'eux et des dommages et intérests des parties : et outre d'estre punis comme faussaires, quant à ceux qu'il apparoistroit y avoir délinqué par dol évident, et manifeste calomnie, dont nous voulons estre diligemment enquis par tous nos juges et chacun d'eux, si comme à lui appartiendra, sur peine de s'en prendre à leurs personnes.

180. Nous défendons à tous notaires, de quelque jurisdiction qu'ils soient, de ne recevoir aucuns contacts d'héritages, soit de venditions, échanges, donation, ou autres, sans estre déclaré par les contractans en quel fief ou censives sont les choses cédées et transportées, et de quelles charges elles sont chargées envers les seigneurs féodaux ou censuels, et ce sur peine de privation de leurs offices quant aux notaires, et de la nullité des contracts quant aux contractants, lesquelles déclarons à présent, comme dès-lors, au cas dessusdits.

———

1er SEPTEMBRE 1541. Lettres patentes du roi François 1er qui dispense les notaires de Paris *d'écrire eux-mêmes* leurs contrats, et leur permet de les faire écrire et grossoyer par leurs *clercs.* Il renouvelle en même temps l'obligation de garder *minute* des actes.

Sçavoir faisons que après que nous avons fait voir en notre conseil privé icelui avis, qui a été trouvé très-bon et raisonnable, et semblablement ladite requête très-civile, et en inclinant liberalement à icelle aussi, pour le désir que nous avons de bien et favorablement traiter lesdits notaires, à ce qu'ils ayent occasion de mieux et plus loyalement et fidèlement exercer leursdits états et offices, avons suivant icelui avis ci-attaché sous le contre-scel de notre chancellerie, dit, déclaré et ordonné, disons, déclarons et ordonnons, voulons et nous plait, que lesdits notaires de notredit Châtelet de Paris, et leurs successeurs esdits états, puissent dorénavant faire écrire et grossoyer par leurs clercs, toutes lettres, instruments et contrats qu'ils recevront et passeront, sans ce qu'ils soient abstraints ni contraints eux-mêmes les grossoyer, et écrire de leurs mains, ainsi qu'ils avoient accoutumé et souloient faire, dont de notre grace spéciale, pleine puissance et autorité royale, nous les avons exemptez et exemptons par ces présentes, en faisant toutefois par eux bons et vrais registres, suivant nosdites dernières ordonnances, et collationnant dûement sur iceux lesdits contrats, avant que les signer et délivrer aux parties.

Si donnons en mandement, etc.

———

22 MAI 1550. Arrêt de réglement sur le degré de *parenté* des deux notaires qui reçoivent des actes ensemble.

Au demeurant, en entérinant la requête faite par le procureur-général du roi, à icelle cour défendu et défend à tous les notaires du ressort d'icelle d'eux accoupler ensemble, pour passer et recevoir contrats, le père et le fils, les deux frères, l'oncle et le neveu, le beau-père et le gendre; et aux notaires qui sont accouplez en cette forme, a donné et donne, la cour, délai de deux mois pour eux associer avec autres notaires non étant de cette qualité (1).

19 AOUT 1551. Arrêt de réglement portant défense aux notaires de recevoir des actes, ni d'y rien ajouter, sinon en la *présence des parties,* à peine de *nullité* et de *dommages-intérêts.*

Ordonne que inhibitions et défenses seront faictes à tous notaires, tant du Chastelet de Paris que autres lieux, tabellions et autres personnes publiques de doresnavant recevoir et passer aucuns contracts soit de mariage ou autres contré la forme de l'ordonnance et arrêts de ladite cour, sinon en la présence des parties contractantes, et après leur avoir faict lecture en la présence l'un de l'autre, et donné à entendre clairement lesdits contracts et conventions, et ne faire aucune extension de clause abrégée qui soit substantielle, sans la faire entendre auxdites parties et l'effet d'icelles, et ce sur peine de privation de leursdits états et offices de notaires et tabellions, et d'amendes arbitraires, et outre a ladite cour déclairé et déclaire les contracts qui ci-après seront aultrement que dicts et faicts, nuls et de nul effet et valeur, et faict ladite cour défenses auxdites parties de s'en pouvoir ayder; et néanmoins a ladite cour réservé et réserve aux parties qui, par ignorance, auront aultrement contracté, leur recours de dommaige et intérêts contre lesdits notaires qui, contre la forme de ce présent arrest, auront receu lesdits contracts.

17 OCTOBRE 1559. Arrêt du parlement de Bretagne qui défend aux notaires de passer des actes dans les *cabarets.*

Défenses aux habitants des villes et faux-bourgs aller aux tavernes y faire leurs marchez boire ou manger, et aux notaires y passer aucuns instrumens, sur peine de privation.

15 MARS 1567. Arrêt de réglement qui défend aux notaires de se dessaisir de leurs *minutes* et de les *remettre* aux parties.

Fait inhibitions et défenses à tous notaires du

———

(1) Un autre arrêt de réglement, du 24 nov. 1601, fait la même prohibition aux notaires *père et fils.* (*Ibid*).

Il paraît que, dans l'usage, la prohibition n'était admise que dans ce dernier degré de parenté. (*V.* les *registres des Bannières du Châtelet et Langlois*).

Chastelet de Paris et tous autres notaires de ne se dessaisir et délivrer aux parties les minutes des contrats, obligations et autres instrumens par eux receus, sur peine de privation de leurs estats.

MAI 1579. Extrait de l'ordonnance dite de Blois, du roi Henri III, qui défend aux notaires de recevoir des promesses de mariage par paroles de présents, les oblige à quittancer eux-mêmes les sommes à eux payées et permet à leurs héritiers de faire faire inventaire par des notaires de leur choix.

44. Pareillement défendons à tous notaires, sur peine de punition corporelle, de passer ou recevoir aucunes promesses de mariage par paroles de présent.

159. Tous juges, questeurs, greffiers, adjoints, notaires, sergents et autres officiers de justice, leurs clercs et commis seront tenus d'écrire et parapher de leurs mains tout ce qu'ils auront reçu des parties, soit pour épices, vacations, salaires et autres causes : le tout sur peine de concussion et de privation de leurs offices.

164. Après le décès d'aucun, soit qu'il y ait enfants ou non, les héritiers du défunt ne seront contraints admettre aucune garnison ni appeler nos juges ou procureurs, ni pareillement le greffier de la justice pour faire inventaire; mais pourront prendre notaires et tabellions à leur choix et commodité, sinon en cas de prétendue confiscation, aubaine ou contention entre les parties, ou que par aucun y ayant intérêt, il soit requis à ses dépens, périls et fortunes, sauf aussi de procéder par voye de scel, si faire se doit, pour la conservation des biens des mineurs ou absents. Ce que nous entendons avoir lieu ès justices subalternes, non royales, esquelles quand le sieur justicier ou ses officiers auront saisi et mis la main, nous n'entendons que nos officiers s'y entremettent, sinon pour la conservation de nos droits.

9 MARS 1585. Arrêt de règlement portant que l'et cœtera des notaires se doit plutôt restreindre qu'amplifier, et enjoint aux notaires qui passent contrat portant renonciation par les femmes aux priviléges introduits en leur faveur d'exprimer particulièrement et de leur donner à entendre le contenu aux renonciations du sénatus-consulte velléien, à peine de dommages-intérêts.

20 FÉVRIER 1592. Arrêt de règlement qui adjuge aux notaires la préséance sur les procureurs.

Faisant droit sur le règlement requis par les demandeurs (les notaires du Châtelet de Paris), ordonne que, en toutes processions, assemblées et autres actes publics, après les avocats du Châtelet marcheront les commissaires (du Châtelet) et les notaires, et après eux les procureurs.

4 DÉCEMBRE 1604. Arrêt de règlement qui ordonne que les parties qui acceptent doivent, aussi bien que celles qui s'obligent, signer les contrats.

Ordonne que dorénavant lesdits notaires, en tous contrats qu'ils recevront et passeront, feront signer toutes les parties, tant celles qui s'obligent que celles qui acceptent, avec défenses auxdits notaires de mettre auxdits contrats présents et acceptants, si les parties n'étaient présentes et eussent signé ou déclaré ne savoir écrire ne signer.

AOUT 1607. Arrêt de règlement qui défend aux notaires de recevoir aucuns contrats au profit de leurs enfants, gendres, pupilles étant en leur puissance, et cousins-germains, ni de prendre aucuns parents en pareils degrés pour témoins (1).

Fait inhibitions et défenses à tous notaires de passer ou recevoir aucuns contrats au profit de leurs enfants, gendres, pupilles, étant en leur tutelle ou curatelle, et cousins-germains, ni de prendre aucun de leurs parents en pareil degré pour témoin desdits contrats; et leur enjoint de nommer les témoins ès contrats qu'ils recevront et faire mention de leurs qualités, demeurances et paroisses, sur peine de nullité, dommages et intérêts des parties.

16 JUILLET 1611. Arrêt de règlement qui ordonne qu'en toutes assemblées publiques les notaires auront la préséance sur les procureurs, et règle le costume des uns et des autres (2).

Ordonne qu'en toutes processions et autres assemblées publiques, lesdits notaires, tabellions et garde-notes précéderont les procureurs. Enjoint respectivement auxdites parties de porter auxdites processions et assemblées, robes longues et habits décents à leurs charges.

7 FÉVRIER 1612. Arrêt de règlement qui décide que les notaires ne peuvent s'associer pour les fonctions de leurs charges, c'est-à-dire pour tenir étude commune et partager leurs honoraires (3).

10 FÉVRIER 1615. Arrêt de règlement qui décide que deux notaires seulement peuvent être associés pour la réception des actes.

Ordonne que deux notaires seulement demeureront associez pour la réception des actes et contrats.

6 MARS 1620. Arrêt de règlement qui défend aux notaires d'insérer dans les contrats et obligations conçus pour prêt les déclarations de majorité et extraits baptistaires, à peine de nullité, et d'en répondre en leur propre et privé nom.

10 FÉVRIER 1622. Arrêt de règlement qui attribue aux

---

(1) Il a été rendu d'autres arrêts dans ce sens les 14 janv. 1621, 8 juin 1657, 25 fév. 1647, 5 oct. 1703. Cependant il a été jugé que, lorsque les actes qu'un notaire passe pour ses parents ne renferment aucune disposition à leur profit, ils ne doivent pas être annulés. Arrêts des 9 juil. 1659 et 14 fév. 1641. Jousse approuvait cette opinion (t. 2, p. 384).—Voy. Code du Notariat, p. 182.

(2) V. Langlois. — V. aussi Code du Notariat, p. 183.

(3) Voy. Code du Notariat, p. 184.

notaires le droit exclusif de procéder aux *inventaires*, même en matière *criminelle*.

Ordonne que les notaires procèderont à la confection des inventaires et récollemens d'iceux, tant en matière civile qu'en matière *criminelle*; fait inhibitions et défenses tant audit commissaire Blays que tous autres, les y empêcher, sous les peines portées par les précédents arrêts.

17 DÉCEMBRE 1627. Arrêt de réglement portant que les notaires doivent comprendre dans les *expéditions* des actes les apostilles approuvées des parties, et non celles qui ne sont point approuvées.

Ordonne que le notaire délivrera la quittance à lui demandée par l'appelant avec les apostilles signées et approuvées des parties, sans y insérer celles qui ne le sont pas : fait défenses à tous notaires de mettre ni insérer aucune chose ès actes qu'ils recevront hors la présence des parties et sans leur faire approuver et signer.

12 MAI 1635. Arrêt de réglement qui ordonne le *dépôt des testaments olographes* entre les mains des notaires.

Ordonne que lesdits de la Hogue et Gaigny, commissaires (au Châtelet), rapporteront les deux testaments olographes dont est question, pour être mis entre les mains de l'un de la communauté desdits notaires qui s'en chargera pour les garder, avec ses notes et minutes, pour en délivrer telles expéditions qu'il appartiendra : et ce faisant, a fait inhibitions et défenses à tous commissaires, de retenir les testamens olographes qui se trouveront sous les scellez par eux faits, et en délivrer aucunes grosses; ains seront lesdits testaments délivrés à celui des notaires dont les parties conviendront, ou qui sera nommé d'office par le juge, de l'ordonnance duquel les scellez auront été apposés (1).

27 FÉVRIER 165. Arrêt de réglement qui enjoint surtout aux notaires de tenir *répertoire* de leurs actes, et de le faire parapher tous les six mois par un de leurs syndics (V. Ordonn. de juin 1680, déclaration du 19 juin 1691, art. 15; édit du contrôle de 1693; arrêt du conseil du 21 juillet, même année, et du 21 juin 1695; déclaration du 19 mars 1696).

AOÛT 1670. Ordonnance du même roi qui défend aux notaires de recevoir les *plaintes* en matière criminelle.

(1). Il a été rendu d'autres arrêts semblables les 25 mai et 16 déc. 1647, 25 sept. 1660, 18 août 1765, 21 mai et 14 juill. 1764; 10 sept. 1777, etc., tous rapportés par Langlois et dans sa continuation manuscrite. Enfin, il y a sur ce point un arrêt de réglement du conseil, du 27 mai 1737, suivi de lettres patentes du 5 juillet suivant, que nous rapporterons à leur date.—Observ. de M. Rolland de Villargues, au Code du Notariat, t. 1er, p. 189.

Tit. 3, art. 2. Défendons aux huissiers, sergents archers et notaires, de les recevoir (les plaintes), à peine de nullité, et aux juges de les leur adresser, à peine d'interdiction.

15 JANVIER 1684. Arrêt de réglement sur les appositions de scellés et inventaires, portant défenses aux notaires de se faire souscrire des promesses ou obligations pour leurs *honoraires*.

Fait pareillement défenses à tous lesdits juges, officiers, greffiers, notaires et sergents, de prendre directement aucune promesse ou obligation sous leurs noms, ou sous ceux d'autres personnes, pour les taxes, salaires et vacations qui leur appartiendront pour toutes expéditions de justice par eux faites, ou par les officiers du même siége, à peine d'interdiction de leurs charges, et de tous dépens, dommages et intérêts des parties.

MARS 1693. Édit du roi Louis XIV sur le contrôle des actes, lequel statue sur l'effet des actes non contrôlés, et autorise les notaires à remettre aux testateurs la *minute* de leurs testaments (1).

LOUIS, etc. Il est important pour le repos des familles que les contrats et les titres qui établissent la propriété de leurs biens ne puissent recevoir d'atteinte dans la suite des temps par des doutes ou contestations, ou par des suppositions et des antidates, et l'on ne sauroit les rendre trop authentiques en se servant des moyens capables de s'assurer entièrement de la fidélité des personnes qui les passent... Entre tous ceux qui ont été recherchés et prescrits, il ne s'en est point trouvé de si certain et si facile que la création du contrôle des titres, ordonné par édit du roi Henri III, du mois de juin 1581; lequel n'ayant eu son exécution que dans notre province de Normandie en conséquence d'un autre édit de Henri-le-Grand du mois de juin 1606, cet établissement y a été trouvé si utile, qu'il y a toujours été depuis considéré comme un des principaux usages de cette province. Et comme il y a plusieurs actes que l'usage y a dispensés du contrôle quoique ledit contrôle n'ait d'autre effet que d'assurer la priorité d'hypothèque, sans être nécessaire pour la translation de propriété, exécution et validité des actes, nous avons résolu d'y assujettir indistinctement et nécessairement toutes sortes d'actes qui seront passés à l'avenir, sans quoi ils ne pourront avoir aucun effet, et

(1) Il avait déjà été jugé, par arrêt du 8 août 1686, que le notaire pouvait rendre au testateur, sur sa réquisition, la minute de son testament (Soëfve, t. 2, cent. 1, ch. 44). Depuis l'édit que nous venons de rapporter, l'exécution de la disposition qu'il renferme à ce sujet a été ordonnée par trois arrêts, des 15 nov. 1738, 21 juin 1740 et 25 juin 1772, rapportés par M. Merlin, v° *Notaire*, § 5, et l'usage s'était établi dans ce sens; mais voyez ci-après à la date du 7 avril 1821.—Observ. de M. Rolland de Villargues, Code du Notariat, p. 239.

d'établir aussi le même ordre dans le reste de notre royaume. A ces causes, etc.

Art. 5. Déclarons que les particuliers ne pourront, en vertu d'actes non contrôlés, acquérir aucun privilége, hypothèque, propriété, décharge, ni aucun autre droit, ni action, exception, dérogeant à cet effet à toutes coutumes, ordonnances, édits, déclarations, arrêts, réglements et usages à ce contraires.....

7. Exceptons néanmoins de la rigueur desdits enregistrements tous les testaments et donations pour cause de mort, qui demeureront déposés, soit entre les mains des notaires ou en celles des particuliers, qu'il sera loisible aux parties de retirer, quand bon leur semblera, desquels les notaires ne pourront délivrer aucunes expéditions après le décès des testateurs, qu'ils n'aient auparavant fait contrôler les minutes en la manière ci-dessus; et en cas que lesdites minutes ne leur aient pas été remises après le décès desdits testateurs, lesdits testaments ne pourront avoir aucune exécution qu'ils n'aient été contrôlés comme dit est.

4 FÉVRIER 1702. Arrêt du conseil qui reconnaît qu'aux notaires appartient, à l'exclusion des officiers de la chambre des comptes, le droit de faire les inventaires des comptables.

Veut sa Majesté qu'en faisant dans quinzaine, du jour que lesdits scellés auront été réapposez par la veuve dudit Amelon (receveur-général) comme commune, et par les héritiers présomptifs en qualité d'héritiers purs et simples à l'égard de Sa Majesté, leurs soumissions à la chambre des comptes; de rendre les comptes qui sont dus des exercices dudit Amelon, il leur soit, par les officiers de ladite chambre, fait main-levée de leur scellé; et en conséquence procédé par le commissaire du Châtelet à la levée et reconnaissance des scellez par lui réapposez, et ensuite à l'inventaire des effets qui se trouveront sous iceux, par les notaires du Châtelet en la manière accoutumée : et faute par lesdits veuve et héritiers présomptifs de faire lesdites soumissions, l'inventaire desdits effets sera fait pour les officiers de ladite chambre en la manière accoutumée, après que les scellez du commissaire du Châtelet auront été par lui reconnus, sinon brisez et ôtez, et ensuite procédé à la vente des meubles, de l'ordonnance de la chambre, par l'huissier priseur du Châtelet, qui sera par elle à cet effet commis. Et sera ce qui est porté par le présent arrêt exécuté par forme de réglement dans tous les scellez qui seront apposez sur les effets des comptables décédez, ou qui s'absenteront sans avoir rendu les comptes de leurs exercices, à l'exception néanmoins de ceux esquels Sa Majesté jugera à propos de faire procéder par les commissaires de son conseil à l'inventaire, ou même à la vente des effets desdits comptables.

13 SEPTEMBRE 1713. Arrêt de réglement qui exige que les actes soient reçus par les notaires en personne, et que le notaire en second, ou les témoins instrumentaires, y soient présents.

Fait défenses aux notaires de la ville et bailliage de Meaux de passer et recevoir aucuns actes et contrats qu'en personne et en la présence de toutes les parties et des témoins dénommés auxdits actes et contrats, ou, au défaut desdits témoins, en présence du notaire qui sera appelé pour signer lesdits actes en second, à peine de nullité desdits actes et contrats, et des dépens dommages et intérêts des parties, et de plus grande peine s'il y échet.

8 MAI 1716. Acte de notoriété du Châtelet portant que les notaires ont le droit d'accepter une obligation pour le créancier absent (1).

Nous, après avoir pris l'avis des anciens avocats et procureurs, communiqué aux gens du roi, et conféré avec les juges de ce siége, attestons, par acte de notoriété, qu'il est d'usage, et s'est toujours observé par les notaires du Châtelet et autres, lorsqu'un débiteur passe une obligation au profit de son créancier absent, que les notaires stipulent et acceptent l'obligation pour le créancier absent et que lesdites obligations ont toujours été valables, et qu'il n'est pas même nécessaire pour la validité d'une simple obligation qu'elle soit acceptée par les créanciers.

27 JUIN 1716. Arrêt de réglement qui détermine le mode de transmission des minutes et les mesures à prendre pour leur conservation (2).

La cour ordonne que les procès, informations, procédures, pièces déposées ès greffes des justices du duché-pairie de Luynes, Baugé, d'Ayrenne, Bonnestable, Bauquesne, Bonneuil, la Warde, Houdan, Germigny, Cloye, Parthay, Pré, Nouvellon, Chevreuse, Montfort, de Tours, Chaumont, de Noyers, de Lucheux, Marchenoir, Fretteval, de Samblançay, Rochecorbon, Saint-Michel, Coulommiers, les Ecluses et de Crassay, comme pareillement les sentences, actes, liasses, et registres desdits greffes qui sont entre les mains de dersonnnes qui ont exercé lesdits greffes, leur veuves, enfants et héritiers, ou ayant cause, ceuse, seront mis entre les mains des greffiers actuellement en exercice, pour être le profit des expéditions faites aux temps des anciens greffiers hors d'exercice, partagé par moitié entre eux, et leurs héritiers et ayans cause, et les nouveaux greffiers actuellement en exercice, pendant dix ans seulement.

Et à l'égard des minutes des contrats et autres actes reçus par les notaires desdites justices à

(1) V. Ordonn. de fév. 1751, ci-après.
(2) Voy. les délib. de la Chambre de Paris des 6 déc. 1689, 5 brum. an 13, 6 nov. 1808 et 16 août 1827.

présent décédez, ou qui s'étoient démis de leurs offices, ou dont les baux sont expirez, et lesquelles minutes passées du temps de leurs exercices, sont demeurées entre leurs mains ou entre celles de leurs héritiers ou ayans cause, seront aussi remises entre les mains des notaires actuellement en charge, et dans l'exercice d'icelle, qui s'en chargeront au bas des répertoires, à la charge que l'émolument des grosses qui en seront délivrées demeurera pour les deux tiers à ceux qui en auront retenu les minutes, à leurs héritiers ou ayans cause, et l'autre tiers aux notaires actuellement en charge, qui expédieront et qui signeront lesdites grosses, à l'effet de quoy seront faits des inventaires sommaires et séparez sans frais, par les juges ordinaires des lieux, à la requête et en présence des substituts de notre procureur général et des procureurs fiscaux desdites justices, de tous et chacun les actes et pièces des exercices des charges de greffiers et de notaires, qui peuvent être en possession de personnes non faisant fonction de grefiers et notaires.

A la représentation desdits actes et pièces, ceux qui en sont saisis seront contraints par toutes voyez dues et raisonnables, même par corps, en vertu du présent arrêt, et sans qu'il en soit besoin d'autre ; desquels inventaires sommaires qui seront faits par lesdits juges, comme dessus est dit, en sera baillé copie à chaque partie intéresssée pour ce qui le pourra concerner, et à chaque grefier et notaire en exercice une autre copie, par rapport aux pièces et actes dont on les chargera, demeurant au surplus les minutes des inventaires sommaires aux greffes desdites justices, pour y avoir recours quand besoin sera. Ordonne en outre qu'à l'avenir, à chaque changement de grefiers et de notaires dans lesdites justices, la même règle sera suivie et pratiquée, à quoi les juges assistés desdits substituts de notre procureur général et procureurs fiscaux, demeureront autorisés en exécution du présent arrêt, sans préjudice toutefois des baux faits et qui pourront être faits à l'avenir, concernant les charges des notaires et grefiers desdites justices, pour ce qui peut regarder la remise préfinie pour jouir des émoluments desdites charges, et sans qu'esdits cas, ils puissent en vertu du réglement ci-dessus, faire proroger les temps de leurs jouissances, qui n'auront lieu que dans les cas où lesdits temps n'auront point été marqués et prescrits par lesdits baux.

———

FÉVRIER 1731. Ordonnance de Louis XV sur les donations, qui défend aux notaires d'*accepter* pour les donataires absents.

5.... Défendons à tous notaires et tabellions d'accepter les donations comme stipulant pour les donataires absents, à peine de nullité desdites stipulations.

———

FÉVRIER 1771. Édit du même roi concernant les offices des *jurés-priseurs-vendeurs de meubles*.

Louis, etc. Le feu roi, notre très-honoré seigneur et bisaïeul, auroit, par son édit du mois d'octobre 1696, distrait des offices d'huissiers et sergents royaux, les fonctions de ceux de jurés-priseurs-vendeurs de meubles, créés par édits du mois de février 1556 et mars 1576 ou autres, et auroit créé des offices particuliers auxquels il en auroit fait l'attribution, afin que les titulaires étant uniquement occupés desdites fonctions, puissent acquérir la connoissance nécessaire pour faire une juste estimation du prix des meubles, et que le public fût mieux servi. Par le compte que nous nous en sommes fait rendre, nous avons reconnu que ces offices ont été levés pour une finance si modique, qu'elle n'est pas suffisante pour répondre des deniers provenant des ventes dont ceux qui les exercent sont dépositaires ; nous avons considéré en même temps que comme l'utilité de ces offices s'accroît journellement par l'augmentation que le commerce et le progrès des manufactures et des arts ont produits, et ne peuvent manquer de produire dans les richesses mobiliaires de nos sujets, c'étoit aussi une raison pour exiger dans ceux qui les remplissent une plus grande solidité ; nous avons cru en conséquence ne pouvoir rien faire de mieux à cet égard, que de supprimer tous les offices de jurés-priseurs-vendeurs de biens meubles créés par ledit édit d'octobre 1696, ou tous autres édits quelconques, à la réserve de ceux de notre bonne ville de Paris, et d'en recréer de nouveaux avec une finance plus proportionnée, avec les mêmes attributions portées par l'édit d'octobre 1696, et en réglant le prix des vacations qu'ils ont été autorisés à se faire payer par la déclaration du 12 mars 1697, en sorte qu'elle ne soit plus arbitraire. A ces causes, etc., voulons et nous plaît ce qui suit :

ART. 1. Avons éteint et supprimé, éteignons et supprimons tous les offices de jurés-priseurs vendeurs de biens meubles, créés par édit d'octobre 1696, ou autres édits, à quelques titres qu'ils soient possédés, et encore qu'ils soient exercés en vertu de réunions ou autrement, à la réserve seulement de ceux de notre bonne ville de Paris. Voulons qu'il soit procédé à la liquidation et au remboursement des finances payées, pour raison desdits offices, et qu'à cet effet les quittances et autres titres en soient remis ès-mains du contrôleur général de nos finances dans trois mois, à compter du jour de la publication du présent édit.

2. Du même pouvoir et autorité que dessus, nous avons créé et érigé, créons et érigeons en titres d'offices formés, des jurés-priseurs-vendeurs de biens meubles, pour être établis dans toutes les villes et bourgs de notre royaume, pays, terres et seigneuries de notre obéissance où il y a justice royale, à l'exception de notre bonne ville et banlieue de Paris, et ce, au nombre qui sera fixé par les rôles qui seront arrêtés en notre conseil.

3. La finance desdits offices, ensemble les deux sous pour livre, seront payés sur la quittance du trésorier de nos revenus casuels, conformément aux rôles qui seront pareillement arrêtés en notre conseil.

4. Les pourvus ou propriétaires des offices supprimés seront préférés pour la levée desdits nouveaux offices, à la charge par eux d'en payer la finance, ensemble les deux sols pour livre dans trois mois, à compter du jour de la publication de notre présent édit, sur laquelle finance il leur sera tenu compte de ce qui leur sera dû pour leur remboursement, suivant la liquidation qui en aura été faite.

5. Lesdits jurés-priseurs-vendeurs de meubles feront seuls, et à l'exclusion de tous autres, dans toute l'étendue du ressort du bailliage, sénéchaussée, et autres justices royales du lieu de leur établissement, la prisée, exposition et vente de tous biens meubles, soit qu'elles soient faites volontairement après les inventaires, ou par autorité de justice, en quelque sorte et manière que ce puisse être, et sans aucune exception; recevront les deniers provenant desdites ventes, quand même les parties y appelleroient d'autres huissiers, et jouiront de la faculté d'exploiter, dans le cas de l'exécution et vente de meubles, concurremment avec les autres huissiers dans l'étendue de leur ressort.

6. Avons attribué et attribuons auxdits jurés-priseurs-vendeurs de biens meubles, conformément audit édit d'octobre 1696, quatre deniers pour livre du prix des ventes seulement, lesquels ils retiendront par leurs mains sur les deniers provenant dudit prix; deux sous six deniers pour chacun rôle de grosse de leurs procès-verbaux, et pareil droit de deux sous six deniers pour l'enregistrement de chacune des oppositions qui seront faites à la délivrance des deniers provenant desdites ventes, non compris le contrôle et le coût du papier timbré, desquelles oppositions ils feront mention dans leurs procès-verbaux, et demeureront garants; et en outre par chaque vacation de prisée dans les cas où elle aura lieu, et qu'il en aura été dressé procès-verbal, trente sous, sans préjudice des exploits qu'ils feront comme huissiers, desquels ils seront payés comme huissiers. Défendons auxdits jurés-priseurs-vendeurs de meubles de percevoir autres droits que ceux portés par le présent article, sous prétexte de la déclaration du 12 mars 1697, ou quelque autre prétexte que ce soit, à peine de restitution du quadruple.

7. Voulons, à l'égard des oppositions, que les originaux en soient visés sans frais par le juré-priseur-vendeur de meubles entre les mains de qui elles seront faites, et que, faute par les opposants de les avoir fait viser, elles demeurent nulles et comme non avenues, et que la garantie portée par l'article précédent ne puisse avoir lieu contre lui.

8. Ordonnons que lesdits jurés-priseurs-vendeurs de biens meubles, dans les villes et lieux où ils seront plusieurs établis, feront bourse commune des deniers qui proviendront desdites prisées et ventes, à la réserve du quart pour celles qui seront faites dans lesdites villes et lieux, qui appartiendra par préciput à celui qui aura fait lesdites pri-

sées et ventes, et du droit entier de vacations, et moitié des autres droits pour les prisées et ventes faites à la campagne, et qui appartiendront aussi par préciput à ceux desdits officiers qui les auront faites. Ne pourront les parts de ladite bourse commune être saisies par quelques créanciers que ce puisse être, si ce n'est par ceux qui auront prêté leurs deniers pour l'acquisition desdits offices, ou pour fait de charge seulement.

9. Faisons très-expresses inhibitions et défenses à tous notaires, greffiers, huissiers et sergents royaux, de quelque juridiction que ce soit, même des amirautés, de s'immiscer à l'avenir de faire lesdites prisées, expositions et ventes de biens meubles, en quelque manière que ce soit, à peine de mille livres d'amende, et aux contrôleurs des exploits de contrôler aucuns procès-verbaux de prisées et ventes desdits biens meubles qui seroient faits par autres que lesdits jurés-priseurs, à peine de pareille somme, et lesdites amendes, applicables moitié à l'hôpital du lieu, et l'autre moitié aux pourvus desdits offices, ne pourront être modérées ni réputées comminatoires.

10.—N'entendons néanmoins rien innover à l'égard des seigneurs hauts-justiciers, dont les officiers pourront faire les prisées et ventes de meubles entre les justiciables de leurs justices et en vertu des sentences émanées de leurs juges, et ce, concurremment avec lesdits jurés-priseurs, sans néanmoins qu'ils puissent percevoir ni s'attribuer les quatre deniers pour livre attribués auxdits jurés-priseurs. Leur défendons, hors le cas ci-dessus, de s'y immiscer, à peine de trois cents livres d'amende applicable comme dessus, et de restitution du quadruple des droits.

11.—Dispensons les pourvus des offices supprimés par le présent édit, qui profiteront de la préférence que nous leur avons accordée par l'art. 4 de prendre de nouvelles provisions, et de se faire recevoir et prêter de nouveau serment. Voulons qu'ils continuent à jouir en vertu de leurs anciennes provisions et réception, et sur la quittance de finance qui leur sera expédiée, après toutefois qu'ils l'auront fait enregistrer au contrôle général de nos finances, et au greffe de la juridiction du ressort.

12. — Permettons de posséder conjointement plusieurs desdits offices en vertu d'une seule et même provision, et aux pourvus de les faire exercer par telle personne qu'il leur plaira commettre, à la charge par eux de demeurer civilement responsables de ceux qu'ils auront commis, et par lesdits commis de prendre une commission en notre grande chancellerie, et de se faire recevoir par-devant les juges qu'il appartiendra, pour laquelle réception il ne sera perçu que six livres.

13.—Permettons aux acquéreurs desdits offices d'emprunter les sommes nécessaires pour en payer la finance; voulons que lesdits offices, ensemble leur part de bourse commune, soient et demeurent affectés auxdits emprunts par privilége spécial et préférence à tous créanciers, à l'effet de quoi il en sera fait déclaration dans les quittances de finance qui leur seront expédiées.

Si donnons en mandement.

Juin 1771. Édit du même roi portant réglement pour la procédure civile en Corse, et particulièrement pour les *notaires*.

---

7 juillet 1771. Lettres patentes du même roi données en exécution de l'édit précédent du mois de février.

Louis, etc. Nous avons ordonné, et, par ces présentes signées de notre main, ordonnons, voulons et nous plaît qu'il soit sursis à la levée et vente des offices de jurés-priseurs-vendeurs de biens meubles, créés par notre édit du mois de février dernier, jusqu'à ce qu'autrement il en ait été par nous ordonné; voulons en conséquence que les notaires, greffiers, huissiers ou sergents royaux, puissent faire valablement, lorsqu'ils en seront requis, les prisées et ventes de biens meubles, en se conformant aux édits, déclarations, arrêts et réglements rendus à ce sujet, dérogeant, quant à ce seulement, aux dispositions de l'art. 9 de notre édit du mois de février dernier, et qu'ils jouissent des vacations réglées par l'art. 6 dudit édit, ensemble des droits d'expéditions ou de grosses de leurs procès-verbaux, sur le pied qu'ils sont fixés; sans qu'ils puissent s'attribuer les droits de quatre deniers pour livre du montant des ventes que nous nous sommes réservés; desquels droits néanmoins lesdits notaires, greffiers, huissiers ou sergents royaux qui feront les ventes, seront tenus de faire la perception, et retiendront sur le montant desdites ventes, pour en compter à celui qui sera préposé au recouvrement d'iceux. Faisons très-expresses inhibitions et défenses à toutes personnes, autres que les notaires, greffiers, huissiers ou sergents royaux, de s'immiscer à faire les prisées et ventes des biens meubles, sous les peines portées par l'art. 9 de notre dit édit, aux exceptions néanmoins énoncées en l'art. 10. Interprétant en tant que de besoin l'article 2 de notre dit édit, nous avons ordonné et ordonnons que les jurés-priseurs-vendeurs de biens meubles seront tenus de nous compter, ou à ceux par nous préposés, du montant des quatre deniers pour livre; etc.

Si vous mandons, etc.

---

21 août 1775. Arrêt du conseil qui défend à toutes personnes, même aux propriétaires de meubles et effets mobiliers, d'en faire la *vente* publique, au préjudice du droit des notaires, greffiers et huissiers.

Ordonne que, conformément à l'article 5 de l'édit du mois de février 1771 et aux lettres-patentes du 7 juillet suivant, il ne pourra être procédé à aucune exposition publique et vente à l'encan de meubles et effets mobiliers, soit qu'elles soient faites volontairement, soit après les inventaires, soit devant les juges, ou par autorité de justice, en quelque sorte et manière que ce puisse être, et sans aucune exception, par d'autres que par les notaires, greffiers, huissiers ou sergents; fait très-expresses inhibitions et défenses à toutes personnes, même aux propriétaires des meubles et effets mobiliers, héritiers, créanciers et autres, de s'immiscer à faire lesdites expositions et ventes à l'encan, sous quelque prétexte et pour quelque cause que ce puisse être, à peine de confiscation des meubles et effets mobiliers qui se ront encore existants, et de pareille amende contre les contrevenants.

---

13 novembre 1778. Arrêt du conseil, suivi de lettres-patentes, qui fait défenses à toutes personnes, sous peine de confiscation et de 1,000 liv. d'amende, si ce n'est les notaires, greffiers et huissiers, de faire des *prisées* et *ventes de meubles*.

Ordonne que l'édit du mois de février 1771, les lettres-patentes du 7 juillet de la même année, les arrêts des 21 août 1772 et 20 juin 1775, seront exécutés selon leur forme et teneur; fait en conséquence, S. M., défenses à toutes personnes sans caractère, même aux propriétaires, héritiers ou autres, de faire personnellement l'exposition, vente ou adjudication à l'encan, d'aucuns biens meubles à eux appartenans ou à d'autres, à peine de confiscation des meubles et de 1,000 livres d'amende; leur enjoint d'y faire procéder par tels notaire, greffier, huissier, ou sergent royal que bon leur semblera, lesquels seront tenus, sous les mêmes peines, de dresser des procès-verbaux en forme et sur papier timbré desdites ventes, et de comprendre dans lesdits procès-verbaux tous les articles exposés en vente, tant ceux par eux adjugés, soit en totalité ou sur simple échantillon, que ceux retirés ou livrés par les propriétaires ou héritiers, pour le prix de l'enchère ou de la prisée; veut, S. M., que lesdits notaires, greffiers, huissiers ou sergents, soient pareillement tenus de rapporter les originaux desdits procès-verbaux de vente, dans les délais fixés pour le contrôle, aux bureaux du régisseur dans l'arrondissement desquels les ventes auront été faites, et d'y acquitter les quatre deniers pour livre du montant desdites ventes; leur fait très-expresse inhibition et défense, à peine de 1,000 livres d'amende, de porter lesdits procès-verbaux, sous quelque cause que ce puisse être, à d'autres bureaux que ceux des lieux de l'arrondissement, et aux contrôleurs des actes et exploits, de contrôler aucuns procès-verbaux de ventes de biens meubles qui avoient été faites hors des lieux de leur arrondissement, qu'il ne leur soit apparu de la quittance du paiement des droits de quatre deniers pour livre entre les mains du receveur du bureau dans l'arrondissement duquel la vente aura été faite, à peine de nullité, de 1,000 livres d'amende, et de plus grande peine en cas de récidive; lesquelles amendes ci-dessus ordonnées ne pourront, en aucun cas, être remises ni modérées par les juges.

---

12 août 1779. Lettres-patentes du roi Louis XVI concernant les *compulsoires*.

Louis, etc. Par les ordonnances des rois, nos prédécesseurs, il est expressément défendu aux notaires de donner connoissance à d'autres qu'aux parties contractantes, leurs héritiers ou ayans-cause, du contenu aux actes qu'ils reçoivent, ou des minutes dont ils sont dépositaires; cependant, comme il arrive quelquefois que des parties qui sont en contestation ont intérêt de produire, pour la défense de leurs droits, des expéditions d'actes dans lesquels ils n'ont pas été originairement parties contractantes, il est devenu nécessaire d'autoriser, suivant les circonstances, à compulser lesdits actes, soit en vertu d'ordonnances des juges, ou de lettres de compulsoire qui sont obtenues en notre chancellerie, et dont l'effet ne peut être que d'obliger les notaires, dépositaires des minutes des actes, d'en délivrer des expéditions, sans qu'on puisse leur imputer d'avoir contrevenu à ce qui est prescrit par les ordonnances; mais nous aurions été informé que, d'un côté, il survenait journellement des difficultés entre les notaires du Châtelet de notre bonne ville de Paris et les huissiers qui sont chargés de signifier les ordonnances des juges, ou les lettres de compulsoire obtenues en notre chancellerie, en ce que les huissiers prétendoient que lesdits notaires du Châtelet de Paris devoient leur représenter les minutes des actes pour en faire eux-mêmes la transcription dans les procès-verbaux qu'ils étoient chargés de faire pour les compulsoires, et lesdits notaires soutenoient au contraire ne devoir point se dessaisir de leurs minutes lors des compulsoires, et qu'il n'y avait qu'eux qui en pussent délivrer des expéditions; que, d'un autre côté, lesdits notaires du Châtelet de Paris se trouvoient souvent dépositaires de deniers à la remise desquels on formoit des saisies et oppositions entre leurs mains, et qu'il arrivoit que la plupart de ces saisies et oppositions ne parvenoient point à leur connoissance, en sorte qu'ils étoient exposés à être poursuivis lorsqu'ils s'étoient dessaisis des deniers qu'ils avoient entre leurs mains; et qu'enfin, quoique les greffiers des cours ou siéges fussent autorisés à délivrer des expéditions des minutes des actes qui avoient été déposés à leur greffe, soit pour servir de pièces de comparaisons, soit parce qu'elles étoient attaquées par la voie du faux principal ou incident dans les cas portés par l'ordonnance du mois de juillet 1737, néanmoins, il arrivoit souvent que les parties intéressées dans ces actes se trouvoient embarrassées pour s'en faire procurer des expéditions, par rapport à l'éloignement des siéges aux greffes desquels les minutes avoient été déposées, ou parce que ces minutes, sur l'appel des sentences définitives rendues par les premiers juges, avoient été portées aux greffes de nos cours; qu'il pouvoit même arriver que ces minutes fussent adirées, lorsqu'elles étoient portées par la voie du messager aux greffes des cours ou siéges, et comme il est de notre justice, non-seulement de faire cesser les difficultés qui peuvent survenir entre lesdits notaires du Châtelet de Paris et les huissiers, pour les actes à compulser, et même de pourvoir à ce que lesdits notaires aient une connoissance personnelle et positive des exploits de saisies ou oppositions qui peuvent être faites à la délivrance des deniers qui leur sont déposés, et enfin de faciliter aux parties les moyens de se faire délivrer, par lesdits

notaires, des expéditions des actes où elles sont intéressées, et dont les minutes ont été déposées aux greffes des cours ou siéges pour servir de pièces de comparaison :

1. Tous les huissiers, soit de nos cours ou autres siéges, porteurs de lettres de compulsoire, ou d'ordonnances de juges obtenues aux mêmes fins, seront tenus de les signifier aux notaires du Châtelet de Paris, avec l'indication, la plus exacte que faire se pourra, des minutes des actes dont on requerra l'expédition ou l'extrait; et ne pourra être donné d'assignation aux parties intéressées pour le compulsoire qu'après ladite signification; et ladite assignation sera donnée, tant aux notaires qu'aux parties intéressées, à jours certains et heures fixes, pour se trouver en l'étude des notaires.

2. S'il n'y a point d'opposition aux compulsoires; ou qu'après avoir été statué sur les oppositions par les juges qui en doivent connaître, les compulsoires aient été ordonnés, le dépositaire de la minute en délivrera l'expédition ou l'extrait requis, en bonne forme, signée de lui ou d'un autre notaire, laquelle sera scellée du scel royal, avec mention que ladite expédition a été délivrée en exécution de l'ordonnance du juge ou des lettres de compulsoire; lors desquelles les parties, assistées de leurs conseils, pourront collationner l'expédition avec la minute, dont lecture sera faite par le notaire. Permettons aux parties de faire tels dires et réquisitions qu'elles aviseront bon être, dont du tout sera dressé procès-verbal par le notaire et expédition par lui délivrée aux parties intéressées et requérantes, sans pouvoir, par les huissiers, dresser aucun procès-verbal, soit du compulsoire, soit des dires et réquisitions des parties.

3. Si aucune des parties prétendoit que l'expédition ne fût pas conforme à la minute, et qu'il y eût des omissions ou changemens, il en sera à l'instant référé par-devant le lieutenant civil de notre Châtelet de Paris, en cas d'absence ou d'empêchement, par-devant un des lieutenants particuliers dudit siége, devant lequel le notaire comparoîtra avec les parties intéressées, pour être fait collation de l'expédition par lui délivrée; et à cet effet le notaire remettra entre les mains du juge la minute, pour en être fait collation sur l'expédition, dont du tout sera dressé procès-verbal par le juge; et, après la collation faite, la minute sera remise par le juge au notaire; et les frais du référé, ainsi que du transport du notaire, seront payés et avancés par la partie qui aura requis le référé, sauf à les répéter en définitive, s'il y a lieu, contre qui il appartiendra.

4. Si les expéditions, par la longueur des actes, ne pouvaient être délivrées dans une seule vacation, qui sera de trois heures, les procès-verbaux seront continués aux jours et heures dont il aura été convenu entre les notaires et les parties; et il ne pourra être employé plus de deux vacations pour raison du même compulsoire.

5. En cas d'absence ou de légitime empêchement des notaires dépositaires des minutes des actes, les parties requérantes se retireront par

devant l'un des syndics des notaires de notre Châtelet de Paris , et observeront à son égard ce qui est ordonné par l'article 1er des présentes ; et, en cas de refus de la part du syndic ou des notaires dépositaires des minutes de satisfaire aux assignations qui leur auront été données pour les compulsoires, les parties requérantes, sur les sommations qu'elles seront autorisées audit cas de faire par le ministère d'huissiers, soit au notaire dépositaire des minutes, soit au syndic, se pourvoiront par-devant les juges saisis des contestations, pour y être statué ainsi qu'il appartiendra ; voulons au surplus que ce qui est prescrit par l'ordonnance de 1667, au titre 12, pour les compulsoires, soit exécuté.

6. Voulons et ordonnons que les huissiers qui seront chargés de faire des saisies et oppositions entre les mains desdits notaires à la délivrance des deniers dont ils pourront être dépositaires, soient tenus de faire viser par le notaire entre les mains de qui l'opposition ou la saisie sera faite, l'original de l'exploit de saisie ou opposition, ainsi que les originaux de toutes significations qui pourront être faites aux notaires, d'arrêts, sentences et contraintes, autrement les notaires ne pourront être poursuivis pour les paiements qu'ils pourroient faire nonobstant lesdites saisies, oppositions et significations qui ne seroient pas visées ; et, en cas de refus, de la part des notaires, de viser les originaux de ces exploits, ou qu'ils fussent absens, les huissiers seront autorisés à se retirer par-devant l'un des syndics des notaires, à l'effet de faire viser lesdits originaux d'exploits; et le syndic qui aura visé en donnera avis au notaire, pour le refus ou l'absence duquel il aura visé.

7. Les notaires de notre Châtelet de Paris qui seront tenus, en vertu d'arrêts ou de sentences, d'apporter au greffe de nos cours ou autres siéges les minutes des actes dont ils seront dépositaires, soit que l'apport et le dépôt en aient été ordonnés pour, lesdites minutes arguées de faux, soit qu'ils aient été ordonnés, pour lesdites minutes, servir de pièces de comparaison seulement, seront tenus, avant d'en faire le dépôt, de faire une expédition en bonne forme de chacune desdites minutes, signée d'eux et d'un autre notaire, laquelle sera scellée du scel royal, et se retireront ensuite par-devant le lieutenant civil du Châtelet de Paris, ou, en cas d'absence ou d'empêchement, par-devant un des lieutenans particuliers dudit siége, devant lequel sera dressé procès-verbal par un greffier, tant des minutes que des expéditions, avec mention des arrêts ou jugemens qui auront ordonné le dépôt, et des causes du déplacement desdites minutes ; et sera délivré auxdits notaires une expédition dudit procès-verbal, qu'ils annexeront à chacune des expéditions qu'ils auront faites desdites minutes; lesdites expéditions seront par eux déposées au rang de leurs minutes, pour leur tenir lieu desdites minutes, jusqu'à ce que les minutes qu'ils auront déposées aux greffes des cours ou siéges leur aient été remises, pour être par eux délivrées aux parties intéressées et requérantes des expéditions des actes seulement dont les minutes auront été déposées pour servir de pièces de comparaison, avec la mention du pro-

cès-verbal dressé par-devant le lieutenant civil, et du greffe où les minutes auront été déposées, et des causes du dépôt, sans qu'il puisse être à l'avenir délivré des expéditions desdites minutes, déposées par les greffiers des cours et siéges qui auront ordonné le dépôt en leurs greffes desdites minutes, dérogeant à cet égard à ce qui est porté par l'ordonnance du mois de juillet 1737; et sans, par lesdits notaires, pouvoir délivrer aucunes expéditions des minutes des actes qui auront été déposées, comme étant arguées de faux, à moins qu'il n'en fût autrement ordonné par justice, et les notaires, lors du dépôt de leurs minutes aux greffes des cours et siéges, seront remboursés des frais de ces expéditions de leurs minutes et du procès-verbal qui aura été dressé par-devant le lieutenant civil, par les parties à la requête desquelles la poursuite sera faite, pourvu toutefois, en ce qui concerne le dépôt des minutes arguées de faux, que lesdits notaires ne soient pas impliqués dans l'accusation ; desquels frais exécutoire leur sera délivré par les greffiers des cours et siéges qui recevront le dépôt des minutes, nous réservant au surplus, en ce qui concerne les notaires des provinces, d'expliquer nos intentions sur les mêmes objets, ainsi qu'il appartiendra.

Si donnons en mandement, etc.

Art. 1er. Les offices de jurés-priseurs, créés par édit de 1771 ou autres, demeureront supprimés à compter de ce jour.

2. Le droit de quatre deniers pour livre du prix des ventes, qui leur avait été attribué, continuera d'être perçu au profit du trésor public par les officiers qui feront la vente, et le produit en sera versé par eux dans les mains des préposés à la recette.

3. Les finances desdits offices seront liquidées.

4. Il sera délivré à ceux qui auront droit aux finances treize coupons d'annuités payables d'année en année, dans lesquelles l'intérêt à 5 pour cent sera cumulé avec le capital.

5. Il sera prélevé sur le produit des quatre deniers pour livre, une somme annuelle de huit cent mille livres, qui sera versée dans la caisse du trésorier de l'extraordinaire, et employée par lui au paiement de ces annuités.

6. Les notaires, greffiers, huissiers et sergents, sont autorisés à faire les ventes de meubles dans tous les lieux où elles étaient ci-devant faites par les jurés-priseurs.

7. Les procès-verbaux de ventes et de prisées faites par les officiers ci-dessus désignés ne seron |

soumis qu'aux mêmes droits de contrôle que ceux des jurés-priseurs.

8. Il ne pourra être perçu par lesdits officiers que deux sous six deniers pour l'enregistrement d'une opposition, et une livre dix sous par vacation de prisée, conformément à l'article 6 de l'édit de février 1771; et ce sans préjudice des conventions particulières qui pourront modifier ou abonner les droits.

9. Les quatre deniers pour livre du prix des ventes seront versés, par les officiers qui les auront faites, dans les mains du contrôleur des actes ou receveur des domaines, lesquels en compteront à la régie des domaines.

5 NOVEMBRE 1790. Loi portant que le ministère des notaires n'est pas nécessaire pour les *baux* des biens nationaux et les autres *actes administratifs.*

Tit. 2, art. 14. Le ministère des notaires ne sera nullement nécessaire pour la passation desdits baux, ni pour tous les autres actes d'administration. Ces actes, ainsi que les baux, seront sujets au contrôle, et ils emporteront hypothèque et exécution parée. La minute sera signée par les parties qui sauront signer, et par les membres présents du Directoire, ainsi que par le secrétaire, qui signera seul l'expédition.

27 MARS 1791. Loi relative au nouvel ordre judiciaire, qui attribue aux notaires, à l'exclusion des juges de paix, la confection des *inventaires* et des procès-verbaux de *carence*, et aux présidents et municipalités la délivrance des *certificats de vie* et les *légalisations.*

12 SEPTEMBRE 1791. Loi relative aux clauses impératives ou prohibitives, *contraires aux lois ou aux mœurs*, insérées dans les testaments, donations et autres actes.

Toute clause impérative ou prohibitive qui serait contraire aux lois et aux bonnes mœurs, qui porterait atteinte à la liberté religieuse du donataire, héritier ou légataire, qui gênerait la liberté qu'il a soit de se marier même avec telle personne, soit d'embrasser tel état, emploi ou profession, ou qui tendrait à le détourner de remplir les devoirs imposés et d'exercer les fonctions déférées par la constitution aux citoyens actifs et éligibles, est réputée non écrite.

29 SEPT.-6 OCT. 1791. Loi sur la nouvelle *organisation du notariat* et sur le remboursement des *offices* de notaires.

TITRE Iᵉʳ. SUPPRESSION DES NOTAIRES ROYAUX ET AUTRES, ET CRÉATION DES NOTAIRES PUBLICS.

Section 1ʳᵉ. — *Suppression des notaires royaux et autres.*

Art. 1ᵉʳ. La vénalité et l'hérédité des offices royaux de notaires, tabellions, notaires-clercs aux inventaires, notaires connus en quelques lieux sous le nom de greffiers, ou sous toute autre dénomination que ce soit, sont abolies.

2. Les offices de notaires ou tabellions authentiques, seigneuriaux, apostoliques, et tous autres offices du même genre, sous quelque dénomination qu'ils existent, sont supprimés.

3. Ces divers officiers seront remplacés par des notaires publics, dont l'établissement sera formé, pour le présent et pour l'avenir, ainsi qu'il sera dit ci-après.

4. Jusqu'à la formation dudit établissement, les officiers supprimés par les articles 1 et 2 seront libres de continuer provisoirement leurs fonctions dans l'étendue de leur ancien arrondissement.

5. Les actes qui, jusqu'à la publication du présent décret, auraient été reçus par lesdits officiers hors les limites de leur ancien arrondissement, ne pourront être attaqués pour cause d'incompétence.

Section II. — *Création des notaires publics.*

Art. 1ᵉʳ. Il sera établi, dans tout le royaume, des fonctionnaires publics chargés de recevoir tous les actes qui sont actuellement du ressort des notaires royaux et autres, et de leur donner le caractère d'authenticité attaché aux actes publics.

2. Ces fonctionnaires porteront le nom de *notaires publics*; ils seront institués à vie, et ils ne pourront être destitués que pour cause de prévarication préalablement jugée.

3. L'exercice des fonctions de notaire public sera incompatible avec celui des fonctions d'avoué et de greffier, et avec la recette des contributions publiques.

4. Provisoirement, et jusqu'à la confection du Code civil, les actes des notaires publics seront reçus dans chaque lieu suivant les anciennes formes; et néanmoins, dans les lieux où la présence de deux témoins était textuellement requise et déclarée suffisante pour certains actes, ils pourront être reçus par un seul notaire public et deux témoins âgés de vingt et un ans, sachant signer et ayant d'ailleurs les autres qualités requises par les coutumes et ordonnances.

5. Les notaires ne pourront instrumenter sans connaître le nom, l'état et la demeure des parties, ou sans qu'ils leur soient attestés dans l'acte par deux citoyens ayant les mêmes qualités que celles requises pour être témoin instrumentaire.

6. A moins d'empêchement légitime, les notaires publics seront tenus de prêter leur ministère lorsqu'ils en seront requis; ils feront, au surplus, observer dans les conventions les lois qui intéressent l'ordre public, et, tant à cet égard qu'en ce qui concerne la conservation des minutes et généralement l'exercice de leurs fonctions, ils se conformeront aux anciennes ordonnances et réglements concernant les notaires royaux, jusqu'à ce qu'il ait été autrement statué par le pouvoir législatif.

7. Les notaires pourront, sur la seule réquisition d'une partie intéressée, représenter dans les inventaires, ventes, comptes, partages et autres opérations amiables, les absents qui n'auront pas de fondés de procurations spéciales et authentiques; mais ils ne pourront en même temps instrumenter dans lesdites opérations.

8. Le nombre et le placement de ces fonctionnaires seront déterminés, pour chaque département, par le corps législatif, d'après les instructions qui lui seront adressées par les directoires du département.

9. Pour les villes, la population, et pour les campagnes, l'éloignement des villes et l'étendue du territoire combinés avec la population, seront les principales bases de l'établissement des notaires publics.

10. Les notaires publics seront tenus de résider dans les lieux pour lesquels ils auront été établis.

11. Ils ne pourront exercer leurs fonctions hors des limites des départements dans lesquels ils se trouveront placés; mais tous ceux du même département exerceront concurremment entre eux dans toute son étendue.

12. Ils prendront, en conséquence, la qualité de *notaires publics établis pour le département de..., à la résidence de la ville ou du bourg de...*

13. Les actes de notaires publics seront exécutoires dans tout le royaume, nonobstant l'inscription de faux, jusqu'à jugement définitif.

14. A cet effet, leurs grosses ou expéditions exécutoires seront intitulées de la manière suivante : (le nom du roi) *Par la grâce de Dieu et la loi constitutionnelle de l'État, roi des Français, salut. Savoir faisons que par devant, etc.* Et elles seront terminées, immédiatement avant la date, par cette autre formule: *Mandons que les présentes soient mises à exécution par qui il appartiendra.*

15. Et, néanmoins, lorsque ces actes devront être mis à exécution hors du département dans lequel ils auront été passés, les grosses ou expéditions seront en outre légalisées par l'un des juges du tribunal d'immatriculation du notaire public qui les aura délivrées, sans qu'il soit besoin d'aucun autre scel ni de *visa*.

16. Il sera déposé, par chaque notaire public, à titre de garantie des faits de ses fonctions, un fonds de responsabilité en deniers, dont le versement se fera entre les mains des receveurs de district, qui en feront aussitôt la remise au Trésor national.

Les notaires n'en recevront aucun intérêt; mais ils seront exempts de tous droits de patentes.

17. Ce fonds de responsabilité demeure dès à présent fixé, savoir :

Pour les notaires publics de la ville de Paris, à 40,000 liv.; pour ceux des villes de soixante mille âmes et au-dessus, à 15,000 liv.; pour ceux des villes de quarante à soixante mille âmes, à 8,000 liv.; pour ceux des villes de vingt à quarante mille âmes, à 4,000 liv.; pour ceux des villes de dix à vingt mille âmes, à 3,000 liv.; pour toutes les autres villes, bourgs ou villages, à 2,000 liv.

18. Il sera délivré à chaque notaire public une reconnaissance du montant de son dépôt; et lors des démissions ou des décès, le capital de ces reconnaissances sera remboursé au notaire

public démis, ou à l'héritier du décédé, par le sujet qui aura été nommé pour le remplacer, en justifiant qu'il n'existe pas d'empêchement entre les mains du conservateur des oppositions.

19. Et dans le cas où, après la démission ou le décès d'un notaire public, il n'y aurait pas lieu de pourvoir à son remplacement, le remboursement dudit fonds de responsabilité lui sera fait ou à ses héritiers par le Trésor public, dans l'année de la démission ou du décès.

TITRE II. — ÉTABLISSEMENT DES NOTAIRES PUBLICS.

Art. Ier. Les notaires publics seront, à l'avenir, nommés et institués dans les formes prescrites par le titre IV de ce décret; mais leur premier établissement sera fait d'après les dispositions suivantes :

2. Les notaires ou tabellions royaux qui, à l'époque de cet établissement, se trouveront en exercice, soit en vertu de provisions, soit en vertu de commissions émanées du sceau; et tous les autres officiers supprimés par les art. 1er et 2 de la première section du titre 1er seront, dans chaque département, considérés sous trois classes:

1° Les notaires royaux résidant actuellement dans les lieux où il sera établi des notaires publics, et les notaires seigneuriaux des mêmes lieux lorsqu'ils tenaient à une juridiction seigneuriale ayant son principal siége dans cette résidence, et ressortissant nuement à une cour souveraine;

2° Les notaires royaux qui résident actuellement dans les lieux où il ne sera pas établi de notaires publics;

3° Les notaires seigneuriaux autres que ceux désignés dans la première classe;

3. Les notaires de la première classe seront admis de préférence à se faire recevoir notaires publics dans les lieux où ils résident; mais ils ne pourront, dans aucun cas, opter pour une autre résidence.

Quel que soit leur nombre, ils seront tous admis à exercer, et ne seront point tenus de se réduire; leur réduction ne s'opérera que par mort ou démission.

4. En conséquence, après la fixation des chefs-lieux de résidence et du nombre des notaires publics, le procureur-général-syndic de chaque département fera notifier dans tout le département, aux notaires de la première classe, en la personne du plus ancien d'entre eux dans chaque résidence, qu'ils aient à lui déclarer dans le mois de cette notification, et chacun individuellement, s'ils veulent être confirmés dans l'exercice de leurs fonctions en qualité de notaires publics.

5. Ceux desdits notaires qui, dans ce délai, n'auront pas envoyé d'acceptation, seront présumés avoir renoncé à leur droit; leurs places, de même que celles des notaires qui auront donné un refus formel, seront comprises dans le tableau des places vacantes, si le nombre n'est pas complet; et, dès l'expiration du mois, ils seront irrévocablement déchus de toute préférence.

6. Immédiatement après ledit délai, le direc-

toiré du département vérifiera les acceptations remises; et pour les lieux où le nombre de ces acceptations complétera ou lors même qu'il excéderait.celui requis, le tableau nominatif des acceptants sera dressé suivant l'ordre de leur ancienne réception en qualité de notaires.

7. Si, au contraire, en certains lieux, le nombre des acceptations se trouve insuffisant, il sera complété ainsi qu'il suit :

8. Les notaires de la seconde classe et ceux de la troisième pourront se présenter pour remplir les places de notaires publics vacantes dans les diverses résidences du département, en désignant la résidence à laquelle ils demanderont à être attachés.

9. En conséquence, après le premier placement qui aura été fait en conformité des art. 3 et 4, le directoire du département fera publier et afficher dans son arrondissement le tableau des places vacantes, soit dans les résidences nouvellement créés, soit dans les résidences conservées et où le nombre des notaires ne sera pas complet.

10. Dans le mois après cette publication, les notaires de la seconde et de la troisième classe qui voudront occuper des places de notaires publics seront tenus d'adresser au procureur-général-syndic du département leurs déclarations portant désignation de la résidence dans laquelle ils demandent à être placés.

Seront d'abord préférés les notaires de la seconde classe; ensuite, parmi les notaires de la troisième, seront préférés ceux qui demeuraient dans le lieu où une résidence de notaire public aura été établie.

Les notaires ainsi appelés par degré à occuper des places de notaires publics seront admis suivant l'ancienneté de leur exercice, jusqu'à ce que le nombre fixé soit rempli.

11. Ceux qui, dans le délai d'un mois, n'auront pas fait leur déclaration, seront censés avoir renoncé à leur droit, et ne pourront plus se faire inscrire pour les places vacantes.

12. Les notaires qui n'auront pu être placés dans la résidence par eux désignée pourront en indiquer une autre dans laquelle il y aurait encore des places vacantes, et ainsi de suite, jusqu'à ce que toutes les résidences du département soient complètes; et les mêmes règles de préférence et d'ancienneté seront observées dans ce cas comme dans ceux ci-dessus spécifiés.

13. Immédiatement après le premier placement et les placements successifs, le tableau nominatif des notaires publics attachés à chaque résidence sera envoyé par le procureur-général-syndic au commissaire du roi près le tribunal dans l'arrondissement duquel sera le chef-lieu de résidence de ces notaires publics.

Et à l'égard des villes où il existe plusieurs tribunaux judiciaires, cet envoi sera fait au commissaire près celui desdits tribunaux dans le ressort duquel la maison municipale se trouve située.

14. Dans le délai de deux mois à compter du jour de la réquisition qui en sera faite à chacun d'eux par le commissaire du roi, les officiers inscrits sur le tableau seront tenus d'effectuer le dépôt de leur fonds de responsabilité, de se retirer.pardevers le roi, à l'effet d'obtenir une commission, et de se présenter au tribunal pour y être reçus en qualité de notaires publics.

La commission du roi ne pourra leur être refusée, en justifiant par eux du dépôt de leur fonds de responsabilité, et elle rappellera, au surplus, la date de leur ancienne réception.

15. Sur la représentation de cette commission, ils seront admis devant le tribunal, pour consigner, au bas du procès-verbal qui sera dressé à cet effet, les signature et paraphe dont ils entendent se servir dans l'exercice de leurs fonctions, et prêter le serment prescrit par l'article dernier du titre IV.

16. Il sera remis à chacun d'eux un extrait de ce procès-verbal, lequel extrait leur servira d'institution et réception, et de ce jour seulement ils prendront la qualité de notaires publics, et auront le droit d'exercer dans tout le département.

17. Faute par lesdits notaires d'avoir rempli, dans le délai de deux mois, les formalités prescrites par les art. 14 et 15, leurs places seront réputées vacantes; et, sur l'avis qui en sera donné au directoire du département par le commissaire du roi, il sera pourvu à leur remplacement.

18. Lorsque tous les notaires de la seconde et de la troisième classe, inscrits pour devenir notaires publics, seront placés, ou lorsque, n'ayant pu l'être dans les résidences qu'ils auront désignées, ils n'auront pas fait de désignation nouvelle, s'il y a encore des places vacantes, il y sera pourvu suivant les formes qui vont être établies par le titre IV de ce décret.

19. Dans chaque département, après la clôture du placement des notaires publics, le directoire enverra aux commissaires du roi auprès des divers tribunaux de son ressort un état nominatif des anciens notaires royaux ou autres qui, par refus formel, par défaut d'acceptation ou par toute autre cause, ne se trouveront pas compris dans le nouvel établissement.

Cet état sera publié et affiché sans délai, à la diligence desdits commissaires du roi, tant dans les nouvelles que dans les anciennes résidences de notaires de leurs arrondissements respectifs ; et, huitaine après cette publication, tous les anciens notaires non placés seront tenus de cesser l'exercice de leurs fonctions, à peine de faux et de nullité.

20. Et à l'égard des notaires admis dans le placement, mais qui s'en trouveraient déchus aux termes de l'art. 17, ils seront tenus pareillement, et sous les mêmes peines, de cesser leurs fonctions, huitaine après l'injonction qui leur en sera faite par le commissaire du roi.

TITRE III. — DE LA CONSERVATION ET DU DÉPÔT DES MINUTES D'ACTES DES NOTAIRES.

Art. 1er. Les minutes dépendant des offices de

notaires royaux , et autres supprimés par le titre 1er de ce décret, seront mises en la garde des notaires publics établis dans la résidence la plus prochaine du lieu de leur dépôt actuel.

2. En conséquence, les minutes actuellement conservées dans les lieux où il sera établi des notaires publics ne pourront en être déplacées; et celles qui se trouveront partout ailleurs seront portées dans le plus prochain chef-lieu de résidence de notaire public, en suivant, à cet égard, la démarcation par cantons.

3. A cet effet, après que le directoire de l'administration du département aura fait publier le tableau des notaires publics de chaque résidence, le directoire de l'administration du district dressera l'état des anciens offices, soit du lieu même, soit des lieux circonvoisins, dont les minutes doivent être remises auxdits notaires publics, et adressera cet état au commissaire du roi du tribunal.

4. Les notaires royaux et autres devenus notaires publics dans les lieux où leurs minutes devront rester ou être apportées, en conserveront exclusivement le dépôt.

5. Les notaires qui auront cessé d'exercer, ou qui auront été placés dans une autre résidence que celle où leurs minutes doivent être déposées, ainsi que les héritiers des anciens titulaires décédés, pourront, dans un mois à compter du jour de la notification qui leur sera faite par le commissaire du roi , remettre leurs minutes à celui des notaires publics qu'ils jugeront à propos de choisir parmi ceux établis dans le chef-lieu de résidence où les minutes devront être apportées, et faire sur les recouvrements telles conditions que bon leur semblera.

6. Mais, à défaut de remise dans le cours de ce délai, les possesseurs de ces minutes seront tenus de les déposer incontinent, avec les répertoires, entre les mains du plus ancien notaire public de cette résidence, lequel s'en chargera provisoirement sur son récépissé, après récolement et vérification.

Ils remettront en même temps un état des recouvrements à faire sur lesdites minutes, et seront tenus de déclarer par écrit s'ils veulent que lesdits recouvrements soient faits pour leur compte, ou s'ils préfèrent en céder la perception.

7. Au premier cas, les minutes et répertoires, ainsi que l'état des recouvrements, seront remis, après nouvelle vérification, à celui des notaires publics de la résidence qui offrira de se charger du tout et d'effectuer les recouvrements; et, à défaut, ou en cas de concurrence, la remise en sera faire par la voie du sort.

8. Lorsque, au contraire, les anciens possesseurs auront déclaré vouloir céder les recouvrements, la possession des minutes sera adjugée, eu égard auxdits recouvrements, sur enchères, entre les notaires publics de la résidence, pardevant le maire ou premier officier municipal.

Et néanmoins si le prix de la dernière enchère est au-dessous des trois quarts du total des recouvrements, les possesseurs auront la faculté d'empêcher l'adjudication, en demandant que la perception des recouvrements soit faite pour leur compte; et, dans ce cas, on suivra les règles prescrites par l'art. 7 du présent titre.

9. Les minutes d'actes des notaires qui se trouveront contenues dans les bureaux de tabellionnage ou autres dépôts publics établis en certains lieux y seront provisoirement conservées.

Celles qui peuvent exister encore dans les greffes des ci-devant justices seigneuriales seront, à la diligence des commissaires du roi, remises incessamment aux greffes des tribunaux de district dans le ressort desquels elles sont actuellement en dépôt.

Les gardiens desdites minutes pourront en délivrer des expéditions , en se conformant aux ordonnances.

10. A l'égard des minutes existant dans les archives des ci-devant seigneurs, ou entre les mains de toutes autres personnes privées, elles seront remises, avec les répertoires, s'il s'en trouve, au plus ancien notaire public de la résidence voisine, huitaine après la sommation qui en sera par lui faite aux possesseurs actuels, lesquels, à raison de cette remise, ne pourront exiger aucun remboursement ni indemnité.

11. Ces minutes seront d'abord classées en corps distincts, formés par la réunion des actes dépendant d'un même office ; et les corps complets seront ensuite distribués un par un, avec les répertoires, entre les notaires publics de la résidence, en commençant par le plus ancien et continuant jusqu'à l'entière distribution.

A l'égard des minutes qui se trouveront faire partie d'un corps déposé dans une autre résidence, elles seront immédiatement envoyées dans le lieu de ce dépôt, pour y être réunies.

12. Deux mois au plus tard après la distribution de ces corps de minutes anciennes, les notaires publics qui en auront reçu le dépôt seront tenus d'en faire la déclaration au greffe du tribunal dans le ressort duquel leur résidence se trouvera située, et d'indiquer en même temps le nom des divers notaires de qui lesdites minutes proviennent.

Ils dresseront , en outre, dans les six mois du dépôt, un répertoire exact des minutes, s'il n'en existait pas lors de la distribution.

13. Lors de la démission ou du décès des notaires publics au remplacement desquels il n'y aura pas lieu de pourvoir, les démettants ou les héritiers des décédés auront la faculté de remettre leurs minutes à l'un des notaires publics de la résidence, et de s'arranger pour les recouvrements, dans le délai d'un mois, à compter de la démission et du décès; et, après ce délai, le commissaire du roi auprès du tribunal poursuivra la remise des minutes entre les mains du plus ancien des notaires publics, pour être procédé à leur dépôt, ainsi qu'il a été procédé par les articles 6, 7 et suivants.

14. A l'avenir, dans tous les cas où il y aura lieu au remplacement d'un notaire public par démission ou décès, les minutes passeront à son successeur, et la remise lui en sera faite, sauf à tenir compte des recouvrements.

15. L'évaluation des recouvrements sera faite de gré à gré, s'il est possible, sinon par deux notaires choisis de part et d'autre parmi ceux de la résidence du notaire démettant ou décédé, et, à leur défaut, parmi ceux de la résidence la plus voisine; lesquels appréciateurs, en cas de diversité d'avis, prendront un autre notaire de la résidence pour les départager.

16. A compter du 1er janvier 1793, les notaires seront tenus de déposer, dans les deux premiers mois de chaque année, au greffe du tribunal de leur immatriculation, un double par eux certifié du répertoire des actes qu'ils auront reçus dans le cours de l'année précédente, à peine de 100 liv. d'amende pour chaque mois de retard.

TIT. IV. — NOUVELLE FORME DE NOMINATION ET D'INSTITUTION DES NOTAIRES PUBLICS.

Art. 1er. Les places de notaires publics ne pourront être occupées à l'avenir que par des sujets antérieurement désignés dans un concours public, qui aura lieu à cet effet le 1er septembre de chaque année, dans les villes chefs-lieux de département.

Le premier concours se fera extraordinairement le 1er mars prochain.

2. Les juges du concours seront au nombre de neuf, savoir, deux membres du tribunal établi dans le lieu où se fera le concours, le commissaire du roi près le même tribunal, deux membres du directoire du département, le procureur-général-syndic, et trois notaires publics de la ville, pris par ordre d'ancienneté, à tour de rôle.

3. Dans les villes où il se trouvera plusieurs tribunaux, les juges et les commissaires du roi seront pris alternativement dans chacun d'eux, en commençant par le numéro 1er pour le premier concours.

4. Pour être admis à concourir, il faudra :
1° Avoir satisfait à l'inscription civique, en quelque lieu du royaume que ce soit.
2° Etre âgé de vingt-cinq ans accomplis.
3° Avoir travaillé pendant huit années sans interruption, savoir : pendant les quatre premières, soit dans les études des ci-devant procureurs ou des avoués, soit dans les études de notaires, en quelque lieu que ce soit du royaume, mais nécessairement pendant les quatre dernières, en qualité de clerc de notaire, dans l'étendue du département où le concours aura lieu, et y être actuellement employé en cette qualité.
Les juges et les hommes de loi remplissant les deux premières conditions et exerçant depuis cinq ans, dont trois au moins dans l'étendue du département, seront pareillement admis au concours.

5. Dans le mois qui précédera le concours, lequel, après celui du 1er mars prochain, se fera toujours le 1er septembre, sans avoir besoin d'être annoncé ni proclamé, et sans que, sous aucun prétexte, il puisse être retardé ou n'avoir pas lieu, tous ceux qui désireront être admis audit concours remettront au commissaire du roi, désigné

par l'un des juges, les titres et certificats servant à constater les qualités et conditions ci-dessus requises; et les clercs rapporteront, en outre, avec les certificats d'études qui leur auront été délivrés par les divers officiers chez lesquels ils les auront faites, des attestations de leur vie et mœurs, signées par lesdits officiers, et dûment légalisées.

6. Les ci-devant notaires royaux qui, après avoir fait les déclarations prescrites par le titre II, n'auront pu être employés lors du prochain établissement, seront dispensés du concours; et ils pourront, sur leur demande, être inscrits en premier ordre, et en suivant entre eux le rang de leur réception, sur le premier tableau de candidats qui sera dressé.

7. Mais ceux desdits notaires royaux qui n'auront fait aucune déclaration, ainsi que les notaires ci-devant seigneuriaux qui n'auraient pas été placés, soit qu'ils aient ou non demandé à l'être, seront simplement admis à concourir sur la seule énonciation et justification de leur ancienne qualité.

8. Les juges qui procèderont à l'examen commenceront par vérifier les titres des sujets qui se présenteront, pour savoir s'ils remplissent les conditions requises.
Les sujets qui rempliront ces conditions seront seuls admis à l'examen; il consistera dans un interrogatoire fait à chacun séparément, sur les principes de la constitution, les fonctions et devoirs de notaire public, et dans la rédaction d'un acte, dont le programme sera donné par les juges, et rempli, sans déplacer, par les aspirants.

9. La capacité des sujets sera jugée à la majorité absolue des voix.

10. Ceux qui seront ainsi reconnus capables seront déclarés, par les juges de l'examen, habiles à remplir les fonctions de notaires publics, et inscrits aussitôt sur un tableau, suivant le nombre des voix qu'ils auront eues pour leur admission. En cas d'égalité de suffrages pour deux ou plusieurs aspirants, ils seront inscrits sur le tableau à raison de leur temps d'étude ou d'exercice, et, en cas d'égalité de temps, à raison de leur âge.

11. Ce tableau sera continué chaque année de la même manière. Il restera affiché dans la principale salle de l'administration du département, et sera envoyé par le procureur-général-syndic à tous les tribunaux du ressort, pour y être pareillement affiché.

12. Jusqu'à leur placement effectif, les sujets ainsi élus continueront sans interruption dans leur département, savoir, les clercs, leurs études chez les notaires, et les autres, leurs fonctions de juges ou d'hommes de loi.

13. En cas de décès ou de démission, les sujets inscrits sur le tableau des admis auront droit à la place vacante, suivant la priorité de leur rang et la date d'inscription.
Néanmoins, les juges et les hommes de loi ne pourront prétendre aux places vacantes dans les résidences qui entraîneront un fonds de res-

ponsabilité de 15,000 liv. et au-dessus, qu'autant qu'il ne se trouvera aucun clerc desdites résidences inscrit sur le tableau.

14. En conséquence, lorsqu'une place de notaire public deviendra vacante, la municipalité de la résidence en donnera avis au directoire du département, lequel sera tenu de faire aussitôt annoncer cette vacance par proclamation et affiches dans tout son ressort, avec réquisition aux sujets inscrits d'envoyer leur acceptation dans les quinze jours au procureur-général-syndic.

15. Après ledit délai, le directoire conférera la place vacante au premier rang par rang et date d'inscription de ceux qui, ayant droit de la requérir, auront donné leur acceptation; et ceux qui les précédaient dans l'ordre, mais qui se seront trouvés en retard de fournir leur acceptation, ne pourront être admis à réclamation pour cette fois, sans néanmoins préjudicier à leurs droits pour l'avenir.

16. Il sera remis au sujet ainsi nommé un extrait du procès-verbal de sa nomination, et, avec cet extrait, il se pourvoira auprès du roi à l'effet d'obtenir une commission qui ne pourra lui être refusée, pourvu qu'il justifie préalablement du remboursement par lui fait à son prédécesseur ou héritier, du montant de son fonds de responsabilité et de ses recouvrements, ou d'arrangements, pris à ce sujet.

17. Après avoir obtenu la commission du roi, le sujet se présentera au tribunal dans le ressort duquel sa résidence se trouvera placée.

18. Sur la présentation de l'extrait de son inscription au tableau, de sa nomination et de la commission du roi, il sera admis à prêter le serment à l'audience publique, en rapportant aussi préalablement un certificat de sa continuation d'exercice ou d'étude, depuis son inscription au tableau, et de ses vie et mœurs; lequel certificat sera donné, pour les juges et hommes de loi, par le président du tribunal dans lequel ils auront exercé leurs fonctions, et pour les clercs, par les notaires chez lesquels ils auront travaillé.

19. Dans le procès-verbal de ladite prestation de serment, le notaire public reçu consignera les signature et paraphe dont il entend se servir dans l'exercice de ses fonctions, et il ne pourra en employer d'autres à peine de faux.

20. La formule du serment sera ainsi conçue: « Je jure sur mon honneur d'être fidèle à la constitution et aux lois du royaume, et de remplir mes fonctions avec exactitude et probité. »

TITRE V.—Remboursement des notaires royaux.

Art. 1er. Attendu que l'évaluation des offices de notaires au ci-devant Châtelet de Paris, faite en exécution de l'édit de 1771, est dans une disproportion immense avec la valeur effective desdits offices et accessoires, et que beaucoup de titulaires sont dans l'impossibilité de constater par pièces authentiques le montant de leurs acquisitions, il sera établi, pour le remboursement desdits notaires, un prix commun sur le prix des

acquisitions faites par les soixante-dix derniers pourvus, tel qu'il se trouvera établi par traités, quittances et autres actes authentiques.

2. La masse de ces prix réunis, divisée par leur nombre, donnera le prix de chacun des cent treize offices de notaires.

3. Les titulaires de cent treize offices seront divisés en trois classes:

La première comprendra tous ceux qui auront été reçus antérieurement au 1er juillet 1771;

La seconde, tous ceux qui auront été reçus depuis le 1er juillet 1771 jusqu'au 1er juillet 1781 exclusivement;

La troisième classe sera formée de tous ceux qui ont été reçus depuis le 1er juillet 1781 jusqu'à présent.

4. Sur le prix moyen, il sera retranché, aux divers titulaires, tant pour les recouvrements et meubles d'études confondus dans leurs acquisitions qu'à cause de leur temps d'exercice, savoir: un tiers aux titulaires de la première classe, un sixième aux titulaires de la seconde classe, et un douzième aux titulaires de la troisième classe, excepté toutefois ceux reçus depuis le 1er janvier 1785, lesquels ne supporteront aucune déduction.

5. Ce qui restera du prix moyen pour les divers titulaires assujettis à une déduction, et la totalité pour ceux qui en sont affranchis, sera payé aux titulaires de chaque classe individuellement, tant à titre de remboursement qu'à titre d'indemnité, sans qu'ils puissent exercer aucune autre répétition, soit pour leurs offices, soit pour les taxes ou finances qu'ils ont pu fournir de leurs deniers; soit enfin pour les remboursements qu'ils ont pu faire aussi de leurs deniers sur leurs emprunts collectifs.

6. Quant aux offices des notaires royaux des autres villes et départements, ils seront distingués en deux classes:

1° Ceux qui ont été évalués en exécution de l'édit de 1771;

2° Ceux qui n'ont pas été évalués.

7. Il sera donné aux titulaires des offices de la première classe, tant pour remboursement que pour indemnité, d'abord le montant de l'évaluation, sans aucune déduction, et ensuite le surplus du prix de leur acquisition constaté par actes authentiques, à la déduction du prix des recouvrements, s'il est spécifié dans le contrat; et s'il n'est pas déterminé, la déduction sera de moitié de ce qui restera du prix total de l'acquisition, l'évaluation prélevée.

Si le contrat ne porte aucune vente de recouvrements, le prix de l'acquisition sera remboursé en totalité, à moins que l'évaluation ne soit inférieure au tiers de ce prix, auquel cas, il ne sera payé que le montant de l'évaluation, et deux tiers du prix porté au contrat.

8. A l'égard des titulaires des offices de la deuxième classe, ils recevront la totalité du prix de leur acquisition, établi par pièces authentiques, si le contrat ne porte aucune vente de recouvrements;

Mais lorsqu'il y aura des recouvrements compris dans l'acquisition, le prix en sera aussi déduit, s'il est spécifié dans le contrat; et, s'il n'est pas déterminé, la déduction sera d'un sixième du prix total ;

Et, à défaut de preuves authentiques du prix des acquisitions, il ne sera payé à ces derniers titulaires que le montant des finances versées dans le trésor public.

9. Les dispositions du décret des 2 et 6 septembre 1790, et de l'article 24 du décret du 24 décembre suivant, relativement aux frais de provisions des officiers et aux dettes des compagnies, seront exécutées, tant pour les notaires du ci-devant Châtelet de Paris que pour les notaires des autres départements.

10. Les intérêts courront, en faveur de chaque titulaire, à compter du jour de la remise des titres nécessaires pour sa liquidation.

11. Les fonds de responsabilité à fournir par les notaires royaux qui deviendront notaires publics demeureront compensés jusqu'à due concurrence avec les remboursements qui leur seront dus pour leurs offices et accessoires; et, à ce moyen, les privilèges et hypothèques dont les offices pourraient être chargés seront transférés aussi jusqu'à due concurrence, sur les fonds de responsabilité, pour n'avoir lieu néanmoins que subordonnément à la garantie des fonctions desdits notaires.

12. Les notaires dont le remboursement s'élèvera au-delà du fonds de responsabilité déterminé ne recevront ce remboursement qu'en déclarant s'ils se font inscrire sur le tableau des notaires publics, ou s'ils renoncent à exercer cet état : dans le premier cas, ce fonds de responsabilité leur sera retenu sur la somme qui leur reviendra; dans le second, toute la somme leur sera remboursée.

13. Il pourra au surplus leur être délivré des reconnaissances applicables au paiement de domaines nationaux, dans la proportion et suivant les formes réglées pour d'autres officiers par les précédents décrets, lesquels décrets leur deviendront communs.

14. Ceux des notaires dont le remboursement sera inférieur au fonds de responsabilité recevront un certificat du montant de leur liquidation, et seront tenus de compléter ledit fonds de responsabilité un mois après, entre les mains du receveur du district de leur résidence, faute de quoi ils cesseront toute fonction, à peine de faux et de nullité.

15. Les anciens notaires appelés en troisième ordre à occuper, dans le prochain établissement, des places de notaires publics, et qui n'ont aucun remboursement à recevoir, seront, sous la même peine, tenus de fournir leur fond de responsabilité dans un mois après leur inscription sur le tableau des notaires publics.

16. Tous les notaires publics seront tenus de constater au commissaire du roi du tribunal de leur résidence qu'ils ont exécuté les dispositions contenues dans les articles 14 et 15 du présent titre.

1er AOUT 1793. Loi qui établit l'uniformité et le sys-

tème général des *poids et mesures*, lequel néanmoins en ajourne l'exécution à une époque indiquée.

16 AOUT 1793. Loi relative à des minutes d'actes *incendiés*, et au mode de leur remplacement.

La Convention nationale, après avoir entendu le rapport de son comité de législation sur la pétition du citoyen Paul-Antoine Robert, notaire à Voncy, district de Vouziers, département des Ardennes, décrète :

Art. 1. Le citoyen Robert est autorisé à compulser les registres du bureau d'enregistrement d'Attigny, à l'effet de faire l'extrait des actes dont les minutes ont été incendiées par les émigrés, dans son étude, la nuit du 24 au 25 septembre dernier.

2. Les extraits seront enregistrés gratis par le receveur du droit d'enregistrement.

17 SEPTEMBRE 1793. Loi qui autorise les notaires, greffiers et huissiers, à faire les *prisées* et *ventes de meubles*, et fixe l'*honoraire* des vacations.

Art. 1er. Les notaires, greffiers et huissiers, sont autorisés à faire les prisées et ventes de meubles dans toute l'étendue de la république.

2. En conséquence, les huissiers-priseurs de Paris et les huissiers ci-devant de l'Hôtel cesseront les fonctions attribuées à leurs offices; néanmoins ceux d'entre eux qui avaient le droit d'exercer les autres fonctions d'huissier auront la faculté de les remplir concurremment avec ces derniers.

3. Il ne pourra être perçu à Paris par lesdits officiers, lorsqu'ils procéderont aux ventes, que trois livres par vacation, dont la durée sera de trois heures, et cinq sous pour l'enregistrement d'une opposition. Il leur sera accordé en outre les deux tiers du prix des vacations pour l'expédition du procès-verbal de chaque séance, sans y comprendre les droits d'enregistrement et de timbre.

4. Les officiers publics qui rempliront les mêmes fonctions dans les départements ne pourront également y percevoir que les deux tiers du prix des vacations, ainsi qu'elles sont fixées par le décret du 21 juillet 1790.

La Convention nationale rapporte l'article 8 de ce même décret, qui les autorisait à percevoir deux sous six deniers par rôle de grosse des procès-verbaux.

5. La Convention nationale ajourne les autres articles du projet de décret, et renvoie à l'examen de son comité de législation la question de savoir s'il ne serait pas possible de supprimer les huissiers.

18 BRUMAIRE AN 2 (8 novembre 1793). Loi relative à l'exercice et au *ressort* des fonctions de notaires.

Art. 1er. Provisoirement, et jusqu'à ce qu'il en ait été autrement ordonné, les notaires conservés dans leurs fonctions par l'article 4 de la première section du titre 1er du décret du 26 septembre 1791 pourront, comme ceux qui ont pu être institués en vertu de la seconde section du même titre, les exercer dans toute l'étendue du département où est fixée leur résidence.

2. Les actes que les notaires auraient reçus ou recevraient hors les limites du département dans l'étendue duquel leur résidence est fixée ne pourront pas être annulés du chef de l'incompétence de ces officiers.

3. Mais tout notaire qui, à l'avenir, recevra un acte hors de son département, sera puni pour la première fois, d'une amende de mille livres, et, en cas de récidive, destitué.

4. Les peines portées par l'article précédent seront prononcées par le tribunal du district dans l'étendue duquel le notaire aura reçu incompétemment un acte; et elles seront poursuivies, soit par le procureur de la commune du lieu de la passation de l'acte, soit par le procureur-syndic du district, soit par le procureur-général-syndic du département dans lequel cette commune se trouve comprise.

5. En cas de faux de la part du notaire dans la date du lieu de la passation d'un acte, il sera poursuivi dans la forme prescrite par les titres 11 et 12 de la seconde partie du décret du 16 septembre 1791 sur les jurés.

21 FRIMAIRE AN 2 (11 décembre 1793). Loi sur la remise des titres de créances sur l'État, contenant des dispositions sur le mode de suppléer les grosses et titres *perdus* et la délivrance de nouveaux titres par les notaires.

Art. 6. Ceux qui auront perdu soit la grosse ou l'ampliation du contrat de constitution ou reconstitution, soit la grosse ou ampliation du titre-nouvel, et ceux dont lesdits titres ont été brûlés ou se trouvent dans les pays occupés par les ennemis ou par les brigands, pourront requérir du notaire ou dépositaire la remise de la grosse déposée ou de la minute du contrat, en fournissant une décharge suivant le modèle annexé au présent décret.

7. La remise sera faite, quoique le requérant n'ait droit qu'à une partie de la rente; et ce titre servira pour les co-intéressés à ladite rente.

8. La décharge fournie par le propriétaire au notaire ou dépositaire tiendra lieu de la grosse ou minute, lorsqu'elle lui sera demandée.

8 PLUVIOSE AN 2 (27 janvier 1794). Loi portant défense aux notaires d'insérer dans les actes des *clauses et qualifications féodales, nobiliaires ou royales,* ainsi que de délivrer des expéditions ou extraits d'anciens actes, sans les purger de tout ce que dessus.

Art. 4. Il est fait défenses à tous notaires et autres dépositaires quelconques, d'insérer à l'avenir dans les minutes, expéditions ou extraits d'actes de toute nature, quelle que soit leur date, des clauses, qualifications, énonciations ou expressions tendant à rappeler d'une manière directe ou indirecte le régime féodal ou nobiliaire, ou la royauté, sous les peines portées par l'article 7 du décret du 17 juillet, sauf auxdits dépositaires à délivrer lesdits extraits ou expéditions, après les

avoir purgés de tout ce qui est prescrit par le présent décret et ceux antérieurs.

23 FLORÉAL AN 2 (12 mai 1794). Extrait de la loi relative à la remise et à l'annulation des titres de créances viagères sur le grand-livre.

ART. 65. Dans le mois qui suivra le dépôt du grand-livre de la dette viagère aux archives nationales, les commissaires surveillants du bureau de comptabilité se feront remettre, par les notaires de Paris, les minutes de tous les contrats et autres titres constatant la dette viagère de la nation, portés sur leurs répertoires; ils les feront annuler et détruire; ils feront annuler aussi l'indication portée sur le répertoire.

66. Dès que le dépôt du grand-livre de la dette viagère sera fait aux archives nationales, les commissaires de la trésorerie en préviendront les administrations de département et de district, qui seront tenues de se faire remettre de suite, par tous les dépositaires publics, tous les titres, pièces et indications qui constatent les créances viagères dues par la nation, lesquels seront annulés et détruits.

11 MESSIDOR AN 2 (29 juin 1794). Loi qui autorise la délivrance des expéditions des actes désignés dans la loi du 8 pluv. sans les purger, sur la demande des autorités constituées.

ART. 1er. Pourront, les notaires, greffiers, et autres dépositaires publics et privés, délivrer des extraits, expéditions ou copies des actes désignés dans la loi du 8 pluviose, sans les purger, aux termes de l'article 4 de ladite loi, sur la demande par écrit des communes, autorités constituées et agents nationaux.

2. Lesdites autorités constituées sont spécialement chargées de veiller à ce qu'il ne soit point fait, desdits actes, d'usage contraire à la loi, et à ce qu'ils soient déposés aux époques et aux lieux qui seront indiqués pour le brûlement général.

2 THERMIDOR AN 2 (20 juillet 1794). Loi portant qu'aucun acte public ne peut, dans quelque partie que ce soit de la France, être écrit qu'en *langue française.*

ART. 1er. A compter du jour de la publication de la présente loi, nul acte public ne pourra, dans quelque partie que ce soit du territoire de la république, être écrit qu'en langue française.

2. Après le mois qui suivra la publication de la présente loi, il ne pourra être enregistré aucun acte, même sous seing-privé, s'il n'est écrit en langue française.

3. Tout fonctionnaire ou officier public, tout agent du gouvernement, qui, à dater du jour de la publication de la présente loi, dressera, écrira ou souscrira, dans l'exercice de ses fonctions, des procès-verbaux, jugements, contrats ou autres actes généralement quelconques, conçus en idiomes ou langues autres que la française, sera traduit devant le tribunal de police correctionnelle de sa résidence, condamné à six mois d'emprisonnement, et destitué.

4. La même peine aura lieu contre tout receveur du droit d'enregistrement qui, après le mois
de la publication de la présente loi, enregistrera
des actes, même sous seing-privé, écrits en idiomes
ou langues autres que la française.

**4 THERMIDOR AN 3 (22 juillet 1795). Loi qui oblige
les notaires à faire mention de la *patente* des parties
en tête des actes relatifs à leur commerce.**

ART. 7. Tous ceux qui sont assujettis aux patentes ne pourront former aucune demande, fournir
aucune exception ou défense en justice, passer
aucun acte ou transaction authentique, dans tout
ce qui peut être relatif au commerce, sans produire leur patente en original ou expédition; le
tout à peine d'une amende du quadruple du prix
de la patente.

Ladite patente sera rappelée en tête des actes
ou exploits, à peine de cinq cents livres d'amende
contre les huissiers ou notaires.

**1er VENDÉMIAIRE AN 4 (23 septembre 1795). Loi sur
les nouveaux *poids et mesures*.**

Art. 1er. Au 1er nivose prochain, l'usage du
mètre sera substitué à celui de l'aune dans la commune de Paris, et dix jours après dans tout le
département de la Seine.

2. En conséquence, tous les marchands en gros
et en détail, sédentaires et ambulants, qui se servent de l'aune, seront tenus de se procurer des
mètres, comme il est dit ci-après.

3. L'agence temporaire des poids et mesures
adressera, sous le plus bref délai, d'abord aux
administrations municipales de Paris, et ensuite
à celles des autres communes du département de
la Seine, le nombre de mètres ou demi-mètres,
convenablement divisés, que l'administration du
département aura indiqué être nécessaire respectivement pour les arrondissements desdites municipalités.

Ces administrations en donneront leur reçu à
l'agence temporaire des poids et mesures, et nommeront un préposé à la garde et à la délivrance
desdites mesures.

4. Avant la fin de frimaire prochain, les marchands se servant de l'aune remettront à l'administration municipale tout ce qu'ils ont entre leurs
mains de ces anciennes mesures; et, sur l'exhibition de leur patente, il leur sera donné en échange
un mètre pour chaque aune, et un demi-mètre
pour chaque demi-aune. Néanmoins, il ne sera
d'abord délivré à chacun desdits marchands qu'une
seule mesure de chaque espèce, et il leur sera
donné une reconnaissance pour l'excédant, qui
leur sera fourni ultérieurement.

5. Il sera en même temps remis à chacun desdits marchands une affiche explicative, contenant
le rapport de l'ancienne aune au mètre et partie
de mètre, rendu sensible par des échelles graduées,
au moyen desquelles chacun pourra facilement
faire les évaluations des quantités ou de prix qui
l'intéressent.

6. Le renouvellement des anciens poids et
mesures de toute espèce sera progressivement

exécuté dans toute la France, en conformité de
l'article 9 de la loi du 18 germinal dernier, et des
dispositions du présent décret.

A cet effet, dès que la fabrication des nouvelles
mesures et les autres moyens préparatoires permettront d'opérer le remplacement dans une partie
déterminée de la république, il en sera rendu
compte au Directoire exécutif, qui fera une proclamation pour annoncer les moyens de ce remplacement, et rappeler ce qui est prescrit par
les lois à ce sujet.

7. Deux mois après la publication et l'affiche
de cette proclamation, l'usage des mesures républicaines qui en seront l'objet deviendra obligatoire pour tous les marchands dans l'étendue du
territoire désigné.

8. Les dispositions de l'art. 4 de la présente loi
seront appliquées aux diverses parties de la république, lorsqu'il s'agira d'y introduire les nouvelles mesures de longueur.

9. A compter de l'époque à laquelle chaque
espèce de mesure républicaine sera devenue
obligatoire, il est enjoint à tous notaires et officiers publics des lieux où cette obligation sera en
activité d'exprimer en mesures républicaines toutes les quantités de mesures qui seront à énoncer
dans les actes que lesdits notaires ou officiers
publics passeront ou recevront.

Les actes qui seraient en contravention avec
le présent article seront sujets à un excédant de
droit d'enregistrement, de la valeur de 50 francs :
cette somme sera payée comme une amende par
le notaire ou l'officier public qui aura passé l'acte,
sans que, sous aucun prétexte, elle puisse être imputée aux parties pour qui l'acte aura été passé.

10. Semblablement, aucun papier de commerce, livre et registre de négociant, marchand
ou manufacturier, aucune facture, compte, quittance, même lettre missive, faits ou écrits dans
les lieux où l'usage des mesures républicaines sera
en activité, ne pourront être produits et faire foi
en justice qu'autant que les quantités de mesures
exprimées dans lesdits livres, papiers, lettres, etc.,
le seraient en mesures républicaines, ou du moins
la traduction en sera faite préalablement et constatée aux frais des parties par un officier public.

11. Les municipalités et les administrations
chargées de la police feront, dans leurs arrondissements respectifs, et plusieurs fois dans l'année, des visites dans les boutiques et magasins,
dans les places publiques, foires et marchés, à
l'effet de s'assurer de l'exactitude des poids et
mesures.

Les contrevenants seront punis de la confiscation des mesures fausses; et, s'ils sont prévenus de
mauvaise foi, ils seront traduits devant le tribunal de police correctionnelle, qui prononcera une
amende dont la valeur pourra s'élever jusqu'à
celle de la patente du délinquant.

L'agence temporaire des poids et mesures enverra à chaque administration de département
des modèles de mètres, ainsi que des modèles de
mesures de capacité et de poids, autant qu'il sera
nécessaire pour diriger la fabrication ou la vérification des diverses sortes de mesures républicaines.

13. Il y aura, dans les principales communes de la république, des vérificateurs chargés d'apposer sur les nouvelles mesures le poinçon de la république et leur marque particulière. Le pouvoir exécutif déterminera, d'après les localités et les besoins du service, le nombre des vérificateurs, leurs fonctions et leur salaire : ces vérificateurs seront nommés par les administrations de département, trois mois après que l'usage des nouvelles mesures aura été rendu obligatoire dans leur arrondissement. Jusqu'à cette époque, la vérification sera faite gratuitement par des artistes commis à cet effet par l'agence temporaire.

14. Au moyen des dispositions des deux derniers articles qui précèdent, et attendu la suppression des districts, les articles 8 et 17 de la loi du 18 germinal dernier demeurent sans effet.

15. Pendant les six premiers mois après l'obligation proclamée des mesures républicaines dans un lieu, les marchands qui se servent de ces mesures seront tenus d'exposer à la vue des acheteurs les échelles graduées, pour la comparaison des quantités et des prix, ainsi que l'explication, qui seront publiées à cet effet, afin que chacun puisse y recourir au besoin.

16. Aussitôt que l'usage du mètre sera devenu obligatoire pour les marchands dans une commune, les ouvriers, artistes ou agents, sous quelque dénomination que ce soit, qui s'y trouvent, et qui emploient le pied, la toise, les mesures de superficie ou d'arpentage, ou autres mesures anciennes analogues, ne pourront produire en justice aucun titre dans lequel seraient rapportées des quantités de ces mesures, à moins qu'elles ne soient traduites concurremment en expressions de mesures républicaines.

17. Le gouvernement, les ministres, chacun en leur partie, les administrations de département, et généralement tous les fonctionnaires publics, donneront des ordres et prendront tous les moyens qui dépendent d'eux, pour que, le plus tôt possible, les employés, ouvriers ou agents qui travaillent sous leur autorité, n'emploient d'autres mesures que les mesures républicaines, tant pour les ouvrages à faire que pour les comptes à rendre.

18. A compter du 1er brumaire prochain, les quantités de mesures dans les décrets et procès-verbaux du Corps législatif, seront exprimées concurremment en mesures anciennes et en mesures républicaines, jusqu'à ce que celles-ci puissent être exclusivement employées sans inconvénient.

Le comité des décrets est chargé de faire ajouter la traduction en nouvelles mesures sur les minutes et expéditions où elles auraient été oubliées.

19. Le pouvoir exécutif donnera des ordres pour que le même usage soit suivi dans les autres actes de l'autorité publique, aussitôt que le permettra la propagation des nouvelles mesures.

20. La disposition de l'art. 3 de la loi du 17 frim. an 2, concernant l'obligation d'exprimer par émargement, dans les comptes des dépenses publiques, les sommes en francs, décimes et centimes, est prorogée pendant les six premiers mois.

La trésorerie nationale et le bureau de comptabilité ne recevront plus à l'avenir de pièces qui seraient en contravention avec ladite loi et les subséquentes.

21. L'agence temporaire continuera ses fonctions, sous l'autorité du ministre qui aura la partie des travaux publics. Ce ministre tiendra la main à l'exécution des lois sur les nouveaux poids et mesures, et prendra tous les moyens les plus propres à accélérer leur établissement : il fera en sorte qu'il soit entièrement terminé avant le 1er vend. de l'an 6. Il prendra sur les fonds affectés annuellement aux travaux publics les sommes nécessaires pour acquitter les dépenses indispensables auxquelles cette opération donnera lieu.

22. En attendant l'organisation du ministère, il est affecté, par le présent décret, une somme de 500,000 fr. pour continuer les opérations relatives au renouvellement des poids et mesures. La trésorerie nationale tiendra, à cet effet, cette somme à la disposition de la commission d'instruction publique.

23. Le Directoire exécutif présentera, chaque année, au Corps législatif, le compte des progrès du renouvellement des poids et mesures, et de tout ce qui aura été fait pour parvenir à l'uniformité prescrite par la constitution.

19 BRUMAIRE AN 4 (10 nov. 1795). Loi portant que le notariat et les objets qui lui sont relatifs sont compris dans les attributions du ministère de la *justice*.

16 FLORÉAL AN 4 (5 mai 1796). Loi qui détermine le lieu où doit être déposé chaque année le double du *répertoire* des actes reçus par les notaires publics.

Art. 1er. Les notaires publics seront tenus d'effectuer, chaque année, au greffe du tribunal civil du département de leur résidence, le dépôt du double par eux certifié du répertoire des actes par eux reçus dans le cours de l'année précédente, et ce dans le délai et sous les peines portées par l'article 16 du titre III de la loi du 29 septembre-6 octobre 1791.

2. Le commissaire du Directoire exécutif près le tribunal civil de chaque département demeure chargé, sous sa responsabilité, de poursuivre les notaires en retard; il les fera condamner à l'amende déterminée par la loi précitée, et cette amende sera recouvrée par le receveur des domaines de l'arrondissement de la résidence du notaire qui l'a encourue.

6 FRUCTIDOR AN 4 (23 août 1796). Loi qui porte que nul ne pourra former de demande, fournir aucune exception ou défense en justice, passer aucun acte, pour tout ce qui peut être relatif à son commerce, sa profession et son industrie, sans justifier de sa patente, dont mention sera faite ne cet actes, à peine de nullité (art. 18), et qui comprend les notaires parmi les patentables.

12 FRUCTIDOR AN 4 (29 août 1796). Arrêté du Directoire exécutif portant défenses à tous autres que les

notaires, greffiers et huissiers, de s'immiscer dans les *prisées* et *ventes de meubles*.

Le Directoire exécutif, après avoir entendu le rapport du ministre de la justice sur les abus résultant du droit que des particuliers s'arrogent, dans quelques cantons, de faire des ventes publiques de meubles et effets mobiliers ;

Considérant que l'article 1er de la loi du 17 septembre 1793, en autorisant les notaires, greffiers et huissiers, à faire des ventes publiques, a suffisamment fait connaître que ce droit ne pouvait être exercé par des citoyens ou même par des fonctionnaires publics qui ne seraient ni huissiers, ni greffiers, ni notaires; que l'intention de cette loi est encore plus clairement manifestée par l'exception qu'elle établit, article 2, en faveur de ceux d'entre les huissiers-priseurs qui avaient le droit d'exercer les autres fonctions d'huissiers, et à qui elle accorde, par cette raison, la faculté de les remplir concurremment avec les huissiers, greffiers et notaires, faculté qu'il serait illusoire et sans objet d'accorder par une disposition expresse, si elle appartenait de droit à tous les individus ;

Considérant que cette vérité acquiert encore un nouveau degré d'évidence lorsqu'on réfléchit que, par la loi qui vient d'être citée, ainsi que par celle du 21-26 juillet 1790, les notaires, les greffiers, et les huissiers ont été subrogés aux droits des ci-devant huissiers-priseurs, à qui une foule de règlements, et notamment l'édit de février 1771, avaient attribué celui de faire *seuls, et à l'exclusion de tous autres, la prisée, exposition et vente de tous biens meubles, soit qu'elles fussent faites volontairement, après inventaire ou par autorité de justice, en quelque sorte et manière que ce pût être, et sans aucune exception* ;

Considérant qu'il est instant d'assurer au trésor public le recouvrement de tous les droits d'enregistrement et de timbre auxquels sont assujettis les prisées, inventaires et ventes publiques de meubles et effets mobiliers, et qu'éludent presque toujours les citoyens qui, sans caractère légal, se permettent de procéder à ces actes ;

Arrête ce qui suit :

Art. 1er. Conformément aux lois des 21-26 juillet 1790 et 17 septembre 1793, et aux règlements antérieurs, maintenus provisoirement par le décret de la Convention nationale du 21 septembre 1792, il est défendu à tous autres que les notaires, de s'immiscer dans les prisées, estimations et ventes publiques de meubles et effets mobiliers, soit qu'elles soient faites volontairement, après inventaire, ou par autorité de justice, en quelque sorte et manière que ce puisse être, et sans aucune exception.

2. Les contrevenants seront poursuivis devant les tribunaux, à la requête et diligence des commissaires du Directoire exécutif près les administrations, pour être condamnés aux amendes portées par les règlements non abrogés, sans préjudice des dommages-intérêts des notaires, greffiers et huissiers, pour raison desquels ceux-ci se pourvoiront contre eux ainsi qu'ils aviseront.

Le présent arrêté sera imprimé au Bulletin des lois. Il sera publié et exécuté dans les neuf départements réunis par la loi du 9 vendémiaire dernier, avec les lois des 26 juillet 1790 et 17 septembre 1793.

---

27 NIVOSE AN 5 (16 janvier 1797). Arrêté du Directoire exécutif qui ordonne l'exécution des anciens réglements par lesquels le droit exclusif de faire les *prisées* et *ventes de meubles* est attribué aux notaires, huissiers et greffiers.

Le Directoire exécutif, vu l'article 2 de son arrêté du 12 fructidor an 4, portant que les contrevenants au droit exclusif des notaires, huissiers et greffiers, de faire les prisées et ventes publiques de meubles et effets mobiliers, seront poursuivis devant les tribunaux, à la requête et diligence des commissaires du Directoire exécutif près les administrations, *pour être condamnés aux amendes portées par les réglements non abrogés ;*

Considérant qu'il importe au recouvrement des droits d'enregistrement et de timbre, de remettre sous les yeux des citoyens et des autorités constituées les réglements qui ont déterminé ces amendes, et que l'article 11 de la loi du 12 vendémiaire an 4 autorise le Directoire exécutif à faire republier les lois anciennes ou récentes, lorsqu'il le juge convenable, et que la loi du 21 septembre 1792 maintient expressément, jusqu'à révocation, toutes les lois anciennes non encore abrogées;

Considérant que les lois des 21-26 juillet 1790 et 17 septembre 1793 ayant subrogé les notaires, huissiers et greffiers aux ci-devant huissiers-priseurs, dans toutes les attributions relatives aux prisées et ventes de meubles qu'elles n'ont pas formellement exceptées, il en résulte que les dispositions pénales qui ont été portées précédemment contre les contrevenants au droit exclusif des huissiers-priseurs, de faire les prisées et ventes de meubles, doivent être republiées, pour être appliquées aux contrevenants au même droit transmis aux notaires, greffiers et huissiers;

Vu, en conséquence,

1° L'édit du mois de février 1771, portant ce qui suit : art. 5, etc. ;

2° Les lettres-patentes du 7 juill. 1771, lesquelles ordonnent, etc.;

L'arrêt du ci-devant conseil d'État du 21 août 1775, lequel ordonne, etc. ;

3° L'arrêt du ci-devant conseil d'Etat du 13 novembre 1778, qui ordonne, etc.;

Après avoir entendu le ministre de la justice,

Arrête que les dispositions ci-dessus seront, avec le présent arrêté, réimprimées et publiées de nouveau, pour être exécutées selon leur forme et teneur, jusqu'à ce que, par le Corps législatif, il en ait été autrement ordonné.

---

7 BRUM. AN 6 (28 octobre 1797). Loi qui porte que les notaires paieront le droit de patente de la deuxième classe, et les oblige, sous peine d'amende, à énoncer la *patente* des parties dans les actes relatifs à leur commerce, à leur industrie ou profession.

Art. 3. Les notaires paieront le droit de la seconde classe.

26. Outre la peine de nullité prononcée par l'article de la loi du 6 fructidor an 4, les notaires,

grefliers, huissiers ou autres officiers publics qui dresseront ou signifieront des actes et jugements en contravention audit article seront condamnés à une amende égale au droit de la patente qui aurait dû être prise. Cette amende pourra aussi être prononcée contre ceux qui, par de fausses déclarations ou des certificats contraires à la vérité, contribueront à faire exempter de la patente des citoyens qui y seraient sujets.

19 BRUM. AN 6 (9 novembre 1797). Loi qui défend de procéder à la vente publique d'*ouvrages d'or et d'argent* s'ils ne sont contrôlés.

Art. 28. Les ouvrages déposés au mont-de-piété et dans les autres établissements destinés à des ventes ou à des dépôts de ventes sont assujettis à payer les droits de garantie, lorsqu'ils ne les auront pas acquittés avant le dépôt.

2 VENDÉMIAIRE AN 7 (23 septembre 1798). Arrêté du Directoire exécutif contenant des mesures pour assurer la *remise des minutes* après la démission ou le décès d'un notaire public non à remplacer.

Le Directoire exécutif, vu l'article 13 du titre III de la loi du 29 septembre-6 octobre 1791, sur l'organisation du notariat, lequel est ainsi conçu : « Lors de la démission ou du décès des notaires publics au remplacement desquels il n'y aura pas lieu de pourvoir, les démettants ou les héritiers des décédés auront la faculté de remettre leurs minutes à l'un des notaires publics de la résidence, et de s'arranger pour les recouvrements, dans le délai d'un mois, à compter de la démission ou du décès : et, après ce délai, le commissaire du pouvoir exécutif auprès du tribunal poursuivra la remise des minutes entre les mains du plus ancien des notaires publics, pour être procédé à leur dépôt, ainsi qu'il est dit par les articles 6, 7 et suivants.»

Considérant que la mesure sage prescrite par l'article ci-dessus cité reste souvent sans exécution, soit par la négligence des héritiers des notaires décédés, qui ne font pas lever les scellés apposés sur leurs minutes, soit par l'incurie des fonctionnaires chargés de veiller sur la conservation de ces dépôts de la fortune des citoyens; qu'il résulte de l'inexécution de cette mesure que plusieurs citoyens ne peuvent obtenir des expéditions de titres et actes par eux ou souscrits ou déposés dans les études desdits notaires; qu'il est instant de faire cesser un pareil abus, si nuisible à l'ordre social et au repos des familles; après avoir entendu le ministre de la justice, arrête ce qui suit :

1° Lors de la démission ou du décès d'un notaire public au remplacement duquel il n'y aura pas lieu de pourvoir, le commissaire du Directoire exécutif près l'administration municipale dans l'arrondissement de laquelle lesdits démission ou décès auront eu lieu, en donnera sur-le-champ avis au commissaire près l'administration centrale, qui le transmettra au commissaire près le tribunal civil; celui-ci en donnera avis, dans la décade, au ministre de la justice.

2° Lorsqu'il aura été disposé des minutes du notaire démettant ou décédé, de la manière qu'il est prescrit par l'article 13 ainsi que par les articles 6, 7 et suivants, de la loi ci-dessus citée, le commissaire du Directoire exécutif près le tribunal civil en informera également le ministre de la justice.

3° Dans le mois qui suivra la publication du présent arrêté, les commissaires près les tribunaux civils, après avoir pris les renseignements convenables, informeront le même ministre des diligences qu'ils auront faites pour la remise des minutes dont il n'aurait pas encore été disposé.

4° Les commissaires ci-dessus désignés sont respectivement rendus responsables de tous les délais qu'ils mettraient à s'acquitter de ce qui leur est imposé par le présent arrêté.

Le ministre de la justice fera connaître au Directoire exécutif ceux qui se rendraient coupables de négligence.

5° Les ministres de la justice et de l'intérieur sont chargés, etc.

1er BRUMAIRE AN 7 (22 octobre 1798). Loi sur la mention des *patentes.*

Art. 37. Nul ne pourra former de demande, ni fournir aucune exception ou défense en justice, ni faire aucun acte ou signification par acte extrajudiciaire, pour tout ce qui serait relatif à son commerce, sa profession ou son industrie, sans qu'il soit fait mention, en tête des actes, de la patente prise, avec désignation de la classe, de la date, du numéro, et de la commune où elle aura été délivrée, à peine d'une amende de cinq cents francs, tant contre les particuliers sujets à la patente que contre les fonctionnaires publics qui auraient fait ou reçu lesdits actes sans mention de la patente. La condamnation à cette amende sera poursuivie au tribunal civil du département, à la requête du commissaire du pouvoir exécutif près ce tribunal. Le rapport de la patente ne pourra suppléer au défaut de l'énonciation, ni dispenser de l'amende prononcée ci-dessus.

22 PLUVIOSE AN 7 (10 février 1799). Loi sur les *ventes de meubles* et effets mobiliers.

Art. 1er. A compter du jour de la publication de la présente, les meubles, effets, marchandises, bois, fruits, récoltes et tous autres objets mobiliers, ne pourront être vendus publiquement et par enchères qu'en présence et par le ministère d'officiers publics ayant qualité pour y procéder.

2. Aucun officier public ne pourra procéder à une vente publique, et par enchères, d'objets mobiliers, qu'il n'en ait préalablement fait la déclaration au bureau de l'enregistrement dans l'arrondissement duquel la vente aura lieu.

3. La déclaration sera inscrite sur un registre qui sera tenu à cet effet, et elle sera datée. Elle contiendra les noms, qualité et domicile de l'officier, ceux du requérant, ceux de la personne dont le mobilier sera mis en vente, et l'indication de l'endroit où se fera la vente et du jour de son ouverture. Elle sera signée par l'officier public,

et il lui en sera fourni une copie, sans autre frais que le prix du papier timbré sur lequel cette copie sera délivrée.

Elle ne pourra servir que pour le mobilier de celui qui y sera dénommé.

4. Le registre sera en papier non timbré : il sera coté et paraphé, sans frais, par le juge de paix dans l'arrondissement duquel sera le bureau d'enregistrement.

5. Les officiers publics transcriront, en tête de leurs procès-verbaux de vente, les copies de leurs déclarations.

Chaque objet adjugé sera porté de suite au procès-verbal ; le prix y sera écrit en toutes lettres, et tiré hors ligne en chiffres.

Chaque séance sera close et signée par l'officier public et deux témoins domiciliés.

Lorsqu'une vente aura lieu par suite d'inventaire, il en sera fait mention au procès-verbal, avec indication de la date de l'inventaire, du nom du notaire qui y aura procédé, et de la quittance de l'enregistrement.

6. Les procès-verbaux de vente ne pourront être enregistrés qu'aux bureaux où les déclarations auront été faites.

Le droit d'enregistrement sera perçu sur le montant des sommes que contiendra cumulativement le procès-verbal des séances à enregistrer dans le délai prescrit par la loi sur l'enregistrement.

7. Les contraventions aux dispositions ci-dessus seront punies par les amendes ci-après, savoir :

De cent francs, contre tout officier public qui aurait procédé à une vente sans en avoir fait la déclaration ;

De vingt-cinq francs, pour défaut de transcription, en tête du procès-verbal, de la déclaration faite au bureau d'enregistrement ;

De cent francs, pour chaque article adjugé, et non porté au procès-verbal de vente, outre la restitution du droit ;

De cent francs aussi, pour chaque altération de prix des articles adjugés faite dans le procès-verbal, indépendamment de la restitution du droit, et des peines de faux ;

Et de quinze francs, pour chaque article dont le prix ne serait pas écrit en toutes lettres au procès-verbal.

Les autres contraventions que pourraient commettre les officiers publics contre les dispositions de la loi sur l'enregistrement seront punies par les amendes et restitutions qu'elle prononce.

L'amende qu'aura encourue tout citoyen pour contravention à l'art. 1er de la présente, en vendant ou faisant vendre publiquement et par enchères, sans le ministère d'un officier public, sera déterminée en raison de l'importance de la contravention ; elle ne pourra cependant être au-dessous de cinquante francs ni excéder mille francs pour chaque vente, outre la restitution des droits qui se trouveront dus.

8. Les préposés de la régie de l'enregistrement sont autorisés à se transporter dans tous les lieux où se feront des ventes publiques et par enchères, et à s'y faire représenter les procès-verbaux de vente et les copies des déclarations préalables,

Ils dresseront des procès-verbaux des contraventions qu'ils auront reconnues et constatées ; ils pourront même requérir l'assistance d'un officier municipal, ou de l'agent, ou de l'adjoint de la commune ou de la municipalité où se fera la vente.

Les poursuites et instances auront lieu ainsi et de la manière prescrite par la loi du 22 frim. dernier sur l'enregistrement.

La preuve testimoniale pourra être admise sur les ventes faites en contravention à la présente.

9. Seront dispensés de la déclaration ordonnée par l'art. 2, les officiers publics qui auront à procéder aux ventes du mobilier national et à celles des effets des monts-de-piété.

10. Toutes dispositions des lois contraires à la présente sont abrogées.

---

17 FLORÉAL AN 7 (6 mai 1799). Loi concernant l'exécution du nouveau système monétaire (1).

Art. 1er. A compter du 1er vendémiaire prochain, toutes stipulations et comptes de valeur monétaires pour le service public de l'exercice de l'an 8 ne pourront être énoncés qu'en francs et fractions décimales de franc : en conséquence, les traitements des fonctionnaires publics et les impositions de toute nature de l'exercice de l'an 8 seront calculés et payés en ces valeurs, en substituant le franc à l'ancienne livre tournois.

2. A partir de la même époque, toutes transactions ou actes entre particuliers exprimeront également les sommes en francs, décimes et centimes, ou les sommes seront censées évaluées de cette manière, quand même elles seraient énoncées en livres, sous et deniers.

3. L'acquittement des obligations antérieures à l'époque ci-dessus désignée, soit entre particuliers, soit pour le service public, sera fait en valeur de l'ancienne livre tournois, quand même l'expression de franc se trouverait écrite dans les actes au lieu de celle de livre, sauf le cas où la valeur du nouveau franc aurait été formellement stipulée.

4. Les pièces d'or et d'argent à l'ancien type et au poids légal continueront d'avoir cours, même pour les paiements à faire en francs, mais à la charge par celui qui se libérera d'ajouter un centime et un quart (trois deniers) à chaque livre, afin de les porter à la valeur de francs.

28 FLORÉAL AN 7 (17 mai 1799). Loi relative aux transferts de la dette publique, au mode de délivrance des certificats de propriétés.

Art. 1er. A compter de la publication de la présente, les transferts des inscriptions de la dette publique seront faits à la trésorerie nationale, de la manière ci-après.

2. Il sera établi et tenu à la trésorerie nationale, près du grand-livre, des registres destinés à servir de minutes aux transferts et mutations de propriétés de la dette publique.

---

(1) Voy. plus bas page 887 et 888.

Ces registres seront imprimés et conçus d'après le modèle annexé à la présente.

3. Le vendeur se présentera au bureau chargé de recevoir les transferts, pour y faire sa déclaration; il y remettra l'extrait d'inscription qu'il entend transférer, et dont la signature sera biffée en sa présence. Il lui sera expédié un bulletin de cette remise.

. La minute du transfert sera signée par le vendeur ou son fondé de pouvoir spécial.

4. Deux jours après le transfert, l'acheteur pourra se présenter en personne ou par le porteur du bulletin qui aura été remis au vendeur, pour retirer l'extrait de la nouvelle inscription de la rente qu'il aura acquise. Cet extrait d'inscription lui sera délivré sur-le-champ.

Il en donnera décharge en marge de la minute du transfert.

5. Les transferts qui seront faits au profit de la république le seront de la même manière; il sera délivré au cédant, en remplacement de l'extrait d'inscription, un extrait du transfert, qu'il remettra à la caisse des recettes, pour en obtenir la rescription qui devra servir à le libérer de la dette pour laquelle il aura fait le transfert.

Les inscriptions ainsi transférées seront éteintes.

6. En cas de mutations autres que celles ci-dessus exprimées, le nouvel extrait d'inscription sera délivré à l'ayant-droit, sur le simple rapport de l'ancien extrait d'inscription, et d'un certificat de propriété ou acte de notoriété, contenant ses nom, prénoms et domicile, la qualité en laquelle il procède et possède, l'indication de sa portion dans la rente, et l'époque de sa jouissance.

Le certificat qui sera rapporté, après avoir été dûment légalisé, sera délivré par le notaire détenteur de la minute, lorsqu'il y aura eu inventaire ou partage, par acte public ou transmission gratuite, à titre entre vifs ou par testament.

Il le sera par le juge de paix du domicile du décédé, sur l'attestation de deux citoyens, lorsqu'il n'existera aucun desdits actes en forme authentique.

Si la mutation s'est opérée par jugement, le greffier dépositaire de la minute délivrera le certificat.

Quant aux successions ouvertes à l'étranger, les certificats délivrés par les magistrats autorisés par les lois du pays seront admis lorsqu'ils seront rapportés dûment légalisés par l'agent de la république française.

7. Les certificats fournis en exécution de l'article précédent opèreront la décharge de la trésorerie nationale, et seront admis dans le jugement de ses comptes par la comptabilité nationale.

8. Toutes dispositions d'autres lois contraires à la présente sont abrogées.

————

7 VENTOSE AN 8 (26 février 1800). Loi sur les *cautionnements*, qui assujettit les notaires à cette mesure.

Art. 1er. Il sera fourni des cautionnements en numéraire par les régisseurs, administrateurs et employés des régies et administrations de l'enregistrement et des domaines, des douanes, des postes et de la loterie nationale, dénommés dans l'état annexé à la présente, et d'après les fixations qui y sont déterminées.

2. Il en sera pareillement fourni par les notaires, suivant le tableau ci-annexé.

3. Les cautionnements seront versés au trésor public : le paiement sera fait un quart en numéraire, dans le mois à compter de la publication de la présente, et le surplus en trois obligations d'égales portions, payables de trois mois en trois mois.

4. Les fonds provenant des cautionnements sont mis à la disposition du gouvernement pour être employés aux dépenses de l'an 8.

5. A compter de l'an 9, il sera fait un fonds spécial pour le paiement des intérêts de ces cautionnements, à raison de cinq pour cent par an, sans retenue.

6. A compter de l'an 10, il sera fait un fonds de deux millions cinq cent mille francs qui seront destinés, chaque année, au rétablissement du principal des cautionnements dans la caisse d'amortissement, et affectés à l'amortissement de la dette publique.

7. Dans tous les cas de vacance par mort ou autrement, le cautionnement du nouveau titulaire servira au remboursement de celui de son prédécesseur; et., en cas de suppression d'emploi, il sera pourvu au remboursement par la caisse d'amortissement, sur les fonds qui lui auront été versés.

8. Tout citoyen qui n'aura pas satisfait, dans les délais fixés, au paiement de son cautionnement, ne pourra continuer l'exercice de ses fonctions, sous peine de destitution s'il est employé des régies et administrations, et quant aux notaires, d'une amende égale à la moitié de la somme fixée pour le cautionnement, et, en cas de récidive, d'une amende égale au montant du cautionnement.

Tableau des cautionnements à fournir par les notaires, en exécution de l'article 2 de la loi.

Les cautionnements à fournir par les notaires sont fixés, savoir:

1° Pour ceux habitant dans les chefs-lieux de département,

Dans les villes de cinq mille âmes et au-dessous, mille francs; dans celles de cinq à dix mille âmes, douze cents francs; dans celles de dix mille à vingt-cinq mille, quinze cents francs; dans celles de vingt-cinq mille à cinquante mille, deux mille francs; dans celles de cinquante mille à cent mille, trois mille francs; dans celles de cent mille et au-dessus, quatre mille francs; dans la ville de Paris, six mille francs.

2° Pour les notaires habitant dans les chefs-lieux d'arrondissement communaux,

Dans les villes de cinq mille âmes et au-dessous, six cents francs; dans celles de cinq mille à dix mille, huit cents francs; dans celles de dix mille à vingt-cinq mille, mille francs; dans celles de vingt-cinq mille à cinquante mille, quinze cents francs; dans celles de cinquante mille à cent mille, deux mille francs; dans celles de cent mille et au-dessus, trois mille francs.

3° Pour les notaires habitant dans les autres villes, ou dans les campagnes, bourgs et villages,

De cinq mille âmes et au-dessous, quatre cents francs; de cinq mille à dix mille, six cents francs; de dix mille à vingt-cinq mille, huit cents francs; de vingt-cinq mille et au-dessus, douze cents francs.

———

18 VENTOSE AN 8 (9 mars 1800). Arrêté des consuls qui prescrit le mode et les délais pour le versement des cautionnements.

———

24 GERMINAL AN 8 (14 avril 1800). Arrêté du gouvernement relatif au mode de versement des cautionnements et au paiement de leurs intérêts.

Art. 1er. Les dispositions de l'arrêté du 18 ventose dernier, qui règlent la forme du recouvrement des cautionnements établis par la loi du 7 du même mois, sont applicables aux cautionnements établis par la loi des 27 ventose dernier et 4 germinal présent mois. En conséquence, et conformément à l'art. 2 dudit arrêté, le versement desdits cautionnements, tant en numéraire qu'en obligations, sera fait, pour Paris, au trésor public, et pour les départements, dans la caisse du receveur général.

2. Chaque receveur particulier des contributions, et chaque payeur et caissier du trésor public, justifiera au ministre des finances du paiement de son cautionnement, dans la forme et dans les délais prescrits, ainsi qu'il est réglé par les art. 4 et 5 de l'arrêté du 18 ventose.

3. Les receveurs généraux des départements adresseront aux administrateurs de la caisse d'amortissement le duplicata, signé par eux, des bordereaux indicatifs des versements qui leur auront été faits sur les cautionnements, et qu'ils doivent adresser au trésor public, conformément à l'art. 3 du même arrêté; il en sera de même pour les cautionnements qui seront réalisés à la caisse des recettes journalières à Paris.

4. D'après ces bordereaux, les administrateurs de la caisse d'amortissement ouvriront un compte, tant en capital qu'en intérêts, à chacun des fonctionnaires et employés qui se seront mis en devoir d'acquitter leurs cautionnements.

5. A cet effet, lesdits fonctionnaires et employés seront tenus d'adresser auxdits administrateurs de la caisse d'amortissement tant les quittances provisoires qui leur auront été fournies par les receveurs généraux de département, ou par le caissier des recettes générales à Paris, que leurs obligations soldées.

6. En échange desdites quittances et obligations soldées, il sera remis successivement auxdits fonctionnaires et employés, par la caisse d'amortissement, des récépissés provisoires, pour être convertis en quittances définitives après l'acquittement total du cautionnement.

7. Les intérêts de l'universalité des cautionnements seront acquittés par la caisse d'amortissement aux époques et dans les proportions fixées par les lois des 6 frimaire, 7 et 27 vent. derniers, et 4 germin. présent mois. Le remboursement desdits cautionnements s'effectuera à la même caisse, dans les cas prévus par les mêmes lois.

8. Aucun paiement d'intérêts ne pourra être fait que sur la représentation de la quittance définitive à délivrer par les administrateurs de la caisse d'amortissement. Lesdits intérêts courront à compter de la date, soit des versements en numéraire, soit de l'acquittement des obligations.

Le ministre des finances est chargé de l'exécution du présent arrêté.

———

13 BRUMAIRE AN 9 (4 novembre 1800). Arrêté relatif au mode d'exécution du système décimal des poids et mesures.

Art. 1er. Conformément à la loi du 1er vendémiaire an 4, le système décimal des poids et mesures sera définitivement mis à exécution pour toute la république, à compter du 1er vendémiaire an 10.

2. Pour faciliter cette exécution, les dénominations données aux mesures et aux poids pourront, dans les actes publics comme dans les usages habituels, être traduites par les noms français qui suivent:

NOMS SYSTÉMATIQUES.	TRADUCTION.	VALEUR.
MESURES ITINÉRAIRES.		
Myriamètre	Lieue	10,000 mètres.
Kilomètre.	Mille.	1,000 mètres.
MESURES DE LONGUEUR.		
Décamètre.	Perche.	10 mètres.
Mètre		Unité fondamentale des poids et mesures, dix-millionième partie du quart du méridien terrestre.
Décimètre. . . .	Palme (le). . .	10e de mètre.
Centimètre. . . .	Doigt. . . .	100e de mètre.
Millimètre. . . .	Trait. . . .	1,000e de mètre.
MESURES AGRAIRES.		
Hectare.	Arpent	10,000 mètres carrés.
Are.	Perche carrée. .	100 mètres carrés.
Centiare.	Mètre carré. . .	
MESURES DE CAPACITÉ *Pour les liquides.*		
Décalitre.	Velte.	10 décimètres cubes.
Litre.	Pinte.	Décimètre cube.
Décilitre.	Verre.	10e de décimètre.
MESURES DE CAPACITÉ *Pour les matières sèches.*		
Kilolitre	Muid.	1 mètre cube ou 1,000 décimètres cubes.
Hectolitre. . . .	Setier.	100 décimètres cubes.
Décalitre. . . .	Boisseau. . . .	10 décimètres cubes.
Litre.	Pinte. . . .	Décimètre cube.

NOMS SYSTÉMATIQUES.	TRADUCTION.	VALEUR.
MESURES DE SOLIDITÉ.		
Stère.	. . . .	Mètre cube.
Décistère.	Solive.	10e de mètre cube.
POIDS.		
. . . .	Millier.	1,000 livres (poids de tonneau de mer).
. . . .	Quintal.	100 livres.
Kilogramme. . .	Livre.	Poids de l'eau sous le volume du décimètre cube, contient dix onces.
Hectogramme. .	Once.	10e de la livre, contient 10 gros.
Décagramme. . .	Gros.	10e de l'once, contient 10 deniers.
Gramme. . . .	Denier. . . .	10e du gros, contient 10 grains.
Décigramme. .	Grain.	10e du denier.

3. La dénomination *mètre* n'aura point de synonyme dans la désignation de l'unité fondamentale des poids et mesures ; aucune mesure ne pourra recevoir de dénomination publique qu'elle ne soit un multiple ou diviseur décimal de cette unité.

4. Le mesurage des étoffes sera fait par mètre, dixième et centième de mètre.

5. La dénomination *stère* continuera d'être employée dans le mesurage du bois de chauffage et dans la désignation des mesures de solidité : dans les mesures des bois de charpente, on pourra diviser le stère en dix parties, qui seront nommées solives.

6. Les dénominations énoncées dans l'art. 2 pourront être inscrites à côté des noms systématiques sur les mesures et les poids déjà fabriqués ; elles pourront être inscrites ou seules, ou à côté des premiers noms, sur les poids et mesures qui seront fabriqués par la suite.

7. Dans tout acte public d'achat ou de vente, de pesage ou de mesurage, on pourra, suivant les dispositions précédentes, se servir de l'une ou de l'autre nomenclature.

8. Le ministre de l'intérieur adressera dans le plus bref délai, à tous les préfets et sous-préfets, des mesures matrices pour servir de modèles ; elles seront déposées au secrétariat. Ces mesures modèles seront prises dans les poids et mesures aujourd'hui appartenant à la république ; le surplus sera vendu, et toute fabrication pour le compte du gouvernement cessera.

9. Le ministre de l'intérieur présentera au consul, dans le plus court délai, d'après l'avis des préfets, le tableau des communes dans lesquelles il doit être établi des vérificateurs, en exécution de l'art. 13 de la loi du 1er vend. an 4. Il fera rédiger et publier les tableaux et instructions nécessaires à l'exécution des articles précédents.

Le ministre de l'intérieur est chargé, etc.

7 THERMIDOR AN 10 (26 juillet 1802). Arrêté des consuls portant qu'il ne sera plus reçu au Trésor aucune signification de transport, cession ou délégation de pensions à la charge de l'État.

2. Il ne sera reçu à l'avenir, au Trésor public, aucune signification de transport, cession, délégation de pension à la charge de la république.

3. Les créanciers d'un pensionnaire ne pourront exercer qu'après son décès, et sur le décompte de sa pension, les poursuites et les diligences nécessaires pour la conservation de leurs droits.

25 VENT.-16 GERM. AN 11. — Loi contenant organisation du notariat. — Voy. cette loi et le commentaire dont elle est accompagnée, plus haut, p. 657 et suiv.

5 FLORÉAL AN 11 (25 avril 1803). Circulaire du ministre de la justice aux commissaires du gouvernement près les tribunaux pour la mise en activité de la loi du 25 vent. an 11, considérée principalement par rapport aux *cautionnements* à fournir, aux nouvelles *commissions* à obtenir par les notaires, et aux nouveaux *ressorts* dans lesquels chacun d'eux a dû se renfermer.

La loi du 25 ventose dernier sur l'organisation du notariat n'est pas, citoyen commissaire, un des moindres bienfaits dont la nation sera redevable à la session actuelle du Corps législatif. Il était temps de régulariser une institution si utile, en l'assujettissant à une discipline exacte, et en exigeant de ceux qui y seraient admis des preuves non équivoques de leur moralité et de leur capacité ; il fallait surtout donner de la consistance et de la considération à des fonctionnaires qui ont des communications journalières avec les citoyens de toutes les classes, et dont l'intervention dans les arrangements de famille est si fréquente et si indispensable : il ne s'agit plus que de mettre à exécution ce que le législateur a aussi heureusement conçu que sagement ordonné. Vous devez y concourir de plusieurs manières.

D'abord le supplément de cautionnement qui est établi par la loi donnera lieu à des instructions de la part du ministre des finances, qu'il transmettra aux préfets et aux receveurs de l'enregistrement et du domaine. Ce sera à vous à poursuivre le recouvrement de ce cautionnement contre ceux qui seront en retard de l'acquitter, d'après l'avis et les états que les receveurs vous adresseront. La marche que vous aurez à suivre sera la même que celle que prescrivaient, pour le premier cautionnement, la loi du 7 ventose an 8, l'arrêté du 18 du même mois, et autres subséquents. Vous devez surtout considérer que ce n'est point ici une opération fiscale, mais un accroissement de garantie que le gouvernement a cru devoir offrir aux citoyens qui emploient le ministère des notaires ; et sous ce rapport, vous vous pénétrerez mieux de l'importance de cette mesure et des soins qu'on doit donner à son exécution.

Suivant l'art. 64, tous les notaires en exercice doivent obtenir une commission nouvelle du premier consul : il faut, avant de l'obtenir, qu'ils remettent au greffe de votre tribunal, sur un récépissé du greffier, tous les titres et pièces concernant leurs précédentes nominations ou réceptions. Il se pourrait que quelques-uns d'entre eux ne fussent plus possesseurs de leurs titres, pour les avoir déposés à la liquidation ou ailleurs : dans ce cas, ils remettront un duplicata des pièces qui justifient ce dépôt. Vous dresserez ensuite un état, canton par canton, des pièces et titres remis, dans lequel vous ferez mention de la date de ces actes, de la résidence assignée à chacun de ces notaires; vous m'adresserez le tout, avec vos observations, si vous jugez à propos d'en faire. Ce moyen est préférable à l'envoi partiel que les notaires me feraient de récépissés qu'ils auraient obtenus du greffier de leur arrondissement.

Ce qui rend surtout indispensable l'état que je vous demande, c'est la nécessité où je suis de connaître le nombre de notaires qu'il sera nécessaire d'établir et les réductions qu'il y aura à faire d'après les bases fixées par la loi. Il convient donc d'indiquer le nombre de notaires à conserver dans chaque canton, et les résidences qu'il faut leur assigner, suivant l'importance des lieux, leur population et la quantité des affaires. Vous vous concerterez avec le président du tribunal pour me donner ces indications; vous ne sauriez y apporter trop d'attention. Les résultats de la nouvelle organisation reposent sur une fixation sage, réservée, et proportionnée aux véritables besoins des administrés. Vous ferez connaître encore votre avis sur les changements de résidence qui pourraient être demandés, en y joignant les motifs sur lesquels votre opinion sera fondée.

Vous aurez soin de me transmettre tous ces renseignements aussitôt que les trois mois que la loi accorde aux notaires pour la remise de leurs titres seront expirés. D'après les plaintes qui m'ont déjà été adressées, je crois devoir vous prévenir que les greffiers ne doivent exiger d'autres droits, pour la remise des titres exigés de notaires, que ceux qui sont autorisés par la loi du 21 vent. an 7.

Quant aux remplacements qui devront avoir lieu par mort, démission ou autrement, il y a de nouvelles formes, de nouvelles conditions à remplir par les aspirants, et on ne pourra s'occuper de cet objet qu'après que le premier sera terminé.

Voilà, citoyen commissaire, les points les plus importants sur lesquels j'avais à vous entretenir. Je ne crois pas avoir besoin de dire qu'en attendant que l'organisation soit terminée, chaque notaire doit rester à son poste, et se renfermer dans le nouveau ressort que la loi lui assigne. La formule des actes doit encore rester la même que celle qui est usitée dans l'arrondissement de votre tribunal, jusqu'à ce que le gouvernement en arrête une qui soit uniforme pour tous les départements.

Le gouvernement se repose sur votre zèle, et il sera bien agréable pour moi de pouvoir lui certifier que son espoir n'a pas été trompé.

15 PRAIRIAL AN 11 (4 juin 1803). Arrêté du gouvernement qui détermine la formule exécutoire des grosses d'actes passés devant notaire.

Art. 1er. Les grosses en forme exécutoire des actes passés devant notaire seront intitulées ainsi qu'il suit :

Au nom du peuple français, BONAPARTE, premier consul de la république, à tous ceux qui ces présentes verront, salut. Faisons savoir que pardevant (*lcl*), notaire à......., furent présents, etc.

2. Les mêmes grosses seront terminées ainsi qu'il suit :

Mandons et ordonnons à tous huissiers sur ce requis de mettre ces présentes à exécution, à tous commandants et officiers de la force publique d'y prêter main forte lorsqu'ils en seront légalement requis, et aux commissaires près les tribunaux d'y tenir la main. En foi de quoi, nous avons fait sceller ces présentes, qui furent faites et passées à......., le....... Et ont lesdits (*les parties*) signé la minute, demeurée à.......

Le grand-juge ministre de la justice est chargé de l'exécution du présent arrêté.

24 PRAIRIAL AN 11 (13 juin 1803) Arrêté du gouvernement sur la rédaction des actes publics en *langue française* dans les pays réunis à la France.

Art. 1er. Dans un an à compter de la publication du présent arrêté, les actes publics, dans les départements de la ci-devant Belgique, dans ceux de la rive gauche du Rhin, et dans ceux du Tanaro, du Pô, de Marengo, de la Stura, de la Sésia et de la Doire, et dans les autres où l'usage de dresser lesdits actes dans la langue de ces pays se serait maintenu, devront tous être écrits en langue française.

2. Pourront néanmoins les officiers publics, dans les pays énoncés au précédent article, écrire à mi-marge de la minute française la traduction en idiome du pays, lorsqu'ils en seront requis par les parties.

3. Les actes sous-seing privé pourront, dans ces départements, être écrits dans l'idiome du pays, à la charge des parties qui présenteront des actes de cette espèce à la formalité de l'enregistrement, d'y joindre, à leurs frais une traduction française desdits actes, certifiée par un traducteur juré.

Le grand-juge ministre de la justice et le ministre des finances sont chargés de l'exécution du présent arrêté.

26 PRAIRIAL AN 11 (15 juin 1803). Arrêté du gouvernement relatif au versement des *cautionnements* à fournir par les notaires.

Art. 1er. Les cautionnements à fournir par les notaires, conformément à la loi du 25 vent. an 11, seront versés au trésor public dans les caisses des receveurs de département et d'arrondissement.

2. Les rôles soumissionnés pour le recouvrement de ces cautionnements, et préparés par la caisse d'amortissement, seront suivis pour opérer ledit recouvrement.

3. Le ministre du trésor public fera connaître chaque mois au gouvernement le progrès des rentrées sur lesdits cautionnements.

4. Le remboursement de ces cautionnements à la caisse d'amortissement sera fait par le trésor public, suivant le mode prescrit par les lois des 7 et 27 ventose an 8.

Les ministres du trésor public et des finances sont chargés de l'exécution du présent arrêté.

21 FRUCTIDOR AN 11 (8 septembre 1803). Arrêté du gouvernement portant qu'il ne sera fait aucune réduction dans le *nombre* des notaires de Paris, qui demeure fixé à 114.

Nota. V. ci-dessus les lettres-patentes du mois d'octobre 1639, qui fixaient le nombre des notaires de Paris à 113.

Un notaire, M⁰ Delamare, qui résidait au Roule, s'est trouvé faire partie des notaires de Paris lorsque cette commune a été réunie, en 1790, à la capitale. C'est de cette manière que le nombre des notaires de Paris s'est trouvé être de 114.

3 BRUMAIRE AN 12 (26 octobre 1803). Arrêté du gouvernement qui déclare les fonctions de notaires *incompatibles* avec celles de sous-préfet.

8 BRUMAIRE AN 12 (31 octobre 1803). Circulaire du grand-juge, ministre de la justice, qui prescrit le dépôt annuel d'un double des *répertoires* au greffe.

Je me suis aperçu, citoyen, par ma correspondance, qu'il s'était élevé un doute général sur la question de savoir si les notaires devaient continuer à déposer annuellement au greffe le double de leurs répertoires, conformément à la loi du 6 oct. 1791, et à celle du 16 flor. an 4. On s'est persuadé que la loi du 25 vent. dernier ne prescrivant pas cette formalité, elle était abolie. C'est une erreur qu'il importe de rectifier : la loi du 25 vent. (art. 69) ne déroge aux lois précédentes sur la même matière qu'en ce qu'elles ont de contraire à ses dispositions. Or, il n'y a dans ce cas-ci aucune contradiction : cette mesure, salutaire sous bien des rapports, est parfaitement en harmonie avec les autres : elle doit donc être conservée; et j'ai cru devoir vous donner cet avertissement pour vous mettre à portée de surveiller exactement l'exécution des lois sur cet objet.

2 NIV. AN 12 (24 déc. 1803). Arrêté du gouvernement relatif à l'établissement et à l'organisation des *Chambres des notaires* (1).

LE GOUVERNEMENT DE LA RÉPUBLIQUE, sur le rapport du grand-juge ministre de la justice,

Le Conseil d'Etat entendu,

ARRÊTE CE QUI SUIT :

Chambres des notaires et ses attributions.

Art. 1er. Il sera établi auprès de chaque tribunal civil de première instance, et dans son chef-lieu, une chambre des notaires de son ressort, pour leur discipline intérieure.

2. Les attributions de la chambre seront :

1° De maintenir la discipline intérieure entre les notaires, et de prononcer l'application de toutes les censures et autres dispositions de discipline;

2° De prévenir ou concilier tous différends entre notaires, et notamment ceux sur des communications, remises, dépôts et rétentions de pièces,

fonds et autres objets quelconques; sur des questions soit de réception et garde des minutes, soit de préférence ou concurrence dans les inventaires, partages, ventes ou adjudications et autres actes; et, en cas de non-conciliation, d'émettre son opinion par simple avis;

3° De prévenir ou concilier également toutes plaintes et réclamations de la part de tiers contre des notaires, à raison de leurs fonctions; donner simplement son avis sur les dommages-intérêts qui en résulteraient, et réprimer, par voie de censure et autres dispositions de discipline, toutes infractions qui en seraient l'objet, sans préjudice de l'action devant les tribunaux, s'il y a lieu;

4° De donner, comme tiers, son avis sur les difficultés concernant le réglement des honoraires et vacations des notaires, ainsi que sur tous les différends soumis à cet égard au tribunal civil;

5° De délivrer ou refuser, s'il y a lieu, tous certificats de bonnes mœurs et capacité à elle demandés par les aspirants qui se présenteront pour être admis aux fonctions de notaires; prendre à ce sujet toutes délibérations ou donner tous avis motivés, les adresser ou communiquer à qui de droit;

6° De recevoir en dépôt les états de minutes dépendantes des places de notaires supprimés;

7° Et enfin, de représenter tous les notaires de l'arrondissement collectivement, sous les rapports de leurs droits et intérêts communs.

Organisation de la Chambre.

3. Chaque chambre de notaire sera composée de membres désignés par eux parmi les notaires de l'arrondissement.

Leur nombre est fixé à dix-neuf pour la chambre des notaires de Paris; à neuf lorsque celui des notaires du ressort de la chambre sera audessus de cinquante, et à sept lorsqu'il sera audessous.

4. Les membres de la chambre ne pourront délibérer valablement qu'autant que ceux présents et votants seront au moins au nombre de douze pour Paris, de sept pour les chambres composées de neuf membres, et de cinq pour les autres chambres.

5. Les membres de la chambre choisiront entre eux :

1° Un président qui aura voix prépondérante en cas de partage d'opinions; il convoquera la chambre extraordinairement, quand il le jugera à propos, ou sur la réquisition motivée de deux autres membres; il aura la police d'ordre dans la chambre;

2° Un syndic qui sera partie poursuivante contre les notaires inculpés; il sera entendu préalablement à toutes les délibérations de la chambre, qui sera tenue de délibérer sur tous ses réquisitoires; il aura, comme le président, le droit de la convoquer; il poursuivra l'exécution de ses délibérations, dans la forme ci-après déterminée, et agira pour la chambre dans tous les cas et conformément à ce qu'elle aura délibéré;

3° Un rapporteur, qui recueillera les renseignements sur les affaires contre les notaires inculpés, et en fera rapport à la chambre;

4° Un secrétaire, qui rédigera les délibérations

---

(1) Cet arrêté a été abrogé par l'ordon. du 4 janvier 1843 rapportée plus bas à sa date. — Voy. aussi le traité abrégé de la discipline et des chambres de notaires qui précède ce tableau.

de la chambre, qui sera le gardien des archives, et délivrera toutes les expéditions ;

5° Un trésorier, qui tiendra la bourse commune ci-après établie, fera les recettes et dépenses autorisées par la chambre : il en rendra compte à la fin de chaque trimestre à la chambre assemblée, qui les arrêtera ainsi que de droit, et lui en donnera sa décharge ;

6. Le nombre des membres qui doivent composer les chambres de notaires, d'après l'art. 3, celui qui, d'après l'art. 4, est nécessaire à la validité de délibération de la chambre, pourront être, suivant les localités, réduits ou augmentés par le gouvernement.

Le nombre des syndics pourra être porté à trois pour Paris, et à deux pour les chambres dont le ressort comprendra plus de cinquante notaires.

7. Indépendamment des attributions particulières données aux membres, désignés dans l'art. 5, chacun d'eux aura voix délibérative, ainsi que les autres membres, dans toutes les assemblées de la chambre ; et néanmoins, lorsqu'il s'agira d'affaires où le syndic sera partie contre un notaire inculpé, le syndic n'aura que voix consultative, et ne sera point compté parmi les votants, à moins que son opinion ne soit à décharge.

8. Les fonctions spéciales attribuées par l'art. 5 à chacun des membres dont il ordonne la création, pourront être cumulées lorsque le nombre des membres composant la chambre sera au-dessous de sept ; et néanmoins les fonctions de président, de syndic et de rapporteur, seront toujours exercées par trois personnes différentes.

Quel que soit le nombre des membres composant la chambre, la même cumulation de fonctions pourra avoir lieu momentanément, en cas d'absence ou empêchement de quelqu'un des membres désignés dans l'art. 5, lesquels, pour ce cas, se suppléeront entre eux, ou pourront même être suppléés par tel autre membre de la chambre.

Les suppléants momentanés seront nommés par le président de la chambre, ou, s'il est absent, par la majorité des membres présents en nombre suffisant pour délibérer.

Pouvoir de la chambre dans les moyens de discipline.

9. La chambre prononcera par voie de décision pour les cas de police et discipline intérieure.

10. La chambre mandera les notaires à ses séances, prononcera contre eux, par forme de discipline et suivant la gravité des cas, soit le rappel à l'ordre, soit la censure simple par la décision même ; soit la censure avec réprimande, par le président, aux notaires en personne, dans la chambre assemblée ; soit la privation de voix délibérative dans l'assemblée générale ; soit l'interdiction de l'entrée de la chambre pendant un espace de temps qui ne pourra excéder trois ans pour la première fois, et qui pourra s'étendre à six ans en cas de récidive.

11. Si l'inculpation portée à la chambre contre un notaire paraît assez grave pour mériter la suspension du notaire inculpé, la chambre s'adjoindra, par la voie du sort, d'autres notaires de son ressort, savoir : celle de Paris, dix notaires ; et les autres chambres, un nombre égal, plus un, à celui de leurs membres.

La chambre ainsi composée émettra, par forme de simples avis, et à la majorité absolue des voix, son opinion sur la suspension et sa durée.

Les voix seront recueillies, en ce cas, au scrutin secret, par *oui* ou par *non* ; mais l'avis ne pourra être formé si les deux tiers au moins de tous les membres appelés à l'assemblée n'y sont présents.

12. Quand l'avis émis par la majorité des membres de la chambre sera pour la suspension, il sera déposé au greffe du tribunal ; expédition en sera remise au commissaire du gouvernement, qui en fera l'usage prescrit par la loi.

Mode de procéder en la chambre.

13. Le syndic déférera à la chambre les faits relatifs à la discipline ; et il sera tenu de les lui dénoncer, soit sur la provocation des parties intéressées, soit sur celle d'un des membres de la chambre.

Les notaires inculpés seront cités à la chambre, avec délai suffisant, qui ne pourra être au-dessous de cinq jours, à la diligence du syndic, par une simple lettre indicative de l'objet, signée de lui, et envoyée par le secrétaire, qui en tiendra note.

Si le notaire ne comparaît point sur la lettre du syndic, il sera cité une seconde fois dans le même délai, à la même diligence, par ministère d'huissier.

14. Quant aux différends entre notaires et aux difficultés sur lesquelles la chambre est chargée d'émettre son avis, les notaires pourront se présenter contradictoirement, et sans citation préalable, aux séances de la chambre ; ils pourront également y être cités, soit par simples lettres indicatives des objets, signées des notaires provoquants, et renvoyées par le secrétaire, auquel ils en laisseront des doubles, soit par des citations ordinaires, dont ils déposeront les originaux au secrétariat. Ces citations officielles, ou par lettres, seront données avec les mêmes délais que celles du syndic, après avoir été préalablement soumises au président de la chambre.

15. La chambre prendra ses délibérations, dans les affaires particulières, après avoir entendu ou dûment appelé, dans la forme ci-dessus prescrite, les notaires inculpés ou intéressés, ensemble les tierces parties qui voudront être entendues, et qui, dans tous les cas, pourront se faire représenter ou assister par un notaire.

Les délibérations de la chambre seront motivées et signées sur la minute, par le président et le secrétaire, à la séance même où elles seront prises.

Chaque délibération contiendra les noms des membres présents.

Ces délibérations, n'étant que de simples actes d'administration, d'ordre et de discipline intérieure, ou de simples avis, ne seront, dans aucun cas, sujettes au droit d'enregistrement, non plus que les pièces y relatives.

Les délibérations de la chambre seront notifiées, quand il y aura lieu, dans la même forme que les citations, et il en sera fait mention par le secrétaire, en marge desdites délibérations.

16. Les assemblées de la chambre se tiendront en un local à ce destiné dans la ville où elle sera établie.

Chaque année, il y aura de droit deux assemblées générales, et il pourra y en avoir d'autres extraordinaires, toutes les fois que les circonstances l'exigeront et que la chambre le jugera convenable.

Les assemblées générales ou extraordinaires seront convoquées conformément aux dispositions rappelées en l'art. 5. Tous les notaires du ressort de la chambre seront invités à s'y rendre, soit pour les nominations dont parle l'art. 18 ci-après, soit pour se concerter sur ce qui intéressera l'exercice de leurs fonctions.

17. Il ne pourra être pris de délibération en assemblée générale qu'autant que le nombre des notaires présents sera au moins du tiers de tous ceux du ressort de la chambre, non compris dans ce tiers les membres de la chambre.

Nomination des membres de la Chambre, et durée de leurs fonctions.

18. Les membres de la chambre seront nommés par l'assemblée générale des notaires de son ressort, convoqués à cet effet.

La moitié desdits membres seront choisis dans les plus anciens en exercice, formant le tiers de tous les notaires du ressort.

La nomination aura lieu à la majorité absolue des voix, au scrutin secret, et par bulletin de liste contenant un nombre de noms qui ne pourra excéder celui des membres à nommer.

19. Les membres de la chambre seront renouvelés chaque année, et par tiers, pour les nombres qui comportent cette division, et par portions approchant le plus du tiers pour les autres nombres, en faisant alterner, chaque année, les portions inférieures et supérieures au tiers, mais en commençant par les inférieures, et de manière que, dans tous les cas, aucun membre ne puisse rester en fonctions plus de trois ans consécutifs.

Les deux premiers renouvellements seront indiqués par le sort, les autres par l'ancienneté de nomination.

20. Les membres désignés pour composer la chambre nommeront entre eux en suivant le mode de l'art. 18, le président et autres officiers dont parle l'art. 5. Le président sera toujours pris parmi les plus anciens désignés dans l'article 18.

Cette nomination particulière se renouvellera chaque année ; les mêmes pourront être réélus : à égalité de voix, le plus ancien d'âge obtiendra la préférence.

21. La nomination des membres de la chambre se fera de droit le 13 brumaire de chaque année.

Ils entreront en fonctions le 1er frimaire suivant, et, le même jour, nommeront les président et autres officiers, qui, tout de suite, entreront aussi en fonctions.

La première nomination aura lieu, au plus tard, le 15 pluviose prochain ; et les membres entreront en fonctions dans la huitaine qui suivra leur nomination.

Fonds pour les dépenses de la Chambre.

22. Il y aura une bourse commune pour les dépenses de la chambre.

Elle sera établie de manière qu'elle n'excède pas les dépenses nécessaires.

Elle sera consentie par l'assemblée générale, répartie sur les divers membres de l'arrondissement, et le rôle rendu exécutoire par le président du tribunal d'appel du ressort, sur le rapport et d'après l'avis du commissaire établi près le même tribunal.

L'arrêté qui aura ainsi établi la bourse commune sera adressé au grand-juge qui prononcera sur les réclamations.

23. Il sera pourvu, lors du règlement général à faire pour l'exécution de la loi du 25 ventose an 11, sur le notariat, à toutes autres dispositions qui pourraient concerner les chambres de discipline.

24. Le grand-juge, ministre de la justice, est chargé de l'exécution du présent arrêté, qui sera inséré au Bulletin des lois.

4 PLUVIOSE AN 12 (25 janvier 1804). Arrêté du gouvernement qui enjoint aux notaires qui ont reçu des donations et actes testamentaires en faveur des hospices d'en donner *avis* aux administrateurs de l'établissement (1).

———

22 VENTOSE AN 12 (13 mars 1804). Circulaire du grand-juge, ministre de la justice, aux procureurs du roi, sur le mode de procéder relativement aux *certificats de moralité et de capacité* qui sont nécessaires aux aspirants, et qui prescrit de porter sur les registres les délibérations prises à ce sujet.

Les chambres de discipline des notaires, citoyens, étant organisées, ou sur le point de l'être, dans toute l'étendue de la république, en vertu de l'arrêté du gouvernement du 2 niv. dernier, il m'a paru nécessaire de leur tracer une marche uniforme pour la rédaction du certificat qui leur sera demandé, lorsqu'il se présentera des aspirants au notariat. Il est d'autant plus essentiel que ce certificat soit fait dans les formes ordonnées par la loi, qu'en constatant que les candidats ont les qualités qu'elle exige d'eux, il servira presque toujours à fixer la détermination du gouvernement.

Voici donc le procédé que la chambre devra suivre :

1° Lorsqu'il se présente un aspirant, la première chose que la chambre doit considérer, c'est

———

(1) Conf. édit d'avril 1656 ; décrets, 30 décembre 1809, art. 58 ; 6 nov. 1813, art. 67 ; ord. 2 avril 1817.

s'il est nécessaire d'établir un nouveau notaire dans la résidence où l'aspirant a dessein de s'établir. Elle verra d'abord si cette demande n'est pas contraire à ce que prescrit l'art. 31 de la loi du 25 vent. an 11; c'est-à-dire si le nombre des notaires, pour le canton dont il s'agit, est au-dessous, ou non, du *minimum* fixé par la loi. Dans le premier cas, il n'est pas douteux que la nomination ne doive avoir lieu; il ne reste plus qu'à examiner la capacité de celui qui se présente pour la place vacante. Dans le second cas, lorsque le *minimum* de la loi est rempli, la chambre a d'abord à s'occuper de la question de savoir s'il est nécessaire de l'excéder. Son avis sur ce sujet doit être motivé d'après les circonstances et les localités.

J'ajoute une observation à cet égard, et elle me paraît nécessaire pour diriger surtout l'opinion de la chambre sur les premières nominations qu'il sera question de faire.

Il peut arriver, en effet, que, quoique le nombre de notaires que comporte un arrondissement de justice de paix soit complet, et qu'il excède même, il y ait une vacance dans une commune dont la population ou la localité nécessite l'établissement d'un notaire : alors cet établissement doit avoir lieu, quel que soit d'ailleurs le nombre de notaires qui se trouve dans les autres communes du même canton. La réduction se fera ensuite par la démission ou la mort des notaires résidant dans les lieux où leur nombre est trop considérable, et où même il n'est pas nécessaire qu'il y en ait.

2° La chambre vérifiera ensuite si les conditions prescrites par l'art. 35 sont fidèlement remplies par l'aspirant, et elle fera une mention particulière de cet objet, en détaillant chaque condition exigée, et les pièces qui en justifient l'accomplissement.

3° Elle exécutera ensuite l'art. 43, où il est dit que « le certificat ne pourra être délivré qu'après que la chambre aura fait parvenir au commissaire du gouvernement du tribunal de première instance l'expédition de la délibération qui l'aura accordé.»

En conséquence, il faut d'abord que la délibération de la chambre de discipline tendant à accorder ou à refuser le certificat, soit communiquée au commissaire du gouvernement, qui fait à cet égard ses observations, et la renvoie à la chambre de discipline : celle-ci délibère de nouveau, et persiste dans son opinion, ou la change, suivant ce qu'elle juge convenable. Sa détermination ultérieure est de nouveau adressée au commissaire, qui, à son tour, me la fait passer, avec toutes les pièces justificatives, accompagnée de ses propres observations sur chacun des objets sur lesquels la chambre aura délibéré.

Enfin, il est essentiel que la chambre de discipline fasse attention que, d'après l'art. 5 de l'arrêté du gouvernement, toutes ses délibérations doivent être inscrites sur un registre, et rédigées par un secrétaire, qui en délivre les expéditions. Elles ne doivent donc pas être écrites sur des feuilles volantes, et signées individuellement par les membres qui les ont prises.

Chaque délibération doit faire mention du nombre et du nom des notaires présents.

Je ne saurais trop insister, citoyens, sur l'exactitude que la chambre doit mettre à suivre la marche que je vous indique. On ne fera de nomination que lorsque tous ces préliminaires auront été remplis. Pour vous faciliter les moyens de répandre la connaissance de l'instruction que je vous adresse, vous trouverez ci-joint plusieurs exemplaires de ma circulaire. Vous en remettrez quelques-uns à la chambre de discipline de votre arrondissement. Vous aurez soin de m'en accuser réception...

30 VENTOSE AN 12 (21 mars 1804). Dispositions du Code civil concernant spécialement les *notaires*, en matière de partages, licitations, d'absence, de donations, de testaments, de témoins, de contrat de mariage, V. entre autres, les art. 113, 154, 281, 282, 283, 284, 285, 392, 397, 398, 460, 466, 501, 827, 828, 837, 931, 933, 971, 975, 976, 979, 1007, 1035, 1250, 1318, 1319, 1334, 1335, 1336, 1341, 1394, 1396, 1397, 1451, 1596, 1597, 2060, 2063, 2127, 2199.

28 FLORÉAL AN 12 (18 mai 1804). Circulaire du grand-juge, ministre de la justice, prescrivant aux notaires de conserver en *minute* les actes de vente des biens des mineurs faits devant eux, par délégation de justice, en exécution de l'art. 459 C. civ.

L'art. 20 de la loi du 25 vent. an 11, citoyen, enjoint aux notaires de garder minute de tous les actes qu'ils recevront, à quelques exceptions près qui s'y trouvent énoncées, et qui ne concernent que les actes en brevet.

Cet article est-il applicable aux ventes de biens de mineurs faites par délégation du tribunal, en exécution de l'art. 459 du Code civil?

J'avais d'abord pensé que ces sortes de ventes, dans lesquelles les notaires n'agissaient que comme mandataires du tribunal, n'étaient autre chose que des ventes judiciaires dont les procès-verbaux devaient être déposés dans les greffes des tribunaux qui les avaient ordonnées, et que ce qui s'observait à cet égard, de la part des juges de paix, par suite des mandats qui étaient adressés par les tribunaux, devait également être suivi par les notaires.

Mais en examinant avec plus d'attention la nature des ventes dont il s'agit, les formes dont elles doivent être revêtues, le caractère de ceux qui sont chargés de les recevoir, et enfin l'obligation imposée à tout notaire de conserver les minutes des actes qu'il reçoit, il me semble que les ventes faites par délégation du tribunal ne diffèrent des ventes ordinaires que par l'autorisation qui les précède, et que, les unes et les autres étant du ministère des notaires, l'art. 20 de la loi du 25 vent. leur est également applicable : les notaires doivent donc en conserver les minutes et pourvoir à leur enregistrement, puisqu'une loi précise leur impose cette obligation pour tous les actes qu'ils reçoivent.

Il faut convenir d'ailleurs que la translation de ces minutes dans les greffes des tribunaux n'est pas sans danger, et que les parties ont un intérêt évident à ce qu'elles ne soient pas déplacées.

Une autre difficulté à laquelle il n'est pas moins important de remédier, c'est celle que présente l'enregistrement de ces actes dans le délai prescrit par la loi; et, en effet, si le notaire ne reste pas dépositaire de la minute, l'enregistrement ne peut pas être à sa charge, et le préposé de la régie ne peut diriger contre lui aucune poursuite; il ne peut pas davantage s'adresser au greffier, dont l'obligation ne commence que du moment où le notaire lui a renvoyé la minute; et ce renvoi peut être plus ou moins différé, puisqu'il n'existe point de règle à cet égard.

En laissant ces minutes entre les mains des notaires, tous ces inconvénients disparaissent, et le vœu de la loi me paraît mieux rempli.

Vous aurez soin de m'accuser la réception de cette circulaire, et d'en surveiller l'exécution.

———

26 MESSIDOR AN 12 (15 juillet 1804). Décision du ministre des finances portant que les *copies collationnées* de pièces doivent être inscrites au *répertoire*.

Nota. Il existait déjà une décision semblable, du 9 prairial précédent.

———

4 THERMIDOR AN 12 (23 juillet 1804). Lettre du grand-juge, ministre de la justice, au procureur général de Bruxelles, qui décide qu'un testament est valable, rédigé *en français* par un notaire, encore qu'il ait été dicté par le testateur en langue étrangère.

Le gouvernement a expressément décidé, Monsieur, que l'arrêté du 24 prair. an 11 serait exécuté: ainsi, toute observation contraire est absolument superflue. — Au surplus, la loi ne met aucun obstacle à l'exécution de cet arrêté : lorsqu'elle dit (art. 972) que le testateur dictera son testament, elle ne dit point que ce sera en français; on ne peut forcer quelqu'un de parler une langue qu'il ne sait point. Le notaire est seulement tenu de rédiger le testament en langue française; rien n'empêche d'ailleurs qu'il n'en fasse une traduction en flamand, à mi-marge : l'arrêté même du 24 prairial l'y autorise, art. 2; mais cette traduction n'aura pas l'authenticité de la rédaction française.

Nota. Autre lettre écrite le 20 du même mois, dans le même sens, à la chambre des notaires de Bruxelles.

———

12 THERMIDOR AN 12 (31 juillet 1804). Décision du ministre des finances qui règle le mode d'inscription au *répertoire* des inventaires faits par les notaires d'une cour royale, hors du bureau d'enregistrement de leur résidence (*Inst. gén. du 3 fruct. suivant*, n° 290).

Il a été décidé « qu'il y a lieu d'admettre les notaires résidant dans les villes où il y a un tribunal d'appel à faire enregistrer les inventaires à leur rapport, aux bureaux des lieux où ils auront instrumenté, dans les dix ou quinze jours de chaque vacation, suivant que la commune où l'opération aura été faite se trouvera ou non chef-lieu de bureau, à la charge néanmoins par lesdits notaires: 1° de soumettre la dernière séance, contenant la clôture de leurs inventaires, à la formalité de l'enregistrement au bureau de leur ré-

sidence, dans les quinze jours de sa date; 2° de porter les inventaires sur leurs répertoires, avec mention des jours qu'ils auront duré, des divers enregistrements dans chaque bureau, de leur date, et de la désignation de ces bureaux.

« Cette faculté n'étant accordée que pour les inventaires, les préposés de l'administration tiendront la main à ce qu'elle ne soit pas étendue au delà, ni à des notaires autres que ceux qui résident dans les villes où siége un tribunal d'appel. »

———

7 FRUCT. AN 12 (25 août 1804). Avis du conseil d'État qui détermine le *ressort* des notaires qui résident dans les bourgs et villages faisant partie d'une justice de paix dont le chef-lieu est une ville où siége un tribunal.

Le conseil d'État qui, d'après le renvoi fait par Sa Majesté impériale, a entendu le rapport de la section de législation sur les questions suivantes:

1° Les notaires résidant dans les bourgs ou villages qui font partie d'une justice de paix dont le chef-lieu se trouve dans une ville où est établie une cour d'appel ou un tribunal de première instance doivent-ils être considérés comme notaires de la ville? Sont-ils recevables à demander une commission de notaire de première ou de seconde classe? Doivent-ils en fournir le cautionnement?

2° Si ces notaires attachés à des justices de paix dont le chef-lieu est fixé dans une ville où siége un tribunal supérieur ne sont considérés que comme notaires de troisième classe, auront-ils le droit d'exercer dans la ville concurremment avec les notaires de la cour d'appel ou du tribunal de première instance?

3° Les notaires résidant actuellement dans la ville concourront-ils avec ceux résidant dans les bourgs ou villages pour former l'établissement des notaires de la justice de paix dont le chef-lieu est dans l'intérieur de la ville?

Est d'avis, sur la première question, qu'on ne peut considérer comme notaires ayant droit d'instrumenter dans tout le ressort d'une cour d'appel ou d'un tribunal de première instance que ceux dont la résidence est fixée dans les villes où siégent ces tribunaux; qu'au contraire, ceux qui résident dans d'autres communes n'ont droit de réclamer que la commission de notaire de justice de paix, et ne sont tenus de fournir de cautionnement qu'en cette qualité;

Sur la seconde question, que la loi du 25 vent. an 11 accordant aux notaires de simple justice de paix ou de troisième classe, le droit d'exercer leurs fonctions dans toute l'étendue de la justice de paix, ceux résidant dans une commune rurale dont le chef-lieu est dans une ville où siége soit une cour d'appel, soit un tribunal de première instance, peuvent, lorsqu'ils en sont requis, se transporter dans la partie de ces villes dépendant de leur justice de paix pour y instrumenter; mais qu'ils ne peuvent ouvrir étude ni conserver le dépôt de leurs minutes ailleurs que dans le bourg ou village qui leur est assigné pour lieu de résidence;

Sur la troisième question, que l'art. 31 de la loi du 25 vent. an 11 voulant que le nombre de notaires soit fixé en raison de la population et du ressort, les notaires de la ville doivent, dans le cas posé en la seconde question, concourir avec ceux des bourgs ou villages pour former l'établissement des notaires de justice de paix, dans la proportion du nombre d'habitants que renferme la ville avec celui des communes rurales, dépendant de la même justice de paix.

6 VENDÉM. AN 13 (28 septembre 1804). Circulaire du ministre de la justice sur la question de savoir si les testateurs ont le droit de retirer la *minute* de leurs testaments, et qui décide que les testaments doivent être portés sur les *répertoires*. Règles pour la délivrance des *certificats de moralité et de capacité.*

L'exécution de la loi du 25 vent. an 11 relative au notariat a donné lieu, Messieurs, à de nouvelles difficultés. Parmi les questions qui m'ont été proposées à ce sujet, j'en distingue deux d'une importance majeure.

La première consiste à savoir si, lorsqu'un testateur est dans l'intention de révoquer ou de supprimer ses dispositions de dernière volonté, et que le testament qui les contient a été fait par acte public ou dans la forme mystique, le notaire qui l'a reçu ou qui en a dressé l'acte de suscription peut lui en rendre la minute.

Il s'agit, dans la seconde, de déterminer si les notaires doivent, avant le décès du testateur, faire mention, dans leurs répertoires, des testaments qu'ils ont reçus, et si, en y faisant cette mention, ils doivent y insérer le nom du testateur.

Les doutes qui s'élèvent sur le droit des testateurs de retirer la minute de l'acte qui contient leurs dernières dispositions, quand ils sont dans l'intention de les révoquer ou de les supprimer, viennent principalement de la disposition de l'art. 20 de la loi du 25 vent. an 11, portant que *les notaires seront tenus de garder minute de tous les actes qu'ils recevront.*

La loi ajoute bien quelques exceptions à la règle générale qu'elle établit; mais je ne trouve pas que les testaments y soient positivement compris; et quoique l'on fût peut-être autorisé à l'induire de quelques *expressions* de la loi, rapprochées des anciens usages, cependant cette difficulté m'a paru si grave, que j'ai cru devoir en faire le sujet d'un rapport au gouvernement.

Quant à la seconde question, qui concerne la manière dont les notaires doivent insérer dans leurs répertoires les testaments des personnes vivantes, la loi du 25 vent. ne laisse aucun doute à cet égard; elle veut, art. 29, que les notaires tiennent répertoire de *tous les actes* qu'ils recevront.

Tous les actes; aucun n'est excepté, donc les testaments des personnes vivantes y sont compris comme les autres; donc aussi leur insertion dans le répertoire doit contenir non seulement *la date*, mais encore *le nom des parties*, ainsi que la loi le prescrit pour les actes dont elle parle. Cette disposition est d'ailleurs conforme aux anciens réglements.

Un arrêt du Conseil d'État du 23 juin 1772, rendu en exécution de plusieurs lois antécédentes qu'il rappelle, enjoint aux notaires de la ville de Laon « de porter sur leurs répertoires tous les actes, sans aucune exception, qui seront passés devant eux, même les testaments qu'ils ont reçus ou qui leur ont été déposés jusqu'à présent, ensemble ceux qu'ils recevront, ou qui leur seront déposés à l'avenir, de la date desquels ils feront mention, ainsi que les noms, qualités et demeures des testateurs; sauf ensuite, si les particuliers qui les auront faits les retirent eux-mêmes, à s'en faire fournir des décharges ou reconnaissances à la date courante de leurs répertoires.»

Ainsi, la loi du 25 vent. n'a fait que consacrer par une disposition générale ce que les réglements antérieurs avaient déjà ordonné avec plus de détail; et il était bien naturel que les lois anciennes et nouvelles s'accordassent sur ce point, vu l'utilité démontrée de ces répertoires, destinés à prévenir les antidates, ainsi que les soustractions et suppressions des actes. Ces répertoires doivent encore, comme par le passé, être déposés annuellement au greffe des tribunaux de chaque arrondissement.

Il me reste à vous donner quelques instructions sur des objets d'une moindre importance.

Je m'aperçois qu'un grand nombre de chambres de discipline doutent si elles ont le droit d'examiner les candidats qui se présentent pour le notariat, et qui sont munis de certificats constatant le temps d'étude exigé par la loi.

Ces certificats doivent être sans doute d'un grand poids, surtout quand ils sont donnés par des hommes dont les lumières et l'impartialité sont généralement reconnues.

Mais, lorsque la chambre a lieu de croire qu'ils sont l'ouvrage de la complaisance ou le produit de l'importunité, rien ne l'empêche de recourir à un examen, pour s'assurer, d'une manière plus sûre, de la capacité du candidat. Mais en cela, comme en tout, elle doit être dirigée par un esprit d'équité, sans chercher à embarrasser le candidat par des questions trop difficiles et surtout par des questions étrangères au notariat.

Lorsqu'il y a plusieurs candidats pour une même place, la chambre doit indiquer celui qu'elle juge le plus digne de l'obtenir, soit sous le rapport de la capacité, soit sous celui de la moralité.

Toutes les fois que le *maximum* n'est point rempli dans une résidence, la chambre ne peut pas se refuser, ainsi qu'on le fait quelquefois, à délibérer sur les demandes qui lui sont adressées, sous le prétexte qu'il n'est pas nécessaire d'augmenter le nombre des notaires. La chambre peut bien consigner dans son avis les motifs qu'elle a de s'opposer à cette augmentation; mais elle doit toujours en donner un sur la capacité et la moralité de l'aspirant: sans cela elle empiéterait sur l'autorité du gouvernement, à qui seul il appartient de régler le nombre des notaires de chaque résidence.

Enfin, il arrive quelquefois qu'un candidat n'a pas rempli le stage requis par la loi, et qu'il se croit néanmoins dans le cas d'obtenir la dispense que Sa Majesté l'empereur a le droit d'accorder. J'ai vu que presque toujours la chambre refuse de donner son avis en pareil cas, et qu'elle renvoie le candidat à se pourvoir pour obtenir préalablement la dispense qui lui est nécessaire.

Ce procédé n'est pas régulier.

La chambre de discipline doit toujours délibérer sur la capacité et la moralité de l'aspirant, et, quand elle n'est arrêtée que par le défaut de stage, elle doit donner son avis sur les motifs que l'aspirant allègue pour obtenir la dispense du temps qui lui manque.

Le gouvernement se trouve par là plus à portée d'apprécier ces motifs auxquels il a égard, ou qu'il rejette alors en connaissance de cause.

Voilà, Messieurs, les instructions que j'ai cru devoir ajouter à celles que renferme déjà ma circulaire du 22 vent. dernier; elles en seront le complément. Vous ne manquerez pas d'en faire part aux chambres de discipline de vos arrondissements respectifs, et de veiller à ce qu'elles aient soin de s'y conformer.

Nota. V. ci-après à la date du 28 vent. an 13.

___

25 NIVOSE AN 13 (15 janvier 1805). Loi sur le mode de remboursement des *cautionnements* des notaires et autres officiers publics.

Art. 1er. Les cautionnements fournis par les agents de change, les courtiers de commerce, les avoués, greffiers, huissiers et les commissaires-priseurs, sont, comme ceux des notaires (art. 33 de la loi du 25 vent. an 11), affectés, par premier privilége, à la garantie des condamnations qui pourraient être prononcées contre eux par suite de l'exercice de leurs fonctions; par second privilége, au remboursement des fonds qui leur auraient été prêtés pour tout ou partie de leur cautionnement, et, subsidiairement, au paiement, dans l'ordre ordinaire, des créances particulières qui seraient exigibles sur eux.

2. Les réclamants, aux termes de l'article précédent, seront admis à faire sur ces cautionnements des oppositions motivées, soit directement à la caisse d'amortissement, soit aux greffes de tribunaux dans le ressort desquels les titulaires exercent leurs fonctions; savoir, pour les notaires, commissaires-priseurs, avoués, greffiers et huissiers, au greffe des tribunaux civils; et, pour les agents de change... courtiers, au greffe des tribunaux de commerce.

3. L'original des oppositions faites sur les cautionnements, soit à la caisse d'amortissement, soit au greffe des tribunaux, y restera déposé pendant vingt-quatre heures, pour y être visé.

4. La déclaration au profit des prêteurs des fonds de cautionnement, faite à la caisse d'amortissement à l'époque de la prestation, tiendra lieu d'opposition pour leur assurer l'effet du privilége du second ordre, aux termes de l'article 1er.

5. Les notaires, avoués, greffiers et huissiers près les tribunaux, ainsi que les commissaires-priseurs, seront tenus, avant de pouvoir réclamer leur cautionnement à la caisse d'amortissement, de déclarer au greffe du tribunal, dans le ressort duquel ils exercent, qu'ils cessent leurs fonctions; cette déclaration sera affichée dans le lieu des séances du tribunal pendant trois mois; après ce délai et après la levée des oppositions directement faites à la caisse d'amortissement, s'il en était survenu, leur cautionnement leur sera remboursé par cette caisse, sur la présentation et le dépôt d'un certificat du greffier, visé par le président du tribunal, qui constatera que la déclaration prescrite a été affichée dans le délai fixé; que, pendant cet intervalle, il n'a été prononcé contre eux aucune condamnation pour fait relatif à leurs fonctions, et qu'il n'existe au greffe du tribunal aucune opposition à la délivrance du certificat, ou que les oppositions survenues ont été levées.

6. Les agents de change et courtiers de commerce seront tenus de remplir les formalités ci-dessus devant les tribunaux de commerce; ils feront, en outre, afficher, pendant le même délai, la déclaration de la cessation de leurs fonctions, à la bourse près de laquelle ils exercent, et ils produiront à la caisse d'amortissement le certificat du syndic de cette bourse, relatif à l'affiche de leur démission, joint au certificat du greffier, visé par le président du tribunal, motivé ainsi qu'il est prescrit par l'article précédent.

7. Seront assujettis aux mêmes formalités, pour la notification de la vacance, ceux qui seront destitués, et les héritiers de ceux qui seront décédés dans l'exercice de leurs fonctions.

___

6 PLUVIOSE AN 13 (26 janvier 1805). Loi qui détermine les types et légende du *sceau* de toutes les autorités.

Art. 2. Le sceau de toutes les autorités portera pour type l'aigle impérial, tel qu'il formera un des côtés du grand sceau de l'État; et, pour légende, le titre de l'autorité publique par laquelle il sera employé.

___

2 VENTOSE AN 13 (21 février 1805). Loi qui augmente le *cautionnement* d'une moitié en sus pour les notaires de Paris, et d'un tiers en sus pour les notaires des autres villes de France, et détermine le mode de paiement de ce supplément.

20. Le cautionnement des notaires, tel qu'il a été fixé en exécution de la loi du 25 vent. an 11, est porté au double pour les notaires de la ville de Paris, et au tiers en sus de la fixation actuelle pour ceux des autres villes des départements.

24. Ces divers cautionnements et suppléments de cautionnement seront fournis, savoir, le premier quart dans les trois mois qui suivront la publication de la présente loi, et les trois autres quarts dans les mois de vendémiaire, germinal et thermidor an 14.

25. L'intérêt de ces cautionnements continuera d'être payé sur le même pied que par le passé.

___

10 VENT. AN 13 (1er mars 1805). Avis du conseil d'État qui déclare les fonctions de notaire *incompatibles* avec celles de membre de conseil de préfecture.

___

19 VENT. AN 13 (10 mars 1805). Décret impérial qui accorde une surséance pour l'emploi de la *langue française* dans la rédaction des actes publics en Corse.

Art. 1er. Il est sursis dans l'île de Corse, jusqu'à ce qu'il en soit autrement ordonné, à l'exécution de l'arrêté du 24 prair. an 11, qui ordonne qu'à compter du jour de sa publication, tous les actes publics seront écrits en langue française dans les pays réunis à la France.

2. Cette surséance n'aura néanmoins lieu qu'à l'égard des notaires, juges de paix, greffiers et officiers de l'île de Corse, qui sont actuellement en exercice, et sous la condition qu'aucun candidat ne pourra être admis, à l'avenir, à l'exercice des fonctions de ces offices, sans avoir préalablement justifié de sa connaissance de la langue française, et de sa facilité à rédiger dans cette langue.

3. Le ministre des finances est chargé de l'exécution du présent décret.

———

28 VENT. AN 13 (19 mars 1805). Circulaire du ministre de la justice relative, 1° au timbre des expéditions des délibérations des *chambres des notaires*; 2° à l'obligation où elles sont de délibérer sur toutes *demandes de notariat* qui leur sont soumises; 3° à la forme des *démissions* de notaire.

Je m'aperçois, messieurs, que la plupart des expéditions des délibérations des chambres de discipline des notaires qui me sont adressées, ne sont point sur papier timbré. Ces chambres croiraient-elles que la loi du 13 brum. an 7, sur le timbre, ne leur est point applicable?

Ce serait une erreur que je ne dois pas laisser se prolonger davantage. Les registres des délibérations des chambres de notaires, ainsi que les expéditions qu'on en donne, doivent être sur papier timbré, conformément à l'arrêté du 2 niv. an 12, et à la loi même du 13 brum. an 7.

En effet, l'art. 15 de l'arrêté du 2 niv. ne dispense les délibérations que du droit d'enregistrement: d'où l'on doit conclure qu'elles restent assujetties à celui du timbre; et s'il pouvait y avoir quelques doutes à cet égard, ils seraient facilement levés par ces termes de loi du 13 brum., art. 12 : « Sont assujettis au droit de timbre établi en raison de la dimension, tous les papiers à employer pour les actes et écritures, soit publics, soit privés, savoir....., et généralement tous actes et écritures, extraits, copies et expéditions, soit publics, soit privés, devant ou pouvant faire titre, ou être produits pour obligation, décharge, justification, demande ou défense; 2°..... et généralement tous livres, registres, qui sont de nature à être produits en justice et dans le cas d'y faire foi, ainsi que les extraits, copies et expéditions qui sont délivrés desdits livres et registres. »

Je vous charge d'enjoindre à la chambre des notaires de votre arrondissement de se conformer à ces dispositions.

Je remarque aussi qu'un grand nombre de chambres de discipline refusent, sous divers prétextes, de délibérer sur les demandes du notariat qui leur sont soumises. Je vous avais déjà donné des instructions à ce sujet, dans ma circulaire du 6 vendém. dernier. Je vous ferai observer que, lorsque le *maximum* de la loi n'était pas rempli les chambres ne pouvaient se dispenser de délibé-

rer sur les demandes qui leur étaient proposées; qu'elles avaient bien la liberté de faire les observations qu'elles jugeaient convenables, mais qu'elles ne pouvaient, par un refus absolu de délibérer, s'arroger indirectement le droit d'admettre ou de rejeter les demandes de notariat, droit qui ne peut appartenir qu'au gouvernement. Il faut mettre un terme à une résistance qui est quelquefois aussi injuste qu'illégale, et qui est presque toujours inspirée par des intérêts personnels.

Suivant l'art. 3 de la loi du 25 vent. an 11, les notaires sont tenus de prêter leur ministère quand ils en sont requis: et cet article s'applique à ceux qui composent les chambres de discipline comme à tous les autres. En refusant de délibérer lorsqu'ils en sont requis, ils sont dans le cas d'être punis d'une interdiction ou d'une suspension plus ou moins longue, suivant la gravité des circonstances. C'est à vous à le requérir auprès du tribunal, conformément à l'art. 53 de la même loi. Je vous en charge expressément.

Vous préviendrez encore les chambres de discipline qu'elles doivent toujours joindre à leurs délibérations les pièces justificatives des faits sur lesquels elles sont appuyées, et que ces délibérations ne doivent jamais comprendre plusieurs aspirants à la fois, excepté dans les cas où il y a lieu d'indiquer celui qui mérite d'être préféré.

Lorsqu'un notaire donne sa démission, elle doit être pure et simple, et sans condition; le gouvernement n'en admet pas d'autre.

———

PRAIRIAL AN 13 (mai-juin 1805). Circulaire du ministre de la justice qui confirme l'usage des *panonceaux*.

———

8 FRAIRIAL AN 13 (28 mai 1805). Arrêté du gouvernement qui déclare les fonctions de notaire *incompatibles* avec celles de contrôleur des contributions.

———

3 NESSIDOR AN 13 (22 juin 1805). Lettre du ministre de la justice portant que les notaires doivent prendre la qualité de *notaires impériaux*, et recevoir leurs actes en cette qualité.

———

10 MESS. AN 13 (29 juin 1805). Décision du ministre de la justice sur les *incompatibilités* de parenté entre les membres de la *chambre de discipline*.

Lorsqu'un notaire se trouve parent au degré prohibé par l'art. 8 de la loi du 25 ventose d'une partie qui forme une réclamation à la chambre de discipline, il doit s'abstenir de toute délibération, ainsi que l'ordonne l'article dont il s'agit: car, ne pouvant rédiger des actes dans lesquels ce parent est partie, il ne peut par la même raison prendre part à la délibération où ce parent est intéressé.

———

22 FRUCTIDOR AN 13 (9 septembre 1805). Sénatus-consulte portant qu'à compter du 11 nivose prochain, 1er janv. 1806, le calendrier grégorien sera mis en usage dans tout l'empire français.

———

4e COMPLÉM. AN 13 (21 sept. 1805). Avis du conseil d'État qui décide que les *grosses* délivrées avant le sénatus-consulte du 28 floréal an 12 peuvent être exécutées avec la formule exécutoire dont elles ont été revêtues au moment de leur confection, sans qu'il soit besoin d'y ajouter une nouvelle formule.

---

10 BRUMAIRE AN 14 (1er novembre 1806). Décret qui règle le mode de constater les *vacations* dans les *inventaires*, ventes publiques et autres actes dont la confection peut exiger plusieurs séances.

Art. 1er. Tous officiers ayant droit d'apposer des scellés, de les reconnaître et de les lever, de rédiger des inventaires, de faire des ventes ou autres actes dont la confection peut exiger quelques séances, sont tenus d'indiquer, à chaque séance, l'heure du commencement et celle de la fin.

2. Toutes les fois qu'il y a interruption dans l'opération, avec renvoi à un autre jour ou à une autre heure de la même journée, il en sera fait mention dans l'acte, que les parties et les officiers signeront sur-le-champ, pour constater cette interruption.

3. Le procès-verbal est sujet à l'enregistrement dans le délai fixé par la loi.

4. Le droit d'enregistrement, fixé à 2 francs par vacation, est exigible par vacation, dont aucune ne peut excéder quatre heures.

5. Notre grand-juge ministre de la justice et notre ministre des finances sont chargés de l'exécution du présent décret.

---

5 FÉVRIER 1806. Lettre du ministre de la justice portant qu'il y a *incompatibilité* entre les fonctions de notaire et celles de directeur de la poste aux lettres.

---

24 MARS 1806. Loi qui règle le mode des *transferts* et ventes d'*inscriptions* appartenant à des mineurs où interdits.

---

4 AVRIL 1806. Décret portant que la nomination des membres des chambres de discipline des notaires, fixée, par le décret du 2 niv. an 12, au 15 brum. de chaque année, aura lieu le 1er mai, à dater de l'an 1807. Ils entreront en fonctions le 15 du même mois.

---

14 AVRIL 1806. Dispositions du Code de procédure, concernant les attributions des notaires, *les expéditions, grosse, compulsoire, honoraires, exécution des actes*, etc. Voy. les art. 201, 202, 203, 204, 205, 221, 223, 224, 241, 242, 243, 245, 545, 547, 747, 839, 841, 842, 843, 844, 845, 846, 847, 848, 849, 850, 851, 852, 928, 929, 935, 944, 953, 954, 955, 969, 970, 975, 976, 981, 982, 984, 985, 987, 988, 1001 et 1037.

---

21 MAI 1806. Circulaire du ministre de la justice qui défend aux notaires de passer des actes pour des maires de communes et consentis par eux en cette qualité, *sans l'autorisation du gouvernement.*

Le ministre de l'intérieur me mande, messieurs, que plusieurs maires dont les communes avaient besoin de maisons pour loger leurs curés ou desservants, ou pour établir des écoles, en ont acheté sans autorisation préalable, les uns par acte devant notaires, d'autres aux enchères publiques, et que ces acquisitions, postérieurement approuvées par les préfets, ont été déclarées nulles par le conseil d'Etat; ce qui a compromis à la fois l'intérêt des communes et celui des vendeurs.

Je vous charge de prévenir les notaires de votre arrondissement qu'ils ne doivent jamais faire de pareils actes pour les maires, sans l'autorisation préalable du gouvernement. Vous aurez également soin de vérifier si cette formalité est remplie lors des adjudications qui pourront être faites par le tribunal près lequel vous exercez vos fonctions.

---

21 AOUT 1806. Décret portant que les *certificats de vie* nécessaires pour le paiement des rentes et pensions viagères sur l'État seront délivrés par des notaires nommés par l'empereur notaires certificateurs.

Art. 1er. Les certificats de vie nécessaires pour le paiement des rentes viagères et pensions sur l'Etat, qui seront réclamés à l'ouverture du second semestre de l'année 1806, seront exclusivement délivrés par les notaires qui seront nommés par nous à cet effet, sur la présentation de notre ministre des finances.

2. Quarante des notaires de Paris y exerceront les fonctions de certificateurs. Les rentiers viagers domiciliés à Paris seront distribués entre ces notaires, par série de numéros, et en nombre à peu près égal.

3. Ceux des pensionnaires qui sont domiciliés à Paris pourront s'adresser indistinctement à ceux des quarante notaires certificateurs qu'ils voudront choisir.

4. Il y aura dans chaque sous-préfecture un ou plusieurs notaires certificateurs également nommés par nous, auxquels devront s'adresser les rentiers et pensionnaires domiciliés dans l'arrondissement.

5. Les notaires certificateurs devront tenir registre des têtes viagères et des pensionnaires auxquels ils auront délivré des certificats de vie. Ce registre énoncera, outre les noms, prénoms et la date de naissance des rentiers et pensionnaires, le montant de la rente ou de la pension, et le domicile.

6. Les notaires certificateurs, tant de Paris que des départements, donneront connaissance au ministre des finances des décès qui surviendront parmi les rentiers et pensionnaires inscrits sur leur registre.

7. Ils adresseront en outre au même ministre, le 1er mars de chaque année, la liste des rentiers et pensionnaires qui, dans le cours de l'année qui aura précédé, n'auraient pas réclamé un certificat de vie.

8. Le ministre des finances communiquera au ministre du trésor public les extinctions qui lui seront notifiées, tant sur la dette viagère que sur les pensions.

9. Les notaires certificateurs seront garants et responsables envers le trésor public de la vérité des certificats de vie par eux délivrés, soit qu'ils

laient ou non exigé des parties requérantes l'intervention de témoins pour attester l'individualité, sauf, dans tous les cas, leur recours contre qui de droit.

10. Les certificats de vie délivrés aux rentiers et pensionnaires seront conformes aux modèles annexés au présent décret : ils ne seront plus sujets à enregistrement, et seront expédiés sur papier du timbre de vingt-cinq centimes. La rétribution des notaires certificateurs sera, outre la valeur du papier, de cinquante centimes pour les rentes et pensions de cent francs et au-dessous;

De soixante-quinze centimes pour celles de cent un francs à trois cents francs.

D'un franc pour celles de trois cent un francs à six cents francs;

Et de deux francs pour celles au-dessus.

11. Les certificats de vie de rentiers et pensionnaires résidant hors de l'empire seront délivrés par les chancelleries de nos légations et consulats, qui se conformeront aux dispositions du présent décret pour la formation et l'envoi des listes, et la notification des décès des rentiers et pensionnaires.

12. Dans le cas où le domicile desdits rentiers et pensionnaires en pays étranger serait éloigné de plus de six lieues de la résidence de nos envoyés ou consuls, les certificats de vie pourront, comme par le passé, être délivrés par les magistrats du lieu; mais ils ne seront admis au trésor public que revêtus de la légalisation de nosdits envoyés ou consuls faisant mention de cet éloignement.

13. Nos ministres des relations extérieures, des finances, de l'intérieur et du trésor public, sont chargés de l'exécution du présent décret.

Modèle de certificat de vie à délivrer par les notaires.

Je soussigné, notaire à   , l'un des certificateurs nommés par Sa Majesté l'empereur et roi, certifie que (*mettre les nom, prénoms, profession et domicile*), né le
suivant son acte de naissance, qu'il m'a représenté, jouissant d'une pension sur l'État de
ou sur la tête duquel existe une rente viagère de
est vivant, pour s'être présenté
cejourd'hui devant moi ; en foi de quoi j'ai délivré le présent, qu'il a signé avec moi.
Fait à   le
Nota. Faire légaliser par le préfet et le sous-préfet la signature des notaires certificateurs des départements.

Modèle de certificat de vie à délivrer par les ambassadeurs.

Nous (*ambassadeur, envoyé, consul, ou autre chargé des affaires de Sa Majesté l'empereur et roi*) certifions et attestons que (*mettre les noms, prénoms, profession et domicile*), né le
suivant son acte de naissance, qu'il nous a représenté, jouissant d'une pension de   ou
sur la tête duquel existe une rente viagère de
est vivant, pour s'être présenté au-

jourd'hui devant nous; en foi de quoi nous lui avons délivré le présent, qu'il a signé avec nous.
Fait à   le

9 SEPTEMBRE 1806. *Décision du ministre des finances relative :* 1o *au dépôt annuel aux greffes d'un double des répertoires,* 2o *au visa trimestriel par le receveur,* 3o *à la forme du visa et au mode de constater les contraventions en cette matière.*

1o Les dispositions de l'article 16 du titre III de la loi du 6 octobre 1791, concernant le dépôt annuel au greffe d'un double des répertoires des notaires, ainsi que le vœu des articles 49, 50, 51 et 52 de la loi du 22 frimaire, n'étant pas contraires à celles du 25 ventose an 11, sur l'organisation du notariat, continueront d'avoir leur effet; le dépôt s'effectuera annuellement à l'avenir, à compter de l'expiration de la présente année, *avant le premier mars.* La présentation au *visa* du receveur de l'enregistrement aura lieu dans les dix premiers jours de janvier, avril, juillet et octobre....

5o La présentation au *visa* du receveur, et la vérification qu'il fera des répertoires, seront désormais constatées *par un enregistrement dans une case particulière à la date du jour de la présentation, comme il est prescrit pour les actes,* savoir : sur le registre des actes civils, pour les répertoires des fonctionnaires administratifs et des notaires; sur le registre des actes judiciaires, pour ceux des greffiers, et sur le registre des exploits, pour ceux des huissiers.

Cet enregistrement indiquera le nombre des actes passés, reçus ou faits depuis le dernier *visa,* les omissions, doubles emplois, renvois, intercalations et ratures, ainsi que la date des procès-verbaux, s'il en a été rapporté. Les mêmes mentions seront faites dans le certificat du *visa* apposé au bas du dernier article inscrit au répertoire, avec indication du folio et du numéro de la case de l'enregistrement.

6o Le 1er décembre prochain, chaque receveur constatera, par un seul procès-verbal, qu'il affirmera dans les vingt-quatre heures devant le juge de paix, quels sont les fonctionnaires et officiers publics qui n'auront pas présenté leurs répertoires au *visa.*

Le receveur de l'enregistrement des actes civils près chaque tribunal de première instance constatera en outre, le même jour, par un autre procès-verbal également affirmé, quels sont les notaires qui, à cette époque, seront en retard de déposer un double de leurs répertoires des années antérieures à 1806 : ce dernier procès-verbal sera, sans différer, adressé au procureur impérial près du tribunal.

7o Dans la huitaine suivante, chaque receveur invitera les fonctionnaires et officiers publics désignés dans le premier procès-verbal à acquitter, dans huit jours, les amendes qu'ils auront encourues, et à présenter leurs répertoires au *visa :* s'ils ne satisfont pas à cette invitation, il décernera des contraintes, les fera signifier avec commandement, et y donnera suite jusqu'au paiement.

Il en usera de même en ce qui concerne les

amendes pour irrégularités constatées lors du *visa*.

8° A compter de l'année 1807, au 11 de chacun des mois de *janvier, avril, juillet* et *octobre*, chaque receveur, pour son arrondissement, constatera les contraventions alors commises pour défaut de présentation des répertoires au *visa*, et poursuivra la rentrée des amendes encourues, comme il est indiqué à l'art. 7 ci-dessus.

9° Le 1ᵉʳ *mars de chaque année*, aussi à compter de 1807, les receveurs près des tribunaux de première instance constateront par un procès-verbal, comme il est dit à l'art. 6, quels sont les notaires de l'arrondissement communal qui n'ont pas déposé le double de leurs répertoires, et ils remettront ce procès-verbal au procureur impérial.

---

18 SEPTEMBRE 1806. Décret sur le mode de remboursement de *cautionnements* des titulaires décédés ou interdits.

Art. 1ᵉʳ. La caisse d'amortissement est autorisée à rembourser les cautionnements des titulaires décédés ou interdits, aux héritiers et ayants-droit, sur simple rapport :

1° Du certificat d'inscription ou des titres constatant le paiement du cautionnement; 2° des certificats de *quitus*, d'affiche et de non-opposition, prescrits par les lois des 25 niv. et 6 vent. an 13; 3° et d'un certificat ou d'un acte de notoriété, contenant les noms, prénoms et domicile des héritiers et ayants-droit, la qualité en laquelle ils procèdent et possèdent, l'indication de leurs portions dans le cautionnement à rembourser, et l'époque de leur jouissance.

Ce certificat devra être délivré par le notaire détenteur de la minute, lorsqu'il y aura eu inventaire ou partage par acte public, ou transmission gratuite à titre entre-vifs ou par testament;

Il le sera par le juge de paix du domicile du décédé, sur l'attestation de deux témoins, lorsqu'il n'existera aucun desdits actes en forme authentique.

Si la propriété est constatée par jugement, le greffier dépositaire de la minute délivrera le certificat.

2. Ces certificats seront assujettis au simple droit d'enregistrement d'un franc; ils devront être légalisés par le président du tribunal de première instance, et conformes aux modèles annexés au présent décret.

3. Le ministre des finances est chargé de l'exécution du présent décret.

Modèle du certificat à délivrer par un greffier.

« Je soussigné (*nom et prénoms*), greffier du tribunal de   , département de   , certifie, conformément au décret impérial du 18 septembre 1806, que, par jugement dudit tribunal, en date du   , tel *ou* tels (*noms, prénoms et qualité*), et que ledit   ou lesdits   a *ou* ont seuls droit de recevoir le remboursement dudit cautionnement, en capital ou intérêts.

Fait à

Nota. Ce certificat énoncera la portion afférente à chacun des ayants-droit; la qualité dans laquelle cette portion lui est dévolue, si c'est comme héritier, donataire, légataire ou créancier. Il contiendra les noms des tuteurs et des mineurs, s'il en existe; et enfin, il devra être légalisé par le président.

Modèle du certificat à délivrer par un juge de paix.

« Je soussigné (*nom, prénoms*), juge de paix du canton de   , arrondissement de   , département de   , certifie, conformément au décret impérial du 18 sept. 1806, et sur l'attestation de (*noms, prénoms, qualités et résidences des deux témoins*), que le sieur (*nom, prénoms et qualité du titulaire*), est décédé à   , le   , *ab intestat*; qu'après son décès il n'a pas été fait d'inventaire, et que dame   sa veuve, demeurant à   , *ou* que tel ou tels (*mettre les noms, prénoms, qualités et résidences*), son seul héritier *ou* ses seuls héritiers, est propriétaire *ou* sont propriétaires du capital et des intérêts du cautionnement que ledit sieur a fourni en sadite qualité, et qu'il a *ou* qu'ils ont droit d'en recevoir le remboursement.

(Ce certificat énoncera la portion afférente à chacun des ayants-droit, et, s'il y a des mineurs, les noms des tuteurs qui ont droit de toucher pour eux.)

Fait à

Nota. Ces sortes de certificats de propriété ne doivent et ne peuvent être délivrés par un juge de paix, qu'autant qu'il n'existe aucun acte de transmission de propriété passé devant notaires. S'il en existe, ils doivent être délivrés par les notaires détenteurs des minutes desdits actes.

Ce certificat doit être légalisé.

Modèle de certificat de propriété à délivrer par un notaire.

« Je, soussigné (*noms, prénoms*), notaire à (*résidence, arrondissement et département*), certifie, conformément aux dispositions du décret impérial du 18 sept. 1806, que N. ou NN. (*mettre les noms, prénoms, qualités, résidences, arrondissements et départements de tous les ayants-droit*), a *ou* ont seuls le droit de recevoir le capital et les intérêts du cautionnement de (*noms, prénoms, qualités, résidence, arrondissement et département*). (Le surplus comme ci-dessus).

Nota. Il faudra aussi indiquer, lorsqu'il y aura plusieurs ayants-droit, la portion revenant à chacun; à quel titre il en est propriétaire, soit comme héritier, comme donataire ou légataire, comme cessionnaire, soit enfin en vertu d'abandon fait par le partage de la succession du titulaire décédé. Il sera également nécessaire de relater les différents actes de transmission de propriété, tels qu'inventaire, partage, transport, donation et testament, soit olographe, soit devant notaires. S'il s'agit d'un testament olographe, on énoncera que le légataire s'est fait envoyer en possession de son legs, et on relatera l'ordonnance rendue par le président du tribunal, à l'effet dudit envoi en possession.

Si le titulaire décédé a laissé une veuve commune ou non commune, le certificat en fera mention, ainsi que de son droit de propriété si elle est commune.

Si le titulaire est décédé célibataire, il en sera fait mention.

Si, dans le nombre des ayants-droit, il y a des tuteurs, soit naturels, soit judiciaires, il faudra les dénommer et énoncer leurs résidences, arrondissements et départements, ensemble les noms et titres des mineurs qu'ils représentent. Il en sera de même des interdits.

Le notaire terminera son certificat de la manière suivante :

« Le tout ainsi qu'il résulte des actes sus-énoncés , *soit* inventaire, *soit* partage, transport, donation *ou* testament.

« Le tout en ma possession.

« Fait à

Ce certificat devra être légalisé par le président du tribunal.

---

23 septembre 1806. Décret qui règle le mode de délivrance des *certificats de vie* des rentiers et pensionnaires de l'État qui ne peuvent se transporter au domicile du notaire certificateur.

Art. 1er. Les rentiers viagers et pensionnaires de l'État qui, par cause de maladie ou d'infirmités, ne pourront se transporter au domicile du notaire certificateur de leur arrondissement, lui adresseront une attestation du maire de leur commune, visée du sous-préfet ou du juge de paix, constatant leur existence, leur maladie ou infirmité.

2. Les notaires certificateurs sont autorisés à délivrer, sur le vu de cette attestation, le certificat exigé par l'art. 1er de notre décret du 21 août 1806 pour le paiement des rentes viagères et pensions, dans lequel ils feront mention détaillée de ladite attestation, qui restera déposée entre leurs mains, et ne pourra servir pour un autre semestre.

3. Les dispositions des deux articles précédents sont applicables aux rentiers viagers et pensionnaires de l'État domiciliés dans les îles françaises d'Europe où il n'existera pas de notaires certificateurs.

---

16 février 1807. Décret sur le *tarif* des frais et dépens pour le ressort de la cour royale de Paris. — Voy. art. 168, 169, 170, 171, 172, 173, 174, 175 du ch. vii, *des Notaires.* — Voy. aussi les art. 38, 39, 41, 42, 65, 105, 113, 151 et 166 et Dict. gén., v° *Honoraires.*

16 février 1807. Décret qui rend commun aux cours royales de Lyon, Bordeaux et Rouen, le *tarif* des frais et dépens pour Paris, et en réduit les sommes d'un *dixième* pour les autres cours.

28 mars 1807. Lettre du ministre de la justice à M. Goux, notaire, portant que, lorsqu'une procuration se trouve déjà *annexée* à un acte, il n'est plus nécessaire de l'annexer aux actes subséquents passés dans la même étude (1).

La loi du 25 vent. an 11 n'a pas introduit une règle nouvelle touchant la nécessité d'annexer les procurations à la minute de l'acte. Cette obligation existait auparavant ; elle dérive de la nature

---

(1) Conf. autre décision du 4 juill. 1818.

---

des choses. Elle est nécessaire pour que le constituant qui est partie dans l'acte soit valablement obligé ; mais dès que le notaire a annexé la procuration à un premier acte passé en son étude, la jonction des copies qui en seraient faites aux minutes des actes subséquents deviendrait sans objet. Il faut observer toutefois que le notaire, en délivrant les expéditions, doit y joindre l'expédition de sa procuration, pour qu'ils soient exécutoires.

---

12 août 1807. Décret qui attribue aux notaires la passation des *baux* à ferme des hospices, et porte qu'il sera dressé un tarif de leurs droits, lequel ne paraît pas avoir été fait.

---

12 août 1807. Avis du conseil d'État sur la libération des mandats délivrés par la caisse d'amortissement. et sur les effets des oppositions aux *cautionnements* des fonctionnaires publics.

Le conseil d'État, qui a entendu la section des finances sur un renvoi qui lui a été fait par Sa Majesté d'un rapport du ministre des finances dans lequel le ministre propose les questions suivantes :

1° La caisse d'amortissement doit-elle être considérée comme régulièrement libérée des intérêts de cautionnements payés aux titulaires d'après ses ordonnances ou mandats, lors même qu'il surviendrait à sa connaissance des oppositions dans l'intervalle du jour de l'ordonnance à celui où le paiement aura été effectué ?

2° Toutes les oppositions formées à la caisse d'amortissement seront-elles censées affecter le capital et les intérêts échus et à échoir, à moins que mention expresse ne soit faite pour les restreindre au capital seulement ?

3° Les oppositions faites aux greffes des tribunaux ne pourront-elles valoir que pour les capitaux, tant qu'elles n'auront pas été notifiées à la caisse d'amortissement ?

Vu les lois des 25 niv. et 6 vent. an 13, qui ont réglé les droits et privilèges des créanciers des fonctionnaires publics et comptables sur les cautionnements en numéraire auxquels ils sont assujettis, et qui les autorisent à former sur ces cautionnements des oppositions motivées, soit directement à la caisse d'amortissement, soit aux greffes des tribunaux dans le ressort desquels les titulaires exercent leurs fonctions ;

Est d'avis, sur la première question, que la caisse d'amortissement est libérée du moment qu'elle a délivré ses mandats ;

Sur la seconde question, que les oppositions formées à la caisse d'amortissement affectent le capital et les intérêts échus et à échoir, à moins que mention expresse ne soit faite pour les restreindre au capital seulement ;

Sur la troisième question, que les oppositions faites aux greffes des tribunaux ne peuvent valoir que pour les capitaux, tant qu'elles n'ont pas été notifiées à la caisse d'amortissement.

---

10 sept. 1807. Dispositions du Code de commerce relatives aux *notaires.* Voy. les art. 40, 44, 67, 68, 69, 70, 79, 173, 176 et 311.

15 sept. 1807. Loi qui réduit à 4 et à 5 pour cent, à compter du 1er janvier 1808, les intérêts des *cautionnements*, qui avaient été précédemment fixés à 5 et à 6 pour 100 (art. 21).

19 oct. 1807. Décision du ministre des finances qui porte que le notaire n'est pas tenu d'inscrire sur le *répertoire* l'état estimatif joint aux donations entre-vifs (*Inst. gén.*, n° 351).

20 oct. 1807. Décision du ministre des finances portant que les notaires qui n'énoncent pas leurs *noms* en tête des actes, mais se bornent à mettre : *Par-devant le notaire soussigné*, commettent nécessairement une contravention passible d'amende.

16 nov. 1807. Ordonnance de M. le premier président de la cour d'appel de Paris qui homologue le réglement pour la *bourse commune* fait par les notaires de Paris. (*Stat. des not. de Paris*).

An 1808. Décision du ministre de la justice, portant qu'il y a *incompatibilité* entre les fonctions de notaire et celles de secrétaire d'un conseil de prud'hommes.

Le conseil des prud'hommes étant une juridiction dont les attributions sont déterminées par une loi organique, le secrétaire attaché à ce conseil exerce les fonctions de greffier, et, d'après l'incompatibilité établie entre ces fonctions et celles de notaire, on ne peut pas les cumuler.

9 janvier 1808. Décision des ministres des finances et de la justice qui fixe à 75 cent. pour Paris, et 50 cent. pour les départements, outre les droits de timbre, l'*honoraire* dû aux notaires pour chaque rôle des expéditions qu'ils délivrent aux préposés de l'enregistrement et des domaines dans l'intérêt public (*Inst. gén. du 23 fév. suiv.*, n° 367). — Voy. la loi du 19 déc. 1790.

11 janv. 1808. Avis du conseil d'État qui décide que les héritiers bénéficiaires ne peuvent, sans autorisation, faire le *transfert* d'inscriptions de rente au-dessus de 50 francs.

1er mars 1808. Décret sur les nouveaux *titres* de noblesse, portant des défenses aux notaires.

15. — Défendons à tous nos sujets de s'arroger des titres et qualifications que nous ne leur aurions pas conférés, et aux officiers de l'état civil, notaires et autres, de les leur donner; renouvelant, autant que besoin serait, contre les contrevenants, les lois actuellement en vigueur.

7 mars 1808. Lettre du ministre de la justice au procureur impérial de Draguignan, portant qu'il n'y a pas d'*incompatibilité* entre les fonctions de notaire et celles d'adjoint au maire.

Vous n'ignorez pas, monsieur, que les dispositions prohibitives sont en général de droit étroit; et il y a d'autant moins lieu de supposer que le législateur ait eu l'intention d'interdire aux notaires l'exercice des fonctions d'adjoint de maire, à raison de leur qualité d'officiers de police judiciaire, que ces dernières places existaient à l'époque de la loi du 25 vent. an 11, qui a prononcé l'incompatibilité entre les fonctions de notaire et celles de commissaire de police.

15 mars et 25 avril 1808. Décisions des ministres des finances et de la justice portant que c'est au ministère public de poursuivre les *contraventions* à la loi du 25 vent. an 11 et à certaines autres lois, et que les préposés n'ont que seuls le droit de les dénoncer (1).

Toutes les fois qu'il s'agit de contraventions aux lois des 6 oct. 1791, 16 flor. an 4 et 25 vent. an 11, dont l'exécution intéresse particulièrement l'ordre social, les fonctions de l'administration de l'enregistrement et de ses préposés se bornent à les dénoncer, quand ils en ont connaissance, au ministère public; et c'est toujours à celui-ci qu'il appartient de requérir d'office les condamnations prononcées par les lois pour ces contraventions, et, lorsque les jugements rendus ne contiennent pas ces condamnations, ou en prononcent de moindres, de se pourvoir également d'office contre ces jugements.

7 mai 1808. Décret concernant les obligations souscrites par les titulaires de *cautionnements*.

Art. 1er. Les titulaires de cautionnement qui, d'après les lois des 7 et 27 vent. an 8, ont souscrit des obligations à échéance fixe, pour une partie de leurs cautionnements, et qui ne peuvent les représenter acquittées pour obtenir leur titre de la caisse d'amortissement, seront tenus, pour remplacer ces obligations et pour obtenir leur titre définitif, de produire une déclaration par laquelle ils affirmeront qu'ils les ont acquittées, et un certificat du receveur général de leur département, constatant qu'il n'a pas à sa connaissance que ces obligations soient revenues protestées, et qu'elles ne sont point restées en dépôt à la recette générale.

2. A dater du 1er oct. 1808, les porteurs de ces obligations qui auraient négligé de se les faire rembourser par les souscripteurs ne pourront avoir aucun recours contre le trésor public, faute d'avoir fait en temps utile les diligences nécessaires pour en obtenir le remboursement.

3. Les ministres des finances et du trésor public sont chargés, etc.

27 juin 1808. Circulaire du ministre de la justice portant que les greffiers doivent constater par *acte* la remise qui leur est faite annuellement par les notaires du double de leurs *répertoires.—Contrà:* 11 janv. 1816, cass.

16 août 1808. Décision des ministres des finances et de la justice qui, supposant que les actes notariés

_____

(1) Conf. autre décision du min. des fin. du 5 nov. 1819.

peuvent être passés en *double minute*, règle, pour ce cas, le mode de leur enregistrement (1).

---

28 août 1808. Décret qui prescrit les formalités pour l'acquisition d'un privilège de second ordre des bailleurs de fonds sur les *cautionnements*.

Art. 1er. Les prêteurs de fonds pour cautionnement qui n'auraient pas fait remplir, à l'époque de la prestation, les formalités exigées par les art. 2, 3 et 4 de la loi du 25 niv. an 13, pour s'assurer de la jouissance du privilège du second ordre, pourront l'acquérir à quelque époque que ce soit, en rapportant au bureau des oppositions établi à la caisse d'amortissement, en exécution de la susdite loi du 25 niv., la preuve de leur qualité, et main-levée des oppositions existantes sur le cautionnement, ou le certificat de non-opposition du tribunal de première instance.

2. Il sera délivré aux prêteurs de fonds inscrits sur les registres des oppositions et déclarations de la caisse d'amortissement, et sur leur demande, un certificat conforme au modèle annexé au présent.

3. Les prêteurs de fonds ne pourront exercer le privilège du second ordre qu'en représentant le certificat mentionné en l'article précédent, à moins cependant que leur opposition ou la déclaration faite à leur profit ne soit consignée aux registres des oppositions et déclarations de la caisse d'amortissement; faute de quoi, ils ne pourront exercer de recours contre la caisse d'amortissement que comme les créanciers ordinaires, en vertu des oppositions qu'ils auraient formées au greffe des tribunaux indiqués par la loi.

4. Notre ministre des finances est chargé, etc.

Modèle du certificat.

Je, soussigné, chef du bureau des oppositions à la caisse d'amortissement, certifie que N..... s'est conformé aux dispositions prescrites par les lois des 25 niv. et 6 vent. an 13, pour acquérir le privilège du second ordre; qu'en conséquence il est inscrit sur le registre à ce destiné, comme bailleur de fonds du cautionnement de N..... pour la totalité *ou* jusqu'à la concurrence de la somme de..... qu'il a prêtée audit N..... pour acquitter partie de son cautionnement,

Vu par nous, administrateur.

---

12 décembre 1808. Dispositions du Code d'inst. crim. réglant la manière dont les notaires doivent *se dessaisir* de leurs actes en cas de faux.—Voy. les art. 452, 454, 455 et 463.

15 février 1809. Lettre du ministre de la justice au procureur impérial de Toulouse portant que les notaires ne peuvent plus recevoir les *minutes* de leurs actes sur des registres, mais qu'ils doivent au contraire les inscrire sur des feuilles isolées.

Je vous transmets, monsieur, un mémoire du

---

(1) Conf. autre décis. du min. des fin. du 12 déc. 1852.

sieur Cabanis, notaire impérial à la résidence de Toulouse, d'après lequel il paraît que les notaires de votre arrondissement ne s'accordent pas sur la manière de recevoir les actes qu'ils passent, les uns les inscrivant sur des feuilles isolées, ainsi que cela doit se pratiquer, et d'autres sur des registres.

Ces derniers se fondent sur un ancien usage qu'ils se croient autorisés à suivre, attendu qu'aucune loi, selon eux, ne prohibe ce mode. Il est bien vrai que la loi du 25 vent. an 11, qu'il faut consulter ici, ne dit pas en termes formels que les minutes des actes se feront sur des feuilles détachées; mais on ne saurait douter néanmoins que ce ne soient là son intention et son vœu : c'est que l'on peut inférer de bien des articles de cette loi, et notamment de l'art. 22.—Il est constant, d'un autre côté, qu'on ne pourrait inscrire les actes à la suite les uns des autres sans contrevenir à l'art. 23 de la loi du 13 brumaire an 7, qui défend de porter deux actes à la suite l'un de l'autre sur une même feuille de papier timbré, ce qui suffit pour faire cesser toute incertitude à cet égard.

Vous voudrez bien veiller à ce que les minutes des actes soient tenues à l'avenir sur des feuilles détachées, et communiquer, à cet effet, cette instruction à la chambre de discipline, pour que chacun des notaires de votre arrondissement soit averti de s'y conformer.

9 mars 1809. Décision du ministre des finances portant que le *registre des protêts* tenu par des notaires n'est point soumis au *visa* du receveur, comme les répertoires; mais que ce registre ne dispense point de porter les protêts sur le *répertoire*, comme les autres actes.

24 mars 1809. Avis du conseil d'État portant que la caisse d'amortissement doit rejeter toute demande d'intérêts de *cautionnement* qui remonterait au-delà de cinq ans, si la prescription n'a été interrompue.

11 avril 1809. Lettre des ministres de la justice et des finances qui décide que le syndic gérant d'un hospice qui exerce en même temps les fonctions de notaire, peut recevoir, en cette dernière qualité, les baux et autres actes qui intéressent cet hospice.

18 avril 1809. Décision du ministre des finances qui porte que les notaires peuvent, sans contravention, délivrer des grosses des actes déposés aux archives de la préfecture. Elles ne sont sujettes ni à l'enregistrement ni à l'inscription au *répertoire*.

L'art. 60 de la loi du 25 vent. an 11 porte que tous dépôts de minutes, sous la dénomination de *chambres de contrats*, *bureaux de labellionage et autres*, sont maintenus à la garde de leurs possesseurs actuels; mais que les grosses et expéditions ne pourront en être délivrées que par un notaire de la résidence des dépôts, ou, à défaut, par un notaire de la résidence voisine; que néanmoins, si les dépôts ont été remis au greffe d'un tribunal, les grosses et expéditions pourront, dans ce cas, être délivrées par le greffier.

En principe général, les notaires ne peuvent

faire que des copies collationnées des actes dont ils ne sont pas dépositaires ; mais l'article ci-dessus cité établit formellement une exception en faveur des actes qu'il désigne, puisqu'il porte expressément que les grosses et expéditions pourront en être délivrés par un notaire de la résidence : ce notaire est constitué, par la loi, dépositaire fictif des minutes qui sont maintenues à la garde du possesseur actuel. Une simple copie collationnée ne pourrait, d'ailleurs, avoir tour l'effet d'une grosse ; et on ne peut restreindre à la première de ces deux qualifications l'expédition à laquelle le notaire et la loi donnent la seconde.

Ainsi, dans le cas dont il s'agit, les notaires peuvent délivrer des grosses, et même de simples expéditions, sans les soumettre à l'enregistrement, et par conséquent sans les inscrire sur leur répertoire ; mais ils sont soumis à ces deux obligations s'ils ne délivrent que des copies collationnées.

27 JUIN 1809. Décision du ministre des finances qui porte que les *frais* du dépôt des contrats de mariage des commerçants doivent être avancés par les notaires, sauf leur recours contre les parties.

17 SEPT. 1809. Lettre du ministre de la justice qui décide que l'amende due pour omission du dépôt des *répertoires* au greffe est encourue le 1er mars.

2. L'art. 1er de la loi du 16 floréal an 4 prescrit aux notaires l'obligation de déposer chaque année au greffe du tribunal civil du lieu de leur résidence le double du répertoire des actes par eux reçus dans le cours de l'année précédente, et ce dans le délai des deux premiers mois, à peine de 100 francs d'amende par chaque mois de retard. J'ai eu occasion de remarquer que les tribunaux ne s'accordent point sur l'application de cet article : les uns pensent que l'amende est encourue au 1er mars, les autres qu'elle n'est due qu'à l'expiration du troisième mois.

Cette dernière opinion, qui a plusieurs fois excité les réclamations de la régie de l'enregistrement, et qui avait prévalu dans bien des tribunaux, vient d'être rejetée par un arrêt de la cour de cassation, en date du 6 juin dernier. Les motifs de cette décision sont que c'est dans le cours des deux premiers mois que les notaires sont tenus d'effectuer le dépôt ordonné ; que l'amende est encourue par le seul fait du retard, et qu'étant réglée par mois et non par jour, elle est due le premier jour qui suit l'expiration du délai, comme pour tout le mois. Cet arrêt devant fixer la jurisprudence des tribunaux, j'ai cru devoir vous en donner connaissance pour vous servir de règle à l'avenir. Je vous recommande en même temps de faire part de cette décision aux chambres de discipline, afin que chaque notaire puisse être averti des suites qu'entraînerait la moindre négligence de sa part à effectuer le dépôt de son répertoire dans le délai prescrit.

7 OCTOBRE 1809. Lettre du ministre de la justice

portant que deux personnes parentes peuvent être témoins instrumentaires.

M. E..., notaire à M..., me demande, monsieur, si deux personnes parentes aux degrés énoncés dans l'article 8 de la loi du 15 vent. an 11, peuvent être témoins instrumentaires d'un acte notarié. Il est de principe qu'il n'y a de nullités que celles qui sont textuellement prononcées par la loi, et la loi n'en prononce point dans le cas dont il s'agit. Vous ferez néanmoins observer à M. E... qu'il est de la prudence d'un notaire d'éviter, autant que les circonstances le lui permettent, tout ce qui pourrait servir à contester et à faire suspecter les actes qu'il passe.

21 OCTOBRE 1809. Avis du conseil d'État sur les quittances et décharges à donner par les parties aux notaires et autres officiers qui ont procédé aux *ventes de meubles.*

Le conseil d'Etat, qui, d'après le renvoi ordonné par Sa Majesté, a entendu le rapport de la section des finances sur celui du ministre de ce département, relatif aux quittances et décharges données par les parties aux notaires, greffiers, commissaires-priseurs et huissiers qui ont procédé à des ventes à l'encan d'objets mobiliers, et présentant les questions de savoir :

1° Si l'on peut placer ces décharges sur les minutes des ventes, sans contrevenir à l'art. 23 de la loi du 13 brum. an 7, relative au timbre ;

2° Et, dans le cas où ce placement serait permis, si l'officier public est tenu de faire enregistrer les décharges ainsi données dans le délai accordé par la loi pour l'enregistrement des ventes ;

Vu 1° l'art. 23 de la loi du 28 brum. an 7, ainsi conçu : — « Il ne pourra être fait ni expédié deux actes à la suite l'un de l'autre sur la même feuille de papier timbré, nonobstant tout usage ou règlement contraire. — Sont exceptées les ratifications des actes passés en l'absence des parties, les quittances de prix de ventes, etc. » ;

2° L'art. 42 de la loi du 22 frim. an 7, ainsi conçu : — « Aucun notaire, huissier, greffier, secrétaire, ou autre officier public, ne pourra faire ou rédiger un acte en vertu d'un acte sous signature privée, ou passé en pays étranger, l'annexer à ses minutes, ni le recevoir en dépôt, ni en délivrer extrait, copie ou expédition, s'il n'a été préalablement enregistré, à peine de cinquante francs d'amende, etc. ; »

3° Les numéros 22 et 27 de l'art. 68 de la même loi du 22 frim. an 7, qui assujettissent au droit fixe d'un franc les décharges pures et simples données aux officiers publics ;

Considérant, 1° en ce qui concerne la première question, que l'art. 23 de loi du 13 brum. an 7 porte formellement que les quittances de prix de ventes peuvent être mises à la suite de l'acte qui y a rapport ; que cette forme offre un avantage pour les officiers publics et leurs ayants-cause, en ce qu'une décharge ainsi donnée n'est pas susceptible de s'égarer ;

2° Relativement à la deuxième question, qu'aux termes de l'art. 42 de la loi du 22 frim. an 7, un officier public ne peut annexer à ses minutes un acte quelconque non enregistré; que la quittance ou décharge qui est donnée, par la partie, du prix de vente d'effets mobiliers, est un acte qui cesse d'être privé du moment où il est porté à la suite d'un procès-verbal rédigé par un officier public, que cette décharge réunit alors tous les caractères d'un acte public, et qu'elle doit être rédigée et assujettie aux droits comme les autres actes de cette espèce;

Considérant qu'un usage presque général a, jusqu'à présent, fait oublier ces principes, et que leur application rigoureuse pour le passé exposerait les officiers publics qui ont négligé de se conformer à la loi à supporter personnellement les peines qu'elle prononce, par l'impossibilité où ils seraient de découvrir les parties qui ont requis les ventes;

Est d'avis 1° que les quittances et décharges de prix de ventes mobilières faites par les notaires, greffiers, commissaires-priseurs et huissiers, peuvent être mises à la suite ou en marge des procès-verbaux de ventes;

2° Que, dans ce cas, les quittances et décharges doivent être rédigées en forme authentique; c'est-à-dire que l'officier public attestera que la partie est comparue devant lui pour régler le reliquat de la vente, dont elle lui donnera décharge, et que cet acte sera signé tant par l'officier que par la partie, et, si la partie ne sait pas signer, par un second officier de la même qualité, ou par deux témoins;

3° Que les quittances et décharges ainsi rédigées doivent être enregistrées dans les délais fixés par l'art. 20 de la loi du 22 frim. an 7; savoir, pour les notaires, dans les dix ou quinze jours de leur date; pour les greffiers, dans les vingt jours, et pour les commissaires-priseurs, dans les quatre jours;

Qu'il n'est dû que le droit fixe d'un franc, conformément aux numéros 22 et 27 de l'art. 68 de la même loi;

4° Qu'il ne doit être fait aucune recherche pour les quittances et décharges sous seing-privé données antérieurement à la publication du présent avis.

22 NOV. 1809. Décision du ministre de la justice portant que le notaire qui se trouve dans l'impossibilité de recevoir un acte, ne peut, quand il se fait *substituer* un autre notaire, retenir le dépôt de l'acte.

Vous pensez avec raison, monsieur, qu'un notaire ne peut, dans aucun cas, s'attribuer le dépôt d'un acte qu'il n'a pas reçu, car c'est par mesure d'ordre public et dans l'intérêt des parties que la loi règle le dépôt : d'où il suit que ce n'est point un simple droit, une faculté attribuée au notaire instrumentaire et à laquelle il puisse renoncer en faveur de l'un de ses confrères, mais bien une véritable obligation qui lui est imposée personnellement. Vous voudrez bien veiller à ce que la loi reçoive en ce point sa pleine et entière exécution.

16 FÉVRIER 1810. Dispositions du Code pénal relatives aux notaires. — V. art. 123, 145, 146, 174, 175 et 378.

23 FÉVRIER 1810. Lettre du ministre de la justice au procureur impérial d'Alba, qui décide que, lorsqu'un notaire a été condamné correctionnellement à la prison, les scellés doivent être apposés sur ses minutes.

Vous m'informez, monsieur, que le notaire Taricchi a été condamné à six mois d'emprisonnement pour délit en matière de conscription, et vous me demandez la conduite que vous avez à tenir en cette circonstance, soit à l'égard du notaire, soit relativement à la conservation de ses minutes. Vous devez d'abord requérir l'apposition des scellés sur les minutes de ce notaire, et déférer ensuite sa conduite au tribunal qui pourra, en vertu de l'art. 53 de la loi du 25 ventose an 11, prononcer sa destitution. Vous ferez observer au tribunal qu'il est investi d'un pouvoir *discrétionnaire* pour prononcer telle peine de discipline que les circonstances peuvent exiger. Vous aurez soin de me rendre compte du résultat de vos diligences à cet égard.

20 MARS 1810. Décision du ministre des finances portant 1° que les greffiers des tribunaux sont tenus de faire autant d'actes de dépôt qu'il y a de notaires qui déposent au greffe le double de leur *répertoire*; 2° que les notaires ne peuvent être obligés de lever une *expédition* de ces actes. — Autres décisions semblables, les 24 juin 1812 et 11 janv. 1816.

2 MARS 1810. Circulaire du ministre de la justice aux procureurs impériaux, qui règle la forme des *répertoires*.

Il a été proposé, messieurs, un mode propre à établir la régularité et l'uniformité dans la tenue des répertoires des notaires.

Il consiste à faire imprimer les feuilles qui servent à la minute du répertoire et au double qui doit en être déposé chaque année au greffe du tribunal d'arrondissement.

Cette mesure, qui a été concertée avec Son Excellence le ministre des finances, réunit tous les avantages qui doivent la faire adopter; elle tend principalement à rendre la conservation des répertoires plus facile et plus assurée.

Le papier doit être fourni par la régie, conformément à l'art. 18 de la loi du 13 brum. an 7. Le format au timbre de 1 fr., étant d'une dimension plus grande que celui de 75 c., laissera plus d'espace pour les colonnes, et doit, sous ce rapport, être préféré. L'emploi que les notaires de Paris en font depuis longtemps pour cet usage a démontré que ce format est le plus commode.

Quant aux frais d'impression, la répartition faite sur un grand nombre de feuilles en garantit la modicité. Le soin d'y pourvoir doit être laissé aux notaires individuellement, ou aux chambres de discipline, qui, à l'exemple de celle de Paris, peuvent faire imprimer les feuilles du répertoire, et les distribuer comme elles l'entendront; et, pour rendre les frais d'impression moins onéreux, les chambres des différents arrondissements d'un même département pourront se concerter ensemble sur cet objet; il suffira qu'elles aient un modèle conforme à celui dont les notaires de Paris font usage.

Vous voudrez bien transmettre ces instructions à la chambre de discipline de votre arrondissement, et veiller à ce qu'elles soient exécutées. Vous m'en accuserez la réception.

Nota. Le modèle ci-après n'est qu'indicatif des colonnes qui doivent composer le répertoire, et non du format.

MODÈLE DU RÉPERTOIRE.

NUMÉROS du Répertoire.	DATES DES ACTES.	NATURE ET ESPÈCE DES ACTES.		NOMS, PRÉNOMS ET DOMICILES DES PARTIES. INDICATION, SITUATION ET PRIX DES BIENS.	DROITS de l'Enregistrement.	
		en brevets.	en minutes.		Dates.	Droits.
				An 18 mois d		

Nota. Ce modèle est conforme à l'art. 50 de la loi du 22 frim. an 7, sauf qu'il porte que l'indication des biens doit faire l'objet d'une colonne particulière, ce qui a lieu dans l'usage.

20 JUIN 1810. Avis du conseil d'État qui décide que la peine de nullité des actes notariés ne s'applique point au défaut de mention de la *signature* des notaires.

Le conseil d'Etat qui, d'après le renvoi ordonné par Sa Majesté, a entendu le rapport de la section de législation sur celui du grand-juge, ministre de la justice, relatif à la question de savoir si la peine de nullité prononcée par les art. 14 et 68 de la loi du 25 vent. an 11 doit être appliquée au défaut de mention de la signature des notaires à la fin des actes par eux reçus;

Vu la loi du 25 vent. an 11;

Vu l'arrêté du 15 prair. de la même année, inséré au Bulletin des lois, et qui détermine la forme des grosses des actes passés devant notaires;

Considérant que, si les expressions qui terminent le premier paragraphe de l'art. 14 de la loi du 25 vent. an 11, ont donné lieu d'élever la question de savoir si la nullité prononcée par l'art. 68 s'étendait même au défaut de mention, à la fin, de l'acte, de la signature des notaires, cette question ne peut être que négativement résolue d'après l'esprit de la loi, et des réglements qui l'ont immédiatement suivie;

Qu'en effet, l'arrêté du 15 prair. an 11, donnant une formule pour la rédaction des actes, et y appelant les mentions nécessaires, n'y comprend point celle de la signature même des notaires; qu'ainsi, la loi a déjà été expliquée presque au moment où elle venait de paraître;

Que toute interprétation contraire, outre qu'elle serait excessivement rigoureuse, serait sans aucune utilité pour la société, et deviendrait même nuisible par l'application d'une nullité inusitée dans tous les temps;

Que, si cette nullité a un but utile, en tant qu'elle s'applique au défaut de mention des signatures de partie ou des témoins qui n'ont pas un caractère authentique, cette raison cesse à l'égard des notaires eux-mêmes, dont la signature est publique, et devient la certification des autres;

Est d'avis que la peine de nullité prononcée par l'art. 68 de la loi du 25 vent. an 11 ne doit être appliquée qu'au défaut de mention de la signature soit des parties, soit des témoins, et ne doit pas être appliquée au défaut de la mention de la signature des notaires qui ont reçu l'acte.

16 NOV. 1810. Lettre du ministre de la justice au procureur impérial d'Alba portant que, pour traduire un notaire devant les tribunaux, par *action disci-*

plinaire, le ministère public n'a pas besoin d'un avis préalable de la chambre de discipline.

—

14 DÉC. 1810. Décret qui prononce l'*incompatibilité* de l'exercice de la profession d'avocat avec celle de notaire.

—

18 JANV. 1811. Lettre du ministre de la justice au procureur-général de Turin qui décide qu'un notaire peut être l'objet d'une *action disciplinaire* pour les mêmes faits qui l'ont fait traduire devant le tribunal correctionnel, et que les cas de destitution prévus par la loi du notariat ne sont pas *limitatifs*.

—

7 AVRIL 1811. Lettre du ministre de la justice au procureur impérial du tribunal de Deux-Ponts sur ce qu'on doit entendre par *commerçant*, dans le sens des art. 1 et 67 C. comm.

J'ai été consulté plusieurs fois, monsieur, sur le sens à attacher au mot *commerçant*, dans le cas de l'art. 67 C. comm., et j'ai toujours répondu que l'on devait d'abord considérer comme tels tous *négociants, banquiers, fabricants* et *marchands*; mais qu'il ne paraissait pas qu'on dût ranger dans cette classe le simple artisan qui, ne travaillant qu'au fur et à mesure des commandes qu'il reçoit journellement, ne fait point de son état un objet de spéculation. Il serait, au surplus, difficile d'établir une règle bien précise à cet égard : c'est au notaire à apprécier les circonstances dans les cas particuliers qui se présentent.

—

18 JUIN 1811. Décret contenant le tarif des frais de justice criminelle, lequel règle notamment le mode de transport et de remise des pièces arguées de *faux*, et les *vacations* dues en ce cas aux notaires. — Voy. notamment les art. 13, 15, 91, 92, 93, 94, 95 et 96.

—

2 OCT. 1811. Lettre du ministre de la justice à M. le procureur impérial de Bruges pour empêcher que les simples particuliers ne s'arrogent le droit de faire des *ventes d'immeubles* aux enchères.

Je reçois de nouvelles plaintes, monsieur, contre un abus qui s'est introduit dans votre arrondissement, et qui consiste en ce que des individus sans caractère, et formant une association entre eux, s'arrogent le droit de faire des ventes aux criées publiques et après affiches préalables, en la forme usitée à l'égard de celles qui se passent devant notaires. La loi laisse bien à chacun la faculté de faire des ventes sous seing-privé, mais elle ne permet point de les faire précéder par ces publications et ces formes solennelles réservées aux seules ventes publiques.

Car, s'il n'est pas loisible à un particulier de faire des ventes publiques de son mobilier, quoiqu'il soit libre d'en disposer de la main à la main, on ne saurait raisonnablement prétendre qu'il soit fondé à en agir autrement à l'égard d'un immeuble; il peut encore bien moins y avoir lieu d'autoriser *des tiers* à se charger de semblables ventes.

Aussi, son excellence le ministre des finances

réclame vivement contre cet abus, comme portant préjudice au trésor public en même temps qu'il favorise une usurpation sur les fonctions du notariat. Vous voudrez bien, en conséquence, prendre les mesures convenables pour les faire cesser, et vous concerter à cet effet, s'il y a lieu, avec le préfet de votre département.

—

30 JANV. 1812. Décision du ministre de la justice portant que les notaires doivent garder *minute* des réglements, comptes, etc.

Vous demandez, monsieur, si les notaires doivent garder minute des comptes, partages et autres réglements qui leur sont renvoyés par le tribunal, et qui sont sujets à l'homologation.

L'affirmative ne peut pas faire la matière d'un doute, d'abord parce que les notaires doivent garder minute de tous les actes qu'ils sont chargés de faire (loi de ventose an 11, art. 20); en second lieu, parce que l'art. 981 du Code judiciaire dit que l'homologation sera poursuivie sur l'expédition qui sera délivrée par le notaire à la partie la plus diligente, ce qui prouve assez clairement que le notaire conserve la minute et que le tribunal n'en a pas besoin pour homologuer.

—

12 FÉV. 1812. Décret concernant les *poids et mesures*.

Art. 1er. Il ne sera fait aucun changement aux unités des poids et mesures de l'empire, telles qu'elles ont été fixées par la loi du 19 frimaire an 8.

2. Notre ministre de l'intérieur fera confectionner, pour l'usage du commerce, des instruments de pesage et de mesurage qui présentent soit les fractions, soit les multiples desdites unités le plus en usage dans le commerce, et accommodés au besoin du peuple.

3. Ces instruments porteront sur leurs diverses faces la comparaison des divisions et des dénominations établies par les lois, avec celles anciennement en usage.

4. Nous nous réservons de nous faire rendre compte, après un délai de dix années, des résultats qu'aura fournis l'expérience sur les perfectionnements que le système des poids et mesures serait susceptible de recevoir.

5. En attendant, le système légal continuera à être seul enseigné dans toutes les écoles de notre empire, y compris les écoles primaires, et à être seul employé dans toutes les administrations publiques, comme aussi dans les marchés, halles, et dans toutes les transactions commerciales et autres entre nos sujets.

6. Nos ministres sont chargés, etc.

—

2 ET 14 JUILL. 1812. Décision des ministres de la justice et des finances portant que les notaires qui, dans le cours d'une année, n'ont reçu aucun acte, et par conséquent n'ont en aucune inscription à faire sur le *répertoire*, ne peuvent être astreints, à défaut de double de ce répertoire, de déposer au greffe un certificat négatif. — Quelle que puisse être l'utilité de cette mesure, il ne saurait y avoir lieu de pour-

suivre ceux des notaires qui, en semblable cas, négligent de déposer le certificat négatif.

---

18 AOUT 1812. Décision du ministre des finances qui règle le mode d'inscrire les inventaires sur les *répertoires.*

La première vacation des inventaires doit seule être inscrite *à sa date* sur le répertoire. Mais il est utile de rappeler à la suite, et dans le même contexte de l'article, la date successive des autres vacations.

---

9 SEPT. 1812. Décision du ministre de la justice portant : 1° qu'il n'est pas nécessaire que les notaires dressent un acte de dépôt de la remise des *testaments olographes*, 2° mais que ces testaments doivent, dans tous les cas, être portés au *répertoire.*

---

22 DÉC. 1812. Décret sur les déclarations à faire par les titulaires de *cautionnements* en faveur des bailleurs de fonds pour leur faire acquérir le privilège de second ordre.

Art. 1er. Les déclarations à faire à l'avenir par les titulaires de cautionnements en faveur de leurs bailleurs de fonds, pour leur faire acquérir le privilége du second ordre, seront conformes au modèle ci-annexé, passées devant notaires et légalisées par le président du tribunal de l'arrondissement.

2. Dans le cas où le versement à la caisse d'amortissement serait antérieur de plus de huit jours à la date de ces déclarations, elles ne seront valables qu'autant qu'elles seront accompagnées du certificat de non-opposition, délivré par le greffier du tribunal du domicile des parties, dont il sera fait mention dans lesdites déclarations, lesquelles, au surplus, ne seront admissibles à la caisse d'amortissement, s'il y a des oppositions à cette caisse, que sous la réserve de ces oppositions.

3. Le droit d'enregistrement de ces déclarations est fixé à un franc.

4. Il n'est point dérogé par le présent décret à celui du 28 août 1808, portant que « les prêteurs de fonds ne pourront exercer le privilége du second ordre qu'en représentant le certificat mentionné à l'art. 2 de ce décret, » à moins cependant que leur opposition ou la déclaration faite à leur profit ne soit consignée aux registres des oppositions et déclarations de la caisse d'amortissement; faute de quoi ils ne pourront exercer de recours contre la caisse d'amortissement que comme les créanciers ordinaires, et en vertu des oppositions qu'ils auraient formées aux greffes des tribunaux indiqués par la loi.

5. Notre grand juge, ministre de la justice, et notre ministre des finances, sont chargés, etc.

---

5 MAI 1813. Circulaire du ministre de la justice qui enjoint aux secrétaires des chambres des notaires de tenir un registre destiné à constater la remise qui leur est faite d'extraits *des contrats de mariage des* commerçants ou des jugements de *séparation de biens* entre époux dont l'un est négociant, en exécution des art. 67 C. comm., et 872 C. pr. civ.

---

22 JUIN 1813. Décision du ministre des finances qui porte que le notaire à qui un tribunal a confié les minutes d'un confrère décédé est subrogé dans les fonctions qu'exerçait ce dernier, et en prend toute la *responsabilité* quant à la délivrance des *expéditions.*

En pareil cas, le notaire subrogé dans les fonctions qu'exerçait son collègue, en prend toute la responsabilité, quant à la délivrance des expéditions. Son ministère est celui du successeur temporaire, et, comme il a, pendant sa durée, les mêmes effets que le ministère du successeur nommé définitivement, il s'ensuit que les expéditions délivrées ne sont point sujettes à l'enregistrement, et qu'à plus forte raison elles ne sont point susceptibles d'être inscrites sur le répertoire du notaire dépositaire comme des actes délivrés en brevet, ou comme des copies collationnées.

---

19 OCT. 1813. Décision du ministre des finances portant que le délai d'un mois accordé par l'art. 67 C. comm., pour le *dépôt des contrats de mariage* des commerçants, doit être augmenté d'un jour par cinq myriamètres de distance du lieu où a été passé le contrat à celui où le dépôt doit être fait.

---

7 AVRIL 1814. Arrêté du gouvernement provisoire portant que les jugements et les *grosses* seront, jusqu'à l'arrivée et l'installation de S. M. Louis XVIII, intitulés : *Au nom du gouvernement provisoire.*

---

30 JUIN 1814. Ordonnance du roi Louis XVIII qui autorise tous les notaires de Paris indistinctement à délivrer des *certificats de vie* aux rentiers viagers et pensionnaires de l'État, et maintient les règlements antérieurs en ce qui concerne soit les notaires certificateurs dans les départements, soit les rentiers et pensionnaires résidant hors du royaume.

Art. 1er. A compter de ce jour, tous les notaires de Paris, indistinctement, pourront délivrer des certificats de vie aux rentiers viagers et pensionnaires de l'État, à la charge par eux de se conformer exactement aux dispositions du décret du 21 août 1806, et au modèle ci-annexé, dont l'impression et le format seront uniformément déterminés.

2. Les dispositions du décret du 21 août 1806, concernant le choix des notaires certificateurs dans les départements, la tenue du registre des rentiers viagers et pensionnaires, la connaissance des décès à donner par les notaires à notre ministre des finances, la garantie et la responsabilité des notaires envers le trésor royal, la valeur du timbre et celle de la rétribution des notaires sont confirmées.

3. Les dispositions du décret du 23 septembre 1806 relatives aux attestations à délivrer aux rentiers viagers et pensionnaires qui ne peuvent, pour cause de maladie ou d'infirmités, se transporter

au domicile du notaire, sont également maintenues.

4. Les certificats de vie des rentiers et pensionnaires résidant hors du royaume, continueront à être délivrés par les chancelleries de nos légations et consulats, ou par les magistrats du lieu, dans le cas où le domicile desdits rentiers et pensionnaires serait éloigné de plus de six lieues de la résidence de nos ambassadeurs, envoyés ou consuls : ces certificats seront admis au trésor royal, revêtus de la légalisation de nos agents diplomatiques, ou de ceux des puissances étrangères et amies résidant dans ces pays.

Modèle de certificat de vie à délivrer par les notaires.

Je, soussigné, notaire à   , département d   , arrondissement d   , certifie que (*mettre les nom, prénoms, profession et domicile*), né à   , département d   , le   , suivant son acte de naissance, qu'   m'a représenté, jouissant d'une pension sur l'État de   , inscrite n.   *ou* sur la tête d   quel existe une rente viagère de   , inscrite n.   , est vivant, pour s'être présenté ce jourd'hui devant moi (1). En foi de quoi j'ai délivré le présent, qu'   a signé avec moi.

Fait à   le

Nota. Faire légaliser, par le préfet ou sous-préfet, la signature des notaires des départements.

Modèle de certificat de vie à délivrer par les ambassadeurs.

Nous (*ambassadeur, envoyé, consul ou autre chargé des affaires de S. M. le roi de France et de Navarre*), certifions et attestons que (*mettre les nom, prénoms, profession et domicile*), né à   , département d   , le   , suivant son acte de naissance, qu'   nous a représenté, jouissant d'une pension de   , inscrite n.   *ou* sur la tête d   quel existe une rente viagère de   , inscrite n.   , est vivant, pour s'être présenté cejourd'hui devant nous (2). En foi de quoi nous lui avons délivré le présent, qu'   a signé avec nous.

Fait à   le

Nota. V. ci-après les ordonnances des 20 mai 1818 et 26 juillet 1821.

23 DÉC. 1814. Ordonnance du roi Louis XVIII qui renouvelle l'obligation, pour les notaires, greffiers, avoués et huissiers, d'énoncer dans leurs actes la *patente* des parties, conformément à l'art. 37 de la loi du 1er brumaire an 7.

11 AVRIL 1815. Décision du ministre des finances portant que l'art. 13 de la loi du 25 vent. an 11 n'obligeait pas les notaires à faire mention de l'*annexe*

(1 et 2). Pour les certificats à délivrer aux pensionnaires, il convient d'ajouter la déclaration suivante : « L   quel m'a déclaré que, depuis l'obtention de la pension ci-dessus désignée, il *ou* elle n'a joui d'aucune autre pension ni d'aucun traitement d'activité. »

des procurations, le défaut de cette mention ne peut entraîner l'amende.

26 JUIN 1815. Arrêté de la commission de gouvernement portant que les jugements et les *grosses* seront provisoirement intitulés : *Au nom du peuple français.*

30 AOÛT 1815. Ordonnance du roi qui prescrit la rectification de la formule des *grosses* délivrées depuis l'abolition de la royauté.

Louis, etc. Les actes, arrêts ou jugements expédiés pendant notre absence, l'ont été au nom de ceux qui se sont successivement emparés de l'autorité. On continue de s'en servir, et les exécutions et poursuites judiciaires sont la plupart du temps fondées sur des actes qui rappellent un pouvoir illégitime et retracent aux Français des souvenirs odieux et affligeants. Il nous a paru urgent de faire cesser un tel état de choses, et d'imprimer aux titres dont nos sujets sont dans le cas de faire usage un caractère de légitimité qui ne peut émaner que de nous.

A ces causes, sur le rapport du garde des sceaux de France, ministre secrétaire d'Etat de la justice, nous avons ordonné et ordonnons ce qui suit :

Art. 1er. Du jour de la publication de la présente ordonnance, il ne pourra plus être mis en exécution, dans l'étendue de notre royaume, aucun acte, arrêt ou jugement, qui ne sera pas revêtu de la formule royale, à peine de nullité.

2. Les porteurs des grosses et expéditions des actes et jugements délivrés pendant notre absence, au nom d'un pouvoir illégitime, seront tenus de s'en procurer de nouvelles. Ils auront cependant la liberté de se servir de celles qu'ils possèdent, en les présentant préalablement à un greffier de nos cours ou tribunaux, pour les arrêts et jugements, ou à un notaire royal, pour les actes publics, aux fins d'en faire rectifier la formule.

3. Le greffier ou le notaire bâtonnera la formule existante soit au commencement de l'acte, soit à la fin, et y substituera, par interligne ou à la marge, la formule royale; il datera et il signera cette rectification, qui sera faite sans frais.

4. Les grosses nouvelles seront aux frais de ceux qui les demanderont; elles seront considérées comme premières grosses; l'obtention n'en sera soumise à aucune autorisation. Le notaire qui la donnera en fera seulement mention dans l'expédition.

5. Les procédures commencées en vertu de grosses portant l'ancienne formule, et antérieurement à la présente ordonnance, seront continuées.

6. Le ministre de la justice est chargé, etc.

24 JANVIER 1816. Ordonnance du même roi concernant la délivrance des *certificats de vie* de rentiers viagers ou pensionnaires servant dans les armées ou domiciliés dans les colonies.

Art. 1er. Les certificats de vie des rentiers viagers et des pensionnaires de l'État domiciliés dans nos colonies seront délivrés par les notaires à la charge par ceux-ci de se conformer aux dispositions du décret du 21 avril 1806 (1) et au modèle ci-annexé.

2. Les certificats de vie des militaires servant dans nos armées, qui jouissent de rentes viagères ou de pensions, ou sur la tête desquels reposent des rentes viagères, continueront à être délivrés par les conseils d'administration des corps, ou officiers en remplissant les fonctions, pour les militaires en troupes, et par les inspecteurs ou sous-inspecteurs aux revues, pour les officiers sans troupe et les employés des armées, en se conformant au modèle ci-joint :

Modèle de certificat de vie à délivrer par les notaires dans les colonies.

Je, soussigné, notaire à , certifie que (*mettre les noms, prénoms, profession et domicile*) né à , département d , suivant son acte de naissance, qu'il m'a représenté, jouissant d'une pension sur l'État de , inscrite n. , *ou* sur la tête duquel existe une rente viagère de , n. , est vivant, pour s'être présenté aujourd'hui devant moi (2).

En foi de quoi j'ai délivré le présent, qu'il a signé avec moi.

Fait à le

(*Faire légaliser la signature du notaire par le président du tribunal dans le ressort duquel il exerce.*)

Modèle de certificat à délivrer aux militaires et employés des armées.

Nous, membres composant le conseil d'administration du , *ou Je*, soussigné, commandant un détachement de , *ou Je*, soussigné, inspecteur *ou* sous-inspecteur aux revues, certifie que (*mettre les nom, prénoms et profession*), né à , département d , le , suivant son acte de naissance, qu'il nous a représenté ; jouissant d'une pension sur l'État de , inscrite n. , *ou* sur la tête duquel existe une rente viagère de , n. , est vivant, pour s'être présenté cejourd'hui devant nous (3).

En foi de quoi nous avons délivré le présent, qu'il a signé avec nous.

Fait à le

(*Faire légaliser par l'inspecteur ou sous-inspecteur aux revues.*)

14 FÉVRIER 1816. Ordonnance du même roi concernant le remboursement ou la compensation des *cautionnements* fournis par les fonctionnaires comptables nés en France ou naturalisés Français, pour les places qu'ils ont exercées dans les départements

séparés de la France, et qui contient de nouvelles règles pour le cas où un fonctionnaire assujetti à un cautionnement est nommé à une autre fonction de même nature.

Louis, etc. Vu les art. 15, 16, 17, 18 et 19 de la loi du 2 vent. an 13, et les autres lois relatives aux cautionnements à fournir par les comptables du trésor, par les agents de change, courtiers de commerce, notaires et officiers de justice.

Considérant qu'il importe de statuer sur le remboursement des cautionnements qui ont été fournis par des individus nés en France, ou naturalisés Français depuis le 30 mai 1814, pour les places qu'ils ont exercées dans des départements aujourd'hui séparés de la France ; voulant accélérer ce remboursement, autant que le permet la situation de notre trésor ;

Considérant qu'il importe aussi de régler que la nomination d'un comptable à une autre place de la même nature ne donne pas lieu à exiger un nouveau cautionnement, puisque, dans ce cas, la gestion nouvelle n'est qu'une continuation de la gestion première, sauf le changement de résidence ;

Sur la proposition de notre ministre secrétaire d'État des finances, avons ordonné et ordonnons :

Art. 1er. Les cautionnements fournis par des Français ou par des étrangers naturalisés Français depuis le 30 mai 1814, pour les places qu'ils ont exercées dans les départements aujourd'hui séparés de la France, serviront :

1° A compenser les débets qui pourraient résulter des comptes rendus par lesdits individus ;

2° A garantir les nouvelles fonctions auxquelles ils auraient pu ou pourraient être appelés en France.

2. Dans le cas où ces ex-fonctionnaires ne seraient ni débiteurs ni replacés, leurs cautionnements leur seront remboursés, aux termes de la loi du 2 vent. an 13, en rapportant, pour les receveurs généraux, un arrêté de leur compte, réglé par notre trésor royal, au lieu du compte de clerc à maître qui ne peut plus être arrêté par leurs successeurs ; pour les receveurs particuliers, le *quitus* du receveur-général ; pour les percepteurs, la décharge du receveur particulier ; pour les payeurs, celle du payeur-général duquel ils dépendent ; pour les autres comptables, l'extrait de leur compte arrêté par les régies et administrations auxquelles ils étaient subordonnés, et pour les autres fonctionnaires, des certificats de non-opposition, conformément aux lois des 25 nivose et 6 ventose an 13, et à notre ordonnance du 10 février 1815.

3. Notre ministre secrétaire d'État des finances est autorisé à faire ce remboursement en bons de notre trésor royal, payables par tiers, à huit, douze et seize mois d'échéance, et portant intérêt à six pour cent par année.

4. Ce remboursement n'aura lieu qu'après qu'il aura été fourni un cautionnement en immeubles, pour garantie de l'apurement de leur gestion, par ceux de ces fonctionnaires qui sont assujettis à cette obligation par la loi du 2 vent. an 13.

---

(1) C'est 21 *août* qu'il faut lire.

(2 et 3) Pour les certificats à délivrer aux pensionnaires, il faut ajouter la déclaration suivante :

« L quel m'a déclaré *ou* nous a déclaré que, depuis l'obtention de la pension ci-dessus désignée, il *ou* elle n'a joui d'aucune autre pension ni d'aucun traitement d'activité. »

Pour les pensions provenant de solde de retraite, ajouter : Aucun traitement d'activité militaire.

5. Tout fonctionnaire assujetti à un cautionnement qui sera appelé à une fonction de même nature, ne sera pas tenu de fournir un nouveau cautionnement : le premier cautionnement garantira la nouvelle gestion, et l'excédant en numéraire pourra même être retiré, en se conformant à la loi du 2 vent. an 13.

6. Notre ministre des finances est chargé, etc.

———

28 AVRIL 1816. Loi de finances qui augmente le *cautionnement* des notaires et de certains autres officiers publics, leur attribue le droit de présenter leurs *successeurs* à l'agrément du roi, et établit des *commissaires-priseurs* dans les départements,

TITRE IX. — Des cautionnements.

Art. 88. Les cautionnements des avocats à la cour de cassation, notaires, avoués, greffiers et huissiers à notre cour de cassation et dans les cours royales et tribunaux de première instance, tribunaux de commerce et justices de paix, sont fixés en raison de la population et du ressort des tribunaux de la résidence de ces fonctionnaires, conformément au tarif annexé à la présente loi sous les n. 7, 8 et 9.

89. Il pourra être établi, dans toutes les villes et lieux où Sa Majesté le jugera convenable, des commissaires-priseurs dont les attributions seront les mêmes que celles des commissaires-priseurs établis à Paris par la loi du 27 vent. an 9.

Ces commissaires n'auront, conformément à l'art. 1er de ladite loi, de droit exclusif que dans le chef-lieu de leur établissement. Ils auront, dans tout le reste de l'arrondissement, la concurrence avec les autres officiers ministériels, d'après les lois existantes.

En attendant qu'il ait été statué par une loi générale sur les vacations et frais desdits officiers, ils ne pourront percevoir autres et plus forts droits que ceux qu'a fixés la loi du 17 septembre 1793.

90. Il sera fait par le gouvernement une nouvelle fixation des cautionnements des agents de change et courtiers de commerce; cet état sera réglé sur la population et le commerce des lieux où résident lesdits agents de change et courtiers, et portera les cautionnements au *minimum* de quatre mille francs, et au *maximum* de cent vingt-cinq mille francs.

91. Les avocats à la cour de cassation, notaires, avoués, greffiers, huissiers, agents de change, courtiers, commissaires-priseurs, pourront présenter à l'agrément de Sa Majesté des successeurs, pourvu qu'ils réunissent les qualités exigées par les lois. Cette faculté n'aura pas lieu pour les titulaires destitués.

Il sera statué, par une loi particulière, sur l'exécution de cette disposition, et sur les moyens d'en faire jouir les héritiers ou ayants-cause desdits officiers.

Cette faculté de présenter des successeurs ne déroge point, au surplus, au droit de Sa Majesté de réduire le nombre desdits fonctionnaires, notamment celui des notaires, dans les cas prévus par la loi du 25 vent. an 11 sur le notariat (1).

92. Les cautionnements et suppléments de cautionnement demandés par la présente loi seront versés au trésor, savoir : un quart en numéraire, un mois après la promulgation de la présente loi, et les trois autres quarts en obligations payables à la fin des mois de juillet, octobre et décembre 1816.

A l'égard des cautionnements intégraux à fournir pour des créations de places nouvelles, ou pour des mutations, ils seront versés en numéraire avant l'installation des fonctionnaires.

93. L'intérêt des cautionnements et des suppléments de cautionnement continuera d'être payé, comme pour le cautionnement primitif, au taux et aux époques usités pour le passé.

94. Les fonds de tous les cautionnements fournis jusqu'à ce jour ayant été remis au trésor, il demeure chargé de rembourser le capital lorsqu'il y aura lieu, et d'en payer les intérêts, ainsi que ceux des suppléments et des cautionnements nouveaux qu'il recevra en exécution de la présente loi.

L'intérêt des cautionnements nouveaux sera fixé à quatre pour cent sans retenue.

95. Il sera pourvu au remplacement des fonctionnaires qui ne fourniraient pas les cautionnements et suppléments de cautionnement dans le délai ci-dessus fixé, ou qui manqueraient de s'acquitter aux époques déterminées ci-dessus.

96. Nul ne sera admis à prêter serment et à être installé dans les fonctions auxquelles il aura été nommé, s'il ne justifie préalablement de la quittance de son cautionnement.

97. La faculté conservée à des fonctionnaires de l'ordre judiciaire, employés des administrations civiles, receveurs des communes et comptables de deniers publics, de fournir tout ou partie de leurs cautionnements en immeubles ou en rentes sur l'État, ne sera pas accordée à ceux qui seront nommés à partir de la publication de la présente loi. Ces cautionnements devront, en conséquence, être fournis, à l'avenir, en numéraire pour la totalité.

———

(1) Voy. sur ce droit de présentation et sur la transmission des offices, ce qui est dit dans le Manuel de M. Clerc, première partie de cet ouvrage, p. 151 et suiv.

Cautionnement des Notaires, d'après les lois des 2 ventose an 11, 2 ventose an 15, et 28 avril 1816.

RÉSIDENCE DES COURS ROYALES.

Population.	Ancien.	Nouveau.
5,000 hab. et au-dessous.	2,667f.	4,000f.
5,001 à 6,000	2,800	4,500
6,001 à 7,000	2,933	5,000
7,001 à 8,000	3,067	5,000
8,001 à 9,000	3,200	5,500
9,001 à 10,000	3,333	6,000
10,001 à 12,000	3,467	6,500
12,001 à 14,000	3,600	7,000
14,001 à 16,000	3,755	7,500
16,001 à 18,000	3,867	8,000
18,001 à 20,000	4,000	8,500
20,001 à 22,000	4,267	9,000
22,001 à 24,000	4,133	9,500
24,001 à 26,000	4,200	10,000
26,001 à 28,000	4,267	10,500
28,001 à 30,000	4,400	11,000
30,001 à 32,000	4,533	11,500
32,001 à 54,000	4,667	12,500
54,001 à 56,000	4,800	13,000
56,001 à 58,000	4,955	13,500
58,001 à 42,000	5,067	13,500
42,001 à 46,000	5,200	14,500
46,001 à 50,000	5,333	15,000
50,001 à 55,000	5,467	15,500
55,001 à 60,000	5,600	16,000
60,001 à 65,000	5,735	16,500
65,001 à 70,000	5,867	17,000
70,001 à 75,000	6,067	17,500
75,001 à 80,000	6,133	18,000
80,001 à 85,000	6,267	18,500
85,001 à 90,000	6,400	19,000
90,001 à 95,000	6,535	19,500
95,001 à 100,000	6,667	20,000
100,001 et au-dessus.	8,000	25,500
A Paris.	24,000	50,000

RÉSIDENCE DES TRIBUNAUX DE 1er INSTANCE.

Population.	Ancien.	Nouveau.
2,000 hab. et au-dessous.	1,535f.	5,000f.
2,001 à 2,500	1,467	5,200
2,501 à 3,000	1,600	5,400
3,001 à 3,500	1,733	5,600
3,501 à 4,000	1,867	5,800
4,001 à 4,500	1,867	4,000
4,501 à 5,000	2,000	4,200
5,001 à 5,500	2,000	4,400
5,501 à 6,000	2,000	4,600
6,001 à 6,500	2,133	4,800
6,501 à 7,000	2,133	5,000
7,001 à 7,500	2,133	5,200
7,501 à 8,000	2,267	5,400
8,001 à 8,500	2,267	5,600
8,501 à 9,000	2,267	5,800
9,001 à 9,500	2,400	6,000
9,501 à 10,000	2,400	6,200
10,001 à 11,000	2,400	6,400
11,001 à 12,000	2,400	6,600
12,001 à 13,000	2,553	6,800
13,001 à 14,000	2,555	7,000
14,001 à 15,000	2,555	7,200
15,001 à 16,000	2,667	7,400
16,001 à 17,000	2,667	7,600
17,001 à 18,000	2,668	7,300
18,001 à 19,000	2,800	8,000
19,001 à 20,000	2,800	8,200
20,001 à 25,000	2,933	8,400
25,001 à 30,000	3,067	8,600
30,001 à 35,000	3,333	8,800
35,001 à 40,000	3,467	9,000
40,001 à 50,000	3,755	9,200
50,001 à 60,000	4,000	9,400
60,001 à 70,000	4,267	9,600
70,001 et au-dessus.	5,535	12,000

RÉSIDENCE DES JUSTICES DE PAIX.

Population.	Ancien.	Nouveau.
2,000 hab. et au-dessous.	667f.	1,800f.
2,001 à 2,500	755	1,900
2,501 à 3,000	800	2,000
3,001 à 3,500	867	2,100
3,501 à 4,000	953	2,200
4,001 à 4,500	1,067	2,300
4,501 à 5,000	1,067	2,400
5,001 à 5,500	1,067	2,500
5,501 à 6,000	1,067	2,600
6,001 à 6,500	1,067	2,700
6,501 à 7,000	1,067	2,800
7,001 à 7,500	1,200	2,900
7,501 à 8,000	1,200	3,000
8,001 à 8,500	1,200	3,100
8,501 à 9,000	1,200	3,200
9,001 à 9,500	1,200	3,300
9,501 à 10,000	1,353	3,400
10,001 à 11,000	1,555	3,500
11,001 à 12,000	1,554	3,600
12,001 à 13,000	1,467	3,700
13,001 à 14,000	1,467	3,800
14,001 à 15,000	1,467	3,900
15,001 à 16,000	1,467	4,000
16,001 à 17,000	1,600	4,100
17,001 à 18,000	1,600	4,200
18,001 à 19,000	1,600	4,300
19,001 à 20,000	1,600	4,400
20,001 à 25,000	1,753	4,500
25,001 à 30,000	2,000	4,600
30,001 à 35,000	2,267	4,700
35,001 à 40,000	2,400	4,800
40,001 à 50,000	2,685	4,900
50,001 à 60,000	2,685	5,000
60,001 à 70,000	2,685	5,100
70,001 à et au dessus.	2,685	5,200

1er MAI 1816. Ordonnance du roi Louis XVIII concernant l'exécution de la loi ci-dessus, en ce qui concerne les *cautionnements*.

LOUIS, etc. Vu le titre 9 de la loi du 28 avril 1816 :

Art. 1er. Les suppléments de cautionnements à fournir, en exécution de ladite loi, par les receveurs généraux, receveurs particuliers d'arrondissement, payeurs des divisions militaires et des départements, employés des contributions directes, conservateurs des hypothèques, agents de l'administration des douanes, agents de change et courtiers de commerce, sont fixés conformément aux états annexés à la loi sous les numéros 1, 2, 3, 5, et à ceux joints à la présente ordonnance sous les numéros 11, 12 et 13.

2. Les préfets feront dresser : 1° des états qui présenteront le montant des recouvrements sur les quatre contributions directes de 1815 dont était chargé chaque percepteur de leur département, et le montant de son cautionnement primitif; les préfets détermineront, d'après ces recouvrements, et suivant les proportions fixées par l'article 82 de la loi du 28 avril 1816, le supplément de cautionnement que les percepteurs auront à fournir;

2° De semblables états, pour les receveurs communaux : ces états seront aussi basés sur les recettes de 1815, et fixeront le supplément à fournir par les receveurs communaux, d'après l'art. 83 de la loi.

3. Nos procureurs généraux près les cours royales feront dresser, par nos procureurs près les tribunaux de première instance, des états séparés des notaires, avoués, greffiers et huissiers près des cours et tribunaux, greffiers des justices de paix et commissaires-priseurs attachés au ressort de chaque tribunal, ou de ceux qu'il sera convenable d'y attacher.

Ces états, certifiés par nos procureurs près les tribunaux de première instance, présenteront le nom du titulaire, le lieu de sa résidence, la population de la ville où il exercera, son cautionnement actuel, et le supplément qu'il devra fournir conformément à l'art. 88 de la loi du 28 avril, et aux états annexés à ladite loi sous les numéros 7, 8 et 9.

Nos procureurs généraux, après avoir visé les états que leur enverront nos procureurs près les tribunaux, les adresseront au préfet du département.

4. Le préfet rendra ces états exécutoires, ainsi que ceux qu'il aura fait dresser lui-même pour les percepteurs et les receveurs communaux. Il ordonnera aussitôt aux fonctionnaires qui feront partie de ces divers états d'acquitter dans la huitaine le supplément de cautionnement, soit en argent, soit en obligations, entre les mains du receveur général du département. Il sera, en conséquence, remis copie de ces états exécutoires au receveur général; une autre copie sera adressée, sans délai, à notre ministre secrétaire d'État des finances.

5. Les suppléments de cautionnement dont la fixation est faite par les états annexés à la loi du 28 avril 1816, ou par ceux joints à la présente ordonnance, seront versés dans la quinzaine à compter de ce jour, aux receveurs généraux de département, savoir : un quart en numéraire

et les trois autres quarts en obligations payables les 30 juin, 30 septembre et 31 décembre prochains.

6. Les souscripteurs des obligations seront tenus d'en faire remettre les fonds, aux échéances, au domicile du receveur général : à défaut, les obligations seront protestées audit domicile; et sur l'envoi que le receveur général en fera à notre trésor avec l'acte de protêt, il sera remboursé du montant des obligations. Nos ministres pourvoiront sur-le-champ, conformément à l'art. 95 de la loi du 28 avril 1816, au remplacement du fonctionnaire qui aurait manqué de s'acquitter.

Il en sera usé de même à l'égard des fonctionnaires qui retarderaient de faire les versements ordonnés par les articles 4 et 6 ci-dessus.

7. Dans le cas où un souscripteur d'obligations pour supplément de cautionnement cesserait ses fonctions avant le 31 décembre prochain, les obligations par lui souscrites et qui resteront à acquitter seront payées par son successeur comme si celui-ci les eût souscrites lui-même; le souscripteur sera entièrement libéré du montant de ces obligations au moment où il quittera ses fonctions.

8. Les intérêts du supplément de cautionnement courront à partir de la date des paiements.

9. Les suppléments de cautionnement exigés par la loi du 28 avril 1816 seront transmis au trésor, et, au moyen d'obligations que les receveurs généraux souscriront à l'ordre du caissier général de la caisse de service, payables un mois après celles des fonctionnaires qui sont assujettis à ces suppléments.

Ce délai d'un mois tiendra lieu de toute remise et commission aux receveurs généraux pour la recette et la transmission de ces fonds.

10. Nos ministres de la justice et des finances sont chargés, etc.

————

1er MAI 1816. Ordonnance du même roi qui prescrit de porter au procès-verbal les objets exposés en *vente*, quoique adjugés au propriétaire.

LOUIS, etc. Vu le mémoire de la chambre des commissaires-priseurs du département de la Seine, tendant à ce qu'il soit statué sur la question de savoir si, lorsqu'un objet quelconque a été exposé en vente publique, et qu'il a reçu une ou plusieurs enchères sur sa première mise à prix, il doit, dans ce cas, être adjugé, et le prix porté sur le procès-verbal que dresse le commissaire-priseur, quand bien même cet objet serait adjugé au propriétaire comme dernier enchérisseur;

Vu la loi du 22 pluv. an 7, qui détermine les obligations imposées aux officiers publics ayant droit de procéder aux ventes mobilières;

Vu les rapports de l'administration de l'enregistrement et des domaines, et les observations y relatives de notre garde-des-sceaux;

Considérant que la mise en vigueur des dispositions de l'arrêt rendu, le 13 nov. 1778, par le roi notre auguste frère, ne peut qu'assurer l'exécution plus complète de la loi susdite du 22 pluv. an 7, et prévenir toute omission frauduleuse au pré-

58

judice soit des parties, soit de notre trésor, dans les procès-verbaux des ventes mobilières;

Sur le rapport de notre ministre secrétaire d'Etat des finances, nous avons ordonné et ordonnons ce qui suit :

Art. 1er. La disposition de l'arrêt du conseil d'Etat, du 13 nov. 1778, qui oblige les notaires, greffiers, huissiers et tous autres officiers publics ayant droit de procéder aux ventes mobilières, de comprendre dans leurs procès-verbaux tous les articles exposés en vente, tant par eux adjugés soit en totalité ou sur simple échantillon que ceux *retirés* ou *livrés* par les propriétaires ou les héritiers pour le prix de l'enchère et de la prisée, sous peine de cent francs d'amende, est remise en vigueur, et sortira sa pleine et entière exécution.

2. Nos ministres de la justice et des finances sont chargés, etc.

———

1er MAI 1816. Ordonnance du même roi qui autorise le trésor à payer les rentes et pensions sur des *procurations*, quand les titulaires ne jugeront pas à propos de se dessaisir de leurs inscriptions.

LOUIS, etc. Informé des réclamations qui se sont élevées par suite de l'exécution trop absolue donnée aux dispositions de la loi du 22 flor. an 7, relatives au paiement des arrérages des rentes et pensions sur l'Etat, nous nous sommes fait représenter cette loi qui, pour *dégager le paiement des rentes et pensions de formalités gênantes et coûteuses*, porte que les arrérages en seront payés *au porteur de l'inscription au grand-livre*.

Nous avons jugé que ladite loi, ayant pour but de faciliter le paiement des arrérages de la dette publique, n'avait pu créer pour les rentiers et pensionnaires des difficultés qui n'existaient pas précédemment, en leur interdisant la faculté de constituer des fondés de pouvoirs, et en les obligeant à remettre leurs titres à des tiers au lieu de procurations.

Considérant que la remise de ces titres serait contraire aux droits de propriété, si elle était obligatoire, et qu'elle ne peut être que facultative; que cette remise, imposée jusqu'à ce jour par une interprétation trop littérale de la loi, inspire aux propriétaires des inquiétudes dont il est important de les dégager; qu'elle détourne les capitalistes du désir de placer leurs fonds en inscriptions, et qu'elle nuit par là au développement d'une concurrence favorable au cours des rentes; qu'enfin plus d'un tiers-porteur d'inscriptions peut en abuser après le décès des titulaires, pour en recevoir indéfiniment les arrérages au préjudice des héritiers et ayants-droit; voulant remédier à ces inconvénients, et concilier les facilités accordées par la loi du 22 flor. an 7 avec les convenances et la sûreté des créanciers;

Sur le rapport de notre ministre secrétaire d'Etat des finances, et de l'avis de notre conseil, nous avons ordonné et ordonnons ce qui suit ;

Art. 1er. Les propriétaires de rentes et pensions sur l'Etat, qui ne pouvant recevoir par eux-mêmes les arrérages échus, ne jugeront pas à propos de confier leurs inscriptions à des tiers, sont libres d'y suppléer par des procurations spéciales qui seront passées pardevant notaires.

2. Ces procurations rappelleront les numéros et sommes des inscriptions dont elles tiendront lieu entre les mains des fondés de pouvoirs; elles seront déposées chez les notaires de Paris, qui en délivreront des extraits, conformément au modèle dont le ministre des finances réglera la forme. L'un de ces extraits sera joint à la première quittance de paiement, et l'autre, après avoir été visé du directeur du grand-livre, demeurera au fondé de pouvoirs, pour être par lui présenté au lieu des inscriptions à chaque semestre.

3. Le dernier extrait recevra l'empreinte du paiement prescrite par l'art. 9 de la loi précitée du 22 flor. an 7.

4. Ces procurations seront valables pendant dix ans, sauf révocation ; et si dans l'intervalle le titulaire se présente pour recevoir un semestre, sa quittance sera interprétée comme la révocation des pouvoirs qu'il aura précédemment donnés.

5. Les fondés de pouvoirs qui, ayant connaissance du décès de leurs commettants, auront néanmoins reçu des arrérages postérieurement au décès, sans avoir fait opérer la mutation, seront, à la diligence de l'agent judiciaire du trésor, poursuivis conformément aux lois.

6. Notre ministre des finances est chargé, etc.

Nota. Voyez ci-après, à la date du 9 janvier 1818.

———

26 JUIN 1816. Ordonnance du même roi qui déclare les fonctions de commissaires-priseurs *compatibles* avec celles de notaire, ailleurs qu'à Paris. (Art. 11.)

———

3 JUILLET 1816. Ordonnance du même roi sur les *consignations*, contenant diverses obligations imposées aux notaires.

———

3 JUILLET 1816. Ordonnance du même roi qui autorise la caisse des dépôts et consignations à recevoir les dépôts volontaires et particuliers.

Art. 1er. Conformément à la faculté accordée par l'art. 7 de la loi du 18 janvier 1805 (28 niv. an 13), la caisse des dépôts et consignations est autorisée à recevoir les dépôts volontaires des particuliers.

2. Ces dépôts ne pourront être faits qu'à Paris, et seulement en monnaie ayant cours d'après les lois et ordonnances, ou en billets de la banque de France.

3. La caisse et ses préposés ne pourront, sous aucun prétexte, exiger de droit de garde ni aucune rétribution, sous quelque dénomination que ce soit, tant lors du dépôt que lors de sa restitution.

4. La caisse sera chargée des sommes versées, par les récépissés du caissier, visés par le directeur, conformément à l'art. 19 de notre ordonnance du 22 mai dernier. Le déposant devra, sur ce même récépissé et par la déclaration de lui signée, élire dans la ville de Paris un domicile

qui sera attributif de juridiction pour tout ce qui aura trait audit dépôt, conformément à l'art. 111 C. civ.

5. Les sommes déposées porteront intérêts à trois pour cent, pourvu qu'elles soient restées à la caisse trente jours. Si elles sont retirées avant ce temps, la caisse ne devra aucun intérêt.

6. Le dépôt sera rendu à celui qui l'aura fait, à son fondé de pouvoirs ou à ses ayants-cause, à l'époque convenue par l'acte de dépôt, et, s'il n'en a pas été convenu, à simple présentation. Ceux qui retireront ainsi leurs fonds ne seront soumis à aucune autre condition que celle de remettre la reconnaissance de la caisse et de signer leur quittance.

7. Les sommes déposées ne pourront être saisies et arrêtées que dans les cas, les formes et sous les conditions prévues par les art. 557 et suiv. C. proc. civ.

Pourront néanmoins être reçues des oppositions, sans que lesdites formes soient observées :

1° De la part du déposant qui déclarerait avoir perdu son récépissé ;

2° De la part des agents ou syndics d'un failli, comme il est dit dans l'art. 149 C. comm.

8. Les départements et communes sont autorisés à déposer à la caisse, ou à ses préposés, dans les villes autres que Paris, les fonds qui sont ou seront à leur disposition, soit d'après les lois annuelles sur les finances, soit d'après celles qui les auraient autorisés à quelques impositions extraordinaires, soit enfin les sommes qui proviendraient de leurs revenus ordinaires et extraordinaires, excédants de recettes sur les dépenses, coupes de bois et autres causes semblables.

La même faculté est accordée à tous les établissements publics.

9. La caisse ou ses préposés effectueront les remboursements entre les mains du receveur de l'établissement au nom duquel le dépôt aura été fait, d'après les mandats des préfets, des maires ou administrateurs compétents.

10. Le caissier et autres préposés qui, sans motifs fondés sur les dispositions de la présente ordonnance, refuseraient de faire un remboursement, seraient personnellement condamnés à bonifier les intérêts à la partie prenante sur le pied de cinq pour cent, et poursuivis par voie de contrainte par corps, tant pour le capital que pour les intérêts, sans préjudice du recours du créancier contre la caisse, qui devra elle-même ladite bonification de retard, comme garante des faits de ses préposés, et sauf son recours contre eux.

11. En cas de perte d'un récépissé, le déposant devra former opposition fondée sur cette cause ; ladite opposition sera insérée par extrait dans le journal officiel, aux frais et diligence du réclamant ; un mois après ladite insertion, la caisse sera valablement libérée en lui remboursant le dépôt sur sa quittance motivée.

12. Notre ministre des finances est chargé, etc.

27 JANVIER 1817. Décision du ministre des finances

qui porte que la *surcharge* des mots cesse d'être une contravention dès qu'elle est approuvée régulièrement.

19 FÉV. 1817. Ordonnance du roi Louis XVIII qui accorde un nouveau délai (jusqu'au 1er mars suivant) pour le paiement des suppléments de *cautionnements* exigés par la loi du 28 avril 1816.

21 FÉV. 1817. Circulaire de M. le garde des sceaux sur les règles qui doivent être observées dans les *traités d'office* que passent les notaires, greffiers, avoués et autres officiers ministériels, avec leurs successeurs, en vertu de l'art. 91 de la loi du 28 avril 1816 (1).

On se plaint avec raison que le prix des traités que font les officiers ministériels avec les sujets qui se proposent de leur succéder excède de beaucoup la proportion des produits de leur état. Les successeurs, qui sont souvent des jeunes gens sans expérience, contractent des engagements dont ils sentent bientôt toute la dureté. Privés, par ce surcroît de charge, de moyens honorables d'existence, plusieurs cherchent des ressources dans des opérations étrangères à leurs fonctions, et qui compromettent leur considération personnelle ; d'autres, et le nombre en est assez grand, ne craignent pas d'ajouter à leurs profits par des exactions ; une cupidité honteuse remplace, tous les jours, la modération et le désintéressement dont ces officiers devraient faire profession. C'est pour mettre un terme à des désordres aussi déplorables pour la société, et dont la preuve est consignée dans les plaintes multipliées que je reçois, que je vous en signale une des principales causes.

L'usage des traités s'était introduit depuis longtemps sans avoir été autorisé. On n'y avait aucun égard, avant la loi du 28 avril 1816, toutes les fois qu'il y avait lieu de faire des nominations, le roi étant entièrement libre dans ses choix.

Quelques officiers ministériels ont pensé que l'art. 91 de cette loi avait entièrement changé cet ordre de choses, en leur laissant la libre disposition de leur état.

Il est vrai que la loi dont il s'agit donne aux avocats à la cour de cassation, notaires, avoués, greffiers, huissiers, agents de change, courtiers et commissaires-priseurs, la faculté de présenter des successeurs à l'agrément de S. M. ; mais il serait déraisonnable de penser que cette faculté ne doit pas être subordonnée à des règles d'ordre public.

Il vous appartient, monsieur le procureur du roi, de prévenir, dans votre ressort, les abus qui pourraient résulter d'une fausse interprétation de la loi du 28 avril 1816. Vous êtes sans doute bien convaincu qu'elle n'a pas fait revivre la vénalité des offices, qui n'est pas en harmonie avec nos institutions ; vous ne devez donc voir dans les dispositions de l'art. 91 qu'une condescendance, qu'une probabilité de préférence accordée aux

---

(1) Cette circulaire ne paraît pas être suivie, quoi qu'elle soit souvent invoquée.

officiers ministériels, comme un dédommagement qui, étant susceptible d'une évaluation, doit les circonscrire, pour l'avantage qu'ils peuvent en tirer, dans des limites qu'il ne leur est pas permis de dépasser.

Il serait bon de surveiller les traités patents ou secrets qui peuvent être faits par tous ces officiers; mais j'appelle surtout votre attention sur ceux des greffiers. Les abus dont on se plaint sont devenus plus sensibles dans cette classe d'officiers, et ils sont aussi plus multipliés. Plusieurs greffiers, même parmi ceux des justices de paix, ont trafiqué avec un empressement vraiment scandaleux (et quelques-uns à un prix exorbitant) des places auxquelles ils venaient à peine d'être nommés.

Comme ces officiers tiennent de plus près à la magistrature, vous devez aussi apporter une attention plus sévère sur tout ce qui a rapport à leur existence et à leur considération. On ne peut en tout point les assimiler aux autres officiers ministériels; il n'existe pas pour eux de concurrence, et conséquemment ils ne doivent ni à leur zèle, ni à leur aptitude plus ou moins reconnue, une clientelle. Le recours à leur ministère est obligatoire pour les justiciables; il est tout à fait inconvenant que l'on mette ainsi à l'enchère des fonctions qui font, en quelque sorte, partie du pouvoir judiciaire. Je vous charge expressément de ne point souffrir que les greffiers mettent à la présentation des sujets qu'ils proposent pour leur succéder des conditions trop onéreuses, et de refuser à ces derniers votre *admittatur* s'ils en avaient accepté de semblables. En général, vous pourrez prendre pour base du sacrifice que peut faire l'impétrant en faveur de son prédécesseur une somme égale, au plus, au montant du cautionnement, ou à une ou deux années du produit du greffe.

Vous pourrez établir une base un peu plus large pour les autres officiers ministériels qui, à la différence des greffiers, se forment des clientelles : il est juste d'avoir des égards particuliers pour des hommes investis d'une confiance que la conduite et les lumières peuvent seules commander. On peut leur laisser plus de latitude; mais cependant vous devez veiller avec soin à ce que l'indemnité qu'ils stipulent soit fixée avec discrétion. Vous vous concerterez, à ce sujet, avec les syndics de leurs compagnies respectives, de manière à concilier la justice due aux titulaires avec l'intérêt public.

Vous ne devez pas sans doute vous reposer de cette surveillance sur les chefs de ces compagnies; mais il est naturel que vous donniez quelque chose à la confiance, lorsqu'ils vous paraîtront personnellement recommandables, et toutes les fois que vous n'aurez pas lieu de craindre que leur intérêt particulier ne se trouve trop fortement en opposition avec les règles d'équité et de modération que vous aurez soin de leur tracer.

Si vous veniez à découvrir qu'un officier public, pour obtenir son admission, eût produit un traité simulé, vous m'en donneriez avis aussitôt. Un homme qui se serait conduit d'une manière aussi répréhensible ne mériterait pas de conserver son état, et je provoquerais, sans aucun ménagement,

sa destitution. Vous préviendrez les candidats des suites qu'entraînerait une semblable fraude, et vous avertirez aussi les divers officiers ministériels de votre ressort, ou les syndics de leurs compagnies, que je prendrai les ordres du roi pour punir toutes les collusions qui auraient pour objet des traités simulés.

Ils ne devront pas perdre de vue que le droit de destitution pur et simple est complétement réservé au roi : il sera de mon devoir de provoquer sa juste sévérité toutes les fois que je croirai que le bon ordre public y est intéressé.

20 JUIN 1817. Extrait de l'ordonnance du roi concernant les pensions sur l'État, laquelle renferme des dispositions sur les *certificats de vie*.

Art. 10. L'art. 27 de la loi rendant incompatible la jouissance d'une pension avec celle d'un traitement d'activité, de retraite ou de réforme, tous les pensionnaires seront tenus de déclarer, dans leur certificat de vie, qu'ils n'ont aucun traitement ni aucune autre pension ou solde de retraite, soit à la charge de l'État, soit sur les fonds de retenue des diverses administrations, ou des invalides de la marine. En cas de fausse déclaration, la restitution des sommes indûment perçues sera poursuivie contre les délinquants, sans préjudice des autres peines que les lois et règlements prononcent...

11. Les pensions militaires définitives, connues sous la dénomination de *soldes de retraite*, assujetties, conformément à la loi du 28 fruct. an 7, à une retenue proportionnelle à leur quotité, savoir, de deux centimes par franc au-dessous de neuf cents francs, et de cinq centimes à neuf cents francs et au-dessus, devant continuer à subir la même retenue, seront inscrites sur deux registres séparés, et auront en conséquence deux séries de numéros distinctes.

Le paiement de toutes ces pensions, sans exception, sera effectué par trimestre.

Notre ministre secrétaire d'État des finances prendra les mesures nécessaires pour les faire payer dans le lieu le plus voisin du domicile des titulaires.

12. Ces titulaires seront tenus de produire des certificats de vie délivrés par les notaires certificateurs. Ces certificats seront exempts du droit de timbre, comme l'étaient précédemment ceux délivrés par les maires : il ne sera donc rien exigé pour le prix du papier. La rétribution des notaires certificateurs est réglée comme il suit :

1 fr. pour les sommes à recevoir de 601 fr. et au-dessus;

50 c. pour celles de 301 à 600;

35 c. pour celles de 101 à 300;

25 c. pour celles de 100 à 50;

0 pour celles au-dessous de 50.

12 AOUT 1817. Arrêté du ministre des finances sur la forme des *certificats de vie* des rentiers et pensionnaires de l'État, et sur les obligations des notaires à ce sujet.

Art. 3. La déclaration à faire par les pensionnaires en général, dans les certificats de vie, sera, conformément à l'art. 10 de l'ordonnance du 20 juin, conçue en ces termes : « Nous a déclaré ledit .... qu'il ne jouit d'aucun traitement ni d'aucune pension de retraite, soit à la charge de l'Etat, soit sur les fonds de retenues des diverses administrations ou des invalides de la marine. »

Cette déclaration sera exigée, à compter du trimestre échéant, le 1ᵉʳ octobre prochain, pour les pensions militaires, ainsi que pour tous les titulaires de pensions sur les fonds de retenues inscrites au trésor, et à compter du semestre échéant le 22 déc. 1817, pour les autres pensionnaires.

Si les pensionnaires militaires jouissent d'un traitement civil d'activité, ils en feront la déclaration, en désignant la nature de l'emploi pour lequel ils le reçoivent.

4. A l'échéance de chaque trimestre, les pensionnaires militaires se présenteront, avec le certificat d'inscription qui leur aura été délivré, au notaire certificateur le plus à leur convenance, dans le département où ils devront être payés de leurs arrérages, pour faire constater leur existence. Ils donneront, au bas du certificat de vie, leur acquit de la somme due pour le trimestre, s'ils préfèrent le recevoir par l'intermédiaire du même notaire.

5. Les notaires certificateurs dresseront, tous les huit jours, un bordereau général de tous les certificats de vie qu'ils auront expédiés dans la huitaine aux militaires pensionnés qui voudront recevoir par leur intermédiaire. Ce bordereau indiquera les noms, prénoms des titulaires, le numéro de chaque inscription, le montant de la solde de retraite et de la somme du trimestre dont il aura été donné quittance.

Les bordereaux, accompagnés des certificats de vie et d'inscription, seront adressés par les notaires au payeur du département chargé d'en effectuer le paiement.

6. Pour le montant de toutes les pensions dont le paiement ne serait pas susceptible d'être ajourné, à raison d'irrégularité dans les certificats de vie ou autrement, le payeur adressera au notaire certificateur, soit directement, soit par l'intermédiaire du sous-préfet de son arrondissement, un ou plusieurs mandats délivrés par les receveurs généraux sur les receveurs des contributions directes de son canton. Il joindra à l'envoi qu'il en fera le bordereau mentionné à l'art. 5, et les certificats d'inscription revêtus du timbre trimestriel, ainsi que les pièces produites par les titulaires dont le paiement aurait été ajourné, avec la note indicative des motifs de l'ajournement.

7. Les notaires certificateurs recevront, sur leur acquit, le montant des mandats qui leur auront été délivrés, et en feront la répartition entre tous les ayants-droit, dans la huitaine au plus tard de la réception des mandats.

Les pensionnaires auront néanmoins la faculté de recevoir personnellement à la caisse du payeur, ou d'y faire recevoir, par l'entremise de telle personne qu'il leur plaira de choisir, le montant de leurs pensions, en se conformant d'ailleurs aux autres formalités prescrites.

14. Les dispositions des art. 4, 5, 6 et 7 du présent arrêté, sont applicables aux pensions qui, pour cause d'insuffisance des fonds de retenues, seront inscrites au trésor royal, et qui sont également payables par trimestre. Elles le sont aussi à tous les autres pensionnaires civils, ecclésiastiques et veuves de militaires, quoique leur paiement ne doive avoir lieu que par semestre.

15. Toutes les décisions, tant générales que particulières, qui seraient contraires aux dispositions de l'art. 27 de la loi du 25 mars 1817, et au présent arrêté, sont révoquées, et cesseront d'avoir leur effet à compter du semestre échu le 22 juin dernier.

_____

25 AOUT 1817. Extrait de l'ordonnance du roi sur la délivrance des lettres-patentes portant collation des *titres de pairie*, laquelle contient des injonctions aux notaires.

Art. 11. Il est enjoint à tous les officiers publics de ne donner aux pairs de France d'autres qualifications ou titres honorifiques que ceux auxquels ils ont droit en vertu des lettres-patentes portant institution de leur titre de pairie.

_____

27 AOUT 1817. Ordonnance du roi qui déclare *incessibles* et *insaisissables* les pensions affectées sur les fonds de retenue.

Louis, etc. Vu la déclaration du 7 janv. 1779; vu la loi du 22 flor. an 7; vu l'arrêté du gouvernement du 7 therm. an 10; vu les différents réglements concernant les pensions de retraite affectées sur les fonds de retenue; — Considérant qu'aux termes des lois, les pensions payées par l'Etat sont incessibles et insaisissables; que les pensions sur des fonds de retenue sont essentiellement de même nature que celles acquittées directement par le trésor royal, et conséquemment qu'elles sont soumises à la même législation; — Notre conseil d'Etat entendu, — Nous avons ordonné et ordonnons ce qui suit:

Art. 1ᵉʳ. Il ne sera reçu aucune signification de transport, cession ou délégation de pensions de retraite affectées sur des fonds de retenue.

2. Le paiement desdites pensions ne pourra être arrêté par aucune saisie ou opposition, à l'exception des oppositions qui pourraient être formées par le propriétaire du brevet de la pension.

3. Nos ministres sont chargés, etc.

_____

27 AOUT 1817. Ordonnance du roi pour l'application aux pensionnaires de la marine des dispositions de la loi du 25 mars précédent, sur les *certificats de vie*.

2. Les dispositions de l'art. 27 de la loi des finances du 25 mars 1817, portant interdiction du cumul de deux pensions, ou d'une pension avec un traitement d'activité, de retraite ou de réforme, sont applicables aux pensionnaires du départe-

ment de la marine, sous la réserve exprimée audit article en faveur des pensions susceptibles d'être cumulées avec un traitement civil d'activité.

Les titulaires ne pourront toucher leur solde de retraite ou pensions qu'après avoir déclaré, dans leurs certificats de vie, sous les peines portées par les lois et réglements, qu'ils ne jouissent d'aucun traitement, ni d'aucune autre pension quelconque à la charge du trésor ou des divers fonds de retenue.

---

24 OCT. 1817. Décision du ministre des finances portant que, lorsqu'un notaire dresse un procès-verbal de visite de lieux, comme chargé de cette opération par le tribunal, il doit inscrire ce procès-verbal sur son *répertoire.*

---

12 NOV. 1817. Décision du ministre des finances qui porte que c'est par le notaire successeur que doit être fait le dépôt du *répertoire* du notaire démissionnaire.

Le ministre a considéré que le notaire démissionnaire, ayant remis à son successeur ses minutes et son répertoire, n'exerçait plus les fonctions de notaire à l'époque où le dépôt du double de ce répertoire devait avoir lieu, et qu'il n'avait plus aucune espèce de qualité pour l'effectuer ; que l'obligation de déposer regardait nécessairement son successeur.

---

9 JANV. 1818. Ordonnance du roi sur les *procurations* nécessaires pour toucher les arrérages des rentes perpétuelles et viagères sur l'État.

LOUIS, etc. Vu notre ordonnance du 1er mai 1816, qui accorde aux propriétaires de rentes sur l'Etat la faculté d'en faire toucher les arrérages par des fondés de procuration, sans obligation de représenter l'extrait de l'inscription ;

Voulant ajouter aux facilités qui en résultent pour les rentiers étrangers ou régnicoles non habitant la capitale, et épargner à ceux qui font de nouveaux placements les frais qu'entraînerait l'obligation de donner de nouveaux pouvoirs ;

Sur le rapport de notre ministre secrétaire d'Etat des finances, — Avons ordonné et ordonnons ce qui suit :

Art. 1er. Les procurations données à l'effet de recevoir les arrérages des rentes perpétuelles et viagères sur l'Etat pourront valoir, sans désignation spéciale de numéros et de sommes, pour toutes les inscriptions possédées par les propriétaires au moment du mandat, et même pour celles qu'ils pourraient acquérir par la suite, lorsque toutefois ces procurations en contiendront la clause expresse.

2. Les procurations passées à l'étranger ou dans les départements, seront déposées chez un notaire de Paris; il en sera produit un seul extrait ou expédition au directeur du grand livre, qui en délivrera autant d'extraits qu'il y aura de parties de rente au nom du même propriétaire; la forme de ces extraits sera réglée par notre ministre des finances.

3. Les dispositions de notre ordonnance du

1er mai 1816, ci-dessus rappelées, auxquelles il n'est point dérogé par la présente, continueront de recevoir leur exécution.

4. Notre ministre des finances est chargé, etc.

---

20 MAI 1818. Ordonnance du roi qui modifie l'art. 4 de celle du 30 juin 1814, concernant la délivrance et la légalisation des *certificats de vie* des rentiers viagers de l'Etat résidant hors du royaume.

LOUIS, etc. Vu l'art. 4 de notre ordonnance du 30 juin 1814, relatif à la délivrance et à la légalisation des certificats de vie des rentiers viagers et pensionnaires de l'Etat résidant hors du royaume ;

Voulant apporter quelques modifications aux dispositions de cet article en ce qui concerne seulement les rentiers viagers ;

Sur le rapport de notre ministre secrétaire d'Etat des finances, — Nous avons ordonné et ordonnons ce qui suit :

Art. 1er. Les certificats de vie des rentiers viagers résidant hors du royaume, pourront être délivrés indifféremment, soit par nos ambassadeurs, envoyés et consuls dans les pays qu'ils habitent, soit par les magistrats du lieu, soit même par les notaires ou tous autres officiers publics ayant qualité à cet effet, quelle que soit la distance du lieu qu'ils habiteront à celui de la résidence des agents français.

Dans l'un et l'autre de ces deux derniers cas, les certificats de vie devront être légalisés par les agents diplomatiques ou consulaires français établis dans l'étendue du territoire de la puissance sous la domination de laquelle se trouvera le lieu de la résidence des rentiers viagers.

2. Néanmoins, relativement aux rentiers viagers domiciliés dans le grand-duché du Bas-Rhin et autres parties du territoire prussien qui touchent aux frontières de notre royaume, dans la Savoie et l'île de Sardaigne, dans le grand duché de Varsovie, ainsi que dans les îles anglaises et autres possessions de l'Angleterre au-delà des mers, où il n'existe pas de consul français, et pour le temps que ces mêmes pays en seront privés, les certificats de vie pourront être légalisés à Paris par les ambassadeurs ou chargés d'affaires de chaque puissance respective.

---

29 JUILL. 1818. Ordonnance du roi portant rectification d'une erreur commise dans l'ordonnance précédente.

Art. 1er. Les dispositions autorisées par notre ordonnance du 20 mai dernier, relativement à la légalisation des certificats de vie des rentiers viagers de la France, résidant à l'étranger, et dont l'application ne doit concerner que le royaume actuel de Pologne, qui y est désigné par erreur sous la dénomination de *grand-duché de Varsovie*, ne sont pas applicables aux parties de l'ancien duché de Varsovie appartenant aujourd'hui à l'Autriche et à la Prusse.

En conséquence, les rentiers viagers de la France résidant dans les parties de l'ancien duché de Varsovie qui n'auront pas été réunies au royaume actuel de Pologne, se conformeront, pour la légalisation de leurs certificats de vie, aux formalités prescrites par notre ordonnance du 30 juin 1814, ainsi qu'elles ont été modifiées d'ailleurs par l'art 1er de celle du 20 mai de cette année.

2. Nos ministres des affaires étrangères et des finances sont chargés, etc.

7 oct. 1818. Ordonnance du roi qui autorise, à certaines conditions, la *mise en ferme* devant notaire, de biens communaux qui ne seraient pas nécessaires à la dépaissance des troupeaux.

Art. 1er. Les biens des communautés d'habitants restés en jouissance commune depuis la loi du 10 juin 1793, et que les conseils municipaux ne jugeront pas nécessaires à la dépaissance des troupeaux, pourront être affermés, sans qu'il soit besoin de recourir à notre autorisation, lorsque la durée des baux n'excédera pas neuf années; à l'effet de quoi il est spécialement dérogé aux dispositions du décret du 31 octobre 1804 (9 brumaire an 13).

2. La mise en ferme de ces biens ne pourra se faire qu'après avoir été délibérée par le conseil municipal, et que sous les clauses, charges et conditions insérées au cahier des charges qui en sera préalablement dressé par le maire, et homologué par le préfet sur l'avis du sous-préfet.

3. Il sera procédé par le maire à l'adjudication des baux desdits biens, en présence des adjoints et d'un membre du conseil municipal désigné par le préfet, à la chaleur des enchères, et d'après affiches et publications faites dans les formes prescrites tant par l'art. 13 de la loi du 5 nov. 1790, et par les dispositions de la loi du 11 fév. 1791, que par le décret du 12 août 1807.

4. Conformément à l'art. 1er du décret du 12 août 1807, il sera passé acte de l'adjudication pardevant le notaire désigné par le préfet.

5. L'adjudication ne sera définitive qu'après l'approbation du préfet, et le délai pour l'enregistrement sera de vingt jours après celui où elle aura été donnée, conformément à l'art. 78 de la loi du 15 mai dernier.

6. En cas d'opposition légale de la part des habitants au changement de jouissance, le préfet surseoira à l'approbation de l'adjudication, et il en rendra compte à notre ministre secrétaire d'État de l'intérieur, pour, sur son rapport, être par nous statué ce qu'il appartiendra.

7. Les baux des biens communaux et des biens patrimoniaux des communes pour une durée excédant neuf années, continueront d'être soumis aux règles prescrites par le décret du 28 mars 1801 (7 germinal an 9).

14 avril 1819. Loi relative à l'ouverture, dans chaque département, d'un livre auxiliaire du grand-livre de la *dette publique*.

14 avril 1819. Ordonnance du roi relative à l'*exécution* de la loi précédente.

6. La vente des rentes représentées par les inscriptions départementales s'opérera par un émargement sur le livre auxiliaire, à l'article correspondant, et, en outre, par une déclaration de transfert reçue sur un registre (modèle n. 3) tenu par le receveur général. L'émargement et les déclarations seront signés par le propriétaire de la rente, ou d'un fondé de procuration spéciale, assisté d'un agent de change, ou, à défaut, d'un notaire, pour certifier l'individualité des parties, la vérité de leurs signatures, et celle des pièces produites, conformément à l'art. 15 de l'arrêté du 27 prairial an 10.

18 mai 1819. Circulaire de M. le garde des sceaux qui prescrit aux greffiers des tribunaux de première instance, d'inscrire sur un registre, à la suite les uns des autres, les dépôts annuels des *répertoires*.

Une circulaire du 27 juin 1808 a rappelé aux officiers du ministère public que les greffiers devaient dresser acte du dépôt qui leur est fait annuellement par les notaires du double de leurs répertoires, et tenir registre desdits actes.

D'après cette circulaire, les greffiers des différents tribunaux se sont crus autorisés à tenir un registre particulier de ces actes, et cela à l'instar de celui de Paris, qui leur était cité dans la circulaire, comme ayant adopté cette méthode. Mais cette faculté, qui peut être nécessaire à Paris, attendu la multiplicité des affaires et le grand nombre des notaires et autres officiers publics assujettis au dépôt annuel du double de leurs répertoires, ne présente pas le même caractère d'utilité dans les autres départements; elle peut y avoir, au contraire, différents inconvénients, et entre autres celui de donner les moyens de favoriser, par des antidates, les notaires qui sont en retard d'effectuer le dépôt, abus qui serait à peu près impossible si les actes constatant les dépôts de répertoires étaient inscrits sur le registre ordinaire des dépôts.

Il me paraît donc indispensable de ramener à l'application uniforme de l'art. 2 du décret du 12 juillet 1808 les officiers publics qui s'en sont écartés. Cet article veut que tous les actes de dépôt soient mis à *la suite les uns des autres* sur les registres destinés en général à les recevoir : c'est une règle qu'il importe de maintenir. Vous voudrez donc bien donner à messieurs les procureurs du roi près des tribunaux de première instance du ressort de la cour les instructions nécessaires pour que les greffiers de ces tribunaux inscrivent les actes du dépôt annuel qui leur est fait des doubles des répertoires sur le registre ordinaire des actes de dépôt des titres et pièces, prévu à l'art. 2 du décret sus-énoncé.

11 nov. 1819. Décision du ministre des finances sur les formalités à remplir pour les actes passés devant un notaire *substituant* son confrère, et pour les décharges données aux notaires à la suite d'actes par eux reçus.

Il n'y a pas d'uniformité dans le mode suivi relativement aux formalités à remplir pour les actes faits par les notaires qui suppléent leurs confrères en cas d'absence ou de maladie, et pour les décharges ou quittances données personnellement à un notaire, en marge ou à la suite d'actes qu'il a rédigés.

Dans quelques départements, les notaires qui remplacent un de leurs confrères, pour la rédaction d'un acte, sont dans l'usage de porter cet acte sur leur répertoire, de le faire enregistrer au bureau de leur domicile, et de le mettre au rang de leurs minutes. Ailleurs, c'est le notaire suppléé qui consigne sur son répertoire l'acte dressé à son lieu et place, par son confrère, qui le fait revêtir de la formalité de l'enregistrement au bureau de son domicile, et en conserve la minute.

A l'égard des décharges ou quittances, les notaires, dans quelques arrondissements, ne se croient pas autorisés à retenir la minute de celles qui opèrent leur libération personnelle, et qui sont rédigées à la suite de leurs actes par un autre notaire; alors la minute est remise au notaire rédacteur de la décharge ou de la quittance, et est portée sur son répertoire. Dans d'autres localités, la minute reste en l'étude du notaire à qui la décharge est donnée, et est inscrite sur le répertoire de ce dernier.

Des chambres de notaires ayant demandé qu'il intervînt une décision pour régler la marche à suivre dans les cas dont il s'agit, son excellence le ministre des finances et monseigneur le garde des sceaux ont décidé :

« 1° Que, dans les cas où un notaire aura remplacé son confrère pour la rédaction d'un acte, cet acte contiendra la mention que la minute est restée au notaire suppléé, lequel demeurera responsable du préjudice de la substitution ;

« Que la minute sera portée à la fois sur le répertoire du notaire *substitué* et sur celui du notaire *substituant*, avec mention, par celui-ci, que la minute est restée au notaire suppléé, et qu'elle sera enregistrée au bureau de l'enregistrement de ce dernier;

« 2° Qu'en ce qui concerne la minute d'une quittance ou décharge donnée personnellement à un notaire, à la suite d'un acte par lui reçu, cette quittance ou décharge, quoique signée par un autre notaire, restera en la garde du notaire dont elle opère la libération ;

« Que cette quittance doit néanmoins être enregistrée au bureau de l'arrondissement du notaire qui l'a reçue, et être portée sur son répertoire, avec mention de la garde par l'autre notaire, sans qu'il soit besoin de l'inscrire sur le répertoire de celui-ci. »

Les préposés se conformeront à cette décision.

---

12 JANV. 1820. Ordonnance du roi portant révocation, après deux mois de sa promulgation, des notaires officiers ministériels qui n'auraient point satisfait aux *cautionnements* ou *suppléments de cautionnements* exigés par la loi du 28 avril 1816.

---

5 FÉV. 1820. Lettre de M. le garde des sceaux portant que le notaire qui a été établi *dépositaire de sommes* par jugement doit les déposer à la caisse des consignations.

Vous m'avez rendu compte d'un jugement por-

tant que les scellés qui avaient été apposés chez le sieur... seraient levés, et que les espèces monnayées qui existeraient sous les scellés resteraient à titre de dépôt provisoire entre les mains du notaire commis pour procéder à l'inventaire ; qu'il a été trouvé une somme d'environ 3,000 fr. que ce notaire a gardée par-devers lui en exécution de ce jugement, et vous demandez s'il peut dispenser d'en faire remise à la caisse d'amortissement.

Il me paraît incontestable que le notaire commis pour recevoir les sommes dont la propriété est litigieuse entre le légataire et les héritiers est un véritable séquestre; qu'ainsi il doit faire le dépôt de ces sommes à la caisse des consignations, aux termes de l'art. 2, n. 5, de l'ordonnance royale du 3 juillet 1816, et cela sous les peines portées par l'art. 10 de la même ordonnance.

---

4 MARS 1820. Décision de M. le garde des sceaux qui règle les *honoraires* dus aux notaires pour faire le dépôt de leurs minutes au greffe.

L'art. 166 du tarif ne prévoit que le cas du transport du notaire avec ses minutes, et de son retour après la vérification, et il en a fixé les droits; mais si, par une circonstance quelconque, indépendante du notaire, l'opération n'est pas achevée dans le jour, s'il est obligé de se déplacer une seconde fois pour aller reprendre ses minutes, il n'est pas convenable que ce second déplacement soit à sa charge et qu'il fasse à ses frais un voyage qui n'est point de son fait, et qui n'est occasionné que par le retard ou la durée de la vérification. De ce que cette circonstance n'est point prévue par le tarif, on n'en peut rien conclure contre la réclamation des notaires, qui me paraît fondée. Seulement, dans ce dernier cas, il me paraît qu'ils n'ont droit à aucune vacation, puisqu'ils n'ont fait que se présenter au greffe et en retirer leurs minutes.

---

25 AVRIL 1820. Ordonnance du roi qui règle les formalités à observer lors des *scellés* et *inventaires* qui auront lieu après le décès des *princes* ou *princesses* de la famille royale, ou en toute autre occasion les concernant.

---

26 MAI 1820. Décision du ministre des finances portant que l'impression des colonnes des *répertoires* peut porter sur le timbre sans qu'il y ait contravention.

---

7 AVRIL 1821. Avis du conseil d'État qui décide que les notaires ne peuvent remettre aux testateurs la *minute* de leurs *testaments* (1).

Le comité de législation du conseil d'État, sur le renvoi fait par M. le pair de France, sous-secrétaire d'État au département de la justice, d'un rapport de M. le chef de la division des affaires civiles présentant la question de savoir si, lorsqu'un testateur est dans l'intention de révoquer

---

(1) Voy. ci-dessus à la date de mars 1693.

ses dispositions de dernière volonté, et que le testament qui les contient a été fait par acte public, le notaire qui l'a reçu et placé dans ses minutes peut en rendre l'original au testateur;

Vu l'édit de mars 1693, la déclaration de 1723 ; la loi du 25 ventose an 11, art. 20 et 22 ;

Considérant 1° qu'aux termes de l'art. 20 de la loi du 25 ventose an 11, les notaires seront tenus de garder minute de tous les actes qu'ils passent; —Que, suivant le même article, il n'y a d'exception à cette règle que pour les actes simples qui peuvent être expédiés en brevet; — Que les actes simples sont, ainsi que le mot l'indique, ainsi que la déclaration de 1723 l'entendait, ainsi que le rapporteur de la loi du 25 ventose l'a expliqué au Corps législatif, « ceux dont le contenu, la nature et les effets ne présentent qu'un objet ou un intérêt simple en lui-même et passager; » — Que l'on ne peut dès lors comprendre sous la dénomination d'actes simples les testaments qui, quant à leurs contenu, nature, et à leurs effets, sont, sans contredit, les actes les plus sérieux et les plus solennels;— D'où la conséquence que les testaments par actes publics ne peuvent être expédiés en brevet, et doivent nécessairement être passés en minute;

Considérant 2° que, d'après 22 de la loi précitée de ventose, les notaires ne peuvent se dessaisir d'aucune de leurs minutes, si ce n'est en vertu d'un jugement, et à la charge que la pièce extraite de leur étude y soit réintégrée; que cette disposition étant générale, s'applique aux minutes des testaments comme à celles des autres actes; d'où il suit que les notaires ne peuvent se dessaisir, de leur autorité privée, de l'original d'un testament qu'ils ont reçu;

3. Considérant 3° que, si l'édit de 1693 permettait aux notaires de remettre, sans aucune formalité, à un testateur, la minute même de son testament, cette disposition, étant inconciliable avec l'art. 22 de la loi de ventose, est par cela même formellement abrogée, et que l'on ne peut en exciper ;

Considérant 4° que les dispositions de la loi de ventose ne gênent en aucune manière la liberté des testateurs, puisque, s'ils veulent révoquer en tout ou en partie leurs testaments, il n'est pas nécessaire qu'ils en suppriment la minute; l'art. 1035 C. civ. leur indique un moyen non moins facile et plus propre que tout autre à les garantir de toutes suggestions et surprises,

Est d'avis que les notaires ne peuvent remettre au testateur l'original du testament qu'ils ont reçu; que cet acte ne peut être révoqué en tout ou en partie que suivant les formes prescrites par l'art. 1035 Code civ.

Nota. 9 sept. 1822, cet avis a été approuvé par le garde des sceaux.

———

17 MAI 1821. Circulaire du ministre de la justice aux procureurs généraux qui défend aux notaires de recevoir des enchères de personnes en état d'*ivresse.*

On me signale des abus qui se sont introduits et dont la preuve est acquise, dans certaines ventes de domaines en détail. Ces abus peuvent compromettre tout à la fois l'intérêt des familles et l'ordre public.

D'avides spéculateurs, ligués pour exciter la concurrence, transforment la salle des enchères en taverne, y font porter du vin, qu'ils mettent à la disposition des survenants. Cette boisson, distribuée et prise sans aucune mesure, échauffant les têtes, l'exaltation se communique; la plupart des enchérisseurs, entraînés par l'esprit de vanité, poussent les mises et contractent des engagements au-dessus de la valeur des choses et de leurs facultés.

Les notaires devraient sans doute s'abstenir de prêter leur ministère à des transactions aussi scandaleusement contractées par des individus qui ne jouissent plus de leur raison. La loi leur fait un devoir de n'instrumenter que pour des personnes saines d'esprit. Mais puisqu'il en est d'assez peu délicats pour contrevenir à cette règle, je désire que vous fassiez donner par vos substituts des instructions aux chambres de notaires de votre ressort, pour défendre aux notaires de procéder à aucune vente de cette nature et de recevoir les enchères de personnes qui seraient dans un état d'ivresse, en chargeant ces magistrats d'annoncer qu'il sera dirigé des poursuites sérieuses contre ceux qui contreviendraient à cette défense.

———

4 JUILL. 1821. Ordonnance du roi relative aux *cautionnements* et supplément à fournir par les notaires et autres fonctionnaires de l'île de Corse.

———

26 JUILL. 1821. Ordonnance du roi concernant la législation des *certificats de vie* délivrés aux rentiers viagers et pensionnaires de l'État dans les pays où il n'existe pas de consuls français ou autres agents d'une puissance amie.

Art. 1er. La disposition par laquelle, en dérogeant à l'article 4 de notre ord. du 30 juin 1814, celle du 20 mai 1818 a limité dans certains pays y dénommés et aux rentiers viagers la faculté de faire légaliser à Paris, par les ambassadeurs ou chargés d'affaires de chaque puissance respective, les certificats de vie délivrés à ces rentiers pour le paiement de leurs arrérages, est étendue à tous les États sans distinction où, soit présentement, soit accidentellement, il n'existerait pas, lors de la délivrance des certificats, des agents français ou de puissances étrangères ou amies; comme aussi à tous rentiers et pensionnaires résidant dans ces pays et autorisés à y jouir des rentes et pensions dont ils sont titulaires.

———

6 NOV. 1821. Circulaire de M. le garde des sceaux aux procureurs généraux sur le mode de *dépôt des signatures et paraphes* dans les greffes.

L'art. 49 de la loi du 25 vent. an 11 a prescrit 1° qu'*avant d'entrer en fonctions*, les notaires devraient déposer au greffe du tribunal de première instance de leur département, et au secrétariat de la municipalité de leur résidence, leurs signature et paraphe; 2° que les notaires à la résidence des tribunaux d'appel feraient en outre ce dépôt aux greffes des autres tribunaux de première instance de leur ressort.

Cependant, je suis informé que l'on est dans l'usage de n'effectuer le dépôt prescrit par le second paragraphe de cet article que longtemps après la réception des notaires, parce que les chambres de discipline attendent qu'il y ait un certain nombre de signatures sur le même tableau ou sur la même feuille pour en faire la transmission aux greffes des différents tribunaux du ressort.

Sans tenir strictement à ce que ce dépôt, prescrit par le deuxième paragraphe, soit effectué avant l'entrée en fonctions, il est bon cependant de veiller à ce qu'il se fasse dans le plus court délai possible, et surtout à ce qu'un notaire n'instrumente pas dans le ressort d'un tribunal où ses signature et paraphe n'auraient pas encore été déposés.

En donnant des instructions analogues aux chambres des notaires, vous voudrez bien leur faire observer que chaque signature doit être sur une feuille distincte de papier timbré; que, pour éviter aux notaires nouvellement reçus des déplacements dispendieux, la transmission de leurs signature et paraphe peut être faite par la chambre de discipline après que la fidélité de ces signature et paraphe aura été attestée par le doyen et les syndics de la communauté, et que celles de ces derniers auront été légalisées par le président du tribunal civil; que les actes qui seront reçus aux greffes de ces dépôts de pièces doivent être exempts de la formalité de l'enregistrement, mais soumis à la perception des droits de greffe, et qu'en conséquence les chambres devront pourvoir à l'acquittement de ces droits.

Cette circulaire a été concertée avec son excellence le ministre des finances quant aux points qui rentrent dans ses attributions.

10 JUIN 1822. Lettre de M. le garde-des-sceaux au procureur général de Bourges, portant que l'art. 173 du Tarif n'a point abrogé l'art. 51 de la loi du notariat, qui exige l'avis préalable de la chambre de discipline pour la taxe des *honoraires*.

J'ai reçu avec votre lettre du 20 mai dernier la copie de celle qui vous a été écrite par votre substitut près le tribunal de première instance de Châteauroux, au sujet d'une délibération de la chambre des notaires de Châteauroux, qui a pour objet de faire décider :

1° Si les honoraires des notaires, hors les cas spécialement prévus par le décret du 16 février 1807, doivent être basés avec une juste modération sur l'importance des actes et la responsabilité qu'ils entraînent, comme sur les difficultés que présente la rédaction de ces mêmes actes;

2° Si ce décret a abrogé ou non les dispositions de la loi du 25 vent. an 11, et de l'arrêté du gouvernement du 2 niv. an 12, qui emportent l'obligation de consulter les chambres des notaires de l'arrondissement avant de prononcer sur les difficultés élevées entre le notaire et les parties.

Si l'on considère ces questions isolément et ab-

straction faite des difficultés qui les ont fait naître, elles ne présentent aucune difficulté.

La première est résolue affirmativement par l'art. 173 du Tarif, qui veut que les taxes des actes notariés soient faites suivant la nature et les difficultés que leur rédaction aura présentées.

Quant à la seconde question, elle a été déjà plusieurs fois soumise à mon ministère, et il a toujours été décidé que l'art. 173 du Tarif n'a point abrogé, mais qu'il a seulement modifié l'art. 51 de la loi du 25 vent. an 11; en chargeant le président du tribunal de la taxe, et que cette modification n'exclut pas, lorsque des difficultés s'élèvent entre les notaires et les parties sur le règlement des émoluments, l'avis préalable de la chambre des notaires. Cet avis préalable ne peut que contribuer à éclairer le juge taxateur sur la difficulté, et il a de plus l'avantage de mettre les parties à même de contredire les demandes qui leur sont faites à cet égard.

31 JUILL. 1822. Ordonnance du roi qui rapporte celle du 25 juin 1816, laquelle permettait d'exercer les fonctions de *commissaire-priseur* cumulativement avec celles de notaire.

Art. 1er. La disposition de l'art. 11 de notre ordonnance du 26 juin 1816, qui permet d'exercer les fonctions de commissaire-priseur cumulativement avec celles de notaire, est rapportée.

2. Les notaires et les commissaires-priseurs qui cumulent ces deux fonctions seront tenus d'opter dans les trois mois de la publication de la présente ordonnance. Faute par eux d'opter dans ce délai, il sera pourvu à leur remplacement comme commissaires-priseurs, sans qu'ils puissent présenter de successeurs.

3. L'option sera constatée par un acte déposé au greffe du tribunal de première instance de l'arrondissement.

28 AOUT. 1822. Ordonnance du roi sur avis du conseil d'État, qui décide : 1° qu'un notaire ne peut, sans autorisation, transporter sa *résidence* dans un hameau dépendant du lieu qui lui a été assigné par sa commission; 2° qu'il n'y a pas lieu à recours contre les décisions du garde-des-sceaux relatives à la fixation des *résidences*.

Louis, etc. — Vu la requête à nous présentée au nom du sieur Coron, notaire à la résidence de Caluire, département du Rhône, enregistrée au secrétariat général de notre conseil d'État, le 14 août 1822, par laquelle il conclut à ce qu'il nous plaise annuler une décision de notre garde des sceaux qui lui a été notifiée le 18 mai 1822, portant que l'étude du prédécesseur de Me Coron avait son siège dans le bourg de *Caluire* même, chef-lieu de la commune; qu'il avait été nommé pour *Caluire*, et non pour *Saint-Clair*; qu'il n'a pu dépendre de sa volonté intéressée de changer le siège de son établissement, déterminé dans l'intérêt seul de ses administrés; — Que, dans les communes composées de plusieurs sections éparses, les études de notaire sont ordinairement établies près des églises principales, au centre des relations civiles et religieuses; — Que les documents produits dans l'affaire prouvent bien dans quelles vues le sieur Coron s'est rapproché du faubourg de la Croix-Rousse ; — Et que S. G. considère comme bien fondées les plaintes des notaires de Lyon ; — Vu la lettre de notre procureur près le tribunal civil de Lyon, du 18 mai 1822, et la lettre du procureur général près la cour royale de la même ville, transmettant la décision attaquée ; — Vu la loi du 25 ventose an 11, contenant l'organisation du notariat ; — Vu toutes les pièces produites ;

Considérant qu'aux termes de l'art. 4 de la loi du 25 ventose an 11, c'est au gouvernement qu'appartient le droit de fixer la résidence de chaque notaire, et qu'aux termes du même article, notre garde des sceaux doit prononcer sur les contraventions à cet égard ; — Que dès lors il n'y avait pas lieu de porter la réclamation devant nous en conseil d'Etat ; — Notre conseil d'Etat entendu, nous avons ordonné et ordonnons ce qui suit :

Art. 1er. La requête du sieur Coron est rejetée.

—

5 FÉV. 1823. Lettre de M. le garde des sceaux qui porte qu'un notaire ne peut recevoir un acte dans lequel figure un fondé de procuration qui lui est parent au degré prohibé.

Vous demandez, monsieur, par votre lettre du 14 janvier dernier, si un notaire peut recevoir des actes dans lesquels son parent au degré prohibé par l'art. 8 de la loi du 25 ventose an 11 comparaîtrait comme fondé de pouvoirs d'un tiers.

Votre motif de croire à une solution affirmative est probablement fondé sur ce raisonnement, qu'un mandataire n'étant pas considéré comme partie dans l'acte qu'il souscrit au nom de son mandant, on ne pourrait lui appliquer l'article précité, qui ne doit recevoir son effet que dans le cas où le parent au degré prohibé serait partie, ou que l'acte contiendrait quelques dispositions en sa faveur.

Il résulte, il est vrai, et de la définition du mandat, et des obligations du mandataire, que, n'étant pas tenu d'exécuter les engagements qu'il a contractés au nom de son mandant, on ne saurait le considérer dans la rigueur du droit comme partie au contrat : car, pour être partie, il faut qu'on se soit personnellement obligé.

Cependant, et quoiqu'il soit de l'essence du mandat que le mandant charge à ses propres risques et périls le mandataire de l'affaire qui est le sujet du mandat, l'obligation réciproque qui existe entre le mandataire et le mandant, obligation qui assujettit le premier à une responsabilité dictée par le pouvoir lui-même en vertu duquel il agit, et le second à remplir les engagements souscrits en son nom, fait que, sans être partie, eu égard à la personne avec laquelle il contracte, le mandataire chargé de rendre compte de sa gestion, le mandataire presque toujours aussi récompensé de ses bons services, est par conséquent très-intéressé à stipuler dans l'acte les avantages de son mandant. Ainsi le lien étroit de la responsabilité qui rend en quelque sorte indivisibles les intérêts du mandataire et du mandant est pour le mandataire un motif personnel

de chercher à remplir les intentions de celui-ci. Ainsi, puisqu'il est raisonnable encore de présumer que sa rétribution est en proportion du bénéfice qu'il a obtenu (malgré que le mandat soit de sa nature gratuit), ce serait mal interpréter le texte de la loi du 25 ventose an 11 ; ce serait ne pas saisir l'intention du législateur, qui a voulu prévenir dans l'article 8 la trop grande facilité que des parents pourraient avoir à se concerter entre eux pour abuser de la confiance des tiers, que d'autoriser un notaire à recevoir des actes dans lesquels son parent au degré prohibé figurerait en qualité de mandataire.

29 AVRIL 1823. Instruction du ministre des finances sur la délivrance des certificats de vie aux rentiers et pensionnaires de l'État.

Quelques notaires certificateurs ont soumis au ministre la solution d'une difficulté à laquelle les exposent souvent leurs fonctions de certificateurs. Elle est relative à la déclaration que doivent faire les pensionnaires qui ne jouissent d'aucun traitement, sous quelque dénomination que ce soit, ni d'aucune pension ou solde de retraite, soit à la charge de l'Etat, soit sur les fonds de la caisse des invalides de la guerre ou celle de la marine. Il s'agit de savoir s'il suffit d'interroger le pensionnaire sur ce fait, et si, sur sa réponse négative, encore qu'il soit à la connaissance personnelle du certificateur qu'elle est mensongère, il doit ou non signer le certificat de vie.

Le ministre a décidé que, dans ce cas, le notaire certificateur devait s'abstenir de délivrer le certificat de vie, lui signaler immédiatement les pensionnaires qui, jouissant de pensions et traitements dans les cas prévus par l'article 14 de la loi du 15 mai 1818, refuseraient d'en faire la déclaration, et lui indiquer en même temps la nature et la quotité de ces mêmes traitements et pensions.

Cette décision est fondée sur ce que les pensionnaires, obligés de faire la déclaration dont il s'agit, ne peuvent pas être juges de la faculté du cumul, dans les cas d'exception déterminés par la loi ; que la décision dont leur position est susceptible appartient en première ligne au payeur chargé de pourvoir à leur paiement, d'après les instructions qui lui sont transmises, sauf le recours des pensionnaires au ministre, dans les cas où ils se croiraient fondés à réclamer contre l'application qui leur aurait été faite des dispositions restrictives du cumul.

Le ministre a été aussi informé que la plupart des notaires certificateurs négligeaient de veiller à l'exécution de la disposition ci-après de leurs instructions, qui leur est expressément recommandée. Elle est ainsi conçue :

« Les rentiers viagers et les pensionnaires de l'Etat peuvent s'adresser, pour obtenir des certificats de vie, aux notaires certificateurs qui se trouvent le plus à leur convenance, quand même ils ne seraient pas domiciliés dans l'arrondissement de leur canton ; mais dès qu'ils ont fixé leur choix sur un notaire, ils doivent continuer de s'adresser à lui, et ne peuvent requérir le ministère d'un autre qu'après avoir obtenu du premier une attestation de la déclaration qu'ils lui ont faite que leur intention est de faire certifier leur existence dans un autre canton » (bien entendu que cette disposition s'applique à tout changement de certificateur, soit qu'il réside ou non dans le canton où le pensionnaire est domicilié).

Son Exc., convaincue de la nécessité de tenir la main à l'exécution de cette disposition, a décidé qu'un notaire certificateur ne pourrait certifier l'existence d'un pensionnaire que sur la remise, dont il serait fait mention dans le certificat de vie, de l'attestation de la déclaration de changement prescrite ainsi qu'il est dit ci-dessus ; et que, dans toutes ces attestations, le notaire certificateur quitté serait tenu d'énoncer et d'indiquer, avec exactitude, tout ce qui serait parvenu à sa connaissance personnelle sur la nature et la quotité des pensions et traitements dont jouirait le pensionnaire.

---

28 JUIN 1823. Circulaire du directeur général des contributions indirectes portant que les *ouvrages d'or et d'argent* peuvent être exposés en vente sans avoir été préalablement poinçonnés.

L'art. 4 de la décision prise par Son Exc. le ministre des finances le 15 nov. dernier, et dont il vous a été donné connaissance par la note finale du 3ᵉ trimestre 1822, est ainsi conçu : « Seront également essayés au toucheau, à Paris et dans les départements, pour être marqués des poinçons français ou étrangers, suivant l'exigence des cas, les ouvrages d'or et d'argent provenant des ventes publiques faites après décès, lors toutefois qu'il sera constaté au procès-verbal de vente que lesdits ouvrages ont été adjugés à l'un ou à plusieurs des héritiers appelés aux successions ouvertes par décès. »

Cette disposition ne pouvant se concilier avec les instructions qui ont prescrit de saisir tout ouvrage, exposé dans les ventes publiques, qui ne serait pas revêtu des poinçons actuels, et d'actionner l'officier public qui présiderait à ces ventes, sauf son recours contre ses commettants, j'ai cru devoir prendre les ordres de Son Exc. sur la question de savoir si les ouvrages exposés dans les ventes publiques doivent être marqués *avant* ou *après* la vente.

Son Exc. me répond, par sa lettre du 11 de ce mois, qu'il suffit d'exiger des commissaires-priseurs une déclaration des effets d'or et d'argent qu'ils veulent mettre en vente, et que c'est seulement après l'adjudication que ces effets doivent être essayés, poinçonnés et soumis à la perception du droit, à moins que, pour se dispenser de ces obligations, l'adjudicataire ne déclare ne pas vouloir conserver dans leur forme les objets qui lui ont été adjugés, auquel cas ils doivent être brisés par l'employé qui a été spécialement chargé d'assister à la vente.

Cette décision aplanit les difficultés que l'art. 4 de celle du 15 nov. dernier pouvait rencontrer dans son exécution. Vous voudrez bien veiller à ce que les commissaires-priseurs en soient informés, et à ce que les intentions de Son Exc. soient ponctuellement remplies.

---

16 JUILL. 1823. Décisions des ministres des finances

et de la justice sur les lieux où doit être fait le *dépôt de contrats de mariage des commerçants.*

L'extrait du contrat de mariage passé entre époux dont l'un est commerçant doit être affiché aux greffes des tribunaux de première instance et de commerce, et, à défaut de l'existence de ce dernier tribunal, dans la principale salle de la mairie du domicile du mari, et toujours dans les chambres désignées par l'art. 872 C. proc. civ., parce qu'elles existent au chef-lieu de chaque arrondissement.

---

10 SEPT. 1823. Circulaire de M. le garde des sceaux aux procureurs généraux sur le mode de constater les *blancs* et les contraventions à la loi sur le notariat.

Son Exc. le ministre des finances, convaincu de la nécessité d'adopter et de faire suivre un mode uniforme pour la constatation de toutes les contraventions à la loi du 25 vent. an 11, commises par les notaires dans la rédaction des actes, m'a communiqué et j'ai approuvé comme elle la mesure suivante :

« L'existence des blancs réservés par les notaires dans leurs actes, et généralement celle de toutes les contraventions qui peuvent s'y trouver, sera constatée par une mention placée en marge, paraphée *ne varietur*, et de plus par un procès-verbal qui rappellera les articles paraphés et dont la sincérité sera reconnue par le notaire, sauf, en cas de refus de ce dernier, à l'affirmer devant le juge de paix. »

Je vous prie d'adresser à chacun de vos substituts un exemplaire de cette circulaire, et de les charger d'en donner connaissance aux chambres des notaires de leurs arrondissements respectifs, afin que les notaires s'y conforment exactement.

---

11 SEPT. 1823. Circulaire du ministre de la justice aux procureurs généraux, relative à la *clause de numération* des espèces à la vue des notaires.

Vous voudrez bien enjoindre à vos substituts d'avoir à exercer la plus active surveillance sur la rédaction des actes, et à faire savoir officiellement à la chambre des notaires de leur arrondissement respectif que, dès à présent, tout notaire qui, par le résultat d'une information ou d'une procédure, sera convaincu d'avoir faussement énoncé dans un acte une numération de deniers qu'il n'aura pas vu compter, sera poursuivi criminellement, sans préjudice de l'action disciplinaire à fin de destitution, dans le cas où il serait acquitté.

16-26 DÉCEMBRE 1823. Ordonnance du roi qui prescrit aux anciens officiers publics de St-Domingue résidant en France de faire la remise au département de la marine des minutes d'actes passés par eux dans cette colonie et dont ils seraient détenteurs, et impose la même obligation aux notaires du royaume qui auraient reçu en dépôt de semblables actes.

Louis, etc., sur le compte qui nous a été rendu par

notre ministre secrétaire d'état de la marine et des colonies, considérant que, par suite des événements survenus à Saint-Domingue, plusieurs des officiers publics qui y ont exercé leur ministère auraient cru pouvoir, depuis leur retour en France, garder par devers eux les minutes des actes qu'ils ont passés dans la colonie, ou les déposer dans les études des notaires du royaume; considérant que cet état de choses est contraire aux dispositions de l'édit du mois de juin 1776, qui a institué à Versailles un dépôt où doivent être réunis et conservés les papiers de nos colonies; notre conseil d'État entendu, nous avons ordonné et ordonnons ce qui suit :

Art. 1er. Les anciens officiers publics de Saint-Domingue résidant aujourd'hui en France qui seraient détenteurs de minutes d'actes passés dans cette île seront tenus d'en faire, dans le délai de trois mois, à dater de la promulgation de la présente ordonnance, la remise au secrétariat général du département de la marine. Il leur en sera donné bonne et valable décharge au bas d'un bordereau dont le double restera annexé aux pièces.

2. La même obligation est imposée, dans le même délai, aux notaires du royaume qui auraient reçu en dépôt de semblables actes, lors même qu'ils y auraient été précédemment autorisés.

3. Tout notaire, en France, fera, dans le délai indiqué, devant nos procureurs près les tribunaux de première instance du ressort, déclaration soit des dépôts de ce genre qu'il aurait reçus, soit de la non existence entre ses mains d'aucun des actes dont il s'agit.

Nos procureurs près les tribunaux de première instance transmettront lesdites déclarations à nos procureurs généraux, qui seront tenus de les adresser sur le champ à notre ministre secrétaire d'état de la marine et des colonies.

4. Les officiers publics qui, à l'expiration dudit délai, n'auront point satisfait aux dispositions ci-dessus prescrites, y seront contraints, à la diligence de nos procureurs généraux.

5. Nos ministres de la marine et des colonies, et de la justice, sont chargés de l'exécution de la présente ordonnance.

————

30 AVRIL 1824. Circulaire de M. le garde des sceaux aux procureurs généraux sur le lieu où doit être fait le *dépôt des contrats de mariage* des commerçants.

Des difficultés se sont élevées sur l'application des articles 67 du Code de commerce et 872 du Code de procédure civile; il importe de les faire cesser. Dans quelques localités, on a pensé que l'extrait du contrat de mariage passé entre époux dont l'un est commerçant ne devait être inséré au tableau exposé en la chambre des avoués et des notaires qu'autant que ces chambres auraient leur siège dans le lieu même du domicile de cet époux :

c'est ce qu'on induisait des expressions *s'il y en a*, qu'offre la rédaction de l'art. 872.

Mais si, par le texte de l'art. 872, la prévoyance du législateur a suppléé à l'absence du tribunal de commerce et désigné la salle principale de la maison commune à l'effet d'y déposer l'extrait des jugements et contrats, d'un autre côté, il n'y aurait plus garantie suffisante pour les tiers dans la publicité prescrite, si les insertions aux tableaux des chambres d'avoués et de notaires n'étaient exigées que lorsque les parties ou l'une d'elles sont domiciliées dans le lieu où ces chambres siègent, et la précaution générale de la loi se trouverait restreinte, contre son vœu évident.

L'article 67 du Code de commerce n'a fait que consacrer le principe de la publicité des contrats de mariage entre commerçants; et, pour régler le mode d'exécution de la formalité, il a renvoyé à l'art. 872, sans ménager d'exception.

Il faut donc tenir pour certain que les jugements de séparation et les contrats de mariage entre commerçants doivent et, dans tous les cas, être publiés par extraits aux tableaux exposés dans les chambres de discipline des notaires et des avoués de l'arrondissement, quel que soit d'ailleurs le domicile des parties.

Vous voudrez bien faire connaître à vos substituts cette décision, concertée avec Son Exc. le ministre des finances, les charger de veiller à ce qu'elle soit observée, et m'accuser la réception de cette lettre.

————

16 JUIN 1824. Loi contenant diverses dispositions sur les *amendes* relatives au notariat.

————

23 DÉC. 1824. Lettre de M. le procureur du roi de la Seine relative aux diverses obligations des officiers publics chargés de procéder aux ventes d'*ustensiles* d'imprimerie et de livres.

Dans cette lettre écrite en exécution des art. 22 du règlement sur la librairie du 28 février 1723 et 4 du décret du 2 février 1811, il est dit que, pour prévenir l'existence des imprimeries clandestines, le garde des sceaux charge M. le procureur-général d'enjoindre à tous les officiers publics chargés de faire les ventes d'ustensiles d'imprimerie, de donner avis au bureau de la librairie, dans les villes où il y en a un, et au procureur du roi, dans les autres, de toutes les ventes de presses, de caractères et autres ustensiles d'imprimerie, auxquelles ils seront chargés de procéder.

Les inspecteurs de la librairie, ainsi avertis, se rendront sur les lieux, et veilleront à ce que ces objets ne passent que dans les mains de ceux qui ont le droit de les recevoir.

Les lois sur cette matière atteignant également les ventes aux enchères et les ventes de gré à gré, il est du devoir des officiers publics de ne tolérer aucune fraude à cet égard, en laissant les parties intéressées disposer de ces objets à l'amiable envers des personnes qui ne pourraient s'en rendre adjudicataires aux ventes publiques.

Un autre abus est signalé par S. G. comme méritant, par sa gravité, d'attirer toute l'attention des magistrats.

Il se fait des ventes journalières de livres dans des salles préparées à cet effet; les officiers publics y président. On expose souvent sur la table un certain nombre de volumes en ballots ou couverts de papier, et qui sont mis à l'enchère sans être montrés aux acheteurs : ce sont pour l'ordinaire des productions impies et licencieuses, ou des ouvrages condamnés par les tribunaux. Ils sont livrés au public sans que le procès-verbal de vente en fasse aucune mention; les bouquinistes les répandent dans le commerce, souvent sans en apprécier tout le danger.

Monseigneur le garde des sceaux recommande d'enjoindre aux officiers chargés de ces ventes d'examiner avec attention les titres des divers ouvrages lors de l'inventaire préalable à la vente. Ils devront mettre de côté les livres notoirement immoraux et ceux qui ont subi quelque condamnation judiciaire, donner avis aux bureaux de la librairie ou au procureur du roi des jour et heure de chaque vente, et aider, autant qu'il sera en eux, la surveillance des inspecteurs de la librairie qui assisteront à ces ventes.

Les instructions de monseigneur le garde des sceaux prescrivent encore aux officiers publics de ne point laisser exposer en vente des ballots de livres dont le titre ne serait pas visible. Pour assurer l'observation de cette défense, le crieur devra annoncer le titre de chaque ouvrage on le mettant aux enchères, et l'officier chargé de la vente fera, dans son procès-verbal, le détail exact et nominatif de tous les ouvrages vendus, sans en omettre un seul.

Je vous invite, messieurs, à vouloir bien faire connaître ces instructions à chacun des notaires du ressort, afin qu'ils puissent s'attacher à les exécuter scrupuleusement en ce qui les concerne, et à m'accuser réception des présentes instructions.

1er MARS 1825. Circulaire de M. le garde des sceaux portant que la formule royale qui rend exécutoires les actes notariés ne doit être apposée que sur les *grosses*, et non sur de simples expéditions, copies ou extraits.

Une ordonnance royale, en date du 30 août 1815, qui prescrit la rectification de la formule des actes, arrêts ou jugements expédiés pendant l'absence de Sa Majesté, porte que, « du jour de la publication de ladite ordonnance, il ne pourra *plus être mis en exécution,* dans l'étendue du royaume, aucun acte, arrêt ou jugement qui ne sera pas revêtu de la formule royale, à peine de nullité. »

Ces termes sont clairs. Il est évident qu'il ne s'agit que de la grosse exécutoire d'un acte, arrêt ou jugement. Il en résulte encore que toute autre expédition ne peut être qu'une expédition simple, ou un extrait, ou une copie authentique, qui n'a pas besoin d'être revêtue de la formule exécutoire, et que c'est dans cette dernière forme que doivent être délivrées aux ayants-droit les expéditions, copies ou extraits des actes, jugements ou arrêts qui ont reçu leur exécution, soit

à la requête des parties intéressées, soit à la réquisition du ministère public, ou qui n'emportent pas une exécution parée proprement dite. Il y aurait donc inattention répréhensible ou faute grave de la part d'un dépositaire public qui, hors le cas où une grosse peut et doit être délivrée, expédierait des copies ou extraits même authentiques de quelques-uns de ces actes avec la formule royale.

Cependant j'ai eu lieu de remarquer fréquemment que des actes expédiés par des notaires et des greffiers et qui ne contenaient ni obligations ni condamnations, étaient revêtus de la formule exécutoire; et récemment j'ai appris qu'un greffier avait délivré, avec la formule exécutoire, l'expédition d'un jugement rendu en l'an 2, et portant condamnation à mort, en vertu des lois révolutionnaires sur l'émigration, bien que ce jugement ait reçu son exécution à la diligence du ministère public, auquel avait été nécessairement remise la seule grosse qui pût en être délivrée. Il importe de prévenir le retour d'une bizarrerie aussi choquante, et de bien rétablir la distinction qui doit exister entre les expéditions qui emportent par elles-mêmes exécution, et celles qui sont requises pour constater simplement un fait dans la forme authentique.

---

6 JUILL. 1825. Décision du ministre des finances portant que l'irrégularité des *renvois* et *apostilles* ne donne pas lieu à l'amende, parce que la loi n'en prononce pas.

---

30 AOUT 1825. Circulaire de M. le garde des sceaux aux procureurs généraux sur les *blancs* laissés dans les actes notariés et le mode de constater les *contraventions.*

Ma circulaire du 28 juillet 1823, n. 5685, B. 5, relative à l'exécution de l'art. 13 de la loi du 16 mars 1803 (25 vent. an 11), vous invite à prescrire aux notaires de faire approuver par les parties, avant l'enregistrement des actes, les barres tracées pour remplir les blancs laissés dans les actes lors de leur rédaction. Ces expressions, avant l'enregistrement des actes, qui semblaient accorder aux notaires la faculté de toucher à l'acte après la signature et avant l'enregistrement, ont été l'objet de justes et sérieuses réclamations, à raison des abus qui pouvaient en résulter, et il ne m'a point paru douteux que l'acte, parfait par la signature des parties, des notaires et témoins, ne pouvait recevoir aucune modification après la signature, bien que dans le délai accordé par l'enregistrement : il était donc nécessaire de s'expliquer sur ce point pour éviter toute équivoque.

Une autre circulaire, sous la date du 10 septembre de la même année, n. 4972, B. 5, concertée, comme la première, avec Son Excellence le ministre des finances, prescrivait de constater l'existence des blancs réservés dans les actes par les notaires, et celle de toutes les contraventions à la loi déjà citée, par une mention placée en marge et paraphée *ne varietur*, et de plus par un procès-verbal.

Un examen plus approfondi des motifs et des effets de cette mention, l'expérience des difficultés[3] et des inconvénients qui s'y rattachent, ont démontré la nécessité de la supprimer pour l'avenir, et de s'en tenir, pour constater les contraventions, au procès-verbal de l'agent de la régie du domaine et de l'enregistrement, dont la sincérité devra être reconnue par le notaire contrevenant, sauf, en cas de refus, à l'affirmer devant le juge de paix.

En conséquence, et après m'être entendu sur ces deux points avec Son Exc. le ministre des finances, il a été décidé :

1° Que c'est au moment même de la signature de l'acte que le notaire instrumentaire doit faire approuver par les parties les barres tirées pour remplir les blancs laissés dans les actes et non remplis par l'écriture;

2° Que les agents de la régie du domaine et de l'enregistrement qui rapporteront un procès-verbal de contravention à la loi du 16 mars 1803 devront s'abstenir de faire aucune mention marginale sur les actes argués d'irrégularité.

Vous voudrez bien m'accuser réception de cette circulaire, en adresser à chacun de vos substituts un exemplaire, et les charger d'en donner connaissance aux chambres de discipline des notaires de leurs arrondissements respectifs, afin que les notaires y trouvent la règle de leur conduite.

Nota. La régie a fait connaître ces dispositions à ses préposés par son instruction générale du 24 déc. 1830, n. 1347, § 15, et les a engagés à s'y conformer.

6 SEPT. 1825. Décision de M. le garde des sceaux qui porte que c'est illégalement que des notaires perçoivent pour chacun des actes qu'ils reçoivent, un droit dit de *garde-minute.*

Par votre lettre en date du 3 août dernier, vous me faites connaître que les notaires de l'arrondissement de B.... perçoivent habituellement pour chacun des actes qu'ils reçoivent un droit dit de *garde-minute,* qu'ils portent à 35 c. par année, sans que cette perception soit autorisée autrement que par l'usage; et vous me demandez à ce sujet mes instructions.

Toute perception non autorisée par la loi, lorsque la loi s'est positivement occupée de régler les droits des officiers qui font cette perception, est évidemment illicite et doit être réprimée. Vous voudrez donc bien donner des instructions dans ce sens aux notaires des arrondissements où l'usage que vous me signalez s'est introduit, et leur faire connaître que, faute par eux de s'y conformer, vous seriez forcé de requérir contre eux l'application des peines de discipline que la loi met à votre disposition.

1ᵉʳ AOUT 1826. Instruction du ministre des finances sur la délivrance des *certificats de vie* aux rentiers et pensionnaires de l'État et sur les *honoraires* qui sont dus aux notaires.

Le ministre a remarqué que, dans les instructions précédemment adressées aux notaires certificateurs, il ne leur a été prescrit aucune règle particulière sur les précautions à prendre et sur les formalités à exiger lors de la délivrance des certificats de vie réclamés par deux classes de

pensionnaires qui sont placés dans une position différente des autres.

Ces pensionnaires sont :

1° Les orphelins de militaires en jouissance, sur les fonds du trésor, de secours dont la durée est limitée à l'époque de leur vingtième ou vingt-et-unième année (suivant la date de la concession), et quelques mineurs titulaires de pensions civiles;

2° Les militaires retraités et autres pensionnaires qui, détenus dans les prisons de l'Etat pour diverses causes, sont dans l'impossibilité de se présenter en personne pour faire certifier leur existence.

A l'égard des premiers, il a paru que les certificats de vie dont ils ont besoin pour être payés des arrérages de leurs pensions ne devaient plus leur être délivrés sur la seule présentation de leurs certificats d'inscription et de leurs actes de naissance, attendu que la comparution, devant un notaire, d'un mineur, incapable jusqu'à sa majorité de tous les actes de la vie civile, n'offre aucune garantie légale, mais peut encore donner lieu à des abus qu'il est nécessaire de prévenir. L'intérêt du trésor, celui même des ayants-droit, veut qu'une autre personne atteste l'identité du titulaire, et fasse en son nom la déclaration de non-jouissance de pension et traitement exigée de tous les pensionnaires par l'art. 14 de la loi du 15 mars 1818. Or, cette personne ne peut être que le tuteur nommé par la délibération du conseil de famille. Comme comptable de la gestion des biens de son pupille, c'est entre ses mains que le titre de pension doit être déposé, lui seul a charge et qualité pour le représenter dans toutes les circonstances où il s'agit de recevoir un revenu quelconque, et où il existe une responsabilité à encourir.

Par ce motif, il est indispensable qu'à l'avenir aucun notaire ne délivre de certificat de vie à un mineur pensionnaire sans qu'il soit fait mention que ce mineur a été assisté par son tuteur dont les nom, prénoms et domicile seront relatés dans l'acte, et que c'est ce dernier qui, en sa qualité, a déclaré que son pupille ne jouissait d'aucune autre pension ni traitement, soit à la charge de l'Etat, soit sur la caisse des invalides de la guerre ou de la marine. A cet effet, la signature de ce tuteur devra être apposée au bas du certificat de vie concurremment avec celle du titulaire; à moins que l'un ou l'autre, ou tous les deux, ne sachent signer, circonstance qui sera énoncée dans la forme ordinaire.

Quant aux pensionnaires en état de détention, il convient que l'administration ne soit pas tenue dans l'ignorance des causes qui les ont privés de leur liberté. En général, les notaires se contentent de donner à ces pensionnaires, sur les certificats de vie qu'ils leur délivrent, la seule qualification de *détenus.* Cette indication est trop vague pour que les payeurs puissent distinguer le cas où ils doivent ou non s'abstenir d'acquitter les pensions inscrites au profit de ces individus. Divers exemples ont prouvé d'ailleurs que, faute d'explications positives à cet égard, des arrérages ont été payés, pendant plusieurs années de suite, sur la production de certificats de vie ainsi annotés incomplétement, à des militaires qui, se trouvant dans le cas prévu par l'art. 3 de la loi du 28 fruct. an 7, et de l'art. 16 de l'ordonnance royale du 27 août 1814 (remplacés aujourd'hui par l'art. 26 de la loi du 11 avril 1831), avaient perdu tout droit à la jouissance de leurs soldes de retraite. Il est aussi arrivé que le trésor, n'étant point informé de la détention des pensionnaires condamnés correctionnellement, n'a pu prendre à leur égard aucune mesure propre à assurer le recouvrement des sommes dont ils étaient débiteurs pour amendes ou frais de procédure mis à leur charge.

Pour obvier à ces inconvénients, voici quelle est la marche que doivent tenir les notaires certificateurs.

Lorsqu'un pensionnaire hors d'état, par l'effet de la détention qu'il subit, de se présenter devant eux, vient à réclamer leur ministère pour faire certifier son existence, il leur est expressément recommandé de ne jamais obtempérer à cette demande, sans la production préalable d'un certificat du greffier ou du geôlier de la prison où ce pensionnaire est renfermé, énonçant les motifs de l'emprisonnement, la date du jugement qui l'a ordonné, ainsi que la nature de la peine infligée. Ces renseignements, que les notaires certificateurs n'exigeront que la première fois, devront être non seulement consignés sur leurs registres, mais relatés en marge du certificat de vie de chaque semestre ou trimestre.

Si c'est pour cause de démence que le pensionnaire est renfermé, ils procéderont de la même manière qu'il leur est prescrit à l'égard des mineurs, en exigeant l'assistance du tuteur ou du curateur nommé à son interdiction. Si la détention a lieu pour vagabondage, défaut de ressources, mesure de sûreté ou accusation, il sera nécessaire qu'à chaque échéance on leur rapporte la preuve que la position du titulaire n'a point changé, et alors ils se borneront à énoncer le motif de cette détention sur le certificat de vie. Mais si, au contraire, il résultait de la pièce produite que le pensionnaire détenu a été l'objet d'un jugement, ils devront en donner avis immédiatement au ministre, et surseoir en outre à toute délivrance du certificat de vie, lorsque la peine prononcée contre le titulaire leur aura paru d'une nature afflictive ou infamante.

Il reste encore à éclaircir un autre point qui intéresse une classe nombreuse de créanciers de l'État, et sur lequel tous les notaires certificateurs n'ont pas paru fixés d'une manière uniforme. Il s'agit du taux de la rétribution allouée par le décret du 21 août 1806 et par l'ordonnance royale du 20 juin 1817, pour la délivrance des certificats de vie des rentiers viagers et des pensionnaires. Cette rétribution, ainsi qu'il a été expliqué dans une circulaire ministérielle adressée à tous les préfets, le 11 novembre 1817, ne doit pas être calculée d'après la somme que les titulaires reçoivent annuellement, mais réglée sur celle qui leur revient par semestre ou par trimestre.

Ainsi, par exemple, conformément aux tarifs établis,

1° Par l'article 10 du décret du 21 août 1806, pour les rentes et pensions dont le semestre est.				2° Par l'article 12 de l'ordonnance royale du 20 juin 1817, pour les pensions militaires dont le semestre est de				
au-dessus de 600 fr.	de 600 fr. à 301 fr.	de 300 fr. à 101 fr.	de 100 fr. et au-dessous.	600 fr. et plus.	600 fr. à 301 fr.	300 fr. à 101 fr.	100 fr. à 50 fr.	au-dessous de 50 fr.
Le notaire n'est fondé à exiger, pour chaque certificat de vie, que								
2 fr.	1 fr.	75 c.	50 c.	1 fr.	50 c.	35 c.	20 c.	rien.

Cependant, s'il arrivait qu'un rentier viager ou un pensionnaire eût besoin d'un certificat de vie pour toucher plusieurs termes arriérés, ce ne serait plus alors sur le pied d'un semestre ou d'un trimestre que la rétribution serait basée, mais sur la totalité des arrérages dus par le trésor.

21 NOV. 1826. Décision de M. le garde des sceaux contre les notaires qui procèderaient à des ventes de biens de *mineurs* sans les formalités judiciaires.

Je suis informé que les notaires de .... ont l'habitude de procéder à la vente des biens des mineurs sans aucune des autorisations prescrites par la loi.

Il conviendra d'abord d'avertir de la gravité de ces abus la chambre des notaires et de lui rappeler les conséquences qu'une pareille conduite pourrait entraîner, aux termes des lois.

En effet, l'art. 53 de la loi du 25 vent. an 11 donne au ministère public le droit de poursuivre, et au tribunal celui de prononcer, selon les cas, la suspension, la destitution ou l'amende contre un notaire, et rien ne s'oppose à ce que vous usiez de ce pouvoir pour réprimer l'abus dont il s'agit, puisque la cour de cassation, par ses arrêts des 31 octobre, 20 novembre 1811, a décidé que ces peines peuvent s'appliquer dans les cas même où la loi ne les prononce pas formellement.

De plus, il résulte des art. 457, 1314, 1594 et autres du Code civil, que les ventes dont s'agit peuvent être sujettes à rescision ou frappées de nullité. Vous pouvez donc faire prévoir aux notaires que, dans le cas où le défaut des formalités prescrites occasionnerait des procès, les parties pourraient exercer un recours contre ces officiers publics. Le principe de cette responsabilité est dans l'art. 68 de la loi de ventose an 11.

2 MAI 1827. Loi portant que les notaires, après trois ans d'exercice de leurs fonctions, font partie du *jury*.

20 nov. 1827. Décision du ministre des finances portant qu'en faisant viser, dans les dix premiers jours du mois de janvier le répertoire de l'année précédente, les notaires ne sont pas tenus de soumettre au *visa* le *répertoire* nouvellement ouvert pour les actes reçus depuis le 1er janvier.

6 mars 1828. Ordonnance du Roi qui prescrit le rétablissement, dans les dépôts publics, des titres relatifs aux biens dans la possession desquels sont rentrés les émigrés, et qui règle les conditions de la remise des expéditions de ces titres aux anciens propriétaires.

Charles, etc.— Sur le rapport de notre ministre secrétaire d'Etat des finances (Roy), portant que divers propriétaires rentrés dans la totalité ou partie de leurs biens, en exécution de la loi du 5 décembre 1814, ou qui, antérieurement, les avaient rachetés, demandent la remise des titres relatifs à ces biens qui ont été déposés dans les archives publiques, soit à Paris, soit dans les départements;—Vu les lois des 17 juillet 1793 et 27 janvier 1794; — Voulant satisfaire aux demandes des anciens propriétaires de ces titres, et concilier leurs intérêts avec les droits qui peuvent être acquis à des tiers;—Notre conseil d'Etat entendu, —Nous avons ordonné, etc.

Art. 1er. Les minutes de tous actes publics, jugements ou arrêtés, qui ont été extraites des dépôts publics où elles existaient, et déposées soit au secrétariat des mairies, soit dans toutes autres archives publiques, en exécution de la loi du 27 janvier 1794 (8 pluviose an 11), et autres lois antérieures, seront rétablies dans les dépôts publics d'où elles ont été extraites, en observant, sous la surveillance de nos procureurs près les tribunaux de première instance, en ce qui concerne les actes notariés, les formalités prescrites par l'art. 58 de la loi du 16 mars 1803 (25 ventose an 11).

2. Les officiers publics, dépositaires des minutes ainsi rétablies, pourront en délivrer des expéditions entières aux parties intéressées qui leur en auront fait la demande, conformément à l'art. 23 de la loi du 16 mars 1803.

3. Les expéditions d'actes publics, jugements ou arrêtés, qui se trouvent déposées dans les archives publiques par suite de l'exécution des lois de confiscation, ne pourront être remises aux anciens propriétaires ou à leurs ayants-droit qu'autant qu'ils justifieront, 1° qu'il existe une minute ou une autre expédition qui en tienne lieu dans un dépôt où toute partie intéressée puisse recourir au besoin; 2° qu'ils ont qualité pour revendiquer l'expédition disponible.

4. Si une minute ou une expédition tenant lieu de minute n'existe pas, l'expédition disponible sera déposée dans le dépôt public d'où la minute aura été extraite, et l'officier public dépositaire pourra en délivrer des expéditions entières, conformément à l'article 2 de la présente ordonnance.

10 mai 1828. Avis du conseil d'Etat portant qu'il n'est pas nécessaire que le successeur désigné pour un office de notaire et autre semblable produise à

l'appui de sa demande de *nomination,* le traité contenant les conditions de la cession et dûment enregistré.

Les comités du contentieux, de l'intérieur et des finances, réunis par ordre de monseigneur le garde des sceaux pour délibérer sur une proposition de l'administration des domaines, à son Excellence le ministre des finances, qui a pour but de faire décider qu'aucune demande tendant à obtenir l'autorisation de transmettre, soit un des offices pour lesquels les titulaires ont reçu de la loi du 28 avril 1816 la faculté de présenter leurs successeurs à l'agrément du roi, soit un brevet d'imprimeur ou de libraire, ne sera admise si elle n'est accompagnée d'un acte authentique ou d'un acte sous seing-privé contenant les conditions de la cession et dûment enregistré, conformément à l'art. 23 de la loi du 12 décembre 1798 (22 frim. an 7), sauf toutefois à restituer le droit proportionnel si le cessionnaire n'était pas agréé;

Vu la lettre de Son Excellence le ministre des finances, du 18 janvier 1828, relative à cette proposition, deux délibérations du conseil d'administration de l'enregistrement et des domaines, en date des 5 novembre 1823 et 18 mai 1827, et un rapport de M. le directeur général de la même administration, du 6 juillet 1827: — Vu un rapport de la direction des affaires civiles du ministère de la justice, en date du 14 mars 1828, et concluant à l'adoption de la proposition du ministre des finances; —Vu les décrets de l'Assemblée Constituante, qui ont supprimé la vénalité des charges et offices; — Vu les lois et réglements relatifs : 1° aux officiers ministériels dénommés dans l'art. 91 de la loi du 28 avril 1816; 2° aux professions d'imprimeurs et libraires; — Vu la loi du 12 décembre 1798 (22 frim. an 7), sur l'enregistrement;—Vu l'art. 91 de la loi du 28 avril 1816; Vu la circulaire du ministre de la justice aux procureurs du roi, en date du 21 février 1817, écrite pour l'exécution de l'art. 91 de la loi du 28 avril 1816, et peu de temps après sa promulgation, ladite instruction portant , en substance, que cette loi n'a pas rétabli la vénalité des offices; Qu'elle n'accorde à l'officier ministériel qu'une probabilité de préférence en faveur du candidat qu'il présente pour lui succéder; —Qu'il est bon de surveiller les traités patents et secrets auxquels peut donner lieu l'exercice du droit de présentation, afin d'empêcher que des engagements disproportionnés avec les produits des offices ne portent les nouveaux titulaires à des exactions, ou à des opérations étrangères à leurs fonctions; —Que les procureurs du roi doivent surtout porter leur attention sur les traités des greffiers, soit parce qu'ils tiennent de plus près à la magistrature, soit parce que le recours à leur ministère est obligatoire pour les justiciables, et qu'il y a lieu de refuser l'admission lorsque le prix du traité excède le montant du cautionnement, ou le produit de l'office pendant un ou deux ans;

En ce qui touche les officiers ministériels désignés dans l'art. 91 de la loi du 28 avril 1816 : — Considérant que cette loi ne contient aucune disposition sur les traités auxquels peut donner lieu l'exercice de la faculté qu'elle accorde

59

ces officiers de présenter leurs successeurs; — Que la loi annoncée dans celle du 28 avril 1816 n'a pas été portée; — Que la circulaire du 21 février 1817 n'est qu'une instruction ministérielle, qui ne peut servir de base à la perception d'un droit d'enregistrement; — Que cette instruction ne considère d'ailleurs les traités dont il s'agit que relativement à l'exercice du droit d'admission, et n'envisage les prix stipulés que dans l'effet moral que l'exagération de ces prix peut avoir sur la conduite du nouveau titulaire; — D'où il suit que, dans l'état actuel de la législation, ces traités ne peuvent être considérés que comme des conventions privées, étrangères dans leurs stipulations à l'administration, qu'elles ne lient point, et dont la validité et les effets ne peuvent être appréciés que par les tribunaux, d'après les règles du droit commun; — Considérant que, si la loi du 12 déc. 1798 (22 frim. an 7.) soumet au droit d'enregistrement les traités sous seing-privé produits en justice ou devant toute autorité constituée, les traités de cette espèce produits devant l'autorité administrative n'ont jamais été soumis à l'enregistrement que lorsqu'il appartenait à cette autorité, dans l'exercice de la juridiction qui lui est propre, d'apprécier la validité et les effets de cette convention; — Mais que l'on n'exige point, et que l'on ne pourrait sans inconvénient exiger l'enregistrement des conventions sous seing privé, lorsqu'elles ne sont produites devant l'autorité administrative que comme de simples renseignements, et pour l'éclairer sur des actes purement administratifs, tels que l'exercice du droit d'admission ;

En ce qui concerne les imprimeurs et libraires : — Considérant que l'art. 91 ne s'applique pas à ces professions, et que les lois qui les régissent ne contiennent aucune disposition qui donne à ceux qui les exercent la faculté de présenter leurs successeurs, et qui règle les stipulations particulières dont la cession de leurs fonds peut être l'objet ; d'où il suit que les considérations qui précèdent sont, à plus forte raison, applicables à ces professions;

Sont d'avis, — 1° Que la proposition de l'administration des domaines est inadmissible dans l'état actuel de la législation;

2° Qu'elle ne pourrait être l'objet que d'une loi telle que celle qui est annoncée dans l'art. 91 de celle du 28 avril 1816;

Mais qu'un projet de loi sur cette matière donnerait à résoudre des questions sur lesquelles les comités ne sont pas admis à délibérer;

Notâ. Le 2 juin 1828 , cet avis a été approuvé par le garde des sceaux.

16 SEPT. 1828. Lettre de M. le garde des sceaux sur les *honoraires* dus aux notaires et autres officiers publics qui procèdent à des ventes de meubles.

Vous m'annoncez que la perception, exigée par le sieur L..., commissaire-priseur, sur le prix des ventes auxquelles il procède, de droits fixes et proportionnels autres que ceux qui lui sont accordés par la loi, excitant des réclamations, vous avez, de concert avec M. le procureur du roi, résolu d'obliger ce commissaire-priseur à ne percevoir, dorénavant, que les droits fixes établis par les lois des 17 septembre 1793 et 28 avril 1816; mais que, toutefois, sous le motif qu'il pouvait être quelquefois avantageux aux parties d'accorder, sur le prix des ventes, un droit proportionnel à l'officier qui en est chargé, vous avez autorisé M. le procureur du roi à tolérer les conventions qui dérogeraient, sous ce rapport, aux lois précitées, sous la condition que ces conventions seraient préalablement approuvées par ce magistrat, qui s'assurerait qu'elles ont été librement consenties.

Malgré le motif louable qui vous a fait prendre cette détermination, je ne puis donner mon assentiment à l'autorisation que vous avez accordée à votre substitut. Le ministère public ne peut s'immiscer dans les conventions particulières, qui n'ont pas d'ailleurs besoin d'être autorisées lorsqu'elles ont été consenties librement entre personnes capables de disposer de leurs droits, et qu'elles ne sont contraires ni à l'ordre public, ni aux bonnes mœurs.

Je vous invite donc à vous borner à exercer une surveillance active et sévère sur la conduite du sieur L..., et à empêcher qu'il ne puisse, à l'avenir, exiger des parties d'autres émoluments que ceux auxquels les lois lui donnent droit.

1er ET 6 JUIN 1829. Décision des ministres de la justice et des finances portant que les notaires qui ne sont point dans l'usage de faire des protêts ne sont pas assujettis à tenir un *registre* sur lequel ils n'auraient aucun acte à inscrire ; qu'ils ont la faculté de n'ouvrir ce registre qu'au moment où ils auront à rédiger un acte de cette nature ou après qu'ils l'auront reçu.

13 JUILL. 1829. Lettre de M. le garde des sceaux portant qu'un notaire ne peut, en tête de ses actes, joindre à son titre celui d'*avocat* (1).

J'ai reçu un mémoire dans lequel on m'assure que le sieur D..., notaire, prend le titre de notaire et avocat, soit dans l'intitulé de ses actes, soit sur l'enseigne de sa maison.

Cet officier public ne peut ignorer que, lorsqu'il a reçu une commission de notaire, il a dû renoncer à la profession d'avocat, qui est incompatible avec ses nouvelles fonctions, et qu'il a dû être rayé dès lors de tout tableau où il aurait pu être inscrit à cette époque. Je ne conçois donc pas le motif qui a pu l'engager à prendre un titre qui ne lui appartient plus, si ce n'est par l'intention de se distinguer des autres notaires, et d'augmenter par ce moyen sa clientèle en diminuant la leur, ce qui ne saurait être toléré.

Je vous charge, en conséquence, de vérifier si le fait qui m'est énoncé est exact, et, en cas d'affirmative, d'enjoindre au sieur D...; d'avoir à

_____

(1) Conf. décision des 6 oct. 1820, 12 oct. 1829, (celle-ci rendue sur la réclamation contre celle qu'on rapporte ici), 26 avril 1853. — Voy. Code du Notariat, t. 1er, p. 496 et plus haut p. 673. n. 125.

s'abstenir de prendre le titre d'avocat, et de le supprimer de son enseigne. »

---

15 JUILL. 1829. Décision de M. le garde des sceaux portant que les chambres de discipline ne peuvent refuser de délibérer sur les demandes de *certificats de capacité et de moralité* formées par les aspirants au notariat.

Monsieur le procureur général, j'ai reçu les deux délibérations par lesquelles la chambre de discipline de l'arrondissement de .., a refusé de procéder à l'examen du sieur F..., sur le motif que le démissionnaire n'a pas le droit de disposer de son office, attendu que le *maximum* légal est excédé dans le canton.

Vous pensez avec raison que la chambre a entièrement méconnu, dans cette circonstance, la limite de ses attributions. Elle pouvait sans doute donner son avis sur le point de savoir s'il y a lieu ou non à réduction dans le canton où la mutation est demandée; mais il ne lui appartenait pas de se constituer juge de la question. Et elle ne pouvait surtout se dispenser d'examiner le candidat qui se présenterait devant elle.

En persistant dans leur refus, malgré les injonctions du procureur du roi, les membres de cette chambre ont particulièrement montré un esprit d'insubordination qu'il est essentiel de réprimer immédiatement. Je veux bien toutefois leur accorder, pour satisfaire à leurs obligations, un délai, passé lequel ils ne devront plus compter sur la même indulgence.

Je vous prie, en conséquence, de charger sans retard le procureur du roi de faire convoquer la chambre des notaires, et de lui donner un délai de dix jours pour procéder à l'examen du sieur..., et, dans le cas où elle persisterait dans le refus qu'elle a manifesté deux fois, de traduire immédiatement les membres qui la composent devant le tribunal de première instance, en requérant contre chacun d'eux l'application d'une peine de discipline.

Il y aura lieu, dans le même cas, d'autoriser le sieur... à se présenter devant la chambre du conseil du tribunal, au jour qui lui sera fixé par le président, pour y subir l'examen exigé par l'article 43 de la loi du 25 ventose an 11.

---

12 OCT. 1829. Décision de M. le garde des sceaux sur la manière de rectifier les actes de naissance des aspirants au notariat, lorsque leur *nom* patronymique est mal orthographié.

Le nom de *Blaive*, que l'aspirant prend dans sa demande, n'est pas celui que lui donne son acte de naissance, dans lequel il est désigné sous le nom de *Blesve*. Il produit, il est vrai, un certificat de notoriété constatant que c'est le premier de ces noms qui lui appartient réellement; mais on ne peut, sur un pareil acte, lui conférer, par ordonnance, un autre nom que celui qu'il a droit de prendre d'après son titre de naissance.

Je vous prie, en conséquence, de faire connaître au sieur Blaive ou Blesve qu'il ne sera donné suite à sa demande que lorsque son acte de naissance aura été rectifié, conformément aux

art. 99, C. civ., 835 et suiv., C. proc. civ., ce dont il devra justifier par la représentation d'un nouvel extrait des registres de l'état civil, délivré en conformité de la loi.

---

12 OCT. 1829. Ordonnance du roi portant que les fonctions de greffier de justice de paix peuvent *dispenser* un aspirant au notariat de la justification du stage.

Et attendu que l'impétrant exerce depuis 1825 les fonctions de greffier de la justice de paix de Quingey, nous lui accordons la dispense de deux ans un mois de stage dont il lui restait à justifier.

---

23 OCT. 1829. Décision de M. le garde des sceaux portant que les *chambres de discipline* n'ont pas à statuer sur la légalité ou sur la suffisance des justifications imposées aux aspirants au notariat, mais seulement à donner leur avis.

Vous ferez connaître à la chambre de discipline des notaires qu'il n'entre point dans ses attributions de prononcer sur la légalité des justifications imposées à tout aspirant aux fonctions du notariat; qu'elle doit se borner à examiner si celui qui se présente devant elle offre, par sa moralité et sa capacité, des garanties suffisantes pour remplir les fonctions auxquelles il aspire, sauf à émettre son avis sur la légalité ou la sincérité des certificats qui lui sont soumis, et dont il appartient au gouvernement d'apprécier le mérite.

---

30 NOV. 1829. Décision du ministre de la justice portant que l'action des notaires pour leurs *honoraires* doit être soumise au tribunal, sans qu'il soit besoin du préliminaire de la conciliation (1).

« L'art. 60 C. pr. civ., décide, il est vrai, que les demandes formées, pour frais, par des officiers ministériels, doivent être portées au tribunal où les frais ont été faits; mais cette disposition ne doit s'entendre que des *avoués* et des *huissiers* qui ont occupé ou instrumenté dans une affaire : car alors il est tout naturel que le tribunal sous les yeux duquel ont été faits tous les actes de la procédure, prenne connaissance des contestations relatives au paiement de ces actes.

« Le décret du 16 février 1807, sur la liquidation des dépens, confirme cette interprétation. « Les demandes des avoués (y est-il dit, art. 9) « et autres *officiers ministériels*, en paiement « de frais, contre les parties pour lesquelles ils « ont *occupé* ou *instrumenté*, seront portées à « l'audience, etc. »

« Relativement aux vacations et honoraires des notaires, ils devaient être réglés, sous l'empire de la loi du 25 vent. an 11, par le tribunal de la résidence du notaire, dans le cas où ils ne l'auraient pas été à l'amiable. Cette disposition a été modifiée par l'art. 173 du tarif du 16 fév. 1807,

---

(1) *Conf.* Décisions des 10 sept. 1821, 1er déc. 1824, 4 déc. 1826, 24 nov. 1827, 29 juillet 1828. — *Contr.* décisions des 5 prair. an 13, 25 fév. 1807, 13 sept. 1819. Voy. plus haut, p. 807, n. 1226 et p. 809, n. 1242.

qui a conféré au président seul le droit de taxer les mémoires des notaires, *après avoir pris toutefois l'avis de la chambre de discipline*. Les mémoires une fois taxés, on rentre dans le droit commun, et ce n'est plus la quotité de la somme qui détermine la compétence du tribunal devant lequel doivent être intentées les poursuites. »

4 DÉC. 1829. Décision des ministres de la justice et des finances qui porte que, lorsque les *surcharges* non constatées qui existent dans un acte notarié sont insignifiantes, il n'y a pas contravention susceptible d'être poursuivie.

Nota. 1er OCT. 1832, même décision pour les *ratures* et les *blancs* sans importance qui ont été laissés dans le corps de l'acte.

9 DÉC. 1829. Avis du conseil d'État portant que les officiers publics chargés de procéder aux ventes de meubles sont tenus de conserver les *minutes* de leurs procès-verbaux.

30 AOUT 1830. Ordonnance du duc d'Orléans, lieutenant général du royaume, sur la formule exécutoire des *grosses*.

Les arrêts, jugements, mandats de justice, contrats et tous autres actes, seront intitulés ainsi qu'il suit, jusqu'à ce qu'une loi ait fixé définitivement la formule exécutoire :

« LOUIS-PHILIPPE d'Orléans, duc d'Orléans, lieutenant-général du royaume, à tous présents et à venir, salut. La cour de *ou* le tribunal de... a rendu, etc. (*Ici copier l'arrêt ou le jugement.*) « Mandons et ordonnons, etc. »

16 AOUT 1830. Ordonnance du roi Louis-Philippe sur la formule exécutoire des jugements et des *grosses*.

Les expéditions des arrêts, jugements, mandats de justice, contrats et de tous actes susceptibles d'exécution forcée, seront intitulés ainsi qu'il suit :

LOUIS-PHILIPPE, roi des Français, à tous présents et à venir, salut.

Pour les arrêts et jugements : « La cour *ou* le tribunal de..... a rendu. » (*Ici copier l'arrêt ou le jugement.*)

Pour les actes notariés et autres, transcrire la teneur de l'acte.

Lesdits arrêts, jugements, mandats de justice, contrats et autres actes, seront terminés ainsi :

« Mandons et ordonnons, etc. »

31 AOUT 1830. Loi relative au *serment* des fonctionnaires publics. (Voy. Dict. gén. suppl., v° *Serment*.)

19 NOV. 1830. Ordonnance du roi relative aux *cachets* à l'usage des tribunaux et des notaires.

Art. 1er. À l'avenir, les timbres et cachets nécessaires pour constater l'authenticité des actes et de leurs expéditions émanant des cours, tribunaux, justices de paix et notaires du royaume, porteront :

Pour type, une balance, dont le fléau est soutenu par les tables de la loi;

Pour. exergue, *Charte* 1830 ;

Et, pour légende, le titre de l'autorité par laquelle ils seront employés.

28 AVRIL 1832. Circulaire du garde des sceaux qui décide que les procurations des héritiers doivent être. *annexées*, non au procès-verbal de levée de scellés, mais à l'inventaire dressé par le notaire (1).

L'art. 13 de la loi du 25 ventose an 11, sur l'organisation du notariat, prononce une amende contre le notaire qui néglige d'annexer à la minute d'un acte les procurations des contractants.

J'apprends qu'il s'élève fréquemment des difficultés à ce sujet entre les juges de paix et les notaires, et qu'il en résulte pour les préposés de l'enregistrement de l'incertitude sur l'application de cet article.

Pour conserver ces procurations, les juges de paix allèguent qu'agissant les premiers, et réglant par leurs procès-verbaux les obstacles qui peuvent survenir avant l'inventaire, ils ne peuvent se dispenser d'annexer les procurations à ces procès-verbaux, et que, dans ce cas, c'est aux notaires à faire mention dans leurs inventaires que les procurations sont restées annexées auxdits procès-verbaux ; mais cette manière de procéder ne peut se concilier avec les dispositions de la loi du 25 ventose an 11. En effet, l'art. 13 de la loi ordonne, sous peine d'amende contre le notaire, l'annexe des procurations à la minute des actes reçus par cet officier.

Or, le notaire ne pouvant éviter cette peine qu'en justifiant qu'il s'est conformé à la disposition de la loi, il est de toute nécessité que la procuration lui soit remise pour être jointe à son inventaire, d'autant que la loi n'établit pas la même nécessité pour le juge de paix ni pour son greffier.

D'ailleurs, l'inventaire ayant toujours été considéré comme un acte qui doit établir les qualités des héritiers, il ne peut être parfait qu'en y réunissant les actes indispensables, au nombre desquels il faut nécessairement comprendre les procurations. Ce motif seul suffirait donc, même en l'absence d'un texte formel, pour qu'elles dussent toujours être annexées à l'inventaire, sauf au juge de paix à en faire mention dans son procès-verbal.

Le but de la loi ne serait pas rempli davantage si les juges de paix croyaient pouvoir garder les procurations pour les annexer à leurs procès-verbaux d'apposition et de levée des scellés, en délivrant aux notaires des extraits en forme de ces procurations pour les joindre à l'inventaire, sauf le cas cependant où ces procurations auraient pour objet l'apposition ou la levée des scellés. Le juge de paix serait alors suffisamment autorisé à les conserver, à la charge de les remettre au notaire lorsqu'il y aurait inventaire : car les procu-

---

(1) Conf. 5 avril 1827.

rations données par des héritiers pour faire procéder aux diverses opérations d'une succession sont des actes indivisibles, puisqu'ils se rattachent à un seul et même objet; tandis que les procès-verbaux d'apposition et de levée des scellés ne sont, relativement aux inventaires, que des actes préparatoires. D'ailleurs, les inventaires, destinés surtout à établir les qualités des parties et la situation active et passive des successions, intéressent plus spécialement les héritiers. Dès lors les procurations doivent de préférence être annexées aux inventaires, sauf, comme je l'ai dit, aux juges de paix à mentionner dans leurs procès-verbaux qu'elles ont été remises aux notaires, pour demeurer jointes auxdits inventaires.

Je vous prie de donner des instructions dans ce sens à messieurs les procureurs du roi de votre ressort, pour qu'ils les communiquent aux juges de paix et aux notaires de leur arrondissement respectif, afin qu'il n'y ait plus de divergence sur ce point.

23 JUIN 1832. Ordonnance du roi portant que le notaire *démissionnaire* continue ses fonctions, lorsque son successeur nommé a été révoqué, faute d'avoir prêté serment dans le délai.

LOUIS-PHILIPPE, etc. Sur le rapport de notre garde des sceaux;

Vu notre ordonnance portant nomination du sieur E.... V..., aux fonctions de notaire à la résidence de S..., sur la démission de son père, notaire à M..., autre commune du même canton;

Vu le certificat délivré par le greffier du tribunal de première instance séant à V..., et constatant que le sieur V.... n'a pas répondu aux divers avis qui lui ont été donnés de sa nomination;

Vu l'art. 47 de la loi du 25 ventose an 11, aux termes duquel le pourvu était tenu de prêter serment dans les deux mois de sa nomination, à peine de déchéance;

Nous avons ordonné, etc.

Notre ordonnance portant nomination du sieur E.... V.... aux fonctions de notaire à la résidence de S..., sur la démission de son père, notaire à M..., est rapportée.

Le sieur N.... V.... continuera d'exercer les fonctions de notaire à M.... comme par le passé.

18 AVRIL 1833. Circulaire de M. le garde des sceaux aux procureurs généraux, qui fixe au 3 mai de chaque année la réunion des *assemblées générales* de notaires.

Je vous rappelle que les notaires de chaque arrondissement doivent être bientôt convoqués en assemblée générale pour procéder au renouvellement de discipline et aux autres opérations prescrites par l'arrêté du gouvernement en date du 2 nivose an 12. Je vous charge de tenir la main à ce qu'il soit procédé partout uniformément et régulièrement à cette mesure. Le jour fixé par le décret du 4 avril 1806 pour la réunion des assemblées générales des notaires est le 1er mai. Comme ce jour est consacré à la célébration de la fête du roi, il y aura lieu de remettre les assemblées au 3 du même mois.

Mon intention étant de préparer pour l'année

prochaine une instruction générale à l'effet de régulariser la composition des chambres de discipline, de les ramener partout à l'esprit de leur institution, et de leur rappeler leurs véritables attributions, je vous prie de me transmettre, avec les procès-verbaux des opérations de ces assemblées, les observations que l'expérience vous suggérera sur ce sujet.

10 AOUT 1833. Décision de M. le garde des sceaux portant que le notaire *démissionnaire* en faveur de ses collègues doit continuer ses fonctions, et conserver le dépôt de ses minutes jusqu'à ce que sa démission ait été acceptée.

Le sieur.... a reçu l'injonction de cesser ses fonctions, et de remettre ses minutes à l'un des autres notaires de.... dans le délai fixé par l'art. 56 et sous les peines portées par l'art. 57 de la loi du 25 vent. an 11.

Cette injonction est prématurée : jusqu'à ce que sa démission ait été acceptée, ce notaire a le droit de continuer l'exercice de ses fonctions, et l'art. 22 de la loi précitée s'oppose d'une manière absolue à ce qu'il se dessaisisse des minutes dont il a été constitué dépositaire.

5 juin 1837. Instruction de la régie concernant le mode de constatation par procès-verbaux ou autres actes des contraventions relatives au notariat, la perception des amendes, le paiement des frais; etc.

L'instruction que nous rapportons ci-après où se trouve résumée la jurisprudence concernant la poursuite et la procédure en matière de contravention aux lois sur le notariat, est le corollaire de l'instruction du 15 mars 1831. (D.P. 1835. 3. 33). Sous ce rapport, elle offre un double intérêt, voici ses termes :

Les préposés de l'administration constatent par des procès-verbaux qu'ils transmettent au procureur du roi, les contraventions aux lois des 6 oct. 1791 et 16 floréal an 4, concernant le dépôt annuel des répertoires des notaires; à l'art. 37 de la loi du 1er brum. an 7, relatif à la mention de la patente dans les actes; à la loi du 25 vent. an 11 sur l'organisation du notariat; aux art. 67 et 68 C. comm., touchant la publication des contrats de mariage de commerçants et à l'art. 176 du même Code, ordonnant l'inscription littérale des protêts sur un registre particulier (Inst. n. 265, 384, 668, 1050 § 17; 1089 et 1293, § 18) (1).

En ce qui concerne la loi du 25 vent. an 11, sur l'organisation du notariat, les préposés doivent rédiger des procès-verbaux pour les contraventions auxquelles la loi attache une peine quelconque. A l'égard des irrégularités qui n'entraînent aucune peine, ils en forment un relevé qui, de même que les procès-verbaux, est remis au procureur du roi. Enfin, quant aux contraventions, telles que lacunes, surcharges, interlignes et additions, qui auraient servi à altérer la date des actes, pour éluder les peines encourues par suite du défaut d'enregistrement dans le délai, ou à dissimuler le montant des sommes stipulées, ou autres conven-

(1) Voy. Dalloz, Rec. pér., 1836, 1, 146.

tions des parties, afin d'atténuer les droits d'enregistrement, les préposés, en même temps qu'ils constatent la contravention par un procès-verbal, ont à poursuivre par voie de contrainte le paiement des droits simples ou en sus d'enregistrement, que la contravention a eu pour but d'éviter. (Instr. n. 263 et 284).

Les préposés qui rapportent des procès-verbaux de contravention à la loi du 25 vent. an 11, sur le notariat, doivent s'abstenir de faire aucune mention marginale sur les actes argués d'irrégularité.—Déc. min. justice et finances, 30 août 1827 (Instr., n. 1347, § 15).

Le préposé fait reconnaître la sincérité du procès-verbal par le notaire contrevenant; en cas de refus, il l'affirme devant le juge de paix dans les vingt-quatre heures. —Déc. min. justice et finances 8 et 25 juill. 1820 (Instr. n. 1089).

Les procès-verbaux des préposés, constatant des contraventions aux lois relatives au notariat, font foi jusqu'à preuve contraire.— CC. Rennes et Orléans, 22 avril 1833 et 27 mars 1835.—C. cass., 16 mars 1836 (1).

C'est au ministère public exclusivement qu'il appartient de requérir les condamnations encourues pour contraventions aux lois sur le notariat. L'administration n'a pas qualité pour engager la demande en son nom et à la requête, poursuite et diligence du procureur du roi. La nullité du premier acte de procédure faite en cette forme vicierait tous les actes ultérieurs.—Déc. min. justice et finances, 15 mars et 25 avril 1808. — C. cass., 10 déc. 1822 (Instr. n. 284) (2).

Aux termes de l'art. 53 de la loi du 25 vent. an 11, les contraventions doivent être poursuivies devant le tribunal civil de l'arrondissement de la résidence du notaire, et non devant le tribunal de *police correctionnelle*. — C. cass., 30 juin 1814 (3).

Les amendes encourues pour contraventions aux lois sur le notariat ne peuvent être perçues par les receveurs de l'enregistrement avant la décision des tribunaux, sur les poursuites exercées d'office par le ministère public. En conséquence, les receveurs doivent refuser les offres réelles qui seraient faites par les notaires contrevenants, avant le jugement de condamnation. — C. Paris, 25 avril 1826 et 17 déc. 1833 (4).

D'après la disposition expresse de l'art. 53 de la loi du 25 vent. an 11, les jugements des tribunaux civils, en matière de contraventions aux lois sur le notariat, notamment aux art. 67 et 68 C. comm., relatifs au dépôt des contrats de mariage des commerçants, sont sujets à l'appel et ne peuvent être immédiatement attaqués en cassation, lors même que les amendes dont la demande a été faite ne s'élèvent pas à 1,000 fr. — C. Metz, 15 janv. 1819; C. cass. 29 oct. 1830 (5).

Le procureur du roi a le droit exclusif d'interjeter appel des jugements et de se pourvoir en cassation contre les arrêts concernant les contraventions aux lois sur le notariat.—Déc. min. justice et finances, 15 mars et 25 avril 1808; C. cass., 12 juin 1811 et 29 octobre 1830 (Instr., n. 384).

Le pourvoi en cassation peut être formé au moyen d'une déclaration indiquant le motif du pourvoi déposé au greffe et transmis au greffe de la cour de cassation par l'intermédiaire du ministre de la justice et du procureur-général.—C. cass. 4 juill. 1820.

Les frais de poursuites faites par les procureurs du roi, pour la répression des contraventions aux lois sur le notariat, doivent être avancés par les receveurs de l'enregistrement, comme *frais de justice*, et remboursés à l'administration selon le mode établi pour les dépenses dont le ministère de la justice est chargé. — Déc. min. fin., 10 fév. 1817 (Instr., n. 773). — Du 5 juin 1837, n. 1537. (Instruction de la régie).

6 JUIN.-9 JUILLET 1839. Ordonnance du roi qui autorise tous les notaires du royaume, indistinctement, à délivrer des certificats de vie. — V. 1re partie de cet ouvrage, p. 17, n. 14 et D.P. 39.3.101.

27 JUIN 1839. — Instruction de M. le ministre des finances, du 27 juin 1839, pour la délivrance des certificats de vie.

Voy. cette instruction expliquée et rapportée plus haut, 1re partie, p. 16 et suiv. et D.P. 40.3.17.

2-3 JUIN 1841. — Loi sur les ventes judiciaires de biens immeubles.

Voy. le commentaire de cette loi qui a pris place dans le Code de procédure, au Dict. gén., Suppl. v^{is} Saisie immobilière et Vente jud. d'immeubles.

25 JUIN-1er JUILLET 1841. —Loi sur les ventes aux enchères de marchandises neuves. (Bull , n. 3989)(1).

Art. 1er. Sont interdites les ventes en détail des marchandises neuves, à cri public, soit aux enchères, soit au rabais, soit à prix fixe proclamé avec ou sans l'assistance des officiers ministériels.

2. Ne sont pas comprises dans cette défense les ventes prescrites par la loi, ou faites par autorité de justice, non plus que les ventes après décès, faillite ou cessation de commerce, ou dans tous les autres cas de nécessité dont l'appréciation sera soumise au tribunal de commerce.

Sont également exceptées les ventes à cri public de comestibles et objets de peu de valeur, connus dans le commerce sous le nom de menue mercerie.

3. Les ventes publiques et en détail de marchandises neuves, qui auront lieu après décès ou par autorité de justice, seront faites selon les formes prescrites et par les officiers ministériels préposés pour la vente forcée du mobilier, conformément aux art. 625 et 945 C. pr.

---

(1) Voy. Dalloz, Rép. pér. 36. 1. 146.
(2) Voy. Dict. gén., v° Amende, n. 47.
(3) Voy. eod., n. 54.
(4) Dict. gén., v° Amende, n. 49.
(5) V. Dict. gén., v° Degré de jurídict., n. 247.

(1) V. au Dict. suppl. l'analyse de la discussion,

4. Les ventes de marchandises après faillite seront faites, conformément à l'art. 486 C. comm., par un officier public de la classe que le juge-commissaire aura déterminée.

Quant au mobilier du failli, il ne pourra être vendu aux enchères que par le ministère des commissaires-priseurs, notaires, huissiers ou greffiers de justice de paix, conformément aux lois et réglements qui déterminent les attributions de ces différents officiers.

5. Les ventes publiques et par enchères après cessation de commerce, ou dans les autres cas de nécessité prévus par l'art. 2 de la présente loi, ne pourront avoir lieu qu'autant qu'elles auront été préalablement autorisées par le tribunal de commerce, sur la requête du commerçant propriétaire, à laquelle sera joint un état détaillé des marchandises.

Le tribunal constatera, par son jugement, le fait qui donne lieu à la vente, il indiquera le lieu de son arrondissement où se fera la vente; il pourra même ordonner que les adjudications n'auront lieu que par lots dont il fixera l'importance.

Il décidera, d'après les lois et réglements d'attribution, qui, des courtiers ou des commissaires-priseurs et autres officiers publics, sera chargé de la réception des enchères.

L'autorisation ne pourra être accordée pour cause de nécessité qu'au marchand sédentaire, ayant depuis un an au moins son domicile réel dans l'arrondissement où la vente doit être opérée.

Des affiches apposées à la porte du lieu où se fera la vente énonceront le jugement qui l'aura autorisée.

6. Les ventes publiques aux enchères de marchandises en gros continueront à être faites par le ministère des courtiers, dans les cas, aux conditions et selon les formes indiquées par les décrets des 22 nov. 1811, 17 avril 1812, la loi du 15 mai 1818, et les ordonn. des 1er juillet 1818 et 9 avril 1819.

7. Toute contravention aux dispositions ci-dessus sera punie de la confiscation des marchandises mises en vente, et, en outre, d'une amende de cinquante à trois mille francs, qui sera prononcée solidairement, tant contre le vendeur que contre l'officier public qui l'aura assisté, sans préjudice des dommages-intérêts, s'il y a lieu.

Ces condamnations seront prononcées par les tribunaux correctionnels.

8. Seront passibles des mêmes peines les vendeurs ou officiers publics qui comprendraient sciemment dans les ventes faites par autorité de justice, sur saisie, après décès, faillite, cessation de commerce, ou dans les autres cas de nécessité prévus par l'art. 2 de la présente loi, des marchandises neuves ne faisant pas partie du fonds ou mobilier mis en vente.

9. Dans tous les cas ci-dessus où les ventes publiques seront faites par le ministère des courtiers, ils se conformeront aux lois qui les régissent, tant pour les formes de la vente que pour les droits de courtage.

10. Dans les lieux où il n'y aura point de courtiers de commerce, les commissaires-priseurs, les notaires, huissiers et greffiers de justice de paix feront les ventes ci-dessus, selon les droits qui leur sont respectivement attribués par les lois et réglements.

Ils seront, pour lesdites ventes, soumis aux formes, conditions et tarif imposés aux courtiers.

———

10-25 oct. 1841. — Ordonnance du roi contenant le tarif des frais et dépens relatifs aux ventes judiciaires de biens immeubles. (Bull. n. 9609.)

TITRE Ier. — *Dispositions communes à tout le royaume.*

CHAPITRE Ier. — GREFFIERS DES TRIBUNAUX DE PREMIÈRE INSTANCE.

Art. 1er. — Il est alloué aux greffiers des tribunaux de première instance :

Pour la communication sans déplacement, tant du cahier des charges que du procès-verbal d'expertise,   15 f. 00 c.

Ce droit sera dû, soit qu'il y ait, soit qu'il n'y ait d'expertise. Toutefois, si l'expertise a été ordonnée en matière de licitation, le droit sera réduit à   12 f. 00 c.

Il sera perçu lors du premier dépôt au greffe, soit du procès-verbal d'expertise, soit du cahier des charges.

CHAPITRE II. — CONSERVATEURS DES HYPOTHÈQUES.

2. Il est alloué aux conservateurs des hypothèques, pour :

La transcription de chaque procès-verbal de saisie immobilière et de chaque exploit de dénonciation de ce procès-verbal au saisi (art. 677 et 678 C. pr. civ.), par rôle d'écriture du conservateur, contenant 25 lignes à la page, et 18 syllabes à la ligne,   1 f. 00 c.

L'acte du conservateur contenant son refus de transcription, en cas de précédente saisie (art. 680 C. pr.),   1 f. 00 c.

Chaque extrait d'inscription ou certificat qu'il n'en existe aucune (argument de l'art. 692 C. pr. civ.).   1 fr. 00 c.

La mention des deux notifications prescrites par les art. 691 et 692 C. pr., (art. 693 C. pr. civ.).   1 f. 00 c.

La radiation de la saisie immobilière (art. 693 C. pr. civ.).   1 f. 00

La mention du jugement d'adjudication (art. 716 C pr.).   1 f. 00 c.

La mention du jugement de conversion (art. 748 C. pr. civ.).   1 f. 00 c.

TITRE II. — *Dispositions pour le ressort de la cour royale de Paris.*

CHAPITRE Ier. — HUISSIERS.

§ 1er. HUISSIERS ORDINAIRES. — 3. *Actes de première classe.*

Il est alloué aux huissiers ordinaires (art. 673 C. pr. civ.).

Pour l'original du commandement tendant à saisie immobilière :

A Paris,   2 f. 00 c.
Dans le ressort,   1 50

Pour chaque copie, le quart de l'original.

Pour droit de copie du titre, par rôle contenant 20 lignes à la page et 10 syllabes à la ligne ou évalué sur ce pied :

A Paris.	0 f. 25 c.
Dans le ressort.	20

(Art. 681.) Pour l'original de l'assignation en référé ;

(Art. 684.) De la demande en nullité de bail ;

(Art. 685.) De l'acte d'opposition entre les mains des fermiers ou locataires, ou de la simple sommation aux mêmes ;

(Art. 687.) De la signification aux créanciers inscrits de l'acte de la consignation faite par l'acquéreur en cas d'aliénation, qui peut avoir lieu après saisie immobilière sous la condition de consigner ;

(Art. 691, 692.) De la sommation à la partie saisie et aux créanciers inscrits de prendre communication du cahier des charges ;

(Art. 716.) De la signification du jugement d'adjudication ;

(Art. 717.) De la demande en résolution qui doit être formée avant l'adjudication et notifiée au greffe ;

(Art. 718.) De l'exploit d'ajournement ;

(Art. 725.) De la demande en distraction de tout ou partie des objets saisis immobilièrement contre la partie qui n'a pas avoué en cause ;

(Art. 732.) De l'acte d'appel qui doit être en même temps notifié au greffier du tribunal et visé par lui ;

(Art. 735.) De la signification du bordereau de collocation avec commandement ;

(Art. 736.) De la signification des jour et heure de l'adjudication sur folle-enchère ;

(Art. 837.) De la sommation à faire à l'ancien et au nouveau propriétaire, et, s'il y a lieu, au créancier surenchérisseur ;

(Art. 962.) De l'avertissement qui doit être donné au subrogé-tuteur ;

(Art. 969.) De la demande en partage ;

Et généralement de tous actes simples non compris dans l'article suivant :

A Paris.	2 fr. 00 c.
Dans le ressort.	1 50

Pour chaque copie, le quart de l'original.

4. Procès-verbaux et actes de seconde classe.

(Art. 675.) Pour un procès-verbal de saisie immobilière auquel il n'aura été employé que trois heures :

A Paris.	6 fr 00 c.
Dans le ressort.	5 00

Et cette somme sera augmentée, par chacune des vacations subséquentes qui auront pu être employées, de :

A Paris.	5 fr. 00 c.
Dans le ressort.	4 00

L'huissier ne se fera pas assister de témoins.

(Art. 677.) Pour la dénonciation de la saisie immobilière à la partie saisie :

A Paris.	2 fr. 50 c.
Dans le ressort.	2 00

Pour la copie de ladite dénonciation, le quart.

(Art. 832 C. pr.; C. civ., art. 2185.) Pour l'original de l'acte contenant réquisition d'un créancier inscrit, à fin de mises aux enchères et adjudication publique de l'immeuble aliéné par son débiteur :

A Paris.	5 fr. 00 c.
Dans le ressort.	4 00

Et pour la copie, le quart.

L'original et la copie de cette réquisition seront signés par le requérant ou par son fondé de procuration spéciale.

(Art. 699, 704, 709, 735, 741, 743, 836, 959, 972, 988 997.) Pour le procès-verbal d'apposition de placards dans toutes les ventes judiciaires, y compris le salaire de l'afficheur :

A Paris.	8 fr. 00 c.
Dans le ressort.	6 00

5. Il ne sera rien alloué aux huissiers pour transport jusqu'à un demi-myriamètre.

Il leur sera alloué au-delà d'un demi-myriamètre, pour frais de voyage qui ne pourra excéder une journée de 5 myriamètres (10 lieues anciennes), savoir, au-delà d'un demi myriamètre et jusqu'à un myriamètre pour aller et retour :

A Paris.	4 fr. 00 c.
Dans le ressort.	4 00

Au-delà d'un myriamètre, il sera alloué par chaque demi-myriamètre, sans distinction, 2 fr.

Il sera taxé pour visa de chacun des actes qui y sont assujettis :

A Paris.	1 fr. 00 c.
Dans le ressort.	0 75

§ 2. Huissiers audienciers des tribunaux de première instance.

6. Il est alloué aux huissiers audienciers des tribunaux de première instance : (C. pr. civ., art. 659.)

Pour la publication du cahier des charges :

A Paris.	1 fr. 00 c.
Dans le ressort.	0 75

(Art. 705, 706.) Lors de l'adjudication, y compris les frais de bougies, que les huissiers disposeront et allumeront eux-mêmes :

A Paris.	5 fr. 00 c.
Dans le ressort.	3 75

Ce droit sera alloué à raison de chaque lot adjugé, quelle qu'en soit la composition, sans qu'il puisse être exigé sur un nombre de lots supérieur à six.

Lorsque, après l'ouverture des enchères, l'adjudication n'aura pas lieu, il sera alloué aux huissiers, y compris les frais de bougies, et quel que soit le nombre des lots :

A Paris.	5 fr. 00 c.
Dans le ressort.	3 75

Chapitre II. — Avoués de première instance.

§ 1er. Émoluments spéciaux à chaque nature de vente.

7. Saisie immobilière.

Il est alloué aux avoués de première instance, pour chacune des vacations suivantes ; (C. pr. civ., art. 678.)

Vacation à faire transcrire la saisie immobilière et l'exploit de dénonciation ;

(Art. 692.) Vacation pour se faire délivrer l'extrait des inscriptions ;

(Art. 692.) Vacation à l'examen de l'état d'inscriptions et pour préparer la sommation au vendeur de l'immeuble saisi ;

(Art. 693.) Vacation à la mention, aux hypothèques, de la notification prescrite par les art. 691 et 692 C. pr.

(Art. 716.) Vacation à la mention sommaire du jugement d'adjudication en marge de la transcription de la saisie ;

(Art. 748.) Vacation à la mention sommaire du jugement de conversion en marge de la transcription de la saisie ;

A Paris. 6 fr. 00 c.
Dans le ressort. 4 50

(Art. 695.) Pour la vacation à la publication, compris les dires qui pourront avoir lieu :

A Paris. 3 fr. 00 c.
Dans le ressort. 2 45

(Art. 720.) Pour l'acte de la dénonciation de la plus ample saisie au premier saisissant, à la requête du plus ample saisissant, avec sommation de se mettre en état :

A Paris. 3 fr. 00 c.
Dans le ressort. 2 25

Pour la copie, le quart.

(Art. 726.) Vacation pour déposer au greffe les titres justificatifs d'une demande en distraction d'objets immobiliers saisis :

A Paris. 3 fr. 00 c.
Dans le ressort. 2 45

(Art. 745.) Requête non grossoyée et non signifiée, sur le consentement de toutes les parties intéressées, pour demander, après saisie immobilière, que l'immeuble saisi soit vendu aux enchères par-devant notaire ou en justice ;

A chaque avoué signataire de la requête :

A Paris. 6 fr. 00 c.
Dans le ressort. 4 50

8. *Surenchère sur aliénation volontaire.*

(Art. 832.) Requête pour faire commettre un huissier :

A Paris. 2 fr. 00 c.
Dans le ressort. 1 50

Vacation pour faire au greffe la soumission de la caution et déposer les titres justificatifs de sa solvabilité :

A Paris. 3 fr. 00 c.
Dans le ressort. 2 25

Vacation pour prendre communication des pièces justificatives de la solvabilité de la caution.

A Paris. 3 fr. 00 c.
Dans le ressort. 2 25

9. *Vente de biens de mineurs.*

(Art. 954.) Requête afin d'homologation de l'avis du conseil de famille pour aliéner les immeubles des mineurs :

A Paris. 7 fr. 50 c.
Dans le ressort. 5 50

(Art. 956.) Vacation à prendre communication de la minute du rapport des experts :

A Paris. 6 fr. 00 c.
Dans le ressort. 4 50

Requête pour demander l'entérinement du rapport.

A Paris. 7 fr. 50 c.
Dans le ressort. 5 50 c.

Il sera alloué aux avoués, sans distinction de résidence, dans le cas où l'expertise n'aura pas lieu, à raison des soins et démarches nécessaires pour la fixation de la mise à prix. 25 fr. 00 c.

Sans préjudice du supplément de remise proportionnelle accordé par l'article 11 de la présente ordonnance.

(Art. 954.) Vacation à prendre communication du cahier des charges, au cas de renvoi devant notaire :

A Paris. 6 fr. 00 c.
Dans le ressort. 4 50

(Art. 963.) Requête pour obtenir l'autorisation de vente au-dessous de la mise à prix :

A Paris. 7 fr. 50 c.
Dans le ressort. 5 50 c.

Ces émoluments seront les mêmes lorsqu'il s'agira de vente d'immeubles dépendant d'une succession bénéficiaire, d'immeubles dotaux, ou provenant, soit d'une succession vacante, soit d'un débiteur failli, ou qui a fait cession.

10. *Partages et licitations.*

(Art. 969.) Requête afin de remplacement du juge ou du notaire commis.

A Paris. 3 fr. 00 c.
Dans le ressort. 2 25

(Art. 971.) Vacation à prendre communication du procès-verbal d'expertise :

A Paris. 6 fr. 00 c.
Dans le ressort. 4 50

Acte de conclusions d'avoué à avoué pour demander l'entérinement du rapport :

A Paris. 7 fr. 50 c.
Dans le ressort. 5 50

Pour chaque copie, le quart.

Il sera alloué aux avoués, sans distinction de résidence, dans le cas où l'expertise n'aura pas lieu, à raison des soins et démarches nécessaires pour la fixation de la mise à prix en cas de vente, ou pour l'estimation et la composition des lots, en cas de partage en nature. 25 fr. 00 c.

Sans préjudice du supplément de remise proportionnelle accordé par l'art. 11 de la présente ordonnance. Aucune remise proportionnelle ne sera due toutefois dans le cas de partage en nature.

(Art. 973.) Sommation de prendre communication du cahier des charges :

A Paris. 1 fr. 00 c.
Dans le ressort. 0 75

Pour chaque copie, le quart.

Vacation à prendre communication du cahier des charges, au greffe, pour chaque avoué colicitant ;

En l'étude du notaire, pour l'avoué poursuivant et pour chaque avoué colicitant :

A Paris. 6 fr. 00 c.
Dans le ressort. 4 50

Acte de conclusions d'avoué à avoué, pour obtenir l'autorisation de vendre au-dessous de la mise à prix :

A Paris. 7 fr. 50 c.
Dans le ressort. 5 50

Pour chaque copie, le quart.

§ 2. *Émoluments aux différentes ventes.*

11. (C. pr. civ., art. 690.) Pour la grosse du cahier des charges, qui ne sera signifiée dans au-

cun cas; par rôle contenant 25 lignes à la page et 18 syllabes à la ligne :

A Paris. ... 2 fr. 00 c.

Dans le ressort. 1 50

Vacation pour déposer au greffe le cahier des charges :

A Paris. 3 fr. 00 c.

Dans le ressort. 2 45

(Art. 696.) Pour l'extrait qui doit être inséré dans le journal désigné par les cours royales :

A Paris. 2 fr. 00 c.

Dans le ressort. 1 50

Il sera passé autant de droits à l'avoué qu'il y aura eu d'insertions prescrites par le Code.

- (Art. 697.) Pour obtenir l'ordonnance tendant à faire l'insertion extraordinaire :

A Paris. 2 fr. 00 c.

Dans le ressort: 1 50

Cette vacation ne sera allouée qu'autant que l'autorisation aura été obtenue.

Pour faire faire l'insertion extraordinaire :

A Paris.

Dans le ressort.

(Art. 698.) Pour faire légaliser la signature de l'imprimeur par le maire :

A Paris. 2 fr. 00 c.

Dans le ressort. 1 50

(Art. 699.) Pour l'extrait qui doit être imprimé et placardé, et qui servira d'original et ne pourra être grossoyé :

A Paris. 6 fr. 00 c.

Dans le ressort. 4 50

L'avoué poursuivant aura droit à cette allocation toutes les fois que de nouvelles appositions de placards auront été nécessaires.

(Art. 702). Vacation à l'adjudication :

A Paris. 15 fr. 00 c.

Dans le ressort. 12 00

Ce droit sera alloué à raison de chaque lot adjugé, quelle qu'en soit la composition, sans que ce droit puisse être exigé sur un nombre de lots supérieur à six.

Néanmoins, la somme provenant de la réunion de tous les droits alloués sera répartie également entre tous les adjudicataires, quel qu'en soit le nombre.

Indépendamment des émoluments ci-dessus fixés, il sera alloué à l'avoué poursuivant, sur le prix des biens dont l'adjudication sera faite au-dessus de 2,000 fr., savoir : depuis 2,000 jusqu'à 10,000 fr., 1 p. 100; sur la somme excédant 10,000 fr. jusqu'à 50,000 fr., 1/2 p. 100; sur la somme excédant 50,000 fr. jusqu'à 100,000 fr., 1/4 p. 100,000; et sur l'excédant de 100 fr. indéfiniment, 1/8° de 1 p. 100. En cas d'adjudication par lots de biens compris dans la même poursuite, en l'état où elle se trouvera lors de l'adjudication, la totalité du prix des lots sera réunie pour fixer le montant de la remise.

Le montant de la remise sera calculé sur le prix de chaque lot, séparément, lorsque les lots seront composés d'immeubles distincts.

Cette remise, lorsque le tribunal n'aura pas ordonné l'expertise dans le cas où elle est facultative, sera, depuis 2,000 fr. jusqu'à 10,000 fr., de 1/2 p. 100; sur la somme excédant 10,000 fr. jus-

qu'à 100,000 fr., de 1 p. 100; sur l'excédant de 100,000 fr. jusqu'à 300,000 fr., de 1 1/2 p. 100; et sur l'excédant de 300,000 fr. indéfiniment, de 1/4 p. 100.

La remise proportionnelle sur le prix de l'adjudication sera divisée, en licitation, ainsi qu'il suit :

Moitié appartiendra à l'avoué poursuivant;

La seconde moitié sera partagée par égales portions entre tous les avoués qui ont occupé dans la licitation, y compris l'avoué poursuivant, qui aura sa part comme les autres dans cette seconde moitié.

(Art. 703). Vacation au jugement de remise :

A Paris. 6 fr. 00 c.

Dans le ressort. 4 90

(Art. 706). Vacation pour enchérir.

A Paris. 7 fr. 50 c.

Dans le ressort. 5 65

(Art. 707. Vacation pour enchérir et se rendre adjudicataire :

A Paris. 15 fr. 00 c.

Dans le ressort. 11 25

(Art. 707). Vacation pour faire la déclaration de command :

A Paris. 6 fr. 00 c.

Dans le ressort. 4 50

Les vacations pour enchérir, ou pour les déclarations de command, sont à la charge de l'enchérisseur ou de l'adjudicataire.

12. (C. pr. civ., art. 708). Vacation pour faire au greffe la surenchère du sixième au moins du prix principal de l'adjudication :

A Paris. 15 fr. 00 c.

Dans le ressort. 11 25

Pour acte de la dénonciation de la surenchère contenant avenir :

A Paris. 1 fr. 00 c.

Dans le ressort. 0 75

Pour chaque copie, le quart.

(Art. 734-964). Vacation pour requérir le certificat du greffier ou du notaire constatant que l'adjudicataire n'a pas justifié de l'acquit des conditions exigibles de l'adjudication :

A Paris. 3 fr. 00 c.

Dans le ressort. 2 25

Les émoluments des avoués pour le dépôt de l'acte tenant lieu du cahier des charges, pour les extraits à placarder ou à insérer dans les journaux, pour enchérir, se rendre adjudicataire et faire la déclaration de command, par suite de la surenchère autorisée par l'art. 708, ou de la folle-enchère, seront taxés comme il est dit dans l'article 11 : le droit de remise proportionnelle sur l'excédant produit par la surenchère ou la folle-enchère, sera alloué à l'avoué qui les aura poursuivies.

Les autres incidents des ventes judiciaires ne pourront donner lieu à d'autres et plus forts droits que ceux établis pour les matières sommaires.

13. Les copies de pièces, qui appartiendront à l'avoué, seront taxées, à raison du rôle de 25 lignes à la page et de 12 syllabes à la ligne :

A Paris. 0 fr. 30 c.

Dans le ressort. 0 25

CHAPITRE III. — DES NOTAIRES.

14. Dans les cas où les tribunaux renverront des ventes d'immeubles pardevant les notaires, ceux-ci auront droit, pour la grosse du cahier des charges, par rôle contenant 25 lignes à la page et 12 syllabes à la ligne :

A Paris. . . . 2 fr. 00 c.
Dans le ressort. 1 50

Ils auront droit en outre, sur le prix des biens vendus, jusqu'à 10,000 fr., à 1 p. 100; sur la somme excédant 10,000 fr. jusqu'à 50,000 fr., à un demi pour cent : sur la somme excédant 50,000 fr. jusqu'à 100,000, à un quart pour cent; et sur l'excédant de 100,000 fr. indéfiniment, à un huitième de un pour cent. Moyennant les allocations ci-dessus, les notaires sont chargés de la rédaction du cahier des charges, de la réception des enchères et de l'adjudication; ils ne pourront rien exiger pour les minutes de leurs procès-verbaux d'adjudication.

Les avoués restent chargés de l'accomplissement des autres actes de la procédure; ils auront droit aux émoluments fixés pour ces actes, et, lorsque l'expertise est facultative et n'aura pas été ordonnée, les avoués auront droit en outre à la différence entre la remise allouée pour ce cas par l'art. 11 de la présente ordonnance, et la remise fixée par le § 2 du présent article.

CHAPITRE IV. — DES EXPERTS.

15. (C. pr. civ., art. 955, 956). Il sera taxé aux experts, par chaque vacation de trois heures, quand ils opéreront dans les lieux où ils sont domiciliés ou dans la distance de 2 myriamètres, savoir : dans le département de la Seine,

Pour les artisans ou laboureurs. 4 fr. 00 c.
Pour les architectes et autres artistes.
8 fr. 00 c.
Dans les autres départements :
Aux artisans et laboureurs. 3 fr. 00 c.
Aux architectes et autres artistes. 6 00

Au delà de 2 myriamètres, il sera alloué par chaque myriamètre, pour frais de voyage et nourriture, aux architectes et autres artistes, soit pour aller, soit pour revenir :

A ceux de Paris. 6 fr. 00 c.
A ceux des départements. 4 50

Il leur sera alloué pendant leur séjour, à la charge de faire quatre vacations par jour, savoir :

A ceux de Paris. 32 fr. 00 c.
A ceux des départements. 24 00

La taxe sera réduite dans le cas où le nombre des quatre vacations n'aurait pas été employé.

S'il y a lieu à transport d'un laboureur au-delà de 2 myriamètres, il sera alloué 3 fr. par myriamètre pour aller et autant pour le retour, sans néanmoins qu'il puisse être rien alloué au-delà de 5 myriamètres.

Il sera encore alloué aux experts deux vacations, l'une pour leur prestation de serment, l'autre pour le dépôt de leur rapport, indépendamment de leurs frais de transport s'ils sont domiciliés à plus de 2 myriamètres de distance du lieu où siége le tribunal; il leur sera accordé par myriamètre, en ce cas, le cinquième de leur journée de campagne.

Au moyen de cette taxe, les experts ne pourront rien réclamer, ni pour frais de voyage et de nourriture, ni pour s'être fait aider par des écrivains ou par des toiseurs et porte-chaînes, ni sous quelque autre prétexte que ce soit, ces frais, s'ils ont eu lieu, restant à leur charge.

Le président, en procédant à la taxe de leurs vacations, en réduira le nombre, s'il lui paraît excessif.

TITRE III. — Dispositions pour les ressorts des autres cours royales.

16. Le tarif réglé par le titre précédent pour le tribunal de première instance établi à Paris sera commun aux tribunaux de première instance établis à Marseille, Lyon, Bordeaux et Rouen.

Toutes les sommes portées en ce tarif seront réduites d'un dixième dans la taxe des frais et dépens pour les tribunaux de première instance établis dans les villes où siége une cour royale, ou dans les villes dont la population excède 30,000 âmes.

Dans tous les autres tribunaux de première instance, le tarif sera le même que celui qui est fixé pour les tribunaux du ressort de la cour royale de Paris autres que celui qui est établi dans cette capitale.

Néanmoins le droit fixe de 25 fr. établi par les art. 9 et 10 de la présente ordonnance, et les remises proportionnelles fixées par les art. 11 et 14, seront perçus dans tout le royaume, sans distinction de résidence.

Les dispositions du chap. 4 du titre précédent seront appliquées sans autre distinction, à raison de la résidence, que celle qui se trouve indiquée dans ce chapitre.

TITRE IV. — Dispositions générales.

17. Tous actes et procédures relatifs aux incidents des ventes immobilières, et qui ne sont pas l'objet de dispositions spéciales dans la présente ordonnance, seront taxés comme actes et procédures en matière sommaire, conformément à l'art. 718 C. pr. civ., et suivant les règles établies par le dernier paragraphe de l'art. 12 qui précède.

Si, à l'occasion d'une procédure de vente judiciaire d'immeubles, il s'élève une contestation qui n'ait pas le caractère d'incident, et qui doive être considérée comme matière ordinaire, les actes relatifs à cette contestation seront taxés suivant les règles établies pour les procédures en matière ordinaire.

18. Dans tous les cahiers des charges, il est expressément défendu de stipuler au profit des officiers ministériels d'autres et plus grands droits que ceux énoncés au présent tarif. Toute stipulation, qu'elle qu'en soit la forme, sera nulle de droit.

19. Outre les fixations ci-dessus, seront alloués les simples déboursés justifiés par pièces régulières.

Le timbre des placards autorisés par les art. 699 et 700 C. pr. ne passera en taxe que sur un certificat délivré par le président de la chambre des avoués, constatant que le nombre des exemplaires a été vérifié par lui.

20. Sont et demeurent abrogés les n. 11, 12, 13, 14 et 15 du tableau annexé au décret du 21 sept. 1810 : les §§ 44, 45, 46, 47, 48, 49 de l'art. 29 ; les art. 47, 48, 49, 50 et 63; les §§ 14, 15, 16, 17 de l'art. 78; les art. 153, 154, 155, 172 du premier décret du 16 fév. 1807 ; la disposition de l'art. 65 du même décret relative à l'apposition des placards; le paragraphe de l'art. 70 applicable à l'acte de signification du cahier des charges; le paragraphe de l'art. 75 applicable aux requêtes contenant demande ou réponse en entérinement du rapport des experts; le paragraphe de l'art. 76 applicable à la commission d'un huissier, à l'effet de notifier la réquisition de mise aux enchères.

Sont également abrogées les dispositions des art. 102, 103, 104, 105, 106, 107, 108, 109, 110, 111, 112, 113, 114, 115, 116, 117, 118, 119, 120, 121, 122, 123, 124, 125, 126, 127, 128, 129, en tant qu'elles concernent les saisies immobilières, les surenchères sur aliénation volontaire, les ventes d'immeubles de mineurs, et de biens dotaux, dans le régime dotal; les ventes sur licitations, les ventes d'immeubles dépendant d'une succession bénéficiaire ou vacante, ou provenant d'un débiteur failli ou qui a fait cession.

24-27 mai 1842. — Loi relative à la saisie des rentes constituées sur particuliers, et qui remplace le titre 10 du liv. 5 de la 1re partie du Code de proc. (art. 636 à 655 inclus.)

Voy. le résumé des discussions dont cette loi a été précédée au Dict. gén. suppl., v° Saisie de rente.

18-20 juin. 1843. — Loi sur le tarif des commissaires-priseurs (1).

Art. 1er. Il sera alloué aux commissaires-priseurs,

1° Pour droits de prisée pour chaque vacation de trois heures, à Paris, Lyon, Bordeaux, Rouen, Toulouse et Marseille.   6 fr.
. Partout ailleurs.   5 fr.

2° Pour assistance aux référés et pour chaque vacation, à Paris, Lyon, Bordeaux, Rouen, Toulouse et Marseille.   5 fr.
Partout ailleurs,   4 fr.

3° Pour tous droits de vente, non compris les déboursés pour y parvenir et en acquitter les droits, non plus que la rédaction des placards, six pour cent sur le produit des ventes, sans distinction de résidence.

Il pourra, en outre, être alloué une ou plusieurs survacations sur la réquisition des parties, constatée par procès-verbal du commissaire-priseur, à l'effet de préparer les objets mis en vente.

Ces vacations extraordinaires ne seront pas-

------

(1) Voy. l'analyse de la discussion dont cette loi a été précédée aux chambres, D.P. 43. 3. 195.

sées en taxe qu'autant que le produit de la vente s'élèvera à 3,000 fr.

Chacune de ces vacations de trois heures donnera droit aux émoluments fixés par le numéro premier du présent article.   §

4° Pour expédition ou extrait de procès-verbaux de vente, s'ils sont requis, outre le timbre, et pour chaque rôle de vingt-cinq lignes à la page et de quinze syllabes à la ligne. 1 fr 50 c.

Pour consignation à la caisse, s'il y a lieu, à Paris, Lyon, Bordeaux, Rouen, Toulouse et Marseille.   6 fr.
Partout ailleurs.   5 fr.

Pour assistance à l'essai ou au poinçonnage des matières d'or et d'argent, à Paris, Lyon, Bordeaux, Rouen, Toulouse et Marseille.   6 fr.
Partout ailleurs.   5 fr.

Pour paiement des contributions, conformément aux dispositions des lois des 5-18 août 1791 et 12 nov. 1808, à Paris, Lyon, Bordeaux, Rouen, Toulouse et Marseille.   4 fr.
Partout ailleurs.   3 fr.

2. L'état des vacations, droits et remises alloués aux commissaires-priseurs sera délivré sans frais aux parties. Si la taxe est requise, elle sera faite par le président du tribunal de première instance ou par un juge délégué.

3. Toutes perceptions directes ou indirectes, autres que celles autorisées par la présente loi, à quelque titre et sous quelque dénomination qu'elles aient lieu, sont formellement interdites.

En cas de contravention, l'officier public pourra être suspendu ou destitué, sans préjudice de l'action en répétition de la partie lésée et des peines prononcées par la loi contre la concussion.

4. Il est également interdit aux commissaires-priseurs de faire aucun abonnement, ou modification à raison des droits ci-dessus fixés, si ce n'est avec l'Etat et les établissements publics.

Toute contravention sera punie d'une suspension de quinze jours à six mois. En cas de récidive, la destitution pourra être prononcée.

5. Il y aura, entre les commissaires-priseurs d'une même résidence, une bourse commune dans laquelle entrera la moitié des droits proportionnels qui leur seront alloués sur chaque vente.

Néanmoins, les commissaires-priseurs attachés aux monts-de-piété et les commissaires-priseurs du domaine feront leurs versements à la bourse commune conformément aux traités passés entre eux et les autres commissaires. Ces traités seront soumis à l'homologation du tribunal de première instance, sur les conclusions du procureur du roi.

6 Toute convention entre les commissaires-priseurs, qui aurait pour objet de modifier directement ou indirectement le taux fixé par l'article précédent, est nulle de plein droit, et les officiers qui auraient concouru à cette convention encourront les peines prononcées par l'art. 4 ci-dessus.

7. Les fonds de la bourse commune sont affectés comme garantie principale au paiement

des deniers produits par les ventes : ils seront saisissables.

8. La répartition des émoluments de la bourse commune sera faite, tous les deux mois, par portions égales, entre les commissaires-priseurs.

9. Les commissaires-priseurs de Paris continueront à être régis par les dispositions de l'arrêté du 29 germ. an 9, relativement à leur chambre de discipline.

Les dispositions de cet arrêté pourront être étendues, par ordonnance royale rendue dans la forme des réglements d'administration publique, aux chambres de discipline qui seraient instituées dans d'autres localités.

10. Toutes les dispositions contraires à la présente loi sont et demeurent abrogées.

———

26 déc. 1842-17 janv. 1843. — Ordonnance du roi qui institue en Algérie des curateurs aux successions vacantes. (Bull. n. 10, 462.)

Art. 1er. Il sera institué en Algérie, dans le ressort de chacun des tribunaux de première instance, des curateurs aux successions vacantes.

2. Une succession sera présumée vacante, lorsqu'au moment de son ouverture, aucun héritier ne se présentera, soit en personne, soit par un mandataire spécial, ou lorsque les héritiers présents ou connus y auront renoncé.

3. Dans le ressort de la cour royale, les curateurs aux successions vacantes sont nommés par le procureur général, sur la proposition du procureur du roi.

L'acte de nomination déterminera la portion de territoire dans l'étendue de laquelle chacun d'eux devra remplir sa mission ; à dater du jour où leur nomination leur sera notifiée, ils auront la curatelle de toutes les successions ouvertes dans la circonscription territoriale qui leur aura été respectivement assignée.

Leur nomination sera publiée dans le *Moniteur algérien.*

4. Les fonctions de curateur pourront être déférées à tout individu majeur, domicilié, jouissant de ses droits civils et offrant des garanties d'aptitude, de moralité et de solvabilité et, de préférence, aux notaires et défenseurs.

Tout officier ministériel désigné pour exercer la curatelle ne pourra refuser ce mandat, à moins d'excuse légitime approuvée par le procureur général.

5. Il sera procédé tous les deux ans, s'il y a lieu, au renouvellement des curateurs nommés en conformité des articles précédents. Devront néanmoins, ceux qui seraient remplacés par suite de ce renouvellement, continuer jusqu'au terme fixé par les dispositions ci-après, les gestions par eux commencées.

6. Les curateurs seront placés sous la surveillance immédiate du procureur du roi de leur ressort.

Ceux qui seront établis en dehors des lieux où siégent des tribunaux de première instance, seront, en outre, soumis à la surveillance du juge de

paix, et, s'il n'y a pas de juge de paix, à celle du commissaire civil de leur résidence.

Le directeur des finances ou ses préposés surveilleront également les curateurs, en tout ce qui concerna les mesures d'ordre et de comptabilité qui sont ou pourront être prescrites.

7. En recevant la déclaration de tout décès, l'officier de l'état civil sera tenu de s'informer si les héritiers du défunt sont présents ou connus. En conséquence, les aubergistes, hôteliers, locateurs et toutes autres personnes chez lesquelles sera décédé un individu dont les héritiers sont absents ou inconnus, et si le décès a eu lieu dans un hôpital civil ou militaire ou autres établissements publics, les supérieurs, directeurs, administrateurs, préposés en chef ou maîtres de ces établissements, devront, à peine de tous dépens et dommages-intérêts envers qui de droit, fournir à cet égard, à l'officier de l'état civil, tous renseignements qui pourront être à leur connaissance, et lui déclarer en même temps si le défunt a laissé ou non des sommes d'argent, des effets mobiliers ou papiers dans la maison mortuaire.

8. S'il résulte des informations recueillies que les héritiers du décédé ne sont ni présents ni connus, l'officier de l'état civil en donnera sur-le-champ un avis au procureur du roi et au juge de paix du ressort, ainsi qu'au curateur en exercice dans le territoire du lieu du décès. Il leur transmettra en même temps les indications qui auront pu lui être fournies sur les objets délaissés par le défunt.

9. Sur l'avis qui lui sera donné comme il est dit dans l'art. 8, ou d'après toute autre information, le curateur entrera de plein droit en fonctions et sans serment préalable.

10. Si les scellés n'ont déjà été apposés, il en requerra sur-le-champ l'apposition. Dans le délai légal, il fera procéder à la levée desdits scellés et à l'inventaire, conformément aux art. 943 et 944 C. proc. civ.

Les titres et papiers inventoriés seront déposés entre ses mains.

11. Lorsque, au moment de la levée des scellés, les valeurs mobilières de la succession seront présumées être inférieures à mille francs, il en sera dressé sans frais, par le juge de paix, ou s'il n'y a pas de juge de paix, par le commissaire civil compétent, un procès-verbal descriptif. Ce procès-verbal tiendra lieu d'inventaire.

Le procureur du roi, à son défaut le juge de paix, ou, s'il n'y a pas de juge de paix, le commissaire civil pourra dispenser le curateur, sur sa demande, de faire placer sous les scellés ou l'autoriser à en faire extraire : 1° les objets sujets à dépérissement prochain ou à dépréciation imminente ou dispendieux à conserver ; 2° les objets servant à l'exploitation d'un fonds de commerce, lorsque cette exploitation ne pourrait être interrompue sans préjudice pour la succession.

La vente des objets mentionnés au n. 1er de l'alinéa précédent pourra être faite immédiatement, sur autorisation donnée comme il est dit au premier paragraphe du présent article. S'il s'agit de l'exploitation d'un fonds de commerce, elle aura lieu, en vertu de la même autorisation à la diligence du curateur.

12. Si le lieu du décès n'est pas celui du dernier domicile et du principal établissement du décédé, le curateur établi dans ce lieu se bornera aux opérations prescrites par les deux articles qui précèdent, et transmettra par l'intermédiaire du procureur du roi, du juge de paix ou du commissaire civil de son ressort, l'inventaire ou le procès-verbal descriptif qui en tiendra lieu, au curateur en exercice dans le lieu du dernier domicile et du principal établissement du défunt. La suite de la curatelle appartiendra à ce dernier curateur.

En cas de concurrence et de difficultés sur le droit à la curatelle entre deux ou plusieurs curateurs, il sera statué définitivement d'office ou sur la demande des intéressés, savoir : par le procureur du roi, si lesdits curateurs appartiennent au ressort du même tribunal de première instance, et par le procureur général s'ils appartiennent à des ressorts différents.

13. Dans le cas prévu par l'article précédent, comme en tout autre cas où des effets dépendant d'une succession vacante se trouveraient dans le ressort d'un curateur autre que celui auquel est dévolue la curatelle de cette succession, le curateur en titre dans ledit ressort sera tenu, selon qu'il en sera requis, soit de les faire remettre au curateur compétent, qui lui en fournira décharge, soit d'en faire opérer la vente sur les lieux, à charge de rendre compte à celui-ci du prix qui en proviendra, s'il s'agit d'effets mobiliers susceptibles de dépérissement ou qu'il soit plus opportun de vendre sur place.

14. Dans les dix jours après la confection de l'inventaire, le curateur poursuivant en fera un relevé sommaire indiquant l'évaluation approximative des biens meubles et immeubles composant l'hérédité. Un duplicata de ce relevé sera envoyé par lui, avec une lettre d'avis aux héritiers, s'ils peuvent être connus, et l'autre au procureur du roi, qui le transmettra par la voie hiérarchique, au ministre de la guerre.

Un extrait dudit relevé sera inséré, à la diligence du procureur du roi, dans le *Moniteur algérien*, et, par les soins du ministre de la guerre, dans le *Moniteur universel*.

15. Dans le mois qui suivra la clôture de l'inventaire, le curateur fera vendre les effets mobiliers de la succession autres que ceux mentionnés en l'art. 529 du Code civil. La vente aura lieu aux enchères publiques, dans les formes ordinaires, et, autant qu'il se pourra, par le ministère d'un commissaire-priseur.

16. Si dans la localité où doit s'opérer cette vente il n'y a ni commissaire-priseur, ni aucun autre officier public ayant qualité pour y procéder, elle pourra être faite aux enchères publiques, le curateur présent, par tout individu spécialement commis à cet effet par le commissaire civil du ressort.

Dans ce cas, la personne chargée de faire les fonctions de commissaire-priseur dressera procès-verbal de la vente, dont le produit sera directement perçu par le curateur.

Le curateur pourra d'ailleurs, dans le même cas, s'il y a avantage pour la succession, faire transporter tout ou partie des effets à vendre dans le ressort des commissaires-priseurs, à l'effet d'en faire opérer la vente par le ministère de l'un de ces officiers ministériels.

17. Le curateur exercera et poursuivra, sans qu'il soit besoin d'une autorisation spéciale, tous droits et actions mobilières et immobilières de la succession vacante en Algérie, et répondra à toutes demandes formées contre elle.

Il recherchera et revendiquera tous biens, meubles ou immeubles, de ladite succession qui seraient en la possession de tiers détenteurs.

18. S'il se trouve dans la succession des immeubles, actions ou rentes constituées sur l'état ou sur particuliers, et s'il est avantageux ou nécessaire de les aliéner, le curateur pourra les faire vendre dans la forme prescrite par l'art. 1001 du code de procédure civile de France, mais seulement après avoir obtenu l'autorisation par écrit du procureur du roi du ressort, qui devra se concerter à cet effet avec le directeur des finances ou son préposé.

19. Il est expressément interdit au curateur de se rendre directement ou indirectement adjudicataire d'aucun des biens, meubles ou immeubles dont il poursuit la vente, à peine, contre le contrevenant et ses prête-noms, s'il en existe, d'une amende double de la valeur des objets achetés, et sans préjudice de la révocation du curateur, de la nullité de l'acquisition, et de tous dépens et dommages-intérêts envers qui de droit.

20. Le numéraire trouvé dans la succession, et les deniers provenant soit du recouvrement des créances actives, soit de la vente des meubles, ou immeubles, seront versés immédiatement par le curateur dans la caisse des dépôts et consignations pour la conservation des droits de qui il appartiendra. Les versements ne pourront être retardés sous aucun prétexte. S'il y a lieu, le curateur sera mis en demeure de les effectuer par le receveur des domaines, et passible d'une amende de cinquante francs pour chaque jour de retard constaté par procès-verbal de cet agent.

21. Le curateur n'acquittera directement aucune dépense ni aucune dette de la succession.

Tous paiements à faire pour le compte et à la décharge de l'hérédité seront opérés par le receveur, des dépenses savoir : s'il s'agit de dépenses courantes, de frais de curatelle ou de succession, sur certificat du curateur avec pièces à l'appui, visés par le juge de paix, et, à défaut du juge de paix, par le commissaire civil du lieu; et, s'il s'agit de dettes passives privilégiées, ou autres, sur la production des titres visés et certifiés par ledit curateur, et sur mandat du directeur des finances ou de son préposé.

Lorsqu'il y aura lieu à la distribution par ordre ou contribution entre les créanciers, le receveur des domaines ne paiera que sur bordereaux de collocations ou mandements judiciairement délivrés.

22. Le curateur sera tenu d'ouvrir, dès son

entrée en exercice, un registre sur papier libre, sur lequel il inscrira, par ordre de dates, toutes les successions dont il aura la curatelle. Ce registre, qui devra être coté et paraphé par le juge de paix du lieu, et, à défaut de juge de paix, par le commissaire civil ou l'autorité qui en fait les fonctions, fera mention, pour chacune des successions, 1° des noms, surnoms, profession, domicile, et, autant que possible, du lieu de naissance du défunt; 2° des noms et domiciles des héritiers absents, s'ils sont connus, ou des renseignements propres à les indiquer; 3° des noms, professions et domiciles du conjoint, de l'exécuteur testamentaire ou du légataire, s'il en existe : 4° de la date des insertions faites, aux termes de l'art. ci-dessus, dans le *Moniteur algérien*, et dans le *Moniteur universel*.

Le même registre relatera, en outre, jour par jour, tous les actes de l'administration du curateur, l'analyse de sa correspondance et le résultat définitif de la curatelle, soit que la succession ait été remise aux héritiers, soit qu'elle soit tombée en déshérence.

23. Pareil registre sera tenu au greffe de chaque tribunal de première instance, pour toutes les successions vacantes ouvertes dans le ressort; à l'effet de quoi le curateur devra fournir au greffier, tous les trois mois au moins, les documents et renseignements nécessaires:

Ce registre sera coté et paraphé par le président du tribunal.

24. Indépendamment du registre prescrit par l'art. 22, le curateur sera tenu d'avoir un livre-journal, sur papier libre, coté et paraphé comme il est dit au même article, et mentionnant, jour par jour, sans blanc, lacunes ni transports en marge, tout ce qu'il aura reçu et fait payer pour le compte de chacune des successions dont il aura la curatelle.

Tous les trois mois au moins, il enverra au greffier du tribunal du ressort, pour qu'il en soit fait mention sur le registre tenu au greffe en exécution de l'art. 23, une copie certifiée, sur papier libre, des inscriptions faites sur ledit livre-journal pendant le trimestre précédent.

25. Il sera donné communication, sans frais et sans déplacement, à toute partie intéressée qui la requerra, des registre et livre-journal dont la tenue est prescrite par les art. 22, 23 et 24. Le procureur du roi et le directeur des finances ou ses préposés pourront se les faire représenter et s'en faire délivrer des copies, toutes les fois qu'ils le jugeront convenable.

Les registre et livre-journal des curateurs établis hors des lieux où siégent des tribunaux de première instance seront vérifiés au commencement de chaque trimestre par le juge de paix et, à défaut de juge de paix, par le commissaire civil; procès-verbal de cette vérification sera dressé et transmis au procureur du roi du ressort.

26. Le curateur rendra compte annuellement, aussi longtemps que durera chaque curatelle, et dans les trois premiers mois de chaque année, de la gestion de toute succession vacante non réclamée.

Ce compte sera déposé au greffe du tribunal de première instance du ressort, avec les pièces à l'appui. Le tribunal statuera en chambre du conseil, sur une simple requête du curateur et sur les conclusions écrites du ministère public. Il ordonnera préalablement, s'il y a lieu, communication du compte et des pièces justificatives au directeur des finances ou à son préposé qui pourra intervenir dans l'instance par simple requête et former telles demandes que de droit contre le curateur.

Le curateur en retard de rendre ses comptes annuels sera poursuivi, s'il y a lieu, devant le tribunal civil du ressort, à la diligence du procureur du roi, et passible d'une amende de cent à cinq cents francs par chaque mois de retard.

27. La curatelle cessera à dater du jour où les héritiers ayant justifié de leur qualité, ou leur fondé de pouvoirs, se seront fait remettre la succession. En ce cas, le compte de curatelle pourra être réglé de gré à gré entre le curateur et les ayants-droit.

Aussitôt que la succession sera réclamée, il en sera donné avis par le curateur au procureur du roi, au directeur des finances ou à son préposé, et au greffier du tribunal de première instance du ressort. Lorsque la remise de la succession aura été effectuée, le curateur en informera également ces fonctionnaires.

28. Si la succession n'a pas été réclamée dans le cours de trois années à compter du jour du décès, elle sera, de plein droit, à l'expiration de ce délai, présumée en déshérence, et provisoirement acquise au domaine de l'état, qui en demandera l'envoi en possession au tribunal de première instance dans le ressort duquel la curatelle aura été suivie. Il sera procédé, dans ce cas, conformément à l'art. 770 C. civ.

Dans le même cas, la curatelle prendra fin aussitôt que le domaine aura été envoyé en possession par jugement définitif. Dans les trois mois de ce jugement, au plus tard, le curateur sera tenu de rendre et de faire juger son compte définitif, contradictoirement avec le directeur des finances ou son préposé, à qui il devra remettre tous les titres et papiers concernant l'hérédité; à défaut de quoi il y sera contraint par toutes voies de droit et passible, pour chaque mois de retard, d'une amende de cent à cinq cents francs, laquelle sera requise et prononcée comme il est dit au dernier alinéa de l'art. 26 ci-dessus.

29. Le domaine, mis en possession par jugement définitif, fera les fruits siens, et si les héritiers habiles à succéder se présentent et obtiennent contre lui la remise de la succession, il ne sera obligé qu'à restituer les biens tels qu'ils se trouveront au moment de la demande, ou le capital du prix s'ils ont été vendus, sans être tenu à aucune indemnité pour pertes ou dégradations.

30. S'il y a lieu de remplacer le curateur, soit pour cause d'inconduite, de négligence ou d'infidélité constatée dans sa gestion, soit pour toute autre cause, il sera pourvu à la nomination d'un nouveau curateur par le procureur-général.

31. Le curateur remplacé sera tenu de remettre, aussitôt qu'il en sera requis, tous les titres, papiers, registres et documents de toute nature, relatifs aux curatelles dont il aura été chargé, au nouveau curateur désigné, à peine, pour chaque jour de retard, d'une amende de vingt-cinq à cinquante francs, ainsi qu'il est dit en l'art. 26; le tout sans préjudice de l'action en restitution de la part des ayants-droit, et de l'action criminelle s'il y échet. Si le curateur est décédé, ses héritiers ou représentants à un titre quelconque, qui seraient reconnus détenteurs desdits titres, registres et papiers, devront, sous les mêmes peines, en opérer la remise.

32. Le curateur qui voudra s'absenter de l'Algérie devra, sous peine d'être réputé démissionnaire, et sans préjudice de toutes autres peines, s'il y a lieu, en donner avis, à l'avance, au procureur du roi du ressort, et indiquer à ce magistrat le lieu dans lequel il se proposera de se rendre, le motif et la durée présumée de son absence, ainsi que les mesures qu'il aura prises pour pourvoir à son remplacement provisoire.

Dans ce cas, le procureur du roi pourra, s'il le juge nécessaire, désigner un curateur intérimaire.

33. Le notaire curateur ne pourra recevoir ou passer comme notaire les actes, de quelque nature qu'ils soient, auxquels donneront lieu les successions vacantes dont il aura la gestion comme curateur.

Les fautes ou contraventions qu'il commettrait dans ses fonctions de curateur pourront entraîner, selon les cas, la suspension ou la révocation de ses fonctions de notaire.

Le cautionnement par lui fourni, en sa qualité de notaire, sera concurremment affecté à la garantie des curatelles dont il sera chargé.

Les dispositions des deux alinéas qui précèdent sont applicables à tous autres officiers ministériels ayant charge des curatelles.

Ces officiers ministériels ne pourront occuper et postuler dans les procès intéressant les successions vacantes qu'ils auront à gérer.

34. Dans le cas où il y a lieu de présumer que les héritiers présents ne sont pas seuls habiles à succéder, les scellés pourront être apposés dans le plus bref délai, soit à la requête desdits héritiers, soit à la diligence du procureur du roi ou du curateur en exercice, soit même d'office par le juge de paix, et, à défaut du juge de paix, par le commissaire civil du lieu de l'ouverture de la succession. Dans le délai légal, il sera procédé, en présence du curateur ou lui dûment appelé, à l'inventaire, dont un extrait en duplicata sera remis audit curateur, aux frais de la succession, conformément à l'art. 14, qui sera exécuté; seront également exécutées à la diligence des héritiers présents, et avec la participation du curateur, les dispositions de l'art. 15; les deniers provenant de la vente du mobilier et le numéraire trouvé dans la succession seront immédiatement versés à la caisse des consignations.

Six mois après la clôture de l'inventaire, si les autres héritiers présents ne se sont pas présentés, les héritiers présumés recueilleront seuls la tota-lité de la succession. Ils ne seront comptables des fruits envers les héritiers absents, s'il en existe, qu'autant que ceux-ci se présenteraient dans les trois premières années à dater du jour du décès. Après ce délai, ils gagneront les fruits par eux perçus de bonne foi, demeurant, au surplus, réservée aux ayants-droit l'action en pétition d'hérédité.

35. La curatelle d'une succession échue, en Algérie, à des mineurs absents, appartiendra à leur tuteur, s'il est présent, ou représenté, et se prorogera en sa personne, même après l'expiration de sa tutelle, jusqu'à ce que cette succession soit réclamée ou tombée en déshérence.

La succession, en ce cas, sera présumée en déshérence, et le domaine pourra en demander l'envoi en possession, conformément à l'art. 28, lorsqu'il se sera écoulé trois années à partir de l'époque où la tutelle aura pris fin, sans réclamation de la part des ayants-droit; dans le même cas, le tuteur sera tenu de rendre compte au domaine.

Si dans cet intervalle de trois années à dater de la cessation de la tutelle, le tuteur vient à décéder avant que l'héritier absent se soit présenté, le curateur entrera en fonctions immédiatement et continuera la curatelle de la succession jusqu'au terme fixé par le premier alinéa du présent article.

36. Lorsque le défunt, dont les héritiers seront absents ou inconnus, aura laissé un conjoint ou des enfants naturels prétendants droit à sa succession, à défaut d'autres parents, l'hérédité n'en sera pas moins réputée vacante. Il sera procédé à l'apposition des scellés et à l'inventaire, à la diligence des prétendants droit ou du curateur, qui se conformera à ce qui est prescrit par l'art. 14. Le curateur sera mis en cause sur la demande d'envoi en possession. Si l'époux survivant ou les enfants naturels ne peuvent fournir la caution exigée par l'art. 771 C. civ., le mobilier sera vendu en présence du curateur, et le produit en sera versé à la caisse des consignations. Il en sera de même de tous les autres capitaux ou revenus provenant de la succession. Ces capitaux et les intérêts qu'ils auront produits seront remis aux envoyés en possession, si, dans l'intervalle de trois années à dater du décès, il ne s'est pas présenté d'héritiers; le tout sans préjudice des actions en pétition d'hérédité et autres droits réservés aux absents.

Dans le même cas, la curatelle cessera à l'expiration du délai ci-dessus de trois années.

37. L'institution d'un exécuteur testamentaire, même avec saisine, ne dispensera pas le curateur de requérir, si déjà elle ne l'a été, l'apposition des scellés sur les meubles et effets mobiliers de la succession vacante, et de veiller à ce qu'il en soit dressé inventaire régulier, et de remplir les formalités prescrites par l'art. 13.

En aucun cas, l'exécuteur testamentaire ne pourra se mettre en possession des biens de la succession vacante avant d'avoir communiqué le testament au curateur, qui y apposera son visa, et qui pourra ensuite former toutes oppositions ou actions de nullité.

A l'expiration de l'an et jour à compter du décès du testateur, si les héritiers ne se sont pas présentés, ledit exécuteur testamentaire devra rendre compte de sa gestion au curateur, lequel sera tenu de l'y contraindre par toutes voies de droit, sous peine d'être personnellement responsable de sa négligence.

38. Si celui qui est décédé sans héritiers présents ou représentés, était en société avec une ou plusieurs personnes, et si, aux termes de l'acte de société, son décès doit donner lieu à la dissolution de ladite société, il sera fait inventaire après l'apposition des scellés, à la diligence du curateur, en présence des associés survivants ou eux dûment appelés, de tous les titres, papiers et effets mobiliers de la société, à l'effet de quoi lesdits associés survivants seront tenus de représenter ceux des effets mobiliers et papiers qui pourront être entre leurs mains. Les registres et livres de la société seront paraphés et arrêtés par tous les assistants à l'inventaire.

39. Dans le cas prévu par l'article précédent, lorsque l'avoir de la société ne consistera qu'en effets mobiliers, le curateur en provoquera le partage, et fera vendre ensuite, dans les formes prescrites par les dispositions qui précèdent, la part afférente à la succession vacante. Néanmoins l'associé survivant demeurera chargé du recouvrement des créances qui seraient en péril durant la procédure en partage. Il conservera aussi la direction des affaires commencées pour la poursuite desquelles son concours serait nécessaire, sauf le droit de surveillance et même d'intervention directe des curateurs. S'il se trouve dans l'actif social des immeubles en même temps que des effets mobiliers, la société continuera entre l'associé survivant et la succession, jusqu'à ce qu'elle soit dissoute par licitation ou par tout autre mode de partage. Jusqu'au moment de cette dissolution, elle sera dirigée et administrée par l'associé survivant, sous la surveillance et, le cas échéant, avec la participation du curateur. Toutefois la dissolution ne pourra être retardée au-delà du terme de deux années, à dater du jour du décès.

40. Dans le cas où la société aurait été formée par le défunt pour raison d'une exploitation rurale par lui prise à ferme avec l'associé survivant, ladite société continuera avec la succession vacante pour tout le reste de la durée du bail, et le curateur se mettra au lieu et place du défunt.

41. La curatelle des successions délaissées en Algérie par tous militaires en activité de service qui seront décédés dans le ressort des tribunaux de première instance, ou qui, étant décédés en dehors des limites de ce ressort, auront laissé, dans ledit ressort, des biens meubles ou immeubles, appartiendra aux curateurs institués par la présente loi.

42. Les curateurs qui seront nommés en exécution de la présente ordonnance feront, chacun dans l'étendue de son ressort, la recherche de toutes celles des successions vacantes ouvertes en Algérie avant la promulgation de ladite ordonnance, dont il n'aurait pas été définitivement rendu compte à qui de droit par les curateurs nommés judiciairement; ils se feront remettre la curatelle de ces successions pour la continuer en l'état où elle se trouvera, conformément à ce qui est prescrit par les dispositions qui précèdent.

Ils poursuivront, par toutes voies de droit, le remboursement et le versement, à la caisse des consignations, de tous deniers provenant desdites successions qui auraient été perçus par les curateurs antérieurement nommés.

Les procureurs du roi veilleront, chacun en ce qui le concerne, à l'exécution de la présente disposition, et feront fournir aux curateurs tous renseignements qui pourraient leur être nécessaires à cet effet.

43. Pour toutes successions dont la valeur ne s'élèvera pas au-delà de 200 fr., il ne sera rien alloué au curateur à titre de vacations ou indemnités; il n'aura droit qu'à la répétition des simples déboursés dûment justifiés.

44. Lorsque la valeur de la succession excédera 200 fr., il sera alloué au curateur, indépendamment de ses déboursés pour tous droits, vacations et indemnités, une remise proportionnelle, dont le taux sera réglé sur l'importance de la succession et eu égard aux soins que la curatelle aura exigés.

Ces honoraires sont taxés, savoir :

1° Dans le cas où la succession aura été remise aux héritiers, et dans ceux prévus par les art. 12 § 1er, 13, 34 et 36, par le président du tribunal de première instance du ressort ;

2° Dans le cas où la succession sera remise au domaine, comme étant tombée en déshérence, par le jugement qui apurera le compte définitif de curatelle.

Ils seront payables par privilége, au vu de la taxe, sur les sommes déposées à la caisse des consignations, sur toutes autres valeurs dépendantes de l'hérédité.

45. Pour toute infraction à laquelle la présente ordonnance n'attache pas une peine spéciale, les curateurs encourront une amende de 50 à 300 francs, sans préjudice des actions que pourrait intenter contre eux toute partie intéressée. En ce cas, comme dans ceux énoncés aux art. 19, 26, 28 et 31, l'amende sera prononcée à charge d'appel, sur la poursuite du procureur du roi, par le tribunal de première instance du ressort.

Dans le cas prévu par les art. 19 et 20, l'amende sera recouvrable par voie de contrainte, comme en matière d'enregistrement, à la diligence du directeur des finances ou de son préposé.

Toute peine ou condamnation prononcée contre un curateur entraînera la contrainte par corps.

46. Seront observées, en tout ce qu'elles n'ont pas de contraire à ce qui précède, les dispositions du Code civil et des lois de procédure de France applicables aux divers cas prévus par la présente ordonnance.

47. Il n'est point dérogé par la présente aux règles particulières d'après lesquelles sont gérées les successions musulmanes et celles qui sont

délaissées en Algérie par des étrangers.

48. L'arrêté du 2 avril 1833 est abrogé.

26 DÉC. 1842-17 JANV. 1843. — Ordonnance du roi portant qu'à partir du 1er mars 1843 il sera fait usage, en Algérie, des poids et mesures établis par les lois des 18 germ. an 3 et 19 frim. an 8. (Bull., n. 10, 463.)

LOUIS-PHILIPPE, etc. ; — Vu l'arrêté du 14 déc. 1830, autorisant, en Algérie, l'emploi de certains poids et mesures consacrés par l usage; — Vu la loi du 4 juillet 1837, prescrivant l'adoption, dans tout le royaume, du système métrique des poids et mesures créé par les lois des 18 germ. an 3 et 19 frim. an 8; — Vu nos ord. des 17 avril et 16 juin 1839; — Considérant la convenance d'assurer à l'Algérie les avantages de l'uniformité des poids et mesures; —Sur la proposition de notre ministre de la guerre, président du conseil, — Avons ordonné, etc.

TITRE Ier. — *Poids et mesures dont il sera fait usage en Algérie.*

Art. 1er. A partir du 1er mars 1843, les poids et mesures établis par les lois des 18 germ. an 3, et 19 frim. an 8, et dont le tableau est joint à la présente ordonnance, seront exclusivement employés dans toutes les parties du territoire de l'Algérie où l'autorité civile est établie et dans toutes celles qui seront successivement désignées par notre ministre secrétaire d'état de la guerre.

Les mêmes poids et mesures seront exclusivement employés, pour toutes les opérations des administrations militaires, dans celles des localités où l'autorité civile n'est pas encore instituée.

2. A partir de la même époque, tous poids et mesures autres que lesdits poids et mesures seront interdits, sous les peines portées par l'art. 479 C. pén.

Seront punis des mêmes peines ceux qui auront des poids et mesures autres que les poids et mesures ci-dessus reconnus, dans leurs magasins, boutiques, ateliers ou maisons de commerce, ou dans les halles, foires ou marchés.

3. Toutes dénominations de poids et mesures autres que celles portées dans le tableau annexé à la présente ordonnance, sont interdites dans les actes publics ou sous seing privé, les journaux, affiches, annonces, registres de commerce et autres écritures privées produites en justice.

Des officiers publics contrevenants seront passibles d'une amende de 20 fr. qui sera recouvrée sur contrainte, comme en matière d'enregistrement.

L'amende sera de 10 fr. pour les autres contrevenants; elle sera perçue pour chaque acte ou écriture sous signature privée : quant aux registres de commerce, ils ne donneront lieu qu'à une seule amende pour chaque contestation dans laquelle ils seront produits.

4. Il est défendu aux juges et arbitres de rendre aucun jugement ou décision en faveur des parti-

culiers, sur des actes, registres ou écrits dans lesquels les dénominations métriques auraient été omises, avant que cette omission ait été réparée et que les amendes encourues aux termes de l'article précédent aient été payées.

5. Notre ordonnance du 16 juin 1839, sur la forme des poids et mesures et sur les matières admises pour les fabriquer, est rendue applicable à l'Algérie à dater du 1er mars 1843. Les noms français qui, d'après les réglements de la métropole, doivent être apposés sur les poids et mesures, devront également être reproduits en caractères arabes.

TITRE II. — *De la vérification.*

6. Les poids et mesures nouvellement fabriqués ou rajustés ne pourront être livrés au commerce avant d'avoir été vérifiés et poinçonnés.

Indépendamment de cette vérification primitive, les poids et mesures dont les assujettis font usage ou qu'ils ont en leur possession sont soumis à une vérification périodique.

Chacune de ces vérifications est constatée par l'apposition d'un poinçon distinct.

TITRE III. — *Des agents de la vérification.*

7. La vérification des poids et mesures et instruments de pesage, en Algérie, sera confiée à des agents portant le titre de *vérificateurs* et *vérificateurs-adjoints.*

Ils ne pourront exercer leurs fonctions qu'en vertu d'une lettre de service délivrée par notre ministre secrétaire d'état de la guerre.

8. Les vérificateurs et vérificateurs-adjoints nommés en Algérie ne pourront être choisis que parmi ceux de ces agents qui, ayant satisfait aux conditions de l'examen prescrit dans la métropole, auront été commissionnés en cette qualité par notre ministre secrétaire d'état de l'agriculture et du commerce, et auront été par lui mis à la disposition de notre ministre secrétaire d'état de la guerre.

9. Avant d'entrer en fonctions, les vérificateurs et vérificateurs adjoints prêteront serment devant le tribunal de première instance de leur résidence.

TITRE IV. — *De la constatation des contraventions.*

10. Les vérificateurs et vérificateurs-adjoints des poids et mesures constateront par procès-verbaux les contraventions prévues par les lois et réglements concernant le système métrique des poids et mesures.

Ils pourront procéder à la saisie des instruments de pesage et de mesurage dont l'usage est interdit par lesdites lois et lesdits réglements.

Ils saisiront également tous les poids, mesures, instruments de pesage et de mesurage altérés ou défectueux, ou qui ne seraient pas revêtus des marques légales de la vérification.

11. Les procès-verbaux rédigés par eux, dûment affirmés et enregistrés, conformément aux dispositions de l'ordonnance du 17 avril 1839, feront foi en justice jusqu'à preuve contraire.

TITRE V. — *Des droits de vérification.*

12. La vérification première des poids et mesures et instruments de pesage est faite gratuitement.

Il en est de même pour les poids et mesures et instruments de pesage rajustés qui sont soumis à une nouvelle vérification.

13. Les droits de la vérification périodique seront provisoirement perçus comme en France, conformément au tarif annexé à l'ordonnance du 18 décembre 1825, modifiée par celles du 21 déc. 1832 et du 18 mai 1838.

TITRE VI. — *Dispositions finales.*

14. Un arrêté, rendu par notre ministre secrétaire d'état de la guerre, déterminera les dispositions réglementaires à prendre pour l'exécution de la présente ordonnance et les obligations des assujettis.

En outre, des arrêtés du gouverneur général, approuvés par notre ministre secrétaire d'état de la guerre, détermineront, soit chaque année, soit à des époques plus éloignées, l'ordre des opérations de la vérification périodique, les professions assujetties, le minimum des assortiments et les autres détails du service.

15. Toute disposition contraire à la présente ordonnance, et notamment l'arrêté du 14 déc. 1830, sont et demeurent abrogés.

Nota. — Suit le tableau des mesures légales déjà imprimé dans ce Recueil.

30 DÉC. 1842. — Arrêté du ministre de la guerre portant réglement de l'exercice et de la discipline de la profession de notaire en Algérie.

Le président du conseil, ministre de la guerre ; — Vu l'art. 73, § 1er, de l'ordonn. royale du 26 septembre 1842 ; — Arrête :

CHAP. 1er. — INSTITUTION, NOMINATION, NOMBRE ET PLACEMENT DES NOTAIRES. — CONDITIONS D'ADMISSIBILITÉ. — CAUTIONNEMENT. — PRESTATION DE SERMENT. — OBLIGATION DE RÉSIDER. — INCOMPATIBILITÉ. — INCESSIBILITÉ DES OFFICES.

Art. 1er. Des officiers publics, sous le titre de notaires, sont institués en Algérie pour y recevoir tous les actes et contrats auxquels les parties doivent ou veulent faire donner le caractère d'authenticité attaché aux actes de l'autorité publique, pour en assurer la date, en conserver le dépôt, en délivrer des grosses et expéditions, et remplir toutes autres fonctions qui sont attribuées aux notaires de France, le tout conformément aux dispositions ci-après.

2. Les notaires continueront d'être nommés, et, lorsqu'il y aura lieu, révoqués par le ministre de la guerre, sur le rapport du procureur général.

L'arrêté de nomination fixera la résidence dans laquelle ils devront s'établir.

3. Le nombre des notaires sera réglé par le ministre de la guerre, selon les besoins du service.

Il est provisoirement fixé, savoir : à huit pour l'arrondissement du tribunal de première instance d'Alger ; à deux, pour chacun des arrondissements de Bone, Oran et Philippeville.

4. A l'avenir, nul ne pourra être nommé notaire,
1° S'il n'est Français ;
2° S'il n'est âgé de vingt-cinq ans accomplis ;
3° S'il n'a satisfait à la loi du recrutement de l'armée ;
4° S'il ne jouit de ses droits civils et civiques ;
5° Si, hors les cas de dispense prévus par l'article suivant, il ne justifie de l'accomplissement du temps de stage ou de travail, dans une étude de notaire, exigé par le même article ;
Le tout indépendamment de ce qui est prescrit en l'article 6 ci-après.

5. Le temps de travail requis par le n. 5 du précédent article sera de cinq années entières et consécutives, dont une au moins en qualité de premier clerc, dans l'étude d'un notaire de France ou de l'Algérie.

Pourront être dispensés de la justification de tout ou partie du temps de stage réglé par le présent article :
1° Les avocats, avoués ou défenseurs ayant exercé leur profession, soit en France, soit en Algérie, pendant plus de deux années ;
2° Les aspirants qui auraient rempli, pendant cinq années au moins, des fonctions administratives ou judiciaires ;
3° Ceux qui auraient précédemment exercé la profession de notaire en Algérie ou en France.

6. Tout aspirant à l'emploi de notaire devra, lors même qu'il se trouverait dans l'un des cas de dispense de stage spécifiés en l'article précédent, se pourvoir préalablement à l'effet d'obtenir un certificat de moralité et de capacité.

Ce certificat sera délivré par une commission formée, à Alger, par le procureur général, qui désignera, pour la composer, trois des magistrats attachés aux tribunaux d'Alger et deux des notaires en exercice dans la même résidence.

Cette commission, présidée par le magistrat qui aura été désigné pour en faire partie, procédera à l'examen de la capacité du candidat, après vérification des pièces fournies par celui-ci et information sur sa moralité. Elle dressera du tout procès-verbal, et délivrera ensuite, s'il y a lieu, le certificat de moralité et de capacité.

En cas de refus, la délibération motivée que la commission sera tenue de prendre sera adressée par son président au procureur général, qui la transmettra, avec son avis personnel, au ministre de la guerre, en même temps que la demande de l'aspirant et les pièces produites à l'appui.

Nonobstant le refus du certificat, le ministre restera juge des titres du candidat.

Pourront, au surplus, être dispensés de l'accomplissement des conditions prescrites par le présent article, les aspirants qui produiraient un certificat de moralité et de capacité, à eux délivré, conformément à l'art. 43 de la loi du 25 vent. an 11, par la chambre de discipline des notaires de leur dernière résidence en France.

7. Les notaires sont assujettis à un cautionne-

ment provisoirement fixé, savoir : pour ceux de la résidence d'Alger, à 6,000 fr.; pour ceux des autres localités, à 4,000 fr. (1).

Ce cautionnement, qui devra être fourni en numéraire, sera spécialement; et par premier privilége, affecté à la garantie des condamnations qui pourraient être prononcées contre le titulaire, à raison de l'exercice de ses fonctions.

8. Avant d'entrer en fonctions, les notaires prêteront, à l'audience du tribunal de première instance de l'arrondissement dans lequel leur résidence aura été fixée, le serment dont la formule suit :

« Je jure fidélité au roi des Français, obéissance à la charte constitutionnelle, aux lois du royaume, aux ordonnances, arrêtés ou réglements ayant force de loi en Algérie, et de remplir avec exactitude et probité les devoirs de ma profession. »

Ils ne seront admis à prêter ce serment qu'après avoir produit le récépissé constatant le versement de leur cautionnement.

9. Aussitôt après avoir prêté serment, et préalablement à tout exercice de leurs fonctions, les notaires devront déposer ou faire déposer leurs signature et paraphe, ainsi qu'un extrait certifié du procès-verbal de leur prestation de serment, dans chacun des greffes de la cour royale, des tribunaux de première instance, de commerce et de paix, et des divers commissariats civils de l'Algérie.

Les dépôts de leurs signature et paraphe seront renouvelés par eux toutes les fois que, pour des causes graves et dûment justifiées, ils auront été autorisés à les changer, par ordonnance du tribunal de leur résidence, rendue sur requête, le ministère public entendu.

10. Les notaires seront tenus de résider dans le lieu qui leur aura été assigné par l'arrêté de nomination, et ne pourront s'absenter de l'Algérie sans un congé délivré par le procureur général, qui en fixera la durée et en rendra compte au ministre de la guerre.

Ils exerceront leurs fonctions, savoir :

1° Ceux des villes où est établi un tribunal de première instance, dans l'étendue du ressort de ce tribunal, à l'exception néanmoins de celles des localités dépendant de ce ressort avec lesquelles on ne peut communiquer que par mer;

2° Ceux des localités dans lesquelles il n'existe qu'un tribunal de paix ou un commissariat civil, dans l'étendue du ressort de cette juridiction.

Néanmoins, le notaire établi à Blidah pourra instrumenter, concurremment avec les notaires d'Alger, dans le ressort des commissariats civils de Bouffarick, Douérah et Coléah.

11. Les fonctions de notaires sont incompatibles avec tous autres offices ministériels, avec toutes fonctions publiques salariées et avec toute espèce de négoce.

12. Seront réputés démissionnaires et pourront être immédiatement remplacés :

1° Les notaires qui, sans avoir justifié d'une excuse légitime, n'auraient pas prêté le serment prescrit par l'art. 8 et ne seraient pas entrés en fonctions dans les trois mois, à dater du jour où leur nomination leur aura été notifiée.

2° Ceux dont le cautionnement serait employé, en tout ou en partie, à l'acquit de condamnations pour faits de charge, ou frappé de saisies-arrêts déclarées valables par jugement, même pour des causes étrangères aux faits de charge, et qui n'auraient pas, dans le délai de trois mois, au plus tard, à l'invitation qui leur en sera faite par le procureur du roi, sur l'avis du directeur des finances, soit rétabli en entier ledit cautionnement, soit produit un acte authentique ou un jugement définitif portant main-levée des oppositions ou saisies-arrêts;

3° Ceux qui, s'étant établis hors du lieu qui leur est assigné par l'arrêté de nomination, n'y auraient pas fixé leur résidence dans les trois jours de l'avertissement qui leur sera donné par le procureur du roi;

4° Ceux qui se livreraient à l'exercice de fonctions ou professions incompatibles avec le notariat;

5° Ceux qui s'absenteraient de l'Algérie sans congé régulièrement délivré.

13. Les notaires seront tenus de prêter leur ministère toutes les fois qu'ils en seront requis, à moins de motifs légitimes d'abstention qu'ils devront immédiatement communiquer au procureur du roi.

Dans le cas où ces motifs ne seraient pas justifiés, le procureur du roi pourra, sur la demande des intéressés, enjoindre aux notaires d'instrumenter; à défaut par eux de déférer à cette injonction, ils seront passibles de telles peines de discipline qu'il appartiendra.

Ils seront également tenus, sous les mêmes peines, de représenter gratuitement, lorsqu'ils seront désignés à cet effet, dans les divers cas prévus par les lois, les militaires et marins absents, et de procéder, au besoin, dans l'intérêt de ceux-ci, sans autre indemnité que celle des simples déboursés dûment justifiés, à tous actes du ministère des notaires.

14. Les offices de notaires sont incessibles; il ne pourra être traité, sous aucun prétexte, à prix d'argent ou moyennant tout autre prix, quelle qu'en soit la nature, soit par le titulaire, soit par ses héritiers ou ayants cause, de la cession de son titre et de sa clientèle, sauf néanmoins ce qui sera dit en l'art. 51 ci-après, en ce qui concerne les recouvrements.

CHAP. II. — ACTES NOTARIÉS. — LEUR FORME. — FONCTIONS ET DEVOIRS DES NOTAIRES.

15. Les actes seront reçus par le notaire, en présence de deux témoins, et, s'il s'agit d'un testament par acte public, en présence de quatre témoins mâles majeurs, Européens, ayant au moins une année de résidence en Algérie; jouissant de leurs droits civils, sachant signer, et, autant qu'il se pourra, parlant la langue française.

Les mêmes témoins ne pourront être habituellement employés.

Le tout sans préjudice de la faculté accordée par les lois aux notaires de procéder sans assistance de témoins à certains actes, pour lesquels ils sont commis par les tribunaux.

16. Toutes les fois qu'une personne ne parlant pas la langue française sera partie ou témoin dans un acte, le notaire devra être, en outre, assisté d'un interprète assermenté, qui expliquera l'objet de la convention avant toute écriture, expliquera de nouveau l'acte rédigé, et signera comme témoin additionnel.

Les signatures qui ne seraient pas écrites en caractères français seront traduites en français, et la traduction en sera certifiée et signée au pied de l'acte par l'interprète.

Les parents ou alliés, soit du notaire, soit des parties contractantes, en ligne directe, à tous les degrés, et en ligne collatérale jusqu'au degré d'oncle ou neveu inclusivement, ne pourront remplir les fonctions d'interprète dans les cas prévus par le présent article. Ne pourront aussi être pris pour interprètes d'un testament par acte public, les légataires à quelque titre que ce soit, ni leurs parents ou alliés, jusqu'au degré de cousin-germain inclusivement.

17. Les actes des notaires seront écrits en langue française, en un seul contexte, lisiblement, sans abréviation, blanc, lacune ni intervalle. Les sommes et les dates y seront écrites en toutes lettres, les renvois en marge et au bas des pages, et le nombre des mots rayés dans tout le texte de l'acte, seront approuvés par l'initiale du nom propre ou le paraphe de chacune des parties, des témoins et du notaire.

Ces actes énonceront : 1° les noms et lieu de résidence du notaire qui les reçoit ; 2° les noms, prénoms, qualités et demeures des parties, et la mention de leur patente, si l'acte est relatif à leur commerce, profession ou industrie ; 3° les noms, âges, professions et demeures des témoins ; 4° les nom et demeure de l'interprète, s'il y a lieu ; 5° le lieu, l'année, le jour où les actes sont passés ; 6° les procurations des contractants, lesquelles, certifiées par les parties qui en feront usage, demeureront annexées à la minute ; 7° la lecture faite aux parties par le notaire, et le cas échéant, l'accomplissement des interprétations prescrites par le premier alinéa de l'article précédent, sans préjudice des formalités spéciales auxquelles certains actes sont assujettis par la loi.

Ils exprimeront les sommes en francs, décimes et centimes, et en mesures métriques, toutes les quantités, poids ou mesures à énoncer. Toutefois, les sommes et quantités pourront être exprimées par les appellations usitées en Algérie ou dans le lieu du domicile des contractants, pourvu qu'elles soient, à la suite de la traduction ou conversion en dénominations nouvelles, conformes au système décimal ou métrique de France.

18. Les notaires seront tenus d'annexer aux actes par eux reçus l'original, ou, en tout cas, la traduction certifiée par un interprète assermenté, et signée des parties, des actes émanés des officiers publics indigènes, ou de tous fonctionnaires étrangers, et auxquels les nouvelles conventions se référeraient. Le contenu desdites pièces devra être, en outre, mentionné sommairement dans l'acte auquel elles seront annexées.

19. Si le nom, l'état et la demeure des parties ne sont pas connus du notaire qui recevra leurs conventions, ils devront lui être attestés par deux témoins connus de lui et ayant les mêmes qualités que celles qui sont requises pour être témoin instrumentaire.

En matière de transaction immobilière ou de contrat hypothécaire, l'existence des immeubles qu'il s'agira d'aliéner ou d'hypothéquer devra être également connue du notaire instrumentaire, ou lui être attestée, ainsi qu'il est dit au premier alinéa du présent article.

20. Lorsque l'état d'une partie qui s'oblige, par acte passé devant eux, ne leur sera pas connu, les notaires devront, indépendamment de l'attestation prescrite par le précédent (1) article, exiger avant la passation de l'acte la représentation du contrat de mariage de ladite partie, si elle se déclare mariée, ou son affirmation personnelle et sous serment qu'elle n'a point fait de conventions matrimoniales ; et si elle déclare n'être point mariée, son affirmation, également sous serment, que réellement elle ne l'est pas.

L'accomplissement de ce qui précède sera expressément constaté dans l'acte par le notaire, à peine contre lui de tous dommages-intérêts, s'il y a lieu.

21. Dans les actes translatifs de propriétés immobilières, les notaires énonceront la nature, la situation, la contenance, les tenants et aboutissants des immeubles, les noms des précédents propriétaires, et, autant qu'il se pourra, le caractère et la date des mutations successives.

22. Chaque notaire tiendra exposés dans son étude : 1° un tableau sur lequel il inscrira les noms, prénoms, qualités et demeures des personnes qui, dans l'étendue du ressort où il peut exercer, sont interdites ou assistées d'un conseil judiciaire, ainsi que la mention des jugements y relatifs ; 2° un autre tableau où il inscrira également l'extrait des contrats de mariage intervenus entre époux domiciliés dans son ressort, et dont l'un serait commerçant, ledit extrait contenant les indications prescrites par l'art. 68 § 2 C. com.

Ces inscriptions auront lieu immédiatement après la notification qui devra être faite aux notaires, savoir : par le greffier de la juridiction qui aura rendu le jugement définitif d'interdiction ou de nomination de conseil judiciaire, de l'extrait dudit jugement, et par le notaire qui, dans le cas prévu par le n. 2 du précédent paragraphe, aura reçu le contrat de mariage d'un commerçant, de l'extrait dudit contrat.

23. Les notaires seront tenus d'apposer sur les grosses et expéditions des actes l'empreinte d'un

_____

(1) *Précédent.* — Des Recueils ont imprimé *présent.*

sceau particulier, d'après le modèle adopté pour les notaires de France.

Les actes notariés seront légalisés par le président du tribunal civil de la résidence du notaire, ou du lieu où sera délivré l'acte ou l'expédition, mais seulement lorsque les grosses ou expéditions qui en seront délivrées devront être employées en dehors de l'Algérie.

24. Si un notaire décède avant d'avoir signé l'acte qu'il a reçu, mais après la signature des parties contractantes et des témoins, le tribunal de première instance du ressort pourra, sur la demande des parties intéressées ou de l'une d'elles, ordonner que cet acte sera régularisé par la signature d'un autre notaire du même arrondissement. Dans ce cas, l'acte vaudra comme s'il avait été signé par le notaire instrumentaire.

25. Les notaires tiendront répertoire de tous les actes qu'ils recevront.

Ces répertoires seront visés, cotés et paraphés, savoir : ceux des notaires établis dans les villes où siége un tribunal de première instance, par le président ou par un juge de ce tribunal, et ceux des notaires établis en dehors des lieux où siégent les tribunaux de première instance, par le juge de paix ou l'un de ses suppléants, et, s'il n'y a pas de justice de paix, par le commissaire civil de leur résidence.

Chaque article du répertoire sera dressé jour par jour, et contiendra : 1° son numéro d'ordre; 2° la date de l'acte; 3° la nature de l'acte; 4° son espèce, c'est-à-dire s'il est en minute ou en brevet; 5° les noms, prénoms et demeures des parties; 6° l'indication des biens, leur situation et le prix, lorsqu'il s'agira d'actes ayant pour objet la propriété, l'usufruit ou la jouissance de biens immeubles; 7° la somme prêtée, cédée ou transportée, s'il s'agit d'obligation, cession ou transport; 8° la relation de l'enregistrement.

Les notaires feront aussi mention sur leur répertoire, tous les trois mois, et avant le visa du receveur de l'enregistrement, des noms des clercs qui, pendant le précédent trimestre, auront été en cours de stage dans leur étude, du temps de travail que lesdits clercs auront accompli et de leur rang de cléricature.

26. Les notaires devront, en outre, tenir un registre particulier, qui sera visé, coté et paraphé, comme il est dit pour le répertoire en l'article précédent, et sur lequel ils inscriront, à la date du dépôt, les noms, prénoms, professions, domiciles et lieux de naissance des personnes qui leur remettront un testament olographe. Ce registre ne fera aucune mention de la teneur du testament déposé; il sera soumis, de même que le répertoire, au visa des préposés de l'enregistrement.

Si, à l'époque où ils auront connaissance du décès de la personne dont le testament olographe aura été déposé en leur étude, aucune partie intéressée ne se présente pour requérir l'exécution de l'art. 1007 C. civ., ils devront eux-mêmes faire les diligences nécessaires pour la présentation dudit testament au président du tribunal de première instance du ressort, après en avoir donné avis au procureur du roi.

Dans le même cas, les notaires établis dans les mêmes lieux où il n'existe pas de tribunal de première instance, et à la distance de plus de 5 myriamètres du siége de ce tribunal, seront autorisés à présenter le testament au juge de paix, et s'il n'y a pas de justice de paix, au commissaire civil de leur résidence, qui le fera parvenir clos et cacheté au président du tribunal par l'intermédiaire du procureur du roi, et qui pourra même en faire l'ouverture si les communications étaient interrompues entre le lieu de leur siége et le chef-lieu judiciaire.

27. Seront également autorisés, les notaires établis à plus de 5 myriamètres de distance de la ville où siége le tribunal de première instance du ressort, à présenter, dans le cas prévu par le deuxième alinéa de l'art. 1007 C. civ., les testaments mystiques reçus par eux, soit au juge de paix, soit, à défaut de juge de paix, au commissaire civil de leur résidence, lequel pourra faire l'ouverture desdits testaments, en présence des témoins signataires de l'acte de suscription qui se trouveront sur les lieux, ou eux dûment appelés.

28. Le notaire dépositaire d'un testament contenant des dispositions au profit d'un établissement public devra en donner avis au procureur du roi dans le mois de l'ouverture de ce testament.

29. Indépendamment du répertoire et du registre prescrits par les art. 25 et 26, les notaires tiendront un registre coté, paraphé, soumis au visa des préposés de l'enregistrement, conformément auxdits articles, sur lequel ils devront mentionner, jour par jour, par ordre de dates, sans blancs, lacunes, ni transports en marge, 1° toutes les sommes ou valeurs qu'ils recevront en dépôt, à quelque titre que ce soit; 2° les noms, prénoms, professions et demeures des déposants ; 3° la date des dépôts; 4° l'emploi qui aura été fait des valeurs déposées.

30. Sont, au surplus, rendues communes aux notaires de l'Algérie, sauf les modifications qui précèdent et celles qui seront énoncées ci-après, ou qui sont ou seraient ultérieurement établies par la législation spéciale du pays, les dispositions des lois et règlements de France, relatifs à la forme des actes notariés, à leur effet, et aux formalités à remplir par les notaires, notamment celles des art. 8, 10, §§ 2, 13 à 18, 20 à 27, 29, 30 et 68 de la loi du 25 vent. an 11; 971 à 977, 979, 1317 à 1320 C. civ.

31. Sont également rendues communes aux notaires de l'Algérie, en tout ce qui n'est pas contraire au présent arrêté et à la législation spéciale du pays : 1° les attributions particulières conférées par les lois françaises aux notaires de France ; 2° les obligations imposées par les mêmes lois et par les règlements en vigueur dans la métropole à ces officiers publics, en matière d'enregistrement des actes notariés, de tenue, visa, vérification par les préposés de l'enregistrement et dépôt des répertoires; 3° les amendes applicables aux notaires de France, pour toutes contraventions, omissions, irrégularités et autres inobservations des règles prescrites par lesdites lois, ainsi que les formes

des poursuites à diriger pour le recouvrement de ces amendes.

32. Les notaires exerceront, d'ailleurs, toutes autres fonctions ou attributions qui leur sont ou qui leur seraient particulièrement conférées par la législation spéciale de l'Algérie.

Ils ne pourront faire ni protêts faute d'acceptation ou de paiement de lettres de change et autres effets commerciaux, ni actes d'offres réelles et procès-verbaux de consignation de ces offres, que dans les cas où lesdits actes ne pourraient pas être formalisés par des huissiers.

33. Il est expressément interdit à tout notaire :

1° D'employer, même temporairement, à son profit les sommes dont il s'est constitué détenteur ou dépositaire en sa qualité de notaire, ou de placer en son nom personnel les fonds qu'il aurait reçus de ses clients à la condition de leur en servir l'intérêt ;

2° De retenir entre ses mains, sans motifs légitimes, les sommes qui doivent être par lui versées à la caisse des dépôts et consignations, dans les divers cas prévus par les lois, ordonnances ou réglements;

3° De prendre, directement ou indirectement, un intérêt dans les opérations où il intervient comme notaire, ou d'emprunter pour ses affaires personnelles le nom d'un tiers dans les actes qu'il reçoit;

4° De se constituer garant ou caution, à quelque titre que ce soit, des prêts qui auraient été faits par son intermédiaire ou qu'il aurait été chargé de constater par acte public ou privé;

5° De faire ou laisser intervenir ses clers en qualité de mandataires d'une ou de plusieurs des parties qui contractent devant lui ;

6° De se rendre cessionnaire soit de procès, droits ou actions litigieux ou successifs, alors même qu'ils seraient hors de la compétence du tribunal dans le ressort duquel il exerce ses fonctions, soit d'indemnités ou rentes dues en Algérie à des particuliers par l'État ou par la colonie;

7° De se livrer directement ou indirectement, comme principal obligé, ou comme associé, même en participation, à des spéculations ou entreprises, à une ou plusieurs opérations de bourse, commerce, change, banque, escompte ou courtage; de s'immiscer dans l'administration d'aucune entreprise ou compagnie de finance, de commerce ou d'industrie; de spéculer sur l'acquisition et la revente des immeubles, sur la cession des créances, actions industrielles et autres droits incorporels, et de souscrire, à quelque titre et sous quelque prétexte que ce soit, des lettres de change ou billets à ordre négociables;

8° D'insérer dans les actes des dispositions dont il retirerait un profit personnel, ou de stipuler pour autrui ;

9° De prêter son ministère pour la vente de biens qu'il saurait être inaliénables, ou qui ne pourraient être aliénés qu'après l'accomplissement des formalités prescrites par la législation spéciale de l'Algérie ou les anciennes lois du pays;

10° De passer des actes pour le compte d'un notaire suspendu de ses fonctions, et de le substituer en quelque manière que ce soit, sauf ce qui sera dit en l'art. 54 ci-après;

11° De s'associer, soit avec d'autres notaires, soit avec des tiers, pour l'exploitation de son office ;

12° D'instrumenter hors de son ressort, ainsi que d'ouvrir étude et de conserver le dépôt de ses minutes ailleurs que dans le lieu qui lui a été fixé pour résidence.

Le tout, sans préjudice de la prohibition contenue en l'art. 14 ci-dessus et de toutes autres défenses faites aux notaires par celles des dispositions de la loi du 25 vent. an 11, auxquelles se réfère le présent arrêté.

CHAP. III.—FRAIS D'ACTES, HONORAIRES ET DROITS DES NOTAIRES.

34. Le tarif établi par les décrets du 16 fév. 1807, pour le réglement des vacations et droits de voyage des notaires de Paris, est rendu applicable aux notaires de l'Algérie, avec réduction d'un dixième.

Les droits d'expédition ou de grosse de tous actes sont fixés à 2 fr. 50 c. par rôle de trente lignes à la page et de quinze syllabes à la ligne.

35. Pour tous actes non tarifés par les décrets précités du 16 février 1807, les honoraires seront réglés amiablement entre les parties et les notaires.

En cas de difficulté, avant comme après le paiement, la taxe des honoraires sera faite par le tribunal de première instance du ressort, en chambre du conseil, sur simples mémoires et sans frais, le ministère public entendu.

36. Le notaire ne pourra réclamer ou recevoir des honoraires de deux parties ayant des intérêts différents, comme de l'emprunteur et du prêteur, de l'acquéreur et du vendeur, excepté dans les contrats d'échange et de société.

Les actes délivrés en brevet et les grosses ou expéditions des actes dont il doit être gardé minute énonceront en détail les sommes reçues ou réclamées par les notaires, en distinguant les déboursés, droits et honoraires, le tout à peine, en cas de contravention, de telles mesures de discipline qu'il appartiendra.

37. Les demandes en paiement de droits et honoraires formées par les notaires de l'Algérie seront instruites et jugées, sans préliminaire de conciliation, en la même forme que celles des notaires en France.

CHAP. IV.—DISCIPLINE DES NOTAIRES.

38. Indépendamment des amendes qui seraient encourues par eux, aux termes de l'art. 31 ci-dessus, pour omissions, irrégularités et autres violations ou inobservations des règles prescrites par les lois qui leur sont rendues applicables, les notaires seront passibles, pour les mêmes infractions, comme pour toutes contraventions aux dispositions du présent arrêté, et pour tous manquements aux devoirs de leur profession, de l'ap-

plication de peines disciplinaires, sans préjudice de peines plus graves, en cas de crimes ou de délits.

39. Les peines de discipline applicables aux notaires sont :

1° Le rappel à l'ordre ;

2° La censure avec réprimande ;

3° La suspension pendant trois mois au plus ;

4° La révocation ;

40. Le rappel à l'ordre et la censure avec réprimande seront prononcés, lorsqu'il y aura lieu, par le procureur général, d'office, ou sur le rapport du procureur du roi près le tribunal de la résidence du notaire, après que l'inculpé aura été entendu ou dûment appelé.

Ils seront toujours notifiés par écrit audit notaire, et il en sera fait mention tant au parquet du procureur général qu'en celui du procureur du roi, sur un registre spécialement tenu à cet effet.

Le procureur général informera, sans retard, le ministre de la guerre de tout rappel à l'ordre ou censure avec réprimande qu'il aura prononcés contre des notaires.

41. Lorsqu'il y aura lieu à suspension ou révocation, il sera procédé à l'enquête disciplinaire par le procureur du roi de la résidence du notaire inculpé, qui devra toujours être entendu ou dûment appelé, et pourra fournir, dans le délai qui lui sera fixé, ses explications par écrit sur les griefs dont il lui sera donné communication.

Le procureur du roi adressera ensuite les pièces de l'enquête, les explications de l'inculpé, et son rapport au procureur général, qui transmettra le tout, avec son avis personnel, au ministre de la guerre.

Il sera statué par le ministre.

Néanmoins, en cas d'urgence, le gouverneur général pourra, sur la proposition du procureur général, prononcer provisoirement la suspension, à charge d'en rendre compte au ministre de la guerre.

Il y aura lieu à cette suspension provisoire, toutes les fois que, par l'effet de condamnations prononcées pour faits de charge le cautionnement des notaires se trouverait employé en tout ou en partie.

42. La révocation sera toujours prononcée :

1° Contre le notaire qui aurait contrevenu à l'une des prohibitions portées aux numéros 1, 2, 3, 4, 5, 6, 7, 9, 10, et 11 de l'art. 33 ci-dessus ;

2° Contre celui qui, ayant été suspendu, continuerait directement ou indirectement, pendant la durée de la suspension, l'exercice de ses fonctions, ou le reprendrait avant l'expiration de la peine, sans préjudice des peines portées en l'art. 197 C. pén. ;

3° Contre celui qui, en contravention à l'art. 14 ci-dessus, aurait traité à prix d'argent, ou moyennant toute autre indemnité, de la cession de son office, lors même que la convention n'aurait pas été suivie d'effet, et contre le nouveau titulaire qui, par suite d'une telle convention, aurait obtenu sa nomination ;

4° Contre celui qui, ayant précédemment subi la peine de la suspension, tomberait dans la récidive.

43. La suspension et même la révocation seront prononcées, selon les cas, contre le notaire qui se trouvera dans l'un des cas prévus par les numéros 8 et 12 de l'art. 33, et contre celui qui, par sa conduite privée et habituelle, ou par un fait grave quelconque, compromettrait sa dignité, sa délicatesse, son honneur ou son caractère d'officier public.

44. Il sera fait mention, sur le registre prescrit par le 2° alinéa de l'art. 40 ci-dessus, de toutes suspensions prononcées contre un notaire, soit par le ministre de la guerre, soit même, provisoirement, par le gouverneur général, aux cas prévus par l'art. 41.

45. Les décisions portant peine de suspension et de révocation contre un notaire lui seront notifiées, à la diligence du procureur du roi de sa résidence, soit par simple lettre, soit même, s'il en est besoin, par le ministère d'un huissier. Elles seront exécutées à partir du jour de cette notification.

46. Au commencement de chaque année, le procureur général nommera, parmi les notaires d'Alger, un syndic dont les attributions consisteront :

1° A donner son avis, après information, s'il y a lieu, sur toutes plaintes qui seraient portées contre un notaire de son ressort ;

2° A intervenir officieusement, et comme conciliateur, dans les débats qui s'élèveraient, soit entre des notaires de son ressort, soit entre les mêmes notaires et leurs clients ;

3° A donner son avis, lorsqu'il en sera requis par les magistrats, sur les difficultés que feraient naître les réclamations d'honoraires, vacations et droits, formées par les notaires ;

4° A représenter sa compagnie toutes les fois qu'il s'agira de ses intérêts collectifs, et dans toutes ses relations ou communications avec l'autorité judiciaire.

Le syndic nommé continuera ses fonctions jusqu'à son remplacement, il sera indéfiniment rééligible.

CHAP. V. — REMISES A FAIRE DES MINUTES ET RÉPERTOIRES PAR LES NOTAIRES QUI CESSENT LEURS FONCTIONS, OU PAR LEURS REPRÉSENTANTS. — RECOUVREMENTS.

47. Les minutes et répertoires d'un notaire décédé, démissionnaire, révoqué ou remplacé par suite de déchéance, seront remis à son successeur immédiat ; et, jusqu'à ce que celui-ci soit installé, déposés, selon les localités et les circonstances, soit en l'étude d'un autre notaire de la même résidence, désigné par le procureur du roi du ressort, soit au greffe du tribunal de première instance, de la justice de paix, ou du commissariat civil du lieu.

Le procureur du roi veillera à ce que la remise et le dépôt prescrits soient effectués sur inventaire régulier qui devra être dressé par le notaire ou greffier dépositaire.

Le double de cet inventaire, au pied duquel le dépositaire donnera récépissé des minutes et répertoires, sera mis au greffe du tribunal civil du ressort, excepté dans le cas où le dépôt serait opéré dans ledit greffe.

48. Les possesseurs ou détenteurs de minutes qui, dans le cas prévu par le précédent article, refuseraient d'en effectuer la remise, après avoir été mis en demeure par le procureur du roi, seront poursuivis à la requête de ce magistrat devant le tribunal de première instance du ressort, pour y être condamnés à l'amende portée par l'art. 58 de la loi du 25 vent. an 11.

49. Dans le cas de suppression d'office, les minutes et répertoires du notaire supprimé seront remis immédiatement, et après inventaire dressé conformément à l'art. 47, à celui des notaires du même ressort qui sera désigné par le ministre de la guerre, sur la proposition du procureur général.

50. Aussitôt après le décès, la démission ou la notification de la révocation d'un notaire, les minutes, papiers et répertoires de l'étude seront, s'il y a nécessité, et s'ils ne peuvent être immédiatement transportés, soit dans l'étude, soit dans le greffe, où ils devront être déposés, placés sous les scellés, même d'office par le juge de paix, ou, à défaut de juge de paix, par le commissaire civil de la résidence du notaire, jusqu'à ce que le dépôt puisse en être effectué.

L'apposition des scellés aura toujours lieu dans le cas où la résidence du notaire décédé, démissionnaire ou révoqué, se trouverait en dehors du lieu où siége le tribunal de première instance.

51. Lorsque les minutes auront été déposées dans le greffe du tribunal de première instance, ou dans celui d'un tribunal de paix ou d'un commissariat civil, les grosses et expéditions pourront être délivrées par le greffier dépositaire, qui aura droit, dans ce cas, à la moitié de la rétribution fixée par l'art. 35, § 2 ci-dessus, à la charge par lui de se conformer aux régles prescrites aux notaires pour la délivrance desdites grosses et expéditions.

52. Nonobstant la disposition de l'art. 14 du présent arrêté, le nouveau titulaire, ou le notaire qui recevra les minutes, dans le cas de suppression d'office, sera tenu d'indemniser l'ancien titulaire ou ses héritiers, jusqu'à concurrence du montant des recouvrements qui pourraient être à exercer au profit de ceux-ci, à raison des actes dont les frais, honoraires ou droits quelconques resteraient dus.

Dans tous les cas, le montant de cette indemnité sera réglé sans frais par le tribunal de première instance, en chambre du conseil, le ministère public et les parties intéressées entendus. Le réglement n'en sera définitif qu'après l'approbation du ministre de la guerre, auquel la décision de la chambre du conseil devra être transmise par le procureur général.

Tout traité de gré à gré sur le montant de ladite indemnité sera nul et entraînera la révocation du titulaire qui l'aura souscrit, avant ou après la remise des minutes.

CHAP. VI. — DISPOSITIONS PARTICULIÈRES.

53. Le notaire qui, par suite d'infirmités physiques ou morales, se trouverait hors d'état de continuer l'exercice de ses fonctions, sera remplacé.

54. En cas de maladie, d'absence ou d'empêchement autre que celui résultant, soit d'une suspension disciplinaire, soit de parenté ou d'alliance, les notaires pourront être substitués, avec l'autorisation préalable du procureur du roi de leur ressort, ou par un autre notaire de la même résidence.

La minute de l'acte reçu par le notaire substituant restera en l'étude du notaire substitué, ce qui sera énoncé dans ledit acte.

La minute devra, en outre, être portée à la fois sur le répertoire du notaire substitué et sur celui du notaire substituant, avec mention par celui-ci que cette minute est restée au notaire supplée.

Le notaire suppléé et le notaire substituant seront solidairement responsables de toute inobservation des formalités prescrites pour la validité de l'acte, et passibles, selon les circonstances, en cas de contravention, des mêmes peines disciplinaires.

55. Aucun notaire suspendu de ses fonctions ne pourra, pendant la durée de la suspension, se faire substituer, même pour la délivrance des grosses ou expéditions des actes déposés dans son étude.

En ce cas, lorsqu'il y aura lieu à délivrance de grosses ou expéditions desdits actes, elle ne pourra être faite que par un autre notaire de la même résidence, spécialement commis à cet effet par le procureur du roi du ressort, sur la demande des parties intéressées, et il sera fait mention expresse de la délégation au bas de la grosse ou de l'expédition délivrée.

Dans le même cas, le notaire suspendu sera tenu de communiquer au notaire délégué, sur son récépissé, les minutes à expédier, lesquelles devront ensuite être rétablies dans l'étude où elles sont disposées.

Les droits dus pour les grosses ou expéditions ainsi délivrées ne pourront être perçus qu'au profit du notaire commis.

Toute contravention au présent article sera punie de révocation, sans préjudice de peines plus graves, s'il y a lieu.

56. Dans les lieux où il n'existe qu'un seul notaire en exercice, si ce notaire est empêché par l'un des motifs énoncés aux deux articles précédents ou pour cause de parenté ou d'alliance, il pourra être provisoirement remplacé, sur la demande expresse des parties intéressées et avec l'autorisation du procureur du roi du ressort, soit par le greffier du tribunal de première instance, soit par celui de la justice de paix, et, à défaut du tribunal de première instance ou de paix, par le secrétaire du commissariat civil de la résidence dudit notaire.

En ce cas, l'autorisation délivrée par le procureur du roi et la cause de l'empêchement du notaire seront énoncées dans l'acte dressé ou dans les grosses ou expéditions délivrées par le substituant. La minute de l'acte dressé par le substituant sera déposée dans l'étude du notaire substitué, et si celui-ci est suspendu de ses fonctions, dans l'étude de celui des notaires les plus voisins qui sera désigné par les parties intéressées.

Le substituant se conformera d'ailleurs, soit pour la rédaction et la forme des minutes ou brevets, soit pour la délivrance des grosses et expéditions, à toutes les règles prescrites pour les notaires, au moyen de quoi ses actes vaudront comme actes notariés.

Dans les divers cas prévus par le présent article, le substituant pourra percevoir à son profit, indépendamment des honoraires, la moitié des vacations et droits réglés par l'art. 35 ci-dessus.

57. Dans celles des villes du littoral où sont établis des commissariats civils, et pour lesquelles il n'existe pas de notaires, les secrétaires des commissariats recevront et rédigeront, en la forme des actes notariés, les conventions des parties qui requerront leur ministère à cet effet. En ce cas, ils déposeront et conserveront dans les archives du secrétariat la minute desdites conventions, et pourront, lorsqu'ils en seront requis, en délivrer aux intéressés des expéditions qui leur seront payées d'après le taux réglé par l'art. 24 de l'arrêté ministériel du 18 déc. 1842, portant organisation des commissariats civils.

Les actes ainsi rédigés ne vaudront que comme écrits sous signature privée.

Le tout sans préjudice des attributions exceptionnelles conférées aux mêmes secrétaires par l'arrêté précité, en matière d'inventaire.

58. Les parties intéressées à des actes reçus par un notaire de l'Algérie pourront lever à leurs frais, pour leur sûreté, et déposer au greffe du tribunal de première instance du ressort des expéditions desdits actes, collationnées et signées par le notaire et légalisées par le président du tribunal de la résidence de cet officier public.

Le greffier sera tenu de recevoir ce dépôt, sur la réquisition de la partie, et de le garder dans les archives du greffe.

Il sera fait mention sommaire dudit dépôt sur un registre tenu à cet effet dans chaque greffe de première instance, et coté et paraphé par le président du tribunal.

CHAP. VII. — DISPOSITIONS FINALES.

59. Sont maintenus, chacun dans leur résidence actuelle, sans qu'il soit besoin de leur délivrer des commissions confirmatives, et seulement à charge par eux de remplir, dans le délai de deux mois, à dater de l'époque où le présent arrêté sera exécutoire, les formalités prescrites par le premier alinéa de l'art. 9 du même arrêté, les notaires précédemment institués et nommés par le ministre de la guerre, et qui seront en exercice au moment de la promulgation de ces présentes.

60. Les notaires qui auront exercé leurs fonctions avec honneur pendant vingt années consécutives pourront obtenir le titre de notaire honoraire.

Ce titre sera conféré par le ministre de la guerre, sur la proposition du procureur général.

61. Il n'est rien innové par le présent arrêté en ce qui concerne les attributions conservées aux cadis, en matière de notariat, par l'art. 43, §§ 2 et 3, de l'ordonn. royale du 26 sept. 1842.

62. Toutes dispositions contraires aux présentes sont abrogées.

63. Le gouverneur général de l'Algérie est chargé de l'exécution du présent arrêté, qui sera publié dans le *Bulletin officiel* des actes du gouvernement de l'Algérie et dans le *Moniteur algérien,* et qui sera exécutoire à partir du 1ᵉʳ mars 1843.

30 déc. 1842.—Arrêté du ministre de la guerre.

4-12 JANV. 1843. — Ordonnance du roi relative à l'organisation des chambres de notaires et à la discipline du notariat (1). (Bull., n. 10, 456.)

---

(1) Les diverses dispositions de cette ordonnance ont été expliquées dans notre Traité abrégé de la discipline et des chambres de notaires, qui se trouve p. 829 et suiv. On va indiquer, sous chacun des articles de l'ordonnance, les numéros du traité auxquels il convient de se référer. Toutefois comme les dispositions relatives aux assemblées générales (art. 4, 22, 23, 24), à l'honorariat (art. 29, 30), à la bourse commune (art. 39), n'entraient pas dans le cadre de ce traité, on en présente ci-dessous l'explication succincte. — Au reste, avant d'aller plus loin, il convient de retracer d'abord le rapport au roi dont l'ordonnance de 1843 a été précédée. En voici le texte :

« Sire,—Le notariat a toujours été environné d'une grande considération. Le législateur de l'an 11, en donnant aux notaires le titre de fonctionnaires publics, a proclamé l'importance de leur profession. La nécessité de la soumettre à des conditions particulières et à un régime spécial n'a jamais été méconnue, et, même à des époques où des idées exagérées de concurrence et d'égalité dominaient dans la législation, elle a échappé à la suppression qui avait frappé les différentes corporations groupées autour de la magistrature. C'est l'étendue de la confiance que le notariat doit inspirer qui le place dans ce rang élevé : cette confiance ne s'applique pas à des faits isolés ; les actes pour lesquels son intervention est réclamée se rattachent à tous les événements successifs de la vie de la famille et à toutes les transactions qu'amènent le mouvement des affaires et les déplacements volontaires de la propriété ; c'est ainsi qu'appelés à constater les volontés les plus sacrées et à donner force aux droits les plus précieux, les notaires exercent une sorte de magistrature, qui contribue puissamment au repos des familles et au maintien de la moralité publique.

« Mais, plus l'institution a d'importance et d'utilité, plus il est nécessaire de réprimer les abus qui tendraient à s'y introduire. Dans ces dernières années, des fautes graves ont été révélées, des désastres dont la pensée publique s'est vivement émue, ont éclaté, et l'on s'est demandé s'il ne devenait pas nécessaire de donner une force nouvelle aux moyens consacrés par la loi pour prévenir le retour de semblables malheurs.

« Aux termes de la loi du 25 vent. an 11, le no-

Louis-Philippe, etc.; — Sur le rapport de notre ministre de la justice et des cultes; — Vu la loi du 25 ventose an 11, contenant organisation du notariat et l'arrêté du 2 niv. an 12, relatif à l'établissement et à l'organisation des chambres de notaires; — Notre conseil d'état entendu; — Nous avons, etc.

Chambre de discipline des notaires et ses attributions.

Art. 1er. Il y a près de chaque tribunal civil de première instance, et dans la ville où il siége, une chambre des notaires, chargée du maintien de la discipline parmi les notaires de l'arrondissement(1).

2. Les attributions de la chambre sont:

1° De prononcer ou de provoquer, suivant les cas, l'application de toutes les dispositions de discipline (2) ;

2° De prévenir ou concilier tous différends entre notaires; et notamment ceux qui pourraient s'élever, soit sur des communications, remises, dépôts ou rétentions de pièces, fonds et autres objets quelconques, soit sur des questions relatives à la réception et garde des minutes, à la préférence ou concurrence dans les inventaires, partages, ventes ou adjudications et autres actes; et, en cas de non-conciliation, d'émettre son opinion par simple avis;

3° De prévenir ou concilier également toutes plaintes et réclamations de la part de tiers contre des notaires, à raison de leurs fonctions; donner simplement son avis sur les dommages-intérêts qui pourraient être dus, et réprimer, par voie de censure et autres dispositions de discipline, toutes infractions qui en seraient l'objet, sans préjudice de l'action devant les tribunaux, s'il y a lieu (3);

---

tariat est placé sous la surveillance des tribunaux. Il est juste et convenable, en effet, que la magistrature étende son autorité sur des fonctionnaires entre les mains desquels la loi remet les intérêts des justiciables, et qui, par leur origine, remontent aux premiers établissements de l'ordre judiciaire.

« Auprès des tribunaux existent des chambres de discipline chargées d'aider à cette surveillance.

« Ces chambres ont été instituées par l'arrêté du 2 niv. an 12, qui a conféré aux notaires eux-mêmes le droit de les former par voie d'élection.

« Pris en vertu du pouvoir que l'art. 50 de la loi de ventose an 11 conférait au gouvernement, cet arrêté n'a pas cessé d'être en vigueur; mais il avait sagement prévu, dans son art. 23, que l'expérience rendrait nécessaire une organisation plus complète des chambres de discipline ; c'est l'accomplissement de cette prévision que nous nous sommes proposé, en préparant le projet d'ordonnance que nous venons soumettre à votre majesté.

« Les dispositions nouvelles de ce projet, qui a été délibéré en conseil d'état, ont toutes pour but de fortifier, en matière de discipline, l'action des chambres de notaires et celle des tribunaux.

« La plus importante des modifications adoptées est celle qui donne aux chambres des notaires le droit de provoquer la destitution des membres de la compagnie qui ont manqué à la probité, à l'honneur ou aux règles de leur ordre. Le nouveau droit qui leur est conféré leur permettra d'exercer leur surveillance avec plus d'autorité.

« L'arrêté de l'an 12 ne s'était pas occupé de régler ce qui a rapport à la cléricature, et d'offrir une récompense aux notaires qui se retirent après avoir exercé leurs fonctions avec distinction.

« Cependant, veiller à ce que les aspirants au notariat s'y disposent par un travail assidu et une conduite régulière, promettre une rémunération à la fin d'une carrière honorablement parcourue, c'est préparer de bons choix, c'est encourager les efforts vers le bien.

« Deux titres du projet d'ordonnance sont consacrés aux aspirants à la profession de notaire et à l'honorariat.

« Les chambres surveilleront la conduite des aspirants, et s'assureront qu'ils se rendent dignes des fonctions auxquelles ils prétendent.

« Quand à l'honorariat, une ordonnance rendue par votre majesté le conférera sur la proposition des chambres de discipline et le rapport du ministre de la Justice.

« Cette disposition donne un nouveau relief à l'institution ; elle place le notariat sous l'influence de cette pensée d'ordre et de conservation, si chère à la magistrature, qui rattache les magistrats, comme membres honoraires, aux compagnies dont ils cessent de partager les travaux.

« L'art. 12 renferme une des dispositions principales du projet : Il défend aux notaires de se livrer à certaines opérations qu'il détermine ; la plupart ne sont pas répréhensibles en elles-mêmes, mais elles tendent à compromettre la position de ces officiers publics, et à exposer leurs clients à des risques contre lesquels ceux-ci sont sans défense, parce qu'ils n'ont pas dû les prévoir. La règle est que les notaires doivent se renfermer soigneusement dans l'exercice de leurs fonctions.

« Les tribunaux, qui sont chargés par la loi de l'an 11 de la discipline du notariat, feront respecter ces règles, dont l'application rassurera l'opinion publique. En même temps qu'ils veilleront à ce que ces prohibitions soient scrupuleusement observées à l'avenir, ils apporteront une sage mesure dans l'appréciation des faits qui ont été accomplis notoirement, de bonne foi et sans contradiction, soit des chambres de discipline, soit des magistrats.

« L'ordonnance dont je viens d'exposer les bases principales, manifeste clairement la juste sollicitude dont le gouvernement doit être animé pour le notariat ; elle se rattache soigneusement dans toutes ses prescriptions aux principes de l'institution telle que l'ont faite les lois antérieures et les nécessités révélées par l'expérience : c'est dire assez que, tout en réservant dans toute sa plénitude le droit de nomination, dépendance nécessaire de la puissance publique, et garantie indispensable contre les abus, le gouvernement regarde aussi comme hors d'atteinte le droit de transmission des offices créé par la loi du 28 avril 1816. A aucune époque, il n'a songé à admettre ni à proposer aucune altération de ce droit, et les inquiétudes qui ont pu se répandre à ce sujet n'ont jamais eu le moindre fondement.

« J'ai l'honneur de soumettre à l'approbation de votre majesté le projet d'ordonnance relatif à l'organisation des chambres de notaires et à la discipline du notariat.   *Signé* Martin du Nord. »

(1). V. Tr. abrégé de la discipl. p. 829, n. 15 et 122. — (2) V. eod. n. 9. — (3) V. eod. n. 16.

4° De donner son avis sur les difficultés concernant le réglement des honoraires et vacations des notaires, ainsi que sur tous différends soumis à cet égard au tribunal civil (4);

5° De délivrer ou refuser tous certificats de bonnes mœurs et capacité à elle demandés par les aspirants aux fonctions de notaire, prendre à ce sujet toutes délibérations, donner tous avis motivés, les adresser ou communiquer à qui de droit (5) ;

6° De recevoir en dépôt les états des minutes dépendant des études de notaires supprimées (6) ;

7° De représenter tous les notaires de l'arrondissement collectivement sous le rapport de leurs droits et intérêts communs (7).

3. Toute décision ou délibération sera inscrite sur un registre coté et paraphé par le président de la chambre (8).

Ce registre sera communiqué au ministère public à sa première réquisition.

Organisation de la chambre.

4. Les notaires de chaque arrondissement choisissent parmi eux les membres de leur chambre.

La chambre des notaires de Paris est composée de dix-neuf membres; les chambres établies dans les arrondissements où le nombre des notaires est au-dessus de cinquante, sont composées de neuf membres; celles de tous autres arrondissements, de sept (9).

5. Les chambres ne peuvent délibérer valablement qu'autant que les membres présents et votants sont au moins au nombre de douze pour Paris, de sept pour les chambres composées de neuf membres, et de cinq pour les autres chambres (10).

6. Les membres de la chambre choisissent entre eux un président, un syndic, un rapporteur, un secrétaire et un trésorier.

Le président a voix prépondérante en cas de partage d'opinions; il convoque la chambre extraordinairement, quand il le juge à propos ou sur la réquisition motivée de deux autres membres; il a la police de la chambre;

Le syndic est partie poursuivante contre les notaires inculpés; il est entendu préalablement à toutes les délibérations de la chambre, qui est tenue de statuer sur ses réquisitions; il a, comme le président, le droit de la convoquer; il poursuit l'exécution de ses délibérations dans la forme ci-après déterminée; enfin, il agit pour la chambre dans tous les cas et conformément à ce qu'elle a délibéré;

Le rapporteur recueille les renseignements sur les faits imputés aux notaires, et en fait rapport à la chambre;

Le secrétaire rédige les délibérations de la chambre, est gardien des archives et délivre toutes les expéditions;

Le trésorier fait les recettes et dépenses autorisées par la chambre. A la fin de chaque trimestre, la chambre assemblée arrête son compte et lui en donne décharge;

7. Le nombre des syndics peut être porté à trois pour Paris, et à deux pour les chambres dont le ressort comprend plus de cinquante notaires (12).

8. Le président ou le syndic et le secrétaire des chambres établies dans un chef-lieu de cour royale, sont nécessairement choisis parmi les notaires résidant au chef-lieu.

Quant aux autres chambres, le président ou le syndic, ou le secrétaire, est nécessairement choisi parmi les notaires de la ville où siége le tribunal de première instance.

Lorsque le secrétaire ne réside pas dans la ville où siége le tribunal, le président ou le syndic a la garde des archives, tient le registre prescrit par l'art. 33 ci-après, et délivre les expéditions des délibérations de la chambre.

9. Une ordonnance royale peut, suivant les localités, réduire ou augmenter le nombre des membres qui doivent composer les chambres, conformément aux dispositions de l'art. 4. Dans ce cas, elle détermine le nombre des membres dont la présence est nécessaire à la validité des délibérations.

L'ordonnance qui réduira le nombre des membres de la chambre déclarera, s'il y a lieu, que les membres sortants pourront être réélus (13).

10. Indépendamment des attributions particulières données aux membres désignés en l'art. 6, chacun d'eux a voix délibérative, ainsi que les autres membres, dans toutes les assemblées de la chambre; et néanmoins, lorsqu'il s'agit d'affaires où le syndic est partie poursuivante, il ne prend pas part à la délibération.

11. Les fonctions spéciales attribuées par l'art. 6 à chacun des officiers de la chambre peuvent être cumulées lorsque le nombre des membres qui la composent est au-dessous de sept, dans le cas déterminé par l'art. 9 de la présente ordonnance; et néanmoins, les fonctions de président, de syndic et de rapporteur sont toujours exercées par trois personnes différentes.

Quel que soit le nombre des membres composant la chambre, les mêmes fonctions peuvent aussi être cumulées momentanément, en cas d'absence ou empêchement de quelqu'un des membres désignés en l'art. 6, lesquels, pour ce cas, se suppléent entre eux, ou peuvent même être suppléés par un autre membre de la chambre.

Les suppléants sont nommés par le président ou, s'il est absent, par la majorité des membres présents en nombre suffisant pour délibérer (14).

De la discipline.

12. Il est interdit aux notaires, soit par eux-

---

(4) V. *eod.*, n. 17. — (5) V. *eod.*, n. 21.

(6) V. *eod.*, n. 64. — (7) V. *eod.*, n. 61. — (8) V. *eod.*, n. 112.

(9) Cette réunion est ce qu'on appelle l'assemblée générale des notaires. V. art. 22 et suiv. — V. aussi Traité de la discipline, n. 79. — (10) *Eod.*, n. 80. — (11) *eod.*, n. 91 et 192 et suiv. — (12) *eod.*, n. 94. — (13) *eod.*, n. 80. — (14) *eod.*, n. 82, 91.

mêmes, soit par personnes interposées, soit directement, soit indirectement,

1° De se livrer à aucune spéculation de bourse ou opération de commerce, banque, escompte et courtage;

2° De s'immiscer dans l'administration d'aucune société, entreprise ou compagnie de finances, de commerce ou d'industrie;

3° De faire des spéculations relatives à l'acquisition et à la revente des immeubles, à la cession de créances, droits successifs, actions industrielles et autres droits incorporels;

4° De s'intéresser dans aucune affaire pour laquelle ils prêtent leur ministère;

5° De placer en leur nom personnel des fonds qu'ils auraient reçus, même à la condition d'en servir l'intérêt;

6° De se constituer garants ou cautions, à quelque titre que ce soit, des prêts qui auraient été faits par leur intermédiaire ou qu'ils auraient été chargés de constater par acte public ou privé;

7° De se servir de prête-noms en aucune circonstance, même pour des actes autres que ceux désignés ci-dessus (15).

13. Les contraventions aux prohibitions portées en l'article précédent seront, ainsi que les autres infractions à la discipline, poursuivies, lors même qu'il n'existerait aucune partie plaignante, et punies, suivant la gravité des cas, en conformité des dispositions de la loi du 25 vent. an 11 et de la présente ordonnance (16).

14. La chambre pourra prononcer contre les notaires, suivant la gravité des cas, soit le rappel à l'ordre, soit la censure simple par la décision même, soit la censure avec réprimande, par le président, aux notaires en personne, dans la chambre assemblée, soit la privation de voix délibérative dans l'assemblée générale, soit l'interdiction de l'entrée de la chambre pendant un espace de temps qui ne pourra excéder trois ans, pour la première fois, et qui pourra s'étendre à six ans en cas de récidive (17).

15. Si l'inculpation paraît assez grave pour mériter la suspension ou la destitution du notaire inculpé, la chambre s'adjoindra, par la voie du sort, d'autres notaires de l'arrondissement, savoir : celle de Paris, dix notaires, et les autres chambres, un nombre inférieur de deux à celui de leurs membres.

La chambre ainsi composée émettra, par forme de simple avis, et à la majorité absolue des voix, son opinion sur la suspension et sa durée, ou sur la destitution.

Les voix seront recueillies, en ce cas, au scrutin secret, par oui ou par non; mais l'avis ne pourra être formé qu'autant que les deux tiers au moins de tous les membres appelés à l'assemblée seront présents (18).

16. Quand la chambre, ainsi composée, sera d'avis de provoquer la suspension ou la destitution, une expédition du procès-verbal de sa délibération sera déposée au greffe du tribunal, et une expédition en sera remise au procureur du roi (19).

17. Le syndic déférera à la chambre les faits relatifs à la discipline, et il sera tenu de les lui dénoncer, soit d'office, soit sur l'invitation du procureur du roi, soit sur la provocation des parties intéressées ou d'un des membres de la chambre.

Le notaire inculpé sera cité à comparaître devant la chambre dans un délai qui ne pourra être au-dessous de cinq jours, à la diligence du syndic, par une simple lettre indicative des faits, signée de lui, et envoyée par le secrétaire, qui en tiendra note.

Si le notaire ne comparaît point sur la lettre du syndic, il sera cité une seconde fois; dans le même délai, à la même diligence, par ministère d'huissier (20).

18. Quant aux différends entre notaires et aux difficultés sur lesquelles la chambre est chargée d'émettre son avis, les notaires pourront se présenter contradictoirement et sans citation préalable, devant la chambre; ils pourront également y être cités, soit par simples lettres énonçant les faits, signées des notaires qui s'adressent à la chambre, et envoyées par le secrétaire auquel ils en remettent des doubles, soit par des actes d'huissier, dont ils déposeront les originaux au secrétariat. Les lettres et citations seront préalablement visées par le président de la chambre. Le délai pour comparaître sera celui fixé par l'art. 17 de la présente ordonnance (21).

19. Lorsqu'un notaire sera parent ou allié, en ligne directe, à quelque degré que ce soit, et en ligne collatérale jusqu'au degré d'oncle ou de neveu inclusivement, de la partie plaignante ou du notaire inculpé ou intéressé, il ne pourra prendre part à la délibération (22).

20. La chambre prendra ses délibérations sur les plaintes et réclamations des tiers, après avoir entendu ou dûment appelé, dans la forme ci-dessus prescrite, les notaires inculpés ou intéressés, ensemble les tiers qui voudront être entendus, et qui, dans tous les cas, pourront se faire représenter ou assister par un notaire.

Les délibérations de la chambre seront motivées et signées par le président et le secrétaire à la séance même où elles seront prises.

Chaque délibération contiendra les noms des membres présents.

Ces délibérations n'étant que de simples actes d'administration, d'ordre ou de discipline, ou de simples avis, ne sont, dans aucun cas, sujettes à l'enregistrement, non plus que les pièces y relatives.

Les délibérations de la chambre sont notifiées, quand il y a lieu, dans la même forme que les citations, et il en est fait mention par le secrétaire en marge desdites délibérations (23).

— (15) Eod., n. 142, 2°. — (16) eod., n. 142, 2°. (17) eod., n. 82, 4°. 211. — (18) eod., n. 82, 4°. — (19) eod., n. 199. — (20) eod., n. 187 et suiv. — (21) eod. n. 101. — (22) eod., n. 206. — (23) eod., n. 103, 107, 198, 201, 210.

21. Les assemblées de la chambre se tiendront en un local à ce destiné, dans la ville où elle sera établie (24).

22. Il y aura chaque année deux assemblées générales des notaires de l'arrondissement (25).

D'autres assemblées générales pourront avoir lieu toutes les fois que la chambre le jugera convenable (26).

Les assemblées générales ou extraordinaires seront convoquées conformément aux dispositions de l'art. 6 (27).

Tous les notaires du ressort de la chambre seront invités à s'y rendre, soit pour les nominations dont parle l'art. 25 ci-après, soit pour se concerter sur ce qui intéressera l'exercice de leurs fonctions (28).

23. Les règlements qui seront faits, soit par l'assemblée générale, soit par la chambre, seront remis au procureur du roi, adressés par lui au procureur général et soumis à l'approbation de notre garde des sceaux, ministre de la justice (29).

(24) Ce local est aussi celui dans lequel auront lieu les assemblées générales.

(25) On a prétendu que ces deux assemblées par année étaient de droit; qu'elles étaient nécessaires pour le maintien de l'esprit de corps et des bonnes traditions, pour la discussion des intérêts communs et des difficultés que les notaires peuvent rencontrer dans leur pratique, pour apprendre à se connaître et s'apprécier, ne fût-ce qu'en vue des élections. Ajoutons qu'une circulaire du min. de just. du 18 avril 1833 a exprimé le désir que le ministère public veillât à ce que les deux réunions par an eussent lieu. Néanmoins, dans beaucoup d'arrondissements, il ne se tient qu'une assemblée annuelle: on s'évite par là un déplacement qu'on juge inutile; et le droit de convocation extraordinaire, autorisé par le § suivant, peut justifier cette interprétation. Mais il serait mieux de se conformer à l'ordonnance et de tenir deux assemblées générales, car c'est la chambre et non l'assemblée des notaires qui d'ordinaire convoque les réunions *extraordinaires*.

(26) Quoique la chambre soit juge de l'opportunité de ces réunions extraordinaires, il ne serait pas interdit à l'assemblée générale, si elle prévoyait quelque circonstance grave pour le notariat, d'arrêter elle-même le jour où il devrait y en avoir une : l'ordonnance ne le défend pas.

(27) 1. — Cette convocation doit toujours avoir lieu, car il est bon que cette solennité soit rappelée d'une manière précise au souvenir des notaires, puisque c'est pour eux un devoir d'y assister. Il paraît qu'avant l'ordonnance, quelques chambres de notaires avaient cru pouvoir se dispenser de cette convocation, en se fondant sur ce qu'elle était fixée au 5 mai par une circulaire ministérielle (Voy. l'art. 28, 2°). Mais cette solution a été critiquée par M. Rolland de Vill. Elle est contraire au vœu de l'ordonnance, qui ne fait au reste que reproduire les dispositions des art. 5 et 16 de l'arrêté de nivôse. — Ajoutons que si une résolution pareille pouvait être prise, elle devrait émaner de l'assemblée générale; mais cela même serait encore illégal, car les notaires qui n'ont pas assisté à cette assemblée et ceux qui ont été nommés depuis, pourraient ignorer le jour de la réunion, si une convocation ne le leur rappelait pas.

2. — D'après l'art. 6, le président convoque la *chambre* extraordinairement quand il le juge à propos ou sur la réquisition de deux autres membres. Le syndic a, comme le président, le droit de convoquer la chambre. Quel est le sens du renvoi qui est fait à cet article? — Pour les assemblées générales *de droit*, il paraît que la convocation est faite, soit par le président ou son suppléant (art. 11, 3°), soit par le syndic. — Mais à l'égard des réunions extraordinaires, on demande si elles peuvent être convoquées d'office, soit par le président, soit sur la réquisition motivée de deux membres. Le doute sem-

ble levé par le § 2 de l'art. 22, qui porte que c'est à la chambre de décider s'il convient qu'il y ait une assemblée extraordinaire: Tant que celle-ci ne l'a pas arrêté, la convocation ne peut pas avoir lieu. En un mot, le § 3, en renvoyant à l'art. 6, a trait à la forme et non au droit de convocation, lequel est réglé par le § 2. — Les convocations même de droit sont précédées, à Paris, d'une délibération de la chambre. Jurisp. not., art. 3028.

3. Les lettres de convocation sont signées par le président ou par le syndic. Il semble qu'elles pourraient être écrites par le secrétaire de la chambre, pourvu qu'il y fût mentionné qu'il n'agit que sur la réquisition du président ou du syndic : c'est au moins ce qui a été reconnu dans l'aff. Becq, par arrêt de la cour de Douai du 15 juin 1835. Jurisp. not., 5066. C'est le secrétaire qui fait les convocations extraordinaires arrêtées par la délibération de la chambre, et il doit y mentionner cette délibération.

Le local est celui de l'achambre des notaires (V. art. 21); on ne pourrait tenir l'assemblée chez le président ou chez tel autre membre (Arrêt. 4 août 1644), autrement la convocation pourrait être rendue illusoire. Mais si l'on avait été prévenu à temps, il semble qu'il ne résulterait pas de là une nullité, surtout si les motifs étaient sérieux.

4. — La convocation ne pourrait être requise par le ministère public qui, en cas de retard du président, devrait se borner à inviter celui-ci ou le syndic à la faire, sauf, en cas de refus, à les déférer à la chambre de discipline ou au tribunal, pour faire prononcer la suspension, si les circonstances donnaient de la gravité à ce refus. — Il semble que ce ne serait qu'alors, c'est-à-dire après infliction d'une peine qui empêcherait ces fonctionnaires d'agir dans l'intérêt de la chambre, qu'on pourrait les considérer comme *empêchés*, et par suite, comme pouvant être suppléés aux termes de l'art. 11.

(28) *Tous* les notaires : même les notaires honoraires (art. 30), quoique ceux-ci n'aient pas voix délibérative, et ceux qui sont privés de voix délibérative dans l'assemblée générale : ils ont intérêt à connaître et à discuter ce qui s'y passe. Conf. Roll. *eod.* n° 32.

(29) 1. — Les règlements dont il est ici question sont ce que l'on appelait autrefois statuts, avis ou délibérations des chambres; il a toujours été permis aux notaires de se réunir pour s'occuper de leurs intérêts collectifs (V. Roll., v° Assemb. gén. des not., n° 54 et 57). Ainsi, la formation de la bourse commune, l'établissement des registres de stage, le mode d'instruction des clercs, etc., sont les objets principaux dont ces réunions ont à s'occuper. Mais ces règlements ne sont que de simples avis et non des conventions qui puissent leur être opposées à titre de droit rigoureux par les tiers, bien que ceux-ci ne manqueront pas d'en tirer argument, lorsque

24. La présence du tiers des notaires de l'arrondissement, non compris les membres de la chambre, sera nécessaire pour la validité des dé-

libérations de l'assemblée générale et pour les élections auxquelles elle procédera (30).

---

le notaire y aura fait quelque infraction qui leur porterait préjudice. C'est qu'alors , il y aurait , de la part des notaires, manquement aux devoirs sanctionnés par leur compagnie elle-même.

2. — Anciennement les notaires faisaient homologuer leurs statuts : l'art. 22 de l'arrêté de nivose autorisait aussi l'homologation, mais dans un seul cas, pour l'établissement d'une bourse commune. — Des officiers ministériels, les huissiers de l'arrondissement de Tarbes, étaient parvenus, sous l'empire de cet arrêté, à faire homologuer une délibération dont le but était d'assurer à leur corporation le droit exclusif de faire les copies à signifier à l'encontre des avoués; mais cette décision fut cassée comme statuant par voie générale et réglementaire (Cass. 24 juill. 1832, D. P. 32. 1347). — Aujourd'hui, l'approbation ministérielle a remplacé l'homologation même pour la bourse commune (art. 39, 2°); les limites des délibérations des assemblées générales se restreignent aux intérêts communs.: il ne paraît pas douteux que si elles établissaient des peines en dehors des cas de discipline , si elles faisaient des tarifs d'honoraires , leurs règlements ne fussent censurés; de même que l'ont été des délibérations prises par des chambres de notaires dans des cas pareils (Bourges, 30 juin 1829, D. P. 29. 2272).—C'est aussi ce qui devrait arriver si elles empiétaient sur les attributions de la chambre des notaires soit en discutant les comptes trimestriels, soit en prononçant sur des faits de discipline contre des notaires (Déc. min. just. d'oct. 1834, Jurisprud. not., art. 3029), soit en exerçant des poursuites ou une action qui n'appartiendrait qu'aux syndics. Mais la délibération qu'elles prendraient à l'effet d'autoriser l'un de leurs membres à résister à une demande en restitution d'honoraires , ou même aux frais de la compagnie, ne serait qu'un libre usage de leurs droits. C'est ce que le min. de la justice a reconnu par décret du 3 mai 1834 contenant rétractation d'une opinion contraire consignée dans une lettre écrite au procureur du roi de St.-Omer , en date du 26 sept. 1833.

3.—Les opérations de l'assemblée générale doivent être constatées par des procès-verbaux, dont le ministère public peut exiger la communication (Bourges, 25 mars 1829. D. P. 29. 2 : on se fonderait aujourd'hui sur l'art. 3, 2° de l'ordon., bien qu'il ne parle que des registres des chambres de notaires), et dans lesquels on indique, d'après M. Roll. , v° Assembl. gén., n. 73, « la convocation qui a eu lieu ainsi que sa forme, comment le bureau a été formé , l'absence des notaires et les excuses qu'ils ont pu faire valoir, et qui ne doivent pas être fondées sur l'intérêt purement individuel. Le procès-verbal indique si l'assemblée était en nombre suffisant pour délibérer; si l'on s'est conformé pour les nominations, aux règles tracées par les art. 18 et 19 do l'arrêté de nivose (aujourd'hui par l'ord. de 1843); si l'on a voté dans la forme prescrite..., si les membres nommés ont accepté. » Un tableau des notaires par rang d'ancienneté devrait aussi être joint. Le procès-verbal est signé par le président et le secrétaire : expédition en est adressée de suite au procureur du roi (Circul. proc. gén. de Paris , 16 juin 1825 et 27 avril 1826. Roll. eod., n. 76), expédition qui doit être entière. (Amiens, 25 août 1828 ; Bourges, 8 déc. 1828 ; Cass. 25 août 1829. D. P. 29. 2. 96; 37, 1. 347.)

4. — Lorsque les opérations de l'assemblée générale sont irrégulières en ce que, par exemple, le vote n'a pas eu lieu au scrutin secret, que les membres n'étaient pas en nombre pour délibérer, qu'ils ont choisi leurs représentants hors des délégués, ou en ce que l'assemblée a excédé ses pouvoirs, les opérations doivent être annulées. — Mais comment procédera-t-on? Par une instruction en date du 26 sept. 1833, le ministre de la justice a invité la chambre des notaires à rapporter elle-même la délibération de l'assemblée. C'est là un mode défectueux , car il ne doit pas être permis à la chambre, produit de l'élection de l'assemblée générale , d'annuler ce que celle-ci a fait. Il paraîtrait plus régulier que, d'elle-même, ou sur la réquisition du procureur du roi, la chambre convoquât une assemblée extraordinaire et que celle-ci., après avoir rétracté sa délibération., procédât à une opération nouvelle et régulière. — Si la chambre ou l'assemblée générale refuse d'obtempérer aux réquisitions du ministère public, il paraît être d'usage que ce dernier poursuive , contre la chambre, l'annulation de la délibération devant les tribunaux (Trib. de Rennes 14 août 1832. D. P. 33. 3. 52), par voie d'ajournement et en audience publique et non sur simple requête en la chambre du conseil. (Conf. Roll., v° Ass. gén. des not., n. 87 qui cite une décision contraire du 19 déc. 1835 rendue par un tribunal dont il n'indique pas le nom.)— Les membres élus sont recevables à intervenir pour défendre la délibération. — Au reste, cette délibération étant un acte administratif , il semble qu'il serait plus simple que le ministre, instruit par le procureur du roi, fît inviter la chambre à convoquer l'assemblée extraordinairement à l'effet de prendre une délibération nouvelle, ou qu'il annulât lui-même , en cas de refus , celle qui aurait été prise. Cette invasion ministérielle dans les opérations des assemblées générales serait plus expéditive et aurait moins d'inconvénients que le recours aux voies judiciaires.

5. — L'ordonnance semble avoir laissé l'assemblée générale libre de se constituer comme elle l'entendra. Aussi, ce qu'une assemblée arrêterait, à cet égard, ne pourrait obliger les assemblées futures : il ne s'y attacherait que la valeur d'un précédent. — Ici, le président de la chambre et le secrétaire remplissent les mêmes fonctions dans l'assemblée générale : là, c'est le doyen d'âge et le plus jeune. M. Roll. de Vill., v° Discipline, n. 17, dit que ce dernier mode est suivi à Paris (il dit, v° Assemblée gén., n. 20, que c'est le premier mode qui y est observé).—Ailleurs, on procède par voie de scrutin.—La même latitude est laissée pour la désignation des scrutateurs qu'il a paru nécessaire d'admettre pour le dépouillement des votes et la composition du bureau. Le président recueille les voix, il proclame le résultat du scrutin, il statue avec les scrutateurs sur les difficultés relatives à l'élection, il a la police de l'assemblée; mais c'est à celle-ci de prendre, sur la proposition du président, les mesures qui touchent à l'intérêt commun des membres. Voy. , au reste, sur l'art. 23, le Traité de la discipline, n° 75.

(30) 1. Quel est le sens de ces mots : le tiers des notaires, non compris les membres de la chambre? —Une instruction du min. de la just., de déc. 1829, porte que la présence du tiers des notaires du ressort ne suffit pas pour la formation régulière d'une assem-

Nomination des membres de la chambre et durée de leurs fonctions.

25. Les membres de la chambre seront nommés par l'assemblée générale des notaires convoquée à cet effet.

La moitié au moins desdits membres sera choisie dans les plus anciens en exercice formant les deux tiers de tous les notaires du ressort.

Deux au moins des membres appelés à faire partie des chambres établies dans un chef-lieu de cour royale, seront nécessairement choisis parmi les notaires résidant au chef-lieu.

Quant aux autres chambres, un de leurs membres sera nécessairement choisi parmi les notaires de la ville où siége le tribunal de première instance.

La nomination aura lieu à la majorité absolue des voix, au scrutin secret et par bulletin de liste contenant un nombre de noms qui ne pourra excéder celui des membres à nommer.

Le notaire élu membre de la chambre ne pourra refuser les fonctions qui lui auront été déférées qu'autant que son refus aura été agréé par l'assemblée générale (31).

26. La chambre sera renouvelée par tiers chaque année, pour les nombres qui comportent cette division, et par portion approchant le plus du tiers pour les autres nombres, en faisant alterner chaque année les portions inférieures et supérieures au tiers, mais en commençant par les inférieures, et de manière que, dans tous les cas, aucun membre ne puisse rester en fonctions plus de trois ans consécutifs, sauf ce qui est dit en l'article précédent.

27. Les membres désignés pour composer la chambre nommeront entre eux, en suivant le mode de l'art. 25, le président et les autres officiers dont parle l'art. 6.

Le président sera toujours pris parmi les plus anciens désignés dans l'art. 25, sauf l'application de l'art. 8.

Ces nominations se renouvelleront chaque année; les mêmes pourront être réélus; à égalité de voix, le plus ancien d'âge sera préféré.

Les membres élus officiers ne pourront refuser(32).

28. La nomination des membres de la chambre aura lieu dans la première quinzaine du mois de mai de chaque année (33).

L'élection des officiers sera faite, au plus tard, le 15 mai, et la chambre sera constituée aussitôt après cette élection (34).

Des notaires honoraires.

29. Le titre de notaire honoraire pourra être conféré par nous, sur la proposition de la chambre et le rapport de notre garde des sceaux, ministre de la justice, aux notaires qui auront exercé leurs fonctions pendant vingt années consécutives (35).

---

blée générale; qu'il faut, en outre, que les membres de la chambre de discipline se trouvent présents, soit en totalité, soit au moins quant au nombre exigé pour la validité des délibérations de cette chambre; qu'ainsi, dans un arrondissement où il y a quinze notaires, l'assemblée ne pourrait être composée de moins de dix personnes, savoir : *cinq* notaires formant le *tiers* de ceux du ressort, et *cinq membres* de la chambre de discipline. — M. Roll. de Vill., v° Assemblée gén., n. 31, pense, au contraire, qu'il résulte du sens naturel des expressions citées plus haut de l'art. 24 (celles qui sont les mêmes que celles de l'arrêté du 2 nivose an 12, sous lequel il a écrit) « que la délibération est valable lorsque le *tiers des notaires du ressort* est réuni, et que la présence des membres de la chambre est, dès-lors, complètement inutile. » — Cette dernière opinion, qui ne nous paraît tenir aucun compte des mots *non compris les membres de la chambre,* ne nous semble point admissible : la décision ministérielle a mieux saisi le sens véritable et peu douteux, à notre avis, de la disposition dont il s'agit.

2. Une autre question est de savoir comment le *tiers* doit être fixé, lorsque le nombre des notaires n'est pas susceptible d'une division exacte, comme si le nombre total des notaires est de *seize, vingt-deux, vingt-cinq,* etc. A Paris, on prend la fraction la plus forte. Ainsi, on porte à 48, et non pas seulement à 47, le tiers des 143 membres dont la compagnie est composée. — *Conf.* Roll., *eod.*, n. 30.

(31) V. Traité abrégé de la discip., n. 84 et 88. (32), *eod.*, n. 88. (33), *eod.*, n. 85.

(34) 1. L'art. 18 de l'arrêté de nivose voulait que la première des deux assemblées générales, celle qui est spécialement consacrée à la nomination des membres de la chambre, eut lieu le 15 brum. de chaque année (5 nov.). Le décret du 4 avril 1806 la re-porta au 1ᵉʳ mai à dater de 1807; et comme ce jour est la fête du roi, une circul. du min. de la just., du 18 avril 1833, prorogea la réunion au 3 mai; — mais à Paris c'est le 2 mai que la chambre se réunit, et le ministre ne paraît pas avoir improuvé cet usage.

2. La circulaire qui fixe l'assemblée générale au 3 mai était-elle légale et obligatoire? L'affirmative a été consacrée par un arrêt de la cour de Douai du 15 juin 1835, ainsi conçu : « Attendu que la circulaire du ministre de la justice qui, en 1833, a changé le jour fixé par le décret du 4 avril 1806 pour la réunion des assemblées générales des notaires, ne porte que sur une disposition essentiellement réglementaire; que dès lors elle est obligatoire; — Attendu qu'en refusant d'obtempérer à cette circulaire, ainsi qu'à la délibération de l'assemblée générale des notaires, qui avait décidé qu'il serait passé outre à ses travaux, Becq a commis une faute de nature à entraîner à sa charge une peine disciplinaire; — Déclare nul l'appel interjeté par Becq. »

La question élevée sous l'empire de la circulaire ne pourrait être reproduite, avec quelque chance de succès, sous l'art. 28-2° de l'ordonnance, qui a pu abroger l'arrêté réglementaire du 2 niv. an 12.

3. Il n'est pas fixé de jour pour la deuxième assemblée générale. En partageant l'année en deux fractions on peut dire qu'elle doit être tenue du 1ᵉʳ au 15 novembre. Elle a lieu à Paris, le 6, jour de la Saint-Nicolas, patron des notaires. En l'absence d'une fixation légale, les notaires de chaque arrondissement peuvent arrêter tel jour qui leur convient le mieux.

(35) 1. L'honorariat remonte aux Romains, qui l'accordaient aux consuls, aux préteurs, lorsqu'ils avaient rempli le temps de leur magistrature, et leur conservaient ainsi un rang honorable dans le sénat : *Accla-*

30. Les notaires honoraires auront le droit d'assister aux assemblées générales.

Ils auront voix consultative (36).

Des aspirants au notariat.

31. Tout clerc qui aspirera aux fonctions de notaire se pourvoira d'un certificat du notaire chez lequel il travaillera. Ce certificat constatera le grade qu'il occupe dans l'étude du notaire (37).

32. L'inscription au stage prescrit par les art. 36 et suivants de la loi du 25 ventose an 11 aura lieu sur la production faite par l'aspirant de son acte de naissance et du certificat mentionné en l'article précédent (38).

33. Il sera tenu à cet effet par le secrétaire, un registre qui sera coté et paraphé par le président.

Les inscriptions audit registre seront signées tant par le secrétaire de la chambre que par l'aspirant.

Elles devront être faites dans les trois mois de la date du certificat délivré comme il est dit en l'art. 31.

Ce certificat et l'acte de naissance de l'aspirant resteront déposés aux archives de la chambre (39).

34. Aucun aspirant au notariat ne sera admis à l'inscription, s'il n'est âgé de dix-sept ans accomplis (40).

35. Les inscriptions pour les grades inférieurs à celui de quatrième clerc ne seront admises que sur l'autorisation de la chambre, qui pourra la refuser lorsque le nombre de clercs demandé sera évidemment hors de proportion avec l'importance de l'étude.

Le même grade ne pourra être conféré concurremment à deux ou plusieurs clercs dans la même étude (41).

36. Toutes les fois qu'un aspirant passera d'un grade à un autre, ou changera d'étude, il sera tenu d'en faire, dans les trois mois, la déclaration, qui sera reçue dans la forme prescrite par l'art. 33 ci-dessus. Cette déclaration sera toujours accompagnée d'un certificat constatant son grade (42).

37. Les chambres exerceront une surveillance générale sur la conduite de tous les aspirants de leur ressort, et pourront, suivant les circonstances, prononcer contre eux soit le rappel à l'ordre, soit la censure, soit enfin la suppression du stage pendant un temps déterminé, qui ne pourra excéder une année.

Il sera procédé contre les clercs dans les mêmes formes que celles prescrites par la présente ordonnance à l'égard des notaires.

Néanmoins les dispositions des art. 15 et 16 ne seront pas applicables.

Dans tous les cas, le notaire, dans l'étude duquel travaillera le clerc inculpé, sera préalablement entendu ou appelé (43).

38. Dans le mois de la publication de la présente ordonnance, le registre d'inscription prescrit par l'art. 33 sera ouvert au secrétariat des chambres, où ce mode de constater le stage ne serait pas déjà établi.

Tous les aspirants travaillant dans les études du ressort desdites chambres seront tenus de se faire inscrire au plus tard avant le 1er avril prochain, et la première inscription de chacun d'eux, faite dans ledit délai, constatera tout le temps de stage qui leur sera déjà acquis en vertu des certificats qu'ils représenteront, lesquels, pour cette première inscription, devront être visés par le syndic de la chambre (44).

De la bourse commune.

39. Il y aura une bourse commune pour les dépenses de la chambre (45).

---

matione excipiantur solita, nec praetercantur ul incogniti L. 1, a. C. *de quaestoribus et magistris officiorum.*—La loi 1.a. C. *de primicerio et secumdicerio, et notariis* autorisait aussi les notaires qui, pour vivre dans le repos ou à cause de leur grand âge, ou même par leur élévation en dignité, cessaient leurs fonctions, à conserver le titre de leur charge, et à l'ajouter à celui de leur dignité. Des lettres-patentes de 1673 et de 1736 conservaient en France le privilége de l'honorariat, même aux veuves. Les statuts des notaires de Paris, homologués par arrêt du 13 mai 1681, portaient que « les notaires qui résigneront leurs offices après en avoir fait l'exercice pendant vingt années consécutives, jouiront des honneurs, séances, *voix délibératives* et distribution de la communauté. » — D'après une délibération des notaires de Paris du 15 brumaire an 13, «les notaires qui se retirent après vingt années d'exercice, sont admis à demander la qualité de notaire honoraire, et les droits attachés à cette qualité; et l'assemblée générale délibère sur chacune des demandes, d'après un rapport de la chambre.» — Enfin, une délibération des mêmes notaires, du 2 fructidor an 13, porte : «Considérant qu'il est des cas où l'avantage de la compagnie peut solliciter l'admission, parmi les honoraires, des notaires retirés avant vingt années d'exercice, soit parce qu'ils auraient rendu des services importants à la compagnie, soit parce qu'ils se seraient distingués par des travaux connus,

soit enfin parce qu'ils auraient obtenu des dignités ou des magistratures, arrête qu'elle pourra conférer aux notaires retirés avant vingt ans, la qualité d'honoraires lorsqu'il y aura des motifs suffisants pour commander une exception au principe général. »

2. — D'après l'art. 29, ce n'est plus l'assemblée qui confère le titre d'honoraire, mais le ministre de la justice sur la proposition de la chambre. — Par là se trouve abrogée la décision minist. du 18 février 1830, d'après laquelle le gouvernement n'accorde pas le titre de notaire honoraire, mais il tolère que les assemblées générales le confèrent à ceux des notaires qui se sont distingués dans l'exercice de leurs fonctions. Par là aussi se trouve rempli le vœu des compagnies que cette matière fût réglée par un acte de l'autorité supérieure, vœu renouvelé par M. Roll. de Vill., v° Honoraire, n. 9. V. sur ce point le Traité de la discipl., n. 140, 141.

(36). C'est là une dérogation aux anciens statuts qui leur accordait *voix délibérative*. Voy. *eod.*, n. 141, 205.

(37, 38, 39, 40, 41, 42, 43, 44). V. le comment. de la loi du 25 vent. an 11, art. 35 à 45, p. 782, n. 1075 et suiv., et le Tr. de la discipline, n. 24 et suiv., 86, 130.

(45). La bourse commune est la mise que les notaires font en commun d'une somme fixe ou d'une partie de leurs droits sur les actes, pour subvenir

Il n'y sera versé que les sommes nécessaires pour subvenir aux dépenses votées par l'assemblée générale (46).

La délibération par laquelle l'assemblée générale l'aura établie, sera soumise à l'approbation de notre garde des sceaux, ministre de la justice, ainsi qu'il est dit en l'art. 23 ci-dessus (47).

La répartition des sommes votées entre les

à des dépenses faites dans l'intérêt de la compagnie. — L'ordonn. de Philippe-le-Bel du 5 juin 1300 contient les premières règles sur la bourse commune. Les notaires du Chatelet arrêtèrent plus tard des articles que le parlement de Paris homologua par arrêt des 9 sept. 1673, 13 mai 1681 et 1er juin 1695. L'arrêté du 2 nivose an 12, art. 22, est le dernier acte qui ait organisé les bourses communes des notaires : ses dispositions sont à peu près les mêmes que celles de l'art. 39 de l'ord. du 4 janv. 1843. — La bourse commune n'est pas une société ; c'est, à proprement parler, le budget de la communauté des notaires destiné à faire face à ses dépenses nécessaires. — Le mode de contribution n'est pas plus réglé par l'ordonn. qu'il ne l'était par l'arrêté de l'an 2 : il en est deux principaux, le droit d'entrée et la cotisation annuelle : celui-là consistant dans le versement d'une somme fixe, une fois payée au moment de la réception des notaires : celle-ci imposant à chaque membre l'obligation de payer chaque année une certaine somme, sans égard au produit de l'étude, ou une somme proportionnée à ses produits. C'est le droit d'entrée qui est encore en usage à Paris ; il n'est payé qu'après la prestation de serment ; car jusque-là le candidat nommé n'a aucun caractère public. Aussi a-t-on regardé comme arbitraire et illégale la fixation d'une rétribution à percevoir sur la délivrance des certificats de capacité et de moralité (Déc. min. just. 20 oct. 1854. Jurisp. not., art. 3129).

Au reste, c'est à l'assemblée générale des notaires à fixer le mode de contribution qu'il lui convient d'adopter ; mais, elle ne pourrait y faire entrer les amendes dont les notaires seraient passibles dans certains cas par elle déterminés, par exemple, en cas d'absence de l'assemblée ou de la chambre de discipline ; et c'est avec raison que l'exécution a été refusée à des délibérations semblables, car l'amende est une peine qui ne peut être prononcée que dans les cas prévus par la loi et par les tribunaux : il en serait autrement des libéralités qui seraient faites à une communauté de notaires après qu'elles auraient été autorisées par le gouvernement : le montant de leurs revenus devrait réduire d'autant les cotisations.

Enfin, un règlement de l'assemblée générale des notaires de Paris du 16 sept. 1807, homologué par le premier président de la cour royale, le 16 nov. suivant, est ainsi conçu :

« Art. 1er. La bourse commune pour les dépenses de la chambre, consistera dans une cotisation individuelle et fixe. — Art. 2. La cotisation annuelle sera de 300 fr. pour chaque notaire résidant à Paris, et de 50 fr. pour chaque notaire résidant *extrà muros* dans le ressort de la chambre. — Art 3. Cette cotisation sera versée en quatre portions égales de trimestre en trimestre. — Art. 4. Chaque récipiendaire, pour la résidence de Paris, fournira une bourse de 250 jetons, dont les deux cinquièmes seront applicables à l'entretien de la bibliothèque existant près la chambre.»

(46) 1. Les dépenses sont ordinaires ou extraordinaires. Les premières sont les frais de location, d'impression, d'achat de jetons, d'appointements d'employés ou salaire de gens de service, les frais de correspondance, etc. Elles sont autorisées par les

chambres des notaires, seules chargées de l'administration, et dans la limite des crédits votés par l'assemblée générale. Les secondes, variables comme les circonstances qui peuvent les déterminer, consistent, par exemple, en frais de procès à soutenir sur des questions qui intéressent plutôt la compagnie entière qu'un seul de ses membres. Il ne saurait être ouvert de crédit à leur affectation par l'assemblée générale, qu'autant que les dépenses auront été faites, ou que le procès serait déjà engagé ou résolu par la chambre. En un mot elles doivent être votées spécialement pour un cas certain, puisqu'elles sont fondées sur la nécessité et non pour un cas purement hypothétique (*Conf.* Roll., n. 60). — Si, les dépenses faites, il restait une somme sans emploi, M. Roll. de Vill., *cod.*, n. 61, enseigne que la chambre n'aurait pas le droit de l'employer à une dépense extraordinaire, sans avoir, au préalable, l'avis de l'assemblée ; elle ne le ferait, en tous cas, que sous sa responsabilité. Elle ne pourrait non plus la faire servir à l'acquisition d'immeubles, sans autorisation du gouvernement (*Conf.*, MM. Dard., des Off., p. 202, et Roll., *eod.*, n. 62), et même de l'assemblée générale.

2. D'après l'art. 22 de l'arrêté de l'an 2, la bourse commune ne devait pas excéder les *dépenses nécessaires*. L'ordonnance n'emploie pas les mêmes expressions ; mais celles dont elle se sert sont à peu près équivalentes : on a voulu, par là, empêcher le partage du bénéfice des études, source d'une juste émulation dans le notariat. — De cette limitation de là bourse commune aux dépenses nécessaires, il suit que l'assemblée générale chargée de voter les recettes, est par là même investie du droit de voter les dépenses, c'est-à-dire de vérifier tant le passif que l'actif de la compagnie, qu'en un mot le vote des dépenses de la bourse commune lui appartient et que la chambre n'est chargée que de leur ordonnancement et de leur perception par l'intermédiaire du trésorier ; mais non par celui des receveurs de l'enregistrement auxquels il est interdit de s'en charger (Déc. min. fin., 8 juillet 1823, et min. just., 8 juillet 1823 ; Délib. régie, 17 fév. 1829 ; Jurisp. not., art. 401. — *Conf.* Roll., v° Bourse comm., n. 28, 29.)

(47) 1. — Les délibérations de l'assemblée générale dont il est parlé ici, sont assimilées aux règlements que mentionne l'art. 23 ; ils sont soumis les uns et les autres à l'approbation du ministre ; ce n'est que le rôle de répartition qui, aux termes du § 3 de l'art. 39, est soumis au premier président ou au procureur-général. M. Roll. de Vill., n° 37., dit que la communication au ministre n'a lieu qu'après l'homologation du premier président ; mais c'est là une erreur, car la répartition ne peut venir qu'après l'approbation du règlement. L'ordonnance ne fixe pas le délai dans lequel la force exécutoire sera donnée au rôle de répartition, et il semble que tant qu'elle n'a pas eu lieu, les membres de la compagnie pourraient n'y voir qu'un simple projet et refuser leur cotisation (*Contra* Roll. *eod.*, n° 35). Mais il serait mieux qu'ils le payassent, car ils ont voté la dépense, et il est possible d'ailleurs que le retard ne soit pas imputable à la compagnie. — Au reste, les membres qui croient avoir à se plaindre de la délibération, doivent, ce semble, adresser leurs observations au procureur-généra

notaires de l'arrondissement, sera proposée par l'assemblée générale; le rôle en sera rendu exécutoire par le premier président, sur l'avis du procureur général (48).

Dispositions générales.

40. L'arrêté du 2 nivôse an 12 est abrogé.

Néanmoins, les chambres actuellement en exercice sont maintenues.

Elles seront organisées conformément à la présente ordonnance, lors du renouvellement triennal qui aura lieu dans la première quinzaine du mois de mai prochain.

10-17 JANVIER 1843. — Ordonnance du roi qui rend applicables et exécutoires, en Algérie, les lois, décrets et ordonnances qui régissent, en France, l'impôt et les droits de timbre. (Bull., n. 10, 458.)

Art. 1er. A partir du 1er mars 1843, seront applicables et exécutoires, en Algérie, les lois, décrets et ordonnances qui régissent actuellement, en France, l'impôt et les droits de timbre.

2. Les lois et ordonnances qui seraient rendues par la suite, en France, relativement aux droits de timbre, ne deviendront exécutoires en Algérie, qu'en vertu de nos ordonnances spéciales.

24 JUIN 1843. — Circulaire de la chambre des notaires de Paris sur les formules à suivre pour les actes spécifiés au § 1, art. 2, de la loi du 21 juin 1843 (1).

Monsieur et cher confrère,

La loi sur la forme des actes notariés vient d'être promulguée le 21 de ce mois. Cette loi est un bienfait immense pour la société, dont elle rassure les intérêts; elle est aussi d'une haute importance pour le notariat, dont elle augmente, il est vrai, mais dont elle précise les obligations;

— Ces obligations résultent des dispositions suivantes : « Art. 2. A l'avenir, les actes notariés contenant donation entre vifs, donation entre époux pendant le mariage, révocation de donation ou de testament, reconnaissance d'enfants naturels, et les procurations pour consentir ces divers actes, seront reçus conjointement par deux notaires, ou par un notaire en présence de deux témoins; — La présence du notaire en second ou des deux témoins n'est requise qu'au moment de la lecture des actes par le notaire, et de la signature par les parties. Elle sera mentionnée, à peine de nullité. »

Hors ces cas (où elle innove, la loi est purement interprétative dans le sens d'un usage universel, constant, immémorial; — Cet usage, alors qu'il reçoit une sanction solennelle, devient pour nous, s'il est possible, plus précieux encore, les formes anciennes sous lesquelles il s'est produit deviennent également plus respectables et plus sûres; — Ces formes ne doivent donc subir de modifications que dans les actes que l'exception atteint; les changements doivent être restreints à ce qui est nécessaire pour l'exécution littérale de la loi; et pour ne pas altérer nos formes désormais consacrées, ces changements doivent, comme une exception, être placés en dehors et à la suite des actes que désigne le § 1er de l'art. 2.

Telle est l'opinion de la chambre; — Outre cet intérêt de principe qui l'a dirigée, elle trouve dans la position apparente de la mention prescrite par l'art. 2 une garantie d'exécution de la loi; — Nous avons éprouvé souvent, et notamment depuis quelques années, combien l'uniformité d'action donnait de force, soit dans des questions d'intérêt général, soit dans des débats où l'intérêt particulier semble seul engagé.

La chambre propose donc et demande que chaque notaire veuille bien adopter les formules ci-après, qui lui paraissent les seules à prévoir

chargé de la transmettre avec son avis au ministre; et c'est, soit au président, soit au procureur-général qu'ils doivent envoyer leurs griefs contre les rôles de répartition, lesquels peuvent être modifiés sur l'avis de ces magistrats par l'assemblée générale, et, en cas de refus, par le ministre, juge en dernier ressort de cet acte administratif. Mais une fois revêtue de l'ordonn. d'exécution, il semble que les difficultés auxquelles la perception peut donner lieu, ne peuvent plus être portées devant les tribunaux. C'est ce qui a été décidé dans une espèce où le refus d'un notaire de payer sa cotisation était fondé sur ce que la délibération relative à la bourse commune devait être renouvelée tous les ans. (Déc. min. just. 20 oct. 1834; Jur. not., art. 3129.)

2. Le réglement de l'assemblée générale et le rôle de répartition sont obligatoires tant qu'ils n'ont pas été renouvelés, et si après un long temps et dans le cas où soit les dépenses, soit les recettes se seraient accrues, l'assemblée générale refusait de les modifier, le ministère public provoquerait avec succès les modifications devenues nécessaires au bien du service (Conf. Roll. eod., n 43 bis).

3. Le recouvrement de la cotisation est effectué, comme on l'a dit, par le trésorier; et l'exécution en est poursuivie par le syndic de la chambre, en qui réside le droit d'agir dans l'intérêt du corps des no-

taires (Déc. min. just. 23 oct. 1834; Jur. not. art. 3129.). Cette exécution se poursuit soit en vertu de l'ordonn. du premier président, soit même sur assignation devant les tribunaux seuls compétents pour en connaître (Déc. min. just. 20 oct. 1834, eod.).

4. Le trésorier rend compte à la chambre et celle-ci à l'assemblée générale : c'est ce qui résulte de l'économie de l'ordonn. qui s'est bornée à reproduire les dispositions de l'art. 5 de l'arrêté de l'an 2 (Conf. Roll. eod., 63 et 64).

(48) Quoique la répartition doive se faire entre les notaires de l'arrondissement, elle peut être inégale dans les arrondissements où il existe des notaires de deux classes; elle est moindre pour ceux de la seconde que pour ceux de la première. C'est ce qu'on a vu dans le réglement des notaires de Paris, et il ne paraît pas que ces taxations proportionnelles aient été improuvées.—Qu'on soit suspendu ou non, il semble qu'on doit payer la cotisation tant qu'on appartient à la compagnie et encore bien qu'elle soit fixée eu égard au produit des actes : on ne paierait que suivant les actes qu'on aurait passés. — Contra, Nouv. Denisart, vo Bourse comm.; Roll. eod., n. 25.

(1) Cette circulaire sert comme de complément à l'analyse de la discussion de la loi du 21 juin 1843 présentée avec tous les développements que comporte cette loi d'un intérêt si grave. (V. D.P. 1843, 3, 165,

pour répondre aux prescriptions nouvelles qui nous sont imposées. — Enfin quelques notaires ont paru douter que les contrats de mariage, alors qu'ils contiennent des donations entre vifs, dussent rester soumis aux formes ordinaires. — La discussion à la suite de laquelle la chambre des députés a retranché les contrats de mariage de la catégorie exceptionnelle où le projet les avait placés, et le rapport si remarquable de la commission de la chambre des pairs, ont été l'objet des plus sérieuses méditations. — Convaincue par l'étude de ces documents précieux, la chambre n'hésite pas à déclarer qu'elle entend la loi comme l'ont entendue les pouvoirs qui l'ont rendue, en ce sens, que les contrats de mariage, même ceux contenant des donations entre vifs, sont affranchis des formalités imposées aux actes spécifiés dans le deuxième paragraphe de l'art. 1er de la loi.

Je suis. — Signé CHAPELLIER, secrétaire.

FORMULES. — Pour les actes spécifiés au § 2 de l'art. 1er de la loi nouvelle, après ces mots : « et « ont les parties signé avec les notaires, après « lecture faite », on ajoutera la formule suivante : — La lecture du présent acte par Me..., notaire en premier, et la signature par les parties ont eu lieu en présence de Me..., notaire en second.
Si une ou plusieurs parties ne savent ou ne peuvent signer, la formule sera ainsi rédigée : — La lecture du présent acte par Me..., notaire en premier, la signature par celle des parties qui l'ont signé, et la déclaration de ne le savoir (ou de ne le pouvoir) par les autres parties, ont eu lieu en présence de Me..., notaire en second.
Si l'acte est fait en présence de témoins, la formule sera rédigée comme il suit : — La lecture du présent acte par Me..., notaire, et la signature par les parties, ont eu lieu en présence de deux témoins instrumentaires.
Et si une ou plusieurs des parties ne savent ou ne peuvent signer, on dira : — La lecture du présent acte par Me..., la signature par les parties qui l'ont signé, et la déclaration de ne le savoir (ou de ne le pouvoir) par les autres parties, ont eu lieu en présence des deux témoins instrumentaires.
Quant à la forme des actes autres que ceux spécifiés au § 1 de l'art. 2 de la loi du 21 juin 1843, il n'y a lieu d'y introduire AUCUN CHANGEMENT.

———

25 AVRIL-7 MAI 1844. — Loi sur les patentes. (Bull., n. 11, 262).

Art. 1er. Tout individu, français, ou étranger, qui exerce en France un commerce, une industrie, une profession non compris dans les exceptions déterminées par la présente loi, est assujetti à la contribution des patentes.

2. La contribution des patentes se compose d'un droit fixe et d'un droit proportionnel.

3. Le droit fixe est réglé conformément aux tableaux A, B C, annexés à la présente loi. Il est établi :

Eu égard à la population et d'après un tarif général, pour les industries et professions énumérées dans le tableau A :
Eu égard à la population et d'après un tarif exceptionnel, pour les industries et professions portées dans le tableau B ;
Sans égard à la population pour celles qui font l'objet du tableau C.

4. Les commerces, industries et professions non dénommés dans ces tableaux n'en sont pas moins assujettis à la patente. Le droit fixe auquel ils doivent être soumis est réglé, d'après l'analogie des opérations ou des objets de commerce, par un arrêté spécial du préfet rendu sur la proposition du directeur des contributions directes, et après avoir pris l'avis du maire.
Tous les cinq ans, des tableaux additionnels contenant la nomenclature des commerces, industries et professions classés par voie d'assimilation, depuis trois années au moins, seront soumis à la sanction législative.

5. Pour les professions dont le droit fixe varie en raison de la population du lieu où elles sont exercées, les tarifs seront appliqués d'après la population qui aura été déterminée par la dernière ordonnance de dénombrement.
Néanmoins, lorsque ce dénombrement fera passer une commune dans une catégorie supérieure à celle dont elle faisait précédemment partie, l'augmentation du droit fixe ne sera appliquée que pour moitié pendant les cinq premières années.

6. Dans les communes dont la population totale est de 5,000 âmes et au-dessus, les patentables exerçant les professions imposées eu égard à la population paieront le droit fixe d'après le tarif applicable à la population non agglomérée.
Les patentables exerçant lesdites professions dans la partie agglomérée paieront le droit fixe d'après le tarif applicable à la population totale.

7. Le patentable qui exerce plusieurs commerces, industries ou professions, même dans plusieurs communes différentes, ne peut être soumis qu'à un seul droit fixe.
Ce droit est toujours le plus élevé de ceux qu'il aurait à payer s'il était assujetti à autant de droits fixes qu'il exerce de professions.

8. Le droit proportionnel est fixé au vingtième de la valeur locative pour toutes les professions imposables, sauf les exceptions énumérées au tableau D annexé à la présente loi.

9. Le droit proportionnel est établi sur la valeur locative, tant de la maison d'habitation que des magasins, boutiques, usines, ateliers, hangars, remises, chantiers et autres locaux servant à l'exercice des professions imposables.
Il est dû, lors même que le logement et les locaux occupés sont concédés à titre gratuit.
La valeur locative est déterminée, soit au moyen de baux authentiques, soit par comparaison avec d'autres locaux dont le loyer aura été régulièrement constaté, ou sera notoirement connu,

et, à défaut de ces bases, par voie d'appréciation.

Le droit proportionnel pour les usines et les
établissements industriels est calculé sur la valeur locative de ces établissements, pris dans
leur ensemble et munis de tous leurs moyens
matériels de production.

10. Le droit proportionnel est payé dans toutes
les communes où sont situés les magasins, boutiques, usines, ateliers, hangars, remises, chantiers et autres locaux servant à l'exercice des professions imposables.

Si, indépendamment de la maison où il fait sa
résidence habituelle et principale, et qui, dans
tous les cas, sauf l'exception ci-après, doit être
soumise au droit proportionnel, le patentable possède, soit dans la même commune, soit dans des
communes différentes, une ou plusieurs maisons
d'habitation, il ne paie le droit proportionnel
que pour celles de ces maisons qui servent à
l'exercice de sa profession.

Si l'industrie pour laquelle il est assujetti à la
patente ne constitue pas sa profession principale,
et s'il ne l'exerce pas par lui-même, il ne paie le
droit proportionnel que sur la maison d'habitation de l'agent préposé à l'exploitation.

11. Le patentable qui exerce dans un même
local, ou dans des locaux non distincts, plusieurs
industries ou professions passibles d'un droit proportionnel différent , paie ce droit d'après le taux
applicable à la profession pour laquelle il est assujetti au droit fixe.

Dans le cas où les locaux sont distincts il ne
paie pour chaque local que le droit proportionnel attribué à l'industrie ou à la profession qui y
est spécialement exercée.

Dans ce dernier cas, le droit proportionnel n'en
demeure pas moins établi sur la maison d'habitation d'après le taux applicable à la profession
pour laquelle le patentable est imposé au droit
fixe.

12. Dans les communes dont la population est
inférieure à vingt mille âmes, mais qui, en vertu
d'un nouveau dénombrement, passent dans la catégorie des communes de vingt mille âmes et au-
dessus, les patentables des septième et huitième
classes ne seront soumis au droit proportionnel
que dans le cas où une seconde ordonnance de
dénombrement aura maintenu lesdites communes
dans la même catégorie.

13. Ne sont pas assujettis à la patente :

1° Les fonctionnaires et employés salariés, soit
par l'Etat, soit par les administrations départementales ou communales, en ce qui concerne
seulement l'exercice de leurs fonctions;

2° Les notaires, les avoués, les avocats au conseil, les greffiers, les commissaires-priseurs, les
huissiers;

3° Les avocats;

Les docteurs en médecine ou en chirurgie, les
officiers de santé, les sages-femmes et les vété-
rinaires.

Les peintres, sculpteurs, graveurs et dessina-
teurs considérés comme artistes, et ne vendant
que le produit de leur art;

Les architectes considérés comme artistes, ne

se livrant pas, même accidentellement, à des
entreprises de constructions;

Les professeurs de belles-lettres, sciences et arts
d'agrément; les chefs d'institution, les maîtres de
pension, les instituteurs primaires;

Les éditeurs de feuilles périodiques;

Les artistes dramatiques;

4° Les laboureurs et cultivateurs, seulement
pour la vente et la manipulation des récoltes et
fruits provenant des terrains qui leur apportien-
nent ou par eux exploités, et pour le bétail qu'ils
y élèvent, qu'ils y entretiennent ou qu'ils y en-
graissent;

Les concessionnaires de mines pour le seul fait
de l'extraction et de la vente des matières par eux
extraites.

Les propriétaires ou fermiers des marais salants;

Les propriétaires ou locataires louant accidentellement une partie de leur habitation personnelle;

Les pêcheurs, même lorsque la barque qu'ils
montent leur appartient;

5° Les associés en commandite, les caisses d'é-
pargne et de prévoyance administrées gratuitement, les assurances mutuelles régulièrement autorisées;

6° Les capitaines de navire de commerce ne naviguant pas pour leur compte;

Les cantiniers attachés à l'armée;

Les écrivains publics;

Les commis et toutes les personnes travaillant
à gages, à façon et à la journée, dans les maisons,
ateliers et boutiques des personnes de leur profession, ainsi que les ouvriers travaillant chez eux
ou chez les particuliers, sans compagnons, apprentis, enseigne ni boutique. Ne sont point
considérés comme compagnons ou apprentis, la
femme travaillant avec son mari, ni les enfants
non mariés travaillant avec leurs père et mère,
ni le simple manœuvre dont le concours est indispensable à l'exercice de la profession;

Les personnes qui vendent en ambulance dans
les rues, dans les lieux de passage et dans les marchés, soit des fleurs, de l'amadou, des balais, des
statues et figures en plâtre, soit des fruits, des
légumes, des poissons, du beurre, des œufs, du
fromage et autres menus comestibles;

Les savetiers, les chiffonniers au crochet, les
porteurs d'eau à la bretelle ou avec voiture à
bras, les rémouleurs ambulants, les gardes-
malades.

14. Tous ceux qui vendent en ambulance des
objets non compris dans les exemptions déterminées par l'article précédent, et tous marchands
sous échoppe ou en étalage, sont passibles de la
moitié des droits que payent les marchands qui
vendent les mêmes objets en boutique. Toutefois
cette disposition n'est pas applicable aux bouchers,
épiciers et autres marchands ayant un état permanent ou occupant des places fixes dans les halles
et marchés.

15. Les mari et femme séparés de biens ne doivent qu'une patente, à moins qu'ils n'aient des
établissements distincts, auquel cas chacun d'eux
doit avoir sa patente et payer séparément les droits
fixes et proportionnels.

16. Les patentes sont personnelles, et ne peu-

vent servir qu'à ceux à qui elles sont délivrées. En conséquence, les associés en nom collectif sont tous assujettis à la patente.

Toutefois l'associé principal paie seul le droit fixe en entier : les autres associés ne sont imposés qu'à la moitié de ce droit, même quand ils ne résident pas tous dans la même commune que l'associé principal.

Le droit proportionnel est établi sur la maison d'habitation de l'associé principal, et sur tous les locaux qui servent à la société pour l'exercice de son industrie.

La maison d'habitation de chacun des autres associés est affranchie du droit proportionnel, à moins qu'elle ne serve à l'exercice de l'industrie sociale.

17. Les sociétés ou compagnies anonymes ayant pour but une entreprise industrielle ou commerciale, sont imposées à un seul droit fixe sous la désignation de l'objet de l'entreprise, sans préjudice du droit proportionnel.

La patente assignée à ces sociétés ou compagnies ne dispense aucun des sociétaires ou actionnaires du paiement des droits de patente auxquels ils pourraient être personnellement assujettis pour l'exercice d'une industrie particulière.

18. Tout individu transportant des marchandises de commune en commune, lors même qu'il vend pour le compte de marchands ou fabricants, est tenu d'avoir une patente personnelle, qui est, selon les cas, celle du colporteur avec balle, avec bêtes de somme ou avec voiture.

19. Les commis-voyageurs des nations étrangères seront traités, relativement à la patente, sur le même pied que les commis-voyageurs français chez ces mêmes nations.

20. Les contrôleurs des contributions directes procéderont annuellement au recensement des imposables, à la formation des matrices de patentes.

Le maire sera prévenu de l'époque de l'opération du recensement, et pourra assister le contrôleur dans cette opération, ou se faire représenter, à cet effet, par un délégué.

En cas de dissentiment entre les contrôleurs et les maires ou leurs délégués, les observations contradictoires de ces derniers seront consignées dans une colonne spéciale.

La matrice, dressée par le contrôleur, sera déposée, pendant dix jours, au secrétariat de la mairie, afin que les intéressés puissent en prendre connaissance, et remettre au maître leurs observations. A l'expiration d'un second délai de dix jours, le maire, après avoir consigné ses observations sur la matrice, l'adressera au sous-préfet.

Le sous-préfet portera également ses observations sur la matrice, et la transmettra au directeur des contributions directes, qui établira les taxes conformément à la loi, pour tous les articles non contestés. A l'égard des articles sur lesquels le maire ou le sous-préfet ne sera pas d'accord avec le contrôleur, le directeur soumettra les contestations au préfet avec son avis motivé. Si le préfet ne croit pas devoir adopter les propositions du directeur, il en sera référé au ministre des finances.

Le préfet arrête les rôles et les rend exécutoires.

A Paris, l'examen de la matrice des patentes aura lieu, pour chaque arrondissement municipal, par le maire, assisté soit de l'un des membres de la commission des contributions, soit de l'un des agents attachés à cette commission, délégué à cet effet par le préfet.

21. Les patentés qui réclameront contre la fixation de leurs taxes seront admis à prouver la justice de leurs réclamations, par la représentation d'actes de société légalement publiés, de journaux et livres de commerce régulièrement tenus, et par tous autres documents.

22. Les réclamations en décharge ou réduction, et les demandes en remise ou modération, seront communiquées aux maires : elles seront d'ailleurs présentées, instruites et jugées dans les formes et délais prescrits pour les autres contributions directes.

23. La contribution des patentes est due pour l'année entière, par tous les individus exerçant au mois de janvier une profession imposable.

En cas de cession d'établissement, la patente sera, sur la demande du cédant, transférée à son successeur; la mutation de cote sera réglée par arrêté du préfet.

En cas de fermeture des magasins, boutiques et ateliers, par suite de décès ou de faillite déclarée, les droits ne seront dus que pour le passé et le mois courant. Sur la réclamation des parties intéressées, il sera accordé décharge du surplus de la taxe.

Ceux qui entreprennent, après le mois de janvier, une profession sujette à patente, ne doivent la contribution qu'à partir du 1er du mois dans lequel ils ont commencé d'exercer, à moins que, par sa nature, la profession ne puisse pas être exercée pendant toute l'année. Dans ce cas, la contribution sera due pour l'année entière, quelle que soit l'époque à laquelle la profession aura été entreprise.

Les patentés qui, dans le cours de l'année, entreprennent une profession d'une classe supérieure à celles qu'ils exerçaient d'abord, ou qui transportent leur établissement dans une commune d'une plus forte population, sont tenus de payer au prorata un supplément de droit fixe.

Il est également dû un supplément de droit proportionnel par les patentables qui prennent des maisons ou locaux pour lesquels ils ont été primitivement imposés, et par ceux qui entreprennent une profession passible d'un droit proportionnel plus élevé.

Les suppléments seront dus à compter du 1er du mois dans lequel les changements prévus par les deux derniers paragraphes auront été opérés.

24. La contribution des patentes est payable par douzième, et le recouvrement en est poursuivi comme celui des contributions directes : néanmoins les marchands forains, les colporteurs, les directeurs de troupes ambulantes, les entrepreneurs et de jeux publics non sédentaires, et tous autres patentables dont la profession n'est pas exercée à demeure fixe, sont tenus d'acquitter le montant total de leur cote, au moment où la patente leur est délivrée.

Dans le cas où le rôle n'est émis que postérieurement au 1er mars, les douzièmes échus ne sont pas immédiatement exigibles ; le recouvrement en est fait par portions égales, en même temps que celui des douzièmes non échus.

25. En cas de déménagement hors du ressort de la perception, comme en cas de vente volontaire ou forcée, la contribution des patentes sera immédiatement exigible en totalité.

Les propriétaires, et, à leur place, les principaux locataires, qui n'auront pas, un mois avant le terme fixé par le bail ou par les conventions verbales, donné avis au percepteur du déménagement de leurs locataires, seront responsables des sommes dues par ceux-ci pour la contribution des patentes.

Dans le cas des déménagements furtifs, les propriétaires, et, à leur place, les principaux locataires, deviendront responsables de la contribution de leurs locataires, s'ils n'ont pas, dans les trois jours, donné avis du déménagement au percepteur.

La part de la contribution laissée à la charge des propriétaires ou principaux locataires par les paragraphes précédents, comprendra seulement le dernier douzième échu et le douzième courant, dus par le patentable.

26. Les formules de patentes sont expédiées par le directeur des contributions directes sur des feuilles timbrées de un franc vingt-cinq cent. Le prix du timbre est acquitté en même temps que le premier douzième des droits de patente.

Les formules de patentes sont visées par le maire et revêtues du sceau de la commune.

27. Tout patentable est tenu d'exhiber sa patente lorsqu'il en est requis par les maires, adjoints, juges de paix, et tous autres officiers ou agents de police judiciaire.

28 Les marchandises mises en vente par les individus non munis de patentes, et vendant hors de leur domicile, seront saisies ou séquestrées aux frais du vendeur, à moins qu'il ne donne caution suffisante jusqu'à la représentation de la patente ou la production de la preuve que la patente a été délivrée. Si l'individu non muni de patente exerce au lieu de son domicile, il sera dressé un procès-verbal qui sera transmis immédiatement aux agents des contributions directes.

29. Nul ne pourra former de demande, fournir aucune exception ou défense en justice, ni faire aucun acte ou signification extra-judiciaire pour tout ce qui sera relatif à son commerce, sa profession ou son industrie, sans qu'il soit fait mention, en tête des actes, de sa patente, avec désignation de la date, du numéro et de la commune où il en aura été délivrée, à peine d'une amende de vingt-cinq francs, tant contre les particuliers sujets à la patente que contre les officiers ministériels qui auraient fait et reçu lesdits actes sans mention de la patente. La condamnation à cette amende sera poursuivie, à la requête du procureur du roi, devant le tribunal civil de l'arrondissement.

Le rapport de la patente ne pourrra suppléer au défaut de l'énonciation, ni dispenser de l'amende prononcée.

30. Les agents des contributions directes peuvent, sur la demande qui leur en est faite, délivrer des patentes avec l'émission du rôle, après toutefois que les requérants ont acquitté entre les mains du percepteur les douzièmes échus, s'il s'agit d'individus domiciliés dans le ressort de l perception, ou la totalité des droits, s'il s'agit des patentables désignés en l'art. 24 ci-dessus, ou d'individus étrangers au ressort de la perception.

31. Le patenté qui aura égaré sa patente ou qui sera dans le cas d'en justifier hors de son domicile pourra se faire délivrer un certificat par le directeur ou par le contrôleur des contributions directes. Ce certificat fera mention des motifs qui obligent le patenté à le réclamer, et devra être sur papier timbré.

32. Il est ajouté au principal de la contribution des patentes cinq centimes par franc, dont le produit est destiné à couvrir les décharges, réductions, remises et modérations, ainsi que les frais d'impression et d'expédition des formules des patentes.

En cas d'insuffisance des cinq centimes, le montant du déficit est prélevé sur le principal des rôles.

Il est en outre prélevé sur le principal huit centimes, dont le produit est versé dans la caisse municipale.

33. Les contributions spéciales destinées à subvenir aux dépenses des bourses et chambres de commerce, et dont la perception est autorisée par l'article 11 de la loi du 23 juillet 1820, seront réparties sur les patentables des trois premières classes du tableau A annexé à la présente loi, et sur ceux désignés dans les tableaux B et C, comme passibles d'un droit fixe égal ou supérieur à celui desdites classes.

Les associés des établissements compris dans les classes et tableaux sus-désignés contribueront aux frais des bourses et chambres de commerce.

34. La contribution des patentes sera établie conformément à la présente loi, à partir du 1er janvier 1845.

35. Toutes les dispositions contraires à la présente loi seront et demeureront abrogées, à partir de la même époque, sans préjudice des lois et des réglements de police qui sont ou pourront être faits.

TABLEAU A.

Tarif général des professions imposées eu égard à la population.

CLASSES.	DE 100,000 âmes et au-dessus.	DE 50,000 à 100,000.	DE 30,000 à 50,000.	DE 20,000 à 30,000.	DE 10,000 à 20,000.	DE 5,000 à 10,000.	DE 2,000 à 5,000.	DE 2,000 âmes et au-dessous.
1re.	300f.	240f.	180f.	120f.	80f.	60f.	45f.	35f.
2e.	150	120	90	60	45	40	30	25
3e.	100	80	60	40	30	25	22	18
4e.	75	60	45	30	25	20	18	12
5e.	50	40	30	20	15	12	9	7
6e.	40	32	24	16	10	8	6	4
7e.	20	16	12	8	*8	*5	*4	*3
8e.	12	10	8	6	*5	*4	*3	*2

Le signe * veut dire : exemption du droit proportionnel.

Sont réputés :

Marchands en gros, ceux qui vendent habituellement aux marchands en demi-gros et aux marchands en détail;

Marchands en demi-gros, ceux qui vendent habituellement aux détaillants et aux consommateurs.

Marchands en détail, ceux qui ne vendent habituellement qu'aux consommateurs.

PREMIÈRE CLASSE.

Aiguilles à coudre et à tricoter (Marchand d') en gros.

Bas et bonneterie (Marchand de) en gros.

Beurre frais ou salé (Marchand de) en gros.

Blondes (Marchand de) en gros.

Bois à brûler (Marchand de). — Celui qui, ayant chantier ou magasin, vend au stère, ou par quantité équivalente ou supérieure.

Bois de marine ou de construction (Marchand de).

Bois merrain (Marchand de) en gros. — S'il vend par bateau ou charrette.

Bois de sciage (Marchand de) en gros.

Bronzes, dorures et argentures sur métaux (Marchand de) en gros.

Cachemires de l'Inde (Marchand de).

Caisse d'escompte (Tenant).

Caisse ou comptoir d'avances ou de prêts (Tenant).

Caisse ou comptoir de recettes et de paiements (Tenant).

Châles (Marchand de) en gros.

Changeur de monnaies.

Chapeaux de paille (Marchand de) en gros.

Chapellerie (Marchand de matières premières pour la).

Charbon de bois (Marchand de) en gros.

Chiffonnier en gros.

Cloutier (Marchand de) en gros.

Coton en laine (Marchand de) en gros.

Coton filé (Marchand de) en gros.

Crin frisé (Marchand de) en gros.

Cristaux (Marchand de) en gros.

Cuirs en vert étrangers (Marchand de) en gros.

Cuirs tannés, corroyés, lissés, vernissés (Marchand de) en gros.

Denrées coloniales (Marchand de) en gros.

Dentelles (Marchand de) en gros.

Diamants et pierres fines (Marchand de).

Droguiste (Marchand) en gros.

Eau-de-vie (Marchand d') en gros.

Epicerie (Marchand d') en gros.

Escompteur.

Fanons ou barbes de baleine (Marchand de) en gros.

Fer en barres (Marchand de) en gros.— Celui qui vend habituellement par parties d'au moins cinq cents kilogrammes.

Fleurets et filoselle (Marchand de) en gros.

Fromages secs (Marchand de) en gros.

Fruits secs (Marchand de) en gros.

Graines fourragères, oléagineuses et autres (Marchand de) en gros.

Horlogerie (Marchand en gros de pièces d').

Huiles (Marchand d') en gros.

Inhumations et pompes funèbres (Entreprise des) dans les villes autres que Paris.

Laine brute ou lavée (Marchand de) en gros.

Laine filée ou peignée (Marchand de) en gros.

Liége brut (Marchand de) en gros.

Lin ou chanvre brut ou filé (Marchand de) en gros.

Liqueurs (Marchand de) en gros.

Merceries (Marchand de) en gros.

Métaux (Marchand de) en gros, autres que l'or, l'argent, le fer en barres et la fonte.

Miel et cire brute (Marchand expéditeur de).

Mine de plomb (Marchand de) en gros.

Octroi (Adjudicataires des droits d').

OEufs (Marchand expéditeur d')

Os pour la fabrication du noir animal (Marchand d') en gros.

Papetier (Marchand) en gros.

Parfumeur (Marchand) en gros.

Pastel (Marchand) en gros.

Peaussier (Marchand) en gros.

Pelleteries et fourrures (Marchand de) en gros.— S'il tire habituellement des pelleteries de l'étranger, ou s'il en envoie.

Pendules et bronzes (Marchand de) en gros.

Pierres fines (Marchand de) en gros.

Planches (Marchand de) en gros.

Plume et duvet (Marchand de) en gros.

Poisson salé, mariné, sec et fumé (Marchand de) en gros.

Quincailleries (Marchand de) en gros.

Porcelaine (Marchand de) en gros.

Résines et autres matières analogues (Marchand de) en gros.

Rogues ou œufs de morue (Marchand de) en gros.

Rubans pour modes (Marchand de) en gros.

Safran (Marchand de) en gros.

Sangsues (Marchand de) en gros.

Sel (Marchand de) en gros.

Soie (Marchand de) en gros.

Soies de porc ou de sanglier (Marchand de) en gros.

Sucre brut et raffiné (Marchand de) en gros.

Suif fondu (Marchand de) en gros.

Tabac (Marchand de) dans le département de la Corse, en gros.

Tabac en feuilles (Marchand de).

Teinture (marchand en gros de matières premières pour la).

Thé (Marchand de) en gros.

Tissus de laine, de fil, de coton ou de soie (Marchand de) en gros.

Ventes à l'encan (Directeur d'un établissement de).

Verres blancs et cristaux (Marchand de) en gros.

Vinaigre (Marchand de) en gros.

Vins (Marchand de) en gros.—Vendant habituellement des vins par pièces ou par paniers de vins fins, soit aux marchands en détail et aux cabaretiers, soit aux consommateurs.

DEUXIÈME CLASSE.

Abattoir public (Cessionnaire ou fermier d')

Aiguilles à coudre et à tricoter (Marchand d') en demi-gros.

Bas et bonneterie (Marchand de) en demi-gros.

Bijoutier (Marchand fabricant) ayant atelier et magasin.

Blondes (Marchand de) en demi-gros.

Bois à brûler (Marchand de).—Celui qui, n'ayant ni chantier ni magasin, vend sur bateau ou sur les ports, au stère ou par quantité équivalente ou supérieure.

Bois de teinture (Marchand de) en demi gros.

Carrossier (Fabricant).

Chapeaux de paille (Marchand de) en demi-gros.

Charbon de terre épuré ou non (Marchand de) en gros.

Cloutier (Marchand de) en demi-gros.

Condition pour les soies (Entrépreneur ou fermier d'une).

Crin frisé (Marchand de) en demi-gros.

Cristaux (Marchand de) en demi gros.

Dentelles (Marchand de) en demi-gros.

Diorama, Panorama, Néorama, Géorama (Directeur de).

Droguiste (Marchand) en demi-gros.

Eau-de-vie (Marchand d') en demi-gros.

Entrepôt (Concessionnaire, exploitant ou fermier des droits d'emmagasinage dans un).

Entreprise générale du balayage, de l'arrosage ou de l'enlèvement des boues.

Epiceries (Marchand d') en demi-gros.

Fanons ou barbes de baleine (Marchand de) en demi-gros.

Fleurets et filoselle (Marchand de) en demi-gros.

Huiles (Marchand d') en demi-gros.

Joaillier (Fabricant et marchand) ayant atelier et magasin.

Laine filée ou peignée (Marchand de) en demi-gros.

Lin ou chanvre brut ou filé (Marchand de) en demi-gros.

Merceries (Marchand de) en demi-gros.

Métaux (Marchand en demi-gros de) autres que l'or, l'argent, le fer en barres, la fonte.

Nouveautés (Marchand de)

Omnibus et autres voitures semblables (Entreprise d').

Or et argent (Marchand d').

Orfèvre (Marchand fabricant) avec atelier et magasin.

Quincaillier en demi-gros.

Rubans pour modes (Marchand de) en demi-gros.

Sel (Marchand de) en demi-gros.

Serrurerie (Marchand expéditeur d'objets de).

Soie (Marchand de) en demi-gros.

Soies de porcs ou de sanglier (Marchand de) en demi-gros.

Sucre brut et raffiné (Marchand de) en demi-gros.

Suif fondu (Marchand de) en demi-gros.

Thé (Marchand de) en demi-gros.

Tissus de laine, de fil, de coton ou de soie (Marchand de) en demi-gros.

Verres blancs et cristaux (Marchand de) en demi-gros.

Verroterie et gobeleterie (Marchand de) en demi-gros.

TROISIEME CLASSE.

Affineur d'or, d'argent ou de platine.

Agréeur.

Ardoises (Marchand d') en gros.—Celui qui expédie par bateaux ou voitures.

Bâtiments (Entrepreneur de).

Bazar de voitures (Tenant).

Bijoutier (Marchand) n'ayant pas d'atelier.

Bimbelotier (Marchand) en gros.

Bœufs (Marchand de).

Bois de sciage (Marchand de). — Si, ayant chantier ou magasin, il ne vend qu'aux menuisiers, ébénistes, charpentiers et aux particuliers.

Bois d'ébénisterie (Marchand de).

Bois en grume ou de charronnage (Marchand de)

Bouchons (Marchand de) en gros.

Broderies (Fabricant et marchand de) en gros.

Caractères d'imprimerie (Fondeur de).

Carton ou carton-pierre (Marchand fabricant d'ornéments en pâte de).

Châles (Marchands de) en détail.

Chocolat (Marchand de) en gros.

Cidre (Marchand de) en gros.

Comestibles (Marchand de).

Confiseur.

Conserves alimentaires (Marchand de).

Coraux (Préparateur de).

Coraux bruts (Marchand de).

Cuirs en vert du pays (Marchand de) en gros.

Déménagements (Entrepreneur de), s'il a plusieurs voitures.

Distillateur-liquoriste.

Droguiste (Marchand) en détail.

Eau filtrée ou clarifiée et dépurée (Entrepreneur d'un établissement d').

Encre à écrire (Fabricant marchand en gros d')

Eponges (Marchand d') en gros.

Equipements militaires (Marchands d'objets d').

Essayeur pour le commerce.

Fer en meubles (Marchand de).

Fondeur d'or et d'argent.

Fruits secs (Marchand de) en demi-gros.

Gantier (Marchand fabricant).

Glacier-limonadier.

Halles, marchés et emplacements sur les places publiques (Fermier ou adjudicataire des droits de).

Harpes (Facteur et marchand de), ayant boutique ou magasin.

Horloger.

Hôtel garni (Maître d') tenant un restaurant à la carte.

Houblon (Marchand de) en gros.

Hydromel (Fabricant et marchand d')

Imprimeur-libraire.

Imprimeur-typographe.

Jambons (Marchand expéditeur de).

Joaillier (Marchand), n'ayant point d'atelier.

Lattes (Marchand de) en gros.

Libraire-éditeur.

Linger (fournisseur).

Liqueurs (Fabricant de).

Marbre (Marchand de) en gros.

Modes (Marchand de).

Nacre brute (Marchand de).

Navires (Constructeur de).

Orfèvre (Marchand), sans atelier.

Pâtissier expéditeur.

Pavage des villes (Entrepreneur de).

Pendules et bronzes (Marchand de) en détail.

Pharmacien.

Pianos et clavecins (Facteurs et marchands en boutique ou magasin de).

Plaqué ou doublé d'or et d'argent (Fabricant et marchand d'objets en).

Plume et duvet (Marchand de) en détail.

Plumes à écrire (Marchand expéditeur de).

Poisson salé, marin , sec et fumé (Marchand de) en demi-gros.

Restaurateur à la carte.

Saleur de viandes.

Sarraux ou blouses (Marchand de) en gros.

Sellier-carrossier.

Soie (Marchand de) en détail.

Soudes végétales indigènes (Marchand en gros de).

Tabletterie (Marchand de matières premières pour la).

Tailleur (Marchand) avec magasin d'étoffe.

Tapis de laine et tapisserie (Marchand de).

Tissus de laine, de fil, de coton ou de soie (Marchand en détail de).

Tournerie de Saint-Claude (Marchand expéditeur d'articles de).

Tourteaux (Marchand de).

Voilier (pour son compte).

QUATRIÈME CLASSE.

Agence ou bureau d'affaires (Directeur d').

Aiguilles à coudre et à tricoter (Marchand d') en détail.

Alambics et autres grands vaisseaux en cuivre (Fabricant ou marchand d').

Anchois (Saleur d').

Apparaux (Maître d').

Appréciateur au mont-de-piété.

Aubergiste.

Bacs (Fermier de) pour un fermage de mille francs et au-dessus.

Baleines (Marchand de brins de)

Bas et bonneteries (Marchand de) en détail.

Billards (Fabricant de) ayant magasin.

Blondes (Marchand de) en détail.

Bois de teinture (Marchand de) en détail.

Boisselier (Marchand) en gros.

Bottier (Marchand).

Boucher (Marchand).

Boules à teinture (Fabricant de).

Brodeurs sur étoffes, en or et en argent.

Bronzes, dorures, et argentures sur métaux (Marchand de) en détail.

Cafetier.

Caoutchouc (Fabricant ou marchand d'objets confectionnés ou d'étoffes garnies en).

Cartier (Fabricant de cartes à jouer).

Chapeaux de feutre et de soie (Fabricant de).

Charcutier.

Charpentier (Entrepreneur-fournisseur).

Chasublier (Marchand).

Chaudières en cuivre (Fabricant de).

Chevaux (Marchand de).

Cire à cacheter (Fabricant de).

Cire (Blanchisseur de) employant moins de six ouvriers.

Cirier (Marchand).

Cochons (Marchand de).

Commissionnaire au mont-de-piété.

Cordier (Fabricant de câbles et cordages pour la marine ou la navigation intérieure).

Cordonnier (Marchand).

Corroyeur (Marchand).

Coton filé (Marchand de) en détail.

Cotrets sur bateaux (Marchand de).

Couleurs et vernis (Fabricant et marchand de).

Couverts et autres objets en fer battu ou étamé (Fabricant et marchand de) en gros, par procédés ordinaires.

Couvertures de soie, bourre, laine et coton, etc. (Marchand de).

Couvreur (Entrepreneur).

Crin frisé (Marchand de).

Cuirs tannés, corroyés, lissés, vernissés (Marchand de) en détail.

Décors et ornements d'architecture (Marchand de).

Dentelles (Marchand de).

Dorures et argentures sur métaux (Fabricant ou marchand de) en détail.

Dorures pour passementeries (Marchand de)

Eaux minérales factices (Marchand de).

Écorces de bois pour tan (Marchand de).

Estaminet (Maître d').

Estampeur en or et en argent.

Facteur de denrées et marchandises (partout ailleurs qu'à Paris).

Farines (Marchand de) en gros.

Fer en barres (Marchand de) en détail.—Celui qui vend habituellement par quantité inférieure à cinq cents kilogrammes.

Fils de chanvre ou de lin (Marchand de) en détail.

Fleurets et filoselle (Marchand de) en détail.

Fonte ouvragée (Marchand de).

Fosses mobiles inodores (Entrepreneur de).

Fourreur.

Fromages de pâte grasse (Marchand de) en gros.

Fromages secs (Marchand de) en demi-gros.

Garde du commerce.

Graines fourragères, oléagineuses et autres (Marchand de) en gros.

Grainetier-fleuriste (Expéditeur).

Grains (Marchand de) en gros.

Graveur sur cylindres.

Herboriste expéditeur.

Hongroyeur ou hongrieur.

Horlogerie (Marchand de fournitures d').

Hôtel garni (Maître d').

Houblon (Marchand de) en demi-gros.

Huiles (Marchand d') en détail.

Instruments pour les sciences (Facteurs et marchands d') ayant boutique ou magasin.

Jardin public (Tenant un).

Jaugeage des liquides (Adjudicataire des droits de)

Laine brute ou lavée (Marchand de) en détail.

Laine filée (Marchand de) en détail.

Laineur.

Légumes secs (Marchand de) en gros.

Limonadier non glacier.

Liqueurs (Marchand de) en détail.

Lustres (Fabricant et marchand de).

Maçonnerie (Entrepreneur de).

Manège d'équitation (Tenant un).

Mâts (Constructeur de).

Mécanicien.

Menuisier (Entrepreneur).

Merceries (Marchand de) en détail.

Métaux (Marchand de) (autres que l'or, l'argent, le fer en barres et la fonte) en détail.

Meules de moulins (Fabricant de).

Miel et cire brute (Marchand non expéditeur de).

Moutardier (Marchand) en gros.

Moutons et Agneaux (Marchand de).

Mulets et mules (Marchand de).

Nécessaires (Marchand de).

Nougat (Fabricant expéditeur de)

Oranges, citrons (Marchand d') expéditeur.

Orgues d'église (Facteur d').

Ornemaniste.

Papetier (Marchand) en détail.

Pastel (Marchand de) en détail.

Pâtissier non expéditeur.

Peaussier (Marchand) en détail.

Peaux en vert ou crues (Marchand de).

Peinture (Entrepreneur de) en bâtiments.

Pelleteries et fourures (Marchand de) en détail.

Pesage et mesurage (Fermier des droits de).

Pierre artificielle ou factice (Fabricant d'objets en).

Plieur d'étoffes.

Polytypage (Fabricant de).

Pompes à incendie (Fabricant de).

Presseur de poisson de mer.

Presseur de sardines.

Pruneaux et prunes sèches (Marchand de) en gros.

Quincaillier en détail.

Receveur de rentes.

Registres (Fabricant de).

Restaurateur et traiteur à la carte et à prix fixe.

Rubans pour modes (Marchand de) en détail.

Sabots (Marchand de) en gros.

Safran (Marchand de) en demi-gros.

Serrurier (Entrepreneur).

Serrurier (Mécanicien).

Serrurier en voitures suspendues.

Sondes (Fabricants de grandes).

Suif en branches (Marchand de)

Suif fondu (Marchand de) en détail.

Tapissier (Marchand).

Thé (Marchand de) en détail.

Tôle vernie (Fabricant d'ouvrages en).

Tourbe (Marchand de) en gros.

Truffes (Marchand de)

Tulle (Marchand de) en détail.

Tuyaux en fil de chanvre pour les pompes à incendie et les arrosements (Fabricant de).

Vaches ou veaux (Marchand de).

Vanneries (Marchand expéditeur de).

Verres à vitres (Marchand de).

Vinaigrier en détail.

Vins (Marchand de) en détail.—Vendant habituellement, pour être consommés hors de chez lui, des vins au panier ou à la bouteille.

Vins (Voiturier marchand de).

Volailles truffées (Marchand de)

CINQUIÈME CLASSE.

Accouchement (Chef de maison d').

Acier poli (Fabricant d'objets en), pour son compte.

Affineur de métaux autres que l'or, l'argent et le platine.

Agrafes (Fabricant d') par les procédés ordinaires (pour son compte).

Albâtre (Fabricant ou marchand d'objets en).

Almanachs ou annuaires (Editeur propriétaire d').

Appareils et ustensiles pour l'éclairage au gaz (Fabricant d').

Apprêteur de chapeaux de paille.

Apprêteur d'étoffes pour les particuliers.

Armurier.

Aubergiste, ne logeant qu'à cheval.

Bains publics (Entrepreneur de).

Balancier (Marchand).

Bals publics (Entrepreneur de).

Bijoutier (Fabricant), pour son compte, sans magasin.

Bijoux en faux (Marchand de).

Blanchisseur de toiles et de fils pour les particuliers.

Blatier avec voiture.

Bois à brûler (Marchand de).— Celui qui, n'ayant ni chantier, ni magasin, ni bateau, vend par voiture au domicile des consommateurs.

Bois de bateaux (Marchand de).

Bois de boissellerie (Marchand de).

Bois de volige (Marchand de).

Bois feuillard (Marchand de).

Boîtes et bijoux à musique (Fabricant de mécaniques pour), pour son compte.

Boucher en détail.

Bouclerie (Fabricant de), pour son compte.

Bougies (Marchand de).

Boulanger.

Bouteilles de verre (Marchand de).

Boutons de métal, corne, cuir bouilli, etc. (Fabricant de), pour son compte.

Brocanteur en boutique ou magasin.

Broches et cannelets pour la filature (Fabricant de), pour son compte.

Broderies (Fabricant et Marchand de), en détail.

Bureau de distribution d'imprimés, de cartes de visites, annonces, etc. (Entrepreneur d'un).

Bureau d'indication et de placement (Tenant un).

Cabaretier ayant billard.

Cabriolet sur place ou sous remise (Loueur de), s'il y a plusieurs cabriolets.

Calandreur d'étoffes neuves.

Caractères mobiles en métal (Fabricant de).

Carrossier raccommodeur.

Cartonnage fin (Fabricant et marchand de).

Cercles ou sociétés (Fournisseur des objets de consommation dans les).

Chapeaux de paille (Marchand de) en détail.

Chapellerie en fin.

Chapellerie (Marchand de fournitures pour la).

Charbon de bois (Marchand de) en demi-gros.

Charbon de terre épuré ou non (Marchand de) en demi-gros.

Chasse (Marchand d'ustensiles de).

Chaudronnier (Marchand)

Cheminées dites *économiques* (Fabricant et marchand de).

Chevaux (Loueur de).

Chevaux (Tenant pension de).

Chevaux (Marchand de).

Chocolat (Marchand de) en détail.

Cloches de toutes dimensions (Marchand de).

Cloutier (Marchand) en détail.

Coffretier-malletier, en cuir.

Colle pour la clarification des liqueurs (Fabricant de).

Colleur d'étoffes.

Cornes brutes (Marchand de).

Coutelier (Marchand et Fabricant).

Crèmier-glacier.

Crics (Fabricant et marchand de).

Crin frisé (Apprêteur de).

Cristaux (Marchand de) en détail.

Culottier en peau (Marchand).

Curiosité (Marchand en boutique d'objets de).

Décatisseur.

Déchireur ou dépeceur de bateaux.

Dés à coudre en métal autre que l'or et l'argent (Fabricant de), pour son compte.

Distillateur d'essences et eaux parfumées et médicinales.

Eau-de-vie (Marchand d') en détail.

Ebéniste (Marchand), ayant boutique ou magasin.

Eclairage à l'huile pour le compte des particuliers (Entrepreneur d').

Eperonnier, pour son compte.

Epicier en détail.

Eponges (Marchand d') en détail.

Equipage (Maître d').

Etain (Fabricant de feuilles d').

Etriers (Fabricant d'), pour son compte.

Etrilles (Fabricant d'), pour son compte.

Ferblantier lampiste.

Ferronnier.

Fiacre (Loueur de), s'il a plusieurs voitures.

Fleurs artificielles (Fabricant et marchand de).

Fondeur en fer, en bronze ou en cuivre (avec des creusets ordinaires).

Forces (Fabricant de), pour son compte.

Forgerons de petites pièces (canons, platines).

Foulonnier.

Fourrages (Marchand de), par bateaux, charrettes ou voitures.

Frangier (Marchand).

Galonnier (Marchand).

Gantier (Marchand).

Glaces (Marchand de) (Miroitier).

Glacier.

Instruments de chirurgie en métal (Fabricant et marchand d').

Ivoire (Marchand d'objets en).

Jaugeur juré pour les liquides.

Jeu de paume (Maître de).

Joailler (Fabricant), pour son compte.

Lampiste.

Lapidaire en pierres fausses (Fabricant ou marchand), ayant boutique ou magasin.

Laveur de laines.

Layetier-emballeur.

Libraire.

Liége brut (Marchand de) en détail.

Loueur de voitures suspendues.

Lunetier (Marchand).

Lutherie (Marchand de fournitures de).

Luthier (Fabricant), pour son compte.

Magasinier.

Maître ou patron de barque ou bateau, naviguant pour son propre compte sur les fleuves, rivières ou canaux, soit que la barque ou le bateau lui appartienne, soit qu'il l'ait loué. Si le conducteur n'est qu'un homme à gages; la patente est due par le propriétaire de la barque ou du bateau.

Maréchal expert.

Maroquinier, pour son compte.

Marrons et châtaignes (Marchand expéditeur de).

Mégissier, pour son compte.

Menuisier-mécanicien.

Métiers à bas (Forgeur de), pour son compte.

Meubles (Marchand de).

Meules à aiguiser (Fabricant et marchand de).

Mine de plomb (Marchand de) en détail.

Minerai de fer (Marchand de), ayant magasin.

Miroitier.

Modiste.

Monuments funèbres (Entrepreneur de).

Moulures (Fabricant de), pour son compte.

Moulures (Marchand de) en boutique.

Musique (Marchand de).

Nacre de perles (Fabricant d'objets en), pour son compte.

Nacre de perles (Fabricant d'objets en).

Natation (Tenant une école de).

Orfèvre (Marchand), pour son compte.

Orgues portatives (Facteur d'), pour son compte.

Papier peint pour tentures (Marchand de).

Parc aux charrettes (Tenant un).

Parfumeur (Marchand) en détail.

Passementier (Marchand).

Pavés (Marchand de).

Peignes de soie (Marchand de).

Peintre-vernisseur en voitures ou équipages.

Perles fausses (Marchand de).

Pierres brutes (Marchand de).

Pierres lithographiques (Marchand de).

Planches (Marchand de) en détail.

Plombier.

Plumassier (Fabricant et marchand).

Plumes à écrire (Marchand de), non expéditeur.

Poisson frais (Marchand de), vendant par forte partie aux détaillants.

Pompe de métal (Fabricant de).

Porcelaine (Marchand de) en détail.

Poudrette (Marchand de).

Relais (Entrepreneur de), même lorsqu'il est maître de poste.

Résines et autres matières analogues (Marchand de) en détail.

Rogues ou œufs de morue (Marchand de) en détail.

Restaurateur et traiteur à prix fixe seulement.

Rôtisseur.

Saleur d'olives.

Sceaux à incendie (Fabricant de).

Sellier-harnacheur.

Serrurier non entrepreneur.

Soie de porcs ou de sanglier (Marchand de) en détail.

Soufflets (Fabricant et marchand de gros) pour les forgerons, bouchers, etc.

Sparterie pour modes (Fabricant de).

Sucre brut et raffiné (Marchand de) en détail.

Tableaux (Marchand de).

Taffetas gommés ou cirés (Marchand de).

Taillandier.

Tailleur (Marchand d'habits neufs).

Tailleur (Marchand), sans magasin d'étoffes, fournissant sur échantillons.

Tapis peints ou vernis (Marchand de).

Toiles cirées et vernies (Marchand de).

Toiles métalliques (Fabricant de), pour son compte.

Tôle vernie (Marchand d'ouvrages en).

Traçons (Maître de).

Ustensiles de chasse et de pêche (Marchand d').

Vannier-emballeur pour les vins.

Verres blancs et cristaux (Marchand de) en détail.

Vidange (Entrepreneur de).

Vins (Marchand de) en détail, donnant à boire chez lui et tenant billard.

SIXIÈME CLASSE.

Affiches (Entrepreneur de la pose et de la conservation des).

Agaric (Marchand d').

Agent dramatique.

Aiguilles, clefs et autres petits objets pour montres ou pendules (Fabricant d') pour son compte.

Allumettes chimiques (Fabricant et marchand d').

Anatomie (Fabricant de pièces d').

Anatomie (Tenant un cabinet d').

Anes (Marchand d').

Annonces et avis divers (Entrepreneur d'insertions d').

Appréciateur d'objet d'art.

Apprêteur de peaux.

Apprêteur de plumes, laines, duvet et autres objets de literie.

Ardoises (Marchand d'). Celui qui vend par millier aux maçons et aux entrepreneurs de bâtiments.

Arrosage (Entreprise particulière d').

Arrimeur.

Artificier.

Bacs (Fermier de) pour un prix de fermage au-dessous de 1,000 fr.

Baies de genièvre (Marchand de).

Bains de rivière en pleine eau (Entrepreneur de).

Balancier (Fabricant), pour son compte.

Balançons (Marchand de).

Balayage (Entreprise partielle de).

Bandagiste.

Bardeaux (Marchand de).

Baromètres (Fabricant ou marchand de).

Barques, bateaux ou canots (Constructeur de).

Bateaux à laver (Exploitant de).

Battendier.

Batteur de bois de teinture.

Batteur d'écorce.

Batteur de graine de trèfle.

Batteur d'or et d'argent.

Baudruche (Apprêteur de).

Beurre frais ou salé (Marchand de) en détail.

Bière (Marchand ou débitant de).

Bijoutier en faux (Fabricant), pour son compte.

Billards (Fabricant de), sans magasins.

Bisette (Fabricant et marchand de).

Blanc de craie (Fabricant et marchand de).

Blatier avec bêtes de somme.

Bluteaux ou blutoirs (Fabricant et marchand de).

Bois merrains (Marchand de), s'il ne vend qu'aux tonneliers et aux particuliers.

Boiseries (Marchand de).

Boisselier (Marchand) en détail.

Bombagiste.

Bombeur de verres.

Bossetier.

Bouchonnier.

Bouchons (Marchand de) en détail.

Boues (Entreprise partielle de l'enlèvement des).

Bouilleur ou brûleur d'eau-de-vie.

Bouillon et bœuf cuit (Marchand de).

Bourres de soie (marchand de).

Bourrellier.

Boyaudier.

Brasseur à façon.

Bretelles et jarretières (Fabricant de), pour son compte.

Bretelles et jarretières (Marchand de).

Briou (Fabricant de).

Briques (Marchand de).

Briquets phosphoriques et autres (Fabricant de).

Brocanteur d'habits en boutique.

Brossier (Fabricant), pour son compte.

Brossier (Marchand).

Buffletier (Marchand).

Buis ou racines de buis (Marchand de)

Bustes en plâtre (Mouleur de).

Cabaretier.

Cabinets de lecture (Tenant un). Où l'on donne à lire les journaux ou les nouveautés littéraires.

Cabinet d'aisances public (Tenant).

Cadrans de montres et de pendules (Fabricant de), pour son compte.

Cadres pour glaces et tableaux (Marchand de).

Café de chicorée en poudre (Marchand de).

Cafetières du Levant ou marabouts (Fabricant de), pour son compte.

Caisses de tambour (Facteur de).

Calfat (Radoubeur de navires).

Canelles et robinets en cuivre (Fabricant de). pour son compte.

Cannes (Marchand de) en boutique.

Cantinier, dans les prisons, hospices et autres établissements publics.

Caparaçonnier, pour son compte.

Capsules métalliques (Fabricant de) pour boucher les bouteilles.

Cardes (Fabricant de) par les procédés ordinaires, pour son compte.

Carreaux à carreler (Marchand de).

Carrés de montres (Fabricant de), pour son compte.

Cartes de géographie (Marchand de).

Cartons pour bureaux et autres (Fabricant de), pour son compte.

Casquettes (Fabricant de), pour son compte.

Cendre (laveur de).

Cercle ou cerceaux (Marchand de).

Chaînes de fil, laine ou coton, préparées pour la fabrication des tissus (Marchand de).

Chaises fines (Marchand et fabricant de).

Chaises (Loueur de) pour un prix de ferme de deux mille francs et au-dessus.

Chamoiseur, pour son compte.

Chandeliers en fer et en cuivre (Fabricant de), pour son compte.

Chanvre (Marchand de) en détail.

Chapelier en grosse chapellerie.
Charcutier revendeur.
Charpentier.
Charrée (Marchand de).
Charron,
Châsses de lunettes (Fabricant de), pour son compte.
Chaux (Marchand de).
Chef de ponts et pertuis.
Cidre (Marchand et débitant de) en détail.
Cimentier, employant moins de cinq ouvriers.
Ciseleur.
Clinquant (Fabriquant de), pour son compte.
Clochettes (Fondeur de).
Cloches (Fondeur de), sans boutique ni magasin.
Coffretier-malletier en bois.
Coiffeur.
Cols (Fabricant de), pour son compte.
Cols (Marchand de),
Combustibles (Marchand de), en boutique.
Commissionnaires porteurs pour les fabricants de tissus.
Coquetier avec voiture.
Cordes harmoniques (Fabricant de), pour son compte.
Cordes métalliques (Fabricant de), pour son compte.
Cordier (Marchand).
Corne (Apprêteur de), pour son compte.
Corne (Fabricant de feuilles transparentes de), pour son compte.
Corsets (Fabricant et marchand de).
Cosmorama (Directeur de).
Costumier.
Coupeur de poils (Marchand), pour son compte.
Courtier-gourmet piqueur de vin.
Couturière (marchande).
Couverts et autres objets en fer battu ou étamé (Fabricant et marchand de), en détail.
Couvreur (Maître).
Crayons (Marchand de).
Crépins (Marchand de).
Crinières (Fabricant de), pour son compte.
Crins plats (Marchand de).
Cuir bouilli et verni (Fabricant ou marchand d'objets en).
Cuirs et pierres à rasoirs (Fabricant et marchand de).
Cuivre de navires (Marchand de vieux).
Dalles (Marchand de).
Damasquineur.
Découpoirs (Fabricant de), pour son compte.
Déménagements (Entrepreneur de), s'il a une seule voiture.
Dentelles (Facteur de).
Dépeceur de voitures.
Dessinateur pour fabrique.
Doreur et argenteur.
Doreur sur bois.
Ebéniste (Fabricant), pour son compte, sans magasin.
Ecrans (Fabricant d'), pour son compte.
Emailleur pour son compte.
Emballeur non layetier.
Encre à écrire (Fabricant et marchand d') en détail.

Enduit contre l'oxydation (Applicateur d').
Enjoliveur (Marchand).
Epingles (Fabricant d') par les procédés ordinaires.
Essayeur de soie.
Estampes et gravures (Marchand d').
Etameur de glaces.
Eventailliste (Marchand, fabricant), ayant boutique ou magasin.
Facteur de fabrique.
Fagots et bourrées (Marchand de), vendant par voiture.
Faïence (Marchand de).
Farines (Marchand de) en détail.
Ferblantier.
Feutre (Fabricant et marchand de), feutre pour pour la papeterie, le doublage des navires, plateaux, vernis, etc.
Filagraniste.
Filasse de nerfs (Fabricant de), pour son compte.
Filets pour la pêche, la chasse, etc. (Fabricant de)
Fileur (Entrepreneur).
Filotier.
Fleurs artificielles (Marchand d'apprêts et papier pour).
Fleurs d'oranger (Marchand de).
Fondeur d'étain, de plomb ou fonte de chasse.
Fontaines publiques (Fermier de).
Fontaines à filtrer (Fabricant et marchand de).
Formaire (Pour la fabrication du papier), pour son compte.
Fouleur de bas et autres articles de bonneterie.
Fouleur de feutre pour les chapeliers.
Fourbisseur (Marchand).
Fournaliste.
Fourneaux potagers (Fabricant et marchand de).
Fourrage (Débitant de), à la botte ou en petite partie au poids.
Fripier.
Fromages de pâte grasse (Marchand de) en détail.
Fromages secs (Marchands de) en détail.
Fruitier oranger.
Fruits secs (Marchand de) en détail.
Fruits secs pour boissons (Marchand de).
Fumiste.
Garde-robes inodores (Fabricant et marchand de).
Gibernes (Fabricant de), pour son compte.
Glace; eau congelée (Marchand de).
Globes terrestres et célestes (Fabricant et marchand de).
Gommeur d'étoffes.
Graine de moutarde blanche (Marchand de).
Graines (Marchand de), en détail.
Grainetier fleuriste en détail.
Graveur sur métaux (Fabriquant les timbres secs et gravant sur bijoux.
Grue (Maître de).
Harpes (Facteur de) n'ayant ni boutique ni magasin.
Herboriste-droguiste.
Histoire naturelle (Marchand d'objets d').
Horlogerie (Fabricant de pièces d'), pour son compte.
Horloger-rhabilleur (Marchand).
Huîtres (Marchand d').
Images (Fabricant ou marchand d').

Imprimeur-lithographe éditeur.

Instruments aratoires (Fabricant d').

Instruments de chirurgie en gomme élastique (Fabricant d').

Instruments de musique à vent, en bois ou en cuivre (Facteur d').

Instruments pour les sciences (Facteur d'), sans boutique ni magasin.

Ivoire (Fabricant d'objets en), pour son compte.

Jais ou jaïet (Fabricant ou marchand d'objets en).

Kaolin et petunzé (Marchand de).

Lamineur par les procédés ordinaires.

Lanternier.

Lattes (Marchand de) en détail.

Lavoir public (Tenant un).

Layetier.

Levure ou levain (Marchand de).

Lin (Marchand de) en détail.

Linge de table et de ménage (Loueur de).

Linger.

Lithochrome, imprimeur.

Lithocromies (Marchand de).

Lithographies (Marchand de).

Lithophanies pour stores (Fabricant et marchand de).

Loueur de tableaux et dessins.

Loueur en garni.

Lunetier (Fabricant).

Lustreur de fourrures.

Maçon (Maître).

Maison particulière de retraite (Tenant une).

Marbre factice (Fabricant et marchand d'objets en).

Marbrier.

Maréchal ferrant.

Masques (Fabricant et marchand de).

Matériaux (Marchand de vieux).

Menuisier.

Mercerie (Marchand de menue).

Metteur en œuvre, pour son compte.

Meubles d'occasion (Marchand de).

Moireur d'étoffes, pour son compte.

Monteur de métiers.

Mosaïques (Marchand de).

Mulquinier. Celui qui prépare le fil pour les chaînes servant à la fabrication des tissus.

Naturaliste (Marchand).

Nécessaires (Fabricant de), pour son compte.

Nourrisseur de vaches et de chèvres pour le commerce du lait.

Oranges et citrons (Marchands d'), en boutique et en détail.

Os (Fabricants d'objets en), pour son compte.

Outres (Fabricant d'), pour son compte.

Outres (Marchand d').

Paille (Fabricant de tissus pour les chapeaux de), pour son compte.

Paillettes et paillons (Fabricant de), pour son compte.

Pain à cacheter et à chanter (Fabricant et marchand de).

Pain d'épices (Fabricant ou marchand en boutique de).

Papiers de fantaisie (Fabricant de), pour son compte.

Parapluies (Fabricant et marchand de).

Parcheminier, pour son compte.

Parqueteur (Menuisier).

Pâtes alimentaires (Marchand de).

Paveur.

Peaux de lièvres et de lapins (Marchand de), en boutique.

Pêche (Adjudicataire ou fermier de), pour un prix de 2,000 francs ou au-dessus.

Peignes à sérancer (Fabricant de), pour son compte.

Peignes d'écaille (Fabricant de, pour son compte.

Peignes (Marchand de), peignes en boutique.

Peintre en bâtiments, non entrepreneur.

Pension bourgeoise (Tenant).

Pension particulière de vieillards (Tenant).

Perles fausses (Fabricant de), pour son compte.

Peseur et mesureur juré.

Pianos et clavecins (Facteur de), n'ayant ni boutique ni magasin.

Pierres à brunir (Fabricant et marchand de).

Pierres fausses (Fabricant de).

Pierres bleues (Marchand de), pour le blanchissage du linge.

Pierres taillées (Marchand de).

Pinceaux (Fabricant de), pour son compte.

Pipes (Marchand de).

Plafonneur.

Plâtre (Marchand de).

Plâtrier (Maçon).

Plomb de chasse (Fabricant ou marchand de).

Plumes métalliques (Marchand fabricant de).

Poëlier en faïence, fonte, etc.

Polisseur d'objets en or, argent, cuivre, acier, écaille, os, corne, etc.

Porces pour les papeliers (Fabricant de).

Portefeuilles (Fabricant de), pour son compte.

Portefeuilles (Marchand de).

Potier d'étain.

Poudre d'or (Fabricant et marchand de).

Poulieur (Fabricant).

Pressoir (Maître de) à manège.

Queues de billard (Fabricant de), pour son compte.

Ramonage (Entrepreneur de).

Rampiste.

Ressorts de bandage pour les hernies (Fabricant de), pour son compte.

Ressorts de montres et de pendules (Fabricant de) pour son compte.

Sacs de toile (Fabricant et marchand de).

Salpêtrier.

Sarreaux ou blouses (Marchand de) en détail.

Sculpteur en bois, pour son compte.

Son, recoupe et remoulage (Marchand de).

Sparterie (Fabricant et marchand d'objets en)

Sphères (Fabricants de).

Stucateur.

Sumac (Marchand de).

Tabac (Marchand de) en détail, dans le département de la Corse.

Table d'hôte (Tenant une).

Tabletier (Marchand).

Tabletterie (Fabricant d'objets en), pour son compte.

Tambours, grosses caisses, tambourins (Fabricant de).

Tamisier (Fabricant et marchand).

Tan (Marchand de).

Tapissier à façon.

Teinturier dégraisseur pour les particuliers.
Teinturier en peaux.
Tireur d'or et d'argent.
Tôlier.
Tourneur sur métaux.
Tourteaux (Marchand de) en détail.
Tréfileur par les procédés ordinaires.
Tuiles (Marchand de).
Vannerie (Marchand de) en détail.
Vannier (Fabricant en vannerie fine).
Vérificateur de bâtiments.
Vernisseur sur cuivre, feutre, carton et métaux.
Verres bombés (Marchand de).
Verroterie et gobeletterie (Marchand de) en détail.
Vignettes et caractères à jour (Fabricant de), pour son compte.
Vignettes et caractères à jour (Marchand en boutique de).
Vins (Marchand de) en détail, donnant à boire chez lui et ne tenant pas billard.
Vis (Fabricant de) par procédés ordinaires pour son compte.
Vitrier en boutique.
Voilier à façon.
Volaille ou gibier (Marchand de).

SEPTIÈME CLASSE.

Accordeur de pianos, harpes et autres instruments.
Acheveur en métaux.
Acier poli (Fabricant d'objets en) à façon.
Alevin (Marchand d').
Alléges (Maîtres d').
Anes (Loueur d').
Apprêteur de barbes ou fanons de baleine.
Apprêteur de bas et autres objets de bonneterie.
Archets (Fabricants d').
Armurier rhabilleur.
Armurier à façon.
Arpenteur.
Attelles pour colliers de bêtes de trait (Fabricant et marchand d'.)
Avironnier.
Badigeonneur.
Balancier (Fabricant), à façon.
Ballons pour lampes (Fabricant de), pour son compte.
Bâtier.
Battoirs de paume (Fabricant de), pour son compte.
Baugeur.
Bijoutier à façon.
Bijoutier en faux (Fabricant), à façon.
Bimbeloterie (Fabricant d'objets de), sans boutique ni magasin.
Bimbelotier (Marchand) en détail.
Blanchisseur de chapeaux de paille.
Blanchisseur de fin.
Blanchisseur de linge, ayant un établissement de buanderie.
Blanchisseur sur pré.
Boisselier.
Boîtes et bijoux à musique (Fabricant de mécaniques pour), à façon.

Boîtes remontées (Marchand de).
Bottier et cordonnier en chambre.
Boules vulnéraires, dites d'acier ou de Nancy (Fabricant de).
Bouquetière (Marchande) en boutique.
Bouquiniste.
Bourrelets d'enfants (Fabricant et marchand de).
Boursier.
Boutons de soie (Fabricant de), pour son compte.
Briquets phosphoriques et autres (Marchand de).
Broches pour la filature (Rechargeur de),
Broderies (Dessinateur imprimeur de).
Broderies (Fabricant à façon de).
Brunisseur.
Buffletier (Fabricant), pour son compte.
Bustes en cire pour les coiffeurs (Fabricant de).
Cabinet de figures en cire (Tenant un).
Cabinet de lecture où l'on donne à lire les journaux seulement (Tenant un).
Cabinet particulier de tableaux, d'objets d'histoire naturelle ou d'antiquité (Tenant un).
Cabriolet sur place ou sous remise (Loueur de) s'il n'a qu'un cabriolet.
Calandreur de vieilles étoffes.
Cambreur de tiges de bottes.
Camées faux ou moulés (Fabricant de).
Canelles et robinets en cuivre (Fabricant de), à façon.
Cannes (Fabricant de), pour son compte.
Cannetille (Fabricant de).
Caractères d'imprimerie (Fondeur de) à façon.
Caractères d'imprimerie (Graveur en).
Caractères mobiles en bois ou en terre cuite (Fabricant de).
Carcasses ou montures de parapluies (Fabricant de), pour son compte.
Cardeur de laine, de coton, de bourre de soie, filoselle, etc.
Carreleur.
Carrioles (Loueur de).
Ceinturonnier pour son compte.
Cendres ordinaires (Marchand de).
Chaises (Loueur de), pour un prix de ferme de 500 fr. à 2,000 fr.
Chapelets (Fabricant et marchand de).
Charnière en fer, cuivre ou fer-blanc (Fabricant de), par les procédés ordinaires, pour son compte.
Chasublier à façon.
Chaudronnier rhabilleur.
Chaussons en lisière et autres (Marchand de).
Chenille en soie (Fabricant de), pour son compte.
Chevaux (Courtier de).
Chèvres et chevreaux (Marchand de).
Chiffonnier en détail.
Chineur.
Cirage ou encaustique (Marchand fabricant de).
Cloutier au marteau, pour son compte.
Coiffes de femmes (Faiseuse et marchande de).
Colle de pâte et de peau (Fabricant de).
Colleur de chaînes pour fabricant de tissus.
Coquetier avec bêtes de somme.
Cordes harmoniques (Fabricant de) à façon.
Cordes métalliques (Fabricant de), à façon.
Cordier (Fabricant de menus cordages, tels que cordes, ficelles, longes, traits, etc.

Cordons en fil, soie, laine, etc. (Fabricant de) pour son compte.

Corroyeur à façon.

Cosmétiques (Marchand de).

Coton cardé ou gommé (Marchand de).

Coupeurs de poils à façon.

Courroies (Apprêteur de) pour son compte.

Courtier de bestiaux.

Coutelier à façon.

Couturière en corsets, en robes ou en linge.

Couvreur en paille ou en chaume.

Crèmier ou laitier.

Crépin en bois (Fabricant d'articles de), pour son compte.

Criblier.

Cristaux (Tailleur de).

Crochets pour les fabriques d'étoffes (Fabricant de), pour son compte.

Cuivre vieux (Marchand de).

Cuves, foudres, barriques et tonneaux (Fabricant de).

Déchets de coton (Marchand de).

Décrueur de fil.

Dégraisseur.

Denteleur de scies.

Doreur sur tranches.

Ebéniste (Fabricant) à façon.

Ecailles d'ables ou ablettes (Marchand d').

Echalas (Marchand d').

Ecorcheur ou équarisseur d'animaux.

Embouchoirs (Faiseur d').

Emailleur à façon.

Enjoliveur (Fabricant), pour son compte.

Eperonnier à façon.

Epicier-regrattier. S'il ne vend qu'au petit poids et à la petite mesure quelques articles d'épiceries, et joint à ce commerce la vente de quelques autres objets, comme poterie de terre, charbon en détail, bois à la falourde, etc.

Epinglier grillageur.

Equarisseur de bois.

Equipeur-monteur.

Essence d'Orient (Fabricant d').

Estampeur en métaux autres que l'or et l'argent.

Etriers (Fabricant d') à façon.

Etrilles (Fabricant d') à façon.

Eventailliste (Fabricant), pour son compte.

Expert pour le partage et l'estimation des propriétés.

Ferblantier en chambre.

Ferrailleur.

Fiacre (Loueur de), s'il n'a qu'une seule voiture.

Finisseur en horlogerie.

Fleuriste travaillant pour le compte des marchands.

Fendeur de brins de baleine.

Fontaine en grès, à sable (Marchand de).

Forces (Fabricant de) à façon.

Forêts (Fabricant de).

Formier.

Fouets, cravaches (Fabricant ou marchand de), pour son compte.

Fournier.

Fourreaux pour sabres, épées, baïonnettes (Fabricant de), pour son compte.

Frangier (Fabricant), pour son compte.

Fretin (Marchand de).

Friseur de drap et autres étoffes de laine.

Friteur ou friturier en boutique.

Fruitier.

Gabare (Maître de) ou Gabarier.

Galettes, gaufres, brioches et gâteaux (Marchand de), en boutique.

Galochier.

Galonnier (Fabricant), pour son compte.

Gaînier (Fabricant), pour son compte.

Gargotier.

Gaufreur d'étoffes, de rubans, etc.

Gaules et perches (Marchand de).

Graines fourragères, oléagineuses et autres (Marchand de), en détail.

Grainier ou grainetier.

Gravatier.

Graveur en caractères d'imprimerie.

Graveur sur métaux. Se bornant à graver des cachets ou des planches pour factures et autres objets dits de ville.

Grueur.

Guêtrier.

Guillocheur.

Guimpier.

Halage (Loueur de chevaux pour le).

Hameçons (Fabricant d').

Herboriste. Ne vendant que des plantes médicinales fraîches ou sèches.

Hongreur.

Horlogerie (Fabricant de pièces d') à façon.

Horloger-repasseur.

Horloger-rhabilleur (non marchand).

Horloges en bois (Fabricant ou marchand d').

Imprimeur en taille douce pour objets dits de ville.

Imprimeur lithographe (non éditeur).

Imprimeur sur porcelaine, faïence, verre, cristaux, émail, etc.

Ivoire (Fabricant d'objets en) à façon.

Joaillier à façon.

Lait d'ânesse (Marchand de).

Lamier-rotier pour son compte.

Lapidaire à façon.

Layettes d'enfant (Marchand de).

Légumes secs (Marchand de) en détail.

Lie de vin (Marchand de).

Lin (Fabricant de).

Linge (Marchand de vieux).

Liqueur et eaux-de-vie (Débitant de).

Logeur.

Loueur de livres.

Lunettes (Fabricant de verres de).

Luthier (Fabricant) à façon.

Marbreur sur tranches.

Marchande à la toilette.

Maroquinier à façon.

Mégissier à façon.

Mesures linéaires, règles et équerres (Fabricant de), pour son compte.

Métiers à bas (Forgeur de) à façon.

Metteur en œuvre à façon.

Monteur en bronze.

Moulures (Fabricant de) à façon.

Moutardier (Marchand) en détail.

Muletier.

Nacre de perle (Fabricant d'objets en) à façon.

Navetier (Fabricant).

62

Oiselier.

Orfèvre à façon.

Orge (Exploitant un moulin à perler l').

Orgues portatives (Facteur d') à façon.

Ouate (Fabricant et marchand d').

Outres (Fabricant d') à façon.

Paille (Fabricant de tissus pour chapeaux de) à façon.

Paille (Fabricant de tresses, cordonnets, etc., en).

Paille teinte (Fabricant et marchand de).

Pain (Marchand de) en boutique.

Papier de fantaisie (Fabricant de), à façon.

Passementier (Fabricant), pour son compte.

Patachier.

Pâtisier brioleur.

Pêche (Adjudicataire ou fermier de) pour un prix de ferme de 500 fr. à 2,000 fr.

Pédicure.

Peigneur de chanvre, de lin ou de laine.

Peintre en armoiries, attributs et décors.

Peintre ou doreur, soit sur verre ou cristal, soit sur porcelaine, etc., pour son compte.

Perruquier.

Pierre de touche (Marchand de).

Piquonnier.

Planches ou ifs à bouteilles (Fabricant de).

Planeur en métaux.

Plaqueur.

Plumeaux (Marchand fabricant de), pour son compte.

Poires à poudre (Fabricant de), pour son compte.

Poisson (Marchand en détail de).

Pompes de bois (Fabricant de).

Poterie de terre (Marchand de).

Présurier.

Queues de billard (Fabricant de) à façon.

Raquettes (Fabricant de) pour son compte.

Regrattier.

Relieur de livres.

Rentrayeur de couvertures de laine et de coton.

Ressorts de bandages pour les hernies (Fabricant de), à façon.

Ressorts de montres et de pendules (Fabricant de) à façon.

Revendeuse à la toilette pour son compte.

Roseaux (Marchand de).

Rouettes ou harts pour lier les trains de bois (Marchand de).

Ruches pour les abeilles (Fabricant de), pour son compte.

Scieur de long.

Sculpteur en bois à façon.

Seaux ou baquets en sapin (Fabricant de), pour son compte.

Sel (Marchand de) en détail.

Sellier à façon.

Socques (Fabricant et marchand de) en bois.

Soufflets ordinaires (Fabricant et marchand de).

Tableaux (Restaurateur de).

Tabletteries (Fabricant d'objets en) à façon.

Tailleur d'habits à façon.

Toiles grasses (Fabricant de), pour emballage.

Toiles métalliques (Fabricant de) à façon.

Toiseur de bâtiments.

Toiseur de bois.

Tondeur de draps et autres étoffes de laine.

Tonneaux (Marchand de).

Tonnelier.

Torcher.

Tourneur en bois (Marchand), vendant en boutique divers objets en bois faits au tour.

Treillageur.

Tripier.

Ustensiles de ménages (Marchand de vieux).

Vaisselles et ustensiles de bois (Fabricant et marchand de).

HUITIÈME CLASSE.

Accoutreur.

Affiloirs (Marchand d').

Agrafes (Fabricant d') par procédés ordinaires, à façon.

Aiguilles, clefs et autres petits objets pour montres et pendules (Fabricant d') à façon.

Aiguilles (Fabricant d') à coudre ou à faire des bas, par procédés ordinaires, à façon.

Aiguilles pour les métiers à faire des bas (Monteur d').

Allumettes et amadou (Fabricant et marchand d').

Appeaux pour la chasse (Fabricant d').

Apprêteur de chapeaux de feutre.

Approprieur de chapeaux.

Arçonneur.

Artiste en cheveux.

Assembleur.

Balais de bouleau, de bruyère et de grand millet (Marchand de), avec voiture ou bêtes de somme.

Ballons pour lampes (Fabricant de) à façon.

Barbier.

Bardeaux (Fabricant de) à façon.

Batelier.

Bâtonnier.

Baudelier.

Blanchisseur de linge, sans établissement de buanderie.

Bobines pour les manufactures (Fabricant de).

Bois à brûler (Marchand de), qui vend à la falourde, au fagot et au cotret.

Bois de galoches et de socques (Faiseur de).

Boisselier (Fabricant) à façon.

Bouchons de flacons (Ajusteur de).

Bouclerie (Fabricant de) à façon.

Boutons de métal, corne, cuir bouilli (Fabricant de) à façon.

Boutons de soie (Fabricant de) à façon.

Bretelles et jarretières (Fabricant de) à façon.

Brioleur avec bêtes de somme.

Briquetier à façon.

Brocanteur d'habits sans boutique.

Broches et cannelets pour la filature (Fabricant de) à façon.

Brosses (Fabricant de bois pour).

Brossier (Fabricant) à façon.

Bûches et briquettes factices (Marchand de).

Buffletier (Fabricant) à façon.

Cabas (Faiseur de).

Cadrans de montre et de pendules (Fabricant de) à façon.

Café tout préparé (Débitant de).

Cafetières du Levant ou marabouts (Fabricant de) à façon.
Cages, souricières et tournettes (Fabricant de).
Canevas (Dessinateur de).
Cannes (Fabricant de) à façon.
Caparaçonnier à façon.
Carcasses ou montures de parapluies (Fabricant de) à façon.
Cardes (Fabricant de) à façon par les procédés ordinaires.
Carrés de montre (Fabricant de) à façon.
Cartons pour les bureaux et autres (Fabricant de) à façon.
Casquettes (Fabricant de) à façon.
Castine (Marchand de).
Ceinturonnier à façon.
Cerclier.
Chaises communes (Fabricant et marchand de).
Chaises (Loueur de) pour un prix de ferme au-dessous de cinq cents francs.
Chamoiseur à façon.
Chandeliers en fer ou en cuivre (Fabricant de) à façon.
Chapeaux (Marchand de vieux) en boutique ou en magasin.
Charbon de bois (Marchand de) en détail.
Charbon de terre épuré ou non (Marchand de) en détail.
Charbonnier-voiturier.
Charnières en fer, cuivre ou fer-blanc (Fabricant de), par procédés ordinaires, à façon.
Charrettes (Loueur de).
Châsses de lunettes (Fabricant de) à façon.
Chaussons en lisière (Fabricant de).
Chenille en soie (Fabricant de) à façon.
Chevilleur.
Clinquant (Fabricant de) à façon.
Cloutier au marteau à façon.
Colleur de papier peints.
Cols (Fabricant de) à façon.
Cordes à puits et liens d'écorces (Fabricant de).
Cordons en fil, soie, laine, etc. (Fabricant de) à façon.
Corne (Apprêteur de) à façon.
Corne (Fabricant de feuilles transparentes de) à façon.
Cotrets (Débitant de).
Courroies (Apprêteur de) à façon.
Couverts et autres objets en fer battu ou étamé (Fabricant de) à façon.
Crépin en buis (Fabricant d'articles de) à façon.
Crin (Apprêteur, crêpeur ou friseur de) à façon.
Crinières (Fabricant de) à façon.
Crochets pour les fabriques d'étoffes (Fabricant de) à façon.
Cuillers d'étain (Fondeur ambulant de).
Découpeur d'étoffes ou de papiers.
Découpoirs (Fabricant de) à façon.
Décrotteur en boutique.
Dés à coudre, en métal autre que l'or et l'argent (Fabricant de) à façon.
Ecrans (Fabricant d') à façon.
Elastiques pour bretelles, jarretières, etc. (Fabricant d')
Emeri et rouge à polir (Marchand d').
Enjoliveur (Fabricant) à façon.
Etameur ambulant d'ustensiles de cuisine.

Etoupes (Marchands d').
Eventailliste (Fabricant) à façon.
Fagots et bourrées (Marchand de) en détail, vendant au fagot.
Falourdes (Débitant de).
Faines (Marchand de).
Feuilles de blé de Turquie (Marchand de).
Figures en cire (Mouleur de) à façon.
Filasse de nerfs (Fabricant de) à façon.
Formaire pour la fabrication du papier, à façon.
Fouets et cravaches (Fabricant de) à façon.
Fourreaux pour sabres, épées, baïonnettes (Fabricant de) à façon.
Frangier à façon.
Frappeur de gaze.
Fuseaux (Fabricant de).
Gaînier à façon.
Galonnier à façon.
Garnisseur d'étuis pour instruments de musique.
Garnitures de parapluie et cannes, telles que bouts, anneaux, cannes, manches, etc. (Fabricant de).
Gibernes (Fabricant de) à façon.
Graveur de musique.
Graveur sur bois.
Harmonicas (Facteur d').
Lamier-rotier à façon.
Langueyeur de porcs.
Limailles (Marchand de).
Limes (Tailleur de).
Livrets (Fabricant de) pour les batteurs d'or ou d'argent.
Loueur en garni (s'il ne loue qu'une chambre).
Marrons (Marchand de) en détail.
Matelassier.
Mèches et veilleuses (Marchand et fabricant de).
Mesures linéaires, règles et équerre (Fabricant de) à façon.
Modiste à façon.
Moireur d'étoffes à façon.
Moules de boutons (Fabricant de).
Nattier.
Nécessaires (Fabricant de) à façon.
Nerfs (Batteur de).
OEillets métalliques (Fabricant d').
Oribus (Faiseur et marchand d')
Os (Fabricant d'objets en) à façon.
Osier (Marchand d').
Ourdisseur de fils.
Paillassons (Fabricant de).
Paillettes et paillons (Fabricant de) à façon.
Papiers verrés ou émerisés (Fabricant de).
Parcheminier à façon.
Passementier (Fabricant) à façon.
Pâte de rose (Fabricant de bijoux en).
Pêche (Adjudicataire ou fermier de) pour un prix de fermage au-dessous de cinq cents francs.
Peignes à sérancer (Fabricant de) à façon.
Peignes d'écaille (Fabricant de) à façon.
Peignes en cannes ou roseaux pour le tissage (Fabricant et marchand de).
Peintre ou doreur, soit sur verre ou cristal, soit sur porcelaine, etc., à façon.
Pelles de bois (Fabricant et marchand de).
Perceur de perles.
Perles fausses (Fabricant de) à façon.
Pinceaux (Fabricant de) à façon.

fr.

Piqueur de cartes à dentelles.
Piqueur de grès.
Plieurs de fils de soie à façon.
Plumassier à façon.
Plumeaux (Fabricant de) à façon.
Plumes à écrire (Apprêteur de).
Poires à poudre (Fabricant de) à façon.
Pois d'iris (Fabricant de).
Portefeuilles (Fabricant de) à façon.
Porteur d'eau filtrée ou non filtrée, avec cheval
et voiture.
Potier de terre ayant moins de cinq ouvriers.
Pressoir (Maître de) à bras.
Puits (Maître cureur de).
Raquettes (Fabricant de) à façon.
Régleur de papier.
Rémouleur ou repasseur de couteaux.
Reperceur.
Rognures de peaux (Marchand de).
Rouleaux (Tourneur de) pour la filature.
Ruches pour les abeilles (Fabricant de) à façon.
Sable (Marchand de).
Sabotier (Fabricant).
Sabots (Marchand de) en détail.
Seaux ou baquets en sapin (Fabricant de) à façon.
Souliers vieux (Marchand de).
Tisserand.
Têtes en carton servant aux marchandes de modes (Fabricant de).
Tourbe (Marchand de) en détail.
Tourneur en bois (Fabricant), sans boutique.
Vannier (Fabricant de vannerie commune).
Vignettes et caractères à jour (Fabricant de) à façon.
Vis (Fabricant de) par procédés ordinaires, à façon.
Voiturier.

TABLEAU B.

*Professions imposées, eu égard à la population,
d'après un tarif exceptionnel.*

		fr.
Agent de change	A Paris	1,000
	Dans les villes de cent mille âmes et au-dessus	250
	De cinquante mille à cent mille âmes	200
	De trente mille à cinquante mille, et dans les villes de quinze mille à trente mille âmes qui ont un entrepôt réel	150
	Dans les villes de quinze mille à trente mille âmes, et dans les villes d'une population inférieure à quinze mille âmes qui ont un entrepôt réel	100
	Dans toutes les autres communes	75
Banquier.	A Paris	1,000
	Dans les villes d'une population de cinquante mille âmes et au-dessus	500
	Dans les villes de trente mille à cinquante mille âmes, et dans celles de quinze mille à trente mille âmes qui ont un entrepôt réel	400
	Dans les villes de quinze mille à trente mille âmes et dans les villes d'une	
Banquier.	population inférieure à quinze mille âmes, qui ont un entrepôt réel	300
	Dans toutes les autres communes	200
	A Paris	400
	Dans les villes d'une population de cinquante mille âmes et au-dessus	300
Commissionnaire en marchandises.	Dans les villes de trente mille à cinquante mille âmes, et dans celles de quinze mille âmes qui ont un entrepôt réel	200
	Dans les villes de quinze mille à trente mille âmes et dans les villes d'une population inférieure à quinze mille âmes qui ont un entrepôt réel	150
	Dans toutes les autres communes	75
	A Paris	250
	Dans les villes de cinquante mille âmes et au-dessus	200
Commissionnaire entrepositaire. Commissionnaire de transports par terre et par eau.	Dans les villes de trente mille à cinquante mille âmes, et dans celles de quinze mille à trente mille âmes qui ont un entrepôt réel	150
Courtiers d'assurances. Courtiers de navires. Courtiers de marchandises.	Dans les villes de quinze mille à trente mille âmes, et dans les villes d'une population inférieure à quinze mille âmes qui ont un entrepôt réel	100
	Dans toutes les autres communes	50
	A Paris	300
	Dans les villes de cinquante mille âmes et au dessus	150
Entrepreneur d'éclairage à l'huile.	Dans les villes de trente mille à cinquante mille âmes	100
	Dans les villes de quinze mille à trente mille âmes	50
	Dans toutes les autres communes	25
Facteur aux halles de Paris.	Pour les farines, le beurre, les œufs, les fromages et le poisson salé	150
	Pour les grains, graines et grenailles, la marée, les huîtres et les cuirs	100
	Pour le poisson d'eau douce, la volaille, le gibier, les agneaux, cochons de lait, veaux de rivière et de pré-salé, les veaux, les charbons de bois arrivés par eau, les draps, les toiles, les fourrages	75
	Pour le charbon de bois arrivé par terre ou pour le charbon de terre	50
	Pour les fruits et légumes	25
Gaz pour l'éclairage (Fabrique de).	Pour les fabriques qui fournissent l'éclairage de tout ou partie de la ville de Paris	600
	Des villes de cinquante mille âmes et au-dessus	400
	Des villes de trente mille et au-dessus	200
	Des villes de quinze mille à trente mille âmes	150
	Des villes au-dessous de quinze mille âmes	75

fr.

Inhumations et pompes funèbres de Paris (Entreprise des) 1,000

| Monnaies (Directeur des). | A Paris . . . . | 1,000 |
| | Dans toutes les autres villes | 500 |

Négociant.	A Paris	400
	Dans les villes de cinquante mille âmes et au-dessus .	300
	Dans les villes de trente mille à cinquante mille âmes, et dans celles de quinze à trente mille âmes qui ont un entrepôt réel	200
	Dans les villes de quinze mille à trente mille âmes, et dans les villes d'une population inférieure à quinze mille âmes qui ont un entrepôt réel . . .	150
	Dans toutes les autres communes	100

Pont (Concessionnaires ou fermiers de péage sur un).	Dans l'intérieur de Paris .	200
	Dans l'intérieur d'une ville de cinquante mille âmes et au-dessus	100
	Dans l'intérieur d'une ville de vingt mille à trente mille âmes	75
	Dans les autres communes d'une population inférieure à vingt mille âmes, lorsque le pont réunit deux parties d'une route royale	75
	D'une route départementale	50
	D'un chemin vicinal de grande communication .	25
	D'un chemin vicinal . . .	15

Roulage (Entrepreneur de).	A Paris	300
	Dans les villes de cinquante mille âmes et au-dessus .	200
	Dans les villes de trente mille à cinquante mille âmes et dans celles de quinze mille à trente mille âmes qui ont un entrepôt réel	150
	Dans les villes de quinze mille à trente mille âmes, et dans les villes d'une population inférieure à quinze mille âmes qui ont un entrepôt réel . . .	100
	Dans toutes les autres communes	75

TABLEAU C.

Professions imposées sans égard à la population.

PREMIÈRE PARTIE.

DROIT PROPORTIONNEL AU QUINZIÈME.

| Armateur pour le long cours. | Quarante centimes par chaque tonneau jusqu'au maximum de 400 fr. | |

| Armateur pour le grand et le petit cabotage, la pêche de la baleine et celle de la morue. | Vingt-cinq centimes par chaque tonneau, jusqu'au maximum de 400 fr. | |

Assurances, non mutuelles, dont les opérations s'étendent à plus de vingt départements. .	1,000
De six à vingt départements . . .	500
A moins de six départements . . .	300

fr.

Banque de France, y compris ses comptoirs.		10,000
Banque dans les départements.	Ayant un capital de deux millions et au-dessus. .	1,000
	Par chaque million de capital en sus, 200 fr., jusqu'au maximum de 2,000 fr.	

Bateaux et paquebots à vapeur pour le transport des voyageurs (Entreprise de).
Pour voyages de long cours. 300
Sur fleuves, rivières et le long des côtes. . . 200
Bateaux et paquebots à vapeur pour le transport des marchandises (Entreprise de). . 200
Bateaux à vapeur remorqueurs (Entreprise de). 150

| Canaux navigables avec péage (Concessionnaire de). . . . . | 200 |
| Plus vingt francs par myriamètre complet, en sus du premier, jusqu'au maximum de mille francs. | |

Coches d'eau (Entreprise de). 100
Défrichement ou desséchement (Compagnie de). 300

Fournisseurs généraux.	d'objets concernant l'habillement, l'armement, la remonte, le harnachement et l'équipement des troupes, etc.	1,000
	de subsistances aux armées.	1,000
	de bois et lumières aux troupes.	1,000

Fournisseurs des objets ci-dessus indiqués, par division militaire. 150
Fournisseur de fourrages aux troupes dans les garnisons. 100
Fournisseur de vivres et fourrages dans un gîte d'étape. 25
Fournisseur de bois et de lumière aux troupes dans les garnisons. 25
Magasin de plusieurs espèces de marchandises (Tenant un), lorsqu'il occupe habituellement au moins vingt-cinq personnes préposées à la vente. 1,000

Marchand forain.	Avec voiture à un seul collier.	60
	A deux colliers. . . .	120
	A trois colliers et au-dessus ou ayant plus d'une voiture. . . .	200
	Avec bête de somme. . .	40
	Avec balle.	15

(Les droits ci-dessus sont réduits de moitié lorsque le marchand forain ne vend que de la boissellerie, de la poterie, de la vannerie ou des balais).

DEUXIÈME PARTIE.

Tontine (Société de). 300

| Droit proportionnel. | Au vingtième : 1° sur la maison d'habitation. 2° Sur les magasins de vente complétement séparés de l'établissement. Au vingt-cinquième : sur l'établissement industriel. | |

Aiguilles à coudre ou à faire des bas par procédés ordinaires (Fabricant d') pour son compte. 25

| Amidon (Fabriquant d') | Ayant dix ouvriers et au-dessous. | 25 |
| | Et trois francs par chaque ouvrier en sus, jusqu'au maximum de deux cents francs. | |

fr.

Ardoisières (Exploitant d'). — Ayant dix ouvriers et au-dessous. . . . . Et trois francs par chaque ouvrier en sus, jusqu'au maximum de quatre cents francs.

Blanc de Baleine (Raffinerie de). — Ayant cinq ouvriers et au-dessous. . . . . **25** Et trois francs par chaque ouvrier en sus, jusqu'au maximum de deux cents francs.

Bougies, cierges, etc. (Fabrique de). — Ayant cinq ouvriers et au-dessous. . . . . **25** Et trois francs par chaque ouvrier en sus, jusqu'au maximum de trois cents francs.

Brais, goudrons, poix, résines et autres matières analogues (Fabrique de). **25**

Briques (Fabrique de). — Ayant cinq ouvriers et au-dessous. . . . . **15** Et deux francs par chaque ouvrier en sus, jusqu'au maximum de cent francs.

Café de chicorée (Fabrique de). **50**
Capsules ou amorces de chasse (Fabricant de. **50**
Cendres gravelées (Fabrique de). **25**

Chandelles (Fabrique de). — Ayant cinq ouvriers et au-dessous. . . . . **10** Et trois francs par chaque ouvrier en sus, jusqu'au maximum cent francs.

Chaux naturelle (Fabrique de). — Pour un four. . . . **15** Pour deux. . . . **30** Et pour trois fours et au-dessus. **50**

Chaux artificielle (Fabrique de). — Pour un four. . . . **20** Pour deux. . . . . . **50** Et pour trois fours et au-dessus. **80**

Cire (Blanchisserie de). — Ayant cinq ouvriers et au-dessous. . . . . **25** Et trois francs par chaque ouvrier en sus, jusqu'au maximum de deux cents francs.

Colle-Forte (Fabrique de). — Ayant cinq ouvriers et au-dessous. . . . . **25** Et trois francs par chaque ouvrier en sus, jusqu'au maximum de cent francs.

Crayons (Fabrique de). — Ayant cinq ouvriers et au-dessous. . . . . **25** Et trois francs par chaque ouvrier en sus, jusqu'au maximum de trois cents francs.

Creusets (Fabrique de). **25**

Encre d'impression (Fabricant d'). — Ayant cinq ouvriers et au-dessous. . . . . **25** Et trois francs par chaque ouvrier en sus, jusqu'au maximum de deux cents francs.

Engrais (Marchand d'). **25**
Esprit ou eau-de-vie de vin (Fabrique d') . **50**
Esprit ou eau-de-vie de marc de raisin, ci-

fr.

dre, poiré, fécules et autres substances analogues (Fabrique d'). **25**

Etain (Fabrique d') pour glaces. — Ayant dix ouvriers et au-dessous. . . . . . **50** Et trois francs par chaque ouvrier, jusqu'au maximum de trois cents francs.

Fécules de pommes de terre (Fabrique de). — Ayant dix ouvriers et au-dessous. . . . . **25** Et trois francs par chaque ouvrier, jusqu'au maximum de deux cents francs.

Fontainier, sondeur et foreur de puits artésiens. **50**

Formes à sucre (Fabrique de). — Vingt-cinq francs pour cinq ouvriers et au-dessous, et trois francs par chaque ouvrier en sus, jusqu'au maximum de cent francs.

Gélatine (Fabrique de). — Ayant cinq ouvriers et au-dessous. . . . . **25** Et trois francs par chaque ouvrier, jusqu'au maximum de deux cents francs.

Glacières (Maître de). **50**
Mastics et ciments (Fabrique de). **50**
Noir animal (Fabrique de). **50**

Pâtes alimentaires (Fabrique de). — Ayant cinq ouvriers et au-dessous. . . . . **25** Et trois francs par chaque ouvrier, jusqu'au maximum de deux cents francs.

Pierres à feu (Fabricant, expéditeur de). . **25**
Pipes (Fabrique de), vingt-cinq francs par four, jusqu'au maximun de cent cinquante francs.

Plâtre (Fabrique de). — Pour un four. . . . . **15** Pour deux fours. . . . **30** Pour trois fours et au-dessus. **50**

Pointes (Fabrique de), par procédés ordinaires). — Ayant dix ouvriers et au-dessous. . . . . **25** Plus, trois francs par chaque ouvrier en sus, jusqu'au maximum de trois cents francs.

Poterie (Fabrique de). — Trois francs par chaque ouvrier, jusqu'au maximum de trois cents francs.

Réglisse (Fabrique de). — Ayant cinq ouvriers et au-dessous. . . . . **25** Et trois francs par chaque ouvrier en sus, jusqu'au maximum de deux cents francs.

Savon (Fabrique de). — Trente francs pour une ou plusieurs chaudières ayant une capacité minimum de trente hectolitres. Un franc en plus par chaque hectolitre excédant un chiffre de trente, jusqu'au maximum de quatre cents francs.

Sel (Raffinerie de). **100**

fr.

Suif (Fondeur de). . . . . { Ayant cinq ouvriers et au-dessous. . . . . . 10 / Et trois francs par chaque ouvrier en sus, jusqu'au maximum de cent francs.

Taffetas gommés ou cirés (Fabricant de). . . 50
Tapis peints ou vernis (Fabricant de). . . 50
Toiles cirées ou vernies (Fabricant de). . . 50
Tourbes carbonisées (Fabrique de). . . . 25

Tuiles (Fabrique de). . . . . { Ayant cinq ouvriers et au-dessous. . . . . 15 / Et deux francs par chaque ouvrier en sus, jusqu'au maximum de cent francs.

TROISIÈME PARTIE.

Droit proportion-nel. . . . . { Au vingtième : 1o sur la maison d'habitation; 2. Sur les magasins de vente complétement sé-parés de l'établissement; Au quarantième : sur l'é-tablissement industriel.

Acier fondu ou acier de cémen-tation (Fabri-que de). . . { Ayant trois ouvriers et au-dessous. . . . . . 15 / Et trois francs par chaque ouvrier en sus, jus-qu'au maximum de trois cents francs.

(Ce droit sera réduit de moitié pour les fabriques qui sont forcées de chômer, par crue ou par manque d'eau, pendant une partie de l'année équivalente au moins à quatre mois.)
Acier naturel (Fabrique d'), imposable comme les forges et hauts fourneaux. 50
Agrafes (Fabrique d'), par procédés mécani-ques. 50

Aiguilles à cou-dre ou à trico-ter, ou pour métiers à faire des bas par procédés méca-niques (Manu-facture d'). . { Ayant cinq ouvriers et au-dessous. Plus trois francs par cha-que ouvrier en sus, jus-qu'au maximum de trois cents francs. } 25

Armes blanches (Fabrique d'). 100
Armes (Manufactures d') de guerre. . . . 400
Biscuits de mer (Fabrique de). 50
Blanchisserie de toiles et fils pour le com-merce, par procédés mécaniques.
Ayant cinq ouvriers et au-dessous. 25
Et trois francs par chaque ouvrier en sus, jusqu'au maximum de trois cents francs.
Boccard, patouil-let ou lavoir de minerai. { Pour chaque usine. . . Jusqu'au maximum de cent francs. } 15

(Ce droit sera réduit de moitié pour les boc-cards, patouillets ou lavoirs qui sont forcés de chômer, par crue ou par manque d'eau, pendant une partie de l'année équivalente au moins à quatre mois.)
Brasseries.
Pour chaque chaudière contenant moins de dix hectolitres. 10
Pour chaque chaudière de dix à vingt hec-tolitres. 20
Pour chaque chaudière de vingt à trente hec-tolitres. 30

fr.

Pour chaque chaudière de trente à quarante hectolitres. 40
Pour chaque chaudière de quarante à soixante hectolitres. 60
Pour chaque chaudière au-dessus de soixante hectolitres. 100
jusqu'au maximum de quatre cents francs.
(Ce droit sera réduit de moitié pour les bras-series qui ne brassent que quatre fois au plus par an.)
Cartonnage (Fa-brique de). . { Trente francs par cuve, jusqu'au maximum de cent cinquante francs.
(Ce droit sera réduit de moitié pour les fa-briques qui sont forcées de chômer, par manque ou par crue d'eau, pendant une partie de l'année équivalente au moins à quatre mois.)
Chaudronnerie pour les appareils à vapeur, à distiller, à concentrer, etc. (Fabrique de).
Chemin de fer avec péage (Concessionnaire de. 200
Plus vingt francs par myriamètre en sus du premier, jusqu'au maximum de mille francs.
Clous et pointes (Fabrique de), par procédés mécaniques. . { Pour dix métiers et au-dessous. . . . . . 50 / Plus cinq francs pour cha-que métier en sus de dix, jusqu'au maximum de quatre cents francs.
Convois militaires (Entreprise générale des). 1,000
Convois militaires (Entreprise particulière des), pour une division militaire. . . . 100
Convois militaires (Entreprise particulière pour gîtes d'étape). 25
Cotons (Filerie de), un franc cinquante cen-times par bassine ou tour, jusqu'au maxi-mum de quatre cents francs.
Cristaux (Manufacture de). 300
Diligences partant à jours et heures fixes (En-trepreneur de), parcourant une distance de deux myriamètres et au-dessous. 25
Pour chaque myriamètre complet en sus des deux premiers, cinq fr., jusqu'au maxi-mum de mille fr.
Eaux minérales et thermales (Exploitation d'). 150
Enclumes, es-sieux et gros é-taux (Manu-facture d'), { Par feu. jusqu'au maximum de cent cinquante fr.
Epingles (Manu-facture d'), par procédés méca-niques, { Ayant dix ouvriers et au-dessous. . . . . 25 / Plus trois francs par cha-que ouvrier en sus, jusqu'au maximum de trois cents fr.
Faïence (Manu-facture de). { Par four. . . . . . . 25 jusqu'au maximum de cent cinquante fr.
Faux et faucilles Fabrique de). { Dix ouvriers et au-dessous 25 / Et trois francs par chaque ouvrier en sus de ce nombre, jusqu'au ma-ximum de trois cents francs.
Fer-blanc (Fa-brique de) { Jusqu'à vingt ouvriers. . 100 / Plus trois francs par cha-que ouvrier en sus, jus-qu'aux maximum de quatre cents francs.

fr.

Ferronerie serrurerie et clous forgés (Fabricant de).
- Ayant dix ouvriers et au-dessous, ... 25
- Et trois francs par chaque ouvrier en sus, jusqu'au maximum de trois cents francs.

Forges et hauts-fourneaux (Maître de).
- Ayant au moins trois hauts-fourneaux au coke.. 500
- Plusieurs hauts-fourneaux au coke, avec fonderies, forges et laminoirs. 500
- Deux hauts-fourneaux au coke. 400
- Un haut-fourneau au coke, avec forges et laminoirs. 400
- Un haut-fourneau au coke, avec une fonderie. 300
- Un haut-fourneau au coke. 250
- Trois hauts-fourneaux au bois et plus. 400
- Un établissement ou un ensemble d'établissement réunissant à plus de quatre feux d'affinerie ou quatre fours à pudler une fabrication de tôle, ou deux autres systèmes au moins de sous-fabrication de métaux, soit fonderie, tréfilerie, ferblanterie, métiers à clous à pointe. 400
- Un haut-fourneau au bois, avec plusieurs forges, ou deux hauts-fourneaux au bois, avec une seule forge. 500
- Plus de deux hauts-fourneaux au bois, avec une ou plusieurs forges. 400
- Deux hauts-fourneaux au bois. 250
- Un haut-fourneau au bois, avec une fonderie. 250
- Un haut-fourneau au bois, avec une forge. 200
- Une ou plusieurs forges, avec laminoirs, tréfilerie, et tout autre système de sous-fabrication métallurgique. 200
- Un haut fourneau au bois. 150
- Une forge à trois marteaux et plus, 100
- Trois forges à la catalane et plus. 100
- Une forge où l'action des marteaux est remplacée par celle d'un laminoir cingleur. 100
- Une forge à deux marteaux. 50
- Deux forges à la catalane. 50
- Une forge à un seul marteau. 25
- Une forge dite *catalane*. 25

Ces droits seront réduits de moitié pour les forges dites *catalanes* et pour les forges à un ou deux marteaux, lorsqu'elles seront forcées, par manque ou par crue d'eau, de chômer pendant une partie de l'année équivalente au moins à quatre mois).

Fonderie de cuivre (Entrepreneur de).
- Ayant plusieurs laminoirs. 500
- Un laminoir ou plusieurs martinets. 200
- Se bornant à convertir le cuivre rouge en cuivre jaune. 100

fr.

Fonderie de cuivre et bronze (Entrepreneur de).
- Fondant des objets de grande dimension, tels que cylindres ou rouleaux d'impression pour les manufactures, ou grandes pièces de mécaniques, etc. 200
- Ne fondant que des objets d'art ou d'ornementation, ou des pièces de mécanique de petite dimension. 100
- Ne fondant que des objets d'un usage commun et de petite dimension, comme robinets, clochettes, anneaux, etc. 50

Fonderie en fer de seconde fusion (Entrepreneur de).
- Fabriquant des objets de grande dimension, tels que cylindres, grilles, colonnes, pilastres, bornes et grandes pièces de mécanique, etc. 200
- Ne fabriquant que des objets de petite dimension pour l'ornementation, ou de petites pièces de mécanique. 100

Glaces (Manufacture de). 400

Gobeleterie (Manufacture de). Cinquante francs par four de fusion, jusqu'au maximum de trois cents fr.

Huîtres (Marchand d') avec voitures servies par des relais. 100

Kaolin (Exploitant une usine à pulvériser le) Par chaque usine. 15 jusqu'au maximum de cent francs.
(Ce droit sera réduit de moitié pour les usines qui sont forcées, par manque ou par crue d'eau, de chômer pendant une partie de l'année équivalente au moins à quatre mois.

Laminerie (Entrepreneur de).
- Ayant trois paires de cylindres et au-dessus. 300
- Ayant deux paires de cylindres de grande dimension. 250
- Ayant une seule paire de cylindres de grande dimension, ou deux paires de cylindres de petite dimension, au-dessous d'un mètre de longueur. 200
- Ayant une seule paire de cylindres de petite dimension, au-dessous d'un mètre de longueur 100

Lamier-rotier par procédés mécaniques. 50

Limes (Fabrique de).
- Ayant dix ouvriers et au-dessous. 25
- Trois francs pour chaque ouvrier en sus, jusqu'au maximum de trois cents francs.

Lits militaires (Entreprise générale des). 1,000
Mareyeur, expéditeur avec voitures servies par des relais. 100
Maison particulière de santé (Tenant une). 100
Maroquin (Fabrique de), avec machine à vapeur ou moteur hydraulique. 100
Martinets, par arbre de camage. 15 jusqu'au maximum de deux cents francs.
(Ce droit sera réduit de moitié pour les fabri-

fr.

ques qui sont forcées, par manque ou par crue d'eau, de chômer pendant une partie de l'année équivalente au moins à quatre mois.)

Moulin à blé, à huile, à garance, à tan, etc. :
Six francs pour une seule paire de meules ou de cylindres.
Quinze francs pour deux paires de meules ou de cylindres.
Vingt-cinq francs pour trois paires de meules ou de cylindres.
Quarante francs pour quatre paires de meules ou de cylindres.
Et vingt francs par paire de meules ou de cylindres en sus, jusqu'au maximum de trois cents francs.
(Ce droit sera réduit de moitié pour les moulins à vent et pour les moulins à eau qui, par manque ou par crue d'eau, sont forcés de chômer pendant une partie de l'année équivalente au moins à quatre mois.)

Moulinier en soie { Par cent tavelles. . . . 10
jusqu'au maximum de deux cents francs.

Orthopédie (Tenant un établissement d'). . . 100

Papeterie à la cuve { Par cuve. 15
jusqu'au maximum de cent francs.

(Ce droit sera réduit de moitié pour les papeteries à la cuve qui sont forcées, par manque ou par crue d'eau, de chômer pendant une partie de l'année équivalente au moins à quatre mois.)

Papeterie à la mécanique
La première machine. 150
Plus cinquante francs par machine, jusqu'au maximum de quatre cents francs.

Papiers peints pour tenture Fabrique de). { Pour quinze tables et au-dessous. 40
Et trois francs par table en sus, jusqu'au maximum de trois cents francs.
Un cylindre sera compté pour vingt-cinq tables.

Porcelaines (Manufacture de)
Trente francs par four, jusqu'au maximum de trois cents francs.

Produits chimiques (Manufacture de). { Ayant cinq ouvriers et au-dessous. 25
Et trois francs par chaque ouvrier en sus, jusqu'au maximum de trois cents francs.

Quincaillerie (Fabrique de). { Ayant dix ouvriers et au-dessous. 25
Plus trois francs par chaque ouvrier en sus, jusqu'au maximum de trois cents francs.

Scierie mécanique { Par chaque cadre. . . . 5
jusqu'au maximum de cent cinquante francs.

(Ce droit sera réduit de moitié pour les fabriques qui sont forcées, par manque ou par crue d'eau, de chômer pendant au moins quatre mois de l'année.)

Scies (Fabrique de). { Ayant dix ouvriers et au-dessous. 25
Puis trois francs par ouvrier en sus, jusqu'au maximum de trois cents francs,

fr.

Sucre (Raffinerie de). 300
Sucre de betterave (Fabrique de) :
Pour chaque chaudière à déféquer contenant moins de dix hectolitres. 40
Pour chaque chaudière à déféquer contenant dix hectolitres et au-dessus. 60
jusqu'au maximum de quatre cents francs.
Tannerie de cuirs forts et mous, par mètre cube de fosses ou de cuves, vingt-cinq centimes, jusqu'au maximum de trois cents francs.
Teinturier pour les fabricants et les marchands, trois francs par ouvrier, jusqu'au maximum de trois cents francs.
Transport de la guerre (Entreprise générale du). 1,000
Transport de la guerre (Entreprise particulière de) pour une division militaire. . . . 100
Transport de la guerre (Entreprise particulière pour gîtes d'étape). 25
Transports militaires (Entreprise générale des). 1,000
Transports des tabacs (Entreprise générale de). 1,000

Tréfilerie en fer ou laiton. { Dix bobines et au-dessous. 25
Vingt bobines. 50
Et quatre francs par chaque bobine en gros numéro, et un franc par bobine d'un numéro fin, jusqu'au maximum de quatre cents francs.

Verrerie, cinquante francs par four de fusion, jusqu'au maximum de trois cents francs.

Vis (Manufacture de). par procédés mécaniques. { Ayant dix ouvriers et au-dessous. 25
Plus trois francs par chaque ouvrier en sus, jusqu'au maximum de trois cents francs.

QUATRIÈME PARTIE.

Droit proportionnel. { Au vingtième : 1° sur la maison d'habitation ;
2° Sur les magasins de vente complètement séparés de l'établissement.
Au cinquantième : sur l'établissement industriel.

Appréteur d'étoffes pour les fabriques. { Ayant cinq ouvriers et au-dessous. 25
Et trois francs par ouvrier en sus, jusqu'au maximum de cent cinquante francs.

Cardes (Manufactures de) par procédés mécaniques. 200
Filature de laine, de chanvre ou de lin, au-dessous de cinq cents broches (Non compris les métiers préparatoires).
Par chaque centaine de broches au-dessus de cinq cents, jusqu'au maximum de quatre cents francs.
Filature de coton au-dessous de cinq cents broches. 10
Pour chaque centaine de broches au-dessus de cinq cents, un franc cinquante centimes, jusqu'au maximum de quatre cents francs.

Fil de coton, chanvre, lin, (Fabrique de). { Pour un ou deux moulins, quinze francs ; plus dix francs par chaque moulin en sus, jusqu'au maximum de quatre cents francs.

fr.

		fr.
Imprimeur d'étoffes, .	Pour vingt cinq tables et au-dessous. . . . . . Plus, trois francs par table en sus, jusqu'au maximum de quatre cents francs. Un rouleau comptera pour vingt-cinq tables, et quatre pérotines pour un rouleau.	
Machines à vapeur . . . Presses pour l'imprimerie, métiers mécaniques pour la filature et pour le tissage, et autres grandes machines (Constructeur de). . . .	Employant moins de vingt-cinq ouvriers. . . . 100 De cinquante ouvriers. . 200 Plus de cinquante ouvriers. 300	
Métiers (Fabrique) à . . . Pour les métiers réunis dans un corps de fabrique. . . .	Jusqu'à cinq métiers. . . 10 Et deux francs cinquante centimes en sus par métier, jusqu'au maximum de quatre cents francs.	
Pour les métiers non réunis dans un corps de fabrique. . .	Deux francs cinquante centimes par chaque métier, jusqu'au maximum de trois cents francs.	

(Ces droits seront réduits de moitié pour les fabricants à façon).

Tissage mécanique, par chaque métier deux francs cinquante centimes, jusqu'au maximum de quatre cents francs.

CINQUIÈME PARTIE.

Droit proportionnel au quinzième sur la maison d'habitation seulement.

Carrières souterraines ou à ciel ouvert (Exploitant de), ayant moins de dix ouvriers. . . 25
Plus trois francs par chaque ouvrier en sus, jusqu'au maximum de deux cents francs.
Cendres noires (Extracteur de), ayant moins de dix ouvriers. 25
Plus trois francs par chaque ouvrier en sus, jusqu'au maximum de deux cents francs.
Chaussées et routes (Entrepreneur de l'entretien des). 25
Desséchement (Entrepreneur de travaux de). 50
Dragueur entrepreneur. 50
Fabrication dans les prisons, etc. (Entrepreneur de), pour un atelier de vingt-cinq détenus et au-dessous. 25
Par chaque détenu en sus cinquante centimes, jusqu'au maximum de cinq cents francs.
Fabrication dans les dépôts de mendicité (Entrepreneur de), moitié du droit ci-dessus fixé pour les entrepreneurs de fabrication dans les prisons.
Fournisseur général dans les prisons et dépôts de mendicité :
A forfait et par tête de détenu, pour une population de trois cents détenus et au-dessous. 150
Par cent détenus en sus, vingt-cinq francs, jusqu'au maximum de cinq cents francs.
Flottage (Entrepreneur de). 25
Fruits sur bateaux (Marchand de). 50
Gare (Entrepreneur de). 100

Minières non concessibles (Exploitant de), ayant moins de dix ouvriers. 25
Plus trois francs par chaque ouvrier en sus, jusqu'au maximum de deux cents francs.
Restaurateurs sur coches et bateaux à vapeur. 50
Spectacles (Directeur de) :
1° Le quart d'une représentation complète dans les théâtres où l'on joue tous les jours; 50
2° Le huitième si l'on ne joue pas tous les jours, et si la troupe est sédentaire;
3° Si la troupe n'est pas sédentaire, c'est-à-dire si elle ne réside pas quatre mois consécutifs dans la même ville. 50
Tourbières (Exploitant de) ayant moins de dix ouvriers. 25
Plus trois francs par chaque ouvrier en sus, jusqu'au maximum de deux cents francs.
Travaux publics (Entrepreneur de). . . . 50
Madragues (Fermier de). 25

TABLEAU D.

Exceptions à la règle générale qui fixe le droit proportionnel au vingtième de la valeur locative.

Le droit proportionnel est fixé au quinzième, —
1° Pour les patentables compris dans la première classe du tableau A;
2° Pour les patentables compris dans le tableau B;
3° Pour les patentables compris dans la première partie du tableau C.
Il est également fixé au quinzième, mais sur la maison d'habitation seulement, pour les patentables compris dans la cinquième partie du tableau C.
Le droit proportionnel est fixé au vingt-cinquième de la valeur locative des établissements industriels compris dans la deuxième partie du tableau C.
Au trentième de la valeur locative des locaux servant à l'exercice des professions ci-après désignées :
Marchands de bois en gros compris dans la première classe du tableau A;
Marchands de charbon de bois et de charbon de terre, compris dans la première et la deuxième classe du tableau A;
Marchands de vin en gros;
Commissionnaires entrepositaires de vins;
Marchands d'huiles en gros;
Au quarantième de la valeur locative;
1° De tous les locaux occupés par les patentables des septième et huitième classes du tableau A, mais seulement dans les communes d'une population de vingt mille âmes et au-dessus;
2° Des établissements industriels compris dans la troisième partie du tableau C;
3° Des locaux servant à l'exercice des professions ci-après désignées :
Fabricants de gaz pour l'éclairage;
Imprimeurs-typographes employant des presses mécaniques;
Maîtres d'hôtel garni;
Loueurs en garni;
Individus tenant des maisons particulières d'accouchements,
de santé,
de retraite,
des établissements d'orthopédie;
Magasiniers,
Entrepreneurs de roulage,
de bains publics,
de bains de rivière en pleine eau;

Maîtres de jeu de paume ;

Individus tenant un manége d'équitation,
une école de natation,
un jardin public,
un parc à charrettes ;

Au cinquantième de la valeur locative des établissements industriels compris dans la quatrième partie du tableau C.

Payent le droit proportionnel au vingtième, sur les maisons d'habitation seulement.

Les concessionnaires, exploitants ou fermiers des droits d'emmagasinage dans un entrepôt;

Les adjudicataires ou fermiers des droits de halles ou merchés ;

Les adjudicataires des droits de jaugeage des liquides ;

Les fermiers des droits de pesage et de mesurage;

Les fournisseurs d'objets de consommation, dans les cercles ou sociétés ;

Les directeurs de diorama, panorama, géorama, néorama ;

Les fermiers de fontaines publiques ;

Les adjudicataires des droits d'octroi ;

Les concessionnaires, exploitants ou fermiers de péage sur un pont ;

Les fermiers de bacs ;

Les concessionnaires ou fermiers d'abattoir public ;

Les directeurs des monnaies.

Sont exempts de tout droit proportionnel :

Les patentables des septième et huitième classes, résidant dans les communes d'une population inférieure à vingt mille âmes.

Et les fabriquants à métiers ayant moins de dix métiers, et ne travaillant qu'à façon.

FIN DU TABLEAU CHRONOLOGIQUE DES LOIS SUR LE NOTARIAT.

COMMENTAIRE ABRÉGÉ

DES LOIS RELATIVES AUX

DROITS D'ENREGISTREMENT

DE TIMBRE, D'HYPOTHÈQUE, DE TRANSCRIPTION ET DE GREFFE,

PRÉSENTÉES DANS L'ORDRE CHRONOLOGIQUE.

1° LOIS RÉLATIVES AUX DROITS D'ENREGISTREMENT.

22 FRIM. AN 7 (12 déc. 1798), loi sur l'Enregistrement (1).

(1) 1. L'enregistrement est une formalité qui consiste dans la relation d'un acte ou d'une mutation, sur un registre à ce destiné. Tout acte présenté à la formalité doit nécessairement acquitter un droit, s'il n'en est expressément affranchi. C'est l'ensemble de ces droits qui constitue l'impôt de l'enregistrement.

2. Les droits d'enregistrement, tels qu'ils sont établis par la législation qui nous régit aujourd'hui, réunissent sous une même dénomination, ceux qui étaient connus, dans notre ancienne législation, sous le nom de droits de *contrôle, d'insinuation, de centième denier*, et encore sous d'autres dénominations particulières à certaines provinces.

Le *contrôle*, qui a son origine dans un édit de Henri III, du mois de juin 1581, mais qui cependant ne fut organisé d'une manière régulière que par l'édit du mois de mars 1693 et d'autres édits de 1699, 1708 et 1722, était une formalité commune à tous les actes civils, judiciaires et extra-judiciaires, ayant pour but de constater la date des actes. La formalité s'accomplissait de la même manière que l'enregistrement actuel au moyen de l'extrait de ces actes sur

TIT. Ier. — *De l'enregistrement des droits et de leur application.*

ART. 1er Les droits d'enregistrement seront un registre, et du paiement d'un droit, suivant le tarif établi.

L'*insinuation* fut d'abord introduite pour donner de la publicité aux donations et aux substitutions que les tiers avaient un grand intérêt à connaître. (Cette formalité, qui n'avait d'abord rien de bursal, s'est conservée jusqu'à la publication du Code civil, qui l'a remplacée par la transcription). — Plus tard, et par l'édit de décembre 1703, appelé communément l'édit des *insinuations laïques*, on crut devoir astreindre à l'insinuation les actes translatifs de propriété, et on les assujettit au droit de *centième denier*, qui fut perçu par le greffier, à titre de salaire, mais qui n'empêchait pas que l'acte ne fût soumis au droit de contrôle, en cas qu'on voulût en faire usage en justice. V. Encyclopédie, v° *Contrôle*.

Le droit de *centième denier*, que déterminaient l'édit précité de 1703, la déclaration du 19 juillet 1704, l'édit du mois d'octobre 1705, l'édit d'août 1706, la déclaration du 20 août 1708 et plusieurs arrêts de perçus d'après les bases et suivant les règles dé-

réglement, s'appliquait, en outre, à toute espèce de mutation de propriété ou d'usufruit d'immeubles, de rentes foncières et de tout autre droit réel ou immobilier, opérée à titre gratuit ou onéreux, par succession ou autrement, avec titre ou sans titre, à l'exception, néanmoins, des successions directes et des donations faites en ligne directe par contrat de mariage, en faveur des enfants qui se mariaient.

Ainsi, rien n'échappait à cette législation fiscale; et, malgré tout, les lois sur la matière étaient d'une obscurité telle que la perception fut livrée à l'arbitraire des fermiers ou de leurs préposés, et, comme le disait Malesherbes dans ses remontrances au roi, au nom de la cour des aides, en 1775 : « que celui qui payait ne pouvait jamais savoir ce qu'il devait; et que, souvent, le préposé ne le savait pas mieux.»

De là des abus sans nombre contre lesquels on s'élevait de toutes parts, lorsque l'Assemblée-Constituante, suivant l'inspiration de la cour des aides qui, en 1775, avait dit : « Il est cependant nécessaire de venir au secours du peuple opprimé par cette monstrueuse régie, » décréta la loi des 5-19 déc. 1790, qui abolit les droits de *contrôle*, d'*insinuation*, de *centième denier*, et constitua le droit d'enregistrement, en y fondant les deux espèces de droits, les droits d'acte et les droits de mutation, qui étaient reconnus dans l'ancienne législation.

La loi des 5-19 déc. 1790 divisa les actes et titres soumis à la formalité en trois classes. Le droit de la première espèce était proportionnel à la valeur des objets stipulés, il s'élevait depuis 4 sols jusqu'à 4 livres pour cent livres; celui de la seconde était payé à raison des revenus présumés des contractants; enfin celui de la troisième consistait en une somme fixe depuis 5 sols jusqu'à 12 liv., suivant le degré d'utilité de l'acte soumis à la formalité. — Incomplète dans ses dispositions, la loi de 1790 fut suivie de celle des 29 sept.-9 oct. 1791, qui contenait plusieurs articles additionnels fixant certaines perceptions pour des cas non prévus par la loi de 1790.

Mais, disons-le, l'une et l'autre de ces lois se ressentaient des idées dominantes de l'époque. Essentiellement favorables aux contribuables, elles enlevèrent à l'administration le moyen le plus énergique de perception, et par cela même elles donnèrent un accès facile à la fraude, et diminuèrent, par suite, les recettes dans une proportion considérable.

On se ravisa bientôt. La loi du 9 pluv. an 4, qui eut pour objet principal de mettre les paiements qui se faisaient en assignats en proportion avec leur valeur réelle, présenta d'abord quelques considérations sur la nature et les avantages de l'impôt Puis cette loi ayant été rapportée par la création des mandats territoriaux qui remplacèrent les assignats dans la circulation, il devint instant de modifier les droits d'enregistrement qu'elle avait augmentés, eu égard à la dépréciation des signes servant à les acquitter. La loi du 14 therm. an 4 y pourvut; et pénétrant plus avant dans la voie que celle de pluviose avait ouverte, elle posa, en principe, la nécessité de rendre les droits d'enregistrement profitables au trésor public, par une perception réelle, fixa divers tarifs autrement qu'ils ne l'avaient encore été, et établit quelques règles d'évaluation.

5. Mais c'est surtout dans la loi du 9 vend. an 6, que se manifesta de la manière la plus nette le retour aux anciennes maximes, dont la loi de 1790 avait eu principalement pour but de s'écarter, Le

terminées par la présente (1).

titre relatif à l'enregistrement, dans cette loi dont l'ensemble avait pour objet les dépenses générales ordinaires et extraordinaires de l'an 6, abrogeait explicitement ou implicitement plusieurs des principes que la loi de 1790 avait consacrés; il modifiait encore les tarifs, traçait de nouvelles règles d'évaluation, établissait l'expertise, soumettait les mutations par actes sous seing-privé à l'enregistrement dans un délai, atteignait les contre-lettres, créait les présomptions légales de mutation, posait, en un mot, sur divers points, les bases d'une législation complète et nouvelle que l'on se proposait déjà d'établir, dans un esprit tout autre que celui dont s'étaient inspirés les législateurs de 1790.

Cette législation a été, en effet, formulée dans la loi du 22 frim. an 7, qui, abrogeant toutes les lois antérieures sur l'enregistrement, est encore aujourd'hui le code de la matière.

Ce n'est pas à dire, cependant, que cette loi, si complète qu'on ait voulu la faire dans son ensemble, ait été tout entière et tout embrassé dans ses dispositions. L'expérience ne tarda pas à y signaler des lacunes qui furent comblées par la loi du 27 vent. an 9, laquelle expliqua, en outre, quelques points douteux, mais ne changea rien au tarif établi par la précédente. Pendant toute la durée de l'empire, la perception de l'impôt fut régie par ces deux lois que commentèrent par intervalle quelques avis du conseil d'État et quelques décrets du chef du gouvernement.

4. Mais, à la restauration, les besoins, nés de l'occupation étrangère, firent sentir la nécessité d'accroître les ressources du trésor. Alors survint une loi nouvelle, celle du 28 avril 1816, fort complète en apparence, mais qui toutefois laissa subsister celle du 22 frim., parce qu'elle ne toucha pas aux bases de la perception posées par cette dernière, qu'elle n'y a dérogé qu'en quelques points seulement, et qu'en général elle s'est bornée à augmenter le tarif des droits, comme l'indique l'art. 37, pour l'acquit des charges extraordinaires qui pesaient alors sur l'État. —Remarquons, en passant, que si ces charges ont disparu, l'impôt n'est pas moins perçu encore avec ses augmentations, parce que, comme on l'a fort bien dit, sur l'autorité de Coquille, *c'est une règle que l'impôt une fois mis en France ne se retranche jamais.*

D'autres lois ont été rendues ensuite qui n'ont pas eu, comme celle de 1816, le caractère de lois générales, mais qui se sont bornées à modifier d'une manière partielle le tarif de l'an 7 et des lois postérieures. Telles sont les lois du 25 mars 1817 (art. 74 et suiv.), la loi du 15 mai 1818 (art. 75 et suiv.), la loi du 16 juin 1824 (art. 1er et suiv.); celle du 8 sept. 1830, relative aux prêts sur dépôts des marchandises, celle du 18 avril 1831 (art. 17 et suiv.), celle du 30 avril 1832 (art. 30 et suiv.), celle du 24 mai 1834 (art. 11 et suiv.), celle du 18 juill. 1836 (art. 6), celle du 20 juill. 1837 (art. 12.). V. ces lois ci-après.

Tel est l'ensemble de la législation fiscale. Mais ainsi qu'on le voit, si la législation sur l'enregistrement se compose de ces diverses lois qui ont successivement modifié les tarifs, la base de l'impôt est toujours celle du 22 frim. an 7. C'est donc sur celle-ci principalement que portera notre commentaire, sauf à rejeter dans le commentaire des autres, les points spéciaux qu'elles auraient réglementés. (V. au surplus l'introd. au Dict. de l'Enreg. de MM. Championnière et Rigaud, et l'historique de l'art. Enreg. dans la Jurisp. gén. de M. Dalloz, 2e édit.

(1) 5. Les droits d'enregistrement sont des impôts ;

Art. 2. Les droits d'enregistrement sont fixes ou proportionnels, suivant la nature des actes et mutations qui y sont assujettis (2).

Art. 3. Le droit fixe s'applique aux actes soit

par cela même ils ont dû être expressément déterminés par le législateur et ne pourraient éprouver d'augmentation ou de diminution qu'en vertu d'une loi expresse , ou d'une ordonnance, dans le cas où le pouvoir réglementaire est autorisé à en établir.

6. La perception des droits se détermine d'après la substance des actes et leur forme extrinsèque , abstraction faite des intentions secrètes des parties. C'est , en général , le sens littéral des mots qu'il faut prendre pour première base , dans la détermination des droits à percevoir. Par application de cette règle qui modifie les conséquences de l'art. 1156 du C. civ., d'après lequel on doit, dans les conventions, rechercher quelle a été la commune intention des parties plutôt que de s'arrêter au sens littéral des termes, il a été décidé que le droit proportionnel devait être perçu sur deux actes sous seing-privé que les parties disaient n'avoir été entre elles que de simples projets de vente, quoique les termes des actes supposassent une vente réelle. (Cass. 25 fév. 1824. D. A. 7.-33.)

7. Toutefois, s'il était manifesté, par quelque clause de l'acte soumis à la formalité, que l'intention des parties n'est pas celle que supposent certaines expressions contenues dans l'acte, le principe posé dans l'art. 1156 du C. civ. devrait prévaloir sur le sens littéral des termes. C'est ainsi qu'il a été reconnu que *l'acte de vente* sous seing-privé qu un jugement a déclaré n'être qu'*un simple projet* qui n'a produit aucune mutation , n'est pas passible du droit proportionnel. (Cass. 18 fév. 1829. D.P. 29. 1. 152.) Mais cette règle, dans l'application , sera souvent contre dite.

8. Dans tous les cas, il est de principe, en matière d'impôt , que les perceptions doivent être rigoureusement restreintes dans les limites fixées par la loi , et ne peuvent être étendues par voie d'interprétation. Le principe a été fréquemment appliqué. Ainsi, dans une espèce où il s'agissait du droit dont sont passibles les retours de partage, la cour de cassation a expressément déclaré « qu'en matière impôt, on ne peut pas, par voie d'induction ou d'analogie, étendre d'un cas à un autre la disposition de *la loi* » (Cass. 27 juill. 1819. D.A. 7. 499); et dans une autre espèce où il s'agissait des déclarations à faire par les titulaires d'office pour assurer le privilége aux bailleurs de fonds du cautionnement , la même cour a déclaré , «qu'en matière d'impôt, plus qu'en toute autre matière, il n'est pas permis d'étendre ou de modifier, par voie d'induction ou d'analogie, le sens littéral de la loi » (Cass. 4 déc. 1821. D.A. 7. 45). Et la même doctrine se retrouve encore dans une foule d'autres arrêts, sinon dans les mêmes termes, du moins en termes équivalents. Mais la controverse sera fréquente aussi sur ce point.

9. L'application de la loi fiscale doit même être faite d'après les règles les plus rigoureuses de la logique et abstraction faite de toute circonstance ou considération particulière de la nature de celles qui. dans les matières ordinaires, déterminent quelquefois le juge à faire fléchir un texte incertain. Toutefois, on a de tout temps admis que, dans le doute, le juge doit se prononcer contre le fisc en faveur du contribuable. (V. Jurisp. gén., 2ᵉ édit., l'historique du mot *Enregistrement*). V. aussi Domat tit. 5, sect.

6, n. 18. — Dans l'opinion de Domat, cette doctrine n'est qu'une application de ce principe, *actore enim non probante, qui convenitur, et si nihil ipse præstat, obtinebit,* (L. 4, C. de edendo). — Aujourd'hui, cette doctrine pourrait encore s'appuyer sur l'art. 1162 du C. civ., d'après lequel « dans le doute, la convention s'interprète contre celui qui a stipulé, et en faveur de celui qui a contracté l'obligation. » Car, ainsi que le disent MM. Championnière et Rigaud, t. 1, n. 37, « c'est par une espèce de convention entre l'état et les citoyens, que les impôts sont établis : l'État est le créancier, les citoyens sont débiteurs. Si la loi constitutive de l'impôt n'explique pas clairement les droits qui sont dus, la faute en est au premier, *in cujus erat potestas legem apertiùs dicere.*»—Mais on sent que pour que cette doctrine soit applicable, il est nécessaire que l'incertitude sur le sens de la loi soit bien complète et que le refus de perception ne dégénère pas en abus qui tendrait à annuler la perception de l'impôt.

(2) 10. Cette division de l'impôt en droits fixes et droits proportionnels se trouvait déjà, comme nous l'avons vu, dans la loi des 5-19 déc. 1790. La loi de frimaire an 7 l'a établie d'une manière plus précise. On y rencontre des droits fixes, des droits proportionnels, des exemptions. Tout acte présenté à la formalité doit nécessairement rentrer dans l'une de ces catégories : l'office du receveur auquel l'acte est soumis consiste à déterminer celle des catégories dans laquelle rentre cet acte.

11. Lorsqu'il est établi que l'acte doit être enregistré soit au droit fixe, soit au droit proportionnel, il reste à déterminer la somme que le contribuable doit payer.

12. S'il s'agit d'un droit fixe, la qualification même de ce droit indique que le montant ne varie pas, quelle que soit la valeur à l'occasion de laquelle l'acte a été passé. Ainsi, les acceptations de successions et les renonciations sont tarifées au droit fixe de 1 fr. par la loi de frimaire (art. 68, § 1, 1° et 2°). Et dès lors, toute renonciation ou toute acceptation ne donnera lieu qu'à la perception de 1 fr., soit que l'acceptation ou la répudiation s'applique à une succession opulente, soit qu'elle ait pour objet une succession sans valeur.

13. Dans les droits proportionnels, au contraire, il en est autrement. Plusieurs causes font varier ces droits. La première, commune à tous les objets frappés d'un droit proportionnel , consiste dans la valeur de l'objet imposé. Le droit est établi dans le rapport d'une somme à 100 fr. : ainsi, 50 c., 1 fr., 2 fr. pour 100 fr.; en sorte que le contribuable doit payer autant de fois 50 c. 1 fr., 2 fr. que l'objet imposé vaut de fois 100 fr. La seconde cause de variation qui s'applique à toutes les transmissions, consiste dans la nature des choses transmises : ainsi, une mutation de biens meubles donne ouverture à un droit moins élevé qu'une mutation de biens immeubles. —La troisième cause, qui est particulière aux transmissions à titre gratuit, consiste dans le degré de parenté qui existe entre celui qui donne et celui qui reçoit. La quatrième enfin est établie pour certaines espèces de libéralités, comme les donations par contrat de mariage, et les partages anticipés entre vifs.

civils, soit judiciaires ou extrajudiciaires, qui ne contiennent, ni obligation, ni libération, ni condamnation, collocation ou liquidation de sommes et valeurs, ni transmission de propriété, d'usufruit ou de jouissance de biens meubles ou immeubles.

Il est perçu aux taux réglés par l'art. 68 de la présente (1).

ART. 4. Le droit proportionnel est établi pour les obligations, libérations, condamnations, collocations ou liquidations de sommes et valeurs, et pour toute transmission de propriété, d'usufruit ou de jouissance de biens meubles et immeubles, soit entre vifs, soit par décès.

Ces quotités sont fixées par l'art. 69 ci-après.

Il est assis sur les valeurs (2).

ART. 5. Il n'y a point de fraction de centime dans la liquidation du droit proportionnel. Lorsqu'une fraction de somme ne produit pas un cen-

time de droit, le centime est perçu au profit de la république (3).

ART. 6. Cependant le moindre droit à percevoir sur un acte donnant lieu au droit proportionnel, et sur une mutation de biens par décès, sera du montant de la quotité sous laquelle chaque acte ou mutation se trouve classé dans les art. 68 et 69, sauf les exceptions y mentionnées (4).

ART. 7. Les actes civils et extrajudiciaires sont enregistrés sur les minutes, brevets ou originaux.

Les actes judiciaires reçoivent cette formalité, soit sur les minutes, soit sur les expéditions, suivant les distinctions ci-après.

Ceux qui doivent être enregistrés sur les minutes, sont : les procès-verbaux d'apposition, de reconnaissance et de levée de scellés, et ceux de nomination de tuteurs et curateurs; les avis de parents, les émancipations, les actes de notoriété, les déclarations en matière civile, les adoptions;

(1,2)—14. Ces art. 3 et 4 ont été mis en action par les art. 68 et 69 de la même loi qui fixent le tarif. C'est sous ces derniers articles que se placeront les observations de détail et l'examen des principales difficultés de la matière. Ceux qu'il s'agit maintenant de commenter ont eu particulièrement pour but d'indiquer la règle d'après laquelle le législateur s'est déterminé pour établir le droit fixe ou le droit proportionnel. La loi s'est attachée à ce principe que tout ce qui n'oblige, ne libère, ni ne transmet, ne peut donner lieu au droit proportionnel; et au contraire que tout acte qui contient obligation, libération ou transmission de biens meubles ou immeubles ne peut être enregistré au simple droit fixe. Les art. 3 et 4 de la loi de frim. sont l'expression de cette règle, que les articles 68 et 69 ont ensuite appliquée.

15. Disons-le cependant, la règle posée par le législateur n'a pas été scrupuleusement obéie par lui-même. On remarquera, dans les dispositions du tarif auxquelles renvoient les art. 3 et 4, des actes frappés d'un droit proportionnel bien qu'ils ne contiennent aucune transmission, comme, par exemple, les licitations, et réciproquement des actes soumis à un droit fixe seulement quoiqu'ils soient manifestement libératoires, tels que la délivrance de legs. Cet oubli, par le législateur, des principes qu'il avait lui-même formulés, tient aux modifications que les art. 68 et 69 portant le tarif ont subies avant que la rédaction en ait été définitivement arrêtée. Toutefois, malgré ces disparates, les art. 3 et 4 n'en doivent pas moins être considérés comme énonçant une doctrine qui sert principalement de base à la loi.

16. Dans la pensée des législateurs, le droit fixe n'a été que la représentation du salaire de la formalité. Le caractère de la formalité étant le même pour tous les actes, on avait d'abord pensé qu'il n'y avait, généralement parlant, aucune raison de le faire payer plus cher pour un acte que pour un autre. En conséquence, on avait proposé d'établir un seul droit fixe pour tout acte ou toute stipulation qui ne donnerait pas ouverture au droit proportionnel. L'adoption de cette proposition aurait de beaucoup simplifié la perception, en tarissant la source des embarras sans nombre qu'avaient fait naître les distinctions du tarif de 1790. Mais il fut reconnu, lors de la discussion de la loi, qu'on ne pouvait admettre la proposition, sans diminuer sensiblement

les revenus du trésor, et par suite, il fut établi un tarif combiné d'après l'importance attribuée aux actes non soumis au droit proportionnel. Ce tarif a été modifié par les lois ultérieures; notamment par celle du 28 avril 1816 qui y a introduit des dispositions et des classifications nouvelles, et a généralement élevé le droit; mais il n'a pas été complétement remplacé.

17. Quant aux droits proportionnels, ils sont, par leur nature, bien autrement importants que les droits fixes. Ils ne sont pas seulement, comme ceux-ci, le salaire de la formalité; ils sont de plus une contribution assise sur les valeurs : c'est cette contribution qui, à vrai dire, constitue l'impôt de l'enregistrement.

18. L'art. 4, qui pose le principe constitutif des droits proportionnels, embrasse dans sa disposition les actes et les *mutations*. Par *droit de mutation*, la loi fiscale entend celui qui se perçoit sur les transmissions entre vifs de biens immeubles en propriété, usufruit ou jouissance, et celui qui s'opère par décès, de toute espèce de biens. (Cass. 13 janv. 1818. D. A. 7, 24.) Et conséquemment, par *droit d'acte*, on doit entendre tout droit établi sur autre chose que la transmission entre vifs de biens immeubles, ou la mutation par décès, de toute espèce de biens. Des différences essentielles résultent, dans l'application, de cette distinction; elles trouveront leur place dans le commentaire des articles suivants. Signalons seulement ici la plus importante, celle qui est comme la source de toutes les autres ; c'est qu'à l'égard de la mutation, c'est sur son existence même, indépendamment de l'acte qui la constate, que le droit est établi, tellement qu'une convention même verbale peut servir de base à la perception. (V. le 27 vent. an IX, art. 4); tandis qu'à l'égard du droit d'acte, ce n'est pas sur la convention indépendamment de l'acte, c'est sur l'acte lui-même que le droit doit être perçu. (Cass. 17 juin 1811; D. A. 7. 220). En sorte que la régie prouverait en vain l'existence d'une convention verbale, le droit ne pourrait pas être perçu, si les parties ne présentaient pas volontairement l'acte par lequel cette convention serait constatée.

(3) 19. Cet article a été modifié par l'art. 2 de la loi du 27 vent. an 9. Voyez cet article.

(4) 20. Modifié par l'art. 3 de la loi du 27 vent. an 9.

tous actes contenant autorisation, acceptation, abstention, renonciation ou répudiation ; les nominations d'experts et arbitres, les oppositions à levée de scellés par comparution personnelle, les cautionnements de personnes à représenter à justice, ceux de sommes déterminées ou non déterminées , les ordonnances et mandements d'assigner les opposants à scellés ; tous procès-verbaux généralement quelconques des bureaux de paix, portant conciliation ou non conciliation, défaut ou congé, remise ou ajournement ; tous actes d'acquiescement, de dépôt et consignation, d'exclusion de tribunaux, d'affirmation de voyage, d'enchère et surenchère, de reprise d'instance, de communication de pièces avec ou sans déplacement, d'affirmation ou vérification de créances, d'opposition à délivrance de titres ou jugements, de procès-verbaux et rapports, de dépôts de bilan et de décharges ; les certificats de toute nature et ordonnances sur requête; les jugements portant transmission d'immeubles, et ceux par lesquels il est prononcé des condamnations sur des contraventions sujettes à l'enregistrement, sans énonciation de titres enregistrés.

Tous autres actes et jugements, soit préparatoires ou d'instruction, soit définitifs, ne sont soumis à l'enregistrement que sur les expéditions.

Ceux des actes de l'état civil qui sont assujettis à l'enregistrement par la présente, ne seront également enregistrés que sur les expéditions.

Les jugements de la police ordinaire, des tribunaux de police correctionnelle et des tribunaux criminels, ne sont de même soumis à l'enregistrement que sur les expéditions, lorsqu'il y a partie civile, et seulement pour les expéditions requises par elles ou autres intéressés (1).

ART. 8. Il n'est dû aucun droit d'enregistrement pour les extraits, copies ou expéditions des actes qui doivent être enregistrés sur les minutes ou originaux.

Quant à ceux des actes judiciaires qui ne sont assujettis à l'enregistrement que sur les expéditions, chaque expédition doit être enregistrée, savoir : la première, pour le droit proportionnel, s'il y a lieu, ou pour le droit fixe, si le jugement n'est pas passible du droit proportionnel; et chacune des autres, pour le droit fixe (2).

ART. 9. Lorsqu'un acte translatif de propriété ou d'usufruit comprend des meubles et immeubles, le droit d'enregistrement est perçu sur la totalité du prix, au taux réglé pour les immeubles, à moins qu'il ne soit stipulé un prix particulier pour les objets mobiliers, et qu'ils ne soient désignés et estimés, article par article, dans le contrat (3).

---

(1) 21. Cet article, dans son ensemble, a été modifié par la loi du 28 avril 1816, dont l'art. 38 soumet *tous* les jugements, sans distinction, à l'enregistrement sur la minute. V. cet article.

22. Avant cette dernière loi , lorsqu'un jugement contenait plusieurs dispositions , dont les unes le rendaient sujet à l'enregistrement sur la minute, et les autres seulement sur l'expédition , le droit ne pouvait être exigé que pour les premières, sauf à percevoir le droit pour les autres sur l'expédition, lorsque cette expédition était requise, à moins que le greffier, pour éviter la double présentation du même jugement à la formalité, et pour se garantir de toute méprise dans la délivrance des expéditions, ne préférât , lors de l'enregistrement sur la minute , acquitter la totalité des droits.

(2) 23. Le droit une fois perçu sur l'acte passé en minute ou sur l'original, le même droit ne pouvait plus être perçu sur les reproductions de ce titre. On aurait pu en conclure que les copies ou expéditions ne devaient plus être soumises qu'à un droit fixe; mais la première disposition de l'article ci-dessus via plus loin , en ce qu'elle prononce un affranchissement absolu.

24. La régie avait d'abord fait une distinction et prétendu que cette exemption ne concernait que les extraits d'actes délivrés par les officiers publics qui avaient rédigé les originaux et en étaient dépositaires. 25 mars 1833, Inst. gén., n. 1422, § 4. — Mais un arrêt uniquement fondé sur le texte de l'article 8 condamna la distinction en jugeant que lorsque l'extrait d'un exploit , déposé au greffe et au secrétariat des chambres , n'est autre que celui de l'exploit d'assignation signifié au défendeur et enregistré sur l'original, l'extrait , quoique dressé par un avoué, est exempt de l'enregistrement (Cass. 5 déc. 1832. D.P. 33. 1. 101).

(3) 25. Cet article est emprunté à la jurisprudence du centième denier, établie par un arrêt en forme de réglement du 18 juill. 1713. Il a pour objet d'empêcher la fraude que l'on pourrait faire en attribuant aux objets mobiliers une part plus grande que celle qui leur appartient réellement dans l'établissement de prix.

26. Ce but même de la loi indique qu'elle ne concerne que les ventes, car la fraude qu'elle a voulu prévenir n'est pas à craindre dans les actes qui ne comportent pas un prix. D'ailleurs le mot *prix* dont s'est servi le législateur dans l'art. 9, vient à l'appui de cette solution. Par suite une donation de meubles et d'immeubles ne serait assujettie qu'aux droits fixés pour chaque nature de biens , sur l'évaluation en masse des uns et des autres (Délib. 1er juin 1837.)

27. Pareillement, l'art. 9 ne s'applique pas, et par le même motif, à tout autre cas où il y aurait lieu de faire une ventilation pour l'établissement du droit. Ainsi, on a constamment reconnu que la disposition n'est pas applicable à la vente simultanée d'un immeuble et d'une rente ou d'une créance (Dél. 21 nov. 1808, 10 oct. 1821; 24 nov. 1821, 11 mai 1832; Inst. gén., 9 juin 1827, 1209, § 1, et 5 juin 1832, n. 1537, sect. 2, § 52).

28. Ainsi, c'est particulièrement aux ventes simultanées de meubles et d'immeubles que l'art. 9 est applicable. Mais, remarquons qu'il s'y applique même au cas où l'acte de vente n'est pas soumis à la formalité et où la mutation n'est révélée que par la présentation d'un autre acte qui la mentionne. Jugé, par suite, que lorsqu'une vente verbale comprend à la fois des meubles et des immeubles, sans distinction de prix, le droit perçu sur la vente par présomption de mutation secrète, doit être liquidé sur la totalité du prix, au taux de vente immobilière (Cass. 26 nov. 1839. D.P. 40. 1. 34).

29. La jurisprudence a fait application de l'art. 9 aux cessions de droits successifs qui comprennent des droits mobiliers et des droits immobiliers. Délib. 5 juil. 1826, Inst. gén., 9 juin 1827, n. 1209; Cass.

ART. 10. Dans le cas de transmission de biens, | **la quittance donnée, ou l'obligation consentie par**

5 mai 1817; 30 mai 1826; 7 janv. 1839. D.A. 7. 156; D.P. 26. 1. 290; 39. 1. 51. V. aussi le Dict. gén., v° Enregistrement, n. 1778 et suiv. — V. en sens contr. Champ. et Rigaud, t. 4, n. 3299 et suivants.

30. A l'égard des objets mobiliers auxquels leur destination donne le caractère d'immeubles, on comprend que cette destination même leur rend applicable, lorsqu'ils sont vendus avec l'immeuble auquel ils sont attachés, le droit proportionnel fixé pour les ventes immobilières. Ainsi, en cas de vente d'un bien fonds, avec les objets destinés à l'exploitation, ce droit est dû aussi bien sur le prix de l'immeuble par sa nature que sur celui qui est stipulé pour les objets d'exploitation. Inst. gén. 3 fruct. an 13.

31. C'est par application de cette règle qu'il avait été d'abord jugé que les mécaniques, métiers et ustensiles d'une machine à vapeur, réputées immeuble, qui font corps avec elle, sont immeubles par destination et qu'ainsi la vente de ces objets faite en même temps que celle de la machine, doit être assujettie au droit de mutation immobilière, quand bien même ils seraient estimés article par article, et qu'un prix distinct serait stipulé pour leur transmission (col. 28 nov. 1828; Cass. 20 juin 1832. D.P. 32. 1. 407).

32. Mais, il a été décidé contrairement à cette solution, qu'en principe, l'administration n'a point à rechercher si les machines et ustensiles vendus avec un immeuble étaient réputés immeubles par destination, avant leur aliénation ou même à l'époque de la vente; qu'elle doit n'avoir égard qu'à la volonté exprimée par le propriétaire et aux dispositions de l'acte; que la volonté de rendre à ces objets leur nature mobilière est suffisamment établie par la stipulation d'un prix distinct, et par l'estimation article par article, et que dans ce cas, il n'est dû sur le prix desdits objets que le droit fixe pour la vente d'objets mobiliers (Cass. 23 avril 1833. D.P.33. 1. 201). —La régie en prescrivant de se conformer à cet arrêt, a recommandé, dans le cas où l'énonciation d'un prix séparé et l'estimation article par article seraient présumés n'avoir été faites que pour frauder les droits du trésor, de percevoir le droit de vente immobilière sur la totalité du prix. 30 sept. 1833; Inst. gén. 1437, § 15.

33. D'ailleurs, les machines, décorations, partitions de musique et autres effets mobiliers d'un théâtre n'étant pas de même nature que les objets qui, aux termes de l'art. 524 C. civ., sont déclarés immeubles par destination, la perception ne doit avoir lieu, à leur égard, qu'à raison des quotités réglées pour les meubles, à moins qu'ils ne soient pas estimés article par article, et à l'exception de ceux de ces objets qui rentreraient dans l'application de l'art. 525 C. civ., comme ayant été attachés au fonds à perpétuelle demeure. Déc. min. fin. 4 mars 1806. — 22 fév. 1808 Inst. gén. 366, n. 12.

34. Il en est ainsi de la vente par le même acte d'un immeuble et d'un fonds de commerce, moyennant un prix distinct pour chaque objet. Une telle vente donne lieu à la perception également distincte des droits de vente immobilière et mobilière, sans qu'il soit besoin que les effets mobiliers composant le fonds soient estimés article par article, attendu que le mot meubles, d'après l'art. 533 C. civ., ne s'entend pas de ce qui fait l'objet d'un commerce. Délib. 13 avril 1822.

35. La jurisprudence a suivi cette doctrine pour la

vente d'achalandage attaché à une usine lorsqu'il est l'objet d'un prix distinct dans la vente de l'usine. Cass. 13 juillet 1840. D.P. 40. 1. 258. V. aussi le Dict. gén., v° Enregistrement, n. 1784 et 1785 au supplément eod. 4° et suiv.

36. La loi n'indique point le mode d'estimation; elle exige seulement la désignation de l'évaluation article par article. Cependant, la nécessité de la désignation article par article n'existe qu'à l'égard des meubles susceptibles d'être détaillés et évalués de cette manière; elle cesserait si l'estimation ne pouvait être faite qu'à l'aide d'un travail long et dont les résultats seraient même incertains. Il en serait ainsi, spécialement, dans le cas d'une restitution ou cession de fruits de longues années dus par l'acquéreur au vendeur, abandonnés par ce dernier avec l'immeuble, et dont la supputation serait, sinon impossible, au moins très-difficile à faire (Cass. 21 oct. 1811. D.A. 7. 301.)

37. La régie a étendu la nécessité de l'estimation article par article en ce sens que dans le cas d'une vente simultanée d'immeubles et de meubles, ceux-ci étant complexes, elle a perçu le droit proportionnel au taux fixé pour les immeubles, par le motif que les meubles n'avaient pas été décomposés de manière à ce que chacun de leurs éléments fût estimé séparément. Ainsi, elle a pensé que, dans la vente d'un immeuble et d'un fonds de bétail, ce dernier objet devait être évalué par chacun des individus qui le composaient et qu'il n'avait pas suffi de dire, par exemple, par évaluation en bloc, de chaque espèce d'animaux qui en faisaient partie, quatre bœufs 700 fr., cinquante moutons, 400 fr., etc. Délib. 15 avril 1856. D. P. 37. 3. 66. Cette interprétation de la loi semble trop rigoureuse; et l'on peut très-raisonnablement soutenir qu'un troupeau de bœufs ou de moutons, ne formant, en droit, qu'un article, il suffit, pour l'accomplissement de la formalité prescrite par l'art. 9, qu'il reçoive une seule et même estimation. Conf. Champ. et Rig., n. 5295.

58. C'est ainsi que la régie elle-même a reconnu que la condition de l'estimation article par article est suffisamment remplie lorsque s'agissant de matériaux formant une masse, lesquels sont vendus avec un immeuble, ces matériaux ont été l'objet d'une estimation intégrale, ou de la stipulation d'un prix particulier. Sol. 29 sept. et 28 nov. 1838.

39. L'estimation article par article doit, d'après le texte de l'art. 9, être faite dans le contrat même. Toutefois, il est reçu en jurisprudence que l'estimation dans le contrat est valablement remplacée par l'existence d'un inventaire antérieur à la vente, et contenant l'estimation à laquelle on se réfère. Délib. 8 oct. 1825, 5 juill. 1826; Sol. 15 janv. 1830; 3 juin 1830 Inst. gén., 1320 § 10. Cela résulte aussi d'un arrêt de la cour de cassation du 7 janv. 1839. D. P. 39. 1. 51.

40. Mais il a été décidé qu'un acte ou état sous seing privé contenant le détail et l'estimation, article par article, des meubles vendus cumulativement avec des immeubles, bien que présenté à la formalité en même temps que la vente, ne remplace pas, soit la désignation dans le contrat même, exigée par la loi, soit un inventaire authentique qui seul, d'après la jurisprudence, supplée à cette désignation. Délib. 6 fév. 1838.

41. On avait d'abord pensé que si les objets mobiliers étaient estimés article par article, mais sans stipulation de prix particulier, le droit devait être

le même acte, pour tout ou partie du prix entre les contractants, ne peut être sujette à un droit particulier d'enregistrement (1).

ART. 11. Mais, lorsque, dans un acte quelconque, soit civil, soit judiciaire ou extrajudiciaire, il y a plusieurs dispositions indépendantes ou ne

perçu sur le prix total au taux fixé pour les immeubles, parce que la loi voulant qu'il soit stipulé un prix particulier pour les objets mobiliers, il ne suffirait pas qu'ils fussent désignés et estimés article par article dans le contrat. Dict. de l'enreg., v° Vente, n. 554.

42. Mais, il a été jugé que, du moment où l'acte de vente contient la désignation et l'estimation des meubles, article par article, le total des estimations équivaut à la stipulation d'un prix particulier pour le mobilier, lequel n'a pas besoin dès lors d'être distinctement exprimé. Trib. de Coutances, 24 juin 1857, D. P. 58. 4. 131. Une solution de la régie a ordonné l'exécution de ce jugement. Solut. 6 oct. 1857.

(1) 43. Les quittances et généralement les actes portant libération ont été expressément soumis à un droit proportionnel. (V. infra l'art. 69, § 2, n. 11, et notre Commentaire). L'article ci-dessus contient à cet égard, une exception qui n'est d'ailleurs qu'un hommage rendu aux principes de la loi fiscale, aussi bien qu'à ceux de la loi civile. En effet, dans tout contrat commutatif où l'une des parties donne l'équivalent de ce qu'elle reçoit, il y a deux obligations principales, en ce sens qu'elles naissent l'une et l'autre en même temps. C'est une loi romaine expliquait nettement, lorsqu'en parlant de la vente elle disait emptio-venditio. Mais, bien que le droit français n'ait désigné le contrat que sous l'une de ces dénominations, il ne s'ensuit pas que le contrat ne comprenne pas les deux engagements dont il se compose. D'où il suit que lorsque la loi fiscale tarife un contrat commutatif, elle embrasse nécessairement les obligations corrélatives dont il est formé et qu'on ne pourrait considérer isolément sans détruire le contrat, puisqu'on ferait de chacune des stipulations une obligation sans cause.

44. Par exemple, lorsque la loi fiscale a tarifé la vente, elle a forcément compris dans le tarif, et l'obligation prise par le vendeur de livrer la chose, et celle prise par l'acquéreur de la payer. Le contrat est formé de cette double obligation, et soit que l'acquéreur paie comptant, soit qu'il s'oblige seulement à payer, son obligation est une condition nécessaire de l'acte, se confond avec lui et en est une partie intégrante. Tels sont les principes que confirme l'art. 10 ci-dessus. V. la Jurisp. gén., édit. nouv., v° Enregistrement, tit. 2, ch. 2, sect. 1re, art. 1er, § 1er. V. aussi Champ. et Rig., t. 2, n. 1554.

45. Jugé, par suite, que la quittance ou obligation contenue dans l'acte de cession pour tout ou partie du prix soit d'un office, soit des créances ou autres valeurs mobilières, ne donne point ouverture à un droit particulier d'enregistrement. Dél. 2 juin 1856; 27 juin 1836, Inst. gén., n. 1514. D.P. 57. 3. 34.

46. Il en est ainsi de la quittance du prix de vente insérée dans une déclaration de command, faite dans le délai fixé, et réunissant, d'ailleurs, les autres conditions légales, parce que, dans ce cas, le paiement du prix est censé fait dans l'acte de vente même, avec lequel la déclaration de command s'identifie pour ne former qu'un seul et même contrat. Déc. min. fin. 15 mars 1808; 29 juin 1808, Inst. gén., 386, n. 15.

47. Mais l'art. 10 n'est applicable que dans le cas où l'acte ne présente qu'un véritable échange entre

le vendeur et l'acheteur, l'un livrant la chose et l'autre acquittant le prix. Il en serait autrement si le paiement du prix était opéré par l'acquéreur entre les mains des créanciers du vendeur intervenant au contrat de vente : il y aurait alors une libération véritable du vendeur vis à vis du créancier, et cette libération rendrait exigible le droit de quittance, indépendamment de celui de vente. Trib. de Laon; 18 janv. 1833. Trib. de Lyon, 10 août 1841. D.P. 33. 3. 46.

48. Pareillement, si la quittance n'est pas contenue dans l'acte même de vente, la règle consacrée par l'art. 10 cesse d'être applicable, et l'on rentre encore dans le principe de la libération proprement dite. Lorsque l'acquéreur ne paie pas comptant le prix, et qu'il s'oblige seulement à l'acquitter ultérieurement, c'est cette obligation qui forme l'équivalent de la transmission faite par le vendeur. Et lorsque ensuite l'acquéreur remplit l'obligation qu'il avait prise, il se libère réellement et transmet au vendeur relativement au prix, un droit nouveau que le contrat primitif ne lui avait pas donné. C. sup. de Bruxelles, 51 déc. 1816. D.A. 7. 60.

49. Par les mêmes motifs, l'exemption de droit dont jouit la quittance de tout ou partie du prix lorsqu'elle est donnée par l'acte même de vente, ne doit pas être étendue au cas où, au lieu d'une quittance constatant une libération actuelle, l'acte ne mentionne que la délivrance au vendeur de billets souscrits par l'acquéreur, quand même ils seraient causés valeur pour quittance du prix de vente. En conséquence, l'acte postérieur qui établit le paiement de ces billets est passible du droit proportionnel de libération (Cass. 5 nov. 1834. D.P. 38. 1. 264).

50. Certains contrats ont été exemptés du droit d'enregistrement ou soumis à un droit moindre que celui auquel ils seraient assujettis par leur nature; tels, par exemple, les inscriptions sur le grand-livre; leurs transferts et mutations exemptés par l'art. 70, § 3, n 3, les actes et procès-verbaux constatant les ventes de navires soit totales soit partielles, soumis au droit fixe de 1 fr. par l'art. 64 de la loi du 21 avril 1818 sur les douanes. — Il a été décidé que l'art. 10 n'était pas applicable dans ce cas, et que l'affranchissement prononcé par la loi ne concernant que les acquisitions, ne devait pas être étendu aux quittances. Déc. 12 juill. 1824. Sol. 20 janv. 1857. D.P. 38. 3. 1.

51. Les principes sur lesquels est fondée la règle que consacre l'art. 10 sont manifestement méconnus par ces décisions. Ce n'est point par une faveur que cet article n'a pas soumis à un droit particulier la quittance contenue dans l'acte même de vente; c'est, encore une fois, parce qu'elle se confond dans le contrat, dont elle forme une partie intégrante et non distincte. Or, il en est ainsi de la quittance du prix d'un navire vendu, tout aussi bien que de la quittance du prix de tout autre objet. Et dès lors il n'y a pas de raison pour que le droit établi sur la vente ne comprenne pas à la fois et la transmission de l'objet vendu et la transmission du prix, dès qu'elles sont l'une et l'autre constatées par le même contrat. V. Jurisp. gén., nouv. édit., loc. cit., V. Champ. et Rigaud, t 4, n. 3778.

52. Mais si la quittance était souscrite par un acte ultérieur, l'exemption dont le contrat ou la mutation aurait été l'objet de la part du législateur, ne sau-

dérivant pas nécessairement les unes des autres, il est dû pour chacune d'elles, et selon son espèce, un droit particulier. La quotité en est déterminée par l'article de la présente dans lequel la disposition se trouve classée, ou auquel elle se rapporte (1).

Art. 12. La mutation d'un immeuble en propriété ou usufruit, sera suffisamment établie, pour la demande du droit d'enregistrement et la poursuite du paiement contre le nouveau possesseur, soit par l'inscription de son nom au rôle de la contribution foncière, et des paiements par lui faits d'après ce rôle, soit par des baux par lui passés, ou enfin par des transactions ou autres actes constatant sa propriété ou son usufruit (2).

Art. 13. La jouissance, à titre de ferme, ou de location, ou d'engagement, d'un immeuble, sera aussi suffisamment établie, pour la demande et la poursuite du paiement des droits des baux ou engagements non enregistrés, par les actes qui la feront connaître, ou par des paiements de contributions imposées aux fermiers, locataires et détenteurs temporaires (3).

---

rait plus exercer aucune influence sur la quittance. Ce serait là une libération véritable, et il n'y aurait aucun motif raisonnable d'écarter la perception du droit proportionnel auquel cet acte est spécialement tarifé. *Voy.* Champ. et Rig., *loc. cit.*

(1) 53. De la règle que consacre cet article, on a conclu par une juste réciprocité que si, au contraire, les diverses dispositions renfermées dans le même acte sont dépendantes et dérivent nécessairement les unes des autres, il ne peut être exigé qu'un seul droit. Cette règle certaine, quoiqu'elle ne soit qu'implicitement comprise dans la loi, n'est d'ailleurs qu'un corollaire du principe reconnu en matière fiscale, qu'une même disposition ne peut donner ouverture qu'à un seul et même droit. (V. Champ. et Rig., t. 2, n. 946 et suiv.). Elle s'applique à deux hypothèses : celle où les dispositions accessoires ou les conséquences se trouvent dans le même acte, c'est celle qui résulte de l'art. 11 ci-dessus, et celle où ces dispositions se trouvent dans des actes postérieurs à d'autres actes enregistrés, hypothèse qui est formellement prévue par l'art. 68, § 1er, n. 6 de la présente loi. V. sous cet article.

54. Des applications très-nombreuses ont été faites de l'article ci-dessus et de la règle qui y est virtuellement comprise. (V. le tableau de la jurisprudence sur ce point, dans le Dictionnaire général, v° Enreg., art. 4, n. 262 et suiv.) Disons seulement que la base sur laquelle repose la jurisprudence peut être ainsi posée : Pour qu'une disposition dérive nécessairement de la disposition principale, et ne soit point possible d'un droit particulier, il faut qu'elle tienne essentiellement à sa nature et à sa validité, en sorte qu'elle en soit une conséquence nécessaire et indispensable; qu'on ne puisse, en un mot, scinder les deux dispositions sans détruire la contexture même de l'acte.

55. On ne peut d'ailleurs syncoper la perception des droits d'un acte, c'est-à-dire percevoir ceux d'une disposition, et laisser en suspens ceux des autres dispositions. Cela résulte tant de l'article ci-dessus que de l'art. 57 de la présente loi. V. sous cet article.

(2,3) 56. En principe, la loi du 22 frim. an 7 n'avait point changé le système de la loi de 1790, qui consistait à ne percevoir le droit que sur les actes. Ainsi, nonobstant les termes des articles ci-dessus, on décidait que la régie qui prouvait l'existence des circonstances qui y sont indiquées n'avait pas encore rempli toutes les conditions voulues pour l'exigibilité du droit, même à l'égard des conventions prévues par les art. 12 et 13, si elle ne prouvait pas aussi que la mutation, le bail ou l'engagement avait été contracté par écrit. (Exposé des motifs de la loi du 27 vent. an 9). Cette solution rendait à peu près sans résultat les dispositions des art. 12 et 13. La loi du 27 vent. an 9 leur a donné toute leur valeur par son art. 4 qui porte : « Sont soumises aux dispositions des art. 22 et 58 de la loi du 22 frim. (l'enregistrement dans les trois mois, à peine du double droit), les mutations. entre vifs de propriété ou d'usufruit de biens immeubles, lors même que les nouveaux possesseurs prétendraient qu'il n'existe pas de conventions écrites entre eux et les précédents propriétaires ou usufruitiers. — A défaut d'actes, il y sera suppléé par des déclarations détaillées et estimatives, dans les trois mois de l'entrée en possession, à peine d'un droit en sus ». Par là on en est revenu aux principes anciens, consacrés par une jurisprudence devenue maintenant sans objet, principes d'après lesquels, pour la perception du droit de centième denier, il n'était pas nécessaire qu'il existât un acte écrit; il suffisait qu'il y eût convention, s'il s'agissait d'une vente ou contrat équipollent, et mutation, s'il s'agissait d'une donation ou d'une succession. (Cass. 9 oct. 1811, 16 nov. 1813. D. A. 7. 229 et 230). Par là aussi, les art. 12 et 13 ont reçu une force et une portée qu'ils n'avaient pas auparavant.

57. Ces articles supposent, comme on le voit, des mutations secrètes de trois espèces : celle de la propriété, celle de l'usufruit et celle de la jouissance à titre de ferme, ou de location, ou d'engagement d'un immeuble; et à l'égard de ces diverses transmissions, ils établissent des présomptions légales qu'ils font résulter de la possession, de l'inscription au rôle des contributions foncières et de paiements faits en conséquence enfin d'actes autres que l'inscription constatant la propriété, l'usufruit ou la jouissance.

58. 1°.—*Possession.*—Le nouvel acquéreur dont le titre n'est pas indiqué ou produit ne peut être poursuivi en paiement du droit, s'il n'est en possession depuis plus de trois mois (Cass. 17 vend. an 13 ; 20 mess. an 13; 5 sept. 1806. D.A. 7. 137. V. aussi Champ. et Rigaud, t. 2, n. 1661 et 1662.) C'est ce que l'art. 4 de la loi du 27 vent. an 9 exprime formellement en donnant au nouveau possesseur trois mois pour faire sa déclaration à partir de son entrée en possession. — Il a été jugé toutefois que l'aveu judiciaire d'une mutation verbale d'immeubles, non accompagné de faits de possession, suffit pour autoriser la poursuite du droit et du double droit (Cass. 20 août 1839. D.P. 39. 1. 553). — Mais cette décision est vivement critiquée par Champ. et Rig. *loc. cit.* et dans le *Contrôleur* n. 5588, où il est établi que la possession est la condition préalable de l'action et que la régie ne peut être admise à faire valoir les autres moyens justificatifs de la mutation qu'après avoir prouvé l'entrée en jouissance.

59. C'est contre les *nouveaux* possesseurs que la loi fiscale autorise les poursuites. Mais il ne faut pas conclure de l'expression *nouveaux* dont elle se sert, que la possession qu'elle exige soit la possession annale ou civile. Quelle que soit la durée de la possession, le possesseur est nouveau possesseur, tant

TIT. II. — *Des valeurs sur lesquelles le droit proportionnel est assis, et de l'expertise* (1).

ART. 14. La valeur de la propriété, de l'usufruit et de la jouissance des biens meubles, est déterminée, pour la liquidation et le paiement du droit proportionnel, ainsi qu'il suit (2) ; savoir :

que le titre de son acquisition n'a pas subi le droit. V. Champ et Rig., n. 1665.

60. Le changement de possesseur ne suffit pas pour autoriser la demande du droit de mutation ; c'est la transmission de la propriété ou de l'usufruit d'une tête sur une autre qui doit être constatée: il faut prouver qu'un nouveau possesseur a succédé à un précédent propriétaire (Cass. 10 fév. 1813. D.A. 7. 226).

61. Mais comment la régie devra-t-elle faire preuve de l'existence et des droits du précédent propriétaire? Il résulte d'un arrêt de la cour de cassation que c'est par les moyens et les actes indiqués par l'art. 12 pour établir la propriété du nouveau possesseur (Cass. 14 vent. an 13. D.A. 7. 233). — V. *Contrà* Champ. et Rigaud, n. 1667, qui pensent qu'à l'égard du précédent propriétaire, les tribunaux peuvent admettre toute justification qui leur paraît suffisante, sans être astreints à considérer comme tels les actes indiqués par l'art. 12.

62.—2° *Inscription au rôle de la contribution foncière*. — Lorsque la possession est accompagnée de l'inscription au rôle de la contribution foncière des noms du nouveau possesseur et de paiements faits en conséquence, la mutation secrète est suffisamment établie (Cass. 2 août 1809. D.A. 7. 236).

63. C'est à la régie qu'il incombe de prouver l'existence de l'inscription et des paiements faits en conséquence. Champ et Rig. n. 1683.

64. D'après les mêmes auteurs (n. 1687), la seule inscription au rôle qui fasse légalement preuve d'une mutation secrète, est celle qui est faite conformément à la loi de frim. sur la demande du nouvel inscrit ; et l'on peut voir dans ce sens une circ. de l'adm. en date du 12 juin 1829 (D.P. 33. 3. 37). Mais la jurisprudence constante de la cour de cassation a établi que l'inscription au rôle d'office et même à l'insu du nouvel inscrit suffit pour autoriser la demande du droit (Cass. 22 août 1821. D.A. 7. 240). V. sur ce point le tableau de la jurisprudence présenté dans le Dict. gén. v° Enreg., art. 11 § 2, n. 1893 et suivants.

65. Deux conditions sont exigées cumulativement par l'art. 12, savoir: l'inscription du nom au rôle, et les paiements faits par le nouveau possesseur d'après ce rôle. Mais pour que les paiements viennent à l'appui de l'inscription, il est nécessaire qu'ils aient été faits par l'inscrit ou pour lui sciemment, c'est-à-dire en conséquence de l'inscription. La jurisprudence de la cour de cassation a longtemps varié sur ce point, mais elle semble aujourd'hui fixée en ce sens (Cass. 31 janv. 1833. D.P. 33. 4. 151.). V. aussi Dict. gén., loc. cit.

66. 3° *Actes constatant la propriété, l'usufruit ou la jouissance*. — Outre l'inscription au rôle , les juges sont autorisés à faire résulter la présomption d'une mutation de tout acte qui supposera nécessairement la qualité de propriétaire ou d'usufruitier. La disposition de l'art. 12, qui signale les « baux passés par le nouveau possesseur, les transactions ou autres actes constatant sa propriété ou son usufruit » est purement énonciative. (Cass. 13 flor. an 10. D.A. 7. 232.).

67. La loi n'a point tracé de règles pour apprécier la force probante des actes produits à l'effet d'établir

la présomption de mutation : les juges ont , à cet égard, un pouvoir à peu près souverain. Aussi la jurisprudence présente-t-elle des décisions nombreuses et qu'il serait difficile de concilier entre elles (V. le Dic. gén., loc. cit., n. 1932 et suiv.).—Disons seulement que, d'après Champ. et Rig., n. 1696, la présomption ne peut résulter que *d'actes*, c'est-à-dire d'écrits, car, disent ces auteurs, telle est la valeur de ce mot, dans la loi fiscale. La régie ne pourrait donc s'appuyer sur des faits, à moins que ce ne fût pour établir la possession. Le texte de la loi est précis sur ce point et l'on ne saurait s'en écarter.

68. A l'égard des mutations à titre de bail que prévoit l'art. 13, les circonstances que signale cet article doivent aussi être déduites d'actes, et non de faits; elles ne peuvent résulter d'un interrogatoire ou d'une prestation de serment (Champ. et Rig., n. 3089).—Mais, dans cette mesure, les présomptions qui peuvent établir l'existence d'un bail écrit sont laissées à l'appréciation du juge (Cass. 15 vend. an 14. D.A. 7. 267).

69. L'énonciation d'un bail écrit ou la preuve de son existence ne rendent le droit exigible qu'autant qu'elles sont accompagnées d'une jouissance réelle, et que l'acte auquel la jouissance est rattachée est un titre obligatoire. Champ. et Rig., t. 4, n. 3090 et 3091.

70. Les mêmes auteurs enseignent, n. 3106, que la loi exigeant l'existence simultanée et actuelle d'un acte écrit et d'une jouissance, le droit de bail ne peut pas être exigé lorsque le bail étant expiré, le fermier a cessé de jouir. Mais il a été jugé en sens contraire que la mention d'un bail, dans un inventaire de la succession du fermier, rend exigible le droit du bail, encore qu'il soit expiré (Cass. 6 mars 1822. D.A. 7. 224).

71. Après avoir parcouru les diverses présomptions établies par les art. 12 et 13, il reste à dire que ces articles sont évidemment comminatoires quant au paiement des droits; et ainsi, que l'individu contre lequel la présomption est élevée n'est point, *ipso facto* débiteur envers le trésor; il est seulement présumé débiteur, et la loi autorise la demande des droits comme une espèce de mise en demeure qui lui permet d'opposer à la présomption la preuve contraire, laquelle est laissée aussi à l'appréciation du juge. V. sur ce point le tableau de la jurisprudence présenté dans le Dict. gén., loc. cit., n. 1927 et suivants.

72. Lorsque l'existence d'une mutation est prouvée, c'est aux parties qu'il appartient d'en déclarer la nature; et selon les circonstances, les droits exigibles sont ceux de vente (Cass. 23 nov. 1827 et 24 juin 1822); de donation (Cass. 31 janv. 1814), ou même de mutation par décès. (Cass. 11 avril 1815 et 18 nov. 1835. D.A. 7. 240, 170. D.P. 36. 1. 63).

(1, 2) 73. Cette partie de la loi a pour objet d'organiser le principe exprimé dans l'art. 4 : « le droit proportionnel est assis sur les valeurs.» Elle comprend donc les règles de la liquidation du droit à percevoir; et c'est là principalement qu'il faut les rechercher. Toutefois le tarif, c'est-à-dire l'art. 69 de la présente loi, contient, sur le même sujet, quelques dispositions éparses et particulières à certains contrats. El-

1° Pour les baux et locations, *par le prix an-nuel exprimé, en y ajoutant les charges imposées au preneur* (1);

2° Pour les créances à terme, leurs cessions et transports, et autres actes obligatoires, *par le ca-pital exprimé dans l'acte, et qui en fait l'ob-jet* (2);

3° Pour les quittances et tous autres actes de libération, *par le total des sommes ou capitaux dont le débiteur se trouve libéré* (3);

---

les se placeront naturellement dans notre commen-taire sur cet article.

L'art. *in principio* règle, relativement à la liquida-tion, ce qui a rapport aux meubles.

(1) 74. Ce numéro pose les principes d'évaluation, en ce qui concerne les baux des biens de cette nature. Ces principes étant les mêmes que ceux relatifs aux baux des biens immeubles, nos observations trouve-ront leur place sous l'article suivant qui s'occupe de ces derniers baux.

(2) 75. Ce numéro statue d'une manière géné-rale d'abord sur les créances à terme et tous au-tres actes obligatoires, et ensuite sur les cessions et transports de ces créances.

76. 1° *Créances à terme et autres actes obligatoi-res.*—Les actes obligatoires compris dans cette dis-position sont tous ceux qui constituent l'obligation de sommes dont il sera question dans le commen-taire de l'art. 69. Ce sont notamment, les contrats, transactions, promesses de payer, arrêtés de comp-tes, billets, mandats, reconnaissances, billets à ordre, lettres de change, et autres effets négociables, obli-gations à la grosse, cautionnement, garanties et in-demnités. —*Conf.* Champ. et Rig., n. 3595.

77. Pour tous ces actes, le capital exprimé dans l'acte ou la déclaration par les parties dont parle l'art. 17, v. *infra*, sont les seules bases légales sur lesquelles on puisse asseoir la perception. Ainsi, pour le paiement du droit proportionnel sur une créance quelconque, il faut s'arrêter au capital exprimé quelle que soit la valeur intrinsèque de ce capital (Cass. 3 nov. 1807).

78. C'est sur le *capital*, d'après le texte, que le droit doit être liquidé : de là il suit que le droit ne doit pas porter sur les intérêts. *Conf.* Champ. et Rig., n. 3596.

79. C'est sur le capital exprimé dans l'*acte* que la liquidation doit être effectuée. D'où la conséquence que c'est dans l'*acte* soumis à la formalité et non ailleurs, qu'il faut chercher le montant de l'obliga-tion. Les promesses de prêter dont il sera parlé sous l'art. 69, § 3, n. 3, fournissent un exemple de l'appli-cation du principe. Lorsque ces promesses sont réa-lisées, c'est à l'acte qui constate la réalisation et non à celui qui contient la promesse qu'on se réfère pour la liquidation du droit; et ce droit est perçu sur le ca-pital exprimé dans l'acte de réalisation quelles que soient les sommes énoncées dans l'acte qui en con-tient la promesse.

80. Enfin, le capital à considérer pour la liquida-tion du droit est celui qui fait l'*objet* de l'obligation; d'où la conséquence que le droit ne doit être liquidé que sur ce qui reste dû et est reconnu comme cons-tituant la dette actuelle.

81. Si l'obligation était une obligation de faire, ou une obligation de donner, sans expression de valeur, l'art. 14 ne pourrait être appliqué. Les parties de-vraient faire alors la déclaration prescrite par l'art. 16 (V. cet article). Mais la régie ne pourrait, dans ce cas, ni dans tout autre ayant pour objet une muta-tion mobilière, provoquer l'expertise dont parle l'art. 17 pour faire constater l'insuffisance d'estimation, parce que la loi, ainsi que nous le verrons à l'article précité, n'accorde ce remède que pour les mutations

d'immeubles. Toutefois, si l'insuffisance d'évaluation était démontrée par toute autre voie, le supplément de droit serait dû.

82. 2° *Cessions et transport de créances.*—Les ces-sions de créances se liquident sur la même base que le droit de leur création. L'article ci-dessus com-prend, en effet, l'un et l'autre objet dans la même disposition. Mais il faut remarquer que le capital sur lequel le droit doit être liquidé n'est pas le prix sti-pulé pour la cession, mais le capital de la créance cédée. Ainsi, la cession moyennant 14,000 fr. d'une créance de 43,000 fr. donne ouverture au droit pro-portionnel sur cette dernière somme (Délib. 16 juin 1829). La loi a voulu prévenir, par là, le cas où le transfert de la créance se ferait à un prix inférieur au capital (Déc. min. fin. 8 germ. an 8,). V. n. 98.

83. Par suite, lorsqu'il y a lieu à la déclaration es-timative dont parle l'art. 16, c'est le montant de la créance cédée et non le prix de la cession que les parties doivent faire connaître.

84. Ces règles sont applicables à la cession d'une créance litigieuse (Délib. 9 oct. 1829), et même à la cession d'une créance sur un failli, sauf néanmoins, dans ce dernier cas, réduction du droit s'il était jus-tifié que la créance fût diminuée par le résultat de la liquidation de la faillite (Délib. 25 sept. 1829).

85. Mais lorsqu'il n'y a pas lieu de craindre la dis-simulation du prix de la cession, dissimulation d'or-dinaire assez facile et en vue de laquelle le légis-lateur a pris pour base du droit à percevoir le capital de la créance cédée, il n'y a pas de motif pour ne pas revenir au principe général d'après lequel le droit des transmissions est liquidé sur le prix. Aussi a-t-il été reconnu que si la cession est faite en jus-tice, c'est-à-dire, soit à la barre d'un tribunal, soit devant un notaire commis, le droit ne se liquide que sur le prix exprimé dans le procès-verbal d'adjudica-tion (Sol. 8 déc. 1829 ; Inst. gén. 27 mars 1830, 1307, § 1 ; Délib. 16 mai 1837. D.P. 33. 3. 102). V. n. 99.

(3) 86. Les difficultés principales, en cette matière, consistent à déterminer quels actes produisent libé-ration. Ces difficultés seront examinées sous l'art. 69, § 2, n. 11. Il importe seulement ici de constater, avec le texte ci-dessus transcrit, que le droit de quit-tance ne peut être liquidé que sur les sommes à l'é-gard desquelles l'acte fait titre de libération.

87. Ainsi, il faut que la libération soit expresse. Sur quoi il faut remarquer, relativement aux intérêts, que l'art. 1908 du C. civ., d'après lequel la quittance du capital donnée sans réserve des intérêts en fait présumer le paiement et en opère la libération, ne serait pas applicable en cette matière. Il ne suffit pas d'une présomption de libération, il faut une stipula-tion expresse, telle que celle-ci : « tous les intérêts échus, ont été payés »; et dans ce cas, c'est sur le nombre d'années d'arrérages ou d'intérêts, révolus depuis la date du titre, s'il s'élève à moins de cinq ans, ou sur cinq années, si le titre est plus ancien, que la perception doit être assise (Déc. min. fin. 28 juin 1808. Inst. gén. 28 juill. 1808. 390, n. 11; sol. 27 mars 1827. Inst. gén. 15 déc. 1827. 1229, § 9).

88. Cependant, comme on le voit par les décisions qui précèdent, c'est la libération seulement qui doit être expresse; et il n'est pas nécessaire que l'acte li-

4° Pour les marchés et traités, *par le prix exprimé ou l'évaluation qui sera faite des objets qui en seront susceptibles* (1);

5° Pour les ventes et autres transmissions à titre onéreux, *par le prix exprimé et le capital des charges qui peuvent ajouter au prix* (2);

6° Pour les créations de rentes, soit perpétuelles, soit viagères, ou de pensions, aussi à titre onéreux, *par le capital constitué et aliéné* (3);

7° Pour les cessions ou transports desdites rentes ou pensions, et pour leur amortissement ou rachat, *par le capital constitué, quelque soit le prix stipulé pour le transport ou l'amortissement* (4);

8° Pour les transmissions entre vifs, à titre gratuit, et celles qui s'opèrent par décès, *par la déclaration estimative des parties, sans distraction des charges* (5);

9° Pour les rentes et pensions créées sans expression de capital, leurs transports et amortissements, *à raison d'un capital formé de 20 fois la rente perpétuelle, et de 10 fois la rente viagère*

---

bératoire porte expressément le montant des sommes dont le débiteur est libéré. Ainsi, la quittance de tous intérêts échus rend le droit exigible dans la mesure qui vient d'être indiquée, quoique le montant des intérêts ne soit pas exprimé. Il en serait ainsi de la quittance dans laquelle le créancier reconnaîtrait avoir reçu ce qui lui était dû jusqu'à ce jour, ou tout ce qui lui était dû relativement à une affaire déterminée.

89. Seulement, dans ce cas, il y a lieu d'appliquer l'art. 16; c'est-à-dire que le receveur est autorisé à exiger, avant l'enregistrement, la déclaration prescrite par cet article (Trib. de Charleville, 30 déc. 1836. D.P. 38. 3. 200).

90. Du principe que le droit est déterminé par le total des sommes dont le débiteur est libéré, il résulte que c'est le montant de ces sommes et nullement le capital versé pour la libération, qui doit être pris pour la base de la libération. Ainsi, si une créance de 11,000 fr. est payée avec 6,000 fr., c'est sur 11,000 fr. que le droit est exigible (Délib. 28 déc. 1834).

(1) 91. La loi fiscale prévoit deux espèces de marchés ou traités : l'un qui est le marché-louage, tarifé par l'art. 69, § 5, n. 1 ; l'autre qui est le marché-vente tarifé par l'art. 69, § 5, n. 1. La règle de liquidation contenue dans le texte qui vient d'être transcrit est commune à l'une et à l'autre espèce de marché.

92. Cette règle doit être entendue en ce sens que le prix exprimé est la base régulière de la perception ; ce n'est qu'à défaut d'un prix exprimé qu'il y a lieu de recourir à l'évaluation indiquée par la loi.

93. Cette évaluation est la déclaration estimative dont parle l'art. 16 et que les parties doivent fournir lorsque les sommes et valeurs ne sont pas déterminées. Ainsi, la régie ne serait pas admise à y suppléer, ni à faire estimer les objets du contrat. « La loi, disent avec raison Champ. et Rig., t. 4, n. 3447, n'indique que deux sortes d'évaluation, celle qui émane des parties et celle qui s'opère par expertise ; cette dernière voie n'est établie que pour les immeubles ; dès lors, il ne reste que la première ».

94. Les objets à évaluer sont ceux qui remplacent le prix ; mais lorsque ces objets ne sont pas susceptibles d'une estimation, au moins approximative, il ne doit être perçu qu'un droit fixe. La loi de frim. a fait elle-même une application de cette règle, en ne tarifant qu'à un droit fixe les promesses d'indemnité, lorsqu'elles sont « indéterminées et non susceptibles d'estimation. » Voy. art. 68, § 1, n. 37 (*Conf.* Champ. et Rig., t. 4, n. 3675).

(2) 95. Il en est des transmissions comme des baux : les règles de liquidation relativement aux meubles sont, à quelques nuances près, les mêmes que relativement aux immeubles. On les trouvera donc sous l'article suivant.

(3) 96. La liquidation par le capital aliéné ne concerne que les rentes constituées moyennant un capital en deniers ou valeurs équivalentes. Voy. pour celles qui sont constituées à titre gratuit, le n. 9 *infra;* et quant à celles qui forment le prix d'une chose mobilière ou immobilière, leur influence sur la liquidation se rapporte à ce que nous avons à dire sur la transmission à titre onéreux. Voy. à l'art. suiv.

97. La liquidation par le capital déterminé, établie par la disposition ci-dessus, doit être suivie, bien que ce capital soit stipulé remboursable en argent ou en grains, à la volonté du prêteur, et que la valeur des grains excède, d'après les mercuriales, le capital en argent (5 fév. 1830, délib.).

(4) 98. Les cessions ou transports de rentes se liquident sur la même base que leur création, c'est-à-dire par le capital constitué. A cet égard, comme à l'égard des transports de créance dont nous avons parlé *supra,* n. 82, le législateur s'écarte de la règle générale d'après laquelle c'est le prix de l'aliénation qui sert de base à la perception ; et il s'est déterminé par la même considération, la pensée de prévenir la fraude.

99. Par cela même on conçoit que la mesure est sans objet lorsque la publicité de la vente ne permet pas de dissimuler le prix. Aussi a-t-il été décidé que la valeur d'une rente aliénée par vente forcée en justice, sur la tête d'un curateur à une succession vacante, est déterminée pour la liquidation du droit proportionnel, par le *prix exprimé* dans l'acte d'adjudication, et non par le *capital de la vente* (Cass. 1er avril 1816. D.A. 7. 86).—V. n. 85.

100. Le transport d'une rente constituée donne lieu à la perception du droit sur le capital entier, et sans égard au prix de la cession, lors même que l'usufruit de cette rente aurait été réservé par le vendeur (Cass. 1er sept. 1806. D.A. 7. 285).

101. C'est une question de savoir si, lorsque le transport a lieu à titre gratuit, l'évaluation par la déclaration estimative des parties doit être admise. Champ. et Rig. se prononcent pour l'affirmative. V. t. 4, n. 3667. Mais la cour de cassation s'est formellement prononcée en sens contraire, et a jugé, en conséquence, que le droit de mutation par décès doit être perçu, pour les rentes dépendant d'une succession, sur les capitaux constitués, et non sur l'évaluation qui en est faite par l'héritier (Cass. 28 mess. an 13; 4 mai 1807. D.A. 7. 285, 286) V. le n. 8 de l'art. 14.

(5) 102. Les arrêts indiqués au paragraphe précédent établissent que ce n° de l'art. 14 est uniquement relatif aux meubles et objets mobiliers proprement dits, cas auquel il n'y a pas d'autre base à la perception que la déclaration estimative des parties; mais qu'il n'est pas applicable aux donations entre vifs et aux mutations héréditaires de rentes, cas auquel le capital de la constitution, ou bien la fixation qu'on en fait d'après le taux de la rente, fournissent des bases certaines. V. n. 101.

ou la pension, et quel que soit le prix stipulé pour le transport ou l'amortissement (1).

Il ne sera fait aucune distinction entre les rentes viagères et pensions créées sur une tête, et celles créées sur plusieurs têtes, quant à l'évaluation.

Les rentes et pensions stipulées payables en nature, seront évaluées aux mêmes capitaux, estimation préalablement faite des objets, d'après les dernières mercuriales du canton de la situation des biens, à la date de l'acte, s'il s'agit d'une rente créée pour aliénation d'immeubles, ou, dans tout autre cas, d'après les dernières mercuriales du canton où l'acte aura été passé.

Il sera rapporté à l'appui de l'acte un extrait certifié des mercuriales.

S'il est question d'objets dont les prix ne puissent être réglés par les mercuriales, les parties en feront une déclaration estimative (2);

10° Pour les actes et jugements portant condamnation, collocation, liquidation ou transmission, *par le capital des sommes, et les intérêts liquidés* (3);

11° L'usufruit transmis à titre gratuit s'évalue à la moitié de la valeur entière de l'objet (4).

ART. 15. La valeur de la propriété, de l'usufruit et de la jouissance des immeubles, est déterminée, pour la liquidation et le paiement du droit proportionnel, ainsi qu'il suit (5); savoir :

1° Pour les baux à ferme ou à loyer, les sous-baux, cessions et subrogations de baux, *par le prix annuel exprimé, en y ajoutant les charges imposées au preneur.*

Si le bail est stipulé payable en nature, il en sera fait une évaluation d'après les dernières mercuriales du canton de la situation des biens, à la date de l'acte, à l'appui duquel il sera rapporté un extrait certifié des mercuriales.

Il en sera de même des baux à portion de fruits, pour la part revenant au bailleur, dont la quotité sera préalablement déclarée, et sur la valeur de laquelle le droit d'enregistrement sera perçu.

S'il s'agit d'objets dont la valeur ne puisse être constatée par les mercuriales, les parties en feront une déclaration estimative (6).

(1,2) 103. Cette disposition ne s'applique pas au cas où l'acte de donation exprime un capital. Alors c'est sur ce capital que le droit doit être perçu. La loi ne s'en explique pas formellement, mais cela s'induit de ce qu'elle n'a pas entendu faire prévaloir l'appréciation qu'elle indique sur les déclarations des parties ; ce qui se manifeste par cette précision qui est faite, dans le texte, que la règle établie a lieu pour les rentes et pensions créées *sans expression de capital*. *Conf.* Champ. et Rig., t. 4, n. 3051.

104. Mais la stipulation d'un prix pour l'amortissement équivaut-elle à l'expression d'un capital ? L'affirmative a été consacrée par l'administration (30 déc. 1825, 28 juillet 1829 et 26 déc. 1854, délib. D.P. 55. 3. 53.) Mais la cour de cassation a rejeté ce système en décidant que, malgré la stipulation d'un prix pour l'amortissement, le droit ne cesse pas d'être liquidé sur vingt fois la rente (Cass. 22 fév. 1852. — *Conf.* 22 fév. 1856, trib. de Bernay; 8 mai 1853, délib.; D.P. 52. 1. 107; 56. 3. 79 ; 53, 3. 79. Champ. et Rig., t. 4, n. 3653).

105. A l'égard des rentes payables en nature, dont la valeur devait, d'après la présente disposition, être déterminée sur les dernières mercuriales, la loi avait été modifiée d'abord par un décret du 26 avril 1808, et l'a été définitivement ensuite par l'art. 75 de la loi du 15 mai 1818, aux termes duquel « la liquidation du droit proportionnel sera faite d'après l'évaluation du montant des rentes, résultant d'une année commune de la valeur des grains et autres denrées, selon les mercuriales du marché le plus voisin.»

(3) 106. Ici le droit est liquidé sur les intérêts, parce que le jugement les capitalise.

2. La même règle s'applique aux jugements portant condamnation à des dommages-intérêts , ces jugements étant implicitement compris dans l'expression générale de jugements portant condamnation (*Conf.* Champ. et Rig., t. 4, n. 3617).

107. Mais le droit de titre, distinct et indépendant de celui de condamnation, ne doit être liquidé que sur le capital de la dette et non sur les intérêts qu'elle a produits (24 nov. 1824, Délib.)

(4) 108. La règle de liquidation est ici la même que celle du droit sur la propriété, sauf l'évaluation qui consiste dans la moitié.

(5,6) 109. Cet article règle, relativement à la liquidation, ce qui a rapport aux immeubles, et pose, dans les premiers numéros, le principe d'évaluation en ce qui concerne les baux. La présente disposition prévoit les baux à durée limitée.

110. A cet égard, la liquidation avait été diversement réglée par la loi de l'an 7 et par celle du 27 vent. an 9; mais elle a été soumise à un principe uniforme pour les baux à ferme ou à loyer des biens meubles ou immeubles, par l'art. 1er de la loi du 16 juin 1824, d'après lequel le droit doit être liquidé « sur le prix cumulé de toutes les années. »

111. Le prix égal ou inégal des années doit être cumulé, et s'il est soumis à des conditions de variation, selon des circonstances futures et incertaines, on n'en doit pas moins prendre pour base celui qui est stipulé au jour de l'enregistrement (*Conf.* Champ. et Rig., t. 4, n. 3528).

112. A l'égard de toute espèce de baux, le droit doit être liquidé sur le terme le plus long. Ainsi, lorsque le bail contient obligation de renouveler à une certaine époque et pour un nombre d'années déterminé, le droit doit être liquidé sur le prix de ces années. (Cass. 18 vend. an 7. D.A. 7. 217).

113. Pareillement, l'évaluation doit comprendre toutes les années, alors même que le bail porte des termes différents avec faculté de le faire cesser à des époques déterminées.

114. En ce qui concerne les baux payables en nature dont s'occupe le 3e § de la disposition ci-dessus, il faut remarquer que la règle d'évaluation d'abord modifiée par le décret du 26 avril 1808, a été ensuite changée par l'art. 75 de la loi du 15 mai 1818 où il est dit : « …. la liquidation du droit proportionnel sera faite d'après l'évaluation du montant des actes, ou du prix des baux résultant d'une année commune de la valeur des grains ou autres denrées, selon la mercuriale du marché le plus voisin. — On formera l'année commune d'après les quatorze dernières années antérieures à la date de l'ouverture du droit ; on retranchera les deux plus fortes et les deux plus faibles ; l'année commune sera établie sur les dix années restantes. »

115. Mais ni le décret de 1808, ni la loi de 1818, ne parlent des baux *à portion de fruits* que la disposition ci-dessus a distingués des baux payables en na-

2° Pour les baux à rentes perpétuelles et ceux dont la durée est illimitée, *par un capital formé de vingt fois la rente ou le prix annuel, et les charges aussi annuelles, en y ajoutant également les autres charges en capital, et les deniers d'entrée, s'il en est stipulé* (1).

Les objets en nature s'évaluent comme ci-dessus.

3° Pour les baux à vie, sans distinction de ceux faits sur une ou plusieurs têtes, *par un capital formé de dix fois le prix et les charges annuelles, en y ajoutant de même le montant des deniers d'entrée et des autres charges, s'il s'en trouve d'exprimés* (2.

Les objets en nature s'évaluent pareillement comme il est prescrit ci-dessus.

4° Pour les échanges, *par une évaluation qui doit être faite en capital, d'après le revenu annuel multiplié par vingt, sans distraction des charges* (3).

5° Pour les engagements, *par les prix et sommes pour lesquels ils sont faits* (4).

6° Pour les ventes, adjudications, cessions, rétrocessions, licitations, et tous autres actes civils ou judiciaires, portant translation de propriété ou d'usufruit à titre onéreux, *par le prix exprimé, en y ajoutant toutes les charges en capital, ou par une estimation d'experts, dans les cas autorisés par la présente* (5).

Si l'usufruit est réservé par le vendeur, il sera évalué à la moitié de tout ce qui forme le prix du contrat, et le droit sera perçu sur le total; mais il ne sera dû aucun autre droit pour la réunion de l'usufruit à la propriété : cependant, si elle s'opère par un acte de cession, et que le prix soit supérieur à l'évaluation qui en aura été faite pour régler le droit de la translation de propriété, il est dû un droit, par supplément, sur ce qui se trouve excéder cette évaluation. Dans le cas contraire, l'acte de cession est enregistré pour le droit fixe (6)

---

ture : il en résulte que cette espèce de baux demeure régie par le texte ci-dessus (Cass. 9 mai 1826. D. P. 26. 1. 278.), et qu'ainsi la part revenant au bailleur et qui forme le prix , doit être évaluée au moyen d'une double opération , savoir, une déclaration de la quotité, laquelle ne doit pas être accompagnée de l'estimation, et l'évaluation par les mercuriales (Champ. et Rig., 24, n. 3535).

116. Dans toute espèce de bail, les charges et deniers d'entrée doivent être ajoutés au prix. C'est ce qu'exprime la disposition ci-dessus à l'égard des baux qu'elle prévoit; et la même précision se retrouve , à l'égard des autres baux, dans la disposition subséquente. Ainsi, lorsque le preneur aura été chargé de payer la contribution foncière, ou de faire les grosses réparations, ou de faire des journées de charrue pour le compte du bailleur, toutes ces obligations diverses ajoutent aux fermages , et doivent, par conséquent , entrer dans la supputation du prix de ferme (V. cependant , en ce qui concerne les contributions imposées au fermier, Champ. et Rig., t. 4, n. 3545).

117. Pareillement, s'il a été stipulé un denier d'entrée ou pot de vin, quoique ce genre de stipulation soit, en quelque sorte, en dehors de la convention, il est vrai de dire néanmoins que c'est une charge imposée au preneur, laquelle tombe par conséquent dans les termes de la loi. Le législateur ne s'explique , il est vrai, à cet égard, qu'à l'occasion des baux à durée perpétuelle , viagère ou illimitée (V. *infrà* les n. 2 et 3 du présent article); mais il n'en est pas moins certain que la règle est applicable à toute espèce de baux , et conséquemment à ceux dont il s'agit dans la disposition ci-dessus, quoique cette règle n'y soit pas mentionnée (Champ. et Rig., t. 4, n. 3545).

(1) 118. La base d'évaluation fixée à vingt fois la rente n'est applicable que lorsque le bail à rente est fait sans expression du capital; mais si le capital est exprimé, attendu que le preneur ne serait tenu que de le rembourser, c'est ce capital qui forme le prix sur lequel doit être établie la perception (22 mess. an 8, sol.). Pour le surplus et notamment en ce qui concerne les charges, V. n. 116.

(2) 119. On a considéré le bail pour une année et ensuite pour autant qu'il plaira aux parties, comme bail à vie, (Solut. 22 pluv. an 8); sauf néanmoins s'il eût justifié, au moment de l'enregistrement du bail, d'une résiliation (Délib. 28 oct. 1814). Même quand

on ne justifie pas d'une résiliation, la décision est rigoureuse : il n'est pas certain, en effet, que le droit réservé se réalisera.

120. Les bases de l'évaluation, à l'égard de ces baux, ne diffèrent pas de celles qui ont été fixées pour les baux compris dans le n° précédent, si ce n'est en ce qui concerne le nombre d'années que l'on doit prendre pour le déterminer. V. en conséquence les explications qui précèdent.

(5) 121. Le complément de cette disposition se trouve dans l'art. 69, § 5, n. 3, qui, en tarifant les échanges d'immeubles à 2 p. 0/0, ajoute : « Le droit sera perçu sur la valeur d'une des parts, lorsqu'il n'y aura aucun retour. S'il y a retour, le droit sera payé à raison de… sur la moindre portion, et comme pour vente sur le retour ou la plus-value. » De la combinaison de ces deux dispositions, il résulte que la valeur à considérer pour la liquidation du droit d'échange, est seulement celle de l'une des parts, et que la valeur s'établit par 20 fois le revenu de la part sur laquelle le droit est liquidé. (Champ. et Rig., t. 4., n. 3449).

122. Lorsqu'un échange est reconnu frauduleux, et cache une véritable vente, ou qu'il existe un prix indiqué , c'est ce prix qui doit alors servir de base au droit d'enregistrement.

(4) 123. Lorsque l'engagement a pour objet d'éteindre le capital, c'est sur ce capital que le droit doit être perçu. Seulement, il peut arriver que le droit à percevoir étant excessif relativement à la valeur des fruits attribués par le contrat, l'administration accorde une modération des droits à raison des circonstances. C'est ainsi que, dans une espèce où l'engagement de 1,200 fr., avait pour objet d'éteindre une créance de 6,222 fr., il fut décidé que le droit ne serait liquidé que sur la valeur des biens. (3 nov. 1830, déc. min.)

Lorsque l'engagement doit éteindre des intérêts seulement, c'est sur ces intérêts seuls que le droit doit être liquidé.

(5,6) 124. Les règles, en cette matière, sont, à quelques nuances près, ainsi que nous l'avons dit, communes aux ventes de meubles et à celles d'immeubles, le droit des unes et des autres devant être liquidé *sur le prix exprimé.*

125. Lorsque le prix exprimé est fixé et consiste en argent payable au vendeur, le droit doit être liquidé sur le montant qui le constitue et non pas seulement sur ce qui en reste dû au moment où l'acte est enregistré. (Cass. 8 frim. an 12. D. A. 7, 28).

126. Lorsque le prix exprimé consiste en argent et en

7. Pour les transmissions de propriété entre vifs, à titre gratuit, et celles qui s'effectuent par décès, par l'évaluation qui sera faite et portée

objets mobiliers, le droit doit être perçu sur le tout, car des objets mobiliers font partie du prix exprimé et l'évaluation doit s'en faire par une déclaration estimative (Cass. 14 mai 1823. D.A. 7. 282).

127. Aux termes de la loi, les charges doivent être ajoutées au prix. On appelle charges ce que l'acquéreur est tenu de payer pour le vendeur ou à sa décharge. Lorsque le prix entier consiste en charges, c'est sur leur valeur en capital que le droit doit être perçu. Mais, en général, on peut dire que les charges imposées à la personne augmentent seules le prix et doivent seules par conséquent y être ajoutées; quant à celles qui portent sur la chose, elles en diminuent la valeur, et ne sauraient par suite être ajoutées au prix pour la liquidation du droit. (Champ. et Rig., t. 4, n. 3223).

128. D'après cette distinction, il a été décidé que l'impôt foncier étant une charge inhérente au fonds, il ne doit pas être ajouté au prix pour la perception du droit de mutation. (Cass. 4 vent. an 10. D. A. 7. 275; Champ. et Rig., t. 4, n. 3224).

129. Mais s'il s'agissait de droits échus et exigibles à l'époque de la vente, l'obligation imposée à l'acquéreur de les payer en l'acquit du vendeur serait personnelle et augmenterait le prix. (Cass. 19 mai 1819. D. A. 7. 277).

130. Pour les autres applications du même principe, V. le Dict. gén., v° Enreg., n. 2045 et suiv.

131. Il arrive quelquefois dans les ventes, que le vendeur se réserve l'usufruit de la chose vendue. Comment le droit devra-t-il être liquidé dans cette hypothèse? C'est ce que détermine le second § de la disposition ci-dessus transcrite. Il en résulte que le droit doit être perçu sur le prix stipulé dans le contrat, c'est-à-dire celui de la nue-propriété (Cass. 25 niv. an 12; 10 juillet 1810. D.A. 7. 278 ; 279) et sur l'usufruit évalué à la moitié de ce prix. Ainsi, en supposant que la nue-propriété de l'immeuble vaille 20,000 fr. et que le prix porté au contrat pour la nue-propriété soit de 10,000 fr., l'acquéreur sera tenu d'acquitter le droit sur une somme de 15,000 fr.

132. Mais cette disposition d'après laquelle, dans une vente avec réserve d'usufruit, la valeur de l'usufruit doit être ajoutée au prix de la nue-propriété pour la liquidation du droit, ne s'applique pas aux ventes de meubles, parce que tout est de rigueur en matière d'impôt, et que dès que la loi n'a parlé que des immeubles, il ne faut pas l'étendre aux meubles (11 août 1812, déc. min.).

133. Lorsque la propriété a été divisée, celui qui ne possède que la nue-propriété devra y réunir un jour la jouissance ou l'usufruit, sans quoi ses droits seraient sans aucune valeur. La disposition ci-dessus statue dans la prévision de cette réunion future.

134. A cet égard, il prévoit trois hypothèses, celle où la réunion s'opère sans acte; celle où elle a lieu par un acte de cession et moyennant un prix qui n'excède pas l'évaluation de l'usufruit qui a été faite lors de la transmission de la propriété, et enfin celle où le prix stipulé dans l'acte de cession est supérieur à l'évaluation, qui a été faite pour régler le droit de translation de propriété.

135. 1re hypothèse.—Lorsque la réunion de l'usufruit à la propriété s'opère sans acte, elle ne donne ouverture à aucun nouveau droit.

à vingt fois le produit des biens, ou le prix des baux courants, sans distraction des charges.

Il ne sera rien dû pour la réunion de l'usufruit à la propriété, lorsque le droit d'enregistrement

136. 2e Hypothèse. — Lorsque la réunion s'opère par un acte de cession et moyennant un prix qui n'excède pas l'évaluation, elle donne ouverture à un droit fixe seulement que la loi de frim. art. 68, § 1, n. 42, avait porté à 4 fr. et qui a été élevé à 3 fr. par celle du 28 avril 1816, art. 44, 4°.

137. C'est aussi ce qui devrait être décidé si la réunion s'opérait par une donation. (Champ. et Rig, t. 4, n. 3517).

138. Remarquons que lorsqu'il y a cession, il faut, pour qu'elle ne donne lieu qu'à la perception d'un droit fixe, comme opérant réunion d'usufruit à la propriété, qu'au moment de la transmission, la nue-propriété se trouve encore dans la main de l'acquéreur. S'il s'en était déjà dépouillé, la cession de l'usufruit donnerait ouverture au droit proportionnel (Cass. 17 mars 1835. D.P. 35, 1. 201.).

139. Lorsque la vente a lieu à la fois tant de l'usufruit que de la propriété, à deux individus, savoir : à l'un de la propriété, à l'autre de l'usufruit, le droit de la vente doit être liquidé sur chacun des prix exprimé, sans aucune augmentation : à ce cas ne s'applique pas la disposition de l'art. 15, n. 6 (Cass. 8 janv. 1822 ; 20 mars et 26 déc. 1826; 3 janv. 1827. D.A. 7. 159; D.P. 26. 1. 210; 27. 1. 105. Champ. et Rig., t. 4, 3486).

140. De là s'est élevée la question de savoir si, dans ce cas, la réunion de l'usufruit à la propriété ne devait pas donner lieu à la perception d'un nouveau droit de mutation au nu-propriétaire. La cour de cassation s'est montrée assez incertaine sur cette question. Après s'être prononcée pour l'affirmative (Cass. 25 nov. 1829. D.P. 32. 1. 328.), elle avait consacré la solution contraire et avait posé en principe que lorsqu'en cas de vente de la nue-propriété d'un immeuble avec réserve d'usufruit, un droit a été perçu par anticipation pour la réunion future de l'usufruit à la nue-propriété, il n'est pas dû un nouveau droit soit qu'elle s'opère au profit de l'acquéreur lui-même, soit qu'elle ait lieu en faveur de celui qui n'avait acquis que la nue-propriété (Cass. 29 mai 1832 ; 12 août 1834; 11 août 1835, D.P. 32. 1. 328; 34. 1. 375; 35. 1. 400.) Mais la cour de cassation a fini par revenir à sa première doctrine en décidant, par un arrêt récent, que lorsque l'usufruit a été vendu à l'un et la nue-propriété à l'autre, la réunion qui s'opère à titre onéreux est passible d'un droit proportionnel (Cass. 27 avril 1844. D.P. 44. 1. 355). V. en sens contraire de cette dernière solution, Champ. et Rig., t. 4, n. 3519 et le Contr., n. 6991.

141. 3e Hypothèse.—Lorsque la réunion s'opère au moyen d'une cession dont le prix est supérieur à l'évaluation qui a été faite pour régler le droit de translation de propriété, elle donne ouverture à un droit proportionnel.

142. La loi n'en a fixé nulle part la quotité, à la différence de ce qu'elle a fait pour l'application de la précédente hypothèse ; mais comme il s'agit d'un excédant de prix sur un contrat dont la disposition ci-dessus transcrite a indiqué la nature; et que, d'un autre côté, la perception nouvelle n'est, aux termes de cette même disposition, qu'un supplément de droit, il est évident que c'est le droit du contrat prévu qui est à percevoir. Or le contrat prévu est la vente.

143. Si la réunion s'opère sous l'empire de la loi

aura été acquitté sur la valeur entière de la propriété (1).

8° Pour les transmissions d'usufruit seulement, soit entre vifs, à titre gratuit, soit par décès, par *l'évaluation qui en sera portée à dix fois le produit des biens, ou le prix des baux courants, aussi sans distraction des charges.*

du 28 avril 1816 dont l'art. 52 a élevé le droit de vente immobilière de 4 à 5 et 1|2 p. 0|0, le droit à percevoir sur l'excédant devra être calculé d'après ce dernier taux (Contra, Champ. et Rig., t. 4, n. 5516).

(1) 144. Dans les transmissions à titre onéreux, les biens sont évalués d'après leur valeur vénale, et la base de la liquidation est le prix exprimé. Dans la mutation à titre gratuit dont s'occupe la disposition ci-dessus, la loi a pris une autre base d'évaluation; c'est le revenu multiplié par vingt.

145. Toute perception sur un capital calculé autrement, même d'accord avec l'administration, serait irrégulière et devrait être réformée (Cass. 19 déc. 1809; 25 mars 1812. D.A. 7. 288. 289).

146. La base première de la liquidation du droit est la déclaration des parties; elles ne sont tenues de produire les baux et actes que si leur évaluation est régulièrement attaquée.

147. Aucune circonstance ne peut enlever aux héritiers ou donataires le droit ou l'obligation de faire la déclaration des revenus (Cass. 18 et 19 nov. 1835. D.P. 36. 1. 22. 25); et même, un jugement violerait la loi s'il condamnait un redevable à payer le montant d'une contrainte, si mieux il n'aimait faire la déclaration du revenu des biens héréditaires (Cass. 30 octobre 1809 et 27 mars 1811. D.A. 7. 106. 107).

148. La loi exige que la liquidation du droit des transmissions à titre gratuit soit faite sans distraction des charges qui grèvent l'hérédité ou l'objet donné. Mais elle n'a pas défini le mot charge.

149. A défaut d'une définition légale, on tient qu'on ne peut comprendre sous la dénomination de charges que ce qui constitue une dette ou obligation personnelle du défunt et, par suite, de ses héritiers.

150. Ainsi, il n'y aurait pas lieu de déduire les rentes constituées avec hypothèques sur le fonds que l'acquéreur est tenu de servir (Cass. 9 vend., an 13. D.A. 7. 277).

151. Il peut y avoir plus de difficulté quant aux rentes foncières, parce qu'elles sont inhérentes au fonds. Mais comme elles sont établies par les parties elles-mêmes, qu'elles ne sont point, comme la contribution foncière, une charge nécessaire de l'immeuble, il est dans l'esprit de la loi qu'elles ne soient point déduites pour la liquidation. Tel est le dernier état de la jurisprudence (Cass. 19 prair. an 17; 12 niv. an 12; 14 mess. an 13.—*Contra*. Cass. 4 vent. an 10. D.A. 7. 276. 277. 275. Champ. et Rig., t. 4, n. 3405).

152. Mais la valeur des sommes données entre vifs, et même les legs doivent être déduits. Champ. et Rig., t. 4, n. 3413.

153. La disposition ci-dessus transcrite prévoit également la réserve d'usufruit pour le cas d'une transmission à titre gratuit. Alors, le donataire ou le légataire n'en doit pas moins, d'après une interprétation fiscale qui est très-contestable, acquitter le droit sur la valeur entière de l'immeuble; non pas que l'usufruit doive être considéré comme une charge dont la distraction ne puisse être faite, mais parce que la loi a voulu que, dans ce cas, le droit de mutation pour la réunion future de l'usufruit à la nue-pro-

Lorsque l'usufruitier qui aura acquitté le droit d'enregistrement pour son usufruit acquerra la nue-propriété, il paiera le droit d'enregistrement sur sa valeur, sans qu'il y ait lieu de joindre celle de l'usufruit (2).

ART. 16. Si les sommes et valeurs ne sont pas

priété fût perçu par anticipation, sans attendre que cette réunion se fût opérée.

154. En effet, par ces expressions: *lorsque le droit aura été acquitté*, la disposition ci-dessus transcrite n'a pas, d'après la régie, entendu dire que le paiement du droit de mutation sur la valeur totale de l'immeuble serait facultatif. La loi a prévu seulement le cas d'une omission ou d'une erreur de la part du receveur. Mais, en principe, il y a nécessité, pour celui auquel est transmise une nue-propriété, d'acquitter, au moment même de la transmission, le droit sur la valeur entière (Cass. 13 flor. an 9, 11 sept. 1811. D.A. 7. 107).

155. Mais lorsque les droits ont été acquittés sur la valeur entière, il n'est rien dû pour la réunion ultérieure de l'usufruit à la propriété. Et il a été décidé qu'il en était ainsi même dans l'hypothèse où l'usufruit aurait été donné ou légué séparément à l'un et la nue-propriété à l'autre (Cass. 27 mai 1834. D.P. 34. 1. 235). Mais voy. ce qui a été dit au § précédent pour le cas de vente, à l'occasion de la même hypothèse.

156. Au contraire, si le droit n'a pas été acquitté sur la valeur entière lors de la transmission de la nue-propriété, la réunion ultérieure de l'usufruit donnerait incontestablement ouverture à un nouveau droit proportionnel (Cass. 2 août 1841. D.P. 41. 1. 324).

157. La disposition ci-dessus transcrite implique cette solution; mais ni cette disposition ni aucune autre ne fixe la quotité du droit à percevoir. Cependant on est conduit par l'analogie à décider, comme dans le cas de vente (V. *supra* § précédent), que la base de la perception ne serait autre que celle qui aurait dû être prise lors de l'enregistrement de la mutation primitive, et que le droit à payer serait le complément de celui qui aurait été perçu. Ainsi, le droit devrait être établi sur un multiple du revenu suffisant pour compléter vingt fois ce revenu. Par exemple, si le droit avait été liquidé sur dix fois le produit lors de la transmission de la propriété, il devrait l'être sur dix fois lors de la réunion; s'il l'avait été sur quinze fois, il devrait l'être sur cinq fois (Champ. et Rig., t. 4, n. 3518).

158. La loi ne prévoit que la consolidation de l'usufruit reposant sur des immeubles. Quant aux objets mobiliers, de même qu'elle a gardé le silence en ce qui concerne la constitution de l'usufruit, de même aussi elle s'est abstenue de parler de la consolidation. Dans cette position, on décide que toute consolidation d'usufruit de biens meubles opérée par acte susceptible d'enregistrement, ne rend pas exigible le droit dont nous venons de parler, mais donne seulement ouverture au droit fixe (5 janv. 1836 Délib. D.P. 36. 3. 127; Champ. et Rig., t. 4, n. 3521).

159. Cependant, si la réunion s'opérait moyennant un nouveau prix, il y aurait lieu à percevoir un droit de vente sur la somme représentant ve de la plus-value, soit que l'acte primitif consistât en une vente, soit qu'il consistât en une donation, puisque, dans l'un et l'autre cas, la plus-value serait acquise à titre onéreux.

(2) 160. L'évaluation à dix fois le revenu suppose un usufruit qui puisse durer dix ans au plus; ma

déterminées dans un acte ou un jugement donnant lieu au droit proportionnel, les parties seront tenues d'y suppléer, avant l'enregistrement, par une déclaration estimative, certifiée et signée au pied de l'acte (1).

ART. 17. Si le prix énoncé dans un acte translatif de propriété ou d'usufruit de biens immeubles, à titre onéreux, paraît inférieur à leur valeur vénale à l'époque de l'aliénation, par comparaison avec les fonds voisins de même nature, la Régie pourra requérir une expertise, pourvu qu'elle en fasse la demande dans l'année à compter du jour de l'enregistrement du contrat (2).

---

lorsque l'existence du droit est limitée à un nombre d'années moindre, on ne se trouve plus dans la prévision de la loi. — Quelle doit donc être, dans cette dernière hypothèse, la base de l'évaluation? D'après les auteurs du Dict. de l'enreg., il faudrait percevoir le droit de bail. Mais cette décision ne saurait être adoptée, car la durée limitée de l'usufruit, n'en change pas la nature et ne le transforme pas en bail. Aussi faut-il adopter de préférence la base proposée par Proudhon, de l'Usuf., t. 2, p. 337, d'après lequel l'usufruit doit être estimé par la somme du revenu annuel des fonds, pris autant de fois qu'on trouve d'années, dans l'espace de temps pour lequel il a été transmis (V. cependant Champ. et Rig., t. 4, n. 3492, qui enseignent que, dans ce cas, il y a lieu de recourir à la déclaration estimative, avec le droit, pour la régie, de la rectifier au moyen de l'expertise.)

161. Cette solution est applicable à l'usufruit des meubles.

162. Le deuxième paragraphe de la disposition ci-dessus transcrite prévoit un troisième cas de réunion d'usufruit à la propriété, celui qui résulte de l'acquisition de la nue-propriété par l'usufruitier. Alors, si l'usufruit a déjà supporté l'impôt, l'acquisition ultérieure de la nue-propriété ne peut être frappée d'un droit qui porte encore sur cet usufruit. Cela était de toute justice. C'est la nue-propriété seulement qui doit supporter le droit.

163. Et cela s'applique non seulement au cas spécialement prévu par le texte de la loi, celui où l'usufruit a été acquis entre vifs à titre gratuit ou par décès, mais encore à celui où l'acquisition en aurait été faite à titre onéreux, bien que la loi ne s'explique pas sur ce cas (29 germ., au 13, délib.) Dans l'une et l'autre hypothèse, en effet, l'usufruitier ayant payé le droit de mutation sur l'usufruit, il est également juste qu'il le paie une seconde fois sur la même valeur, lorsqu'il y réunit la propriété.

164. La base d'après laquelle devra être fixé le droit à percevoir sur la nue-propriété, variera suivant le mode d'acquisition. Si elle est faite à titre onéreux, la base sera le prix exprimé; si elle a lieu par donation entre vifs ou si l'usufruitier recueille la chose par décès, la perception devra être faite sur dix fois le revenu.

(1) 105. Ce mode de liquidation a lieu dans tout acte ou jugement translatif soit de biens meubles, soit de biens immeubles.

166. La nécessité de liquider le droit sur une déclaration estimative s'applique non seulement au cas où la totalité des sommes et valeurs est indéterminée, mais encore à celui où l'indétermination porte sur une partie du prix, par exemple, sur une charge, Cass. 24 juin 1811, D. A. 7, 289.

167. La déclaration doit être faite par celle des parties qui présente l'acte à l'enregistrement, par un mandataire, par les notaires rédacteurs, par les greffiers et secrétaires qui ont reçu le montant des droits, par les avoués qui requièrent l'enregistrement du jugement et des actes de procédure (Champ. et Rig., t. 4, n. 3267).

168. Et lorsqu'il y a lieu à la déclaration, la forma-

lité doit être refusée jusqu'à ce que cette déclaration soit faite et signée (24 mars 1824, délib.)

(2) 169. L'expertise est un moyen offert à l'administration de parer à la dissimulation que devait naturellement produire la création de l'impôt sur la valeur des objets transmis ou sur le prix du contrat. Ce moyen a remplacé, dans la loi nouvelle, le droit de retrait qui existait dans l'ancienne législation, droit qui conférait au seigneur la faculté de retenir l'immeuble en payant le prix exprimé par l'acquéreur.

170. La loi n'accorde l'expertise que pour les biens immeubles. Le texte ci-dessus s'en explique formellement. Ainsi quelle que soit la disproportion existante entre le prix exprimé dans le cas de vente de biens meubles et la valeur des objets vendus, c'est toujours le prix exprimé qui doit servir de base à la régie; elle ne pourrait pas recourir à l'expertise.

171. En principe, l'expertise ne peut être demandée que par la régie et dans son intérêt; ainsi l'acquéreur ne pourrait être admis à prouver par cette voie que le prix exprimé excède la valeur vénale de l'immeuble (Cass. 27 avril 1807 et 14 juin 1809. D. A. 7. 505. 298).

172. Cependant il s'induit d'un arrêt de la Cour de cassation (27 déc. 1820, D. A. 7. 299) que, dans un cas particulier, les nouveaux possesseurs pourraient avoir intérêt à faire ordonner l'expertise et y devraient être reçus : c'est celui où la régie voudrait se fonder sur des actes qui ne seraient pas par eux-mêmes démonstratifs du véritable revenu, ou même sur des baux courants dans des circonstances où la loi ne les admettrait pas comme règle unique d'évaluation.

173. Les tribunaux ne peuvent suppléer à l'expertise, soit en faisant eux-mêmes l'appréciation des biens, soit en substituant leurs calculs à ceux des experts (Cass. 7 mars 1808, 17 avril 1816, 28 mars 1831. D. A. 7. 301. 305. D. P. 31. 1. 86).

174. Les actes translatifs à titre onéreux dont parle l'art. ci-dessus transcrit sont ceux que prévoit l'art. 15, n. 6, c'est-à-dire les ventes, adjudications, cessions, rétrocessions, licitations et autres actes civils et judiciaires, portant translation de propriété à titre onéreux.

175. Cependant, malgré ce texte, il est reconnu généralement par les tribunaux que l'expertise n'est pas admissible en matière d'adjudication judiciaire (11 août 1857, Bagnères; D. P. 38. 5. 118. Champ. et Rig., t. 4, n. 3275.) En effet, le prix ne saurait être dissimulé dans les ventes publiques; la cause de l'expertise n'existe donc pas.

176. L'objet de l'expertise est la valeur vénale de l'immeuble, c'est-à-dire le prix moyennant lequel il pourrait être vendu. Ainsi les experts doivent constater cette valeur en capital, non le revenu (Cass. 23 mars 1812. D. A. 7. 599).

177. Toutefois, bien que la valeur doive être constatée en capital, il ne s'ensuit pas que les experts ne puissent rechercher cette valeur vénale à l'aide du revenu (Cass. 18 brum. an 14).

178. La valeur vénale à constater est celle de l'immeuble à l'époque de l'aliénation, et l'on n'y doit comprendre que ce que le vendeur doit véritable-

Art. 18. La demande en expertise sera faite au tribunal civil du département dans l'étendue duquel les biens sont situés, par une pétition portant nomination de l'expert de la nation.

L'expertise sera ordonnée dans la décade de la demande.

En cas de refus par la partie de nommer son expert, sur la sommation qui lui aura été faite d'y satisfaire dans les trois jours, il lui en sera nommé un d'office par le tribunal.

Les experts, en cas de partage, appelleront un tiers expert : s'ils ne peuvent en convenir, le juge de paix du canton de la situation des biens y pourvoira.

Le procès-verbal d'expertise sera rapporté, au plus tard, dans le mois qui suivra la remise qui aura été faite aux experts de l'ordonnance du tribunal, ou dans le mois après l'appel d'un tiers-expert.

Les frais de l'expertise seront à la charge de l'acquéreur, mais seulement lorsque l'estimation excédera d'un huitième au moins le prix énoncé au contrat.

L'acquéreur sera tenu, dans tous les cas, d'acquitter le droit sur le supplément d'estimation, s'il y a une plus-value constatée par le rapport des experts (1).

Art. 19. Il y aura également lieu à requérir l'expertise des revenus des immeubles transmis en propriété ou usufruit à tout autre titre qu'à titre onéreux, lorsque l'insuffisance dans l'évaluation

---

ment toucher. Ainsi, quelle que soit la base de leur calcul, les experts doivent en déduire tout ce qui ne profiterait pas au vendeur (Cass. 7 mars 1833. D.P. 33. 1. 159. — Champ. et Rig., t. 4, n. 3286).

(1) 179. Cet article 18 a été complété par l'art. 5 de la loi du 27 vent. an 9, qui porte: « Dans tous les cas où les frais de l'expertise autorisée par les art. 17 et 19 de la loi du 22 frimaire tomberont à la charge du redevable, il y aura lieu au double droit d'enregistrement sur le supplément de l'estimation », et par la loi du 15 nov. 1808, qui est ainsi conçue : «Art. 1er. Lorsque dans les cas prévus par les art. 17, 18 et 19 de la loi du 22 frim. an VII, il y aura lieu à expertise de biens immeubles situés dans le ressort de plusieurs tribunaux, la demande en sera portée au tribunal de première instance dans le ressort duquel se trouve le chef-lieu de l'exploitation, ou, à défaut de chef-lieu, la partie des biens qui présente le plus grand revenu d'après la matrice du rôle. — Ce même tribunal ordonnera l'expertise partout où elle sera jugée nécessaire, à la charge néanmoins de nommer pour experts des individus domiciliés dans le ressort des tribunaux de la situation des biens, et il prononcera sur leur rapport.—Les experts seront renvoyés, pour la prestation du serment, devant le juge de paix du canton où les biens sont situés. — Art. 2. Il n'est rien innové en ce qui concerne les expertises d'immeubles dont la mutation s'opère par décès, et dont la déclaration se fait au bureau dans l'arrondissement duquel ils sont situés.»

180. De ces textes il résulte que c'est au tribunal civil du département, aujourd'hui de l'arrondissement, dans l'étendue duquel les biens sont situés, qu'appartiennent la connaissance et le jugement de la demande en expertise.

181. Cette demande est faite à la requête de l'employé qui poursuit l'expertise, et au nom du directeur général.

182. Le tribunal doit ordonner l'expertise dans les dix jours de la demande, et d'après une juri-prudence constante, il ne peut surseoir sous aucun prétexte.

183. La régie doit notifier à la partie la requête et l'ordonnance qui l'a suivie; mais il suffit que la première de ces deux pièces soit signifiée dans le délai. (Cass. 21 fév. 1809. D. A. 7. 312).

184. La requête présentée par la régie doit contenir nomination d'un expert; faute de nomination, le tribunal n'y pourrait suppléer, mais il pourrait refuser d'ordonner l'expertise.

185. Le tribunal pourrait, au contraire, suppléer à la nomination de l'expert par la partie, si celle-ci refusait de le nommer.

186. Les règles à suivre pour les récusations d'ex-

pert et les prestations du serment sont celles du droit commun.

187. En cas de partage, les experts doivent nommer un tiers expert : eux seuls ont qualité pour faire cette désignation, et c'est seulement lorsqu'ils ne peuvent en convenir que le juge de paix est appelé à la faire. Dans ce cas, ce magistrat est libre dans son choix. Ainsi, un tribunal ne pourrait obliger le juge de paix à choisir le tiers-expert sur une liste d'experts désignés (Cass. 30 déc. 1822. D.A. 7. 314).

188. Aucune disposition des lois spéciales n'oblige le tiers-expert à adopter, au lieu de l'estimation que ses propres lumières lui suggèrent, celles de l'un ou de l'autre des premiers experts. (Cass., 18 août 1823. D. A. 7. 305).

189. Les tribunaux sont, en matière d'enregistrement, obligés de suivre l'avis des experts, l'art. 323 C. de proc. n'étant pas applicable en cette matière. (Cass., 17 avril 1816; 28 mars 1831, D. A. 7. 305; D. P. 31. 1. 86.) Seulement, ils peuvent ordonner une expertise nouvelle lorsque le procès-verbal des premiers experts leur paraît défectueux ou insuffisant. (V. les arrêts précités, adde cass. 24 juill. 1815; 28 mars 1831; 29 fév. 1832. D. A. 7. 304; D. P. 31. 1. 86; 32. 1. 109).

190. Les frais de l'expertise sont de droit à la charge de la partie qui succombe; mais il y a, d'après la doctrine contestable de la régie, une distinction à faire entre les mutations à titre onéreux et celles à titre gratuit. Pour les premières, les frais ne sont supportés par l'acquéreur qu'autant que l'estimation excède d'un huitième au moins le prix énoncé au contrat : c'est la disposition textuelle de l'article ci-dessus. Mais pour les transmissions qui s'opèrent à titre gratuit, soit par actes entre vifs, soit par décès, quelque légère que soit la différence entre l'estimation des experts et celle donnée par les parties, l'existence d'un excédant dans l'évaluation d'un prix suffit pour faire retomber sur l'héritier ou le donataire les frais de l'expertise (Cass. 11 mai 1824; 9 mai 1826. D. A. 7. 306. D. P. 26. 1. 278. V. aussi l'art. 59 de la présente loi.)

191. Dans tous les cas où les frais de l'expertise retombent à la charge du contribuable, il doit acquitter sur la plus-value constatée par les experts un supplément de droit que l'art. 5 de la loi du 27 ventôse an 9, reproduit à la note 1, n. 179, porte au double. Le tribunal qui condamne la partie au paiement des frais ne peut se dispenser de la condamner en même temps au paiement du double droit. (Cass. 2 oct. 1810. D. A. 7. 306.)

ne pourra être établie par actes qui puissent faire connaître le véritable revenu des biens (1).

TITRE III. — Des délais pour l'enregistrement des actes et déclarations.

Art. 20. Les délais pour faire enregistrer les actes publics sont, savoir :

De quatre jours, pour ceux des huissiers et autres ayant pouvoir de faire des exploits et procès-verbaux ;

De dix jours, pour les actes des notaires qui résident dans la commune où le bureau d'enregistrement est établi (2) ;

De quinze jours, pour ceux des notaires qui n'y résident pas (3) ;

De vingt jours, pour les actes judiciaires soumis à l'enregistrement sur les minutes, et pour ceux dont il ne reste pas de minute au greffe, ou qui se délivrent en brevet ;

De vingt jours aussi, pour les actes des administrations centrales et municipales assujettis à la formalité de l'enregistrement.

Art. 21. Les testaments déposés chez les notaires, ou par eux reçus, seront enregistrés dans les trois mois du décès des testateurs, à la diligence des héritiers, donataires, légataires ou exécuteurs testamentaires (4).

---

(1) 192. Pour les transmissions à titre gratuit dont traite l'article ci-dessus, comme pour les ventes dont il est question à l'art. 17, l'expertise n'est autorisée que pour les immeubles. Elle ne peut également être requise que par l'administration et dans son intérêt. (Cass., 1er avril 1829.)

193. Mais la régie n'est pas obligée de recourir à cette voie lorsqu'il existe des baux courants ou autres actes qui font connaître la véritable valeur du revenu. (Cass., 7 germ. an 12, 18 fév. 1807 ; 7 fév. 1821. D. A. 7. 297. 297. 300).

194. Non-seulement l'administration n'est pas tenue de requérir l'expertise lorsqu'il existe des baux courants, mais encore elle ne peut la demander lorsque les parties produisent un bail régulier et faisant preuve de son existence à l'égard des tiers. (Champ. et Rig., t. 4, n. 3125. V. aussi Cass. 18 août 1829. D. P. 29. 1. 337).

195. Mais si, par des événements ou des conventions postérieures, le bail avait subi des changements tels qu'il ne fût plus susceptible de faire connaître, sans discussion, la véritable revenu du bien, il ne ferait pas obstacle à l'expertise. (Cass., 9 vend. an 13. D. A. 7. 287.) Il en est ainsi d'un bail verbal qui, d'ailleurs, ne peut servir de règle, lorsque la régie produit un bail écrit qui doit commencer à une époque très-rapprochée du décès, quoique postérieure. (Cass. 30 mars 1808. D. A. 7. 282.)

196. Les baux courants ne sont pas les seuls actes qui forment obstacle à l'expertise ; le même effet est produit par tous les actes qui peuvent faire connaître le revenu. Ainsi, à défaut de bail, une expertise faite deux ans avant le décès peut être prise pour base d'évaluation sans qu'il soit nécessaire de recourir à une expertise nouvelle. (Cass. 1 déc. 1835. D. P. 56. 1. 68). Toutefois, les solutions fournies par la jurisprudence sont fort incertaines en ce qui concerne l'application du principe. (V. au Dict. gén., vo Enreg., n. 2153 et suiv.). Mais on peut dire, avec Champ. et Rig., t. 4, n. 3436, qu'en thèse générale, les actes au moyen desquels l'administration peut se dispenser de l'expertise sont ceux qui, comme les baux, les quittances de loyer, les délégations de fermages et autres de même nature, ont pour effet de constater le revenu, mais non les estimations faites soit par les héritiers, soit par les tiers, dans un but quelconque.

Disons toutefois, à l'occasion de ces derniers actes, que lorsque l'expertise a lieu, ils peuvent être consultés par les experts, comme tous les actes, quels que soient leur objet et leur contenu, dès qu'ils sont susceptibles d'offrir une base à leur estimation.

197. En autorisant l'expertise pour les mutations à titre gratuit, la loi n'a point tracé de règles aux experts pour arriver à connaître le revenu qu'ils doivent constater ; elle s'en remet dès-lors à leurs lumières et à leur appréciation. Toutefois, l'administration a cherché à dicter des règles d'évaluation à l'égard de certains biens, notamment à l'égard des bois (15 déc. 1827, n. 1299). Mais ces instructions qui doivent servir de règle aux employés pour l'évaluation préalable qu'ils doivent faire, afin de reconnaître s'il y a lieu de demander l'expertise, ne doivent être prises en considération ni par les tribunaux qui n'ont point d'évaluation à faire, ni par les experts dont la mission est de constater le revenu tel qu'il résulte généralement ou d'une manière particulière, des circonstances (Conf. Champ. et Rig., t. 4, n. 3443).

(2,3) 198. Les délais prescrits par ces deux paragraphes pour l'enregistrement des actes publics, ne s'appliquent qu'aux actes parfaits. Ainsi le délai, pour l'enregistrement d'un acte notarié, ne court que du jour où l'acte est devenu parfait par la signature du notaire (13 août 1834, trib. de Melun).

199. Pareillement la décision de la loi ne s'applique qu'aux actes susceptibles d'enregistrement à raison des conventions qu'ils contiennent. Ainsi le délai prescrit par le législateur n'est d'aucune considération dans le cas où ce qui fait l'objet de l'acte n'est assujetti à aucun impôt, ou ne l'est que dans certaines circonstances et sous certaines conditions (19 juill. 1833, trib. de Lectoure).

200. Il en est ainsi des actes qui, bien que rédigés par les notaires, n'ont pas cependant le caractère d'actes publics : telles sont les polices d'assurance que les notaires peuvent rédiger dans la forme d'actes sous seing privé (Champ. et Rig., t. 4, n. 3908) et les certificats de propriété (1 août 1821, Déc. min. fin.).

(4) 201. L'obligation de faire enregistrer les testaments n'est pas imposée aux notaires, mais aux héritiers, donataires, etc. De là, la conséquence que les notaires ne peuvent refuser d'apporter la minute au bureau du receveur, sur la demande des parties trois mois après le décès.

202. L'art. 3 de la loi du 9 oct. 1791, additionnelle à celle des 5-19 déc. 1790, autorisait les préposés de la régie à contraindre les notaires à leur présenter les testaments par eux reçus, et que les parties intéressées n'avaient pas fait enregistrer dans les trois mois. D'après Champ. et Rig., t. 4, n. 3910, cette disposition que la loi de l'an 7 n'a pas abrogée spécialement, doit encore être suivie aujourd'hui.

203. Les donations entre époux faites pendant le mariage ont le même caractère que les testaments proprement dits et rentrent dans la disposition de

Art. 22. Les actes qui, à l'avenir, seront faits sous signature privée, et qui porteront transmission de propriété ou d'usufruit de biens immeubles, et les baux à ferme ou à loyer, sous-baux, cessions et subrogations de baux, et les engagements, aussi sous signature privée, de biens de même nature, seront enregistrés dans les trois mois de leur date (1).

Pour ceux des actes de ces espèces qui seront passés en pays étranger, ou dans les îles ou colonies françaises où l'enregistrement n'aurait pas encore été établi, le délai sera de six mois, s'ils sont faits en Europe; d'une année, si c'est en Amérique; et de deux années, si c'est en Asie ou en Afrique (2).

Art. 23. Il n'y a point de délai de rigueur pour l'enregistrement de tous autres actes que ceux mentionnés dans l'article précédent, qui seront faits sous signature privée, ou passés en pays étranger, et dans les îles et colonies françaises où l'enregistrement n'aurait pas encore été établi; mais il ne pourra en être fait aucun usage, soit par acte public, soit en justice, ou devant toute autre autorité constituée, qu'ils n'aient été préalablement enregistrés (3).

Art. 24. Les délais pour l'enregistrement des déclarations que les héritiers, donataires ou légataires auront à passer des biens à eux échus ou transmis par décès, sont, savoir :

De six mois, à compter du jour du décès;

---

l'art. 21, bien qu'elles n'y soient pas dénommées (Cass. 22 janv. 1838 D. P. 38. 1. 113).

204. Mais on n'y peut comprendre le testament olographe qui serait trouvé parmi les papiers du défunt, ou qui aurait été déposé chez un tiers. Un tel testament serait, comme tout acte sous seing privé, pour l'enregistrement duquel la loi n'a fixé aucun délai, passible de la formalité lorsqu'il en serait fait usage. V. ci-après l'art. 23.

205. Quant aux actes de dépôt des testaments, s'il en était dressé, ce n'est pas l'art. 21 qui leur serait applicable, mais bien l'art. 20. Ainsi, ils devraient être enregistrés dans les 10 ou 15 jours.

(1) 206. Il s'agit, dans cette disposition, des mutations en propriété ou en jouissance qui sont constatées par des actes sous seing-privé. Ces droits de mutations diffèrent essentiellement, ainsi que nous l'avons dit, suprà, art. 3 et 4, n. 5, des droits d'actes. Aussi sont-ils soumis à des règles différentes. C'est ainsi que tandis que les conventions frappées d'un droit d'acte ne sont soumises à aucun délai pour l'enregistrement, comme nous le verrons à l'art. suivant, celles au contraire qui établissent une mutation, et sont faites sous seing privé, doivent, aux termes de l'art. ci-dessus, être enregistrées dans les trois mois, sous une sanction pénale que prononce l'art. 38. V. infrà cet article.

207. D'après cela, tout acte sous seing privé portant mutation doit être enregistré dans les trois mois de sa date, qu'il soit ou qu'il ne soit pas produit en justice. Il ne peut être affranchi de cette formalité sous prétexte que l'on n'a pas prouvé son exécution, et qu'il n'est justifié ni par des extraits de cote, ni par des quittances ou des certificats du percepteur des contributions, que l'acquéreur est entré en possession des biens (Cass. 4 niv. an 10; 28 août 1809, D. A. 7. 520).

208. Il en serait ainsi quand même l'acquéreur prétendrait que l'acte est simulé et non sérieux, la perception du droit se déterminant d'après la substance des actes et leurs formes extrinsèques, abstraction faite des intentions secrètes des parties (Cass. 25 fév. 1824 D. A. 7. 53).

209. La seule existence d'un acte suffit pour donner ouverture aux droits d'enregistrement, encore que l'acte soit susceptible d'être annulé pour vice radical (Cass. 5 vent. an 8. D. A. 7. 53).

(2) 210. Quant aux actes sous seing privé passés dans les colonies françaises ou en pays étranger que régit la seconde disposition de l'art. 22, ils doivent également être présentés à la formalité dans un délai déterminé à raison des distances. (V. le délai dans le texte). D'ailleurs, c'est seulement aux actes de transmission de propriété, d'usufruit et de jouissance

de biens immeubles situés en France, que cette disposition est applicable; et comme la disposition précédente, celle-ci fixe des délais seulement pour cette nature de convention et non pour celles qui sont frappées d'un droit d'acte.

211. En outre, relativement aux colonies, c'est pour celles où l'enregistrement n'est pas encore établi que la loi dispose. Quant à celles où l'enregistrement est établi, les délais et les bureaux sont déterminés par les ordonnances qui concernent le lieu où l'acte a été rédigé.

(3) 212. Cet article rapproché du précédent confirme nettement la distinction qui existe entre les droits d'actes et les droits de mutation. Les conventions atteintes d'un droit de cette dernière nature doivent être enregistrées dans un délai déterminé; nous venons de le voir. Les autres conventions ne sont soumises, d'après le présent article, à aucun délai : c'est seulement l'usage qu'on en veut faire, soit par acte public, soit en justice ou devant tout autre autorité constituée, qui en rend nécessaire l'enregistrement préalable.

213. Encore même faut-il que celui qui fait usage de l'acte s'en serve dans son intérêt personnel pour qu'il puisse être tenu du paiement des droits. Ainsi, un mari qui, procédant en justice au nom de sa femme, ferait usage d'actes sous seing privé non enregistrés, ne serait pas tenu des droits et amendes auxquels l'enregistrement de ces actes pourrait donner lieu (Cass. 6 nov. 1827. D.P. 28. 1. 12; Champ. et Rig., t. 4, n. 3841).

214. L'obligation de faire enregistrer préalablement à tout usage public les actes sous seing-privé, existe pour les communes et établissements publics, comme pour les particuliers. Toutefois la demande de l'approbation des actes par le préfet ou toute autre autorité n'étant que le complément de l'acte, l'enregistrement n'est point exigé avant cette formalité (17 octobre 1809. Déc. min. fin.; 25 nov. 1809. Inst. gén., n. 454).

215. Quant aux actes passés en pays étranger et dans les colonies françaises où l'enregistrement n'était pas établi, il avait été d'abord statué que ceux même qui avaient été passés dans la forme authentique et dont il était fait usage en France, soit par acte public, soit en justice ou devant toute autre autorité constituée, devaient être enregistrés préalablement et acquitter les mêmes droits que s'ils eussent été passés en France (22 vent. an 12. Déc. min. fin.; 5 germ. an 12. Inst. gén., n. 216; 30 mess. an 12. Inst. gén., n. 240).

216. Mais cette décision a été modifiée d'abord pour ceux de ces actes qui transfèrent la propriété ou l'u-

lorsque celui dont on recueille la succession est décédé en France (1);

De huit mois, s'il est décédé dans toute autre partie de l'Europe;

D'une année, s'il est mort en Amérique;

Et de deux années, si c'est en Afrique ou en Asie.

Le délai de six mois ne courra que du jour de la mise en possession, pour la successsion d'un absent, celle d'un condamné si ses biens sont séquestrés, celle qui aurait été séquestrée pour toute autre cause, celle d'un défenseur de la patrie s'il est mort en activité de service hors de son département, ou enfin celle qui serait recueillie par indivis avec la nation (2).

Si, avant les derniers six mois des délais fixés pour les déclarations des successions de personnes décédées hors de France, les héritiers prennent possession des biens, il ne restera d'autre délai à courir, pour passer déclaration, que celui de six mois, à compter du jour de la prise de possession.

ART. 25. Dans les délais fixés par les articles précédents pour l'enregistrement des actes et des déclarations, le jour de la date de l'acte, ou celui de l'ouverture de la succession ne sera point compté (3).

Si le dernier jour du délai se trouve être un décadi ou un jour de fête nationale, ou s'il tombe dans les jours complémentaires, ces jours-là ne seront point comptés non plus (4).

---

sufruit d'immeubles situés en pays étranger ou dans les colonies où l'enregistrement n'est pas établi, attendu que le droit proportionnel est un impôt qui ne peut atteindre les propriétés situées hors du territoire où il est en usage (6 vend. an 14, Av. c. d'Ét., app. le 10 brum. an 14).

217. L'exception a été ensuite étendue aux actes portant mutation d'immeubles situés dans les colonies ou en pays étranger, passés devant notaires ou autres officiers publics en France (4 fév. 1806, Déc. min. fin.; 11 mars 1806. Circ.; 15 nov. 1806, Av. c. d'Ét., app. le 12 déc. suiv.).

218. Enfin, la même règle a été appliquée aux actes passés en forme authentique seulement dans les colonies ou les pays étrangers, contenant obligation ou mutation d'objets mobiliers, lorsque les prêts et placements auront été faits, et les livraisons promises ou effectuées en objets de ces pays, et stipulés payables dans les mêmes pays et dans les monnaies qui y ont cours (Av. et circ. précités).

219. Au surplus, les exceptions résultant de ces diverses décisions ont été successivement révoquées par la loi du 28 avril 1816, art. 58, et reproduites avec quelque modification par celle du 16 juin 1824, art. 4. (V. infra ces articles).

(1) 220. L'hypothèse prévue par cette disposition est celle où le défunt est français, mort en France et ne laisse que des biens situés dans le territoire du royaume. L'obligation de déclarer dans les délais reçoit sa sanction de l'art. 39, d'après lequel le défaut de déclaration dans le délai entraîne un demi droit en sus à titre d'amende.

221. C'est du jour du décès que court le délai de six mois, et non du jour de l'adition d'hérédité. C'est donc à partir de la première époque que peut être faite la perception de la régie, à peine du demi droit en sus, si les héritiers ne satisfont pas à leur obligation (Cass. 12 pluv. an 8, 9 germ. an 12).

222. L'héritier bénéficiaire doit passer la déclaration et acquitter les droits dans le même délai que l'héritier pur et simple (Cass. 18 niv. an 12. D.A. 7. 335).

223. Il en est ainsi des curateurs aux successions vacantes (Cass. 3 niv. an 13. D.A. 7. 332).

224. Toutefois ce curateur ne peut être tenu de la déclaration des biens héréditaires, s'il prouve n'avoir jamais été nanti de deniers provenant de cette succession. En tout cas, il ne pourrait être condamné au paiement du demi droit en sus, faute d'avoir fait cette déclaration dans les six mois (4 nov. 1815. C. sup. de Bruxelles. D.A. 7. 335).

225. Les délais dont il vient d'être parlé s'appliquent également au cas où le défunt est étranger et laisse des biens situés en France où il est décédé. Il

n'y a d'exception qu'à l'égard des meubles et effets mobiliers à l'usage d'un ambassadeur décédé, lesquels ne sont assujettis ni à la déclaration, ni au paiement des droits (29 déc. 1829. Inst. gén., n. 1303, § 9; Champ. et Rig., t. 4, n. 5863).

(2) 226. Cette disposition a été modifiée, en ce qui concerne les successions d'absents, par l'art. 40 de la loi du 20 avril 1816, d'après lequel la déclaration doit être faite dans les six mois du jour de l'envoi en possession provisoire....

227. Ce qui a été interprété par la jurisprudence, en ce sens que le délai commence à courir du jour du jugement qui a prononcé l'envoi en possession, et non pas seulement du jour de la réception de la caution prescrite par l'art. 120 C. civ. et 860 C. pr. (Cass. 9 nov. 1819 et 2 avril 1823. D.A. 7. 110, 111. — Contra. Champ. et Rig., t. 4, n. 3865).

228. Mais lorsque, pour une cause quelconque, les héritiers ne veulent pas ou ne peuvent pas profiter du jugement d'envoi en possession, il leur est loisible d'éviter le paiement des droits, en déclarant au receveur qu'ils renoncent au bénéfice du jugement (Champ. et Rig., loc. cit.).

(3) 229. Le jour de la date de l'acte ne compte point; en cela la loi est conforme à la règle dies a quo non computatur a termino; mais le dernier jour du délai fixé est compris dans le délai, et en cela, il y a exception, pour l'enregistrement, à la maxime dies termini non computatur in termino. — Ainsi, une vente immobilière du 30 nov. 1833, enregistrée le 1er mars seulement, est passible d'un double droit, le délai de trois mois étant expiré le dernier jour de février (1er août 1834. Trib. de Miremont).

230. Ce jugement sert encore à faire connaître cette autre règle, que les délais déterminés par mois se comptent non par le nombre fixe de trente jours pour chaque mois, mais par l'espace de temps du quantième d'un mois au quantième correspondant du mois suivant (V. encore Cass. 12 mars 1816. D.A. 1. 479).

(4) 231. Depuis la loi du 18 germ. an 10, relative à l'organisation des cultes, le dimanche a été substitué au décadi (10 mess. an 10. Déc. min. fin.; 1 fruct. an 13. Inst. gén. 290, n. 19). Quant aux jours complémentaires, ils n'existent plus.

232. Les bureaux des préposés de l'enregistrement doivent être fermés le dimanche et les jours de fête reconnues, Ascension, Assomption, Toussaint, Noël (20 juil. 1808, 1er juil. 1816, 9 mars 1859, Déc. min. fin.; 6 juin 1809 et 12 juil. 1816. Inst. gén., n. 433 et 730; D.P. 59. 3. 47; Dict. gén., v° Jour férié, n. 3).

233. Le premier janvier est aussi un jour férié (13 mars 1810, Av. c. d'Ét. app. le 20. D.A. 9. 605, n. 1). Il en est ainsi de la fête du roi (23 oct. 1817. Déc.

TITRE IV. — Des bureaux où les actes et mutations doivent être enregistrés.

ART. 26. Les notaires ne pourront faire enregistrer leurs actes qu'aux bureaux dans l'arrondissement desquels ils résident.

Les huissiers et tous autres ayant pouvoir de faire des exploits, procès-verbaux ou rapports, feront enregistrer leurs actes, soit au bureau de leur résidence, soit au bureau du lieu où ils les auront faits.

Les greffiers et les secrétaires des administrations centrales et municipales feront enregistrer les actes qu'ils sont tenus de soumettre à cette formalité, aux bureaux dans l'arrondissement desquels ils exercent leurs fonctions.

Les actes sous signature privée, et ceux passés en pays étranger, pourront être enregistrés dans tous les bureaux indistinctement (1).

ART. 27. Les mutations de propriété ou d'usu-fruit par décès seront enregistrées au bureau de la situation des biens.

Les héritiers, donataires ou légataires, leurs tuteurs ou curateurs, seront tenus d'en passer déclaration détaillée et de la signer sur le registre (2).

S'il s'agit d'une mutation, au même titre, de biens meubles, la déclaration en sera faite au bureau dans l'arrondissement duquel ils se seront trouvés au décès de l'auteur de la succession.

Les rentes et les autres biens meubles, sans assiette déterminée lors du décès, seront déclarés au bureau du domicile du décédé.

Les héritiers, légataires ou donataires rapporteront, à l'appui de leurs déclarations de biens meubles, un inventaire ou état estimatif, article par article, par eux certifié, s'il n'a pas été fait par un officier public; cet inventaire sera déposé et annexé à la déclaration, qui sera reçue et signée sur le registre du receveur de l'enregistrement (3).

---

min. fin.; 8 août 1834, délib. D.P. 34. 3. 82). Néanmoins aucune loi ne déclare *fête nationale* ou jour férié, la fête du roi des Français (30 juin 1837. Déc. min. fin.).

(1) 234. Il a été dérogé à cet article par l'art. 6 de la loi du 22 pluv. an 7, quant aux ventes aux enchères d'objets mobiliers qui doivent toujours être enregistrées au bureau du lieu où elles sont effectuées, quelle que soit la résidence de l'officier public.

(2) 235. Cette disposition et celle du § précédent du même article sont relatives aux immeubles. Il en résulte que si les biens sont situés dans plusieurs arrondissements, il doit être passé à chaque bureau une déclaration particulière à raison des biens compris dans son ressort (7 avril 1807. Cass. D.G., v° Enreg., n. 2122.)

236. Les biens immeubles situés en pays étranger ne sont pas passibles du droit de mutation, quoiqu'ils fassent partie de la succession d'un français mort en France, et qu'ils soient dévolus à un héritier français et régnicole. (Champ. et Rig., t. 4, n. 3868. V. aussi *suprà*, art. 23, n. 5).

237. Toute personne qui n'a pas qualité suffisante pour passer une déclaration ne doit pas être admise à la faire (26 juill. 1809, Inst. gén. 443).

238. La loi en désignant ceux auxquels il incombe de faire la déclaration, n'a pas mentionné l'exécuteur testamentaire; il s'en induit qu'il n'est pas tenu de déclarer la succession. (Dict. de l'enreg., v° Exécution testamentaire, n. 5. Champ. et Rig., t. 4, n. 3854).

239. Si la déclaration est faite par un fondé de pouvoir, sa qualité doit être établie; la procuration de lui certifiée, demeure annexée au registre, et mention en est faite dans la déclaration. Si la procuration est sous seing privé, elle doit être sur papier timbré; mais l'enregistrement n'en doit pas être exigé. (Ord. gén. de la rég. art. 38; 26 juillet 1809. Inst. gén. n. 443).

240. Toute déclaration doit être détaillée, et l'administration ne peut être tenue d'en recevoir dans une autre forme, même sous la réserve de la contredire ultérieurement. (Cass. 10 janv. 1811. D. A. 7. 109). Il est indispensable qu'elle énonce 1° les noms, prénoms, demeure et profession des héritiers, donataires et légataires; 2° ceux du décédé; 3° la date du dé-

cès; 4° le degré de parenté des héritiers; 5° le détail, article par article, des biens par nature, consistance et situation; 6° s'ils sont affermés ou non; 7° leur produit ou le prix des baux courants; 8° le capital de ce produit; 9° enfin la quotité et le montant du droit perçu. (26 juill. 1809 et 3 juin 1830. Inst. gén. n. 443 et 1318).

241. La déclaration et son enregistrement ne peuvent être remplacés par la présentation d'un partage à la formalité. (Cass. 23 prair. an 9. D. A. 7. 331), ni par le versement fait au trésor des droits dus pour la mutation (18 mess. an 8, Déc. min. fin). Cependant, le versement d'un à-compte a été considéré comme une déclaration partielle (23 sept. 1831, délib.)

(3) 242. Quant aux mutations mobilières que régissent les dernières dispositions de l'art. 27, la déclaration doit être faite au bureau dans l'arrondissement duquel les meubles se seront trouvés au décès de l'auteur de la succession. Ceux qui sont situés en pays étranger sont exempts du droit, car à leur égard, comme à l'égard des immeubles, le droit proportionnel est un impôt réel qui n'atteint que les propriétés situées dans le territoire sur lequel il est établi. (Champ. et Rig., t. 4, n. 3870.

243. Il en est ainsi à l'égard des marchandises aussi bien qu'à l'égard de tout autre objet mobilier. (31 oct. 1835. Inst. gén. n. 1.498, § 6).

244. S'il s'agit de rentes ou d'autres biens meubles sans assiette déterminée, la déclaration doit être faite au bureau du domicile du décédé. La déclaration d'une rente foncière ne pourrait, par suite, être faite au bureau de la situation des biens sur lesquels la rente est assise (15 niv. an 8, Sol.).

245. Il en est des créances comme des meubles corporels: celles qui sont payables à l'étranger sont exemptes du droit (17 janv. 1835. trib. de Reims; 31 oct. 1835. Inst. gén. D. P. 36. 3. 36.)

246. Cependant lorsque la créance est souscrite par un Français en France, et hypothéquée sur des immeubles situés en France, les héritiers étrangers doivent le droit de mutation par décès. (Cass. 16 juin, 10 nov. 1823 et 29 août 1837. D. A. 7. 101. 102, D. P. 37. 1. 447). Cette doctrine est contredite par Champ. et Rig., t. 4, n. 3871.

247. Les héritiers, légataires ou donataires doivent rapporter à l'appui de leur déclaration de biens meu-

Titre V. — *Du paiement des droits, et de ceux qui doivent les acquitter.*

Art. 28. Les droits des actes et ceux des mutations par décès seront payés avant l'enregistrement, aux taux et quotités réglés par la présente.

Nul ne pourra en atténuer ni différer le paiement, sous le prétexte de contestation sur la quotité, ni pour quelque autre motif que ce soit, sauf à se pourvoir en restitution, s'il y a lieu (1)..

Art. 29. Les droits des actes à enregistrer seront acquittés, savoir :

Par les notaires, *pour les actes passés devant eux* (2) ;

Par les huissiers et autres ayant pouvoir de faire des exploits et procès-verbaux, *pour ceux de leur ministère;*

Par les greffiers, *pour les actes et jugements (sauf le cas prévu par l'article* 37 *ci-après) qui doivent être enregistrés sur les minu-*

---

bles, un inventaire ou état estimatif par eux certifié, s'il n'a pas été fait par un officier public. Cependant s'ils ne savent pas écrire, et lorsqu'il n'existe pas d'ailleurs d'inventaire devant notaire, ils peuvent se dispenser de rapporter l'inventaire ou l'état estimatif. Seulement la déclaration doit contenir alors le détail des objets mobiliers avec l'estimation pour chaque article. Le receveur atteste par sa signature la déclaration de la partie, portant qu'elle ne sait pas écrire. (22 mai 1832. Inst. gén., n. 1400. D. P. 32. 3. 109).

248. S'il existe un inventaire authentique, les héritiers peuvent se borner à en faire mention dans leur déclaration, en indiquant sa date et l'officier public qui l'a reçu. (22 prair. an 7, Déc. min. fin.)

249. Si, postérieurement à l'inventaire, mais avant la déclaration, le mobilier a été vendu aux enchères, les héritiers ne sont tenus du paiement des droits que sur l'estimation de l'inventaire , sans égard au prix de la vente. (15 janv. 1835. Trib. de la Seine, 12 mai 1835, délib. D. P. 36. 3. 9).

(1) 250. Cet article consacre en principe le droit accordé à la régie de fixer préalablement le droit à percevoir sur les actes. « Cette mesure, disent Champ. et Rig , t. 4, n. 3806, dont il peut résulter de graves abus, a été prise dans l'intérêt du trésor ; mais la règle qu'elle constitue aurait pu, sans nuire à cet intérêt bien entendu, recevoir quelques modifications, dans des cas particuliers. L'administration en reconnaît elle - même la nécessité, et le ministre accorde ordinairement, dans les successions considérables, l'autorisation d'enregistrer en débet , et un délai pour le paiement du droit. »

251. D'ailleurs les communes ne sont pas plus dispensées que les particuliers du paiement immédiat des droits d'enregistrement des actes qui les concernent. (1 juill. 1815.Inst. gén., n. 642).

252. L'appel d'un jugement n'est pas suspensif de l'exigibilité du droit (Cass. 21 nov. 1827, D.P. 28. 1. 27) et même à l'égard d'un jugement qui prononce l'adjudication d'un immeuble, par suite de saisie immobilière, l'enregistrement n'en peut être différé jusqu'à ce que la Cour d'appel ait statué. (18 oct. 1808. Av. c. d'Ét. app. le 22;28 av. 1809. Inst. gén., n. 429, § 1.)

(2) 253. C'est aux notaires qu'incombe l'obligation de faire enregistrer les actes qu'ils reçoivent et d'en acquitter le droit, d'après la disposition ci-dessus. De là résulte qu'ils sont débiteurs directs et personnels des droits dont leurs actes sont susceptibles. (Cass. 1 mars 1825. D. P. 25. 1. 178).

254. Mais il faut remarquer que les notaires ne sont tenus d'avancer que les droits dont l'acte qu'ils soumettent à la formalité est susceptible selon sa nature. Par suite, ils ne sont pas tenus des droits de mutation dont la preuve peut se tirer des actes par eux rédigés, mais dont ces actes ne forment pas le titre. (Champ et Rig., t. 4, n. 2895; 6 oct. 1815 et 11 fév. 1834. délib. D. P. 34. 3. 59. Cass. 12 fév. 1834. D. P. 34.1.111.

255. Le notaire qui a apposé sa signature sur un acte passé par lui, ne peut se dispenser de le faire enregistrer sous prétexte que les parties ne lui ont pas fait l'avance des droits car c'est à lui d'exiger cette avance.

256. La loi ne parle expressément que des actes à *enregistrer.* Il résulte de là que lorsque l'acte est enregistré, on ne saurait plus s'adresser au notaire pour exiger de lui un supplément dont les parties seules désormais sont débitrices envers l'administration. (7 juin 1808. Déc. min. fin. 29 juin 1808. Inst. gén., n. 386 § 28).

257. Les héritiers du notaire décédé doivent le paiement des droits que leur auteur aurait dû acquitter ; c'est à leur défaut seulement qu'on doit s'adresser aux parties. Toutefois, quant aux doubles droits et aux amendes, ils ne sont à la charge des héritiers du notaire qu'autant que ce dernier a été condamné de son vivant, ou qu'il a souscrit une obligation. (11 brum. 26 frim. an 14 et 1 sept. 1807.Déc. min. just. et fin.; Champ. et Rig., t. 4, n. 3898).

258. Le paiement des droits d'enregistrement peut, d'après la jurisprudence de la Cour de cassation, être poursuivi sur le cautionnement des officiers publics avant qu'ils aient cessé d'exercer les fonctions à raison desquelles ils l'ont fourni ; ce cautionnement étant affecté par privilège au paiement des droits et amendes dont ces officiers publics sont débiteurs. (Cass. 26 mars 1821, 25 juill. 1827. D. A. 2. 424. D. P. 27. 1. 320.) Toutefois, Champ. et Rig. enseignent, t. 4, n. 3906, que la régie n'a point de privilège spécial sur le cautionnement, attendu que ni le code civil ni aucune loi particulière ne le lui confèrent. — Nous avons soutenu la doctrine de la régie, p. 772, n. 1016.

259. A partir du 1er janv. 1830 les receveurs tenaient un carnet ou registre pour y inscrire, date par date, d'une part les sommes consignées par des notaires pour les droits des actes qui ne pouvaient être enregistrés immédiatement, ainsi que celles payées après la formalité pour le complément des droits ; et d'autre part, le montant des droits de ces actes, et les sommes remboursées aux notaires pour excédant de consignation (14 déc.1829. Circ. compt. gén. des fin. D. P. 32. 3. 69.)

260. Ce carnet a été remplacé, à partir du 1er janv. 1837, par un livre journal, servant de compte ouvert avec tous les officiers publics et ministériels, et contenant dix colonnes, savoir : 1° numéros d'ordre ; 2° dates des versements ; 3° noms, qualités et demeures des officiers publics et ministériels; 4° nombre et dates des actes déposés au bureau ; 5° sommes versées à valoir sur les droits ; 6° montant des droits d'enregistrement ; 7° date du règlement avec l'officier public ; 8° sommes payées pour complément de droits ; 9° sommes payées pour excédant de consignation ; 10° observations. (24 sept. 1836, Déc. min. fin ; 14 oct. 1836. Inst. gén. n. 1523. D. P. 37. 3. 90.)

les, aux termes de l'article 7 de la présente, et ceux passés et reçus aux greffes, et pour les extraits, copies et expéditions qu'ils délivrent des jugements qui ne sont pas soumis à l'enregistrement sur les minutes (1);

Par les secrétaires des administrations centrales et municipales, *pour les actes de ces administrations qui sont soumis à la formalité de l'enregistrement, sauf aussi le cas prévu par l'article 37;*

Par les parties, *pour les actes sous signature privée, et ceux passés en pays étranger, qu'elles auront à faire enregistrer; pour les ordonnances sur requêtes ou mémoires, et les certificats qui leur sont immédiatement délivrés par les juges; et pour les actes et décisions qu'elles obtiennent des arbitres, si ceux-ci ne les ont pas fait enregistrer;*

Et par les héritiers, légataires et donataires, leurs tuteurs et curateurs, et les exécuteurs testamentaires, *pour les testaments et autres actes de libéralité à cause de mort* (2).

ART. 30. Les officiers publics qui, aux termes des dispositions précédentes, auraient fait, pour les parties, l'avance des droits d'enregistrement, pourront prendre exécutoire du juge de paix de leur canton, pour leur remboursement (3).

L'opposition qui serait formée contre cet exécutoire, ainsi que toutes les contestations qui s'élèveraient à cet égard, seront jugées conformément aux dispositions portées par l'art. 65 de la présente, relatif aux instances poursuivies au nom de la nation.

ART. 31. Les droits des actes civils et judiciaires emportant obligation, libération, ou translation de propriété, ou d'usufruit de meubles ou immeubles, seront supportés par les débiteurs et nouveaux possesseurs; et ceux de tous les autres actes le seront par les parties auxquelles les actes profiteront, lorsque, dans ces divers cas, il n'aura pas été stipulé de dispositions contraires dans les actes (4).

---

(1) 261. Les actes dont les droits doivent être acquittés par le greffier, sauf son recours personnel contre les parties, sont les actes dits du greffe, ainsi que ceux écrits sous la dictée du juge.

262. Les droits d'un jugement par défaut doivent être acquittés, quoique, sur l'opposition, ce premier jugement ait été annulé, attendu qu'il est de principe général que, dès qu'un acte existe, il doit être enregistré dans le temps et de la manière prescrite par la loi, quels que soient les événements postérieurs (13 frim. an 13. Dec.min. fin. 3 fruct. an 13.Inst. gén.n.4).

(2) 263. C'est aux héritiers donataires et légataires qu'incombe la charge du droit d'enregistrement des testaments par lesquels ils sont appelés; par cela même, les notaires qui ont reçu ces testaments ou chez lesquels ils ont été déposés sont déchargés de ce droit.

264. D'ailleurs, l'héritier naturel qui se mettrait en possession des biens de la succession en vertu du droit qu'il tient de la loi, pourrait être poursuivi à raison du droit d'enregistrement du testament fait par son auteur, testament dont l'exécution n'aurait pas été demandée (Cass. 24 oct. 1810. D. A. 7, 42.)

265. Il en serait autrement si l'héritier avait renoncé à la succession dans le délai de trois mois donné pour l'enregistrement (même arrêt., Champ. et Rig. t. 4, n. 3905).

(3) 266. Les notaires peuvent, pour le paiement de leurs avances et honoraires, à raison d'actes qu'ils ont reçus, actionner, sur la seule représentation de ces actes, les parties qui ne justifient pas s'en être libérées, si d'ailleurs il n'y a pas prescription (Cass. 14 oct. 1811, D.A. 10. 434, n. 2.)

267. Aux termes des art. 1999 et 2002 C. c., et de l'art. 30 de la loi du 22 frim., les notaires ont une action directe et solidaire contre le vendeur et l'acquéreur, pour se rembourser des droits d'enregistrement qu'ils ont avancés à la charge de chacun d'eux. (Cass. 26 juin 1820; 20 mai 1829, D.A. 10. 456 n. 2.)

268. Les *intérêts* des avances faites par un notaire pour droits d'enregistrement, ne lui sont dus qu'à compter de la demande judiciaire (Cass. 30 mars 1830, 11 nov. 1853; D.P. 29. 1. 247; 7 juin 1857; D.P. 30 1. 188; 34. 1. 56; 37. 2. 144).

269. Un juge de paix peut délivrer un exécutoire pour le recouvrement des droits d'enregistrement et de timbre avancés par un notaire *antérieurement* à la loi du 22 frim. an 7, attendu qu'il est de principe, consacré par l'art. 1041 C. p., que toute demande doit être introduite et instruite conformément à la loi en vigueur au moment où elle est formée, et non pas suivant la loi qui existait au moment où le droit a pris naissance. (Cass. 4 avril 1826, D.P. 2G. 1. 224).

(4) 270. Cet article complète les art. 28 et 29 qui ont fait connaître les personnes qui doivent *acquitter* le droit, en indiquant celles des parties qui doivent le *supporter*. Il établit nettement la distinction entre l'action qui appartient au fisc et les obligations des parties entre elles. Ainsi, quant au fisc, les droits doivent être acquittés par celle des parties qui présente l'acte à la formalité (Arg. de l'art. 29), parce que le paiement devant toujours précéder l'enregistrement, il y a nécessité, pour la partie qui veut faire enregistrer un acte, d'en acquitter les droits, quand même ils ne seraient pas à sa charge, sauf son recours contre le véritable débiteur de ces droits. C'est ce débiteur que l'art. 31 a pour objet de faire connaître.

271 De la distinction entre ceux qui doivent *acquitter* le droit et ceux qui doivent le *supporter*, on avait d'abord conclu que la régie ne pouvait jamais s'adresser qu'à la partie qui présentait l'acte; l'on renfermait ainsi son action dans les bornes de l'art. 29 et l'on voulait qu'elle ne pût se prévaloir de l'art. 31, par le motif que ce dernier article avait uniquement réglé les intérêts respectifs des parties (Cass. 15 niv. an 11, D. A. 7. 368.) Mais la difficulté s'étant représentée dans une espèce où il s'agissait d'un acte de vente présenté par le vendeur et dont la régie réclamait le droit à l'acquéreur, elle fut résolue en sens contraire, attendu que l'art. 12 autorisait les poursuites contre le *nouveau possesseur*, et qu'il n'y avait aucune injustice à s'adresser de prime abord à celui sur qui les droits devaient retomber en définitive (Cass. 26 oct. 1813. D. A. 7. 369. Champ. et Rig. t. 4, n. 3831.)

(5) 272. De ce principe une fois reconnu, il résulte que lorsque ans une instance suivie contre l'acquéreur présumé d'un immeuble, pour le recouvrement des droits de mutation, l'acte même de vente est produit par le vendeur, la régie peut s'en prévaloir pour justifier ses poursuites contre l'acquéreur, et déter-

ART. 32. Les droits des déclarations des mutations par décès seront payés par les héritiers, donataires ou légataires.

Les cohéritiers seront solidaires.

La nation aura action sur les revenus des biens à déclarer, en quelques mains qu'ils se trouvent, pour le paiement des droits dont il faudrait poursuivre le recouvrement (1).

TITRE VI. — Des peines pour défaut d'enregistrement des actes et déclarations dans les délais, et de celles portées relativement aux omissions, aux fausses estimations et aux contre-lettres.

ART. 33. Les notaires qui n'auront pas fait enre-
gistrer leurs actes dans les délais prescrits paieront personnellement, à titre d'amende et pour chaque contravention, une somme de cinquante francs, s'il s'agit d'un acte sujet au droit fixe, ou une somme égale au montant du droit, s'il s'agit d'un acte sujet au droit proportionnel, sans que, dans ce dernier cas, la peine puisse être au-dessous de cinquante francs.

Ils seront tenus, en outre, du paiement des droits, sauf leur recours contre les parties, pour ces droits seulement (2).

ART. 34. La peine contre un huissier ou autre ayant pouvoir de faire des exploits ou procès-verbaux, est, pour un exploit ou procès-verbal non présenté à l'enregistrement dans le délai, d'une somme de vingt-cinq francs, et de plus une somme équivalente au montant du droit de l'acte non enregistré. L'exploit ou procès-verbal non enregistré

---

miner la quotité du droit (Cass. 30 juin 1806. D. A, 7. 368.)

273. La loi permet aux parties de déroger à la règle qu'elle trace en ce qui concerne les personnes qui doivent *supporter* les droits. Ainsi il pourrait être stipulé, par dérogation au texte de l'art. 31, que les droits d'enregistrement seront à la charge du vendeur ou du créancier. Toutefois, si dans cette hypothèse, l'acquéreur ou le débiteur étaient poursuivis en paiement du droit, ils ne pourraient se retrancher derrière la clause dérogatoire, parce que les clauses particulières sont étrangères à la régie, et que ce serait d'ailleurs un moyen facile de fraude.

(1) 274. Ce sont les héritiers, donataires ou légataires qui doivent payer les droits des déclarations par décès; et le droit est dû par les légataires qui n'ont pas la saisine des biens, lors même qu'ils n'auraient fait valoir aucune demande en délivrance. Cette obligation pèse, ainsi que nous l'avons déjà dit, sur l'héritier bénéficiaire, sur le curateur à une succession vacante.

275. Quand les héritiers sont mineurs, c'est leur tuteur qui demeure chargé de la déclaration, et il supporte personnellement la peine du demi-droit s'il ne l'a pas faite dans le délai. Mais ce n'est qu'en sa qualité de tuteur, et non sur ses biens propres, qu'il peut être poursuivi pour le droit principal, à moins que par son fait, il n'ait mis la régie dans l'impuissance de le recouvrer sur le mineur (Cass. , 25 oct. 1808. D. A. 7. 333).

276. Les cohéritiers sont solidaires pour l'acquittement du droit ; et la solidarité s'applique aux héritiers bénéficiaires (Cass. 12 juill. 1836. D. P. 36, 1. 386) : c'est la conséquence du principe que cette classe d'héritiers est soumise aux mêmes obligations que l'héritier pur et simple (Champ. et Rig., t. 4, n. 3379).

277. Mais la solidarité ne pouvant jamais se suppléer, elle ne doit pas être étendue aux *légataires*, dès que la loi n'a parlé que des *héritiers*. C'est d'ailleurs ce qui s'induit de l'avis du conseil d'Ét. du 21 sept. 1810. (D. A. 7. 357 , n. 2). Elle n'existe qu'entre les héritiers légitimes , d'où il suit encore qu'elle n'a pas lieu entre ceux-ci et les enfants naturels (Champ. et Rig., t. 4, n. 3881).

278. Outre l'action personnelle et solidaire que la loi accorde à la régie contre l'héritier, pour le recouvrement des droits de mutation par décès, le même art. 32 lui donne une action *réelle* , mais
limitée, sur les revenus des biens à déclarer en quelques mains qu'ils se trouvent.

279. Il s'était élevé de grandes difficultés pour savoir si cette action formait un droit de suite dont le tiers détenteur ne pût se garantir qu'en purgeant l'immeuble qui s'en trouvait grevé. La Cour de cassation l'avait ainsi pensé , et elle avait décidé que les revenus des biens , pour le paiement des droits de mutation par décès , pouvaient être saisis entre les mains du fermier , sans que celui-ci fût admis à opposer la compensation qui avait été faite , par le contrat de bail même , de son prix de ferme , avec une créance qu'il avait contre la succession (Cass. , 3 janv. 1809. D. A. 7. 376). Mais un avis du conseil d'État du 21 sept. 1810 (D. A. 7. 357 , n. 2) a autrement interprété l'art. 32. Cet avis décide que le droit de suite n'a lieu que contre les personnes dénommées dans cet article, c'est-à-dire contre les héritiers, donataires et légataires, soit pour les droits principaux , soit pour les droits en sus; qu'ainsi un tiers acquéreur est à l'abri de toutes poursuites de la part de la régie, sauf le droit appartenant à celle-ci comme à tout autre créancier, de former des saisies-arrêts , ou de procéder à l'ordre sur le prix des biens aliénés. — Ainsi aujourd'hui un fermier ne pourrait pas voir saisir ses récoltes pour le paiement des droits de mutation par décès (13 oct. 1814 , déc.), sauf pour la partie qui en appartiendrait à l'héritier (Champ. et Rig., t. 4 , n. 3884).

280. Le droit de suite s'exerce non-seulement contre les héritiers, mais contre les légataires soit à titre universel, soit à titre particulier. Les termes de l'avis du conseil d'État ne laissent aucun doute sur ce point. Il s'exerce également contre les simples légataires d'usufruit (Cass., 24 oct. 1814, D. A. 7. 577); mais l'usufruitier qui a été obligé de payer pour l'héritier a son recours , tel que de droit, contre lui.

281. Le droit de suite, tel qu'il est établi sur les revenus des biens à déclarer entre les mains des héritiers, donataires , légataires , ne constitue pas un privilège au profit de la régie qui lui donne un drot de préférence contre tous autres créanciers. Aucune loi n'ayant accordé un semblable privilège, le fisc reste , à cet égard, dans les termes du droit commun (Cass., 6 mai 1816. D. A. 9. 74, 1 mars 1825; Amiens; Merlin , Rép. , v° Privilège , sect. 2, § 2 , n. 7; Champ. et Rig. , t. 4, n. 3887. — *Contra* , 25 mai 1835, Paris. D. P. 35. 2. 72.)

(2) 282. L'amende de 50 fr. a été réduite à 10 fr. par la loi du 16 juin 1824, dont l'art. 10, § 2, dis-

dans le délai est déclaré nul, et le contrevenant responsable de cette nullité envers la partie.

Ces dispositions, relativement aux exploits et procès-verbaux, ne s'étendent pas aux procès-verbaux de ventes de meubles et autres objets mobiliers, ni à tout autre acte du ministère des huissiers sujet au droit proportionnel. La peine pour ceux-ci sera d'une somme égale au montant du droit, sans qu'elle puisse être au-dessous de cinquante francs. Le contrevenant paiera en outre le droit dû pour l'acte, sauf son recours contre la partie pour ce droit seulement (1).

ART. 35. Les greffiers qui auront négligé de soumettre à l'enregistrement, dans le délai fixé, les actes qu'ils sont tenus de présenter à cette formalité, paieront personnellement, à titre d'amende, et pour chaque contravention, une somme égale au montant du droit.

Ils acquitteront en même temps le droit, sauf leur recours, pour ce droit seulement, contre la partie.

ART. 36. Les dispositions de l'article précédent s'appliquent également aux secrétaires des administrations centrales et municipales, pour chacun des actes qu'il leur est prescrit de faire enregistrer, s'ils ne les ont pas soumis à l'enregistrement dans le délai.

ART. 37. Il est néanmoins fait exception aux dispositions des deux articles précédents, quant aux jugements rendus à l'audience, qui doivent être enregistrés sur les minutes, et aux actes d'adjudication passés en séance publique des administrations, lorsque les parties n'auront pas consigné aux mains des greffiers et des secrétaires, dans le délai prescrit pour l'enregistrement, le montant des droits fixés par la loi. Dans ce cas, le recouvrement en sera poursuivi contre les parties par les receveurs, et elles supporteront en outre la peine du droit en sus.

Pour cet effet, les greffiers et les secrétaires fourniront aux receveurs de l'enregistrement, dans la décade qui suivra l'expiration du délai, des extraits par eux certifiés des actes et jugements dont les droits ne leur auront pas été remis par les parties; à peine d'une amende de dix francs pour chaque décade de retard, et pour chaque acte et jugement, et d'être en outre personnellement contraints au paiement des doubles droits (2).

ART. 38. Les actes sous signature privée, et ceux passés en pays étranger, dénommés dans l'article 22, qui n'auront pas été enregistrés dans les délais déterminés, seront soumis au double droit d'enregistrement.

---

pose que « outre les amendes fixes prononcées par la loi sur l'enregistrement, le timbre, etc., sont réduites, savoir : celles de 300 fr. à 50 fr.; celles de 100 à 20 fr.; celles de 50 fr. à 10 fr.; et toutes celles au-dessous de 50 fr. à 5 fr. » Ainsi d'après ce dernier article combiné avec l'art. 35 ci-dessus de la loi de frim., chaque contravention entraîne une amende de 10 fr. lorsque les actes ne sont passibles que du droit fixe.

283. Mais lorsqu'ils sont passibles du droit proportionnel, on a demandé si l'art 35 ci-dessus avait été modifié par l'art. 10, § 2 de la loi du 16 juin 1824. qui parle des amendes fixes. Il avait été d'abord décidé que les modérations d'amende accordées par ce dernier article ne sont pas applicables au double droit proportionnel, non plus qu'au minimum de ce double droit, lequel, en conséquence, devait être considéré comme maintenu à 50 fr. (9 juin 1825, Déc. min. fin.). Mais cette opinion a été rejetée par le tribunal de Grenoble (jug. du 9 mai 1827), et une délibération du 10 juill. 1827 puis une décision ministérielle du 28 janv. 1828 approuvant un avis du comité des finances du 5 du même mois, reconnurent qu'il y avait lieu d'exécuter le jugement du trib. de Grenoble et d'abandonner la décision du 9 juin 1825. Ainsi, même à l'égard des actes entraînant le droit proportionnel, la peine est aujourd'hui d'une somme égale au montant du droit dû, sans préjudice de ce droit, et sans qu'elle puisse être au-dessous de l'amende de 10 fr. (Champ. et Rig., t. 4, n. 3917).

284. Lorsqu'un acte est sujet à la fois au droit fixe et au droit proportionnel, l'amende est d'une somme égale au droit proportionnel, sans y ajouter le droit fixe (2 août 1836, délib. C. d'adm. D.P. 37. 3. 91).

285. Les droits en sus et les amendes pour contravention en matière d'enregistrement doivent être acquittés préalablement à la formalité, comme le droit simple (10 mai 1833, Inst. gén., n. 1423. — Contra, Champ. et Rig., t. 4, n. 3919).

(1) 286. Deux peines sont prononcées pour défaut

d'enregistrement en temps utile d'un exploit : l'amende et la nullité.

287. Quant à l'amende, elle a été réduite dans les termes de l'art. 10 de la loi du 16 juin 1824 (V. à la note précédente, n. 1), et n'est plus que de 5 fr., outre une somme équivalente au montant du droit, dans le cas prévu par le 1er §, et d'une somme égale au montant du droit ou d'un minimum de 10 fr. dans le cas du § 2.

288. L'amende est encourue par l'huissier alors même que l'acte qu'il a négligé de faire enregistrer dans les quatre jours était susceptible de recevoir la formalité en débet ou même gratis (21 août 1806, trib. de Lavaur; 2 déc. 1806, Déc. min. fin).

289. Quant à la nullité de l'exploit ou du procès-verbal, elle est prononcée sanf la responsabilité du contrevenant envers la partie. C'est en conformité de cette disposition que le demandeur en cassation a été déclaré déchu de son pourvoi, pour défaut d'enregistrement, dans les 4 jours, de l'exploit de signification de l'arrêt d'admission (23 flor. an 9. D.A. 319).

290. Cette pénalité a eu pour objet d'assurer la date des exploits et procès-verbaux qui doivent être faits dans un certain délai; mais elle ne saurait arrêter la vindicte publique. Ainsi, nonobstant qu'un procès-verbal rapporté pour délit de chasse n'ait pas été soumis à la formalité dans les quatre jours, la condamnation n'en doit pas moins être prononcée contre le délinquant. A l'appui de cette solution, on invoque l'art. 47 de la présente loi (V. infrà), article dont la disposition a restreint aux seuls actes sur lesquels sont rendus des jugements en faveur des particuliers, la nullité prononcée par l'art. 34 (Cass. 7 janvier 1826. D.P. 26. 1. 177).

(2) 291. V. l. 27 vent. an 9, art. 7 et 16; l. 28 avril 1816, art. 38; l. 15 mai 1818, art. 79 et pour l'amende, l. 16 juin 1824, art. 10.

Il en sera de même pour les testaments non enregistrés dans le délai (1).

ART. 39. Les héritiers, donataires ou légataires qui n'auront pas fait, dans les délais prescrits, les déclarations des biens à eux transmis par décès, paieront, à titre d'amende, un demi-droit en sus du droit qui sera dû pour la mutation.

La peine pour les omissions qui seront reconnues avoir été faites dans les déclarations, sera d'un droit en sus de celui qui se trouvera dû pour les objets omis : il en sera de même pour les insuffi-sances constatées dans les estimations des biens déclarés.

Si l'insuffisance est établie par un rapport d'experts, les contrevenants paieront en outre les frais de l'expertise.

Les tuteurs et curateurs supporteront personnellement les peines ci-dessus, lorsqu'ils auront négligé de passer les déclarations dans les délais, ou qu'ils auront fait des omissions, ou des estimations insuffisantes (2).

ART. 40. Toute contre-lettre faite sous signature

---

(1) 292. Les droits d'actes ne sont exigibles, en principe, ou, en d'autres termes, les parties ne sont tenues de présenter l'acte à l'enregistrement que si elles en font usage, lorsque cet acte est fait sous seing-privé. Mais à l'égard des actes de la même nature qui portent transmission de propriété et d'usufruit, etc., on a vu que l'art. 22 *suprà* a établi une règle différente, en exigeant l'enregistrement dans les trois mois. L'article 38 ci-dessus contient la sanction de cette disposition.

293. La loi des 5-19 déc. imposait aux parties l'obligation de déclarer les mutations opérées « par l'échéance des conditions attachées aux dispositions éventuelles. » Cette obligation existe encore aujourd'hui, car bien que la loi de l'an 7 ne l'ait pas imposée d'une manière expresse, elle résulte implicitement des art. 22 et 38.

294. Mais le droit n'étant dû que du jour où la condition s'est accomplie, c'est de ce jour seulement que courent les délais accordés pour le paiement (Champ. et Rig., t. 4, n. 3818).

295. L'acte ne doit pas moins être présenté à la formalité dans les trois mois de sa date, sauf à n'appliquer alors que le droit fixe, et à percevoir ultérieurement le droit proportionnel à titre de supplément. Cela s'induit du texte de l'art. 22, d'après lequel les actes opérant mutation doivent être enregistrés dans les trois mois de leur date ; or l'existence de la condition ne change pas la date de l'acte, ni même celle de la transmission, lorsqu'elle se réalise (*Contrà* Champ. et Rig., t. 4, n. 3819).

296. Le droit à payer en sus, à titre d'amende, lorsque l'acte n'est pas présenté dans le délai, est le même que celui qui doit être acquitté à titre d'impôt ; c'est un double droit, porte l'art. 38. Mais ce double droit consiste-t-il dans le droit d'enregistrement augmenté du droit de transcription, ou dans le droit d'enregistrement seulement ? La cour de cassation s'est prononcée dans le premier sens ; elle a jugé, par conséquent, que le double droit doit être étendu au droit additionnel de 1 et demi pour cent perçu aujourd'hui, d'après la loi du 28 avril 1816, art. 54, en même temps que le droit de mutation sur tous les contrats qui sont de nature à être transcrits (Cass. 11 juillet 1836 ; 21 nov. 1836. D.P.36. 1. 312 ; 432. *Conf.* 3 juill. 1829 dél.). On ne peut disconvenir, toutefois, que cette solution rigoureuse n'est pas à l'abri de la critique. Les surtaxes de l'impôt ne pouvant jamais résulter que d'un texte précis de loi, il nous paraîtrait plus équitable de ne faire porter le double droit que sur le droit de mutation, puisqu'il ne peut être perçu qu'en vertu des dispositions de la loi de frimaire, la loi de 1816 n'ayant rien statué à cet égard, d'autant qu'il est déjà assez rigoureux de percevoir un droit de transcription pour une formalité, qui n'est pas toujours indispensable (Champ. et Rig., t. 4, n. 3820).

(2) 297. Cet article prévoit le retard, l'omission ou l'insuffisance d'évaluation dans la déclaration prescrite par les art. 24 et 27 (V. *Suprà*). Tout retard dans les déclarations est puni d'un demi droit qui se perçoit, à titre d'amende, en sus du droit principal.

298. L'omission se compose de ce qui devant être déclaré, ne l'a pas été. Comme nous l'avons dit, le droit de mutation se perçoit sur la valeur intégrale des biens héréditaires, sans distraction des dettes ni des charges. Tous les objets de la succession doivent donc être déclarés, et c'est l'omission qui en serait faite dans la déclaration qui donne lieu, d'après l'art. ci-dessus, à un droit en sus qui se trouverait dû pour l'objet omis.

299. Par cela même on voit que les questions d'omission sont plutôt de fait que de droit. Mais il importe de dire qu'un héritier peut, sans s'exposer à l'amende d'un droit en sus, faire une déclaration approximative en se réservant d'en faire une supplétive, en cas qu'il vienne à découvrir quelque objet inconnu, si, au terme fixé pour les déclarations, les forces de la succession n'étaient pas bien établies, soit que l'inventaire n'eût pas été achevé dans les 6 mois, soit qu'il n'eût fait connaître l'actif qu'imparfaitement (Cass. 26 nov. 1810. D.A. 7. 334). — Dans ce cas même, l'amende du demi droit en sus ne serait pas encourue par l'héritier, faute d'avoir fait la déclaration supplétive dans les six mois de la première (Même arrêt. Champ. et Rig., t. 4, n. 3875).

300. Il n'y a pas omission par cela seul qu'il y a erreur dans les contenances attribuées aux immeubles ; car l'héritier peut être de très-bonne foi, et ignorer la véritable mesure. Il suffit que tous les biens soient déclarés. C'est à la régie à s'enquérir de leur consistance et de leur valeur (Cass. 10 mai 1814. D.A. 7. 335). Il en serait de même de la désignation incomplète des biens, par exemple, si l'héritier n'en avait point donné les tenants et les aboutissants, ou s'il n'avait pas précisé le lieu de leur situation. Ce fait pourrait bien autoriser la régie à exiger une déclaration plus circonstanciée ; mais il ne constituerait pas une omission, car la loi n'a tracé aucune règle pour l'indication des biens (Cass. 27 janv. 1823. D.A. 7. 335).

301. Les preuves des omissions peuvent, d'ailleurs, être faites par tous les actes capables d'en établir l'existence. A cet égard, la loi n'a pas déterminé quelle doit être la nature de ces actes ; on rentre alors dans le droit commun (Champ. et Rig., t. 4, n. 3874). Il a été jugé, en conséquence, que, lorsque du rapprochement de la déclaration faite après décès et de l'inventaire dressé ultérieurement pour constater les forces de la succession, il résulte la preuve évidente d'une omission dans la déclaration faite au bureau de l'enregistrement, aucune preuve ne peut être admise contre les énonciations formelles de l'inven aire, sous prétexte de justifier que la différence qu'il présente avec la déclaration provient d'acquisitions pos-

privée, qui aurait pour objet une augmentation du prix stipulé dans un acte public, ou dans un acte sous signature privée, précédemment enregistré, est déclarée nulle et de nul effet.

Néanmoins, lorsque l'existence en sera constatée, il y aura lieu d'exiger, à titre d'amende, une somme triple du droit qui aurait eu lieu, sur les sommes et valeurs ainsi stipulées (1).

Titre VII. — Des obligations des notaires, huissiers, greffiers, secrétaires, juges, arbitres, administrateurs et autres officiers ou fonctionnaires publics, des parties et des receveurs, indépendamment de celles imposées sous les titres précédents.

Art. 41. Les notaires, huissiers, greffiers, et les

secrétaires des administrations centrales et municipales, ne pourront délivrer en brevet, copie ou expédition, aucun acte soumis à l'enregistrement sur la minute ou l'original, ni faire aucun autre acte en conséquence, avant qu'il ait été enregistré, quand même le délai pour l'enregistrement ne serait pas encore expiré, à peine de cinquante francs d'amende (2), outre le paiement du droit.

Sont exceptés les exploits et autres actes de cette nature qui se signifient à parties ou par affiches et proclamations, et les effets négociables compris sous l'art. 69, paragraphe 2, nombre 6 de la présente.

A l'égard des jugements qui ne sont assujettis à l'enregistrement que sur les expéditions, il est défendu au greffier, sous les mêmes peines, d'en délivrer aucune, même par simple note ou extrait, aux parties ou autres intéressés, sans l'avoir fait enregistrer (3).

Art. 42. Aucun notaire, huissier, greffier, se-

---

térieures à l'ouverture de la succession (Cass. 11 av. 1815. D. A. 7. 354).

302. Mais quel que soit le genre de preuve adopté, il doit avoir pour résultat de démontrer l'omission au jour du décès (8 mai 1833, Trib. civ. de la Seine).

303. Quant à l'insuffisance d'évaluation des objets héréditaires, elle est punie, comme l'omission de quelques uns de ces objets, d'un droit en sus. Nous avons vu supra, en parlant de l'expertise, comment se constatait cette insuffisance à l'égard des biens immeubles.

304. Mais à l'égard des biens meubles, l'insuffisance est prouvée par les mêmes moyens que l'omission. Seulement la preuve doit constater une valeur plus grande au jour de l'ouverture de la succession (Champ. et Rig., t. 4, n° 5876). Ainsi les estimations postérieures, les ventes et autres faits servant à déterminer le prix des objets déclarés, n'établiraient point une insuffisance s'ils se rapportaient à une époque postérieure au décès (15 janv. 1835. Trib. civ. de la Seine; 12 mai 1855, délib. D. P. 36. 5. 9).

305. Les tuteurs et curateurs doivent supporter personnellement. aux termes de la disposition finale de l'art. ci-dessus, les peines prononcées pour retard, omission ou insuffisance dans la déclaration. C'est une conséquence toute naturelle de la loi qui investit les tuteurs et curateurs des actions de leur pupille et les met en leur lieu et place. La faute leur est donc personnelle lorsqu'ils négligent de faire la déclaration, ou bien lorsqu'elle qu'ils font est incomplète; ils doivent dès lors en porter personnellement la responsabilité. D'où il suit que non seulement ils ne peuvent employer en frais de tutelle et curatelle la somme qu'ils ont payée pour le demi droit ou le droit en sus, mais encore que la régie est sans action sur les biens de la succession pour le recouvrement de ce droit ou de ce demi droit, si le tuteur et le curateur sont insolvables.

(1) 306. Cet article a eu pour objet de prévenir les dissimulations de prix. Aussi faut-il reconnaître que tout acte par lequel des parties de bonne foi consentent l'augmentation d'un prix reconnu trop faible par elles, ne peut être considéré comme une contre-lettre à laquelle l'article ci-dessus doive être appliqué. Il n'y a que les actes frauduleux qui soient de nature à être atteints par cette disposition : c'est pourquoi elle ne prononce d'amende que dans le cas où la contre-lettre est faite postérieurement à un acte précédem-

ment enregistré (Champ. et Rig., t. 4, n. 3849).

307. Cependant toute contre-lettre faite en même temps que l'acte sous signature privée et par conséquent avant l'enregistrement de cet acte, doit être atteinte par l'art. 40 ; car le mot précédemment dont se sert cet article se rapporte à la découverte et non à la passation de la contre-lettre (Champ. et Rig., loc. cit).

308. Mais si la contre-lettre était faite ou découverte avant l'enregistrement de la vente, lors même que les délais de celle-ci seraient expirés, l'art. 40 ne serait pas applicable (Champ. et Rig., loc. cit.). Ainsi l'on ne doit percevoir que le droit simple lorsqu'une contre-lettre, même postérieure à l'acte de vente, est soumise à l'enregistrement en même temps que cet acte (11 juin 1833, délib.).

309. Depuis le code civil qui accorde aux contre-lettres leur effet entre les parties contractantes, sans distinguer celles qui portent augmentation du prix (1321 C. civ.), on a demandé si l'article ci-dessus avait été abrogé en ce qu'il déclare nulles et de nul effet les contre-lettres ayant cet objet. La jurisprudence s'était prononcée dans le sens de la nullité (13 fruct. an 11 et 10 janv. 1809. Cass. 25 mars 1812, Bruxelles; 17 fév. 1819, Metz). D.A. 10. 674 , n. 1. 675, n. 1. 2. Mais la Cour de cassation, revenant sur cette jurisprudence, a consacré sur ce point la doctrine de Toullier, t. 8, n, 186 (10 janv. 1819 Cass. V. aussi 21 fév. 1832, Aix. D.A. 10. 676, n. 1; D.P. 32. 2. 135).

310. Lorsque l'existence d'une contre-lettre est constante, l'annulation qui en a été prononcée n'empêche pas la perception du triple droit (15 nov. 1811, Cass.).

311. D'ailleurs le triple droit dont ces actes sont passibles doit être acquitté en entier et immédiatement par celui qui fait enregistrer l'acte pour le faire valoir, encore bien qu'il n'y ait pas concouru, sauf, s'il y a lieu, son recours contre qui de droit (25 fév. 1836. Cass. V. cependant Champ. et Rig., t. 4, n. 3852. D.P. 36. 1. 135).

(2) 312. Réduit à 10 fr. par la loi du 16 juin 1824, art. 10.

(3) 313. Cet article a été modifié par l'art 56 de la loi du 28 avril 1816 qui dispose. « L'art. 41 de la loi du 22 frimaire an 7 continuera d'être exécuté : néanmoins, à l'égard des actes que le même officier aurait reçus, et dont le délai d'enregistrement ne serait pas encore expiré, il pourra en énoncer la date, avec la

crétaire ou autre officier public, ne pourra faire ou rédiger un acte en vertu d'un acte sous signature privée, ou passé en pays étranger, l'annexer à ses minutes, ni le recevoir en dépôt, ni en délivrer extrait, copie ou expédition, s'il n'a été préalablement enregistré, à peine de cinquante francs d'amende, et de répondre personnellement du droit, sauf l'exception mentionnée dans l'article précédent (1).

Art. 43. Il est également défendu, sous la même peine de cinquante francs d'amende (2), à tout notaire ou greffier, de recevoir aucun acte en dépôt, sans dresser acte du dépôt (3).

Sont exceptés les testaments déposés chez les notaires par les testateurs.

Art. 44. Il sera fait mention, dans toutes les expéditions des actes publics, civils ou judiciaires qui doivent être enregistrés sur la minute, de la quittance des droits, par une transcription littérale et entière de cette quittance.

Pareille mention sera faite dans les minutes des actes publics, civils, judiciaires ou extrajudiciaires, qui se feront en vertu d'actes sous signature privée, ou passés en pays étranger, et qui sont soumis à l'enregistrement par la présente.

---

mention que ledit acte sera présenté à l'enregistrement en même temps que celui qui contient ladite mention; mais dans aucun cas l'enregistrement du second acte ne pourra être requis avant celui du premier, sous les peines de droit. »

314. Le paiement du droit dont parle l'art. 41 et qui doit être effectué indépendamment de l'amende, est celui de l'acte dont il est délivré brevet, copie ou expédition ou en conséquence duquel il en est délivré un autre. Ainsi c'est le droit des deux actes qui doit être acquitté : cela est évident dans le cas où ils ont été reçus l'un et l'autre par le même officier public.

315. Mais lorsque l'acte non enregistré a été reçu par un autre officier, il y a plus de difficulté. Le fisc en effet, disent Champ. et Rig., t. 4, n. 3921, ne peut perdre le droit de l'acte en vertu duquel on a instrumenté, puisque cet acte, étant notarié, doit être présenté à l'enregistrement par celui qui l'a reçu. Mais ces mots de l'article « outre le paiement du droit » doivent faire décider que le droit des deux actes doit être payé par le notaire qui a rédigé le second, sauf son recours contre celui qui a reçu le premier et ne l'a pas fait enregistrer.

316. Quant aux expressions acte en conséquence dont se sert l'art. 41, elles sont synonymes de celles-ci acte en vertu employées dans l'art. suiv. Nous en expliquerons le sens sous ce dernier article.

(1) 317. L'art. 13 de la loi du 16 juin 1824 a dérogé à cette disposition. « Les notaires, porte cet article, pourront faire des actes en vertu et par suite d'actes sous seing privé non enregistrés, et les énoncer dans leurs actes, mais sous la condition que chacun de ces actes sous seing privé demeurera annexé à celui dans lequel il se trouvera mentionné, qu'il sera soumis avant lui à la formalité de l'enregistrement, et que les notaires seront personnellement responsables, non-seulement des droits d'enregistrement et de timbre, mais encore des amendes auxquelles les actes sous seing privé se trouveront assujettis.

Il est dérogé à cet égard seulement, à l'article 42 de la loi du 12 décembre 1798 (22 frim. an 7). »
— Ainsi la modification portée par ce dernier article ne s'étend pas aux annexes, dépôts, extraits ou copies d'actes sous seing privé, qui demeurent soumis à l'enregistrement préalable prescrit par l'art. 42 de la loi de frim. (Champ. et Rig., t 4, n. 5923.)

318. Elle ne s'étend pas non plus aux autres officiers publics que les notaires : ceux-ci étant seuls nommés, ils sont aussi les seuls qui puissent en réclamer le bénéfice (23 juin 1824. Inst. gén., n. 1136 § 13). Mais ils ne jouissent de ce bénéfice qu'à la condition de payer les droits d'enregistrement de l'acte sous seing privé, en même temps que le double droit et les amendes sur le timbre, s'il est écrit sur papier libre, et qu'il n'ait pas été enregistré dans les délais.

319. Ajoutons même que s'il est permis aujourd'hui

à un notaire de mentionner un acte sous seing privé non enregistré dans un acte authentique, sans encourir l'amende, il lui est expressément défendu de l'annexer à sa minute, ou de le recevoir en dépôt, et d'en délivrer extrait, copie ou expédition, sans l'avoir préalablement fait enregistrer : l'art. 42 de la loi de frim. doit continuer d'être exécuté à cet égard, car en cette partie, l'art. 13 de celle de 1824 n'a pas dérogé.

320.° Ce n'est qu'aux fonctionnaires publics que s'appliquent les art. 41 et 42 de la loi de frim. : d'où la conséquence que s'il est présenté à la formalité un acte sous seing privé, se référant à un acte antérieur non enregistré, les parties ne seront point passibles d'amende, comme le serait tout officier public à leur place, sauf à poursuivre le droit et double droit de l'acte dont est mention, s'il est translatif de propriété, d'usufruit ou de jouissance de biens immeubles, et qu'il se soit écoulé plus de trois mois depuis sa date (4 juill. 1809. Inst. gén. 436, n. 45; Champ. et Rig., t. 4, n° 3927).

321. La principale difficulté qu'a fait naître l'application des art. 41 et 42 de la loi de frim. consiste dans l'interprétation des mots en conséquence et en vertu qui y sont employés et qui, ainsi que nous l'avons fait remarquer, dans l'article précédent, sont synonymes. A cet égard, la régie et les tribunaux ont été fréquemment appelés à se prononcer, et leurs solutions fort divergentes sont reproduites au Dict. gen., v° Enreg., n. 2354 et suiv. Disons seulement ici que les expressions de la loi s'entendent de tout acte qui se réfère à un autre acte préexistant, quand même il ne le rappellerait pas d'une manière explicite, pourvu toutefois que la mention qui y est faite ne soit pas une mention pure et simple, mais qu'elle constitue l'usage aux termes de l'art. 25, dont l'art. 42 est évidemment le complément et la sanction (Champ. et Rig., t. 4, n. 3925).

322. L'obligation de faire enregistrer les actes avant d'agir en conséquence ne peut s'entendre de ceux qui, par quelque disposition spéciale, sont affranchis de l'enregistrement. Ainsi ces derniers peuvent être reçus en dépôt ou relatés sans avoir été préalablement enregistrés (4 sept. 1824 Déc. min.; Champ. et Rig., t. 4, n° 3928).

(2) 323. Réduite à 10 fr. par la loi du 16 juin 1824, art. 10.

(3) 324. Mais la rédaction d'un acte de dépôt n'est pas nécessaire, lorsque le notaire rédacteur d'un inventaire reste dépositaire d'un acte sous seing-privé, non enregistré, par le motif qu'il ne s'agit pas d'une pièce déposée pour être mise au rang des minutes, seul cas où l'on doive appliquer les dispositions des art. 42 et 43 (3 mai 1826, et 18 déc. 1829. délib. D.P. 33. 3. 26; 17 fév. 1837. trib. de Villefranche. D.P. 37. 3. 139.)

Chaque contravention sera punie par une amende de dix francs (1).

Art. 45. Les greffiers qui délivreront des secondes et subséquentes expéditions des actes et jugements assujettis au droit proportionnel, mais qui ne sont pas dans le cas d'être enregistrés sur les minutes, seront tenus de faire mention, dans chacune de ces expéditions, de la quittance du droit payé pour la première expédition, par une transcription littérale de cette quittance.

Ils feront également mention, sur la minute de chaque expédition délivrée, de la date de l'enregistrement et du droit payé.

Toute contravention à ces dispositions sera punie par une amende de dix francs (2).

Art. 46. Dans le cas de fausse mention d'enregistrement, soit dans une minute, soit dans une expédition, le délinquant sera poursuivi par la partie publique, sur la dénonciation du préposé de la régie, et condamné aux peines prononcées pour le faux (3)..

Art. 47. Il est défendu aux juges et arbitres de rendre aucun jugement, et aux administrations centrales et municipales de prendre aucun arrêté, en faveur de particuliers, sur des actes non enregistrés, à peine d'être personnellement responsables des droits.

Art. 48. Toutes les fois qu'une condamnation sera rendue ou qu'un arrêté sera pris sur un acte enregistré, le jugement, la sentence arbitrale ou l'arrêté en fera mention et énoncera le montant du droit payé, la date du paiement et le nom du bureau où il aura été acquitté : en cas d'omission, le receveur exigera le droit, si l'acte n'a pas été enregistré dans son bureau ; sauf restitution dans le délai prescrit, s'il est ensuite justifié de l'enregistrement de l'acte sur lequel le jugement aura été prononcé ou l'arrêté pris (4).

Art. 49. Les notaires, huissiers, greffiers, et les secrétaires des administrations centrales et municipales, tiendront des répertoires à colonnes, sur lesquels ils inscriront, jour par jour, sans blanc ni interligne, et par ordre de numéros, savoir :

1º Les notaires, tous les actes et contrats qu'ils recevront, même ceux qui seront passés en brevet, à peine de dix francs d'amende pour chaque omission ;

2º Les huissiers, tous les actes et exploits de leur ministère, sous peine d'une amende de cinq francs pour chaque omission ;

3º Les greffiers, tous les actes et jugements qui, aux termes de la présente, doivent être enregistrés sur les minutes, à peine d'une amende de dix francs pour chaque omission ;

4º Et les secrétaires, tous les actes des administrations qui doivent aussi être enregistrés sur les minutes, à peine d'une amende de dix francs pour chaque omission (5).

(1) 525. L'amende est réduite à 5 fr. (l. 16 juin 1824, art. 10. D.A. 17, n. 3.)—L'art. 44 ci-dessus a eu pour but d'organiser l'exécution des art. 41 et 42. Mais remarquons que le notaire remplit complétement l'obligation que cet article lui impose, lorsqu'en relatant un acte sous seing privé, il énonce le nom du bureau où cet acte a été enregistré, le folio et la case du registre où l'enregistrement a eu lieu, le nom du receveur et le montant des droits perçus, puisque par là les préposés de la régie sont mis à portée de vérifier si la formalité a été donnée régulièrement. (25 avr. 1830, sol.) D. P. 53. 3. 42.

(2) 526. L'amende n'est plus que de 5 fr. (l. 16 juin 1824, art. 10.D. A. 7. 17, n. 3.)—Il y a lieu de regarder la seconde disposition de l'art. 45 comme abrogée par l'art. 38 de la loi du 28 avril 1816 (24 juill. 1824, délib.); et quant à la première disposition, elle ne peut être que d'une application fort rare, relativement aux jugements rendus antérieurement à la dite loi du 28 av. 1816.

(3) 527. Si le notaire qui a fait une fausse mention d'enregistrement est vivant, le receveur, après s'être procuré une copie certifiée ou collationnée en forme, ainsi que l'indique l'art. 56 ci-après, dressera procès-verbal du délit, et transmettra ce procès-verbal avec la copie certifiée à son directeur, qui dénoncera le tout au procureur du Roi pour faire exécuter les dispositions de l'art. 46, sauf à ce magistrat à se faire représenter l'expédition dont la relation est arguée de faux. Lorsque l'arrêt aura été prononcé, le receveur enregistrera la minute de l'acte à la date courante, en tirant les droits pour mémoire. Il exprimera les causes de cet enregistrement sur son registre et dans sa relation sur l'acte, avec indication de la date de l'arrêt. (21 frim. an 13, 17 sept. 1807; 5 juin 1857; Inst. gén., nº 265; 340 § 5 et 1537 actes.2).

528. Si le notaire est décédé, l'action criminelle étant éteinte aux termes de l'art. 7 de la loi du 5 brum. an 4, le receveur enregistrera l'acte comme il vient d'être dit, et fera mention de la date de décès du notaire sur son registre et sur la minute de l'acte. Il transcrira aussi, sur l'expédition représentée, la relation qu'il aura mise sur la minute, et la remettra aux contractants. (Même. instr.)

529. Le notaire qui écrit sur les expéditions de ses actes de fausses quittances de droit d'enregistrement, commet un faux dans l'exercice de ses fonctions, selon l'art. 145 C pén. (Cass. 20 av. 1809 et 6 juill. 1 26, D. P. 26. 1. 404. Champ et Rig., t. 4, nº 5951).

(4) 530. V. infra loi du 28 avril 1816, art.57.

(5) 531. Le répertoire est une table chronologique des actes, mais qui a moins pour but de faciliter la recherche des fonctionnaires publics qui les a reçus que de rendre la perception plus certaine et d'assurer une date aux actes.

532. L'obligation de tenir des répertoires avait été imposée aux notaires antérieurement à l'établissement du contrôle, « comme moyen, dit Guyot, V. Répertoire, d'empêcher les antidates et de prévenir la soustraction des actes. » Cette obligation a été étendue depuis aux huissiers, greffiers et aux secrétaires des administrations centrales et municipales par la disposition ci-dessus ; aux commissaires priseurs et aux courtiers de commerce, mais seulement pour les procès-verbaux de vente de meubles et de marchandises, et pour les actes faits en conséquence de ces ventes, par la loi du 16 juin 1824, art. 11.

533. Ces dispositions sont limitatives ; ainsi tous les fonctionnaires publics auxquels la loi n'impose pas nominativement l'obligation de tenir un répertoire, en sont dispensées ; de ce nombre sont par conséquent les gardes champêtres et forestiers, pour les

ART. 50. Chaque article du répertoire contiendra : 1° son numéro; 2° la date de l'acte; 3° sa nature; 4° les noms et prénoms des parties et leur domicile; 5° l'indication des biens, leur situation et le prix, lorsqu'il s'agira d'actes qui auront pour objet la propriété, l'usufruit ou la jouissance de biens-fonds; 6° la relation de l'enregistrement (1).

ART. 51. Les notaires, huissiers, greffiers, et les

procès-verbaux qu'ils reçoivent. Mais, sous la dénomination d'huissiers, il faut comprendre tous ceux qui en remplissent les fonctions, tels que les gardes du commerce, les individus qui exploitent près les conseils de prud'hommes, et les porteurs de contrainte (20 juin 1819, Déc. min. fin.; 18 fév. 1808 et 5 juillet 1809, Inst.)

354. Quant aux notaires, ils doivent porter au répertoire tous les actes qu'ils reçoivent, soit que ces actes aient été passés en brevet, soit qu'ils aient été faits en minute. V. le texte ci-dessus.

355. Il en est ainsi des copies d'actes et extraits collationnés qui sont soumis à l'enregistrement (9 prair. an 12 et 18 av. 1809. Déc. min. fin.; Champ. et Rig., t. 4, n 3936.

356. Les actes reçus par un notaire comme substituant un de ses confrères doivent être portés à la fois sur le répertoire du notaire substitué et sur celui du substituant, avec mention que la minute est demeurée au notaire suppléé, et qu'elle sera enregistrée au bureau de ce dernier (11 nov. 1819, Inst. gén.).

357. Les notaires doivent aussi inscrire sur leur répertoire les testaments qu'ils reçoivent, ou l'acte de suscription des testaments mystiques, ou l'acte de dépôt des testaments olographes (Cass. 19 déc. 1808. D. A.7. 547; 2 août 1808, 9 sept. 1812, Déc. ; 29 fév. 1822, Inst. gén.; Champ. et Rig. t. 4, n. 3934). Il en était ainsi sous l'ancienne jurisprudence, et la loi de frim. ne contient aucune exception à cet égard. Mais si les testateurs sont encore vivants, les notaires doivent se borner à indiquer la date du testament, et les noms, qualités et demeure du testateur, sans faire mention des dispositions que le testament renferme.

358. Quant aux inventaires et aux procès-verbaux qui exigent plusieurs séances, ils doivent être portés seulement à la date de la première vacation (18 août 1812, Déc. min. ; Champ. et Rig., t. 4, n. 3938.

359. Mais les certificats de vie que quelques notaires délivrent aux pensionnaires de l'État, et les certificats de propriété pour le transfert des inscriptions sur le grand livre, ne doivent pas être répertoriés, parce que ces certificats sont dispensés de l'enregistrement.

340. A l'égard des huissiers, ils doivent aussi inscrire sur leur répertoire tous les exploits et autres actes de leur ministère (V. le texte ci-dessus).

341. Mais les protêts des effets de commerce que les huissiers sont appelés à rédiger concurremment avec les notaires (173 C. comm.), doivent-ils également être portés sur le répertoire? La négative résulte de l'art. 176, C. comm., d'après lequel ces protêts doivent être transcrits, jour par jour, et par ordre de date, dans un registre particulier, coté, paraphé et tenu dans les formes prescrites pour les répertoires. A quoi bon dès lors les mentionner par leur date sur le répertoire des actes ordinaires? — Il résulte d'une instruction générale que les protêts doivent être répertoriés par les notaires (9 mars 1809, Inst. gén., n. 420, § 1.) Mais une instruction ultérieure porte que, comme peu de notaires ont l'occasion de faire des protêts, il serait inutile de contraindre ceux qui n'en font pas, à tenir un registre particulier (26 sept. 1829, Inst. gén., 1293, § 18 ; Champ. et Rig., t. 5, n. 3937). Il y a lieu d'admettre la même solution à l'égard des huissiers.

342. Les huissiers audienciers sont assujettis à tenir deux répertoires, l'un pour les actes qu'ils signifient en cette qualité, et l'autre pour ceux qu'ils font comme huissiers ordinaires (19 décembre 1820, Déc. min.)

343. Le répertoire des huissiers doit porter la mention de tous les jugements et actes du greffe, puisqu'ils sont aujourd'hui indistinctement soumis à l'enregistrement sur la minute (28 avril 1816, art. 5S. D.A. 7. 15, n. 1); et cela quand même les droits ne leur en auraient pas été consignés ou que l'enregistrement devrait avoir lieu en *débet* ou *gratis* (14 juillet 1808, Inst. gén., n. 388, § 1). Mais ils ne sont pas tenus d'y porter les actes qui émanent directement des juges (9 août 1807, sol.)

344. Les greffiers des juges de paix, des tribunaux de première instance et des cours royales, peuvent tenir deux répertoires, l'un pour les actes et jugements en matière civile, l'autre pour ceux en matière criminelle (31 janv. 1820, Inst. gén., n. 920).

345. Les secrétaires de préfecture ou de sous-préfecture, les maires ou les personnes qu'ils ont préposées à la tenue des répertoires, doivent y mentionner tous ceux de leurs actes qui sont soumis à l'enregistrement sur les minutes (V. le texte ci-dessus), que ces actes soient soumis ou non à l'approbation du préfet ou du ministre. Seulement, dans le premier cas, l'inscription doit être faite avec les mots, *soumis à l'approbation du préfet ou du ministre*, et on doit ajouter à l'article la date du jour où cette approbation est parvenue (27 frim. an 13, Déc. min.).

346. Quant aux amendes de 10 fr., qui sont prononcées par trois des § de la disposition ci-dessus, elles sont aujourd'hui réduites à 5 fr. par la loi du 16 juin 1824, art. 10.

(1) 347. Indépendamment des mentions prescrites par cet article et qui sont communes à tous les officiers publics, les huissiers sont tenus de marquer sur leurs répertoires, dans une colonne particulière, le coût de chaque acte ou exploit, déduction faite de leurs déboursés (Déc. du 14 juin 1813, art. 47. D.A. 7. 544, n. 1). Les receveurs doivent informer le procureur du roi des infractions à cette disposition (17 mars 1814, Inst. gén., n. 659).

348. Il avait été statué que le numéro d'ordre pouvait être écrit en chiffres, mais que la date des actes devait être en toutes lettres, et qu'en outre il était nécessaire que la relation de l'enregistrement fût littéralement transcrite (5 mai 1807. Déc. m n. ; 18 fév. 1808, Inst. gén. 363). Mais cette règle a e é modifiée, et les notaires peuvent constater en chiffres la date de leurs actes, le montant des droits perçus, et la date de l'enregistrement (7 juin 1808, Inst. gén., n. 582).

349. Le rapprochement de l'art. 50, qui veut que l'on mentionne la date de l'enregistrement de l'art. 49 qui exige l'inscription des actes jour par jour, a fait naître la question de savoir si les actes doivent être inscrits au répertoire le jour même de leur passation, ou si le vœu de la loi ne serait pas rempli, lorsque les actes se trouveraient sur le répertoire, par ordre de date et de numéros. La rédaction de l'art. 49 et le but que s'est proposé cet article, qui est d'assurer une date aux actes, a fait résoudre la question dans le sens de l'inscription, le jour même de la

secrétaires des administrations centrales et municipales, présenteront, tous les trois mois, leurs répertoires aux receveurs de l'enregistrement de leur résidence, qui les viseront, et qui énonceront dans leur *visa* le nombre des actes inscrits. Cette présentation aura lieu, chaque année, dans la première décade de chacun des mois de nivose, germinal, messidor et vendémiaire, à peine d'une amende de dix francs pour chaque décade de retard (1).

Art. 52. Indépendamment de la représentation ordonnée par l'article précédent, les notaires, huissiers, greffiers et secrétaires, seront tenus de communiquer leurs répertoires, à toute réquisition, aux préposés de l'enregistrement qui se

présenteront chez eux pour les vérifier, à peine d'une amende de cinquante francs en cas de refus.

Le préposé, dans ce cas, requerra l'assistance d'un officier municipal, ou de l'agent ou de l'adjoint de la commune du lieu, pour dresser, en sa présence, procès-verbal du refus qui lui aura été fait (2).

Art. 53. Les répertoires seront cotés et paraphés; savoir, ceux des notaires, huissiers et greffiers de la justice de paix, par le juge de paix de leur domicile; ceux des greffiers des tribunaux, par le président; et ceux des secrétaires des administrations, par le président de l'administration (3).

Art. 54. Les dépositaires des registres de l'état

---

passation de l'acte (Cass. 5 fév. 1811 et 4 déc. 1816. D.A.7. 348. 348); la nécessité de mentionner la date de l'enregistrement aux termes de l'art. 50, a paru n'avoir rien de contraire à cette solution, en ce qu'on peut se borner à laisser la colonne de l'enregistrement en blanc, sauf à la remplir après que l'acte a été soumis à la formalité (Champ. et Rig., t. 4, n. 3939). Disons, toutefois, que la loi, en exigeant l'inscription *jour par jour*; n'a pas dit qu'elle serait faite *le jour même*, et cela prête un assez fort appui à la doctrine que l'inscription peut avoir lieu par ordre de date, d'autant plus que la loi aurait mis à la charge d'un officier ministériel une obligation qu'il lui serait quelquefois impossible d'exécuter, par exemple, lorsque le répertoire est entre les mains du receveur pour le visa trimestriel prescrit par l'art. 51, la vérification que le receveur doit faire exigeant quelquefois beaucoup de temps, et entraînant, d'ailleurs, un délai nécessaire, lorsque le receveur reçoit ensemble tous les répertoires des fonctionnaires de son arrondissement.

(1) 350. Depuis la remise en vigueur du calendrier grégorien, c'est dans les 10 premiers jours des mois de janvier, avril, juillet et octobre que doit être faite la présentation au visa prescrite par le texte ci-dessus.

351. Il est dû une amende de 10 fr. (Aujourd'hui de 5 fr. L. 15 juin 1824, art. 10) pour chaque décade de retard. L'amende serait encourue quand même la décade ne serait pas encore expirée; ainsi une première amende serait due, si le répertoire n'était présenté au visa que le 11, et une seconde s'il n'était présenté au visa que le 21. Cependant, si le dixième jour était un jour férié, la présentation pourrait, sans contravention, n'avoir lieu que le lendemain (2 sept. 1814, sol.).

352. Ce sont les actes passés dans le trimestre échu qui doivent être soumis au *visa* sous peine d'amende, au plus tard le 10 du mois, qui commence le nouveau trimestre. Ainsi, le fonctionnaire qui fait viser le 10 janvier les actes reçus dans le trimestre d'octobre précédent, ne devra pas être poursuivi, quoiqu'il n'ait pas présenté au visa les actes reçus depuis le 1er jusqu'au 10 janvier, qui sont inscrits sur un nouveau répertoire (15 août 1827, trib. de Thionville; 20 nov. 1827, Déc. min., Champ. et Rig., t. 4, n. 3940).

353. D'ailleurs, le notaire qui, dans le cours d'un trimestre, n'a reçu aucun acte, n'est pas pour cela dispensé de présenter son répertoire au visa.

354. Si un notaire change de domicile pendant le cours d'un trimestre, et qu'il aille s'établir dans la

circonscription d'un autre bureau, les actes passés pendant ce trimestre devront être visés dans les deux bureaux. De même si un notaire cède son office, son successeur, à la fin du trimestre, devra représenter au visa les actes rédigés par son prédécesseur aussi bien que ceux qu'il a reçus lui-même.

(2) 355. V. *infra* l'art. 54 et le commentaire. Quant à l'amende de 50 fr. prononcée par celui ci-dessus pour chaque refus constaté, elle est réduite à 10 fr. par la loi du 16 juin 1824, art. 10.

356. Le refus par le clerc d'un officier public, en l'absence de celui-ci, de communiquer le répertoire à un employé de l'enregistrement, constitue une infraction à l'art. 52 ci-dessus, passible d'amende. Ce refus est valablement constaté par un procès-verbal qui maintienne que le maire et l'adjoint, requis d'assister le préposé, ont déclaré en être empêchés (1er mai 1829, délib.; 19 mars 1834, trib. de Saverne; Champ. et Rig., t. 4, n. 3948).

(3) 357. La formalité exigée par l'art. 53 n'a rien de commun avec le visa périodique dont parle l'art. précédent: car le paraphe de l'autorité n'a d'autre objet que d'empêcher les suppressions ou les intercalations frauduleuses, tandis que le visa du receveur a pour but de vérifier si les lois sur l'enregistrement sont fidèlement observées. On avait cependant prétendu que l'art. 30 de la loi du 25 vent. an 11, qui renouvelle l'obligation imposée aux notaires de faire parapher leurs répertoires, n'ayant pas reproduit la même obligation de les présenter périodiquement au visa du receveur, cette dernière formalité devait être considérée comme abrogée: mais ce système a été justement repoussé par la cour de cassation (24 av. 1809, 5 fév. 1811, Cass. D.A. 7. 346. 348).

358. Toutefois, il n'y a pas contravention passible d'amende lorsque les actes ont été répertoriés jour par jour, sans qu'au préalable le répertoire ait été coté et paraphé (24 oct. 1834, Sol.).

359. Les répertoires doivent être cotés et paraphés, savoir: ceux des notaires par le président du tribunal du lieu de leur résidence (l. 25 vent. an 13, art 30); à cet égard, il y a dérogation à l'art. 53 ci-dessus: ceux des secrétaires des administrations, par le président de l'administration, c'est-à-dire par le préfet, pour le répertoire des secrétaires des conseils de préfecture, et par le maire ou son adjoint, pour ceux des secrétaires des conseils municipaux; ceux des commissaires priseurs, par le président, ou à son défaut, par un juge du tribunal de première instance du lieu de leur résidence (Ord. 26 juin 1816, art. 13).

360. Relativement aux répertoires des huissiers et

civil, ceux des rôles des contributions, et tous autres chargés des archives et dépôts de titres publics, seront tenus de les communiquer, sans déplacer, aux préposés de l'enregistrement, à toute réquisition, et de leur laisser prendre, sans frais, les renseignements, extraits et copies qui leur seront nécessaires pour les intérêts de la République, à peine de cinquante francs d'amende pour refus constaté par procès-verbal du préposé, qui se fera accompagner, ainsi qu'il est prescrit par l'article 52 ci-dessus, chez les détenteurs et dépositaires qui auront fait refus.

Ces dispositions s'appliquent aussi aux notaires, huissiers, greffiers et secrétaires d'administrations centrales et municipales, pour les actes dont ils sont dépositaires.

Sont exceptés les testaments et autres actes de libéralité à cause de mort, du vivant des testateurs.

Les communications ci-dessus ne pourront être exigées les jours de repos; et les séances, dans chaque autre jour, ne pourront durer plus de quatre heures, de la part des préposés, dans les dépôts où ils feront leurs recherches (1).

ART. 55. Les notices des actes de décès, qui, aux termes de l'article 5 de la loi du 13 fructidor an 6, relative à la célébration des décadis, doivent être remises, pour chaque décade, au chef-lieu du canton, par les officiers publics ou les agents de commune faisant fonctions d'officiers publics, seront transcrites sur un registre particulier, tenu par les secrétaires des administrations municipales.

Ces secrétaires fourniront, par quartier, aux receveurs de l'enregistrement de l'arrondissement, les relevés, par eux certifiés, desdits actes de décès. Ils seront délivrés sur papier non timbré, et remis dans les mois de nivose, germinal, messidor et vendémiaire, à peine d'une amende de trente francs pour chaque mois de retard. Ils en retireront *récépissé*, aussi sur papier non timbré (2).

ART. 56. Les receveurs de l'enregistrement ne pourront, sous aucun prétexte, lors même qu'il y aurait lieu à l'expertise, différer l'enregistrement des actes et mutations dont les droits auront été payés aux taux réglés par la présente.

Ils ne pourront non plus suspendre ou arrêter le cours des procédures, en retenant des actes ou exploits : cependant, si un acte dont il n'y a pas de minute, ou un exploit, contient des renseignements dont la trace puisse être utile pour la découverte des droits dus, le receveur aura la faculté d'en tirer copie, et de la faire certifier con-

---

des greffiers, il n'y a pas, quant au magistrat qui doit les coter et parapher, de modification à l'art. 53. Mais cet article n'ayant pas parlé spécialement des répertoires des huissiers établis près les tribunaux, on avait mis en doute s'ils devaient être soumis au visa dont il est question dans cet article. Un avis du conseil d'Etat a tranché cette question, et décidé, qu'il y avait raison plus forte encore d'exiger que leurs répertoires fussent cotés et paraphés par les présidents des cours et tribunaux auxquels ils sont attachés, attendu que les actes de ces huissiers ont plus d'importance que ceux des huissiers des justices de paix (16 juill. 1810 av. c. d'Ét.)

(1) 561. La loi étend aux actes par cette disposition l'obligation de communiquer qui est imposée relativement aux répertoires par l'art. 52 *supra*. Cette obligation s'applique non seulement aux notaires, huissiers, greffiers, etc., mais encore aux dépositaires des registres de l'État civil, à ceux des rôles des contributions, et tous autres chargés des archives et dépôts des titres publics. D'après cela, les préposés de la régie peuvent les demander en communication, mais sans déplacer les registres de l'État civil et ceux des rôles des contributions, pour reconnaître les mutations non déclarées : ils peuvent également se transporter aux archives et dépôts de titres publics, et chez les officiers instrumentaires, pour y prendre tous les renseignements, extraits ou copies d'actes utiles à la recherche des droits dûs au trésor.

562. Mais ils ne peuvent étendre leurs investigations aux testaments ou actes de libéralité à cause de mort (V. le texte ci-dessus). Ils seraient également sans droit pour exiger l'ouverture d'un paquet cacheté, remis de confiance à un notaire, pour n'être ouvert qu'en présence du déposant, parce que ce n'est point comme officier public, mais à titre confidentiel que le notaire a reçu le dépôt (Cass. 4 août 1811. D. A. 7. 552).

563. Ce serait même violer la loi que d'admettre qu'un vérificateur pût faire le relevé sur le répertoire d'un notaire de tous les testaments inscrits. Il importe souvent beaucoup, disent Champ. et Rig, t. 4, n. 5945, à un testateur qu'on ignore qu'il a fait un testament, et le notaire, qui en est le dépositaire, violerait non seulement un secret, mais encore la loi, en laissant prendre note d'un de ces testaments (26 avril. 1824, trib. de Falaise).

564. Pour prévenir les abus qui pourraient résulter du pouvoir donné aux préposés d'exiger la communication des actes et pour garantir les officiers publics des vexations dont ils pourraient être l'objet, le législateur a voulu que les communications ne pussent être exigées le jour de repos, et que les séances, chaque autre jour, ne durassent pas plus de quatre heures de la part des préposés, dans les dépôts où ils feraient leurs recherches. (V. le texte ci-dessus).

(2) 565. Pour l'amende, V. l. 16 juin 1824, art. 10.

566. L'inscription au principal registre de recette des noms des maires et secrétaires qui auront satisfait à l'art. 55 et de ceux qui y auront contrevenu, doit se faire avant l'arrêté du dernier jour de chacun des mois de janvier, avril, juillet et octobre. (9 frim. an 8, Circ. de la rég.)

567. Par de justes égards pour les maires, chargés, par l'art. 15 de la loi du 28 pluv. an 8, de remplir, relativement à l'état civil, les fonctions précédemment exercées par les administrations municipales de canton, il a été prescrit de se borner à faire constater par procès-verbal les contraventions de l'espèce, et à en référer au préfet, en l'invitant à donner les ordres nécessaires pour assurer l'exécution de la loi. (18 flor. an 8, Circ. Rég)

568. Quant aux maires qui n'ont pas de secrétaires, et envers lesquels il convient surtout d'user de ménagements, les receveurs doivent s'abstenir de constater par procès-verbal les infractions à l'art. 55. Il suffit qu'ils en donnent connaissance au directeur après l'expiration du délai, et que celui-ci invite le préfet à stimuler les retardataires. (1er fruct. an 10, Inst. Gén.)

forme à l'original par l'officier qui l'aura présenté. En cas de refus, il pourra réserver l'acte pendant vingt-quatre heures seulement, pour s'en procurer une collation en forme, à ses frais, sauf répétition s'il y a lieu.

Cette disposition est applicable aux actes sous signature privée qui seront présentés à l'enregistrement (1).

ART. 57. La quittance de l'enregistrement sera mise sur l'acte enregistré, ou sur l'extrait de la déclaration du nouveau possesseur.

Le receveur y exprimera en toutes lettres la date de l'enregistrement, le folio du registre, le numéro et la somme des droits perçus.

Lorsque l'acte renfermera plusieurs dispositions opérant chacune un droit particulier, le receveur les indiquera sommairement dans sa quittance, et y énoncera distinctement la quotité de chaque droit perçu, à peine d'une amende de 10 fr. (2) pour chaque omission (3).

ART. 58. Les receveurs de l'enregistrement ne pourront délivrer d'extraits de leurs registres que sur une ordonnance du juge de paix, lorsque ces extraits ne seront pas demandés par quelqu'une des parties contractantes ou leurs ayants-cause.

Il leur sera payé un franc pour recherche de chaque année indiquée, et 50 centimes par chaque extrait, outre le papier timbré : ils ne pourront rien exiger au-delà (4).

ART. 59. Aucune autorité publique, ni la régie, ni ses préposés, ne peuvent accorder de remise ou modération des droits établis par la présente et des peines encourues, ni en suspendre ou faire suspendre le recouvrement, sans en devenir personnellement responsable (5).

TIT. VIII. — *Des droits acquis et des prescriptions.*

Art. 60. Tout droit d'enregistrement perçu régulièrement en conformité de la présente, ne pourra être restitué, quels que soient les événements ultérieurs, sauf les cas prévus par la présente (6).

---

(1) 369. Hors le cas expressément prévu par cet article, le receveur ne peut pas retenir un acte, et dans le cas même où la retenue est autorisée, elle ne peut durer plus de vingt-quatre heures; c'est donc à tort que la circulaire n. 1310 porte que, si les notaires ou les parties se refusent à payer le droit d'enregistrement des actes qu'ils remettent au bureau, le receveur peut les retenir, pour exiger les droits des actes notariés et celui des actes sous seing-privés translatifs d'immeubles, à l'expiration des délais (Cass. 18 germ. an 5, Champ. et Rig., t. 4, n. 3804).

370. Par suite, il a été reconnu qu'un receveur, après avoir enregistré des actes de notaire, dont les droits ne lui ont pas été payés en totalité, ne peut retenir ces actes jusqu'à ce que les droits soient soldés, attendu que le receveur aurait dû, aux termes de la loi (art. 28 *supra*) exiger le paiement intégral avant l'enregistrement (*Contrôleur*, n. 2435 ; Champ. et Rig. *loc. cit. Contra*, J. E. 10. 225.)

(2) 371. Réduite à 5 fr., par la loi du 16 juin 1824, art. 40.

(3) 372. La stricte observation de cet article a été prescrite par une instruction générale du 24 janv. 1832, n. 1593 (Champ. et Rig., t. 4, n. 3808 et le *Contrôleur*, n. 2455).

373. Ainsi que le prescrit cet article, la mention de l'enregistrement doit être mise sur l'acte enregistré. Par suite, si le papier était tellement couvert d'écriture qu'il fût impossible d'y placer la quittance, le receveur pourrait y ajouter, aux frais des parties, une feuille de papier timbré (25 fév. 1852, Sol.).

(4) 374. L'art. 855 C. pr. qui autorise les dépositaires des registres publics à en délivrer extrait à tous requérants, sans ordonnance de justice, n'est point applicable aux registres relatifs à la perception des droits d'enregistrement, ces registres n'étant pas publics (4 juill. 1809, Inst. gén., n. 456, § 64).

375. La régie avait prétendu que les extraits de ses registres devaient faire foi en justice, et jouissaient de l'authenticité comme émanés d'officiers publics compétents (C. civ. 1317). Mais cette prétention a été rejetée par la cour de cassation (16 juin 1807. D.A. 6. 351). Cette décision, disent Champ. et Rig., t. 4, n. 3814, est conforme aux principes constatés par la loi du 22 frim. an 7 elle-même, puisqu'elle ne confie pas même aux employés du fisc le droit de dresser la copie collationnée des actes qui lui sont présentés (V. l'art. 56 *supra*).

(5) 376. La prohibition absolue de l'art. 59 a cessé dans l'usage pour le ministre des finances, en ce qui concerne seulement les droits en sus et les amendes, ainsi qu'il résulte de la décision suivante : « Art. 1. Les particuliers qui se croiront fondés à réclamer près de nous soit des remises ou modérations d'amendes ou droits en sus et doubles-droits, soit des prorogations de délai pour le paiement des sommes par eux dues au trésor royal, pourront, toutes les fois qu'ils le jugeront convenable, et au lieu de nous les transmettre directement, déposer ou faire déposer leurs mémoires ou pétitions entre les mains du directeur de l'enregistrement du département où est situé le bureau de perception, en ayant soin cependant de ne rien changer à la forme de ces réclamations, qui devront toujours énoncer qué c'est au ministre des finances qu'elles sont adressées. — Art. 2. Les réclamations ainsi déposées seront transmises ensuite par les directeurs à l'administration avec leurs observations motivées, au plus tard dans la quinzaine qui suivra le jour du dépôt. — Art. 3. Aucun changement n'est apporté au mode de transmission des pétitions ou mémoires qui auraient pour objet des réclamations contre des perceptions de droits de timbre et de droits simples d'enregistrement.» (10 oct. 1821. Déc. min. fin.; 25 oct. 1821. Inst. gén, n. 1002).

577. Pour l'exécution de cette décision, il a été prescrit de tenir dans chaque direction un sommier des pétitions, sur lequel les directeurs inscrivent par numéros et dates celles qui leur sont remises, avec l'indication du nom du réclamant et l'analyse succincte de l'objet du mémoire. Chaque article de ce sommier est successivement chargé de la demande de renseignements, qui doit être faite de suite, de l'envoi à l'administration dans la quinzaine, de la décision rendue, et de sa transmission aux receveurs et aux parties. (Même instr.)

(6) 637. Cette disposition offre, dans l'application, des difficultés graves et nombreuses qui tiennent à la

Art. 61. Il y a prescription pour la demande des droits, savoir :

1° Après deux années, à compter du jour de l'enregistrement, s'il s'agit d'un droit non perçu

---

trop grande généralité des termes dans lesquels elle est conçue. Le principe qu'elle pose est la non-restitution du droit *quels que soient les événements ultérieurs* ; principe absolu, sur l'interprétation duquel ont été rendues les décisions les plus divergentes.

379. Constatons d'abord que la loi se corrige elle-même en ajoutant : « Sauf les cas prévus par la présente» Toutefois les exemples où l'exception est consacrée sont fort rares dans la loi de frim. Il en existe deux seulement 1° celui de l'art. 48, lorsqu'à défaut de mention de l'enregistrement d'un acte sur lequel un jugement a été prononcé, le droit ayant été exigé sur le jugement, il est ultérieurement prouvé que l'acte était enregistré; 2° le cas prévu par l'art. 69, § 3 n° 3, où le droit d'obligation ayant été perçu sur des délégations de prix stipulées dans un contrat pour acquitter des créances à terme envers un tiers, sans énonciation de titres enregistrés, il est plus tard justifié de l'enregistrement du titre. — A ces deux exceptions faites par la loi de frim. elle-même, il convient d'en ajouter deux autres, d'abord le cas où des droits de mutation ont été payés pour la succession d'un absent, si l'absent reparait, l'art. 40 de la loi du 28 avril 1816 veut que les droits perçus soient restitués, sous la déduction de celui auquel aura donné lieu la jouissance des héritiers (v. cet article), et ensuite le cas qui fait l'objet de l'avis du conseil d'état du 18-22 oct. 1808, dont nous parlerons tout-à-l'heure (v. n° 5) lorsqu'une adjudication d'immeubles en justice est ensuite annulée par les voies légales.— Sauf ces quatre cas, le principe de la non-restitution établie par l'art. 60 reprend son empire.

380. Mais ce principe ne doit être appliqué que dans les termes où il est consacré. Ainsi, une première considération qui se présente, c'est qu'il n'a pu être dans l'intention du législateur de se prévaloir contre les contribuables d'un paiement qu'ils avaient fait de confiance et dans l'ignorance de la loi pour leur refuser toute répétition s'il venait à être découvert que le droit n'était pas dû. Aussi l'art. 60 ne dit-il pas « Tout droit perçu ne pourra être restitué; mais «tout droit *régulièrement* perçu... » Il ne s'agit donc que de déterminer en quels cas la perception est *régulière* et s'oppose à la demande en restitution.

381. En principe, les vices d'un contrat ne sont point un obstacle à la perception du droit d'enregistrement parce qu'il est possible que, malgré ces vices, l'acte reçoive son exécution; et les parties ont d'ailleurs à s'imputer d'avoir fait des actes nuls. De là, il faut conclure que l'annulation d'un contrat, même pour vice radical, ne rend pas le droit restituable, puisque ce droit aura été perçu *régulièrement*. Ce point est résolu par un grand nombre d'arrêts, notamment par celui du 12 fév. 1822 rendu par la ch. civ. de la C. de cass. (V. cependant en sens contr., du moins relativement aux actes frappés d'une nullité radicale, Champ. et Rig., t 4, n. 3954 et suiv.).

382. Néanmoins cette solution se trouve modifiée, mais pour un seul cas, par l'avis précité du c. d'Et. du 18-22 octobre 1808, qui décide que le droit perçu sur une adjudication d'immeubles faite en justice doit être restitué, lorsque l'adjudication est annulée par les voies légales, dans les cas sur lesquels cet avis est fondé sont que l'article 60 n'a eu pour but que d'empêcher l'annulation des actes par des collusions frauduleuses.

383. Il y a lieu d'étendre l'exception consacrée par cet avis pour les adjudications d'immeubles faites en justice, aux ventes d'immeubles appartenant à des mineurs, faites devant notaires et annulées pour défaut de formalités. Et ce n'est point, à proprement parler, donner une extension à l'avis du conseil d'État; car on peut dire jusqu'à un certain point que les ventes des biens de mineurs, faites de l'ordre du tribunal, avec les mêmes formes, la même publicité q.'e celles qui ont lieu à la barre, sont de véritables adjudications faites en justice, puisque le notaire n'est, en quelque sorte, que le délégué du juge, et pour éviter des frais (*Contrà* Cass. 13 prair. an 9, D. A. 7, 386. Mais cet arrêt antérieur à l'avis du conseil d'État, ne saurait par cela même être pris en considération).

384. Le principe si absolu de l'art. 60 et la nécessité de limiter l'avis du conseil d'État au seul cas qu'il à pour objet, n'ont pas permis d'admettre la répétition du droit perçu sur un jugement contradictoire ou par défaut rendu en premier ressort, lorsque ce jugement est réformé sur l'opposition ou sur l'appel. Cette doctrine est consacrée par un si grand nombre d'arrêts (V. Dict. gén., v° Enreg., n. 2587 et s.) qu'il y aurait témérité à tenter de la combattre. (V. cependant Champ. et Rig., t. 4, n. 3956).

385. Tout en reconnaissant la sévérité de cette jurisprudence notamment en ce qui concerne l'annulation d'un contrat pour vice substantiel, cas auquel la collusion n'est guères plus à craindre que relativement aux adjudications d'immeubles faites en justice que prévoit l'avis de 1808, disons que ce reproche s'adresse moins à la jurisprudence elle-même qu'au législateur : car telle est la généralité de l'art. 60 que ce n'est qu'en forçant ses dispositions qu'on pourrait arriver à admettre l'action en répétition des droits acquittés sur un contrat annulé depuis, ou sur un jugement de première instance réformé sur l'opposition ou sur l'appel, puisqu'il est vrai de dire que le droit perçu, même sur un contrat vicié ou sur un jugement, l'a été *régulièrement* et sur un titre qui pourrait devenir irrévocable; qu'ainsi l'annulation du contrat ou la réformation du jugement ne sont que des *événements ultérieurs* qui ne sauraient être un motif de restitution. — D'ailleurs un projet de loi avait été présenté sur cet objet ; mais ce projet qui, du reste, était confirmatif de la jurisprudence de la cour de cassation, a été retiré (v. Champ. et Rig., *loc. cit.*

386. Mais en reconnaissant qu'un droit n'est pas restituable, bien qu'il ait été perçu sur un contrat annulé plus tard pour cause de nullité radicale ; il ne faut pas perdre de vue le principe posé par la loi elle-même, à savoir : que la perception doit être *régulière* , c'est-à-dire fondée sur un titre qui donne réellement ouverture au droit, à l'époque où la demande en été faite. Si donc l'acte manquait de quelqu'une de ses conditions constitutives, par exemple, de la signature des parties ou de l'une d'elles, comme cet acte ne peut donner lieu à un droit d'enregistrement, puisqu'il n'a pas d'existence légale, il faut en conclure que si le droit avait été perçu, il l'aurait été *irrégulièrement*, et qu'ainsi il serait sujet à restitution.

387. Le même raisonnement peut s'appliquer aux obligations conditionnelles. Si la condition est suspensive, le droit n'est dû qu'au moment de sa réalisation. Conséquemment le droit qui aurait été perçu nonobstant la suspension devra être restitué dès qu'il sera devenu certain que la condition ne s'accomplira

sur une disposition particulière dans un acte, ou d'un supplément de perception insuffisamment faite, ou d'une fausse évaluation dans une déclaration, et pour la constater par voie d'expertise.

Les parties seront également non-recevables, après le même délai, pour toute demande en restitution de droits perçus.

2° Après trois années, aussi à compter du jour de l'enregistrement, s'il s'agit d'une omission de biens dans une déclaration faite après décès.

3° Après cinq années, à compter du jour du décès, pour les successions non déclarées (1).

---

pas. Ainsi le droit perçu sur une donation contenue dans un contrat de mariage est restituable si le mariage n'a pas lieu, parce que la perception du droit proportionnel n'a pu être que provisoire, dès que l'existence du contrat était suspendue par une condition qui ne s'est pas réalisée (7 juin 1808. Déc. min.)

588. Mais si la condition est résolutoire, le droit pouvant être exigé à l'instant même où l'obligation est formée, il ne sera point restituable, quand même le contrat viendrait à se résoudre en vertu d'une clause expresse de l'acte, puisque tout droit *régulièrement* perçu ne peut être répété quels que soient les *événements ultérieurs*. C'est par application de ce principe qu'il a été décidé que la révocation d'une donation pour survenance d'enfants n'opérait pas la restitution des droits perçus sur la donation. (17 juill. 1824, délib.; Champ. et Rig., t. 4, n. 3962 et suiv.)

589. Un héritier qui, avant de prendre qualité, acquitte le droit de mutation, seulement pour éviter la peine du demi-droit auquel il pourrait être condamné, si la déclaration n'était point faite dans les six mois, pourra, s'il renonce, se faire restituer ce qu'il n'aura payé que provisoirement parce que, par sa renonciation, il devient tout-à-fait étranger à la succession ; il n'a pas été un seul moment débiteur du droit de mutation (J. de l'Enreg., art. 3843).

590. De même si l'héritier s'était mis en possession et qu'il vînt à être dépouillé par la production d'un titre ignoré jusque-là, le principe de la restitution existerait, et il a été tacitement reconnu par un arrêt de la Cour de cassation du 13 oct. 1814 ; toutefois ce ne serait pas à la régie que devrait s'adresser l'héritier dépouillé, pour se faire rembourser les droits de mutation qu'il aurait payés, mais au légataire qui l'aurait évincé, et contre lequel il aurait garantie à cet égard, puisqu'ayant la possession des biens, il pourrait s'y faire maintenir tant qu'il n'aurait pas été rendu indemne, par celui qui doit prendre sa place et dont il a acquitté la dette. (Jurisp. gén. de M. Dalloz, édit. nouv., v° Enreg., tit. 4).

591. Les droits perçus sur des marchés passés avec le gouvernement sont sujets à répétition lorsque ces marchés sont annulés par la volonté seule du ministre. (8 niv. an 9, Déc. min.) Par suite du même principe, la restitution des droits perçus sur la cession d'un office doit être ordonnée, si le successeur à l'emploi n'est pas agréé par le gouvernement. (J. de l'enreg., art. 6845).

592. Lorsque le droit de mutation a été acquitté sur une évaluation exagérée, donnée par les parties aux biens déclarés, il est incontestable que celles-ci ont droit à une restitution proportionnelle du droit payé, si l'exagération est démontrée ; car on ne peut pas dire que la perception ait été *régulière* (29 germ. an 7, sol.)

593. Il y aurait également lieu et par une raison semblable, à la répétition d'une portion du droit acquitté sur un prix de vente, si ce prix venait ultérieurement à être réduit pour déficit de mesure dans

l'immeuble aliéné. (J. de l'Enreg., art. 5504, 6 juill. 1813, Déc. min.)

594. Au surplus, la condamnation de la régie à la restitution de droits indûment perçus n'entraîne jamais la condamnation au paiement des intérêts de la somme restituable à partir du jour de la demande. Le principe est reconnu par une longue suite d'arrêts. (V. dict. gén., v° Enreg. n. 2,649 et suiv. *Contrà*. Champ. et Rig., t. 4, n. 4,022).

(1 595. Cette disposition établit plusieurs prescriptions particulières qui diffèrent entre elles par leur objet et par la durée de temps nécessaire à leur accomplissement. La prescription de deux ans s'applique aux actes et aux mutations entre vifs, ainsi qu'à l'action en restitution à former par les parties contre la Régie. — Les prescriptions de trois et de cinq ans s'appliquent plus particulièrement aux droits de mutation par décès. — Ces prescriptions particulières constituent de véritables exceptions, et suivant la règle que toutes les exceptions sont de droit étroit, elles ne doivent pas être étendues à d'autres cas que ceux pour lesquels elles sont créées. Pour ces divers cas que le législateur n'a pas prévus, ils rentrent sous l'empire du droit commun et sont régis conséquemment par la maxime du droit civil que toutes les actions qui ne sont pas limitées par des délais plus courts, durent trente ans (C. civ. 2262). La prescription trentenaire forme donc encore une prescription applicable en matière d'enregistrement.

596. PRESCRIPTION DE DEUX ANS. — Cette prescription qu'établit le § 1er de l'art. 61, s'applique à quatre objets bien distincts 1° au droit non perçu sur une disposition particulière ; 2° aux suppléments pour raison d'une perception insuffisante ; 3° à la constatation par voie d'expertise des fausses évaluations ; 4° enfin, aux demandes, de la part des contribuables, en restitution du trop perçu.

597. 1° *Demande en paiement d'un droit non perçu sur une disposition particulière dans un acte.* — Ceci est une dépendance naturelle de l'art. 11 ci-dessus, qui soumet à autant de droits particuliers les dispositions indépendantes dans un même acte. Ainsi lorsqu'un receveur omet, par ignorance ou par oubli, de percevoir quelque droit à raison de certaine disposition contenue dans un acte présenté à la formalité, il ne lui est accordé que deux ans pour réclamer le droit omis ; prescription renfermée à juste titre dans un délai fort court, parce qu'il ne faut pas que la partie qui s'est soumise à tout ce que la loi exigeait d'elle, soit inquiétée longtemps après qu'elle a dû croire s'être acquittée de tous les droits dont l'acte était passible.

598. Mais il faut tenir compte, pour l'application de la prescription biennale à ce cas, de l'effet, quant à l'exigibilité du droit, des conditions suspensives et résolutoires (V. l'art. précédent, n. 10 et suiv.). Ainsi, lorsque dans un même acte il se trouve une disposition pure et simple, et une autre faite sous condition suspensive, comme le receveur ne peut percevoir sur celle-ci qu'un simple droit fixe, sauf à exiger le droit proportionnel lors de l'accomplissement de la cond

Les prescriptions ci-dessus seront suspendues par des demandes signifiées et enregistrées avant l'expiration des délais; mais elles seront acquises irrévocablement, si les poursuites commencées

---

tion, il s'ensuit qu'on ne pourrait opposer la prescription biennale s'il s'était écoulé alors plus de deux ans depuis la présentation de l'acte à la formalité.

399. 2° *Supplément de perception insuffisamment faite.* — Le sens naturel de cette disposition, c'est que la prescription de deux ans doit s'appliquer à toute réclamation de la régie qui tendrait à soumettre un acte quelconque, ou une disposition dans un acte, à un droit d'enregistrement plus fort que celui qui aurait été perçu à raison de cet acte ou de cette disposition. Ainsi l'acte présenté au receveur aura été enregistré à un droit fixe au lieu du droit proportionnel qu'il rendait exigible, ou bien à un droit proportionnel moindre que celui auquel il donn..it ouverture , la régie n'aura, pour réclamer le supplément, que deux ans, après lesquels son action sera prescrite (Cass. 28 avril 1830. D. P. 30. 1. 228).

400. L'obscurité de l'acte et la difficulté d'y découvrir la mutation qu'il opère ne seraient pas d'ailleurs un obstacle à la prescription : c'est précisément pour mettre un terme aux procès fondés sur une mauvaise interprétation des contrats que cette prescription a été établie (Champ. et Rig., t. 4, n. 3, 986; cass. 4 mai 1830, D. P. 30. 1. 299).

401. La demande d'un double droit dû à raison de la production tardive d'un acte à l'enregistrement, est également sujette à la déchéance dont il s'agit ici. Ainsi un acte contenant mutation de propriété immobilière est présenté à la formalité plus de trois mois après sa date, et le receveur n'exige que le droit simple ; si plus de deux ans après il forme une demande en paiement du double droit, sa réclamation devra être re etée, parce qu'il s'agit bien évidemment d'une demande en *supplément de droit pour raison d'une perception insuffisamment faite.*

402. Il en est de même de la demande d'amende à percevoir dans le cas où un acte quelconque présenté à l'enregistrement fait mention d'un autre acte non enregistré et qui devait l'être. Un avis du conseil d'É tat du 22 août 1810, interprétatif de l'art. 61 ci-dessus, avait décidé, en effet, que « toutes les fois que les receveurs de l'enregistrement sont à portée de découvrir par des actes présentés à la formalité, des contraventions aux lois des 22 frim. et 22 pluv. an 7 sujettes à l'amende, ils doivent *dans les deux ans* de la formalité donnée à l'acte, exercer des poursuites pour le recouvrement de *l'amende*, à peine de prescription. » Cette doctrine a été sanctionnée par l'art. 14 de la loi du 16 juin 1824. (V. cet article).

403. Une jurisprudence constante attestée par un grand nombre d'arrêts, dont le dernier porte la date de 5 mars 1825, avait étendu la prescription biennale dans le cas dont il s'agit au numéro précédent, aux *droits principaux* aussi bien qu'à l'amende toutes les fois que la simple énonciation, dans un contrat, d'un acte non enregistré avait suffi au receveur pour reconnaître la contravention sans recherche ultérieure.

4 4. Mais l'art. 14 précité de la loi du 16 juin 1824 ayant disposé que « dans tous les cas, la prescription pour le recouvrement *des droits simples d'enregistrement et des droits de timbre*, qui auraient été dus indépendamment des amendes, restera réglée par les lois existantes», il est survenu un changement complet dans la jurisprudence. L'opposition mise par cet article entre les droits principaux qu'il déclare sujets aux règles ordinaires de la prescription, et les amendes toujours prescriptibles par deux ans, a été

considérée comme une manifestation claire, de la part du législateur, de l'idée de ne pas envelopper dans une même déchéance l'action pour le recouvrement des droits simples et celle pour le paiement des amendes. Ainsi, par exemple, si un acte non enregistré se trouve énoncé dans un autre présenté à la formalité, l'amende encourue par cette contravention se prescrira par deux ans, et le droit d'enregistrement par trente ans seulement s'il ne s'agit d'aucun des cas exceptionnels prévus par l'art. 61 ci-dessus. (Cass. 16 juin 1828 ; 20 avril 1836; 5 juin 1837; 22 avril 1839; D.P. 28. 1. 279; 36. 1. 185; 37. 1. 453. 39. 1. 177; 1 fév. 1810).

405. Cette jurisprudence est toutefois critiquée par Champ. et Rig., t. 4, n. 3984 et par le *Contrôleur*, art. 5464, 5682 et 5578. Mais on en peut rendre raison en disant que le législateur a pu se relâcher de sa rigueur en matière de pénalité ; que si le recouvrement des amendes n'était pas soumis à une prescription très-courte, elles pourraient s'accumuler à tel point, par la négligence ou l'ignorance même du contrevenant, qu'elles arriveraient à consommer sa ruine, tandis qu'il n'y a ni même danger ni même injustice à reculer la prescription des droits principaux d'enregistrement, parce qu'ils forment une dette réelle que le débiteur ne peut jamais ignorer (Jur. gén. de M. Dalloz, éd. nouv., v° Enreg., tit 4).

406. Aux termes de l'art. 14, l. 16 juin 1824, la prescription de deux ans applicable aux amendes de contravention ne court que *du jour où les procès ont été mis à portée de constater la contravention, au vu de chaque acte soumis à l'enregistrement, ou du jour de la présentation du répertoire à leur visa.*

407. Mais lorsque de la présentation d'un acte à l'enregistrement, ou même des énonciations qu'il contient ne résulte pas la preuve immédiate, et *sans recherche ultérieure*, de la contravention commise, la prescription ne peut courir, puisque l'art. 14 de la loi de 1824 veut que le *receveur soit mis à portée de connaître la contravention,* AU VU DE CHAQUE ACTE SOUMIS A L'ENREGISTREMENT. La jurisprudence avait déjà tracé cette règle pour l'interprétation de l'avis du conseil d'Etat du 22 août 1810 (Cass. 29 juin 1813. D.A, 7, 430).

408. Le deuxième alinéa de l'art. 14. L. 16 juin 1824 applique encore la prescription de deux ans, à compter du jour où les contraventions auront été commises, à diverses actions qu'il détermine (V. le texte). Mais il ne faut pas regarder cet article comme tellement limitatif que l'on n'en pût faire l'application à des amendes de contravention qui auraient un rapport direct avec l'enregistrement, et dont le recouvrement serait placé dans les attributions de la régie. Ainsi, la prescription biennale devrait être admise contre la demande d'amende dirigée, en vertu de l'art. 11 de la loi du 21 vent. an 7, contre un greffier qui aurait délivré l'expédition d'un jugement avant l'acquittement des droits de greffe. Les raisons qui ont déterminé le législateur dans l'article 14 de la loi de 1824 subsistent également ici, et l'on doit croire que si la nomenclature contenue dans ce dernier article n'est pas complète, c'est une pure omission plutôt qu'une intention de créer des principes différents pour la prescription d'amendes de même nature (motifs d'un

sont interrompues pendant une année sans qu'il y ait d'instance devant les juges compétents,

---

arrêt du 13 germ. an 11, Cass.; Jurisp. gén. de M. Dalloz, éd. nouv., v° Enreg., tit. 4).

409. Toutefois la prescription biennale ne devrait pas être appliquée à la réclamation d'amende contre un greffier qui aurait exigé de plus forts droits de greffe que ceux réglés par la loi du 21 vent. an 7 (art. 23); car cette amende est la peine d'un délit, et doit être réglée par les lois criminelles.

410. 3° *Toute demande pour fausse évaluation dans une déclaration, et pour la constater par voie d'expertise.*—On a vu dans le commentaire des art. 16 et 17 qu'une déclaration devient nécessaire toutes les fois que les sommes et valeurs ne sont pas déterminées dans un acte ou un jugement donnant lieu au droit proportionnel, et que la régie peut contester cette déclaration, établir l'insuffisance de l'estimation qu'elle contient et demander une expertise. La disposition dont il s'agit ici fait l'application de la prescription biennale, soit à la demande en expertise, soit à celle en supplément de droit pour fausse évaluation dûment constatée.

411. On pourrait croire qu'il existe une contradiction entre cette partie de l'art. 61, et l'art. 17 précité, qui limite *à une année* la demande en expertise pour constater une fausse évaluation dans une déclaration, lorsqu'il s'agit de vérifier si le prix inscrit dans un acte translatif de propriété, ou d'usufruit de biens immeubles à titre onéreux, est inférieur à leur valeur vénale au moment de l'aliénation. Mais la jurisprudence a levé cette contradiction apparente en établissant que la prescription d'un an, fixée par l'art. 17, s'applique uniquement au cas où la mutation s'est opérée *moyennant un prix énoncé dans le contrat*, et la prescription de deux ans fixée par l'art. 61 à tous ceux où il s'agit de vérifier une *déclaration* donnée par les parties.

412. 4° Enfin, *toute demande en restitution de droits indûment payés.* — Cette disposition s'applique à toute espèce de droits restituables, soit qu'il s'agisse de droits simples, soit qu'il s'agisse d'amende (Champ. et Rig., t. 4, n. 3989). Il n'y a point de difficultés à cet égard : c'est seulement relativement au jour où la prescription commence dans ce cas, que des doutes ont été élevés.

413. C'est en général à partir de l'enregistrement de l'acte que commence la prescription de deux ans. Nous disons *en général*, parce que, notamment en ce qui concerne la restitution, il est des cas où le droit de répétition n'étant pas ouvert à l'époque de l'enregistrement, la prescription ne peut courir, par cela même, d'après la règle : *Contra non valentem agere non currit prescriptio.* Ainsi par exemple, les droits perçus sur des marchés passés avec le gouvernement sont sujets à répétition, lorsque ces marchés sont annulés par la volonté seule de ministre (8 niv. an 9, Déc., min.) De là il suit que la prescription n'a pu courir contre la partie qui réclame, que du jour de l'annulation du marché, parce qu'il était incertain jusque là si le droit avait été régulièrement perçu (Cass. 16 fév. 1815; 26 avril 1836; D.A.7.436. D.P. 36.1.209., Champ. et Rig., t., n. 4003).

414. Les conditions qui suspendent la perception suspendent également la prescription : ainsi l'action de la régie en paiement d'un droit sur une mutation éventuelle ne se prescrit que du jour de l'événement (5 niv. an 13, cass).

415. Mais il y a plus de doute relativement à la demande en restitution du droit indûment perçu

sur une disposition éventuelle, considérée comme actuelle. La jurisprudence a cependant établi que l'action en répétition prenant naissance dès le moment du paiement, puisque l'existence de la condition écarte toute dette du droit, c'est aussi de ce moment que la prescription commence à courir (Cass. 27 déc. 1830, 10 déc. 1858, D.P. 31.1.25 : 59.1,15; *Sic* Champ. et Rig. t., 4, n. 4004). Néanmoins on peut dire que jusqu'à l'événement de la condition, le redevable n'avait aucun intérêt à répéter un droit qu'il avait volontairement acquitté, répétition qu'aurait, d'ailleurs, vraisemblablement repoussée la régie par l'exception que, dans le doute si la condition s'accomplirait, la provision devait demeurer à celui qui se trouvait en possession (Jurisp. gén. de M. Dalloz, nouv. éd., v° Enreg., tit. 4).

416. Le jour auquel un acte est enregistré doit être compté dans le délai de deux ans soit contre la régie lorsque, par exemple, elle requiert 1 expertise (12 oct. 1814 Cass.) soit contre le contribuable lorsqu'il forme une demande en restitution (1er août 1831. D. P. 31.1.254.)

417. PRESCRIPTION DE TROIS ET DE CINQ ANS. La prescription de *trois ans* s'applique à toute demande de droits pour omission de biens dans une déclaration faite après décès ; et celle de *cinq ans* à la réclamation des droits sur les successions non déclarées.

418. Mais ce serait prendre la loi dans un sens trop littéral que d'appliquer la prescription de trois ans, exclusivement aux successions. On peut donner, entre vifs, la moitié, le quart de ses biens présents aussi bien que tel ou tel immeuble désigné. Dans ce cas une déclaration est nécessaire, et si elle renferme quelque omission, il y a même raison d'appliquer la prescription de trois ans, quoique la déclaration ne soit point *faite après décès.*

419. La prescription de trois ans court à compter du jour de l'enregistrement : cela est évident puisqu'elle est applicable aux *seules omissions* dans la *déclaration ;* et celle de cinq ans, à compter du jour du décès. Ici le législateur s'est exprimé en termes trop généraux; et cette disposition, si restrictive en apparence, a été plus largement interprétée par la jurisprudence.

420. Le principe le plus général et le moins susceptible de controverse, à cet égard, c'est que la prescription ne court pas contre celui qui peut agir. De là, la conséquence que celle de cinq ans ne peut être opposée, à l'égard d'une succession non déclarée, que lorsque la régie a eu une connaissance *légale* du décès : ainsi elle n'a point cours lorsque le décès n'a pas été inscrit sur les registres de l'état civil (Cass., 30 juin 1806, D.A. 7. 446); ainsi encore pour la succession non déclarée de militaires morts en activité de service, hors de leur département, la prescription de cinq ans n'a cours qu'à *partir de la mise en possession de l'héritier* (à moins que le décès n'ait été connu de la régie auparavant) (Cass. 22 brum. an 14 D.A. 7. 450); à l'égard des successions mises sous le séquestre, soit par suite de confiscation, soit pour cause d'indivision des droits des héritiers naturels avec ceux de l'état, la prescription demeure pareillement suspendue jusqu'à la levée définitive du séquestre et la mise en possession réelle des héritiers (flor. an 10; 22 déc. 1806; 11 mai 1807, 1er août 1808 7 janv. 1818 Cass. D.A. 7. 454. 457. 456. 460).

421. A l'égard des successions testamentaires, la

quand même le premier délai pour la prescription ne serait pas expiré (1).

ART. 62. La date des actes sous signature privée ne pourra cependant être opposée à la république

---

prescription ne saurait courir que du jour où le testament a été connu de la régie, c'est-à-dire du jour où il a été présenté à la formalité (11 oct. 1808. Déc. min.).

422. Suivant l'art. 27 *supra*, les déclarations de succession doivent être faites au bureau de la situation des biens, et nous avons dit, dans le commentaire de cet article, que si les biens sont situés dans plusieurs arrondissements, il doit être passé à chaque bureau une déclaration particulière. Il y a donc, aux yeux de la loi fiscale, autant de successions distinctes qu'il y a de bureaux différents devant lesquels des déclarations doivent être passées. Ces successions sont tellement étrangères entre elles que si l'un des receveurs avait négligé d'agir dans les cinq ans depuis le décès, les droits de mutation seraient prescrits quant aux biens situés dans son ressort; tandis que ces mêmes droits seraient conservés, quant aux autres biens, par les poursuites faites par les autres receveurs (Cass., 7 août 1807. D.A. 7. 459.,

423. Une autre conséquence à tirer de ces mêmes dispositions, c'est que s'il n'a point été fait de déclaration au bureau de la situation de plusieurs immeubles dépendants de l'hoirie, quoique le droit de mutation ait été acquitté sur d'autres immeubles *situés dans des arrondissements différents*, il n'y aura pas simple *omission* donnant lieu à la prescription triennale, mais absence totale de déclaration qui ne tombera que sous la prescription de cinq ans (Cass. 28 juin 1826 D.A. 7. 445).

424. PRESCRIPTION DE TRENTE ANS. Cette prescription, en matière d'enregistrement, n'est que le retour au droit commun pour tous les cas auxquels le texte de l'art. 61 ci-dessus n'est pas directement applicable (V. *Supra*, n. 1). — Par suite, comme la prescription biennale ne concerne que les omissions ou insuffisances de perception *sur un acte soumis à l'enregistrement*, et par extension, les amendes ou doubles droits résultant de contraventions que les préposés ont été à même de reconnaître à la présentation d'actes à la formalité, il y a lieu de décider que les droits des actes, authentiques ou sous seing privé, translatifs ou non de propriété, *non présentés à l'enregistrement*, ne sont prescriptibles que par 30 ans (12 mai et 22 déc. 1806; 12 oct. 1808; D. A. 7. 463. 465).

425. Il en est ainsi même dans le cas où un acte non enregistré se trouverait énoncé dans un autre acte soumis à la formalité, nonobstant que cette énonciation pût être regardée comme suffisante pour mettre le préposé en demeure de réclamer les droits de l'acte non enregistré. Ces droits ne tomberaient que sous la prescription de trente ans, parce que l'art. 14 de la loi du 16 juin 1824, comme nous l'avons déjà vu (V. *supra*, n. 10 et suiv.), ne déclare atteints, dans ce cas, par la prescription de deux ans, que l'amende, et fait réserve de l'action pour les droits principaux.

426. En ce qui concerne les testaments, une distinction doit être admise entre le droit fixe auquel est soumis l'*acte*, et le droit proportionnel dont sont passibles les legs qui y sont contenus. Le droit fixe peut être réclamé pendant trente ans, aucune disposition de la loi ne le soumettant à une prescription plus courte, tandis que le droit proportionnel tombe sous la prescription de cinq ans, que l'art. 61 applique aux successions non déclarées, expression qui

regarde les successions testamentaires comme les successions *ab intestat*.

427. Ce que nous venons de dire pour les testaments s'applique également aux contrats de mariage qui contiennent des dispositions soumises à l'événement du décès. Le droit fixe résultant du contrat de mariage comme contrat ne sera atteint que par la prescription de trente ans; au contraire, les dispositions y contenues seront prescriptibles par cinq ans.

(1) 428. Par ces expressions, *les prescriptions ci-dessus*, dont se sert le législateur, la dernière disposition de l'art. 61 se trouve limitée aux prescriptions de deux, de trois et de cinq ans établies par cet article : elle ne s'applique nullement à la prescription trentenaire dont nous venons de parler. Ainsi, la prescription de trente ans ne serait pas acquise par cela qu'il y aurait eu discontinuation de poursuites pendant un an : il suffirait, pour conserver le droit, que la demande fût signifiée avant l'expiration de trente années, sauf l'application des règles ordinaires de droit si la procédure se trouvait interrompue pendant trois ans et que la péremption en étant demandée, la régie ne se trouvât plus à temps de renouveler son action (Cass. 22 vend. an 9. D.A. 7. 454).

429. Toutefois, comme l'art. 14, l. 16 juin 1824 a étendu aux amendes sur le timbre, les ventes de meubles, la loi concernant l'organisation du notariat, etc., la prescription biennale de l'art. 61 ci-dessus, il en résulte que, dans tous les cas, la prescription de l'amende en ces matières se trouvera acquise lorsqu'il y aura interruption de poursuites pendant un an, sans instance devant le tribunal compétent.

430. Il en est de même des poursuites dirigées pour le recouvrement des amendes encourues pour contravention aux lois portant établissement des droits de greffe. (Cass. 25 germ. an 11 et 16 brum. an 13. D.A. 7. 481. V. aussi la note précédente, n. 14).

431. Il n'y a que les demandes *signifiées* et enregistrées avant l'expiration des délais qui arrêtent le cours des prescriptions établies par la loi fiscale. Aussi a-t-il été décidé qu'une requête d'expertise adressée par la régie au tribunal, dans l'année de la formalité donnée au contrat, mais *signifiée* au redevable postérieurement à l'expiration du délai, était tardive. (Cass. 18 germ. an 13. D. A. 7. 471).

432. En matière ordinaire, la demande signifiée en temps utile interrompt la prescription. (C. civ. art. 2,244). Mais la loi fiscale exige de plus que la demande soit *enregistrée* avant l'expiration du délai. Remarquons seulement, en vertu de la règle que tout ce qui est exceptionnel est de droit étroit, que s'il s'agissait d'une action ayant pour objet un droit d'enregistrement non tout autre, dont le recouvrement ne serait soumis à aucune des prescriptions particulières de l'art. 61 de la loi de frim., elle serait valablement interrompue par acte signifié, quoique non enregistré avant l'expiration du délai.

433. En outre, et afin qu'il ne dépende pas de la régie de prolonger indéfiniment les contestations, il faut, en cas d'interruption de poursuites, que l'instance soit *introduite dans l'année* devant les juges compétents. Et, d'après la jurisprudence, l'instance est censée commencée par l'opposition motivée du redevable à la contrainte, laquelle doit contenir, aux termes de l'art. 64 de la loi de frim., assigna-

pour prescription des droits et peines encourues, à moins que ces actes n'aient acquis une date certaine par le décès de l'une des parties, ou autrement (1).

TIT. IX.— *Des poursuites et instances* (2).

ART. 63. La solution des difficultés qui pourront s'élever relativement à la perception des droits d'enregistrement avant l'introduction des instances, appartient à la régie (3).

ART. 64. Le premier acte de poursuite pour le recouvrement des droits d'enregistrement et le paiement des peines et amendes prononcées par la présente, sera une contrainte : elle sera décernée par le receveur ou préposé de la régie ; elle sera visée et déclarée exécutoire par le juge de paix du canton où le bureau est établi, et elle sera signifiée (4).

L'exécution de la contrainte ne pourra être interrompue que par une opposition formée par le redevable, et motivée, avec assignation, à jour fixe, devant le tribunal civil du département. Dans ce cas, l'opposant sera tenu d'élire domicile dans la commune où siége le tribunal (5).

---

tion à jour fixe devant le tribunal civil. (Cass. 27 juill. 1813. D. A. 7. 471).

454. Une fois l'intance introduite, la prescription annale ne reçoit plus d'application,: il n'y a plus que la péremption ordinaire de la procédure qui puisse la faire revivre.(23 germ. an 11, Cass.; 20 juil. 1821. Bruxelles. D. A. 7. 481. 473).

455. La disposition ci-dessus introduit deux exceptions aux principes du droit civil, la première, que la prescription est acquise d'une manière irrévocable quand les poursuites commencées sont interrompues pendant un an, sans instance, *quand même le premier délai pour la prescription ne serait pas expiré ;* et la seconde, qu'il faut que l'instance soit formée devant les *juges compétents*, pour relever de la déchéance, tandis qu'aux termes de l'art. 2,246 C. civ., « La citation en justice, donnée même devant un juge *incompétent*, interrompt la prescription. »

456. Mais, en matière d'enregistrement, comme en matière ordinaire, tous les actes de poursuites qui sont nuls pour défaut de forme, sont censés non avenus,et n'arrêtent pas, par conséquent, le cours de la prescription. (C. civ. 2247).

457. Le principe du droit civil qui veut que « l'interpellation faite à l'un des débiteurs solidaires ou sa reconnaissance interrompe la prescription contre tous les autres, même contre leurs héritiers » (C. civ. 2249), doit également être suivi pour l'enregistrement. (Cass. 7 août 1807. D. A. 7. 457).

(1) 458. C'est là un principe général de droit dont l'application n'eût été contestée par personne, quand même il n'eût pas été rappelé par la loi de frimaire, le bon sens eût suffi à cet égard, pour suppléer au silence de la loi positive. (V. aussi Champ. et Rig., t. 4, n. 3998).

(2) 459. La procédure relative aux instances entre la régie et les contribuables est tracée par ce titre dont les règles spéciales n'ont point été abrogées par le code de procédure. Un avis du 1er juin 1807, du conseil d'État, a décidé : « qu'il ne peut y avoir de doute sur ce que l'abrogation prononcée par l'art. 1041, C. p., n'a eu pour objet que de déclarer qu'il n'y aurait désormais qu'une seule loi commune pour la procédure, et que l'on n'a entendu porter aucune atteinte aux formes de procédure, soit dans les affaires de la régie de l'euregistrement et des domaines soit en toute autre matière pour laquelle il aurait été fait, par une loi spéciale, exception aux règles générales ». Ainsi le code de procédure ne peut être invoqué que dans les cas où la loi spéciale est insuffisante; mais dans ces cas, il forme le droit commun et le supplement naturel de cette loi. (Champ. et Rig., t. 4, n. 4,013).

(3) 440. Cette disposition n'attribue pas à l'administration une juridiction nécessaire, mais le droit de décider si l'impôt sera ou non demandé ou retenu : c'est un réglement intérieur qui n'oblige pas les contribuables, et ceux-ci sont toujours libres de s'adresser directement aux tribunaux par la voie que nous indiquerons bientôt. (Champ. et Rig.. t. 4, n. 4,014).

(4) 441. La contrainte doit, comme tout autre exploit, exposer clairement l'objet de la demande ; mais la loi n'exige la transcription de l'extrait d'aucun acte, (8 juin 1812, Cass.) ni même l'énonciation de l'acte sur lequel elle est fondée. (Cass. 25 juill. 1814. D. A. 7. 410). D'ailleurs elle est toujou s considérée comme provisoire et soumise à la condition d'ajouter ou de retrancher. (27 mars 1810, Cass.)— V. aussi Champ. et Rig., t. 4, n. 4,016.

442. Il n'est pas nécessaire que la contrainte contienne l'élection de domicile, dans la commune du débiteur,ainsi que l'exige l'art. 584 C. pr. (Cass., 16 fév. 1831. D. A. 51. 1. 87.)

443. Les receveurs ou *autres préposés* ont qualité pour la décerner, et aucun délai n'est fixé à cet effet, autre que celui de l'action (Cass. 2 août 1808. D. A. 7. 398.)

444. Le juge de paix doit, à peine de nullité, viser la contrainte et la rendre exécutoire (Cass., 8 mars 1808, 8 mai 1809, D. A. 7. 398. 399.) ; mais cette nullité est couverte par le silence de la partie adverse et ses défenses au fond (Cass., 8 mai 1809 et 14 nov. 1815, D. A. 7. 399.)

445. Lorsque la contrainte est devenue exécutoire par le visa du juge de paix, l'exécution en doit être poursuivie comme celle de tout jugement rendu en faveur du trésor. Il avait même été jugé par deux décisions ministérielles qu'elle emporte hypothèque (14 et 20 avril 1815, Déc. min.) Mais la doctrine contraire a été formellement établie par la Cour de cassation (Cass. 28 janv. 1828. D. P. 28. 1. 109. Champ. et Rig., t. 4, n. 4016).

(5) 446. L'opposition à une contrainte est la seule voie par laquelle les contribuables puissent introduire une instance.Ainsi, en cas de contestation sur la quotité ou l'exigibilité du droit, la partie doit attendre la contrainte pour s'y opposer, et ne peut assigner directement l'administration. (Cass. 7 mai 1806. D. A. 7. 392.).

447. Les oppositions doivent être motivées à peine de nullité (21 janv. 1839, trib. de la Seine.) Mais la nullité de l'opposition ne rend pas non recevable à en former une nouvelle; il ne s'agit en conséquence que de régulariser la procédure (Champ. et Rig., t. 4, n. 4017).

448. L'opposition doit contenir assignation à *jour fixe,* c'est-à-dire dans les délais fixés par les art. 72, 73 et 74 C. pr. civ.

ART. 65. L'introduction et l'instruction des instances auront lieu devant les tribunaux civils de département : la connaissance et la décision en sont interdites à toutes autres autorités constituées ou administratives (1).

L'instruction se fera par simples mémoires respectivement signifiés (2).

Il n'y aura d'autres frais à supporter pour la partie qui succombera, que ceux du papier timbré, des significations, et du droit d'enregistrement des jugements (3).

Les tribunaux accorderont, soit aux parties, soit aux préposés de la régie qui suivront les instances, le délai qu'ils leur demanderont pour produire leurs défenses : il ne pourra néanmoins être de plus de trois décades (4).

Les jugements seront rendus dans les trois mois, au plus tard, à compter de l'introduction des instances, sur le rapport d'un juge, fait en audience publique, et sur les conclusions du commissaire du Directoire exécutif : ils seront sans appel, et ne pourront être attaqués que par voie de cassation (5).

ART. 66. Les frais de poursuite payés par les préposés de l'enregistrement, pour des articles tombés en non-valeur pour cause d'insolvabilité reconnue des parties condamnées, leur seront remboursés sur l'état qu'ils en rapporteront à l'appui de leurs comptes. L'état sera taxé sans

---

(1) 449. Cette disposition détermine la compétence des tribunaux. Il en résulte que les tribunaux civils sont seuls compétents. Ainsi les tribunaux de commerce ne pourraient statuer sur la demande formée par la régie contre le syndic d'une faillite en paiement du droit d'acte sous seing privé, contenant mutation d'immeubles et mentionnés parmi les effets du failli. (Cass. 10 mai 1815. D.A. 3. 554.) Pareillement, un tribunal correctionnel ne pourrait statuer sur les droits exigibles d'un garde champêtre qui n'a pas fait enregistrer les procès-verbaux constatant les délits dont le tribunal est saisi (Cass. 4 vent, an 12, D. A. 7. 391).

450. Le tribunal seul doit juger et non le président statuant sur l'opposition du redevable (Cass. 6 août 1817, D. A. 4. 241.)

451. Relativement aux demandes en restitution, c'est devant le tribunal de l'arrondissement du bureau où la perception a été faite que l'action doit être portée (Champ. et Rig., t. 4, n. 4018).

(2) 452. A cette disposition qui détermine le mode d'instruction, il convient d'ajouter l'art. 17 de la loi du 27 vent. an 9 qui dispose : « L'instruction des instances que la régie aura à suivre pour toutes les perceptions qui lui sont confiées se fera par simples mémoires respectivement signifiés, sans plaidoirie. Les parties ne seront pas obligées d'employer le ministère d'avoués. » En outre, la détermination du mode d'instruction est complétée par la dernière disposition de l'art. 65 ci-dessus transcrit.

453. De l'ensemble de ces dispositions, il résulte que les mémoires doivent être respectivement signifiés, c'est-à-dire entre la régie et le redevable ; la signification faite au procureur du roi ne remplirait pas le vœu de la loi : le jugement rendu, sur mémoires non signifiés serait nul. (Champ. et Rig., t. 4, n. 4019).

454. L'interdiction des plaidoiries est absolue; ni la régie, ni les parties ne peuvent faire plaider, à peine de nullité du jugement. Mais il est permis de faire prendre des conclusions par un avoué (Cass. 20 mai 1826. D. P. 26. 1. 210). La loi se contente de dire, en effet, que les parties ne seront pas obligées d'employer le ministère des avoués. D'où la conséquence qu'elles ont la faculté d'en constituer, pourvu seulement qu'ils ne plaident pas la cause.

455. Comme dans toute instruction par écrit, l'affaire doit être mise au rapport d'un des membres du tribunal (C. pr. 95); le défaut de rapport entraînerait la nullité du jugement.

(3) 456. L'imputation des dépens se fait comme en matière ordinaire, et les tribunaux ont le même pouvoir. La Cour de cassation a même jugé que les dépens peuvent être compensés, lorsque la régie a succombé dans une partie de ses prétentions (Champ. et Rig.,

t. 4, n. 4022) Mais remarquons que le ministère des avoués étant simplement facultatif, ainsi que nous venons de le dire, il en résulte que la partie qui les emploie est seule obligée de les payer, et qu'elle ne saurait faire tomber les frais de cette constitution dans la condamnation des dépens prononcée contre son adversaire.

(4) 457. La loi a voulu non-seulement que l'instruction fût simple, mais aussi qu'elle fût courte : la disposition dont il s'agit ici répond à ce besoin. Toutefois il a été reconnu que cette disposition est purement réglementaire et que son inobservation n'entraîne point la nullité du jugement (Champ et Rig., t. 4, n. 4021).

(5) 458. Les tribunaux, dans le même but d'accélérer la rentrée de l'impôt, doivent statuer dans les trois mois au plus tard, à compter de l'introduction de l'instance. Mais ce n'est encore ici qu'un vœu manifesté par la loi : il ne saurait s'attacher aucune déchéance, aucune peine à l'infraction de cette disposition.

459. Le législateur a encore ajouté à l'économie et à la célérité de la procédure en cette matière, en n'établissant qu'un seul degré de juridiction. Mais, bien que les jugements soient sans appel, et ne puissent être attaqués que par la voie de cassation, si les formes ordinaires ont été suivies par erreur, et que, l'affaire mal à propos portée devant la cour royale en appel, les parties aient défendu sans opposer le vice de la procédure, elles seraient plus tard non recevables à s'en prévaloir (Cass. 15 prair. an 10. D.A. 7. 417).

460. En matière d'enregistrement, la Cour de cassation a constamment professé la doctrine qu'il lui appartenait d'apprécier les actes et les faits. Cette doctrine, qui résulte explicitement de plusieurs arrêts, et implicitement d'un grand nombre, a obtenu l'approbation de M. Merlin. Rép., v° Enreg. (Droits de), p. 749 (V. aussi notre Dict. gén., Suppl., v° Cassation, n. 15).

461. Du reste, la loi, en déclarant que les jugements rendus en matière d'enregistrement ne pourraient être attaqués que par la voie de cassation, n'a pas entendu interdire les autres voies de se pourvoir, telles que la tierce-opposition, la requête civile et la prise à partie (Cass. 14 mai 1811. D.A. 7. 420). Toutefois, les directeurs de l'enregistrement qui voudront se pourvoir par voie de requête civile, ne pourront le faire qu'après un ordre spécial de l'administration (Inst. gén., n. 600).

462. Le ministère public doit être entendu ; mais il n'agit pas au nom du trésor : ses conclusions doivent être orales.

frais par le tribunal civil du département, et appuyé de pièces justificatives (1).

TIT. — *De la fixation des droits.*

ART. 67. Les droits à percevoir pour l'enregistrement des actes et mutations, sont et demeurent fixés aux taux et quotités tarifés par les art. 68, 69 et suivants.

DROITS FIXES.

ART. 68. Les actes compris sous cet article seront enregistrés et les droits payés ainsi qu'il suit, savoir :

§ 1. *Actes sujets à un droit fixe de 1 fr.*

1° Les abstentions, répudiations et renonciations à successions, legs ou communautés, lorsqu'elles seront pures et simples, si elles ne sont pas faites en justice (2).

---

(1) 463. L'insolvabilité absolue des redevables de droits de toute nature à recouvrer par l'administration, est constatée par un certificat d'indigence, sans qu'il soit besoin d'un procès-verbal de carence (27 pluv. an 8, Circ.).

Ce certificat est fourni sur une formule imprimée que le receveur remet au redevable, sans la remplir lui-même. A la suite de ce certificat, le receveur atteste *sous sa responsabilité*, qu'il en a vérifié l'exactitude (30 nov. 1857, Inst. gén., n. 1550).

(2) 464. 1° La renonciation est tarifée à un droit fixe, parce que, de sa nature, elle n'est pas translative, comme l'avaient enseigné d'anciens auteurs, en se fondant sur ce que. en cas de renonciation, ceux qui acceptaient tenaient directement du renonçant la part qui leur accroissait. Mais ce principe n'avait pas prévalu : on reconnut, au contraire, que ceux qui acceptaient, tenaient la part qui leur accroissait par suite d'une renonciation aussi bien que leur portion personnelle, du bénéfice de la loi par voie de succession directe, et ne tenaient rien du renonçant qui n'avait jamais été propriétaire. La Coutume de Paris avait tranché la question en ce sens par son article 6, et c'est d'après le même principe que la renonciation n'est tarifée qu'à un droit fixe par la disposition ci-dessus.

2° Cette disposition tarife en même temps les *abstentions* et *répudiations*, dénominations qui avaient leur signification lors de la promulgation de la loi de frimaire. Par *abstention*, on entendait la répudiation d'une hérédité faite en ligne collatérale. Les héritiers de cette ligne n'étaient pas héritiers nécessaires, et par conséquent il leur suffisait de *s'abstenir ;* le mot *renonciation* ne s'appliquait qu'aux héritiers de la ligne directe, parce qu'étant héritiers nécessaires, ils ne pouvaient répudier cette qualité sans y *renoncer* formellement par acte authentique. Aujourd'hui que la doctrine des héritiers nécessaires est proscrite par le code civil (art. 775), cette distinction est désormais sans objet. Il en est ainsi de la *répudiation* qui n'était autre chose que la *renonciation*, ou qui du moins exprimait, en pays de droit écrit, la même idée que le mot *renonciation* dans les pays de coutume. Le code civil, en ramenant la France à l'unité de législation, a ainsi effacé cette distinction, et empruntant au droit coutumier dont il s'est plus particulièrement inspiré, la dénomination qui y était reçue, il l'a adoptée d'une manière générale. Ainsi la disposition ci-dessus de l'art 68 doit être prise aujourd'hui comme si le mot *renonciation* y figurait seul.

3° La loi fiscale reconnaît deux modes différents de faire une renonciation : l'une qui se fait en justice et l'autre qui est extrajudiciaire. La première de ces deux renonciations est seule tarifée par la disposition ci-dessus ; la seconde est comprise dans le n° 6 du 2° § du même article modifié, quant à la quotité du droit qui a été élevé à 3 fr. fixe, par la loi du 28 avril 1816, art. 44, 10°. Mais on aurait pu croire que cette

consécration d'un double mode de renonciation, qui a été aussi un emprunt à l'ancien droit dans lequel l'abstention ou renonciation pouvait avoir lieu par acte notarié, ne devait plus être prise en considération en présence des codes civil et de procédure, d'après lesquels on ne peut plus renoncer qu'au greffe du tribunal dans l'arrondissement duquel la succession s'est ouverte (C. civ. 784 ; C. pr. 997). C'est même ce que l'administration avait d'abord pensé. Mais il a été reconnu plus tard que, relativement aux successions et aux legs, il y a lieu d'admettre la renonciation faite devant notaire (20 av., et 7 mai 1808. Déc. min. ; 29 juin 1808, Inst.) ; seulement, les deux manières de renoncer diffèrent entre elles, en ce que la renonciation par la voie du greffe produit son effet à l'égard de tous, tandis que celle qui a lieu par-devant notaire n'a de force qu'entre les parties.

4° C'est seulement lorsqu'elle est *pure et simple* que la renonciation est tarifée à un droit fixe par la loi fiscale; et en effet, c'est seulement alors que la renonciation n'a rien de translatif. Mais il faut remarquer que ce caractère est parfaitement compatible avec la forme de l'acte notarié. Ainsi, lorsque la renonciation est gratuite et qu'elle profite indistinctement à tous les cohéritiers, elle est pure et simple quelle qu'en soit la forme, et par conséquent elle ne donne ouverture qu'au droit fixe.

5° Il en est autrement et les dispositions ci-dessus cessent d'être applicables si la renonciation est faite moyennant un prix. Dans ce cas, la renonciation que fait le cohéritier, même au profit de tous ses cohéritiers indistinctement, emporte acceptation de sa part, aux termes de l'art. 780 C. civ. : et cela amènerait logiquement à conclure que la Régie est fondée à réclamer les droits de mutation par décès du renonçant, quand même la loi fiscale n'aurait pas exclusivement réservé le droit fixe pour les renonciations pures et simples. (Champ. et Rig., t. 1, n. 522).

6° La renonciation cesse encore d'être pure et simple alors même qu'elle est gratuite, si elle est faite au profit d'un ou de plusieurs 'des cohéritiers. Dans ce cas, l'art. 780 C. civ. dispose également que la renonciation emporte acceptation, et la conséquence qui s'en induit, relativement au droit d'enregistrement, c'est que le renonçant prétendu ayant été saisi de ce qui composait sa part dans les biens de la succession, en a nécessairement disposé, puisqu'il a voulu que cette part fût allouée à l'un ou plusieurs de ses cohéritiers. C'est alors le droit de donation qui est exigible (Champ. et Rig., t. 1, n. 523).

7° La renonciation peut n'avoir pour objet qu'une partie de la succession. Dans le système de l'administration, l'accroissement qui a lieu alors en faveur des cohéritiers donne ouverture au droit proportionnel, et il n'est pas même nécessaire que ces derniers acceptent : il suffit qu'ils prennent possession des choses auxquelles il a été renoncé (Dict. de l'enreg., v° Renonciation, n. 47.— *Contrà*, Champ. et Rig., t. 1, n.

Il est dû un droit par chaque renonçant et pour chaque succession à laquelle on renonce.

2° Les acceptations de successions, legs ou communautés, aussi lorsqu'elles sont pures et simples.

Il est dû un droit par chaque acceptant et pour chaque succession (1).

3° Les acceptations de transports ou délégations de créances à terme, faites par actes séparés, lorsque le droit proportionnel a été acquitté pour le transport ou la délégation;

Et celles qui se font dans les actes mêmes de délégation de créances aussi à terme (2).

4° Les acquiescements purs et simples, quand ils ne sont point faits en justice (3).

---

527 et 529. V. aussi Jurisprud. gén. de M. Dalloz, éd. nouv., v° Enreg., t. 2, ch. 1, sect. 1, § 1).

8° Celui qui fait une renonciation conditionnelle ne renonçant pas en réalité et faisant au contraire une acceptation implicite par suite de laquelle il est saisi jusqu'à l'évènement de la condition, on ne peut pas dire que sa renonciation soit pure et simple. Elle est nécessairement translative lorsque la condition vient à se réaliser, puisqu'il y a transmission à celui qui est appelé; et par cela même il y a ouverture au droit proportionnel (Dict. de l'enreg., v° Droits successifs, n. 39; — Contrà, Champ. et Rig., t. 1, n. 531).

9° Celui qui a accepté bénéficiairement ne peut plus renoncer. Par conséquent sa renonciation ne le dispenserait pas du paiement des droits de succession (Cass. 1 fév. 1830, D. P. 30. 1. 101; 5 août. 1857, trib. de Chartres, D. P. 58. 4. 128. Champ. et Rig., t. 1, n. 537 et suiv.).

10° La disposition ci-dessus transcrite comprend la renonciation aux legs aussi bien que la renonciation aux successions. Le motif de la loi pour n'établir qu'un droit fixe était, même à cet égard, plus manifeste encore; car, non-seulement le légataire qui renonce est censé n'avoir jamais été légataire, mais encore il ne l'a pas été réellement : la disposition est caduque et les biens restent dans la succession *non ex repudiatione sed hœreditario jure.*

11° Mais pour les legs comme à l'égard des successions, la renonciation n'est tarifée au droit fixe que si elle est pure et simple. Ainsi la renonciation même gratuite, mais au profit seulement de l'un de ceux qui auraient été appelés à recueillir les biens légués, de même que la renonciation moyennant un prix au profit de tous les successibles, ne sont pas des renonciations pures et simples, bien que l'art. 780 C. civ. ne prévoie ni l'une ni l'autre de ces hypothèses, et partant elles donnent ouverture au droit proportionnel (Champ. et Rig., t. 1, n. 547 et suiv.).

12° Lorsque de deux légataires conjoints l'un renonce et donne ainsi lieu à l'accroissement dont il est parlé dans les art. 1044 et 1045 C. civ., il faut dire qu'il n'y a pas transmission, car le légataire renonçant n'a rien acquis et n'a pu par conséquent rien transmettre. La renonciation n'est donc assujettie qu'au droit fixe. Il en est ainsi de la renonciation faite par le grevé de substitution avant d'avoir accepté, pourvu toutefois que la substitution soit établie (17 juillet 1841, Trib. de Condom).

13° De même que les renonciations dont nous avons parlé jusqu'ici, la renonciation à communauté n'est tarifée qu'à un droit fixe par le texte ci-dessus qui embrasse aussi dans ses termes cette espèce de renonciation. D'ailleurs on pressent aisément les motifs de la loi : c'est que, dans aucune hypothèse, la renonciation à communauté ne transfère un nouveau droit au mari ou à ses héritiers.

14° Mais si la renonciation était faite moyennant un prix, ou au profit de quelques héritiers seulement, elle ne serait plus pure et simple; elle ne serait même plus une renonciation, mais une accep-

tation, car il y a même raison de décider que pour les successions et les legs. Le droit proportionnel deviendrait donc exigible. V. n. 5°, 6° et 7°.

15° La communauté ne pouvant être acceptée partiellement, il s'ensuivrait qu'une acceptation partielle serait nulle et ne produirait aucun effet. La femme, loin d'avoir exprimé, par une acceptation de cette nature, l'intention d'accepter le tout, aurait manifesté une intention contraire. Par conséquent il n'y aurait pas transmission et le droit fixe serait seul exigible (Champ. et Rig., t. 1, n. 563).

16° La faculté de renoncer n'appartient qu'à la femme ou à ses héritiers; mais elle n'appartient pas au mari. La renonciation qui serait faite par ce dernier ne pourrait donc pas être opposée à la régie, qui serait fondée à y voir une abdication de propriété, et cela encore même que le mari renoncerait comme héritier testamentaire de sa femme (Cass., 9 mars 1842, D. P. 42. 1. 147).

(1) 465. Le n° précédent contient une disposition semblable relativement à la renonciation. On avait conclu de ces dispositions que lorsque plusieurs cohéritiers donnent leur consentement par un même acte à l'exécution d'un testament ou à la délivrance d'un legs, il devait être perçu autant de droits qu'il y a d'héritiers acquiesçans, parce que chaque héritier pouvant consentir l'exécution du testament ou s'y opposer, l'adhésion qu'il y donne est un acte qui lui est personnel, et qui dès-lors donne ouverture à un droit particulier. Mais cette doctrine a été rejetée, par le motif qu'avant d'avoir fait connaître s'ils acceptent la succession ou s'ils y renoncent, les héritiers sont étrangers entre eux, ce qui explique que pour l'acceptation ou les renonciations, ils soient assujettis à payer chacun un droit particulier pour chaque succession. Mais il n'en est pas de même après l'acceptation, car alors les cohéritiers sont liés par un intérêt commun et par l'accomplissement des formalités exigées d'eux en leur qualité d'héritiers, ils agissent réellement dans la même succession. Ainsi, en quelque nombre qu'ils soient, il ne doit être perçu qu'un seul droit pour les acquiescements donnés par le même acte à l'exécution du testament ou à la délivrance du legs (10 août 1822, délib.; Champ. et Rig., t. 4, n. 3744).

(2) 466. 1° Par ces mots *lorsque le droit proportionnel a été acquitté pour le transport ou les délégations,* il faut entendre tant le droit proportionnel payé pour une délégation de créance à terme, proprement dite, que le droit proportionnel acquitté pour le titre de la créance, s'il s'agit d'une délégation de prix stipulé dans un contrat (Cass., 5 sept. 1827; 6 mars 1829, Inst. gén., n. 1270).

2° Aux termes de l'art. 1690 C. civ., et de la loi de frimaire, la disposition par laquelle le débiteur d'une créance ou d'une rente transportée à un tiers déclare avoir eu le transport pour signifié, est une acceptation de transport ou de délégation passible de 1 fr. (17 avril 1822, délib.).

(3) 467. Le tarif a été élevé à 2 fr. fixe par la loi du 28 avril 1816, art. 43, n. 1.—Ces sortes de consen-

5° Les actes de notoriété (1).

6° Les actes qui ne contiennent que l'exécution, le complément et la consommation d'actes antérieurs enregistrés (2).

7° Les actes refaits pour cause de nullité ou autre motif, sans aucun changement qui ajoute aux objets des conventions ou à leur valeur (3).

8° Les adjudications à la folle enchère, lorsque le prix n'est pas supérieur à celui de la précédente adjudication, si elle a été enregistrée (4).

9° Les adoptions (5).

10° Les attestations pures et simples.

11° Les avis de parents, autres que ceux contenant nomination de tuteurs et curateurs (6).

12° Les autorisations pures et simples (7).

13° Les bilans (8).

14° Les brevets d'apprentissage qui ne con-

---

tements sont ceux qui ne forment point de contrat, soit parce que l'intention des parties n'est pas de se lier, soit parce qu'elles ne s'obligent ni à donner, ni à faire, ni à ne pas faire. On peut citer, comme exemple, le cas où un enfant consent à la donation que son père fait à l'un de ses autres enfants (Champ. et Rig., t. 1, n. 190). — V. encore *supra* la note sur le n. 2 du présent article.

(1) 468. Tarifé à 2 fr. par la loi du 28 avril 1816, art. 43, n. 2.—Mais sont exempts du timbre et de l'enregistrement les actes de notoriété et les procès-verbaux rédigés par les juges de paix pour constater la disparition des militaires et la privation des moyens d'existence de leurs veuves et orphelins (26 janv. 1824. Déc. min. fin.; 6 mars 1824, Inst. gén.).

(2) 469. Cette disposition qui n'est que le complément de l'art. 11 *supra* (V. la note sur cet article) prévoit l'hypothèse que nous avons signalée *loc. cit.*, celle où les dispositions dépendantes se trouvent dans des actes postérieurs à d'autres actes enregistrés. La règle consacrée par le texte ci-dessus est formelle; on peut la préciser en disant qu'un acte est l'exécution d'un autre, dans le sens de la loi fiscale, lorsque l'opération qu'il constate n'est en définitive que la conséquence légale du premier; il cesse d'être l'exécution lorsqu'il engendre une obligation, crée un droit, est, en un mot, le titre d'une convention. Tout consiste donc à rechercher, pour la solution de la question dans toutes les hypothèses ou elle peut se présenter, où est en réalité le titre de la convention. Si le premier acte demeure le titre, et que par le second le débiteur ne consente que ce que le créancier pourrait faire sans ce consentement, c'est une exécution véritable et le droit fixe seulement est ouvert; si le second acte est constitutif d'une obligation, il est primitif et originaire : ce n'est pas un acte d'exécution et par conséquent il y a lieu à la perception d'un droit proportionnel déterminé par la nature de la convention que cet acte constate. Cela posé, toutes les difficultés, en cette matière, ne peuvent résider que dans l'application. V. à cet égard le tableau de la jurisprudence présenté dans le Dict. gén., v° Enreg., n. 263 et suiv.

(3) 470. Tarifé à 2 fr. par la loi du 28 avril 1816, art. 43, n. 3. — Cette disposition consacre le principe qu'une disposition qui, dans un acte, a subi le droit proportionnel, ne peut plus, dans un nouvel acte, donner ouverture à ce droit; et le principe plus général encore qu'une même disposition ne peut donner ouverture qu'à un seul droit (Champ. et Rig., t. 1, n. 946). Ainsi, par exemple, l'acte qui, rédigé en vertu de l'art. 964 C. civ., fait revivre une donation devenue nulle par survenance d'enfant et d'après l'art. 960 du même Code, est passible seulement du droit fixe de 1 fr. dès qu'il ne contient pas de nouvelle transmission (16 fév. 1827, délib.).

(4) Tarifé à 3 fr. par la loi du 28 avril 1816, art. 44, n. 1.— Cette disposition étant exprimée en termes généraux, ne souffre pas d'exception pour le cas où le premier acquéreur aurait été mis en pos-

session et aurait payé une portion de son prix (Cass. 10 déc. 1822. D. A. 7. 197)— Si le prix est supérieur, V. *infra*, art. 69, § 5, n. 1 et § 7, n. 1.

(5) V. la loi du 28 avril 1819, art. 48 et 49.

(6) 471. Tarifé à 2 fr. par la loi du 28 avril 1816, art. 43, n. 4.

1° Remarquons que le texte ci-dessus doit être entendu en ce sens que c'est la réunion des différentes dispositions arrêtées dans l'intérêt du mineur qui est tarifée au droit fixe, parce que c'est cette réunion de dispositions qui constitue l'avis de parents. Ainsi, par exemple, la délibération du conseil de famille qui conserverait la tutelle à la mère et nommerait en même temps pour cotuteur le mari sous la puissance duquel elle va passer, ne constituerait qu'un seul et même avis, et ne serait passible, à ce titre, que d'un droit fixe de 2 fr. (20 juin 1809. Déc. min. fin.).

2° C'est seulement à raison d'une disposition réellement indépendante de l'objet principal de l'acte qu'un second droit pourrait être perçu. Ainsi, par exemple, la délibération portant nomination d'un subrogé tuteur et désignation d'un notaire et de deux experts appréciateurs pour l'inventaire du mobilier donnerait lieu, dans son ensemble, à un seul droit fixe; mais la prestation de serment des experts devant le juge de paix qui préside le conseil de famille, formerait une disposition indépendante sur laquelle un nouveau droit fixe devrait être perçu (29 janv. 1825, sol.).

3° Du reste, le texte ci-dessus tarife seulement les avis de parents autres que ceux portant nomination de tuteurs et curateurs. En effet, les nominations de tuteurs et curateurs ont été spécialement prévues et tarifées par la loi fiscale. V. *infra*, le § 2, n. 4 de ce même art. 68.

4° Par exception à la disposition ci-dessus, les délibérations des conseils de famille ayant pour objet d'autoriser les tuteurs à consentir à l'engagement volontaire des mineurs âgés de moins de vingt-cinq ans, sont enregistrées et visées pour timbre *gratis* (9 nov. 1832, Déc. min. fin., 23 mars 1835, Inst. gén., n. 1422 § 3).

(7) Tarifées à 2 fr. par la loi du 28 avril 1816, art. 43, n. 5.

(8) Le bilan est une espèce d'inventaire qui contient l'état des dettes actives et passives du failli; de quelque manière qu'il soit rédigé, les créanciers qui y figurent ne peuvent jamais être dispensés de venir à la vérification de leurs créances. Ainsi le bilan ne donne pas un titre aux créanciers, et c'est par ce motif qu'il n'a été soumis qu'à un simple droit fixe. Mais remarquons qu'en tarifant le bilan, la loi embrasse l'acte dans son ensemble et par conséquent l'énonciation des dettes actives et passives qui en est une partie constitutive, et ne peut dès lors être soumise à un droit particulier (Champ. et Rig., t. 2, n. 917) — Quant aux dépôts de bilan, V. *infra*, § 2 n. 7 du présent article.

tiennent ni obligation de sommes et valeurs mobilières, ni quittance (1).

15° Les cautionnements de personnes à représenter en justice (2).

16° Les certifications de cautions et de cautionnements (3).

17° Les certificats purs et simples, ceux de vie par chaque individu, et ceux de résidence.

18° Les collations d'actes et pièces ou des extraits d'iceux, par quelque officier public qu'elles soient faites (4).

Le droit sera payé par chaque acte, pièce ou extrait collationné.

19° Les compromis qui ne contiennent aucune obligation de sommes et valeurs donnant lieu au droit proportionnel (5).

20° Les connaissements ou reconnaissances de chargements par mer, et les lettres de voiture (6).

Il est dû un droit par chaque personne à qui les envois sont faits.

21° Les consentements purs et simples (7).

22° Les décharges également pures et simples, et les récépissés de pièces (8).

23° Les déclarations, aussi pures et simples, en matière civile (9).

---

(1) 472. La convention d'apprentissage est un contrat qui intervient entre celui qui s'engage à instruire une personne dans le principe de son commerce ou de son art, et cette personne. Lorsque cette convention n'est pas pure et simple et qu'elle contient obligation de somme, le texte ci-dessus cesse d'être applicable ; c'est alors par l'art. 69 § 2, n. 7 qu'elle est régie. V. *infrà*, sous cet article.

(2) 473. Tarifés à 50 c. p. cent par la loi du 28 avril 1816, art. 50. — Les cautionnements ou soumissions de représenter à justice, *lorsqu'il n'y a pas de partie civile*, reçoivent la formalité en *debet* (6 nov. 1822, délib.).

(3) 474. Tarifés à 2 fr. par la loi du 28 avril 1816, art. 43 n. 6. — Le *renfort* de caution est assimilé, pour la perception, au certificateur de caution, et il n'est dû que deux francs pour une stipulation de cette nature. (21 juil. 1807, sol.; 23 avril 1823, délib.)

(4) 475. Par exception à cette disposition, les copies collationnées, délivrées en exécution de la loi du 1er déc. 1790, concernant les biens domaniaux engagés, sont dispensées du timbre et de l'enregistrement, pourvu qu'il y soit fait mention expresse de leur destination pour les bureaux de la préfecture (5 sept. 1809, déc. min. fin.)

(5) 476. Tarifés à 3 fr. par la loi du 28 avril 1816 art. 44, n. 2. — Sur ce point, il importe de signaler la comparution volontaire devant le juge de paix autorisée par l'art 7 C. p. Si l'acte qui constate la comparution volontaire des parties est distinct du jugement, il ne constitue un compromis que lorsqu'il proroge la compétence ou la juridiction du juge de paix, et alors seulement il donne ouverture au droit de 3 fr. Que si les parties sont justiciables du juge de paix, aussi bien à raison de la matière qu'à raison de la personne, il n'est dû que 1fr., parcequ'il n'y a pas de compromis, mais une simple comparution tenant lieu de citation. — Cet acte et le jugement peuvent n'être soumis qu'un même temps à l'enregistrement ; mais lorsque la volonté des parties de proroger la compétence du juge de paix est constatée par le jugement même et dans son contexte, il n'y a pas lieu de percevoir, indépendamment du droit à raison de cette prorogation, un semblable droit pour le compromis, attendu que ces deux dispositions ne sont point indépendantes l'une de l'autre (13 juin 1809, Déc. min. just. et fin ; 4 juil. 1809 et 19 mai 1824, Inst. gén. 436, n. 3 et 1152 § 4).

(6) 477. Les lettres de voiture sont seules restées tarifées à 1 fr. depuis la loi du 28 avril 1816. Cette loi a porté le droit pour les connaissements à 3 fr. V. art. 44, n. 6.

(7) 478. Tarifés à 2 fr. par la loi du 28 avril 1816, art. 43, n. 7.

(8) 479. Tarifés à 2 fr. par la loi du 28 avril 1816; art.

43, n. 8 — Il importe de bien discerner la décharge proprement dite que le texte ci-dessus tarife à un droit fixe de la quittance et des autres actes libératoires que la même loi tarife à un droit proportionnel. V. art 69 § 2, n. 11. Ces divers actes ont entre eux une assez grande analogie par leur caractère, car la décharge est aussi bien que la quittance un acte libératoire, puisqu'elle éteint l'obligation de celui qui est déchargé. Pour plus de similitude encore, le texte ci-dessus n'ayant rien de restrictif, la décharge pourrait avoir pour objet des sommes d'argent, ce qui est plus particulièrement le propre de la quittance. Il y a cependant entre ces divers actes une différence essentielle qu'il importe de signaler et de ne pas méconnaître ; elle consiste sinon dans les caractères et l'objet des conventions, du moins dans leurs effets. La quittance, ainsi que nous le verrons au commentaire de l'art. 69, § 2 n. 11, est essentiellement translative, car elle suppose un paiement, c'est-à-dire une aliénation des deniers payés : au contraire, la décharge n'est nullement translative ; elle relate seulement une libération sans transmission et qui n'est que l'exécution d'un acte antérieur. C'est à ce titre qu'elle n'a été tarifée qu'à un droit fixe. Telle est la règle de la loi, et elle est importante à constater, en ce que, sans elle, il serait facile à la régie d'absorber le droit de décharge dans celui de quittance, ou réciproquement un contribuable, celui de quittance dans celui de décharge.

(9) 480. La loi du 28 avril 1816 a élevé le droit à celui de deux francs pour les déclarations en matière civile et de commerce (art. 43, n. 9), et par là, elle a rétabli la différence qui existait déjà, sous le contrôle, entre ces actes et les certificats généralement assujettis au droit fixe de 1 fr. — (V. *supra*, le n. 17 du texte) , différence que n'avaient faite ni la loi de 1790 ni celle de l'an 7.

481. Il existe pourtant encore, mais par exception, des déclarations qui ne sont passibles que du droit de 1 fr. Ainsi celles faites par les rentiers qui ont perdu leurs extraits d'inscription, devant le maire de la commune de leur domicile, et en présence de deux témoins attestant leur individualité (3 mess. an 12, décr.; 24 mess an 12, Inst. gén. 237); celles faites par les titulaires en faveur des bailleurs de fonds de leur cautionnement pour leur faire obtenir le privilège de second ordre (V. *infrà* le décret du 22 déc. 1812); la déclaration, dans une donation, pour tenir lieu, soit de l'état d'effets mobiliers, prescrit par l'art. 948 C. civ., soit de l'état des dettes dont parle l'art. 1084 (19 oct. 1807, Inst. gén. 351; 7 juin 1808, Déc. min. fin, 29 juin 1808, Inst. gén. 386, n. 9); enfin, les déclarations en matière de police correctionnelle ou criminelle, lesquelles n'étant pas indiquées dans le texte ci-dessus ni dans celui correspondant de la loi du 28 avril 1816, qui ne parlent que des déclarations en

24° Les déclarations ou élections de command ou d'ami, lorsque la faculté d'élire un command a été réservée dans l'acte d'adjudication ou le contrat de vente, et que la déclaration est faite par acte public, et notifiée dans les vingt-quatre heures de l'adjudication ou du contrat (1).

25° Les délivrances de legs pures et simples (2).

matière civile et de commerce, sont assujetties au droit fixe de 1 fr. en vertu du n. 48 *infra* du présent paragraphe.

482. Quoi qu'il en soit, c'est la déclaration *pure et simple* qui est tarifée au droit fixe. Mais dès que la déclaration présenterait le caractère d'une transmission de biens meubles ou immeubles, d'une obligation, d'une libération ou de tout autre convention, elle ne serait plus *pure et simple*, et le droit proportionnel serait exigible selon la nature du contrat dont la déclaration tiendrait lieu. Nous rencontrerons des applications du principe en traitant des droits proportionnels (V. *infra* l'art. suiv.)

(1) 483. Tarifées à 3 fr. par la loi du 28 avril 1816, art. 44, n. 3.

484. Dans toute vente volontaire ou judiciaire, celui qui se rend acquéreur peut déclarer qu'il achète pour lui ou pour un autre qu'il se réserve de nommer ultérieurement; l'acte postérieur dans lequel il fait connaître ce dernier s'appelle *déclaration de command* ou *élection d'ami*. Là loi fiscale règle les effets de cette opération, relativement à la perception, dans plusieurs hypothèses. Le texte ci-dessus ne s'applique qu'au cas où la faculté d'élire a été réservée dans l'adjudication ou le contrat de vente, et où la déclaration est faite par acte public et notifiée dans les vingt-quatre heures. A l'égard des élections faites après les vingt-quatre heures et sans que la faculté en ait été réservée, voyez pour les biens meubles l'art. suiv. § 5, n. 4, et pour les biens immeubles, le même art. § 7, n. 3. Le droit proportionnel a été déclaré exigible, dans ces derniers cas, pour prévenir la fraude que la déclaration de command aurait incontestablement facilitée.

485. Ainsi toute déclaration de command doit, pour éviter le droit proportionnel, avoir été réservée dans la vente, ou bien elle doit être faite et notifiée dans les vingt-quatre heures de l'adjudication ou du contrat de vente.

486. En ce qui concerne la réserve dans l'acte, remarquons qu'elle serait suppléée par la déclaration même de command. Ainsi, la déclaration de command comprise dans l'acte même d'adjudication, et non précédée de réserves, ne donne point ouverture à un droit particulier; elle est même dispensée de toute notification, attendu qu'elle fait alors partie intégrante de la vente. (26 juin 1816, 5 mai 1821, 6 oct. 1826, délib.) Pareillement il suffit que la réserve d'élire ami ait été stipulée au cahier des charges qui a précédé l'adjudication, attendu que ce cahier des charges ne forme qu'un seul et même acte avec l'adjudication (30 mars 1819. Trib. de Nancy; 28 juin 1819. Déc. min. fin.)

487. En ce qui concerne la déclaration de command, il ne suffit pas qu'elle soit faite dans les vingt-quatre heures de la vente, pour être affranchie du droit proportionnel, il faut encore qu'elle soit notifiée dans le même délai (Cass. 5 vent. an 11 ; 13 janv. 1806. D. A. 7. 178. 178.); et cette notification doit être faite, dans le délai, non pas au command élu, mais à la régie (Cass. 5 therm. an 9, D. A. 7. 178).

488. Par suite, le délai pour la notification à la régie court du *jour de la vente*, et non point seulement du jour de l'expiration du délai dans lequel

la déclaration doit être enregistrée (Cass. 19 germ. an 12, D. A. 7. 179.)

489. Le mode de la notification consiste à dénoncer purement et simplement au receveur que la déclaration de command a été faite conformément à la loi. (Cass. 15 oct. 1806. D. A. 7. 178. 7 sept. 1827 , Inst. gén., n. 1219, § 1.) Mais la simple présentation de la déclaration au receveur, lors même qu'il la constaterait par un certificat, serait insuffisante pour remplir le vœu de la loi (19 juill. 1834. Inst. gén., n. 1458, § 5.)

490. Il avait été statué que la notification pouvait être suppléée par la présentation au receveur, dans les vingt-quatre heures, du répertoire sur lequel se trouvait inscrite la déclaration de command, et par le visa apposé pour constater cette présentation. (17 fév. 1807. Déc. min fin.; 25 août 1833. trib. Vassy, 2 sept. 1837, trib. Grenoble.) Mais il a été reconnu qu'il n'existe qu'un seul cas où la notification formelle devienne superflue : c'est lorsque la déclaration est présentée à l'enregistrement, et admise à la formalité dans les vingt-quatre heures de l'adjudication ou du contrat, parce que cette formalité, ainsi remplie, équivaut à une notification par acte extra-judiciaire. (31 mai 1825, Cass. D. P. 26. 1. 502. 7 sept. 1827. Inst. gén., n. 1219, § 1; 29 janv. 1836, délibération.)

491. Avant même que la faculté de présenter en même temps à l'enreg. l'acte de vente et la déclaration de command faite en vertu de la réserve insérée au contrat, ne résultât, du moins quand les deux actes sont faits devant le même officier public, de l'art. 56 de la loi du 28 avril 1816, il avait été reconnu qu'on pouvait agir ainsi, *dans tous les cas*, sans déroger à l'art. 41 de la loi du 22 frim., par le motif que la qualité d'acquéreur restant incertaine jusqu'à la déclaration, lorsque celle-ci a lieu dans l'intervalle déterminé par la loi, elle ne forme qu'un seul et même tout avec la vente dont elle fait réellement partie. (Cass. 26 mes. an 13; 15 brum. an 14; D. A. 7. 357; 23 janv. 1809.; 6 oct. 1807, Déc. min. fin.; 27 oct. 1807, Inst. gén., n. 357.) Ainsi un notaire peut recevoir la déclaration de command par suite d'une adjudication en justice, et les deux actes peuvent être présentés *ensemble* à la formalité : mais il ne pourrait faire enregistrer cette déclaration avant l'adjudication (7 fév. 1834, délib.; *contra*, 24 juill. 1838. trib. Montmorillon, D. P. 39. 3. 155).

(2) 492. En principe, le droit proportionnel de libération est exigible, comme nous aurons occasion de l'établir sous l'art. suiv., lorsque l'acte de libération opère aliénation. Tel n'est pas l'effet de la délivrance de legs, car dès le décès du testateur, le légataire est investi de la propriété de la chose léguée; elle lui appartient, en sorte que l'héritier ne donne rien de *suo* lorsqu'il délivre le legs, il ne fait qu'accomplir un mandat. C'est par ce motif que les délivrances de legs ne sont tarifées qu'à un droit fixe par la loi fiscale.

493. Mais l'administration avait d'abord voulu limiter l'application de ce droit au seul cas où il s'agissait d'une chose existant en nature dans la succession. Au contraire, lorsque le legs consistait en une somme d'argent n'existant pas dans la succession, la

26° Les dépôts d'actes et pièces chez des officiers publics (1).

27° Les dépôts et consignations de sommes et effets mobiliers chez des officiers publics, lorsqu'ils n'opèrent pas la libération des déposants ; et les décharges qu'en donnent les déposants ou leurs héritiers, lorsque la remise des objets déposés leur est faite (2).

28° Les désistements purs et simples (3).

29° Les devis d'ouvrages et entreprises qui ne contiennent aucune obligation de somme et valeur, ni quittance (4).

30° Les exploits, les significations, celles des cédules des juges de paix, les commandements, demandes, notifications, citations, offres ne faisant pas titre au créancier et non acceptées, oppositions, sommations, procès-verbaux, assignations, protêts, interventions à protêt, protestations, publications et affiches, saisies, saisies-arrêts, séquestres, main-levées, et généralement tous actes extrajudiciaires des huissiers ou de leur ministère, qui ne peuvent donner lieu au droit proportionnel, sauf les exceptions mentionnées dans la présente,

Et aussi les exploits, significations, et tous autres actes extrajudiciaires faits pour le recouvrement des contributions directes et indirectes, et de toutes autres sommes dues à la Nation, même des contributions locales, mais seulement lorsque la somme principale excède vingt-cinq francs.

Il sera dû un droit pour chaque demandeur ou défendeur, en quelque nombre qu'ils soient, dans le même acte, excepté les co propriétaires et cohéritiers, les parents réunis, les co intéressés, les débiteurs ou créanciers associés ou solidaires, les séquestres, les experts et les témoins, qui ne seront comptés que pour une seule et même personne, soit en demandant, soit en dé-

régie estimait que l'exécuteur testamentaire ou l'héritier, en payant le legs de ses deniers, s'affranchissait d'une dette personnelle, parce qu'il employait pour cela, non ce qu'il avait trouvé effectivement dans la succession, mais les moyens qu'il en avait retirés, et, en conséquence, l'administration considérait la délivrance, dans ce cas, comme rendant exigible le droit proportionnel de legs (Dict. des dom., v° Legs ; 10 janv. 1824, délib.). Mais cette décision a été formellement proscrite et une jurisprudence constante, à laquelle la régie s'est elle-même rangée, a posé en principe que le droit fixe était applicable aux délivrances de legs de sommes, encore même qu'elles ne se trouvassent pas en nature dans la succession (Cass. 7 et 30 août 1826, 6 fév. 1827 D. P. 26. 1. 442, 443 : 27. 1. 132; Champ. et Rig., t. 2, n. 1542; 23 déc. 1826, Inst. gén., n. 1204, § 2 et 3).

494. Il faut, d'ailleurs, pour que le droit fixe seulement soit exigible, que la délivrance soit pure et simple, c'est-à-dire que le légataire reçoive la chose même qui lui a été léguée. Il ne pourrait pas recevoir un objet différent, car ce ne serait plus alors une délivrance, mais bien une vente de la chose, ou une dation en paiement qui rendrait un autre droit exigible. (1er oct. 1835, délib.; D.P. 36. 3. 9). Nous reviendrons sur ce point à l'art. suiv.

495. La disposition ci-dessus ne s'entend que des libéralités qui s'opèrent par le décès. Quant à la délivrance des sommes données entre vifs, elle est soumise à d'autres règles que nous indiquerons en parlant des libérations.

(1) 496. Tarifés à 2 fr. par la loi du 28 avril 1816, art. 43, n. 10.

(2) 497. Tarifés à 2 fr. par la loi du 28 avril 1816, art. 43, n. 11.

478. L'application du droit fixe est une conséquence nécessaire de la nature même du contrat. Le dépôt ne transmet pas, en effet, la propriété de la chose déposée, et réciproquement, le dépositaire n'étant investi que *custodiæ causâ*, il ne s'opère pas non plus d'aliénation lorsque ce dernier rend sa chose au déposant. Il était donc naturel de ne soumettre qu'à un droit fixe le dépôt chez l'officier public, aussi bien que la décharge donnée par le déposant à la remise de l'objet déposé. — Mais remarquons qu'il ne s'agit dans le texte ci-dessus que du dépôt de sommes chez un *officier public.* Quant à celui qui serait fait chez de *simples particuliers,* comme il

pourrait servir à déguiser le prêt, le législateur l'a assujetti à un droit proportionnel. V. à cet égard, le commentaire de l'art. 69, § 3, n. 3.

499. Au surplus, ce ne sont pas seulement les notaires qui sont des officiers publics, dans le sens du texte ci-dessus : il faut encore comprendre, dans cette classe, les avoués (Journ. de l'Enreg., n. 4407); les consuls (*Ibid.*, n. 5040), les receveurs-généraux, et les receveurs particuliers (Champ. et Rig., t. 2, n. 829).

(3) 500. Tarifés à 2 fr. par la loi du 28 avril 1816, art. 43, n. 12. — Le désistement présente quelque analogie avec la transaction que la présente loi tarife à un droit fixe ou à un droit proportionnel suivant les circonstances (V. *infrà*, art. 69, § 3, n. 3). Mais elle en diffère en ce que la transaction intervenant toujours sur un droit douteux, implique nécessairement l'idée d'une concession réciproque de la part des parties. Le désistement, au contraire, ne présente rien de semblable. Ainsi, une action est intentée en revendication d'un immeuble; ultérieurement le demandeur abandonne purement et simplement son action : c'est là un désistement parce que l'une des parties ne reçoit ni ne retient rien, et qu'on ne s'oblige point envers elle. C'est l'acte que la loi fiscale tarife à un droit fixe de 2 fr. (Champ. et Rig, t. 1, n. 610).

(4) 501. On comprenait autrefois sous l'expression de devis et marchés « l'acte qui contient les clauses et conditions auxquelles l'entrepreneur d'un bâtiment et celui qui le fait construire se soumettent mutuellement. » La loi présente ne contredit point cette signification ; mais elle a divisé et elle tarife à un droit proportionnel, sous le nom de *marchés*, les devis qui contiennent obligation de sommes (V. à cet égard le commentaire sur l'art. 69, § 3, n. 1), et à un droit fixe, sous le nom de *devis*, ceux qui ne contiennent aucune obligation de sommes et valeurs ni quittance. C'est à cette dernière branche de la distinction que s'applique la disposition ci-dessus.

502. Remarquons que lorsque les devis sont faits pour les travaux des routes royales, par les ingénieurs des ponts et chaussées, ils ne sont point sujets à l'enregistrement ; mais qu'ils doivent être enregistrés, au contraire, lorsqu'ils sont rédigés et signés par des entrepreneurs que les ingénieurs auraient commis à cet effet (3 mess. an 10, Déc. min. fin.; 3 fruct. an 13; Inst. gén. 290, n. 25).

fendant, dans le même original d'acte, lorsque leurs qualités y seront exprimées (1).

31° Les lettres missives qui ne contiennent ni obligation, ni quittance, ni aucune autre convention donnant lieu au droit proportionnel (2).

32° Les nominations d'experts ou arbitres (3).

33° Les prises de possession en vertu d'actes enregistrés (4).

34° Les prisées de meubles.

35° Les procès-verbaux et rapports d'employés, gardes, commissaires, séquestres, experts, arpenteurs et agents forestiers ou ruraux (5).

36° Les procurations et pouvoirs pour agir, ne contenant aucune stipulation ni clause donnant lieu au droit proportionnel (6).

---

(1) 503. Il n'y a plus de tarifé à 1 fr. que les exploits compris dans le n. 48 du présent paragraphe (V. *infra*), les exploits relatifs aux procédures devant les juges de paix, jusque et y compris les jugements définitifs, et les exploits pour le recouvrement de contributions. Les droits pour les autres exploits sont gradués suivant le tribunal ou la cour devant lequel il est procédé. (V. l. 28 av. 1816, art. 43, n. 13, 44, n. 7 et 43, n 1.

504. Les difficultés les plus sérieuses de la matière se présentent sur la question de savoir quand il y a lieu à la pluralité des droits par application de la 5° disposition du texte ci-dessus. A cet égard, la présente loi a emprunté son système, en le modifiant toutefois, à celle de 1790 d'après laquelle il était dû un droit pour chaque demandeur ou défendeur, sans que l'on pût en percevoir plus de cinq. Le principe de la loi de l'an 7 est le même, avec cette seule différence qu'elle ne limite pas le nombre des droits à percevoir.

505. D'après cela, il est dû autant de droits qu'il y a de demandeurs contre une seule personne, ou qu'il y a de défendeurs contre lesquels un seul particulier procède. S'il s'agit de plusieurs demandeurs et défendeurs, on doit exiger autant de droits qu'il se trouve de demandeurs en multipliant leur nombre par celui des défendeurs. Si chaque demandeur ne poursuit pas contre le même nombre de défendeurs, la multiplication des droits se fait relativement à chaque partie, parce que, quand l'intérêt n'est pas commun, la demande de l'une des parties ne dérivant pas nécessairement de celle des autres, on doit les considérer comme si elles étaient séparées, et formées par autant d'actes distincts (31 juill., 16 août et 30 sept. 1808, Déc. min. just. et fin. ; 26 août 1831. Sol.).

506. Cependant lorsque les demandeurs ou les défendeurs sont liés entre eux par un intérêt qui motive suffisamment l'assignation par un même acte, il n'est dû qu'un seul droit : le texte ci-dessus est formel. Mais quand y a-t-il lieu de reconnaître l'existence de ce lien? C'est là que la difficulté commence. Le lien existe, sans aucun doute, entre les cohéritiers, les copropriétaires, les parents réunis, toutes qualifications indiquées par la loi.

507. Toutefois, à côté de ces qualifications, la loi parle des *cointéressés* qu'elle place sur la même ligne, sans indiquer en quel sens cette expression doit être prise. Dans le silence de la loi, un avis du comité des finances du conseil d'État du 31 mars 1824, réformant une délibération du conseil d'administration qui avait considéré comme *cointéressés* des acquéreurs liés entre eux par un intérêt *identique*, a déclaré que l'expression de *cointéressés* employée dans la loi, doit être entendue d'individus *ayant un seul et même intérêt par sa nature indirisible;* et par suite, dans l'hypothèse d'une signification d'appel faite à la requête d'un héritier à 43 acquéreurs attaqués en délaissement de biens vendus par son auteur, cet avis a décidé qu'il devait

être perçu 43 droits fixes. Depuis, cet avis a constamment servi de texte à la régie.

508. Mais cette interprétation a paru rigoureuse ; la jurisprudence a admis, en principe, que des personnes qui agissent dans un même exploit pour l'exercice d'une action ayant le même but, bien que leurs droits soient distincts et divisibles, peuvent être considérées comme des cointéressés dans le sens du texte ci-dessus, et par suite que l'exploit ne doit être assujetti qu'à un seul droit fixe, comme si les divers cointéressés n'étaient qu'une seule et même personne (Cass. 2 juin 1832, 11 janv. 1842. D.P. 32. 1. 255 ; 42. 1. 9).

509. Disons-le cependant, la loi n'ayant pas déterminé les caractères auxquels on doit reconnaître la qualité de cointéressés, il devient difficile de poser un principe absolu. C'est donc particulièrement par les actes, par les faits et par toutes les circonstances de la cause que les tribunaux devront se déterminer. Et ce pouvoir d'appréciation que consacre d'ailleurs l'arrêt de 1842, cité au n. précédent, et dont les tribunaux et la régie elle-même n'ont pas manqué d'user, explique les variations que les décisions présentent sur ce point.

(2) 510. Tarifées à 2 fr. par la loi du 28 avril 1816, art. 43, n. 14.

(3) 511. Tarifées à 2 fr. pour les experts et à 3 fr. pour les arbitres par la loi du 28 avril 1816, art. 43, n. 15 et 44, n. 2.

(4) 512. En principe, la perception du droit sur les contrats de vente a toujours lieu avant toute prise de possession ; il en résulte que la prise de possession n'est plus que l'exécution ou la consommation d'un acte enregistré : c'est à ce titre qu'elle n'est assujettie qu'à un droit fixe.

(5) 513. Tarifés à 2 fr. par la loi du 28 avril 1816, art. 43, 16.

(6) 514. Tarifés à 2 fr. par la loi du 28 avril 1816, art. 43, n. 17.

515. Les pouvoirs et procurations dont il est question dans cette disposition sont le synonyme de *mandat*. Bien que le pouvoir diffère du mandat en ce que celui-ci oblige le mandataire qui l'accepte à le remplir, tandis que le *pouvoir* n'est que la faculté de faire une chose sans obligation, ces deux mots sont souvent employés dans la pratique pour exprimer la même idée. Quant au mot *procuration*, il est absolument synonyme de *mandat*, depuis surtout que le Code civil, dans son art. 1984, les réunit par cette expression : « le mandat ou procuration ». La procuration est donc un mandat, et les mêmes règles leur sont applicables tant en matière civile qu'en matière fiscale. C'est notamment la convention qui est tarifée par le texte ci-dessus.

516. Le mandat qui contient une stipulation donnant ouverture au droit proportionnel, dans le sens de ce texte, est celui dans lequel une clause étrangère au contrat de mandat se trouve insérée. Quant aux clauses qui tiennent à la nature du mandat, elles ne peuvent pas donner ouverture à un droit particu-

37° Les promesses d'indemnités indéterminées et non susceptibles d'estimation (1).

38° Les ratifications pures et simples d'actes en forme (2).

---

lier, elles sont nécessairement comprises dans la détermination du droit fixe établi pour le contrat. (Champ. et Rig., n. 75 et 826). Il en est ainsi de l'obligation prise par le mandant de rembourser au mandataire ses frais et avances, et des obligations prises par le mandataire, soit qu'elles aient pour objet les avances ou les remises de fonds faites par le mandant, soit qu'elles aient pour objet les sommes par lui reçues pour le compte du mandant.

517. Le mandat doit être distingué du contrat qu'il a pour objet. Il est arrivé souvent que les deux choses ont été confondues, et, par exemple, que le droit d'obligation a été perçu sur le pouvoir de prêter, celui de vente sur le pouvoir de vendre, celui de quittance sur le pouvoir de rembourser. Il est clair, cependant, que ces divers pouvoirs ne contiennent que l'intention de contracter, intention révocable comme le contrat lui-même, et partant qu'ils n'offrent pas matière à la perception d'un droit proportionnel, à moins que l'acte cache, sous l'apparence d'une procuration, une convention expressément soumise au droit par la loi. (Champ. et Rig., n. 1906).

518. Le mandat est gratuit de sa nature, mais il ne l'est pas essentiellement; il est, au contraire, très-compatible avec un salaire, et cela résulte de l'art. 1986 C. civ., aux termes duquel le mandat n'est gratuit que *s'il n'y a pas convention contraire*. Le mandat salarié ne cesse donc pas nécessairement d'être un mandat; mais la stipulation d'un salaire lui donne la plus grande affinité avec d'autres contrats tels que le louage d'ouvrage, ou le marché; tellement que l'administration les a confondus incessamment, et que, de l'ensemble de ses décisions sur la matière, il résulte que les procurations avec salaire donnent lieu au droit proportionnel soit de bail, si l'industrie ou les services du mandataire se trouvent engagés au profit du mandant, pour un temps déterminé plus ou moins long, soit de marché, s'il s'agit de quelques opérations ou d'une gestion confiée au mandataire (20 janv. 1818 Déc. min. fin.; 8 déc. 1831, sol.)

519. Cependant, il est certain que la stipulation d'un prix n'est pas incompatible avec le mandat; et s'il peut y avoir mandat, en droit civil, nonobstant cette stipulation, il est clair qu'elle ne peut pas avoir pour effet, en droit fiscal, d'exclure toujours et nécessairement l'application du droit fixe auquel le mandat est expressément tarifé. Quelle est donc la règle à suivre pour discerner le mandat salarié du louage? A cet égard, les anciens interprètes avaient distingué entre la somme promise comme l'équivalent du travail, et celle qui était accordée pour récompenser et honorer un service. La première était un prix, la seconde était un honoraire; et celle-ci seule, compatible avec l'idée du mandat en ce qu'elle n'était jamais l'équivalent du service rendu qui, de sa nature, était inestimable, pouvait être ajoutée au mandat, sans en changer le caractère. Mais, comme il n'était pas facile de déterminer si la somme stipulée était ou non l'équivalent du travail, on imagina une autre distinction prise dans la nature des travaux. On distingua entre les arts mécaniques et les arts libéraux. Ceux-ci, étant trop relevés, d'après les anciens auteurs, pour qu'on pût jamais les apprécier à prix d'argent, la récompense qui était offerte à leur occasion n'était qu'un honoraire et, partant, elle laissait subsister le caractère de mandat dans le contrat où elle était stipulée. Au contraire, les arts méca-

niques pouvant toujours être appréciés, les anciens auteurs considéraient comme un louage toute convention ayant pour objet la confection, moyennant un prix, de travaux de cette nature. Cette théorie qui avait passé dans notre ancienne jurisprudence française (V. Pothier, du Mandat, n. 26) a été admise également par quelques auteurs sous le Code civil (V. Merlin, Rép., v° Notaire, § 6; Troplong, du Louage, t. 3, n. 791 à 812), et elle a été appliquée aux matières fiscales par Champ. et Rig., t. 2, n. 1487, qui, toutefois, ne l'admettent que parce qu'il leur a paru impossible d'en substituer une plus rationnelle et de l'opposer à la régie qui, ainsi que nous l'avons dit, perçoit toujours le droit de bail ou celui de marché sur tout mandat salarié.

520. Nous admettons, avec Champ. et Rig., que le système de la régie est tout à fait arbitraire; mais il ne nous paraît pas impossible, comme à ces auteurs, d'opposer à ce système une théorie plus avouable par les idées actuelles, par la raison et par la loi, que la doctrine qu'ils ont adoptée. Le mandat, tel que le définit la loi, est l'acte par lequel une personne donne à une autre le *pouvoir de faire quelque chose pour le mandant et en son nom*. (C. civ., 1984). Ainsi, voilà le trait caractéristique du mandat : gratuit ou salarié, il implique l'idée d'un pouvoir transmis à une autre personne qui, lorsqu'elle accomplit sa mission, agit, non pas pour elle et de son chef, mais pour le mandant et au nom de celui-ci. Le louage d'ouvrage ne présente pas le même caractère. C'est un contrat par lequel l'une des parties s'engage à faire quelque chose pour l'autre moyennant un prix convenu entre elles (C. civ., 1710); et par là, il est clairement établi que celui qui prend l'obligation, fera la chose en son propre nom, de son chef et en vertu de sa capacité personnelle. (Duvergier, cont. de Toullier, t. 4, n. 267 et suiv.; Zacharim, t. 3, p. 34, note 1). Cela posé, il sera toujours facile de déterminer le caractère de la convention en vertu de laquelle une personne devra faire, moyennant un prix, une chose pour une autre personne. Celle qui agit le fait-elle en vertu de sa capacité personnelle? c'est un louage; le fait-elle, au contraire, pour la personne qui lui a donné pouvoir et au nom même de celle-ci? c'est un mandat. Sous l'influence de ces principes, il sera aussi fort simple de déterminer le tarif applicable (V. Jurispr. gén. de M. Dalloz, édit. nouv., v° Enreg., tit. 2, ch. 1er, sect. 1re, art. 8.)

(1) 522. Tarifées à 2 fr. par la loi du 28 avril 1816, art. 45, n. 18. — Quant aux promesses d'indemnités *déterminées*. V. *infrà*, art. 69, § 2, n. 8.

(2) 522. La ratification est l'approbation d'un fait auquel nous n'avons pas contribué. Lorsque la ratification intervient, il y a accomplissement de l'obligation prise par celui qui s'est porté fort, lequel est, dès lors, censé avoir agi en vertu d'un mandat; la ratification est donc l'équivalent d'une déclaration par laquelle le tiers attesterait que celui qui s'est engagé pour lui était son mandataire; et par suite, elle ne forme qu'un seul et même contrat avec l'acte ratifié, dont elle n'est que le complément. A ce titre, la ratification ne pouvait être soumise qu'à un droit fixe.

523. Mais c'est la ratification *pure et simple* qui est tarifée ainsi; et par ratification pure et simple, il faut entendre seulement celle dans laquelle on se borne à confirmer l'acte ou le contrat fait par le mandataire ou par celui qui s'est porté fort. La ra-

39° Les reconnaissances aussi pures et simples ne contenant aucune obligation ni quittance (1). —40° Les résiliements purs et simples, faits par actes authentiques dans les vingt-quatre heures des actes résiliés (2).

tification qui contiendrait des dispositions ou des obligations nouvelles, celle qui libérerait des contractants, ne seraient plus pures et simples; et dès-lors, il y aurait ouverture à un droit nouveau, celui auquel la convention nouvelle serait soumise par sa nature. (Journ. de l'enreg., art. 1740 et 1184).

524. La détermination du droit fixe n'est fondée, même, que sur la supposition que le droit proportionnel a été perçu sur l'acte ratifié. De là est née la question de savoir si, lorsque ce droit n'a pas été perçu, la régie est fondée à le réclamer sur l'acte ratifié. A cet égard, il faut distinguer: ou bien l'exigibilité du droit résulte de la comparaison des termes de la ratification avec les clauses de l'acte ratifié, et alors le droit est incontestablement dû lors de la ratification; ou bien l'exigibilité résulte exclusivement de l'acte ratifié sur lequel le droit n'a pas été perçu par erreur, et alors la ratification ne peut servir de base ni de prétexte à la perception. (Dict. enreg., v° Ratification, n. 11: Champ. et Rig, t. 1, n. 216 et 218).

525. Remarquons encore que le texte ci-dessus tarife au droit fixe les ratifications pures et simples d'*actes en forme*. Ces dernières expressions ont été la source de difficultés. Il est d'abord évident qu'on ne peut pas supposer que le législateur n'ait entendu parler que des actes réguliers en la forme et au fond (28 janv. 1836, trib. de Vervins). Mais quelle est, dans le langage du droit fiscal, la signification de ces termes *actes en forme*? Selon Champ et Rig., t. 1, n. 219, le législateur n'aurait entendu parler que des *actes notariés*, et quant aux ratifications qui ont lieu d'actes sous seing-privé ou de conventions verbales, le législateur ne les aurait pas prévues. Au contraire, selon le Dict. de l'enreg., v° Ratification, n. 5, l'expression *acte en forme* impliquerait l'idée *d'un acte qui a reçu la formalité de l'enregistrement*, appréciation hypothétique comme celle de Champ et Rig., mais justifiée par le motif décisif donné par le Dict., que « sous tout autre rapport, lors même qu'un acte ne serait pas en forme, il suffirait qu'il eût été enregistré pour que la ratification n'opérât que le droit de 1 fr. »

526. Toutefois, la doctrine de Champ et Rig. subsiste en ce qui concerne les *conventions verbales*. Leur ratification n'a pas été prévue par la loi; c'est ce que reconnaissent les auteurs du Dict., lorsqu'ils disent, *loc. cit.* «que le mot *acte* s'entend toujours, dans cette matière, d'un écrit ». Quel serait donc le droit à percevoir sur la ratification d'une convention verbale? « Il est évident, disent les mêmes auteurs, que ce ne serait pas le droit de la ratification, mais le droit de la convention, à moins que ce droit n'ait été payé sur une déclaration des parties, conformément à la loi du 27 vent. an 9, art. 4 ». — Nous admettons bien qu'il en est ainsi dans le cas où la convention verbale, si elle eût été rédigée par écrit, n'aurait pas donné lieu à la perception au moment où elle aurait été présentée à la formalité, parce qu'alors la ratification serait le titre de la convention. Mais il en devrait être autrement si la convention était telle que, rédigée par écrit, elle eût donné lieu au droit proportionnel : la ratification ne serait pas, dans ce cas, le titre de la convention. (Jurisp. gén. de M. Dalloz, v° Enreg., t. 2, ch. 1er, section 1re, art. 9.)

(1) 527. Tarifées à 2 fr. par la loi du 28 avril 1816, art. 43, n. 19. — C'est l'acte par lequel on reconnaît purement et simplement devoir une somme d'argent. La disposition ci-dessus ne s'applique qu'à la reconnaissance qui ne contient aucune obligation ni quittance. Quant à celles qui portent en outre obligation ou libération. V. *infrà*, art. 69, § 3, n. 5.

(2) 528. Tarifé à 2 fr. par la loi du 28 avril 1816, art. 43, n. 20.

529. Cette disposition est une dérogation au droit commun, d'après lequel aussitôt que les parties ont donné leur consentement à une convention, il y a contrat parfait et lien de droit. Cette dérogation était toutefois admise universellement par l'ancienne jurisprudence, d'après laquelle la résolution opérée dans un *bref intervalle* était présumée faite *rebus integris*. Au milieu de la diversité des coutumes dont quelques-unes entendaient par *bref intervalle* le délai d'un an, d'autres celui de huit jours, d'autres celui de vingt-quatre heures, on avait pris ce dernier délai pour la règle générale, dans les pays dont la coutume ne contenait aucune disposition. C'est aussi celui qui a passé dans la loi de frimaire.

530. Mais si cette disposition était exceptionnelle dans l'ancien droit, à plus forte raison elle a ce caractère aujourd'hui que la loi civile n'autorise en aucune manière le désistement après la consommation de l'acte au préjudice des tiers. Dès lors, limitative comme toute disposition exceptionnelle, celle dont il s'agit ici devra être interprétée rigoureusement, de telle sorte que la résolution qui n'aurait pas lieu dans toutes les conditions déterminées par la loi ne pourrait pas, en principe, recevoir la formalité au simple droit fixe. (Champ. et Rig., t. 1, n. 534 et 535).

531. Ces conditions sont au nombre de trois. Il faut d'abord que la résiliation soit faite dans les 24 heures de l'acte résilié. Ce délai s'entend des heures qui suivent l'instant où la signature est apposée au contrat résilié. Mais si le contrat n'indiquait pas l'heure de la signature, la journée du lendemain devrait être laissée tout entière pour limite à la résiliation, car tant qu'il y a possibilité d'admettre que le délai n'est pas expiré, les parties doivent jouir du bénéfice de la loi (Champ. et Rig., t. 1, n. 336 et 337.)

532. En second lieu, le résiliement doit être fait par acte authentique. C'est là une innovation qui a été déterminée sans doute par le danger des antidates. En ne consultant que le motif probable de la loi, il semblerait en résulter que l'acte même sous seing privé devrait obtenir le même effet, s'il se présentait dans des conditions telles que le danger de l'antidate fût également évité. Cependant le caractère exceptionnel de la loi ne permet pas d'admettre cette solution : elle ne parle que de l'acte authentique; l'acte authentique est donc seul efficace pour éviter le droit proportionnel sur la résiliation dans les 24 heures qu'il constate.

533. Enfin, le résiliement doit être pur et simple, c'est-à-dire que, par l'effet de la résolution, les choses doivent être remises au même état où elles étaient avant l'acte résilié.

534. Lorsque le résiliement est opéré selon les conditions déterminées par la loi, il a d'abord pour effet d'exempter l'acte qui le constate du droit propor-

41° Les rétractions et révocations (1).

42° Les réunions de l'usufruit à la propriété, lorsque la réunion s'opère par acte de cession, et qu'elle n'est pas faite pour un prix supérieur à celui sur lequel le droit a été perçu lors de l'aliénation de la propriété (2).

43° Les soumissions et enchères, hors celles faites en justice, sur des objets mis ou à mettre en adjudication ou en vente, ou sur des marchés à passer, lorsqu'elles seront faites par actes séparés de l'adjudication.

44° Les titres nouvels ou reconnaissances de rentes dont les contrats sont justifiés en forme (3).

45° Les transactions, en quelque matière que ce soit, qui ne contiennent aucune stipulation de somme et valeur, ni dispositions soumises par la présente loi à un plus fort droit d'enregistrement (4).

46° Les actes (les cédules exceptées) et jugements préparatoires, interlocutoires ou d'instruction des juges de paix; certificats d'individualité, procès-verbaux d'avis de parents, visa de pièces et poursuites préalables à l'exercice de la contrainte par corps; les oppositions à levée de scellés, par comparence personnelle dans le procès-verbal; les ordonnances et mandements d'assigner les opposants à scellés; tous autres actes des juges de paix non classés dans les paragraphes et articles suivants, et leurs jugements définitifs portant condamnation de sommes dont le droit proportionnel ne s'élèverait pas à un franc.

47° Tous les procès-verbaux des bureaux de paix desquels il ne résulte aucune disposition donnant lieu au droit proportionnel, ou dont le droit proportionnel ne s'élèverait pas à un franc.

48° Les actes et jugements de la police ordinaire et des tribunaux de police correctionnelle et criminelle, soit entre parties, soit sur la poursuite du ministère public, avec partie civile, lorsqu'il n'y a pas condamnation de sommes et valeurs, ou dont le droit proportionnel ne s'élèverait pas à un franc; et les dépôts et décharges aux greffes desdits tribunaux, dans les mêmes cas où il y a partie civile.

49° Les jugements qui seront rendus en matière de contributions soit directes, soit indirectes, ou pour autres sommes dues à la nation, ou pour contributions locales, quel que soit le montant des condamnations et de quelque autorité ou tribunal qu'émanent les jugements (5).

50° Les procès-verbaux de délits et contraventions aux réglements généraux de police ou d'impositions.

51° Et généralement tous actes civils, judiciaires ou extrajudiciaires, qui ne se trouvent dénommés dans aucun des paragraphes suivants, ni dans aucun autre article de la présente, et qui ne peuvent donner lieu au droit proportionnel (6).

§ 2. — *Actes sujets à un droit fixe de 2 fr.*

1° Les inventaires de meubles, objets mobiliers, titres et papiers.

Il est dû un droit pour chaque vacation (7).

---

tionnel, et ensuite d'en affranchir également l'acte résilié. (Champ. et Rig., t. 1, n. 552; Jurisp gén. de M. Dalloz, éd. nouv., v° Enreg., t. 2, ch. 1er, sect. 1re, art. 9. *Contra*, Dict. de l'Enreg., v° Mutation, n. 61 et 62).

(1) 555. Tarifées à 2 f. par la loi du 28 avril 1816, art. 43. n. 21.

(2) 556. Tarifées à 3 f. par la loi du 28 avril 1816, art. 44, n. 4.—Pour le commentaire de cette disposition. v. *supra* celui de l'art. 13, n. 6.

(3) 537. Tarifés à 3 f. par la loi du 28 avril 1816, art. 44, n. 5 .— La loi fiscale fait elle-même ici une application spéciale du principe qu'une convention qui, dans un acte, a subi le droit proportionnel, ne peut plus, dans un nouvel acte, donner ouverture à ce droit. Mais un acte qualifié *titre nouvel* n'est dans le cas d'être enregistré au droit fixe qu'autant qu'il a seulement pour objet de confirmer une obligation préexistante en vertu d'un titre en forme. Dès lors toute stipulation qui n'était pas insérée dans le titre primordial est une nouvelle convention donnant lieu, selon sa nature, au droit proportionnel réglé par la loi. (29 sept. 1821, av. com. fin..)

(4) 538. Tarifées à 3 f. par la loi du 28 avril 1816, art. 44, n. 8.— Le droit fixe est déterminé pour la transaction, parce que, de sa nature, cette convention est purement déclarative; mais elle peut contenir des stipulations libératoires, obligatoires, ou translatives; dans ce cas il y a ouverture au droit proportionnel. Cette matière présente des difficultés sérieuses; il en sera parlé *infra* dans le commentaire de l'art. 69, § 3, n. 3.

(5) 559. Ces jugements sont aujourd'hui soumis aux mêmes droits que ceux rendus entre particuliers. (L. 28 avril 1816, art. 39.).

(6) 541. Les actes compris dans cette disposition de la loi sont tous ceux que l'on est convenu de qualifier *innommés*. Dans le sens de la loi fiscale, on entend par contrats *innommés* ceux qui ne sont mentionnés dans aucun tarif. Les contrats *nommés* sont ceux, au contraire, dont le droit est expressément déterminé par la loi. On voit par là que cette division se distingue absolument de celle qui était faite, en droit romain, entre les contrats nommés et les contrats innommés, tellement que plusieurs contrats sont nommés dans le sens de la loi fiscale, qui n'ont pas de nom particulier dans le droit civil. (Champ. et Rig., n. 57 et 5739). — D'ailleurs, la règle résultant de la disposition ci-dessus peut être formulée en ces termes : Tout acte autre que ceux qui constituent obligation, libération, condamnation, collocation ou liquidation de sommes ou valeurs, ou transmission de propriété, d'usufruit ou de jouissance de biens meubles et immeubles, les seuls sujets au droit proportionnel, n'opère que le droit fixe d'un franc, s'il n'est pas nommément tarifé à un autre droit fixe. Cette règle est fort simple, et chacun est à même d'en faire l'application.

(7) 542. La loi ne s'expliquant pas sur ce qu'il faut entendre par chaque vacation, des difficultés se sont élevées. La loi des 6-27 mars 1791 aurait bien fourni un élément de décision, car l'art. 8 de cette loi réglait la durée des vacations en ces termes : « L'apposition des scellés étant un acte purement mi-

2° Les clôtures d'inventaires (1).

3° Les procès-verbaux d'apposition, de reconnaissance et de levée de scellés (2).

Il est dû un droit pour chaque vacation (3).

4° Les procès-verbaux de nomination de tuteurs et curateurs (4).

5° Les jugements de juges de paix portant renvoi ou décharge de demande, débouté d'opposition, validité de congé, expulsion, condamnation à réparation d'injures personnelles, et généralement tous ceux qui, contenant des dispositions définitives, ne donnent pas ouverture au droit proportionnel.

6° Les ordonnances des juges des tribunaux civils rendues sur requêtes ou mémoires, celles de référé, de compulsoire et d'injonction, celles portant permission de saisir-gager, revendiquer ou vendre, et celles des commissaires du Directoire exécutif dans les cas où la loi les autorise à en rendre;

Les actes et jugements préparatoires ou d'instructions de ces tribunaux et des arbitres;

Et les actes faits ou passés aux greffes des mêmes tribunaux, portant acquiescement, dépôt, décharge, désaveu, exclusion de tribunaux, affirmation de voyage, opposition à remises de pièces, enchères, surenchères, renonciation à communauté, succession ou legs (*il est dû un droit par chaque renonçant*), reprise d'instance, communication de pièces sans déplacement, affirmation et vérification de créance, opposition à délivrance de jugement (5).

7° Les ordonnances sur requêtes ou mémoires, celle de réassigné, et tous actes et jugements préparatoires ou d'instruction des tribunaux de commerce;

Et les actes passés aux greffes des mêmes tri-

---

nistériel et conservatoire, il sera alloué au juge de paix 2 liv. *pour une vacation de 3 heures*, et 20 s. pour toutes les vacations suivantes... Il en sera de même pour les vacations de reconnaissance et de levée de scellés. » Mais cette disposition était laissée de côté, et le texte de la loi de frimaire était interprété en ce sens que chaque séance, quelque longue qu'elle fût, formait une vacation et ne donnait ouverture qu'à un seul droit fixe.

545. Cependant il intervint un décret en date du 10 brum. an 14, qui statua sur la difficulté et posa en principe que ce n'était pas par séance que le droit devait être exigé, mais par vacation dont la plus longue durée était fixée à quatre heures.

544. Le décret du 16 fév. 1807, contenant le tarif des frais et dépens, fit renaître le doute en reproduisant par ses art. 1 et 168, quant à la durée des vacations, les dispositions de la loi de 1791. La régie pensa que nonobstant le décret de l'an 14, il fallait asseoir la perception sur les bases de celui de 1807. (14 nov. 1808. Inst. gén., n. 406). Il est évident cependant que les deux décrets de l'an 14 et de 1807 n'étaient pas incompatibles; le premier n'était qu'une mesure fiscale, tandis que le second réglait les honoraires des officiers publics. Or, rien ne s'opposait à ce que ces honoraires fussent réglés sur les vacations de 3 heures, et les droits d'enregistrement, par vacation de 4. Aussi voulut-on, dans l'application, combiner les deux décrets de manière que, dans le cas où le nombre d'heures employées dans une séance ne pouvait pas être divisé exactement par trois, comme, par exemple, lorsqu'il aurait été vaqué quatre, cinq, sept, huit, dix et onze heures, la perception fût déterminée d'après le nombre de vacations de 3 et de 4 heures compris dans celui des heures employées : ainsi, en supposant une vacation de sept heures, on percevait le droit de deux vacations, l'une de trois et l'autre de quatre heures. (Dict. de l'enreg., v° Vacation, n. 12).

545. Mais cette interprétation qui admettait la supputation simultanée de vacations de trois et de quatre heures, a été repoussée par une délibération nouvelle qui, modifiant, sur un examen nouveau de la question, l'instr. du 14 nov. 1808, a mis en harmonie les divers textes de loi. Il résulte de cette délibération, qu'en règle générale, la vacation est de *trois heures*, et toute fraction d'une ou de deux heures doit être comptée pour une vacation; néanmoins, les notaires peuvent faire des vacations de quatre heures, en vertu du décret du 10 brum. an 14, en ayant soin d'exprimer cette intention dans l'inventaire; dans l'un et l'autre cas, le nombre des vacations de trois ou de quatre heures doit être calculé *par journée*, pour la perception (25 mai 1830, délib. C. d'adm, 27sept. 1830. Inst. gén., n. 1336, § 8).

546. En fixant le calcul des vacations *par journée*, cette délibération modifie encore à cet égard l'inst. de 1808 qui prescrivait aux préposés « de s'assurer du nombre effectif d'heures écoulées pendant la durée de l'opération. » Sous ce rapport, la modification consacrée par la délibération nouvelle a paru sujette à la critique (Champ. et Rig., t. 4, n. 3750).

(1) 547. Cette disposition est maintenant sans objet, attendu que, d'après les art. 1456 C. civ., et 943 C. pr., la clôture d'un inventaire ne fait pas un acte distinct de l'inventaire.

(2) 548. Par exception à cette disposition, sont susceptibles d'être visés pour timbre et enregistrés *en débet*, les actes d'apposition et levée de scellés dans lesquels les juges de paix agissent d'office, ainsi qu'il est prescrit par l'art. 911 C. pr., après l'ouverture des successions échues à des héritiers absents et non représentés, ou des mineurs qui n'ont ni tuteurs ni curateurs (20 fruct. an 10 et 1er prair. an 13, Déc. min. fin.; 3 fruct. an 13, Inst. gén., n. 290 § 3.)

(3) 549. V. *supra* la note 7, n. 542.

(4) 550. La loi avait établi une différence entre ces procès-verbaux et les avis de parents autres que ceux contenant nomination de tuteurs et curateurs tarifés à 1 fr. par le n. 11 du § précédent. Cette différence a disparu par l'effet de l'augmentation de droit dont ces derniers actes ont été l'objet par la loi du 28 avril 1816. Les avis de parents sont aujourd'hui tarifés au même taux que la nomination de tuteurs et curateurs. Mais remarquons que c'est le procès-verbal de nomination que la loi frappe d'un droit. Ainsi, la nomination d'un tuteur dans un testament n'y donnerait pas lieu, comme étant de l'essence du testament et résultant de la faculté accordée par les art. 392, 397 et 398 C. civ. — Il en serait toutefois autrement de l'acte notarié par lequel un père, dans la vue de sa mort, choisit un tuteur à ses enfants et fixe l'indemnité à laquelle le tuteur aura droit pour peines et soins. Un tel acte rentre dans la prévision de la loi et donne ouverture au droit fixe de 2 fr. (29 sept. 1835, délib.).

(5) 551. Tarifés à 3 fr. et 5 fr. par la loi du 28 avril 1816, art. 44, n. 10, et 45, n. 6.

bunaux, portant dépôt de bilan et registres, opposition à publication de séparation, dépôt de sommes et pièces, et tous autres actes conservatoires ou de formalité (1).

8° Les expéditions des ordonnances et procès-verbaux des officiers publics de l'état civil, contenant indication du jour ou prorogation de délai pour la tenue des assemblées préliminaires au mariage ou au divorce.

§ 3. — *Aetes sujets à un droit fixe de 3 francs.*

1° Les contrats de mariage qui ne contiennent d'autres dispositions que des déclarations, de la part des futurs, de ce qu'ils apportent eux-mêmes en mariage et se constituent, sans aucune stipulation avantageuse entre eux.

La reconnaissance y énoncée de la part du futur, d'avoir reçu la dot apportée par la future, ne donne pas lieu à un droit particulier.

Si les futurs sont dotés par leurs ascendants, ou s'il leur est fait des donations par des collatéraux ou autres personnes non parentes, par leur contrat de mariage, les droits, dans ces cas, sont perçus suivant la nature des biens, ainsi qu'ils sont réglés dans les § 4, 6 et 8 de l'article suivant (2).

2° Les partages de biens meubles et immeubles entre copropriétaires, à quelque titre que ce soit, pourvu qu'il en soit justifié.

S'il y a retour, le droit sur ce qui en sera l'objet, sera perçu aux taux réglés pour les ventes (3).

3° Les prestations de serment des greffiers et huissiers des juges de paix, des gardes, des douanes, gardes forestiers et gardes champêtres, pour entrer en fonctions (4).

4° Les actes de société qui ne portent ni obligation, ni délibération, ni transmission de biens meubles ou immeubles entre les associés ou autres personnes;

Et les actes de dissolution de société qui sont dans le même cas (5).

---

(1) 552. Tarifés à 3 fr. par la loi du 28 avril 1816, art. 44, n. 10.

(2) 553. Tarifés à 5 fr. par la loi du 28 avril 1816, art. 45, n. 2.

554. La loi distingue deux sortes de dispositions dans le contrat de mariage, celles qui sont relatives aux apports des futurs et celles qui contiennent des donations par des ascendants collatéraux ou personnes non parentes. Relativement à ces dernières, la loi auxquels renvoie le texte même ci-dessus.—Remarquons seulement que le droit fixe doit toujours être perçu, quels que soient les droits proportionnels auxquels les dispositions du contrat donnent ouverture (9 pluv. an 7, Déc. min. fin.).

555 En ce qui concerne les apports, il importe de remarquer que la loi est conçue d'une manière générale, et par suite, la déclaration d'apports, quel que soit celui des futurs qui la fait, est une disposition dépendante affranchie de tout droit particulier (Champ. et Rig., t. 4, n. 2859).

(3) 556. Tarifés à 5 fr. par la loi du 28 avril 1816, art. 45, n. 5. — Le partage est un moyen de faire cesser l'indivision, laquelle est forcée, comme lorsqu'elle dérive des successions testamentaires ou légitimes, ou de quelque disposition de la loi, ou bien volontaire, comme lorsqu'elle résulte de la convention. Le partage qui fait cesser l'une ou l'autre de ces indivisions rentre dans la disposition du texte ci-dessus : il est soumis à un droit fixe de 5 fr., s'il en est justifié.

557. Ce n'est là que l'application du principe que le partage n'a rien de translatif. Mais ce principe contraire au droit romain, et qui a été introduit dans la jurisprudence française par les usages féodaux et a été consacré par le Code civil (art. 883), n'a été pleinement adopté par la loi fiscale qu'en ce qui concerne le partage pur et simple (Champ. et Rig., t. 3, n. 2061-2064).

558. Au contraire, dans le système de la loi fiscale, le partage avec soulte est une convention translative jusqu'à concurrence de la soulte : c'est pourquoi la disposition ci-dessus déclare que s'il y a retour, le droit sur ce qui en est l'objet sera perçu au taux réglé pour les ventes. V. à cet égard l'art. suiv., § 5, n. 7, et § 7, n. 5.—Quant aux partages par licitation, V. le même art. § 5, n. 6 et § 7 n. 4.

559. La loi civile ni la loi fiscale n'ont déterminé la forme particulière du partage; par suite, on doit appeler de ce nom tout acte ayant pour effet de faire cesser l'indivision, encore qu'il soit qualifié de vente, d'échange, de transaction ou de tout autre manière (Champ. et Rig, n. 2700. 2701, 2708).

(4) 560. Cette disposition n'est qu'une partie de celles qui ont été faites sur la même matière. Il y faut ajouter le § 6, n° 4 du présent article relatif aux prestations de serment des notaires, greffiers et huissiers près le trib. civ., crim., corr. et de comm., et de tous employés salariés par l'État, autres que ceux dénommés dans le texte ci-dessus. Il faut ajouter encore l'art. 14 de la loi du 27 vent. an 9, d'après lequel les actes de serment sont soumis à l'enreg. sur les minutes dans les 20 jours de leur date, article qui en outre comprend le garde-barrière sous la nomenclature de la disposition ci-dessus, et les avoués dans celle du § 6, n. 4. Enfin, un déc. du 31 mai 1807 a complété cette dernière disposition, en y faisant rentrer les avocats, avoués et défenseurs officieux. Ajoutons, pour compléter la nomenclature des dispositions applicables aux actes de prestation de serment, que ceux qui ne peuvent rentrer dans aucune des catégories indiquées sont soumis au droit fixe de 1 fr. par application du n. 51, § 1 du présent article (V. suprà, la note sur le § 1, n. 51), à moins toutefois que ces actes doivent être enregistrés *gratis*, ou qu'ils soient exempts de la formalité.

(5) 561. Tarifés à 3 fr. par la loi du 28 avril 1816, art. 45, n. 3.

562. La loi des 5-19 déc. 1790 assujettissait les sociétés au droit proportionnel, à raison des objets susceptibles d'évaluation (1re classe, 2e section, n. 7). La faveur due au commerce a fait réduire le tarif de ces sortes d'actes à un droit fixe, lors de la rédaction de la loi de frimaire.

563. Les conventions sociales ne doivent pas être considérées séparément de l'acte qui les constate. Ce sont ces conventions et non pas l'acte que la loi tarife au droit fixe. Ainsi les stipulations d'apport qui sont des conventions essentielles au contrat sont, comme telles, comprises dans l'application du droit fixe de 5 fr. (Champ. et Rig., t. 3, n. 2745).

564. Mais le caractère distinctif de la mise sociale est l'abandon que fait l'associé de la chose qu'il met en commun, sans libéralité et sans stipulation d'un équivalent. Ainsi, toutes les fois qu'un des associés recevra, soit d'un autre associé, soit de la société

5° Les testaments et tous autres actes de libéralité qui ne contiennent que des dispositions soumises à l'évènement du décès, et les dispositions de même nature qui sont faites par contrat de mariage entre les futurs ou par d'autres personnes.

Le droit pour ces dispositions par acte de mariage, sera perçu indépendamment de celui du contrat (1).

6° Les unions et directions de créanciers.

Si elles portent obligation de sommes déterminées par les co-intéressés envers un ou plusieurs d'entre eux, ou autres personnes chargées d'agir pour l'union, il sera perçu un droit particulier, comme pour obligation (2).

7° Les expéditions des jugements des tribunaux civils, rendus en première instance ou sur appel portant acquiescement, acte d'affirmation, d'appel, de conversion d'opposition en saisie, débouté d'opposition, décharge et renvoi de demande, déchéance d'appel, péremption d'instance, déclinatoire, entérinement de procès-verbaux et rapports, homologation d'actes d'union et atermoiements ; injonction de procéder à inventaire, licitation, partage ou vente ; main-levée d'opposition ou de saisie, nullité de procédure, maintenue en possession, résolution de contrat ou de clause de contrat pour cause de nullité radicale, reconnaissance d'écriture ; nomination de commissaires, directeurs et séquestres ; publication judiciaire de donation, bénéfice d'inventaire, rescision, soumission et exécution de jugement ;

Et généralement tous jugements de ces tribunaux, ceux de commerce et d'arbitrage, contenant des dispositions définitives qui ne peuvent

---

elle-même, un équivalent consistant en autre chose que des droits, en échange de ce qu'il apporte au fonds social, cette transmission n'aura pas le caractère d'apport ; elle sera passible d'un droit proportionnel déterminé par son espèce (Champ. et Rig., *loc. cit.*, n. 2750, 2751).

565. Néanmoins les avantages sociaux ne consistent pas uniquement dans des droits aux répartitions des dividendes ; ils peuvent avoir pour objet des prélèvements avant partage. Ainsi, ce n'est point changer les caractères d'un acte de société que de convenir d'une répartition inégale, entre les associés, des bénéfices de la société, soit à titre de prélèvement pour indemnité ou traitement, soit dans toute autre forme (30 juill. 1819, Déc. min.).

566. Ainsi encore, la stipulation que la chose commune appartiendra au survivant est inhérente à l'association et ne donne pas ouverture à un droit particulier (Champ. et Rig., t. 3, n. 2501 et suiv. ; 2769).

567. La prorogation d'un acte de société, après son expiration, est une société nouvelle passible du droit de 5 fr. (1 avril 1826, sol.). Mais si la prorogation est convenue pendant la durée de la société, l'acte ne serait passible que d'un franc fixe, par application des n. 51, § 1 du présent article (Champ. et Rig., t. 3, n. 2785).

568. Aux termes de la disposition ci-dessus, il en est de l'acte de dissolution comme de celui de constitution d'une société. Ainsi, cet acte n'est passible que du droit fixe lorsqu'il ne contient ni obligation, ni libération, ni transmission de biens meubles ou immeubles, entre les associés ou autres personnes.

569. La dissolution de la société laisse le fonds social indivis ; les associés deviennent communs. Mais il avait été établi, par une suite d'arrêts fortement motivés, que les mutations opérées soit dans les communautés, soit dans les sociétés, par l'effet successif des apports et des partages, étaient affranchies de tout droit proportionnel (Cass., 26 déc. 1831 ; 14 janv. 1835, 17 août 1836. D. P. 32. 1. 22 ; 35. 1. 257 ; 38. 1. 91. Champ. et Rig., t. 3, n. 2790 et suiv.). Cependant la Cour de cassation, revenant sur cette doctrine, a jugé que la mise en société d'un immeuble par un associé n'attribue aux autres associés aucun droit immédiat et spécial à la copropriété de l'immeuble ; d'où il suit que le partage qui s'en opère à la dissolution de la société n'est pas un partage entre copropriétaires, et que l'attribution à l'un des associés d'un immeuble apporté par un autre, pour le rem

plir de ses droits dans le fonds social, est une vente passible du droit proportionnel (Cass., 29 janv. 1840. D. P. 40. 1. 112. V. la critique de cet arrêt dans le *Contrôleur*, t. 21, n. 5660).

(1) 570. Tarifés à 5 fr. par la loi du 28 avril 1816, art. 45, n. 4.

571. *Testaments*. Trois choses sont à distinguer pour la perception : le testament qui est l'acte même qui, contient l'expression de la volonté du testateur ; le legs qui est la disposition par laquelle le testateur énonce la volonté de gratifier ; et la mutation par décès, qui est la transmission qui s'opère du défunt au légataire. Le texte ci-dessus s'applique à la première de ces trois choses, c'est-à-dire au testament. Mais il faut, pour que la disposition soit applicable, que l'acte contienne libéralité. Ainsi l'acte de dernière volonté par lequel un père choisirait un tuteur à ses enfants ne serait pas un testament ; ce serait un acte innommé donnant lieu seulement au droit fixe de 1 fr. (Champ. et Rig., t. 3, n. 2588). Quant aux legs et aux mutations par décès. V. l'art. suiv.

572. *Contrats de mariage.* — Les donations par contrat de mariage, disent Champ. et Rig., t. 4, n. 2949, peuvent, à la différence des donations ordinaires, contenir soit des biens présents seulement, soit des biens à venir, soit à la fois des biens présents et à venir. Dans les trois cas, elles peuvent revêtir un caractère particulier, qui est celui de la donation à cause de mort : elles prennent alors la dénomination d'institutions contractuelles, et leur effet est essentiellement subordonné à la survie du donataire. Ce sont les stipulations de cette espèce que le texte ci-dessus a entendu tarifer, après les testaments. L'application du droit fixe a lieu actuellement, sauf la perception du droit proportionnel au décès de l'instituant (Cass., 24 niv. an 13, 8 déc. 1806. D. A. 7. 80. 81). Pour le droit proportionnel, V. l'art. suiv.

(2) 573. A cet égard il faut soigneusement distinguer ce qui serait qu'énonciatif de ce qui aurait le caractère obligatoire, et aurait pour objet de faire le titre d'un engagement. Le droit particulier comme pour obligation dont parle la loi ne serait exigible que d'une convention qui présenterait ce dernier caractère. Au surplus il n'y a lieu de percevoir qu'un seul droit fixe sur l'acte par lequel les créanciers d'un individu en déconfiture déclarent s'unir à l'effet d'approuver le cahier des charges d'après lequel les biens de leur débiteur doivent être vendus (11 août 1838, trib. d'Argentan).

donner lieu au droit proportionnel, ou dont le droit proportionnel ne s'élèverait pas à 3 francs, et qui ne sont pas classés dans les autres paragraphes du présent article (1).

§ 4. — *Actes sujets à un droit fixe de 5 francs.*

1° Les abandonnements de biens, soit volontaires, soit forcés, pour être vendus en direction (2).

2° Les actes d'émancipation : *le droit est dû par chaque émancipé.*

3° Les déclarations et significations d'appel des jugements des juges de paix aux tribunaux civils (3).

§ 5. — *Actes sujets à un droit fixe de 10 francs.*

Les déclarations et significations d'appel des jugements des tribunaux civils, de commerce et d'arbitrage (4).

§ 6. — *Actes sujets à un droit fixe de 15 francs.*

1° Les actes de divorce (5).

2° Les jugements des tribunaux civils, portant interdiction, et ceux de séparation de biens entre mari et femme, lorsqu'ils ne portent point condamnation de sommes et valeurs, ou lorsque le droit proportionnel ne s'élèvera pas à quinze francs (6).

3° Le premier acte de recours au tribunal de cassation, soit par requête, mémoire ou déclaration, en matière civile, de police ou correctionnelle (7).

4° Les prestations de serment des notaires, des greffiers et huissiers des tribunaux civils, criminels, correctionnels et de commerce, et de tous employés salariés par la République, autres que ceux compris sous le §. 3 ci-dessus, nombre 3, pour entrer en fonctions (8).

§ 7. — *Actes sujets à un droit fixe de 25 francs.*

Chaque expédition de jugement du tribunal de cassation, délivrée à partie (9).

DROITS PROPORTIONNELS.

ART. 69. Les actes et mutations compris sous cet article seront enregistrés, et les droits payés suivant les quotités ci-après, savoir :

§ 1er — *Vingt-cinq centimes par cent francs.*

1° Les baux de pâturages et nourriture d'animaux.

Le droit sera perçu sur le prix cumulé des années du bail, savoir : à raison de vingt-cinq centimes par cent francs sur les deux premières années, et du demi droit sur les années suivantes (10).

2° Les baux à cheptel, et reconnaissances de bestiaux.

Le droit sera perçu sur le prix exprimé dans

---

(1) 574. Tarifés à 5, 10, 25, 50 et 100 fr., *sur les minutes*, s'il sont en premier ressort, et selon les tribunaux et cours d'où ils émanent par la loi du 28 avril 1816, art. 45, n. 5 et 6, 46, 47 et 48, n. 2. — En ce qui concerne les jugements portant résolution pour nullité radicale. V. *infrà* le commentaire sur l'art. 12 l. du 27 vent. an 9, qui a étendu le principe consacré par le texte ci-dessus.

(2) 575. L'abandonnement de biens, à la différence de la dation en paiement, ne dépouille pas le débiteur de la propriété, mais seulement de la possession de ses biens. C'est pour cela qu'il ne donnait pas ouverture aux lods dans l'ancien droit (Guyot, Des lods, ch. 4., sect. 7). C'est aussi pour cela qu'il n'est soumis qu'à un droit fixe par la disposition ci-dessus. Aussi faut-il, pour que le droit fixe seulement soit exigible, qu'il résulte de l'acte que les créanciers n'ont pas la faculté de disposer à leur gré des biens abandonnés, et qu'ils sont tenus de les faire vendre dans les formes indiquées, de quelque nature, d'ailleurs, que soient ces biens (18 mai 1833 Déc. min.)

(3) 576. V. l'art. 13 de la loi du 27 vent. an 9. — Du reste, la disposition ci-dessus comprend les jugements *interlocutoires* ainsi que les jugements *définitifs* (13 juin 1809 Déc. min. 4 juil. 1809, Inst. gén. 436, n. 9.)

(4) 577. Dans cette disposition générale se trouvent compris les appels des jugements rendus sur délibération du conseil de famille dont parle l'art. 889 C. pr. (même déci. et inst. qu'à la note préc.)

(5) 578. V. la loi du 28 avril 1816, art. 48, n. 2, et 49, n. 2)

(6) 579. Ces jugements sont restés passibles du même droit fixe de 15 fr. depuis la loi du 28 avril 1816,

l'art. 47 de cette loi n'ayant élevé à 25 fr. que les arrêts (13 mars 1830, sol.)

(7) 580. Tarifé à 25 fr. par la loi du 28 avril 1816, art. 47, n° 1. — C'est toujours le premier acte dans lequel on déclare se pourvoir en cassation qui est passible du droit de 25 fr., et ce droit doit naturellement être perçu dans le bureau où l'acte de recours est présenté à la formalité (29 août 1831, sol.) Autrement la perception est faite par le receveur établi près la Cour de cassation, excepté pour les déclarations en matière de police simple ou correctionnelle, et en matière de prises maritimes. Le droit, dans ce cas, doit être perçu par le receveur près ces tribunaux, qui enregistre aussi, *en débet*, la déclaration du ministère public (9 frim. an 8, circ.) Quant aux déclarations de recours en matière criminelle, elles ne sont pas sujettes à l'enregistrement et sont comprises dans l'exception du nombre 9 § 3 de l'art. 70 de la présente loi. V. *infrà* (même circ.)

(8) 581. V. *suprà*. § 3, n. 3 (note 543).

(9) 582. Remplacé par l'art. 47, n. 3 de la loi du 28 avril 1816.

(10) 583. Ce droit a été réduit à 20 cent. pour 100 sur le prix cumulé de toutes les années par la loi du 16 juin 1824, art. 1. — Le Code civil parle d'un contrat improprement appelé cheptel et qui se fait lorsqu'une ou plusieurs vaches sont données pour être logées et nourries : c'est ce contrat qui est tarifé sous le nom de bail de pâturage et nourriture d'animaux, par la disposition ci-dessus, modifiée comme nous venons de le dire par la loi de 1824 (Champ. et Rig., t. 4, n. 3112).

l'acte, ou, à défaut, d'après l'évaluation qui sera faite du bétail (1).

3° Les mutations qui s'effectueront par décès en propriété ou usufruit de biens meubles, en ligne directe (2).

§ 2. — *Cinquante centimes par cent francs.*

1° Les abandonnements pour fait d'assurance ou grosse aventure (3).

Le droit est perçu sur la valeur des objets abandonnés (4).

En temps de guerre, il n'est dû qu'un demi-droit (5).

2° Les actes et contrats d'assurance.

Le droit est dû sur la valeur de la prime.

En temps de guerre, il n'y a lieu qu'au demi-droit (6).

3° Les adjudications au rabais et marchés pour constructions, réparations, entretien, approvisionnements et fournitures dont le prix doit être payé par le trésor national, ou par les administrations centrales et municipales, ou par des établissements publics.

Le droit est dû sur la totalité du prix (7).

Et celles au rabais de la levée des contributions directes.

Le droit est assis sur la somme à laquelle s'élève la remise du percepteur, d'après le montant du rôle (8).

4° Les atermoiements entre débiteur et créanciers.

Le droit est perçu sur les sommes que le débiteur s'oblige de payer (9).

5° Les baux ou conventions pour nourriture de personnes, lorsque les années sont limitées.

Le droit est dû sur le prix cumulé des années du bail ou de la convention; mais si la durée est illimitée, l'acte sera assujetti au droit réglé par le paragraphe 5, nombre 2, ci-après.

S'il s'agit de baux de nourriture de mineurs, il ne sera perçu qu'un demi-droit ou vingt-cinq centimes par cent francs, sur le montant des années réunies (10).

---

(1) 584. Le droit a été réduit à 20 cent. p. 100 par la loi du 16 juin 1824, art. 1.

585. Plusieurs espèces de cheptels sont reconnus par le Code civil ; il y a le cheptel simple défini par l'art. 1804, le cheptel à moitié dont parle l'art. 1818, le cheptel donné par le propriétaire à son fermier ou cheptel de fer, dont il est question dans l'art. 1821, et le cheptel donné par le propriétaire au colon partiaire qui est soumis aux règles du cheptel simple, sauf quelques dispositions particulières (art. 1827, 1828 et 1829). Sauf le cheptel à moitié, tous les autres sont compris dans le tarif ci-dessus sous la dénomination de baux à cheptel.

586. Quant au cheptel à moitié, il semblerait, au premier aperçu, qu'il y doit être compris aussi, puisque le Code civil le range dans la classe des baux à cheptel et que le tarif ne distingue pas. Mais aux termes de la loi civile, ce cheptel est *une société* dans laquelle chacun des contractants fournit la moitié des bestiaux qui demeurent communs pour le profit ou pour la perte (art. 1818). Or, comme *société*, le cheptel à moitié ne peut être soumis au tarif ci-dessus ; c'est la disposition de l'art. 68 § 3, n. 4, qui lui est seule applicable. V. *suprà* (Champ. et Rig., t. 4, n. 3113).

587. Le bailleur, dans le cheptel, reste propriétaire des animaux, malgré l'estimation qui en est faite. Toutefois, si le contrat portait qu'à la fin du bail le preneur gardera les bestiaux moyennant le prix d'estimation, il n'y aurait pas cheptel, mais vente des animaux.

(2) 588. Cette quotité de droit est celle qui a été appliquée aux actes de donation et partage en ligne directe. V. L. 16 juin 1824, art. 3.—Relativement aux biens immeubles, V. *Infra* § 3, n. 4.

(3) 589. Tarifés à 1 p. 100 par la loi du 28 avril 1816 , art. 51, n. 1. Le droit n'est pas exigible sur l'exploit de *signification* de l'abandonnement insuffisant pour transmettre la propriété à l'assureur ; il ne doit être perçu que sur l'acte d'*acceptation*, ou sur le jugement qui déclare l'abandonnement valable (4 janv. 1819, Déc. min. ; 27 janv. 1819, Inst.).

(4) 590. Ce n'est pas sur la valeur des objets assurés, fixée par la police d'assurance ou par les titres et factures suivant les art. 332 et 339 C. com., que doit

être liquidé le droit proportionnel, mais sur la valeur des objets abandonnés (29 déc. 1832, min. ; 23 mars 1833, Inst. 1422 § 1 ; Champ. et Rig., t. 4, n. 3252).

(5) 591. Lorsqu'un acte d'abandonnement pour fait d'assurance maritime, a été passé en temps de guerre, et qu'il est enregistré en temps de paix, le droit doit être perçu d'après la loi en vigueur au moment de la formalité, mais suivant la quotité fixée pour le temps de guerre (5 avril 1823, Déc. min.)

(6) 592. Tarifé à 1 p. 100 par la loi du 28 avril 1816, art. 51, n. 2. Ce droit est exigible sur tous les contrats d'assurance *quel qu'en soit l'objet*, tels que ceux relatifs à l'incendie ou à la grêle, et ce droit se règle sur le montant des assurances (9 mai 1821. Déc. min. ; 14 juin 1821. Inst. 983, n. 2 ; Champ et Rig., t. 2, n. 1387).

(7) 593. Tarifé à 1 p. 100 par la loi du 28 avril 1816 ; art. 51, n. 3, et ensuite à 1 fr. fixe pour les marchés dont le prix est à la charge du trésor, par la loi du 15 mai 1818, art. 73. — Quant aux adjudications au rabais et marchés entre particuliers , V. le § suiv., n. 1 du présent article.

(8) 594. Cette disposition est sans objet, d'après le mode actuel de recouvrement des contributions directes.

(9) 595. Le droit est de trois francs fixe pour tous les atermoiements après faillite. Le 24 mai 1834, art. 11.

(10) 596. Le droit a été réduit à 20 pour 100 pour les baux à durée limitée par l'art. 1 de la loi du 16 juin 1824. Si le bail est fait pour une durée illimitée, le droit applicable est, aux termes de la disposition ci-dessus, celui des baux de biens meubles, établi par le n. 2 du § 5 du présent article, c'est-à-dire 2 pour 100.

597. La loi des 5-19 déc. 1790 n'avait tarifé que « les baux à nourriture des enfants mineurs. » La disposition ci-dessus s'étendait aux baux à nourriture des personnes autres que des mineurs ; seulement elle établissait un tarif différent suivant qu'il s'agissait de mineurs ou de non mineurs : le droit était de 25 cent. pour 100 pour les baux à nourriture des premiers, tandis qu'il était de 50 cent. pour 100, pour les baux à nourriture des seconds. Aujourd'hui ce droit est de 20 cent. pour 100, sans distinction lors-

6° Les billets à ordre, les cessions d'actions et coupons d'actions mobilières des compagnies et sociétés d'actionnaires, et tous autres effets négociables de particuliers ou de compagnies, à l'exception des lettres de change tirées de place en place.

Les effets négociables de cette nature pourront n'être présentés à l'enregistrement qu'avec les protêts qui en auront été faits (1).

7° Les brevets d'apprentissage, lorsqu'ils contiendront stipulation de sommes ou valeurs mobilières, payées ou non (2).

8° Les cautionnements de sommes et objets mobiliers, les garanties mobilières et les indemnités de même nature.

Le droit sera perçu indépendamment de celui de la disposition que le cautionnement, la garantie ou l'indemnité aura pour objet, mais sans pouvoir l'excéder.

Il ne sera perçu qu'un demi-droit pour les cautionnements des comptables envers la République (3).

---

que la durée du bail est limitée (L. 16 juin 1824, art. 1.).

598. Le bail à nourriture est un contrat onéreux qui doit essentiellement contenir la stipulation d'un prix. D'où il suit que toute convention pour nourriture de personnes dans laquelle celui qui s'engage à l'entretien ne reçoit rien, n'est pas un bail à nourriture, mais une donation ; elle donne donc ouverture au droit de ce dernier contrat lorsqu'elle en présente d'ailleurs les conditions constitutives. C'est ainsi que le droit de donation et non celui de bail à nourriture devra être perçu sur les actes par lesquels les parents s'engagent à nourrir, loger et entretenir les futurs époux et leur famille (Champ. et Rig., t. 2, n. 1502).

599. Lorsque l'engagement de nourrir est pris moyennant une somme, une créance, ou une valeur mobilière, le contrat n'est un bail à nourriture. Mais si l'obligation corrélative est une transmission immobilière, cette transmission qualifie le contrat. L'acte devra donc être taxé comme mutation d'immeuble, sauf l'appréciation des circonstances, par exemple, s'il résultait soit de la qualification donnée par les parties, soit des autres signes caractéristiques, qu'elles ont voulu faire un bail à nourriture (Champ. et Rig., t. 2, n. 1503).

(1) 600. Le billet à ordre dont le paiement est poursuivi au moyen d'une assignation, doit être préalablement enregistré : la disposition ci-dessus ne s'applique qu'au cas de protêt (12 nov. 1811 et 15 sept. 1815. Inst. gén., n. 548 § 1 et n. 648). — Toutefois un huissier peut présenter simultanément à l'enregistrement les effets négociables, les protêts et les assignations données en conséquence. (Cass. 19 nov. 1834. D.P. 55. 1. 35.) — Quant aux billets à ordre passés devant notaire, ils sont sujets à l'enregistrement dans le même délai que les autres actes reçus par les officiers publics. (Cass. 10 fév. 1834, 28 janv. 1835, D.P. 34. 4. 47 : 35. 1. 124 ; 19 juill. 1834. Inst. gén. n. 1458 § 5).—Relativement aux lettres de change, V. *infra*, 1. du 28 avril 1816, art. 50.

(2) 601. Lorsque les brevets d'apprentissage ne contiennent pas stipulation de sommes ou valeurs, ils sont tarifés à un simple droit fixe de 1 fr. V. *supra*, l'art. précédent, § 1, n. 14. — Quant aux sommes dont parle la disposition ci-dessus, ce sont celles qui forment le prix du contrat (Champ. et Rig., t. 2, n. 1490.

(3) 602.— Le cautionnement, la garantie et l'indemnité sont des sûretés et supposent une autre convention soit à exécuter, soit exécutée, ou un préjudice à réparer. Comme elles ont entre elles beaucoup de points communs, elles sont tarifées simultanément par la disposition ci-dessus.

603. *Cautionnement.*—Le cautionnement est un contrat par lequel quelqu'un s'oblige pour un débiteur envers le créancier, à lui payer en tout ou en partie ce que le débiteur lui doit, en accédant à son obligation. Ainsi le cautionnement doit nécessairement être contracté par un autre que le débiteur ; d'où la conséquence que le droit de cautionnement ne peut être perçu sur un engagement souscrit par celui qui est obligé principalement (4 nov. 1818, délib.), et la conséquence ultérieure, que l'obligation solidaire, étant une obligation principale, ne peut être soumise au droit du cautionnement dont elle diffère essentiellement (Champ. et Rig., t. 2, n. 1355).

604. Le cautionnement conventionnel peut être rédigé par actes sous seing-privé, non double, mais il doit porter la somme en toutes lettres, et la volonté de cautionner doit résulter clairement de l'acte, car le cautionnement ne se présume pas.

605. L'intervention du créancier y est nécessaire en principe. Toutefois, il a été décidé que la stipulation de cautionnement au profit d'un créancier absent est actuellement passible du droit proportionnel (29 mai 1838, Cass.; *Contra*, Champ. et Rig., t. 2. n. 1418 et suiv.) Mais l'intervention du débiteur n'est pas nécessaire pour l'exigibilité du droit.

606. Le cautionnement engendre une obligation actuelle dont l'exécution seule est éventuelle et n'empêche pas l'exigibilité du droit. Mais on peut cautionner conditionnellement une obligation pure et simple, et dans ce cas, la question s'est élevée de savoir si un tel cautionnement est actuellement passible du droit proportionnel. L'administration se prononce pour l'affirmative, en se fondant sur ce que l'éventualité est de l'essence du cautionnement, ce qui n'a pas empêché le législateur de le frapper actuellement du droit (26 juin 1829.Inst. gén., n 1149).On peut répondre, toutefois, qu'il n'y a d'éventuel, dans le cautionnement, que l'exécution de l'engagement pris par la caution : il est incertain si elle paiera ou non ; mais il est certain qu'elle est actuellement obligée. Or, il n'en est pas ainsi du cautionnement donné sous une condition suspensive. C'est seulement à l'événement de la condition que la caution sera obligée (Champ. et Rig., t. 2, n. 1423). — Dans tous les cas, si l'obligation principale est soumise elle-même à une condition suspensive, le cautionnement, qui est nécessairement alors conditionnel puisque de sa nature il ne peut être contracté sous des conditions plus onéreuses que l'obligation principale, ne doit pas être soumis à la perception actuelle du droit : ce droit sera suspendu comme celui de l'obligation elle-même (29 déc. 1824, délib.).

607. Le cautionnement peut être donné par plusieurs personnes : dans ce cas, si elles se rendent caution pour le tout, c'est-à-dire avec solidarité, il n'est dû qu'un seul droit (23 avril et 20 déc. 1825, délib.); mais s'il y a division dans le cautionnement, si l'un s'oblige pour un objet et l'autre pour un autre, il y aura autant de droits exigibles qu'il y aura de cautions; seulement, ces perceptions devront être établies

9° Les expéditions des jugements contradictoires ou par défaut, des juges de paix, des tribunaux civils, de commerce et d'arbitrage, de la police ordinaire, de la police correctionnelle et des tribunaux criminels, portant condamnation, collocation ou liquidation de sommes et valeurs mobilières, intérêts et dépens entre particuliers, excepté les dommages-intérêts, dont le droit proportionnel est fixé à deux pour cent, sous le paragraphe 5, nombre 8, ci-après.

Dans aucun cas, et pour aucun de ces jugements, le droit proportionnel ne pourra être au-dessous du droit fixe, tel qu'il est réglé dans l'article précédent pour les jugements des divers tribunaux.

Lorsque le droit proportionnel aura été acquitté sur un jugement rendu par défaut, la perception sur le jugement contradictoire qui pourra intervenir, n'aura lieu que sur le supplément des condamnations : il en sera de même des jugements rendus sur appel et des exécutoires.

S'il n'y a pas de supplément de condamnation, l'expédition sera enregistrée pour le droit fixe, qui sera toujours le moindre droit à percevoir.

Lorsqu'une condamnation sera rendue sur une demande non établie par un titre enregistré et susceptible de l'être, le droit auquel l'objet de la demande aurait donné lieu s'il avait été convenu par acte public, sera perçu indépendamment du

---

proportionnellement à la somme pour laquelle chaque caution s'obligera diversement ou séparément. (Dict. de l'enreg., v° Cautionnement, n. 26).

608. *Garantie mobilière*. La garantie est l'engagement par lequel on garantit un fait, l'existence, la possession ou la jouissance d'une chose, le paiement d'une dette, l'accomplissement d'une obligation. Comme pour le cautionnement, le texte ci-dessus a établi pour la garantie le droit de 50 p. o|o, sans que ce droit puisse excéder celui perçu sur la disposition que la garantie a pour objet.

609. Cette disposition ne peut s'entendre que des garanties *conventionnelles*, car les garanties de droit, même lorsqu'elles sont surabondamment stipulées dans le contrat, sont une conséquence de la convention; elles en dépendent nécessairement et ne peuvent donner ouverture à un droit particulier. V. *supra* l'art. 11 et le Comm.

610. Et même pour les garanties conventionnelles, il faut distinguer entre celle qui est stipulée par le contrat et celle qui est consentie postérieurement. La première est exemptée du droit, tandis que l'autre y est assujettie. Il est vrai que le texte ci-dessus ne fait pas cette distinction ; mais la loi établit le principe qu'une convention qui est dépendante d'une autre, qui en est une condition, n'est point passible d'un droit particulier d'enregistrement. Or, lorsque le prêteur, l'acquéreur, etc., exigeant, dans le contrat, une garantie particulière, ils imposent une condition qui dérive de la condition principale, en est dépendante ; et cette dernière seule doit être assujettie au droit. (Dict. de l'enreg., v° Garantie, n. 17 et suiv.)

611. Mais lorsque, après que le contrat est passé, l'obligé donne une garantie non convenue, non stipulée dans ce contrat, cette garantie conventionnelle est une disposition nouvelle; elle est sujette au droit proportionnel par application du texte ci-dessus.

612. Ce texte tarife nommément la garantie *mobilière* ; mais il laisse ignorer ce que le législateur a entendu par cette qualification. Elle est évidemment restrictive ; elle comporte une distinction et est exclusive de la garantie immobilière. Mais que doit-on entendre par la garantie mobilière? Les contrats ne sont par eux-mêmes ni meubles ni immeubles : cependant, en les qualifiant par leur objet, on leur reconnaît généralement la nature mobilière ou la nature immobilière. Ainsi on dit vente mobilière d'une vente qui a une chose meuble pour objet, et vente immobilière de celle qui transmet des biens immobiliers. Il en est ainsi de la garantie, avec une modification inhérente à la nature même des choses; car là garantie n'a jamais pour objet une chose qui

soit susceptible d'être meuble ou immeuble; elle engendre seulement une obligation de faire : celle de repousser une action. C'est donc au caractère de cette action qu'il faut s'attacher; « car, ainsi que le disent Champ. et Rig., t. 2, n. 1382, dans les considérations que présente successivement à l'esprit l'analyse du contrat de garantie, c'est l'action à repousser qui, seule, est susceptible d'être mobilière ou immobilière. La garantie mobilière est donc le contrat dans lequel le garant s'oblige à mettre le garanti à l'abri d'une action mobilière. »

613. On a fait rentrer dans la disposition ci-dessus l'affectation hypothécaire, par un tiers, d'immeubles pour garantie d'une obligation qui lui est étrangère (18 vent. an 10; 7 juin 1833, délib. D.P. 33. 3. 118 ; 29 juin 1831, trib. de la Seine; Cass., 10 août 1836, 7 août 1837, D.P. 36. 1. 434 : 37. 1. 443 ; 24 déc. 1856, 18 juin 1858, Inst. gén., 1528, § 2, et 1562, § 1). *Contrà*, Champ. et Rig., t. 2, n. 1404.

614. Et cela avait été décidé encore à l'égard de l'affectation hypothécaire consentie par le débiteur lui-même, dans un acte postérieur à l'obligation, et sans que l'hypothèque eût été promise dans l'acte constitutif de la dette (16 juin 1833, sol.; 30 sept. 1838, Inst. gén., 1437, § 3). Mais la jurisprudence a établi que le droit fixe seul est exigible dans ce cas (Cass. 20 fév. 1837, D.P. 37. 1. 154; 7 juin 1837, Inst. gén., 1538, § 1er. — V. aussi Champ. et Rig., loc. cit.).

615. *Indemnité*. L'indemnité est ce qui est donné à quelqu'un comme équivalent d'une chose qu'il est obligé d'abandonner, d'une perte qu'il a soufferte, d'un risque qu'il a couru ou d'un dommage qu'il a éprouvé. Dans le sens de la loi fiscale, l'indemnité est l'acte ou le contrat par lequel on constate la dation de l'indemnité ou la promesse de donner, à ce titre, une somme déterminée ou susceptible de l'être (Champ. et Rig., t. 2, n. 1385).

616. Le droit de 50 cent. par 100 fr. ne concerne que l'indemnité stipulée dans un *acte spécial*, ou celle consentie par un *tiers*; mais lorsque la stipulation a lieu dans l'acte même, entre les seules parties contractantes, pour le cas de l'inexécution des clauses de la convention, il n'est pas dû de droit particulier d'enregistrement (12 nov. 1811, Inst. gén., 548, n. 6).

617. Le remboursement, en vertu des clauses d'un bail, par le propriétaire à son locataire, de la valeur des constructions que celui-ci a élevées, ne constitue pas une vente, mais seulement une indemnité passible du droit de 50 cent. p. 100 fr. C'est une conséquence de l'art. 555 du Code civ. (23 nov. 1830, sol.; l. 18 mars 1831, Inst. gén., 1354, § 3).

droit dû pour l'acte ou le jugement qui aura prononcé la condamnation (1).

10° Les obligations à la grosse aventure, ou pour retour de voyage (2).

11° Les quittances, remboursements ou rachats de rentes et redevances de toute nature ; les

retraits exercés en vertu de réméré, par actes publics, dans les délais stipulés, ou faits sous signature privée, et présentés à l'enregistrement avant l'expiration de ces délais, et tous autres actes et écrits portant libération de sommes et valeurs mobilières (3).

---

(1) 618. Le droit est perçu sur les minutes, d'après l'art. 38 de la loi du 28 avril 1816.

619. *Droit de condamnation.* Les droits d'enregistrement sont exigibles sur les jugements, abstraction faite de l'incompétence des juges qui les ont rendus (Cass. 30 nov. 1807. D.A. 7..70). — Mais il ne peut être perçu qu'un droit fixe sur le jugement contradictoire qui intervient à suite de l'opposition à un jugement par défaut, et qui porte une condamnation de moindre valeur, et le droit proportionnel perçu sur le jugement par défaut n'est pas restituable (29 janvier 1820, délib.). Il en est de même lorsqu'un premier jugement sur lequel on avait perçu le droit de condamnation a été annulé pour défaut de forme; ce droit de condamnation ne peut plus être perçu sur le jugement rendu dans la même cause, et contenant les mêmes dispositions : il n'est dû que le droit fixe (5 déc. 1824, Déc. min.; 13 mai 1836, Déc. min.; 24 déc. 1836, Inst. gén., 1528, § 9. D.P. 37. 5. 128).

620. *Droit de titre.* Le droit proportionnel pour le titre est exigible, indépendamment du droit de condamnation, pour les conventions verbales ou prétendues telles, d'après la non représentation des titres écrits (7 flor. an 11, Inst. gén., 152 ; Cass. 21 frim. au 15. D.A. 7. 69; 22 juill. 1807, 9 août 1809. D.A. 7. 69). Cette règle est commune aux jugements de liquidation et à ceux de condamnation (21 mars 1809, Déc. min.).

621. Par titres non susceptibles d'être enregistrés, il faut entendre ceux qu'une disposition expresse de la loi dispense de l'enregistrement, comme les transferts d'inscriptions, les quittances de leurs intérêts, les rescriptions, mandats et ordonnances sur les caisses publiques, etc. Les jugements de condamnation sur des demandes de cette nature ne seraient sujets qu'au droit de condamnation (6 fruct. an 10 et 29 vent. an 12; Déc. min.; 8 germ. an 12, circ.).

622. Lorsque c'est la loi qui fait le titre des parties, comme dans les jugements en vertu desquels des aliments sont accordés à des ascendants, conformément à l'art. 205 C. c., ou à un époux, d'après l'art. 301, il n'est point dû d'autre droit que celui de condamnation (28 niv. an 11, 14 juin 1808; Déc. min., 28 juill. 1808; Inst. gén., 590, n. 7). — Par suite encore, le jugement qui condamne une mère, comme tutrice légale de ses enfants, à leur payer la valeur du mobilier inventorié dont elle avait la jouissance et qu'elle ne peut représenter n'est passible que du droit de condamnation, attendu, d'une part, que l'inventaire forme le titre des enfants, et, d'ailleurs, que leur mère est tenue d'exécuter l'obligation que lui imposent les art. 384 et 455 du Code civ. (3 mai 1835, dél.).

(2) 623. Le droit n'est perçu que sur le capital prêté, et il ne doit pas porter sur le montant du profit maritime ajouté au capital, ce profit n'étant que l'intérêt de la somme prêtée, porté à un taux plus élevé à raison des chances auxquelles se soumet le bailleur de fonds (1 déc. 1824, sol. ;Champ. et Rig., t. 4, n. 5597).

(3) 624. Tous les actes soumis au droit de libération par la disposition générale de l'art. 4 de la présente loi (V. *supra*, cet article et le Comm.) sont

compris dans le texte ci-dessus transcrit. Il comprend les quittances, remboursements ou rachats de rentes, les retraits, et autres actes et écrits portant libération de sommes et valeurs mobilières.

625. *Quittance.* — La quittance proprement dite est un acte par lequel un créancier reconnaît avoir reçu la somme qui lui était due, et constate ainsi la libération du débiteur. Tel est l'acte que la disposition ci-dessus tarife au droit proportionnel de 50 c. p. 100. Mais cet acte, ainsi que nous l'avons fait remarquer, pourrait être très-facilement confondu avec la décharge que la présente loi ne tarife qu'à un droit fixe (V. *supra*, art. 68, § 1, n. 22, et le Comm.), car la décharge est essentiellement libératoire puisqu'elle a pour objet de constater la libération de celui qui est déchargé. Il y a cependant une différence essentielle entre la quittance et la décharge : c'est que la décharge, quoique libératoire de sa nature, ne constitue pas une aliénation de la part de celui qui la reçoit, ne transmet rien à celui qui la donne et n'est en réalité qu'une exécution, dans le sens de la loi fiscale, d'un acte antérieur, tandis que la quittance, ou plutôt le paiement qu'elle constate, constitue, au contraire, une véritable aliénation. Cela s'induit de l'art. 1238 du C. civ., d'après lequel « pour payer valablement, il faut être *propriétaire* de la chose donnée et capable de l'aliéner » et c'est ce que Pothier avait énergiquement formulé en disant : « lorsque l'obligation est de donner quelque chose, le paiement *est la donation et translation de la propriété de cette chose.* » Celui qui paie transmet donc réellement une chose qu'il n'avait pas transmise jusque là, et réciproquement le créancier qui donne quittance acquiert un droit nouveau dont la quittance est le titre. C'est en considération de cette transmission et de cette constitution d'un titre que le législateur a soumis la quittance à un droit proportionnel.

626. Ainsi on peut poser comme règles fondamentales en cette matière, que pour qu'un acte rende exigible le droit proportionnel de quittance, il faut 1° qu'il opère la transmission des deniers dont il constate le versement, et 2° que cet acte fasse titre de la libération.

627. Par application de la première règle, il faut décider que le paiement fait par le mandataire ou le dépositaire de ce qui était la propriété du déposant ou du mandant ne donnerait pas ouverture au droit proportionnel de quittance. Il en serait toutefois autrement du remboursement fait par le mandant ou le déposant des avances qu'auraient faites le dépositaire ou le mandataire ou du paiement d'honoraires, car la somme qu'ils recevraient à ce titre n'étant point leur propriété, il y aurait changement de main effectué par le paiement, et l'acte qui le constaterait rentrerait dans les conditions de la loi (Cass. 22 avril 1823. D.A. 7. 45; Champ. et Rig., t. 2, n. 1359. Jur. gén. de M. Dalloz, éd. nouv., v° Enreg., tit. 2, ch. 2, sect. 1re, art. 1, § 1).

628. Ainsi encore le rapport à succession que fait un cohéritier de sommes par lui reçues de son auteur, ne peut donner lieu au droit proportionnel de quittance, lors même que ces sommes excèdent la portion de l'héritier qui fait le rapport et que l'acte de par-

§ 3. — 1 *franc par* 100 *francs*.

1° Les adjudications au rabais et marchés, autres

que ceux compris dans le paragraphe précédent, pour constructions, réparations et entretien, et tous autres objets mobiliers susceptibles d'estima-

---

tage porte quittance de l'excédant remis aux autres cohéritiers (Cass. 2 mai 1826, 26. 1. 241). Cela ne doit s'entendre cependant que du rapport fait lors du partage. Mais si le versement des sommes était fait après, la quittance qui en serait donnée ne saurait être affranchie du droit de libération, puisque cette disposition serait principale dans l'acte (Champ. et Rig., t. 2, n. 1549).

629. Par une disposition spéciale, qui n'est d'ailleurs qu'un hommage rendu aux principes de la loi civile et de la loi fiscale, le principe que la quittance translative donne ouverture au droit proportionnel de libération souffre exception à l'égard des actes commutatifs dans lesquels elle figure comme l'équivalent de l'obligation prise par le créancier qui donne quittance vis-à-vis du débiteur qui la reçoit. V., à cet égard, l'art. 10 de la présente loi et notre Commentaire.

630. Comme nous l'avons dit au n. 5, ce n'est pas tout qu'un paiement soit translatif, il faut encore qu'il soit constaté par un acte faisant titre. De cette seconde règle, il résulte que le droit ne serait pas exigible à raison d'une quittance verbale. C'est d'un droit d'acte qu'il s'agit ici, et comme cela a été établi sous l'art. 4 de la présente loi (V. *suprà*) les conventions verbales ne peuvent à cet égard servir de base au droit d'enregistrement.

631. Du reste, soit que l'écrit ait été fait sous seing privé, soit qu'il ait été passé par devant notaire, il donne également ouverture au droit, car la loi n'a tracé aucune forme pour les quittances. Seulement, s'il est notarié, la découverte qui en serait faite par l'administration après l'expiration des délais donnerait lieu à la perception aussi bien que la production volontaire qui en serait faite avant l'expiration des délais ; tandis qu'au contraire, s'il était rédigé sous seing privé, il devrait être volontairement présenté par les parties, et la découverte qui en serait faite par la régie ne donnerait pas ouverture à la perception, puisque, à l'égard des actes sous seing-privé, les parties sont toujours dans les délais, aux termes de l'art. 23 de la présente loi, et qu'il n'y a d'autre limite à cette règle que l'usage qu'on voudrait faire de l'acte, soit par acte public, soit en justice, usage qui rend indispensable l'enregistrement préalable (V. *supra*, l'art. 23 et le Comm.).

632. Que la quittance soit notariée ou faite sous seing privé, elle est nécessairement le titre de la libération, puisqu'elle a précisément pour objet de la constater : elle se trouve donc dans toutes les conditions voulues pour l'exigibilité du droit. — Mais tous les écrits sous seing privé desquels on peut induire la preuve de l'existence d'une quittance ne sont pas des actes, et voilà pourquoi la disposition ci-dessus soumet au droit les *actes* et les *écrits*. Toutefois pour les écrits comme pour les actes, la règle générale est applicable : il faut qu'on y trouve le titre de la libération.

633. Quand donc les écrits peuvent-ils avoir l'effet des actes et devenir de véritables titres sous la forme de simples écrits ? A cet égard on peut poser comme règle que tout écrit qui ne libère que *sauf vérification* n'est pas un titre (délib. 15 juin 1825). Il en est ainsi de l'extrait des livres d'un marchand, des registres et papiers domestiques, de l'écriture mise à la marge, ou au dos d'un titre (Champ. et Rig.,

n. 1585 et suiv.), à moins toutefois que le titre sur lequel se trouve l'écriture soit entre les mains du débiteur, et que l'écriture ait été mise par le créancier lui-même, cas auquel il y a preuve acquise et certaine de la libération (Jurisp. gén. de M. Dalloz, éd. nouv., v° Enreg., tit. 2, chap. 2, sect. 1re, art. 1er, § 1 ; Contrà. Champ. et Rig., t. 2, n. 1588).

634. Toute énonciation de paiement n'est pas susceptible de faire titre par elle-même de la libération. Ainsi, il est évident que celle qui serait faite par un autre que le créancier ou qui ne serait pas approuvée de lui ne rendrait pas exigible le droit de quittance (22 mai 1827, délib.). A plus forte raison en est-il ainsi lorsque l'énonciation émane du débiteur qui ne peut évidemment pas se donner quittance à lui-même (15 mai 1811, délib.). La déclaration même par le créancier d'avoir reçu le paiement ne ferait pas non plus titre de la libération pour le débiteur sans l'acceptation de celui-ci (Cass. 16 mars 1825. D.P. 25. 1. 204 ; 11 mai 1830, sol. ; 22 mai 1827, délib.). — Ainsi donc, en principe, pour que l'acte fasse titre de la libération, il faut que le débiteur et le créancier y soient présents ou parties.

635. En règle générale, le paiement doit être fait au créancier lui-même pour opérer la libération du débiteur ; mais il n'est pas également indispensable qu'il soit fait par celui-ci personnellement (1236 C. civ.). Lorsqu'il est fait par un tiers, le paiement peut donner lieu à la subrogation qui est conventionnelle ou légale. Ni l'une ni l'autre n'ont été tarifées par la loi ; et néanmoins, elles rendent exigible un droit proportionnel dont la quotité varie suivant que la subrogation présente les caractères d'un transport de créance ou ceux d'une libération du débiteur pour lequel le tiers subrogé a payé. A cet égard, la régie a posé elle-même une règle de perception en décidant que le droit de transport est seul exigible lorsqu'un tiers non intéressé paie et se fait immédiatement subroger aux droits du créancier, du consentement du débiteur ; et au contraire qu'il n'est dû que le droit de quittance, lorsque le tiers paie pour le débiteur en son absence et sans subrogation, ou lorsqu'un tiers intéressé dans la dette s'acquitte et se trouve ainsi subrogé par la seule force de la loi (28 déc. 1832, délib.). La conséquence qui s'induit de là, c'est que la subrogation ne peut pas donner lieu à la fois à un droit de quittance et à un droit de transport, ce qui est évident puisqu'elle ne peut pas être en même temps une libération et une cession (7 janv. 1833, sol.) et qu'en général, la subrogation légale doit être considérée comme une libération donnant ouverture au droit de quittance, tandis que la subrogation conventionnelle constitue plus généralement une cession qui rend exigible le droit de transport. — Il faut dire cependant que, relativement à la subrogation légale du moins, la régie a tenté plusieurs fois de s'écarter, dans l'application de la règle qu'elle a formulée elle-même. Mais la doctrine et la jurisprudence ont maintenu cette règle (Cass., 24 déc. 1839, 27 juin 1842 ; 7 mars 1837. Trib. de Nantes ; D.P. 40. 1. 78 ; 42. 1. 425 ; 58. 3. 4 ; Champ. et Rig., t. 2, n. 1610 et suiv. ; Dalloz, Jurisp. gén., éd. nouv., loc. cit.).

636. Ajoutons, en terminant sur les quittances, que par exception au texte ci-dessus, il y a des quittances qui ne sont soumises qu'au droit fixe d'un franc, et d'autres qui sont exemptes de l'enregistrement. Ainsi la quittance notariée par un particulier qui ne sait

tion, faits entre particuliers, qui ne contiendront ni vente, ni promesse de livrer des marchandises, denrées ou autres objets mobiliers (1).

2° Les baux à ferme ou à loyer, d'une seule année.

Ceux faits pour deux années.

Le droit sera perçu sur le prix cumulé des deux années.

Ceux d'un plus long temps, pourvu que leur durée soit limitée.

Le droit sera également perçu sur le prix cu-

mule, savoir : pour les deux premières années, à raison de 1 fr. par 100 fr.; et pour les autres années, sur le pied de 25 cent. par 100 fr.

Et les sous-baux, subrogations, cessions et rétrocessions de baux.

Le droit sera liquidé et perçu sur les années à courir, comme il est établi pour les baux, savoir, à raison de 1 pour 100 sur les deux premières années restant à courir; et de 25 cent. par 100 fr. pour les autres années.

Seront considérés, pour la liquidation et le paiement du droit, comme baux de neuf années, ceux faits pour trois, six ou neuf ans.

---

pas signer, et lorsqu'il s'agit d'une somme au-dessus de 150 francs pour fournitures faites à l'Etat, n'est passible que du droit fixe de 1 franc (20 janv. et 12 sept. 1855, Déc. min. fin.; 10 fév. 1856. Inst. gén. 1504, § 6). Quant à celles qui sont dispensées de l'enregistrement, ce sont, aux termes de l'art. 537 C. pr., celles des fournisseurs, ouvriers, maîtres de pension et autres de même nature, produites comme pièces justificatives d'un compte de gestion; sans qu'il y ait à distinguer entre les comptes judiciaires et ceux qui sont rendus à l'amiable ou devant notaires (22 sept. 1807, Déc. min. fin.; 4 oct. 1807, Inst, gén., n. 346).

657. *Remboursement de rente.* Il en est du remboursement ou rachat de rente comme des quittances. Dans les principes du code, la constitution de rente implique une obligation de prêt (C. civ. 1909), obligation dont le remboursement ou le rachat opère l'extinction, ce qui explique l'acte qui constate ce remboursement a été placé, par le texte ci-dessus, sur la même ligne que la quittance. — Par cela même l'acte ne peut donner ouverture au droit proportionnel que tout autant qu'il opère une aliénation (8 janv. 1825, délib.).

658. D'ailleurs, ce n'est pas seulement le remboursement ou rachat de rentes, mais encore le rachat de redevances de toute nature que le législateur a tarifé. Ainsi le texte de la loi serait applicable au rachat d'un privilége de banalité purement conventionnelle (9 mars 1838, délib. D. P. 58. 5. 195).

659. *Retrait de réméré.* Le rachat ou retrait de réméré n'est qu'une espèce de retrait conventionnel. Le droit de quittance est exigé parce que l'exercice du rachat consiste dans le paiement du prix de la revente opéré par acte séparé (Champ. et Rig., t. 5, n. 2086).

640. Le retrait n'est pas affranchi du droit de mutation, s'il n'a été réservé dans le contrat de vente, alors même que les parties prétendraient qu'il a été verbalement convenu.

641. Comme aussi, ce droit de mutation et non pas seulement celui de quittance devient exigible, si le retrait est exercé tardivement. En effet, après les délais, l'acquéreur devient propriétaire incommutable, en sorte que le retrait opère alors une véritable transmission. (Champ. et Rig., t. 5, n. 2095 et suiv.)

642. Le délai légal qui est de cinq ans, ou le délai conventionnel qui doit toujours être réduit à cette durée s'il la dépasse, court du jour du contrat, si les parties n'ont fixé un autre point de départ. Mais il court du jour de l'accomplissement de la condition, si la vente est faite sous condition suspensive, ou du jour de la vente, si elle est faite sous condition résolutoire. Le jour *a quo* n'est pas compris dans le délai; mais il y a lieu d'y compter celui de l'échéance

(16 nov. 1822, délib.) — V., au surplus, *supra,* art. 25 et le Comm.

643. Les parties peuvent proroger les délais; mais cette prorogation produit des effets différents suivant qu'elle a lieu avant ou après l'expiration du terme fixé par le contrat. Au premier cas, la convention nouvelle est attachée à la vente et produit le même effet, que si elle avait été insérée au contrat; ainsi le retrait ne serait encore passible que du droit de quittance. (13 janv. 1830. av. com. des fin.,); dans le second cas, comme le droit de prorogation n'existe plus, si l'acheteur accorde au vendeur la faculté de racheter plus tard, il s'opère un nouveau contrat qui constitue une promesse de vente unilatérale, sur laquelle le droit fixe seul est exigible, mais dont la réalisation donne ouverture au droit de vente. (7 mai 1830, sol., Champ. et Rig., t. 5, n. 2106 et suiv.)

644. *Acte portant libération.* Après avoir tarifé nommément les quittances, remboursements et retraits, le texte ci-dessus comprend dans la même règle et soumet au même droit par voie de disposition générale « tous autres actes et écrits portant libération de sommes et valeurs mobilières ». Il n'y aura lieu d'appliquer cette disposition, que tout autant que le débiteur se trouvera pleinement libéré et de manière à ne pouvoir plus être contraint. (Champ. et Rig., t. 2, n. 1521 et suiv., et n. 1579 ; Dalloz, *loc cit.*)

(1) 645 Le marché dont il est question dans cette disposition, est une des trois espèces de louage d'ouvrage admises par le code civil. (art. 1779). Ces trois espèces sont : 1° le louage des gens de travail qui s'engagent au service de quelqu'un ; 2° celui des voituriers, tant par terre que par eau, qui se chargent du transport des personnes et des marchandises ; 5° enfin celui des entrepreneurs d'ouvrages par suite de devis ou marchés. C'est le louage de cette dernière espèce que prévoit la disposition ci-dessus, cela s'enduit manifestement de sa rédaction même. Par suite, le droit de un p. 010 n'est applicable ni au louage de service, ni à l'entreprise de transport. (Champ. et Rig. t. 2, n. 1469, 1470 et 1478). — Ces conventions n'étant pas nommément tarifées par la loi, rentrent dans les classes des actes innommés et ne pouvant donner lieu qu'à un droit fixe de 1 f. (V. *supra,* l'art. précédent, § 1, n. 51).

646. Le droit de marché est un droit d'acte, non exigible, par conséquent, sur un marché verbal.

647. Lorsque l'approbation est nécessaire, le marché est suspendu jusqu'à l'approbation. Mais si le prix seulement devait être fixé ultérieurement par expert, le contrat n'en serait pas moins parfait et par conséquent le droit proportionnel exigible actuellement, à moins que l'on n'eût fait de la stipulation une con-

Les baux de biens de l'Etat sont assujettis aux mêmes droits (1).

3° Les contrats, transactions, promesses de payer, arrêtés de comptes, billets, mandats; les transports, cessions et délégations de créances à terme; les délégations de prix stipulées dans un contrat, pour acquitter des créances à terme envers un tiers, sans énonciation de titre enregistré,

sauf, pour ce cas, la restitution dans le délai prescrit, s'il est justifié d'un titre précédemment enregistré; les reconnaissances, celles de dépôts de sommes chez des particuliers, et tous autres actes ou écrits qui contiendront obligations de sommes, sans libéralité, et sans que l'obligation soit le prix d'une transmission de meubles ou immeubles non enregistrée (2).

dition expressément suspensive. (Champ. et Rig., t. 2, n. 1488).

648. Indépendamment du marché pour *entreprise*, dont il est question dans la disposition ci-dessus, la loi fiscale tarife le marché pour *fourniture*. V. à cet égard, le § suiv. du présent art. n. 1.

(1) 649. Le bail est un contrat par lequel l'une des parties s'oblige à faire jouir l'autre d'une chose pendant un certain temps, et moyennant un certain prix, que celle-ci s'oblige à lui payer. Le bail de biens meubles et celui de biens immeubles sont un même contrat ayant un même caractère distinctif et les mêmes éléments de perfection.

650. La présente loi avait fait plusieurs catégories des diverses espèces de baux pour les assujettir à des droits proportionnels différents. (V. le présent art. § 1, n. 1 et 2, §2, n. 5). La présente disposition comprise dans ces catégories diverses, concernait les baux à ferme ou à loyer d'une ou deux années, ou d'un plus long temps, lorsque la durée en était limitée. Mais cette disposition, déjà modifiée par la loi du 27 vent. an 9, a été changée de nouveau, par celle du 16 juin 1824, dont l'art. 1, faisant cesser toutes ces distinctions, a réduit les baux dont il est question dans le texte ci-dessus, aussi bien que ceux dont parlent le § 1, n. 1 et 2 et le § 2, n. 5, à un droit de 20 c. p. 010 sur le prix cumulé de toutes les années.

651. Mais la loi du 16 juin 1824 n'a pas parlé, comme les lois de l'an 7 et de l'an 9, des *sous-baux*, *subrogations*, *cessions et rétrocessions de baux*. D'où la question de savoir si ces actes continuent d'être soumis aux droits réglés par ces deux lois et suivant les distinctions qu'elles établissent, sans pouvoir jouir de la réduction opérée par la loi de 1824. Toutefois ce serait s'arrêter à la lettre de la loi, sans vouloir pénétrer l'intention du législateur, que de décider l'affirmative. Ce qu'on a voulu, c'est favoriser l'agriculture et soulager la classe pauvre et laborieuse, en réduisant les droits sur les baux à ferme et à loyer; c'est encore simplifier la perception en établissant un seul droit pour toutes les espèces de baux. Comment donc ces avantages pourraient-ils ne pas être étendus aux sous-baux? Il est sans exemple que les sous-baux aient été jamais soumis à un droit différent des baux eux-mêmes, et si la loi de 1824 a gardé le silence sur les premiers, c'est sans doute qu'elle a voulu être plus concise, puisqu'il est vrai de dire que des sous-baux ou des subrogations de baux, sont des baux.

652. Une des questions les plus importantes de la matière a été de savoir si l'on devait exiger le droit sur les locations *verbales*, lorsque la preuve s'en trouvait acquise; en d'autres termes, s'il fallait étendre aux simples transmissions de *jouissance* l'art. 4 de la loi du 27 vent. an 9, qui rend le droit proportionnel exigible sur les mutations de *propriété* ou *d'usufruit* de biens meubles, lors même que les nouveaux possesseurs prétendraient qu'il n'existe pas de conventions écrites entre eux et les précédents propriétaires ou usufruitiers. Après avoir d'abord

penché pour l'affirmation, M. Merlin se prononça ensuite en sens contraire, et sa doctrine fut admise par un arrêt du 12 juin 1811 (D.A. 7. 220), suivi plus tard d'autres arrêts dans le même sens, et qui paraissent avoir fixé la jurisprudence d'une manière désormais invariable sur ce point. (Champ. et Rig., t. 4, n. 3086 et suiv.)

(2) 653. On a donné dans la pratique la dénomination de droit d'obligation à celui qui est établi par cette disposition spéciale du tarif, et cela sans doute à cause de la passation fréquente et journalière des actes qui y sont dénommés, et qui sont, en effet, infiniment plus nombreux que les autres. La loi fiscale ne présente pas de disposition qui ait donné lieu à plus de solutions.

654. *Observations générales*. Disons d'abord, par forme d'observations générales, et avant de passer aux diverses dénominations comprises dans le texte ci-dessus, que le droit d'obligation de sommes est un droit d'acte, et qu'ainsi aucune perception ne pourrait être établie sur une obligation verbale. A cet égard, les observations que nous avons faites relativement à la quittance (V. *supra* le § précédent, n. 11, et notre Comment. note 3, n. 630 et s.) trouvent ici une application complète.

655. Pareillement, les actes passibles du droit d'obligation sont ceux qui contiennent obligation, c'est-à-dire ceux qui forment titre et preuve complète, et en vertu desquels le créancier peut contraindre son débiteur à payer, ou obtenir jugement de condamnation sans qu'il y ait lieu à discussion (V. *supra* loc. cit.) Mais c'est l'obligation civile, revêtue d'un titre dont l'exécution peut être poursuivie en justice, qui donne ouverture au droit de 1 p. 0/0. L'obligation purement morale résultant d'un écrit, l'intention de s'obliger d'après les règles de la délicatesse, ne rendraient pas ce droit exigible (3 janv. 1827, Cass.; Champ et Rig., t. 2, n. 867).

656. En principe, les obligations de sommes sont valables, bien que la cause n'en soit pas exprimée; telle est la disposition formelle de l'art. 1132 C. civ.; le droit serait donc exigible sur une pareille obligation qui, à défaut d'expression de cause, ferait présumer le prêt. Mais les effets de la condition suspensive, relativement à la perception du droit proportionnel, s'appliquent aux obligations de sommes. Le droit est suspendu par la condition; et, en général, on peut dire qu'il y a éventualité suspensive, lorsque le débiteur met pour condition expresse au paiement de la dette qu'il reconnaît, la possibilité de l'acquitter. (Champ. et Rig.; t. 2, n. 959; 30 déc. 1823, délib.)

657. De même que le droit ne peut pas, en principe, être perçu sur une obligation de somme qui n'existe pas encore, de même aussi il n'y a pas lieu de l'exiger sur une obligation qui n'existe plus. Ainsi, le droit n'est pas dû toutes les fois que par une cause quelconque, l'obligation reconnue se trouve éteinte, soit que l'on fasse enregistrer la quittance en même temps que l'acte d'obligation, soit que cette obligation

s'éteigne par la dation en paiement d'immeubles ou de créances ou de tout autre chose. Dans ce dernier cas, c'est le droit de quittance ou celui de transport qui est exigible ; jamais celui d'obligation.

658. *Contrats, promesses de payer, billets, mandats.* — Ces dénominations diverses comprises dans le texte ci-dessus ont, dans le langage de la jurisprudence, une signification à peu près semblable, et ces conventions ne diffèrent entre elles que par leur forme respective. En effet, le mot *contrat* est employé pour désigner d'une manière générale l'acte *notarié* qui contient l'obligation de payer une somme d'argent : cette dénomination, prise pour indiquer par abréviation le contrat de prêt ou d'emprunt, a été employée, dans ce sens, par le tarif de 1699, et a été reproduite successivement dans les tarifs ultérieurs dont aucun ne parait lui avoir donné une signification différente.

659. Quant au *billet*, c'est-à-dire le billet simple, par opposition au billet à ordre et autres effets négociables, qui ont été spécialement tarifés (V. *suprà* § 2, 6°), cette expression n'a pas, au fond, une signification différente de celle du *contrat*. Cela s'induit de l'art. 1326, qui définit le *billet sous seing privé* « l'acte par lequel une seule personne s'engage envers l'autre à lui *payer une somme d'argent...* » (V. aussi Toullier, t. 12, n. 248). Ainsi l'expression *billet* ne diffère du mot *contrat* qu'à raison de la forme dans laquelle ils sont respectivement faits, le contrat étant l'acte notarié et le billet l'acte sous seing privé servant à constater l'obligation de sommes.

660. Pour la *promesse de payer*, c'est une expression qui, dans le droit, est synonyme de *billet*, et a absolument la même valeur, tellement que la loi les confond dans une même disposition lorsqu'elle dit, à l'art. 1326 précité : « le billet *ou la promesse* sous seing privé... »

661. Enfin, le *mandat*, non pas le mandat-procuration dont nous avons déjà parlé (V. *suprà* art. 68, § 1, n. 56), mais le *mandat-paiement* auquel se réfère la disposition ci-dessus, n'est, dans le langage du droit, que la lettre ou billet portant ordre ou autorisation de payer ou de compter à un tiers une certaine somme.

662. Par où on voit que sous des dénominations et des formes diverses, le contrat, la promesse de payer, le billet et le mandat sont, en définitive, une même convention tarifée par la loi. Il y a toutefois à indiquer quelques règles particulières à plusieurs de ces dénominations.

663. Relativement au *billet*, bien qu'il doive, aux termes de l'art. 1326 C. civ., être écrit en entier de la main de celui qui le souscrit, ou du moins porter un bon ou approuvé de sa main et contenant, en toutes lettres la somme ou la quantité de la chose, le droit proportionnel ne serait pas moins exigible, quand même le billet non écrit du souscripteur ne porterait pas le bon ou approuvé, par la double raison que l'omission ne constitue pas une nullité de plein droit, puisque la loi ne la prononce pas, et que la régie ni les tiers n'étant astreints à faire vérifier l'écriture des actes sous seing privé, tant que cette écriture n'est pas déniée, cette écriture est présumée émaner de la partie à laquelle l'acte l'attribue jusqu'à la dénégation, et par conséquent à l'époque de la perception (Champ. et Rig., t. 2, n. 863); à moins, toutefois, que le créancier, reconnaissant que l'écriture n'est pas de la main de son débiteur, déclarât ne se servir du billet que comme d'un commencement de preuve par écrit (Mêmes aut., *loc. cit.*, n. 863).

664. En ce qui concerne la *promesse de payer*, son identité avec le billet semblerait ne devoir rendre exigible le droit que sur les actes qui constatent ou supposent qu'une somme d'argent a été livrée. Ainsi, le billet dans lequel le souscripteur s'engage à rembourser, constate ou suppose que ce souscripteur a reçu, et c'est à cause de l'obligation qu'il prend de rendre que la convention est frappée du droit d'obligation. Il semblerait, dès lors, par suite de l'analogie, que la promesse de prêter ne devrait pas rendre le droit exigible, si elle ne portait que sur une somme qu'on n'a pas touchée, mais qu'on touchera ou qu'on doit toucher, ou bien sur une somme qu'on n'a pas reçue onqu'on ne doit pas recevoir (*Conf.* Champ. et Rig., t. 2, n. 921). Cependant cette doctrine n'a pas été suivie dans la pratique : il a été décidé, au contraire, que l'acte par lequel une maison, tout en prêtant une somme d'argent à un individu, promet de payer les dettes contractées par celui-ci vis à vis d'un tiers, donne ouverture au droit d'obligation, non seulement sur la somme prêtée, mais encore sur celle que la maison avait promis de payer à la décharge de l'emprunteur (25 déc. 1828, délib.) : et cette doctrine se trouve confirmée dans un arrêt de la cour de cassation, du 2 mars 1835 (D.P. 35. 1. 189).

665. Pour le *mandat*, soit qu'il ait été accepté par le débiteur, soit qu'il n'ait pas été accepté, le droit d'obligation est exigible, parce que, dans l'un et l'autre cas, il est un titre pour le porteur auquel il est délivré, et que le montant doit être payé, dans le premier cas, par celui sur qui le mandat a été tiré, et dans le second, par le souscripteur qui a reçu les fonds du porteur. Mais le mandat qui n'exprimerait point de valeur reçue, par exemple, celui qui serait causé *valeur en compte*, ne donnerait pas ouverture au droit proportionnel; car dans ce cas, le mandat ne serait obligatoire pour personne, puisqu'il ne doit entrer en compte qu'autant qu'il sera payé, et l'on ne sait pas s'il constituera une créance au profit du souscripteur, ou s'il ne fera que le libérer en balançant d'autres articles de son débit (Champ. et Rig., t. 2, n. 925).

666. *Transaction.* — La transaction est un contrat par lequel les parties terminent une contestation née ou préviennent une contestation à naître (C. civ., 2044). La loi fiscale a prévu cette convention qui y est l'objet de dispositions complexes. D'une part, l'art. 68, § 1er, n 45 (V. *suprà*), a tarifé au droit fixe celles qui ne contiennent aucune stipulation de sommes et valeurs ni disposition soumise par la loi à un plus fort droit d'enregistrement; d'une autre part, le texte ci-dessus, complétant en partie la réserve faite dans ce dernier article, assujettit au droit proportionnel les transactions qui contiennent obligation de sommes, sans libéralités, et sans que l'obligation soit le prix d'une transmission de meubles ou d'immeubles. L'application de ces dispositions a donné lieu, dans la pratique, aux plus sérieuses difficultés.

667. En principe, la transaction est simplement déclarative; elle n'a rien de translatif, et c'est pour cela qu'elle a été tarifée d'une manière générale à un droit fixe par la disposition précitée de l'art. 68 de la présente loi. A la vérité cet article contient une réserve pour le cas où la transaction contient une stipulation de sommes ou valeurs, etc. Mais cette réserve n'a rien qui ne soit conforme au droit commun en matière de transaction : car supposons que l'une des parties ne consente à la transaction qu'au moyen de l'aliénation faite en sa faveur d'un objet litigieux, il est certain qu'il y a, quant à cet objet,

une véritable mutation *ex novo titulo*; et par suite, cette mutation doit donner lieu à la perception d'un droit particulier d'enregistrement. On comprend ainsi que le texte ci-dessus n'est que le corollaire de l'art. 68, et qu'au moyen d'un exemple qu'il choisit, le législateur indique comment et en quel sens les transactions peuvent donner ouverture au droit proportionnel.

668. Ainsi, toute l'économie de la loi fiscale, dans ses rapports avec la transaction, est simple et facile; cette convention est tarifée à un droit fixe, parce qu'en principe et de sa nature, elle est simplement déclarative ; mais elle peut, dans des circonstances données dont la disposition ci-dessus fournit un exemple, contenir des stipulations libératoires, obligatoires ou translatives, et alors elle donne ouverture au droit proportionnel de libération, d'obligation ou de transmission. Telle est, en deux mots, l'économie de la loi : il ne paraissait pas possible qu'un doute sérieux s'élevât dans l'application.

669. Cependant il en a été tout autrement. Le système suivi par la régie, en cette matière, a consisté à prendre pour base de la perception le changement dans la possession. Ainsi elle a considéré comme rendant exigible le droit proportionnel toute transaction dans laquelle la chose litigieuse changeait de main; par exemple, une transaction entre un légataire universel saisi de plein droit à défaut d'héritiers à réserve, et les héritiers naturels donne ouverture à ce droit si le premier renonce, par la transaction, aux effets du testament, parce qu'il y a transmission de lui aux héritiers naturels, des choses dont il était saisi, par suite du testament. Au contraire, le droit fixe seulement serait exigible, si la transaction n'amenait aucun changement dans l'état de possession. Un grand nombre de décisions ont consacré cette doctrine, et la Cour de cassation, secondant les exigences fiscales de l'administration, s'est pleinement rangée à cet avis. (Cass. 15 fév. 1831; 19 nov. 1839; 26 juill. 1841; 21 mars 1842; 2 janv. 1844. D. P. 31. 1. 75; 40. 1. 10; 41. 1. 312; 42. 1. 159; 44. 1. 113).

670. Ce n'est pas tout, cette règle même n'a pas suffi à la Régie; poussant plus avant son système, elle a pensé que lorsque les héritiers ont élevé la prétention d'être seuls propriétaires de la succession, la transaction par laquelle ils abandonnent cette prétention, ne peut être considérée que comme une cession de leurs droits, et que l'acte, dans ce cas, est passible du droit proportionnel et non du simple droit fixe. (12 juin 1829. délib.) — Au moyen de cette règle qui, dans le système de la régie, n'excluait pas celle qui est indiquée dans le n. précédent, et qui la laisserait subsister, au contraire, pour tous les cas où elle pourrait être utilement invoquée, l'administration en est venue à un système que l'on peut résumer ainsi: s'il y a changement dans l'état de possession des parties, le droit proportionnel est dû à raison des objets transmis au nouveau possesseur; s'il n'y a pas changement, le même droit est dû à raison de la prétention abandonnée, parce que l'autre partie abandonnant sa prétention, il y a, sinon cession de la chose, du moins cession de l'action tendant à l'obtenir. — Dans ce système, on conçoit que la disposition de l'art. 68, § 1, n. 45, qui tarife expressément la transaction à un droit xe, est comme si elle n'existait pas; car il n'y a pas

de cas où la doctrine de la régie en puisse permettre l'application.

671. Mais il est évident que le système de la régie ne saurait se soutenir. D'abord, quant à la doctrine qui s'induit de la délib. du 12 juin 1829, elle avait été réfutée par avance dans un réquisitoire de Merlin où on lit : « La loi ne voit dans la transaction sur des droits immobiliers, que la fin d'un procès douteux ; elle ne se permet pas de peser les prétentions dont les parties ont fait respectivement le sacrifice ; elle ne se permet pas de dire, *telle prétention était fondée, en y renonçant celui qui la formait en a aliéné l'objet*; elle le respecte religieusement et ne souffre pas qu'on le soulève».—Depuis, la doctrine de la régie sur les *prétentions abandonnées* a été combattue de toutes parts. (Champ. et Rig., t. 1, n. 644 ; Dalloz, éd. nouv., *loc. cit.*, 13 mars 1835, trib. de Gray, 8 mars 1843, trib. de Nîmes. D. P. 36. 3. 119), et la régie semble y avoir elle-même renoncé, en donnant son acquiescement à un jugement contraire du trib. de Cambrai, du 31 août 1842.

672. Et quant à la doctrine fondée sur le changement dans l'état de possession, doctrine à laquelle la jurisprudence de la Cour de cassation fournit un puissant appui, elle ne paraît pas plus admissible. La transaction est un contrat par lequel, ainsi que le dit la loi civile, les parties terminent une contestation née, ou préviennent une contestation à naître. Cette définition étant donnée, il importe peu que l'une des parties qui transigent soit un légataire en possession ou un héritier non réservataire. La possession du premier n'empêche pas qu'on se dispute la propriété; son droit apparent peut être bien ou mal fondé, et par conséquent litigieux. L'acte qui intervient entre eux est donc une transaction au point de vue de la loi civile, et s'il est tel, en droit civil, il ne saurait être différent, respectivement à la loi fiscale, d'autant plus que lorsque autrefois on s'efforçait de déterminer quels étaient, en droit civil, les caractères de la transaction, c'était précisément pour arriver à résoudre des questions de droit fiscal. Ainsi, de ce que la transaction sur un fonds n'était pas *novus titulus*, mais seulement *cessatio controversiæ*, ou bien *tituli pœtensi confessio*, d'Argentré et la plupart des feudistes avaient conclu que le droit de mutation n'était pas dû. Or, cette liaison intime que les feudistes ont établie, en cette matière, entre les principes du droit civil et ceux de la loi fiscale, il n'est pas un texte, pas une autorité qui l'ait rompue sous l'empire de la loi nouvelle. Au contraire, de l'aveu de tous les auteurs, toute l'économie de la présente loi consiste dans la confirmation, sur ce point, des règles qui avaient anciennement prévalu. (Merlin, Rép., v° Transaction, § 4, n. 6, et v° Partage, § 11, n. 4 ; Champ. et Rig., t. 1, n. 602 et suiv.)

673. Il faut le dire toutefois, l'abandon fait par une des parties à celle avec laquelle elle transige, est susceptible de déterminer la perception du droit proportionnel. Mais il faut que cet abandon porte sur un objet non litigieux. C'était là la grande distinction qui avait prévalu dans les anciens principes. On y tenait que la possession de la chose litigieuse était sans influence en ce qui concerne la détermination du droit à percevoir sur la transaction; mais que dès qu'il y avait abandon, de la part de l'une des parties, pour prix de la transaction, d'une chose non comprise dans le litige, il y avait, relativement à cette chose, une mutation de propriété qui rendait exigible

un droit particulier. C'est aussi ce qui a été admis par les auteurs, sous l'empire de la loi nouvelle. (V. les autorités citées au n. préc. *add.* Valette, *Rev. de lég. franç. et étrang.* 10ᵉ année, t. 2, p. 216 et un arrêt de la Cour de cassation elle-même, rendu le 11 avril 1808. D.A. 7. 145).

674. En principe, c'est l'incertitude du droit qui constitue la transaction. Ainsi, dès l'instant que le droit serait certain, l'acte intervenu à son occasion serait en vain qualifié transaction ; il n'en aurait pas le caractère ; et réciproquement, si le droit était incertain, l'acte pourrait être qualifié de cession, de transport, ou autrement ; il ne constituerait, au fond, qu'une transaction.

675. *Arrêtés de compte.* — Le compte est un état des recettes et des dépenses faites par une personne, état présenté par cette personne elle-même dans le but d'établir sa situation comme débitrice ou créancière, vis-à-vis d'une autre personne à laquelle cet état est présenté. Ainsi, un compte suppose toujours une recette faite pour autrui ; et par suite, l'on ne pourrait considérer comme compte l'acte par lequel un débiteur règlerait avec son créancier ce qu'il resterait lui devoir d'une dette précédemment établie. (20 avril 1822, délib.)

676. C'est seulement *l'arrêté de compte* contenant obligation de sommes qui est expressément tarifé par le texte ci-dessus. Mais il n'en faut pas conclure que ceux qui contiendraient quittance ou libération, et que la loi ne mentionne pas, ne doivent être soumis qu'au droit fixe. La loi pose, à l'égard des libérations, une règle générale que nous avons examinée au § précédent n. 11, en assujettissant tous actes et écrits *portant libération* au droit de 50 c. pour cent. (V. *suprà* page 1046, n. 644.) D'où la conséquence que, lorsque les arrêtés de compte peuvent être compris au nombre de ces actes et écrits, ils rendent exigible le droit de libération, et c'est ce qui a été fréquemment décidé.

677. Mais de ce que la disposition ci-dessus n'assujettit au droit proportionnel que les *arrêtés de compte*, il s'ensuit qu'elle ne peut être appliquée aux simples projets de compte ; ce qui s'entend aussi bien des projets volontairement rendus par un comptable que la loi n'oblige point à rendre compte en justice, que de celui qui doit nécessairement précéder, d'après les art. 472 C. civ. et 554 C. proc., le compte de tutelle rendu à l'amiable ou en justice (6 août 1825, 24 nov. 1826, 16 fév. 1827, délib. c. d'adm. ; 19 mai 1837 sol. D. P. 58 1. 118).

678. Le compte étant l'état qui détermine la situation des parties, il s'ensuit que tout compte doit en général contenir le tableau des recettes et celui des dépenses faites par le rendant. Cet état se termine par une balance qui établit l'excédent de l'un des deux tableaux sur l'autre. La différence se nomme reliquat, et c'est sur ce reliquat, seulement et à raison de ce reliquat, que le droit proportionnel est perçu, d'après une interprétation générale, d'accord en cela avec les principes de l'ancienne législation. (Cass. 8 mai 1826, D. P. 26. 1, 276).

679. Ainsi, le droit proportionnel n'est pas exigible à raison des sommes qui figurent en recette ou en dépense, dans le compte, ni à raison des dettes actives ou passives qu'il mentionne.

680. Quant au reliquat, il peut être en faveur de l'oyant ou en faveur du rendant. Lorsque les recettes excèdent les dépenses, c'est le rendant qui est débiteur : le reliquat est en faveur de l'oyant. Dans ce cas, si le rendant paie immédiatement, c'est une exécution pure et simple du mandat qui ne donne ouverture à au-

cun droit proportionnel. Mais s'il ne paie pas immédiatement, il se fait, dans sa position, un changement qui détermine le droit d'obligation : il devient débiteur de simple dépositaire qu'il était, et se rend par cela même applicable la disposition ci-dessus de la loi de frimaire. — Toutefois, il n'en est ainsi que dans le cas où l'arrêté de compte n'aurait été précédé d'aucun acte enregistré, ou d'aucune convention légale qui fût le principe et le titre de l'obligation. Cette règle, qui a été contestée par la régie (22 fév. 1808 Inst., gén. n. 366, § 4) est établie aujourd'hui sur une jurisprudence constante, (cass. 10 déc. 1817, 1 avril 1822, 16 mai 1832, 18 fév. 1835, 11 déc. 1858. D. A. 7. 41 ; D. P. 32. 1. 87 ; 33. 1. 159 ; 39. 1. 113.) ; et cela est vrai, soit qu'il s'agisse d'un mandat légal, soit qu'il s'agisse d'un mandat conventionnel. (Cass. 21 nov. 1852. D. P. 53. 1. 87.) La régie, du reste, a fait un premier pas vers cette doctrine dont elle a admis l'application pour les créances reconnues et liquidées lorsqu'elles sont mentionnées dans un acte précédemment enregistré (8 mai 1839. Inst. gén., n. 1587). Mais elle maintient son ancienne solution relativement aux créances reconnues qui n'ont pas été mentionnées. (Même inst.) Disons toutefois que la distinction ne trouve aucun appui dans les arrêts précités de la cour de cassation, dont plusieurs, au contraire, la condamnent formellement.

681. Lorsque les dépenses excèdent les recettes, c'est l'oyant qui est débiteur ; le reliquat est alors en faveur du rendant. Si l'oyant paie immédiatement, il y a un acte libératoire qui rend exigible le droit de quittance (Cass. 22 avril 1825. D.A. 7. 45.). S'il ne paie pas immédiatement, le droit d'obligation est exigible sans difficulté lorsque l'arrêté de compte forme le titre de la dette. Mais il y a plus de doute lorsque l'arrêté de compte ne fait que constater la situation des parties, et que le contrat originaire a été précédemment enregistré. Dans cette situation on peut dire que l'obligation du mandant n'est en définitive que la consommation du mandat qu'il avait donnée, et que de même que le mandat est le titre du mandant pour exiger le paiement des recettes, de même aussi ce mandat est le titre du mandataire pour exiger le remboursement de ses avances (Conf. Champ. et Rig., t. 2, n. 1046) Cependant cette doctrine a été rejetée. Et en effet, on peut répondre que quand c'est le rendant compte qui solde un reliquat au moment de l'arrêté, c'est seulement par la considération qu'il ne fait qu'exécuter son mandat, que le droit de libération n'est pas exigible, en règle générale (v. le n. qui précède). Mais la même considération ne se présente plus lorsque c'est l'oyant qui paie immédiatement ; car on ne peut pas dire que l'oyant soit le mandataire du rendant ; aussi a-t-on vu que le droit de libération est exigible lorsque l'oyant paie immédiatement le reliquat dont il est constitué débiteur. Or, la même différence qui existe entre le rendant et l'oyant, dans cette hypothèse, doit exister, et par le même motif, lorsque, au lieu d'un paiement actuel, il y a obligation de payer prise au moment de l'arrêté de compte. Le titre du mandataire est véritablement cet arrêté qui constate les avances qu'il a faites : et l'on est logiquement amené à dire que si ces avances ne lui sont pas remboursées immédiatement, il en résulte une obligation sujette au droit proportionnel. (V. Dict. de l'enreg., vᵒ Compte, n. 85, cass. 25 mars 1842. D.A. 7. 54.

682. Lorsque les recettes et les dépenses sont balancées, les parties se trouvent respectivement quittes. Mais il n'est dû aucun droit proportionnel, par le

motif que la libération résulte nécessairement de restitutions si le mandataire n'a payé qu'après avoir reçu, ce qui alors n'est que l'exécution du mandat; ou de compensations, si le mandataire n'a reçu qu'après avoir payé, et la compensation dérivant de la loi, ne donne pas ouverture au droit proportionnel (Cass. 1 mars 1836; 23 déc. 1836. Inst. gén. 1518, § 5. D.P. 36. 1. 150 : 37. 3. 129).

683. *Transport et cession de créance à terme.* — Sous cette double dénomination, la loi tarife une seule et même convention : la vente appliquée aux droits incorporels, et particulièrement aux créances. En effet, les mots cession et transport sont absolument synonymes; ils signifient l'un et l'autre l'acte par lequel le propriétaire d'un droit transmet à un autre sa propriété, moyennant un prix consistant en une somme d'argent que ce dernier paie actuellement, ou qu'il s'oblige à payer.

684. La cession est parfaite entre les parties, et la propriété est acquise de droit au cessionnaire, à l'égard du cédant, dès qu'on est convenu de la chose et du prix, quoique le titre de l'obligation n'ait pas encore été remis au premier, et que le second n'ait pas reçu le prix. De là cette conséquence que, relativement à la perception du droit, il importe peu que le cessionnaire ne soit saisi à l'égard des tiers que par d'autres formalités exigées par la loi civile, telles que la signification au débiteur, ou son acceptation. Dès qu'il y a accord sur la chose et sur le prix, la cession existe; ce qui suffit pour rendre le droit exigible (Champ. et Rig., t. 2. n. 1205).

685. Mais l'acceptation du cessionnaire est indispensable pour l'exigibilité du droit. Le contraire résulte néanmoins d'une décision du min. des fin. du 3 mai 1820. Toutefois cette décision ne saurait être suivie, car il n'y a pas plus cession sans l'acceptation du cessionnaire, qu'il n'y a vente sans le consentement de l'acheteur (Champ. et Rig., *loc. cit.*, n. 1204).

686. *Délégation.* — La disposition ci-dessus tarife deux espèces de délégations : 1° les délégations pures et simples de créance à terme ; 2° les délégations de prix stipulées dans un contrat, pour acquitter une créance à terme envers un tiers. Mais la loi établit une distinction qu'il ne faut pas perdre de vue. Elle assujettit les *délégations de créance à terme* au droit, dans tous les cas, soit que le créancier ait un titre enregistré, soit qu'il n'en ait pas ; tandis qu'elle ne soumet à aucun droit la délégation *non acceptée* du prix stipulé *dans un contrat*, à moins que le *créancier* n'ait pas de titre enregistré.

687. Relativement à la première de ces délégations, il importe de faire remarquer qu'on distingue la délégation parfaite et la délégation imparfaite. La délégation *parfaite* est celle qui s'opère par le concours 1° de l'ancien débiteur qui donne à son créancier un autre débiteur à sa place, *et qui lui cède la créance qu'il a sur ce dernier*; 2° du débiteur délégué qui s'oblige envers le créancier délégataire, à la place de l'ancien débiteur; 3° du créancier délégataire qui, en conséquence de la cession qui lui est faite par son ancien débiteur, et de l'obligation que contracte envers lui le nouveau débiteur délégué, décharge le déléguant. Cette délégation contient un transport de créances, accepté par le cessionnaire, nommément assujetti au droit de 1 pour 100 (3 fruct. an 13, Inst. gén. 290, n. 21).—La délégation est imparfaite à défaut de concours et d'acceptation de la part du délégataire.

688. Mais on s'est demandé si les délégations de créances à terme acceptées ou non acceptées, sont,

dans tous les cas, sujettes au droit proportionnel. La jurisprudence de la régie a été contradictoire sur ce point. Toutefois on a fini par considérer que la délégation n'emporte pas moins de la part du déléguant un dessaisissement actuel qui peut, sans aucune acceptation écrite, avoir sa pleine et entière exécution, et qu'en conséquence le droit était exigible. Cette solution ayant été consacrée par la cour de cassation pour un acte *postérieur* à la vente, en justice, des biens d'une succession acceptée sous bénéfice d'inventaire, par lequel l'héritier, pour se conformer à l'art. 806 C. civ., avait délégué le prix de cette vente à divers créanciers non comparants, en l'acceptant (Cass. 11 nov. 1822; 31 déc. 1823. D.A. 7. 64, 65), il a été posé en principe que les délégations de créances acceptées ou non acceptées, sont dans tous les cas, sujettes au droit proportionnel (6 mars 1829. Inst. gén. 1270).—Cette doctrine est vivement combattue par Champ et Rig., t. 2, n. 1167 et suiv.).

689. En ce qui concerne la délégation de prix stipulée dans un contrat, fesons remarquer que ce n'est point à proprement parler la délégation, c'est le défaut d'énonciation de l'enregistrement du titre qui donne ouverture à la perception, parce que la délégation a l'effet de reconnaître la dette et de servir de titre au créancier, lors même qu'il ne serait pas présent au contrat (3 fruct. an 13. Inst. gén. 290, n. 21; 19 mai 1824. Inst. gén. 1132, § 5: 6 mars 1829. Inst. gén. 1270; 6 et 9 oct. 1824, sol. Champ. et Rig., t. 2, n. 1143 et suiv.).

690. Néanmoins le droit de 1 p. 100 ne peut être exigé sur les déclarations de dettes contenues dans les donations entre vifs, *faites avec partage*, par les père et mère, au profit de leurs enfants, conformément aux art. 1075 et 1076 C. c., bien que les copartageants soient chargés d'acquitter ces dettes, et qu'elles ne soient pas établies par des titres enregistrés (Cass. 21 juin 1832, D.P. 32. 1. 531; Champ. et Rig., t. 2, n. 1151).

691. On avait pensé que le droit prop. (indépendamment de la circonstance du titre enregistré ou non) devait être acquitté, soit lorsque le tiers intervenant dans le contrat acceptait la délégation à son profit, soit lorsque cette acceptation était donnée par un acte postérieur au contrat ; que même il n'était pas nécessaire, pour cette perception, que l'acceptation fût expresse; qu'il suffisait qu'elle résultât d'une quittance, d'un consentement à radiation d'inscription ou de tout autre acte qui renfermât le consentement implicite du créancier à la délégation (14 avril, 22 mai, 2 oct. 1824 sol.). — Mais il a été ultérieurement établi que 1° lorsque le tiers délégataire intervient dans le contrat, s'il accepte purement et simplement la délégation, il n'est dû que le droit fixe de 1 fr. pour cette acceptation; s'il reçoit le paiement de la créance, le droit de quittance est exigible; 2° si l'acceptation de la délégation résulte explicitement ou implicitement d'un acte postérieur au contrat, il n'y a lieu de percevoir que le droit fixe de 1 fr., à moins toutefois que cet acte ne contienne paiement de la somme déléguée ; dans ce cas même, il ne serait dû, malgré la double libération, qu'un seul droit de quittance. (Cass. 5 sept. 1827; 2 avr. 1828. D.P. 28. 1. 201; 21 juill. 1828, D.P. 28. 1. 540; 28 nov. 1828; Sol. 6 mars 1829, Inst. gén. 1370).

692. Toutefois, il importe d'observer que le droit proportionnel devient exigible toutes les fois qu'aucune délégation n'ayant été faite dans le contrat, le vendeur ou le donateur délègue, *par acte postérieur*, le prix de la vente ou une somme formant charge

de la donation. Cette disposition, indépendante du contrat, ne peut plus être considérée comme une délégation du prix stipulé dans un contrat; c'est alors une délégation de créance à terme qui, acceptée ou non, est passible du droit proportionnel (Cass., 26 mai 1834; 18 janv. 1838, trib. de la Seine, D.P. 34. 1. 255; 38. 4. 109; Champ. et Rig., t. 2, n. 1157).

693. *Reconnaissances*. La reconnaissance est l'acte par lequel on reconnaît la vérité d'un fait ou d'une convention, ou par lequel on reconnaît avoir reçu des titres, des papiers ou des sommes d'argent, des valeurs que l'on s'oblige à rendre. Celle dont il s'agit dans la disposition ci-dessus est particulièrement l'acte par lequel on reconnaît devoir une somme d'argent.

694. En général, le droit n'est pas exigible sur la reconnaissance à laquelle une des parties seules a comparu; parce que la droit d'obligation, comme, du reste, celui de toute convention, ne peut être perçu que sur un acte faisant titre de la dette (V. *suprà*, le § précédent, n. 11, et le Comment.). Or, pour qu'une reconnaissance fasse titre, il est indispensable qu'elle contienne la preuve du double consentement du débiteur et du créancier. Le principe a été formellement reconnu à l'égard de la reconnaissance du débiteur faite hors la présence du créancier dans un inventaire (30 flor. an 13, déc. min. fin.), dans un acte de partage (7 nov. 1826, 25 avril 1827, D.P. 27. 1. 37; 216; 20 mars 1827, Inst. gén., 1208, § 10), dans une donation (7 juin 1808, déc. min. fin., Champ. et Rig., t. 2, n. 874; 4 oct. 1826, délib.), dans un contrat de mariage (Champ. et Rig., *loc. cit.*, n. 876; 12 oct. 1820, trib. de Strasbourg, *Contrà*, 30 août 1826, délib.). Mais ce principe a été écarté relativement aux reconnaissances contenues dans les testaments (28 juin 1829, Inst. gén., 1282, § 9; 20 juill, 1838, délib., D.P. 39. 3, 106. Champ. et Rig., t. 2, n. 883 et suiv.). Il n'y a pas, toutefois, il faut le dire, de motif sérieux pour décider, relativement aux testaments, autrement que relativement aux actes qui viennent d'être énumérés (Dalloz, Jurisp. gén., édit. nouv., v° Enregist., lit. 2, ch. 2, sect. 1re, art. 2, n. 4).

695. Dans l'hypothèse où la reconnaissance émane du créancier seul et sans l'intervention du débiteur, il est plus évident encore qu'elle ne saurait faire titre, nul ne pouvant se donner un titre à lui-même.

696. La présence et le concours des deux parties à l'acte ne suffirait même pas pour rendre le droit exigible : il faut, de plus, qu'elles aient eu l'une et l'autre l'intention de donner un titre à l'obligation (25 nov. 1842, délib. D.P. 43. 3. 72).

697. Quant aux reconnaissances par des maris ou leurs héritiers, elles sont expressément tarifées au droit fixe par l'art. 68 de la présente loi, § 3, n. 1. V. *suprà*). Toutefois, l'affranchissement du droit proportionnel ne s'applique pas au cas où la dot a été reçue par un autre que le futur, par exemple, le père ou tout autre parent qui s'oblige à la restituer (18 vend. an 9 sol.).

698. *Reconnaissances de dépôt*. — Il s'agit ici du dépôt de sommes *chez des particuliers*. Le législateur, s'écartant en cela des règles ordinaires du tarif, en matière de dépôt, lequel est généralement tarifé au droit fixe (V. *suprà*, art. 68, § 1er, n. 26 et 27), a appliqué à ce cas particulier le droit proportionnel d'obligation. Cette exception est fondée sur la facilité excessive qu'il y aurait eu à dissimuler, sous l'apparence d'une reconnaissance de dépôt, les prêts et

obligations de sommes, et partant à frauder la règle; si la loi eût admis, pour le dépôt de sommes chez les particuliers, les bases posées pour les dépôts chez les officiers ministériels dont le caractère officiel exclut la possibilité de la fraude.

699. La présomption qui sert de base à la loi a fait élever la question de savoir si l'on pourrait, en prouvant que le dépôt reconnu ne cache pas un prêt, mais est un véritable dépôt de sommes, être admis à ne payer que le droit fixe. D'après Champ. et Rig., t. 2, n. 830, il y aurait lieu de se prononcer affirmativement, attendu que les présomptions de la loi fiscale admettent généralement la preuve contraire, et qu'on ne voit pas pourquoi celle dont il s'agit ici la repousserait. Le texte de la loi résiste, à notre avis, à cette solution : quelle que soit la présomption sur laquelle ce texte est fondé, c'est le *dépôt* qu'il a nommément tarifé au droit proportionnel. Donc, prouver qu'il y a dépôt, c'est prouver que l'on est précisément dans l'hypothèse que la loi a prévue; dans celle qui rend applicable le tarif qu'elle a établi (Dalloz, *loc. cit.*, tit. 2, ch. 1er, sect. 1re, art. 7).

700. D'ailleurs, la disposition ci-dessus, quoique relative aux dépôts faits chez les particuliers, serait applicable même au dépôt fait chez un notaire qui aurait agi comme simple particulier (30 janv. 1829, 8 déc. 1835, délib.).

701. À l'occasion des dépôts chez les particuliers, la loi ne parle pas des décharges, comme elle l'a fait relativement aux autres dépôts. On en a conclu que la présomption qui a fait établir le droit proportionnel pour le dépôt même ne doit pas être étendue à la décharge, laquelle devrait par conséquent être soumise comme toutes les décharges, au simple droit fixe (Champ. et Rig., t. 2, n. 1529.) Il faut cependant reconnaître que si, dans la pensée de la loi, le dépôt chez un particulier ne constitue qu'un prêt déguisé, le complément naturel et nécessaire de cette supposition, c'est que la décharge de ce dépôt prétendu n'est au fond qu'une quittance. On n'est donc pas conséquent en soumettant cette décharge au droit de libération (19 mars 1853, délib. D. P. 33. 3. 89; Dict. de l'enrg., v° Décharge, n. 50).

702. Bien que la loi n'ait tarifé que la *reconnaissance de dépôt*, il y aurait cependant lieu d'appliquer le tarif, si la preuve du dépôt était acquise autrement que par une reconnaissance, c'est-à-dire par un acte émané volontairement du dépositaire (*Contrà*, Champ. et Rig., t. 2, n. 832.)

703. *Obligation de sommes*. — Après avoir énoncé les diverses dénominations que nous venons de parcourir, le texte ci-dessus tarife au même droit, par voie de disposition générale et complémentaire, tous actes ou écrits qui contiendront obligation de sommes, sans libéralité et sans que l'obligation soit le prix d'une transmission de meubles ou d'immeubles non enregistrée. Remarquons sur cette disposition que par son texte même, elle semble n'atteindre que le prêt qui, en effet, n'a pas été nommément tarifé par la loi. Par ces expressions *sans que l'obligation soit le prix*, etc., elle exclut l'idée qu'elle soit applicable à toute obligation de somme dérivant d'un contrat synallagmatique; et par celle-ci *sans libéralité*, elle exclut l'idée qu'elle puisse s'appliquer aux contrats unilatéraux autres que le prêt. Puisque tous les autres contrats unilatéraux, c'est-à-dire le cautionnement, le dépôt, et le mandat, ont été nommément tarifés (Champ. et Rig., t. 2, n. 802 et suiv.) Mais depuis la publication du code civil qui, selon une jurisprudence constante, a voulu rendre obli-

— 4° Les mutations de biens immeubles, en propriété ou usufruit, qui auront lieu par décès en
ligne directe (1).

gatoire la promesse de prêter, on a fait rentrer aussi
dans cette disposition de tarif, sous certaines conditions toutefois, les promesses de cette nature très-fré-
quentes dans le commerce, où elles sont connues sous
la dénomination d'*ouverture de crédit*. La disposition qui vient d'être transcrite s'applique donc au prêt
et aux promesses de prêter ou ouvertures de crédit.

704. Quand au *prêt*, on en distingue de deux espèces en droit civil, le prêt à usage ou commodat, le
prêt de consommation (C. civ. 1875, 1892.) Ce dernier
prêt, qui peut avoir pour objet toutes choses qui se
consomment par l'usage, peut être par cela même
d'une somme d'argent. En ce qui concerne l'application de la loi fiscale, le prêt de consommation, dans
ce dernier cas, ne présente aucune difficulté : il
donne incontestablement ouverture au droit d'obligation. Mais lorsque le prêt de consommation a pour objets des choses matérielles autres que l'argent ou des
valeurs qui en tiennent lieu, quelques auteurs ont
pensé qu'il ne rentre dans aucune catégorie des contrats tarifés, et en conséquence, qu'il n'est passible que
du droit fixe de 1 fr. déterminé par l'art. 68 § 1, n. 51.
(Champ. et Rig. t. 2, n. 804.) La doctrine contraire a
toutefois prévalu (Dict. de l'enreg., v° Prêt, n. 26, 27
et 28; Dalloz, *loc. cit.*; 12 mai 1814, sol. ; 10 mars
1828, délib. D. P. 33. 3. 28.)—Relativement au prêt à
usage ou commodat, au contraire, comme de sa nature
il ne constitue point une transmission de valeurs, on
soutient généralement qu'il ne donne pas ouverture
à un autre droit que le droit fixe établi par l'art. 68;
§ 1, n. 51 (Dict. enreg., *loc. cit.*, n. 10 ; Dalloz, *loc.
cit.*, Champ. et Rig., n. 808.) La régie a tenté cependant
de faire prévaloir la doctrine contraire (10 mars 1828
délib. D. P. 33. 3. 28.)

705. Le prêt de consommation peut se faire sur
nantissement ou sur dépôt. Une loi du 8 sept. 1830
a, par une exception faite en faveur du commerce, réduit à un droit fixe le prêt sur dépôt de marchandises ; voyez cette loi à sa date et notre Comm.

706. Relativement aux *promesses de payer, ou ouvertures de crédit*, elles consistent dans l'obligation
que prend un négociant qui, relativement à cette convention, s'appelle créditeur, de fournir à un autre
que l'on nomme crédité, des fonds ou des effets négociables jusqu'à concurrence d'une certaine somme;
à la charge par le crédité d'en rembourser le montant avec intérêts. La faculté qui est accordée à
celui-ci prend le nom de *crédit*. Ce contrat, qui forme
un engagement réciproque, a été généralement considéré comme obligatoire depuis le Code civil. En partant de là, la régie, sans trop s'occuper de déterminer
le caractère propre de la convention, l'avait d'abord
fait rentrer dans la disposition finale de l'art. 69, § 5,
D. 3, que nous commentons ici, en la considérant
comme donnant ouverture, au moment même de la
formation, au droit d'obligation (6 déc. 1833; D. P.
34. 3. 28; 25 juill. 1835, Délib.; 18 oct. 1832, sol. D.
P. 33. 3. 15.) Mais le caractère éventuel de la convention a fait admettre, comme une règle certaine en
jurisprudence, que le droit n'était pas exigible quant
à présent, qu'il ne devait être perçu que lors de la
réalisation et à raison des sommes dont le crédité
aurait profité (Cass. 10 mai 1831; 9 mai 1832, D. P.
31. 1. 167 ; 32. 1. 348.) La régie s'est elle-même
conformée à cette nouvelle doctrine (27 avr. et 3 juil.
1838. Délib. D. P. 38. 3. 211.)

§ 4. — 1 *franc 25 centimes par* 100 *francs.*

1° Les donations entre vifs, en propriété ou
usufruit, de biens meubles, en ligne directe (2).

(1) 707. La loi du 16 juin 1824, art. 3, a appliqué
cette quotité aux donations et partages d'ascendant
en conformité des art. 1075 et 1076. C. civ. — Il
s'agit ici du droit de succession, c'est-à-dire de celui
qui, dans la loi fiscale, frappe l'action de succéder à
une personne, de prendre la place qu'elle laisse vide
par son décès, et de la représenter dans tous ses
biens, dans tous les droits et dans toutes les charges
qui peuvent passer à un successeur. Les successions
sont légitimes, testamentaires ou contractuelles. Ces
trois modes sont compris dans le tarif sous la dénomination générale de *mutation par décès* (V. l. 28
avril 1816, art. 55.)

708. Les droits de mutation par décès qui s'effectuent
par succession, varient suivant la nature des biens
transmis et la parenté existant entre le défunt et les
héritiers. La présente disposition est exclusivement
relative aux mutations de biens immeubles qui ont
lieu par décès en ligne directe ; et les tarifs ultérieurs
n'ont pas modifié le droit établi par celui de l'an 7.
En ce qui concerne les mutations des biens meubles
dans la même ligne, V. *supra*, § 1, n. 3. — Relativement aux mutations en ligne collatérale ou entre
personnes non parentes, Voy. ci-après la loi du 21
avril 1832, art. 33.

709. Dans la ligne directe ascendante ou descen-
dante, la loi fiscale ne distingue pas les degrés. Les enfants légitimés par mariage subséquent sont appelés
aux successions ouvertes depuis le mariage ; mais ils
sont étrangers à celles qui étaient ouvertes auparavant
(Champ. et Rig., t. 4, n. 3315 et suiv.). Entre l'adoptant et l'adopté, les mutations sont en ligne directe
(Cass. 2 déc. 1822. D.A. 1. 312. — Lorsque un individu est appelé à la fois comme ascendant et comme
collatéral, le droit est déterminé pour chaque objet
suivant le titre auquel il lui est dévolu (Champ. et
Rig., n. 3321).

710. Le droit de mutation par décès s'applique aux
successions ouvertes par la mort naturelle et par la
mort civile; mais le droit successif n'est applicable
qu'aux mutations opérées à titre successif (Cass. 27
niv. an 11. D.A. 7. 79. Champ. et Rig., t. 3, n. 2481).
Relativement à l'absence et à la possession des héritiers présomptifs.... V. *supra* l'art. 24 de la présente
loi et le Comm. (note).

(2) 711. Le tarif des donations a éprouvé de fréquentes variations dont on peut voir l'analyse et le tableau
au Dict. de l'enreg., v° Donation entre-vifs, n. 84
et suiv. Aujourd'hui, la quotité du droit varie,
comme celle des mutations par décès, suivant la nature mobilière ou immobilière de l'objet donné, et
suivant le degré de parenté du donataire et du donateur. La disposition ci-dessus transcrite tarife la donation en ligne directe relativement aux biens meubles ; elle est complétée, relativement aux biens
immeubles, par le §.6, n. 2 du même article de la
présente loi (V. *infrà* le Commentaire, dans lequel on
trouvera des principes communs au texte ci-dessus).
—Le tarif, à cet égard, est celui qui subsiste encore
aujourd'hui. — En ce qui concerne les donations de
biens meubles ou immeubles, en ligne collatérale et
entre personnes non parentes, V. les lois des 21 avri
1832, art. 33. — Le droit établi par la disposition ci-
dessus a été réduit à 25 c. p. 0/0 lorsque les donations sont faites en conformité des art. 1075 et 1076
C. civ. (V. L. 16 juin 1824, art. 3.)

Il ne sera perçu que moitié droit; si elles sont faites par contrat de mariage aux futurs.

2° Les mutations en propriété ou usufruit de biens meubles, qui s'effectuent par décès, entre collatéraux et autres personnes non parentes, soit par succession, soit par testament ou autre acte de libéralité à cause de mort (1).

Il ne sera dû que moitié droit pour celles qui auront lieu entre époux.

§ 5. — 2 *francs par 100 francs.*

1° Les adjudications, ventes, reventes, cessions, rétrocessions, marchés, traités et tous autres actes, soit civils, soit judiciaires, translatifs de propriété, à titre onéreux, de meubles, récoltes de l'année sur pied, coupes de bois-taillis et de haute futaie, et autres objets mobiliers généralement quelconques, même les ventes de biens de cette nature faites par la Nation (2).

Les adjudications à la folle enchère de biens meubles sont assujetties au même droit, mais seulement sur ce qui excède le prix de la précédente adjudication, si le droit en a été acquitté.

2° Les constitutions de rentes soit perpétuelles, soit viagères, et de pensions, à titre onéreux, les cessions, transports et délégations qui en sont faits au même titre, et les baux de biens meubles faits pour un temps illimité.

3° Les échanges de biens immeubles (3).

---

(1) 712. La quotité de droit a été augmentée et graduée suivant le degré de parenté. V. l. 28 avril 1816, art. 55 et l. 21 avril 1832, art. 33.

(2) 713. La disposition ci-dessus a pour objet de tarifer la vente et toute convention qui, comme elle, translative à titre onéreux. Elle s'applique aux actes est translatifs de biens meubles, et est complétée relative aux actes translatifs de biens immeubles, par le présent art. § 7 n. 1, qui reproduit toutes les dispositions comprises dans le texte ci-dessus. On remarquera toutefois que le droit proportionnel est nommément appliqué aux mutations d'immeubles en *usufruit*, et que la même disposition n'est pas répétée pour les meubles dans le présent texte. Mais il ne faut tirer aucune conséquence de cette différence de rédaction que rien ne motive; d'autant que si l'on refusait d'appliquer le droit de 2 pour cent aux transmissions d'usufruit de biens meubles, on ne voit pas quel autre droit proportionnel pourrait être substitué.

Le droit de 2 pour cent a été réduit à 50 c. pour cent pour les ventes de marchandises faites à la bourse et aux enchères par les courtiers de commerce, par la loi du 15 mai 1818 § 7, art. 74; et ce même droit de 2 pour cent, qui était applicable aux ventes de navires français ou étrangers aux termes d'une déc. min. du 18 germ. an 10, a été réduit, pour cet objet, à 1 fr. fixe par la loi du 21 avril 1818 sur les douanes.

714. Les règles relatives au contrat de vente s'appliquent, en général, aux ventes de meubles comme aux ventes d'immeubles : on les trouvera donc rappelées *infrà* sous le § 7 n. 1. Bornons-nous à énoncer ici quelques particularités. Disons d'abord que la vente mobilière donne ouverture à un droit d'acte, et que dès lors le droit ne peut être perçu que sur un acte formant titre et volontairement soumis à l'enregistrement. (11 avril 1832, sol; 19 fév. 1828 dél.; 8 oct. 1819 cass.; Champ. et Rig., t. 3, n. 1812 et 1819.)

715. Il arrivera quelquefois qu'une vente mobilière de sa nature doit cependant être regardée comme immobilière, relativement à la perception. Le principe admis à cet égard c'est que toutes les fois que la vente des fruits ou accessoires d'un fonds, faite séparément de la vente du fonds lui-même, a pour objet de consommer une fraude au préjudice du fisc, en signalant deux ventes où il n'en existe réellement qu'une, le droit immobilier doit être appliqué, comme s'il n'y avait qu'un seul et même contrat. Seulement il faut dire qu'à défaut d'une règle tracée par la loi qui détermine quand la fraude peut être présumée, la présomption n'en doit pas être trop facilement admise.

716. Il avait paru que la convention, par laquelle un officier public cède son office, ne contenait la livraison d'aucun objet mobilier ou immobilier, et ne présentait ainsi qu'une simple obligation de somme tarifée par la loi à 1 pour cent; et cette perception avait été appliquée, par analogie, aux cessions de pratique et aux achalandages de marchands. (31 mai 1808, déc. min.; 28 août 1829, sol.) Mais un arrêt de cass. du 16 fév. 1831 a reconnu que, depuis la loi du 28 avril 1816, dont l'art. 91 a accordé aux notaires, avoués, greffiers, etc., la faculté de présenter leurs successeurs à la nomination du roi, les offices sont la propriété des titulaires et font partie de leurs biens, d'où il suit qu'une étude, n'étant pas un immeuble, se trouve nécessairement classée sous l'expression *d'effets mobiliers* : ce qui rendait la cession de ces offices passible du droit de 2 p. 100, sauf la partie du prix représentative de la valeur des créances et recouvrements cédés avec l'office. (8 juin 1831; av. cons. fin. app. 24; 20 sep. 1°31; inst. gén., 1381; § 1.) La loi du 21 avril 1832 a modifié cet état de choses en créant un nouveau droit à percevoir sur l'ordonnance de nomination; mais toutes les fois qu'il n'y a pas lieu à la perception de ce nouveau droit, celui de 2 pour cent reste exigible sur le prix du traité. Toutefois, la vente d'un office ministériel, lorsqu'elle est subordonnée à la nomination du cessionnaire, n'est sous aucun rapport, sujette au droit prop., par le motif que, s'il est vrai, en principe général, que toute résolution conditionnelle d'un acte ne peut donner lieu à une restitution de droits perçus sur cet acte alors qu'il est obligatoire et susceptible d'exécution au moment même du contrat, il n'en est pas moins vrai que toute stipulation soumise à une *condition suspensive*, qui ne permet aucune exécution avant un événement prévu et certain, ne contient pas d'obligation actuelle, passible du droit proportionnel cass. 24 fév. 1835. D. P. 55. 1. 322.

717. La vente d'un manuscrit doit-elle être considérée comme une vente ordinaire et tarifée au droit de 2 pour cent? L'affirmative est enseignée par les auteurs du Journ. de l'En., (art. 4341); mais la faveur que méritent les œuvres littéraires, jointe au caractère des ventes de manuscrits, qui se classent plus justement parmi les *marchés* faits entre particuliers dont il est question dans le numéro 1 du § 3 du présent article, semblent devoir rendre applicable à ces conventions le droit de 1 pour cent plutôt que celui de 2 pour cent.

718. Relativement aux actes translatifs de propriété ou d'usufruit comprenant tout à la fois des meubles et des immeubles, V. *supra* l'art. 9 de la présente loi et notre Commentaire.

(3) 719. Le droit est de 2 fr. 50 c. p. 100, y compris le droit de transcription. V. la loi 16 juin 1824, art. 2 et 24 mai 1854, art. 16 et 17.

Le droit sera perçu sur la valeur d'une des parts, lorsqu'il n'y aura aucun retour. S'il y a retour, le droit sera payé à raison de 2 fr. par 100 fr., sur la moindre portion; et comme pour vente sur le retour ou la plus-value (1).

4° Les élections ou déclarations de command ou d'ami, sur adjudication ou contrat de vente de biens meubles, lorsque l'élection est faite après les vingt-quatre heures, ou sans que la faculté d'élire un command ait été réservée dans l'acte d'adjudication ou le contrat de vente (2).

5° Les engagements de biens immeubles (3).

6° Les parts et portions acquises par licitation de biens meubles indivis (4).

7° Les retours de partages de biens meubles (5).

8° Les dommages-intérêts prononcés par les tribunaux criminels, correctionnels et de police (6).

§ 6. — *2 francs 50 centimes par 100 francs.*

1° Les donations entre vifs, en propriété ou usufruit, de biens meubles, par des collatéraux et autres personnes non parentes.

Il ne sera perçu que moitié droit, si elles sont faites par contrat de mariage aux futurs (7).

2° Les donations entre vifs, en propriété ou usufruit, de biens immeubles en ligne directe.

Il ne sera perçu que moitié droit, si elles sont faites par contrat de mariage aux futurs (8).

---

(1) 720. V. sur ce point l'art. 15, n. 4 de la présente loi et notre Commentaire.

(2) 721. A l'égard des élections de command faites et signifiées dans les 24 heures, V. *supra* l'art. 68, § 1, n. 2 de la présente loi et le Commentaire.— Lorsque la déclaration est faite après les 24 heures sur vente ou adjudication de biens immeubles le droit est de 4 p. 100. V. *infra*, § 7, n. 5.

(3) 722. L'engagement tarifé est celui qui opère une transmission de jouissance. Il y en a de plusieurs espèces : le premier est la convention par laquelle un débiteur met son créancier en jouissance d'un immeuble pour le payer du capital de sa dette; le second est la convention par laquelle un débiteur transmet la jouissance à son créancier, pour tenir lieu d'intérêt de la dette; le troisième enfin, est le contrat pignoratif, par lequel le propriétaire d'un héritage le vend à son préteur ou créancier, pour se procurer les deniers dont il a besoin, ou pour s'acquitter d'une dette, et le vend sous la condition de pouvoir le racheter pour le même prix pendant un certain temps, et après cette vente sous faculté de rachat, l'acquéreur loue ce même héritage à son vendeur, pour le même temps, moyennant une somme que celui-ci s'oblige de payer annuellement, et qui est ordinairement égale à l'intérêt du prix pour lequel l'héritage peut être racheté (Champ. et Rig., t. 4, n. 5119 et suiv.).

723. Le tarif des engagements d'immeubles comprend ces diverses espèces d'engagement (Champ. et Rig., *loc. cit.*, 5125, 5124, 5150 et suiv.). L'antichrèse y est également comprise; mais non pas l'hypothèque (27 fév. 1822, délib.).

(4) 724. Le texte ci-dessus est relatif aux parts acquises de biens meubles. Quant aux immeubles, V. *infra* § 7, n. 4 et le Commentaire.

(5) 725. Le droit est de 4 p. 100 pour le retour d'échange et de partage de biens immeubles, plus le droit de 1 1/2 p. 100 prescrit par l'art. 54 de la loi du 28 avril 1816.— V. *infra*, § 7, n. 5.

(6) 726. Le droit a été porté au même taux pour les dommages-intérêts en matière civile (L. 27 vent. an 9, art. 11.

(7) 727. La quotité du droit a été augmentée et graduée suivant le degré de parenté (L. 28 avril 1816, art. 55 et L. 21 avril 1832, art. 33.

(8) 728. Relativement aux donations entre vifs en ligne directe de biens meubles, V. *supra*, § 4, n. 1 et le Commentaire (note....) avec les indications qui y sont données.—Depuis la loi du 28 avril 1816 (art. 54, tous actes de nature à être transcrits parmi les-

quels il faut surtout ranger les donations de biens immeubles, sont assujettis à un droit additionnel de 1 1/2 p. 100 qui se perçoit au moment où l'acte est présenté à la formalité de l'enregistrement (V. pour l'historique de ce droit additionnel, Champ. et Rig., t. 5, n. 2185 et suiv.).

729. La même loi a d'ailleurs renouvelé (art. 55) la dispense appliquée par la disposition ci-dessus aux donations entre vifs par contrat de mariage. De là la question de savoir si l'exemption doit porter sur le droit de transcription? Quoique réunis, les deux droits ne cessent pas d'être distincts, et puisque l'exemption ne porte que sur le premier, il n'y a pas lieu de l'étendre au second.

730. Le droit des donations entre vifs est exigible au moment même du contrat; au contraire, celui de mutation dont l'effet est suspendu pendant la vie de l'instituant n'est dû qu'au jour du décès. De là il suit qu'il importe de discerner en quel cas il y a transmission actuelle, en quel cas il y a simple expectative.—D'après cela, il faut dire que la condition ne suspendant point l'exécution de l'obligation, une donation qui serait faite avec clause de retour en cas de prédécès du donataire ne ferait point obstacle à la perception actuelle du droit proportionnel (Cass. 12 niv. an 15, 17 avril 1826. D.A. 7. 115. D.P. 26. 1. 231); au contraire, que la donation faite sous condition d'acquitter les dettes que le donateur laissera à son décès, n'offrant qu'une simple expectative au donataire, puisqu'il n'est pas certain si les dettes n'absorberont pas les choses données, suspend la perception du droit proportionnel (Cass. 14 juill. 1807; D.A. 7. 116).

731. Il en est ainsi de l'institution contractuelle, soit lorsqu'elle porte sur les biens à venir de l'instituant, soit lorsque, comprenant des biens présents, il n'a point été annexé à l'acte un état des dettes existantes au jour du contrat, l'institué ne pouvant réclamer, dans ce cas, que les biens trouvés en la possession du donateur, au moment de son décès, sous l'obligation d'acquitter toutes les dettes (Cass. 17 mai 1815. D.A. 7. 117).—La même solution devrait être admise encore que, dans ce dernier cas, l'état des dettes eût été annexé, car dans toute institution contractuelle une circonstance particulière s'oppose à la transmission actuelle, et partant à la perception du droit proportionnel, c'est la condition de survie du gratifié.

732. Du reste, il ne faut pas confondre avec la condition qui suspend *l'effet* de l'obligation celle qui ne fait qu'en retarder *l'exécution. Dies venit, sed non cedit*, disent les jurisconsultes. Conformément à cette

3° Les transmissions de propriété ou d'usufruit de biens immeubles, qui s'effectuent par décès, entre époux (1).

§ 7. — 4 francs par 100 francs.

1° Les adjudications, ventes, reventes, cessions, rétrocessions et tous autres actes civils et judiciaires translatifs de propriété ou d'usufruit de biens immeubles, à titre onéreux.

Les adjudications à la folle enchère de biens de même nature sont assujetties au même droit, mais seulement sur ce qui excède le prix de la précédente adjudication, si le droit en a été acquitté.

La quotité du droit d'enregistrement des adjudications de domaines nationaux sera réglée par des lois particulières (2).

---

distinction, la donation d'une somme d'argent exigible seulement au décès du donateur, n'en est pas moins une véritable donation entre vifs, puisque le donataire acquiert un droit actuel sur cette somme, droit transmissible à ses héritiers (Cass. 8 juill. 1822. D,A. 7. 116) Il en est ainsi de la donation en avancement d'hoirie, quoiqu'elle soit sujette à rapport, ou susceptible de réduction : car elle n'en confère pas moins un droit actuel (Cass. 7 avril 1823. D.A. 7. 118).

733. Cependant un acte de libéralité peut être réputé entre-vifs, sans que pour cela, il donne immédiatement lieu à la perception du droit proportionnel. Cela arrive lorsque l'effet de cet acte se trouve suspendu par une condition casuelle ou mixte, mais sans aucune relation avec le décès, soit de l'instituant, soit de l'institué; par exemple, si le donataire se marie dans un délai donné. Évidemment, une pareille donation ne saurait être possible, avant l'événement, d'aucun droit proportionnel, puisqu'elle peut devenir caduque, et que le droit de mutation ne doit jamais être que le prix d'une transmission réelle.

(1) 734. Tarifées à 3 pour 100, par la loi du 28 avril 1816, art. 55. V. infra.

(2) 735. Pour les mutations à titre onéreux de biens meubles, V. Suprà § 5, n. 1, et notre Commentaire.

736. La disposition ci-dessus relative aux immeubles place sur la même ligne, quant à la perception du droit, les transmissions de propriété et celles d'usufruit, et les assujettit au droit de 4 p. 100 auquel il faut aujourd'hui ajouter 1 et 1/2 p. 100 pour droit de transcription, conformément aux art. 52 et 54 de la loi du 28 avril 1816.

737. L'usufruit n'est pas toujours conféré à vie : il peut l'être pour un temps déterminé. Dans l'un comme dans l'autre cas, il est assujetti au même droit proportionnel, parce que l'usufruit s'estime non point par sa durée, mais par l'étendue des droits qu'il confère. Quant aux droits d'usage et d'habitation, quoiqu'ils diffèrent essentiellement des droits d'usufruit, comme ils constituent des droits réels qui, considérés abstractivement de l'objet sur lequel ils sont établis, sont susceptibles d'une possession ou d'une quasi-possession, leur transmission doit également donner lieu au droit proportionnel de 2 ou de 4 p. 100, suivant que ces droits portent sur des meubles ou des immeubles. (23 oct. 1834, délib. D.P. 55. 3. 64.; Contrà. Champ. et Rig., t. 3, n. 2591). La même solution doit être admise pour les concessions de servitudes qui sont aussi des droits réels déclarés immeubles par l'art. 526 C. civ. (Cass. 18 déc. 1811. D.A. 7. 207; 22 oct. 1817, délib.; 27 sept. 1826, déc. app. le 10 oct.)

738. D'après le texte ci-dessus, tous les actes civils ou judiciaires qui contiennent une mutation d'immeubles à titre onéreux sont passibles du droit qu'il établit. Plusieurs actes doivent cependant être ex-

ceptés. Ainsi les échanges (V. Suprà § 5, n. 3), et les lois du 16 juin 1824, art. 2 et 24 mai 1834, art. 16 et 17), les retraits d'immeubles en vertu de réméré (Suprà § 2, n. 11); les acquisitions et échanges faits par l'État lesquels sont enregistrés gratis (V. Infrà, art. 70 § 2, n. 15) les acquisitions pour le compte du domaine extraordinaire, qui sont assujetties à un droit fixe de 3 fr. et à pareil droit pour la transcription (28 mars 1812, décret); les ventes de domaines nationaux, soumis au droit de 2 p. 100 par les lois spéciales du 26 vend. an 7 et 11 frim. an 8, auxquelles renvoie le texte ci-dessus; toutes les acquisitions d'immeubles par les départements, communes, hospices et généralement les établissements publics, lesquelles sont enregistrées au droit fixe de 10 fr., mais seulement lorsque les immeubles acquis ont une destination d'utilité publique et ne doivent pas produire de revenu (L. 16 juin 1824, art. 7.) les délaissements de fonds que les propriétaires de marais sont obligés de faire pour se libérer de l'indemnité due par eux, en cas de dépossession, lesquels ne sont passibles que du droit fixe de 4 fr. (l. 16 sept. 1807, relative au dessèchement des marais, art. 21), enfin les actes translatifs de propriété, d'usufruit ou de jouissance des biens immeubles situés à l'étranger et dans les colonies où le droit d'enregistrement n'est pas établi lorsqu'on en fait usage en France, lesquels ne sont assujettis qu'au droit fixe de 10 fr. sans que, dans aucun cas, le droit fixe puisse excéder le droit proportionnel qui serait dû s'il s'agissait de biens situés en France (l. 16 juin 1824, art. 4).

739. Ces exceptions indiquées, disons, en revenant aux principes de la matière, qu'en règle générale les vices dont un acte est infecté ne font aucun obstacle à la perception du droit d'enregistrement. Toutefois, il faut prendre garde de confondre un acte susceptible d'être annulé pour quelques vices de forme, et un acte qui manquerait de quelques-unes de ses conditions essentiellement constitutives. Ainsi, relativement à la vente, trois choses sont nécessaires pour la perfection du contrat : la chose, le prix et le consentement ; l'absence d'une seule de ces conditions ôte à l'acte le caractère de vente, où fait qu'il n'existe pas du tout : le droit ne pourrait donc y être justement établi. Champ. et Rig., t. 3, n. 1734 et suiv. V. cependant Cass. 13 oct. 1806. D.A. 7. 257).

740. Mais la production d'une contre-lettre pour attester que le contrat n'est point sérieux, ou toute autre preuve employée pour en démontrer la simulation ne ferait pas obstacle à la perception du droit; la simulation est le fait des parties qui ne peuvent s'en créer un moyen contre le fisc, et d'ailleurs la régie ne juge des actes que par leur forme extrinsèque, et abstraction faite de leur validité, sauf la distinction qui vient d'être indiquée. — Toutefois si les parties ne peuvent opposer à la régie la simu-

2° Les baux à rentes perpétuelles de biens immeubles, ceux à vie et ceux dont la durée est illimitée (1).

3°. Les déclarations ou élections de command ou d'ami, par suite d'adjudications ou contrats de vente des biens immeubles, autres que celles des domaines nationaux, si la déclaration est faite

après les vingt-quatre heures de l'adjudication ou du contrat, ou lorsque la faculté d'élire un command n'y a pas été réservée (2).

4° Les parts et portions indivises de biens immeubles acquises par licitation (3).

5° Les retours d'échanges et de partages de biens immeubles (4).

---

lation de l'acte, celle-ci peut la rétorquer contre elles ; par exemple, si les parties ont déguisé une vente sous la forme d'une donation et en ont rédigé la contre-lettre, la régie pourra arguer de cette contre lettre, qui en a connaissance, pour réclamer le droit de vente au lieu de celui de donation.

741. Une même mutation ne peut être assujettie deux fois au droit d'enregistrement. C'est par un corollaire de cette règle que la seconde disposition du texte ci-dessus déclare que les adjudications à la folle-enchère ne sont assujetties au droit de mutation que sur ce qui excède le prix de la précédente adjudication si le droit en a été acquitté (V. sur ce point, Champ. et Rig., t. 3, n. 2140 et suiv.

742. Aux termes de l'art. 1589 C. civ., la promesse de vente vaut vente ; elle est donc passible des mêmes droits (Champ. et Rig., t. 3, n. 1757 et suiv.). Mais si la promesse est faite avec arrhes, elle ne vaut pas vente ; elle dégénère alors en une simple promesse résoluble à la volonté de l'une des parties (1590 C. civ.) Si donc elle ne se réalise point, elle ne sera passible que du droit fixe (2 sept. 1814, Sol. Champ. et Rig, t. 3, n. 2050 et suiv.). Il en est ainsi de la promesse sous seing-privé portant acte que celle des parties qui refusera de passer acte public dans un délai déterminé, paiera à l'autre une somme d'argent à titre de dommages-intérêts (20 mess. an 10 Sol.) et de la promesse faite par un débiteur à son créancier de lui vendre un immeuble désigné, dans le cas où il ne se libérerait pas avant lui, aux époques convenues (27 mess an 15 et 21 nov. 1828. Sol. ; 25 août 1826, délib., 11 fév. 1835, Sol.; Champ. et Rig., t. 3, n. 2071).

(1) 743. Ce texte est en quelque sorte une application des principes qui précèdent. Les baux à rente perpétuelle des biens immeubles contiennent une véritable aliénation de la propriété ; ceux à vie et d'une durée illimitée équivalent à une transmission d'usufruit. Il était donc conséquent de les soumettre les uns et les autres au droit établi sur les transmissions de propriété ou d'usufruit.—En ce qui concerne les baux d'une durée limitée, V. supra, la note.... sous le n. 2 du § 3 du présent article.

744. La loi ne parle pas des baux emphytéotiques. Dans le silence qu'elle garde on avait pensé que l'application du droit de mutation était impossible, d'autant plus qu'un tel contrat est essentiellement profitable à l'agriculture, et qu'ainsi, il y avait lieu de ne pas le frapper d'un droit trop élevé. Telle était l'opinion des auteurs du Journal de l'enregistrement, et une décision de la régie du 14 prair. an 7 avait, en effet, consacré, en principe que les baux emphytéotiques ne sont passibles que du droit imposé sur les baux ordinaires par le présent article § 3 (Conf. 29 mars 1837, trib. Saint-Quentin D. P. 38.4 102).—Mais une jurisprudence récente s'est formée contre cette doctrine, en statuant que dans l'état actuel de la législation et depuis la promulgation du Code civil, l'effet propre et particulier du bail emphytéotique est d'opérer la translation ou l'aliénation à temps de la propriété de l'immeuble donné à emphytéose, et qu'il y a lieu dèslors à la perception du droit de mutation de pro-

priété immobilière (Cass. 1er avril 1840. D.P 40. 1. 140). Cette décision, contraire aux principes, ne saurait être suivie, si ce n'est dans le cas où le bail emphytéotique a été fait à perpétuité (Champ. et Rig., t. 4, n. 5070 et suiv.; Dalloz, loc. cit.). Alors en effet l'emphytéose rentre dans la catégorie des baux illimités, et, comme eux, elle doit être soumise au droit de mutation.

745. Suffit-il que la durée de la location ne soit pas fixée par le contrat pour que le bail soit considéré comme illimité? Non; car la durée des baux faits sans fixation de terme est réglée par la loi ou par l'usage des lieux (C. civ. 1758). Mais le bail est illimité lorsque chacune des parties ou l'une d'elles peut indéfiniment en proroger la durée (Cass. 7 déc. 1815. D.A. 7. 218).

(2) 746. Le droit de 1 1/2 p. 0/0 pour transcription, doit être ajouté, aux termes de l'art. 34 de la loi du 28 avril 1816 — Lorsqu'il s'agit d'une déclaration de command faite par suite de vente ou d'adjudication de biens meubles, le droit n'est que de 2 f. p. 0/0. V. supra le § 5, n. 4 du présent article. — La déclaration de command, enfin, est affranchie du droit proportionnel, lorsqu'elle a été réservée dans le contrat et a été faite et notifiée dans les 24 heures. Elle ne donne alors ouverture qu'à un droit fixe: V. supra art. 68, § 1, n. 24 de la présente loi et le Commentaire.

(3-4) 747. Le droit est de 2 p 0/0 seulement sur les parts indivises de biens meubles et sur les retours d'échange ou de partage de biens de même nature. V. supra § 5, n. 6 et 7. — En principe, les partages de biens immeubles ne sont soumis qu'à un simple droit fixe, parce qu'ils ne sont pas translatifs, mais simplement déclaratifs de propriété, qu'ils se réfèrent à des actes antérieurs dont ils sont l'exécution et le complément. (V. supra le comm. placé sous l'art. 68, § 9, n. 2 de la présente loi). Mais s'il n'était point justifié du titre antérieur de transmission, le partage serait soumis au droit proportionnel, non point comme partage, mais comme tenant lieu de l'acte non représenté.

748. C'est par suite de cette règle que les textes ci-dessus assujettissent au droit proportionnel les soultes de partage et les portions indivises acquises par licitation. La soulte que reçoit un copartageant est, en effet, la compensation, le prix de ce qu'il abandonne sur son lot; et pareillement, lorsqu'un copartageant se rend adjudicataire de l'immeuble licité, il est bien évident qu'il est acquéreur à titre singulier et moyennant le prix de la licitation, des biens appartenant à chacun des communiers.

749. Mais comment le droit doit-il être liquidé, relativement aux portions acquises par suite de licitation ? On avait d'abord généralement pensé que la perception n'était que provisoire ; que ne devant frapper que ce qui est réellement acquis par l'héritier au-delà de sa portion virile dans la masse entière de la succession, il pouvait arriver qu'un partage postérieur attribuât à cet héritier, pour le remplir de ses droits; soit le prix total de l'adjudication faite à son profit ; soit une portion de ce prix supérieure

6° Les retraits exercés après l'expiration des délais convenus par les contrats de vente sous faculté de réméré (1).

§ 8. — 5 francs par 100 francs.

1° Les donations entre vifs de biens immeubles en propriété ou usufruit, par des collatéraux et autres personnes non parentes.

Il ne sera perçu que moitié droit, si elles sont faites par contrat de mariage aux futurs (2).

2° Les mutations de biens immeubles en propriété ou usufruit, qui s'effectuent par décès, entre collatéraux et personnes non parentes, soit par succession, soit par testament ou autre acte de libéralité à cause de mort (3).

TITRE II. — Des actes qui doivent être enregistrés en débet ou gratis, et de ceux qui sont exempts de cette formalité.

70. Seront soumis à la formalité de l'enregistrement, et enregistrés en *débet* ou *gratis*, ou exempts de cette formalité, les actes ci-après, savoir :

§ 1. — A enregistrer en débet.

1° Les actes et procès-verbaux des juges de paix pour faits de police (4).

2° Ceux faits à la requête des commissaires du Directoire exécutif près les tribunaux (5).

3° Ceux des commissaires de police (6).

4° Ceux des gardes établis par l'autorité publique pour délits ruraux et forestiers (7).

5° Les actes et jugements qui interviennent sur ces actes et procès-verbaux.

Il y aura lieu de suivre la rentrée des droits d'enregistrement de ces actes, procès-verbaux et jugements, contre les parties condamnées, d'après les extraits des jugements qui seront fournis aux préposés de la régie par les greffiers.

§ 2. — A enregistrer gratis.

1° Les acquisitions et échanges faits par la République; les partages de biens entre elle et des particuliers, et tous autres actes faits à ce sujet (8).

2° Les exploits, commandements, significations,

à celle qu'il avait dans les immeubles licités, et qui avait été déduite pour la perception sur l'acte de licitation. (Champ. et Rig., t. 3, n. 2750 et suiv.; Dalloz, *loc. cit.* 30 avril 1821, 21 déc. 1829, 31 déc. 1835, Déc. min. des fin.; 27 mars 1827, 2 avri 1834. Inst. gén. 1307, § 8 et 1451, § 3.) Mais la jurisprudence qui s'est formée depuis a établi que la perception faite lors de l'enr. des actes de licitation, sur ce qui, dans le prix de l'adjudication consenti à l'un des cohéritiers ou copropriétaires, excède sa portion virile dans les immeubles licités, est *définitive et irrévocable*, et que cette perception ne peut devenir sujette à restitution par l'événement *ultérieur* d'un partage. (Cass. 14 nov. 1837; D.P. 38. 1. 9; 31 oct. 1835; D.P. 36. 3. 19. et 18 juin 1838; Inst. gén. 1498, § 5; 23 mai 1835, Déc. min. fin; 23 juill. 1834 et 16 avril 1838, Trib. de la Seine; 21 juin 1838, Trib. de Rouen, D.P. 39. 5. 61.)

750. Quant à la quotité du droit, il n'est dû que 4 p. 0/0 sur les parts et portions indivises de biens immeubles acquises par licitation, et sur les retours de partages entre cohéritiers, sauf la perception de 1 1/2 p. 0/0 pour la transcription, si cette formalité est ultérieurement requise. (Cass. 27 juill. 1819. D.A. 7. 499; 13 août 1834, Trib. de la Seine).

(1) 751. Tarifés au droit de 5 1/2 p. 0/0, y compris le droit de transcription (le 28 avril 1816, art. 54). Le droit n'est que de 1/2 p. 0/0 pour les retraits exercés dans le délai stipulé. — V. à cet égard le commentaire qui accompagne le n. 11, § 1, du présent article (note... n... et suiv.).

(2-3) 752. La quotité de ces droits a été augmentée et graduée suivant le degré de parenté entre les donateurs et les donataires, le défunt et les héritiers. (L. 28 avril 1816, art. 55 et 1, 21 avril 1832, art. 53.

(4) 753. La formalité doit être donnée en *débet* aux procès-verbaux rapportés par les juges de paix et commissaires de police, pour constater les morts violentes ou présumées telles, contenant l'inventaire des effets ou titres actifs trouvés sur les personnes décédées; mais il ne doit en être délivré ni expéditions ni extraits aux parties intéressées, avant le paiement des droits restés en suspens (18 niv. an 10, déc. min. fin., 27 fruct. an 10, Inst. gén. 72). — Si ces procès-

verbaux constatent uniquement la mort violente, ils rentrent dans la disposition du § 3 n. 9 ci-après.

(5) 754. Cette disposition est applicable aux actes de poursuite d'*office*, par les procureurs du roi, en matière civile (22 vend. an 12, Inst. gén. 169). — Mais l'enregistrement en débet ne peut être donné qu'aux actes où les procureurs du roi agissent comme *partie publique*, et non à ceux dans lesquels ils représentent une *partie civile*, tels que les poursuites que la loi du 4 vent. an 9 les charge de faire pour la rentrée des rentes et domaines nationaux usurpés, affectés aux hospices (5 niv. an 12, av. C. d'Et.).

(6) 755. V. la loi du 28 mars 1817, art. 74.

(7) 755. Cette disposition est confirmée par la loi du 28 mars 1817, art. 74.

(8) 756. Comme l'État ne peut se payer à lui-même, et que, dans les cas spécifiés et autres semblables, il serait tenu d'une partie des droits, le législateur a voulu que l'exemption profitât même aux particuliers, afin, sans doute, de les rendre plus faciles à accéder aux désirs du gouvernement dans les transactions qu'il peut avoir intérêt à faire avec eux. Mais cette exception ne peut être étendue aux actes des communes ou des établissements publics, qui ne sont que de simples personnes privées dans tout ce qui tient au règlement de leurs intérêts (Cass. 18 nov. 1825, D.A. 7. 160).

757. Aux termes de la loi du 7 juill. 1833 sur l'expropriation pour utilité publique, les plans, procès-verbaux, certificats, significations, jugements, contrats, quittances et autres actes faits en vertu de la loi sur l'expropriation pour cause d'utilité publique, seront visés pour timbre et enregistrés *gratis*. (L. 7 juill. 1833, art. 58.; 28 janv. 1834. Inst. gén. 1448). Il en était, du reste, ainsi sous l'empire de la loi du 8 mars 1810 qui régissait les expropriations avant celles du 7 juillet 1833. Mais remarquons que l'art. 58 de cette dernière loi est général; il ne fait aucune distinction entre les significations qui ont lieu à la requête de l'état ou des concessionnaires de l'état, et celles qui sont faites à la *requête des propriétaires* dont on poursuit l'expropriation. En conséquence, l'exemption des droits de timbre et

sommations, établissements de garnison, saisies, saisies-arrêts et autres actes, tant en action qu'en défense, ayant pour objet le recouvrement des contributions directes et indirectes, et de toutes autres sommes dues à la République, à quelque titre et pour quelque objet que ce soit, même des contributions locales, lorsqu'il s'agira de cotes de vingt-cinq francs et au-dessous, ou de droits et créances non excédant en total la somme de vingt-cinq francs (1).

3° Les actes des huissiers et gendarmes, dans les cas spécifiés par le paragraphe suivant, nombre 9 (2).

§ 3. — *Exempts de la formalité de l'enregistrement.*

1° Les actes du Corps législatif et ceux du Directoire exécutif.

2° Les actes d'administration publique non compris dans les articles précédents (3).

3° Les inscriptions sur le grand-livre de la dette publique, leurs transferts et mutations, le quittances des intérêts qui en sont payés, et tous les effets de la dette publique, inscrits ou à inscrire définitivement (4).

4° Les rescriptions, mandats et ordonnances de paiement sur les caisses nationales; leurs endossements et acquits (5).

5° Les quittances des contributions, droits, créances et revenus payés à la nation ; celles pour charges locales, et celles des fonctionnaires et employés salariés par la république, pour leurs traitements et émoluments.

6° Les ordonnances de décharge ou de réduction, remise ou modération d'imposition, les quittances y relatives, les rôles et extraits d'iceux.

7° Les récépissés délivrés aux collecteurs, aux receveurs de deniers publics et de contributions locales, et les comptes des recettes ou gestions publiques.

8° Les actes de naissance, sépulture et mariage, reçus par les officiers de l'état civil, et les extraits qui en sont délivrés.

9° Tous les actes et procès-verbaux (excepté ceux des huissiers et gendarmes, qui doivent être enregistrés, ainsi qu'il est dit au paragraphe précédent, nombre 4); et jugements concernant la police générale et de sûreté, et la vindicte publique.

10° Les cédules pour appeler au bureau de conciliation, sauf le droit de la signification (6).

11° Les légalisations de signature d'officiers publics.

12° Les affirmations de procès-verbaux des employés, gardes et agents salariés par la république, faits dans l'exercice de leurs fonctions (7).

13° Les engagements, enrôlements, congés, certificats, cartouches, passe-ports, quittances de prêt et fourniture, billets d'étape, de subsistance et de logement, tant pour le service de terre que pour le service de mer, et tous autres actes de l'une et l'autre administration non compris dans les articles précédents.

Sont aussi exceptés de la formalité de l'enregistrement, les rôles d'équipages et les engage-

---

d'enregistrement doit s'appliquer aux unes comme aux autres (25 oct. 1836 Délib. ; 7 juin 1837 Inst. gén. 1539, § 4.)

758. Quant aux actes d'acquisition d'immeubles pour la confection soit d'un *canal*, soit d'un *chemin de fer*, ou pour toute autre entreprise de même nature concédée par le gouvernement, et aux actes de procédure relatifs aux expropriations poursuivies par les concessionnaires subrogés au droit de l'état, il avait été établi une distinction entre les concessions *temporaires*, qui seules avaient paru susceptibles d'être enregistrées *gratis*, et les concessions à *perpétuité*, qui restaient passibles des droits (31 août 1829 av. C. d'ét. ; Cass. 18 janv. 1831. D. P. 31. 1. 65). Mais d'après l'art. 65 de la loi du 7 juil. 1833, le bénéfice de l'art 58 de cette loi doit être appliqué, *sans distinction*, aux actes de procédure et aux acquisitions de terrains faits par les particuliers concessionnaires de l'administration publique (28 janv. 1834 Inst. gén. 1448.)

(1) 759. L'exception a été étendue jusqu'aux cotes de 100 fr. par la loi du 16 juin 1824. art. 6.

(2) 760. C'est-à-dire pour tout ce qui a rapport à la police générale de sûreté et à la vindicte publique : ce qui comprend tous les actes de ces agents en matière criminelle, correctionnelle ou de police, notamment les notifications des mandats d'amener, d'arrêt ou de dépôt, faites par les gendarmes (20 frim. an 13, 5 avril 1808 , Déc. min. fin. ; 3 fruct. an 13, 29 juin et 30 sept. 1808, 19 nov. 1812 Inst. gén.)

(3) 761. V. L. 15 mai 1818, art. 78 à 82.—Une décision du ministre des finances du 19 germ. an 13 assimile aux actes d'administration publique les procès-verbaux de récolement, en matière de vente de coupe de bois; mais elle ne fait que *suspendre*, à leur égard, la formalité de l'enregistrement, pour les y assujettir dès l'instant où le droit peut être recouvré, soit sur les adjudicataires à qui profitent ces procès-verbaux de récolement, soit sur ceux-là même dont la malversation y a donné lieu.

(4) 762. D'où la conséquence que les héritiers ne sont pas tenus de déclarer les rentes sur l'état qui se trouvent dans la succession (Cass. 28 janv. 1824, D. A. 7. 95). — V. la loi du 18 juill. 1836, art. 6.

(5) 763. Les obligations souscrites par les receveurs-généraux sont comprises dans cette catégorie ; elles peuvent donc être protestées, signifiées ou produites en justice, sans être enregistrées ; mais les protêts sont sujets à la formalité et au droit (25 prair. an 13, délib. ; 3 fruct. an 13 Inst. 290, n. 40.)

(6) 764. On avait d'abord pensé que cette exception ne comprenait pas les cédules tendant à citer en justice, et que celles-ci restaient assujetties au droit de 1 franc. (28 germ. an 7, Déc. min. fin., 11 flor. an 7, circ.). Mais une loi du 18 therm. an 7 a statué que : « Les cédules délivrées par les juges de paix, pour citer soit devant la justice de paix, soit devant le bureau de conciliation, sont généralement exemptes de la formalité de l'enregistrement, sauf le droit sur la signification desdites cédules. (27 therm. an 7, Circ.)

(7) 765. Cette exemption comprend les affirmations des procès-verbaux que rédigent les gardes ou agents nommés par des particuliers. (9 mai 1809, Déc. min. fin. ; 5 juin 1809, Inst. gén. 432, n. 1.)

ments de matelots et gens de mer de la marine marchande et des armements en course.

14° Les passe-ports délivrés par l'administration publique.

15° Les lettres de change tirées de place en place; celles venant de l'étranger ou des colonies françaises; les endossements et acquits de ces effets, et les endossements et acquits des billets à ordre et autres effets négociables (1).

16° Les actes passés en forme authentique avant l'établissement de l'enregistrement dans l'ancien territoire de France, et ceux passés également en forme authentique, ou sous signature privée, dans les pays réunis, et qui y ont acquis une date certaine suivant les lois de ces pays, ainsi que les mutations qui se sont opérées par décès, avant la réunion desdits pays (2).

TITRE XII. — *Des lois précédentes sur l'enregistrement, et de l'exécution de la présente.*

Art. 71. Il sera établi de nouvelles bases pour l'administration de l'enregistrement, par une loi particulière.

, En attendant, les lois qui existent sur son organisation, sa manutention et ses frais de régie, continueront d'être exécutées (3).

· Art. 72. La formalité de l'insinuation des donations entre vifs continuera d'être donnée dans les bureaux de recette de l'enregistrement, dans les formes et sous les peines portées par les lois subsistantes, jusqu'à ce qu'il en ait été autrement ordonné (4).

Art. 73 Toutes les lois rendues sur les droits d'enregistrement, et toutes dispositions d'autres lois y relatives, sont et demeurent abrogées pour l'avenir.

Elle continueront d'être exécutées à l'égard des actes faits et des mutations par décès effectuées avant la publication de la présente.

Les affaires actuellement en instance seront suivies d'après les lois en vertu desquelles elles ont été intentées.

La présente sera exécutée à compter du jour de sa publication (5).

Art. 74. La présente résolution sera imprimée.

_____

(1) 766 Les lettres de change sont aujourd'hui assujetties au droit de 25 cent. p. 0/0 par la loi du 28 avril 1816, art. 60. V. *infrà*.

(2) 767. Cette exemption concernant les actes sous seing privé passés dans les pays réunis à la France, ayant acquis date certaine, est applicable, encore que ces actes soient produits en justice. (Cass. 29 brum. an 12. D. A. 7. 28); pourvu, toutefois, que cette date certaine ait été acquise *avant* la réunion. (Cass. 8 frim. an 12; 12 janv. 1814, D. A. 7. 28. 29). — La même exemption est applicable aux actes authentiques passés dans les colonies *avant* 1790, lors même qu'il serait fait usage de ces actes en France. (20 juin 1810. Cass. D. A. 7. 161). Elle n'a d'ailleurs été reconnue applicable aux actes authentiques des îles et des colonies françaises qu'en tant que la loi du 19 déc. 1790, ou la loi du 22 frim. an 7, y auraient eu leur exécution, *et pourvu que ces actes ne continssent point de transmission de propriété ou d'usufruit de biens immeubles situés en France.* (30 mess. an 12 Inst. gén. 240; Cass. 14 août 1815, D. A. 7. 162 *Contra* Champ. et Rig., t. 4, n. 3928.)

(3) 768. La première organisation postérieure à la présente loi résulte d'un arrêté des consuls du 3 complémentaire an 9 qui créa un directeur-général et huit administrateurs. Le nombre des administrateurs a varié souvent; il se trouve aujourd'hui fixé à quatre, qui sont désignés, depuis l'ord. du 12 janv. 1831, sous la dénomination de sous-directeurs.

769. Les attributions du directeur-général et des administrateurs ou sous-directeurs ont été déterminées tant par l'arrêté du 3 complém. an 9 que par les ordonnances des 25 déc. 1816 et 3 janv. 1821.

770. La direction et la surveillance du travail est répartie entre les quatre sous-directeurs, qui dirigent chacun une division, de la manière suivante, savoir : 1re *Division*. La surveillance et la suite du travail des employés de tout grade, les rapports sur les révocations et admissions à la retraite, sur les congés, les secours, etc.; fixation des débets de régie, applicat ou de la responsabilité encourue par les comptables et les employés supérieurs; la formation, par trimestre, des listes des employés qui ont acquis des roits à l'avancement. — 2e *Division*. Droits d'en-

registrement sur les actes publics et s. s. p.; contraventions aux lois sur l'enregistrement et sur le notariat, au Code de commerce, etc. — 3e *Division*. Enregistrement des actes administratifs et judiciaires; greffe et hypothèques; mutations par décès, timbre, amendes, frais de justice, surveillance de l'atelier général du timbre. 4e *Division*. L'exécution des lois des 5 déc. 1814 et 27 avril 1825, relatives aux propriétaires dépossédés; les domaines et le mobilier de l'état, les biens séquestrés, les déshérences et épaves, les domaines engagés; les décomptes; les îles et îlots; les lais et relais de la mer; l'exécution du Code forestier et gé éralement toutes les affaires concernant le domaine de l'état et les anciennes listes civiles. (31 mai 1829 Arrêté, Min. fin. 27 juin 1·29 Inst. gén.; 22 fév. 1831, Circ). Lorsqu'une question de timbre se trouve jointe à une question d'enregistrement du ressort de la 2e division, les deux questions doivent être soumises simultanément à cette division. (Même Circ). Le directeur-général et les quatre sous-directeurs forment le conseil d'administration. Le directeur-général en a la présidence; en cas d'empêchement, il la délègue à l'un des administrateurs. Le ministre des finances appelle près de lui, dans les occasions où il le trouve convenable, le conseil d'administration. En cas d'absence du directeur-général, le ministre des finances désigne celui des administrateurs qui en remplira les fonctions (Ord. 3 janv. 1821.)

771. Dans les départements, le personnel de l'administration est composé de 87 directeurs, de 100 inspecteurs de 1re ou de 2e classe, de 50 inspecteurs de 3e classe, de 310 vérificateurs et de 2650 receveurs et conservateurs des hypothèques. Il y a en outre, dans chaque département, un premier commis de direction, nommé par l'administration, un garde magasin du timbre; dans quelques-uns, un timbreur, et dans un plus petit nombre, un tourne-feuille.

(4) 772 L'insinuation établie par la déclaration du 17 fév. 1731, l'ord. du même mois et les lettres patentes du 3 juill. 1769 a été abolie par le code civil.

(5) 773. V. la loi du 27 vent. an 9, art. 1.

LOI DU 6 PRAIRIAL AN 7, *qui ordonne la perception d'une subvention extraordinaire de guerre sur les droits d'enregistrement, de timbre, d'hypothèque, etc.* (1).

ART. 1er. A compter du jour de la publication de la présente loi, il sera perçu au profit de la république, à titre de subvention extraordinaire de guerre, pour l'an 7, un décime par franc en sus des droits d'enregistrement; de timbre, hypothèque, droits de greffe, droits de voitures publiques, de garantie sur les matières d'or et d'argent, amendes et condamnations pécuniaires, ainsi que sur les droits de douane à l'importation, l'exportation et la navigation (2).

ART. 2. La subvention établie par la présente loi sera perçue en même temps que le principal, et par les mêmes préposés, sans donner lieu à aucune retenue pour ceux-ci : il en sera compté par un article séparé (3).

LOI DU 22 PLUV. AN 7 , *qui prescrit des formalités pour les ventes d'objets mobiliers.*

ART. 1er. A compter du jour de la publication de la présente, les meubles, effets, marchandises, bois, fruits, récoltes et tous autres objets mobiliers, ne pourront être vendus publiquement et par enchères, qu'en présence et par le ministère d'officiers publics ayant qualité pour y procéder.

ART. 2. Aucun officier public ne pourra procéder à une vente publique et par enchères, d'objets mobiliers, qu'il n'en ait préalablement fait la déclaration au bureau de l'enregistrement dans l'arrondisement duquel la vente aura lieu (4).

ART. 3. La déclaration sera inscrite sur un registre qui sera tenu à cet effet, et elle sera datée.

Elle contiendra les noms, qualités et domicile de l'officier, ceux du requérant, ceux de la personne dont le mobilier sera mis en vente, et l'indication de l'endroit où se fera la vente et du jour de son ouverture. Elle sera signée par l'officier public, et il lui en sera fourni une copie, sans autres frais que le prix du papier timbré sur lequel cette copie sera délivrée.

Elle ne pourra servir que pour le mobilier de celui qui y sera dénommé.

ART. 4. Le registre sera en papier non timbré; il sera coté et paraphé, sans frais, par le juge de paix dans l'arrondissement duquel sera le bureau d'enregistrement.

ART. 5. Les officiers publics transcriront, en tête de leurs procès-verbaux de vente, les copies de leurs déclarations.

Chaque objet adjugé sera porté de suite au procès-verbal; le prix y sera écrit en toutes lettres, et tiré hors ligne en chiffres.

Chaque séance sera close et signée par l'officier public et deux témoins domiciliés.

Lorsqu'une vente aura lieu par suite d'inventaire , il en sera fait mention au procès-verbal, avec indication de la date de l'inventaire , du nom du notaire qui y aura procédé, et de la quittance de l'enregistrement.

ART. 6. Les procès-verbaux de vente ne pourront être enregistrés qu'aux bureaux où les déclarations auront été faites.

Le droit d'enregistrement sera perçu sur le montant des sommes que contiendra cumulativement le procès-verbal des séances à enregistrer dans le délai prescrit par la loi sur l'enregistrement.

ART. 7. Les contraventions aux dispositions ci-dessus seront punies par les amendes ci-après, savoir :

De 100 francs, contre tout officier public qui

---

(1) 774. Cette loi, présentée comme transitoire, a été maintenue par les lois annuelles des finances, par la même considération qui a fait survivre aux charges de l'État l'augmentation du tarif résultant de la loi du 28 avril 1816, à l'occasion desquelles cette loi avait été rendue. V. *supra* dans notre Commentaire, l'historique des droits d'enregistrement. Note 1 sur la loi de frim. D. 5.

(2) 775. La majeure partie des droits de timbre n'est plus sujette au décime pour franc d'après les lois du 28 avril 1816, art. 67 et 14 déc. 1830, art. 2. Mais la loi subsiste pour le surplus, et l'application relativement aux amends a dû en être faite même à celles prononcées antérieurement à sa promulgation. (20 fruc. an 10 Déc. min. fin.; 1 brum. an 11, inst. gén. n. 87). Les amendes attribuées aux communes sont assujetties au décime pour franc (24 vent. an 10 Inst gén. n. 48); ainsi que les amendes de pêche (16 therm. an 12. Inst. gén., n. 240); cell s concernant la voirie et le roulage (21 oct. 1806 Déc. min. fin; 3 oct. 1807, Inst. gén.. n. 345). Il en est ainsi de toutes les perceptions relatives aux majorats (12 janv. 1809. Inst. gén., n. 413) et des droits retenus par le secrétaire du conseil d'État pour le titre de *frais de greffe*, qu'il verse dans la caisse du receveur de l'enregistrement (1. 24 avril et 28 juin 18..3; 10 août 1833, Inst. gén., n. 1435). Le décime doit même

être perçu au profit du fisc, sur les amendes attribuées aux particuliers (Cass. 19 mars 1806. D.A. 7. 351). — Mais il ne l'est pas sur les dommages-intérêts prononcés en même temps que les amendes (2 fruct. an 7, circ. de la R.), ni sur l'indemnité de 150 fr. payable au défendeur en cassation, par suite du rejet du pourvoi (2 sept. 1809; Circ de la Rég. 1 sept 1837, Inst. gén., 1537, Sect. 3., n° 7).

(3) 776. Les receveurs de l'enregistrement doivent donner quittance du décime, en le distinguant du droit principal (11 prair, an 7, Circ. de la rég.).

(4) 777. S'il doit être procédé dans plusieurs communes à la vente d'objets appartenant à la même succession, il y a lieu à déclaration *dans tous les bureaux* où la vente doit avoir lieu, afin que chaque receveur puisse veiller à l'exécution de la loi. — Toutefois, lorsqu'il devra être procé é *par un même procès-verbal*, à une vente aux enchères d'objets appartenant à *la ville de Paris*, et situés dans plusieurs endroits dépendant de différents bureaux, la déclaration préalable pourra n'en être faite qu'au bureau des actes de la justice de paix dans l'arrondissement duquel se trouvera placé le premier des objets à vendre d'après l'affiche (14 Déc. 1836. déc. min. fin.) — La déclaration peut être faite par un mandataire muni d'une procuration spéciale qui demeure annexée au registre (31 août 1808, Inst. gén., n. 396.)

aurait procédé à une vente sans en avoir fait la déclaration;

De 25 francs, pour défaut de transcription en tête du procès-verbal, de la déclaration faite au bureau d'enregistrement;

De 100 francs, pour chaque article adjugé, et non porté au procès-verbal de vente, outre la restitution du droit;

De 100 francs aussi, pour chaque altération de prix des articles adjugés faite dans le procès-verbal, indépendamment de la restitution du droit, et des peines de faux;

Et de 15 francs, pour chaque article dont le prix ne serait pas écrit en toutes lettres au procès-verbal.

Les autres contraventions que pourraient commettre les officiers publics contre les dispositions de la loi sur l'enregistrement, seront punies par les amendes et restitutions qu'elle prononce.

L'amende qu'aura encourue tout citoyen pour contravention à l'art. 1er de la présente, en vendant ou faisant vendre publiquement et par enchères, sans le ministère d'un officier public, sera déterminée en raison de l'importance de la contravention; elle ne pourra cependant être au-dessous de 50 francs, ni excéder (1).

ART. 8. Les préposés de la régie de l'enregistrement sont autorisés à se transporter dans tous les lieux où se feront des ventes publiques et par enchères, et à s'y faire représenter les procès-verbaux de vente et les copies des déclarations préalables,

Ils dresseront des procès-verbaux des contraventions qu'ils auront reconnues et constatées; ils pourront même requérir l'assistance d'un officier municipal, ou de l'agent, ou de l'adjoint de la commune ou de la municipalité où se fera la vente.

Les poursuites et instances auront lieu ainsi et de la manière prescrite par la loi du 22 frimaire dernier sur l'enregistrement.

La preuve testimoniale pourra être admise sur les ventes faites en contravention à la présente (2)

ART. 9. Sont dispensés de la déclaration ordonnée par l'art. 2, les officiers publics qui auront à procéder aux ventes du mobilier national et à celles des effets des Monts-de-Piété (3).

ART. 10. Toutes dispositions de lois contraires à la présente sont abrogées.

ART. 11. La présente résolution sera imprimée.

———

LOI DU 27 VENTOSE AN 9, *relative à la perception des droits d'enregistrement.*

ART. 1er. A compter du jour de la publication de la présente, les droits d'enregistrement seront liquidés et perçus suivant les fixations établies par la loi du 22 frim. an 7, et celles postérieures, quelle que soit la date ou l'époque des actes et mutations à enregistrer, sauf les modifications et changements ci-après (4).

———

(1) 778. Ces amendes, excepté la dernière, ont été réduites par la loi du 16 juin 1824, art. 10.

(2) 779. Il résulte de cette disposition que deux sortes de procédure sont établies pour parvenir à constater les contraventions aux art. 1 et 2 de la présente loi, savoir: un procès-verbal dressé sur les lieux et au moment même ou se commet la contravention, et, à défaut de procès-verbal, une enquête. (Cass. 30 mars an 10; 4 juillet 1810, D.A. 7. 213, 5 juin 1837. Inst. gén., n. 1557, séct. 2. § 212).

(3) 780. Il faut que ces derniers établissements soient légalement constitués, pour motiver la dispense de déclaration qui ne peut concerner les maisons de prêt ou autres établissements particuliers où se reçoivent des meubles en dépôt ou en gage, (1er vent. an 7, circ. n. 1498; 13 mai 1807, Inst. gén., n 526, § 5).— Sont également dispensées de la déclaration préalable: les ventes de mobilier communal (même inst.) — Les ventes de mobilier des fabriques et des hospices auxquelles peuvent procéder soit les maires; 16 avr. 1811, Déc. min. fin.); soit les notaires (5 juill. 1838; 17 nov. 1838, sol); Les adjudications de coupes de bois de la couronne, faites *devant notaires*, en présence des préfets ou de leurs délégués (14 sept. 1826, Déc. min. fin.); — Les ventes de prises maritimes et autres, faites par les commissaires de la marine ou autres agents ou administrateurs qui les remplacent, (24 juin 1806, et 13 Déc. 1808, déc. min fin.); et celles d'objets saisis par les préposés des douanes (3 flor. an 7, délib.).

(4) 781. La règle que consacre cet article est contraire au principe de la non-rétroactivité des lois. Aussi n'existe-t-elle plus aujourd'hui que relativement aux droits d'actes (L. 28 avril 1816, art. 59).

Mais le principe que la loi formule ici a donné lieu aux controverses les plus sérieuses.

782. C'était autrefois une règle générale de perception qu'un tarif fait loi du jour de la promulgation, et que, dès-lors, les droits doivent être perçus conformément à sa disposition. quoique les actes soient d'une date antérieure. La loi du 14 thermidor an 4, et puis celle du 9 vend. an 6 firent passer cette maxime dans la législation nouvelle, du moins d'une manière partielle, la première relativement aux actes translatifs de propriété d'immeubles réels et aux retours d'échange de biens de même nature (art. 3), l'autre relativement aux donations entre vifs et aux mutations par décès d'immeubles réels (art. 16). Le texte ci-dessus, disposant d'une manière absolue, a posé ensui te la règle dans toute la généralité d'un principe. — Sous l'empire de cette législation, la rétroactivité a été consacrée de la manière la plus expresse par la jurisprudence (Cass., 2 vent. an 7, 11 flor. an 9, 23 vent. an 9, 4 mess. an 9, 26 frim. an 13, 4 niv. an 10. D.A. 7. 21. 22. 23). La cour de cassation est même allée jusqu'à dire, d'une manière absolue, que l'art. 2 du C. civ. n'était relatif qu'au droit privé, et ne pouvait recevoir d'application en matière d'enregistrement (Cass. 13 déc. 1809, 11 sept. 1811. D.A. 7. 23). La régie formulant mieux cette doctrine, à l'occasion de la loi du 18 avril 1831, dont l'art. 17 abrogeait plusieurs autres lois et décrets qui, à diverses époques, avaient exempté du droit proportionnel les actes d'acquisition et les dons et legs faits aux hospices et autres établissements publics, posa en principe, en faisant connaître cette loi à ses employés, que, désormais, « *et conformément au principe établi par l'art. 1er de la loi du*

Art. 2. La perception du droit proportionnel suivra les sommes et valeurs, de vingt en vingt francs, inclusivement et sans fractions (1).

Art. 3. Il ne pourra être perçu moins de 25 cent. pour l'enregistrement des actes et mutations dont les sommes et valeurs ne produiraient pas 25 cent. de droit proportionnel (2).

Art. 4. Sont soumises aux dispositions des art. 22 et 38 de la loi du 22 frim. les mutations entre vifs de propriété ou d'usufruit de biens immeubles, lors même que les nouveaux possesseurs prétendraient qu'il n'existe pas de conventions écrites entre eux et les précédents propriétaires ou usufruitiers.

A défaut d'actes, il y sera suppléé par des déclarations détaillées et estimatives, dans les trois mois de l'entrée en possession, à peine d'un droit en sus (3).

---

27 vent. an 9 (le texte ci-dessus), les actes et legs dont il s'agit, seraient soumis, *quelle que fût la date des actes et mutations*, aux mêmes droits proportionnels d'enregistrement et de transcription, que les acquisitions, donations et legs au profit des particuliers » (27 avril 1831. Inst. gén , n. 1362). Ainsi, la régie rétablissait l'ancienne règle de la ferme, et elle l'admettait comme un point incontestable, puisque la loi du 18 avril 1831 était absolument muette, en ce qui concerne la rétroactivité.

785. Il s'en faut cependant que ce principe dût être admis dans la nouvelle législation. D'abord les lois de l'an 4 et de l'an 6, outre qu'elles ne l'avaient établi que partiellement, étaient peu décisives, car elles avaient été rendues à une époque où la non-rétroactivité n'avait pas été respectée même en matière civile. Quant à la loi ci-dessus, la portée en est gravement atténuée par le commentaire qu'on en trouve dans l'exposé des motifs où M. Duchatel prenait le soin d'expliquer « que cette disposition n'avait pour objet que de mettre fin à quelques procès qui pouvaient encore s'élever, quoique devenus rares, et dont la solution était douteuse, attendu l'incertitude des dates et des efforts de la fraude. » On peut donc dire qu'il n'y avait rien d'absolu dans ces diverses lois; et, au contraire, quand on en vient aux lois véritablement constitutives de l'enregistrement, on y trouve le principe de la non-rétroactivité formellement consacré (l. 5-19 déc. 1790, art. 21; l. 22 frim. an 7, art. 75, V. *Suprà*). Aussi la cour de cassation est-elle revenue sur sa précédente jurisprudence. En effet, la régie persistait à soutenir que l'art. 17 de la loi précitée du 18 avril 1831 était applicable aux hospices, alors même que l'acquisition faite par eux aurait eu lieu avant la promulgation de cette loi (30 déc. 1831, déli., C. adm.). Mais la cour de cassation, appelée à se prononcer sur la question, jugea formellement que la loi du 22 frim. an 7, 27 vent. an 9 et autres lois spéciales en matière d'enregistrement, ne sont applicables qu'aux cas qu'elles ont prévus ; qu'elles ne contiennent pas de dérogation expresse au principe absolu de la non rétroactivité, et qu'ainsi la liquidation du droit de mutation, de même que celle de tous autres impôts, doit être faite conformément à la loi vivante à l'époque où le droit s'est ouvert a été acquis au fisc (Cass. 4 fév. 1834. D.P. 34. 1. 85).

784. Cependant, il faut reconnaître que cette décision est encore, en sens inverse de celles de 1809 et de 1811, trop absolue dans son expression, lorsqu'elle pose en principe que la liquidation du droit de mutation, de *même que celle de tous autres impôts*, doit être faite d'après la loi vivante à l'époque où le droit s'est ouvert La règle serait juste si les lois subséquentes étaient revenues complètement au principe de la non rétroactivité. Mais la loi de 1816, art. 59, qui a rétabli ce principe, a réservé, ainsi que nous l'avons dit, les droits d'actes qu'elle a laissés sous l'empire de la disposition ci-dessus. La doctrine posée par la cour de cassation se trouve donc naturellement modifiée, du moins en ce qui concerne ces derniers droits, par l'art. 59 de la loi du 28 avril 1816, qui n'a pas cessé d'être en vigueur. Aussi la cour de cassation s'est exprimée d'une manière plus exacte, lorsque la question s'étant représentée, elle a déclaré que les lois des finances n'ont d'application rétroactive qu'autant qu'une disposition expresse l'a ordonné (Cass. 31 mai 1836. D.P. 36. 1. 378). C'est là qu'est l'expression la plus exacte de la règle, et, en définitive, elle énonce, pour le droit d'enregistrement, ce qui est vrai des matières ordinaires où il est constant que le principe posé dans l'art. 2 C. civ., doit être entendu sous toute réserve du cas où il a pu convenir, et il conviendrait au législateur d'y déroger (*Conf*. Dalloz, Jurisp. gén., éd. nouv., v° Enregist., tit. 1er, ch. 2; Champ. et Rig., t. 1er, n. 45; 24 déc. 1831, av. C. d'ét.).

(1) 785. Ainsi tout capital sur lequel on doit liquider le droit, sera porté à un multiple de 20; s'il est de 100 fr. 01 c., le droit sera perçu sur 120 fr. — Par la même raison, le droit ne peut pas être perçu sur une somme moindre que 20 fr. (Champ. et Rig., t. 4, n. 3151).

(2) 786. Suivant l'art. 6 de la loi du 22 frim. an 7 (V. *Suprà*), le moindre droit à percevoir sur un acte donnant lieu au droit proportionnel, était le montant de la quotité sous laquelle il se trouvait classé dans le tarif ; en sorte que le moindre capital était 100 fr. Le texte ci-dessus a eu pour objet de modifier cette disposition rigoureuse.

787. Le minimum de 25 c., établi par ce texte, n'a pas pour objet chaque disposition d'un seul acte, mais l'acte même dont toutes les dispositions n'offriraient pas une perception totale de 25 centimes. Ainsi un bail aux enchères et par lots peut ne donner ouverture sur chaque lot, au taux de 20 cent. p. 100 fr., qu'à 4 ou 8 cent. de droit ; il suffit que la perception sur l'acte entier produise au moins 25 centimes (5 oct. 1825, sol.; 31 mars 1826, Inst. gén., n. 1187, § 3).

788. Mais le *minimum* du droit à percevoir sur les arrêts et jugements des cours et tribunaux, et sur les procès-verbaux des bureaux de paix, est toujours le droit fixe auquel ils sont tarifés, suivant leur nature, lorsque le droit proportionnel réglé par série de 20 fr., qu'ils opéreraient, ne s'élèverait pas à la somme produite par ce droit fixe. Sous ce rapport, le texte ci-dessus ne déroge pas à la loi du 22 frim. an 7, art. 68, § 2, n. 9 (24 mai 1808, Déc. min. fin. 29 juin 1808, Inst. gén., n. 586, § 1; Champ. et Rig. t. 4, n. 3153).

(3) 789. Sur cette disposition, qui a eu pour but et pour résultat de rendre efficaces les dispositions des art. 12 et 13 de la loi du 22 frim. an 7, V. le commentaire de ces derniers articles.

Art. 5. Dans tous les cas où les frais de l'expertise autorisée par les art. 17 et 19 de la loi du 22 frimaire tomberont à la charge du redevable, il y aura lieu au double droit d'enregistrement sur le supplément de l'estimation (1).

Art. 6. Les dispositions de la loi du 22 frimaire, relatives aux administrations civiles et aux tribunaux alors existants, sont applicables aux fonctionnaires civils et aux tribunaux qui les remplacent.

Art. 7. Les actes et procès-verbaux de vente de prises, et de navires ou bris de navires, faits par les officiers d'administration de la marine, seront soumis à l'enregistrement dans les vingt jours de leur date, sous la peine portée aux articles 35 et 36 de ladite loi du 22 frimaire.

L'art. 37 leur est applicable pour le cas qui y est prévu (2).

Art. 8. Le droit d'enregistrement des baux à ferme ou à loyer, et des sous-baux, subrogations, cessions et rétrocessions de baux, réglé par l'art. 69 de la loi du 22 frimaire, § 3, n. 2, à 1 fr. par 100 fr. sur le montant des deux premières années, et à 25 cent. par 100 fr. sur celui des autres années, est réduit à 75 cent. par 100 fr. sur le montant des années suivantes.

S'il est stipulé, pour une ou plusieurs années, un prix différent de celui des autres années du bail ou de la location, il sera formé un total du prix de toutes les années, et il sera divisé également, suivant leur nombre, pour la liquidation du droit (3).

Art. 9. Le droit d'enregistrement des cautionnements de baux à ferme ou à loyer, sera de moitié de celui fixé par l'article précédent (4).

Art. 10. L'art. 69 de la loi du 22 frimaire, § 4, n. 1, et § 6, n. 2, est applicable aux démissions de biens en ligne directe (5).

Art. 11. Le droit proportionnel est porté à 2 pour 100 sur le montant des dommages-intérêts en matière civile, ainsi qu'il est réglé par l'art. 69 de ladite loi, § 5, n. 8, pour les dommages-intérêts en matière criminelle, correctionnelle et de police (6).

Art. 12. Les jugements portant résolution de contrats de vente pour défaut [de paiement quelconque sur le prix de l'acquisition, lorsque l'acquéreur ne sera point entré en jouissance, ne seront assujettis qu'au droit *fixe* d'enregistrement, tel qu'il est réglé par l'art. 68 de la loi du 22 frimaire, § 3, n. 7, pour les jugements portant résolution de contrats pour cause de *nullité radicale* (7).

---

(1) 790. V. le commentaire de l'art. 18 de la loi de l'an 7.

(2) 791. Il en est ainsi des inventaires et récolements d'inventaires de cargaisons naufragées. Ces actes, qui ont lieu devant le commissaire de la marine, ou toute autre autorité publique, doivent être écrits sur papier timbré, et présentés à l'enregistrement dans les 20 jours de leur date (28 juin 1808, Déc. min. fin ; 28 juill. 1808, Inst. gén., n. 590, § 6).

(3) 792. Cette disposition, qui modifie celle de la loi de frimaire, a été modifiée à son tour par la loi du 16 juin 1824, art. 1er, qui a réduit le droit à 20 c. pour 100 sur le prix cumulé de toutes les années. — Au surplus, V. *suprà* le commentaire de l'art. 69, § 3, n. 2 de la loi de frimaire.

(4) 793. V. la loi du 16 juin 1824, art. 1.

(5) 794. V. la loi du 16 juin 1824, art. 3.

(6) 795. V. le commentaire de l'art. 69, § 5, n. 8 de la loi du 22 frimaire an 7.

(7) 796. Cet article étend le droit fixe appliqué aux seules résolutions de contrat pour nullité radicale, par la loi du 22 frim. an 7, art. 68, § 3, n. 7, et l'applique aux jugements portant résolution pour défaut de paiement quelconque sur le prix de l'acquisition. Cette disposition et celle de la loi de frimaire parlent également des *jugements* portant résolution ; d'où la jurisprudence a conclu que la résolution *volontaire* resterait soumise au droit proportionnel, comme opérant une mutation nouvelle (1er frim. an 9, 19 germ. an 13, 21 mars 1820, 24 avril 1822, 13 avril 1825, etc.; D.A. 7. 185. 188. 189. 198). V. aussi dans ce sens Champ et Rig., t. 1, n. 331 et 332. — On peut dire, cependant, qu'il n'y a aucune raison solide de limiter la solution aux jugements qui prononcent la résolution sur la contestation des parties ; d'autant que, s'il ne leur est pas permis de passer jugement d'accord, l'acquéreur qui n'aura rien à opposer à la demande en résolution

s'en rapportera à justice, qui sera ainsi forcée d'adjuger les conclusions du vendeur. On peut ajouter que si la loi ne fait mention que des *jugements* et non des *actes*, c'est parce qu'on ne connaît en France, à proprement parler, aucune nullité de plein droit, c'est-à-dire que l'on ne doive faire reconnaître par les tribunaux, et parce qu'il arrive plus communément qu'on soit obligé d'y recourir pour faire prononcer la résolution d'un acte, qu'on ne l'obtienne des voies de conciliation (Dalloz, éd. nouv., v° Enreg. tit. 2, ch. 2, sect. 2e).

797. Pour qu'il y ait lieu à l'exemption du droit proportionnel, conformément au texte ci-dessus, il faut la réunion de deux conditions : défaut de paiement quelconque sur le prix, et possession non encore prise par l'acquéreur.

798. Par suite, un simple à-compte payé sur le prix, quand même il n'y aurait pas encore eu d'entrée en jouissance, suffirait pour enlever au vendeur, au profit duquel le contrat serait ultérieurement résolu, le privilége de n'acquitter qu'un simple droit fixe sur le jugement de résolution (Cass. 18 nov. 1822, D.A. 7. 196).

799. Quant à l'entrée en jouissance qui exclurait, d'après la seconde condition, l'exemption du droit proportionnel, il paraît résulter de quelques arrêts de la Cour de cassation qu'elle ne s'entend pas seulement d'une main mise réelle, et manifestée par des actes, mais encore d'une possession toute incorporelle, d'une tradition feinte qui ne transmet aucune jouissance utile, et ne consiste dans aucun fait d'exécution susceptible de tomber sous les sens (27 frim. an 14, 51 déc. 1825; D.A. 7. 197. 197). Toutefois, la question n'est pas décidée *in terminis* par ces arrêts; la doctrine qu'on leur suppose ne s'induit que de quelques expressions relevées dans ces arrêts, d'ailleurs principalement motivés sur des actes de jouissance parfaitement caractérisés et qui faisaient obs-

Art. 13. La dernière disposition du n. 30 du § 1er de l'art. 68 de la loi du 22 frimaire est applicable aux actes d'appel compris sous les §§ 4 et 5 du même article.

Art. 14. Les actes de prestations de serment sont soumis à l'enregistrement sur les minutes, dans les vingt jours de leur date, sous les obligations et peines portées aux art. 35 et 37 de ladite loi du 22 frimaire.

Ceux des avoués sont classés parmi les actes de cette nature compris sous le n. 4 du § 6 de l'art. 68. Ceux des gardes des barrières le sont sous le n. 3 du § 3 du même article (1).

Art. 15. Le droit d'enregistrement des significations d'avoué à avoué, dans le cours des instructions des procédures devant les tribunaux, est fixé à 25 cent. Ces actes seront enregistrés dans les quatre jours de leur date, à peine de 5 fr. d'amende pour chaque contravention, outre le paiement du droit (2).

Art. 16. Les présentations et les défauts, et congés faute de comparoir, défendre ou conclure, qui doivent se prendre au greffe, sont soumis à un droit fixe de 1 fr.

Ils s'enregistrent sur les minutes ou originaux. Le délai pour l'enregistrement est le même que celui fixé par l'art. 20 de la loi du 22 frimaire pour les actes judiciaires; et les art. 35 et 37 de ladite loi leur sont applicables (3).

Art. 17. L'instruction des instances que la régie aura à suivre pour toutes les perceptions qui lui sont confiées, se fera par simples mémoires respectivement signifiés, sans plaidoiries. Les parties ne seront point obligées d'employer le ministère des avoués (4).

Art. 18. Toutes dispositions contraires à la présente sont abrogées.

LOI DU 15 NOVEMBRE 1808, *relative aux demandes en expertise d'immeubles situés dans le ressort de plusieurs tribunaux* (5).

DÉCRET DU 22 DÉC. 1812, *relatif aux déclarations à faire par les titulaires de cautionnements en faveur de leurs bailleurs de fonds, pour leur faire acquérir le privilège du second ordre.*

Art. 1er. Les déclarations à faire à l'avenir par les titulaires de cautionnements en faveur de leurs bailleurs de fonds, pour leur faire acquérir le privilége du second ordre, seront conformes au modèle ci-annexé, passées devant notaires, et légalisées par le président du tribunal de l'arrondissement.

Art. 2. Dans le cas où le versement à la caisse d'amortissement serait antérieur de plus de huit jours à la date de ces déclarations, elles ne seront valables qu'autant qu'elles seront accompagnées du certificat de non-opposition, délivré par le greffier du tribunal du domicile des parties, dont il sera fait mention dans lesdites déclarations, lesquelles, au surplus, ne seront admissibles à la caisse d'amortissement, s'il y a des oppositions à cette caisse, que sous la réserve de ces oppositions.

Art. 3. Le droit d'enregistrement de ces déclarations est fixé à un franc (6).

tacle à l'application de l'article ci-dessus. Mais au fond, le texte de la loi a été généralement entendu en doctrine, d'une entrée en jouissance de *fait*, et non pas seulement de droit, par le motif, que sans cela, c'eût été réduire la faveur de la loi au seul cas où il aurait été convenu que la délivrance de la chose vendue ne se ferait qu'à une certaine époque, et n'admettre ainsi l'exception faite par la loi à la règle que pour un cas qui se présente très-rarement (Dalloz, éd. nouv., *loc. cit.*; Champ et Rig., t. 1, n. 491 et suiv.).

(1) 800. V. à cet égard, le commentaire de l'art. 68, § 3, n. 5 de la loi du 22 frim. an 7.

(2) 801. Tarifés à 50 c. et 1 fr., par la loi du 28 avril 1816, art. 41 n. 1, et art. 42.

(3) 802. Les actes dont il s'agit ici appartenaient à 'ancienne procédure. La perception sur ces actes, qui avait été suspendue dans les tribunaux de commerce (18 mess. an 12, av. C. d'Et. app. le 24), s'est trouvée abolie, pour toutes les cours et tribunaux, par le code de procédure civile, qui n'admet point ces sortes d'actes.

(4) 803. Cette disposition complète l'art. 65, § 2 de la loi du 22 frimaire an 7. V. *supra* le commentaire de cet article.

(5) 804. V. le texte et le commentaire de cette loi, dans nos observations sur l'art. 18 de la loi du 22 frim. an 7.

(6) 805. Cette disposition, la seule dont nous ayons

à parler ici dans le décret ci-dessus, a donné lieu, quelque précise qu'elle soit, à des difficultés qui, d'ailleurs, paraissent aujourd'hui définitivement résolues. — En premier lieu, la régie avait voulu distinguer entre le cas où le titre du préteur avait été préalablement enregistré, et celui où aucun titre n'avait été souscrit par le titulaire ou du moins n'avait pas été soumis à la formalité. Dans le premier cas, le texte ci-dessus était applicable, selon la régie, parce que la déclaration n'était que le complément d'un acte d'emprunt déjà enregistré; mais dans le second, il ne l'était pas, parce que la déclaration constituait alors une obligation au profit du bailleur de fonds, et rendait dès lors exigible le droit de 1 fr. p. 0/0, par application de la loi du 22 frim. an 7, art. 69, § 5 n. 3. (*Conf.*, 2 sept. 1816, Déc. min. fin.) La cour de cassation a rejeté cette distinction : elle a consacré, en principe, que les déclarations des titulaires de places sujettes à cautionnement, en faveur de leurs bailleurs de fonds, ne sont jamais sujettes qu'au droit fixe (Cass. 4 déc. 1821. D.A. 7. 45). La régie s'est rangée à cette doctrine (30 mars 1822; Inst. gén. 30 oct. 1835, sol. D.P. 36. 3. 60). qui est encore combattue au Dict. de l'enreg., v° Cautionnement, n. 135.

806. En outre, la disposition ci-dessus a été reconnue applicable à la déclaration faite par un fournisseur du gouvernement, lorsqu'elle n'a pour objet que de faire acquérir à celui qui aurait baillé

Art. 4. Il n'est point dérogé par le présent décret à celui du 28 août 1808, portant que : « Les prêteurs de fonds ne pourront exercer le privilége du second ordre, qu'en représentant le certificat mentionné à l'art. 2 de ce décret, » à moins cependant que leur opposition ou la déclaration faite à leur profit ne soit consignée aux registres des oppositions et déclarations à la caisse d'amortissement; faute de quoi, ils ne pourront exercer de recours contre la caisse d'amortissement que comme les créanciers ordinaires, et en vertu des oppositions qu'ils auraient formées aux greffes des tribunaux indiqués par la loi.

Modèle de déclaration à passer par devant notaires, par les titulaires des cautionnements, en faveur de leurs prêteurs de fonds, pour leur faire acquérir le privilége du second ordre.

Par devant, etc.

fut présent M. (mettre les noms, qualités et demeure)..... lequel a, par ces présentes, déclaré que la somme de..... que le comparant a versée à la caisse..... pour la (totalité ou partie) du cautionnement auquel il est assujetti en sadite qualité, appartient en capital et intérêts à M. (mettre les noms, qualités et demeure), ou à N... savoir, à N... jusqu'à la concurrence de la somme de..., et à N.., jusqu'à la concurrence de celle de...; pourquoi il requiert et consent que la présente déclaration soit inscrite sur les registres de la caisse d'amortissement, afin que ledit N... ait et acquière (ou lesdits N...aient et acquièrent) le privilége du second ordre sur ledit cautionnement, conformément aux dispositions de la loi du 25 niv. an 13, et du décret du 28 août 1808.

Dont acte, etc.

EXTRAIT DE LA LOI DES FINANCES, DU 28 AVRIL 1816, *contenant diverses dispositions sur l'enregistrement et le timbre.*

TITRE VII. — § 1er. *Droits d'enregistrement.*

Art. 37. A compter de la promulgation de la présente loi, et jusqu'à ce que l'acquittement des charges extraordinaires soit terminé, les droits d'enregistrement, timbre et hypothèques seront perçus avec les augmentations énoncées aux articles suivants (1).

Art. 38. Tous actes judiciaires [en matière civile, tous jugements en matière criminelle, correctionnelle ou de police, seront, sans exception, soumis à l'enregistrement sur les minutes ou originaux.

Les greffiers ne seront personnellement tenus de l'acquittement des droits que dans les cas prévus par les art. 7 et 35 de la loi du 22 frim. an 7. Ils continueront de jouir de la faculté accordée par l'art. 37, pour les jugements et actes y énoncés.

Il sera délivré aux greffiers, par le receveur de l'enregistrement, des récépissés, sur papier non timbré, des extraits de jugements qu'ils doivent fournir en exécution dudit article 37. Ces récépissés seront inscrits sur leurs répertoires.

Art. 39. Les jugements des tribunaux en matière de contributions publiques ou locales, et autres sommes dues à l'État et aux établissements locaux, seront assujettis aux mêmes droits d'enregistrement que ceux rendus entre particuliers.

Art. 40. Les héritiers, légataires et tous autres appelés à exercer des droits subordonnés au décès d'un individu dont l'absence est déclarée, sont tenus de faire, dans les six mois du jour de l'envoi en possession provisoire, la déclaration à laquelle ils seraient tenus, s'ils étaient appelés par effet de la mort, d'acquitter les droits sur la valeur entière des biens ou droits qu'ils recueillent (2).

En cas de retour de l'absent, les droits payés seront restitués, sous la seule déduction de celui auquel aura donné lieu la jouissance des héritiers (3).

Ceux qui ont obtenu cet envoi jusqu'à ce jour, sans avoir acquitté les droits de succession, jouiront d'un délai de six mois, à compter de la publication de la présente, pour faire leur déclaration et payer les droits sans être assujettis à l'amende.

Art. 41. Seront assujettis au droit fixe de 50 centimes,

1° Les significations d'avoué à avoué pour l'instruction des procédures devant les tribunaux de première instance;

les fonds du cautionnement, le privilége du second ordre. (Cass. 27 mai 1829. D.P. 29. 1. 255).

807. Et à la déclaration faite par le titulaire du cautionnement d'un journal (15 janv. 1841, Trib. de la Seine D.P. 41. 5. 376).

(1) 808. D'après les termes de cet article, la loi semblait ne devoir être que transitoire. Mais aucune disposition ultérieure n'ayant déclaré que le terme indiqué était atteint, cette loi continue d'être en vigueur. (V. *suprà* Comm. de la loi du 22 frim. an 7, historique, n. 5.)

(2) 809. V. *suprà* l. 22 frim. an 7, art. 24 et le Comm.—La disposition ci-dessus ne parle que du cas où l'absence est déclarée. Mais elle a été étendue au cas où le tribunal usant de la faculté qui lui est accordée par l'art 117 C. civ., de ne pas déclarer ab-

sent l'individu qui a disparu, alors même qu'il s'est écoulé plus de cinq ans depuis qu'on n'a eu de ses nouvelles, et de se borner seulement à nommer un administrateur à ses biens, cette nomination a été considérée comme donnant ouverture aux droits de mutation par décès (26 déc. 1817, Déc. min. fin. — *Contra*, Champ. et Rig., t. 5, n. 2483).

(3) 810. Cette disposition ne fait pas connaître ce qu'elle entend par le droit de la jouissance des héritiers. C'est à titre d'*indemnité* que les héritiers retiennent une partie des revenus, aux termes du droit civil. Régulièrement donc, le droit d'indemnité devrait être retenu sur le montant des revenus réservés, au moyen d'une déclaration estimative qui ferait connaître la valeur des jouissances (*Conf.* Champ.

2° Les assignations et tous autres exploits devant les prud'hommes (1).

ART. 42. Seront sujettes au droit fixe de 1 fr., les significations d'avoué à avoué devant les Cours royales.

ART. 43. Seront sujets au droit fixe de 2 fr.,

1° Les acquiescements purs et simples;

2° Les actes de notoriété;

3° Les actes refaits pour nullité ou autre motif, sans aucun changement qui ajoute aux objets des conventions ou à leur valeur;

4° Les avis de parents;

5° Les autorisations pures et simples;

6° Les certificats de cautions et de cautionnements;

7° Les consentements purs et simples;

8° Les décharges également pures et simples, et les récépissés de pièces;

9° Les déclarations aussi pures et simples en matière civile et de commerce;

10° Les dépôts d'actes et pièces chez les officiers publics;

11° Les dépôts et consignations de sommes et effets mobiliers chez les officiers publics, lorsqu'ils n'opèrent pas la libération des déposants, et les décharges qu'en donnent les déposants ou leurs héritiers, lorsque la remise des objets déposés leur est faite;

12° Les désistements purs et simples;

13° Les exploits et autres actes du ministère des huissiers, qui ne peuvent donner lieu au droit proportionnel :

Sont exceptés les exploits relatifs aux procédures devant les juges de paix, les prud'hommes, les Cours royales, la Cour de cassation, les Conseils de Sa Majesté, jusques et compris les significations des jugements et arrêts définitifs, les déclarations d'appel ou de recours en cassation, les significations d'avoué à avoué, et les exploits ayant pour objet le recouvrement des contributions directes ou indirectes, publiques ou locales (2);

14° Les lettres missives qui ne contiennent ni obligation ni quittance, ni aucune autre convention donnant lieu au droit proportionnel.

15° Les nominations d'experts hors jugements;

16° Les procès-verbaux et rapports d'employés, gardes, commissaires, séquestres, experts et arpenteurs;

17° Les procurations et pouvoirs pour agir, ne contenant aucune stipulation ni clause donnant lieu au droit proportionnel;

18° Les promesses d'indemnités indéterminées et non susceptibles d'estimation;

19° Les reconnaissances pures et simples ne contenant aucune obligation ni quittance;

20° Les résiliements purs et simples faits par acte authentiques, dans les vingt-quatre heures des actes résiliés;

21° Les rétractations et révocations;

22° Les reconnaissances d'enfants naturels par acte de célébration de mariage.

ART. 44. Seront sujets au droit fixe de 3 fr.,

1° Les adjudications à la folle-enchère, lorsque le prix n'est pas supérieur à celui de la précédente adjudication;

2° Les compromis ou nominations d'arbitres qui ne contiennent aucune obligation de sommes et valeurs donnant lieu au droit proportionnel;

3° Les déclarations ou élections de command et d'ami, lorque la faculté d'élire un command a été réservée dans l'acte d'adjudication ou le contrat de vente, et que la déclaration est faite par acte public et notifiée dans les vingt-quatre heures de l'adjudication ou du contrat;

4° Les réunions de l'usufruit à la propriété, lorsque la réunion s'opère par acte de cession, et qu'elle n'est pas faite pour un prix supérieur à celui sur lequel le droit a été perçu lors de l'aliénation de la propriété (3);

5° Les titres nouvels et reconnaissances de rentes dont les contrats sont justifiés en forme;

6° Les connaissements ou reconnaissances de chargements par mer;

7° Les exploits et autres actes du ministère des huissiers relatifs aux procédures devant les Cours royales, jusques et compris la signification des arrêts définitifs;

Sont exceptées les déclarations d'appel et les significations d'avoué à avoué;

8° Les transactions, en quelque matière que ce soit, qui ne contiennent aucune stipulation de

---

et Rig., t. 4, n. 3968.) Cependant, une instruction générale du 3 fruct. an 13, a prescrit de restituer dans le prix les droits perçus sur l'envoi en possession, en retenant un droit de jouissance calculé comme s'il s'agissait d'un usufruit.

811. Du reste, la loi ne parle que du retour de l'absent. Mais il peut arriver que l'héritier présomptif envoyé en possession provisoire soit dépossédé par d'autres que l'absent, par exemple, dans l'hypothèse de l'art. 130 C. civ. Alors, nonobstant le silence de la loi, il y aurait lieu à restitution des droits en faveur de l'héritier présomptif qui, après avoir obtenu l'envoi en possession, se trouverait évincé, en exécution de l'art. 130 C. c., par l'héritier plus proche de l'absent à l'époque du décès légalement prouvé. Dans ce cas, on devrait exiger de ce dernier une nouvelle déclaration et un nouveau droit pour la mutation qui s'opérerait irrévocablement en sa faveur. (3 fruct.

an 13. Inst. gén., n. 290, § 72; 7 juin 1808, Déc. min. fin.; 29 juin 1808. Inst. gén., n. 586, § 32.) — Notons toutefois que Champ. et Rig. se prononcent en sens contraire, relativement à la perception d'un nouveau droit (t. 4, n. 3968).

(1) 812. La disposition comprend tous les actes, jusques et y compris les significations des jugements définitifs (29 avril 1816. Inst. gén., n. 714).

(2) 813. Bien que cet article ne parle que de *contributions*, l'expression qu'il contient embrasse les exploits faits pour le recouvrement de *toutes les sommes dues à l'État*, à quelque titre que ce soit, à l'égard desquels continuent d'être en vigueur les dispositions des art. 68, § 1, n. 30 et 70, § 2, n. 2 de la loi du 22 frim. an 7. (Av. com. fin. app. le 24 nov. 1821; 13 déc. 1821. Inst. gén., n. 1012, § 1.)

(3) 814. V. sur ce point le comm. de l'art. 15, 6° de la loi du 22 frim. an 7.

sommes et valeurs, ni disposition soumise à un plus fort droit d'enregistrement;

9° Les jugements définitifs des juges de paix rendus en dernier ressort, d'après la volonté expresse des parties, au-delà des limites de la compétence ordinaire, lorsqu'ils ne contiennent pas de dispositions donnant ouverture à un droit proportionnel supérieur;

10° Les jugements interlocutoires ou préparatoires, ordonnances et autres actes énoncés dans les n° 6 et 7 du deuxième paragraphe de l'article 68 de la loi du 22 frimaire an 7, lorsqu'ils auront lieu dans les tribunaux de première instance, de commerce ou d'arbitrage, et ne seront pas de l'espèce de ceux dont il sera parlé dans l'article suivant;

11° Les significations d'avocat à avocat dans les instances à la Cour de cassation et aux conseils de Sa Majesté.

ART. 45. Seront sujets au droit fixe de 5 fr. :

1° Les exploits et autres actes du ministère des huissiers relatifs aux procédures devant la Cour de cassation et les conseils de Sa Majesté, jusques et compris les significations des arrêts définitifs;

Le premier acte de recours est excepté;

2° Les contrats de mariage et actes de formation ou de dissolution de société, actuellement soumis au droit fixe de 3 fr.;

3° Les partages de biens meubles et immeubles entre copropriétaires, à quelque titre que ce soit, pourvu qu'il en soit justifié;

4° Les testaments et tous autres actes de libéralité qui ne contiennent que des dispositions soumises à l'évènement du décès, et les dispositions de même nature qui sont faites par contrat de mariage entre les futurs ou par d'autres personnes;

5° Les jugements des tribunaux civils prononçant sur l'appel des juges de paix; ceux desdits tribunaux et des tribunaux de commerce ou d'arbitres rendus en premier ressort, contenant des dispositions définitives qui ne donneraient pas lieu à un droit plus élevé (1);

6° Les arrêts interlocutoires ou préparatoires rendus par les cours royales, lorsqu'ils ne seront pas susceptibles d'un droit plus élevé, et les ordonnances et actes désignés dans les n. 6 et 7,

---

(1) 815. Cette disposition ne peut être étendue aux jugements en dernier ressort, qui restent soumis au droit de 3 fr. (4 oct. 1816, Déc. min. fin.; 23 déc. 1816, Inst. gén., n. 758, § 4.

816. La qualification en premier ou dernier ressort exprimée dans un jugement, doit servir de règle pour la perception du droit de 3 ou de 5 fr.; et à défaut seulement de qualification expresse, c'est la définition légale des jugements qui doit être prise pour base de la perception (25 janv. 1831 sol.; 25 juin 1831, Inst. gén., n. 1370, § 5).

817. En ce qui concerne les actes que comporte une procédure sur saisie-arrêt, une décision du 6 août 1823, rappelée dans l'instr. gén. du 27 septembre 1825, a donné les règles à suivre en ces termes:

« 1° Si la saisie-arrêt est fondée sur un titre authentique, le jugement qui statue, toutes parties présentes et consentantes, n'est passible que de 3 fr. ou de 5 francs, selon qu'il est rendu en *premier* ou *dernier* ressort.—2° S'il y a titre, sous seing privé ou s'il n'existe pas de titre, le jugement de validité, qui donne à la convention force d'exécution, est sujet au droit prop. de condamnation, indépendamment, dans ce dernier cas, du droit auquel cette convention aurait ouvert ouverture, quelle eût été établie par acte. Le droit de titre est dû sur l'objet de la demande tel qu'il est fixé par l'ordonnance du juge, et non par la requête. — 3° Il ne peut être exigé de droits pour les déclarations de compétence et de validité. — 4° La déclaration du tiers-saisi est passible de 2 fr., qu'elle soit faite devant le juge de paix ou au greffe. Elle supportera de plus, dans ce dernier cas, le droit de rédaction de 1 fr. 25 cent. Le certificat délivré par les fonctionnaires publics, pour remplacer cette déclaration, est sujet au droit de 2 fr. Le dépôt au greffe de ce certificat ou d'une expédition de la déclaration faite devant le juge de paix, est assujetti au droit de 3 fr. indépendamment de celui de rédaction de 1 fr. 25 cent.—5° L'état des effets mobiliers joint à la déclaration, donne lieu à un droit distinct de 1 fr. fixe; mais les quittances et autres pièces à l'appui ne sont pas susceptibles d'être enregistrées.

— 6° L'ordonnance sur requête pour saisir-arrêter quand on n'a pas de titre, est soumise au droit de 3 fr. — 7° Le jugement qui, après celui de la validité, ordonne la délivrance des deniers ou la vente des meubles saisis, est passible seulement de 3 fr. — 8° Celui qui condamne le tiers-saisi comme débiteur pur et simple des causes de la saisie, doit être assujetti au droit prop. de condamnation, outre le droit perçu sur le jugement obtenu contre le tiers-saisi. Il est dû, de plus, sur le jugement de condamnation contre le tiers-saisi, un droit de *titre*, à raison du titre en forme que ce jugement confère à la partie saisie, sauf restitution, dans le cas où il serait ultérieurement justifié d'un titre enregistré; mais il n'est dû sur ce même jugement aucun droit de collocation, liquidation ou libération. — 9° Le jugement qui donne main-levée de la saisie est passible de 3 fr. ou de 5 fr., selon qu'il est rendu en *premier* ou en *dernier* ressort. — 10° Celui rendu par défaut, dans le cas de *défaut profit joint*, est sujet au droit de 5 fr. comme jugement *préparatoire*. — 11° Il n'est dû qu'un seul droit pour le jugement qui statue définitivement sur plusieurs saisies faites par plusieurs saisissants contre un seul tiers-saisi, ou par un seul saisissant contre plusieurs tiers-saisis; mais chaque jugement de validité qu'obtiennent les saisissants qui n'ont pas de titre exécutoire est passible d'autant de droits distincts de condamnation, outre le droit de titre quand il est exigible. — 12° En cas de saisie sur soi-même le jugement qui ordonne la compensation est passible du droit de 50 centimes pour 100 fr., comme opérant condamnation, liquidation définitive ou libération; mais il n'est pas dû de droit de titre sur ce jugement, quand même le titre serait verbal, puisqu'il se trouve éteint — 13° Les jugements contenant des dispositions qui auraient pu faire la matière de plusieurs jugements, sont sujets aux droits auxquels ces jugements distincts auraient donné lieu, en ce sens que les droits de titre ou de condamnation sont dus sur les dispositions relatives au tiers-saisi, indépendamment du droit fixe ou prop. qui est dû par le saisi, à raison de l'exécution ou de la condamnation prononcée contre ce dernier. »

deuxième paragraphe de l'art. 68 de la loi du 22 frimaire an 7, devant les mêmes cours:

7° Les reconnaissances d'enfants naturels autrement que par acte de mariage;

8° Les actes et jugements interlocutoires ou préparatoires des divorces.

ART. 46. Seront assujettis au droit fixe de 10 fr.:

1° Les jugements rendus en dernier ressort par les tribunaux de première instance ou les arbitres, d'après le consentement des parties, lorsque la matière ne comportait pas ce dernier ressort, sauf la perception du droit proportionnel, s'il s'élève au-delà de 10 fr.;

2° Les arrêts définitifs des cours royales dont le droit proportionnel ne s'élèverait pas à 10 fr.;

3° Les arrêts interlocutoires ou préparatoires de la Cour de cassation et des conseils de Sa Majesté.

ART. 47. Seront sujets au droit fixe de 25 fr.:

1° Le premier acte de recours en cassation ou devant les conseils de Sa Majesté, soit par requête, mémoire ou déclaration, en matière civile, de police simple ou de police correctionnelle;

2° Les arrêts des cours royales portant interdiction ou prononçant séparation de corps entre mari et femme;

3° Les arrêts définitifs de la Cour de cassation et des conseils de Sa Majesté.

ART. 48. Seront sujets au droit fixe de 50 fr.:

1° Les actes de tutelle officieuse;

2° Les jugements de première instance admettant une adoption, ou prononçant un divorce.

ART. 49. Seront sujets au droit fixe de 100 fr.:

1° Les arrêts de cour d'appel confirmant une adoption;

2° Ceux qui prononceront définitivement sur une demande en divorce: s'il n'y a pas d'appel, ce droit sera perçu sur l'acte de l'officier de l'état civil.

ART. 50. Seront soumises au droit de vingt-cinq centimes par cent francs, les lettres de change tirées de place en place, et celles venant de l'étranger ou des colonies françaises, lorsqu'elles sont protestées faute de paiement.

Elles pourront n'être présentées à l'enregistrement qu'avec l'assignation.

Dans le cas de protêt faute d'*acceptation*, les lettres de change devront être enregistrées seulement avant que la demande en remboursement ou en cautionnement puisse être formée contre les endosseurs ou le tireur (1).

Seront sujets aux droits de cinquante centimes par cent francs, les cautionnements de se représenter ou de représenter un tiers, en cas de mise en liberté provisoire, soit en vertu d'un sauf-conduit dans les cas prévus par le Code de procédure et par le Code de commerce, soit en matière civile, soit en matière correctionnelle ou criminelle.

ART. 51. Seront sujets au droit de 1 franc par cent francs:

1° Les abandonnements pour fait d'assurance ou grosse aventure:

Le droit sera perçu sur la valeur des objets abandonnés;

En temps de guerre, il ne sera dû qu'un demi-droit;

2° Les actes et contrats d'assurance;

Le droit sera perçu sur la valeur de la prime;

En temps de guerre, il n'y aura lieu qu'au demi-droit (2);

3° Les adjudications au rabais et marchés pour constructions, réparations, entretien, approvisionnements et fournitures dont le prix doit être payé par le trésor royal, ou par les administrations locales, ou par des établissements publics (3).

ART. 52. Le droit d'enregistrement des ventes d'immeubles est fixé à 5 1/2 pour 100; mais la formalité de la transcription au bureau de la conservation des hypothèques ne donnera plus lieu à aucun droit proportionnel (4).

---

(1) 818. La loi du 22 frim. an 7 (art. 70, § 3 n° 15) avait affranchi, d'une manière indéfinie, de la formalité de l'enregistrement, les lettres de change, les endossements et acquits de ces effets, et les endossements et acquits *seulement* des billets à ordre et autres effets négociables; les billets eux-mêmes étaient soumis au droit de 50 c. p. % (v. *suprà* même loi, art. 69 § 2, n° 6).

819. Mais le texte ci-dessus a révoqué la faveur accordée aux lettres de changes; elles sont soumises au droit de 25 c. p.% lorsqu'elles sont protestées faute de paiement ou d'acceptation. Donc toute la différence qui existe actuellement entre les lettres de change et les autres effets négociables, c'est qu'elles sont passibles d'un droit proportionnel moindre, et que l'enregistrement peut en être différé jusqu'à l'assignation en paiement ou en garantie, tandis que les billets à ordre doivent être soumis à la formalité avec le protêt.

820. Du reste, l'exécution de la formalité accordée aux endossements et acquits des lettres de change, soit qu'ils résultent de la mention du paiement insérée dans les protêts, soit qu'ils aient été mis sur les lettres de change elles-mêmes, subsiste toujours (28 déc. 1821, Déc. min); ce qui s'étend aux endossements et acquits de tous effets négociables.

821. Mais l'aval mis au dos d'une lettre de change doit-il être considéré comme un endossement? L'affirmative est enseignée par les rédacteurs du Journal de l'enreg., art. 2379, et elle doit être adoptée. (Dalloz, édit. nouv., *loc. cit.*) Mais il a été décidé que le cautionnement d'une lettre de change donne ouverture au droit de 25 c. p. % qui est celui de la lettre de change (28 mai 1853, délib.).

(2) 822. Modifié, quant aux assurances maritimes, par la loi du 16 juin 1824, art. 5. — V. du reste, *suprà* l'art 69 § 2 n° 2 de la loi du 22 frim. et le comm.

(3) 823. Le droit proportionnel est réduit au droit de 1 fr. quand le prix est à la charge du trésor. (l. 15 mai 1818, art. 75).

(4) 824. Cette disposition a eu pour objet d'obliger les parties à faire transcrire; mais elle a apporté deux changements à l'ancienne loi (celle du 21 vent. an 7, art. 15, relativement à la transcription); l'un, en rendant obligatoire le paiement du droit de transcription

ART. 53. Les droits de donations entre vifs et des mutations qui s'effectuent par décès, soit par succession, soit par testament ou autres actes de libéralité à cause de mort, de propriété ou d'usufruit de biens meubles et immeubles entre époux, en ligne collatérale et entre personnes non parentes, seront perçus selon les quotités ci-après :

Pour les biens *immeubles*,

D'un époux à un autre époux, par donation ou testament, trois francs par cent francs;

Des frères et sœurs à des frères et sœurs et descendants d'iceux, succession de neveux et nièces, petits-neveux et petites-nièces, dévolues à des oncles et tantes, grands-oncles et grandes-tantes, et autres parents au degré successible, cinq francs par cent francs;

Entre toutes autres personnes, sept francs par cent francs.

Pour les biens *meubles,*

Entre époux, 1 1/2 pour 100; entre frères, sœurs, oncles, tantes, neveux et nièces, et autres parents au degré successible, 2 1/2 pour 100;

Entre toutes autres personnes, 3 1/2 pour 100.

Lorsque l'époux survivant ou les enfants naturels sont appelés à la succession, à défaut de parents au degré successible, ils seront considérés, quant à la quotité des droits, comme personnes non parentes.

Lorsque les donations entre vifs auront été faites par contrat de mariage aux futurs, il ne sera perçu que moitié du droit (1).

ART. 54. Dans tous les cas où les actes seront de nature à être transcrits au bureau des hypothèques, le droit sera augmenté de 1 1/2 p. 100, et la transcription ne donnera plus lieu à aucun droit proportionnel (2).

ART. 55. Il sera perçu, au profit du trésor royal, un droit d'enregistrement suivant le tableau ci-après.

Aucune expédition desdites lettres-patentes ne pourra être délivrée par le conseil du sceau des titres, que le droit d'enregistrement n'ait préalablement été payé (3).

---

qui auparavant n'était que facultatif et pour le cas seulement où les parties faisaient transcrire ; l'autre, en confondant le droit de transcription avec celui d'enregistrement.

875. Le droit des ventes immobilières étant un droit de mutation, celui de 5 1/2 p. 0/0 au lieu de 4 p. 0/0 ne s'applique qu'aux ventes survenues depuis la loi de 1816 (Cass. 15 janv. 1818 D. A. 7. 24; 30 mai 1818 Inst gén.; Champ. et Rig., t. 3, n. 1727 — V. aussi *infrà*, l'art. 59 de la présente loi).

826. L'expression *ventes d'immeubles* que contient l'art. ci-dessus, comprend les ventes, cessions, rétrocessions, adjudications et autres actes civils translatifs de biens immeubles, à titre onéreux, qui étaient tarifés à 4 p. 0/0 par l'art. 69 § 7, n. 1 de la loi du 22 frim. an 7 et qui, ainsi, sont soumis aujourd'hui à ce lui de 5 1/2 p. 0/0 (Champ. et Rig, t. 3, n. 1728).

(1) 827. La quotité du droit proportionnel a été augmentée et graduée suivant les différents degrés de parenté, pour les mutations en ligne collatérale et entre personnes non parentes. (V. l. 21 avril 1832, art. 53). — Quant aux donations entre vifs en ligne directe, V. l. 22 frim. au 7, art. 69 § 4 1o et § 6 2o.

(2) 828. Selon, Champ. et Rig., t.3, n 2184, cet article est une dépendance de celui qui précède, dont il ne doit pas être séparé; ainsi il ne s'appliquerait qu'aux dispositions prévues par l'art. 55 dont il est la suite et le complément. Il en résulte que les *actes de nature à être transcrits* dont parlent les législateurs se réduisent aux donations d'immeubles entre époux, aux donations de même nature en ligne collatérale et entre personnes non parentes. Cette appréciation se

justifie par cette circonstance que l'art. ci-dessus faisait partie, dans le travail de la commission du budget, de l'art. 53 qu'il terminait (Monit. de 1816, p. 288), ces deux articles étant réunis en un seul qui formait le 48e du projet, état de choses qui existait encore le 28 mars, jour où l'art. 48 du projet fut discuté et adopté (Mon., *Ibid*, p. 371).

829. Mais l'alinéa final de l'art. 53 ayant paru, par erreur, dans le Bulletin des lois sous la forme d'un article distinct portant le n° 54, l'administration s'en est emparée et en a fait l'application à d'autres actes que ceux auxquels il paraît se rapporter, c'est-à-dire aux dispositions qui, parmi celles qu'énumère l'art. 55, sont de nature à être transcrites. C'est ainsi qu'elle l'avait appliqué aux échanges (23 déc. 1816, Inst. gén., n. 758 § 7); ce qui est aujourd'hui sans intérêt depuis que la loi du 16 juin 1824 a sanctionné cette décision, par son art. 2, en ce qui se sens que cet art. a ordonné de percevoir le droit de 1 1/2 p. 0/0 fixé par l'art. ci-dessus sur la valeur de l'une des parts.

(3) 830. Une loi du 21 avr. 1832 a disposé que : « La remise de tout ou partie des droits de sceau pour la délivrance des lettres de naturalité et des dispenses d'âge et de parenté pour mariage, pourra être accordée par ordonnance du Roi, sur la proposition du Garde des sceaux, ministre de la justice, lorsque les impétrants auront dûment justifié qu'ils sont hors d'état d'acquitter les droits fixés par la loi du 28 avr. 1816. — *Le droit d'enregistrement* établi pour lesdites lettres par la même loi, sera réduit proportionnellement à la remise prononcée sur le droit de sceau (V. aussi l. 15 mai 1818, art. 77 et 20 juill, 1837, art. 12).

État des droits de sceau perçus par le conseil du sceau des titres et du droit d'enregistrement proposé pour le compte du trésor royal.

DATES DES ORDONNANCES.	NATURE DES LETTRES-PATENTES SCELLÉES.		droit du sceau.	droit d'enregistrement proposé à 20 pour 100.
	Renouvellement de lettres patentes	de comte. . . . . ,	100	20
	portant confirmation du même	de baron.	50	10
	titre et changement d'armoiries	de chevalier. . . .	15	3
	Collation du titre de duc.		»	3,000
	Collation du titre héréditaire de marquis, comte, vicomte et baron, lettres patentes de chevalier et lettres de noblesse.	de marquis et comte.	6,000	1,200
Ordonnance du 8 octobre 1814.		de vicomte.	4,000	800
		de baron.	3.000	600
		de chevalier. . . .	60	12
		lettres de noblesse. .	600	120
	Grandes lettres de naturalisation.		*gratis.*	. . . .
* L'art. 5 porte réserve de remettre ou modérer les sommes.	┌Lettres de déclaration de naturalité.		100	20
	│Lettres portant autorisation de se faire naturaliser ou de servir à l'étranger.		500	100
	│Dispenses d'âge pour mariage.		100	20
	└Dispenses de parenté pour mariage.		200	40
	Lettres portant renouvellement d'anciennes armoiries..	pour les villes de 1re classe. . .	150	30
Ordonnance du 26 déc. 1814.		pour les villes de 2e.	100	120
		villes et communes de 3e. . . .	50	10
	Lettres accordant des armoiries aux villes qui n'en ont pas encore. .	les villes de 1re classe.	600	120
		celles de 2e.	400	80
		celles de 3e.	200	40

ART. 56. L'art. 41 de la loi du 22 frimaire an 7 continuera d'être exécuté : néanmoins, à l'égard des actes que le même officier aurait reçus, et dont le délai d'enregistrement ne serait pas encore expiré, il pourra en énoncer la date, avec la mention que ledit acte sera présenté à l'enregistrement en même temps que celui qui contient ladite mention ; mais, dans aucun cas, l'enregistrement du second acte ne pourra être requis avant celui du premier, sous les peines de droit (1). -

ART. 57. Lorsqu'après une sommation extrajudiciaire ou une demande tendant à obtenir un paiement, une livraison, ou l'exécution de toute autre convention dont le titre n'aurait point été indiqué dans lesdits exploits, ou qu'on aura simplement énoncé comme verbal, on produira, en cours d'instance (2), des écrits, billets, marchés, fac-tures acceptées, lettres, ou tout autre titre émané du défendeur, qui n'auraient pas été enregistrés avant ladite demande ou sommation, le double droit sera dû, et pourra être exigé ou perçu lors de l'enregistrement du jugement intervenu (3).

ART. 58. Il ne pourra être fait usage, en justice, d'aucun acte passé en pays étranger ou dans les colonies, qu'il n'ait acquitté les mêmes droits que s'il avait été souscrit en France, et pour des biens situés dans le royaume ; il en sera de même des mentions desdits actes dans les actes publics (4).

ART. 59. Les droits de mutation établis par la présente loi ne seront perçus que sur les mutations qui surviendront après sa publication ; les lois antérieures s'appliqueront aux mutations effectuées jusqu'à ladite publication.

Quant aux actes, l'article 1er de la loi du 27 ventose an 9 continuera d'être exécuté (5).

(1) 831. V. à cet égard notre commentaire sur l'art. 41 de la loi du 22 frim. au 7.

(2) 832. Les mots *en cours d'instance* dont se sert le législateur, doivent être ainsi entendus : après l'instance liée, c'est-à-dire après une sommation de payer, une demande ou assignation en justice, pour obtenir condamnation de paiement ; mais on ne peut regarder l'instance liée par la citation en conciliation qui n'est que le préliminaire de la demande et a pour but de prévenir l'action. Il n'est donc pas nécessaire que le titre sur lequel se base une demande soit présenté à l'enregistrement avant la citation en conciliation ; il suffit qu'il le soit avant l'exploit d'assignation, pour n'être pas sujet au double droit (Cass., 25 janv. 1827, D.P. 33. 1. 304 ; 30 juin 1827, Inst. gén., 1210, § 5).

(3) 833. La peine du double droit pour les écrits sous seing-privé produits au cours d'instance, est limitée aux actes émanés du défendeur et produits par le demandeur, qui aurait dissimulé, lors de l'introduction de la poursuite, le titre véritable qui pouvait lui servir de base ; mais elle ne peut atteindre le défendeur qui, n'ayant encore fait aucun usage, soit patent, soit déguisé, de son titre sous seing privé, le soumet à la formalité avant d'en exciper pour sa défense (Cass. 9 fév. 1832, D.P. 32. 1. 74 ; 29 juin 1832, inst. gén., 1401, § 1).

(4) 834. Cette disposition a été modifiée par la loi du 16 juin 1824, art. 4.

(5) 835. Cette disposition maintient, mais quant aux actes seulement, l'effet rétroactif qu'avait établi celle de la loi de ventose à laquelle elle se réfère. Au sur-

Art. 73. Le paraphe qui doit précéder l'usage d'un registre sera enregistré moyennant un simple droit d'un franc (1).

Art. 77. Les autres dispositions des lois, décrets et ordonnances, auxquelles il n'est pas dérogé par la présente loi, et qui régissent actuellement la perception des droits d'enregistrement, hypothèques, timbre, greffes, passe-ports, ports d'armes, et décime pour franc sur ceux de ces droits qui n'en sont pas affranchis, sont et demeurent maintenues.

Extrait de la loi des finances, du 25 mars 1817.

Art. 74. Les actes et procès-verbaux des huissiers, gendarmes, préposés, gardes champêtres ou forestiers (autres que ceux des particuliers), et généralement tous actes et procès-verbaux concernant la police ordinaire, et qui ont pour objet la poursuite et la répression des délits et contraventions aux réglements généraux de police et d'impositions, seront visés pour timbre et enregistrés en débet lorsqu'il n'y aura pas de partie civile poursuivante, sauf à suivre le recouvrement des droits contre les condamnés.

Seront également visées pour timbre et enregistrées en débet, les déclarations d'appel de tous jugements rendus en matière de police correctionnelle, lorsque l'appelant sera emprisonné.

Art. 75. Seront visés pour timbre et enregistrés *gratis*, les actes de procédure et les jugements à la requête du ministère public, ayant pour objet, 1° de réparer les omissions et faire les rectifications sur les registres de l'état civil, d'actes qui intéressent les individus notoirement indigents ; 2° de remplacer les registres de l'état civil perdus ou incendiés par les événements de la guerre, et de suppléer aux registres qui n'auraient pas été tenus (2).

Art. 78. Remise est faite aux héritiers et représentants des propriétaires émigrés dont les biens ont été confisqués, des droits de mutation par décès dus à raison des biens appartenant à leurs auteurs, et dans la propriété desquels lesdits héritiers et représentants ont été réintégrés en vertu des lois du 5 décembre 1814 et du 28 avril 1816.

L'effet de cette remise est exclusivement limité aux droits résultant de cette entrée en possession ; toute autre mutation postérieure des mêmes biens, et à quelque titre que ce soit, est et demeure passible des droits d'enregistrement établis par les lois sur chaque nature de mutation.

Quant aux biens qui n'auraient été que séquestrés, la compensation des droits de mutation n'aura lieu que jusqu'à concurrence du montant net des sommes perçues par l'État et provenant desdits biens (3).

Extrait de la loi sur les finances, du 15 mai 1818.

Art. 72. Les droits d'enregistrement, de timbre, de greffe, d'hypothèque, de passe-ports et permis de port d'armes, et le décime pour franc sur ceux de ces droits qui n'en sont pas affranchis, continueront d'être perçus conformément aux lois, ordonnances, réglements et décrets existants, sauf les modifications ci-après.

Art. 73. Ne seront sujets qu'au droit fixe d'*un franc* d'enregistrement :
1° Les adjudications au rabais et marchés pour constructions, réparations, entretien, approvisionnements et fournitures dont le prix doit être payé directement ou indirectement par le trésor royal ;
2° Les cautionnements relatifs à ces adjudications et marchés (4).

Art. 74. Le droit d'enregistrement des ventes d'objets mobiliers, fixé à *deux pour cent* par l'art. 69 de la loi du 22 frim. an 7, est réduit à *cinquante centimes par cent francs* pour les ventes publiques de marchandises qui, conformément au décret du 17 avril 1812, seront faites à la Bourse, et aux enchères, par le ministère des courtiers de commerce, d'après l'autorisation du tribunal de commerce.

Art. 75. Pour les rentes et les baux stipulés payables en quantité fixe de grains et de denrées dont la valeur est déterminée par les mercuriales,

---

plus, quant au principe de la non-rétroactivité et à son application en matière fiscale, V. le commentaire de l'art. 1er de la loi du 27 vent. an 9.

(1) 856. Cet article est applicable au procès-verbal de cote et paraphe du livre-journal et du livre des inventaires désignés dans l'art. 10 du C. de comm. (29 avril 1816, Insf. gén. 715) ; mais il en est autrement des procès-verbaux de cote et paraphe des registres de l'état civil, en exécution de l'art. 41 C. civ. (16 déc. 1816 déc. min. fin.; 23 Déc. 1816 Inst. gén., 758. § 6), des registres tenus par les conservateurs des hypothèques, en exécution de l'art. 2201 C. civ. Mém. déc. et insl.), et des registres tenus, en vertu de réglements de police, par les brocanteurs, logeurs, maîtres d'hôtels garnis et autres (17 janv. 1834, Sol.).

(2) 857. Les receveurs ne sont autorisés à donner la formalité *gratis* aux actes et jugements de l'espèce, que sur la production d'un certificat d'indigence, délivré par le maire et légalisé par le sous-préfet, ou, dans les cas urgents, lorsque, à défaut d'un pareil certificat, les actes et jugements de cette nature contiennent la mention expresse qu'ils intéressent des personnes notoirement indigentes, et que d'ailleurs la formalité est requise par le ministère public (19 avril 1821, Inst. gén., 978, n. 2).

(3) 858. Cet article n'est applicable qu'aux seuls héritiers investis directement par l'État de la propriété des biens confisqués sur leurs auteurs, et non à l'héritier d'un émigré au profit duquel, et de son vivant, la remise d'un immeuble a été ordonnée par un arrêté de la commission chargée de prononcer sur cette remise, et par un arrêté du préfet, pris en exécution de celui de la commission (Cass. 20 mars 1822, D. A. 7. 35).

(4) 859. V. *Suprà*, l. 22 frim. an 7, art. 69. § 5, n. 1, et l. 28 avril 1816, art. 51, 3°. De la combinaison de ces dispositions avec celle ci-dessus, il résulte que la perception du droit fixe est limitée aux adjudications dont le prix doit être payé directement ou indirecte-

et pour les donations entre vifs et les transmissions par décès de biens dont les baux sont également stipulés payables en quantité fixe de grains et denrées dont la valeur est également déterminée par les mercuriales, la liquidation du droit proportionnel d'enregistrement sera faite d'après l'évaluation du montant des actes, ou du prix des baux résultant d'une année commune de la valeur des grains ou autres denrées, selon la mercuriale du marché le plus voisin.

On formera l'année commune d'après les quatorze dernières années antérieures à celle de l'ouverture du droit : on retranchera les deux plus fortes et les deux plus faibles ; l'année commune sera établie sur les dix années restantes (1).

Art. 77. Sont exemptes du droit proportionnel établi par l'art. 55 de la loi du 28 avril 1816, les lettres-patentes de dispense d'âge pour mariage, délivrées aux personnes reconnues indigentes. Dans ce cas, la formalité de l'enregistrement sera donnée *gratis*.

Seront également enregistrés *gratis*, les actes de reconnaissance d'enfants naturels appartenant à des individus notoirement indigents.

Art. 78. Demeurent assujettis au timbre et à l'enregistrement sur la minute, dans le délai de vingt jours, conformément aux lois existantes :

1° Les actes des autorités administratives et des établissements publics portant transmission de propriété, d'usufruit et de jouissance ; les adjudications ou marchés de toute nature, aux enchères, au rabais ou sur soumission ;

2° Les cautionnements relatifs à ces actes.

Art. 79. La disposition de l'art. 37 de la loi du 12 décembre 1798 (22 frim. an 6), qui autorise, pour les adjudications en séance publique seulement, la remise d'un extrait au receveur de l'enregistrement pour la décharge du secrétaire, lorsque les parties n'ont pas consigné les droits en ses mains, est étendue aux autres actes ci-dessus énoncés.

Art. 82. Les seuls actes dont il devra être tenu répertoire, sur papier timbré, dans les préfectures,

sous-préfectures et mairies, et dont les préposés pourront demander communication, sont ceux dénommés dans l'art. 78 de la présente loi.

16 JUIN 1824. — *Loi relative aux droits d'enregistrement et de timbre.*

Art. 1er. Les baux à ferme ou à loyer des biens meubles ou immeubles, les baux de pâturage et nourriture d'animaux, les baux à cheptel ou reconnaissance de bestiaux, et les baux ou conventions pour nourriture de personnes, lorsque la durée sera limitée, ne seront désormais soumis qu'au droit de *vingt centimes par cent francs*, sur le prix cumulé de toutes les années.

Le droit de cautionnement de ces baux sera de moitié de celui fixé par le présent article (2).

Art. 2. Les droits sur ces échanges de biens immeubles sont modérés ainsi qu'il suit :

Les échanges d'immeubles ruraux ne paieront qu'*un franc* fixe pour tous droits d'enregistrement et de transcription, lorsque l'un des immeubles échangés sera contigu aux propriétés de celui des échangistes qui le recevra.

A l'égard de tous les autres échanges de biens immeubles, quelle que soit leur nature, le droit de *deux pour cent* fixé par l'art. 69 de la loi du 12 décembre 1798 (22 frimaire an 7), est réduit à *un pour cent* ; il sera perçu, comme par le passé, sur la valeur d'une des parts seulement, et celui d'*un demi pour cent*, fixé par l'art. 54 de la loi du 28 avril 1816, n'aura lieu également que sur la valeur d'une des parts.

Dans tous les cas, le droit réglé par l'art. 52 de la même loi continuera d'être perçu sur le montant de la soulte ou de la plus-value (3).

Art. 3. Le droit d'enregistrement, fixé par les paragraphes 4 et 6 de l'art. 69 de la loi du 12 décembre 1798, pour les donations entre vifs en ligne directe, à *un franc vingt-cinq centimes par cent francs* sur les biens meubles, et à *deux francs cinquante centimes* sur les immeubles, est réduit, en ce qui concerne les donations portant partage, faites par actes entre vifs, conformément

---

ment par le trésor, et qu'ainsi les adjudications ou marchés dont les administrations locales doivent payer le montant, restent sujets au droit de 1 p. 100 (18 mai 1818 et 30 juin 1827, inst. gén., n. 834, § 2), et 1210, § 2). Comme aussi si le prix d'une adjudication est en partie payable sur les fonds du trésor public, et en partie sur ceux d'une commune, la perception du droit fixe n'est applicable qu'à la première partie (4 avril 1828 délib.).

(1) 840. V. *suprà*. l. du 22 frim. an 7, art. 15, 1° et le Commentaire

(2) 841. Cet article a établi une fixation unique pour toutes les conventions tarifées par l'art. 69, § 1er, n. 1 et 2, § 2, n. 5, § 5, n. 2 de la loi du 22 frim. an 7, et par l'art. 8 de la loi du 27 vent. an 9. — V. *suprà* les textes indiqués.

(5) 842. Le droit des échanges a subi d'assez nombreuses variations. La loi de 1790 ne soumet les échanges qu'au droit de 1 p. 100. Lors de la discussion de la loi du 22 frim. an 7, on demanda, dans l'intérêt de l'agriculture, l'exemption de tout droit ; mais l'état et les besoins du Trésor ne permirent pas d'accueillir la demande, et cette loi établit, sur les échanges, un droit moindre de moitié de celui à percevoir sur la vente, c'est-à-dire 2 p. 100.

843. En 1824, les temps étant plus prospères, l'attention du gouvernement fut appelée, de nouveau, sur le même objet et il en résulta la modération des droits établis par la disposition ci-dessus. Mais les agents du fisc réclamèrent et signalèrent l'injustice qui résultait de la disposition en ce que ceux à qui l'échange était le plus utile payaient le moins (Dict. de l'enreg., v° Echange, n. 17). D'un autre côté, on parvenait aisément à remplir les conditions de l'exemption du droit proportionnel, en vendant, avant l'échange, une parcelle de l'immeuble à échanger, en sorte que cet immeuble se trouvait contigu aux propriétés de celui des échangistes qui le recevait : et cette opération fut vainement attaquée par la Régie comme fraudant les droits du Trésor. Il fallait alors recourir au législateur.

844. C'est dans ces circonstances qu'a été rendue la loi du 24 mai 1834, qui, abrogeant, par les art. 16 et 17 la disposition ci-dessus relative aux immeubles ruraux contigus, a, par cela même, rendu sans application les solutions 1° sur les échanges d'immeubles *contigus*, contre des immeubles *non contigus* (25 mars 1825, inst. gén., 1156, § 4) ; — 2° sur la distinction des terrains ou des maisons (23 déc. 1826, inst. gén., 1204, § 4) ; — 3° sur le *minimum* du droit

aux articles 1075 et 1076 du Code civil, par les père et mère ou autres ascendants, entre leurs enfants et descendants, au droit de *vingt-cinq centimes par cent francs* sur les biens meubles, et d'*un franc par cent francs* sur les immeubles, ainsi qu'il est réglé pour les successions en ligne directe.

Le droit d'*un franc et demi pour cent*, ajouté au droit d'enregistrement par l'art. 54 de la loi du 28 avril 1816, ne sera perçu, pour lesdites donations, que lorsque la transcription en sera requise au bureau des hypothèques (1).

Art. 4. Les actes translatifs de propriété, d'usufruit où de jouissance de biens immeubles situés, soit en pays étranger, soit dans les colonies françaises, où le droit d'enregistrement n'est pas établi, ne seront soumis, à raison de cette transmission, qu'au droit fixe de *dix francs*, sans que, dans aucun cas, le droit fixe puisse excéder le droit proportionnel qui serait dû, s'il s'agissait de biens situés en France (2).

Art. 5. Les polices d'assurances maritimes ne seront assujetties qu'au droit fixe d'*un franc* pour enregistrement. Le paiement du droit proportionnel, fixé par l'art. 51 de la loi du 28 avril 1816, sera perçu seulement lorsqu'il sera fait usage de ces actes en justice.

Art. 6. Seront enregistrés *gratis* les actes de poursuites et tous autres actes, tant en action qu'en défense, ayant pour objet, soit le recouvrement des contributions publiques et de toutes autres sommes dues à l'État, ainsi que des contributions locales ; soit le recouvrement des sommes dues pour mois de nourrices; le tout, lorsqu'il s'agit de cotes, droits et créances non excédant en total la somme de 100 fr.

Art. 7. Les départements, arrondissements, communes, hospices, séminaires, fabriques, congrégations religieuses, consistoires, et généralement tous établissements publics légalement autorisés, paieront *dix francs* pour droit fixe d'enregistrement et de transcription hypothécaire sur les actes d'acquisition qu'ils feront, et sur les donations ou legs qu'ils recueilleront, lorsque les immeubles acquis ou donnés devront recevoir une destination d'utilité publique, et ne pas produire de revenus; sans préjudice des exceptions déjà existantes en faveur de quelques-uns de ces établissements.

Le droit de *dix francs* fixé par le présent article, sera réduit à *un franc* toutes les fois que la valeur des immeubles acquis ou donnés n'excédera pas 500 francs en principal (3).

Art. 10. Les amendes progressives prononcées, dans certains cas, contre les fonctionnaires publics et les officiers ministériels, par les lois sur l'enregistrement et le dépôt des répertoires, sont réduites à une seule amende de *dix francs*, quelle que soit la durée du retard.

Toutes les amendes fixes prononcées par les lois sur l'enregistrement, le timbre, les ventes publiques de meubles et le notariat, ainsi que celles résultant du défaut de mention des patentes dans les actes et du défaut de consignation des amendes d'appel, sont réduites, savoir : celles de *cinq cents francs*, à *cinquante francs*; celles de *cent francs*, à *vingt francs* ; celles de *cinquante francs*, à *dix francs*; et toutes celles au-dessous de *cinquante francs* à *cinq francs*.

Art. 11. Les dispositions des lois relatives à la tenue et au dépôt des répertoires, sont applicables aux commissaires-priseurs et aux courtiers

---

proportionnel à percevoir, au-dessous de 1 fr. fixe (20 mars 1827, inst. gén., 1205, § 7); — 4° enfin sur les *fraudes* employées pour créer une contiguïté (Cass. 18 déc. 1828, D.P. 29. 1. 68; 24 mars 1829, inst. gén., 1272, § 8).

845. Dans l'état actuel des choses, et en rapprochant les diverses lois qui viennent d'être citées, et dont l'ensemble constitue le tarif des échanges, ces contrats se trouvent assujettis à deux droits différents : l'un sur l'échange proprement dit de 2 1/2 p. 100, y compris le droit de transcription ; l'autre sur la soulte, le retour ou la plus-value, réglé, suivant le texte ci-dessus, par la loi du 28 avril 1816, art. 52, c'est-à-dire à 5 1/2 p. 100 (Champ. et Rig., t. 3, n. 2167 et suiv.).

(1) 846. En principe, les partages dont il est question dans l'art. ci-dessus, partages connus en droit sous le titre de démission de biens, emportent dessaisissement actuel lorsqu'ils ont lieu dans la forme des donations entre vifs, avec ou sans réserve d'usufruit, et à ce titre ils auraient été passibles du droit de donation aux termes de l'art. 10, l. 27 vent. an 9. C'est donc par une faveur toute spéciale que le droit est réduit par la disposition ci-dessus à celui qui se perçoit sur les successions en ligne directe.

847. L'application de cet article a été restreinte originairement dans les termes rigoureux des art. 1075 et 1076 C. c., c'est-à-dire au seul cas de *partage* et de *distribution* matériels au moyen de la formation et d'assignation de lots aux donataires (22 sept. 1824, 12 oct. 1825; 5 avril 1826; 13 oct. 1826; 30 avril

1830; Sol.). Mais cette application a reçu par la jurisprudence une telle extension, qu'il en résulte presque la réduction, au taux fixé pour les successions en ligne directe, du droit d'enregistrement de toutes les donations d'ascendants. L'administration n'excepte elle-même du bénéfice de cette réduction que les donations en faveur d'un enfant unique (22 sept. 1824. Sol.; 30 janv. 1833, trib. de la Seine; Cass. 13 août 1838, D.P. 381. 561), et les donations où l'attribution d'une quotité n'est pas déterminée pour chaque donataire. Encore même cette dernière exception a-t-elle été formellement condamnée par la Cour de cassation qui a jugé que la donation faite le 7 août 1830 par le duc d'Orléans, à titre universel, excepté l'aîné, de valeurs mobilières estimées 9,011,960 fr. et d'immeubles évalués en revenu 1,335,625 fr., bien qu'elle ne contînt *ni partage*, ni *lotissement*, ni *même indication de la part de chacun des donataires*, a dû n'être assujettie qu'au droit fixé par l'art. ci-dessus (Cass. 26 avr. 1836, D.P. 36. 1. 209).

848. Une donation faite à des petits enfants, leur père et mère encore vivants, ne serait pas considérée comme une démission de biens dans le sens de l'art. ci-dessus, parce que le partage de présuccession ne peut avoir lieu qu'au profit de ceux qui sont appelés directement à succéder. Cette donation doit donc payer le droit ordinaire des donations en ligne directe (30 mai 1825, Sol.).

(2) 849. Disposition qui modifie celle de l'art. 58 de la loi du 28 avril 1816. V. *suprà*.

(3) 850. Cette disposition a été abrogée par la loi du 18 avril 1831. V. *infrà*.

de commerce, mais seulement pour les procès-verbaux de ventes de meubles et de marchandises, et pour les actes faits en conséquence de ces ventes.

Les art. 41 et 42 de la loi du 12 déc. 1798 (22 frim. an 7), sur l'enregistrement, sont applicables aux avoués ; le tout sauf la réduction aux sommes fixées par l'article précédent, des amendes prononcées par lesdites lois.

ART. 13. Les notaires pourront faire des actes en vertu et par suite d'actes sous seing privé non enregistrés, et les énoncer dans leurs actes ; mais sous la condition que chacun de ces actes sous seing privé demeurera annexé à celui dans lequel il se trouvera mentionné, qu'il sera soumis avant lui à la formalité de l'enregistrement, et que les notaires seront personnellement responsables, non-seulement des droits d'enregistrement et de timbre, mais encore des amendes auxquelles les actes sous seings privés se trouveront assujettis.

Il est dérogé, à cet égard seulement, à l'art. 42 de la loi du 12 déc. 1798 (22 frim. an 7) (1).

ART. 14. La prescription de deux ans, établie par le nombre premier de l'article 61 de la loi du 12 déc. 1798, s'appliquera tant aux amendes de contraventions aux dispositions de ladite loi, qu'aux amendes pour contraventions aux lois sur le timbre et sur les ventes de meubles. Elle courra du jour où les préposés auront été mis à portée de constater les contraventions, au vu de chaque acte soumis à l'enregistrement, ou du jour de la présentation des répertoires à leur visa.

Dans tous les cas, la prescription pour le recouvrement des droits simples d'enregistrement et des droits de timbre qui auraient été dus indépendamment des amendes, restera réglée par les lois existantes.

L'action pour faire condamner aux amendes sera prescrite après deux ans, à compter du jour où les contraventions auront été commises, dans les cas déterminés :

1° Par l'art. 1er de la loi du 5 mai 1796 (16 flor. an 4), concernant le dépôt des répertoires;

2° Par l'art. 37 de la loi du 22 oct. 1798 (1er brum. an 7), pour la mention à faire des patentes;

3° Par la loi du 16 mars 1803 (25 vent. an 11), contenant organisation du notariat;

4° Par l'art. 68 du Code de commerce, pour la publication des contrats de mariage des commerçants (2).

ART. 15. Toutes les dispositions qui précèdent seront applicables aux perceptions à faire et aux amendes encore dues au moment de la publication de la présente (3).

ART. 16. Il est accordé un délai de six mois, à compter de la publication de la présente loi, pour faire enregistrer et timbrer, sans droits en sus ni amendes, tous actes, effets et registres qui, en contravention aux lois sur l'enregistrement et le timbre, n'auraient pas été commis à ces deux formalités.

Le même délai de faveur est accordé pour faire la déclaration des biens transmis, soit par décès, soit entre vifs, lorsqu'il n'existera pas de conventions écrites.

Les héritiers donataires ou légataires, et tous nouveaux possesseurs qui auraient fait des omissions ou des estimations insuffisantes dans leurs actes ou déclarations, seront admis à les réparer sans être soumis à aucune peine, pourvu qu'ils acquittent les droits simples et les frais dans le délai de six mois.

Le bénéfice résultant du précédent article ne pourra être réclamé que pour les contraventions existantes au jour de la promulgation de la présente loi.

LOI DU 8 SEPT. 1830, *relative au droit d'enregistrement des actes de prêts sur dépôts ou consignations de marchandises, fonds publics français, et actions de compagnies d'industrie et de finances.*

ARTICLE *unique*. Les actes de prêts sur dépôts ou consignations de marchandises, fonds publics français, et actions des compagnies d'industrie et de finance, dans le cas prévu par l'article 95 du Code de commerce, seront admis à l'enregistrement moyennant le droit fixe de deux francs (4).

EXTRAIT DE LA LOI DU 18 AVRIL 1831, *sur l'enregistrement des mutations concernant les communes et établissements publics, etc.*

ART. 17. Sont et demeurent abrogés l'article 7 de la loi du 16 juin 1824, et les dispositions des lois, décrets et arrêtés du gouvernement qui n'ont assujetti qu'au droit fixe, pour l'enregistrement et la transcription hypothécaire, les actes d'acquisition et les donations et legs faits au profit des départements, arrondissements, communes, hospices, séminaires, fabriques, congrégations, consistoires et autres établissements publics.

En conséquence, ces acquisitions, donations et legs, seront soumis aux droits proportionnels d'en-

(1) 851. V. à cet égard, l'art. 42 de la loi du 22 frim. an 7 et le Commentaire.

(2) 852. Cet article n'a fait que sanctionner le principe établi par l'avis du conseil d'État du 18 août 1810. V. le commentaire de l'art. 61 de la loi du 22 frim. an 7.

(3) 853. En ce qui concerne le principe de la non-rétroactivité et son application aux matières fiscales, V. *supra*, le commentaire de l'art. 1er de la loi du 27 vent. an 9.

(4) 854. Un décret du 15 janvier 1814 avait statué dans le même but en établissant un droit fixe de 3 fr. L'effet de ce décret avait cessé au 1er janvier 1815, et malgré que la chambre de commerce de Paris eût demandé que la disposition fût renouvelée, il n'avait pas paru que cette demande dût être accueillie (2 juin 1828

délib.) Mais la demande ayant été reproduite, il est intervenu la loi ci-dessus qui consacre une dérogation aux dispositions de la loi fiscale en matière d'obligation de sommes lesquelles sont tarifées à un droit proportionnel de 1 p. 0/0 (V. *supra* l. 22 frim. an 7, art. 69, § 3, n. 3) Remarquons toutefois que d'après la discussion dont cette loi a été précédée, la dérogation a été accordée au commerce à cause de la détresse momentanée qu'il éprouvait en raison des événements politiques que venaient de s'accomplir.

855. Aussi la régie, en transmettant la loi à ses préposés, établit-elle que la faveur de cette loi étant restreinte au cas prévu par l'art. 95 C. com., elle n'était applicable qu'aux emprunts faits sur dépôts par des commerçants. (10 sept. 1830. Inst. gén.; 14 déc. 1830 sol.) et cette doctrine a été consacrée par la Cour de

registrement et de transcription établis par les lois existantes (1).

EXTRAIT DE LA LOI DU 21 AVRIL 1832.

ART. 30: Le recours contre les arrêtés du conseil de préfecture (*rendus sur les réclamations en matière de contribution*) ne sera soumis qu'au droit de timbre. Il pourra être transmis au gouvernement par l'intermédiaire du préfet, sans frais.

ART. 33. Les droits d'enregistrement des donations entre vifs, et des mutations par décès, soit par succession, soit par testament ou autres actes de libéralité à cause de mort, qui auront lieu à compter de la promulgation de la présente loi, de biens meubles ou immeubles, en ligne collatérale et entre personnes non parentes, seront perçus selon les quotités établies ci-après :

Entre frères et sœurs, oncles et tantes, neveux et nièces,

Pour les donations entre vifs par contrat de mariage,

Sur les meubles, deux francs pour cent francs, Sur les immeubles, quatre francs cinquante centimes pour cent francs;

Pour les donations entre vifs hors contrat de mariage et les mutations par décès,

Sur les meubles, trois francs pour cent francs, Sur les immeubles, six francs cinquante centimes pour cent francs;

Entre grands-oncles et grand'tantes, petits-neveux et petites-nièces, cousins germains,

Pour les donations entre vifs par contrat de mariage,

Sur les meubles, deux francs cinquante centimes pour cent francs,

Sur les immeubles, cinq francs pour cent francs;

Pour les donations entre vifs hors contrat de mariage et les mutations par décès,

Sur les meubles, quatre francs pour cent francs, Sur les immeubles, sept francs pour cent francs;

Entre parents, au-delà du quatrième degré et jusqu'au douzième,

Pour les donations entre vifs par contrat de mariage,

Sur les meubles, trois francs pour cent francs,

Sur les immeubles, cinq francs cinquante centimes pour cent francs;

Pour les donations entre vifs hors contrat de mariage et les mutations par décès,

Sur les meubles, cinq francs pour cent francs, Sur les immeubles, huit francs pour cent francs,

Entre personnes non parentes,

Pour les donations entre vifs par contrat de mariage,

Sur les meubles, quatre francs pour cent francs; Sur les immeubles, six francs pour cent francs,

Pour les donations entre-vifs hors contrat de mariage et les mutations par décès,

Sur les meubles, six francs pour cent francs, Sur les immeubles, neuf francs pour cent francs (2).

ART. 34. Les ordonnances portant nomination des avocats à la Cour de cassation, notaires, avoués, greffiers, huissiers, agents de change, courtiers et commissaires-priseurs, seront assujettis, à compter du jour de la promulgation de la présente loi, à un droit d'enregistrement de dix pour cent sur le montant du cautionnement attaché à la fonction ou à l'emploi.

Ce droit sera perçu sur la première expédition de l'ordonnance, dans le mois de sa délivrance, sous peine d'un double droit. Les nouveaux titulaires ne pourront être admis au serment qu'en produisant ladite expédition revêtue de la formalité de l'enregistrement. En cas de délivrance d'une seconde ou de subséquentes expéditions, la relation de l'enregistrement y sera mentionnée sans frais par le receveur du bureau où la formalité aura été donnée et les droits acquittés..... (3).

EXTRAIT DE LA LOI DU 24 MAI 1834.

ART. 11. Les procès-verbaux d'apposition, de reconnaissance et de levée de scellés, et les inventaires, dressés après faillite dans les cas prévus par les articles 449, 450 et 486 du Code de commerce (art. 455, 457, 479, l. 28 mai 1838), ne seront assujettis chacun qu'à un seul droit fixe d'enregistrement de deux francs, quel que soit le nombre des vacations.

ART. 12. Les ventes de meubles et marchandises, qui seront faites conformément à l'art. 492 du Code de commerce (art. 480, l. 28 mai 1838),

---

Cassation (17 nov. 1834, 3 déc. 1837, D.P. 38. 1. 27; 38. 1. 59.) *Contrà* Champ. et Rig , t. 4, n. 3773.

856. On avait également conclu du caractère exceptionnel de la loi que la faveur en devait être restreinte aux prêts sur dépôts entre commerçants *domiciliés dans la même ville* (10 fév. 1836, Inst. gén., n. 1504, § 4.) Mais cette interprétation n'a pas prévalu, et une jurisprudence à laquelle la régie a elle-même acquiescé, a établi que la loi était applicable, quels que fussent les domiciles respectifs du commerçant emprunteur et de celui qui prête (4 mai 1837, trib. de la Seine, 17 avril 1837, sol. D. P. 39. 3. 9.)

(1) 857. Cet article avait paru s'appliquer à tous les legs dont les droits n'auraient pas été acquittés lors de la publication, et quelle que fût l'époque du décès du testateur (27 avril 1831, Inst. gén. 1362) Mais cinq arrêts rendus par la Cour de cass. le même jour, 4 fév. 1834, ont statué que, d'après le principe de non-rétroactivité consacré par l'art. 2, C. c., la li-

quidation des droits de succession doit être faite conformément à la loi existante à l'époque où le droit s'est ouvert, et a été acquis au trésor (Cass. 31 mai 1836, D. P. 56. 1. 378; 21 mars 1834. Sol; 11 avril 1834. Inst. gén. 1454.) Ainsi s'est trouvé consacré le principe de la non-rétroactivité des lois en matière fiscale. V. à cet égard le commentaire de l'art. 1er de la loi du 27 vent. an 9.

(2) 858. Les quotités ci-dessus qui ont modifié les divers tarifs antérieurs (V. *supra passim*.) comprennent le droit de transcription de 1 1/2 p. 0/0 résultant de l'art. 54 de la loi du 28 avril 1816 (30 avril 1832, Inst. gén. 1399, n. 3.)

(3) 859. D'après cette disposition le droit qu'elle établit tient lieu de tout autre perception sur le prix des offices (Cass. 24 août 1855, D. P. 55. 1. 426. Voy. aussi Cass. 26 avril 1836, D. P. 36. 1. 276; Champ. et Rig., t. 2, n. 1546 et suiv.)

Mais cette matière a été réglementée de nouveau par la loi du 25 juin 1841, rapportée à sa date.

ne seront assujetties qu'au droit proportionnel de cinquante centimes par cent francs.

ART. 13. Les procès-verbaux d'affirmation de créances, faits en exécution de l'art. 507 du Code de commerce (art. 497, l. 28 mai 1838), ne seront assujettis qu'à un seul droit fixe de trois francs, quel que soit le nombre des déclarations affirmatives.

ART. 14. Les concordats ou atermoiements consentis conformément aux articles 519 et suivants du Code de commerce (art. 507, l. 28 mai 1838), ne seront assujettis qu'au droit fixe de trois francs, quelle que soit la somme que le failli s'oblige de payer.

ART. 15. Les quittances de répartition données par les créanciers aux syndics ou au caissier de la faillite, en exécution de l'art. 561 du Code de commerce (art. 569, l. 28 mai 1838) ne seront sujettes qu'au droit fixe de deux francs, quel que soit le nombre d'émargements sur chaque état de répartition.

ART. 16. La disposition de l'art. 2 de la loi du 16 juin 1824, qui réduit à un franc fixe le droit d'enregistrement des échanges dans lesquels l'une des parties reçoit des biens qui lui sont contigus, est et demeure abrogée.

Ces échanges jouiront toutefois de la modération de droit introduite pour les échanges en général dans la seconde disposition du même article (1).

ART. 17. Les dispositions des art. 11, 12, 13, 14, 15 et 16 ci-dessus seront exécutées seulement à compter du 1er janvier 1835.

ART. 18. A compter du jour de la publication de la présente loi, les actes de protêt fait par les notaires devront être enregistrés dans le même délai, et seront assujettis au même droit d'enregistrement que ceux faits par les huissiers.

Aucun notaire ou huissier ne pourra protester un effet négociable ou de commerce non écrit sur papier du timbre prescrit, ou non visé pour timbre, sous peine de supporter personnellement une amende de vingt francs pour chaque contravention; il sera tenu, en outre, d'avancer le droit de timbre et les amendes encourues dans les cas déterminés par les articles 19, 20, 21 et 22 ci-dessus, sauf son recours sur les contrevenants.

L'article 13 de la loi du 16 juin 1824 est abrogé en ce qu'il peut contenir de contraire au présent article.

EXTRAIT DE LA LOI DU 18 JUILLET 1836.

ART. 6. A compter du 1er janvier 1837, les donations entre vifs de rentes sur l'État ne seront exemptes du droit proportionnel d'enregistrement, en vertu du § 3, n. 3 de l'art. 70 de la loi du 22 frim. an 7, qu'autant que l'inscription de la rente donnée existera sous le nom du donateur ou de celui auquel il a succédé, depuis plus d'un an, et que l'acte de donation en indiquera le numéro, la date et le montant.

Le droit proportionnel sera perçu, si, lors de la donation, la rente donnée est déjà inscrite sous le nom du donataire, à moins qu'il ne soit énoncé dans l'acte et dûment justifié qu'elle était précédemment inscrite depuis plus d'un an sous celui du donateur.

Ce droit sera liquidé sur la valeur réelle de la rente, d'après le cours moyen de la bourse de Paris au jour de la donation (2).

EXTRAIT DE LA LOI DU 20 JUILLET 1837.

Art. 12. Les lettres-patentes portant réintégration dans la qualité de Français sont assimilées, en ce qui concerne les droits de sceau et d'enregistrement à percevoir, aux lettres de naturalité.

Il sera exigé, pour les autorisations relatives aux changements et additions de nom, un droit de sceau fixé à six cents francs.

Néanmoins, les droits ci-dessus établis pourront être remis en tout ou en partie, conformément aux dispositions de la loi du 21 avril 1832. Ces dispositions sont également étendues aux autorisations de service militaire ou d'acceptation de fonctions publiques à l'étranger (3).

25 JUIN 1841. — *Extrait du budget des recettes de l'exercice de 1842.*

ART. 6. A compter de la promulgation de la présente loi, tout traité ou convention ayant pour objet la transmission, à titre onéreux ou gratuit, en vertu de l'art. 91 de la loi du 28 avril 1816, d'un office, de la clientelle, des minutes, répertoires, recouvrements et autres objets en dépendant, devra être constaté par écrit et enregistré, avant d'être produit à l'appui de la demande de nomination du successeur désigné.

Les droits d'enregistrement seront perçus selon les bases et quotités ci-après déterminées.

ART. 7. pour les transmissions à titre onéreux, le droit d'enregistrement sera de 2 0/0 du prix exprimé dans l'acte de cession et du capital des charges qui pourront ajouter au prix.

ART. 8. Si la transmission de l'office et des objets en dépendant s'opère par suite de disposition gratuite entre vifs ou à cause de mort, les droits établis pour les donations de biens meubles par les lois existantes seront perçus sur l'acte ou écrit constatant la libéralité, d'après une évaluation en capital.

Dans aucun cas, le droit ne pourra être au-dessous de deux pour cent.

ART. 9. La perception aura lieu conformément à l'art. 7, lorsque l'office transmis par décès passera à l'un des héritiers; lorsqu'il passera à l'héritier unique du titulaire, le droit de deux pour cent sera perçu d'après une déclaration estimative de la valeur de l'office et des objets en dépendant.

Cette déclaration sera faite au bureau de l'enregistrement de la résidence du titulaire décédé. La quittance du receveur devra être jointe à l'ap-

---

(1) 860. V. à cet égard, l'art. 2 de la loi du 16 juin 1824 et notre Commentaire.

(2) 861. Pour la liquidation du droit proportionnel, il faut prendre dans le Moniteur le cours le plus élevé et le cours le plus bas de la Bourse de Paris, au jour de la donation : la moitié de ces deux cours formera le cours moyen (29 nov. 1836. Inst. gén. 1525.)

(3) 862. Il résulte de cette disposition rapprochée de l'art. 55 de la loi du 28 avril 1816 que les lettres patentes de réintégration dans la qualité de Français sont assujetties à un droit de sceau et d'enregistrement de 120 fr. (20 oct. 1837. Inst. gén. 1544. D. P. 38. 3. 179.)

pui de la demande de nomination du successeur.

Le droit acquitté sur cette déclaration ou sur le traité fait entre les cohéritiers sera imputé, jusqu'à due concurrence, sur celui que les héritiers auront à payer, lors de la déclaration de succession, sur la valeur estimative de l'office, d'après les quotités fixées, pour les biens meubles, par les lois en vigueur.

ART. 10. Le droit d'enregistrement de transmission des offices, déterminé par les art. 7, 8 et 9 cidessus, ne pourra, dans aucun cas, être inférieur au dixième du cautionnement attaché à la fonction ou à l'emploi.

ART. 11. Lorsque l'évaluation donnée à un office pour la perception du droit d'enregistrement d'une transmission à titre gratuit, entre-vifs ou par décès, sera reconnue insuffisante, ou que la simulation du prix exprimé dans l'acte de cession à titre onéreux sera établie d'après des actes émanés des parties ou de l'autorité administrative ou judiciaire, il sera perçu, à titre d'amende, un droit en sus de celui qui sera dû sur la différence de prix ou d'évaluation.

Les parties, leurs héritiers ou ayant-cause sont solidaires pour le paiement de cette amende.

ART. 12. En cas de création nouvelle de charges ou d'offices, ou en cas de nomination de nouveaux titulaires sans présentation, par suite de destitution ou pour tout autre motif, les ordonnances qui y pourvoiront seront assujetties à un droit d'enregistrement de vingt pour cent sur le montant du cautionnement attaché à la fonction ou à l'emploi.

Toutefois, si les nouveaux titulaires sont soumis, comme condition de leur nomination, à payer une somme déterminée pour la valeur de l'office, le droit d'enregistrement de deux pour cent sera exigible sur cette somme, sauf l'application du minimum de perception établi à l'art. 10 ci-dessus. Ce droit devra être acquitté avant la prestation de serment du nouveau titulaire, sous peine du double droit.

ART. 13. En cas de suppression d'un titre d'office, lorsque, à défaut de traité, l'ordonnance qui prononcera l'extinction fixera une indemnité à payer au titulaire de l'office supprimé ou à ses héritiers, l'expédition de cette ordonnance devra être enregistrée dans le mois de la délivrance, sous peine du double droit.

Le droit de deux pour cent sera perçu sur le montant de l'indemnité.

ART. 14. Les droits perçus en vertu des articles qui précèdent seront sujets à restitution toutes les fois que la transmission n'aura pas été suivie d'effet.

S'il y a lieu seulement à réduction du prix, tout ce qui aura été perçu sur l'excédant sera également restitué.

La demande en restitution devra être faite conformément à l'art. 61 de la loi du 22 frim. an 7, dans le délai de deux ans à compter du jour de l'enregistrement du traité ou de la déclaration.

19-30 oct. 1841. — *Ordonnance du roi qui rend exécutoires en Algérie, sauf les exceptions et modifications y exprimées, les lois, décrets et ordonnances qui régissent en France les*

droits d'enregistrement, du greffe et d'hypothèques (Bull., n. 9616).

ART. 1er. A partir du 1er janv. 1842, seront applicables et exécutoires en Algérie, sauf les exceptions et modifications ci-après, et celles qui résulteraient de l'exécution de notre ordon. du 28 fév. 1841, art. 18, les lois, décrets et ordonnances qui régissent en France,

1° Les droits d'enregistrement;

2° Les droits de greffe;

3° Les droits d'hypothèques;

4° Les obligations des notaires, huissiers, greffiers, commissaires-priseurs, et tous autres officiers publics et ministériels, en ce qui concerne la rédaction matérielle des actes et la tenue des répertoires.

ART. 3. Il ne sera perçu, pour les droits d'enregistrement, de greffe et d'hypothèques, que la moitié des droits, soit fixes, soit proportionnels, décime non compris, qui sont perçus en France, sans que néanmoins, dans aucun cas, le minimum du droit perçu pour un même acte puisse être au-dessous de vingt-cinq centimes.

ART. 3. Les droits de greffe continueront à être perçus au profit du Trésor, conformément à l'art. 38 de notre ordon. du 28 fév. 1841.

ART. 4. Les mutations de biens, meubles ou immeubles, droits et créances, opérées par décès, ne sont assujetties à aucun droit, ni soumises à aucune déclaration.

ART. 5. Il est fait remise de toutes les amendes encourues jusqu'au jour de la publication de la présente ordonnance, pour contravention aux lois sur l'enregistrement, le greffe et les hypothèques.

ART. 6. Il est accordé jusqu'au 1er janv. 1842 pour faire enregistrer, sans droits en sus ni amendes, tous les actes qui n'auraient pas encore été soumis à la formalité.

Le même délai de faveur est accordé pour faire la déclaration des mutations entre vifs d'immeubles, ou de droits immobiliers qui n'auraient pas encore été constatées par conventions écrites.

ART. 7. Les lois et ordonnances qui seraient rendues en France, relativement aux lois d'enregistrement, de greffe ou d'hypothèques, ne deviendront exécutoires en Algérie qu'en vertu d'ordonnances spéciales.

ART. 8. Toutes dispositions contraires à la présente ordonnance sont ou demeurent abrogées.

11-20 JUIN 1843. — *Loi portant fixation du budget des recettes.*

ART. 6. A partir de la promulgation de la présente loi, les lettres de voiture et les connaissements ne pourront être rédigés que sur du papier timbré fourni par l'administration ou sur du papier timbré à l'extraordinaire et frappé d'un timbre noir ou d'un timbre sec.

Les particuliers qui dans un département autre que celui de la Seine, voudront faire timbrer à l'extraordinaire des papiers destinés aux lettres de voiture ou aux connaissements, seront admis à les remettre, en payant préalablement les droits, au receveur du timbre de l'extraordinaire, établi au chef lieu de chaque département. Ces papiers seront transmis par le directeur à l'administration qui les fera timbrer et les renverra immédiatement.

Les frais de transport seront à la charge de l'administration.

Art. 7. Pour toute lettre de voiture ou connaissement, non timbré ou non frappé du timbre noir et du timbre sec, la contravention sera punie d'une amende de trente francs, payable solidairement par l'expéditeur et par le voiturier, s'il s'agit d'une lettre de voiture, et par le chargeur et le capitaine, s'il s'agit de connaissement.

2° LOIS DU TIMBRE (1).

EXTRAIT DE LA LOI DE 9 VEND. AN 6, *relative à la fixation des dépenses générales ordinaires de l'an 6, et qui détermine les droits d'enregistrement, de timbre, etc.*

TITRE 3. — *Timbre.*

Art. 56. Les lettres de voiture, les connaissements, chartes-parties et polices d'assurance, les cartes à jouer, les journaux, gazettes, feuilles périodiques ou papiers-nouvelles, les feuilles de papier-musique, toutes les affiches autres que celles d'actes émanés d'autorité publique, quelle que soit leur nature ou leur objet, seront assujettis au timbre fixe ou de dimension.

Art. 57. Sont exceptés les ouvrages périodiques relatifs aux sciences et aux arts, ne paraissant qu'une fois par mois, et contenant au moins deux feuilles d'impression (2).

Art. 60. Ceux qui auront répandu des journaux ou papiers-nouvelles et autres objets compris dans l'art. 56 ci-dessus, et apposé ou fait apposer des affiches sans avoir fait timbrer leur papier, seront condamnés à une amende de cent livres pour chaque contravention; les objets soustraits aux droits seront lacérés (3).

Art. 61. Les auteurs, afficheurs, distributeurs et imprimeurs desdits journaux et affiches, seront solidairement tenus de l'amende, sauf leur recours les uns contre les autres (4).

LOI SUR LE TIMBRE, DU 13 BRUMAIRE AN 7.

TITRE 1er. — *De l'établissement et de la fixation des droits.*

Art. 1er. La contribution du timbre est établie sur tous les papiers destinés aux actes civils et judiciaires et aux écritures qui peuvent être produites en justice et y faire foi.

Il n'y a pas d'autres exceptions que celles *nommément* exprimées dans la présente.

Art. 2. Cette contribution est de deux sortes :

La première est le droit du timbre imposé et tarifé en raison de la dimension du papier dont il est fait usage.

La seconde est le droit du timbre créé pour les effets négociables ou de commerce, et gradué à raison des sommes à y exprimer, sans égard à la dimension du papier.

Art. 3. Les papiers destinés au timbre qui seront débités par la régie, seront fabriqués dans les dimensions déterminées suivant le tableau ci-après :

DÉNOMINATIONS.	Dimensions en parties du mètre de la feuille déployée (supposée rognée).		
	HAUTEUR.	LARGEUR.	SUPERFICIE.
Grand registre....	0 4204	0 5946	0 2500
Grand papier.....	0 3535	0 5000	0 1768
Moyen papier (moitié du grand registre.	0 2997	0 4204	0 1250
Petit papier (moitié du grand papier)..	0 2500	0 3578	0 0884
Demi-feuille (moitié du petit papier)...	0 2500	0 1766	0 0442
Effets de commerce (moitié de la demi-feuille du petit papier coupée en long).	0 0884	0 2500	0 0221

(1) 863. Le timbre est une marque imprimée ou apposée sur tous les papiers destinés aux actes civils et judiciaires, et aux écritures qui peuvent être produites en justice et y faire foi. L'impôt du timbre consiste dans l'emploi du papier timbré, exigé pour les actes.

864. L'origine du timbre remonte au règne de Justinien dont la novelle 44 renferme même quelques dispositions que l'on retrouve dans notre loi fondamentale de la matière, entre autres : l'ordre aux tabellions de rédiger les originaux de leurs actes sur du papier en tête duquel serait marqué le nom de l'intendant des finances; la défense d'altérer ces marques, et la défense aux juges d'avoir égard aux actes écrits sur du papier non revêtu de la marque.

865. Etabli en France, sous le nom de *formule*, pendant le règne de Louis XIV, l'impôt du timbre ne fut d'abord qu'un simple droit fixé en raison de la dimension du papier ou parchemin. Il a reçu la dénomination de *timbre* d'un décret de l'Assemblée nationale du 12 déc. 1790, sanctionné le 18 février 1791, lequel établit la division en timbre fixe de dimension et timbre proportionnel, division conservée dans les lois subséquentes.

866. La loi organique de l'impôt du timbre, et qu'il faut consulter encore aujourd'hui pour l'appréciation des droits, est celle du 13 brum. an 7 qui est relativement au timbre, comme celle du 22 frim. an 7, relativement à l'enregistrement, la pierre angulaire de tout le système de perception des droits de timbre; et les lois postérieures ne doivent être consultées que comme des lois spéciales qui ont interprété la loi du 13 brum. an 7, y ont ajouté quelques dispositions nouvelles ou en ont abrogé certaines.

(2) 867. Cette disposition, abrogée par l'art. 70 de la loi du 28 avril 1816, a été reproduite dans l'art. 76 de la loi du 25 juin 1817.

(3) 868. L'amende a été réduite à 20 fr. par la loi du 16 juin 1824, art. 10.

(4) 869. V. La loi du 28 avril 1816, art. 63.

Ils porteront un filigrane particulier, imprimé dans la pâte même à la fabrication (1).

Art. 4. Il y aura des timbres particuliers pour les différentes sortes de papiers.

Les timbres pour le droit établi sur la dimension seront gravés pour être appliqués *en noir*.

Ceux pour le droit gradué en raison des sommes seront gravés pour être gravés *à sec*.

Chaque timbre portera distinctement son prix, et aura pour légende les mots RÉPUBLIQUE FRAN-ÇAISE (2).

Art. 5. Les timbres pour le droit établi sur la dimension porteront, en outre, le nom du département où ils seront employés.

Cette distinction particulière n'aura pas lieu pour les timbres relatifs aux effets de commerce.

Art. 6. L'empreinte à apposer sur les papiers que fournira la régie sera appliquée au haut de la partie gauche de la feuille (non déployée), de la demi-feuille, et du papier pour effets de commerce.

Art. 7. Les citoyens qui voudront se servir de papiers autres que celui de la régie ou le parchemin, seront admis à les faire timbrer avant que d'en faire usage.

On emploiera pour ce service les timbres relatifs; mais l'empreinte sera appliquée au haut du côté droit de la feuille.

Si les papiers ou le parchemin se trouvent être de dimensions différentes de celles des papiers de la régie, le timbre, quant au droit établi en raison de la dimension, sera payé au prix du format supérieur (3).

Art. 8. Le prix des papiers timbrés fournis par la régie, et les droits de timbre des papiers que les citoyens feront timbrer, sont fixés ainsi qu'il suit, savoir :

1° *Droit de timbre en raison de la dimension du papier.*

La feuille de *grand registre*, un franc cinquante centimes, ci : 1 fr. 50 c.
Celle de *grand papier*, un franc, ci : 1 00
Celle de *moyen papier*, soixante-quinze centimes, ci : 0 75
Celle de *petit papier*, cinquante centimes, ci : 0 50

Et la demi-feuille de ce *petit papier*, vingt-cinq centimes, ci : 0 25

Il n'y aura point de droit de timbre ; supérieur à un franc cinquante centimes, quelle que soit la dimension du papier, soit au-dessus du *grand registre*, soit au-dessous de la demi-feuille du *petit papier*.

2° *Droit de timbre gradué en raison des sommes.*

Ce droit est de cinquante centimes par mille francs, inclusivement et sans fraction, à quelques sommes que puissent monter les effets (4).

Art. 9. Il y aura cinq timbres pour le droit établi en raison de la dimension du papier.

Le nombre des timbres pour les effets de commerce et autres compris dans l'art. 14 ci-après, sera de 11, savoir : le premier, de cinquante centimes ; le deuxième, d'un franc ; le troisième, de deux francs ; le quatrième, de trois francs ; le cinquième, de quatre francs ; le sixième, de cinq francs ; le septième, de six francs ; le huitième, de sept francs ; le neuvième, de huit francs ; le dixième, de neuf francs, et le onzième de dix francs (5).

Art. 10. Les papiers pour effets de mille francs et au-dessous seront timbrés avec l'empreinte de cinquante centimes.

Ceux pour effets de 1 à 2,000 francs, de 3 à 4,000, de 5 à 6,000, de 7 à 8,000, de 9 à 10,000, de 11 à 12,000, de 13 à 14,000, de 15 à 16,000, de 17 à 18,000, et de 19 à 20,000 francs inclusivement, seront frappés des timbres correspondants 1, 2, 3, 4, 5, 6, 7, 8, 9 et 10 francs.

Et ceux pour effets de 2 à 3,000, de 4 à 5,000, de 6 à 7,000, de 8 à 9,000, de 10 à 11,000, de 12 à 13,000, de 14 à 15,000, de 16 à 17,000, et de 18 à 19,000 francs inclusivement, seront frappés de deux empreintes, savoir : ceux pour effets de 2 à 3,000 francs avec l'empreinte d'un franc et celle de 50 centimes.

Ceux pour effets de 4 à 5,000 francs, avec l'empreinte de 2 francs et celle de 50 centimes.

Et ainsi de suite de 1,000 en 1,000, jusques et y compris les papiers pour effets de 18 à 19,000 fr. qui seront timbrés avec l'empreinte de 9 fr. et celle de 50 cent.

Lorsqu'il s'agira d'employer pour second timbre, celui de 50 cent., il sera appliqué du même

---

(1) 870. Cette disposition règle toujours la dimension de chaque espèce de papier, et n'a point été changée par la loi du 28 avril 1816 (20 avril 1816, Inst. gén. n. 715); quant au *filigrane*, il a subi les mêmes variations que la légende.

(2) 871. La forme du timbre a subi des variations nombreuses qu'il est sans intérêt d'indiquer et qui ont eu pour cause soit des changements politiques, soit des améliorations.

(3) 872. Cette faculté est accordée seulement aux particuliers par l'article ci-dessus, et aux administrations publiques par l'art. 18 de la présente loi. Quant aux fonctionnaires publics, il leur est expressément enjoint, par ce même art. 18, de se servir du papier débité par la régie.—D'ailleurs, le timbre ex-

traordinaire donne aussi lieu à percevoir deux droits, l'un en raison de la dimension des papiers qu'on y soumet l'autre, en raison des sommes (Champ. et Rig., t. 4, n. 4052).

(4) 873. V. pour les droits de timbre tels qu'ils sont aujourd'hui, à l'égard du timbre de dimension, la loi du 28 avril 1816, art. 62, et à l'égard du timbre gradué en raison des sommes, la loi du 24 mai 1834, art. 18 et la loi du 20 juill. 1837, art. 16.

(5) 874. V. la loi du 24 mai 1834, art. 18, et la loi du 20 juill. 1837, art, 16. Il y a aujourd'hui deux timbres de plus pour les effets de commerce, cette dernière loi en ayant créé un pour les effets de 500 fr. et au-dessous et un autre pour les effets de 500 à 500 fr.

côté que le timbre supérieur, et immédiatement au-dessous de celui-ci.

Indépendamment des timbres, il sera apposé, à l'extrémité de la partie du papier, opposée aux timbres, une empreinte *en noir* qui indiquera la somme pour laquelle l'effet peut être tiré (1).

Art. 11. Les citoyens qui voudront faire des effets au-dessus de 20,000 fr. seront tenus de présenter les papiers qu'ils y destineront au receveur de l'enregistrement, et de les faire *viser pour timbre* en payant le droit en raison de 50 cent, pour 1,000 fr. sans fraction, ainsi qu'il est réglé par l'art. 8 de la présente (12).

TITRE II. — *De l'application des droits.*

Art. 12. Sont assujettis au droit du timbre établi en raison de la dimension tous les papiers à employer pour les actes et écritures, soit publics, soit privés, savoir :

1° Les actes des notaires et les extraits, copies et expéditions qui en sont délivrés (3);

Ceux des huissiers, et les copies et expéditions qu'ils en délivrent ;

Les actes et les procès-verbaux des gardes et de tous autres employés ayant droit de verbaliser, et les copies qui en seront délivrées ;

Les actes et jugements de la justice de paix, des bureaux de paix et de conciliation, de la police ordinaire, des tribunaux et des arbitres, et les extraits, copies et expéditions qui en sont délivrés ;

Les actes particuliers des juges de paix et de leurs greffiers, ceux des autres juges et commissaires du Directoire exécutif, et ceux reçus aux greffes ou par les greffiers, ainsi que les extraits, copies et expéditions qui s'en délivrent ;

Les actes des avoués ou défenseurs officieux près les tribunaux, et les copies et expéditions qui en sont faites ou signifiées ;

Les consultations, mémoires, observations et précis signés des hommes de loi et défenseurs officieux (4) ;

Les actes des autorités constituées administratives, qui seront assujettis à l'enregistrement ou qui se délivrent aux citoyens, et toutes les expéditions et extraits des actes, arrêtés et délibérations desdites autorités qui sont délivrés aux citoyens.

Les pétitions ou mémoires, même en forme de lettres, présentés au Directoire exécutif, aux ministres, à toutes autorités constituées, aux commissaires de la trésorerie nationale, à ceux de la comptabilité nationale; aux directeurs de la liquidation générale, et aux administrations ou établissements publics ;

Les actes entre particuliers sous signatures privées, et le double des comptes de recette ou gestion particulière ;

Et généralement tous actes et écritures, extraits, copies et expéditions, soit publics, soit privés, devant ou pouvant faire titre, ou être produits pour obligation, décharge, justification, demande ou défense (5).

2° Les registres de l'autorité judiciaire où s'écrivent des actes sujets à l'enregistrement sur les minutes, et les répertoires des greffiers ;

Ceux des administrations centrales et municipales, tenus pour objets qui leur sont particuliers, et n'ayant point de rapport à l'administration générale, et les répertoires de leurs secrétaires ;

Ceux des notaires, huissiers et autres officiers publics et ministériels, et leurs répertoires (6) ;

Ceux des receveurs des droits et des revenus des communes et des établissements publics ;

Ceux des fermiers des postes et messageries ;

Ceux des compagnies et sociétés d'actionnaires ;

---

(1) 875. L'indication de la somme pour laquelle l'effet peut être tiré n'est plus distincte; elle est placée dans l'empreinte du timbre, en noir.

(2) 876. Les seuls effets de commerce au-dessus de 20,000 fr. sont dans le cas du visa et du supplément de droit de timbre, que le tireur doit acquitter avant d'écrire et de signer l'effet. Le visa du receveur énonce la somme pour laquelle l'effet doit être tiré, le montant du supplément de droit et la date de la perception (26 brum. an 7, circulaire de la rég., n. 1419).

(3) 877. Les actes des notaires délivrés en *brevet* peuvent être mis indifféremment sur papier de toute dimension, attendu qu'ils ne sont ni des extraits, ni des expéditions (12 vent. an 7, Déc. min. fin. ; 2 prair. an 7. Circ. de la rég. n. 1566; Champ. et Rig., t. 4, n. 4046). Quant aux expéditions, V. *infra*, l'art. 19 de la présente loi.

(4) 878. D'après Champ. et Rig., t. 4, n. 4045, cette disposition ne doit pas être étendue à tous les cas. Il faudrait distinguer, quant aux consultations d'avocat, si elles sont susceptibles ou non d'être produites en justice, et ne les soumettre au timbre que dans le premier cas. La jurisprudence semble avoir confirmé cette doctrine; mais toutefois elle a établi que lorsque la consultation est susceptible d'être produite,

elle est soumise à la formalité du timbre, indépendamment de la production en justice (Cass. 14 juin 1808, 6 fév. 1815, 8 janv. 1822; 23 nov. 1824. D.A. 7. 520. 521. 522.523).

(5) 879. La régie avait conclu de cette disposition que les lettres missives renfermant des engagements ou des reconnaissances de dettes et promesses de payer devaient être écrites sur papier timbré. Mais il a été reconnu par l'administration que ces lettres sont des écrits confidentiels que l'impôt ne peut atteindre qu'au moment où ils cessent d'être confidentiels, c'est-à-dire lorsqu'on veut en faire usage par acte public; qu'ainsi elles peuvent être écrites sur papier libre, l'art. 30 de la présente loi (V. *infra* cet article) leur étant applicable (30 mars 1822, 27 juil. 1827. délib.).

(6) 880. Des chambres des notaires avaient demandé quels sont parmi ces registres qu'elles sont tenues d'avoir, ceux qui sont soumis au timbre. Il a été répondu que deux seulement sont soumis à cette formalité : 1° celui sur lequel seraient inscrits des actes portant transmission d'usufruit et de jouissance, et autres actes que l'art. 77 de la loi du 15 mai 1818 soumet au timbre; 2° le registre de recette et de dépense du trésorier de la chambre (28 sept. 1829, Déc. min. fin.; 29 déc. 1829, Inst. gén., n. 1305 § 22).

Ceux des établissements particuliers et des maisons particulières d'éducation ;

Ceux des agents d'affaires, directeurs, régisseurs, syndics de créanciers et entrepreneurs de travaux et fournitures ;

Ceux des banquiers, négociants, armateurs, marchands, fabricants, commissionnaires, agents de change, courtiers, ouvriers et artisans ;

Ceux des aubergistes, maîtres d'hôtels garnis et logeurs, sur lesquels ils doivent inscrire les noms des personnes qu'ils logent (1) ;

. Et généralement tous livres, registres et minutes de lettres qui sont de nature à être produits en justice et dans le cas d'y faire foi, ainsi que les extraits, copie et expéditions, qui sont délivrés desdits livres et registres.

ART. 13. Tout acte fait et passé en pays étranger, ou dans les îles et colonies françaises où le timbre n'aurait pas encore été établi, sera soumis au timbre avant qu'il puisse en être fait aucun usage en France, soit dans un acte public, soit dans une déclaration quelconque, soit devant une autorité judiciaire ou administrative.

ART. 14. Sont assujettis au droit du timbre en raison des sommes et valeurs, les billets à ordre ou au porteur, les l escriptions, mandats, mandements, ordonnances et tous autres effets négociables ou de commerce, même les lettres de change tirées par seconde, troisième et *duplicata*, et ceux faits en France et payables chez l'étranger. .

ART. 15. Les effets négociables venant de l'étranger ou des îles et colonies françaises où le timbre n'aurait pas encore été établi, seront, avant qu'ils puissent être négociés, acceptés ou acquittés en France, soumis au timbre ou au *visa pour timbre*; et le droit sera payé d'après la quotité fixée par l'art. 8 de la présente.

TITRE III. — *Des actes et registres non soumis à la formalité du timbre.*

ART. 16. Sont exceptés du 'droit et de la formalité du timbre ,

SAVOIR :

i 1° Les actes du Corps législatif et ceux du Directoire exécutif ;

Les minutes de tous les actes, arrêtés, décisions et délibérations de l'administration publique en général, et de tous établissements publics, dans tous les cas où aucun de ces actes n'est sujet à l'enregistrement sur la minute et les extraits, copies et expéditions qui s'expédient ou se délivrent par une administration ou un fonctionnaire public, à une administration pu-

blique, ou à un fonctionnaire public, lorsqu'il est fait mention de cette destination (2).

Les inscriptions sur le grand-livre de la dette nationale et les effets publics ;

Tous les comptes-rendus par des comptables publics ;

Les doubles, autres que celui du comptable, de chaque compte de recette ou gestion particulière et privée ;

Les quittances de traitements et émoluments des fonctionnaires et employés salariés par la république ;

Les quittances ou récépissés délivrés aux collecteurs et receveurs de deniers publics ; celles que les collecteurs des contributions directes peuvent délivrer aux contribuables ; celles des contributions indirectes qui s'expédient sur les actes, et celles de toutes autres contributions qui se délivrent sur feuilles particulières, et qui n'excèdent pas dix francs ;

Les quittances de secours payés aux indigents, et les indemnités pour incendies, inondations, épizooties et autres cas fortuits ;

Toutes autres quittances, même celles entre particuliers, pour créances en sommes non excédant 10 francs, quand il ne s'agit pas d'un à-compte ou d'une quittance finale sur une plus forte somme ;

Les engagements, enrôlements, congés, certificats, cartouches, passe-ports, quittances pour prêt et fournitures, billets d'étapes de subsistances et de logement, et autres pièces ou écritures concernant les gens de guerre, tant pour le service de terre que pour le service de mer ;

Les pétitions présentées au Corps législatif ; celles qui ont pour objet des demandes de congés absolus et limités, de secours, et les pétitions des déportés et réfugiés des colonies, tendant à obtenir des certificats de résidence, passe-ports et passages pour retourner dans leur pays ;

Les certificats d'indigence ;

Les rôles qui sont fournis pour l'appel des causes ;

Les actes de police générale et de vindicte publique, et ceux des commissaires du Directoire exécutif, non soumis à la formalité de l'enregistrement, et les copies des pièces de procédure criminelle qui doivent être délivrées sans frais ;

2° Les registres de toutes les administrations publiques et des établissements publics pour ordre et administration générale.

Ceux des tribunaux, des accusateurs publics et des commissaires du Directoire exécutif, où il ne sera transcrit aucune minute d'actes soumis à la formalité de l'enregistrement ;

Ceux des receveurs des contributions publiques, et autres préposés publics.

---

(1) 881. La majeure partie des registres compris dans ce § et dans les précédents à partir de celui où il est question des agents d'affaires avaient été, comme livres de commerce, assujettis aux quotités de timbre fixées par les art. 72 de la loi du 28 avril 1816, et 9 de la loi du 16 juin 1824. Aujourd'hui l'impôt du timbre

sur les livres de commerce a été remplacé par l'augmentation de 5 cent. additionnels dont a été l'objet le principal de la contribution des patentes. Ainsi, les livres de commerce sont affranchis de la formalité du timbre (V. *infrà*, L. du 20 juill. 1857, art. 4).

(2) 882. V. la loi du 15 mai 1818, art. 80,

Titre IV. — *Des obligations respectives des notaires, huissiers, greffiers, secrétaires des administrations, arbitres et experts, des diverses autorités publiques, des préposés de la régie et des citoyens, et peines prononcées contre les contrevenants.*

Art. 17. Les notaires, huissiers, secrétaires des administrations centrales et municipales, et autres officiers et fonctionnaires publics, les arbitres et les avoués ou défenseurs officieux près des tribunaux, ne pourront employer, pour les actes qu'ils rédigeront et leurs copies et expéditions, d'autre papier que celui timbré du département où ils exercent leurs fonctions.

Art. 18. La faculté accordée par l'art. 7 de la présente aux citoyens qui voudront employer d'autre papier que celui fourni par la régie, en le faisant timbrer avant d'en faire usage, est interdite aux notaires, huissiers, greffiers, arbitres, avoués ou défenseurs officieux, et à tous autres officiers ou fonctionnaires publics; ils seront tenus de se servir du papier timbré débité par la régie.

Les administrations publiques seulement conserveront cette faculté (1).

Les notaires et autres officiers publics pourront néanmoins faire timbrer, à l'extraordinaire, du parchemin, lorsqu'ils seront dans le cas d'en employer.

Art. 19. Les notaires, greffiers, arbitres et secrétaires des administrations, ne pourront employer, pour les expéditions qu'ils délivreront des actes retenus en minute, et de ceux déposés ou annexés, de papier timbré d'un format inférieur à celui appelé *moyen papier*, et dont le prix est fixé à 75 cent. la feuille, par l'art. 8 de la présente. Ce prix sera aussi celui du timbre du parchemin que l'on voudra employer pour expédition, sans égard à la dimension, si toutefois elle est au-dessous de celle de ce papier.

Les huissiers et autres officiers publics ou ministériels ne pourront non plus employer de papier timbré d'une dimension inférieure à celle de moyen papier, pour les expéditions des procès-verbaux de ventes de mobilier (2).

Art. 20. Les papiers employés à des expéditions ne pourront contenir, compensation faite d'une feuille à l'autre,

SAVOIR:

Plus de vingt-cinq lignes par page de moyen papier;
Plus de trente lignes par page de grand papier;
Et plus de trente-cinq lignes par page de grand registre (3).

Art. 21. L'empreinte du timbre ne pourra être couverte d'écriture ni altérée (4).

Art. 22. Le papier timbré qui aura été employé à un acte quelconque, ne pourra plus servir pour un autre acte, quand même le premier n'aurait pas été achevé (5).

Art. 23. Il ne pourra être fait ni expédié deux actes à la suite l'un de l'autre sur la même feuille

(1) 883. Un arrêt de la cour de cassation du 15 juill. 1806 (D.A. 7. 528) en décidant, contrairement à une circulaire du directeur général du 5 vend. an 11, que les contraintes lancées par les préposés de la régie peuvent être timbrées à l'extraordinaire, juge implicitement que ces préposés jouissent de la faculté accordée aux administrations publiques par la disposition ci-dessus (*Conf.* Champ. et Rig., t. 4, n. 4052).

(2) 884. V. la loi du 28 avril 1816, art. 63.

(3) 885. Les extraits et copies des actes notariés sont soumis à cette disposition comme les expéditions (Champ. et Rig., t. 4, n. 4046).

(4) 886. La pensée de la loi est ici d'empêcher la contrefaçon, qui eût été facile s'il eût été permis de couvrir l'empreinte d'écritures, puisqu'on n'aurait pu reconnaître sous cette écriture si l'empreinte était vraie ou fausse.

887. D'ailleurs, la disposition est relative au timbre sec comme au timbre noir, bien que le timbre sec n'ait été établi que par un arrêté du gouvernement du 9 pr. an 9, c'est-à-dire deux ans après la promulgation de la présente loi. La doctrine contraire avait été consacrée par un jugement du tribunal de Vendôme du 22 janv. 1814, contre lequel la régie avait obtenu un arrêt d'admission le 4 juill. 1815, qui préjuge la question dans le sens que nous venons d'indiquer. C'est aussi dans ce sens qu'inclinent Champ. et Rig., t. 4, n. 4058, mais non sans quelque hésitation.

888. La prohibition prononcée par la loi ne peut s'appliquer qu'à la face des empreintes; ainsi, il n'y aurait pas de contravention dans le fait de couvrir le *verso* soit d'écriture soit de traits de plume (16 juin 1807. Déc. min. fin.). Cela est évident d'après le motif même qui a déterminé la disposition de la loi. V. n. 886 de la présente note.

889. La jurisprudence de l'administration a établi quelques exceptions à la règle consacrée par l'article ci-dessus. Ainsi, d'après cette jurisprudence, il n'y a pas contravention lorsque le timbre du papier employé au répertoire des notaires est couvert par l'impression des colonnes (26 mai 1820. Déc. min. fin.); ou par les chiffres de la colonne des numéros d'ordre (3 déc. 1834, sol.; D.P. 35.3. 63); ou par la date ou l'énonciation de la nature de l'acte (5 avril 1835, sol.) ou par quelques chiffres ou lignes d'un tableau contenu dans une liquidation (6 août 1832, sol.).

890. En cas de contravention à la disposition ci-dessus, il n'y a pas lieu d'exiger, indépendamment de l'amende, le droit de timbre, puisque ce droit a été acquitté (30 août 1832, trib. de Belfort; Champ. et Rig., t. 4, n. 4058).

(5) 891. Cette prohibition ne s'applique qu'à un acte *autre* que celui qui avait été commencé; ainsi quand les premiers mots d'un acte ont été biffés, et que ce même acte a été recommencé sur la même feuille, il n'y a pas contravention (3 déc. 1816. Déc. min. fin.).

892. Mais il y a contravention dans le fait d'un acte rédigé après un autre acte inachevé, alors même que celui-ci contiendrait seulement quelques lignes raturées (1 frim. an 10, Cass.; D.A. 7. 527; 19 juill. 1838, trib. de la Seine). Toutefois, il faut que ces lignes portent indication de date, d'objet, de convention ou de faits constituant un acte quelconque commencé (Cass. 27 janv. 1836, D.P. 36. 1. 169).

de papier timbré, nonobstant tout usage ou réglement contraire.

Sont exceptées les ratifications des actes passés en l'absence des parties, les quittances de prix de ventes, et celles de remboursement de contrats de constitution ou obligation; les inventaires, procès-verbaux et autres actes qui ne peuvent être consommés dans un même jour et dans la même vacation; les procès-verbaux de reconnaissance et levée de scellés qu'on pourra faire à la suite du procès-verbal d'apposition, et les significations des huissiers, qui peuvent également être écrites à la suite des jugements et autres pièces dont il est délivré copie.

Il pourra aussi être donné plusieurs quittances sur une même feuille de papier, pour à-compte d'une seule et même créance, ou d'un seul terme de fermage et loyer.

Toutes autres quittances qui seront données sur une même feuille de papier timbré n'auront pas plus d'effet que si elles étaient sur papier non timbré (1).

Art. 24. Il est fait défense aux notaires, huissiers, greffiers, arbitres et experts, d'agir, aux juges de prononcer aucun jugement, et aux administrations publiques de rendre aucun arrêté, sur un acte, registre ou effet de commerce, non écrit sur papier timbré du timbre prescrit, ou non visé pour timbre.

Aucun juge ou officier public ne pourra non plus coter et parapher un registre assujetti au timbre, si les feuilles n'en sont timbrées (2).

Art. 25. Il est également fait défense à tout receveur de l'enregistrement,

1° D'enregistrer aucun acte qui ne serait pas sur papier timbré du timbre prescrit, ou qui n'aurait pas été visé pour timbre;

2° D'admettre à la formalité de l'enregistrement, des protêts d'effets négociables, sans se faire représenter ces effets en bonne forme;

3° De délivrer de patente aux citoyens dont les registres doivent être tenus en papier timbré, si ces registres ne leur sont préalablement représentés aussi en bonne forme.

Les citoyens seront, en conséquence, tenus d'en justifier (3).

Art. 26. Il est prononcé, par la présente, une amende,

SAVOIR :

1° De 15 francs, pour contravention, par les particuliers, aux dispositions de l'article 21 ci-dessus;

2° De 25 francs, pour contravention aux articles 20 et 21, par les officiers et fonctionnaires publics;

3° De 30 francs, pour chaque acte ou écrit sous signature privée, fait sur papier non timbré, ou en contravention aux articles 22 et 23;

4° De 50 francs, pour contravention à l'article 19, de la part des officiers et fonctionnaires publics y dénommés; et à l'article 25, de la part des préposés de l'enregistrement;

5° De 100 francs, pour chaque acte public ou expédition, écrit sur papier non timbré, et pour contravention aux articles 17, 18, 22, 23 et 24, par les officiers et fonctionnaires publics;

6° Et du vingtième de la somme exprimée dans un effet négociable, s'il est écrit sur papier non timbré, ou sur un papier timbré d'un timbre inférieur à celui qui aurait dû être employé, aux termes de la présente, et pour contravention aux articles 22 et 23.

L'amende sera de 30 francs, dans les mêmes cas, pour les effets au-dessous de 600 francs.

Les contrevenants, dans tous les cas ci-dessus, paieront en outre, les droits de timbre (4).

_____

(1) 893. Ce qui a déterminé le législateur à prohiber l'insertion de plusieurs actes dans une même feuille, n'a pas été seulement la pensée d'augmenter l'impôt, mais encore l'intérêt des parties dont les conventions pourraient être compromises, si dans une idée d'économie mal entendue, elles réunissaient, dans une même feuille de papier, des actes qui, par leur nature, doivent être séparés. Ainsi que le disent Champ. et Rig., t. 4, n. 4060, « les exceptions que contient le même article prouvent que tel a été l'esprit de la loi: si d'un côté, un grand nombre d'actes ne peuvent sans inconvénient être rédigés à la suite l'un de l'autre; de l'autre, il devait être permis aux parties d'unir certains actes de manière que l'un ne puisse disparaître sans l'autre : ainsi d'écrire la quittance à la suite de l'acte de vente, pour éviter que le vendeur faisant disparaître la quittance, l'acheteur ne restât à sa merci.»

894. Quant aux exceptions, il faut remarquer qu'elles ne sont pas toutes nommément exprimées dans l'article ci-dessus. La jurisprudence a reconnu que la disposition de la loi, sous ce rapport, est purement énonciative et non limitative. — Un décret du 15 juill. 1812 a, d'ailleurs, appliqué l'exception aux révocations de procurations et de testaments (V. le décr. à sa date).

898. Sans entrer ici dans le détail des applications qui ont été faites, rappelons que la question la plus controversée a été celle de savoir si un notaire peut rédiger, sans contravention, à la suite d'un transport de créance, l'acte d'acceptation souscrit par le débiteur. Plusieurs tribunaux s'étaient prononcés pour l'affirmative; mais la régies'étant pourvue contre l'un des jugements qui avaient admis cette solution, il est intervenu un arrêt de la cour de cassation du 16 juill. 1838 (D.P. 38. 1. 309) qui a formellement consacré la doctrine contraire (Contrà, Champ. et Rig., t. 4, n. 4061).

(2) 897. Il a été dérogé à cet article, par l'art. 13 de la loi du 16 juin 1824, qui, en rendant les notaires responsables de droits et amendes de timbre auxquels peuvent donner lieu les actes sous seing-privé en vertu desquels ils demeureront autorisés à agir, sous la seule condition de les faire enregistrer et de les annexer, renferme implicitement l'autorisation pour ces officiers publics d'énoncer et d'annexer les actes non timbrés, ni visés pour timbre, en requérant cette dernière formalité (8 janv. 1825, sol.; 29 juin 1825. Inst. gén., n. 4166, § 15).—Toutefois la défense subsiste à l'égard des protêts.

(3) 896 .V. la loi du 1er mai 1822, art. 6.

(4) 898. Le chiffre de ces amendes manifestement exagéré eu égard à la modicité de l'impôt a été réduit par les lois subséquentes. Les amendes de 15, 25 et

Art. 27. Aucune personne ne pourra vendre ou distribuer du papier timbré, qu'en vertu d'une commission de la régie, à peine d'une amende de 100 francs pour la première fois, et de 300 francs en cas de récidive.

Le papier qui sera saisi chez ceux qui s'en permettront ainsi le commerce, sera confisqué au profit de la république (1).

Art. 28. La peine contre ceux qui abuseraient des timbres pour timbrer et vendre frauduleusement du papier timbré, sera la même que celle qui est prononcée par le Code pénal contre les contrefacteurs des timbres (2).

Art. 29. Le timbre des quittances fournies à la République, ou délivrées en son nom, est à la charge des particuliers qui les donnent ou les reçoivent; il en est de même pour autres actes entre la République et les citoyens.

Art. 30. Les écritures privées qui auraient été faites sur papier non timbré, sans contravention aux lois du timbre, quoique non comprises nommément dans les exceptions, ne pourront être produites en justice sans avoir été soumises au timbre extraordinaire ou au *visa pour timbre*, à peine d'une amende de 30 fr., outre le droit de timbre (3).

Art. 31. Les préposés de la régie sont autorisés à retenir les actes, registres ou effets en contravention à la loi du timbre, qui leur seront présentés, pour les joindre aux procès-verbaux qu'ils en rapporteront, à moins que les contrevenants ne consentent à signer lesdits procès-verbaux, ou à acquitter sur-le-champ l'amende encourue et le droit de timbre (4).

Art. 32. En cas de refus de la part des contrevenants de satisfaire aux dispositions de l'article précédent, les préposés de la régie leur feront signifier, dans les trois jours, les procès-verbaux qu'ils auront rapportés, avec assignation devant le tribunal civil du département.

L'instruction se fera ensuite sur simples mémoires respectivement signifiés.

Les jugements définitifs qui interviendront seront sans appel (5).

(Les art. 33, 34, 35 et 36 avaient pour objet des dispositions transitoires, sans aucune application actuelle).

TITRE 5. — *Des dispositions particulières.*

Art. 37. Les registres timbrés des timbres actuels ne seront pas soumis aux nouveaux timbres, pour les feuilles non encore écrites.

Ceux qui se trouvent assujettis au timbre par la présente, et qui n'avaient pas été soumis à cette formalité par les lois précédentes, seront timbrés seulement pour les feuilles restant en blanc.

Art. 38. La régie fera déposer aux greffes des tribunaux civils et de commerce, et à ceux des tribunaux de police correctionnelle, des empreintes des nouveaux timbres qu'elle aura fait graver : ces empreintes seront apposées sur papier à son filigrane.

Art. 39. Toutes lois et dispositions d'autres lois sur le timbre des actes civils et judiciaires et des registres, sont et demeurent abrogées pour l'avenir, et à compter de la publication de la présente.

———

LOI DU 6 PRAIRIAL AN 7.

Art. 1er. Les avis imprimés, quel qu'en soit l'objet, qui se crient et se distribuent dans les rues et lieux publics, ou que l'on fait circuler de toute autre manière, seront assujettis au droit de timbre, à l'exception des adresses contenant la simple indication de domicile, ou le simple avis de changement (6).

Art. 2. Le droit établi par l'article précédent sera de 5 cent. pour la feuille d'impression or-

---

50 fr. ne sont plus que de 5 fr. ; celle de 80 est réduite à 10 et celle de 100 à 20. V. l. du 16 juin 1824, art. 10.—Quand à l'amende du vingtième, V. l. 16 juin 1824, art. 12, et l. 24 mai 1834, art. 19, 20 et 21.

(1) 899. L'amende de 100 fr. est réduite à 20 fr. par la loi du 16 juin 1824, art. 10.

(2) 900. V. C. pén., art. 140 et suiv.

(3) 901. L'amende n'est plus que de 5 fr. V. la loi du 16 juin 1824, art. 10.

(4) 902. De cet article, disent Champ. et Rig, t. 4, n. 4065, il résulte que les préposés ne peuvent joindre à leurs procès-verbaux que les pièces en contravention qui leur sont présentées; mais il ne s'ensuit pas qu'ils ne puissent dresser procès-verbal et poursuivre l'amende que sur ces pièces; le plus grand nombre des contraventions leur échapperait alors, si la loi les obligeait d'attendre qu'on vînt leur présenter bénévolement des actes et registres en contravention. Les préposés ont le droit de rechercher les contraventions par tous les moyens licites, dans tous les dépôts publics; et les dépositaires sont obligés de communiquer les pièces sous peine de 10 fr. d'amende.

A cet égard, l'art. 54 de la loi du 22 frim. an 7, quoique relative à l'enregistrement, peut être invoquée par les préposés de la régie, quand ils recherchent des contraventions à la loi du timbre.

903. Mais un procès-verbal est de toute nécessité pour constater les contraventions aux lois sur le timbre, même depuis la loi du 28 av. 1816; la voie de contrainte, que l'art. 76 de cette loi a substitué aux assignations, n'est nullement exclusive des procès-verbaux qui doivent, au contraire, servir de base aux contraintes (Cass. 26 fév. 1833. D.P. 35. 1. 186. 31 juill. 1835 et 5 juin 1837, Inst. gén., n. 1490, § 14 et 1557, sect. 2, § 199).

904. Du reste, les préposés ne sont autorisés à retenir les actes en contravention à la loi du timbre, que dans le cas où ils leur sont présentés ; ils ne pourraient le faire si ces actes n'étaient que joints *accidentellement* à un autre acte soumis à l'enregistrement (14 avril 1807, Cass.).

(5) 905. V. *infrà*, à sa date, la loi du 25 germinal an 11.

(6) 906. V. la loi du 28 avril 1816, art. 66, celle du 23 mars 1817, art. 76, et celle du 15 mai 1818, art. 76 et 83.

dinaire, au-dessous de trente décimètres carrés.

De 3 cent. pour la demi-feuille et au-dessous ;

De 8 centimes pour la feuille de trente décimètres carrés et au-dessus, et de 4 cent. pour la demi-feuille ;

Sans qu'en aucun cas le droit puisse être moindre de 3 cent. pour chaque annonce ou avis (1).

ART. 3. Les feuilles de supplément jointes aux journaux et papiers-nouvelles, paieront le droit de timbre comme les journaux mêmes, et selon le tarif porté en la loi du 9 vendémiaire an 7 (2).

ART. 4. Les contraventions aux dispositions de la présente seront punies, indépendamment de la restitution des droits fraudés, d'une amende de 25 fr. pour la première fois, de 50 fr. pour la deuxième, et de 100 fr. pour chacune des autres récidives (3).

ART. 5. Les lettres de voitures, connaissements, chartes-parties et polices d'assurances, seront inscrits à l'avenir sur du papier du timbre de 1 fr. (4).

ART. 6. A compter de la publication de la présente, les billets et obligations non négociables, et les mandats à terme ou de placé, ne pourront être que sur papier du timbre proportionnel, comme il en est usé pour les billets à ordre, lettres de change et autres effets négociables, et sous la même peine (5).

ART. 7. La loi du 9 vendémiaire an 6 continuera d'être exécutée selon sa forme et teneur dans toutes les dispositions auxquelles il n'est pas expressément dérogé par la présente.

LOI DU 25 GERMINAL AN 11.

ART. 1er. L'art. 32 de la loi du 13 brum. an 7, sur le timbre, qui fixe à trois jours le délai pour signifier les procès-verbaux de contravention à cette loi, n'est applicable qu'à ceux des contrevenants domiciliés dans l'arrondissement du bureau où les procès-verbaux ont été rapportés.

ART. 2. Lorsque les contrevenants ont leur domicile hors de cet arrondissement, le délai est de huit jours jusqu'à cinq myriamètres (dix lieues) de distance, et d'un jour de plus par chaque cinq myriamètres au-delà de cette distance.

DÉCRET DU 21 DÉCEMBRE 1808, *relatif à l'exemption du timbre accordée aux procurations des sous-officiers et soldats pour toucher leurs pensions.*

ART. 1er. La procuration que les sous-officiers

et soldats en retraite ou en réforme donneront, à l'effet de toucher pour eux, à la caisse du payeur, les arrérages qui leur sont dus, pourra être sur papier libre et exempte de toute espèce de droit.

ART. 2. Cette procuration sera donnée et signée par eux, en présence du maire de leur commune. Celui-ci certifiera les faits, et sa signature sera légalisée par le préfet ou le sous-préfet; si le sous-officier ou soldat ne sait pas signer, le maire certifiera que le militaire a réellement déclaré en sa présence qu'il choisissait N.... N.... pour ses procureurs fondés, à l'effet de toucher pour lui sa solde de retraite, et qu'il ne savait pas signer. La signature du maire sera légalisée, ainsi qu'il est dit ci-dessus.

DÉCRET DU 3 JANV. 1809, *concernant le timbre des lettres de voiture, connaissements, chartes-parties et polices d'assurance.*

ART. 1er. Les lettres de voiture, connaissements, chartes-parties et polices d'assurance, continueront d'être assujettis au timbre de dimension. Les parties, pour rédiger ces actes, pourront se servir de telle dimension de papier timbré qu'elles jugeront convenable, sans être tenues d'employer exclusivement à cet usage du papier frappé du timbre de 1 fr. (6).

ART. 2. Ne seront point assujettis à se pourvoir de lettres de voiture timbrées, les propriétaires qui font conduire par leurs voituriers et leurs propres domestiques ou fermiers les produits de leurs récoltes.

DÉCRET DU 15 JUILL. 1812, *portant que les révocations de procurations et de testaments pourront être faites et expédiées sur la même feuille que ces actes.*

ART. 1er. A dater de la publication du présent décret, les révocations, soit des procurations, soit des testaments, jouiront de l'exception accordée par les premier et deuxième alinéas de l'art. 23 de la loi du 13 brum. an 7 sur le timbre.

En conséquence, elles pourront être faites et expédiées sur la même feuille que ces actes.

EXTRAIT DE LA LOI DU 28 AVRIL 1816.

Du timbre et autres droits.

ART. 62. A compter de la promulgation de la présente loi, le droit du timbre ordinaire et extraordinaire pour les actes sera fixé ainsi qu'il suit :

---

(1) 907. Abrogé par l'art. 66 de la loi du 28 avril 1816.

(2) 908. Modifié par l'art. 2 de la loi du 14 décembre 1830.

(3) 909. Modifié, quant à l'amende, par l'art. 69 de la loi du 28 avril 1816.

(4) 910. La disposition avait été abrogée par un décret du 3 janv. 1809 (V. à sa date). Mais la matière a

été reprise et réglementée dans le budget des recettes pour 1843. — V. *infrà*, l. du 11 juin 1842, et l'ord. d'exécution rendue à la même date.

(5) 911. V. l. 16 juin 1824, art. 12, et l. 24 mai 1834, art. 19.

(6) 912. V. *suprà* la note 910. — V. aussi la loi du 11 juin 1842.

Demi-feuilles de petit papier. 0 fr. 35 c.
Feuilles *Idem.* 0 70
Feuilles de moyen papier 1 25
Feuilles de grand papier 1 50
Feuilles de dimensions supérieures. 2 00

Art. 63. Aucune expédition, copie ou extrait d'actes reçus par des notaires, greffiers ou autres dépositaires publics, ne pourra être délivré que sur papier d'*un franc vingt-cinq centimes.*

Il n'est point dérogé à ce qui a lieu pour les certificats de vie des rentiers et des pensionnaires de l'Etat ou des administrations et établissements publics.

Art. 64. Les droits du timbre proportionnel sur les effets de commerce seront augmentés des deux cinquièmes du montant fixé par l'art. 10 de la loi du 13 brum. an 7 (1).

Art. 65. Toutes les affiches, quel qu'en soit l'objet, seront sur papier timbré, qui sera fourni par la Régie, et dont le débit sera soumis aux mêmes règles que celui du papier timbré destiné aux actes.

Conformément à la loi du 28 juill. 1791, ce papier ne pourra être de couleur blanche; il portera le même filigrane que les autres papiers timbrés.

Le prix de la feuille portant vingt-cinq décimètres carrés de superficie sera de *dix centimes,* celui de la demi-feuille de *cinq centimes* (2).

Art. 66. Les avis et autres annonces, de quelque nature et espèce qu'ils soient, assujettis au timbre par la loi du 6 parir. an 7, qui ne sont pas destinés à être affichés, pourront être imprimés sur papier blanc.

Le prix de la feuille sera de *dix centimes,* celui de la demi-feuille de *cinq centimes*, celui du quart de feuille de *deux centimes et demi*, celui du demi-quart, cartes et autres de plus petite dimension sera d'*un centime.*

Le papier sera fourni par la régie; les cartes seront fournies par les particuliers, mais timbrées avant tout emploi.

Art. 67. La subvention du dixième ne sera point ajoutée aux droits de timbre énoncés aux cinq articles précédents.

Art. 68. Il est défendu aux imprimeurs de tirer aucun exemplaire desdites annonces, affiches ou avis, sur papier non timbré, sous prétexte de les faire frapper d'un timbre extraordinaire. Une ordonnance déterminera l'époque à laquelle l'approvisionnement de la régie permettra de faire exécuter le présent article.

Art. 69. La contravention d'un imprimeur à ces dispositions sera punie d'une amende de *cinq cents francs*, sans préjudice du droit de Sa Majesté de lui retirer sa commission.

Ceux qui seront convaincus d'avoir ainsi fait afficher et distribuer des imprimés non timbrés, seront condamnés à une amende de *cent francs.*

Les afficheurs et distributeurs seront en outre condamnés aux peines de simple police, déterminées par l'art. 474 du Code pénal.

L'amende sera solidaire, et emportera contrainte par corps. (3).

Art. 70. Les autres dispositions des lois du timbre relatives aux prospectus, catalogues de livres, tableaux et autres objets de science et journaux, continueront d'être exécutées. Celles qui concernent le timbre des journaux s'appliqueront à tous ouvrages, de quelque étendue qu'ils soient, qui paraîtraient, soit régulièrement, soit irrégulièrement, par mois, par semaine, soit par numéros, quand même le service n'en serait pas régulier (4).

Art. 71. Il ne pourra, sous quelque prétexte que ce soit, être admis aucune espèce de papier au timbre en débet, et les receveurs seront poursuivis en recette de tous les droits résultant du timbre des feuilles qui auront été frappées, sans qu'aucune dispense ou crédit accordé puisse être invoqué par eux (5).

Art. 72. Les livres de commerce qui, aux termes du Code de commerce, doivent être paraphés, seront timbrés à tous les feuillets d'un timbre spécial, et dont le prix sera, indépendamment du papier que les parties fourniront :

Pour les registres de papier petit ou moyen, par chaque feuillet, *recto et verso.* 0 fr. 20 c.
Pour les registres de grand papier. 0 30
Pour les registres de toutes autres dimensions supérieures. 0 50

Tous individus assujettis à tenir des livres par les lois et réglements seront tenus de les faire timbrer, sous peine d'une amende de *cinq cents francs* pour chaque contravention. Ils seront néanmoins admis à présenter au *visa* pour timbre leurs livres actuels dans les trois mois de la promulgation de la présente loi, sans qu'il puisse être exigé d'amende pour contravention aux lois antérieures. Ils ne seront tenus que de faire timbrer la partie de leursdits livres ou registres qui se trouvera alors en blanc (6).

Art. 73. Le paraphe qui doit précéder l'usage d'un registre sera enregistré moyennant un simple droit d'*un franc.*

Art. 74. Aucun livre assujetti au timbre par les

---

(1) 913. Les droits du timbre proportionnel ont été ramenés aux quotités de la loi du 13 brum. an 7 par l'art. 17 de la loi du 24 mai 1834, sauf la réduction applicable aux nouveaux timbres créés pour les effets de 300 fr. et au-dessous et pour ceux de 300 à 500 fr. V. l. 20 juill. 1857. art. 16.

(2) 914. D'abord modifiée par l'art. 77 de la loi du 25 mars 1817, la disposition qui obligeait à se servir du papier fourni par la régie, a été totalement abrogée par la loi du 18 mai 1818, art. 76.

(3) 915. L'amende de 500 fr. n'est plus que de 50, et celle de 100 n'est plus que de 20, aux termes de l'art. 10 de la loi du 16 juin 1824.

(4) 916. V. la loi du 25 mars 1817, art. 76.

(5) 917. V. la loi du 25 mars 1817, art. 76.

(6) 918. Cette disposition, qui avait été modifiée par la loi du 16 juin 1824, est totalement abrogée par la loi du 20 juillet 1824, dont l'art. 4 affranchit les livres de commerce de la formalité du timbre:

lois, ne pourra être produit en justice ou devant des arbitres, déposé à un greffe en cas de faillite, ni énoncé dans aucun acte, s'il n'est timbré ou si l'amende n'a été acquittée.

Aucun concordat ne pourra être rédigé sans énoncer si les livres du failli sont revêtus des formalités ci-dessus ni recevoir d'exécution avant que les amendes aient été payées (1).

ART. 75. Seront *solidaires* pour le paiement des droits du timbre et des amendes :

Tous les signataires pour les actes synallagmatiques,

Les prêteurs et les emprunteurs pour les obligations,

Les créanciers et les débiteurs pour les quittances,

Les officiers ministériels qui auront reçu ou rédigé des actes énonçant des actes ou livres non timbrés.

ART. 76. Le recouvrement des droits de timbre et des amendes de contravention y relatives, sera poursuivi par voie de contrainte, et, en cas d'oppositions, les instances seront instruites et jugées selon les formes prescrites par les lois des 22 frim. an 7 et 27 vent. an 9 sur l'enregistrement.

En cas de décès des contrevenants, lesdits droits et amendes seront dus par leurs successeurs, et jouiront, soit dans les successions, soit dans les faillites ou tous autres cas, du privilége des contributions directes.

77. Les autres dispositions des lois, décrets et ordonnances auxquelles il n'est pas dérogé par la présente loi, et qui régissent actuellement la perception des droits d'enregistrement, hypothèques, timbre, greffe, passe-ports, ports d'armes, et décime pour franc sur ceux de ces droits qui n'en sont pas affranchis, sont et demeurent maintenues. Néanmoins le droit sur les permis de ports d'armes est réduit à *quinze francs*.

EXTRAIT DE LA LOI DU 25 MARS 1817.

ART. 74. Les actes et procès-verbaux des huissiers, gendarmes, préposés, gardes-champêtres ou forestiers (autres que ceux des particuliers), et généralement tous actes et procès-verbaux concernant la police ordinaire, et qui ont pour objet la poursuite et la répression des délits et contraventions aux réglements généraux de police et d'impositions, seront visés pour timbre et enregistrés en débet, lorsqu'il n'y aura pas de partie civile poursuivante, sauf à suivre le recouvrement des droits contre les condamnés.

Seront également visées pour timbre et enregistrées en débet, les déclarations d'appel de tous jugements rendus en matière de police correctionnelle, lorsque l'appelant sera emprisonné.

ART. 75. Seront visés pour timbre et enregis-

trés gratis, les actes de procédure et les jugements à la requête du ministère public, ayant pour objet : 1° de réparer les omissions, et faire les rectifications sur les registres de l'état civil, d'actes qui intéressent les individus notoirement indigents; 2° de remplacer les registres de l'état civil perdus ou incendiés par les événements de la guerre, et de suppléer aux registres qui n'auraient pas été tenus.

ART. 76. Les ouvrages périodiques relatifs aux sciences et aux arts, ne paraissant qu'une fois par mois ou à des intervalles plus éloignés, et contenant au moins deux feuilles d'impression, seront exempts de timbre.

Seront également exempts les annonces, prospectus et catalogues de librairie (2).

ART. 77. Les particuliers qui voudront se servir, pour affiches, avis ou annonces, d'autre papier que celui de l'administration de l'enregistrement, seront admis à le faire timbrer avant l'impression.

La contravention à la disposition de l'art. 65 de la loi du 28 avril 1816, qui défend de se servir, pour les affiches, de papier de couleur blanche, sera punie d'une amende de 100 fr., à la charge de l'imprimeur, qui sera toujours tenu d'indiquer son nom et sa demeure au bas de l'affiche (47).

EXTRAIT DE LA LOI DU 15 MAI 1818.

ART. 76. A compter du 1er juillet prochain, le papier pour affiches, avis ou annonces, ne sera plus fourni par la régie de l'enregistrement.

Conformément à l'art. 58 de la loi du 3 septembre 1797, les particuliers feront timbrer le papier dont ils voudront faire usage.

Ils acquitteront le droit réglé par les art. 65, 66 et 67 de la loi du 28 avril 1816.

Le papier sera présenté au timbre avant l'impression, sous les peines portées par l'art. 69 de cette dernière loi.

Néanmoins, la disposition de l'art. 77 de la loi du 25 mai 1817, qui défend de se servir, pour les affiches, de papier de couleur blanche, et qui prononce une amende de 100 francs contre l'imprimeur, en cas de contravention, est et demeure maintenue (4).

ART. 78. Demeurent assujettis au timbre et à l'enregistrement sur la minute, dans le délai de vingt jours, conformément aux lois existantes :

1° Les actes des autorités administratives et des établissements publics, portant transmission de propriété, d'usufruit ou de jouissance; les adjudications ou marchés de toute nature, aux enchères, au rabais ou sur soumission;

2° Les cautionnements relatifs à ces actes.

ART. 80. Tous les actes, arrêtés et décisions des autorités administratives, non dénommés dans

---

(1) 919. Abrogé par l'art. 4 de la loi du 20 juill. 1837.

(2) 920. L'exemption a été étendue aux annonces, prospectus et catalogues d'objets relatifs aux sciences et arts. V. l. 15 mai 1818, art. 83.

(3) 921. V. la loi du 15 mai 1818, art. 76. Quant à l'amende prononcée par la disposition ci-dessus, elle est réduite à 20 fr. par la loi du 16 juin 1824, art. 10.

(4) 922. V. *supra*, la note sur l'art. 65 de la loi du 28 avril 1816.

l'art. 78, sont exempts du timbre sur la minute , et de l'enregistrement, tant sur la minute que sur l'expédition. Toutefois , aucune expédition ne pourra être délivrée aux parties que sur papier timbré, si ce n'est à des individus indigents , et à la charge d'en faire mention dans l'expédition.

Art. 81. L'exemption prononcée par l'article précédent est applicable aux actes des autorités administratives, antérieurs à la publication de la présente.

Il est fait remise des doubles droits et amendes encourus pour contraventions aux lois du timbre et de l'enregistrement, à raison d'actes dénommés dans ledit article, et antérieurs à ladite publication.

Art. 83. L'exemption du timbre , portée en l'art. 76 de la loi du 25 mars 1817, en faveur des annonces, prospectus et catalogues de la librairie, est étendue aux annonces, prospectus et catalogues d'objets relatifs aux sciences et arts.

Art. 89. Indépendamment du droit de timbre auquel les journaux sont assujettis par la loi du 28 avril 1816, il continuera d'être perçu un centime et demi par feuille sur ceux imprimés à Paris, et un demi centime sur ceux imprimés dans les départements.

Le produit de ce droit fera partie des recettes générales de l'Etat.

Les journaux ne seront assujettis à aucune autre taxe ou rétribution , sous quelque dénomination que ce puisse être (1).

EXTRAIT DE LA LOI DU 1er MAI 1822.

Art. 6. Les lettres de change tirées par seconde, troisième ou quatrième, pourront, quoique étant écrites sur papiers non timbrés, être enregistrées dans le cas de protêt, sans qu'il y ait lieu au droit du timbre et à l'amende, pourvu que la première, écrite sur papier au timbre proportionnel, soit représentée conjointement au receveur de l'enregistrement (2).

EXTRAIT DE LA LOI DU 16 JUIN 1824.

Art. 8. Le droit de timbre proportionnel, pour les effets , billets et obligations d'une somme de 500 fr. et au-dessous, est réduit à 35 cent. au lieu de 70 (3).

Art. 9. Le droit spécial des livres de commerce, fixé par l'art. 72 de la loi du 28 avril 1816 à 20 cent. par feuille de papier petit ou moyen , est réduit à 5 cent. par feuille.

Le droit de 35 cent. ou 55 cent. par feuille , selon le format de papier de dimension supérieure, est réduit à 10 cent. par feuille, quelle que soit la dimension du papier (4).

Art. 10..... Toutes les amendes fixes prononcées par les lois sur l'enregistrement, le timbre, les ventes publiques de meubles et le notariat, ainsi que celles résultant du défaut de mention des patentes dans les actes et du défaut de consignation des amendes d'appel, sont réduites , savoir : celles de 500 fr. à, 50 fr.; celles de 100 fr. à 20 fr.; celles 50 fr. à 10 fr.; et toutes celles au-dessous de 50 fr. à 5 fr.

Art. 12. L'amende fixe de 30 fr., prononcée par les art. 26 de la loi du 3 novembre 1798 (13 brumaire an 7) et 6 de la loi du 25 mai 1799 (6 prairial an 7) à l'égard des effets, billets et obligations au-dessous de 600 fr., écrits sur papier non timbré, est réduite au vingtième du montant de ces effets, sans qu'elle puisse néanmoins, dans aucun cas, être inférieure à 5 francs.

Lorsqu'un effet , un billet ou une obligation , aura été écrit sur du papier d'un timbre inférieur à celui qui aurait dû être employé, l'amende du vingtième , prononcée par lesdits articles, ne sera perçue que sur le montant de la somme excédant celle qui aurait pu être exprimée sans contravention dans le papier employé, mais sans qu'elle puisse, dans aucun cas, être inférieure à 5 fr.

Les effets, billets ou obligations, écrits sur papier portant le timbre de dimension, ne seront assujettis à aucune amende , si ce n'est dans le cas d'insuffisance du prix du timbre et dans la proportion ci-dessus fixée (5).

Art. 13. Les notaires pourront faire des actes en vertu et par suite d'actes sous seing privé non enregistrés, et les énoncer dans leurs actes, mais sous la condition que chacun de ces actes sous seing privé demeurera annexé à celui dans lequel il se trouvera mentionné; qu'il sera soumis avant lui à la formalité de l'enregistrement, et que les notaires seront personnellement responsables, non-seulement des droits d'enregistrement et de timbre , mais encore des amendes auxquelles les actes sous seing privé se trouveront assujettis.

Il est dérogé, à cet égard seulement, à l'art. 41 de la loi du 12 décembre 1798 (22 frim. an 7) (6).

Art. 14. La prescription de deux ans, établie par le nombre 1er de l'art. 61 de la loi du 12 décembre 1798, s'appliquera tant aux amendes de contraventions aux dispositions de ladite loi , qu'aux amendes pour contraventions aux lois sur le timbre et sur les ventes de meubles. Elle courra du jour où les préposés auront été mis à

---

(1) Abrogé par l'art. 2 de la loi du 14 déc. 1850.
(2) Les receveurs doivent faire mention dans leur enregistrement, et dans la relation, que la production de la *première* lettre de change leur a été faite. (8 mai 1822, Inst. gén. n. 1050). Mais si la lettre de change par *première* et celle par *duplicata* ont circulé et ont été négociées *séparément*, chacune d'elles doit être écrite sur papier timbré, sous peine d'amende. (1er déc. 1822. Déc. min. fin.)

(3) V. la loi du 24 mai 1834, art. 18 de la loi du 20 juil. 1837, art. 16.
(4) Ce droit n'existe plus aujourd'hui. V. la loi du 20 juill. 1837, art. 4.
(5) L'amende est portée à 6 p. 0/0. V. la loi du 24 mai 1834, art. 18 à 21.
(6) V. la loi du 24 mai 1834, art. 25.

portée de constater les contraventions, au vu de chaque acte soumis à l'enregistrement, ou du jour de la présentation des répertoires à leur visa.

Dans tous les cas, la prescription pour le recouvrement des droits simples d'enregistrement et des droits de timbre qui auraient été dus indépendamment des amendes, sera réglée par les lois existantes (1).

ART. 16. Il est accordé un délai de six mois, à compter de la publication de la présente loi, pour faire enregistrer et timbrer tous les actes, effets et registres qui, en contravention aux lois sur l'enregistrement et le timbre, n'auraient pas été soumis à ces deux formalités.

EXTRAIT DE LA LOI DU 14 DÉCEMBRE 1830.

ART. 2. Le droit de timbre fixe ou de dimension sur les journaux ou écrits périodiques sera de 6 cent. pour chaque feuille de trente décimètres carrés et au-dessus, et de 3 cent. pour chaque demi-feuille de quinze décimètres carrés et au-dessous.

Tout journal ou écrit périodique imprimé sur une demi-feuille de plus de quinze centimètres et de trente décimètres carrés, paiera 1 cent. en sus pour chaque cinq décimètres carrés.

Il ne sera perçu aucune augmentation de droit pour un supplément qui n'excédera pas trente décimètres carrés, publié par les journaux imprimés sur une feuille de trente décimètres carrés et au-dessus.

La loi du 13 vend. an 6 et l'art. 89 de la loi du 15 mai 1818, sont et demeurent abrogés...

La loi du 6 prairial an 7 (relative au décime pour franc) est abrogée en ce qui concerne le droit de timbre sur les journaux ou feuilles périodiques.

EXTRAIT DE LA LOI DU 21 AVRIL 1832.

ART. 28. Ne seront point assujetties au droit de timbre, les réclamations (en matière de contribution) ayant pour objet une cote moindre de 30 fr.

ART. 30. Le recours contre les arrêts du conseil de préfecture ne sera soumis qu'au droit de timbre. Il pourra être transmis au gouvernement, par l'intermédiaire du préfet, sans frais.

ART. 34..... Les expéditions des ordonnances de nomination (des avocats à la Cour de cassation, notaires, avoués, greffiers, huissiers, agents de change, courtiers et commissaires-priseurs),

destinées aux parties, sont assujetties au timbre.

EXTRAIT DE LA LOI DU 7 JUILLET 1833.

ART. 58. Les plans, procès-verbaux, certificats, jugements, contrats, quittances et autres actes faits en vertu de la présente loi, seront visés pour timbre et enregistrés gratis, lorsqu'il y aura lieu à la formalité de l'enregistrement.

EXTRAIT DE LA LOI DU 24 MAI 1834.

ART. 18. A compter du 1er janvier 1835, le droit proportionnel de timbre sur les lettres de change et billets à ordre, sur les billets et obligations non négociables, sera réduit ainsi qu'il suit:

A 25 cent. au lieu de 35 pour ceux de 500 fr. et au-dessous.

A 50 cent. au lieu de 70 pour ceux au-dessus de 500 fr. jusqu'à 1,0000 fr.

A 50 cent. par 1,000 fr. au lieu de 70 pour ceux au-dessus de 1,000 fr.

Le décime pour franc ne sera point ajouté aux droits ainsi réduits (2).

ART. 19. L'amende due au cas de contravention aux lois sur le timbre proportionnel, par le souscripteur d'une lettre de change ou d'un billet à ordre, d'un billet ou obligateur non négociable, et qui était fixé au vingtième (5 p. 100) du montant des sommes exprimées dans lesdits actes, est portée à 6 pour 100 du montant des sommes. L'acceptation d'une lettre de change qui n'aura pas été écrite sur papier du timbre prescrit, ou qui n'aura pas été visée pour timbre, sera soumise à une amende de même quotité, indépendamment de celle encourue par le souscripteur. A défaut d'accepteur, cette amende sera due par le premier endosseur.

Une amende semblable sera due par le premier endosseur d'un billet à ordre, et par le premier cessionnaire d'un billet ou obligation non négociable qui aura été souscrit en contravention aux lois du timbre.

ART. 20. Lorsqu'une lettre de change ou un billet à ordre venant, soit de l'étranger, soit des îles ou colonies, dans lesquelles le timbre ne serait pas encore établi, aura été accepté ou négocié en France, avant d'être soumis au timbre ou au visa sur timbre, l'accepteur et le premier endosseur résidant en France seront tenus chacun d'une amende de 6 pour cent du montant de l'effet.

ART. 21. Aucune des amendes prononcées par les art. 19 et 20 ci-dessus ne pourra être au-dessus de 5 fr.

---

(1) Jusqu'à la disposition ci-dessus, aucune loi relative au timbre n'avait statué sur la prescription; le deuxième paragraphe de cette disposition renvoyant aux lois existantes, il a été décidé, relativement aux droits de timbre, qu'ils ne se prescrivaient que par trente ans, soit pour le recouvrement, soit pour la restitution (12 sept. 1825, Déc. min. fin.; 30 déc. 1825, Inst. gén. n. 1180, § 10), et, relativement aux amendes, que la même prescription en régit le paiement et la res-

titution, la prescription plus courte dont parle l'article ci-dessus n'étant établie que pour l'action en paiement d'une amende de timbre, et au seul cas où les préposés auraient été mis à portée, au vu d'un acte présenté à la formalité, de découvrir la contravention donnant lieu à cette amende (même déc. et Inst. adde Cass. 11 nov. 1834. D. P. 35. 1. 16. — V. aussi Champ. et Rig., t. 4. n. 4072.

(2) V. l. 20 juillet 1837, art. 18.

Les contrevenants seront solidaires pour le paiement du droit et des amendes, sauf le recours de celui qui en aura fait l'avance, pour ce qui ne sera pas à sa charge personnelle.

Art. 22. Les dispositions des art. 19, 20 et 21, ci-dessus, concernant les accepteurs et endosseurs, et l'augmentation de la quotité de l'amende, ne seront applicables que lorsqu'il s'agira d'effets, billets ou obligations souscrits à partir du 1er janvier 1835; à l'égard de ceux qui auront été souscrits antérieurement, les dispositions pénales des lois actuellement en vigueur continueront d'être observées.

Art. 23. A compter du jour de la publication de la présente loi, les actes de protêt faits par les notaires devront être enregistrés dans le même délai, et seront assujettis au même droit d'enregistrement que ceux faits par les huissiers.

Aucun notaire ou huissier ne pourra protester un effet négociable ou de commerce, non écrit sur papier du timbre prescrit, ou non visé pour timbre, sous peine de supporter personnellement une amende de 20 fr. pour chaque contravention; il sera tenu, en outre, d'avancer le droit de timbre et les amendes encourues dans les cas déterminés par les art. 19, 20, 21 et 22 ci-dessus, sauf son recours sur les contrevenants.

L'art. 13 de la loi du 16 juin 1824 est abrogé en ce qu'il peut contenir de contraire au présent article (1).

<hr>

Extrait de la loi du 28 juillet 1837.

Art. 4. A dater du 1er janvier 1838, il sera ajouté 3 cent. additionnels au principal de la contribution des patentes, pour tenir lieu du droit de timbre des livres de commerce qui en seront alors affranchis. Aucune partie de ces centimes additionnels n'entrera dans le calcul de la portion du droit des patentes qui est attribuée aux commerçants.

Art. 16. A compter du 1er janvier 1838, le droit proportionnel du timbre sur les lettres de change et billets à ordre, sur les billets et obligations non négociables d'une somme de 300 fr. et au dessous, sera réduit à 15 cent. au lieu de 25 c.

Les amendes dues en cas de contravention seront perçues conformément aux art. 19, 20 et 21 de la loi du 24 mai 1834.

<hr>

Extrait de la loi du 11 juin 1842.

Art. 6. A partir de la promulgation de la présente loi, les lettres de voiture et les connaissements ne pourront être rédigés que sur du papier timbré fourni par l'administration ou sur du papier timbré à l'extraordinaire et frappé d'un timbre noir et d'un timbre sec.

Les particuliers qui, dans les départements autres que celui de la Seine, voudront faire timbrer à l'extraordinaire des papiers destinés aux lettres de voiture ou aux connaissements, seront admis à les remettre, en payant préalablement les droits au receveur du timbre à l'extraordinaire, établi au chef-lieu de chaque département. Ces papiers seront transmis par le directeur à l'administration, qui les fera timbrer et les renverra immédiatement.

Les frais de transport seront à la charge de l'administration.

Art. 7. Pour toute lettre de voiture ou connaissement non timbré ou non frappé du timbre noir et du timbre sec, la contravention sera punie d'une amende de trente francs, payable solidairement par l'expéditeur et par le voiturier, s'il s'agit d'une lettre de voiture, et par le chargeur et le capitaine, s'il s'agit d'un connaissement.

<hr>

11-20 juin 1842. — Ord. du roi pour l'exécution de l'art. 6 de la loi du 11 juin 1842, relatif aux lettres de voiture et aux connaissements.

Louis Philippe, etc. ; — Vu les art. 6 et 7 de la loi du 11 juin 1842, portant fixation du budget des recettes de 1843; — Sur le rapport de notre ministre des finances, nous avons, etc.

Art. 1er. Durant le délai de trois mois, à partir de la promulgation de la présente ordonnance, les particuliers qui ont fait timbrer à l'extraordinaire des formules à leur usage, pour lettres de voitures et pour connaissements, seront admis à faire frapper des timbres établis par l'art. 6 de la loi du 11 juin 1842, d'autres formules sur papier libre, en échange de celles qui n'auront pas été employées, et qui devront être rapportées. Ce délai passé, l'échange ne pourra plus avoir lieu.

2. Dans les départements autres que celui de la Seine, les formules marquées de l'ancien timbre à l'extraordinaire, et celles qui seront destinées à les remplacer, pourront être remises au receveur du timbre, au chef-lieu du département. Les unes et les autres seront transmises à l'administration, qui renverra sans frais les formules revêtues des nouveaux timbres à l'extraordinaire.

§ 3. — LOIS RELATIVES AUX DROITS D'HYPOTHÈQUE ET DE TRANSCRIPTION.

Extrait de la loi du 21 vent. an 7, relative à l'organisation de la conservation des hypothèques (2).

<hr>

(1) Par suite de cette disposition, la prohibition portée par l'art. 24 de la loi du 13 brum. an 7, qui avait cessé à l'égard des notaires, en vertu de l'art. 15 de la loi du 16 juin 1824, se trouve rétablie *seulement* en ce qui concerne les protêts (2 juin 1834, Inst. gén., 1457).

(2) Cette loi fut une suite toute naturelle de celle du 11 brum. an 7 qui avait posé les bases du nouveau régime hypothécaire. Celle dont nous rapportons ici un extrait organisa ce régime; c'est-à-dire qu'elle établit des officiers chargés de tenir les registres destinés à donner de la publicité aux hypothèques et aux mutations d'immeubles que les tiers avaient intérêt de connaître, et qu'elle détermina les droits qui seraient payés à cette occasion.

TITRE 1er. — DE LA CONSERVATION DES HYPOTHÈQUES.

CHAP. Ier.—*Disposition générale.*

ART. 1er. La conservation des hypothèques est remise à la régie nationale de l'enregistrement : elle en confiera l'exécution aux receveurs de l'enregistrement, dans les lieux et suivant les formes qui vont être ci-après déterminés.

CHAP. II.—*Établissement des bureaux des hypothèques.*

ART. 2. Il y aura un bureau de la conservation des hypothèques par chaque arrondissement de tribunal de police correctionnelle. Il sera placé dans la commune où siége le tribunal. — Si, dans le même arrondissement, le tribunal civil et le tribunal de police correctionnelle siégent dans deux communes différentes, le bureau sera placé dans la commune où siégera le tribunal civil.

CHAP. III.—*De l'institution des agents des hypothèques, et de leurs fonctions.*

ART. 3. Les préposés de la régie à la conservation des hypothèques seront chargés : 1° de l'exécution des formalités civiles prescrites pour la conservation des hypothèques et la consolidation des mutations de propriétés immobilières; 2° de la perception des droits établis au profit du Trésor public pour chacune de ces formalités.

CHAP. VI.—*Du traitement des préposés aux hypothèques.*

ART. 15. Le traitement des préposés à la conservation des hypothèques est réglé ainsi qu'il suit :

1° Ils auront sur la recette des droits d'hypothèque jointe aux autres recettes dont ils sont chargés, les remises accordées sur les droits d'enregistrement et autres, par le tarif compris en l'art. 9 de la loi du 14 août 1793.

2° Il leur sera payé par les requérants, pour les actes qu'ils délivreront, outre le papier timbré, les sommes énoncées au tarif suivant, savoir :

1° Pour l'inscription de chaque droit d'hypothèque, ou privilége, quel que soit le nombre des créanciers, si la formalité est requise par le même bordereau. . . . . » fr. 50 c.

2° Pour la transcription de chaque acte de mutation, par rôle d'écriture contenant vingt-cinq lignes à la page, et dix-huit syllabes à la ligne. . . . » 25

3° Pour chaque déclaration de changement de domicile. . . . . . • 25

4° Pour l'inscription de chaque notification de procès-verbaux d'affiches. . . . . 1 »

5° Pour chaque radiation d'inscription . . . . » 50

6° Pour chaque extrait d'inscription, ou certificat qu'il n'en existe aucune. . . . . » 50

7° Pour les copies collationnées des actes déposés ou transcrits dans les bureaux des hypothèques, par chaque rôle de feuille de papier de vingt-cinq lignes à la page, et de dix-huit

(1) Le salaire établi par ce tarif a été modifié par un décret du 21 sept. 1810, dont voici les termes :

syllabes à la ligne (1). . . . . » 25

ART. 1er. Les salaires des conservateurs des hypothèques, pour les fonctions dont ils sont chargés, seront payés, à compter de la publication du présent décret, conformément au tableau ci-annexé.

2. Toutes les dispositions antérieures sont rapportées.

Suit le Tableau comparatif des salaires dus aux conservateurs des hypothèques, suivant la loi du 21 vent. et de ceux accordés par le décret du 21 sept. 1810.

FORMALITÉS POUR LESQUELLES IL EST DU DES SALAIRES AUX CONSERVATEURS.	SALAIRES			
	d'après la loi du 21 ventôse au 7.		d'après le décret du 21 sept. 1810.	
	fr.	c.	fr.	c.
1. Pour l'enregistrement et la reconnaissance des dépôts d'actes de mutation pour être transcrits, ou de bordereaux pour être inscrits . .	»	»	»	25
2. Pour l'inscription de chaque droit d'hypothèque ou privilége, quel que soit le nombre des créanciers, si la formalité est requise par le même bordereau.	»	50	1	»
3. Pour chaque inscription faite d'office par le conservateur, en vertu d'un acte translatif de propriété soumis à la transcription.	»	»	1	»
4. Pour chaque déclaration, soit de changement de domicile, soit de subrogation, soit de tous les deux par le même acte.	»	25	»	50
5. Pour chaque radiation d'inscription.	»	50	1	»
6. Pour chaque extrait d'inscription, ou certificat qu'il n'en existe aucune.	»	50	1	»
7. Pour la transcription de chaque acte de mutation, par rôle d'écriture du conservateur, contenant 25 lignes à la page et 18 syllabes à la ligne.	»	25	1	»
8. Pour chaque certificat de non transcription d'acte de mutation.	»	»	1	»
9. Pour les copies collationnées des actes déposés ou transcrits dans les bureaux des hypothèques par rôle d'écriture du conservateur, contenant 25 lignes à la page et 18 syllabes à la ligne.	»	25	1	»
10. Pour chaque duplicata de quittance.	»	20	»	25
11. Pour la transcription de chaque procès-verbal de saisie immobilière (C. pr. civ. art. 677), par rôle d'écriture du conservateur, contenant 25 lignes à la page et 18 syllabes à la ligne.	»	25	1	»
12. Pour l'enregistrement de la dénonciation de la saisie immobilière au saisi, et la mention qui en est faite en marge du registre (C. pr. civ. art. 681).	»	»	1	»
13. Pour l'enregistrement de chaque exploit de notification de placards aux créanciers inscrits (C. pr. civ. art 696), tenant lieu de l'inscription des exploits de notification des procès-verbaux d'affiches.	1	»	1	»
14. Pour l'acte du conservateur constatant son refus de transcription, en cas de précédente saisie (C. pr. civ. art. 679.	»	»	1	»
15. Pour la radiation de la saisie immobilière (C. pr. civ. 696).	»	»	1	»

CHAP. VII.—*Des registres destinés à recevoir les actes du nouveau régime hypothécaire.*

ART. 16. Les registres servant à recevoir les actes du nouveau régime hypothécaire seront en papier timbré; les préposés les feront coter et parapher, à chaque feuillet, par le président de l'administration municipale du lieu. Cette formalité sera remplie dans les trois jours de la présentation des registres, et sans frais (1).

ART. 17. Les actes seront datés et consignés de suite, sans blanc, et jour par jour; ils seront numérotés suivant le rang qu'ils tiendront dans les registres, et signés du préposé (2).

ART. 18. Outre les registres mentionnés en l'art. 16, les préposés tiendront un registre sur papier libre, dans lequel seront portés, par extrait, au fur et à mesure des actes, sous le nom de chaque grevé, et à la case qui lui sera destinée, les inscriptions à sa charge, les transcriptions, les radiations et les autres actes qui le concernent, ainsi que l'indication des registres où chacun de ces actes sera porté, et les numéros sous lesquels ils y seront consignés.

TITRE II. — DE LA PERCEPTION DES DROITS D'HYPOTHÈQUE.

CHAP. Ier. —*De l'établissement des droits d'hypothèque.*

ART. 19. Il sera perçu, au profit du Trésor public, conformément à l'art. 62, t. 4, de la loi du 9 vend. an 6, un droit sur l'inscription des créances hypothécaires, et sur la transcription des actes emportant mutation de propriétés immobilières.

CHAP. II.—*Du droit d'inscription.*

ART. 20. Le droit d'inscription des créances hypothécaires sera : 1° de 1 pour 2,000 du capital de chaque créance hypothécaire antérieure à la promulgation de la loi du 11 brum. dernier; 2° de 1 p. 1,000 du capital des créances postérieures à ladite époque (3).

ART. 21. Il ne sera payé qu'un seul droit d'inscription pour chaque créance, quel que soit d'ailleurs le nombre des créanciers requérants et celui des débiteurs grevés.

ART. 22. S'il y a lieu à inscription d'une même créance dans plusieurs bureaux, le droit sera acquitté en totalité dans le premier bureau; il ne sera payé, pour chacune des autres inscriptions, que le simple salaire du préposé, sur la représentation de la quittance constatant le paiement entier du droit, lors de la première inscription.

En conséquence, le préposé dans le premier bureau sera tenu de délivrer à celui qui paiera le droit, indépendamment de la quittance au pied du bordereau d'inscription, autant de *duplicata* de ladite quittance qu'il lui en sera demandé.

Il sera payé au préposé 20 cent, pour chaque *duplicata*, outre le papier timbré (4).

ART. 23. L'inscription des créances appartenant à la république, aux hospices civils et aux autres établissements publics, sera faite sans avance du droit d'hypothèque et des salaires des préposés.

ART. 24. Toutes les fois que l'inscription aura lieu sans avance du droit et des salaires, le préposé sera tenu : 1° d'énoncer, tant sur les registres que sur le bordereau à remettre au requérant, que les droits et salaires sont dus; 2° d'en poursuivre le recouvrement sur les débiteurs, dans les deux décades après la date de l'inscription.

Ces poursuites s'exerceront suivant les formes établies pour le recouvrement des droits d'enregistrement.

CHAP. III.—*Du droit de transcription.*

ART. 25. Le droit sur la transcription des actes emportant mutation de propriétés immobilières, sera de 1 1/2 p. 100 du prix intégral desdites mutations, suivant qu'il aura été réglé à l'enregistrement (5).

ART. 26. Si le même acte donne lieu à transcription dans les bureaux, le droit sera acquitté ainsi qu'il est porté à l'art. 22 ci-dessus pour les inscriptions.

ART. 27. Hors les cas d'exception prononcés par la présente loi et par celle du 11 brumaire dernier, les droits et salaires dus pour les formalités hypothécaires seront payés d'avance par les requérants.

Les préposés en expédieront quittance au pied des actes et certificats par eux remis et délivrés; chaque somme y sera mentionnée séparément et en toutes lettres.

LOI DU 6 MESSIDOR AN 7.

ART. 1er. L'inscription indéfinie, qui a pour objet la conservation d'un simple droit d'hypothèque éventuelle, sans créance existante, n'est point sujette au droit proportionnel établi par les lois des 9 vendémiaire an 6 et 21 ventose an 7.

ART. 2. Si le droit éventuel qui a donné lieu à l'inscription indéfinie se convertit en créance réelle, le droit proportionnel est dû sur le capital de la créance.

ART. 3. L'enregistrement d'aucune transaction ou quittance de paiement de ladite créance ne peut être requis, que le droit proportionnel d'inscription n'ait été préalablement acquitté.

_____

(1) V. l'art. 2201 du c. Civ.

(2) V. l'art. 2203 du c. Civ.

(3) Il n'y a plus de distinction aujourd'hui entre les créances antérieures et les créances postérieures à la promulgation de la présente loi : elles sont les unes et les autres soumises à un droit d'inscription de 1 p. 1000 par la loi du 28 avril 1816, art. 60.

(4) Maintenant 25 c. V. *suprà* à la note 2 le tableau des salaires.

(5) Ce droit de 1 fr. 50 p. 0/0 est maintenant perçu lors de l'enregistrement, aux termes des art. 52 et 54 de la loi du 28 avril 1816. V. ces art. *infrà*. V. cependant l'art. 61 de la même loi. V. encore l. du 16 juin 1824, art. 3.

Art. 4. Les comptables publics, qui fournissent des cautionnements en immeubles, sont sujets à l'inscription hypothécaire.

Art. 5. L'inscription n'a lieu que jusqu'à concurrence de la valeur du cautionnement fourni, et sur les immeubles qui en sont l'objet.
Elle est indéfinie.

Art. 6. Les commissaires du Directoire exécutif près les administrations requièrent d'office les inscriptions indéfinies sur les comptables publics ci-dessus désignés, sauf l'exception résultant de l'art. 6 de la loi du 21 ventose an 7.

Art. 7. Les receveurs de l'enregistrement sur les lieux délivrent, sur récépissé, aux commissaires du Directoire exécutif, le papier timbré nécessaire pour la confection des bordereaux des inscriptions hypothécaires qu'ils sont chargés de requérir.

Art. 8. Les dispositions ci-dessus, ainsi que celles de la loi du 21 ventose sur l'organisation de la conservation des hypothèques, sont applicables aux inscriptions faites en vertu de la loi du 11 brumaire dernier, et dont les droits et salaires n'auraient pas encore été acquittés, quelles que soient la nature et la date desdites inscriptions.

24 mars 1806. — *Loi relative à la prescription des droits d'enregistrement des inscriptions et transcriptions hypothécaires.*

Les dispositions de l'art. 61 de la loi du 22 frimaire an 7, concernant la prescription des droits d'enregistrement, seront, à compter de la publication de la présente loi, applicables aux perceptions des droits d'inscriptions et de transcriptions hypothécaires établis par les chapitres 2 et 3 du titre II de la loi du 21 vendémiaire an 7.

LOI DU 28 AVRIL 1816.

Art. 52. Le droit d'enregistrement des ventes d'immeubles est fixé à 5 1|2 p. cent; mais la formalité de la transcription au bureau de la conservation des hypothèques ne donnera plus lieu à aucun droit proportionnel (1).

Art. 54. Dans tous les cas où les actes seront de nature à être transcrits au bureau des hypo-

thèques, le droit sera augmenté de 1 1|2 p. cent, et la transcription ne donnera plus lieu à aucun droit proportionnel.

Art. 60. Le droit d'inscription des créances hypothécaires sera de 1 p. 1,000, sans distinction des créances antérieures ou postérieures à la loi du 11 brumaire an 7 (2).

La perception de ce droit suivra les sommes et valeurs de 20 fr. en 20 fr. inclusivement et sans fraction.

Art. 61. Les actes de transmission d'immeubles et droits immobiliers, susceptibles de transmission, ne seront assujettis à cette formalité que pour un droit fixe de 1 fr., outre le droit du conservateur, lorsque les droits en auront été acquittés de la manière prescrite par les art. 52 et 54 de la présente loi (3).

EXTRAIT DE LA LOI DU 16 JUIN 1824.

Art. 3. Le droit d'enregistrement fixé par les § 4 et 6 de l'art. 69 de la loi du 12 déc. 1798 (22 frim. an 7), pour les donations entre vifs en ligne directe, à 1 fr. 25 c. p. 100 fr. sur les biens meubles, et à 2 fr. 50 cent. sur les immeubles, est réduit, en ce qui concerne les donations portant partage, faites par actes entre vifs, conformément aux art. 1075 et 1076 du Code civil, par les pères et mères ou autres ascendants, entre leurs enfants et descendants, au droit de 25 c. par 100 fr. sur les biens meubles, et de 1 fr. par 100 fr. sur les immeubles, ainsi qu'il est réglé pour les successions en ligne directe.

Le droit de 1 1|2 p. cent, ajouté au droit d'enregistrement par l'art. 44 de la loi du 28 avril 1816, ne sera perçu, pour lesdites donations, que lorsque la transcription en sera requise au bureau des hypothèques (4).

Art. 7. Les départements, arrondissements, communes, hospices, séminaires, fabriques, congrégations religieuses, consistoires, et généralement tous établissements publics légalement autorisés, paieront 10 fr. pour droit fixe d'enregistrement et de transcription hypothécaires sur les actes d'acquisition qu'ils feront, et sur les donations ou legs qu'ils recueilleront lorsque les immeubles acquis ou donnés devront recevoir une destination d'utilité publique, et ne pas pro-

(1) V. cet article aux lois de l'enregistrement.

(2) Cette disposition a fait cesser la distinction qu'avait établi l'art. 20 de la loi du 21 vent. an 7. V. *suprà* cet art. et la note 5.

(3) Rapprochée des art. 52 et 54, la disposition ci-dessus suppose possible l'hypothèse où les droits de transcription n'auraient pas été acquittés lors de l'enregistrement. Le cas existait en effet dans la pensée du législateur. C'était, comme le disent Champ. et Rig. t. 4, n. 4050, le cas des échanges et celui des mutations en ligne directe. Quant à celui des échanges, il n'existe plus depuis que l'art. 2 de la loi 16 juin 1824 a fait rentrer le droit de transcription dans celui de 2 1|2 p. 0|0 auquel le contrat est tarifé.

(V. le 1er art. dans les lois sur l'enregistrement.) Quant aux mutations en ligne directe, aucune loi n'a modifié ce qui concerne les donations ordinaires; mais celles portant partage ne sont, aux termes de l'art. 3 de la loi du 16 juin 1824, *infrà*, soumises au droit de transcription, que lorsque cette transcription est requise. A ce cas s'appliquerait donc le droit proportionnel qu'établit la disposition ci-dessus. Ajoutons-y les actes de mutation antérieurs à la présente loi et les actes qui, lors de leur enregistrement, n'ont point acquitté le droit de transcription, tels que les licitations, etc. (Cass. 30 août 1826, 11 mars 1829, D.P. 27. 1. 16; 29. 1. 175. *Contrà* sur ce dernier point, Champ. et Rig., t. 4, n. 4051 et suiv.).

(4) V. la note qui précède.

duire de revenus, sans préjudice des exceptions déjà existantes en faveur de quelques-uns de ces établissements.

Le droit fixe de 10 fr. fixé par le présent article sera réduit à 1 fr. toutes les fois que la valeur des immeubles acquis ou donnés n'excédera pas 500 fr. en principal (1).

——————

EXTRAIT DE LA LOI DU 18 AVRIL 1831.

Art. 17. Sont et demeurent abrogés l'art. 7 de la loi du 16 juin 1824 et les dispositions des lois, décrets et arrêtés du gouvernement qui n'ont assujetti qu'au droit fixe, pour l'enregistrement et la transcription hypothécaire, les actes d'acquisition et les donations et legs faits au profit des départements, arrondissements, communes, hospices, séminaires, fabriques, congrégations, consistoires et autres établissements publics.

En conséquence, ces acquisitions, donations et legs seront soumis aux droits proportionnels d'enregistrement et de transcription établis par les lois existantes.

————————————

§ 4. — LOIS SUR LE GREFFE.

21 VENT. AN 7. — *Loi portant établissement de droits de greffe au profit de la République, dans les tribunaux civils et de commerce.*

ART. 1er. Il est établi des droits de greffe, au profit de la République, dans tous les tribunaux civils et de commerce.

Ils seront perçus, à compter du jour de la publication de la présente, pour le compte du trésor public, par les receveurs de la régie de l'enregistrement, de la manière ci-après déterminée.

ART. 2. Ces droits consistent :

1° Dans celui qui sera perçu lors de la mise au rôle de chaque cause, ainsi qu'il est établi par l'art. 3 ci-après;

2° Dans celui établi pour la rédaction et transcription des actes énoncés en l'art. 5 ;

3° Dans le droit d'expédition des jugements et actes énoncés dans les art. 7, 8 et 9.

ART. 3. Le droit perçu lors de la mise au rôle est la rétribution due pour la formation et tenue des rôles, et l'inscription de chaque cause sur le rôle auquel elle appartient.

Ce droit sera, dans les tribunaux civils, de cinq francs, sur appel des tribunaux civils et de commerce ;

De trois francs pour les causes de première instance, ou sur appel des juges de paix ;

Et d'un franc cinquante centimes pour les causes sommaires et provisoires.

Dans les tribunaux de commerce, il sera pareillement d'un franc cinquante centimes.

Le tout sans préjudice du droit de vingt-cinq centimes qui est accordé aux huissiers-audienciers pour chaque placement de cause.

————————————

(1) Abrogé par la loi du 18 avril 1831, art. 17 qui suit.

Le droit de mise au rôle ne pourra être exigé qu'une seule fois : en cas de radiation, elle sera replacée gratuitement à la fin du rôle, et il y sera fait mention du premier placement.

L'usage des placets, pour appeler les causes, est interdit : elles ne pourront l'être que sur les rôles, et dans l'ordre du placement.

ART. 4. Le droit de mise au rôle sera perçu par le greffier en y inscrivant la cause; et le premier de chaque mois, il en versera le montant à la caisse du receveur de l'enregistrement, sur la représentation des rôles, cotés et paraphés par le président, sur lesquels les causes seront appelées, à compter du jour de la publication de la présente.

ART. 5. Les actes assujettis, sur la minute, au droit de rédaction et transcription, sont, les actes — de voyage, — d'exclusion ou option de tribunaux d'appel, — de renonciation à une communauté de biens ou à succession, d'acceptation de succession sous bénéfice d'inventaire, — de réception et soumission de caution, — de reprise d'instance, — de déclaration affirmative, de dépôt de bilan et pièces, — d'enregistrement de société, — les interrogatoires sur faits et articles, — et les enquêtes.

Il sera payé, pour chacun de ces actes, 1 franc 25 centimes.

Les enquêtes seront en outre assujetties à un droit de 50 centimes par chaque déposition de témoins.

ART. 6. Les expéditions contiendront vingt lignes à la page et huit à dix syllabes à la ligne; compensation faite des unes avec les autres.

ART. 7. Les expéditions des jugements définitifs sur appel des tribunaux civils et de commerce, soit contradictoires, soit par défaut, seront payées 2 francs le rôle.

ART. 8. Les expéditions des jugements définitifs rendus par les tribunaux civils, soit par défaut, soit contradictoires, en dernier ressort ou sujets à l'appel, celles des décisions arbitrales, celles des jugements rendus sur appel des juges de paix, celles des ventes et baux judiciaires, seront payées 1 franc 25 centimes le rôle.

ART. 9. Les expéditions des jugements interlocutoires, préparatoires et d'instruction, des enquêtes, interrogatoires, rapports d'experts, délibérations, avis de parents, dépôt de bilan, pièces et registres, des actes d'exclusion ou option des tribunaux d'appel, déclaration affirmative, renonciation à communauté ou à succession, et généralement de tous actes faits ou déposés au greffe, non spécifiés aux articles 7 et 8, ensemble de tous les jugements des tribunaux de commerce, seront payées 1 franc le rôle.

ART. 10. La perception de ce droit sera faite par le receveur de l'enregistrement, sur les minutes des actes assujettis au droit de rédaction et transcription, sur les expéditions et sur les rôles de placement de causes qui lui seront présentés par le greffier; il y mettra son reçu, et il tiendra de cette recette un registre particulier.

ART. 11. Le greffier ne pourra délivrer aucune expédition que les droits n'aient été acquittés, sous peine de restitution du droit et de cent fr. d'amende,sauf, en cas de fraude et de malversation évidente, à être poursuivi devant les tribunaux, conformément aux lois.

ART. 12. Ne sont pas compris dans les droits ci-dessus fixés, le papier timbré et l'enregistrement, qui continueront d'être perçus conformément aux lois existantes.

ART. 13. Les greffiers des tribunaux civils et de commerce tiendront un registre coté et paraphé par le président, sur lequel ils inscriront, jour par jour, les actes sujets au droit de greffe, les expéditions qu'ils délivreront, la nature de chaque expédition, le nombre des rôles, le nom des parties, avec mention de celle à laquelle l'expédition sera délivrée.

Ils seront tenus de communiquer ce registre aux préposés de l'enregistrement, toutes les fois qu'ils en seront requis.

ART. 14. Les greffiers ne pourront exiger aucun droit de recherche des actes et jugements faits ou rendus dans l'année, ni de ceux dont ils feront les expéditions ; mais, lorsqu'il n'y aura pas d'expédition, il leur est attribué un droit de recherche qui demeure fixé à cinquante centimes pour l'année qui leur sera indiquée ; et dans le cas où il leur serait indiqué plusieurs années, et qu'ils seraient obligés d'en faire la recherche, ils ne percevront que cinquante centimes pour la première, et vingt-cinq centimes pour chacune des autres.

Il leur est en outre attribué vingt-cinq centimes pour chaque légalisation d'actes des officiers publics.

ART. 15. Les greffiers présenteront et feront recevoir, conformément aux lois existantes, un commis-greffier assermenté par chaque section.

ART. 16. Au moyen du traitement et de la remise ci-après accordés aux greffiers, ils demeureront chargés du traitement des commis assermentés , commis expéditionnaires, et de tous employés du greffe, quelles que soient leurs fonctions, ainsi que des frais de bureau, papier libre, rôles, registres, encre, plumes, lumière, chauf-fage des commis, et généralement de toutes les dépenses du greffe.

ART. 17. Le traitement des greffiers des tribunaux civils est égal à celui des juges auprès desquels ils sont établis.

ART. 18. Celui des greffiers des tribunaux de commerce sera de la moitié de celui du greffier d'un tribunal civil, s'il avait été établi dans la commune où siége le tribunal de commerce.

Et néanmoins le traitement de ceux des tribunaux de commerce établis dans des communes de six mille habitants et au-dessous, demeure fixé à 800 francs.

ART. 19. Il est accordé aux greffiers une remise de 30 centimes par chaque rôle d'expédition.

Et d'un décime par franc sur le produit du droit de mise au rôle, et de celui établi pour la rédaction et transcription des actes énoncés en l'art. 5.

ART. 20. La remise de 30 centimes, accordée par l'article précédent, ne sera que de deux décimes sur toutes les expéditions que les agents de la république demanderaient en son nom et pour soutenir ses droits : ils ne seront tenus, à cet égard, à aucune avance; en conséquence, ces expéditions seront portées pour mémoire sur le registre du receveur de l'enregistrement, et il en sera fait un compte particulier.

ART. 21. Le premier de chaque mois, le receveur de l'enregistrement comptera, avec le greffier, du produit des remises à lui accordées par l'art. 19, et il lui en paiera le montant sur le mandat qui sera délivré au bas du compte par le président du tribunal (1).

ART. 22. Le traitement fixe du greffier sera également payé, mois par mois, par le receveur de l'enregistrement, sur le produit du greffe, d'après les mandats aussi délivrés mois par mois par le président du tribunal.

ART. 23. Il est défendu aux greffiers et à leurs commis, d'exiger ni recevoir d'autres droits de greffe, ni aucun droit de prompte expédition, à peine de 100 francs d'amende et de destitution (2).

---

(1) Ce mode a été changé. — V. *infrà* la loi du 23 juillet 1820.

(2) Un décret du 6 janv. 1814 avait augmenté les droits de greffe du tribunal de commerce de Paris, à raison, portait le préambule, de l'insuffisance des droits accordés au greffier par la loi du 21 vent. an 7, pour subvenir aux dépenses du greffe. Mais ce décret a été abrogé par une ordonnance du 9 octobre 1825, qui a réglé les droits particuliers qui se perçoivent dans tous les greffes des tribunaux de commerce, y compris celui de Paris. Voici les termes de cette ordonnance :

Art. 1er. Indépendamment des droits et remises qui sont accordés aux greffiers des tribunaux de commerce par la loi du 11 mars 1799 et par le décret du 12 juillet 1808, ces officiers percevront à leur profit les droits ci-après établis.

§ 1er. — *Jugement.*

N. 1. Pour chaque jugement interlocutoire et préparatoire porté sur la feuille d'audience, ceux de simple remise exceptées, 50 c. ; — Pour chaque jugement expédié et dont les qualités se rédigeront dans le greffe, savoir : s'il est par défaut, 1 fr. ; — et s'il est contradictoire, 2 fr.

§ 2. *Procès-verbaux.*

Pour chaque procès-verbal, — N. 2, de compulsoire (art. 849 et suiv. C. p. et art. 15 et 16 C. com.) 4 fr. ; — N. 3, d'interrogatoire sur faits et articles (2e partie de l'art. 428 du même C. de p.) 2 fr. ; — N. 4, de l'assemblée des créanciers pour la formation de la liste des candidats aux fonctions de syndics provisoires (C. de com. , art. 476 et suivants, jus-

Art. 24. Les droits établis par la présente seront alloués aux parties dans la taxe des dépens, sur les quittances des receveurs de l'enregistrement mises au bas des expéditions, et sur celles données par les greffiers, de l'acquit du droit de mise au rôle et de rédaction, lesquelles ne seront assujetties à d'autres droits qu'à ceux du timbre.

Art. 25. Le Directoire exécutif fera connaître au Corps législatif, dans le courant de thermidor prochain, par des états distincts et séparés, le produit de la perception des droits de greffe dans chaque tribunal.

Art. 26. La présente résolution demeurera affichée dans tous les greffes des tribunaux civils et de commerce.

Art. 27. Il sera statué, par une résolution particulière, sur les greffes des tribunaux criminels et correctionnels (1).

Art. 28. Toutes dispositions de lois contraires à la présente sont abrogées.

---

22 PRAIRIAL AN 7, — Loi additionnelle à celle du 21 vent. an 7, portant établissements de droits de greffe.

Art. 1er. Sont assujettis, sur la minute, au droit de rédaction et transcription établi par l'art. 2 de la loi du 21 vent. dernier, et ainsi qu'il est ci-après déterminé,

1° L'acte de dépôt de l'exemplaire d'affiches, en exécution de l'art. 5 de la loi du 11 brumaire;

2° Les adjudications soit volontaires, soit sur licitation, soit sur expropriation forcée;

3° L'acte de dépôt de l'état, certifié par le conservateur des hypothèques, de toutes les inscriptions existantes, ledit acte contenant réquisition d'ouvrir le procès-verbal d'ordre, en exécution de l'art. 31 de la loi du 11 brumaire;

4° Les actes de dépôts de titres de créance, faits en exécution de l'art. 32.

5° Les procès-verbaux d'ordre, lors de la délivrance de chaque bordereau de collocation, conformément à l'art. 35 de la même loi.

Art. 2. Il sera payé trois francs pour le dépôt

---

qu'à 480), 2 fr.; — N. 5, de reddition du compte des agents aux syndics provisoires (C. de com., art. 481), 3 fr.; — N. 6, de vérification et affirmation des créances (C. de com., art. 503 et 508),—Pour chaque créancier, 50 c.; — Et pour un contredit contre-signé au procès-verbal, et sur lequel il y aurait renvoi à l'audience, 50 cent.; —N. 7, de mise en demeure des créanciers non comparants (art. 510 du C. de com.) 2 fr.; —N. 8, de l'assemblée des créanciers dont les créances ont été admises, pour passer au concordat ou au contrat d'union (art. 514 et 515 du C. de com.), 4 fr.;—N. 9, de reddition du compte définitif des syndics provisoires au failli, en cas de concordat (art. 525 C. de com.) 4 fr.;—N. 10, de reddition du compte des syndics provisoires aux syndics définitifs en cas d'union (art. 527 C. de com.), 4 fr.; — N. 11, de reddition du compte définitif des syndics aux créanciers de l'union (art. 562 C. de com.), 4 fr.; — N. 12, de l'assemblée des créanciers pour prendre une délibération quelconque non prévue par les dispositions précédentes, 3 fr.

§ 3. — Actes spéciaux aux tribunaux de commerce des villes maritimes.

N. 13. Pour la rédaction du rapport d'un capitaine de navire, à l'arrivée d'un voyage de long cours ou de grand cabotage (art. 242 et 243 C. de com.), 3 fr. —N. 14. Pour la déclaration des causes de relâche dans le cours d'un voyage (art. 245 du C. de com.), 2 fr. — N. 15. Pour la rédaction du rapport du capitaine en cas de naufrage ou échouement, 3 fr.

§ 4. — Formalités diverses.

N. 16. Pour l'affiche et pour l'insertion dans les journaux à faire dans les cas prévus par les art. 457, 476 et 512 C. de com., 1 fr. — N. 17. Pour la rédaction, l'impression et l'envoi des lettres individuelles de convocation aux créanciers d'une faillite, dans le cas prévu par l'art. 476 C. de com., par chaque lettre, 20 c. — N. 18. Pour la rédaction des certificats délivrés par le greffier, dans les cas prévus par les lois, règlements ou jugements, 1 fr.

Art. 2. Les greffiers des tribunaux de commerce

---

inscriront, au pied des expéditions qu'ils délivreront aux parties, le détail des déboursés et des droits auxquels chaque acte aura donné lieu. A défaut d'expédition, ils écriront ce détail sur des états signés d'eux, et qu'ils remettront aux parties — Ils porteront sur le registre prescrit par l'art. 13 de la loi du 11 mars 1799 toutes les sommes qu'ils percevront, soit en vertu de la présente ordonnance, soit en vertu des lois et règlements antérieurs ; les déboursés et les émoluments seront inscrits dans des colonnes séparées.

Art. 3. Le présent tarif ne s'applique point aux actes des greffiers des tribunaux civils qui exercent la juridiction commerciale. — Il ne s'applique pas non plus à ceux des actes spécifiés dans l'art. 1er qui sont dressés par les greffiers des justices de paix, dans les cas où les juges de paix sont autorisés par la loi à les recevoir.

Art. 4. Le décret du 6 janv. 1814 est abrogé.

Art. 5. Si les greffiers des tribunaux de commerce ou leurs commis reçoivent, sous quelque prétexte que ce soit, d'autres ou de plus forts droits que ceux qui leur sont attribués par la loi du 11 mars 1799, par le décret du 12 juil. 1808 et par la présente ordonnance, il est enjoint aux présidents de ces tribunaux d'en informer immédiatement nos procureurs généraux. Il en sera pareillement fait rapport à notre garde des sceaux. — Les contrevenants seront, selon la gravité des circonstances, destitués de leur emploi, traduits devant la police correctionnelle, pour être condamnés à l'amende déterminée par l'art. 25 de la loi du 11 mars 1799, ou poursuivis extraordinairement en vertu de l'art. 174 C pén., sans préjudice, dans tous les cas, de la restitution des sommes indûment perçues, et des dommages et intérêts, quand il y aura lieu.

(1) Il a statué sur cet objet par un décret du 18 juin 1811. Toutefois il ne faut pas confondre les droits établis par ce décret avec les droits de greffe des tribunaux civils et de commerce. Ceux ci sont un véritable impôt créé au profit de l'État; les autres sont exclusivement attribués aux greffiers à titre de salaire. Ils sont donc improprement appelés droits de greffe.

de l'exemplaire d'apposition d'affiches, et pour celui de l'état des inscriptions existantes ;

Un franc cinquante centimes, pour celui de titres de créance;

Pour la rédaction des adjudications, un demi pour cent sur les cinq premiers mille,

Et vingt-cinq centimes par cent francs sur ce qui excédera cinq mille francs;

Pour celle du procès-verbal d'ordre, sur chaque bordereau délivré, vingt-cinq centimes par cent francs du montant de la créance colloquée (1).

ART. 3. La perception de ces droits sera faite par le receveur de l'enregistrement, de la manière et dans la forme prescrites par la loi du 21 vent. : la remise des greffiers sur le produit de ces droits sera d'un décime par franc, telle qu'elle est fixée par l'art. 19 de ladite loi, et ils en seront payés de la manière prescrite par l'art. 21 (2).

ART. 4. Il est attribué aux greffiers, pour la communication à chaque créancier du procès-verbal d'ouverture d'ordre, de l'extrait des inscriptions et des titres et pièces qui auront été produits, un droit fixe de soixante-quinze centimes.

ART. 5. Il est défendu aux greffiers, sous les peines portées par la loi du 21 vent., d'exiger ni recevoir d'autres et plus forts droits que ceux établis par la présente; et ils se conformeront aux dispositions prescrites par l'art. 13 pour assurer la perception des droits ci-dessus établis.

ART. 6. Toutes dispositions de la loi contraires à la présente sont abrogées.

---

12 JUILLET 1808. — *Décret concernant les droits de greffe.*

ART. 1er. Les actes qui seront assujettis sur la minute aux droits de greffe, de rédaction et de transcription, sont ceux ci-après désignés :

1° Acceptation de succession sous bénéfice d'inventaire;

Acte de voyage;

Consignation de sommes au greffe, dans les cas prévus par l'art. 301 du Code de procédure civile, et autres déterminés par les lois;

Déclarations affirmatives et autres faites au greffe, à l'exception de celles à la requête du ministère public;

Dépôt de registres, répertoires, et autres titres ou pièces, fait au greffe, de quelque nature et pour quelque cause que ce soit; dépôt de signature et paraphe des notaires, conformément à l'art. 49 de la loi du 25 vent. an 11 ;

Enquêtes;

Interrogatoires sur faits et articles;

Procès-verbaux, actes et rapports faits ou rédigés par le greffier;

Publication de contrat de mariage, divorces, jugements de séparation, actes et dissolutions de société, et de tous autres actes, prescrite par les Codes; il ne sera perçu aucun droit de dépôt pour la remise au greffe desdit actes;

Récusation de juges;

Renonciation à une communauté de biens ou à une succession;

Soumissions de caution;

Transcription et enregistrement sur les registres du greffe, d'oppositions et autres actes désignés par les Codes (à l'exception de la transcription de saisie immobilière dont il sera parlé ci-après) : *le droit ne sera dû qu'autant qu'il sera délivré expédition de la transcription.*

Il sera payé pour chacun des actes ci-dessus un fr. vingt-cinq centimes.

Les enquêtes seront en outre assujetties à un droit de cinquante centimes sur chaque déposition de témoins, ainsi qu'il est réglé par l'art. 5 de la loi du 21 vent. an 7.

2° Adjudications faites en justice;

Dépôt de l'état certifié par le conservateur de hypothèques, de toutes les inscriptions existantes, et qui, aux termes de l'article 752 du Code de procédure civile, doit être annexé au procès-verbal;

Dépôt de titres de créance pour la distribution de deniers par contribution ou par ordre;

Mandements sur contribution, ou bordereaux de collocation;

Radiation de saisie immobilière;

Surenchère faite au greffe;

Transcription au greffe de la saisie immobilière.

Il sera payé pour chacun de ces actes, savoir :

Trois francs pour la transcription de la saisie;

Même droit pour le dépôt de l'état des inscriptions existantes;

Un franc cinquante centimes pour dépôt de titres de créance, et ce pour chaque production;

Même droit pour chaque acte de surenchère, et de radiation de saisie;

Pour la rédaction des adjudications, un demi pour cent sur les cinq premiers mille, et vingt-cinq centimes par cent francs sur ce qui excédera cinq mille francs;

Sur chaque mandement ou bordereau de collocation délivré, vingt-cinq centimes par cent francs du montant de la créance colloquée.

ART. 2. Les actes de dépôt seront transcrits à la suite les uns des autres, sur un registre en papier timbré, coté et paraphé par le président du tribunal.

Les actes de décharge de ces mêmes dépôts seront portés sur le registre, en marge de l'acte de dépôt, et soumis au même droit de rédaction et transcription.

ART. 3. Le droit de rédaction, en cas de revente à la folle enchère, n'est dû que sur ce qui excède la première adjudication.

Il n'est exigible, pour les licitations, que sur la valeur de la part acquise par le collicitant, s'il reste adjudicataire.

Dans aucun cas la perception ne pourra être au-dessous du droit fixe d'un franc vingt-cinq

---

(1) V. *infrà* le décret du 12 juil. 1808, art. 2.

(2) Ainsi les greffiers ne peuvent délivrer aucune expédition des actes désignés dans la présente loi avant que les droits de greffe n'aient été acquittés (17 messidor an 7. Circ. de la rég., n. 1644).

centimes, déterminé, pour les moindres actes, par l'article 5 de la loi du 21 ventose an 7.

ART. 4. Lorsque, par suite d'appel, une adjudication sera annulée, il y aura lieu de restituer le droit proportionnel de rédaction.

Le droit fixe de rédaction et de transcription, et celui d'expédition, étant le salaire de la formalité, ne seront, dans aucun cas, restituables.

ART. 5. Le droit de mise au rôle et celui d'expédition continueront d'être perçus comme le prescrit la loi du 21 ventose an 7.

Les référés, qui sont l'objet du titre 16 du livre 5 du Code de procédure civile, ne sont pas assujettis au droit de mise au rôle.

VI. Les prescriptions établies par l'art. 61 de la loi du 22 frim. an 7 sont applicables aux droits de greffe comme à ceux d'enregistrement.

EXTRAIT DE LA LOI DU 23 JUILLET 1820.

ART. 2. Les droits et remises attribués aux greffiers des tribunaux civils et de commerce, par la loi du 21 ventose an 7, seront perçus par eux directement des parties qui en sont tenues; mais les receveurs de l'enregistrement mentionneront désormais, en toutes lettres, dans la relation au pied de chaque acte, 1° le montant des droits de greffe appartenant au trésor; 2° le montant de la remise qui revient au greffier, pour l'indemnité qui lui est allouée par la loi (1).

_____

(1) En conséquence de ce mode, qui est pratiqué depuis le 1er janv. 1820, les greffiers des tribunaux, en comptant aux receveurs de l'enregistrement des droits de greffe perçus sur les parties, retiennent le montant des remises qui leur sont allouées pour indemnités par la loi du 21 vent. an 7, et ne versent que le surplus. De leur côté, les receveurs ne se chargent en recette effective que de la somme qu'ils reçoivent réellement des greffiers pour le compte du Trésor. — A l'égard du décime pour franc auquel demeure assujettie la portion retenue par les greffiers, les receveurs le portent en recette, en même temps que le droit revenant au Trésor, dans une colonne spéciale pour ce décime (Ord. 8 déc. 1819).

_____

DE LA

RESPONSABILITÉ DES NOTAIRES.

PAR M. CH. VERGÉ,

Docteur en droit, avocat à la Cour royale de Paris.

§ 1er. — Généralités. — Principe et étendue de la responsabilité des notaires.

1. La responsabilité est la conséquence naturelle de la liberté de l'homme; dès que l'homme est libre d'agir et qu'il se trouve dans les conditions d'âge et de santé d'esprit déterminées par la loi, il devient responsable de ses actions aussitôt qu'elles sont de nature à porter préjudice aux intérêts de la société et à ceux des individus. Le bien doit être sa règle morale et légale; dès qu'il l'oublie il encourt, dans certains cas, à titre de satisfaction due à la société, une réparation pénale lorsque ses actes ont pris le caractère d'un crime, d'un délit ou d'une contravention; dans d'autres cas, la réparation est simplement civile et pécuniaire, soit qu'il s'agisse d'un acte qualifié dans les limites ci-dessus, soit qu'il s'agisse d'un acte qui ne tombe pas sous l'atteinte de la loi pénale, mais qui cependant est de nature à porter et porte en effet préjudice à autrui.

2. Le Code civil a consacré de la manière la plus formelle le principe de la responsabilité civile. L'art. 1382 porte : « Tout fait quelconque de l'homme, qui cause à autrui un dommage, oblige celui par la faute duquel il est arrivé à le réparer. » L'art. 1383 ajoute : « Chacun est responsable du dommage qu'il a causé non seulement par son fait, mais encore par sa négligence ou par son imprudence. » Et poussant plus loin le principe de la responsabilité, les art. 1384, 1385 et 1386 rendent encore responsable du dommage que l'on cause non-seulement par son propre fait, mais par celui des personnes dont on doit répondre, ou des choses que l'on a sous sa garde. Telle est la règle générale, règle incontestable dans l'ordre légal comme dans l'ordre moral, et qui, chaque jour, reçoit de nombreuses applications dans les circonstances les plus diverses. Cette règle est-elle applicable aux officiers ministériels dont nous nous occupons, aux notaires ?

3. La négative ne saurait être douteuse; la loi spéciale déroge dans tous les cas, à la loi générale, *in toto jure generi per speciem derogatur et illud potissimum habetur quod ad speciem directum est.* L. 80 ff. de Reg. jur.— D'Aguesseau dit encore : « Il faut, dans chaque genre d'affaires, consulter la loi qui lui est propre : autrement tout deviendrait incertain, si l'on voulait pour ainsi dire dépayser les principes (t. 8, p, 483)» ; c'est une notion élémentaire qui ne paraît pas susceptible de difficultés sérieuses. Mais si le droit commun n'est pas applicable aux notaires, ce qu'on s'accorde généralement à reconnaître, ainsi qu'on le verra ci-après, trouverons-nous dans le droit spécial qui les concerne des éléments suffisants pour régler leur responsabilité dans les différents modes d'exercice de leurs fonctions, et quels seront-ils ?

4.Sans remonter jusqu'au droit romain qui, par la loi 6 au Code *magistratibus conveniendis,* autorise un recours contre le *scribe* auteur d'une appréciation inexacte et incomplète dans l'inventaire des biens d'un mineur, et qui par la loi 29, Cod. *de testamentis,* déclare coupable de faux les tabellions convaincus d'avoir omis dans une intention frauduleuse les formalités nécessaires à la validité des testaments, on trouve dans les documents de l'ancienne jurisprudence et les opinions des anciens auteurs, la preuve irrécusable de nombreux cas de responsabilité infligée au notaire. On peut consulter sur ce point Loret, lett. n., somm. 9; Henrys, t. 1, liv. 2, ch. 4, quest. 27; Jousse, Just. civ., t. 2, p. 404. Un auteur spécial, Ferrière, dit dans son ouvrage, le *Parfait notaire,* liv. 1er, ch. 17 : « Un notaire est toujours tenu des dommages et intérêts qu'il a causés à un des contractants, lorsqu'il y a dol de sa part, ou une lourde faute, parce que la lourde faute, est comparée au dol.»

5.Dans le droit moderne, la loi du 6 oct. 1791, sans formuler d'une manière positive la responsabilité des notaires, la suppose d'une manière implicite, puisque par l'art. 16, sect. 2, tit. 1, elle leur ordonne de déposer, à titre de *garantie des faits de leurs fonctions,* un fonds de *responsabilité* en deniers, et de le verser dans la caisse des receveurs de districts. Mais il ne suffisait pas, en ordonnant le dépôt d'un cautionnement, de consacrer l'efficacité du recours; il était encore nécessaire de préciser les conditions de ce recours, et c'est ce qui a été fait par les art. 6 et 68 de la loi du 25 ventose an 11 sur le notariat, et dans un esprit que révèlent les paroles suivantes du rapport par le tribun Favard de Langlade : « Le projet, disait-il, défère aux tribunaux la connaissance des destitutions, suspensions, condamnations d'amende et dommages-intérêts, auxquels les notaires se trouvent exposés *dans les cas prévus par la loi.* Il n'était pas possible de leur donner une sauve-garde plus rassurante contre tout espèce d'arbitraire.... «quelque *rigoureuse,* ajoutait-il encore, que puisse paraître la responsabilité des notaires, l'intérêt de la société l'exigeait; il fallait donner aux citoyens cette garantie contre l'ignorance ou l'infidélité des notaires.» — Peut-être les dispositions de cette loi sur la responsabilité des notaires sont-elles incomplètes, et, par leur extrême concision, ont-elles préparé les hésitations et les contradictions de la jurisprudence; mais telles qu'elles sont, elles constituent, sur l'ancien état de choses, une amélioration notable. Les articles précités sont ainsi conçus : Art. 6 : « Il est défendu à tout notaire d'instrumenter hors de son ressort, à peine d'être suspendu de ses fonctions pendant trois mois, d'être destitué en cas de récidive, et de tous *dommages-intérêts*»... Art. 68 : «Tout acte fait en contravention aux dispositions contenues aux articles 6, 8, 9, 10, 14, 20, 52, 64, 65, 66 et 67, est nul s'il n'est pas revêtu de la signature de toutes les parties; et lorsque l'acte sera revêtu de la signature de toutes les parties contractantes, il ne vaudra que comme écrit sous signature privée : sauf, dans les deux cas, s'il y a lieu, les dommages-intérêts contre le notaire contrevenant.»

6. La loi de vent. a donc décrété la responsabilité des notaires; mais lorsque le Code civil, postérieur à la loi de ventose, a été promulgué, ses dispositions ont-elles dû se substituer à celles de la loi de ventose? L'affirmative a été soutenue; mais la Cour de cassation, par arrêt du 27 nov. 1837, (D.P. 37.1.465.) a repoussé ce système et elle a clairement signalé les différences qui existent entre ces deux natures de responsabilité. D'après l'art. 68 de la loi du 25 ventose an 11, les notaires ne sont pas de plein droit et d'une manière absolue responsables des nullités ayant pour cause les omissions ou irrégularités qu'ils commettent lors de la rédaction de leurs actes; l'article précité ne les assujettit à des dommages-intérêts que *s'il y a lieu.* Aussi la déclaration de nullité d'un acte n'entraîne pas nécessairement la responsabilité du notaire qui a commis cette nullité. Les dommages-intérêts et leur quotité dépendent de la nature et de la gravité de l'omission ou de l'irrégularité reprochées au notaire, ils sont subordonnés à l'appréciation équitable des tribunaux. Tandis que, d'après les termes absolus des art. 1382 et 1383, la responsabilité est absolue, et dès qu'un préjudice est causé, il est dû réparation. Le principe de la loi de ventose est reproduit dans les art. 71, 132 et 1031 du Code de procédure, d'après lesquels les huissiers et les avoués

ne sont responsables de leurs actes que suivant l'exigeance des cas.

7. Reconnaissons cependant qu'un arrêt de la Cour de cassation, du 1er juin 1840 (D.P. 41. 1. 209), semble revenir sur la doctrine qui précède, la Cour ayant décidé dans cette espèce où les circonstances des faits paraissent avoir exercé une grande influence, que lorsqu'un notaire, au lieu de *recevoir* un acte dans le sens de la loi, se borne à signer cet acte et à en retenir la minute qui lui a été remise, rédigée et signée à l'avance par les parties hors de sa présence, il devient responsable du préjudice qui peut résulter pour un des contractants de l'inexactitude et de la fausseté des énonciations contenues dans l'acte et qu'il aurait pu vérifier s'il avait rempli ses devoirs en présidant aux stipulations.

8. Et dans ce cas le notaire doit une entière réparation du dommage causé, suivant les règles du droit commun, sans qu'il puisse en être affranchi, soit sous le prétexte que l'acte lui avait été remis tout préparé par un de ses collègues, partie intéressée dans le contrat, soit sous le prétexte que l'inaccomplissement des prescriptions de la loi n'aient pas été la cause du dommage, et l'arrêt qui se borne à condamner le notaire aux dépens du procès pour tous dommages-intérêts, ne pourrait échapper à la cassation. (Cass. 1 juin 1840, *eod.*)

9. Malgré ce document isolé, il est permis de persister dans l'opinion d'après laquelle les notaires ne sont pas responsables *dans tous les cas*, mais seulement *s'il y a lieu*.

10. De cette distinction, il résulte comme première conséquence que l'existence et la constatation du préjudice ne doivent pas en entraîner nécessairement la réparation. Ainsi encore l'indemnité peut être inférieure au préjudice s'il n'y a pas eu fraude de la part du notaire, Caen, 24 mai 1836 (D.P. 40. 2. 102). Un autre arrêt de la même Cour, à la date du 27 août 1827, décide qu'un notaire ne doit pas être condamné à indemniser un légataire de la totalité des avantages (D.P. 28. 2. 86) que lui fait perdre la nullité d'un testament provenant de l'insuffisance des expressions dont il s'est servi, sans qu'il y ait dol, ni même impéritie absolue de sa part, pour constater que le testateur interpellé de signer avait déclaré de sa propre bouche ne pouvoir le faire, et pour constater la cause de l'empêchement. Et les juges du fond ont un pouvoir souverain pour déterminer la quotité des dommages-intérêts encourus. (*Conf.*, cass, 12 avril 1843, Caen, 24 mai 1836. D.P. 43. 1. 212; 40. 2. 102). Dans d'autres cas les suites du préjudice sont supportés par le notaire et la partie si le tort peut leur être imputé. La responsabilité du notaire enfin peut se résumer en une condamnation aux dépens. (*Conf.*, cass. 27 nov. 1837, Lyon, 18 janv. 1832. D.P. 37. 1. 465; 32. 2. 179).

11. Dans les explications qui précèdent, on a eu surtout en vue la responsabilité des notaires telle qu'elle est établie par les articles 6, 16, 18 et 68 de la loi de ventose. Le Code civil s'occupe encore de certaines infractions particulières qui doivent faire prononcer contre les notaires des dommages-intérêts au profit des parties. L'art. 1397 du Code civil porte que, dans tous les cas où des changements et contre-lettres modifieront les dispositions d'un contrat de mariage, le notaire ne pourra, à peine des dommages-intérêts des parties, et sous plus grande peine s'il y a lieu, délivrer ni grosses ni expéditions du contrat de mariage, sans transcrire à la suite le changement ou la contre-lettre.

12. L'art. 1597 du même Code interdit aux notaires de devenir cessionnaires des procès, droits et actions litigieux qui sont de la compétence du tribunal dans le ressort duquel ils exercent leurs fonctions, à peine de nullité et des dépens, dommages-intérêts.

13. En matière de contrainte par corps et d'après l'art. 2063 du Code civil, il est défendu à tous notaires et greffiers de recevoir les actes dans lesquels elle serait stipulée, et à tous Français de consentir pareils actes, encore qu'ils eussent été passés en pays étranger; le tout à peine de nullité, dépens, dommages-intérêts.

14. Deux articles du Code de commerce imposent aux notaires des obligations également sanctionnées par la menace des dommages-intérêts. Aux termes de l'art. 63, le notaire qui a reçu le contrat de mariage d'un commerçant est tenu de remplir les formalités de l'art. 67, relatives à la transmission de ce contrat aux greffes et chambres désignés par l'art. 872 du Code de procédure civile, sous peine de cent francs d'amende, et même de destitution et de responsabilité envers les créanciers, s'il est prouvé que l'omission soit la suite d'une collusion.

15. D'après l'art. 176 du même Code, les notaires et les huissiers sont tenus, à peine de destitution, dépens, dommages-intérêts envers les parties, de laisser copie exacte des protêts, et de les inscrire en entier jour par jour, et par ordre de date... Ces différentes dispositions, inspirées par l'importance des devoirs des notaires, leur indiquent clairement les obligations qu'ils doivent remplir et les dangers auxquels ils s'exposent par leur négligence à les remplir.

§ 2. — *Des causes de la responsabilité.*

16. Il n'a pas suffi de rappeler la règle générale qui impose à chaque homme la responsabilité de ses œuvres et de montrer quelle est la source de la responsabilité civile des notaires; il importe encore de montrer sous quelles formes et dans quelles circonstances se manifeste le préjudice dont les parties peuvent avoir à se plaindre, et dans quelles proportions elles ont droit à une réparation. Il devient dès-lors nécessaire de rechercher quels sont les différents devoirs et les obligations des notaires.

§ 3. — *Devoirs moraux des notaires; des conseils.*

17. On comprend, sans être initié à la pratique des affaires, combien sont graves et importantes pour la société les fonctions des notaires : leur office s'interpose dans les actes les plus solennels de la vie; ils reçoivent les conventions qui doivent ser-

vir de règle aux associations conjugales; le mourant dépose en leurs mains le témoignage de ses dernières volontés. Au milieu du conflit et de l'échange continuel et si actif des intérêts de la vie civile, ils donnent de là fixité aux sociétés, aux ventes, aux donations; ils sont, en un mot, les ministres de la juridiction gracieuse, comme les magistrats sont les ministres de la juridiction contentieuse. Et, sous le double rapport de la probité et des lumières, ils ne sauraient présenter trop de garanties; toutefois, l'absence de cette perspicacité, de ces scrupules instinctifs, qui vont au devant des dangers et les signalent aux parties, des conseils donnés de bonne foi ne sauraient, ainsi qu'on le verra ci-après, constituer un principe de responsabilité; l'accomplissement des devoirs moraux ne trouve pas sa sanction dans la loi positive; il est assuré par la satisfaction de la conscience et le suffrage des gens de bien.

Sur les obligations morales des notaires, on peut consulter un arrêt de cassation du 22 déc. 1840, et arrêt de Rouen, du 21 janv. 1841 (D P. 41. 1. 12). La doctrine que ces arrêts constate est préférable à celle d'un jugement du trib. de la Seine, du 25 janv. 1842 (D.P. 42. 3. 142), qui pose en principe que la mission des notaires ne consiste pas seulement à donner aux actes qu'ils reçoivent le caractère d'authenticité, mais encore à veiller aux intérêts de leurs clients et à leur faire comprendre la portée des engagements qu'ils contractent; qu'en conséquence, le notaire dans l'étude duquel un client étranger aux affaires apporte des fonds pour effectuer un placement hypothécaire avec subrogation dans une hypothèque de vendeur, engage sa responsabilité s'il laisse l'emprunteur se saisir des fonds avant l'accomplissement des formalités nécessaires pour obtenir la subrogation, et sans insister auprès de son client sur les conséquences de son imprudence. Un pareil système ne tendrait à rien moins qu'à mettre le client sous la tutelle de son notaire, et à lui donner la direction de toutes ses affaires et de tous ses intérêts.

§ 4. — *Dans quels cas les notaires seront-ils responsables ?*

18. La première cause de responsabilité pour les notaires vient du dol et de la fraude pratiqués par eux. Bien que M. Chardon, Tr. du dol, t. 1er, p. 4, envisage le *dol* et la *fraude* comme deux choses distinctes, en définissant le *dol* l'art de tromper la personne, qu'on dépouille, et la *fraude*, celui de violer les lois en trompant les magistrats ou les tiers par la forme des actes, nous avons peine à admettre cette distinction : nous préférons la définition de Merlin, Répert., au mot *Dol*, qui, en parlant de ce mot, remarque qu'il se dit en général des fraudes, des surprises, des ruses qu'on met en usage pour tromper quelqu'un. *Labeo definit dolum, omnem calliditatem, fallaciam, machinationem ad circumveniendum, fallendum, decipiendum alterum, adhibilam.* L. 1, § 2, ff de dolo.

19. D'après l'art. 1116, le dol n'est une cause de nullité que quand les manœuvres ont été pra-

tiquées *par l'une des parties,* sauf à la partie trompée à poursuivre le tiers en dommages-intérêts. Mais les auteurs sont unanimes à reconnaître qu'il y a deux exceptions à cette règle, et que non-seulement l'action en dommages-intérêts est fondée, mais aussi que la nullité peut être demandée, d'abord quand il y a eu collusion, complicité, c'est-à-dire connaissance de manœuvres non révélées à la partie (*Conf.* Pothier, *Des oblig.* n. 32; Toullier n. 93; Delvincourt t. 2, p. 463 notes; Chardon, *Du dol,* p. 18; Duranton, *Cours de droit fr.,* n. 176 et suiv.; M. Dalloz aîné, Jurisp. gén., t. 10, p. 454 n. 8; Roll. de Vill., Rép. du not., v° Dol, n. 17, 18, 19). En second lieu s'il arrive que l'erreur causée par le dol a été le motif déterminant du contrat, la nullité pourra être demandée pour erreur (*Conf.* Toullier, Dr. civ. fr. n. 94; Delvincourt, t. 2, p. 463, notes; Chardon *Du dol,* p. 19; M. Dalloz, Jurisp. gén., t. 10, p. 454 n. 9.

20. De là, cette double conséquence applicable au cas de dol ou de fraude pratiquée par un notaire, c'est qu'il est toujours passible de dommages-intérêts, et que sans la présence de l'une des deux conditions précitées, l'acte dont la conclusion a été préparée par la fraude peut être annulé, sauf bien entendu l'application des règles générales en matière de preuve du dol (art. 1116 du Code civ.).

En second lieu ils seront responsables de leur faute; mais dans quelles limites? L'ancienne jurisprudence imitant en cela les errements du droit romain (V. notamment L. 49, § 1, ff. *ad L. aquiliam*) avait généralement admis la doctrine des trois fautes, la faute lourde, la faute légère et la faute très-légère. Pothier était partisan de ce système, combattu par Lebrun. Le Code civil ne paraît pas s'être prononcé sur ce point, et c'est à la doctrine à éclaircir la question et à présenter quelques notions générales.

21. La faute lourde se distingue du dol, en ce qu'elle ne suppose pas l'intention de nuire et un dommage causé sciemment et volontairement; elle suppose seulement la connaissance du danger auquel est exposée la chose qui nous est confiée, et la négligence des soins qui le préviendraient aisément. Elle consiste à ne point voir et ne point prévenir ce que tout individu aurait vu et prévenu, *non intelligere quod omnes intelligunt* (L. 213, § ult.; L. 223 ff. de verb. signif.). Elle est moralement répréhensible en ce qu'elle dénote une complète insouciance des intérêts d'autrui, alors qu'on se trouve chargé d'y veiller, et, en raison de cela, elle est assimilée au dol (L. 29 pro. ff. *Mandati*).

La faute légère comprend tout ce qui n'est pas faute lourde. Elle s'étend jusqu'aux dernières limites de l'imputabilité, et au-delà il n'y a plus que cas fortuit.

22. La troisième espèce, c'est-à-dire la faute très-légère, *levissima culpa,* est-elle encore admise? nous ne le pensons pas. La généralité des auteurs (bien que M. Proudhon, *Traité des droits d'usufruit, d'usage et d'habitation,* t. 3, *in fine,* soit d'un avis contraire) la repousse, et c'est le sentiment de M. Dhautuille, Rev. de lég., 1re série, 2. p.,

274. « Il n'y a, dit ce jurisconsulte, que deux degrés de faute, et lorsqu'on dit faute simplement, *culpa*, cela s'entend de la faute légère, parce que la faute lourde est comprise dans l'expression de *dol*. Nous n'entendons point dire que toutes les fautes du même degré soient égales entre elles : elles peuvent être plus ou moins lourdes, plus ou moins légères ; mais sitôt qu'elles appartiennent à un même degré, il devient inutile de les distinguer en jurisprudence. »

23. «Observons, ajoute M. Dhautuille, qu'une faute légère de sa nature peut être considérée comme une faute lourde, à raison de la personne à laquelle elle est imputée : c'est dans le cas où cette personne n'en commet point ordinairement de semblables dans l'administration de ses propres affaires ; c'est qu'il y a quelque chose de moralement mauvais à négliger les affaires dont on est chargé pour autrui plus que les siennes propres (L. 32. ff. de depos.). Mais, par contre, la faute lourde ne peut jamais être considérée comme légère : car, où trouver un individu qui commette *habituellement* dans l'administration de ses affaires cette sorte de faute que tout le monde sait éviter ? »

24. M. Pagès, *De la responsabilité des notaires*, p. 135, sans s'expliquer formellement sur la distinction des fautes d'après les principes actuels du droit civil, pense qu'on ne peut pas admettre que toute faute qui entraîne la nullité d'un acte soit par cela même une faute grave, et que toute distinction à cet égard soit inutile et superflue. « Une telle opinion, suivant lui, ne serait pas admissible parce qu'elle serait contraire à toutes les règles de la justice et de l'équité : c'est en elle-même et non dans ses conséquences que la faute doit être considérée respectivement au notaire, et sous ce point de vue, il n'est pas possible de ne pas admettre une distinction proclamée par la raison et par l'équité, et consacrée par le législateur lui-même dans l'art. 68 de la loi de ventose et dans les mots : *s'il y a lieu*. Ainsi les juges doivent examiner le caractère de la faute qui entraîne la nullité, pour apprécier équitablement la question de dommages-intérêts réclamés contre les notaires. Ils deviennent alors de véritables jurés, dont la décision, quand elle est en dernier ressort, échappe à la censure de la cour de cassation. Les circonstances particulières de chaque espèce qui leur est soumise devant nécessairement influer sur leur jugement, il est difficile de poser des règles généralement applicables. »

25. Si l'on consulte les différents auteurs qui se sont occupés de la matière et ont cherché à déterminer le caractère et l'étendue des fautes, on les trouve plus ou moins sévères pour le notariat. Toullier, *Droit civ. fr.*, t. 5, dit : « Il n'y a point d'imprudence plus caractérisée et moins excusable, que de s'engager à faire des actes d'où dépendent le repos et la fortune des familles sans avoir les connaissances de son état, sans être doué de la présence d'esprit nécessaire pour observer les formes prescrites. »

M. Dalloz aîné, Jurisp. gén., t. 5, v° Disposit. entre-vifs et test., entre dans les idées de M. Toul-

lier, en disant : « Nous pensons également que l'impéritie du notaire ne peut jamais l'excuser. Avant d'accepter les fonctions du notariat, il doit peser les obligations qu'elles lui imposent, et, se soumettre à la responsabilité des fautes qui peuvent lui échapper. »

26. Moins sévère, Massé, Parfait notaire, c. 17 estime que, « les peines doivent être proportionnées aux délits, et elles seraient hors de toute proportion, si une simple inadvertance pouvait entraîner une condamnation telle qu'elle dût ruiner le notaire auquel elle serait échappée. On sent donc que ces sortes de causes sont toujours un peu abandonnées à l'équité et à la conscience des juges. Aussi les dispositions de la loi, qui prescrivent des formalités à peine de tous dommages-intérêts, ajoutent ordinairement ces mots, *s'il y a lieu* : ce qui peut s'entendre non-seulement si l'omission a causé un dommage, mais encore s'il y a véritablement lieu d'appliquer la peine. »

27. De même, sous l'empire de l'ancien droit, bien que dans la déclaration du 29 sept. 1722 il fût dit par l'article 3 « que les notaires demeureraient responsables des dommages-intérêts que les parties pourraient souffrir par la nullité de leurs actes, » cependant la rigueur de cette disposition était atténuée dans la pratique, et Ferrière, dans son Dictionnaire de droit et de pratique, v° Not., dictionnaire qui présente le résumé de la jurisp. de l'époque, disait : « Les notaires ne sont point responsables des nullités qu'ils ont causées par impéritie dans les actes qu'ils ont passés. Voy. Louet et son comm., lettre N, ch. 9 ; et le commentateur d'Henrys, t. 1, liv. 2, ch. 4, quest. 27. A l'égard des dommages-intérêts qu'ils auraient causés par dol ou par lourde faute, qui est en droit comparée au dol, ils sont toujours tenus des dommages-intérêts causés par ce moyen à l'un des contractants. »

28. Quelques documents empruntés à la jurisprudence montreront quelles sont les règles actuellement suivies par les tribunaux. La cour de Lyon, par un arrêt du 18 janv. 1832 (32- 2. 179), avait décidé que le notaire n'était responsable que de sa faute lourde ; la Cour de cassation, par arrêt du 27 nov. 1837 (D.P. 37. 1. 465), a repoussé cette doctrine. De même la cour de Bourges, par arrêt du 28 juillet 1829 (D.P. 33. 2. 113), a rendu les notaires responsables de la nullité de leurs actes, lorsque ces nullités doivent être attribuées à leur *négligence* ; il n'est pas nécessaire, pour donner lieu à la responsabilité, qu'il y ait dol ou fraude de leur part.

29. Le tribunal de la Seine a décidé, par jugement du 26 août 1838 (D.P. 39. 3. 105), qu'il y avait lieu de condamner à des dommages-intérêts le notaire qui, sans avoir vérifié préalablement les titres de propriété et la situation hypothécaire de l'emprunteur, a reçu l'acte de prêt fait frauduleusement et sans pouvoir par un tiers porteur des deniers du prêteur à une personne insolvable.

30. Le notaire avait, dans l'espèce, à se reprocher le défaut de pouvoir du prétendu mandataire du prêteur, le défaut de justification des titres de propriété affectés à la garantie, l'insuffisance de la désignation de la nature des immeubles

donnés en hypothèque, et enfin la non-représentation d'un état d'inscription ou d'un certificat de non-inscription.

L'inobservation des formalités d'affiches et d'insertion prescrites par les art. 960, 961 et 962 C. proc., de la part du notaire commis pour procéder à une vente sur conversion de saisie en vente volontaire, constitue une faute lourde, qui le rend responsable des suites de la nullité de l'adjudication.—Colmar 4 juin 1830. D.P 30. 2. 187.

Le notaire qui a négocié un acte d'emprunt au profit d'une personne dont il connaissait l'insolvabilité, et qui a inséré dans l'acte des déclarations fausses, sachant qu'elles étaient fausses, faites par l'emprunteur sur l'état de sa fortune, a pu valablement être déclaré responsable du préjudice souffert par le prêteur, sur le motif que le notaire avait commis une faute lourde équivalente au dol, sans que l'arrêt qui le décide ainsi, par appréciation des faits, tombe sous la censure de la cour de cassation. — Cass. 15 déc. 1841. D.P. 42. 1. 25.

§ 5. — De l'erreur de droit.

31. On ne saurait imputer au notaire l'erreur qu'il peut commettre en donnant à telle ou telle question controversée une solution erronée ; il ne fait en cela que partager l'incertitude des tribunaux et des auteurs. Ce fut surtout dans les premiers temps qui ont suivi la promulgation de nos codes, alors que beaucoup de questions se présentaient sans précédents, et partageaient les meilleurs esprits, que l'erreur de droit dut être accueillie avec indulgence par les tribunaux ; la jurisprudence témoigne de cette indulgence. Ainsi il a été jugé, par arrêt de la Cour royale de Riom, du 28 mai 1824, que le notaire qui a reçu un contrat de mariage nul, à raison de ce qu'il s'est fait assister de témoins parents au degré prohibé des parties contractantes, peut, néanmoins, être déchargé de toute responsabilité, si le contrat remonte à une époque rapprochée de l'émission du Code civil ; en ce qu'alors il existait, sur la nécessité de l'assistance de deux témoins aux contrats de mariage, diversité d'opinion et de jurisprudence. — Riom, 20 nov. 1818 et 28 mai 1824. (D.A. 10. 651, n.3 ; 652, n. 4).

Ainsi encore, un notaire n'est pas responsable de la nullité d'un acte (un testament) résultant de la solution fautive qu'il a donnée à un point de droit controversé sous l'ancienne comme sous la nouvelle jurisprudence, tel que celui de savoir si l'incapacité d'instrumenter, produite à son égard par l'affinité, a cessé par le décès, sans postérité, de la personne de qui venait cette affinité... En pareil cas, il peut, toutefois, être condamné, au moins en partie, aux frais du procès que son erreur a fait naître. (Bordeaux, 14 mars 1843 D.P. 43. 2. 177). Un notaire n'est pas responsable d'une nullité commise dans un acte par lui reçu, alors qu'il y avait controverse sur la légalité ou l'illégalité du système qu'il a adopté.—Agen, 16 août 1836, et Douai 2 janvier 1837. D.P. 38 2. 16 1.

32. Ainsi il n'est pas responsable de la nullité d'un testament mystique résultant de ce que l'acte de suscription, reçu à la campagne, n'a été signé que par quatre témoins au lieu de l'être par les six témoins présents à l'acte, alors qu'à cette époque il y avait controverse sur le point de savoir si la signature des six témoins était requise —Agen, 16 août 1836. D.P. 38. 2. 161.

33. il ne l'est pas de la nullité d'un testament passé devant lui, résultant de ce qu'il y est nommé exécuteur testamentaire salarié, alors qu'il y avait controverse sur ce point.

34....Toutefois l'insertion d'une clause pareille, susceptible de faire naître des contestations, est de la part du notaire une imprudence qui doit au moins le rendre passible des frais du procès. — Douai, 2 janv. 1837. D.P. 38. 2. 161.

35. Mais il n'en serait plus de même s'il s'agissait d'une irrégularité résultant de ce qu'un officier ministériel aurait négligé de se conformer à une jurisprudence généralement adoptée. On dirait en vain qu'il ne doit pas répondre d'une erreur de droit.—(Aix, 8 fév. 1838. D.P. 38. 2. 148. Bien que cette espèce se rapporte à un avoué, le principe qu'elle consacre s'étend également au notaire.

36. La doctrine et la jurisprudence ont essayé de préciser la responsabilité des notaires au sujet de la validité de leurs actes, en établissant une distinction entre les formalités intrinsèques et les formalités extrinsèques, et en les déchargeant des premières pour ne faire peser sur eux que les suites des secondes. Pour appuyer cette distinction, on a raisonné comme le fait la Cour d'Orléans dans un arrêt du 26 janvier 1839 (D.P. 39. 2. 86). On a dit que les notaires n'avaient reçu de la loi que le pouvoir de conférer le caractère de l'authenticité aux actes ou conventions auxquels les parties veulent ou doivent donner la forme authentique ; que par corrélation à ce droit ils ont l'obligation de revêtir les actes des formes qui en assurent la régularité et la validité ; qu'il faut distinguer ce qui tient à la substance même de la convention, de ce qui n'est relatif qu'à la forme probante et aux parties extrinsèques de l'acte ; que quant aux formes extrinsèques, le notaire chargé de leur accomplissement est nécessairement responsable des erreurs provenant de son fait que contient l'acte dans sa forme et, lui ôtent la force probante qu'il devait lui donner ; qu'ici son impéritie lui est imputable, parce qu'il a manqué à la mission spéciale que la loi lui a confiée, parce qu'il y a ignorance de ce que le notaire doit savoir ; mais que quant aux vices intrinsèques de l'acte, à la nullité de la convention en elle-même, il le notaire n'a pas mission de la loi pour les prévenir, puisqu'il est contraint de prêter son ministère à toute partie qui le requiert ; que, sans doute, les notaires ont l'obligation morale d'avertir les parties des vices qui peuvent exister dans une convention intervenue entre elles, mais qu'il ne saurait résulter de là, que si, de bonne foi, ils errent sur l'efficacité d'une convention qu'ils sont chargés de constater, on doive les rendre responsables de toutes les erreurs qui tiennent au fond même de l'obligation ; qu'ainsi entendue, la responsabilité des notaires ferait peser sur ceux-ci des obligations qui n'atteignent pas, dans les cas analogues, les autres personnes exerçant les professions libérales ; parce que, quant aux vices du fond, l'erreur de droit retombe d'abord et principalement sur la partie, qui ne peut dès lors re-

porter sur le notaire les résultats d'une erreur qui est la sienne et qui lui est imputable, car l'ignorance d'une loi générale n'accuse personne.

37. Il nous semble difficile de souscrire à un pareil système, et cela pour plusieurs raisons. D'abord, comment distinguer dans tous les cas les formalités intrinsèques des formalités extrinsèques? Quelle sera la règle en cette matière? En second lieu, ne répugne-t-il pas à la dignité même du notariat de se constituer les agents passifs et silencieux des parties qui jugent convenable de s'adresser à eux? Oui, ils sont sans doute obligés de prêter leur ministère dès qu'ils en sont requis, mais à la condition que les actes qu'on leur demande seront conformes à la loi, et nous ne pensons pas qu'ils puissent décliner toute responsabilité au sujet des actes intrinsèquement irréguliers, illégaux, parce qu'extrinsèquement l'acte serait revêtu de toutes les formalités exigées par la loi. On peut encore consulter, dans le sens de la doctrine de la Cour d'Orléans, un arrêt de cassation du 22 décembre 1840 (D.P. 41. 1. 42). Cet arrêt décide que les notaires ne sont pas responsables des nullités *intrinsèques* ou tenant au fond du droit, dans les actes par eux reçus; et que l'on doit considérer comme une formalité *intrinsèque* celle qui a pour objet la désignation spéciale des immeubles hypothéqués dans un acte de constitution d'hypothèque; de telle sorte que le notaire agissant de bonne foi et non en qualité de mandataire, n'est pas responsable de l'omission de cette formalité, alors du moins que l'acte a été rédigé à titre de constitution d'hypothèque générale, dans la supposition erronée que le constituant, qui se portait caution hypothécaire, pouvait se soumettre à l'effet d'un jugement emportant hypothèque générale contre le débiteur principal.

La Cour de Nancy, par arrêt du 2 février 1838 (D.P. 38. 2. 26), repousse la distinction et décide que le notaire est responsable d'une formalité intrinsèque, comme d'une formalité extrinsèque.

Il ne sera pas sans utilité, après avoir examiné les principes généraux, d'en suivre l'application qui en a été faite par la jurisprudence aux actes qui rentrent le plus habituellement dans le ministère des notaires.

38. *Donations.* —En matière de donation il a été jugé par arrêt de la Cour de cassation du 27 mars 1839 (D.P. 39. 1. 111) que le notaire qui a omis d'exprimer dans un acte de donation, l'acceptation des donataires, quoiqu'il soit constant que ceux-ci s'étaient présentés devant lui dans l'intention d'accepter et de faire un acte valable et complet, doit être déclaré responsable de la nullité résultant du défaut d'acceptation, comme coupable de négligence et d'impéritie.

39. Cependant un notaire ne peut être déclaré responsable de la nullité d'un acte provenant du fait des parties... Et spécialement il ne saurait répondre de la nullité d'un don mutuel fait entre époux, contrairement à l'art. 1037 C. civ.—Bourges, 28 août 1832 (D.P. 34. 2. 74).

40. Le notaire n'est pas responsable de la nullité d'une donation dans laquelle l'un de ses alliés au degré prohibé reçoit un avantage, alors que cette alliance était connue des parties; que pour évi-

ter la nullité il avait fait venir un second notaire, lequel a refusé de signer; qu'enfin et plus tard, les parties ont refait, mais irrégulièrement encore, l'acte devant un autre notaire... Seulement et pour toute responsabilité, il peut être condamné à supporter les frais de l'acte par lui reçu, et les dépens de l'instance, en ce qui le concerne.—Nancy, 2 fév. 1838 (D.P. 38. 2. 26).

41. Mais il est responsable de la nullité résultant du défaut d'acceptation par les donataires d'une donation contenue dans un partage d'ascendant.—Même arrêt.

42. Ainsi encore, le notaire rédacteur d'un acte de donation, nul à défaut d'acceptation du donataire, est responsable des suites de cette omission, alors surtout que le donataire, homme d'ailleurs illettré, était présent au contrat avec l'intention évidente d'accepter la donation. — Rennes, 20 mars 1841 (D.P. 41. 2. 233).

43. *Testament.* —C'est surtout en matière de testament, que la responsabilité des notaires est plus étroite et plus fréquente. On verra par les décisions qui sont rapportées plus bas, à quels soins et à quelles précautions ils doivent recourir et dans l'intérêt de leurs clients et pour se préserver de tout recours de leur part. Il est de principe, d'abord, que c'est aux notaires à s'assurer de la capacité des témoins appelés aux actes, et spécialement aux testaments qu'ils reçoivent.

Ainsi, il suffit qu'il soit reconnu en fait qu'un notaire a dû connaître l'incapacité, pour parenté avec l'un des légataires, d'un témoin appelé à un testament, pour qu'il y ait faute de sa part en ce que il a admis ce témoin, et que par suite il soit responsable de la nullité qui en est résultée. —Cass., 15 janv. 1835 (D.P. 35. 1. 156).

44. On doit regarder comme une faute ou négligence grave donnant lieu à la responsabilité, le fait par un notaire d'avoir, dans une ville populeuse, laissé participer comme témoin instrumentaire à la confection d'un testament authentique, un homme repris de justice. — Limoges, 22 janv. 1838. (D.P. 38. 2. 114).

45. Lorsqu'un notaire, à raison de l'état mental d'une personne qui se propose de tester, a refusé son ministère ou s'est abstenu de clore l'acte par sa signature, le légataire ou les autres parties intéressées à exercer une action en dommages-intérêts, peuvent l'exercer contre le notaire qui, par dol, par fraude ou dessein de nuire, a refusé de signer ou de clore le testament. — Bordeaux, 3 août 1841 (D.P. 42. 2. 13).

46. Si la nullité de forme qui vicie un testament suppose ou une extrême impéritie de la part du notaire ou une négligence inexcusable, il doit être responsable des suites de cette nullité. Spécialement un notaire est responsable de la nullité résultant du défaut de mention, dans l'acte, de la lecture d'un testament faite au testateur en présence de témoins. — Grenoble, 13 juill. 1831 (D.P. 32. 2. 32).

47. Le notaire rédacteur d'un testament, déclaré nul à raison de l'inobservation d'une formalité prescrite par la loi du 25 vent. an 11, pour la validité des actes notariés en général, telle que l'approbation spéciale des renvois mis à la fin de l'acte, peut être déclaré non responsable de la

70

nullité, lorsque le testament a été passé à une époque où l'application de la loi de vent. à la rédaction des testaments était controversée. — (Lyon 18 janv. 1832. D P. 32 2. 179) V. ce qui a été dit plus haut, au sujet de l'erreur de droit. Le notaire est responsable de la nullité d'un testament prononcée pour omission de la mention de lecture en présence des témoins, surtout lorsqu'il en a connu le vice, à une époque où il était encore temps de le corriger.—Caen, 2 déc. 1835. D.P. 40. 2. 102.

48. L'omission de la date dans un testament authentique rend le notaire ou ses héritiers responsables de la validité de la disposition annulée pour cause de cette omission. —(Rouen. 24 juil. 1828. D.P. 29. 2. 191). Le notaire rédacteur d'un testament annulé à raison de la surcharge du nom d'un témoin est passible de dommages-intérêts envers les légataires.—Toulouse, 29 avril 1826. D.P. 29. 2. 5.

49. La responsabilité du notaire qui a reçu un testament, déclaré nul pour défaut de formalités, peut se borner aux frais et dépens qui ont eu lieu, s'il paraît que le légataire lui-même n'a pas été étranger à l'inobservation des formalités. Caen, 15 janv. 1823. S. 24. 2. 269.

50. Le notaire rédacteur d'un testament annulé parce que l'un des témoins instrumentaires ne comprenait pas la langue dans laquelle il a été rédigé, n'est point passible des dommages-intérêts envers les légataires, alors surtout que les témoins ont été produits par le testateur. — Metz, 30 avril 1833. D.P. 33. 2. 217.

51. Le notaire rédacteur d'un testament, annulé pour cause de parenté de l'un des témoins avec un légataire, peut être admis à prouver que le fait reproché ne provient ni de son imprudence ni de sa négligence et qu'il est personnel au testateur. — Douai, 29 août 1838. D.P. 39. 2. 71.

52. Un notaire qui a négligé de s'assurer de l'âge des témoins instrumentaires qui ont concouru à un testament, et qui par erreur a admis parmi eux un mineur (âgé de seize ans), est responsable de la nullité du testament... Toutefois cette responsabilité est atténuée par les circonstances, que le témoin incapable a été appelé par le légataire ; que son apparence extérieure prêtait à l'erreur, enfin que c'est par la faute du légataire que le testament n'a pas été recommencé. — Caen, 31 mai 1842. D.P. 42. 2. 200.

53. La cour de Lyon avait jugé le 3 janv. précédent (42. 2. 133), que le notaire qui reçoit un testament est responsable de l'incapacité des témoins instrumentaires, alors surtout qu'elle résulte de leur de les interparenté avec l'un des légataires et qu'il a négligé peller à cet égard.. et cette responsabilité n'est pas affaiblie par la circonstance que les témoins ont été convoqués par le testateur lui-même.

54. *Contrat de mariage.* — En matière de contrat de mariage, le notaire qui termine un contrat de mariage par ces mots : *et ont les futurs et les parents déclaré ne savoir signer, à la réserve des soussignés* (des témoins), ne fait pas une suffisante mention de la signature des témoins... et il y a là omission constituant de sa part une faute grave qui le rend responsable des suites de la nullité du contrat.—Paris, 25 mai 1826. D.P. 27. 2. 114.

55. *Société.*—Le notaire qui, dans l'extrait de l'acte d'une société commerciale, publié conformément à l'art. 42 C. com., a omis d'annoncer la clause restrictive de la signature sociale, est responsable des obligations plus étendues, dont la société s'est trouvée, contre son vœu, chargée envers les tiers qui ont contracté avec les associés, dans l'ignorance de cette clause ; alors surtout que le notaire ne prouve pas que les engagements souscrits par les associés au-delà de leur pouvoir ont tourné au profit de la société. Douai, 21 nov. 1840. D.P. 41. 2. 67.

Inventaire. — En matière d'inventaire, le notaire qui, dans un pareil acte, néglige de coter et parapher des inscriptions de rente sur l'Etat, et facilite ainsi leur aliénation par celui au nom de qui elles étaient portées, mais qui n'en était qu'usufruitier, commet une faute lourde qui le soumet à réparer le préjudice éprouvé par les héritiers, encore bien que ceux-ci n'aient point formé opposition au Trésor. Il y a plus, le notaire qui a figuré dans un inventaire, comme représentant un militaire absent, est tenu envers celui-ci des suites de la négligence du notaire dressant l'inventaire, s'il a omis d'informer l'absent de l'omission, par exemple des inscriptions de rente, de leur défaut de cote et de paraphe, et l'a mis ainsi dans l'impossibilité de prendre les mesures nécessaires pour la conservation de ces inscriptions. — Paris, 7 nov. 1839. D.P. 40. 2. 59.

56. *Constitution de rente.* —En matière de constitution de rente, le notaire devant qui une constitution de rente a été consentie, n'est point responsable de l'insuffisance des garanties déclarées au crédit-rentier par l'emprunteur, lorsque le crédit-rentier ne justifie pas que le notaire a agi comme son mandataire et non pas seulement comme rédacteur de l'acte, si d'ailleurs l'acte est régulier et quant à la forme et quant aux énonciations de la propriété et quant aux inscriptions hypothécaires offertes comme sûretés.—Caen, 6 juill. 1835. D.P. 40. 2. 103.

Pour ce qui est relatif aux placements d'argent, v. ci-après...

§ 6. — *De l'individualité des parties.*

57. L'art. 11 de la loi du 25 ventose an 11 prescrit impérieusement aux notaires, dans le cas où ils ne connaîtraient pas le nom, l'état et la demeure des parties, de se les faire attester dans l'acte par deux citoyens connus d'eux, ayant les mêmes qualités que celles requises pour être témoin instrumentaire.

58. L'omission de ces précautions relatives à l'individualité des parties entraîne une responsabilité sévère pour les notaires. Il a été jugé que lorsque par suite de la négligence du notaire à s'assurer de l'individualité des parties contractantes, son acte se trouve entaché de faux par supposition de personnes, cet officier est responsable du dommage qui peut en résulter pour les tiers qui ont traité sur la foi de cet acte.—Cass., 29 décembre 1828. D.P. 29. 1. 83.

59. Lorsqu'un notaire ne connaît pas les parties ou l'une d'elles, il est tenu de se faire attester par deux citoyens les noms, l'état et demeure de ces parties, et il suit de là que celui qui, dans une obligation pour prêt reçue par lui, a négligé de se faire certifier l'individualité de l'emprunteur à lui inconnu, et qui n'a pas offert de prouver que l'emprunteur eût été amené dans son étude par le prêteur qui eût déclaré le connaître, a pu justement être déclaré responsable du préjudice résultant pour ce dernier de la supposition de personne commise par l'emprunteur... Et quoique le notaire ait offert de prouver que les parties s'étaient rendues ensemble dans son étude, qu'elles s'étaient rendues, après l'acte, dans un café, et qu'enfin il n'avait jamais vu l'emprunteur, ces faits ont pu être déclarés non pertinents (Cass. 17 mars 1828.D.P.28.1. 177). Il résulte d'un motif de l'arrêt que la responsabilité du notaire cesserait, s'il justifiait que la partie qui a souffert un dommage a certifié elle-même l'individualité de la personne avec laquelle elle a contracté, ou qu'elle a dispensé le notaire de procéder à cette attestation ; la loi de ventose ne comporte pas cette distinction ; ses prescriptions sont d'ordre public, et le notaire ne peut se dispenser de les observer en s'excusant sur l'assentiment d'une partie.

60. Le notaire alléguerait vainement, pour excuser sa négligence, que l'autre partie avait dû lui inspirer toute confiance. Si l'acte passé est une vente par exemple, et que la personne supposée soit le vendeur, les tiers qui auraient réacheté de l'acquéreur, s'ils sont évincés par suite de la supposition de personne, peuvent considérer la négligence du notaire comme cause du dommage qu'ils éprouvent, et par suite exercer contre lui une action en dommages-intérêts. (Cass. 29 déc. 1828, D.P. 29. 1. 83). C'est aussi l'opinion d'Augan, Cours de not., t. 1, p. 124, n. 6.

61. C'est au notaire et non à l'acquéreur qu'est imposée l'obligation de prouver que celui-ci connaissait la supposition de personne. (Cass., 4 avril 1831. D.P.31. 1. 155). Mais, quoique le notaire qui néglige de faire certifier l'individualité d'une partie à lui inconnue, commette une faute grave, des suites de laquelle il peut être déclaré garant, cependant cette responsabilité ne peut être prononcée que lorsqu'il est prouvé que la négligence du notaire est la cause, sinon unique, au moins principale, du préjudice causé. (Angers, 19 janv. 1828, D.P.28.2. 83). Cette réserve ne saurait être contestée. Elle est de toute justice.

§ 7. — De la capacité des parties.

62. On s'est demandé si le notaire, obligé de connaître ou de se faire attester l'individualité des parties, était également responsable de leur capacité ou de leur qualité. Sous ce double rapport, les auteurs et la jurisprudence se prononcent pour la négative.

63. M. Rolland de Villargues, Rép. v° Respons. des Not., n. 54, se range à cette opinion. Il pense qu'il est de règle que chacun doit connaître la capacité de celui avec qui il contracte.

Nemo debet esse ignarus conditionis ejus cum qao contrahit. C'est donc aux contractants à s'assurer de cette capacité ; et s'ils négligent ce soin, ils doivent s'imputer les conséquences de leur négligence. La loi impose aux notaires l'obligation de se faire certifier l'individualité des parties quand elles ne leur sont pas connues. Ils sont responsables de cette individualité ; mais autre chose est la capacité civile ; et l'on ne peut, sans a outer arbitrairement aux obligations des notaires, leur imposer celle de connaître cette capacité : ce qui leur serait le plus souvent impossible. C'est aussi l'opinion de Ferrière, Parf. not., liv. 1er, ch. 17 ; de Fouquet, Bibliothèque du barreau. 1809, 2me partie, p. 43; Pagès, de la Resp. des not., p. 111. C'est aussi l'avis de M. Dalloz aîné, Jur. gén., v° Notariat, p. 424, n. 7, et Oblig., p. 459, n. 4. Un jugement du tribunal d Alger, du 17 avril 1833 (D. P. 34. 2. 16), s'est aussi prononcé dans le même sens ; on peut voir encore, Metz, 30 mars 1833 Douai, 28 juin 1843; Arg. de Bordeaux, 5 août 1841. (D.P. 34. 2. 201; 44. 2. 41, 42. 2. 12).

64. Peut être, cependant, la solution est-elle susceptible de quelques réserves en ce qui concerne la capacité. On ne comprendrait pas, par exemple, s'il s'agissait d'un interdit dont le nom doit être porté sur le tableau placé dans les études de notaires, qu'un notaire ou tous autre officier ministériel pût consentir à instrumenter pour lui.

65. De même pour la qualité des parties, le notaire pourra-t-il accepter toutes les déclarations sans se rendre coupable d'une grande légèreté. Nous ne le pensons ; et même il serait dangereux, dans l'intérêt des notaires, de ne pas appeler leur attention sur les cas particuliers qui peuvent se rencontrer en pareille matière.

§ 8. — De la responsabilité des notaires dans les cas où ils agissent comme mandataires des parties.

66. Il arrive quelquefois que les notaires sortent de leur caractère d'officiers publics pour descendre au rôle de simples mandataires des parties. C'est alors que se présentent pour eux de nouvelles obligations, une responsabilité plus étroite et dont les conséquences sont d'autant plus désastreuses, que le rôle de mandataire pris par les notaires se dessine plus habituellement à l'occasion des placements de fonds.

67. A quels caractères pourra-t-on reconnaître que le notaire, au lieu de se borner à recevoir les conventions des parties et à leur donner l'authenticité, conséquence légale de son intervention, est devenu le mandataire ou le *negotiorum gestor* de l'une des parties qui se sont présentées devant lui? Cette question n'est pas sans difficulté; il suffira, pour s'en convaincre, de se reporter aux nombreuses décisions émanées des tribunaux et qui seront successivement analysées et discutées après l'exposé des principes généraux qui régissent la matière.

68. D'abord il faut se garder de confondre les avis ou conseils donnés par le notaire avec la *negotiorum gestio*. « Si je vous ai écrit dans une lettre, dit Pothier, Traité des oblig., n. 401, qu'un homme qui vous demandait de l'argent à emprunter était solvable, on ne peut prendre cela pour un cautionnement, car j'ai pu en cela n'avoir d'autre intention que de certifier ce que je croyais et non pas de m'obliger. » — Lorsque l'on donne une opinion consciencieuse, on ne pourrait, sans injustice, être rendu garant d'une erreur involontaire. C'est à celui qui demande le conseil à bien choisir celui à qui il s'adresse et à peser les avis qui lui sont donnés. Il y a plus, les avis ou conseils rentrent dans les devoirs moraux du notaire, qui doit éclairer les parties sur les conséquences de leurs actes, leur demander des renseignements, si ceux qu'il a ne lui semblent pas suffisants, éclairer leurs conventions du flambeau de son expérience et d'une pratique constante des affaires. M. Pagès, *De la responsabilité des notaires*, 162, résume clairement les caractères distinctifs de ces deux cas d'une nature si différente et dont les conséquences sont si opposées : « Il faut soigneusement distinguer, dit-il, avec les anciens commentateurs, le mandat proprement dit, du simple conseil : le premier suppose l'intention de s'obliger ; le second, au contraire, éloigne toute idée d'obligation conventionnelle : il laisse la liberté entière de faire ou de ne pas faire ce qui est conseillé, et celui qui reçoit le conseil ne s'attend pas naturellement à ce qu'on réponde de ses suites, à moins cependant qu'il n'y ait dol ou fraude : *Consilii non fraudulenti nulla est obligatio*. L. 47, ff. *De reg. jur.*; Vinnius, I. 3, t. 27. com. § 3 ; Heineccius, Recit. 962 ; Domat, Lois civ., t. 15, sect. 2, 13.

69. « Cette règle peut souffrir une exception dans le cas où le conseil est suivi d'exhortation telles qu'elles déterminent la volonté, et que sans elles on n'eût pas conclu l'affaire conseillée. Les Institutes, tit. *de mand.*, § 6, citent précisément l'exemple où l'on aurait conseillé de prêter de l'argent à une personne déterminée ; dans cette hypothèse, disent les commentateurs, il semble que celui qui a donné le conseil ait offert sa garantie personnelle en faveur de la personne désignée, et que le prêteur ait plutôt suivi sa foi que celle de cette personne. Mais on comprend que ce conseil doit avoir un caractère particulier et déterminant, et que celui qui a simplement affirmé la solvabilité de l'emprunteur ne puisse être légalement obligé (Vinnius. Comm. § 6.) »

70. Tel est le sentiment de M. Pagès, qui est fondé en raison, et qui, quoique formulé d'une manière générale dans les principes du droit romain, peut recevoir son application aux notaires. Ainsi, dit encore M. Pagès, *loc. cit.* : « En appliquant les règles de droit aux placements de fonds, il faut décider que lorsque le prêteur a été présent à l'acte ; qu'il a connu ou pu connaître par lui-même la position de l'emprunteur, et que le notaire n'a fait que rédiger l'acte qui constate les conventions des parties, aucun recours ne saurait l'atteindre. Il peut se faire, et il arrive même assez souvent qu'il est consulté sur la solidité du pla-

cement ou qu'il l'indique lui-même comme bon, Mais un conseil donné de bonne foi ne saurait raisonnablement l'obliger, et si le prêteur éprouve plus tard quelque difficulté à obtenir son remboursement, il est lui-même la cause principale du préjudice qu'il éprouve. »

71. Suivant nous, et pour préciser davantage la responsabilité du notaire en matière de prêt, on peut faire rentrer dans les trois hypothèses qui suivent les circonstances qui accompagnent d'habitude les opérations de cette nature.

72. Dans le premier cas, un notaire est requis par deux parties de donner l'authenticité à des conventions qu'elles ont précédemment arrêtées, et de constater un prêt que l'une d'elles fait à l'autre avec une affectation hypothécaire.

73. Dans le second, un notaire reçoit de son client la mission de lui chercher un placement pour une somme déterminée ; le notaire lui indique un emprunteur avec lequel il le met en rapport, et lorsque le prêteur et l'emprunteur se sont entendus sur les conditions du contrat, le notaire rédige l'acte.

74. Dans le troisième, un notaire reçoit d'une personne le mandat de lui placer une somme quelconque sur hypothèque : le mandat est exécuté par le notaire, qui, sans consulter son mandant, a seul le choix de l'emprunteur et veille seul aux garanties à exiger, puis verse les fonds entre les mains d'un tiers, qui s'oblige envers le prêteur.

75. Quelle sera, sur la responsabilité du notaire, l'influence de ces diverses hypothèses ?

76. Au premier cas, la responsabilité du notaire n'est évidemment engagée qu'autant que l'acte constatant le prêt serait entaché d'une nullité de forme, et cela, bien que les droits du prêteur fussent compromis par suite de l'inobservation des formalités requises pour la validité de l'inscription ou bien par la remise immédiate des fonds à l'emprunteur avant l'accomplissement des conditions nécessaires pour obtenir la subrogation promise. Le notaire, ici, n'a dans aucun cas l'obligation étroite de surveiller, sous peine de dommages-intérêts, l'exécution des conventions auxquelles il a donné l'authenticité.

77. Il y a plus, dans le cas actuel, le notaire irait au-delà des obligations qui lui sont imposées s'il entrait dans l'examen et la critique des conventions qui lui sont présentées.

78. Les principes seront-ils différents parce que le notaire aura indiqué l'emprunteur au prêteur ?

79. La solution paraît toujours devoir être la même, si le notaire s'est borné à mettre l'emprunteur et le prêteur en rapport, et si d'autre part les parties ont arrêté elles-mêmes les bases du contrat sans charger l'officier ministériel du soin de prendre toutes les précautions nécessaires pour assurer les droits du prêteur.

80. La thèse change, si le notaire s'est constitué l'homme d'affaires du prêteur ; s'il s'est engagé à trouver le placement des sommes qui lui ont été confiées ; alors la nature de sa responsabilité se modifie et s'étend. Comme notaire, il encourt la

responsabilité spéciale indiquée dans la première hypothèse et relative à la rédaction de l'acte reçu par lui, et de plus, comme mandataire du prêteur, il répond des suites de son administration. S'il arrive que, par négligence ou par impéritie, il laisse l'emprunteur toucher le montant du prêt avant d'avoir rempli toutes les formalités nécessaires pour assurer l'efficacité de l'hypothèque, il s'expose à une action en dommages-intérêts, non par suite des lois du notariat, mais à raison de l'action du mandat.

81. Dans la théorie, comme on peut le concevoir, ces différentes hypothèses se distinguent facilement les unes des autres, le seul embarras consiste à préciser quand, en fait, le notaire a dépassé les bornes de ses fonctions publiques pour se constituer le mandataire de son client; et ce point, entièrement livré à l'appréciation des magistrats, a donné lieu aux nombreuses solutions qui seront rapportées ci-après.

82. A la date du 25 août 1831, la Cour de cass. a décidé (D.P. 31. 1. 340) que tout en déclarant qu'un notaire et un tiers, auxquels un prêteur s'était adressé pour avoir des renseignements sur la solvabilité de l'emprunteur, avaient agi avec *une imprudence blâmable* en présentant cet emprunteur comme solvable, quoiqu'il ne le fût pas » et que, sans leurs assertions, le prêt n'aurait point eu lieu, les juges peuvent cependant ne pas condamner le notaire et le tiers à réparer la perte qu'a éprouvée le prêteur par suite de l'insolvabilité du débiteur, ou du moins ne les condamner qu'aux frais de l'instance pour tous dommages-intérêts, s'ils reconnaissent en même temps que *la principale cause, la véritable cause* du dommage éprouvé par le prêteur a été sa propre imprudence.

83. Jugé de même par arrêt de la Cour royale de Paris, du 22 mai 1832 (D.P. 32. 2. 130), que le notaire auquel l'un de ses clients s'est adressé pour faire un placement d'argent , n'est pas garant de la solidité du placement, en telle sorte qu'il doive répondre de l'insuffisance de la valeur de l'immeuble offert en hypothèque, si, d'ailleurs il s'est borné à une simple indication de ce placement, sans se constituer mandataire du prêteur, et sans se charger du soin de prendre les renseignements nécessaires sur la solvabilité de l'emprunteur.

84. La même Cour a encore décidé par arrêt du 16 août suivant (D.P. 32. 2. 208), que le notaire par les conseils duquel un prêt ou placement de fonds a eu lieu n'est pas, à raison de ces simples conseils, responsable de la solidité du placement, lorsque d'ailleurs il n'a ni agi dans l'opération comme mandataire du prêteur, ni reçu aucun salaire à l'occasion du prêt. — Il y a plus; l'arrêt ajoute que la négligence ou omission d'un notaire devant lequel est passé un acte de prêt, de faire connaître au prêteur la position de l'emprunteur connu de lui, n'entraîne non plus contre le notaire aucune responsabilité à raison des suites dommageables du prêt.

85. Jugé de même encore que le notaire par les conseils duquel un créancier a accepté l'offre d'une hypothèque qui lui était faite par le dé-

biteur, n'est point responsable du défaut de solidité de cette hypothèque à raison de l'existence de plusieurs créances antérieurement inscrites, lorsque d'ailleurs il n'avait pas reçu mission de s'assurer soit de la valeur des biens donnés en hypothèque, soit des charges qui pouvaient les grever. Paris, 26 janv. 1833 (D.P. 34. 2. 142).

86. Jugé aussi que le défaut par un notaire qui a reçu un contrat d'hypothèque, d'avoir exigé du débiteur la justification de son droit de propriété, ne constitue pas une faute grave qui rende le notaire responsable, envers le créancier, de l'inefficacité de l'hypothèque par suite de la résolution de la vente ultérieurement prononcée pour défaut de paiement du prix..., si d'ailleurs le notaire n'a pas été le conseil du créancier. (Paris, 27 nov. 1834. D.P. 35. 2. 15).

87. Le notaire qui a opéré pour un de ses clients un placement hypothécaire qu'il avait conseillé n'est pas responsable du défaut de collocation utile à l'ordre ouvert sur le prix des biens vendus, s'il prouve qu'à l'époque du prêt, la valeur de ces biens était, d'après l'opinion commune, suffisante pour satisfaire au remboursement des sommes prêtées. (Bordeaux, 9 déc. 1841. D.P. 42. 2. 184).

88. Le notaire qui dans un acte constitutif d'hypothèque, au lieu de désigner les biens hypothéqués, s'est borné à mentionner que le débiteur « a hypothéqué tous les biens qui seront désignés plus tard dans le bordereau d'inscription », a pu être déclaré non responsable envers les créanciers de la nullité de cette hypothèque, pour défaut de désignation, s'il est établi que les *parties* n'attachaient que peu d'importance à la constitution d'hypothèque et n'avaient pu ni voulu donner cette désignation. — (Cass. 4 déc. 1843 D.P. 44. 1. 70).

89. Les principes ne sont plus les mêmes et la responsabilité est encourue lorsque le notaire, ainsi qu'on l'a dit ci-dessus, ne se borne pas à donner un conseil en indiquant un placement, mais se charge, pour un capitaliste, de la mission spéciale de lui trouver un placement. Dans ces circonstances, le notaire, non plus comme notaire, non plus en vertu de la loi de vent. an 11, mais comme mandataire ou comme *negoliorum gestor* et en vertu des principes généraux du Code civil en matière de mandat et de quasi contrat de gestion d'affaires, devient responsable du préjudice qu'il cause par sa faute, sa négligence, sa légèreté, soit dans l'appréciation de la solvabilité de l'emprunteur, soit dans celle des garanties hypothécaires qu'il présente. Il est juste et conforme à tous les principes légaux qu'il soit tenu de dédommager du préjudice dont il est l'auteur, toutes les fois que ce préjudice dérive de son fait, soit qu'il y ait faute, soit à plus forte raison qu'il y ait dol ou fraude. Les tribunaux ont en cette matière un pouvoir souverain d'appréciation.

90. Jugé ainsi que le notaire qui a négocié lui-même un prêt dans l'intérêt d'un de ses clients peut être réputé avoir agi comme *mandataire*, et, en conséquence, être déclaré, selon les cir-

constances, responsable du préjudice qu'éprouve son client, par suite des fautes qu'il a commises dans l'exécution du mandat. —(Rennes, 9 juillet 1834. D.P. 38. 2. 226).

91. Le notaire, soit qu'il s'interpose spontanément pour faire un placement hypothécaire, soit qu'il l'effectue sans la participation du prêteur, est responsable de l'inefficacité du placement, alors surtout que chargé en même temps de liquider la fortune de l'emprunteur, à l'extinction des dettes duquel il a même appliqué les fonds prêtés, il ne devait pas ignorer l'insuffisance des biens hypothéqués. — Paris, 28 fév. 1842. D.P. 42. 2. 141.

92. Le notaire, chargé de placer des fonds par un de ses clients avec subrogation hypothécaire, est responsable de l'insolvabilité de l'emprunteur, s'il lui a remis directement les fonds, sans attendre que les formalités hypothécaires aient été régularisées. —Trib. de la Seine, 25 janv. 1842. D.P. 42. 3. 148.

93. Le notaire, qui a négocié un acte d'emprunt au profit d'une personne dont il connaissait l'insolvabilité et qui a inséré dans l'acte des déclarations fausses, sachant qu'elles étaient fausses, faites par l'emprunteur sur l'état de sa fortune, a pu valablement être déclaré responsable du préjudice souffert par le prêteur, sur le motif que ce notaire avait commis une faute lourde, équipollente à dol, sans que l'arrêt qui le décide ainsi par appréciation des faits, tombe sous la censure de la Cour de cassation. Cass., 15 déc. 1841. D.P. 42. 1. 25.

94. On doit regarder comme ayant accepté un mandat spécial, à l'effet d'opérer un placement bon et solide, le notaire qui, sans mettre le prêteur en rapport avec l'emprunteur, traite lui-même des conditions du prêt, remplit les formalités de signification de l'acte, prend inscription, élit domicile en son étude, reçoit et paie les intérêts, reste dépositaire de la grosse du titre et la remet à un avoué de son choix pour les poursuites à diriger.—Paris, 18 fév. 1842. D.P. 42. 2. 70.

95. Dans ces circonstances, si lors de l'ouverture de l'ordre, la créance n'est pas payée, il y a faute lourde de la part du notaire de n'avoir pas examiné plus soigneusement la valeur de l'immeuble hypothéqué et de n'avoir pas empêché le prêteur de consentir une antériorité d'inscription au profit d'un autre créancier, client de son étude; cette faute le rend responsable de toutes les suites du placement, alors même qu'aucun acte de mauvaise foi ne peut lui être reproché.—Même arrêt.

96. Et cette responsabilité ne peut être écartée sous prétexte que le prêteur n'est pas en mesure de le subroger dans ses droits et actions faute d'avoir renouvelé, comme il le devait, son inscription en temps utile, bien que cette péremption provienne du créancier lui-même : cette circonstance ne saurait décharger le notaire, s'il est prouvé que la créance ne serait pas venue utilement, au cas même où l'inscription eût été valablement conservée. — Même arrêt.

97. C'est en vain que, pour combattre cette dernière décision, on alléguerait que l'inscrip-

tion n'aurait pas donné au prêteur le moyen de se faire colloquer utilement à l'ordre ouvert sur le prix de l'immeuble hypothéqué. Une pareille raison ne saurait être considérée comme décisive. Le droit conféré par l'hypothèque au créancier ne consiste pas simplement à demander la collocation à l'ordre; il entraîne encore la faculté de former une surenchère si, suivant lui, le bien vendu n'a pas été porté à sa juste valeur; et dès lors, comme il en a été fait la remarque, celui qui, par sa négligence, a laissé périr l'hypothèque entre ses mains, devient non-recevable à exercer aucun recours contre la caution qu'il ne peut plus subroger dans l'intégrité de ses droits. Les termes généraux employés par l'art. 2037 du Code civil ne laissent aucun doute sur l'intention du législateur, et cette intention doit surtout être respectée lorsqu'il s'agit d'une action en responsabilité.

98. Un notaire qui a agi comme un mandataire salarié est responsable du préjudice causé par suite de la faute lourde commise dans l'exécution de l'affaire dont l'a chargé un de ses clients, qui l'avait investi de toute sa confiance. Et spécialement lorsqu'un individu, homme illettré, qui s'était rendu acquéreur d'un immeuble sous son nom, mais pour le compte d'un tiers (fait constaté par une contre-lettre), voulant, dix-huit mois après cette acquisition simulée et par suite d'un accord avec le prête-nom, devenir acquéreur véritable, a confié à son notaire le soin de régulariser cette transmission de propriété si le notaire supposant qu'il suffisait d'annuler la contre-lettre pour faire que la propriété n'eût jamais résidé sur la tête du tiers vendeur, a conseillé aux parties de faire cette annulation et à l'acquéreur de se libérer de son prix avant la quinzaine de la transcription; ce notaire est responsable des suites de l'inscription prise pendant ce délai par un créancier de ce tiers... Et il peut être déclaré responsable de la totalité du préjudice souffert par son client, encore bien que l'acte d'annulation de la contre-lettre eût été rédigé sous seing privé, par son maître-clerc, puis déposé au rang de ses minutes, si d'ailleurs il en a reçu des honoraires ou salaires. En pareil cas, il est réputé agir comme mandataire salarié. Cass. 23 nov. 1843. D.P. 44. 1. 5.

99. .... Il est aussi responsable des suites du procès engagé, d'après son conseil, par l'acquéreur, afin de faire prononcer la nullité de l'inscription hypothécaire, conseil fondé sur la même supposition, que l'annulation de la contre-lettre n'avait pu permettre qu'un créancier du vendeur pût ensuite légalement prendre inscription. — Même arrêt.

100. Quant à la preuve du mandat, à l'existence du mandat dont excipe le prêteur contre le notaire, elle s'établit de différentes manières. Dans le cas où il s'agit d'une procuration par acte authentique ou d'un mandat sous seing privé, la preuve s'administre facilement; elle est dans le titre et se manifeste par la production de ce titre. M. Pagès, *De la Responsabilité des notaires*, p. 184, croit que s'il est verbal, la preuve par témoins n'en peut

être faite que conformément aux règles tracées au titre des contrats et des obligations conventionnelles au général (C. civ. 1985), c'est-à-dire que la preuve ne peut être reçue au-dessus de 150 francs que s'il existe un commencement de preuve par écrit. Un arrêt de Toulouse du 30 mai 1829 (D.P. 30. 2. 181) donne un exemple des circonstances dont on peut faire résulter le mandat.

Attendu, porte cet arrêt, que des divers faits constants dans la cause, et notamment des qualités respectives des parties, de la circonstance que la demoiselle Chrestien était étrangère à la ville de Toulouse, de l'avis inséré dans un journal, des détails convenus par Ollier, de ses entrevues avec la demoiselle Chrestien, de l'absence de tous rapports entre celle-ci et le sieur Juan, du choix fait du domicile d'Ollier pour les paiements à faire à la demoiselle Chrestien, du soin pris par ledit Ollier de faire procéder aux inscriptions hypothécaires, de l'élection de domicile faite chez lui, il résulte que la demoiselle Chrestien avait donné et que le sieur Ollier avait reçu le mandat de placer par bonne hypothèque une somme de...

101. « S'il y a mandat tacite, ajoute le même auteur, et c'est celui qu'on invoque ordinairement contre les notaires en matière de placement, la preuve en est tout entière dans les circonstances de la cause : les juges ont le droit de les apprécier pour en induire un mandat donné par le prêteur et accepté par le notaire qui a rédigé l'acte d'obligation ; cette appréciation est dans leur domaine, et la Cour de cassation a reconnu leur droit souverain à cet égard, dans un arrêt du 7 mars 1842. (D.P. 42. 1. 138). »

102. Mais est-ce à dire pour cela, comme l'observe M. Pagès, que des circonstances insignifiantes ou de peu de valeur suffiront pour amener les tribunaux à reconnaître un mandat tacite ? Peut-on l'induire de l'ignorance des parties en matière de placement, du versement antérieur de fonds chez le notaire, de l'élection de domicile en son étude pour les suites de l'acte, de l'intervention du notaire entre un prêteur et un emprunteur, qui, jusqu'à la signature de l'acte, étaient étrangers l'un à l'autre. Ces circonstances sont par elles-mêmes, et sans le concours d'autres faits, insuffisantes pour motiver l'existence d'un mandat tacite, qui, en général, doit se révéler par d'autres titres. Si, en l'absence de son client, le notaire avait placé des sommes à lui appartenant, ou s'il l'avait déterminé par des promesses ou des instances à prêter à une personne dont il lui aurait garanti la solvabilité, ou s'était chargé seul et personnellement de prendre les précautions et renseignements nécessaires, le notaire deviendrait alors *negotiorum gestor* ou caution , et par suite responsable à l'un ou à l'autre de ces deux titres. Hors de là, le notaire est un simple conseil, et tant qu'il est de bonne foi, ses avis ne peuvent fournir contre lui un principe de responsabilité.

103. Il se rencontre, ainsi qu'on l'a déjà fait observer, des cas autres que celui de prêt, où le notaire agit comme mandataire, et est considéré comme tel. Ainsi, il a été jugé que le notaire, entre les mains duquel a été remis le prix d'une vente passée devant lui et qui paie ce prix à des créanciers du vendeur, peut être réputé avoir fait en cela acte de *mandataire* ou de *negotiorum gestor*, vis-à-vis de l'acquéreur, bien que l'acte de vente soit muet sur l'existence de ce mandat ; en telle sorte que si les paiements n'ont pas eu lieu selon l'ordre des inscriptions, il doive garantir l'acquéreur des poursuites ultérieures des créanciers premiers inscrits non payés. Cass., 22 juin 1836. (D.P. 36. 1. 399)

§ 9.—*Les notaires considérés comme dépositaires.*

104. Chaque jour les notaires sont appelés à recevoir de la confiance de leurs clients des sommes considérables ; on s'est demandé quelle devait être leur position lorsqu'ils se refusaient à les restituer, et de quelle sanction la loi armait les justes réclamations de leurs clients. Deux systèmes s'étaient produits : l'un consistait à déclarer le notaire, qui avait détourné des fonds à lui confiés pour un placement, contraignable par corps en vertu des articles 408 et 52 du C. pén., comme tenu de *restitution* dans le sens de ce dernier article. Telle est la doctrine de deux arrêts de la Cour royale de Paris, l'un du 6 janv. 1832, l'autre du 16 nov. 1833. (D. P. 32 2. 120, 34. 2. 29). D'après l'autre système, ce n'est plus en vertu des articles précités du C. pén. mais par application de l'art. 2050, n. 7 du C. civ., que le notaire est passible de la contrainte par corps pour la restitution de ces mêmes sommes, si au lieu d'en faire le placement il en dispose dans son propre intérêt. Dans ce dernier cas, on considère les fonds remis au notaire comme lui ayant été confiés par suite de ses fonctions. Suivant l'un et l'autre système, le client a la ressource de la contrainte par corps. La seule différence consiste en ce qu'il résulte du second, que le créancier dépositaire a *privilège* sur le cautionnement du notaire (L. du 25 vent. an 11, art. 33), tandis que dans le premier système, au contraire, ce privilège n'existe pas. D'après le dernier état de la jurisprudence, ce dernier système a prévalu. C'est sous son empire qu'ont été rendues les décisions que nous reproduisons.

La Cour royale de Paris, revenant sur la jurisprudence consacrée par les arrêts précités du 6 janv. 1832 et 16 nov. 1833, a décidé, à la date du 26 janvier 1835 (S. 35. 2. 100), que le notaire est passible de la contrainte par corps pour la restitution des sommes à lui remises pour en opérer le placement, et cela aux termes de l'art. 2050, n. 7 C. civ., si au lieu d'en faire le placement il en dispose dans son propre intérêt. — Peu importerait que le notaire eût souscrit au profit de son client, qui l'aurait acceptée, une obligation personnelle du montant des sommes reçues : un tel acte ne peut être considéré que comme une reconnaissance de la dette ; il n'opère ni novation, ni décharge de la responsabilité du notaire.

105. Dans un second arrêt du 31 juillet de la même année (D.P. 36 2. 81), il y a cette restriction : la responsabilité a lieu , s'il est reconnu que la remise des fonds entre les mains du notaire a été déterminée par la confiance qu'inspiraient ses fonctions.

106. Un arrêt de Bourges, du 11 déc. 1839 (D.P. 40. 2. 206), déclaré que le notaire est contraignable par corps pour la restitution des sommes qu'il a touchées pour ses clients, lors même que par suite de l'impossibilité où il s'est trouvé de leur rembourser ces sommes à leur demande, il s'est obligé par contrat à leur en payer les intérêts : cette circonstance ne saurait faire considérer le notaire comme un simple emprunteur.

107. Le notaire est contraignable par corps pour la restitution des sommes qui lui ont été remises ou laissées par ses clients, afin d'en faire un usage déterminé : le § 7 de l'art. 2060 C. civ. s'entend des sommes reçues *des* clients eux-mêmes comme celles reçues *pour* eux. — Douai, 29 mai 1839 (S. 40. 2. 150).

108. Le notaire entre les mains duquel les fonds destinés à un prêt dont il a passé le contrat ont été déposés, pour n'être remis qu'après l'accomplissement des formalités nécessaires pour assurer la garantie hypothécaire stipulée dans l'acte, et qui remet les fonds à l'emprunteur avant d'avoir pris inscription sur les biens hypothéqués, est responsable envers le prêteur du préjudice causé à ce dernier par l'inefficacité des inscriptions tardivement prises. — Paris, 5 mars 1836 (D.P. 36. 2. 65.).

109. Jugé de même par arrêt de la cour de cass. du 3 déc. 1835 (D.P. 36. 1.17). D'après cet arrêt cette responsabilité subsiste contre le notaire, lors même qu'il serait mentionné au contrat que la somme prêtée a été comptée *à la vue des parties.*

Jugé que le notaire qui se charge de recevoir, pour le compte de son client, des capitaux avec indication d'emploi, est un véritable *mandataire*, tenu de rendre compte, et non un *simple dépositaire*, qui doive en être cru sur sa déclaration pour le fait de l'emploi ou de la restitution des sommes reçues. — Paris, 18 janv. 1834 (D.P. 34. 2. 93).

110. Le notaire entre les mains duquel des sommes empruntées par un client ont été laissées pour un emploi déterminé, tel que le paiement de certains créanciers indiqués par le client, et d'ailleurs sans autre honoraire pour le notaire que celui auquel peuvent donner lieu les actes de son ministère relatifs à cette opération, ne peut être considéré ni comme *dépositaire* ni comme un *mandataire salarié*, dans le sens de l'art. 408 C. pén.; il ne peut en conséquence être poursuivi par voie correctionnelle, à défaut de représentation des sommes qui lui ont été confiées : il n'est passible que d'une simple action civile. — Cass., 10 fév. 1832 (D.P. 32. 1. 186).

§ 10. — *De la responsabilité des notaires par rapport aux actes de leurs clercs.*

111. Il est un principe général consacré par l'art. 1384 du Code civil, d'après lequel on est responsable non-seulement du dommage que l'on cause par son propre fait, mais encore de celui qui est causé par le fait des personnes dont on doit répondre ; les maîtres sont responsables du dommage causé par leurs préposés dans les fonctions auxquelles ils les ont employés. De là la responsabilité des notaires à l'égard de leurs clercs pour les actes dans lesquels ceux-ci ont agi comme représentants ou comme auxiliaires de leurs patrons. — Roll. de Villargues, *Rép. du not.* v° Clercs, n. 4, estime que les deniers remis à un clerc pour acquitter les droits d'enregistrement, les pièces qui lui sont confiées pour la rédaction d'un acte, sont censées l'avoir été au notaire lui-même. Mais ces deux hypothèses ne sont pas limitatives; elles sont simplement énonciatives, et les cas dans lesquels la responsabilité du notaire est mise en jeu par les faits de ses clercs sont très-nombreux. Un arrêt de la cour de cass. du 2 déc. 1824 (D.P. 25. 1. 20), décide qu'un notaire peut être déclaré responsable du déficit des sommes reçues par ses clercs, au-dessus de simples expéditionnaires, dans son étude, en son absence, notamment pour une association de remplacement militaire annoncée publiquement et qui avait déjà eu lieu de la même manière les années précédentes chez le même notaire. Dans un tel cas, le notaire est réputé avoir donné *mandat tacite* à ses clercs pour agir en son nom pendant son absence : du moins, l'arrêt qui le décide ainsi n'est pas susceptible de cassation.

112. M. Rolland de Villargues, qui rapporte cet arrêt dans son *Rép. du not.*, v° Responsabilité des not. n. 32 et Clerc, n. 13, ajoute : «Toutefois, les clercs ne sont considérés comme les préposés du notaire que dans les choses qui se rattachent directement et nécessairement à l'exercice de leur emploi, et là se borne la responsabilité du notaire. Ainsi, comme on vient de le voir plus haut, les deniers remis à un clerc pour payer les droits d'enregistrement, sont censés payés au notaire. Il en est de même des titres et papiers confiés à un clerc pour dresser un acte. Mais le notaire n'est point garant ni du dépôt d'argent fait à son clerc, ni de l'exécution d'un mandat à lui confié, à moins qu'il ne fût prouvé que le dépôt a été fait au clerc, et que la procuration lui a été donnée du consentement formel du notaire, et sur son indication. V. à ce sujet un projet de règlement dressé en 1784 par les doyens et le syndic des notaires de Paris, sur la demande du parlement et par suite de son arrêt du 22 mars 1784 ». La distinction faite par M. Rolland de Villargues ne saurait faire difficulté, et la responsabilité du notaire à raison des faits de ses clercs, n'existe que dans les choses qui se rattachent directement et nécessairement à l'exercice de leur emploi.

113. Il a été jugé, dans le même sens, que les paiements faits dans les mains du premier clerc d'un notaire sont valables, s'il est constant que ce premier clerc suppléait habituellement son patron dans la gestion d'affaires dont celui-ci était chargé. Cass., 4 août 1835 (D. P. 36. 1. 69.). — Un notaire est responsable des sommes remises dans son étude par un prêteur de fonds au clerc qui a dressé l'acte. — Trib. de la Seine, 29 nov. 1834. (D.P. 35. 3. 12).

114. Le notaire peut encore être déclaré responsable de l'exécution d'un mandat donné à l'un de ses clercs, s'il est établi que le clerc n'était qu'un prête-nom et que le mandat a été réellement confié au notaire. Dans ce cas, il est de toute

justice d'exonérer le clerc et de faire retomber la responsabilité sur le notaire. Tel est le principe consacré par un arrêt de la cour d'Orléans du 7 janv. 1842. (D.P. 43. 2. 85.)

115. Il a encore été jugé que le notaire qui, sous le nom d'un de ses clercs, a reçu mandat d'opérer un placement hypothécaire et l'effectue sans prendre les précautions convenables, devient responsable de l'insolvabilité du débiteur, alors surtout que le mandant n'a pas pu apprécier par les termes de l'obligation la situation de l'immeuble affecté à la garantie hypothécaire.—C. roy. de Paris, 2ᵉ ch., arrêt du 25 juin 1840.

116. Enfin le trib. de la Seine a décidé par deux jugements des 28 mai et 14 juillet 1841, que les notaires sont responsables des abus de confiance, tels que détournements de fonds, commis par leurs maîtres-clercs, successeurs désignés, encore bien que les fonds aient été remis à ceux-ci personnellement, par des personnes inconnues aux notaires et traitant avec le maître clerc seul.

§ 11.—*Du notaire en second.*

117. Avant la loi du 21 juin 1843 sur la forme des actes notariés, il était essentiel de rechercher quelles étaient les obligations légales du notaire en second relativement à sa présence aux actes qu'il signait, pour déterminer l'étendue de sa responsabilité par rapport à ces actes. De bons esprits, s'appuyant sur les art. 9 et 10 de la loi du 25 ventose an 11, s'étaient prononcés pour la nécessité de l'assistance des deux notaires aux actes par eux signés, en malgré l'usage consacré par l'ancienne et la nouvelle jurisprudence, malgré l'opinion de Carnot, Rolland de Villargues, Duranton, Massé, Locré, Augan de Vatimesnil et plusieurs autres. MM. Favard de Langlade, Répert. t. 1, p. 66, et Toullier avaient protesté contre un pareil usage et signalé ses inconvénients. De plus, des arrêts de cassation du 11 nov. 1835 et 7 mai 1839, (D. P. 35. 1. 408; 391 185), revenant sur une précédente jurisprudence, exigeaient la présence réelle des deux notaires à peine de nullité des actes. Une semblable incertitude pouvait jeter la plus grave perturbation dans les affaires, et cette considération amena la loi du 21 juin 1843 sur la forme des actes notariés, d'après laquelle l'usage antérieur est consacré et le notaire en second n'est pas tenu en règle générale d'assister à la réception des actes auxquels il appose sa signature, excepté quand il s'agit de quelques actes solennels déterminés par la loi. Par suite la responsabilité qui était la conséquence immédiate de la nécessité de la présence a disparu si ce n'est dans les cas ci-dessus indiqués. Car il est évident que si les notaires sont dispensés d'assister à la réception des actes ordinaires qu'ils signent cependant, et qu'ils sont tenus de signer comme notaires en second, sans recevoir d'émoluments, ils ne peuvent engager leur responsabilité à raison d'actes qu'ils n'ont pas suivis et qui se sont consommés hors leur présence.

118. Cependant on s'est demandé ce qui arriverait si l'acte contenait une condition contraire à l'ordre public et aux bonnes mœurs? Dans ce cas le notaire en second serait-il responsable? M. Rolland de Villargues, Rép., vᵒ Respons. des not., 180, ne le pense pas. Il croit que dans l'usage, le notaire en second qui contresigne dans son étude ne prend pas la connaissance de l'acte. Son opinion est formellement contredite par le rapport de M. Franck-Carré, à la chambre des pairs, sur la loi quant à la forme des actes notariés qui sont spécifiés dans l'art. 2 ainsi conçu : « A l'avenir les actes notariés contenant donation entre vifs, donation entre époux pendant le mariage, révocation de donation ou de testament, reconnaissance d'enfants naturels, et les procurations pour consentir ces divers actes seront, à peine de nullité, reçus conjointement par deux notaires ou par un notaire en présence de deux témoins. — La présence du notaire en second ou des deux témoins n'est requise qu'au moment de la lecture des actes par le notaire et de la signature par les parties. Elle est mentionnée à peine de nullité. »

119. Il a été jugé que si la signature d'un second notaire n'a été donnée que surabondamment et quoiqu'elle fût complétement inutile à la validité de l'acte, dans ce cas il n'est encouru par lui aucune espèce de responsabilité. Paris, 25 janv. 1834.

120. Mais si le second notaire a coopéré à la rédaction de l'acte sur l'invitation de l'une des parties, sa responsabilité est engagée, bien que la présence ne soit pas nécessaire pour la validité de l'acte. Par sa négligence il a fait défaut à la confiance de son client. C'est l'opinion de Garnier Deschênes dans son Dict. du not., et de Pagès, de la Resp. des not., p. 215.

121. On s'est demandé si, dans le cas où l'acte est passé conjointement par deux notaires, parce que tel est le vœu de la loi, il y avait lieu à les condamner solidairement aux dommages-intérêts qui sont dus aux parties?

122. La jurisprudence de la Cour de cassation se prononce pour l'affirmative. V. les arrêts des 29 fév. et 8 nov. 1836; 12 juillet et 7 août 1837 ; 29 janv. 1840 (D.P. 36. 1. 131; 36. 1. 411; 37. 1. 448; 37. 1. 457. Ces arrêts reconnaissaient que si la solidarité doit être expressément stipulée dans les contrats, il ne peut pas en être de même dans les cas où la même solidarité dérive soit de la nature ellemême de l'obligation, soit du délit ou quasidélit de l'obligé. C'est encore l'avis de Merlin, Questions de droit, vᵒ Solidarité, p. 11; de Zachariæ, Cours de Droit civ. français, t. 2, p. 298, note 2.—Toullier, t. II, note 151 et suiv., et Duranton, t. II, n. 194, sont d'une opinion contraire. M. Pagès, de la Resp. des not., p. 241 et 242, se range à l'opinion de la Cour de cassation, et il ajoute que, par suite, la même solidarité peut s'appliquer aux dépens de l'instance, lorsqu'ils sont expressément adjugés à titre de dommages-intérêts; mais il n'en serait pas de même si les dépens n'étaient pas adjugés à titre de dommages-intérêts; la loi n'autorisant pas à leur égard la solidarité en matière civile, elle ne saurait être prononcée par ces tribunaux.

123. Le notaire en second n'est pas responsable des fausses énonciations contenues dans l'acte qu'il

a signé, alors que sa signature était surabondante, et n'avait eu lieu, par exemple, qu'en conformité de l'usage où sont les notaires de Paris de faire signer en second les extraits des procurations ayant pour objet de transférer des rentes sur l'Etat. — Paris, deux arrêts du même jour 23 janv. 1834. D.P. 34. 2. 94.

124. Un notaire en second ne peut être déchargé de toute responsabilité à l'égard des tiers, par cela que, conformément à l'usage suivi, il n'a pas assisté à la passation de l'acte.

125. Il suffit qu'il soit reconnu qu'il résulte des faits et documents de la cause qu'un notaire en second a commis une faute en souscrivant un acte de confiance, pour qu'il ait pu être condamné à réparer le préjudice causé, sans qu'il soit nécessaire que l'arrêt mentionne qu'il y a eu de sa part faute grave.

Et, en pareil cas, le notaire en second a pu être déclaré sans droit pour agir en garantie contre un tiers qui avait aussi contribué à la faute qui a donné lieu à ce préjudice. — Cass. 11 novembre 1835. D.P. 35. 1. 408.

§ 12. — De la responsabilité des notaires entre eux en cas de violation de résidence.

126. Le notaire qui contrevient aux règles relatives à l'obligation de sa résidence, telle qu'elle a été fixée par le gouvernement (art. 4, loi de ventose an 11), et qui, n'attendant pas la réquisition des parties, se transporte à jour fixe, par exemple, tous les jours de marché, dans telle ou telle localité voisine de sa résidence légale, un tel notaire est-il passible de dommages-intérêts envers le notaire de cette commune, pour le préjudice qu'il peut lui causer par cette espèce de concurrence ?

127. La jurisprudence s'était d'abord prononcée pour : un arrêt de la cour roy. de Metz, du 21 juillet 1818 (D.A. 10. 424, n. 2) la négative décide qu'une pareille question de résidence est tout entière de haute police et d'administration publique; qu'elle est exclusivement de la juridiction du garde des sceaux, auquel il appartient de l'examiner et de la résoudre dans l'intérêt public...; qu'elle ne saurait, sous aucun rapport, donner lieu à une action privée de la part d'un notaire du même canton, sous le prétexte que cette infraction engendrerait un tort personnel et des pertes réelles dans l'exercice de ses propres fonctions...

128. Mais cette jurisprudence isolée n'a pas été suivie; depuis, de nombreux arrêts se sont prononcés en sens contraire. Ainsi on peut consulter notamment Riom, 18 mai 1833; Rouen, 26 juin 1837; Lyon, 30 août 1838; Cass., (15 juill. 1840, et 11 janv. 1841 D.P. 34. 2. 14; 38, 2. 8; 39, 2. 129; 40. 1. 246; 41. 1. 78). L'arrêt de cass. du 15 juill. 1840 porte : «Attendu que l'art. 1382 C. civ. accorde, sans distinction de cas et de personnes, une action en réparation des dommages éprouvés par le fait d'autrui, et qu'un notaire qui se transporte habituellement hors du lieu de sa résidence pour exercer son ministère, sans y avoir été préalablement appelé par les parties, cause par ce fait aux autres notaires du même canton un préjudice dont l'appréciation appartient à l'autorité judiciaire...

C'est dans l'intérêt de l'ordre public que le ministre de la justice est appelé à examiner si un notaire a déserté sa résidence entièrement ou assez souvent et assez longtemps pour pouvoir être considéré comme démissionnaire...

129 L'arrêt de cass. du 11 janv. 1841 (D.P. 41. 1. 68) repousse la fin de non-recevoir que plusieurs Cours avaient admise en ajournant la demande en dommages-intérêts jusqu'à ce que le ministre de la justice eût statué sur la violation de résidence.

130. M. Pagès, de la Resp. des Not., p. 225, pense qu'il faut qu'il y ait habitude pour donner lieu à l'action en dommages-intérêts; que quelques faits isolés ne suffiraient point. Les circonstances doivent avoir, en cette matière, une grande influence, et c'est aux tribunaux à les constater suivant les occurrences de chaque espèce.

131. La réquisition préalable du notaire par les parties ne se constate pas par des formes particulières; il suffit que le juge l'établisse en fait. Cependant M. Pagès, de la Respons. des Not., p. 225, estime avec raison que le notaire appelé dans une autre résidence que la sienne agirait prudemment en mentionnant dans l'acte la réquisition des parties.

§ 13. — De la responsabilité du notaire à raison de l'enregistrement des actes.

132. Relativement à l'enregistrement des actes, la responsabilité du notaire était déterminée par l'art. 43 de la loi du 22 frim. an 7, qui était ainsi conçu : « Aucun notaire ne pourra faire ou rédiger un acte en vertu d'un acte sous signature privée ou passé en pays étranger, l'annexer à ses minutes, ni le recevoir en dépôt, ni en délivrer extrait, copie ou expédition, s'il n'a été préalablement enregistré, à peine de 50 fr. d'amende et de répondre personnellement du droit.» Depuis, cette disposition a été modifiée par l'art. 13 de la loi du 16 juin 1824 qui porte que : «les notaires pourront faire des actes en vertu et par suite d'actes sous seing privé non enregistrés, et les énoncer dans leurs actes, mais sous la condition que chacun de ses actes sous seing privé demeurera annexé à celui dans lequel il se trouvera mentionné, qu'il sera soumis avec lui à la formalité de l'enregistrement et que les notaires seront personnellement responsables, non seulement des droits d'enregistrement et de timbre, mais encore des amendes auxquelles les actes se trouveront assujettis. »

Il est bien entendu, pour la responsabilité du notaire au regard du paiement des droits de l'acte non enregistré, qu'il ne s'agit pas de la simple énonciation d'un acte sous seing privé; il faut encore qu'il soit la cause déterminante de l'acte public. (Déc. min. fin. 6 nov. 1822.)

133. Championnière et Rigaud, dans leur Traité des droits de l'enregistrement, t. 4, p. 869, reconnaissent que si en principe le notaire est tenu d'acquitter les droits d'enregistrement dus sur les actes qu'il reçoit, il y a cette différence entre les actes de son ministère et les actes sous seing-privé qui peuvent leur servir de base, que pour les premiers, le notaire est débiteur direct et personnel du droit (art. 29 de la loi du 22 frim. an 7), et que pour les actes sous seing privé, le

notaire n'est plus débiteur primitif et direct, mais seulement responsable après discussion de la partie débitrice. V. Cass., 3 juil. 1811. D.A. 7. 365.

134. Cependant la responsabilité imposée au notaire, par les lois précitées, doit se concilier avec les intérêts de ses clients, et il serait mal venu à décliner la responsabilité d'un acte qu'il n'aurait point revêtu de sa signature. sous le prétexte qu'on ne lui aurait pas consigné le montant des droits, surtout s'il ne prouvait point et même s'il n'articulait pas qu'il eût exigé cette consignation. Bourges, 29 avril 1823.

§ 14. — *Des notaires dans leurs rapports avec les conservateurs des hypothèques.*

135. Il est arrivé, dans les relations fréquentes qui unissent les notaires et les conservateurs des hypothèques, qu'une erreur commune a pu leur être reprochée, et les tribunaux leur ont alors imposé une responsabilité qui les a également frappés.

Ainsi un arrêt de Lyon, du 13 avril 1832 (D.P. 32. 2. 168), tout en déclarant que les notaires sont responsables du préjudice causé par la radiation d'une inscription qui a été induement faite par suite d'une erreur dans leurs actes, relativement au numéro d'une autre inscription dont la radiation était consentie, ajoute que, dans ce cas, les conservateurs sont solidairement responsables avec eux, lorsqu'ils ont pu, par la simple lecture en son entier de l'acte produit, reconnaître l'erreur, et ne point consommer la radiation de l'hypothèque, en prenant des informations auprès des parties... Cependant il y a atténuation de cette responsabilité pour le conservateur des hypothèques et le notaire, lorsque le bénéficiaire de l'inscription, quoique présent à l'acte, n'a pas relevé l'erreur commise.

136. Il y a encore solidarité entre le notaire et le conservateur des hypothèques, lorsque, par suite d'une erreur commise dans la désignation du numéro d'une inscription par un notaire rédacteur d'un acte de quittance et de main-levée, une inscription prise pour sûreté du paiement d'une rente viagère, autre que celle dont les parties entendaient donner main-levée, a été radiée par le conservateur. La faute qui a causé le préjudice résultant de cette radiation peut alors être déclarée commune tant au notaire qu'au conservateur et à la partie elle-même ; au notaire, en ce qu'il avait sous les yeux toutes les pièces propres à le prémunir contre l'erreur; au conservateur, en ce qu'il aurait pu reconnaître l'erreur par la seule lecture de l'acte; à la partie, en ce que ne s'agissant pas d'un vice de formes ou de locution dans l'acte, il lui eût été facile d'apercevoir ou d'apprécier une erreur portant uniquement sur la désignation du numéro d'inscription (Cass., 19 avril 1836. D.P. 36. 1. 183).

§ 15. — *De la suite des actes.*

137. La responsabilité du notaire ne cesse pas avec ses fonctions, et par le cours régulier des actes auxquels il a prêté son ministère. Il est tenu envers les parties pour lesquelles il a instrumenté, de leur faire délivrer, par son successeur, expédition des actes passés devant lui, et il peut être déclaré responsable des dommages résultant pour les parties du défaut de délivrance des expéditions par son successeur, sauf son recours contre celui-ci. Telle est la décision consacrée par un arrêt de la Cour royale de Bourges, du 17 juin 1829 (D.P. 3. 2. 163).

138. Deux autres questions, qui se rattachent à la précédente, sont également résolues par le même arrêt. En premier lieu, les chambres des notaires ne sont soumises à aucune responsabilité, relativement aux minutes d'actes déposés dans une de leurs salles, lorsque ce dépôt n'a pas eu lieu par leur ordre et n'a été effectué que par quelques notaires, dans leur intérêt particulier.

139. La seconde question est celle-ci : Si, à la cessation de ses fonctions, un notaire a fait remise de ses minutes à un ou plusieurs autres notaires et que ceux-ci en aient opéré le déplacement, les notaires sont garants envers lui, par le fait de ce déplacement, des dommages-intérêts auxquels il est condamné envers les parties, par suite de la non-représentation des minutes. On dirait vainement qu'aucun état des minutes n'a été dressé, et qu'il n'en a été fourni aucun récépissé lors de la remise.

140. Le notaire encore en exercice est, à plus forte raison, tenu de délivrer une expédition régulière des actes par lui reçus; cependant le préjudice qu'il cause à ses clients par le retard dans la délivrance, ou par l'irrégularité de l'expédition, doit être réel, pour donner lieu à une réparation.

141. C'est en ce sens que la Cour de cassation a jugé, par arrêt du 19 janv. 1832 (D.P. 32. 1. 320) que quoique l'erreur commise par un notaire dans l'expédition du cahier des charges, erreur consistant en ce que, par exemple, la vente imposerait une obligation qui n'était pas dans le cahier des charges, ait donné lieu, entre les acquéreurs, à des difficultés par suite desquelles ils ont transigé; néanmoins le notaire qui, par suite de cette erreur, a été actionné en responsabilité par les parties transigeantes, a pu et dû, si l'erreur est déclarée n'avoir eu aucune influence sur la transaction, être déchargé de toute responsabilité.

L'erreur commise par un notaire dans l'expédition du cahier des charges, en ce qu'il y aurait à tort inséré une obligation qui n'existait réellement pas, ne peut, si elle n'a été commise de mauvaise foi, donner lieu à une action en responsabilité contre ce notaire.

§ 16. — *De l'action en responsabilité au regard du successeur et des héritiers.*

142. L'action en responsabilité qu'une partie veut exercer contre un notaire ne s'étend pas à son successeur, à moins que par son fait personnel celui-ci ait aggravé le tort dont son prédécesseur est l'auteur primitif et principal, comme cela a eu lieu dans une espèce (Bauzain C. Milet et Soydée), jugée le 21 janv. 1845, par la première chambre de la Cour roy. de Paris où l'ancien notaire et son successeur ont été condamnés soli-

dairement à la réparation du préjudice causé à leur client. Cependant, le successeur s'était simplement borné à assurer la solvabilité du débiteur, et avait obtenu par là du créancier des prorogations successives.—Mais, sauf le cas où le concours du successeur à la faute ou à la négligence est évident, sa responsabilité ne saurait être engagée quant aux héritiers du notaire.

143. L'ancienne jurisprudence avait admis un tempérament équitable que l'on ne rencontre plus dans le droit nouveau. M. Pagès, de la Resp. des not., p. 242, constate qu'on admettait autrefois que les héritiers du notaire ne pouvaient être recherchés que pour des faits dont il aurait été tenu de son vivant, et au cas qu'ils en eussent profité, ou que l'instance eût été commencée du vivant du notaire. C'était là, dit-il, l'opinion commune, confirmée par arrêt du Parlement de Paris, du 5 sept. 1758 : *Conf.* Jussieux de Montuel, *Inst. fac.* sur les conv., p. 66; Ferrière, Dict. de droit, v° Not. Des raisons évidentes d'équité venaient à l'appui de ce système. Comment admettre après le décès d'un notaire une action en responsabilité contre ses héritiers? Quels moyens ceux-ci avaient-ils de se défendre? Pouvaient-ils, en acceptant la succession de leur auteur sur la simple connaissance des charges apparentes et déterminées, se douter de l'énorme responsabilité qui résultait pour eux de la série d'actes passés par celui qu'ils représentent? Malgré ces considérations, M. Rolland de Villargues, Répert. du not., v° Resp.. n. 108, estime avec raison qu'en présence de l'art. 2 du Code d'inst crim., les héritiers d'un notaire sont tenus des dommages-intérêts qui peuvent être réclamés à raison de la faute ou de son dol. Seulement, les tribunaux dans leur appréciation éclairée, se montreront plus faciles sur les moyens de justification.

§ 17.—*Du tribunal compétent et de la durée de l'action.*

144. D'après l'art. 53 de la loi du 25 ventose, l'action en responsabilité dirigée contre un notaire doit être portée devant le tribunal civil de leur résidence, quel que soit le tribunal qui ait statué sur la contestation principale. Telle est l'opinion de Chauveau sur Carré (Lois de la pr. civ., art. 181, Quest. 771 *bis*, § 1er, de Boitard,

t. 2, p. 96 ; Berriat Saint-Prix, p. 81, Pigeau, Comm., t. 1, p. 405 ; Boncenne, t. 3, p. 402, Thomine-Desmazures, t. 1, p. 337 et Favard de Langlade, t. 2, p. 465. Voy. dans ce sens un arrêt de Bordeaux, du 27 juin 1839 (D.P. 40. 5. 69).

145. C'est par suite du même principe que la Cour de cassation décide, par une jurisprudence constante, que l'action en dommages-intérêts ne peut être portée devant un tribunal d'exception, ainsi que l'action en garantie pour nullité de protêt contre le notaire rédacteur de l'acte ne peut être portée devant les juges de commerce incidemment à la demande récursoire contre l'endosseur. —Cass. 16 mai 1816; 30 nov. 1813, 19 juill. 1814, 2 juin et 20 juill. 1815 ; 2 janv. 1816, 2 juin 1817. D.A. 3, 249; 363; 365 6. 721.

146. La durée de l'action est celle de toutes les actions auxquelles la loi n'assigne pas une durée particulière, celle de trente ans. Seulement les auteurs sont divisés sur le point de savoir si cette action commence à courir du jour où la faute a été commise, ou bien seulement du jour où cette faute est découverte et se fait sentir par ses résultats. M. Pagès, de la Resp. des not., p. 248, se prononce pour cette dernière opinion, «parce que, dit-il, l'action n'est ouverte que lorsque le dommage existe, que lorsque la contravention ou la faute du notaire deviennent préjudiciables aux parties.» Cette opinion, combattue par les auteurs du Dictionnaire du notariat, nous semble plus conforme aux véritables principes de la responsabilité civile. Et si, dans le droit nouveau, la prescription d'un délit commence à courir du jour où il a été commis et non plus, comme autrefois, seulement du jour où il a été constaté, ce n'est là qu'un principe du droit criminel et, qui, comme le fait remarquer M. Pagès, *loc. cit.*, est sans influence en matière civile.

147. Quant à la preuve du préjudice, à l'occasion duquel des dommages-intérêts sont réclamés, elle est imposée au demandeur; il faut, pour qu'une partie puisse obtenir des dommages-intérêts contre un notaire, qu'elle prouve que le préjudice par elle éprouvé est le résultat de l'acte reproché au notaire; ainsi il ne suffirait pas qu'un faux ait été commis par la négligence de celui-ci si le demandeur en dommages-intérêts ne prouvait pas que l'acte faux a été la cause immédiate de l'erreur qui lui est dommageable. — Toulouse, 24 août 1824.

FIN.

TABLE ALPHABÉTIQUE
DES MATIÈRES

CONTENUES TANT DANS LA PREMIÈRE QUE DANS LA DEUXIÈME PARTIE.

FIN DE LA TABLE GÉNÉRALE DES MATIÈRES.

———